Olivar Asselin

et son temps

Hélène Pelletier-Baillargeon

Olivar Asselin
et son temps

*

Le militant

FIDES

Données de catalogage avant publication (Canada)

Pelletier-Baillargeon, Hélène, 1932-
Olivar Asselin
Comprend des réf. bibliogr. et un index.

ISBN 2-7621-1889-1

1. Asselin, Olivar, 1874-1937.
2. Québec (Province) – Histoire – 1867-
3. Journalisme – Québec (Province) – Province – Histoire.
4. Nationalisme – Québec (Province) – Histoire.
5. Journalistes – Québec (Province) – Biographies.
I. Titre.

PN4913.A9P44   1996   070'.92   C96-941327-0

Mise en pages : Folio infographie

Cet ouvrage a bénéficié d'une subvention du Conseil des Arts du Canada
pour les recherches poursuivies au cours des années 1987-1988 et 1988-1989.

Les Éditions Fides bénéficient de l'appui du Conseil des Arts et de la Société
de développement des entreprises culturelles du Québec (SODEC).

À Fernand Dumont

Je ne m'abuse pas sur ma force; je sais bien que les révolutions politiques ne s'accomplissent pas du jour au lendemain par des jeunes gens obscurs et pauvres, mal préparés à la discussion des affaires publiques; mais pour la satisfaction de ma conscience, et avec l'espoir profond, invincible, que la Providence ne me laissera pas écraser par l'indifférence de mes compatriotes, je veux crier un peu de vérité à ceux qui nous trahissent. Et j'ose vous assurer que l'on m'écoutera.

(Lettre d'Olivar Asselin à sir Wilfrid Laurier, 25 septembre 1903)

Présentation

Par ses pamphlets brillants et sarcastiques, ses actions d'éclat, ses procès et ses emprisonnements, Olivar Asselin, militant du nationalisme, aura tenu en haleine toute sa génération. Mort, il s'est rapidement mué en légende : celle du maître incontesté du journalisme «à la française» et du serviteur rigoureux de la syntaxe et de la grammaire. D'anciens journalistes expriment, aujourd'hui encore, leur fierté d'avoir pu compter autrefois parmi les élèves de «l'école Asselin». Roger Baulu, Pierre Chalout, Jean-Louis Gagnon sont de ceux-là. Victor Barbeau, Willie Chevalier, Guy Jasmin, Odette Oligny, Lucien Parizeau, Georges Langlois, Edmond Turcotte et combien d'autres en étaient. Le grand prix de journalisme de la Société-Saint-Jean-Baptiste de Montréal porte d'ailleurs le nom de son ancien mais éphémère président...

Survenant dans presque tous les domaines de la pensée et de l'activité de son temps, les polémiques d'Asselin prennent tour à tour pour cibles des hommes politiques, des écrivains, des ecclésiastiques, des fonctionnaires et des financiers. Rédiger la biographie d'un personnage aux facettes aussi diversifiées équivaut à entreprendre une vaste (mais ô combien passionnante !) promenade à travers le siècle.

Pour rendre intelligible le propos de telle controverse, ou comprendre la justesse (ou la perfidie) de telle formulation, il est vite apparu à l'auteure qu'il lui fallait resituer l'une et l'autre dans le contexte de leur époque. D'où l'importance des incessants rappels historiques et culturels de ce récit de vie.

Il convient aussi d'apporter au lecteur quelques précisions utiles concernant le vocabulaire utilisé dans un ouvrage dont l'action, pour le premier tome, se déroule entre les années 1874 et 1916. Nous avons tenu à privilégier ici, comme il se doit, la terminologie en usage à l'époque d'Asselin. Nous parlerons donc souvent des «Canadiens français de la province de Québec» et non des «Québécois», ce dernier terme ayant été progressivement introduit dans notre vocabulaire après 1960. Nous dirons aussi «Assemblée législative» et non «Assemblée nationale» et, pour des raisons similaires, «bill» de la Milice, «bill» du Dimanche, ou «bill» de la Marine, au lieu de «projet de loi». Dans un contexte donné, nous redonnerons également à des mots tels que «race», proscrit aujourd'hui de notre vocabulaire, le sens de «peuple» ou de «nation» auquel se référaient volontiers les contemporains d'Asselin dans leurs écrits. Le terme «écoles séparées» désignait alors les établissements scolaires de la minorité religieuse d'une province. Hors Québec, ces «écoles séparées» se trouvaient principalement réparties entre Irlandais de langue anglaise et Canadiens d'expression française, d'où une certaine confusion, dans le vocabulaire d'aujourd'hui, qui fait plus volontiers référence aux droits des «écoles françaises». Cette dernière expression rend moins bien compte de la nature complexe des intérêts en jeu, pour l'épiscopat catholique, dans les luttes scolaires qui ont jalonné la carrière d'Asselin.

Cédant à la mode anglaise, plusieurs de ses contemporains faisaient précéder leur nom d'une série d'initiales dont ils se donnaient rarement la peine de produire la référence. Nous avons souvent respecté cette manière de faire. Pour les noms de femmes, nous avons toutefois privilégié la forme actuelle qui permet d'identifier clairement, à la fois le nom d'origine et celui du conjoint. Nous parlerons donc de «Caroline Dessaulles-Béique» et de «Marie Lacoste-Gérin-Lajoie», même si ces femmes remarquables étaient identifiées, la plupart du temps autrefois, sous les noms de leurs maris, soit : «madame Henri Gérin-Lajoie» ou «madame François-Liguori Béique». Bien que constituant, à proprement parler, un anachronisme, ce choix en faveur de la clarté permettra de mieux identifier les deux Marie Gérin-Lajoie, mère et fille, lorsqu'il sera question de la collaboration des militantes de la Fédération nationale Saint-Jean-Baptiste à la campagne du Sou de la pensée française, mise sur pied par Asselin pour soutenir la résistance franco-ontarienne au Règlement 17.

Ces précisions apportées, le lecteur trouvera, à la fin du présent volume, et sous la rubrique Sources et repères bibliographiques, un répertoire des écrits d'Olivar Asselin recensés à ce jour ainsi qu'une liste des entrevues préparatoires réalisées avec des parents ou des contemporains d'Asselin. En fin de volume, une chronologie l'aidera également à identifier l'interaction ou la synergie des événements qui se déroulent simultanément, dans la vie d'Asselin, au Québec et au Canada, comme dans le monde. L'influence de la France dans la pensée d'Asselin, tout autant que le rôle d'événement-charnière tenu, dans sa vie, par la Première Guerre mondiale expliquent l'abondance des notations relatives à la situation européenne et à la production culturelle de la France.

Remerciements

La réalisation de ce livre n'eût jamais été possible sans le concours de nombreuses solidarités et d'irremplaçables appuis. À tous ceux et celles qui m'ont accompagnée dans cette entreprise, je désire exprimer ici ma plus profonde gratitude.

À mon ami Fernand Dumont qui, le premier, m'a orientée sur la piste d'Olivar Asselin et instruite des grands débats politiques, culturels et religieux qui ont passionné son époque. Sa lecture attentive de mes premiers manuscrits, ses conseils et ses suggestions ponctuelles ont transformé ces huit années de recherches et de rédaction en une période de grand bonheur intellectuel.

Aux nombreux historiens et historiennes du Québec qui m'ont prodigué spontanément leur temps et leurs précieux commentaires de lecture. Ces remerciements iront, tout particulièrement, à M. Nive Voisine qui m'a orientée judicieusement à travers les querelles qui sévissaient entre libéraux et ultramontains, à l'époque où le fils du tanneur «rouge» de Saint-Hilarion-de-Charlevoix recevait ses toutes premières impressions de la société où il allait prendre place, puis ses premiers rudiments de culture classique au séminaire de Rimouski, entre les années 1886 et 1892.

À M. Yves Roby, historien de l'émigration canadienne-française en Nouvelle-Angleterre, qui a enrichi mes connaissances concernant ce chapitre souvent oublié de notre histoire nationale. Son aide m'a permis de suivre à la trace Olivar Asselin, travailleur du textile puis apprenti-journaliste à Fall River, Pawtucket et Woonsocket et, enfin, soldat de l'armée américaine lors de la Guerre hispano-cubaine. Madame Jocelyne Cossette, son élève, a aimablement consenti à mettre à ma disposition une importante documentation pertinente à la rédaction des trois chapitres de ce livre portant sur l'étape franco-américaine de la vie d'Olivar Asselin.

À M. Réal Bélanger, biographe de sir Wilfrid Laurier, de Paul-Émile Lamarche, d'Albert Sévigny (et bientôt d'Armand Lavergne), dont la très profonde et très sensible connaissance des espoirs, suscités par Henri Bourassa et le mouvement nationaliste du début de ce siècle, m'a permis de comprendre le cheminement original d'Olivar Asselin et la place très particulière qu'il occupait, tantôt aux côtés, tantôt face à Henri Bourassa, au cours des événements rapportés dans ce livre.

Aux historiens militaires Jean-Pierre Gagnon et Desmond Morton dont les ouvrages, les conseils et les commentaires m'ont permis d'aborder, tant du côté canadien que du côté européen, les premières phases de la Grande Guerre sur lesquelles se clôt le dernier chapitre de ce premier tome.

Plusieurs de leurs collègues historiens m'ont également prodigué, à l'occasion, de précieux conseils et fourni des documents relatifs à l'une ou l'autre partie de cet ouvrage. Je nommerai tout particulièrement ici M. Jean de Bonville, Mme Louise Dechêne, Mme Micheline Dumont, M. René Durocher, M. Jean Hamelin, M. Yvan Lamonde, M. Roger LeMoyne, M. Daniel Pourchot, M. Pierre Savard, Mme Suzan Trofimenkof et M. Paul Wyczynski.

Avec la communauté des historiens, celle des archivistes et des bibliothécaires demeure certes l'une de celles envers laquelle j'aurai contracté la plus grande dette de reconnaissance. Je voudrais nommer ici Mme Marie Baboyant, autrefois attachée à la salle Gagnon de la Bibliothèque centrale de la ville de Montréal, qui m'a guidée avec une ferveur communicative dans l'exploration et la lecture des huit pieds linéaires du fond considérable laissé par Olivar Asselin. M. Jean-Pierre Chalifoux, M. François David et Mme Marie Léveillé, du Centre de recherche Lionel-Groulx spécialisé dans l'histoire du nationalisme canadien-français au xxe siècle. M. Michel Biron de la Bibliothèque nationale du Québec. M. Denis Chouinard des Archives de la ville de Montréal. MM. les abbés Grégoire Rioux et Léo Bérubé, archivistes retraités du Séminaire de Rimouski. Mme Florence Bertrand, c.n.d., archiviste de la Congrégation de Notre-Dame à Montréal.

Le personnel des Archives nationales du Canada et celui de l'annexe Aegedius Fauteux de la Bibliothèque nationale du Québec ont également droit à l'expression de ma gratitude pour les services diligents qu'ils m'ont procurés au cours des innombrables heures passées dans leurs murs.

Quant aux responsables des Archives de l'Ordre hospitalier des Frères de Saint-Jean-de-Dieu, ils feront l'objet d'une mention toute spéciale dans la seconde partie de cet ouvrage qui traitera notamment de l'engagement de leur Ordre, auprès d'Olivar Asselin, dans la fondation de l'Œuvre de la Merci.

Certains chercheurs autonomes et archivistes sans le titre m'ont amicalement fourni une aide inappréciable. Je veux témoigner ici de ma reconnaissance particulière à l'égard de Mme Anne Bourassa. Sa longue familiarité avec des sources privilégiées de notre histoire récente, jointe à une parfaite largeur de vue concernant l'objet de ma recherche (Olivar Asselin et Henri Bourassa ont connu de fréquents dissentiments) ont suscité mon admiration, tout autant que son extrême disponibilité ma gratitude.

M. Pierre Chalout, journaliste de «l'école Asselin», qui a mis à ma disposition une volumineuse documentation personnelle concernant la vie et l'œuvre du grand pamphlétaire, a également droit à toute ma reconnaissance. Outre ces importantes sources écrites, M. Chalout a bien voulu m'accorder plusieurs entrevues au cours desquelles il a évoqué, avec un indéniable talent de conteur, les polémiques et les épisodes les plus animés de cette vie aventureuse perpétuellement marquée du signe de l'humour.

Je dois également des remerciements chaleureux à M. Robert Dubé, chercheur autonome engagé dans un vaste relevé de contenu du journal *Le Canada*. À maintes reprises, M. Dubé m'a spontanément fourni des informations et mis sur la piste de documents importants pour ma recherche.

Certains membres de la famille Asselin et leurs proches m'ont aimablement accordé des entrevues dont la liste apparaît à la fin de cet ouvrage. Je tiens à leur exprimer toute ma gratitude. Parmi eux, Mme Raymonde Marchand-Paré a bien voulu accepter de me communiquer une intéressante correspondance échangée, au début du siècle, entre sa mère, Éva Le Bouthillier, et ses sœurs Alice et Éliza.

Me André P. Asselin devenu, en cours de rédaction de cet ouvrage, président de la Fondation Lionel-Groulx, m'a accompagnée tout au long de mes recherches et de la rédaction de la biographie de son illustre grand-père. Outre les albums de photographies familiales, Me Asselin a bien voulu mettre à ma disposition une volumineuse correspondance privée échangée, au cours de leurs années de vie commune, entre Olivar Asselin et sa femme Alice Le Bouthillier. Cet inestimable témoignage d'intérêt et de confiance m'a beaucoup touchée.

Je tiens à remercier aussi mes amis Mme Madeleine Ferron et M. Jean Cimon pour m'avoir maintes fois guidée sur les routes de Saint-Hilarion; Mme Yolande Simard-Perrault pour m'avoir permis d'évoquer la vie quotidienne dans Charlevoix au XIXe siècle; M. François Pelletier pour avoir rendu crédible et visible la traversée du Saint-Laurent, à la voile, à la même époque; M. René Dumont pour m'avoir initié au vocabulaire du bâtisseur; Mme Mimi Francœur et M. Jules Bélanger grâce à qui j'ai pu aisément reconstituer les origines de la famille Le Bouthillier en Gaspésie; Mme Marie-Andrée Beaudet et M. Gaston Miron pour m'avoir maintes fois entretenue des conditions de la création littéraire — et particulièrement de la poésie — à Montréal au début du siècle; Mme Jacqueline Saint-Aubin pour m'avoir fait connaître son grand-père, M. Hormidas Laporte, maire de Montréal de 1904 à 1906; et enfin, M. Matthieu Baillargeon, pour avoir suppléé aux lacunes de mes connaissances concernant la politique intérieure et militaire de la France, sous la IIIe République.

Mme Janine Boily-Pelletier, qui a bien voulu assumer le repérage du volumineux index onomastique de ce livre, ainsi que Mme Lizette Piché-Speight, qui s'est chargée de la mise au net des annexes, ont également droit à toute ma reconnaissance. M. Antoine Del Busso et le personnel des éditions Fides m'ont aussi fourni une aide technique importante dans la réalisation de mon travail. À toutes et à tous, je désire réitérer mes remerciements les plus sincères.

Cette longue liste de témoignages ne saurait se clore sans une mention toute spéciale à l'égard de la journaliste Mme Renée Pelletier-Rowan, longtemps attachée au *Devoir* et récipiendaire du prix Olivar-Asselin 1990 de la Société Saint-Jean-Baptiste de Montréal. Sans sa collaboration ininterrompue, critique et intelligente, ce manuscrit n'aurait jamais connu la forme définitive qu'impose aux écrivains d'aujourd'hui la révolution informatique des dernières décennies.

Gratitude enfin à l'égard de Jacques Baillargeon, confident assidu des exaltations comme des perplexités suscitées, au cours des années, par cette recherche. Son soutien discret m'a permis de conserver l'espoir de la pouvoir mener à bien jusqu'à ce jour.

Hélène PELLETIER-BAILLARGEON
Percé, août 1996

Première partie

L'ÉCOLE DE LA VIE

Chapitre I

LE FILS DU TANNEUR

Du haut de la place de l'église où je fis mon apparition un dimanche après-midi en robe blanche pour y être baptisé et qui est le point le plus élevé de la partie habitée de Charlevoix, l'œil apercevait la mer blanche sous une lune blanche, par-delà l'éboulis graduel des montagnes. Et entre ces deux blancheurs, une clameur immense comme l'annonce d'une tempête. Un soir d'hiver sans neige. J'étais ému, travaillé; j'avais presque peur. J'ai couché chez une cousine, dans une maison basse et vaste comme la plupart de celles de ce pays, après avoir été visiter la vieille maison paternelle.

(Lettre d'Olivar Asselin
à sa femme Alice, le 30 octobre 1904)

Novembre 1874. Figé par le froid, Saint-Hilarion attend la neige. Au petit matin, les ornières durcies des chemins sont tendues d'une glace fine que les sabots des chevaux pulvérisent avec un bruit cristallin. Un soleil bas ravine d'ombre les champs désertés. Les labours d'automne sont terminés. Dans les granges et les maisons, le long des boisés dépouillés, on besogne par petits groupes aux travaux d'hivernement. Bientôt, le bois sera rentré et si le froid persiste, il sera temps de faire boucherie.

Ce dimanche 8 novembre, les travaux sont interrompus. Les villageois sont rentrés chez eux après la grand-messe et les habitants des rangs sont retournés vers les montagnes dans leurs calèches brinquebalantes. Longtemps après le repas de midi, depuis le coteau dominant où s'élève la chapelle paroissiale, les cloches se sont mises à résonner au plus loin dans le cirque des montagnes.

Ces cloches tardives, chacun le sait, c'est Rieule Asselin qui les fait sonner en l'honneur de son troisième garçon qu'on baptise aujourd'hui sous le nom de Joseph-François-Olivar.

Rieule Asselin, fils de Joseph Asselin et de Sophie Warren, de la Malbaie, cultivateur et tanneur, marguillier et maire, est un personnage considérable à Saint-Hilarion, village de 950 âmes du comté de Charlevoix. Rieule Asselin : un vieux « rouge » de réputation qui, en qualité de notable, connaîtra de nombreux démêlés avec le curé Jean-Baptiste-Ignace Langlais auquel il lui arrivera de tenir tête. Contrairement à bien d'autres, Rieule Asselin sait lire et écrire. Il reçoit même chez lui des gazettes de Québec dont les titres font déjà grincer les dents du pasteur qui est en même temps maître de poste.

Tandis que le soleil décline déjà vers la rivière du Gouffre, la petite cohorte familiale se met en route vers l'église paroissiale. Elle part du coteau où Rieule Asselin a installé sa famille dans une bonne maison de bardeaux de cèdre possédant cave et bâtiments. Les rideaux s'écartent sur leur passage. Les voisins sortent sur les perrons crier leurs vœux de santé à l'enfant et à la mère demeurée à la maison avec la sage-femme. La mère, c'est Adèle-Cédulie Tremblay, fille de Jean-Baptiste-à-Bénoni Tremblay et de Sophie Gobeil, de la Malbaie. Elle est l'épouse en troisièmes noces de Rieule Asselin. Une femme qui a de l'instruction et des convictions. Et qui, surtout, lui a donné les enfants si longtemps attendus. C'est elle, aussi bien que Rieule, qui a choisi pour son quatrième enfant ce nom inusité, fait d'une étrange contraction d'Olivier et de Bolivar, le grand libertador latino-américain. Mais en 1874, un parfait inconnu à Saint-Hilarion-de-Charlevoix.

Déjà, le curé Langlais avait eu du mal à se faire à ce prénom breton et païen de Rieule, hérité sans doute de lointains ancêtres celtiques des côtes atlantiques de France. Et pour ajouter à sa perplexité aujourd'hui : Olivar. Un bébé chétif dont on peut se demander s'il vivra assez pour illustrer un nom pareil. Narcisse Lajoie, le parrain, et Sophie Gobeil, la marraine, s'en portent garants. Précipitation ? Manque de rigueur orthographique ? Désapprobation mal dissimulée ? Dans le registre, le curé Langlais estropie au passage les prénoms du père et de l'enfant : « Rieule » devient « Réhule » et « Olivar » est flanqué d'un « e » final. Qu'importent erreurs ou tracasseries : le troisième fils du « rouge » naît, comme il souhaitera mourir, « catholique et romain comme mes pères[1] ». Des pères et des grands-pères paysans qui, depuis la nuit des temps, savaient, dit-on, se tenir debout devant les pouvoirs réunis du trône et de l'autel.

Du moins Olivar, parvenu à l'âge où l'on devient féru de racines et de généalogie, trouvait-il réjouissant entre tous ce récit tiré de l'*Histoire de la conquête de l'Angleterre par les Normands*, par Augustin Thierry, où s'était illustré l'un de ses ancêtres, « Asselin fils d'Arthur » :

L'inhumation du grand chef, du fameux baron [Guillaume le Conquérant*] comme disent les historiens de l'époque, ne s'acheva point sans de nouveaux incidents. Tous les évêques et abbés de la Normandie s'étaient rassemblés pour la cérémonie ; ils avaient fait préparer la fosse dans l'église, entre le chœur et l'autel ; la messe était achevée, on allait descendre le corps lorsqu'un homme sortant du milieu de la foule, dit à haute voix : « Clercs, évêques, ce terrain est à moi, c'était l'emplacement de la maison de mon père ; l'homme pour lequel vous priez me l'a pris de force pour y bâtir son église. Je n'ai point vendu ma terre, je ne l'ai point engagée, je ne l'ai point fortaite, je ne l'ai point donnée ; elle est mon droit, je la réclame. Au nom de Dieu, je défends que le corps du ravisseur y soit placé, et qu'on le couvre de ma glèbe. » L'homme qui parla ainsi se nommait *Asselin, fils d'Arthur***, et tous les assistants confirmèrent la vérité de ce qu'il avait dit. Les évêques le firent approcher et, d'accord avec lui, payèrent 60 sous pour le lieu seul de la sépulture, s'engageant à le dédommager équitablement pour le reste du terrain. Le corps du roi était sans cercueil, revêtu de ses habits royaux, lorqu'on voulut le placer dans la fosse qui avait été bâtie en maçonnerie, elle se trouva trop étroite ; il fallut forcer le cadavre et il creva. On brûla de l'encens et des parfums en abondance, mais ce fut inutilement ; le peuple se dispersa avec dégoût, et les prêtres eux-mêmes précipitant la cérémonie, désertèrent bientôt l'église[2].

Quoi qu'il en soit de la lointaine parenté d'Olivar avec « Asselin, fils d'Arthur », trois paysans normands émigrèrent bel et bien à tour de rôle en Nouvelle-France sous le nom « d'Asseline », au milieu du XVIIe siècle. Tous trois étaient originaires de Braquemont, petit village situé sur la Manche, à une lieue de Dieppe, juste à l'embouchure de l'Arques, dans le département de la Seine inférieure. David, fils de Jacques Asseline et de Cécile Olivier, se fait appeler « Asselin » dès son arrivée au pays, et signe de ce nom ses premiers contrats dont celui, en qualité de témoin, du mariage de son frère cadet, Jacques, qui l'a précédé de quelques années en Nouvelle-France. David Asselin s'installe provisoirement à Château-Richer, sur la côte de Beaupré, près de Notre-Dame du Petit Cap, traverse ensuite à l'Île d'Orléans où, un peu plus tard, vers 1666, il acquerra une terre à Sainte-Famille, dans la seigneurie de Lirec. Veuf en premières noces de Catherine Baudart, David Asselin retraversera en France, y épousera Marie Houden et reviendra faire souche à l'Île d'Orléans[3].

Dans ses années de maturité, Olivar entretiendra une volumineuse corres-pondance avec son ami Pierre-Georges Roy*** pour localiser avec exactitude la

---

* Duc de Normandie né à Falaise en 1027 et mort à Rouen en 1087. Conquit le trône d'Angleterre en 1066 en remportant la bataille d'Hastings, illustrée par sa femme, la reine Mathilde, dans une tapisserie célèbre conservée à Bayeux.

** Souligné par nous.

*** *Pierre-Georges Roy* (1870-1953) historien et archiviste né à Lévis. Fondateur et directeur du *Bulletin de recherches historiques*. Archiviste de la province de Québec, conservateur du Musée

maison de son ancêtre David et en faire photographier les murs décrépits. Loin de dissimuler ses origines paysannes, Olivar, à l'instar de nombreux intellectuels de son époque, y verra la source maîtresse de l'identité nationale à laquelle il consacrera ultérieurement le plus clair de ses combats politiques :

> Mon ancêtre David Asselin s'établit dans l'Île d'Orléans, en face de Québec, en 1650 ; aucun de ses descendants n'a quitté le Québec depuis. Né à Saint-Hilarion, dans le comté de Charlevoix, en 1874, je suis comme eux Canadien pure laine[4].

Côté maternel, Olivar n'a pas moins de raisons de se montrer fier de ses origines. Cédulie Tremblay appartient à l'une des plus prolifiques lignées de la Nouvelle-France, celle de Pierre Tremblay. Et les Tremblay, bien que simples colons à l'origine, peuvent à bon droit revendiquer la seigneurie des Éboulements comme le berceau de leur famille[*]. Si l'on ne compte plus, parmi eux, la foule anonyme des premiers pionniers et agriculteurs de Charlevoix, du Saguenay et du Lac-Saint-Jean, on trouve, à chaque génération, une récurrence de Tremblay qui se sont illustrés comme journalistes, voyageurs et chroniqueurs. Gens de canot, gens de charrue et gens de plume ont tous en commun un goût marqué pour la liberté et les grands espaces.

Chez les Tremblay, comme chez les Asselin, depuis le soulèvement des Patriotes de 1837 et 1838, chaque génération compte aussi ses « rouges ». La réputation qui précédait sans doute Rieule Asselin à Baie-Saint-Paul, lorsque, pour la troisième fois, il s'est amené pour chercher à prendre femme dans sa paroisse d'origine, n'avait donc rien pour inquiéter Adèle-Cédulie Tremblay. Leur mariage avait été célébré le 13 février 1868. Dans la plus stricte intimité, puisqu'il s'agissait d'un veuf.

Les malheurs répétés de Rieule Asselin avaient d'ailleurs tout pour toucher un cœur de femme. Le pionnier de Saint-Hilarion était, en effet, veuf en premières noces de Délima Gravel qu'il avait épousée en 1862 aux Éboulements. La jeune femme était morte prématurément sans lui avoir donné d'enfant, au cours des années difficiles qui avaient suivi l'érection de la paroisse de Saint-Hilarion[**]. C'était à l'époque où les colons vivaient encore nombreux, plus au nord, autour du poissonneux lac à la Mine. Là où, dès le début de leur installation, adossés à une riche forêt, ils avaient trouvé un accès immédiat à un point d'eau abondant : l'eau

---

du Québec. Spécialiste de l'Ancien Régime, il est l'auteur d'innombrables monographies de familles et de paroisses.

* L'ancêtre Pierre Tremblay était originaire de Randonnai dans la province du Perche (département actuel de l'Orne). C'est son fils Pierre, né à Québec, qui devint le premier seigneur-cultivateur des Éboulements.

** Le décret canonique érigeant la desserte de Saint-Hilarion en paroisse a été émis le 24 mars 1860 par Mᵍʳ Charles-François Baillargeon, troisième archevêque de Québec.

et l'écorce de la pruche, conditions essentielles à l'exercice du métier de tanneur. À l'instar de plusieurs de ses ancêtres, Rieule l'exerçait sur place, près du petit lac aux eaux claires entouré de quenouilles, d'épilobes et de kalmia rose. Le métier de tanneur s'exerce rarement seul. Rieule a sans doute dirigé là un petit atelier artisanal comportant quelques engagés. Peut-être même un cordonnier et un sellier transformant sur place, en chaussures pour les hommes et en harnais pour les chevaux, les peaux que les cultivateurs lui avaient confiées après l'abattage de leurs bêtes.

Un maître-tanneur qui exerce simultanément le métier de cultivateur ne peut guère s'attarder dans les regrets du veuvage. Avant d'entreprendre seul l'hiver de 1866, Rieule était reparti vers la Malbaie recevoir, cette fois, la main de mademoiselle Flavie Bellay. Six mois après, âgée seulement de dix-sept ans, Flavie disparaissait, comme on dit, « dans la fleur de l'âge ». Rieule l'avait fait inhumer à flanc de coteau (car c'était l'hiver) dans le caveau du cimetière de Saint-Hilarion. Des années après, depuis la galerie de sa maison qui fait face au jardin des morts, le tanneur a parfois une pensée teintée de mélancolie et de repentance pour la femme enfant qu'il avait précocément enlevée à son village de bord de mer, pour lui faire partager sa rude existence. Désormais, Flavie repose, loin des siens, au milieu des montagnes violettes de Saint-Hilarion. Une croix de bois noir portant leurs deux noms marque l'emplacement de sa petite tombe.

Belle, robuste, féconde et entreprenante, Adèle-Cédulie Tremblay, qu'il avait épousée deux ans après, le 28 janvier 1868, était venue secouer le foyer désert. Plus jeune et plus instruite que Rieule, elle lui avait rapidement donné des enfants et rêvait de faire instruire les plus doués. Oscar était né en novembre de la même année, suivi, après trois ans d'attente, de Raoul, en 1871, d'Amanda, en 1873, et aujourd'hui d'Olivar. Ces naissances tant attendues avaient comblé Rieule. La mort, cette gueuse qui avait si durement frappé au cours de sa vie, il la tiendrait désormais en échec.

Rieule avait aussitôt porté son ber tout à côté de leur lit, près de la cloison qui jouxtait la cuisine où ronflait le poêle bourré de bouleau et de merisier. Les aînés dormaient maintenant ensemble, sur des paillasses de foin odorant, dans la petite chambre mansardée où la chaleur montait par un escalier de bois étroit. Les soirs de veillée, les enfants se faufilaient en chemise sur les premières marches, pour épier les propos des adultes, tandis qu'Olivar dormait à côté au son du violon. Tout cela, en dépit des travaux et des mauvaises récoltes, prenait, à certaines heures, les apparences du bonheur.

Sage-femme, belles-sœurs et voisines trouvaient au chétif Olivar l'air déterminé qu'à leur regard vif et à leurs petits poings serrés, on voit d'ordinaire aux bébés décidés à vivre. Olivar, promettaient-elles à Rieule, serait de ceux-là. Son développement devint le souci de toute la famille. Cédulie professait des théories très strictes sur la santé et l'hygiène. Chaque semaine, hiver comme été, les enfants étaient vigoureusement brossés, poncés et savonnés dans une cuve où Cédulie, jupe et jupons troussés, transportait vaillamment depuis le poêle des seaux d'eau bien chaude. Ainsi faisait-on dans sa famille de la Malbaie. Elle leur faisait même brosser les dents à l'aide de branchettes de bois vert tronçonnées dont elle échiffait les extrémités à l'aide d'un couteau.

Les lettres de guerre et les chroniques agricoles rédigées par Asselin porteront, plus tard, le souvenir des principes maternels en matière d'hygiène. Si le souci de la propreté devait confiner au dandysme chez l'homme fait, il est certain qu'en son temps, la puériculture de Cédulie avait porté fruit. Des quatorze enfants Asselin, seule la petite Auréa décédera en bas âge à Sainte-Flavie, en 1891. Un record pour l'époque. Mais dans les campagnes, la mortalité infantile ne sévit pas avec la même cruauté qu'en ville où elle se trouve constamment exacerbée par les carences de l'hygiène publique, les épidémies, la promiscuité et la malnutrition qui affligent les quartiers populaires.

Olivar vivra donc, en dépit de sa petite taille et de sa complexion nerveuse. Ses traits délicats, ses pieds menus, son éveil précoce en font la coqueluche de ses frères et sœurs. C'est un enfant choyé qui, devenu gamin, ne craindra pas de monter sur ses ergots et de faire le coq de village au milieu de garçons plus grands et plus forts que lui. Mais que l'on retrouve, la minute d'après, se déguisant et faisant mille pitreries avec ses sœurs qu'il adore. Car, peu après lui, se sont succédé dans le ber, Marie-Caroline en 1876 et Charles-Aurélien en 1878. Personne mieux qu'Olivar n'excelle à faire rire et à inventer des histoires. Quand il disparaît, on se met aussitôt à sa recherche. On le retrouve seul dans la grange, hissé sur une poutre, perdu dans une étrange méditation. Ou encore à la lucarne du grenier mal chauffé. Olivar s'est dégagé une lunette en faisant fondre, de sa paume chaude, le givre sur la vitre. Il contemple on ne sait quoi par delà le cirque des montagnes. Son regard gris, tantôt pétillant d'espièglerie, est voilé de mélancolie. Il ne répond pas tout de suite quand on l'appelle. Il redescend sur terre comme d'un rêve. Seuls dans leur lit le soir, Rieule et Cédulie conviennent qu'Olivar est un enfant à part. Intelligent, précoce, mais à part. Et qu'il faudra garder à l'œil.

Escapades oniriques exceptées, Olivar connaît l'enfance frugale et besogneuse de tous les enfants paysans de famille nombreuse. Comme ses frères et sœurs, à peine tient-il debout sur ses jambes qu'il est affecté au triage des haricots, aux soins de la basse-cour, au foulage de la flanelle, à la cueillette des petits fruits, au remplissage du coffre à bois.

À Saint-Hilarion, comme dans toute cette région aux étés si courts, les récoltes sont peu abondantes et les familles nombreuses. L'artisan et l'habitant y pratiquent bien davantage le troc que la vente. L'argent sonnant est rare. Le bien-être que l'on trouve dans certaines fermes ne peut être que le fruit de l'industrieuse autarcie familiale.

L'entreprise agricole qui convoite un peu d'aisance est aussi celle qui vise à l'autosuffisance. Celle qui sait résister à l'attrait du magasin général et des colporteurs qui sillonnent alors les campagnes, fussent-elles aussi éloignées que Saint-Hilarion-de-Charlevoix. Au magasin général (alors propriété de l'omniprésent curé Langlais), on trouve, outre les denrées de première nécessité (sucre, thé, mélasse, semences), des cotonnades attrayantes, des outils, des ustensiles pratiques, des « nouveautés » de toutes sortes.

Les catalogues des grands magasins, il est vrai, ne feront leur apparition dans les campagnes qu'aux environs de 1880. Mais déjà, la tentation est grande de céder à la facilité du préfabriqué. Le couple avisé est celui qui sait assurer la survie et le confort de la famille par sa propre activité et sans bourse délier.

Rieule Asselin sèmera donc du lin et tondra des moutons pour approvisionner le métier à tisser et le rouet de Cédulie. Il sèmera du blé qu'il ira faire moudre au moulin communal pour se procurer sa farine et son pain. Avec la paille, Cédulie, ses belles-sœurs et ses voisines tresseront des chapeaux et des paniers, l'hiver venu. Pour ces récoltes multiples (il ne faut pas oublier le fourrage des bêtes), le couple doit amener aux champs les enfants plus jeunes. Cédulie les assoit ensemble sur une catalogne posée à même le sol avec quelques hochets de son invention et se met à l'ouvrage avec Rieule, lorsque ce dernier n'est pas requis à la tannerie. Progressivement, les aînés prennent en charge les plus jeunes ou vont rejoindre le père pour se mettre très tôt à l'école des cent métiers de la ferme. Oscar, l'aîné, ressent précocément cette attirance et se détache du petit groupe de ses cadets insouciants qui rient des facéties d'Olivar.

À la mi-septembre 1875, la récolte s'annonce désastreuse : une tempête de neige surgit à l'improviste et couche à plat les céréales. En 1876, le doryphore de la pomme de terre fait sa sinistre apparition dans les champs de Saint-Hilarion... Une fillette s'égare toute une nuit dans les bois durant la saison des bleuets. Le glas sonne à l'église pour un garçonnet encorné par un taureau furieux. Le violoneux est amputé d'un orteil et les mauvaises langues prétendent qu'il est puni par où il a péché, tellement il a cogné du pied dans les veillées[5]. Petites misères et grands drames se succèdent autour d'Olivar sans entamer, semble-t-il, le souvenir d'une enfance heureuse et sans histoire. Mais la détermination constante des siens pour tenir en échec la maladie, la mort et la pauvreté laisseront en lui des traces inconscientes et durables. Quand il parlera plus tard du « peuple », quand il prendra parti pour lui contre l'arrogance et la suffisance des pouvoirs, c'est à la foule anonyme de ces lutteurs modestes qu'il songera d'abord. Il n'oubliera jamais qu'il est sorti de leurs rangs : ses imprécations de pamphlétaire coucheront alors sur la page blanche les plus forts accents des colères paternelles.

Olivar n'a que deux ans lorsque Rieule est appelé à vivre, à Saint-Hilarion d'abord, puis jusque devant les tribunaux de la Malbaie, le plus rude de ses affrontements avec le curé Langlais. Mais la tradition orale est tenace à la fin de ce siècle. La radio et la télévision ne viennent pas encore distraire femmes et hommes de la lente rumination de leurs passions et de leurs révoltes. Chez les Asselin, durant toute l'enfance et l'adolescence d'Olivar, jamais on ne cessera de se remémorer, le soir sous la lampe, les coups d'éclat de l'affaire de « l'influence indue » du clergé, à laquelle le marguillier de Saint-Hilarion s'était trouvé directement mêlé, en 1876, à l'occasion d'une élection partielle fédérale demeurée célèbre.

C'était une époque où il ne faisait pas bon s'afficher « rouge » dans un village isolé du Québec. L'abbé Langlais, curé autoritaire et imbu d'esprit ultramontain*, y contrôlait simultanément la vie paroissiale, le magasin général et le bureau de poste. Telle était la situation de Rieule Asselin lorsqu'à l'élection partielle de 1876, il prend ouvertement parti pour le candidat libéral Pierre-Alexis Tremblay. À « Pit » Tremblay, les conservateurs ont décidé d'opposer nul autre que sir Hector Langevin, père de la Confédération, compagnon-chevalier de l'Ordre royal du Bain, chevalier-commandeur de l'Ordre pontifical de saint Grégoire le Grand, membre du Conseil privé de la reine Victoria à Londres et ancien ministre à Ottawa[6]!

Rieule n'est pas le seul, dans Charlevoix, à soutenir la candidature du fils du pays contre celle du notable parachuté par les « bleus ». Né à Chicoutimi, « Pit »-à-Alexis Tremblay est, à quarante-neuf ans, arpenteur de son métier, journaliste à ses heures et grand admirateur d'un certain Victor Hugo, défenseur des petites gens. Il a été également rédacteur au *Canadien*, au *National* et à *L'Événement*. Il ne manque pas non plus d'expérience politique. Déjà en 1865, sous l'Union, on le retrouve député de Chicoutimi aux Communes. Après la Confédération et à l'époque où les députés peuvent cumuler deux mandats, il ajoute à sa charge de représentant du comté de Chicoutimi à Ottawa celle de député à l'Assemblée législative de Québec, charge qu'il assume de 1867 à 1874. Mais avant tout, le candidat libéral se présente comme défenseur des habitants de l'arrière-pays, injustement tenus en lisière de la riche forêt charlevoisienne par les droits de coupe exclusifs du Séminaire de Québec et de son sous-traitant occasionnel, l'omnipotent sir William Price. Fort de son autorité morale (il sera deux fois réélu maire et marguillier), Rieule a bon espoir d'amener des appuis importants à « la cause du peuple » à Saint-Hilarion, en y faisant élire son candidat.

---

* Par opposition aux gallicans favorables à une Église nationale pour une France devenue républicaine, les ultramontains demeuraient les partisans inconditionnels de la tradition catholique romaine dont le Souverain Pontife était le seul interprète autorisé. Au Québec, les ultramontains étaient surnommés les « castors ». Politiquement, ils se regroupaient au sein du Parti conservateur.

Sir Hector Langevin ne part donc pas gagnant. Il a d'ailleurs subi quelques défaites électorales assez humiliantes pour que les « bleus » l'expédient au plus loin, par les mauvais chemins de Charlevoix, afin de mériter son élection. Mais ils ne l'expédient pas seul, en haut-de-forme et bottines vernies, dans les pâturages accidentés et venteux de son nouveau comté. À cinquante ans bien sonnés, sir Hector arrive flanqué d'un jeune organisateur qui n'a pas fini de faire parler de lui. Petit notaire de vingt-huit ans, légèrement bègue, à peine sorti de son étude juridique de Saint-Lin-des-Laurentides où il avait Mᵉ Wilfrid Laurier pour associé, Israël Tarte a la politique et le journalisme chevillés au corps. En dépit de son jeune âge, il a été propulsé rédacteur en chef du *Canadien*, fameux journal de combat fondé au début du siècle par Pierre Bédard, et qu'il a reconverti, pour les besoins électoraux de l'heure, en organe conservateur et d'allégeance ultramontaine. À la rédaction du *Canadien*, la présence du fougueux et mystique Jules-Paul Tardivel* donne un semblant de légitimité à cette étrange conversion. Mais pour l'instant, le futur bras droit de sir Wilfrid Laurier entend, tout au contraire, faire élire son candidat conservateur à l'aide de l'imparable syllogisme ultramontain si bien rappelé, dix jours après l'élection, par Mᵍʳ Bourget, dans une lettre pastorale du 1ᵉʳ février 1876 consacrée au libéralisme : « Celui qui écoute le Prêtre écoute l'Évêque, et celui qui écoute l'Évêque écoute le Pape, et celui qui écoute le Pape écoute Jésus-Christ[7] »...

Contrairement à sir Hector Langevin, qui se révèle un candidat un peu terne, Israël Tarte a beaucoup de verve. C'est un esprit pétillant, un potinier mondain qui camoufle un organisateur machiavélique. Il possède, semble-t-il, le don d'ubiquité. Tandis que sir Hector roule ses longues tirades devant des assemblées respectueuses et ennuyées, Tarte est partout : dans les forges, les moulins, les magasins généraux, les basses-cours des marguilliers influents, dans les cuisines des presbytères où peu de curés résisteront à l'appel lancé contre l'Antéchrist réincarné dans le Parti libéral. Tarte est par monts et par vaux. Il subjugue, il sème le doute et l'inquiétude. Il ravive de vieux contentieux refoulés depuis l'Acte d'Union.

D'un côté, le parti « rouge » : s'y retrouvent, inspirés par l'idéal de liberté, d'égalité et de fraternité de la France républicaine et laïque, bien des fils isolés des Patriotes défaits. De l'autre, le parti « bleu » où, quoique protestants, les conservateurs anglais maintiennent l'ordre établi à leur avantage. Pour ce faire, ils multiplient les bons offices à l'égard d'une haute hiérarchie d'Église trop heureuse, non seulement de protéger sa liberté de culte, mais encore d'accroître ses pouvoirs

---

* Jules-Paul Tardivel, véritable apôtre laïque de l'ultramontanisme, fondera en 1981 son propre journal, *La Vérité*. Dans *Pour la patrie* (1895), il prônera l'avènement d'un État québécois indépendant et théocratique.

exclusifs en matière d'enseignement et d'encadrement socioculturel des populations catholiques.

En cette fin du XIXᵉ siècle, le pouvoir clérical, où s'illustrent les hautes figures ultramontaines de Mᵍʳ Bourget à Montréal et de Mᵍʳ Laflèche à Trois-Rivières, connaît une apogée. Le comté de Charlevoix appartenant encore au diocèse de Rimouski, Israël Tarte aura beau jeu de promener son « poulain » parmi les cures de Charlevoix en le présentant comme « le frère de Mᵍʳ de Rimouski et de son Grand Vicaire » (des Langevin tous les trois).

« Pit » Tremblay n'a rien d'aussi avantageux à fournir en matière de références épiscopales. Tout au contraire, Tarte utilisera-t-il contre lui des familiarités et des compagnonnages suspects. Tel celui de cet autre « rouge », le journaliste franc-tireur Arthur Buies, qui, quelques années auparavant, était allé combattre en Italie sous la bannière républicaine de Garibaldi. Un adversaire, donc, du pape en personne, assiégé dans ses États pontificaux et défendu par les zouaves canadiens ! Si la réputation de Garibaldi évoque peu de réminiscences historiques chez les habitants de Saint-Hilarion, en revanche elle achève d'exalter l'éloquence fulminante du curé Langlais et de certains de ses collègues contre le candidat des « rouges ». Tremblay riposte avec les moyens du bord. Il rend aussitôt publiques des lettres d'appui d'ecclésiastiques réputés dans les milieux de la Vieille Capitale, tels les abbés Octave Audet, Pierre Sax et Louis-Honoré Paquet.

Durant les prêches dominicaux qui précèdent l'élection hivernale de 1876, par la voix tonnante des curés Savard, Sirois, Fafard, Roy, Tremblay et Langlais, la phrase historisque tombe néanmoins du haut des chaires comme un couperet : « Le Ciel est bleu, l'Enfer est rouge ! » Des centaines de partisans de « Pit » Tremblay, atterrés, sortent du prêche retournés comme des mitaines dans leur intention de vote. Le 20 janvier, sir Hector Langevin est élu député de Charlevoix. « Pit » Tremblay, Rieule Asselin et leurs fidèles supporteurs sont d'autant plus révoltés par l'outrecuidance de la manœuvre qu'ils sont eux-mêmes, pour la plupart, des catholiques pratiquants.

Le premier choc passé, ils décident de contester les résultats d'une élection « volée », selon eux, principalement par le chantage et l'intimidation du clergé de Saint-Hilarion, de Saint-Fidèle et de Saint-Urbain. S'appuyant sur la loi fédérale de 1875, ils en appellent aux tribunaux pour cause « d'influence indue ». Rieule Asselin est du nombre des contestataires et sera cité comme témoin à charge au procès de la Malbaie. Procès qui devra cependant attendre l'été, à cause de l'état impraticable de la plupart des routes du comté et de l'interruption de la navigation fluviale durant l'hiver. Le printemps venu, avocats et magistrats se déplaceront par bateau, depuis Québec, avec perruques, toges et épitoges pour venir juger de l'affaire à la Malbaie.

Car, de locale, l'affaire de « l'influence indue » dans Charlevoix a pris des proportions nationales. Deux grandes familles d'esprits vont s'opposer avec férocité devant le juge Adolphe-Basile Routhier[*], d'allégeance conservatrice et ultramontaine reconnue. Son accession récente à la magistrature de la Cour supérieure passe, en effet, pour une récompense politique consécutive à sa propre défaite électorale survenue, trois ans auparavant, dans le comté de Kamouraska, sous les couleurs conservatrices.

Du côté « rouge », Pierre-Alexis Tremblay s'est cependant choisi un avocat de talent et de grand renom : François Langelier, de Saint-Hyacinthe, petite ville proche de la vallée du Richelieu où la tradition patriote est demeurée bien vivante. Éminent professeur de droit à l'Université Laval, François Langelier jouit d'une excellente réputation chez les « rouges ». Il compte, parmi ses amis, Honoré Mercier, futur premier ministre du Québec, et surtout le sénateur montréalais Hector Fabre, directeur-propriétaire de *L'Événement* de la rue Buade, à Québec, journal progressiste auquel collabore Pierre-Alexis Tremblay et qui mène une concurrence vigoureuse au *Canadien* d'Israël Tarte.

Hector Fabre, personnage pondéré, est, de son côté, un homme dont le talent et les options confortent les espoirs des partisans de Tremblay. Il est aussi le frère du nouvel évêque de Montréal, Mgr Édouard-Charles Fabre, qui vient tout juste de prendre la succession de l'ultramontain Ignace Bourget. Les deux Fabre sont montréalais de naissance. Leur père, disciple de Papineau, libraire et défenseur reconnu des déportés de la Rébellion, a été maire de Montréal de 1849 à 1851. Malheureusement pour les libéraux, et en dépit d'antécédents familiaux identiques, Mgr Fabre appartient à une tout autre famille d'esprits que son frère journaliste ! C'est, le panache en moins, un ultramontain tout aussi convaincu que son prédécesseur et qui doit son accession au siège épiscopal de Montréal à la certitude qu'on avait, parmi l'influent clergé montréalais, de lui voir poursuivre la politique de son spectaculaire devancier.

Aussi, lorsque maître François Langelier entreprendra sa plaidoirie, Hector Fabre, qui entend faire de son journal un organe d'information, pourra certes la répercuter mot à mot dans *L'Événement* de Québec, répondant ainsi du tac au tac aux insinuations malveillantes et calomnieuses du *Canadien* d'Israël Tarte. Mais quand Mgr Fabre de Montréal aura pris connaissance de la teneur du procès par les comptes rendus et les éditoriaux de son frère, rien n'est moins assuré qu'il en tirera les mêmes conclusions avantageuses pour les partisans de Tremblay. La partie s'annonce serrée.

---

* Poète à ses heures, écrivain prolifique, le juge Routhier composa les strophes de ce qui allait devenir plus tard l'hymne national canadien sur une musique de Calixa Lavallée, le *Ô Canada*.

Enfin, dernière pièce importante sur l'échiquier : le jeune archevêque de Québec, Mgr Elzéar-Alexandre Taschereau, descendant des premiers seigneurs de Beauce. Homme de haute culture européenne, théologien et docteur en droit, supérieur du Grand Séminaire, professeur, puis recteur de l'Université Laval, Elzéar-Alexandre Taschereau s'est acquis une réputation de protecteur des arts et des lettres. Les ultramontains sont enclins parfois à le classer parmi les évêques « libéraux » qu'ils jugent un peu trop empressés de « rendre à César ce qui est à César ».

Leurs craintes ne sont pourtant pas fondées. Mgr Taschereau est lui-même l'auteur d'une lettre pastorale collective du 22 septembre 1875 fustigeant le libéralisme, lettre lue dans toutes les églises et qu'il n'a jamais reniée. Bien au contraire. La commentant l'année suivante, le 11 février 1876, dans une lettre au curé P. Patry, de Saint-Pascal, il écrit : « J'ai beau lire et relire ce dernier mandement, je ne puis regretter de l'avoir écrit tel qu'il est. » Et il ajoute : « [...] la situation est grave, précisément parce que le libéralisme est *subtil et tente de se faufiler comme un serpent** »[8]. On ne saurait mieux cautionner la position ultramontaine.

Aussi, son mandement suivant, du 25 mai 1876, loin de répudier le premier texte, donne des directives claires mais pondérées : Monseigneur de Québec veut empêcher que l'on se serve du texte épiscopal *uniquement* contre les libéraux. Cette importante nuance indisposera fort les ultramontains qui accuseront, bien à tort, l'archevêque de courtiser secrètement les thèses libérales.

François Langelier aborde donc sa cause avec de fragiles cautions morales : le parti pris de *L'Événement* d'informer correctement ses lecteurs et l'appui discret de quelques abbés connus. L'espoir des partisans de Tremblay de voir les curés de Charlevoix semoncés à leur tour pour leur ingérence politique demeure bien mince.

Tandis qu'au *Canadien*, pour mieux justifier les directives électorales des curés, Tarte se répand en propos méprisants à l'endroit des électeurs ignorants et bornés de Charlevoix, Hector Fabre, de son côté, s'applique plutôt à publier in extenso dans *L'Événement* les témoignages de petites gens qui mettaient le doigt sur la plaie dont souffrait notre société catholique ; de petites gens qui sortaient de l'anonymat pour y retourner l'instant d'après. Tel ce marguillier en charge (et ex-maire)** de la paroisse de Saint-Hilarion[9]. Voici en quels termes *L'Événement* du

---

* Souligné par nous.

** Près de 175 témoins comparurent dont une dizaine de paroissiens de Saint-Hilarion, le maire Rieule Asselin et l'instituteur Zéphirin Bergeron en tête. Rieule Asselin a été élu maire de Saint-Hilarion pour un premier mandat, de 1868 à 1874, et pour un second mandat en 1879, mandat brusquement interrompu par le départ de sa famille pour Sainte-Flavie de Rimouski en 1880.

30 août 1876, sous la signature du sénateur-journaliste Hector Fabre, commente le témoignage empreint de fermeté et de dignité du père d'Olivar :

> Nous avons publié hier le témoignage donné, dans l'instruction de l'affaire de Charlevoix, par M. Risule [sic] Asselin, marguiller [sic] en charge de la paroisse de St. Hilarion. Ce témoin est un homme fort intelligent, et sa déposition est des plus fortes. En vain l'avocat de M. Langevin a cherché dans le contre-interrogatoire à jeté (sic) de la confusion dans son récit. Le témoin est resté ferme et a maintenu ses dires.
>
> Ce témoignage suffirait, à notre sens, pour faire invalider l'élection. Il est concluant et complet ; il a fourni une image complète de l'élection. C'est bien ainsi évidemment que les choses ont dû se passer à peu près dans toutes les paroisses ; les variantes n'altèrent pas le fond des choses.
>
> Le système suivi et qui a porté M. Langevin au pinacle, est d'une merveilleuse simplicité en même temps que d'un effet foudroyant. Il consiste à présenter M. Tremblay [le candidat libéral] comme un émissaire de Garibaldi [le chef des armées italiennes contre les zouaves pontificaux] et M. Langevin comme l'envoyé du Pape. Voter pour le premier c'était voter contre le curé, contre les Évêques, contre le Pape même, c'était faire un péché mortel ; voter pour le second c'était se préparer une place au ciel. Le curé évoquait alors la pensée des derniers moments, l'image de la mort. À l'heure de la mort, disait-il à ses paroissiens, de quel côté voudriez-vous être ? Du côté de Garibaldi ou du côté du Pape ?
>
> En suivant l'avis du curé, les paroissiens ne couraient aucun risque : le curé prenait sur lui la responsabilité de leur conduite. Vous devez suivre vos supérieurs, disaient-ils : s'ils vous égarent, ils en auront seuls la responsabilité. Quant à ceux qui prétendaient penser et agir par eux-mêmes, c'était des têtes croches et des scandaleux.
>
> En lisant un pareil témoignage d'une fidélité évidente, on se demande dans quel pays nous vivons. Nous reculons : il y a vingt-cinq ans on n'auraient [sic] jamais songé à évoquer tous les saints du Paradis pour chasser d'un comté un aussi bon chrétien que M. Tremblay. C'est à nous donner la chair de poule.

Toute la province est donc suspendue à la décision du juge Routhier qui, vu la gravité de la question et les répercussions que son jugement risque d'avoir sur la jurisprudence et les rapports futurs entre l'Église et l'État dans le Canada tout entier, n'en finit plus de réfléchir. « La loi qui a mis un tel fardeau sur les épaules d'un seul juge a été cruelle pour moi et j'ajouterais qu'elle a été imprudente si je prononçais en dernier ressort », écrit-il dans le préambule de son jugement que les conservateurs s'empressent de diffuser partout.

Le magistrat, en effet, ne pouvait récuser les preuves et les témoignages accablants qu'il avait entendus durant les semaines d'audience : par le contenu de leurs homélies, les curés Sirois, Langlais et Tremblay avaient bel et bien orienté le vote de certaines de leurs ouailles dans un sens défavorable au candidat libéral. Le juge devait donc s'en référer à la loi qui définissait « l'influence indue » comme une utilisation de la contrainte, de la menace, de l'intimidation ou du stratagème pour engager un électeur à voter.

Mais, dans la jurisprudence examinée, le juge Routhier affirmera n'avoir relevé aucun cas d'élections annulées, en Angleterre, à la suite de sermons « politiques » prononcés par les curés. Il en tirera la conclusion que l'utilisation de la « contrainte, menace, intimidation ou stratagème » visée par la loi devait être d'ordre physique ou temporel, mais n'incluait pas l'utilisation de pressions d'ordre spirituel. En foi de quoi, le magistrat, rasséréné, rejettera la contestation de Pierre-Alexis Tremblay et déclarera sir Hector Langevin légalement élu.

Dans les attendus qui précédaient son verdict, le juge-poète ne faisait d'ailleurs pas mystère de ses propres allégeances religieuses et du respect de la hiérarchie catholique que ces dernières lui commandaient. Le jugement Routhier allait aussitôt enflammer la province et dresser une fois de plus les uns contre les autres les tenants des deux grands partis nationaux qui s'affronteront, des mois durant, dans les clubs, la presse et les assemblées publiques. Dans les villages concernés, on en viendra même aux poings sur les parvis des églises*.

Quand Pierre-Alexis Tremblay et François Langelier décident de porter l'affaire devant la Cour suprême, ils peuvent donc compter sur l'appui d'une bonne partie de la population. En outre, la toute nouvelle instance suprême du pays compte deux juges canadiens-français du Québec : les juges Fournier et Taschereau. Ce dernier, par le plus heureux des hasards pour les libéraux, est le propre frère de l'Archevêque de Québec. Les juges anglo-protestants, de leur côté, se montrent trop heureux de saisir l'occasion qui leur est offerte de stigmatiser le cléricalisme outrecuidant qui sévit dans « the priest ridden province »...

Dans un jugement unanime rédigé en français par le juge Taschereau, et commenté en anglais par le juge Ritchie, la Cour suprême prononce, le 23 février 1877, un arrêt cassant la décision du juge Routhier et annulant l'élection partielle de 1876 dans Charlevoix. Ramené à la case départ, sir Hector Langevin évite de justesse la disqualification, mais se voit condamné à assumer des frais de cours de six mille dollars. Une fortune pour l'époque. Mais les conservateurs, qui ne s'avouent pas encore vaincus, paieront rubis sur l'ongle et retourneront prestement leurs batteries vers le comté si âprement disputé de Charlevoix. Les partisans de Pierre-Alexis Tremblay se remettent donc à la tâche, fouettés par la teneur d'un jugement si favorable. Mgr Taschereau, cette fois, a interdit à ses prêtres de faire de la politique en chaire.

---

*Des événements tout à fait analogues se produisirent dans d'autres comtés du Québec à la même époque, notamment à Bonaventure, en Gaspésie, à l'occasion d'une autre élection partielle.

Mais c'est compter sans le machiavélisme d'Israël Tarte qui se met à jouer sans vergogne la carte nationaliste pour discréditer le jugement d'une Cour suprême majoritairement anglo-protestante, dit-il, contre les saints prêtres de la province de Québec ! Les prêtres rabroués profitent aussitôt de l'ouverture qui leur est faite pour laisser entendre, au moulin, au bureau de poste ou au magasin général, que le jugement de la Cour suprême ne les impressionne guère. Le travail de sape achevé, Tarte peut se permettre de conseiller aux électeurs perplexes d'aller quérir privément, auprès de leur pasteur, des directives qu'il lui est désormais interdit de proférer du haut de la chaire. Le mandement de Mgr Taschereau ainsi contourné, la cabale électorale fera le reste : sir Hector Langevin sera réélu avec, cependant, une majorité réduite à 56 voix. Mais les conservateurs ont finalement eu gain de cause sur le « candidat du peuple ». Il ne reste à Pierre-Alexis Tremblay qu'à rentrer rageusement dans ses terres[*] et à Rieule Asselin qu'à reprendre sa charge de marguillier. Avec, comme interlocuteur, un curé plastronnant et triomphant, fier d'avoir finalement si bien réussi à casser les rebelles.

Durant des années, l'affaire de « l'influence indue » dans Charlevoix aura des répercussions nationales et même romaines. Le Vatican, en effet, devra même dépêcher au Canada un délégué officiel d'origine irlandaise, Mgr George Conroy, chargé de refaire l'unité de l'épiscopat et d'obliger évêques et curés à ne plus s'occuper de politique. Par la suite, Rome prendra toujours partie contre les ultramontains en s'inspirant du cas de l'Irlande. À ses yeux, en effet, le Canada demeure un pays anglo-saxon parmi d'autres. Au Canada, il reviendra à sir Wilfrid Laurier, une trentaine d'années plus tard, d'opérer, par son charme et sa persuasion, le rapprochement désespérément attendu entre la haute hiérarchie catholique et le Parti libéral.

Mais à l'heure où Olivar, enfant, reçoit en plein cœur, sans trop les comprendre, les éclats de la colère paternelle, l'horizon politique des croyants catholiques, qui ont eu le malheur de croire avant l'heure à la séparation de l'Église et de l'État, apparaît irrémédiablement bouché.

« Tout se joue avant cinq ans », disent les psychologues. Cette dure leçon de vie devait, par une tradition orale étonnamment tenace, marquer à jamais Olivar. En 1914, contestant le devoir de participation à la Guerre que l'épiscopat prétendait imposer aux Canadiens français, il développera des thèmes substantiellement voisins de ceux qui avaient alimenté jadis les luttes de Rieule et de « Pit » Tremblay.

---

[*] Pas pour longtemps : dès l'élection générale de 1878, Pierre-Alexis Tremblay aura droit à sa revanche et sera élu député libéral de Charlevoix à la Chambre des communes. Wilfrid Laurier, de son côté, sera élu député dans le comté de Québec-est. Le premier ministre libéral Mackenzie sera toutefois défait par le conservateur John A. Macdonald au cours de cette même élection.

Pieusement dédié à mon père, homme simple et juste, qui avec beaucoup d'autres bons citoyens, de 1870 à 1880, eut à souffrir l'hostilité et parfois les persécutions du clergé de Charlevoix, parce qu'il ne voulait pas reconnaître pour envoyé de Dieu sir Hector Langevin, ministre concussionnaire, protégé de l'épiscopat, mort depuis déshonoré*.

C'est en ces termes qu'il dédiera à son premier modèle de militant politique sa cinquième « feuille de combat », *L'Action catholique, les évêques et la guerre.*

---

* Sir Hector Langevin avait été accusé de détournement de fonds publics au profit de son organisateur politique, l'entrepreneur en chemins de fer Thomas McGreevy, alors qu'il était ministre des Travaux publics dans le cabinet de sir John A. Macdonald. Mais pire encore, aux yeux d'Asselin, Langevin avait été solidaire du premier ministre dans son refus de gracier le chef métis Louis Riel, pendu à Regina en 1885 au terme d'un procès fabriqué à l'encontre de toutes les règles de l'équité prévue au code criminel britannique. La mort de Riel avait soulevé l'indignation et provoqué la solidarité de tous les Canadiens français.

Chapitre II

LA PATRIE CHARNELLE

«...ce pays enchanteur, plein de rêves et de couchers de soleil comme il n'y en a nulle part ailleurs.»

(Olivar Asselin cité par Claude-Henri Grignon,
in *En avant*, Saint-Hyacinthe, 30 avril 1937)

Après l'élection de Pierre-Alexis Tremblay, en 1878, un vent plus favorable aux libéraux commence à souffler sur Charlevoix. L'année suivante, Rieule Asselin, qui signe désormais « écuyer » et « juge de paix » au registre des baptêmes, est élu maire de Saint-Hilarion pour la deuxième fois. Mais les tensions avec le curé Langlais et ses partisans ne se sont pas amenuisées pour autant. Durant son séjour de cinq ans dans l'opposition, Rieule a connu quelques escarmouches avec son pasteur en qualité de marguillier. D'âpres discussions au sujet de la réparation de la voûte de la chapelle sont même portées à Québec jusqu'auprès du grand vicaire Cazeau[1]. Tout cela a laissé des traces. Entre les partisans de Rieule et ceux du curé, les rapports sont devenus grinçants. Pour le maître tanneur de Saint-Hilarion, cette réélection est une victoire à la Pyrrhus. Les clans formés à l'occasion de l'affaire de « l'influence indue » se sont confortés dans leurs préjugés et leur esprit revanchard. Et Rieule, quoique maire, n'est toujours pas « du bon côté ».

Les tracasseries de toutes sortes, dont il fait remonter la source au presbytère, ont finalement raison de sa pugnacité. En 1880, le maire décide brusquement de plier bagages avec sa femme enceinte et ses six enfants pour aller s'établir à Sainte-Flavie de Rimouski. Le développement de cette paroisse du sud requerrait, lui dit-on, la présence d'un tanneur résident. Un fond de terre y est à vendre qui lui conviendrait également pour y cultiver la pomme de terre.

Si Rieule invoque les mauvaises récoltes pour justifier son départ, ce n'est pas une famille aux abois et démunie qui se prépare à entreprendre la traversée du Fleuve. Rieule attendra d'ailleurs deux ans avant de vendre sa terre de Saint-Hilarion à François Tremblay. Tout en faisant l'acquisition d'un nouvel établissement à Sainte-Flavie, il confie temporairement à son frère Joseph et à son cousin Aquilas, qui sont ses voisins, l'exploitation de sa ferme de Saint-Hilarion. Si les choses ne tournent pas rond sur la rive sud, il sera toujours temps de rebrousser chemin vers la rive nord. Sans être riche, Rieule a, comme on dit, « de quoi voir venir ».

Le déménagement s'organise à grand renfort de corvées et de charrettes empruntées aux voisins. Il n'a rien d'exceptionnel pour l'époque. Entre la rive nord et la rive sud du Saint-Laurent, un incessant va-et-vient de bateaux favorise les échanges de population, voire les fréquentations et les épousailles. Un très grand nombre de familles du Bas-du-Fleuve ont de la parenté installée dans Charlevoix. On voyage tout aussi facilement en sens inverse, soit pour s'établir, soit tout simplement, chez les mieux nantis, pour se visiter à l'occasion d'une noce ou de la lecture d'un testament. Il suffit de prendre arrangement avec un capitaine chargé d'amener une cargaison à la destination convenue. Pour une somme raisonnable, puisqu'il s'agit d'un revenu d'appoint, on vous déposera armes et bagages au quai de la Rivière-du-Loup, ou à celui de Rimouski, en même temps que les ballots d'étoffe, les caisses de biscuits de marin et les tonneaux de mélasse qu'on était d'abord allé charger à Québec. Il existe bien, depuis 1815, un chemin public par les caps reliant Baie-Saint-Paul à Saint-Féréol, œuvre du grand voyer Jean-Thomas Taschereau. Mais on imagine mal une famille de huit personnes se lançant sur les routes de terre ponctuées de vingt-cinq ponts de bois souvent avariés, pour se rendre à Québec où, en l'absence de pont, il lui aurait fallu se rendre à Lévis par le traversier afin de se rendre jusqu'à la gare de l'Intercolonial pour atteindre ensuite Sainte-Flavie ! Le parcours par goélette était cent fois plus expéditif et plus économique[2].

À Saint-Hilarion, en ce printemps 1880, ce sont donc six enfants de deux à douze ans, passablement surexcités, qui s'affairent autour de Rieule et de Cédulie en train de rassembler leurs possessions en prévision de l'embarquement. Munis d'un maillet de bois et d'une flanelle douce, les hommes retirent soigneusement les chevilles de bois qui assujettissent les panneaux de pin des armoires. Ils les glissent ensuite un à un sur la charrette entre les chaises empilées, les bassines de cuivre et les chaudrons de fer qui vont s'entrechoquer avec des bruits inquiétants tout le long du cahoteux chemin de la Malbaie. Cédulie distribue précautionneusement la vaisselle et les gobelets fragiles entre les piles de draps et de couvertures de son coffre d'espérance. Les couverts d'étain sont rangés dans l'équipette avec les chapelets, les souvenirs pieux et les rares bijoux de famille.

Les outils emcombrants sont ficelés et enveloppés de toiles rêches pour éviter que les enfants ne se blessent en cours de route.

Alourdie par sa grossesse, Cédulie prend place dans la dernière charrette, le petit Charles-Aurélien sur les genoux. Oscar, Amanda, Raoul, Olivar et Marie-Caroline s'entassent à sa suite. La porte de la vieille maison refermée, Rieule monte le dernier, silencieux au milieu des rires d'enfants. Puis la caravane s'ébranle et s'attaque aux premières pentes dans le grincement des roues et les cliquetis du chargement. Le babillage des enfants fait place au chuchotement devant la gravité qui envahit peu à peu les traits des adultes... Encore un détour de la route et le village familier va disparaître à leurs yeux. Vue du dernier escarpement, la petite église de Saint-Hilarion, perchée à la française sur sa butte d'herbe tendre, au milieu des montagnes, s'imprime à jamais dans leur mémoire. La plupart d'entre eux ne la reverront plus.

Olivar a six ans. Les souvenirs qu'il emporte de sa vallée natale sont d'abord ceux que la tradition orale de la famille a engrangés pour lui. Mais la mémoire d'enfant, elle, est sélective. Son extrême sensibilité a surtout retenu « l'hostilité et parfois les persécutions du clergé de Charlevoix » contre « l'homme simple et bon[3] » qu'il contemple maintenant de dos, les bras tendus par les rênes de l'attelage. Contre le père admiré qui le conduit plus au sud, par delà le Fleuve, vers un meilleur destin.

Les écrits d'Olivar adulte porteront la marque de cette mémoire sélective où les beaux jours insouciants de l'enfance semblent avoir été gommés par l'expérience du rejet vécu par le père. Avec cette journée charnière de 1880 s'achève un chapitre de sa vie sur lequel il ne reviendra plus tard qu'exceptionnellement et à titre de simple repère biographique. Ce village perché du bout du monde, il ne le reverra que furtivement, devenu adulte, au détour d'une campagne électorale, le cœur travaillé par la beauté insolite du lieu et par le souvenir du grand mort dont, à son insu parfois, il tâchera toute sa vie de venger l'exil.

Mais déjà les chevaux renâclent dans la dernière côte. Les cols traversés, la route s'aplanit peu à peu en descendant vers la Malbaie. Bientôt l'enfant va découvrir le bleu ardoisé du Fleuve, entendre l'appel des îles peuplées de légendes et au-dessus desquelles les navigateurs disent avoir vu danser les feux de la Saint-Elme à la veille des naufrages. Des îles riantes et giboyeuses le jour, mais aux abords desquelles, la nuit venue, on dit entendre parfois la plainte des matelots trépassés se mêler au gémissement des mâtures secouées par le vent.

Dans la charrette, à l'approche de la mer, Cédulie a du mal à garder prudemment assis des enfants exaltés par les récits marins des voyageurs parvenus au fond de leur lointaine vallée bloquée par les neiges et les mauvais chemins. La mer après la montagne : voilà la double contrainte que les gens de Charlevoix ont dû vaincre, tout au long de leur histoire, pour sortir de leur isolement ! Double défi qui a fait d'eux, selon le mot de Félix-Antoine Savard, un peuple qui a « excellé dans les choses difficiles[4] ». Peut-être Olivar a-t-il oblitéré de sa mémoire d'enfant les noms de ses premiers compagnons de jeu. Mais, marqué par les mêmes défis, sans doute aura-t-il inconsciemment, et toute sa vie comme eux, « excellé dans les choses difficiles ».

Le quai de la Malbaie fourmille d'activité. La goélette arrivante, porteuse de voyageurs, de denrées essentielles, de courrier et de nouvelles fraîches, attire commerçants et curieux. Aussitôt déchargée, la goélette en partance échange avec la première les lourds madriers équarris à la hache et qui serviront de débarcadère pour le chargement des marchandises et l'embarquement des voyageurs. Tandis que les hommes, courbés par l'effort, transportent dans la cale mobilier, coffres et malles d'osier, Cédulie rassemble contre ses jupes les petits derniers fascinés par la découverte fabuleuse du Fleuve, de ses *voitures d'eau** et de ses quais, de ses capitaines sentencieux et de ses pêcheurs d'éperlans à l'intarissable bagout. Pressé par le pilote qui veut profiter du *baissant*** pour prendre la mer, on arrime en hâte les dernières cargaisons. En cohorte rangée, la famille Asselin monte à bord, les yeux déjà fixés vers le sud où l'attend son nouveau foyer.

La traversée du Fleuve, en 1880, s'effectue dans des embarcations à voile d'à peine douze à quinze mètres de long. Des bateaux qui n'ont rien à voir avec les imposantes goélettes à moteur qui transporteront plus tard le bois d'une rive à l'autre du Saint-Laurent jusqu'aux années 1950. Une famille terrienne de Saint-Hilarion ne traverse donc pas, de la Malbaie à Rimouski, sans que chacun presse secrètement au fond de sa poche les grains de son chapelet! Les vents qui gonflent la voile sont pénétrants comme des dards, même à la belle saison, et les vagues moutonneuses font danser le bateau sur leur crêtes. Mais Olivar n'a d'yeux que pour les troupeaux de marsouins*** dont l'échine laiteuse vient, le temps d'un éclair, se dérouler paresseusement au soleil. Guidé par un matelot complice, il épie le jet d'eau furtif d'un gibard**** solitaire, la tête luisante d'un loup-marin pourchassant un banc de loches*****. Ses yeux s'accrochent pour la première fois au vol plané du goéland argenté.

Mais avant tout l'enfant s'enchante des sonorités des noms d'îles où chacun imagine un trésor, caché autrefois au pied d'une épinette par un corsaire étranger dont les ossements blanchissent aujourd'hui sur une plage des mers tropicales...

---

*Expression largement utilisée à l'Île-aux-Coudres et dans Charlevoix pour désigner les goélettes.
**Le jusant.
***Les bélugas.
****La baleine brune.
*****Le poulamon ou petite morue.

Conteuse née, Cédulie en rajoute de son crû, tandis que le capitaine appareille. La voile est maintenant hissée et la goélette commence à tanguer. Les enfants, désormais, n'ont d'yeux et d'oreilles que pour la manœuvre !

Même à la belle saison, autant que faire se peut, un pilote avisé évite d'emprunter le « chenal du Nord », infiniment moins sécuritaire et abrité que celui du Sud. Aussitôt après avoir quitté la Malbaie, il met le cap sur les îles de Kamouraska, tout en face, et gagne le « chenal du Sud » entre le banc Saint-André et le banc de l'Île-aux-Lièvres. À tribord, les voyageurs peuvent apercevoir de loin les îlots rocheux des Pèlerins, hérissés d'épinettes rabougries et peuplés de colonies de cormorans noirs. Au gré de la lumière et des vents, les mirages transforment sans cesse les Pèlerins, les allongent, les boursouflent, les font flotter sur les eaux comme des châteaux de contes de fées.

À babord, le moutonnement des vagues annonce les brisants du long récif de l'Île-aux-Lièvres et du Brandy Pot* qui recèle un excellent havre de nuit pour les voiliers. La goélette longe ensuite le promontoire arrondi du Gros-Cacouna avant d'affronter les forts courants qui creusent des sillons redoutables autour de l'île Verte et de l'îlet Rouge. Un matelot attire soudain l'attention des enfants : au beau milieu du Fleuve, une impressionnante ligne de démarcation sépare les eaux noires et douces de la rivière Saguenay des eaux vertes et salées du Saint-Laurent.

Vers l'est, en longeant l'île-aux-Basques et l'île-aux-Pommes, le capitaine s'est donné pour cap le clocher de l'église de Trois-Pistoles. Il poursuit sa route par-delà les deux îlets rocheux des Îles Razades. Avant d'arriver à l'Île du Bic, il lui faut éviter le piège du rocher Alcide qui, recouvert de moins de deux mètres d'eau au beau milieu du « chenal du Sud », a causé bien des naufrages. Au Bic, l'Île-aux-Amours et l'Île-au-Massacre, qui marquent l'entrée de la baie, inspirent à Cédulie de nouveaux récits. Lorsqu'ils dépassent enfin l'îlet Saint-Barnabé, en face de Rimouski, les Asselin savent que leur traversée tire à sa fin. Elle aura duré de un à deux jours, avec escale de nuit au quai de la Rivière-du-Loup.

Grisé de mots et de paysages neufs, Olivar a vu se profiler un à un, sur la ligne bleue des Apalaches, les clochers blancs des vieilles paroisses du Sud. Après les îles, il a vu venir à lui les villages côtiers de sa nouvelle patrie dont il récapitule les noms pour mieux s'en souvenir : Cacouna, l'île Verte, Trois-Pistoles, Saint-Fabien, le Bic, Rimouski. Puis, au-delà, les clochers de tôle des paroisses neuves : Pointe-au-Père, pépinière, avec l'Île-aux-Coudres, de pilotes chevronnés, Sainte-Luce, Sainte-Flavie, enfin, dont Rieule leur décrit par avance le site, les routes et les bâtisses.

---

* Sous le Régime français : « l'Île-du-pot-à-l'eau-de-vie ».

Ce sont des enfants somnolents, rompus par la traversée, ou éblouis de trop de visions insolites, que Rieule dépose un à un sur le quai vermoulu où s'accrochent les chevelures boursouflées du varech... Le Sud aux puissantes odeurs d'iode et de goémon; le Sud des marées basses où se déploie, sur des champs de boues murmurantes, le treillis des pêches à fascines; le Sud des interminables couchers de soleil rayant le Fleuve d'un chemin de lumière dont les derniers feux vont se perdre dans le lointain effacement de la rive nord. Comme Saint-Hilarion est loin à cette heure! Et comme les jeunes sens d'Olivar reçoivent goulûment toutes les images, les odeurs et les sons neufs que lui envoie, à jets continus, sa nouvelle terre. Celle dont, désormais, il ne parlera plus, fût-ce au déclin de sa vie mouvementée, que pour l'appeler amoureusement et familièrement « chez nous » :

« Tout ce qu'il y a de bon en moi ne vient pas de mes études; cela me vient de " chez nous[5]", confiera-t-il plus tard à son ex-condisciple du séminaire de Rimouski, le docteur Joseph Gauvreau.

« Chez nous »... Pour Olivar, c'est désormais cette route résolue qui, depuis le village de Sainte-Flavie et la ligne du Fleuve dont elle est la perpendiculaire, s'élève en douceur vers les contreforts verdoyants des Apalaches. Entre les pagées de clôture qui épousent les paliers arrondis des champs, cette route conduit les Asselin, leurs ballots et leurs meubles vers leur nouvelle demeure. Après les lacis périlleux et les ornières de Charlevoix, le déménagement au Sud prend figure de promenade d'agrément. Dans les charrettes, nul ne sait où donner de la tête : par devant pour surprendre la nouvelle maison, ses lucarnes et ses pommiers courbés devant la porte, tel que Rieule la leur a déjà décrite ? Ou par derrière, pour mieux dominer l'immensité du Fleuve et deviner, dans le jour finissant, cette terre désormais lointaine du Nord qui s'estompe peu à peu dans la confusion des brumes ?

La nouvelle maison des Asselin, qui a fière allure sur son plateau dominant le Fleuve, est sise à l'intersection de la route de Sainte-Flavie, qu'ils viennent d'emprunter, et du deuxième rang qui conduit vers Métis. Une large véranda, ouverte sur le deuxième rang, surplombe le damier des champs et les boisés d'épinettes qui descendent en ondulant jusqu'au Fleuve. Et, au premier plan, leurs propres champs où, à douze ans, Oscar a déjà hâte de se mettre, avec Rieule, à la culture de la pomme de terre[*]. Un peu plus haut, au pied des premiers contreforts des montagnes, coule un ruisseau[**] près duquel Rieule pourra commodément

---

[*] La ferme de Rieule Asselin occupait un emplacement qui voisine aujourd'hui celui de l'aéroport de Mont-Joli. Déplacée, la maison d'origine a, depuis, été transformée en résidence pour personnes âgées.

[**] Aujourd'hui recouvert.

installer la tannerie. Le moulin banal du Ruisseau-à-la-Loutre est à proximité. Le forgeron non plus n'est pas loin, ni l'école du deuxième rang où il tarde à Cédulie de remettre ses aînés à l'étude.

Tout autour se sont installés cultivateurs, artisans et bientôt commerçants attirés par l'ouverture encore récente de la somptueuse gare à sept lucarnes du chemin de fer de l'Intercolonial*. Le chemin de fer! La fin de l'isolement, la fenêtre ouverte sur le monde, le lien des familles dispersées dans les villes, les provinces lointaines et jusque dans les usines du Rhode Island. Le train: l'appel strident de l'aventure traversant les soirées trop douces des campagnes où la vie besogneuse des pères et la solitude des mères commencent à peser aux fils et aux filles. Le train à la porte de chez soi!... Jamais Saint-Hilarion, sa vallée close par ses montagnes violettes et ses neiges, n'a paru plus lointain aux Asselin. Ils monteront souvent à la station, sous prétexte d'attendre le courrier. Ils en reviendront, fascinés par le crachement noir des cheminées et la puissance retenue des essieux et des roues que la formidable poussée de la vapeur met soudainement en marche. Le train, route de fer qui, leur dit-on, conduit au progrès obligé du siècle à venir. Mais dont le tanneur-artisan ne soupçonne pas encore la concurrence redoutable.

Fondée en 1829, la paroisse de Sainte-Flavie a longtemps été une colonie lointaine et clairsemée. Au début du XIXᵉ siècle, la concurrence que se livrent, sur le terrain de la colonisation du Bas-Saint-Laurent, politiciens anglais et pasteurs catholiques a poussé les évêques de Québec** à créer en toute hâte des paroisses nouvelles. À Sainte-Flavie comme ailleurs, le curé-fondateur mettra parfois des années à recevoir son premier colon et à inaugurer ses registres par un premier baptême. Sentinelle isolée, fidèle à la consigne, il « tiendra la place » dans l'attente des « troupes d'occupation » catholiques et françaises. Guerre de velours et de frontières entre grands clercs et nouveaux maîtres...

Aussi Sainte-Flavie n'est-elle encore qu'une toute petite communauté aux ambitions immenses lorsque les Asselin viennent s'y établir: une soixantaine de familles, moins de mille âmes. Mais un cadastre démesuré qui, au-delà du deuxième rang et de la gare, se rend au sud jusqu'aux limites actuelles de Sainte-Angèle-de-Rimouski. Les visées des évêques ont été réalisées: quoique réduite, cette petite population est, en 1880, presque exclusivement catholique et française***. Les nouveaux arrivants qui viennent grossir le nombre de fermes sont donc assurés d'un bienveillant accueil.

---

* Aujourd'hui, gare de Mont-Joli.
** Le diocèse de Rimouski ne sera érigé qu'en 1867.
*** Le rapport du curé Fournier à Mᵍʳ Langevin pour 1881 mentionne l'établissement de « trois familles protestantes » (AER).

Les Asselin s'installent en hâte. Tant de besogne attend Cédulie, qui doit accoucher en août, et Rieule qui doit remonter sa tannerie et se trouver de nouveaux employés avant les boucheries d'automne! L'été se passe en travaux multiples auxquels même les plus petits sont conviés. Réfection de la tannerie, clôtures à remonter autour des champs et des pacages. Tandis que le père et les aînés assujettissent les pagées de cèdre, les plus petits se mettent à deux ou à trois pour soulever les boulins et les enfiler dans la lunette des billochets.

Petits lits additionnels de sapin à fabriquer aussi, puisque bientôt Aurélien devra, à son tour, céder sa place dans le ber: une septième layette à remettre à neuf... À la mi-août, le curé Charles-Godefroy Fournier baptise Sophie-Wilhelmine à l'église de Sainte-Flavie. C'est Auguste Côté, gros commerçant du village, et sa femme qui sont dans les honneurs*. Tout nouveau venu qu'il soit, le maître-tanneur à la haute écriture penchée a été reconnu d'emblée comme notable parmi ses pairs. Mais échaudé sans doute par ses expériences passées, et retenu par l'invisible barrière qui sépare longtemps les « rapportés de paroisse** » des vieilles familles fondatrices, Rieule ne briguera pas de poste électif à Saint-Flavie-de-Rimouski. Il entretiendra aussi des rapports sans histoire avec le curé Fournier. Un robuste pasteur à cheveux blancs, originaire de Montmagny, longtemps missionnaire itinérant dans les plus pauvres dessertes gaspésiennes et qui a d'autres chats à fouetter, en cette fin de siècle, que de pourchasser les anciens « rouges ». À Sainte-Flavie-de-Rimouski, dès 1880, les rapports annuels du curé à son évêque font état de la grande préoccupation de l'heure dans les paroisses du Bas-Saint-Laurent: le lent et progressif exode de familles et de jeunes travailleurs vers les manufactures américaines[6].

Rieule prend donc toute sa place dans une jeune communauté de cultivateurs et d'artisans. Déjà père de sept enfants, il y reprend aussi son métier ancestral de tanneur au milieu du charpentier, du forgeron, du sellier, du cordonnier, du voiturier et du scieur de long, tandis qu'aidé d'Oscar il se remet à la culture de la pomme de terre. Ici, à Sainte-Flavie, il apprend à engraisser ses champs en les couvrant de hareng pêché au filet et transporté vers les terres dans des tombereaux tirés par des chiens.

Une quinzaine de minutes de marche à peine séparent la tannerie de la maison. Olivar, qui n'a pas encore sept ans, accompagne souvent son père, tandis que les aînés sont à l'école ou aux champs. La tannerie est un lieu de rendez-vous et d'interminables conversations. Le maître tanneur est un homme essentiellement disponible à sa clientèle de cultivateurs. En souliers de « beu » et le chapeau à la

---

* Parrain et marraine.
** Les nouveaux venus.

main, ils viennent souvent le quérir eux-mêmes à la maison s'ils ne l'ont pas trouvé d'abord à l'atelier. Le tanneur: un être imaginatif et polyvalent qui acceptera de travailler les peaux les plus diverses que lui apportent aussi bien le fermier que le trappeur. Un fournisseur efficace qui doit répondre, bon an mal an, aux commandes des cordonniers et des selliers de la région. C'est dans l'atelier paternel, qu'atteignant tout juste l'âge de raison, Olivar inaugure sa longue observation familière et complice de l'« habitant » dans lequel il verra toute sa vie « le plus beau type social que notre race ait encore produit[7] ».

À l'époque où Rieule s'installe à Sainte-Flavie, le Bas-du-Fleuve compte aisément un tanneur par deux villages. Entre 1875 et 1900, le métier connaît son âge d'or. De saisonnier (après les boucheries d'automne), il se rationalise et s'étend aux petites fabriques régionales. La clientèle, devenue plus nombreuse et diversifiée, tient les tanneries occupées parfois dix heures par jour et six jours par semaine, l'année durant. Le maître-tanneur, qui est aussi corroyeur, est un homme fort occupé. Dans les années qui suivront, Rieule sera de plus en plus accaparé par son atelier et déléguera progressivement à Oscar l'exploitation de leurs champs de pommes de terre.

Comme tous ses confrères des campagnes, Rieule travaille surtout les peaux de vache, de bœuf et de veau. Mais il peut se voir requis par sa clientèle de transformer aussi bien des peaux de mouton, de porc, de cheval, d'orignal, de chevreuil, de castor, de loup-marin, voire de chien et de lapin. La peau de bœuf sert à fabriquer les bottes sauvages ou les parties fortes des harnais; la peau de vache et de loup-marin entre dans la fabrication des chaussures et des parties plus faibles des harnais; le veau est utilisé pour les souliers fins des dames; la peau du porc servira à la ganterie et sa vessie finit en blague à tabac; le mouton fait d'excellentes vestes, des mitaines, des jambières et des bottes fourrées. Traitées à l'alun, les peaux de chevreuil et d'orignal servent surtout à façonner des hausses de bottes et des mitaines. Quant à la fine peau du lapin, le tanneur la prépare pour la taille des lanières, des lacets, des ganses et des ceinturons.

Son travail consiste d'abord à débarrasser la peau de l'animal de son poil et de ses débris de chair pour la rendre plus apte à absorber la matière tannante qui stabilisera les fibres du derme et lui conférera une élasticité permanente. Cette première opération achevée, suivra le corroyage, finition délicate entre toutes où le tanneur fera appel à toutes les ressources de son art pour assouplir, imperméabiliser et lustrer définitivement son cuir. C'est au corroyage que se révèle toute la finesse du métier et la personnalité de l'artisan.

Longtemps avant l'arrivée des tanneurs d'origine française, les Amérindiens produisaient d'excellents cuirs en trempant les peaux dans une solution d'eau et de cervelle d'animal, puis en les fumant au-dessus d'un feu de charbon. Les premiers habitants adoptèrent d'emblée les méthodes autochtones puis, la sédentarisation aidant, apprirent à se servir également de fumier de poule et de charbon de bois. Mais la grande découverte du métier reste sans doute celle des propriétés tannantes de l'écorce de pruche, plus abondante et accessible que celle du chêne utilisée dans la mère-patrie. C'est cette écorce que Rieule utilise, avec celle du bouleau, dans son atelier de Sainte-Flavie, de même que toute la panoplie d'outils aux vieux noms hérités du Régime français.

Sur les murs de planches sont alignés, chacun à son clou ou dans sa housse de cuir, couteau à passer, couteau à étirer, couteau à décharner, couteau de revers, paumelles de bois, marteau à piquer et à piger, pinces de fer, instruments de rinçage et de corroyage[8]. Grimpé sur le banc du tanneur, Olivar les fait passer un à un dans les mains paternelles en répétant après lui les mots appropriés. Dans la pièce voisine, une quinzaine de cuves reliées par les tuyaux d'un chauffe-eau à bois servent au trempage des peaux en attente d'être travaillées. Dans la rallonge de la tannerie s'empile l'écorce de pruche parvenue à Sainte-Flavie par goélette depuis les Cantons de l'Est, Trois-Rivières ou Rogerville, au Nouveau-Brunswick, où elle a été prélevée en forêt au début de l'été. Cette écorce, précieuse à l'égal de l'alun, est broyée dans la cour à l'aide d'un moulin d'acier à traction animale et conservée ensuite dans des barils couverts.

Rieule, maître des lieux, va et vient dans son atelier aux puissantes odeurs ammoniaquées, marquant d'un signe de couleur distinctive les peaux brutes qu'un nouveau client vient de lui apporter. D'un preste coup de couteau, il en retire les parties endommagées au cours de la boucherie, particulièrement autour des cornes, des oreilles et des pattes de la bête. Puis il les confie aux engagés pour être salées et conservées durant quelques semaines. Viendra ensuite pour eux le travail de rivière, grand lessivage qui durera huit jours, requerra plusieurs hommes et sera suivi, pour dégager définitivement le poil du cuir, d'un trempage dans une solution d'eau de chaux. Pour neutraliser l'action corrosive de la chaux, Rieule utilisera, en fin d'opération, une préparation personnelle d'eau chaude et de crotte de poule dont l'odeur fétide fera fuir Olivar!

Couteau à débourrer et couteau à décharner entrent alors en action. Après l'épilage et le raclage des peaux, opérations entrecoupées de multiples lessivages, le tannage en cuves peut commencer. Lui aussi exige plusieurs journées d'imprégnation. Puis vient le moment du corroyage et de l'assouplissage des peaux qu'on a préalablement fait sécher au soleil et au vent sur les parchis* ou tout simplement sur des vignaux à sécher le poisson. Les peaux sont alors enduites d'huile avec le couteau à polir, étirées sur le banc à palissonner, glacées avec le couteau à étirer, la pierre et le couteau à glacer. Finalement elles sont lustrées avec la paumelle à bourder[9], finition qui enchante Olivar!

---

*Séries de perches fixées parallèlement au sol.

Avec la gourmandise du connaisseur, Rieule lui enseigne à palper, à lisser des doigts, les yeux mi-clos, les peaux désormais affinées, afin d'en déceler la moindre rugosité cachée et la repolir encore jusqu'à l'effacement complet. Ces peaux souples, pénétrées d'une huile bienfaisante et qui dégagent maintenant une bonne odeur de cuir naturel, combien il en aimera toute sa vie le toucher lisse et tiède, les couleurs ocrées et vivantes! Combien souvent, dans ses années d'indigence laborieuse, il ira soupeser avec envie, dans les grands magasins des villes, les beaux objets inaccessibles, souliers fins, sacs de voyage, écritoires gravés, gants «beurre frais» qu'affectionnent ses élégants amis... Il s'en détournera vite, la mémoire soudainement envahie par les métamorphoses auxquelles officiait maître Rieule, magicien dressé au milieu de ses cuves et de ses marmites fumantes. Rieule, son père admiré qui savait si bien transformer pour lui une carcasse sanguinolente en bottes hautes et souples dont il tirait tant d'orgueuil, petit homme, en descendant la grande allée de l'église le nez en l'air...

Après les semaines besogneuses, combien immobiles et doux paraissent à Olivar les dimanches et les fêtes chômées de Sainte-Flavie! Celles-ci commencent toutes, sans exception, par le grand rassemblement populaire de la messe paroissiale. La veille, Cédulie a préparé un repas prêt à réchauffer dans son gros chaudron de fer noir. Durant la mauvaise saison, on se rend à l'église en souliers de «beu», quitte à les échanger subrepticement dans le traîneau, avant la messe, pour des chaussures plus élégantes. Souvent, les très jeunes enfants sont laissés au chaud dans la sacristie autour du poêle. De temps à autre, durant le sermon du curé, une mère inquiète ou un marguillier au sourcil froncé font irruption dans la pièce pour mettre fin à un jeu trop bruyant ou administrer une taloche à l'effronté gamin qui s'est permis d'aller faire pipi sur le perron!

L'été, après la messe et si la marée adonne, il n'est pas rare que Rieule et Cédulie, munis d'un casse-croûte, amènent les enfants au quai, pêcher l'éperlan. Équipés de longues perches et de paniers recouverts de varech humide, ils rapporteront au deuxième rang des douzaines de petits poissons argentés, zébrés de mauve et de vert, qui, demain, grésilleront avec des tranches de lard salé dans la poêle du petit déjeuner. Ou bien, pour occuper les longs après-midi chômés, on montera en famille à la station, cueillir des petites fraises des champs ou des bleuets* qui poussent à merveille entre les rails et les escarbilles crachées par les locomotives. Cédulie en fera des confitures inoubliables. À la fin de ces dimanches d'été où le soleil s'éternise, Olivar, parfois, grimpe seul dans un pommier du jardin et se perd dans une interminable rêverie, ponctuée par le passage lointain des goélettes sur le grand chemin d'eau du Fleuve. Tout en bas, à l'église, le bedeau fait à nouveau sonner les cloches pour les Vêpres.

---

* Myrtilles.

La paroisse est à l'origine de tout un réseau d'encadrement social complet qui, du baptême au cimetière, règle la vie, les amours et les souffrances de ses liturgies saisonnières. L'hiver, guignolée, mi-carême, Chandeleur, Quarante-Heures et bénédiction des gorges. L'été, bénédiction des barques et des champs, processions fleuries de la Fête-Dieu et de la bonne sainte Anne. Rogations d'automne, dais brodé du Très Saint-Sacrement promené parmi les champs au milieu des litanies et des invocations pour les biens de la terre. Carillon des baptêmes et des noces, glas des morts, tocsin des incendies. Le clocher de Sainte-Flavie se fait l'écho de toute joie et de toute détresse. Criées pour les âmes, convocations des corvées d'entraide pour les incendiés, les veuves et les orphelins. Le curé Fournier est omniprésent. En tout temps, prévient-il, on peut venir le quérir de nuit pour l'assistance des malades en danger de mort. Il suffit de venir frapper à la fenêtre de sa chambre, celle du milieu qui donne au sud, sur la véranda du presbytère[10].

Mais il n'attend pas qu'on vienne le quérir. Il sillonne les rangs en calèche ou en traîneau pour la visite paroissiale à l'occasion de laquelle, après le recensement des âmes, l'aumône aux pauvres, le réconfort aux malades chroniques et les bénédictions d'usage, il recueille sa dîme que, généralement, l'habitant acquitte en espèces sous forme de « bois de curé* », de farine ou de viande à boucherie. En visitant les familles, il repère aussi les garçons les plus doués, ceux dont l'institutrice lui a déjà désigné les noms. De futurs prêtres, qui sait, et qu'il conviendra peut-être de pousser jusqu'aux études classiques, maintenant que Rimouski possède son séminaire. Chez les Asselin, Raoul et Olivar lui ont déjà été signalés comme d'excellents sujets. Mais Cédulie n'a pas besoin du curé pour ambitionner grand pour ses fils.

Le pasteur a fort à faire pour surveiller la pratique dominicale, s'assurer que tous ses paroissiens se soient bien acquittés de leur confession et de leur communion pascales, entre le dimanche des Rameaux et celui de la Quasimodo dont la dernière cloche condamne les retardataires à la faute grave. Et, en cas de mort subite sans repentance, à l'exclusion de la terre chrétienne du cimetière. Les habitants font souvent « des Pâques de renard** », mais ne redoutent rien tant que la perspective de devoir être ensevelis un jour, loin des leurs, dans le champs du potier***...

Les veillées préoccupent aussi le pasteur à cause du « petit blanc » ou du « caribou » qui y coulent un peu trop abondamment à son gré. Et, surtout, des

---

*Bois d'érable idéal pour le chauffage des poêles.

**Tardives.

***Allusion au terrain acheté par les Juifs avec les trente deniers de la trahison que Judas avait jetés dans le Temple avant d'aller se pendre.

tasseries à foin où les amoureux, épuisés par trop de rigodons, sont tentés d'aller prendre quelque repos à l'abri des regards indiscrets... La visite d'un cirque ambulant mérite aussi que l'on aille s'enquérir d'avance de la teneur du spectacle car, les mœurs étant ce qu'elles sont, il arrive parfois qu'on y produise des écuyères un peu trop court vêtues. Les paris sur les courses de chevaux ou de traîneaux à chiens constituent également un gros souci pour les curés, trop de pères de familles nombreuses risquant d'y flamber, en un seul après-midi, tout le contenu de leur bas de laine.

Comme tous les enfants de la paroisse, Olivar marchera au catéchisme et se préparera à sa première communion et à sa confirmation. Comme tous ses frères et sœurs, il fréquentera aussi l'école du deuxième rang. Les matins d'hiver, avant le lever du soleil, il se retrouvera, tout ensommeillé auprès du poêle, avec Raoul, Amanda et Marie-Caroline, tendant tous les quatre vers l'attisée nouvelle leurs vêtements d'enfants glacés par la nuit. Ils partiront ensemble en petit groupe compact, sous la neige ou sous les étoiles, unis comme des conspirateurs, rêvant de fêtes et de vacances, échafaudant des projets d'avenir où Raoul se voit déjà missionnaire au Grand Nord et Olivar, le chat botté du groupe, enfilant celles de Napoléon à Austerlitz pour distribuer ensuite des royaumes à ses sœurs...

Les années de la petite école sont ponctuées de baptêmes. Après Sophie, voici venir, à une année d'intervalle, Malvina, Joseph-Wilfrid, Auguste et Tancrède : quatre enfants en quatre ans. Rieule rajoute pensivement deux panneaux à la table de famille et rentre de plus en plus tard de l'atelier. Onze enfants à nourrir et à vêtir, plus question de compter ses heures... Chaque nouveau-né est pourvu d'un parrain et d'une marraine susceptibles de prendre la relève si les parents venaient à manquer. À quatorze ans, Oscar est déjà parrain de Malvina. À douze et neuf ans, Raoul et Amanda sont « dans les honneurs » au baptême de Joseph-Wilfrid. Et à neuf ans Olivar signe, lui aussi, de son écriture ferme et bien formée, le registre de son petit frère et filleul, Tancrède. Rieule et Cédulie, soucieux de leurs énormes charges, commencent à tisser, entre aînés et cadets, les liens étroits de l'entraide familiale par parrainage, seul rempart d'avenir contre la misère, quand le travail et le pain viennent à manquer.

À travers sa vie dominée par le goût du risque et du défi, au milieu de ses procès et des tracasseries de ses créanciers, jamais Olivar ne manquera à ces devoirs d'entraide familiale qu'il tiendra toujours pour sacrés. Né dans le peloton de tête des aînés de familles nombreuses, et privilégié du fait de ses études et du prestige de son métier, Olivar, contraint de vivre trop souvent d'expédients, trouvera toujours moyen de venir en aide à celui ou celle des siens qu'il estime encore plus mal pris que lui. Tancrède, son filleul, ne sera pas le seul des « petits » qu'il prendra en charge. Devenus adultes, les écoliers de Sainte-Flavie conserveront l'habitude de serrer les rangs, comme autrefois autour du poêle familial, avant d'aller affronter, chacun pour soi, le froid et les vents adverses du dehors[11].

La culture familiale qui les unit n'est d'ailleurs pas uniquement une culture de survivance individuelle. C'est aussi une culture de projet national où les idées de progrès et de liberté occupent une place prépondérante. À Saint-Hilarion, Rieule le « rouge » a pris des risques pour défendre sa vision du courage politique. Il en a payé le prix, mais il n'a jamais, pas plus que Cédulie d'ailleurs, renoncé à ses idées libérales. En 1885, le procès intenté au Métis insurgé Louis Riel, par le gouvernement de John A. Macdonald, puis sa pendaison à l'issue d'un procès entaché de nombreux vices de forme, va révolter tout le peuple canadien-français. Elle va aussi raviver, dans la mémoire des vieilles familles « rouges », les souvenirs amers de la Rébellion écrasée en 1837. Adolescent, Olivar ému s'entend répéter l'interpellation d'Honoré Mercier après l'exécution du patriote métis, le 16 novembre 1885 : « Riel, notre frère, a été assassiné »... Car depuis des années, Cédulie, la conteuse-née, a entretenu ses enfants de « l'aventure héroïque des Français de là-bas, des Métis qui se battent contre les Anglais pour sauver leur langue et leurs biens. Il y a même, parmi leurs partisans, des Indiens, des sauvages, les chefs Gros-Ours et Faiseur-d'Enclos. C'est l'insurrection (quel grand mot) contre la Confédération canadienne[12] ! » À leur tête, raconte encore Cédulie, se trouve Louis Riel, éduqué à Montréal, député aux Communes en 1872 et défenseur des droits inaliénables du peuple de la Rivière-Rouge. Menacé d'arrestation, il a dû s'exiler aux États-Unis. C'est là, au Montana, que ses frères métis sont venus le rechercher pour prendre la tête de leur rébellion à leur quartier général de Batoche. Mais entre le peuple métis et l'armée fédérale, les forces sont trop inégales. Après l'écrasement des Métis, Riel emprisonné à Regina a été pendu pour haute trahison, par décision du gouvernement conservateur de sir John A. Macdonald. Qui donc le vengera ?

À Sainte-Flavie, comme dans de nombreuses paroisses rurales du Québec, un groupe de paroissiens (les Asselin en tête) se rendent au presbytère commander au curé Fournier une messe solennelle pour le repos de l'âme du patriote assassiné. Le 27 du même mois, huit rebelles amérindiens et leurs chefs périssent à leur tour sur l'échafaud anglais. Attentif à ce qui touche les siens, Olivar, impressionné, enregistre tout.

Porté par l'indignation de ses compatriotes de langue française, le libéral Honoré Mercier, fondateur du Parti national, soulève victorieusement le Québec contre les conservateurs fédéraux, le parti des « pendards » de Riel, et flirte comme jamais avec l'idée d'une république française d'Amérique. Devenu premier ministre du Québec, il revendique plus d'autonomie pour sa province et se laisse recevoir à Paris avec tous les honneurs généralement réservés aux chefs d'État. Jamais, depuis la conquête, les relations avec la France n'ont paru plus étroites.

La Guerre de 1870 et l'annexion de l'Alsace et de la Lorraine par les Prussiens ont touché le cœur des Canadiens français, passés eux-mêmes sous tutelle britannique. Les immigrants des provinces conquises sont reçus ici comme des frères. La pendaison de Riel a exacerbé le sentiment identitaire des « Français d'Amérique ». Dans les assemblées suscitées par les « Nationaux » d'Honoré Mercier, *La Marseillaise* est devenue un chant de ralliement et de protestation contre « le pouvoir anglais ».

Par Rieule, qui n'a rien perdu de ses espoirs et de sa combativité, Olivar entend aussi parler de la montée politique d'un jeune avocat pâle et maladif, né à Saint-Lin, et qui a gardé de ses études juridiques à McGill un léger accent anglais dont il s'est fait une coquetterie. Me Wilfrid Laurier partage, pour l'heure, une étude juridique avec son ami Joseph Lavergne à Arthabaska, après une brève expérience du journalisme à *L'Union nationale* de Montréal. Mais ce jeune homme délicat est tenaillé par le goût du pouvoir. Élu député pour la première fois à l'Assemblée législative du Québec, en 1871, il en démissionne en 1874 pour briguer, cette fois, un mandat fédéral*. Le 26 juin 1877, il s'impose par un discours célèbre où il se porte à la défense du libéralisme vilipendé par l'épiscopat. Il prend alors ses distances envers le « radicalisme à la française » et s'affirme comme « libéral de l'école anglaise ». Cette habile mise au point idéologique lui vaut, à trente-six ans, un siège de ministre dans le gouvernement d'Alexander Mackenzie. Déjà, certains voient dans le brillant orateur qui vient de se révéler le futur chef de sa formation politique et le premier leader canadien-français voué entièrement aux intérêts et à la défense de sa race**. Rieule Asselin et ses amis « rouges », longtemps traités comme des brebis galeuses dans leurs villages, fondent donc d'immenses espoirs sur cette étoile montante du libéralisme canadien-français.

Wilfrid Laurier fait, en outre, figure de sauveur à l'heure où, à Londres, la reine Victoria, nouvellement consacrée impératrice des Indes, s'apprête à appliquer à ses colonies une nouvelle politique extrêmement centralisatrice. Enfin, un Canadien français pure laine va peut-être se dresser contre le conquérant impérialiste et l'obliger à respecter l'identité et l'autonomie tant de fois bafouées des siens ! La déception vengeresse du fils, quelques années plus tard, sera à la mesure des folles espérances du père : Olivar Asselin, vedette nationaliste, sera au premier

---

*Le double mandat a été aboli en mai 1873.

**Durant toute cette époque, le mot « race » est utilisé couramment dans le sens de « peuple ». Sous la plume d'Asselin, comme en général sous celle de ses contemporains, ce mot ne comporte pas les connotations racistes que le contexte de la montée du facisme européen et la perpétration de l'Holocauste, au cours de la Deuxième Guerre mondiale, lui conféreront par la suite.

rang des exécuteurs de Laurier à l'élection de 1911 qui marquera la chute finale du grand chef.

Lorsqu'il part rejoindre son frère Raoul au Séminaire de Rimouski, en 1886, Olivar est déjà fortement marqué par sa culture familiale et cette «terre charnelle*» du Bas-Saint-Laurent dont il s'est épris pour toujours. À douze ans, les dés, pour lui, sont jetés. Les prêtres du Séminaire l'instruiront de savoirs nouveaux, mais ils ne feront pas dévier de sa course un navire déjà bien lancé dans le sillage des valeurs paternelles.

Ce futur homme d'action aux volte-face spectaculaires, cauchemar des exégètes de l'idéologie, demeurera pourtant, toute sa vie, le fils du tanneur «rouge» de Saint-Hilarion et de Sainte-Flavie. Les valeurs qui guideront ses choix déconcertants sont désormais bien en place: culte obsessionnel de la liberté et du courage politiques, respect admiratif du paysan, de l'artisan et du petit travailleur, mépris souverain de la politique politicienne, des prébendes et des honneurs, solidarité à toute épreuve envers son groupe social et la petite communauté canadienne-française au destin de laquelle il se sent intimement lié.

Plus instruite que Rieule, Cédulie la conteuse (peut-être une ancienne institutrice rurale?) lui a certainement inculqué, pour sa part, le sens de l'histoire, l'amour des choses de l'esprit et ce «goût des mots» qui caractérisait, dans les familles rurales nombreuses, celui des garçons que l'on destinait aux études supérieures. Cette mère bien informée, qui voyait grand pour ses fils, Olivar l'a toujours entourée d'une vénération à toute épreuve, mais un peu distante. Son vrai monde, celui où il connaîtra ses joies les plus pures, demeurera sans contredit celui du coude à coude et des rudes parlers de la tannerie paternelle, celui des camaraderies viriles de l'atelier typographique, de l'action politique et de la chambrée militaire. Comme à beaucoup de ses contemporains, l'image puissante de la mère aux maternités héroïques lui inspirera davantage de respect admiratif que de connivences. Confronté à la maturité féminine et à ses exigences, Olivar cherchera plutôt, d'instinct, à retrouver la fratrie complice des petites sœurs rieuses, leur féminité gracile, encore indifférenciée, et que la revanche des berceaux n'a pas précocement détournées de l'insouciance.

Des saisons et des horizons bouleversants de Sainte-Flavie-en-Haut, Olivar emporte avec lui la marque indélébile que laisse, dans une sensibilité très vive, la fréquentation quotidienne d'une beauté démesurée. Ce Fleuve d'hiver bordé de «rompis**» bleutés, enchevêtrés par le va-et-vient des marées, ce Fleuve d'été

---

* L'expression est tirée de *Clio*, œuvre de Charles Péguy (1873-1914), écrivain français qui exercera une profonde influence sur les valeurs et les engagements ultérieurs d'Olivar Asselin.

** Glaces rompues qui s'accumulent, l'hiver, sur les plages du Bas-du-Fleuve et de la Gaspésie.

scintillant au soleil, cet appel muet des phares dans la nuit, ces navires lointains en partance pour les vieux pays, ont pris pour lui mesure d'absolu. Perché sur son pommier, Olivar, immobile, ne se rassasie plus de cette ligne d'horizon à nulle autre pareille. De ces rêveries solitaires dont les siens viennent le tirer avec agacement, il gardera toute sa vie un goût marqué pour le lyrisme et la poésie. Il en restera, chez ce bagareur, une attirance secrète et résurgente pour la voie contemplative avec laquelle la vie lui ménage de bien étranges rendez-vous.

Chapitre III

LES CONTRAINTES DU SAVOIR

C'était un petit homme pâle et fluet, aux lèvres minces et moqueuses que surplombait un nez trop long et fureteur, aux yeux pétillants et expressifs de malice narquoise ; facies de paysan racé, ambré par le soleil et l'hérédité, dont la langue déjà acérée traduisait la pétulance de l'esprit. Toujours remuant, ce collégien drôlement vêtu, devint vite le chef de quelques camarades d'élection. À la vérité, il n'était pas comme les autres. Sa personnalité en faisait un être à part.

(Hermas Bastien, *Olivar Asselin*, Montréal,
Éditions Bernard Valiquette, 1938, p. 15-16)

Par un beau matin de septembre 1886, après un petit déjeuner hâtif, Rieule Asselin est sorti atteler. Une gravité nouvelle, où s'entremêlent la fierté et les regrets, se lit sur tous les visages. Rieule s'en va conduire Raoul, 15 ans, et Olivar, 12 ans, au Séminaire de Rimouski où ils ont tous deux été admis au cours commercial en qualité de pensionnaires. Pour Cédulie, c'est un vieux rêve qui se réalise : certains de ses enfants vont enfin accéder aux études supérieures. Pour Rieule, c'est probablement la fin d'un autre rêve secret, mais combien plus modeste : celui de voir l'un de ses fils lui prêter main-forte, puis lui succéder à la tannerie.

Depuis la fondation de ce pays, à peu d'exception près, chaque génération d'Asselin a compté son tanneur. Mais on ne voit pas impunément ses fils accéder au savoir... Rieule, au mitan de sa vie laborieuse, reste seul à travailler le cuir de ses mains, pour nourrir et éduquer onze enfants par des temps difficiles. À dix-huit ans, Oscar a déjà fait son choix comme cultivateur et promet d'y exceller. Peu enclin aux études, dans quelques années il songera, lui aussi, à se marier et à s'établir. La pomme de terre lui réussit bien. Charles-Aurélien n'a que huit ans et Joseph-Wilfrid, trois ans. Rieule regarde pensivement ses aînés transporter avec entrain leurs malles de pensionnaires dans la voiture. L'investissement acharné de Cédulie dans le savoir des collèges aura-t-il un jour les retombées bénéfiques qu'elle espère pour sa trop nombreuse nichée ?

Dans les malles de Raoul et d'Olivar, Cédulie a placé les rares vêtements de ses deux fils, soigneusement marqués à leur nom, ainsi que des serviettes et de rudes draps de lin de sa fabrication, afin d'économiser les 5 $ de location annuelle que le Séminaire réclame habituellement pour la literie d'un pensionnaire. Les frais de scolarité de Raoul s'élèvent à 90 $ par an, mais sont réduits à 60 $ pour Olivar, en qualité de deuxième inscrit d'une même famille. Ils sont payables en trois versements saisonniers, mais acquittables en espèces, après entente avec le procureur.

Bien des cultivateurs des environs iront ainsi, comme Rieule, raccompagner leurs fils au collège, un veau ou un cochon trottinant à côté de la charrette ou ligoté à côté de la valise. À Noël, ce sera la corde de bois de chauffage, la motte de beurre, ou la barrique de lard salé. L'argent sonnant est aussi rare dans les séminaires diocésains que dans les campagnes. Le troc entre les nourritures terrestres et celles de l'esprit s'y avère donc florissant. Mais sans l'opiniâtreté de quelques Cédulie des rangs éloignés, combien d'habitants économes eussent renâclé à l'idée de troquer un beau goret sur pattes pour tant de savoirs à l'utilité douteuse ?

Les frères et sœurs se bousculent maintenant pour embrasser les futurs collégiens. Ils ne les reverront qu'avec les neiges du réveillon. On pleure un peu. Les petites sœurs, Sophie et Malvina en tête, se pressent autour d'Olivar, l'inventeur prolifique de leurs jeux favoris. Plus en retrait, à côté de Cédulie, les aînées, Amanda et Marie-Caroline, puis Charles-Aurélien, si beau avec ses cheveux bouclés couleur de lin frais fauché, Tancrède, le filleul, et le petit Joseph-Wilfrid qui balbutie ses adieux...

Le soleil d'automne vient de surgir derrière les torches des boisés embrasés par l'automne. Rieule s'impatiente de ces excès d'attendrissement auxquels il craint de céder à son tour. Résolue, Cédulie pousse son petit monde sur la galerie et les mouchoirs s'agitent tandis que le père et ses fils entreprennent la longue descente vers Sainte-Flavie et la route du Fleuve. Le soleil a fait un bond par-dessus les collines du sud et commence à faire jouer sur la mer l'ombre violette des nuages pommelés qui se lèvent depuis la côte du nord. Olivar grave soigneusement tous ces paysages aimés dans sa mémoire. Dès qu'on lui en aura enseigné les règles, il les mettra en poèmes pour récompenser les siens de tous les sacrifices consentis pour son éducation. À douze ans, Olivar se voit déjà, aussi bien en conquérant guerrier qu'en prince des poètes !

Au village, on bifurque à gauche après avoir fait ses adieux au curé Fournier qui, un tablier de cuir sur sa soutane retroussée, bine déjà dans son potager. Le vieux pasteur regarde partir l'attelage avec satisfaction: sur les deux fils Asselin, vifs et intelligents l'un et l'autre, ce serait jouer de malchance si on ne récoltait pas, en fin de course, au moins une vocation solide. Raoul de préférence. Moins original que le petit, mais plus robuste et plus stable. La graine dont on fait les bons curés colonisateurs: la main aussi ferme sur la hache que sur le goupillon!

Sainte-Luce, Pointe-au-Père, Rimouski... Les heures ont passé dans la calèche silencieuse et les jeunes estomacs s'impatientent. On s'arrête au bord du Fleuve avant de monter au Séminaire. Cédulie a enveloppé pour eux dans une serviette de toile un gros pain « à fesses* », un bol de cretons, quelques tranches de jambon à l'érable et des pommes de leurs pommiers. Les garçons mangent debout en faisant ricocher des galets sur l'eau pour se dégourdir un peu. Rieule leur indique, au large, l'îlet Saint-Barnabé et, à gauche, l'Îlot-à-Canuel.

La maison d'enseignement qui les attend un peu plus haut est désormais tout à fait visible, à moins d'un kilomètre. En 1886, Rimouski n'est encore qu'un gros village de maisons de bois trapues regroupées autour de son nouveau séminaire. Même la cathédrale, au premier plan, domine à peine, de son fin clocher, le campanile qui surplombe le haut toit mansardé du pensionnat vers lequel s'acheminent les frères Asselin. On passe d'abord devant la cathédrale et son presbytère (Rieule et ses fils soulèvent leurs casquettes), puis devant la vieille église paroissiale**, qui a abrité le séminaire à ses débuts, puis le couvent des sœurs de la Charité et enfin le nouveau Séminaire de Rimouski, ceinturé d'une clôture de bois, et but ultime de cette éblouissante remontée d'automne le long du Saint-Laurent.

L'imposante maison de quatre étages, devant la procure de laquelle Rieule Asselin immobilise son cheval, a grande allure. Elle est le troisième édifice à abriter le Séminaire de Rimouski***, le second ayant été rasé par les flammes cinq ans auparavant. Ce n'est pas sans un serrement de cœur que les parents, à l'instar de Rieule, imaginent leurs enfants pensionnaires confinés au dortoir du quatrième étage dont les lucarnes, haut perchées et privées d'escaliers de secours, ne

---

* Le pain de ménage à deux miches soudées, toujours populaire dans la région.

** Aujourd'hui Musée régional.

*** L'aile la plus ancienne (reconnaissable à son campanile) de l'actuel Cégep de Rimouski a été construite en 1920 pour abriter le cinquième séminaire de cette ville dont les incendies répétés ont maintes fois interrompu le développement éducatif. Le troisième séminaire, où ont étudié les frères Asselin, de même que le quatrième, ont successivement subi le même sort. L'incendie de 1950 fut le plus dévastateur de tous, anéantissant plus de la moitié de la ville dont peu des anciennes constructions ont survécu.

favoriseraient pas l'évacuation en cas de catastrophe. Mais cette fin de siècle est aussi l'époque où l'éducation supérieure grégaire comporte des risques physiques dont le feu et le scorbut ne constituent pas les moindres.

La fondation du premier Séminaire de Rimouski remonte à 1861, époque où un nouveau curé entreprenant, aux cheveux ébouriffés et au regard inspiré, installe dans sa petite église paroissiale un premier collège industriel regroupant différents types d'enseignements agricole et maritime, dispensés jusque-là dans une vieille maison du voisinage. Originaire de l'Île-aux-Coudres, l'abbé Épiphane Lapointe ouvre d'abord sa sacristie, puis son église entière pour fins d'enseignement. Ce jeune pionnier de l'éducation n'en est pas à ses premières entreprises hasardeuses. Son obédience précédente l'avait exilé jusqu'aux confins de l'Illinois, avec mission de ramener au bercail de l'orthodoxie catholique les égarés qui avaient suivi le prêtre apostat Chiniquy dans sa dissidence. Après six ans de ce rude apostolat, Épiphane Lapointe était rentré au pays avec une brochette impressionnante de familles dûment repenties. Sa feuille de route le désignait donc d'emblée, aux yeux des autoristés ecclésiastiques de Québec, pour entreprendre la fondation d'une première maison d'enseignement supérieur dans la région excentrique et pauvre de Rimouski*.

Le jeune curé, bien secondé par son vicaire Georges Potvin, lance donc une souscription populaire de 260 louis qui s'avère un succès inespéré. Mais, emporté à quarante ans par la fièvre thyphoïde, le premier supérieur du Séminaire n'aura pas le temps d'assister à la consécration de son œuvre. Ce n'est que trois ans après sa mort que sera inauguré le premier cours classique dispensé à Rimouski.

Avec l'arrivée, en 1867, du premier évêque de Rimouski, Mgr Jean Langevin, fondateur du diocèse et frère de sir Hector, le projet d'un séminaire en bonne et due forme, indispensable au recrutement d'un clergé local, va se préciser. Les locaux de la vieille église étant devenus inadéquats pour l'expansion de l'institution, affiliée depuis 1872 à l'Université Laval, la construction du deuxième séminaire est lancée par une souscription diocésaine de 15 ¢ par famille. L'inauguration et la bénédiction solennelle ont lieu dans l'allégresse générale en 1876.

Monseigneur de Rimouski, hélas, jouira fort peu longtemps des visites impromptues qu'il aimait faire dans les couloirs bien astiqués de sa nouvelle maison pour évaluer le progrès des élèves et y déceler les futures vocations. Cinq ans après, en 1881, un incendie tragique ravage entièrement l'œuvre dont il avait tant espéré. Il contraint élèves, séminaristes et professeurs à réintégrer temporairement les locaux exigus de la vieille église. Les coffres de l'évêché sont à sec,

---

* Rimouski ne sera érigé en diocèse que six ans plus tard, en 1867.

mais la pauvreté qui sévit dans la région interdit provisoirement au pasteur d'envisager une nouvelle campagne de souscription.

Une solution de rechange surgit cependant à l'horizon. Propriétaires depuis 1872 d'un vaste couvent neuf, les Dames de la Congrégation songeraient à porter ailleurs leur mission éducative auprès des filles, Monseigneur ne faisant plus de secret de sa nette préférence pour les communautés d'obédience diocésaine. Or ces Dames possèdent des constitutions romaines qui les rendent canoniquement indépendantes de l'évêque du lieu. Leur maison serait-elle à vendre ? Monseigneur fera sa large part pour qu'elle le soit. On finit par s'entendre pour la somme de 20 000 $. Le 9 juin 1882, l'acte de vente est signé et le Séminaire emménage sous son troisième toit.

Édifié quatorze ans auparavant par les Dames de la Congrégation, selon les plans des architectes Bourgeau et Leprohon de Montréal, le Séminaire de Rimouski, placé sous le vocable de saint Germain, est imposant et d'agréables proportions. Un corps principal de quatre étages, flanqué de deux ailes en encoignure, est surmonté d'un toit mansardé recouvert d'essentes de tuiles d'ardoise dont le brisis, percé de lucarnes à pignons, abrite les dortoirs. Au centre, en faîtage du corps principal, un campanile octogonal, surmonté d'une lanterne portant une croix, domine le paysage de la petite ville. À la croisée du faîtage du corps principal et des ailes, deux petits clochetons symétriques s'alignent sur les trumeaux centraux des façades latérales. Plusieurs souches de cheminées perçant les terrassons de la toiture attestent que le chauffage central est, la plupart du temps, encore inexistant dans ces vastes pensionnats de campagne. Une ordonnance architecturale très sobre, un appareil de simple maçonnerie font bien ressortir les quelques éléments de recherche ornementale de l'édifice. Corniche superposant gracieusement doucine, échine, congé et larmier, suivie d'un soffite décoré de caissons et de modillons ; membrons moulurés de perles et olives contrastant avec la sobriété des frontons des lucarnes ; chaînes d'angles à la manière des pierres d'attente. Mais c'est l'entrée du corps principal qui attire d'abord l'attention et c'est devant son imposant escalier, bordé d'une garde en massif de pierre sculptée et surmonté d'un fronton d'allure classique, que des générations de collégiens poseront, en compagnie de leurs maîtres, pour les photos-souvenirs de leur promotion.

C'est dans ce couvent presque neuf qu'Olivar et Raoul vont entreprendre leur cours commercial, voie réputée plus pratique que les humanités classiques et vers laquelle sont d'abord orientés les fils de cultivateurs et d'artisans. Après observation, les plus talentueux d'entre eux seront incités à bifurquer vers les études gréco-latines où ils iront rejoindre les fils de notables et ceux de leurs condisciples qui se destinent à la prêtrise. Mais tel n'est pas encore, en cet après-midi de septembre 1886, le destin qui attend les fils du tanneur de Sainte-Flavie en train de hisser leurs malles de pensionnaires jusqu'aux combles du dortoir.

Chacun y trouve, avec son petit lit de fer, une table garnie d'un bassin et d'un pichet à eau, une armoire exiguë et une chaise de pin. Des courtines blanches séparent les alcôves les unes des autres et un chemin de ronde surélevé longe les murs à mi-hauteur afin de permettre au surveillant d'apercevoir la couleur du ciel par les hautes lucarnes du quatrième étage. Un poêle de fonte trône seul au milieu de la pièce. Ses dimensions laissent présager un hiver rigoureux pour la cinquantaine de pensionnaires dispersés dans le grand dortoir. Déjà, certains d'entre eux ont été prévenus par les « anciens » de la glace qu'il faut rompre, au petit matin, à la surface du bassin, pour faire sa toilette et des engelures si graves qu'il faut aller les faire soigner sur-le-champ à l'infirmerie, sous peine de ne plus pouvoir tenir la plume entre ses doigts. Mais que les « nouveaux » se rassurent : durant les gros froids de janvier, quand le mercure se met à osciller dangereusement à la baisse, on déménage prestement les paillaisses du dortoir et on s'entasse comme des chats autour du poêle ronflant d'une petite classe.

Récent peut-être, mais inachevé, le couvent désaffecté des sœurs offre, çà et là, à la vue, des murs mal crépis sur lesquels suintent une humidité et une moisissure que le chauffage au bois ne parvient jamais à éliminer complètement. Les fils d'habitants, accoutumés à la chaleur sèche de leurs basses maisons de bois surpeuplées d'enfants, isolées d'étoupe et renchaussées de neige, y pâtiront longuement en appelant de tous leurs vœux les congés des fêtes et le dégel du printemps.

Le réfectoire du premier étage n'offre guère plus d'agréments que le dortoir. La triste réputation de son ordinaire a rejoint, de père en fils, des générations d'étudiants. Fèves au lard fadasses et refroidies au petit déjeuner, infusion de chicorée foncée de miettes de pain brûlé en guise de café ; âcre soupe aux trognons de choux à la surface de laquelle flottent quelques bouts de graillon fibreux qui se coincent aux dents des affamés ; « chiard » farineux fait de viandes douteuses et de patates agglutinées ; bouillotes grisâtres de poisson des vendredis et des mercredis de Carême... La table du réfectoire passe pour plus pauvre que celle du plus pauvre d'entre les pensionnaires ! Nostalgie des odeurs de pain chaud et de confitures, vision du potager d'automne croûlant sous ses légumes frais, souvenir de l'omelette au lard et des patates brunes que la mère fait rissoler dans son poêlon de fer noir, avec une pincée de sariette du jardin...

Entre 1881 et 1903, le Séminaire traverse une période d'extrême pauvreté. Raoul et Olivar y séjourneront de 1886 à 1982, époque où l'institution a peine à survivre. À titre indicatif, ses dépenses, pour l'année 1889, s'élèvent à 4133,67 $ alors que les frais de scolarité des externes (475,29 $) et des pensionnaires (2334,81 $) totalisent 2810,10 $. C'est dire que les supérieurs doivent chroniquement rogner et quêter pour ne pas endetter le diocèse. Au chapitre des salaires, pour la même année, un professeur-clerc touche 235,34 $ par an. Les élèves du

Grand Séminaire qui agissent comme répétiteur reçoivent 110 $. En revanche, ils doivent débourser 125 $ pour leur pension, ce qui conduit les séminaristes à accumuler des dettes qu'ils mettront des années à éponger, une fois reçus à la prêtrise. Les employés laïques du Séminaire touchent respectivement 111,77 $ ou 74,83 $ selon qu'il s'agit d'un homme ou d'une femme*... Pour la même année, le Séminaire dépense, pour nourrir élèves et personnel, 540,77 $ de bœuf, 79,30 $ de mouton, 222 $ de lard, 61 $ de patates, 565,92 $ de beurre, 9,30 $ d'oignons, 112 $ de poisson, 31,33 $ de pommes et 8,95 $ de biscuits. Pour se chauffer : 535,60 $ de bois et 54,50 $ d'huile de charbon. Cela faisait dire aux supérieurs que le prix du beurre excédait largement celui de tous les salaires consentis[1] !

Aussi minimes qu'ils puissent nous paraître aujourd'hui, les frais de scolarité de Raoul et d'Olivar sont encore dissuasifs pour un grand nombre de familles nombreuses. L'argent liquide est rare et même les notables de village, notaire ou médecin, doivent fréquemment accepter de voir leurs honoraires réglés en espèces. Aussi le recrutement des pensionnaires s'avère-t-il difficile. En dépit de leurs soutanes rapiécées, les prêtres du Séminaire accordent des « bourses » aux élèves les plus démunis et les plus doués afin de remplir leurs classes. Les curés de village pourchassent les « bienfaiteurs » potentiels pour doter les futurs candidats au sacerdoce. Ou enseignent eux-mêmes des rudiments de latin et de grec à leurs protégés, pour permettre aux pères d'économiser les frais d'une année de pension. Nombreux sont aussi les départs d'élèves en cours d'études, les parents cultivateurs requérant subitement les bras de leurs fils pour l'exploitation de plus en plus ardue de leur terre. Les autorités du Séminaire ferment donc souvent les yeux sur les frondes et les incartades de leurs meilleurs élèves par peur de les perdre. Ce doux chantage constituera plus d'une fois la bonne fortune d'Olivar...

En attendant des jours meilleurs, les pensionnaires sont de corvée de bois et d'eau. Chaque pièce possède son poêle qu'il faut approvisionner quotidiennement, à la file indienne, à l'aide de sacs à bretelles. L'eau du réservoir extérieur est propulsée à l'intérieur du Séminaire par un moulin à vent. Quand le vent tombe ou que l'eau gèle dans les conduites insuffisamment enfouies sous terre, les élèves sont réquisitionnés en pleine classe pour faire la chaîne des seaux jusqu'aux cuisines, en scandant des chansons de bateliers ou des marches militaires. Mais la plus honnie des corvées, celle qui a suscité chez les contemporains d'Olivar le plus de chansons estudiantines d'inspiration scatologique, c'est l'éprouvante vidange du puisard extérieur, sorte de vaste citerne de maçonnerie que les latinistes avaient surnommé le temple de la *dea cloatica* ou le *locus sortitus*...

---

* Le bas niveau des salaires du Séminaire se maintiendra longtemps. En 1930, le salaire annuel du professeur-clerc s'échelonne encore entre 150 $ et 250 $.

À l'époque où les frères Asselin étudient à Rimouski, le Séminaire connaît, en effet, sa période la plus noire sur le plan financier. Mais toutes ces corvées et toutes ces privations, partagées par une horde d'adolescents que soude l'instinct grégaire de leur âge, si elles comportent des risques indéniables pour la santé, s'avèrent fertiles en exploits et en souvenirs. Avec l'énergie de leur constitution de jeunes campagnards, les pensionnaires tournent souvent leurs maux en dérision. Quand ils ne les transforment pas en motifs de fierté ou en prétexte à la délinquance. Les expéditions nocturnes au réfectoire, menées par un commando-éclair chargé de neutraliser d'abord le surveillant (ou de le soudoyer : le jeune séminariste chargé de faire le pion au dortoir est souvent aussi affamé que les élèves eux-mêmes), se terminent souvent par des ripailles homériques dont la tradition orale se perpétue de promotion en promotion. Les pères sortent la férule, collent des pensums, suppriment les parloirs, distribuent des retenues, mais finissent par fermer les yeux.

À peine une cinquantaine de pensionnaires, auxquels s'ajoutent autant d'externes, forment une petite mafia de galopins dont l'imagination, brimée par l'austérité du règlement, ne fait que s'échauffer au combat des autres. L'occasion fait aussi le larron. Le voisinage du parc, des champs et de la ferme du Séminaire fournit aussi ce genre d'occasions. On ne compte plus les dortoirs de séminaires diocésains où auraient été relâchés, nuitamment, veaux ou cochons préalablement enduits de graisse et criant d'effroi au milieu d'une pagaille simulée de dormeurs complices agitant leurs bonnets de nuit... Encre noire versée clandestinement dans les bénitiers de la chapelle, pétards fumigènes éclatant dans les latrines, râteliers des pères intervertis dans les verres à eau durant la nuit au cours d'une opération-suicide, maladies graves simulées à l'infirmerie le temps d'un exposé oral trop ardu : on n'en finit plus de dénombrer les trouvailles rocambolesques de ces milliers de jeunes Québécois anonymes ! Enfants cloîtrés, frigorifiés et tenaillés par la faim en cette fin de siècle, mais qui choisissaient, par bravade, d'en rire et de s'en faire une fleur une fois devenus adultes, à l'occasion des amicales d'anciens élèves.

Cette ambiance de connivence scellée par des pactes secrets et des serments d'honneur, ce milieu de vie clos où l'intrépidité, la crânerie et la résistance physique étaient privilégiées à l'égal de vertus théologales, agiront comme de puissants stimulants sur Olivar. Parmi ces fils d'habitants qui professaient le culte du grand « boulé » de village, Olivar avait une sérieuse revanche à prendre contre sa petite taille et sa mine fluette. Dès cette première entrée de septembre 1886 au Séminaire de Rimouski, sa résolution était prise : sa vie serait un miracle perpétuel de volonté et d'énergie pour dominer le complexe du petit homme. Ses condisciples ne s'y trompèrent d'ailleurs pas. Au premier regard, ils prirent l'exacte mesure du nouveau de Sainte-Flavie et du caractère qui l'animait.

Voici en quels termes son condisciple et ami, le docteur Joseph Gauvreau, le seul a avoir témoigné par écrit de l'adolescence d'Olivar, évoquera, en 1937, l'écolier de 1886:

> Petit bout d'homme, haut comme ça, gros comme rien, mis à la diable, botté à l'anglaise, marchant du talon, cambré comme un as de pique, toujours le bout de la langue au bout des lèvres, un nez trop long pour son visage, et les yeux flamboyants comme des charbons écossais: tel m'apparaît encore « P'tit Slin » pour le distinguer de son frère « Gros Slin ». Mieux observé, on le baptisa du surnom de « Petit Caporal », qu'il aurait dû porter toute sa vie. Les écoliers ont de ces trouvailles heureuses qui ne se remplacent jamais[2].

Son plus récent biographe, Marcel-Aimé Gagnon*, qui, écrivant en 1962, a bénéficié des témoignages oraux de frères et de sœurs d'Olivar, incline lui aussi à penser que Napoléon Bonaparte a pu être un temps « le héros de ses songes, car lui aussi était de famille modeste, de petite taille et vivait en pays ingrat[3] ». Chose certaine, en ces années de nationalisme brimé et revanchard, l'empereur des Français jouit d'une aura mythique dans les campagnes québécoises où bien des aînés de famille s'enorgueillissent de porter son nom. Olivar a donc pu s'appliquer à imiter le regard provocateur, les bras haut croisés sur la poitrine et la lèvre volontaire de son héros favori. Comme le petit Corse, confiera-t-il plus tard, Olivar, à douze ans, rêve aussi de conquérir le monde[4].

Pour l'heure, le « Petit Caporal » ronge son frein en défaisant sa malle de pensionnaire: au dortoir, on l'a séparé de son frère Raoul et des "moyens" pour le loger à la « pouponnière » où sont regroupés les petits... On verra bientôt si, aux examens, le dernier-né de la « pouponnière » ne devancera pas tous ces « consuls » prétentieux qui le regardent aujourd'hui de haut. Car en ces années où l'enseignement primaire est très inégalement distribué dans les campagnes, il arrive que des condisciples d'âges fort variés se retrouvent aux mêmes promotions, une fois parvenus au Séminaire.

Là aussi, l'enseignement secondaire en est à ses balbutiements. Tous les professeurs sans exception sont des autodidactes. Ce n'est guère qu'avec l'arrivée de Mgr André-Albert Blais comme coadjuteur de Mgr Langevin, en 1887, qu'une première formation sera donnée au corps professoral en matière de pédagogie et d'enseignement des matières « profanes ». Les premiers supérieurs ne possèdent, quant à eux, qu'une formation livresque de théologie morale et leur enseignement de la Philosophie se limite souvent au Zigliara, auteur d'un manuel en usage, ou à des auteurs mineurs comme de Bonald ou Joseph de Maistre. Ce n'est donc pas de la fine fleur de la culture humaniste que Rieule a écarté ses fils en les ins-

---

* Décédé en 1987.

crivant d'abord aux cours plus «pratiques» du cours commercial. Ils y excellent d'emblée tous les deux, Raoul aussitôt promu en 4ᵉ et Olivar en 3ᵉ. Détail qui en dit assez sur l'excellente qualité de l'éducation primaire que les deux frères ont dû recevoir à Sainte-Flavie*, aussi bien à l'école du rang qu'à la maison paternelle.

Dès son premier bulletin, Olivar (que ses professeurs appelleront de préférence «François-Olivar», ou tout simplement «François») obtient le premier prix d'excellence et tous les premiers prix de dictée, d'arithmétique, de tenue de livres et de calligraphie. Il se classe 2ᵉ pour la géographie, l'histoire et l'anglais[5].

Le cours commercial entrepris par Raoul et Olivar dure en principe quatre ans et le cours classique, six ans. Le premier prépare aux emplois de bureau et comporte, outre les matières de base mentionnées plus haut, des cours pratiques d'agriculture, de dessin industriel et même d'art épistolaire. Les deux frères auront tôt fait d'en parcourir le programme et de bifurquer vers les humanités classiques où ils s'initieront, en sus, au latin, au grec, à l'histoire universelle, à l'histoire littéraire, à la physique, la chimie, l'algèbre, l'astronomie, la rhétorique et l'histoire nationale. En option, ils se verront aussi offrir la musique instrumentale, le chant, le dessin et une initiation à la technique architecturale.

La paresse étant réputée être «la mère de tous les vices», les élèves sont tenus fort occupés entre les cours et les séances d'études: promenades obligatoires dans le parc, hiver comme été, autour de l'étang du bocage, patinage sur glace, jeux de ballon, excursions et pique-niques au bord du Fleuve à la belle saison, répétition de la chorale, de l'harmonie et de la troupe de théâtre amateur. Cette dernière monte des spectacles épiques et romantiques auxquels toute la ville se trouve parfois conviée. Spectacles pudiques, bien sûr, où les rôles féminins sont tenus par des garçons encore imberbes, dûment enjuponnés et dont la voix n'a pas encore mué... Les congrégations pieuses sont également à l'honneur et il en est de prévues pour tous les âges. Les élèves n'ont guère le choix de ne pas y appartenir. Après un bref passage à celle des Saints-Anges, Olivar, qui excelle dans la tenue de livres, se voit rapidement propulsé à la trésorerie de celle de la Sainte-Vierge dont il doit gérer avec diligence le budget.

Plusieurs saints (saint Louis de Gonzague, saint Patrice, saint Stanislas de Kostka) prêtent aussi leur patronage à diverses activités parascolaires à caractère culturel. Seule femme au répertoire, sainte Cécile supervise les performances des apprentis musiciens de la chorale et de l'harmonie. Mais c'est sur l'Académie Saint-Jean-l'Évangéliste, conçue selon les structures d'une corporation du Moyen-

---

* Ni les archives du ministère de l'Éducation ni celles de la Commission scolaire de la Neigette (dont le territoire englobe aujourd'hui Mont-Joli) n'ont conservé de traces des bulletins scolaires des frères Asselin durant leur éducation primaire.

Âge et dédiée à la littérature, que Raoul et Olivar vont rapidement jeter leur dévolu. On y entre comme simple « aspirant », on est ensuite promu « candidat » et, de travaux poétiques en travaux dramatiques présentés au cours de séances publiques devant l'aréopage des « Académiciens » reçus, on s'élève, année après année, dans les échelons de la hiérarchie des « Immortels » de Rimouski ! Lesquels « Immortels » se sont donné comme mission de « perpétuer les bonnes traditions littéraires par la fermeté avec laquelle elle doit refuser son approbation et fermer ses archives à toute œuvre qui ne pourrait avouer le goût le plus classique et le plus pur[6] ».

Tandis que Raoul, bon vivant s'il en est, se disperse quelque peu dans les activités théâtrales et musicales, Olivar se concentre entièrement sur les rigoureux paramètres émis par l'Académie. Il y sera reçu « académicien » après une présentation remarquée d'un « magnifique travail de vers latins en hexamètres[7] » qui impressionnera fort le jury.

Dès le départ, Olivar et Raoul savent que, simples fils d'artisan, ils doivent redoubler d'efforts pour s'imposer auprès des fils de notables et de commerçants. Dès le premier jour, le vêtement les distingue les uns des autres. Les premiers se présentent en classe avec leurs rudes capots tissés d'étoffe du pays, taillés et cousus main par leurs mères. Les autres, plus fortunés, ont déjà revêtu l'uniforme du Séminaire, « un capot de drap bleu avec nervures blanches, descendant plus bas que le genou, une ceinture en laine verte, pantalon noir, casquette bleue avec nervure blanche ». En hiver, complète le règlement, « on permet l'usage de casques ordinaires[8] ».

À l'époque le prestige de l'uniforme jouissait encore d'un énorme crédit auprès des étudiants pauvres. Peu accoutumés aux élégances de ces habits de drap à nervures, brandebourgs ou passementeries qui évoquaient immanquablement les gloires militaires de leurs cours d'histoire, ils rêvaient presque tous de le revêtir un jour. Olivar verra son rêve se réaliser vers la fin de ses humanités lorsque son « protecteur », Mgr Blais, coadjuteur, puis successeur de Mgr Langevin, le lui offrira en récompense de succès académiques particulièrement remarqués. Le « Petit Caporal » a déjà le goût du vêtement qui distingue et qu'il faut illustrer par des actions d'éclat. Après avoir conquis, en fin de course, l'uniforme tant convoité de son alma mater, Olivar s'engagera dans deux guerres, au cours de sa vie, fier de pouvoir revêtir celui des armées et d'en faire claquer les bottes... Certes, le fils du tanneur affichera toujours un mépris superbe pour l'argent. Mais il éprouvera très tôt un goût instinctif pour les beaux vêtements qu'on ne peut, hélas, se procurer sans lui.

Olivar a le goût et l'estomac délicat. Cédulie a particulièrement veillé, jusque-là, à l'alimentation de ce rejeton qui masque sa fragilité en provoquant au tire-au-poignet, ou à la course à pied, ses condisciples les plus costauds. À

Rimouski, les laitages et les viandes délicates lui font cruellement défaut. Ses entrailles rejettent malgré lui les brouets gris et les sauces aigrelettes du réfectoire. Il est à l'infirmerie où le « Père Sapin* » (qui n'a de l'infirmier que son tablier blanc) s'efforce en vain de dénicher dans « le trésor des nourrices** » le sirop ou la « sirouenne » qui le remettra sur pied. Loin de sa mère, l'adolescent vient de recevoir du plomb dans l'aile pour la première fois de sa vie. Il est atteint du scorbut.

Alertés par Raoul, les parents consultent rapidement le docteur Ross, le parrain d'Auguste, et conviennent d'un arrangement à l'amiable avec le Séminaire. Vu sa faible constitution, Olivar sera autorisé à prendre dorénavant chambre et pension dans une maison du voisinage agréée par les prêtres du Séminaire. Conscients des rudes conditions d'existence auxquelles sont soumis leurs pensionnaires, les autorités se montrent ouvertes aux requêtes des familles plus exigeantes. Les Asselin, d'ailleurs, ont fourni un certificat médical à l'appui de leur demande.

Chez la mère Sirois, à quelques minutes de marche du collège, Olivar, désormais séparé de Raoul, ne sera pas le seul à bénéficier d'un menu d'exception. Autour de la table vont le retrouver, chaque jour, pour former bientôt une bande de six inséparables complices : Louis Voyer, originaire comme lui de Sainte-Flavie, John Morran, orphelin irlandais élevé par un avocat de Rimouski, Joseph Gauvreau***, et deux Franco-Américains hâbleurs et péroreurs, Willie Lapalme et Frédéric Pelletier. « Ces derniers, écrit Marcel A. Gagnon, viennent des "États" ; ils sont bien mis, portent montre à breloques, dépensent sans compter et vantent à cœur de jour leur patrie d'adoption, la Nouvelle-Angleterre, dans le plus beau "slang" qu'on puisse imaginer[9]. » Séduit et amusé, Olivar boit leurs paroles. Celles de Pelletier, surtout.

Ces fils de familles émigrées ne constituent pas une exception au Séminaire de Rimouski. Commencé depuis plusieurs décennies déjà, l'exode des populations rurales de la région vers les filatures de la Nouvelle-Angleterre a suscité l'établissement de nombreux liens de solidarité et d'entraide dans les familles séparées par l'exil. Par delà les collines et les boisés des Appalaches, la frontière n'est pas si éloignée qu'on ne puisse, surtout depuis l'arrivée de l'Intercolonial, se rendre

---

* Surnom de l'abbé Ouellet.

** Nom donné, dans les campagnes du Bas-du-Fleuve, à la petite pharmacie domestique des familles.

*** Devenu médecin, le docteur Gauvreau exerça quelques années sa profession à Rimouski. Ayant dû subir l'amputation de l'avant-bras gauche, il rejoignit Asselin à Montréal en 1909. Militant nationaliste, il fut membre-fondateur de la Ligue des droits du français en 1913, tandis qu'Asselin était porté à la présidence de la Société Saint-Jean-Baptiste.

mutuellement visite année après année. Souvent, les aspirants-travailleurs d'usine partent en groupe avec leur prêtre, leur médecin et leur avocat.

Bientôt, si l'importance numérique de leur petite communauté le justifie, des religieuses hospitalières ou enseignantes du Québec iront les rejoindre pour y établir de nouvelles fondations. Plus tard, si la fortune leur sourit, les travailleurs « enrichis » par la mise en commun du salaire familial enverront un de leurs fils ou de leurs filles étudier, avec les enfants de notables et de commerçants, dans les meilleurs collèges et couvents du Québec. Parvenus à l'université, ces étudiants franco-américains pourront toujours compter, à Québec, sur quelque parrain, oncle ou tante, religieux ou laïc, pour les héberger le temps de leurs études. Jusqu'à la Seconde Guerre mondiale, le Séminaire de Rimouski comptera, chaque année, plusieurs Franco-Américains parmi ses élèves.

C'est cet appel de l'Eldorado américain qu'Olivar entend dès le début de ses études, attablé autour du bon bouilli de légumes de la mère Sirois, en compagnie de Willie Lapalme et de Frédéric Pelletier. Tout au loin, seul désormais dans sa tannerie du deuxième rang de Sainte-Flavie, Rieule grisonnant se raidit tant qu'il peut, en entendant ce même chant des sirènes se répercuter chez ses voisins. Demain, ce seront les Untel qui s'embarqueront à leur tour pour le Rhode Island... Car Cédulie est à nouveau enceinte et Oscar vient de demander à Augustine Gosse, qui ne lui a pas dit non, de lui accorder ses « bons soirs* »...

Avec l'insouciance de leur âge, les copains de la mère Sirois vont et viennent, bras dessus bras dessous, quatre fois par jour de la pension au Séminaire. Joseph Gauvreau, qui loge « en ville » chez ses parents, les rejoint par un raccourci. Bientôt Olivar et lui deviennent inséparables. Joseph, qui talonne pourtant Olivar dans ses résultats scolaires, s'étonne de la facilité déconcertante avec laquelle son ami rafle sans vergogne tous les premiers prix sans avoir l'air de travailler, se fiant uniquement « à ses exploits de mémoire et à ses coups de collier la veille des examens[10] ». La trop grande facilité d'un élève n'en fait pas forcément un modèle de discipline. Les élèves trop brillants pertubent souvent les classes : ils ont toujours compris la leçon avant les autres, expédié l'exercice en un temps record, quand ils ne devancent pas, à voix basse, d'un paragraphe, l'exposé du professeur pour mieux le narguer. Tel était un peu, au collège, la situation du « Petit Caporal ».

À Rimouski, Olivar manifeste très tôt un don diabolique pour les langues mortes et vivantes. En français et en anglais, aussi bien qu'en latin et en grec,

---

* Après entente avec ses parents, une jeune fille en âge de se marier était autorisée à recevoir un amoureux à la maison les mardi, jeudi, samedi et dimanche soirs. Quand son choix était définitivement arrêté, elle plaçait une pelle devant la porte pour signifier aux autres prétendants qu'il était inutile de demeurer sur les rangs.

thèmes, versions, compositions, discours, prosodie, rien ne lui résiste. Mois après mois, ses bulletins attestent, dès sa deuxième année, que seule la marge subjective de l'évaluation, quand il s'agit d'un texte de création, retient le professeur de lui accorder la note maximale. Quant aux prix d'excellence qui couronnent l'ensemble des résultats scolaires, il semble, bulletin après bulletin, n'y en avoir que pour lui[11].

En classes de Syntaxe, Belles-lettres et Rhétorique, Olivar, suivi de près par son aîné, s'installe au sommet de la pyramide d'où personne ne parviendra plus à le déloger. Un talent aussi exceptionnel ne pouvait passer inaperçu : en dépit de son caractère frondeur et indiscipliné, Olivar jouira toujours de l'estime et de l'indulgence de ses professeurs. Dès 1887, ce ne sera plus un mystère pour ses condisciples que Mgr Blais, le nouveau coadjuteur, est le protecteur avoué des deux frères Asselin. Ces derniers constituent des « espoirs » pour le diocèse.

Malgré le statut particulier dont il bénéficie au collège, Olivar ronge son frein. Les grands espaces de Sainte-Flavie, de même que la chaleur et l'affection du milieu familial lui font cruellement défaut. La discipline tâtillonne et l'insignifiance de certains règlements lui pèsent. La pauvreté de l'enseignement ne satisfait pas son insatiable curiosité d'esprit. Dès les premières années, il a parcouru tous les volumes que les deux bibliothèques du Séminaire mettent à la disposition des élèves. À travers un fatras d'ouvrages de spiritualité de second ordre, Olivar s'est cependant taillé un robuste programme de lectures classiques, françaises et gréco-latines. À l'étude, ses devoirs expédiés, ou seul dans le parc, il lit Plutarque, Tacite, Virgile, Horace, Cicéron, Homère et Thucydide dans le texte comme un écolier désœuvré d'aujourd'hui s'enfoncerait, des heures durant, dans la lecture des bandes dessinées... Mgr Sylvain, qui viendra remplacer Mgr Langis au supériorat du Séminaire durant les études d'Olivar, se plaira à stimuler dans toutes les directions cet élève inassouvi. Avec lui, Olivar s'initiera à la botanique, loisir scientifique qu'il conservera toute sa vie et qui lui vaudra plus tard l'amitié et la collaboration du frère Marie-Victorin. À la numismatique également, science qui a peut-être conforté en lui son goût enfantin de conquérir un jour croix et médailles sur les champs de bataille...

Mais contrairement à bien d'autres « forts en thème », Olivar ne se complait nullement dans l'isolement orgueilleux de la supériorité intellectuelle. C'est un camarade respectueux de l'égalitarisme rigoureux qui régit, dans ces institutions fermées, les relations entre condisciples. Au pensionnat, le cancre intrépide qui a fomenté un chahut particulièrement réussi au dortoir jouit de la reconnaissance de ses pairs à l'égal du premier de classe. Olivar s'emploiera à exceller dans les deux domaines... Il se fera, au séminaire, des amitiés solides qui survivront aux fidélités successives et aux volte-face de sa vie orageuse.

À Rimouski, Raoul et Olivar versifient à qui mieux mieux avec Samuel Bellavance, un fils d'habitant prospère de Saint-Fabien, jeune lutteur à la mâchoire carrée qui, devenu jésuite, regroupera les Ligues du Sacré-Cœur et les Commis-voyageurs en troupes de choc nationalistes, avant de rassembler la jeunesse étu-diante au sein de l'Association catholique de la jeunesse canadienne. Au plus fort de ses conflits idéologiques avec les jésuites, Olivar pourra compter, plus tard, sur la discrète influence de son ami « Sam » pour temporiser, en haut lieu, des ripostes ecclésiastiques lourdes de conséquences pour la sécurité d'emploi du journaliste de combat. Ernest Lapointe, originaire de Saint-Éloi-du-Témiscouata, plus tard avocat à Rivière-du-Loup et futur ministre de la Justice dans le gouvernement libéral de William Lyon Mackenzie King, sera lui aussi à tu et à toi avec Olivar dans les salles d'étude et de récréation du Séminaire de Rimouski. Quant à Eugène Marie-Joseph Fiset*, petit Rimouskois, fils de sénateur mais fort en gueule, Olivar le retrouvera également sur son chemin durant son épopée militaire de 1916.

Sevrés d'affection familiale et de présence féminine, les élèves de ces petits séminaires de campagne investissent énormément dans les amitiés viriles. Les surveillants redoublent donc de précautions et de règlements obsessionnels pour éviter que, d'exclusives et sentimentales, certaines de ces amitiés ne deviennent « particulières ». Impitoyablement dépistée et réprimée, l'homosexualité demeure, semble-t-il, une manifestation plutôt exceptionnelle chez les élèves[12]. Ce qui n'empêche pas les garçons d'échanger des alexandrins douloureux sur le thème de l'amitié indéfectible d'Achille et de Patrocle. Quand ce ne sont pas des pactes secrets, paraphés de son sang, où l'on se jure mutuellement une franchise totale et une fidélité jusqu'à la mort. De son temps de séminaire, Olivar conservera dans ses papiers personnels, à titre de souvenirs, quelques quatrains émus et quelques lettres remplies de promesses qui avaient dû, en leur temps, le réconforter à ses heures de mélancolie.

À ces adolescents séparés de leurs familles, les prêtres du Séminaire sug-gèrent, retraite après retraite, l'éventualité, sinon la probabilité, de l'appel au sacer-doce pour un grand nombre d'entre eux. Pour discrète qu'elle soit, la pression n'en est pas moins constante. Ces années, qui se voudraient insouciantes, sont trop souvent assombries par l'angoissante perspective d'une vie réclamée par Dieu et à jamais sevrée « d'affections terrestres ». Bien peu d'entre ces jeunes esprits échap-peront totalement au dilemme auquel les confronte cette invitation à « la vocation parfaite ». Les programmes d'études, d'ailleurs, semblent taillés sur mesure pour de futurs prêtres. Mais tandis que Raoul, plus tard, « succombera à l'appel », Olivar, selon ses premiers biographes, « résiste ». Ses photos de collégien montrent le fils du

---

* Après des études médicales, Eugène Fiset embrassera la carrière militaire. À sa retraite, en 1939, il deviendra Lieutenant-gouverneur de la Province de Québec. Croulant sous les honneurs, les titres et les décorations, sir Eugène n'en avait pas moins conservé toute sa vie un vocabulaire de garnison qui ne laissait pas de stupéfier son entourage.

« rouge » les lèvres serrées, les bras croisés sur la poitrine, le regard chargé de défi narquois ; avec cet air de dire « Vous ne m'aurez pas... » qu'il conservera toute sa vie.

Réalistes dès leur entrée au séminaire, les fils de familles laborieuses connaissent parfaitement les règles non écrites en vigueur dans les séminaires diocésains. Les supérieurs acceptent d'éduquer quasi gratuitement les plus brillants, dans l'espoir secret d'en faire un jour les prêtres dont leur diocèse éprouve un pressant besoin. À défaut de prêtres, les autorités seront très fières de compter, parmi leurs anciens élèves, quelque notable influent qui se souviendra de son alma mater et de la région, une fois parvenu aux échelons supérieurs de sa carrière politique.

De leur côté, les familles de cultivateurs sont conscientes du risque qu'elles courent de voir leurs fils séminaristes détournés de l'entreprise familiale. Par ailleurs, un fils prêtre peut toujours entretenir sa famille dans l'espoir secret de se voir un jour décerner une cure, c'est-à-dire un presbytère assez vaste pour y accueillir, le cas échéant, des parents vieillissants ou des sœurs célibataires. Perspective non négligeable, à une époque où le bien-être social et les centres d'accueil n'existent pas. L'honneur, tant célébré auprès des mères, de compter un prêtre dans chaque famille, est donc assorti de certaines considérations d'où l'esprit de prévoyance n'est pas totalement exclu. Olivar, pour sa part, aura de multiples fois l'occasion, au cours de sa carrière impécunieuse, d'apprécier l'accueil du pauvre presbytère gaspésien que son frère Raoul ouvrira tout grand, l'été venu, à sa belle-sœur et à ses neveux dans le besoin.

Quand ils rentrent dans leur famille aux grandes vacances de 1887, les deux frères Asselin ne parlent pas encore de « vocation ». Mais ils trouvent Rieule littéralement enthousiasmé par la toute récente accession de Mᵉ Wilfrid Laurier au poste de chef de l'opposition libérale aux communes. Ce poste venait d'être rendu vacant par la démission subite d'Edward Blake dont le parti avait essuyé une nouvelle défaite aux élections. C'était la première fois, expliquait Rieule à ses fils, qu'un Canadien français s'approchait d'aussi près du pouvoir suprême ! Tous les espoirs n'étaient-ils pas permis ?

D'entrée de jeu, Laurier s'était illustré en revendiquant, avec la dernière énergie, le droit de ses compatriotes à maintenir officiellement l'usage de la langue française où qu'ils se trouvent au Canada. Ce droit était contesté en Chambre par le projet de loi d'Alton MacCarty qui proposait d'abolir, au nom de l'unité canadienne, l'usage du français dans les Territoires du Nord-Ouest, alors sous dépendance du Parlement fédéral. Laurier avait multiplié les discours enflammés, affirmant qu'il considérait le projet comme « une déclaration de guerre contre la race française[13] ». Rieule, oubliant pour un instant ses charges et ses soucis de famille, se frottait les mains de satisfaction. Laurier, croyait-il, était le guide tant attendu qui allait enfin inaugurer une ère de changement où l'obscurantisme des curés de Charlevoix ne pourrait plus, désormais, se mettre en travers de l'irréversible marche des Canadiens français vers la réappropriation de leurs droits et de leur dignité perdus.

Aux vacances de Noël 1888, c'est une nouvelle petite sœur que Raoul et Olivar découvrent dans le ber en rentrant célébrer les Fêtes à la maison. Marie-Berthe-Auréa est née fin octobre et c'est Marie-Caroline et Charles-Aurélien qui ont été choisis comme parrain et marraine. Devant ses collégiens, qu'à chaque congé elle retrouve transformés, mûris et plus secrets, Cédulie demeure songeuse. Quelle éducation pourra-t-elle donner à cette ribambelle d'enfants dont la liste s'allonge chaque année? Déjà, les filles aînées ont dû renoncer à poursuivre leurs études au couvent des sœurs pour la seconder à la maison. Pour Sophie et Malvina, les plus jeunes, elle n'a cependant pas encore renoncé tout à fait. Et il reste tant de garçons à établir: Charles-Aurélien, Joseph-Wilfrid, Auguste, Tancrède... À la tannerie, les temps ne sont plus ce qu'ils étaient. L'exode des familles vers les États-Unis se fait sentir. Dans la clientèle de Rieule, il est continuellement question de projets de départ. Et puis il y a le train qui, de plus en plus fréquemment, apporte au village des produits manufacturés qui viennent faire concurrence à la production artisanale du tanneur.

Avec les années de collège qui s'additionnent, les deux élèves rapportent à la maison de plus en plus de prix et de médailles. Mais l'indépendance et l'esprit caustique d'Olivar, la distance critique qu'il affiche à l'endroit de ses maîtres causent parfois bien du souci à son père. Tant d'investissement dans le savoir va-t-il bientôt rapporter des dividendes à la famille aux abois? Sans la protection de Mgr Blais, Rieule, à certaines heures, serait porté au scepticisme. Mais il doit se rendre à l'évidence: avec une constitution aussi fragile que la sienne, Olivar ne saura jamais manier la hache et la charrue. Autant qu'il s'instruise et qu'on en fasse plus tard un avocat ou un maître de poste.

Le collégien encaisse les douces remontrances qu'on lui prodigue à la maison. En ces années-là, un enfant de pauvre sait bien qu'il n'a aucune chance de s'instruire s'il se coupe des faveurs de l'Église. Lucide, Olivar promet à chaque fois de s'amender. Homme assez ouvert, Mgr Blais a deviné depuis longtemps qu'on n'attrape pas ce genre de moucheron avec le vinaigre de la soumission. Après l'uniforme du collège, il vient de lui offrir, en récompense, une belle paire de bottes hautes que le fils du tanneur convoitait depuis longtemps et qui le distinguera davantage, s'il en était encore besoin, de ses camarades en brodequins lacés.

Il a seize ans et Raoul dix-neuf quand le plus grand des malheurs frappe à Sainte-Flavie. En une nuit, l'incendie rase la tannerie paternelle et Rieule se voit brusquement dépossédé de son véritable métier. Que peuvent les dérisoires chaînes humaines porteuses de seaux, quand le brasier s'étend à d'aussi vastes bâtiments? Outils, cuves, moulin, parchis, cuirs consignés, réserves d'alun, entrepos d'écorce, tout est réduit en cendres en quelques heures, malgré les invocations du curé. Point d'assurances non plus pour aider les sinistrés à rebâtir maison... Reste la corvée de village. Mais le tanneur aux trop nombreux enfants n'a plus, devant lui, les capitaux nécessaires pour racheter outillage et matériaux. En une nuit, Rieule, le notable aux belles causes, et qui signait « écuyer » au bout de son nom, est devenu un pauvre habitant démuni aux prises avec d'insurmontables problèmes de survie. L'agriculture n'a jamais vraiment été son affaire. Tout au plus une activité d'appoint. Le tanneur ruiné n'est plus, d'ailleurs, d'âge à travailler la terre. On serre donc temporairement les coudes. Oscar, qui vient d'épouser Augustine Gosse, s'installe auprès d'eux et prend définitivement en main l'exploitation des champs de pommes de terre. Mais comment espérer qu'une entreprise aussi modeste puisse un jour faire vivre, autrement que dans la misère, deux familles à la fois ?

À Rimouski, Mgr Blais s'engage à faire sa part pour que les études des deux frères Asselin ne soient pas écourtées par le drame. Il les prendra à sa charge. Olivar et Raoul sont en Rhétorique. Le cadet cumule les prix et l'aîné les accessits, comme pour mieux se montrer solidaires du malheur familial et dignes des faveurs qu'on leur octroie au collège. Raoul, particulièrement affecté par le drame des siens, ne fait plus mystère de son projet de prendre la soutane l'année suivante[*]. Olivar, rebelle à l'idée du malheur, continue ses allées et venues quotidiennes chez la mère Sirois en compagnie de ses amis franco-américains.

Ce n'est pas du côté des consolations célestes que, pour l'heure, lorgne l'ambitieux. C'est du côté de ce pays de Cocagne d'Amérique où, lui répète-t-on, une famille aux bras si nombreux aurait tôt fait de se refaire une petite fortune... Cette tentation à laquelle le père éprouvé tente encore de résister, le fils s'en grise avec l'insouciance de son âge. Toute l'horreur qu'il ressent déjà pour le mot à peine dissimulé de « misère » qu'il a surpris, chez lui, dans les chuchotements alarmés des adultes, le conduit, de rêves en projets, tout droit dans cette direction.

L'année 1891 se termine par un double baccalauréat remporté par les frères Asselin avec tous les honneurs académiques. Mais quand les bacheliers regagnent leur village, c'est pour découvrir, avec une stupeur douloureuse, qu'un malheur ne vient jamais seul. Le 19 juillet, Raoul et Olivar, accablés, retournent à Sainte-Flavie, avec leur père, mettre en terre leur petite sœur Auréa. Ils creusent eux-mêmes la fosse et y descendent en silence le petit cercueil de bois blanc garni d'une croix. Aucun autre membre de la famille n'est venu les accompagner dans leur triste besogne. L'avoine et le blé ondulent sous un vent léger dans les champs étoilés de marguerites. Le Fleuve ardoisé étincelle sous le soleil d'été. Et pourtant, toute cette beauté radieuse s'insinue dans le cœur de Rieule comme une blessure

---

[*] Les futurs séminaristes revêtaient souvent l'habit ecclésiastique dès le début de leurs classes de Philosophie.

nouvelle : celle de l'exil et de la séparation que chaque nouveau coup du sort lui fait désormais apparaître comme inévitables. Le destin du tanneur serait-il donc de s'arracher des plus beaux villages du monde en y laissant, à chaque fois derrière lui, des petites tombes muettes, refermées sur le mystère du Mal ?

L'été s'achève dans l'attente et la tristesse. En septembre, définitivement orienté vers la prêtrise, Raoul reprend le chemin du Séminaire, le cœur tourmenté par l'avenir des siens. Olivar, en sursis, l'accompagne encore pour le prochain semestre. Mais Rieule l'a prévenu qu'il pourrait bien devoir interrompre sa première année de Philosophie en cours de route, si la situation familiale continuait à se dégrader. Une petite fille, Marie-Joséphine-Cédulie, est déjà née chez Oscar et Augustine peu avant la mort d'Auréa. Une bouche de plus à nourrir. Amanda, dix-huit ans, est déjà promise à Théophile Saindon. Le mariage est prévu pour l'été. Marie-Caroline reste encore à la maison, mais demeure de santé fragile. Elle songe vaguement à prendre le voile.

À peine Olivar est-il installé au collège pour la nouvelle année que son père lui apprend avoir trouvé pour lui, grâce à ses relations, un emploi de clerc dans une étude juridique de Québec, chez Amyot et Pineault. À l'époque, beaucoup d'étudiants pauvres entreprenaient ainsi, par la voie pratique, leurs études de droit, en assumant des tâches de commissionnaire ou de secrétaire dans un bureau d'avocat. Les émoluments sont maigres, mais les ressources familiales plus maigres encore. Olivar part donc, enchanté à l'idée d'échapper enfin aux murs humides et inhospitaliers du séminaire pour aller « vivre sa vie » dans la capitale.

Ses illusions seront de courte durée. Entre les tâches paperassières qui l'occupent de longues heures chez Amyot et Pineault et les mornes soirées qu'il passe dans sa minable chambre d'étudiant, Olivar goûte pour la première fois aux affres de la solitude. Finie la bruyante promiscuité de la maison familiale et la camaraderie chahuteuse du Séminaire. Les salons de la Haute Ville, dont il entrevoit les fenêtres brillamment illuminées au cours de ses promenades solitaires, n'entrouvrent pas leurs portes au premier venu, fût-il premier de classe d'un séminaire de campagne. À plus forte raison à un campagnard qui ne possède même pas un habit ! Certes, les filles de Québec sont aussi belles qu'on le lui a dit ; elles accordent même assez volontiers leur attention à ce petit jeune homme au teint bistré qui sait si bien tourner un madrigal ou un compliment. Mais les mères veillent au grain et ses premières amours seront sans lendemain.

L'ambitieux déraciné, l'amoureux éconduit, sombre bientôt dans un profond découragement dont, comme à l'accoutumée, sa santé éprouve les contrecoups. Il écrit aussitôt à son ancien supérieur, M\ugr Sylvain, et à son ami Samuel Bellavance pour se décharger le cœur*. À Rieule et à Cédulie, il n'ose sans doute rien dire,

---

* Les lettres d'Olivar à ses correspondants ne nous sont pas parvenues. Mais il a conservé leurs réponses.

conscient des espoirs que les siens ont placés sur ses faibles épaules en ces temps difficiles. Tel est déjà, tel restera ce tempérament déchiré : débordant d'enthousiasme et d'audace devant un projet, bohème et insouciant à l'égard des coûts et des dangers qu'il comporte. Mais au plus secret de lui-même, homme d'ordre et de devoir, désespérant de pouvoir jamais assumer, comme il le voudrait, des obligations familiales qui ne cesseront de peser lourdement sur lui sa vie durant.

De Rimouski, touché par la confidence inattendue d'Olivar, Mᵍʳ Sylvain tente de le réconforter par une lettre affectueuse au ton moralisateur bien dans le goût de l'époque :

> Votre lettre, écrit-il, m'a causé autant de surprise que de plaisir car j'étais loin de m'attendre à recevoir de vous une communication aussi intime et d'apprendre que vos illusions ont été de si courte durée. Vos bons sentiments me causent une grande joie et me font espérer que vous serez ferme dans la lutte que vous aurez à soutenir. Bénissez Dieu, mon cher, de ce qu'il a fait tomber le bandeau qui vous empêchait de voir le danger qui vous menaçait [...] Défiez-vous de votre cœur, c'est un étourdi qui n'entend pas toujours raison. Il a besoin d'aimer : donnez-lui pour aliment la céleste nourriture qui rend les jeunes gens forts, généreux, qui en fait des hommes[14]...

Quant à l'ami « Sam » Bellavance, il expédie à Olivar des quatrains si larmoyants et si douloureux sur le thème de la consolation des cœurs inassouvis que l'exilé de Sainte-Flavie boucle sur-le-champ ses bagages pour rentrer au bercail[15] ! L'aventure juridique et québécoise d'Olivar vient de prendre fin. En décembre, il est de retour au Séminaire pour tenter d'y rattraper une année écourtée par sa mésaventure. À défaut de « la céleste nourriture » proposée par son directeur, il a retrouvé la potée quotidienne de la mère Sirois et, surtout, les encouragements de ses inséparables amis franco-américains. Chez lui, parmi les siens, le déraciné reprend aussitôt vie.

Son échec à Québec n'a rien fait pour améliorer les finances de la famille. En décembre, son père lui décrit la situation désespérée à laquelle il se sent de plus en plus acculé. Le tanneur travaille désormais à gauche et à droite, souvent loin de Sainte-Flavie, à de petites besognes épuisantes, mal rémunérées et sans lendemain, dans l'espoir de permettre à ses fils de terminer leurs études et de retarder encore l'échéance de l'exil américain :

> Si je ne réussis pas à cette entreprise, je serai forcé de prendre les États-Unis [*sic*] avec les plus vieux de la famille, c'est pourquoi je vous prie de prier pour moi afin d'éviter ce nouveau partage qui certainement sera plus funeste que le premier[16].

Le premier de ces funestes partages dont la perspective accable le tanneur démuni, c'est la cession de la terre paternelle à Oscar, le seul désormais à pouvoir l'exploiter. Les mois d'Olivar au Séminaire de Rimouski sont désormais comptés.

Chapitre IV

L'EXIL AMÉRICAIN

Les émigrés n'ont pas quitté la patrie, ils l'ont agrandie.

(Edmond de Nevers
L'avenir du peuple canadien-français)

*Dans les manufactures
Je vous assur' que c'est dur.
Ils sont renfermés,
C'est pour tout' la journée.
Quand ils sortent le soir,
Oh ! que c'est triste de les voir,
Ils ont la figur' blême,
De la peine à marcher.*

(Chanson de départ pour les États-Unis
auteur anonyme du début du siècle).

Il faisait encore entre chien et loup quand Oscar est sorti atteler en frissonnant. Sur les coteaux enneigés de Sainte-Flavie, avril n'est pas le printemps. Au mitan du jour, le soleil ronge en chandelles les bancs de neige fondante. Mais la nuit, le froid reprend ses droits : bon temps pour ceux qui ont des érablières... Oscar cale un instant ses mitaines sous son aisselle gauche pour souffler sur ses doigts avant de passer le mors à son gros cheval canadien. Ce matin, le fils aîné conduit à la gare son père et sa mère qui partent pour les États-Unis avec huit de ses frères et sœurs : Olivar, 17 ans, Marie-Caroline, 16, Aurélien, 14, Sophie, 12, Malvina, 10 et les trois petits derniers : Joseph-Wilfrid, 9, Auguste, 8 et Tancrède, 6 ans. Seul à plusieurs kilomètres de sa famille, Raoul a déjà pris la soutane au Séminaire où il poursuit ses classes de Philosophie.

Maintenant ils sont tous là, agglutinés sur le porche, groupe compact chargé de baluchons de tailles diverses, auquel Augustine, la lampe à la main, s'efforce de prodiguer les recommandations d'usage : « Prenez bien soin de vous autres pendant le voyage ! Écrivez-nous vite... » Sa main gauche crispée sur son châle rappelle à Cédulie que la porte est restée assez longtemps ouverte et que ce mauvais petit vent de « suète* » risque d'atteindre le berceau de Marie-Joséphine-Cédulie. La porte claque. Les adieux sont terminés. Pour la seconde fois dans leur vie familiale, la charrette s'ébranle dans la plainte des essieux malmenés par les ornières gelées.

La route qui conduit à la station longe un instant la tannerie incendiée qui dort sous son linceul de neige. L'espace d'un éclair, Olivar revoit aussi la petite tombe d'Auréa sous le soleil de juillet... Les dents serrées, il bloque l'émotion qui monte en lui devant l'épave de l'atelier paternel. N'est-il pas, à dix-sept ans, en route vers un pays neuf, au printemps hâtif, et qui lui permet de rompre enfin avec le petit monde clos du séminaire ? Là-bas, la chance lui sera sans doute donnée de découvrir, par lui-même, le pouvoir inconnu de l'argent, tant méprisé en paroles par les curés d'ici, mais qui seul permettra à Rieule de retrouver sa dignité perdue.

Ses professeurs ont été unanimes : même avec des études écourtées, un brillant avenir attend Olivar à Fall River où ses talents ne tarderont pas à être reconnus. Ses camarades franco-américains ont renchéri : une carrière que l'on met vingt ans à se construire ici s'échafaude là-bas en vingt mois ! Le siècle de la vitesse est déjà en marche au sud, au pays des hivers doux et des salaires fixes.

Une aube blafarde mêlée de pluie verglaçante les surprend sur la route. C'est d'une brume épaisse que, serrés les uns contre les autres sur le quai de la gare, ils verront surgir l'œil de cyclope de la locomotive de l'Intercolonial. Rieule a rassemblé autour de lui les petits apeurés par les crachats et les sifflements de l'engin. Olivar et Marie-Caroline aident Cédulie, enceinte, à se hisser sur le marchepied du wagon. Les Asselin ne sont pas les seuls, à bord, à évaluer précautionneusement les avantages et les inconvénients des places vides qui se proposent à leur choix de part et d'autre de l'allée. À gauche et à droite surgissent des interpellations joyeuses. On se lève, on se reconnaît, on se secoue vigoureusement la main. Les femmes s'embrassent, les enfants font connaissance d'un œil circonspect. Ce sont des cousins perdus de vue depuis longtemps, ou d'anciens voisins émigrés qui reviennent d'une paroisse en aval de la leur, visiter la parenté. Et qui (comme le bon Dieu fait bien les choses !), s'en vont bientôt, eux aussi, s'installer à Fall River. On choisit en hâte des sièges avoisinants, on échange des informations, des conseils, des adresses utiles.

---

* Vent du sud-est porteur de mauvais temps.

À travers la vitre noyée de pluie, Oscar et son gros cheval ne forment plus qu'une ombre tremblotante dont les voyageurs, tout à l'arrimage de leurs paquets, ont déjà détourné les yeux. Le train redémarre dans des secousses bruyantes qui les font tituber et les projettent en riant les uns sur les autres. Le sifflet de la locomotive couvre leurs voix. Dans la cohue qui s'ensuit, le pays aimé s'est détaché d'eux imperceptiblement. La brume et le verglas en masquent désormais les contours, les collines, les boisés et les îles. Et ce Fleuve d'argent, par lequel ils étaient venus voilà douze ans, entassés à bord d'une goélette, pour y prendre racine... Les racines sont maintenant coupées.

Dans le wagon aveuglé par le mauvais temps, les émigrés se tournent vers leur avenir immédiat : cette journée à passer dans les wagons de l'Intercolonial jusqu'à la correspondance à Charny avec un autre train, celui de la compagnie Quebec Central. Ce train-là les mènera, tard en soirée, pour coucher à Richmond, dans les *Eastern Townships*, tout près de la frontière américaine. À partir de Richmond, des voies diverses s'offrent à eux vers les villes du Maine, du Rhode Island et du Massachusetts où le travail en usine les attend. Mais la filière favorite des gens de Sainte-Flavie et des paroisses du diocèse de Rimouski, c'est incontestablement au village Flint, à Fall River, qu'elle aboutit. Ils s'y rendent par grappes entières de familles. Ils s'y retrouvent autour du clocher de leur église, Notre-Dame de Lourdes, pour former l'un de ces « petits Canadas » animés du monde émigré et laborieux de la Nouvelle-Angleterre. Ils ne partent donc pas vers l'inconnu. D'arrêt en arrêt, en cours de route, des petits commerces, des pensions tenues par des familles amies les attendent. À l'arrivée, la plupart du temps, un parent sera à la gare pour les accueillir.

À l'extrémité du wagon, le serre-freins vient de rallumer la petite « truie* » avec de l'érable bien sec. Le feu se met à crépiter agréablement. Les mères commencent à déboutonner les capots des enfants et à langer les bébés de frais. On sort les cretons, le jambon et la galette des paniers à provisions et on ouvre prudemment le couvercle de la terrine où le beurre voyage, à l'abri de la saumure, pour lui éviter de rancir en cours de route. À Charny, les habitants attendent les voyageurs sur le quai de la gare, pour réapprovisionner en lait frais leurs petits bidons de fer blanc. Et à Richmond, quitte à coucher les petits dans un tiroir de commode posé par terre, il y aura toujours une « payse** » pour vous proposer un gîte.

Rompu de fatigues et d'émotions, Rieule, cette fois, dodeline doucement du chef près de la vitre criblée par le grésil. Olivar, flanqué d'Aurélien, en profite pour

---

* Petit poêle à bois ventru qui servait au chauffage des bâtisses de petites dimensions et notamment des wagons de chemin de fer.

** Originaire du même village ou de la même région.

arpenter le train d'une extrémité à l'autre, en quête de jeunes gens de sa connaissance. Il lui tarde d'en savoir davantage sur la vie qui l'attend là-bas. Il va de wagon en wagon, se cramponnant au passage pour ne pas être happé par l'air que la vitesse du train fait s'engouffrer par les portières entrebâillées. Il aime ce bref contact contre l'élément qui cherche à le déstabiliser et la morsure des grêlons sur ses joues. Comme s'il assouplissait déjà ses muscles et se durcissait la peau en vue de la rude épreuve à venir : se tailler enfin sa place au soleil des Amériques.

Il s'est trouvé quelques compagnons dans un wagon arrière. Ils entourent, pour l'heure, un jeune vicaire qui descend dans le Massachusetts prêter main forte à un curé débordé dont la paroisse ne cesse de s'accroître de familles nouvelles. Ce n'est pas d'hier, leur dit-il, que des Canadiens français ont pris, saison après saison comme les outardes, la route du sud ! Certains pour n'en pas revenir... En 1776 une centaine d'entre eux se trouvent contraints à l'exil pour avoir embrassé la cause des rebelles américains durant l'invasion de 1775-1776. Quelques centaines de familles se réfugieront aussi dans le Vermont durant la période d'agitation politique qui devait marquer, entre 1807 et 1811, le règne du gouverneur Craig. Mais les plus célèbres d'entre eux furent les Patriotes traqués de la rébellion de 1837. À la suite de leur chef Papineau, qui avait franchi les lignes incognito et dans des circonstances encore mal éclaircies, quelques centaines de ces Patriotes pourchassés par la troupe anglaise avaient préféré l'exil à la potence.

À partir de 1875, après la guerre de Sécession, les premières vagues d'émigration canadienne-française (et plus précisément du Bas-Saint-Laurent) ont commencé à battre les rives de la rivière Quequechen à Fall River. Le village Flint, à lui seul, compte déjà 2000 habitants l'année de la naissance d'Olivar. La quasi-totalité des familles fondatrices sont originaires de Sainte-Flavie et des environs : l'ancien élève du Séminaire de Rimouski y retrouvera, sans nul doute, des connaissances. Quant au curé fondateur de Notre-Dame de Lourdes, l'abbé Bédard, c'est un géant qui a courageusement tenu tête aux visées assimilatrices des évêques irlandais. Il y a six ans, au mois de mai 1885, l'évêque, Mgr Hendricken, de Providence, a lui-même dû fermer l'église parce que les paroissiens canadiens-français s'opposaient catégoriquement à l'intronisation d'un Irlandais de langue anglaise comme successeur de leur pasteur défunt. L'affaire a été portée jusqu'à Rome où les paroissiens de Notre-Dame de Lourdes ont fini par avoir gain de cause. Un successeur canadien-français a été nommé pour remplacer le curé Bédard.

Les Canadiens français des États-Unis[*], Olivar le constaterait sur place, sont loin d'être les assimilés et les dévoyés qu'on avait longtemps et si injustement

---

[*] Le terme « Franco-Américains » n'est pas encore utilisé de façon courante. Il ne s'imposera qu'à la fin du XIXe siècle.

prétendu au Québec. Tout au contraire, ils pourraient bien devenir, par leur nombre et leur influence, les ambassadeurs de la foi catholique et de la culture française en Amérique! Visiblement, le vicaire s'enflamme... Les jeunes gens le ramènent à des précisions géographiques et topographiques qui piquent leur curiosité.

Fall River, enchaîne le prêtre, est une vaste cité construite en amphithéâtre sur la côte est de la splendide baie de Narragansetts où les plages sablonneuses alternent avec d'impressionnants rochers granitiques. C'est là, dit-on, l'ancien territoire d'une nation intelligente et industrieuse, les Wampanoags, aujourd'hui totalement décimée par ce que certains appellent « le progrès »... À la suite des premiers aborigènes, les Quakers et les Amish, deux sectes qui professent la liberté de conscience, ont occupé le territoire. Par la suite, des Puritains en provenance de Plymouth, Boston et Salem sont venus les rejoindre. Ensemble, ils ont formé une population sobre, laborieuse et dévote auprès de laquelle les premiers émigrés de race française et de religion catholique ont d'abord rencontré un grand esprit de tolérance. C'est un peu plus tard, particulièrement avec leurs coreligionnaires irlandais, que les choses avaient commencé à se gâter dans les paroisses et les écoles.

C'est le pouvoir hydraulique des hautes chutes de la rivière Quequechen, à la décharge du lac Wattuppa, qui a fait la fortune industrielle de la ville. En 1811, à l'heure où l'Amérique ressentait l'impérieux besoin de traiter sur place les millions de balles de coton en provenance de ses plantations du Sud, le colonel Joseph Durfee inaugurait la première manufacture de Fall River, à l'angle des rues Globe et South Main. Peu après, la Troy et la Fall River Mills s'installaient près de la décharge du lac Watuppa, au pied de ces magnifiques chutes qui actionnent toujours les roues à aubes de leurs infatigables moulins. À leur suite, de nouvelles cheminées d'usine se sont mises à dresser, les unes après les autres vers le ciel, leurs hautes mâtures empanachées: la machine à vapeur, mise au point en Angleterre par Highs et Arkwright, et qui avait révolutionné là-bas l'industrie du textile, commençait donc à ronronner et à crachoter dans son ancienne colonie. Désormais, les balles de coton du Sud seraient traitées au pays, dans ces jeunes cités du Nord qui s'industrialisent à une vitesse foudroyante.

Lorsqu'il retournera à Fall River en tournée de conférences, trente ans après ses jeunes années d'exil, Olivar y retrouvera son « petit Canada » transformé en capitale du coton: 30 000 ouvriers et ouvrières du textile y seront à pied d'œuvre. En totalité, 40 000 des leurs y vivront des retombées salariales de l'industrie du coton.

Au début, en 1868, les tout premiers travailleurs canadiens-français s'étaient d'abord fait embaucher à l'American Linen. Ils constituaient alors une petite communauté d'environ cent familles. L'année suivante, elles étaient déjà six cents! Et rien n'indiquait que cet intense mouvement migratoire allait s'arrêter. Les cris d'alarme et les mises en garde des élites québécoises s'étaient avérées impuissantes à freiner l'exode des campagnes. L'attrait d'un salaire régulier l'avait vite emporté sur les envolées patriotiques et religieuses... Quand une terre ingrate permet tout juste de vivoter et que les familles sont nombreuses, le chant des sirènes d'usine s'avère plus persuasif que les sermons des curés. Le Québec tardait à s'industrialiser, tandis qu'une main-d'œuvre jeune et ambitieuse ne rencontrait plus, dans les vieilles paroisses agricoles, qu'un avenir bouché*.

Depuis une dizaine d'années, poursuit l'enthousiaste vicaire, les idées ont commencé à évoluer au Québec. On a cessé de vouloir ramener à tout prix au bercail québécois, par d'intenses campagnes de colonisation, toutes ces brebis urbaines soi-disant « égarées ». Les Canadiens français ont bel et bien fait leurs preuves là-bas. En dépit des plus sombres prédictions, ils sont restés rigoureusement fidèles à leur foi et à leur langue, se dotant même de paroisses, d'écoles, de collèges, d'hôpitaux, de sociétés patriotiques, et même de journaux à fort tirages qui leur permettent, bien au contraire, d'y exercer une influence missionnaire certaine sur la population anglo-protestante d'Amérique. Voilà pourquoi plusieurs de leurs chefs de file religieux et laïques commençaient à voir d'un œil plus favorable le mouvement qui pousse depuis peu nombre de jeunes Canadiens français à demander la citoyenneté américaine. Le gouvernement des États-Unis ne pourrait que se montrer favorable au développement des cités canadiennes-françaises, si leurs habitants s'y comportent en citoyens loyaux et bien intégrés.

Olivar boit littéralement ces paroles qui lui ouvrent des perspectives inattendues. Une portière, tout à coup, claque derrière lui. Dans un anglais nasillard, le percepteur des billets annonce l'arrivée imminente à Charny. Olivar prend rapidement congé du groupe pour aller retrouver les siens. Silencieux près de sa fenêtre embuée, Rieule, le regard absent, lui apparaît soudainement très vieux... Trop vieux, en tous cas, pour qu'Olivar soit tenté de partager avec lui les excitants propos échangés dans le wagon arrière. « Prends bien soin de notre pauvre père. Ménage-le. Ne lui cause aucun souci. » Les dernières recommandations de Raoul reviennent à l'esprit d'Olivar comme un rappel de son nouveau statut d'aîné.

Olivar rêvera d'avenir plus tard. Il décroche le manteau de son père et le lui présente, grand ouvert, pour qu'il en enfile à tâtons les manches. Cédulie, affairée à renouer ses baluchons, a déjà boutonné le sien jusqu'au col et ajusté son chapeau à l'aide d'une longue aiguille. Il ne pleut plus. Le ciel semble s'être dégagé, depuis

---

* Les élites du temps pouvaient bien parler « d'hémorragie massive » : un demi-million de personnes, soit le tiers de la population du Québec, passèrent aux États-Unis entre 1860 et 1900 ! En une seule décennie, de 1850 à 1860, le nombre d'émigrants s'éleva à 70 000, c'est-à-dire l'équivalent de la population de Montréal à l'époque d'Olivar Asselin.

qu'on a quitté le crachin et les brouillards du Fleuve. Les bancs de neige sont maintenant moins hauts le long de la voie ferrée. Une voisine d'allée leur prédit qu'à Richmond, ils ne trouveront dans les champs que de larges plaques de neige attardée. Et qu'à Fall River, c'est le printemps qui les attend! Dimanche prochain, si les Asselin en ont le goût et s'il fait beau temps, ils pourront même amener Auguste et Tancrède faire des châteaux de sable sur la plage...

La nuit à Richmond a beaucoup amusé les enfants, ravis pour une fois de changer de lit. Le lendemain, dans le train, Cédulie a commencé à ranger tuques et foulards pour se porter à la rencontre de son premier printemps américain. Quand Olivar et Aurélien se sont levés d'un bloc pour annoncer aux autres les premiers clochers de Fall River: Saint-Mathieu, Sainte-Anne, Saint-Dominique et Notre-Dame-de-Lourdes, seul Rieule est demeuré assis. L'exil, il en connaîtra bien assez tôt le vrai visage... Gagnée par la contagion enfantine, Cédulie est à la fenêtre avec ses fils. Ses années de solitude au fond des rangs aux hivers sans fin sont maintenant derrière elle.

Elle voit venir la grande ville de Fall River et, tout au bout, au-delà des filatures, le village de Flint où une nouvelle maison les attend à l'extrémité d'une rue particulièrement animée: la rue Plaisante. Le beau lac Watuppa, paraît-il, n'en n'est pas très éloigné et les enfants, habitués aux grands espaces de Sainte-Flavie, ne se sentiront pas à l'étroit au bout de leur nouveau village. Outre sa rue principale bordée de boutiques et de magasins prospères, Flint compte plusieurs rues transversales presque toutes habitées par des Canadiens français d'En-bas-de-Québec! Quand on se promène rue Plaisante, le dimanche après-midi, on pourrait se croire rue Saint-Jean à Québec... Ou même rue Sainte-Catherine à Montréal, renchérit quelqu'un. La rue Plaisante est un large boulevard bordé de commerces et de belles maisons de bois en déclin qu'on repeint régulièrement de blanc. Au centre, un grand parc ombragé avec des allées gazonnées qui conduisent à une statue équestre du général La Fayette*. Les mères vont y promener leurs bébés par beau temps, les jeunes gens et les jeunes filles y font connaissance, les notables viennent à l'occasion y griller un cigare en discutant de leurs affaires. Il n'est pas rare d'y rencontrer le curé de Notre-Dame de Lourdes en personne. Aux États-Unis, le clergé a la réputation d'être beaucoup moins collet monté qu'au Québec.

Le premier printemps à Fall River se présente sous un jour favorable. Les Asselin y sont bien reçus. L'éclatant succès du banquet du chef de l'opposition,

---

* Général et homme politique français, le marquis de La Fayette (1757-1834) se lia d'amitié avec Benjamin Franklin et partit en Amérique aider les insurgés de Virginie. Il persuada ensuite la France d'apporter son aide officielle à la Guerre d'Indépendance américaine, dont il fut l'un des protagonistes militaires, en 1782, en qualité de maréchal de camp.

Mᵉ Wilfrid Laurier, à Boston, le 17 novembre précédent, a galvanisé la fierté et l'esprit d'entreprise des Canadiens français des États-Unis. Pour un temps, Rieule a repris espoir en une vie meilleure. Dans une grande ville prospère, il est plus aisé de se dénicher un petit emploi adapté à son âge et à ses forces déclinantes. Cédulie est aussitôt montée à l'église et à l'école pour procéder aux arrangements de la rentrée scolaire. Aurélien, adolescent, a davantage envie de travailler que de retourner en classe. Mais Marie-Caroline et Sophie sont jugées en âge de le faire. Malvina, Joseph-Wilfrid et Auguste doivent absolument poursuivre leur école primaire et le petit Tancrède commencer sa préparation au catéchisme. Parlant catéchisme avec le curé, Cédulie, qui a grand air et s'exprime bien, a produit sur ce dernier une telle impression de sérieux et de bon sens qu'il lui a fait la proposition suivante : tout en préparant elle-même Tancrède à sa communion, accepterait-elle d'accueillir chez elle, contre une modeste rémunération, quelques enfants du voisinage en âge de recevoir la même instruction religieuse ? Cédulie accepte avec joie cette tâche qui ne pourra qu'accélérer l'intégration paroissiale de toute la famille. Comme son accouchement approche, elle pourra, en outre, travailler à la maison tout en veillant sur son nourrisson. Olivar, de son côté, rêve déjà du beau costume neuf et des souliers pâles à bouts pointus qu'il pourra s'acheter avec sa première paye.

Mais, de Rimouski, Raoul considère l'avenir des siens avec appréhension. Dans les milieux cléricaux du Québec rural, l'émigration est encore vue comme une catastrophe physique et morale :

> Comment ne serait-on pas triste, écrit-il à Olivar, lorsque l'on voit des petits frères, de tout petits frères, à peine âgés de quinze ans aller s'ensevelir tout vivants dans les vastes usines de la Babylone américaine, ces tombeaux où se perdent hélas ! tant de corps et tant d'âmes !... Sophie, Aurélien, Mary*, papa, tous là ! mon Dieu !!... Et ce pauvre vieux père songe donc quel sacrifice, quel effort de volonté il doit faire, lui qui toujours a été libre, soumettre sa volonté, dépenser ses forces au compte d'un maître égoïste et qui plus est... sans Dieu. Mais l'amour ne connaît point de bornes et c'est parce qu'il vous aime qu'il a ainsi échangé sa vie de liberté contre sa vie de mercenaire. Il doit s'ennuyer, s'ennuyer beaucoup ce pauvre père. Et qui ne s'émeuvrait pas quand on ne voit autour de soi que des visages inconnus et quelquefois plus ou moins sympathiques. Inutile de te demander de le consoler dans ses fatigues, tu l'as déjà compris et je suis sûr que tu fais en sorte de lui causer le plus de joie possible[1].

Rieule ayant toutefois emprunté sur la ferme le montant nécessaire à une installation décente, l'été 1892 va leur permettre de connaître quelques trêves au

---

* Marie-Caroline.

milieu de leurs semaines besogneuses. Le voisinage du lac Watuppa offre mille et
une possibilités de jeux et d'évasion. La mer, où ils se rendent chaque dimanche,
est à trois kilomètres seulement de la maison. Habitués à l'eau glaciale de Sainte-
Flavie, qui vous coupe littéralement les jambes après quelques minutes d'immersion, les enfants Asselin s'initient avec délices à la natation. Olivar surtout. En
semaine, le pédalier du moulin à coudre familial ronronne, tandis que Cédulie
fabrique des maillots de bain pour toute la maisonnée. Aux États-Unis, le coton est
presque donné !

Sur la plage, auprès des quais où s'amarrent les grands voiliers commerciaux,
Olivar pratique la kalisthénie, la course à pied, la natation et bientôt le plongeon
de fantaisie. Il aura dix-huit ans en novembre et livre une lutte sans merci à sa
petite taille et à ses membres graciles. Sur les plages de la baie de Narragansetts,
il se refait une musculature, se brunit le cuir au soleil, se grise d'air marin et
d'exploits sportifs. Du haut du ponton d'un navire où il s'apprête à exécuter le saut
périlleux, ses yeux gris étincellent sous ses épais sourcils noirs. Là-bas, sur la
plage, dans le groupe enthousiaste formé par ses petits frères, il a repéré quelque
silhouette féminine immobilisée dans une attente admirative... Olivar doit se
dépasser. Tout à l'heure, ruisselant et triomphant, il gobera avec un appétit robuste,
entrecoupé de grands rires sonores, les palourdes que les siens ont vite appris à
faire cuire à l'étuvée dans les sables brûlants de la baie.

Les premières froidures d'automne le ramèneront à la dure réalité du gagne-
pain quotidien. Entre-temps, la nostalgie des études l'a repris. Il brûle à nouveau
d'apprendre. Il écrit à Raoul, demeuré au séminaire, et le prie de lui envoyer tous
les volumes de sciences et de Philosophie qu'il pourra mettre à sa disposition.
Rieule et Cédulie, d'ailleurs, ne considèrent pas comme définitif cet arrêt des
études pour leur troisième fils : dès que les finances de la famille le permettront,
il reprendra le chemin de Rimouski pour terminer ses classes de Philosophie. La
naissance de la petite Marguerite ne doit en rien compromettre ses projets d'avenir.
En attendant, sa mère l'incite à consacrer tous ses loisirs à la lecture et à l'étude,
crayon et calepin à la main, des auteurs que la bibliothèque du Cercle Saint-Joseph
met à sa disposition.

Depuis 1870, Fall River s'est imposée comme foyer de vie culturelle française.
Elle peut même rivaliser avec plusieurs villes québécoises de même importance. En
Nouvelle-Angleterre, journaux à grands tirages, cercles littéraires et patriotiques,
bibliothèques, sociétés religieuses influentes ont surgi, principalement sous
l'impulsion du grand journaliste et leader populaire Ferdinand Gagnon, chef de file
originaire de Worcester qui, avec le célèbre curé Bédard de Notre-Dame de Lourdes
de Fall River, a contribué de façon éminente à regrouper les siens sous la bannière
nationaliste. Sur le socle de la statue qu'on vient de lui ériger sont gravés les trois
mots rassembleurs : « Nos traditions, notre langue, notre foi ».

La carrière de Ferdinand Gagnon impressionne fortement Olivar. Et il est tout naturellement attiré par le patriotisme exacerbé des exilés et la lutte qu'ils doivent quotidiennement livrer pour contrer les forces assimilatrices liguées contre eux. Ferdinand Gagnon devient très tôt, pour lui, une figure emblématique. Et lorsqu'en 1903, âgé d'à peine vingt-huit ans, il fondera à Montréal la Ligue nationaliste, c'est du côté de son premier inspirateur franco-américain qu'il se tournera spontanément, pour y puiser l'esprit et l'orientation des statuts et règlements de la Ligue. « C'est quand la patrie n'est qu'un nom, dit Chesterton, que le nationalisme est le plus ardent[2]. »

Mais ce qui fait paraître d'autant plus lointaine et plus chère la patrie bucolique de l'exilé, ce sont les dures réalités de la vie de travailleur d'usine qu'Olivar doit affronter seul. Muni des lettres de recommandations élogieuses que Mgr Sylvain lui a fait parvenir, pour attester de ses talents et de ses bonnes mœurs, il est désormais à l'emploi des filatures. Voici en quels termes il évoque lui-même, non sans humour, ses débuts instables et laborieux dans la vie franco-américaine :

> Au printemps de 1892, écrit-il, à l'âge de 17 ans, j'émigrais à Fall River avec ma famille. Ignorant, parmi beaucoup d'autres choses, l'anglais[*], je dus d'abord travailler dans les usines pour gagner ma vie : un essai d'une semaine chez M. Girard, de la Septième Rue, me convainquit que jamais je ne ferais un bon épicier. Pendant quinze jours, je triai les déchets des métiers à filer à la « King Philip », sale « job » qui me donna (pour les deux semaines) $1.30. Pendant deux mois je m'entraînai au tissage, tantôt à la « King Philip », tantôt à la « Slade », tantôt à la « Shove », tantôt à la « Wampanoag » et tantôt ailleurs : c'est vous dire que je ne collais guère en place ; le « weavage » n'était pas mon fort. Six autres mois je fis la colle et servis les encolleurs à la « Flint ». Six autres mois encore je « balai » à la Connell. J'aidai ensuite à l'installation des machines à la nouvelle « Hargrave » de l'autre côté du pont[3].

Rien de tel qu'un travail abrutissant pour vous redonner le goût des études (ou vous le faire perdre à tout jamais) ! Dès que le sifflet d'usine le libère de ses tâches fastidieuses, Olivar court rejoindre ses amis à la paroisse Notre-Dame où l'abbé Giguère organise des loisirs sportifs et des activités culturelles pour les jeunes travailleurs de la paroisse. Olivar a tôt fait de s'y découvrir une voix et un physique :

> Entre-temps je chantais au chœur de l'église Notre-Dame (la bonne vieille bicoque en bois, que le feu a détruite et qu'on ne peut s'empêcher de regretter en contemplant l'horreur en pierre qui l'a remplacée), je jouais les jeunes premiers dans les « drames » espagnols aux fêtes paroissiales, je pratiquais la corde raide, la corde

---

* Olivar avait reçu une initiation livresque à l'anglais au Séminaire de Rimouski. Mais en dépit de ses bonnes notes en la matière, il avoue ici être encore bien piètre bilingue.

lâche, le « bending » et la boxe (eh oui ! monsieur Taschereau*) à la Société Saint-Joseph, dans le sous-sol de l'église, où grâce à un prêtre intelligent, M. l'abbé Giguère, je trouvais aussi quelques journaux français[4].

Nous sommes, ne l'oublions pas, en 1892, dans le sous-sol d'une petite église franco-américaine où le prêtre exerce un rôle de leader naturel. Il serait donc futile, en cette fin de siècle, d'imaginer un instant qu'Olivar, jeune ouvrier du textile, ait pu trouver là des exemplaires de la presse de gauche qui, en France, commence à s'illustrer avec des signatures comme celles de Jean Jaurès ou de Georges Clemenceau, et autour desquelles le mouvement ouvrier français s'organise lentement. Dans ce milieu clos d'Amérique du Nord, où le nationalisme est exacerbé et le catholicisme militant, c'est indubitablement d'une presse française d'inspiration patriotique et catholique qu'Olivar va recevoir ses premières et indélébiles impressions.

Nous sommes à l'heure de la Troisième République française, née sous de bien tristes augures. La fin de la guerre de 1870 par la défaite de Sedan, tout en mettant fin au Second Empire de Napoléon III, consacre la perte, outrageante pour la France, de l'Alsace-Lorraine aux mains des Prussiens. La Commune de Paris, en 1871, a été écrasée au cours de massacres plus meurtriers encore que ceux de la Terreur. Les nouveaux républicains se réapproprient dans la fièvre, les balbutiements et parfois les scandales, l'usage proscrit, en 1850, du suffrage universel. Divisée, la droite est loin d'avoir entièrement renoncé à ses visées restauratrices. Morcelée plus encore, en radicaux, possibilistes, marxistes et autres groupuscules, la gauche n'a pas encore compris la nécessité, prêchée par Jaurès, de se regrouper sous la grande bannière socialiste.

Divisions aussi du côté de l'Église. D'une part, les catholiques traditionnels pour lesquels il n'y a de salut que dans la perpétuation des institutions monarchiques et paternalistes, soutenues par une armée loyale à la couronne de France. Armée dont les officiers supérieurs sont d'ailleurs presque tous issus de vieilles familles nobles ou de la jeune bourgeoisie d'Empire. D'autre part, les catholiques « sociaux », sensibilisés par l'Évangile à la paupérisation des masses ouvrières laissées sans défense par les progrès foudroyants de l'industrialisation. Ces derniers s'appellent, en France, Albert de Mun, Léon Harmel, Patrice de la Tour du Pin. Ils ont été les instigateurs indirects, mais efficaces, de la publication par le pape Léon XIII, en 1891, de la première encyclique sociale, *Rerum novarum*, condamnant les excès du capitalisme sauvage. En dépit des quartiers de noblesse

---

* Allusion à la célèbre gifle administrée en 1909, depuis le parquet de l'Assemblée nationale, par Olivar Asselin, alors courriériste parlementaire à *La Patrie*, à Alexandre Taschereau, alors ministre des Travaux publics dans le gouvernement de Lomer Gouin. Gifle qui valut à son auteur un emprisonnement dont il ne manquait pas de se faire une gloire.

détenus par certains d'entre eux, la mouvance du catholicisme social est loin d'être globalement hostile à l'idée d'une cohabitation pacifique et respectueuse entre institutions républicaines et institutions d'Église. De cette mouvance sociale chrétienne sortiront des justiciers et des imprécateurs célèbres : un Charles Péguy, un Léon Bloy dont Olivar se fera, plus tard, des modèles d'art et d'engagement social.

Mais, pour l'heure, l'apprenti tisserand, sevré de vie intellectuelle, est peu sensible aux idéologies de gauche et de droite. Il n'a, après tout, que dix-sept ans ! Ce qui le séduit d'emblée, dans ces « journaux français », c'est d'abord et avant tout la qualité de la langue écrite ! Une langue châtiée, certes, mais variée, inventive, imagée et qui coule de source. Une langue qu'il croit n'avoir jamais lue dans les gazettes canadiennes, exception faite, peut-être, de la *Vérité* de Jules-Paul Tardivel, pourtant citoyen américain de naissance[*] :

> Ah ! le bon temps ! C'est dans ce soubassement, à six pieds sous terre, parmi quelques douzaines de jeunes gens qui comme moi se reposaient du « spinnage » ou du « weavage » dans le « bending » — c'est là, oui c'est là, en lisant *Le Monde* de l'abbé Naudet, la *Vérité* de Tardivel, l'*Univers* de Veuillot, le *Monde Illustré* de Pierre Véron et — devinez, mes amis, devinez ! — et le *Diable au XIXᵉ siècle*, que je commençai à soupçonner que le français et la [sic] canadien sont deux langues très différentes[5].

Si le *Monde* de l'abbé Naudet et le *Monde illustré* de Pierre Véron ont laissé peu de traces dans la postérité littéraire, en revanche l'*Univers* de Louis Veuillot a créé un style combatif qui marquera toute une génération d'éditorialistes d'allégeance catholique. En dépit de sa méfiance instinctive à l'endroit de nombreux auteurs français de la IIIᵉ République, Henri Bourassa[**] se réclamera toujours « du grand Louis Veuillot » comme d'un modèle de plume brillante et caustique, mise au service inconditionnel des intérêts du pape et de son Église assiégée par les prétentions laïques des jeunes républiques d'Europe.

La grande famille ultramontaine n'en finit plus d'engendrer, au Québec même, des épigones de Veuillot. Jules-Paul Tardivel, qui fonde en 1881 la *Vérité*, est de ceux-là. De son maître français, il défend avec une fidélité absolue la vision ultramontaine de l'ordre social. Mais aussi un souci de rigueur et de recherche dans la langue écrite qui le démarque d'un grand nombre de journalistes de son temps. À la *Vérité*, Tardivel pratique ce qu'on appelle déjà ici « le journalisme à la française ». Un journalisme de combat, aux joutes verbales souvent acerbes, qui séduit le jeune Olivar davantage par son style que par les thèses qu'il défend.

---

[*] En 1879, alors qu'il était rédacteur au *Canadien* de Québec, Tardivel se faisait déjà le défenseur de la qualité du français, en publiant *L'anglicisme, voilà l'ennemi !*

[**] Fondateur du *Devoir* en 1910.

L'époque, avec ses divisions politiques et religieuses et les guerres idéologiques qui sévissent en Europe, constitue un terreau d'élection pour le style
pamphlétaire caractéristique de Veuillot. En l'absence d'agences de presse, la
nouvelle et l'information occupent la portion congrue des journaux. Les grands
reportages y sont pratiquement inexistants. C'est plutôt l'éditorial, le billet et la
chronique qui occupent toute la place. C'est davantage le commentaire piquant de
l'événement, le pastiche virtuose d'un auteur conspué, l'abattage en règle d'un
politicien véreux qui retiennent et enchantent le lecteur. On achète un journal
autant pour son style que pour ses allégeances. En France, les grands journalistes
sont des célébrités qu'on reconnaît dans la rue et auxquelles on serre la main dans
les cafés. Leurs plus beaux morceaux de bravoure figurent dans les anthologies
littéraires, à côté des morceaux choisis des meilleurs historiens, des romanciers et
des poètes. Ce journalisme d'auteur, qui n'a pas été contaminé par la langue de
bois des technocrates et des universitaires, fait partie de la grande littérature.

Veuillot est loin d'être le seul, en France, à avoir brillamment illustré la
tradition pamphlétaire. À côté de ce paysan à la mâchoire carrée, grand défenseur
de l'infaillibilité pontificale et modèle officiel du journalisme catholique, Olivar
s'est vraisemblablement découvert, lors des lectures paroissiales autorisées, un
autre modèle plus à la mesure encore d'un fils de « rouge » : Henri de Rochefort,
marquis en titre mais républicain d'allégeance, fondateur de la *Lanterne* en 1868*,
et de l'*Intransigeant* en 1885.

Le XIXe siècle regorge de « personnages » et Henri de Rochefort en est un !
Farfadet tout de noir vêtu, dans lequel ses contemporains disent voir un mélange
de Méphisto et de Paganini, sa vie en dents de scie, remplie de coups de théâtre
et de rebondissements, est en elle-même un roman. Quant à ses bons mots, leur
attente va tenir le tout-Paris en haleine pendant des décennies. Bien qu'issu par
son père d'une longue lignée de fidélités monarchiques, Rochefort va se tailler, par
sa plume, une place unique dans l'opposition républicaine. Jeune lycéen, en dépit
de sa petite taille et de sa complexion nerveuse, il n'hésite pas à sauter le mur pour
aller rejoindre les insurgés de la révolution de février 1848**. Fou de littérature,
il s'adonne très tôt, sous divers pseudonymes, tout aussi bien au vaudeville qu'à la
satire politique. Il collabore au *Mousquetaire* d'Alexandre Dumas, puis au *Cha-
rivari* où il atteint rapidement la célébrité.

---

* Le journalisme canadien-français avait alors les yeux rivés sur les modèles venus de France.
Innombrables sont alors les journaux d'ici qui adoptent les mêmes noms. Arthur Buies (1840-1901),
aîné d'Olivar, grand pamphlétaire et admirateur d'Henri de Rochefort, fonda lui aussi sa *Lanterne*
en 1868. Comme la France, le Canada français aura sa *Presse*, son *Petit Journal*, son *Matin*, son
Soleil, etc.

** Révolution qui mit fin au règne du roi Louis-Philippe et donna naissance à la
IIe République.

Le Second Empire, qui s'est subrepticement faufilé sous les oripaux républicains, devient rapidement sa cible favorite. Napoléon III, que Victor Hugo appelait « le Petit », ne prise guère les amuseurs publics qui font des bons mots aux dépens de ses politiques. La presse française est mise en résidence surveillée. Au *Figaro*, où il est devenu chroniqueur en titre, Rochefort recourt à la métaphore ou au quiproquo pour éviter la censure :

> La statue équestre de Napoléon III représenté en César dont j'ai parlé dans mon premier numéro, est l'œuvre de M. Barye. On sait que M. Barye est le plus célèbre de nos sculpteurs d'animaux[6]...

Le monarque raillé avait beau tempêter, sévir, traîner Rochefort devant les tribunaux pour délit d'offense à la personne du souverain, d'excitation à la haine et au mépris du gouvernement, voire d'outrage à la religion, Rochefort avait toujours les rieurs de son côté. On l'envoyait en prison pour quatre mois, un an, treize mois, rien n'y faisait. À chacune de ses libérations, les foules portaient en triomphe le fondateur de la *Lanterne*. Et après la *Lanterne*, ce fut la *Marseillaise*... Quand on l'accusait d'opposition systématique, il répondait qu'il n'y avait pas meilleur bonapartiste que lui ; mais que, dans la dynastie, il avait son favori :

> Comme bonapartiste, je préfère Napoléon II[*] ; c'est mon droit. Quel règne ! Pas une contribution ; pas de guerres inutiles, avec des décimes qui s'en suivent ; pas de ces expéditions lointaines dans lesquelles on dépense 600 millions pour aller réclamer 15 francs ; pas de listes civiles dévorantes ; pas de ministres cumulant chacun cinq ou six fonctions à 100 000 francs pièce ; voilà bien le monarque tel que je le comprends[7].

En 1871, quand se déchaîne la Commune de Paris, le temps n'est plus à rire. Fidèle à lui-même, Rochefort est, une fois de plus, du côté des insurgés. Pris dans la terrible répression versaillaise[**], il est envoyé en déportation en Nouvelle-Calédonie d'où il réussit à s'évader et à gagner l'Angleterre. Emporté par la défaite de 1870, Napoléon III est donc en exil lorsqu'en 1874, Rochefort rentre enfin du bagne. Mais on n'entend pas à rire non plus sous la tristement célèbre république de M. Thiers... Le pamphlétaire, qui marche sur des œufs, va-t-il réussir sa rentrée littéraire ou, au contraire, courir à sa perte pour l'amour d'un mot ? Voilà comment il s'en tire avec un billet adressé au *Figaro* :

---

* Duc de Reichstadt, fils unique de Napoléon 1er et de l'impératrice Marie-Louise. Séquestré au château de Schönbrunn en Autriche sous la surveillance de Metternich après la chute de son père, il y mourut de tuberculose à l'âge de 21 ans. Edmond Rostand l'a immortalisé dans *L'Aiglon*, l'une de ses pièces les plus célèbres où s'illustra Sarah Bernhardt dans le rôle-titre.

** Le siège du gouvernement avait été provisoirement transporté à Versailles.

Plusieurs journaux annoncent qu'à mon retour de Nouvelle-Calédonie, j'ai demandé au gouvernement autrichien* d'aller prendre les eaux à Carlsbad**. Les eaux de Nouméa m'ont complètement remis de mes années de prison. D'ailleurs, je n'ai jamais rien demandé à aucun gouvernement, si ce n'est à celui de Napoléon III, auquel j'ai demandé de s'en aller, ce qu'il m'a accordé avec une grâce charmante[8].

Le tout-Paris s'esclaffe et le nouveau gouvernement doit s'incliner devant tant d'esprit.

Henri De Rochefort avait créé non seulement un style d'écriture, mais aussi un style de personnage. Jusqu'à sa mort, en 1913, il ne cesse d'étonner son public par ses prises de position inattendues et souvent contradictoires. Ainsi, après avoir combattu férocement les bonapartistes, il flirte, en 1889, avec les partisans du général Boulanger. Puis, fidèle à lui-même, il fait campagne pour le socialiste Jean Jaurès, mais se désolidarise brusquement de son ami à l'occasion de l'affaire Dreyfus.

Les innombrables journalistes qui, de son vivant et bien après sa mort, s'inspireront de sa vie et de son style, révèrent d'abord en lui le culte superbe et absolu de la liberté à l'égard du pouvoir ; cette bravoure pleine de panache qui le conduit de la prison au bagne ; mais surtout, cet esprit miroitant, cet humour ravageur qui illustrent, comme peu d'autres, le « goût français » de ce siècle et font de lui le Cyrano redouté de la presse parisienne. La postérité de Rochefort fut immense en France. Elle atteignit même le Canada français. Comment imaginer qu'un tel style et un tel destin aient pu laisser indifférent un Olivar de dix-sept ans, qui se reconnaît du talent, qui ne déteste pas épater la galerie et qui, surtout, est déjà en proie à la démangeaison de l'écriture ?

Voyageant en France en 1910, à l'âge de vingt-cinq ans, Jules Fournier, qui allait devenir le compagnon d'armes et le frère spirituel d'Asselin, n'aura d'ailleurs rien de plus urgent à y faire que de rendre visite à leur éminent modèle. Voici en quels termes, dans une lettre à *La Patrie*, il fera part de l'admiration qu'il voue au style et à la carrière mouvementée du célèbre pamphlétaire français. En pareilles circonstances, Asselin n'aurait pas manqué d'éprouver le même sentiment :

Depuis cinquante ans, M. Rochefort n'a pas cessé d'être, en France, à aucun moment, le journaliste en vedette. Il a démoli l'empire, il a jeté bas on ne sait combien de ministères. Se battant en duel trois fois dans la même journée, exilé, condamné à mort, déporté aux bagnes de la Nouvelle-Calédonie, puis s'échappant à la nage il est, un mois plus tard, porté en triomphe à Paris[9].

---

* Vainqueur de la guerre de 1870 contre la France.
** Carlsbad était une ville d'eau célèbre d'Autriche.

Éprises « d'esprit français », les élites intellectuelles canadiennes et franco-américaines sont, à cette époque, assez bien branchées sur la production littéraire et journalistique de la mère-patrie. Elles commandent souvent directement leurs livres chez les libraires parisiens. Elles reçoivent, par transatlantiques, des revues et des journaux parmi les mieux cotés. En Nouvelle-Angleterre, où une certaine postérité intellectuelle, issue de 1837, s'est perpétuée avec les fils d'exilés, on ne s'effarouche pas nécessairement d'une prose républicaine bon teint. Les publications « catholiques » ne sont pas les seules à franchir le seuil des bibliothèques privées. Les notables voyagent beaucoup, surtout depuis l'Exposition de Paris en 1889.

Plusieurs intellectuels canadiens-français ou franco-américains, tels Edmond de Nevers ou Honoré Beaugrand, ont longuement séjourné en Europe, particulièrement en France au cours de voyages d'études. Ils ont conservé une très grande curiosité d'esprit à l'égard de tout ce qui s'y publie. Le Franco-Américain Aram J. Pothier, *self-made man* des milieux bancaires et qui deviendra bientôt le protecteur et le mécène d'Olivar, constitue le prototype du notable cultivé, nationaliste et francophile de la Nouvelle-Angleterre[*] qui se régale, lui aussi, à la lecture des « journaux français ».

C'est donc vers ce style de journalisme qu'Olivar va se sentir particulièrement attiré, dès ses premières lectures. Peu lui importent, en vérité, les amis ou les adversaires de Veuillot, de Rochefort et de leurs disciples ! Leurs exploits d'escrimeurs l'éblouissent, leurs formules à l'emporte-pièce le ravissent. Il admire l'adresse toute féline avec laquelle les « maîtres » du style semblent flatter l'adversaire ou se jouer innocemment de lui en début d'éditorial, pour le déstabiliser ensuite par des artifices sémantiques inattendus et lui administrer, à la toute dernière ligne, le coup de griffe ou le coup de croc qui l'anéantira. Le champion de bras-de-fer de Rimouski vient de trouver sa vocation : il fera carrière dans le journalisme ! Et parisien de surcroît :

> À dix-sept ans [...] mettant pour la première fois la main sur des journaux de France, c'est-à-dire vivants, et, chose plus extraordinaire qu'il n'y paraît, écrits en français, je conçois la vague ambition de venir un jour ou l'autre me tailler une place dans le journalisme parisien[10]...

---

[*] Aram J. Pothier, fils d'un cordonnier émigré, deviendra président de sa banque après y avoir été simple commis. Il sera commissaire à l'Exposition universelle de Paris en 1889. Maire de la ville de Woonsocket en 1894, réélu en 1895 ; lieutenant-gouverneur de l'État du Rhode Island en 1897 ; à nouveau commissaire à l'Exposition de Paris en 1900 ; vice-président de l'Association des banquiers américains, il sera élu gouverneur du Rhode Island en 1909, fonction qu'il exercera jusqu'en 1914.

Au numéro 2 de la rue Plaisante toutefois, les sept bouches à nourrir ne lui laissent guère, dans l'immédiat, le loisir de concrétiser son rêve parisien. Rieule, usé et vieilli, ne peut plus prétendre à des emplois vraiment rémunérateurs. Aurélien, le bel Aurélien à la figure d'ange, est instable et fugueur. Marie-Caroline souffre de troubles d'audition et le vacarme des métiers à tisser lui est devenu extrêmement pénible. Et c'est une pitié de voir Sophie et Malvina, à peine pubères, interrompre leurs études pour prendre le chemin de l'usine... Quant à Cédulie, elle ne fera pas fortune non plus dans l'enseignement du catéchisme!

À la veille de ses dix-huit ans, Olivar se trouve donc freiné dans ses projets d'avenir par les nécessités de la solidarité familiale. Même les lettres de Raoul, qui lui écrit du Séminaire, font également état d'une grande détresse matérielle. Non seulement son frère est-il désespéré de ne pouvoir faire davantage pour les siens, mais, sous-payé pour ses tâches de répétiteur au collège, il arrive à peine à subvenir à ses propres besoins. Son unique soutane reluit dangereusement aux coudes et ses semelles éculées prennent l'eau de toutes parts. Olivar reprend donc, vaille que vaille, le chemin des filatures.

Mais avec quelques compensations. En dépit de son jeune âge et de sa condition modeste, à Fall River comme à Rimouski, il exerce un ascendant certain sur ses pairs : moins d'un an après son arrivée, il vient d'être propulsé secrétaire du cercle Saint-Joseph de sa paroisse. Il n'appartient pas, loin de là, à la race des leaders autoritaires. Quand il arrivera à ce libertaire d'en croiser un sur sa route, fût-il ecclésiastique, politicien, intellectuel ou militaire, il aura plutôt maille à partir avec lui. L'ascendant naturel qu'Olivar exerce sur les autres est fait de connivences, de ferveurs partagées, de coude à coude égalitaire. Avec, il faut bien le dire, un brin de séduction calculée. Tout son charisme de « compagnon » est déjà là en germe : bien que fort conscient de son talent et de sa supériorité intellectuelle, toute sa vie, il refusera de se prendre au sérieux! Il est orgueilleux, certes. Il a parfois d'étonnantes coquetteries. Mais la vanité ne l'atteint pas. Son intarissable humour, c'est à l'égard de lui-même qu'il aime d'abord l'exercer. Cette heureuse clairvoyance d'esprit a tôt fait de lui laisser entrevoir qu'il ne fera pas une longue carrière dans l'industrie du coton.

Olivar entrevoit une autre consolation secrète : il est, malgré tout, beau garçon. Cela aussi, il commence à le deviner dans le regard des filles qui chuchotent et pouffent parfois de rire quand il les croise dans la rue Plaisante, sa veste d'ouvrier rejetée sur l'épaule, une seule main posée sur le guidon de sa bicyclette. Il est petit, mais il a, sous la visière de sa casquette, de beaux yeux gris profonds, un peu félins, traversés de rires et de tempêtes. Et une bouche à la fois austère et gourmande, au dessin ferme qu'il tient de sa mère. Les temps sont durs, mais Olivar, au physique et au moral, est plutôt content de lui. Les choses, il en est persuadé, ne pourront qu'aller en s'améliorant.

Après s'être longuement lavé de ses sueurs et de la poussière cotonneuse de l'usine, il consacre ses soirées à la lecture et à l'écriture. Au fond de son cœur, il n'a pas renoncé à la poésie. Et s'il crâne bravement le jour, la nuit fait remonter en lui cette nostalgie de l'exilé que ses ambitions juvéniles n'ont pas réussi à étouffer totalement. Il échange des vers plus ou moins heureux avec son ami Sam Bellavance qui a reçu d'autres talents en partage et brûle de les faire fructifier dans la Compagnie de Jésus. Olivar, lui, n'a pas renoncé au monde et rêve d'être publié. Il s'y risque, une première fois, dans la revue canadienne *Le Glaneur*, à laquelle il envoie quelques poèmes. On accepte de publier un *Exil* qu'il a signé du pseudonyme romantique de Jocelyn :

> [...]
> L'exil, c'est une cité vaste, pleine de bruits, où les cœurs sont fermés et les regards froids.
> L'exil, personne n'y dit : mon frère, mais beaucoup y disent : Raca !
> L'exil n'a point d'amis !
> L'exil, on y voit de l'or, de vastes moulins, des choses merveilleuses.
> Mais l'exil, l'on n'y voit plus les grands bois verts, les blés dorés, les génisses blanches et les agneaux bêlants ; la vieille maison grise dont la vue seule apportait au cœur des bouffées de jeunesse ; la flèche altière de la chapelle où la cloche, gaie ou triste, chantait ou pleurait, quand une âme partait ou venait.
> L'exil n'a point de hameau.
> L'exil, on y pleure, mais pour pleurer l'on se retourne, car l'étranger n'aime pas les pleurs. L'étranger a de l'or, de somptueuses demeures ; l'étranger vit et rit. Mais l'exilé va par le monde comme un déshérité.
> L'exil, la mort[11] !

Il est au comble de la joie de se voir imprimé. Il brûle de la faire partager aussitôt à son frère Raoul et lui expédie la revue. Mais son aîné, tout absorbé par la spiritualité austère du séminaire qui cherche à « casser » les caractères trop forts et à rabattre le caquet aux intelligences trop prétentieuses, s'inquiète des retombées d'une célébrité trop précoce. L'humilité, lui rappelle-t-il, n'est pas la plus manifeste de ses vertus... Notre poète enregistre, mais récidive aussitôt.

Sous le sceau de l'anonymat, il envoie divers textes de prose et de poésie au *Protecteur* de Fall River. Il se risque même à tester la « manière française » de polémiquer sur les agissements et les décisions des édiles municipaux. Quand ses textes sont retenus, il exulte. Quand ils sont refusés, il broie du noir.

Il a beau verser des pleurs poétiques sur son « exil », il vient d'avoir dix-huit ans et se montre toujours aussi féru d'athlétisme. Il joue à la crosse, au football, s'adonne à la natation et au patinage. Il s'y livre avec une telle ardeur qu'il rentre parfois chez lui le visage tuméfié et les vêtements en lambeaux. C'est aussi un joyeux luron. À Fall River, aucun « enterrement de vie de garçon* » ne saurait se passer de son imagination fertile et de ses mots d'esprit. Il y a donc quelque complaisance au goût du jour dans les lamentations de l'exilé... Au village, il s'est fait de nombreux amis. Ses petits frères ne jurent que par lui. Sa mère et ses jeunes sœurs en sont, comme on dit, très « coiffées ».

La grande ombre au tableau, c'est Rieule. Le maître-tanneur déraciné ne reprend pas vie dans son nouveau milieu. L'artisan respecté, le propriétaire terrien qui « marchait sa terre » à longues enjambées, le maire « rouge » qui tenait tête au curé Langlais et parlait ferme devant le juge Routhier pour défendre la liberté des petites gens ne se remettra jamais de son exil. À la ville, Rieule a perdu son statut de notable. Il n'est plus qu'une paire de bras usés parmi d'autres. Il doit quémander son emploi, plier devant des maîtres étrangers et accomplir d'humbles besognes qu'autrefois il déléguait à ses employés. Quand il quitte la maison le matin, son repas froid enveloppé dans un papier brun qu'il dissimule sous son bras, sa silhouette, ployée sous un invisible joug, est désormais celle d'un homme brisé. Mais Olivar est à l'âge où il est difficile de voir venir lucidement le malheur. Et il rêve toujours autant de poésie et de journalisme, dans son atelier bruyant aux fenêtres empoussiérées.

Tant la gloire littéraire que le journalisme tardent toutefois à venir à lui. L'automne et la chute des feuillages mordorés de la Nouvelle-Angleterre ont sonné, pour les Asselin, la fin de la récréation estivale. C'est dans le tunnel sans fin des tâches manuelles sans envergure, répétées à l'infini dans un milieu assourdissant et insalubre, qu'il se retrouve prisonnier. Et ce travail, depuis la maladie déclarée de son père, il n'en voit plus la fin. Il y étouffe. Les murs humides de son alma mater cessent de lui apparaître comme ceux d'une prison et ses vieux professeurs, comme des gardiens tâtillons auxquels il aurait eu le bonheur d'échapper. Il se souvient avec nostalgie de l'allée ombreuse du parc où il allait, l'automne venu, lire les odes de Virgile devant les champs fraîchement moissonnés du séminaire... Comme durant son bref exil à Québec, il se remet à écrire à ses anciens maîtres.

D'aussi loin qu'Osseo Hennepin, au Minnesota, il a retracé un ancien professeur, le père Pettigrew. Il a besoin de partager, avec ceux qui peuvent le comprendre, cette sorte d'inanition de l'esprit qui est en train de gruger ses forces morales et d'abattre son bel enthousiasme de conquérant. Besoin, surtout, de se faire rassurer quant à ses talents et ses possibilités d'avenir. Ses correspondants lui répondent avec empressement et chaleur : Olivar, malgré ses frasques et sa mauvaise tête, a laissé à Rimouski le souvenir d'un élève attachant et supérieurement

---

* Les « enterrements de vie de garçon » étaient des soirées consacrées à célébrer, dans les libations, les facéties, les démonstrations publiques et bruyantes, le mariage imminent d'un jeune célibataire, que ses amis prenaient comme victime consentante à la veille de ses noces.

doué. Ses premiers biographes, projetant arbitrairement sur sa jeunesse les véhémences anticléricales de l'homme mûr, n'ont pas saisi toute la dépendance (et parfois la gratitude) du fils de l'artisan, à l'endroit des détenteurs du savoir de son temps. Et ils ont sans doute erré en supposant que ses études interrompues aient pu être le fait d'une brutale expulsion disciplinaire. Les lettres de ses anciens professeurs témoignent du contraire :

> Je crois que c'est un grand malheur pour vous d'avoir quitté le séminaire avant la fin de votre cours. Votre talent vous permettrait un bel avenir : vous rappelez-vous m'avoir dit un jour que vous aviez rêvé que vous étiez *Évêque* ! ; vous auriez pu faire bonne figure dans le monde instruit [...] Écrivez-moi. Parlez-moi de vous et de tout ce qui vous touche : cela m'intéressera beaucoup et vous n'écrivez pas toutes ces choses à un indifférent, croyez-moi[12]...

Le bon père était fort clairvoyant et l'on sent percer de l'amusement à l'évocation d'une possible carrière épiscopale pour Olivar ! Mais ce dernier n'exclut a priori aucune échappatoire à la quotidienneté abrutissante de l'usine. Il envisage même la carrière de pharmacien et sollicite une lettre de recommandation du bon docteur Ross de Sainte-Flavie (leur ancien médecin de famille) pour entrer en apprentissage chez un apothicaire de Fall River. Là encore, la tentative n'aura pas de suite.

En proie à la tristesse, il se sent de plus en plus abandonné. La douleur inguérissable de l'exil refait surface et lui inspire des lettres nostalgiques qui font l'admiration de Raoul, mais ne laissent pas de préoccuper son aîné. De toute évidence, le Petit Caporal, amputé de ses galons d'excellence, est en train de sombrer dans un profond abattement. À la phase d'enthousiasme et d'activités débridées de ses débuts à Fall River, va succéder, comme à l'époque de son bref séjour à Québec, une phase de mélancolie aux ruminations quasi désespérées.

Ni les objurgations spirituelles de Raoul ni ses potins sur le Séminaire ne parviennent à la tirer de sa morosité. Certains potins lui font toutefois dresser l'oreille. Des « vocations » de plus en plus nombreuses commencent à se manifester chez ses anciens condisciples de Philosophie demeurés à Rimouski. Après une retraite approfondie, Joseph Gauvreau et Ernest Lapointe ont, parmi d'autres, demandé leur admission chez les jésuites*. Depuis le noviciat Saint-Joseph du Sault-au-Récollet, son ami Sam Bellavance, qui a trouvé sa voie, expédie à Olivar des lettres exaltées. Toutes ces nouvelles du pays vont rencontrer un sol fertile dans la sensibilité exacerbée de l'exilé qui se morfond devant son métier à tisser. Subitement, Olivar sort de sa torpeur dépressive pour écrire dare-dare aux

---

* Ces courts essais de vie religieuse seront, pour l'un et l'autre, sans lendemain.

instances de la Compagnie de Jésus et solliciter le privilège insigne d'être admis, lui aussi, dans l'ordre de saint Ignace en qualité de novice!

Aussitôt informé, et aussi insouciant que son cadet des retombées familiales de cette deuxième vocation masculine à survenir chez les aînés, Raoul ne cherche pas à dissimuler son enthousiasme: « Ce qu'il y a de remarquable, lui écrit-il, c'est que ce sont tous les élèves de talent qui se font religieux[13]... »

Modeste Raoul! Le simple aspirant du clergé séculier diocésain s'incline spontanément devant la supériorité de son cadet qu'il croit promis à un bel avenir dans l'ordre réputé le plus « savant » du Canada français... Un ordre à la discipline martiale certes, mais un ordre qui sait aussi s'adapter et mettre au service de l'Église les personnalités les plus diverses et les plus originales. L'ordre le plus « savant »... L'espoir de retrouver enfin la fratrie intellectuelle perdue. L'assurance, avec un talent comme le sien, de pouvoir exercer un jour, par la parole ou par la plume, une influence décisive sur son milieu. Toutes ces perspectives d'évasion et d'accomplissement vont lui redonner, tout à coup, le goût de s'envoler. Mais Raoul veille tout de même au grain. À sa lettre de félicitations, il a pris soin de joindre un judicieux ouvrage consacré... à la virginité! Le beau parleur de la rue Plaisante aurait grand profit à en méditer sérieusement les pages au cours des belles soirées printanières qui le séparent encore de son entrée au noviciat.

Le 31 mars suivant, le père François-Xavier Renaud, du Sault-au-Récollet, lui répond qu'il a été accepté, en bonne et due forme, comme novice dans la Compagnie de Jésus et que son entrée a été fixée, par les autorités de l'Ordre, à la fin d'août 1893.

Les dés sont jetés. Ni Raoul, tout à son exaltation mystique, ni Olivar en proie à son délire de fuite en avant, n'ont vraiment réfléchi à la situation familiale que va laisser derrière elle cette étrange « vocation ». Rieule ne travaille plus; Oscar, qui commence à expédier ses pommes de terre à Montréal et à Caraquet, possède une entreprise trop jeune encore pour qu'on puisse lui demander une contribution régulière; sans parler d'Aurélien qui ne garde pas ses emplois et de Raoul lui-même, qui ne peut même pas s'offrir le billet de train pour aller à Fall River embrasser une dernière fois son frère avant ses « adieux au monde[14] ».

Par sa « vocation » subite, Raoul l'a bien vu, Olivar va échapper enfin aux conditions de vie de l'exil. Sa vocation va mettre un terme définitif à sa vie de travailleur soumis au « joug de l'étranger ». Enfin, elle va lui donner accès à la chasse gardée du savoir supérieur, au prestige et au pouvoir qu'il confère dans la société. Mais pour cela, il lui faut, comme à ceux et celles qui sont nés dans sa condition, emprunter la « porte étroite ». Olivar le sait. Il s'y précipite, tête baissée, avec la détermination du désespoir.

Chapitre V

APPRENTI-JOURNALISTE

La presse périodique est la seule bibliothèque du peuple.

(Étienne Parent, *Le Canadien*, 1831)

L'été 1893 ne devait en rien ressembler au précédent. Plus de baignades ou de pique-niques dans la baie. À tour de rôle, les membres de la famille Asselin ont veillé Rieule jour et nuit. Le maître-tanneur a subitement vu ses forces l'abandonner. Le médecin n'a caché à personne que sa fin était imminente. Ses dernières paroles et son dernier souffle recueillis, Cédulie a approché des lèvres de son vieux compagnon un petit miroir qu'aucune buée n'est venue ternir. Puis, elle lui a doucement lié sur la tête la mentonnière de lin blanc.

Rieule est maintenant sur les planches en habits du dimanche, une croix de tempérance et un rameau de buis à sa tête, un rosaire à grains noirs entre les doigts. Olivar est dans sa chambre, en train de défaire sa petite valise de novice en ravalant ses larmes. Il n'ira pas chez les jésuites, au Sault-au-Récollet, rejoindre son ami Sam Bellavance et se gorger de savoirs nouveaux. La vie a repris ses droits sur lui. Le voilà désormais chef de famille. Raoul, trop pauvre, ne pourra se rendre auprès d'eux pour assister aux funérailles. Il vient de recevoir la tonsure et a déjà été affecté à l'enseignement au Séminaire de Rimouski.

Raoul aussi a dû renoncer à un grand projet : devenir missionnaire oblat dans le Grand Nord, à la suite de l'intrépide Mgr Grouard, venu de France. Il ne fera pas vœu de pauvreté pour être éventuellement en mesure de soutenir de son maigre salaire de prêtre diocésain sa famille aux abois. Mais le soir, dans sa cellule de séminariste, il lui arrive encore de rêver aux solitudes infinies et aux grandes orgues déchaînées du vent soufflant sur la petite mission oblate du Grand Lac des

Esclaves... Mais si Raoul se résigne mieux à « mourir sans faire grand bruit dans le monde » et à se voir octroyer « le vulgaire » en partage, il ne cesse d'imaginer ce qu'il en coûte à son impétueux cadet de renoncer à sa vocation jésuite pour reprendre le chemin des usines !

Olivar doit faire face à ce nouveau coup du sort. Cédulie est tombée malade à son tour. En septembre, la manufacture qui employait Marie-Caroline et Sophie a brusquement fermé ses portes pour un temps indéterminé. Les deux chômeuses sont au chevet de leur mère. Malvina, Auguste et Tancrède, à l'école. Olivar demeure seul, avec le concours épisodique d'Aurélien, à rapporter un salaire à la maison. Au village de Flint, il n'est question que de nouvelles fermetures d'usines. Olivar tient bon. Il s'est remis à vivre au jour le jour. Mais, secrètement, sa volonté de s'en sortir est demeurée inébranlable. En janvier, il écrit encore au père Pettigrew et lui envoie de nouveaux poèmes. Il retravaille son style, essaie de le rendre « plus viril et plus souple », conformément aux conseils de son ancien professeur qui trouve « une imagination tourmentée comme une mer d'automne » et « quelques petites exagérations propres aux poètes » au long récit qu'Olivar lui a fait de ses récents malheurs[1].

Outre la perte de son père et l'appréhension face à son avenir bloqué, Olivar éprouve également des déboires sentimentaux. Puisque le célibat religieux n'est plus son affaire, il s'est empressé d'aller chercher quelques « consolations terrestres » qui ne l'ont pas comblé. Il a renoncé à se faire jésuite, mais sa soif d'absolu ne s'en est pas trouvée apaisée pour autant. Et sa façon extravagante de concevoir et d'exprimer l'amour effarouche ses petites compatriotes de la rue Plaisante.

Nonobstant ses charges familiales, Olivar, cet automne-là, songe sérieusement au mariage. Le souvenir ancien de Rieule, de ses petites épouses défuntes, de ses espoirs déçus de paternité le poursuivrait-il ? Dans cette maisonnée, qui lui est à charge et qui regorge d'enfants, le voilà soucieux, tout à coup, de se perpétuer dans une descendance nombreuse.

Le pauvre Raoul en est tout abasourdi. Il lui parle, pour le consoler, des vocations tardives de saint Ignace et de saint François-Xavier... Une lettre romanesque lui revient qui parle au contraire d'épousailles et de berceaux ! Raoul réagit. Malheureux, « isolé au sein d'un monde grossier », Olivar s'est visiblement orienté vers la plus illusoire des compensations : une oreille attentive, un cœur disponible.

> Tes goûts n'y ont-ils pas été pour quelque chose ? De beaux yeux, des manières agréables, beaucoup de piété même sont quelque chose de bien propre à exciter l'admiration, à gagner le cœur ? [...] Étudie-toi un peu et tu verras, il me semble, que ton caractère n'est pas fait pour la vie de *famille* : tu es trop violent et trop malin[2].

Raoul a le jugement un peu brutal. Mais comment, dans les circonstances, détourner son cadet de projets matrimoniaux aussi inconsidérés ?

Ce détournement d'épouseur, ce n'est pas Raoul qui le réussira, mais un grand aventurier de vingt-deux ans, aussi fantasque qu'Olivar lui-même, et qui possède déjà son propre journal à Fall River. Après s'être porté acquéreur du *Protecteur*, alors qu'il avait à peine vingt ans, Adélard Lafond ne s'est pas laissé démonter par la faillite de son premier journal. Il en a aussitôt fondé un autre avec l'argent de son beau-père. Il l'a rebaptisé le *Protecteur canadien*. C'est à ce bi-hebdomadaire qu'Olivar expédie avec discrétion, depuis quelques mois, ses poèmes et ses « reportages » de politique municipale.

À l'heure où il rumine ses projets de mariage en alimentant distraitement son métier à tisser, Adélard Lafond est déjà parti à sa recherche. Le rédacteur en chef du *Protecteur canadien* vient de lui remettre sa démission sans préavis et il doit, sans tarder, lui trouver un remplaçant. Lafond se souvient alors d'un certain « François O. Asselin », qui lui fournit presque chaque semaine un article si bien tourné qu'il subodore le plagiat. Mais dire dans quelle usine de Fall River niche l'oiseau rare ?... Lafond décide de les ratisser une à une. Son enquête le conduit à la Stargrave, gigantesque entreprise qui fait vivre, à elle seule, une bonne partie de la population ouvrière de Fall River. « Là il trouva l'apprenti Asselin dans un troisième sous-sol et couvert de coton de la tête jusqu'aux pieds[3]. »

Voici en quels termes, quelque vingt ans plus tard, Olivar évoque sa première entrevue avec celui qui allait devenir son premier patron et son compagnon d'aventure dans le journalisme franco-américain. Nous sommes en mars 1894 et Olivar vient d'entamer son dix-huitième mois de travail dans les filatures :

> J'étais contremaître en second, chargé du bobinage, de l'ourdissage et de l'encollage à la « Stargrave » quand, un jour Adélard Lafond, le grand, l'unique Lafond, à qui j'avais envoyé quelques articles de fantaisie sur certaine question municipale, me fit mander et me dit à brûle-pourpoint : « J'ai publié jusqu'ici le *Protecteur canadien* comme édition bi-hebdomadaire du *National* ; j'ai résolu d'en faire un journal quotidien : voulez-vous en être le rédacteur ? » J'avais un peu moins de dix-neuf ans, personne ne me connaissait, je ne risquais donc pas de me rendre ridicule : je répondis oui tout de suite, sans broncher. Nous convînmes ensuite d'un salaire de douze piastres par semaine. Comme je le quittais, Lafond m'informa machinalement que le journal serait républicain. De mon œuvre au *Protecteur canadien*, je me rappelle une campagne pour un M. Simpkins, candidat au congrès. Le Simpkins nous faisait adresser par son agent de publicité des articles de réclame que ma double ignorance de l'anglais et de la politique américaine ne m'empêchait pas de traduire et de commenter ; s'il y avait parmi nos lecteurs quelques hommes connaissant seulement la différence entre républicanisme et démocratie, comme ils ont dû s'amuser ! Mais je me rappelle encore davantage quelques vilains articles que, sous la dictée du patron, j'écrivis sur le compte d'un homme que j'ai appris depuis à

estimer — je veux parler de M. Rémi Tremblay*, alors rédacteur à l'*Indépendant*. Quelques années plus tard, ce fut le souvenir de quelques mauvaises actions de ce genre commises pour le compte des autres au nom du journalisme impersonnel, qui me fit prendre la résolution de ne jamais rien écrire qui ne fût l'expression de ma pensée et de ma conviction propres. J'avais pour uniques collaborateurs au *Protecteur* M. Georges LeBoutillier, aujourd'hui de l'*Opinion publique*, et Charles Daoust. M. Daoust fut peu de temps après remplacé par M. Charles DeGagné. M. DeGagné était comptable chez Amiot, quincaillier à « la Flint ». Il s'était lui aussi occupé de théâtre espagnol ; il avait, lui aussi, écrit des lettres aux journaux ; et comme il avait en outre « une belle main », il passait pour bien écrire. Il avait par surcroît l'avantage d'être resté sentimental et galant, quoique vieux garçon. Dans la presse franco-américaine, à cette époque, il n'en fallait guère plus pour devenir rédacteur en chef. Pour notre position sociale, nous étions très considérés dans les « bazars » et autres fêtes généralement paroissiales. Je faillis cependant me faire lapider pour m'être, si je ne me trompe, moqué d'une troupe de comédiens amateurs. Au commencement, je m'imposais un travail considérable. Dans la suite, voyant que je ne savais rien de ce qu'il m'aurait fallu savoir, et qu'en l'absence de tout service d'information comme de tout loisir je ne pourrais jamais rien apprendre, je m'amusai à inventer des faits extraordinaires, arrivés le plus souvent dans des quartiers où il n'y avait pas de Canadiens-Français, et où, par conséquent, pas un de nos lecteurs n'était tenté d'aller voir. C'est dire qu'à ce moment, et dans ces conditions, je ne prenais pas trop au sérieux l'apostolat du journalisme. Du côté de la conscience, j'étais en paix, car les lecteurs — vous vous en doutez — préféraient ces récits à mes articles politiques, et d'autre part, le patron, prévenu, tolérait la fumisterie — ce qui prouve qu'au moins, c'était un homme d'esprit[4].

Conscient de ses limites, Olivar fourbit ses armes dans l'aventureuse presse franco-américaine. « Aventureuse » n'est pas un vain mot. Les journalistes y touchent des salaires intermittents, les faillites de journaux se succèdent au rythme des saisons, et les nouvelle fondations, toujours riches de promesses, prennent le relai des périodiques défunts avec une obstination qui confine à l'héroïsme. Car cette presse franco-américaine, marquée par l'héritage spirituel du grand Ferdinand Gagnon, est aussi un fer de lance dressé contre l'assimilation. Le journaliste franco-américain, fût-il occasionnellement affecté, comme Olivar, à la chronique des faits divers (réels ou inventés) ne perd jamais conscience de son statut de

---

*Ce lointain cousin de Cédulie avait surtout connu une destinée propre à enchanter Olivar. Journaliste et poète, né dans le creuset patriote de Saint-Hyacinthe, il s'était joint aux troupes nordistes durant la guerre de Sécession (1864). Après avoir fait carrière dans le journalisme montréalais, il passe à l'*Indépendant* de Fall River et à l'*Opinion publique* de Worcester. Il y fonde la *Ligue des patriotes*. Il rentre ensuite à Ottawa occuper le poste de bibliothécaire du Parlement. Globe-trotter, il fait deux fois le tour du monde tout en publiant de nombreux romans, poèmes et récits de voyage. Né en 1847, Rémi Tremblay mourra en 1926.

« combattant ». C'est à ce titre qu'il est, selon l'expression d'Olivar, « très considéré dans les bazars et autres fêtes généralement paroissiales ». Jamais riche, mais admiré et redouté : toute la carrière d'Asselin est déjà là, en germe, dans ces premiers balbutiements d'amateur.

Pour sa famille, cette nouvelle orientation signifie une insécurité additionnelle. Terminés les salaires fixes de l'ex-contremaître de la Stargrave... Mais les siens ont toujours compris, et Raoul en tout premier lieu, que la voie d'Olivar passerait un jour ou l'autre par l'écriture. On l'approuve, on le félicite de saisir sa bonne fortune au passage. Mais il faut réduire encore le train de vie. Olivar reste seul à toucher un salaire régulier. Les petites sœurs chômeuses sont provisoirement réexpédiées à Rimouski grâce à l'appui d'une tante : Marie-Caroline (devenue « Mary ») au couvent des sœurs de la Charité, en qualité de postulante, et Sophie en qualité de pensionnaire. Malvina, la plus jeune, est confiée à Oscar, qui est son parrain. Quant à Cédulie, la petite Marguerite accrochée à ses jupes, elle rallonge encore ses recettes de soupe et de pain perdu pour nourrir les cinq garçons qui lui restent.

Courageuse Cédulie ! Elle s'est remise de sa maladie passagère. Elle a beaucoup maigri, mais sa robe de deuil met en valeur sa taille demeurée souple, son teint clair, ses larges bandeaux blonds cendrés. À la Flint, une belle veuve, même pauvre et affligée, ne passe pas inaperçue. Un pharmacien esseulé se propose de la courtiser. Raoul, très tôt informé, s'en montre scandalisé et supplie son frère d'intervenir. Mais Olivar, tout à ses exploits journalistiques, chérit trop sa propre liberté pour se mettre en travers des décisions maternelles. Cédulie se laissera donc courtiser. Et bientôt, le pharmacien ne sera plus seul sur les rangs.

Olivar retourne, allégé, à ses reportages fictifs et à ses abattages de « vieilles ganaches » municipales. Lafond est content de lui. Olivar n'est pas le plagiaire qu'il redoutait. Il a, comme lui, le métier dans le sang et tout indique qu'il ira loin. Ils ont le même âge et s'entendent comme larrons en foire :

> Quand je me transporte à quarante-quatre ans en arrière, se remémore Lafond, alors que j'allai le chercher dans une filature de Fall River pour lui confier la rédaction de mon premier journal le *Protecteur canadien**, et l'amener plus tard à Woonsocket où je publiais *La Tribune*, je me rappelle que je n'ai pas été lent à voir en ce jeune homme un vrai trésor pour le journalisme de l'avenir quel que fût l'endroit où sa destinée le dirigerait.
>
> Personne mieux que moi ne l'a connu au début de sa carrière de journaliste de 1892[3] à 1895.
>
> Je l'ai toujours suivi depuis, et quand il atteignit les sommets, je fus l'homme le moins surpris du monde**.

---

* Corrigé par nous ; le *Canada* du 21 avril 1937 avait écrit par erreur *Le Défenseur canadien*.

** Lafond comptabilise visiblement ici les toutes premières collaborations qu'Olivar envoyait sous pseudonymes à divers journaux alors qu'il était travailleur d'usine à Fall River.

La période où Olivar fait ses débuts dans le journalisme franco-américain est marquée par un fort militantisme national stimulé par une grande effervescence idéologique. Depuis les années 1880 en effet, les « passéistes », partisans de l'idéologie du retour à la patrie canadienne-française, voient leurs campagnes de colonisation et de recrutement « pour le nord » battues en brèche par les partisans de la lutte pour la reconquête, parcelle par parcelle, du grand « empire français d'Amérique ». Ces derniers prônent l'enracinement, le développement et l'affirmation d'une culture et d'une religion distinctes dans leurs cités industrielles. Par voie de conséquence, ils favorisent dorénavant, pour les émigrés, l'acquisition de la citoyenneté américaine comme moyen de participation au pouvoir démocratique de la grande République.

À Fall River la presse périodique possède une tradition radicale qui n'est pas pour déplaire à un jeune pamphlétaire admirateur « des journaux français ». En septembre 1875, Honoré Beaugrand, après avoir présidé à la naissance de l'*Écho du Canada*, y a fondé *La République*. Le nom de la publication indiquait déjà son orientation politique générale et la distance qu'il lui arrivait de prendre, dans certains dossiers, à l'égard des pouvoirs religieux. C'est dans *La République* qu'Honoré Beaugrand devait publier en feuilleton le tout premier roman de mœurs ouvrières de la littérature canadienne-française, *Jeanne la Fileuse*.

Né à Lanoraie en 1848, son éminent prédécesseur commence par se faire renvoyer du Collège de Joliette, avant de parfaire sa formation au manège militaire de Montréal. Francophile inconditionnel, il part ensuite pour le Mexique joindre les rangs de l'armée française avec son ami Faucher de Saint-Maurice, afin de combattre aux côtés de l'empereur Maximilien. Il y récolte, pour sa plus grande gloire, coups, blessures et emprisonnement. Après une évasion particulièrement réussie, il séjourne en France où, républicain dans l'âme, il s'engage à nouveau dans l'opposition au pouvoir impérial de Napoléon III. Comme Rochefort, il est aussitôt menacé d'exil et doit rentrer précipitamment au pays en 1867, année de la Confédération canadienne. Après une brève mais fructueuse carrière dans le journalisme franco-américain, Beaugrand retourne à Montréal où il fonde *La Patrie*, journal libéral qui lui sert bientôt de tremplin politique. En 1885, on le retrouve à la mairie de Montréal où ses idées progressistes ne laissent pas de semer l'inquiétude dans les milieux d'Église. Plus tard, Honoré Beaugrand verra le monde des affaires lui sourire à son tour. Après avoir vendu *La Patrie* en 1897, et avoir publié de nombreux contes et essais, il mourra riche et considéré en 1906. Voilà certes un autre destin de journaliste « rouge » à la plume fertile propre à impressionner agréablement le jeune rédacteur du *Protecteur canadien*. Le journal de Lafond, en effet, compte parmi sa clientèle bien des anciens abonnés de la défunte *République* d'Honoré Beaugrand, dont le premier *Protecteur* avait recueilli la succession.

Pionniers, militants, francs-tireurs, risque-tout, tel est le profil habituel des fondateurs de la presse franco-américaine. Il leur fallait avoir les convictions nationalistes chevillées au corps (ou la bourse exceptionnellement bien garnie) pour se lancer à la conquête d'un public lecteur majoritairement peu scolarisé et, le plus souvent, hébété par d'interminables journées de travail dans des manufactures bruyantes et insalubres. Peut-être faut-il, en partie, chercher de ce côté les causes des difficultés chroniques, de l'existence éphémère et des faillites à répétitions rencontrées dans ce milieu instable. Mais pour un journal qui meurt, en voilà deux aussitôt prêts à renaître de leurs cendres ! Les Franco-Américains sont opiniâtres dans leurs luttes comme dans leurs entreprises de presse. À partir de 1869, époque où Ferdinand Gagnon jette les fondements du journalisme franco-américain, plus de trois cent trente journaux de langue française verront le jour ! Ce nombre impressionnant témoigne tout à la fois du désir permanent des fondateurs de fournir un encadrement linguistique et culturel à ce peuple d'émigrés, que de la précarité financière des moyens dont ils disposaient pour réaliser leur projet. Un survol historique de la presse québécoise, à la même époque, offre toutefois d'importantes similitudes.

Des deux côtés de la frontière, en effet, les deux milieux vivent en osmose permanente. Les liens de parenté, les amitiés de couvent et de collège, les compagnonnages d'université, l'expansion des institutions religieuses et scolaires alimentent les échanges et maintiennent la communauté de langue et de culture entre les deux sociétés. De part et d'autre du 48e parallèle, certains grands journaux ont des « correspondants », ou à tout le moins des ententes, qui permettent de relayer rapidement la nouvelle locale et de reproduire les meilleurs éditoriaux.

D'aussi loin que l'Illinois ou l'Ohio, un Franco-Américain de l'époque d'Olivar peut apprendre, dans le journal de son « petit Canada », qui s'est marié ou qui est décédé récemment dans sa paroisse natale. À plus forte raison est-il informé des grands et petits événements politiques qui affectent sa patrie d'origine. Enfin, puisque les chefs d'entreprise de presse doivent varier leurs menus pour allécher une clientèle trop peu nombreuse, les écrivains marquants du Canada français lui deviennent également des figures familières. Leurs poèmes paraissent en première page, encadrés de roses et de lierres, un chérubin joufflu aux angles. Leurs romans sont souvent publiés en feuilletons à côté de ceux des écrivains français populaires à la manière d'Octave Feuillet* et Paul Féval**. C'est à cette

---

* Octave Feuillet (1821-1890) auteur de romans à succès d'inspiration bourgeoise et moralisatrice fort appréciés de l'impératrice Eugénie, sa protectrice. Élu à l'Académie en 1862.

** Paul Féval (1817-1887) auteur de contes et de romans-feuilletons que publiaient la *Revue de Paris* et le *Courrier français*. De son vivant, trois de ses best-sellers furent portés à la scène. Sa conversion au catholicisme, en 1877, contribua à accroître la popularité de ses œuvres au Canada français.

ouverture « littéraire » qu'Olivar avait dû la percée de ses premiers vers de mirliton au *Protecteur* de Fall River.

Mais il n'en est déjà plus là. Très fier de sa rapide promotion, et peu soucieux de la maigreur des émoluments qui lui sont attachés, il multiplie les envois « gracieux » du *Protecteur canadien* à ses anciens professeurs. Le père Sylvain, son ancien directeur à Rimouski, ne tarit pas d'éloges sur la place qu'Olivar semble destiné à occuper dans « l'œuvre de la bonne presse » bénie par les papes[6].

Tout autre de mieux avisé que le bon père aurait plutôt été tenté de prédire que le loup venait d'entrer dans la bergerie... Mais pour l'heure, les reportages romancés d'Olivar demeurent de bien innocentes carabinades.

Olivar est heureux. Il en a oublié son projet de mariage. Après le populeux anonymat de l'usine, il travaille désormais au sein d'une petite équipe de camarades de son âge auprès desquels il retrouve les complicités d'esprit qui lui ont tant fait défaut depuis son départ de Rimouski. Travail précaire, artisanal, improvisé, mal rémunéré, mais que viennent compenser l'amitié, les trouvailles, les ruses, les bons mots et les morceaux de bravoure. On y vit en commun sur un pied d'égalité : directeur, rédacteurs, chef d'atelier et typographes mangent les mêmes sandwiches froids à midi, attablés en bras de chemises et en bretelles autour des trois pupitres qui forment tout le mobilier de la salle de rédaction d'Adélard Lafond. Les bureaux du journal sont logés au troisième étage d'un immeuble vétuste situé en bas de la rue Bedford, près du bureau de poste, et qui abrite également les ateliers de composition. C'est là que quatre ou cinq typographes s'affairent à imprimer, à la main, *Le Protecteur canadien*.

À l'époque, les linotypes n'ont pas encore fait leur apparition dans les petits journaux à tirage limité*. Seuls les grands journaux nationaux peuvent s'offrir pareil luxe. Pour tous les autres, après le montage manuel du marbre et la coulée au plomb, c'est l'époque héroïque des grosses presses à cylindres, les Campbell, les Scott et les Cranson, mues à l'eau, à la vapeur ou à l'électricité. Ou même, encore, des presses à bras que les typographes appellent les « presses à job[7] ».

Le Protecteur canadien est une feuille de quatre pages de sept colonnes que Lafond entend produire quotidiennement grâce au mécénat de son beau-père, le Docteur C.H. Chagnon, premier médecin canadien-français à être venu s'établir définitivement à Fall River. Imbus de formation et d'esprit français, les médecins de cette époque, au Canada comme en Nouvelle-Angleterre, forment une classe de notables souvent très politisés et qui délient volontiers leur bourse en faveur des mouvements de lutte et de survivance nationales. Beau parleur, Lafond avait su gagner la confiance du père après avoir fait la conquête de la fille.

---

* À ses débuts, le *Protecteur* tirait à 400 exemplaires.

Au journal, Olivar a pour compagnons de pupitre J.G. Le Bouthillier et Charles de Gagné. Avec Adélard Lafond, ils se retrouvent souvent, après le travail, chez l'un ou chez l'autre d'entre eux pour parler d'avenir et de littérature. C'est probablement au cours d'une de ces soirées qu'Olivar fera la connaissance des cousines gaspésiennes de son collègue Le Bouthillier, venues en voyage d'agrément à Fall River[8]. Les demoiselles Le Bouthillier sont jolies, cultivées et terriblement moqueuses. Elles habitent depuis peu Montréal où leur famille a dû se replier après la faillite de son entreprise de pêche de l'Anse-au-Griffon. Mais elles ont vingt ans, n'ont pas besoin de colifichets pour briller et croient dur comme fer à leur bonne étoile. Elles voyagent, pour l'heure, sous la houlette de leur grande amie, Robertine Barry, une pionnière du journalisme féminin à Montréal.

Comme toutes ses consœurs de plume, Robertine signe ses articles à *La Patrie* d'un pseudonyme. Le sien est déjà célèbre: *Françoise*. Elle a la trentaine épanouie, est demeurée célibataire par choix et parle d'autorité. Olivar boit d'autant plus ses paroles qu'il s'est découvert en elle une « payse »: Robertine est née à l'île Verte d'un père irlandais commerçant de bois aux Escoumins. Mais c'est chez les Ursulines de Trois-Pistoles que sa mère, Aglaé Rouleau, est devenue l'amie d'Hélène Têtu, la mère des petites Le Bouthillier. On a tôt fait de procéder aux raccords de familles et aux coïncidences d'amitiés.

Robertine parle d'abondance et avec une grande liberté d'expression. Elle est féministe à la manière de ses modèles français qui ont suivi les traces de George Sand, de Marie et d'Adèle Hugo. Elle admire « Séverine » à l'*Intransigeant*, fondé par Henri de Rochefort, mais surtout la pétulante « Gyp », comtesse de Martel, qui tient constamment les lecteurs du *Figaro* en haleine avec son esprit frondeur. Robertine est également attachée à l'image de marque libérale du journal fondé par Honoré Beaugrand où elle signe ses articles. La littérature est l'une de ses grandes passions. Elle entretient les jeunes gens des projets de fondation de l'École littéraire de Montréal parmi les instigateurs desquels elle compte de nombreux amis. Elle-même se prépare à publier son premier recueil de nouvelles, *Les fleurs champêtres*. Qui plus est, elle se propose déjà de fonder son propre journal*!

Elle les entretient aussi des publications montréalaises, des grands et petits esprits qui font la loi dans leurs salles de rédaction, des politiciens qui s'y infiltrent et des écrivains qui s'y révèlent; des restaurants et des cafés où tout ce beau monde se retrouve; des salons où, à la manière des Françaises, les grandes bourgeoises reçoivent, pour le thé, gens de robe, gens de plume et camails violets... De Montréal enfin, où les premiers tramways tirés par des chevaux commencent à relier au quartier portuaire du centre-ville tous les petits villages satellites où les

---

* *Le Journal de Françoise* verra le jour en 1901.

émigrés des campagnes se regroupent, région par région, avant d'affronter, comme les Asselin à Fall River, le monde difficile de l'industrie en pleine expansion. Olivar apprend ainsi combien la colonie rimouskoise est en train d'y prospérer en affaires et en influence. Le discours de Robertine lui donne, plus que jamais, le goût d'aller respirer l'air de la grande Métropole! Mais ses goussets sont chroniquement à plat.

Adélard Lafond est plus libéral de paroles et d'encouragements que d'espèces sonnantes et trébuchantes*. Les salaires sont irrégulièrement versés. Quand ils le sont. Souvent, le directeur réunit ses collaborateurs, sous prétexte de leur servir des « rafraîchissements » bien mérités, et les entretient avec éloquence des lendemains lumineux qui attendent l'entreprise vagissante. En attendant, les tâcherons de la rédaction doivent accepter de se serrer la ceinture, un cran de plus chaque semaine, et de se nourrir des promesses de leur célébrité future. Olivar ne s'attarde guère à ces séances; il a sa famille à nourrir et se cherche secrètement un meilleur emploi.

Ses ennuis pécuniaires ne sont pas les seuls à mettre sa bonne humeur à l'épreuve. Il vient de se brouiller avec Raoul à qui il avait expédié tous les exemplaires du *Protecteur canadien* auxquels il a collaboré. Comme à la belle époque de l'Académie Saint-Jean l'Evangéliste, Olivar était impatient de recevoir l'avis de son aîné sur ses premières proses de journaliste professionnel. Mais, prisonnier de règlements tâtillons qui empêchent les séminaristes d'entretenir le moindre contact avec « le monde » avant leur ordination, Raoul avait dû réexpédier le paquet de journaux à son frère sans l'ouvrir.

Olivar est furieux! Il n'admet pas que son aîné accepte de se soumettre à pareille étroitesse d'esprit. Il refuse, surtout, qu'une autorité extérieure, quelle qu'elle soit, prétende s'interposer entre son frère et lui. Les excuses et les explications emberlificotées de Raoul ne font que jeter de l'huile sur le feu. Olivar se déchaîne contre le cléricalisme étouffant et borné de Rimouski qui prétend encore régler la vie de ses compatriotes et déclare à son frère qu'il ne lui écrira plus! Les lettres de Raoul resteront de longs mois sans réponse.

À Fall River, depuis le début de l'année 1895, les temps sont durs. Les ouvriers du textile sont en grève depuis des semaines et *Le Protecteur canadien* agonise. Olivar se sent à nouveau pris au piège. Un de ses amis de Sainte-Flavie, Florian Ruest, auquel il se confie par lettre, lui propose de venir prospecter le milieu journalistique montréalais. Ruest étudie la médecine à Montréal et invite

---

*Le journalisme franco-américain du début du siècle n'a certes pas enrichi ses journalistes! Il a curieusement fait la bonne fortune d'un certain nombre de ses chefs d'entreprise, parmi lesquels Lafond fait toutefois figure d'exception.

Olivar à venir y partager sa chambre d'étudiant. Il s'inquiète fort, surtout, de la requête qu'Olivar vient d'expédier en France pour demander son admission dans les forces de la Légion étrangère... Hier jésuite, aujourd'hui légionnaire ? Voilà bien des revirements subits pour un même homme ! Ruest veut tout mettre en œuvre pour le détourner de cette extrémité : c'est un milieu où, estime-t-il, le « Petit Caporal » ne rencontrera que « des forçats, des repris de justice, des hommes sans foi, sans mœurs, en un mot la lie de toutes les nations[9] ».

Mais Olivar voit les choses d'un tout autre œil. C'est à nouveau la rupture totale qui l'attire. Il rêve, cette fois, d'une aventure qui le conduirait aux confins de la Terre, dans l'austérité lumineuse des déserts. Du métier des armes, il se fait, tel un croisé, une conception mythique et dépouillée où le courage physique prend figure d'absolu. Des deux étendards, de saint Ignace à celui de la Légion, la distance est-elle, pour lui, vraiment si grande que le croit son ami ?

En attendant la réponse de France, Olivar accepte l'invitation de Florian. Mais il fait d'abord un détour par Rimouski pour se réconcilier avec Raoul. Au Séminaire, il est reçu par ses vieux professeurs avec tous les honneurs dus à un ancien qui fait l'orgueil de son alma mater à l'étranger. Il est même invité à y prononcer des conférences auxquelles l'élite rimouskoise est conviée ! Il prend la route de Montréal tout à fait réconforté par ce premier succès local. Pour se vieillir un peu, le conférencier de vingt et un ans s'est laissé pousser un mince collier de barbe. Sa nouvelle tête lui plaît assez et il distribue sa photo à ses proches.

Dans la grande Métropole, c'est au village Saint-Jean-Baptiste* que les émigrés du Bas-Saint-Laurent se retrouvent généralement dans les mêmes pensions de famille. C'est là qu'Olivar s'installe provisoirement auprès de ses amis étudiants en médecine. Il a déjà rendez-vous chez Amédée Denault, directeur de la *Croix*, qui l'attend pour lui proposer une vague collaboration. Qu'Olivar ne soit pas précisément l'homme de l'emploi tombe immédiatement sous le sens ! S'en amusant, des années plus tard comme d'un écart de jeunesse, Asselin évoquera sa brève incursion sans lendemain dans la presse montréalaise conservatrice :

La Croix était alors quotidienne ; elle était publiée rue Saint-François-Xavier, aux anciens bureaux de *La Patrie* ; elle avait beaucoup de zèle pour la gloire de Dieu, et peu d'argent. Ajoutons à cela que Denault la dirigeait avec beaucoup de « mais » ; il avait autour de lui, à côté de lui, et, je pense, un peu au-dessus de lui, deux ou trois vieilles barbes dont le rôle semblait consister à amortir son ardeur batailleuse. J'aimais Denault pour plusieurs raisons. Étant, à 19 ans, directeur du *Monde Illustré*,

---

*Territoire correspondant grosso modo aux limites actuelles de la paroisse du même nom : avenue du Mont-Royal au nord, rue Duluth au sud, rue Saint-Denis à l'est et avenue du Parc à l'ouest.

(on « arrivait » vite, en ce temps-là !), il m'avait publié des vers ossianiques* où mon âme de quinze ans, prisonnière derrière les barreaux du collège, soupirait ardemment après la fin du monde. Dans *Le Semeur*, petite revue littéraire morte jeune comme il convient en notre pays aux véritables œuvres de jeunesse, il m'avait, pour une fantaisie en vers de trois pieds, décerné le titre de « délicat poète émigré » : ces choses-là, ça fait toujours plaisir ! En lisant au frontispice du *Monde Illustré*, sous son pseudonyme de Jules Saint-Elme, dans des encadrements de fleurs, de cloches et de chérubins qu'on dirait avoir passé depuis au stock de clichés du *Samedi*, de gracieuses poésies où *flamme* et *âme* rimaient généralement avec *femme* et où l'auteur se révélait incurablement amoureux, j'avais souvent envié son génie et sa bonne, sinon ses bonnes fortunes. Enfin, il m'apparaissait comme un homme loyal et bon — et sur ce point, je suis heureux de le dire, mon opinion de lui n'a pas changé. Il m'assigna de vagues fonctions à $7 par semaine [...] je ne me rappelle pas que durant les trois mois que j'y fus attaché, j'aie tenu en tout dans *La Croix* l'espace de trois colonnes. Je goûtais de mon mieux les douceurs de cette sinécure... non payante, quand, au bout des trois mois, on me prévint délicatement que *La Croix* avait, elle aussi, fait faillite : j'avais touché sept semaines de salaire. Entrer à *La Presse* ou à *La Patrie*, je n'y songeai même pas. À cette époque, je me demandais comment il pouvait y avoir des hommes assez intelligents et assez aimés des dieux pour être admis dans d'aussi grands journaux. Le croiriez-vous, en trois mois de temps, l'idée ne m'était même pas venue d'entrer visiter ces mystérieux sanctuaires de la pensée. Le seul confrère que j'y connusse était un nommé Albert Sabourin. Il faisait » à *La Presse* les tribunaux correctionnels ; il passait pour fréquenter les coulisses des théâtres. Ces deux circonstances, et son air déluré de fouille-partout, en faisaient à mes yeux un personnage supérieur. Rien que de le voir parler familièrement aux greffiers, j'avais conçu pour lui une admiration silencieuse qui allait jusqu'à la vénération. J'osai une fois ou deux lui adresser la parole. Il me répondit d'un ton sec qui devait vouloir dire : « Mon ami, allez donc paître avec vos égaux » ; et cela me le fit respecter encore davantage. [...] J'attendis pendant quinze jours mon arriéré, résolu à partir avec ces quelques piastres pour la Légion étrangère [...] après quoi, ne voyant rien venir, je pris le parti de retourner aux États-Unis[10].

S'il n'a pas réussi à se tailler une place dans le journalisme montréalais au cours de l'hiver 1895, Olivar n'a pas perdu son temps pour autant. Il a suivi des cours d'escrime et de danse, parce qu'il faut bien occuper agréablement ses loisirs forcés. À la pension de famille de la veuve Martineau, ses camarades étudiants en médecine l'ont facilement associé à leurs carabinades et les jeunes filles de la maison se sont montrées désolées à l'annonce de son départ. Olivar a promis de leur écrire et, surtout, de revenir.

---

*Qui a le caractère des poésies attribuées à un certain Ossian, soi-disant barde écossais du IIIᵉ siècle dont les chants primitifs, réédités (ou réinventés) au XVIIIᵉ par MacPherson dans un style passablement ampoulé, connurent un succès inouï auprès des écrivains romantiques, parmi lesquels Lamartine et Madame de Staël.

Mais pour l'heure, c'est la recherche d'un nouvel emploi qui mobilise toute son énergie. Avec ses maigres émoluments à *La Croix*, la famille demeurée à Fall River a survécu de justesse. C'est désormais à Lowell, non loin de Boston qu'il ira se faire embaucher :

> Le mois suivant me trouvait à Lowell, rédacteur en chef et en pied du *National* sous Charles-T. Roy, successeur du fameux Lanthier. Je traduisais la réclame et, s'il me restait des loisirs, j'écrivais des articles de fond d'un sérieux effrayant, quelquefois sur les droits des Canadiens français dans l'Église américaine, plus souvent sur les mérites extraordinaires des démocrates en général et des candidats de M. Charles-T. Roy en particulier. Tout cela me donnait $9 par semaine. [...] Roy avait bon cœur, mais rude écorce. Dix fois par jour, en langage très peu académique, il me répétait que je n'avais pas le *genre*. Et il devait avoir raison ; car pendant que *L'Étoile*, qui reproduisait sans une coupure les beaux meurtres des journaux de Montréal, croissait rapidement en popularité, notre feuille s'en allait non moins rapidement au diable. C'était en 1895 ; en consultant vos collections, vous verrez que *Le National* mourut cette année-là.
>
> Cette troisième faillite aurait dû me dégoûter du métier ; mais reprendre le *weavage*, le *spinnage* ou la mécanique, il n'y fallait pas songer : deux années de journalisme m'avaient rendu impropre à toute occupation honnête ; j'avais le virus dans le sang, il me fallait aller jusqu'au bout[11].

Mais Olivar croit toujours à sa bonne fortune. Rien ne lui répugne, comme tâche, pour éviter de retourner en usine ! Il tâte avec un certain bonheur de la photographie, dont il fera plus tard une corde de plus à son arc de journaliste et de père de famille. Il prend d'abord les siens comme modèles. Cédulie, belle encore après ses treize maternités, la robe de soie noire à haut col mettant en relief la ligne pure des lèvres, les hautes pommettes sans rides et les admirables arcades sourcillières qui abritent un regard légèrement glacé. La petite sœur Marguerite, les bras jetés au cou de son frère. Car l'objectif s'attarde aussi sur l'opérateur lui-même. Il traverse l'âge où l'on se cherche avec complaisance dans sa propre image, que l'on peaufine et transforme selon ses humeurs et ses amours. Avec ou sans barbe ? Et pour la chevelure : stricte raie de côté ou léger désordre étudié ? Une tête romantique, certes, mais que viennent démentir le dessin volontaire de la bouche et l'acuité d'un regard posé sans complaisance sur le réel.

Une fois sa mère, ses frères, sœurs et amis portraiturés, la clientèle commence à se tarir. Il retourne son objectif vers le monde de l'enseignement. Le voilà, pour un temps encore, principal d'une école du soir, la State School de Woonsocket où il a déménagé ses pénates. La précarité d'emploi et la mobilité sont devenues son lot. Il ne fait plus, à Fall River, que de brefs arrêts pour partager ses salaires irréguliers avec les siens. Il vit en migrateur, partageant, d'une ville à l'autre, une chambre de pension avec un ami de passage. L'expérience de l'instabilité et de l'insécurité l'oblige à un perpétuel renouvellement. Elle lui permet de découvrir, à un âge précoce, ses talents d'organisateur. Elle fait de lui un être tenace et déterminé à surmonter tous les obstacles.

Raoul, rentré en grâces, tente bien de lui suggérer, dans ses lettres, que les faillites successives de tous les journaux auxquels il s'est attaché pourraient bien être un « signe » manifestant la volonté du Ciel de le voir entrer bientôt dans les ordres. Peine perdue. Après la chute du *National*, son jeune frère a de nouveau associé sa destinée à celle du *Jean-Baptiste* de Pawtucket, dans le Rhode Island. Il a fait venir auprès de lui son ami Florian Ruest, reçu depuis peu médecin et à la recherche d'une clientèle. Mais à Pawtucket, les Canadiens français sont bien moins nombreux qu'à Fall River pour faire vivre un cabinet médical et faire tourner un journal. C'est la frugalité la plus stricte que Florian et Olivar mettent en commun dans la chambre qu'ils partagent ensemble quelques mois. Quand il part retrouver les siens à Fall River, il ne laissera derrière lui « qu'une paire de caleçons et un dictionnaire »...

Le *Jean-Baptiste*, fondé en 1875 par un typographe ambitieux nommé Pierre-Camille Chatel, a plus de vingt ans d'existence quand Olivar y est embauché. Un exploit pour l'époque. C'est un bi-hebdomadaire qui a déjà appartenu à Benjamin Lanthier, dont les nombreux journaux sont réputés pour le caractère éphémère de leur existence. Olivar y rompra quelques lances avec le clergé irlandais hostile à la survivance têtue des Canadiens français. Avec l'intransigeance de la jeunesse, il n'y met pas toujours les formes. Son franc-parler lui vaut le début d'une réputation de nationaliste et d'anticlérical et l'expulsion de la chorale paroissiale où, avec Florian Ruest et ses amis, il ne détestait pas se bercer, le soir venu, de chansons folkloriques et d'hymnes grégoriennes.

Au village de Flint, Cédulie n'a pas attendu la gloire promise à Olivar ni l'improbable cure de Raoul pour songer à refaire sa vie. Aux « bons soirs » du pharmacien, M. Collet, ont succédé ceux de Joseph Roy, un compatriote d'exil au passé instable et dont Raoul redoute le penchant pour l'alcool. Ce projet de remariage désespère le fils aîné, qui supplie Olivar de s'y opposer. Olivar, une fois de plus, n'en fera rien.

Joseph Roy ne fera pas mentir la réputation qu'on lui avait faite. Olivar aura toutefois, à l'égard du coup de tête maternel, la même conduite rigoureuse qu'il s'imposera toujours à l'égard de ses propres décisions : il en assumera jusqu'au bout les conséquences. L'ombre idéale de Rieule, homme de famille écrasé par l'ampleur de ses devoirs, plane toujours sur sa vie difficile. Mais le fils semble entrer secrètement dans ces raisons du cœur et des sens contre lesquelles l'âge ne prémunit pas toujours. Cédulie épousera donc Joseph Roy, pour le meilleur et pour le pire.

Les deux fils de Rieule ont d'ailleurs bien d'autres sujets de discussion pour alimenter leur correspondance. Porté depuis peu au pouvoir, Wilfrid Laurier, l'idole politique de leur père, est en train de les décevoir amèrement. Depuis son élection du 23 juin 1896, tous les regards canadiens-français se sont tournés vers celui des leurs qui, le premier depuis la Confédération, vient d'accéder au pouvoir suprême.

Voici en quels termes l'un des plus fougueux partisans du Laurier de la première heure, Armand Lavergne, évoque, au soir de sa vie, la démesure des attentes que toute une jeunesse avait placées en lui. Lavergne et son ami Auguste Noël n'ont que seize ans lorsque Laurier devient premier ministre du Canada :

> Au soir du 23 juin 1896, lui et moi, et toute la jeunesse, nous étions dans le parfait ravissement. Effacée, la honte de la conquête ; effacé, l'abaissement de la race française en Amérique. Laurier premier ministre, c'était la revanche de 1760 et l'âge d'or commençait pour la patrie canadienne-française.
>
> Il fallut déchanter et en bien peu de temps[12].

La question brûlante entre toutes, pour les catholiques de langue française, remontait à 1890, époque où le premier ministre du Manitoba, Thomas Greenway, avait fait adopter deux projets de loi. L'un abolissait d'un trait de plume l'usage du français dans les écoles publiques de la province. L'autre entraînait, à toutes fins utiles, la disparition des écoles séparées* du Manitoba. L'année précédente, le premier ministre s'était même emparé, dans un geste de piraterie sans précédent, des 13 879 dollars appartenant à la section catholique du Bureau de l'Éducation. L'esprit du geste s'était aussitôt propagé comme une traînée de poudre dans les provinces anglaises. Bientôt, les orangistes ontariens ne dissimulaient plus leur intention de passer à leur tour aux actes dans un avenir rapproché.

Dans un premier temps, la Cour suprême du Canada avait donné raison à la minorité catholique en décrétant la nullité de la loi manitobaine. Deux ans après, le Conseil privé de Londres, auprès duquel l'affaire avait été portée, renversait sans appel la décision du plus haut tribunal du pays. Le prétexte évoqué : la législation concoctée par le premier ministre Greenway n'empêchait en rien les catholiques du Manitoba de maintenir leurs écoles. Mais à leurs frais et tout en contribuant de leurs taxes à l'entretien des écoles protestantes. Les Canadiens français de tout le pays en étaient révoltés. Quant aux évêques du Québec, oubliant les dissensions qui les avaient si longtemps opposés entre « ultramontains » et « libéraux », ils faisaient front commun contre « l'infâme législation ». Tous solidaires, ils se

---

*Les écoles séparées sont des écoles publiques confessionnelles destinées à la minorité religieuse d'une province. Lorsque la province du Manitoba avait été créée, en 1871, des dispositions précises du Manitoba Act, inspirées directement de l'article 93 de la Constitution canadienne, garantissaient à la minorité catholique le droit aux écoles séparées.

portaient au secours de leur frère dans l'épiscopat, le bouillant évêque de Saint-Boniface, Mgr Louis-Philippe Adélard Langevin.

Poussé par les événements, le premier ministre du Canada Mackenzie Bowell décidait, le 11 février 1896, de mettre à l'étude du Parlement un projet de loi dite «réparatrice» destinée à réintégrer dans leurs droits les Franco-Manitobains dépouillés d'une protection confessionnelle et religieuse que Bowell estimait essentielle à l'esprit de coexistence égalitaire du pacte confédératif. Le paradoxe d'un chef de gouvernement anglo-protestant subitement transformé en défenseur de la minorité française et catholique allait constituer la bonne fortune politique de Laurier. Promu chef du Parti libéral en 1887, Laurier attendait son heure. Il était en outre, et depuis quelques années déjà, éclairé par les conseils tactiques d'un converti de fraîche date : nul autre que le célèbre Israël Tarte, dont le nom devait résonner bien cruellement aux oreilles encore politiquement candides des deux fils de Rieule Asselin...

L'organisateur d'élections à la barbichette méphistofélique avait fini par se lasser de la faune conservatrice qui gravitait autour de sir Hector Langevin. Son cynisme naturel, tout autant que son ambition politique, lui suggéraient qu'il était temps de changer d'air. Le vent, en effet, semblait tourner en faveur des libéraux... et du nationalisme canadien-français.

Tarte se cherchait un prétexte pour justifier son retour au bercail libéral. Il le trouva en s'attaquant au député et trésorier du Parti conservateur, l'entrepreneur Thomas McGreevy*, organisateur politique et protégé de sir Hector, alors ministre des Travaux publics. En accusant le premier de concussion dans une affaire de dragage considérable, Tarte était sûr d'éclabousser son ancienne créature politique. Témoin important tout au long d'un interminable procès (au cours duquel il avait pris soin de s'adjoindre les services d'avocat de Me Wilfrid Laurier), Tarte avait pavé sa propre voie vers sa réintégration dans le giron libéral. L'opération réussie avait laissé, en 1893, deux cadavres politiques derrière elle : l'entrepreneur McGreevy, condamné à quatre ans de prison, et le ministre Langevin. Rien ne retenait plus Tarte dans l'ascendant qu'il entendait désormais prendre sur Laurier lui-même.

Les choses en sont là, lorsque le premier ministre conservateur, Mackenzie Bowell, dépose aux communes son projet de loi réparatrice. À quelques mois d'un rendez-vous électoral imminent, Tarte et Laurier vont mettre au point la tactique

---

*Thomas McGreevy (1825-1897), homme d'affaires, avait cumulé les postes de prestige dans les domaines des banques, de la navigation, des mines et des chemins de fer. Il avait ainsi été successivement vice-président de la Banque d'Union du Bas-Canada (1862-1894), commissaire du Havre de Québec (1871-1874), président de la Compagnie de navigation à vapeur du Saint-Laurent (1874-1891), administrateur de la Compagnie du chemin de fer de la Rive Nord (1871-1876), etc.

du double langage qui va constituer, pour le siècle à venir, la bonne fortune de tous les premiers ministres canadiens : un discours pour les Canadiens anglais, un autre pour les Canadiens français. Grâce à cela, Laurier aura tôt fait d'empocher les dividendes de la grogne anglaise, ulcérée par le projet de loi réparatrice. « Hands off on Manitoba ! », s'écriera-t-il sur les hustings de l'Ouest et de l'Ontario en brandissant le principe de l'autonomie provinciale. Cette stratégie, déjà utilisée par Laurier, à l'époque où d'Alton MacCarty cherchait à abolir l'usage du français dans les Territoires du Nord-Ouest, ouvrira la porte à une véritable série noire pour les écoles séparées des provinces anglo-protestantes. Mais Laurier, pour le moment, n'en a cure : il mise plutôt sur le fair-play de la majorité anglaise. Ce sont, pour lui, les années dites des « sunny ways », celles des voies de la conciliation et de l'harmonie qu'il recherche pour les deux peuples fondateurs du Canada.

Ce principe de l'autonomie provinciale, il le défend donc âprement dans sa province d'origine, naturellement portée à la méfiance à l'égard d'interventions possibles du gouvernement fédéral dans des domaines relevant de sa compétence. Laurier n'abandonnera pas longtemps ses compatriotes à leurs perplexités. Au Québec, comme chez les importantes minorités françaises de l'Ouest, de l'Ontario et des Maritimes, il lui suffira d'apparaître et de proclamer « Je suis l'un des vôtres ! » pour qu'aussitôt les réticences fondent comme neige au soleil. Auprès des siens, Laurier joue à fond la carte du sang et de la race : comment ses compatriotes pourraient-ils s'estimer mieux défendus dans leurs droits scolaires par l'anglo-protestant Tupper, qui vient de succéder à Mackenzie Bowell à la direction des affaires, que par l'enfant de Saint-Lin-des-Laurentides qui a marché avec eux au catéchisme de son village ? Dans le feu de la campagne électorale, le discours fait mouche à tout coup. Le 23 juin 1896, le gouvernement conservateur de sir Charles Tupper est mis en minorité et Wilfrid Laurier est porté au pouvoir par deux communautés linguistiques aux attentes contradictoires. Dans les coulisses, l'ancien organisateur de sir Hector Langevin se frotte les mains de satisfaction.

Toute la presse libérale, *La Patrie* d'Honoré Beaugrand en tête, va pouvoir se déchaîner contre la loi réparatrice devenue le cheval de bataille de l'épiscopat québécois. *L'Électeur* de Québec, de tendance radicale, s'insurge à son tour contre « la cohorte sinistre à laquelle se mêlaient un costume violet et des costumes noirs ». Bernés par Laurier, les évêques sentent la moutarde leur monter au nez. Mais forts de leur récent triomphe, Laurier et Tarte cherchent sans plus tarder un règlement « à l'amiable » du contentieux manitobain. L'indispensable Tarte est aussitôt envoyé en mission dans l'Ouest par le nouveau premier ministre, qui a pris soin de lui adjoindre un « pur » afin de dédouaner son organisateur au passé chargé.

La « caution » d'Israël Tarte n'a que ving-huit ans. Il se nomme Henri Bourassa et vient d'être élu député libéral du comté de Labelle. Ses ascendances « rouges » sont indéniables : il est, par sa mère, Azélie Papineau, le petit-fils du chef patriote Louis-Joseph Papineau. Par son père, le peintre Napoléon Bourassa, il appartient toutefois à une vieille famille ultramontaine. Détail non négligeable et propre à rassurer temporairement une opinion catholique aux abois... Le nouvel élu admire Laurier, son chef, et bien qu'inconditionnel fils de l'Église, il ne croit guère aux vertus durables d'une loi réparatrice. Tôt ou tard, estime-t-il, une telle loi fédérale pourra être battue en brèche par des législations provinciales. Il accepte donc la solution du compromis et le compagnonnage de Tarte, propulsé ministre des Travaux publics.

Cette première mission dans l'Ouest ne sera pas la seule. Au terme d'un savant processus, le premier ministre rendra publique la solution négociée sous le nom officiel d'entente Laurier-Greenway. En réalité, il s'agit d'une entente Tarte-Sifton, mitonnée dans les coulisses par l'organisateur en chef du Parti libéral et le procureur général du Manitoba. Aux termes de cette entente, qui cherche à plaire à tous et ne réussit qu'à mécontenter tout le monde, le droit des catholiques aux écoles séparées se trouve réaffirmé, mais les subsides pour les maintenir ne lui sont pas garantis et la décision virtuellement déférée aux instances provinciales. Provisoirement décontenancé par la teneur extrêmement ambiguë de l'entente, Mᵍʳ Langevin s'interroge tout haut...

Mais à Québec, fouetté, l'épiscopat ne tergiverse pas. Il confie à un jeune théologien à l'étoile montante, l'abbé Louis-Adolphe Pâquet, la tâche de réfuter, point par point, les attaques de *L'Électeur*, organe radical qui mène alors une campagne sans merci contre l'intervention des évêques dans l'affaire des écoles du Manitoba. La polémique durera de longs mois au terme desquels une condamnation de l'épiscopat québécois s'abattra sur le journal cher aux partisans de Laurier*. Les éléments catholiques de la grande famille libérale se trouvent littéralement déchirés entre leur fidélité aux évêques et leur dévotion à Laurier.

C'est dans ce climat d'extrême tension où ils voient l'ancien monde de leurs certitudes politiques basculer que Raoul écrit à Olivar pour lui communiquer son accablement et sa déception. Dieu merci, Rieule n'était plus là pour voir démasquer la fourberie de son cher Laurier ! Le 29 décembre 1896, en lui envoyant ses vœux de bonne année, le jeune séminariste écrit à son frère journaliste :

> Hier, on a lu en chaire une lettre pastorale des Évêques de la province ecclésiastique de Québec défendant aux laïques [*sic*], sous peine de faute grave, et aux clercs, sous peine de suspense, la lecture de *L'Électeur*. Cette condamnation produira bien du

---

*Dans la pratique, cette condamnation n'aura guère d'effets. Les libéraux constitueront rapidement une autre entité juridique qui réembauchera les meilleurs éléments rédactionnels du journal condamné et aura tôt fait de récupérer son ancienne clientèle. Le nouveau journal s'appellera *Le Soleil*.

mécontentement chez certaines gens, mais, pour moi, je m'en réjouis. Je suis loin d'approuver, en effet, tout ce qui s'est fait dans le camp libéral depuis un certain temps et encore moins la manière de faire de *L'Électeur*, qui s'est fait le porte-étendard de tous les faux principes qui y ont été émis. J'ai le droit de vote, bien que je n'aie pas encore usé de ce droit; mais, tout attaché que je sois aux traditions de ma famille, je n'appuierai jamais le parti libéral s'il ne revient pas à des principes meilleurs que ceux qu'il proclame maintenant. Je suivrai un chef libéral lorsqu'il sera possible de le faire sans abandonner mes chefs religieux, les Évêques[13].

Bien sûr, Olivar n'a pas les mêmes motifs que Raoul de se sentir, à travers les évêques, trahi dans sa famille religieuse. Si, au Manitoba, la cause des écoles françaises se confond avec celle de l'enseignement catholique, en Nouvelle-Angleterre, il arrive que les évêques irlandais se manifestent, au contraire, dans les paroisses et les écoles françaises, comme des assimilateurs désireux de voir les « petits Canadas » adopter peu à peu la langue commune de la grande République. L'opposition fréquente des Canadiens français des États-Unis aux visées angli-cisantes de leurs chefs religieux (dans les nominations des curés, par exemple) les a rendus plus critiques par rapport au pouvoir de l'Église. Certes, ils ont éprouvé, comme leurs compatriotes du Québec, l'expérience voulant que la langue soit souvent « la gardienne de la foi ». Mais ils savent, d'expérience également, que la foi (ou plutôt l'Église) peut tout aussi bien poursuivre, de son côté, des visées fort étrangères à la défense de la langue !

Cette double expérience franco-américaine fait déjà d'Olivar un témoin moins porté à confondre les deux causes que ne le seront généralement les natio-nalistes québécois de son temps, dont un grand nombre ont été formés dans le giron de l'ultramontanisme. Cette expérience lui vaudra (elle lui vaut déjà par ses écrits) le début d'une certaine réputation d'anticléricalisme qui le précédera à Montréal, en dépit de ses vingt ans. Mais nonobstant les distances qu'il prend déjà avec le pouvoir des grands clercs, Olivar, comme Raoul, va demeurer profondément marqué par l'affaire des écoles du Manitoba. N'est-il pas, comme eux, avant la lettre, un « francophone hors Québec » luttant pour sa survie ? Tout comme Raoul, il ne pardonnera jamais à Laurier d'avoir trompé les siens au cours d'une campagne électorale cynique où il avait proclamé sur toutes les tribunes qu'un « non » à la loi réparatrice signifierait un « oui » à la défense des écoles séparées. Et jusque dans le concert d'éloges qui suivra en 1919 la mort du chef déchu, Olivar proclamera bien haut que Laurier a laissé derrière lui un Canada plus divisé que jamais*.

---

* C'est l'idée essentielle que développera l'opuscule *Sir Wilfrid Laurier*, « feuille de combat » publiée par Asselin en 1919 suite à la disparition de l'ancien chef libéral.

Dans un autre domaine où s'affirme l'autorité de l'Église, Olivar conserve ses distances à l'égard de la question ouvrière telle que la toute nouvelle doctrine sociale du pape* vient de la définir. Rome souhaite voir les conflits ouvriers se résoudre dans une double conversion du patronat et du prolétariat, conversion qui instaurerait, entre partenaires, des relations plus évangéliques de compréhension mutuelle et de collaboration. Pour l'ex-ouvrier de la Stargrave, pour le chef de famille qui voit, de mois en mois, ses parents et amis confrontés aux congédiements arbitraires, aux fermetures d'usines, aux accidents de travail sans compensation, la bonne entente à laquelle le pape convie patrons et ouvriers semble encore bien utopique... Olivar n'est pas un esprit doctrinaire. Esthète individualiste et ambitieux, il se montrera toujours réfractaire à tout embrigadement. Pour lui, la lutte des classes n'est pas une idée, mais un fait : la dure réalité quotidienne qu'il a découverte, avec ses frères et sœurs d'exil, dans les filatures de la Nouvelle-Angleterre. Tout jeune, il a été soumis aux mœurs du capitalisme sauvage nord-américain. Dans les cités ouvrières, la cœxistence de telles mœurs avec les prétentions vertueuses du puritanisme anglo-protestant lui a soulevé le cœur. Jamais il ne pardonnera aux États-Unis d'Amérique d'avoir osé rapprocher, avec tant de cynisme, « Dieu et Mammon ! » La « Babylone américaine » dont parle son frère Raoul dans ses lettres, il la gardera à l'œil ; il lui devra beaucoup, mais il lui conservera une rancune qui ne s'éteindra qu'avec lui.

---

*L'encyclique *Rerum novarum* de Léon XIII date de 1891.

Chapitre VI

DE *LA TRIBUNE* À LA GUERRE

Je m'en vais au combat de cœur joie [...]
« Si nous ne sommes pas des hypocrites de la plus belle eau et que
le but de notre guerre avec la nation espagnole soit véritablement
humanitaire, non seulement nous devons libérer Cuba et lui assurer
la jouissance d'un gouvernement libre, mais il faut encore donner
aux indigènes des Philippines, avec les lumières de la civilisation,
les mêmes droits politiques qu'aux noirs de Cuba.

(Olivar Asselin, *La Tribune* de Woonsocket, 6 juin 1898)

Pour le moment, Olivar a choisi de vivre aux États-Unis et de s'y tailler une place. Il s'est brouillé avec Brazeau. Il a quitté le *Jean-Baptiste* de Pawtucket pour *La Tribune* de Woonsocket. C'est encore Adélard Lafond qui est l'instigateur de cette décision, persuadé qu'avec Olivar, *La Tribune*, dont il est maintenant l'éditeur, peut connaître un second souffle. Il y a aussi, derrière cette décision, l'influence d'Aram J. Pothier, le jeune banquier cultivé qui a très tôt décelé les talents d'Olivar et ne cesse de lui prodiguer son amitié et ses conseils. Porté par l'estime des siens, Pothier nourrit des ambitions politiques que sa prestance physique et son éloquence justifient*. Parmi les Canadiens français, il s'est fait l'ardent promoteur de la cause de la naturalisation américaine. À Olivar, qui piétine dans la rédaction des faits divers, il laisse entrevoir une brillante carrière d'éditorialiste dans le riche milieu intellectuel de Boston, à proximité des meilleures universités et des bibliothèques les mieux garnies. *La Tribune* peut lui mettre le pied à l'étrier. Va donc, encore une fois, pour *La Tribune*!

---

* Aram J. Pothier, qui réside lui-même à Woonsocket dont il a été maire en 1894 et 1895, sera élu lieutenant-gouverneur du Rhode Island au mois de mars 1897.

Cette *Tribune*, que dirige désormais Lafond, est un quotidien français du soir. « *The only French daily newspaper in Rhode Island* » — « *The best French medium in the state* », proclame son cartouche anglais... À ses bureaux, promet-elle encore, on peut se procurer les divers journaux français du Canada et de France au prix de Montréal, Québec et Paris ! Malheureusement pour la future gloire d'Asselin, les éditoriaux et les articles n'y sont, selon la coutume, jamais signés. Nous savons toutefois qu'Olivar en dirigera les destinées de septembre 1896 à avril 1898 (un record de longévité journalistique pour notre homme). Il est donc relativement facile de reconnaître dans ses colonnes, sans trop de risques d'erreur, sa griffe et ses thèmes de prédilection. *La Tribune* de Woonsocket demeure, en effet, l'un des rares journaux franco-américains auxquels Asselin ait collaboré et dont une collection complète, pour la période qui nous occupe, soit accessible à la consultation. En outre, *La Tribune* offre aussi l'avantage d'être celui où son style et sa manière ont eu le temps d'acquérir une certaine assurance, sinon leur pleine maturité.

La Tribune, malgré tout, demeure ce qu'Asselin appellera toujours un « canard ». Une « feuille » truffée de publicité de meubles et de vêtements, de machinerie agricole, de monuments funéraires et de « pilules pour les femmes ». Un journal où les reportages sensationnalistes de crimes, toujours plus crapuleux, occupent une place de choix ; où des feuilletons à l'eau de rose allongent de mois en mois leur guimauve... Pourtant, à travers toute cette médiocrité, apparaissent quelques chroniques modestes d'actualité mondiale, de nouvelles du Canada, de politique américaine et canadienne à travers lesquelles le jeune journaliste va tenter d'éprouver ses talents naissants.

Talent d'auteur d'abord, mais aussi talent d'organisateur. Tout entier absorbé par ses tâches d'administrateur et de vendeur de réclames, Lafond a aussitôt promu Asselin secrétaire de rédaction. À ce titre, ce dernier devient, en quelque sorte, responsable de l'information à son journal. C'est d'abord lui qui décide quels événements mériteront une couverture, quels articles de journaux canadiens, américains ou européens se vaudront une reproduction ou une citation. Même si *La Tribune* ne produit à peu près jamais d'éditoriaux signés, il est possible, en parcourant au jour le jour la masse des articles et des chroniques anonymes, d'y déceler, sur diverses questions, une politique éditoriale à laquelle les opinions d'Olivar ne demeurent pas étrangères. Opinions parfois tranchées, parfois hésitantes (il n'a, après tout, que vingt-deux ans) mais à travers lesquelles s'annoncent déjà plusieurs constantes de vie et de style. Évoquons-en quelques-unes à grands traits, en feuilletant les exemplaires de *La Tribune* de Woonsocket parus entre le 15 septembre 1896 et le 24 avril 1898.

Les thèmes abordés par *La Tribune* et le traitement de la nouvelle qu'on y trouve avant l'arrivée d'Asselin donnent raison à Lafond. Tout autodidacte qu'il soit, et en dépit des étroites balises fixées par le caractère commercial de l'entreprise, le nouveau secrétaire de rédaction entend bien relever le niveau du journal et en élargir les horizons. Son expérience de vie est encore limitée et sa culture politique incomplète. Mais il investit, dans l'entreprise, des fidélités et des convictions déjà bien dessinées, des ferveurs intellectuelles tout autant que des aversions pour certains types bien précis de pouvoirs. D'hommes de pouvoir, surtout.

La promotion de l'idée de naturalisation, pour ses compatriotes canadiens-français des États-Unis, est une cause à laquelle il se voue spontanément dès son arrivée à *La Tribune*. Il y a, bien sûr, derrière cette militance, toute l'influence de son protecteur républicain, Aram J. Pothier. À cette époque, ses relations avec le futur lieutenant-gouverneur du Rhode Island, de dix ans plus âgé que lui, sont très étroites. Olivar est devenu l'ami et l'hôte habituel de la famille. Pothier et sa femme lui ont même demandé d'être le parrain de leur plus jeune fille, Adèle. Que l'influence d'un aîné qu'il admire, et qui lui rend généreusement sa confiance, ait pu infléchir les convictions d'Olivar du côté des thèses républicaines, voilà qui n'a rien de surprenant. Mais il ne se contente pas de véhiculer des slogans politiques. Il explique longuement les raisons de ses choix.

Lorsqu'il rapporte les discours du candidat Pothier, lorsqu'il « couvre » une assemblée de club de naturalisation* dans une paroisse, il ne se contente pas d'énoncer des principes. Il développe avec logique les principaux arguments qui à son avis militent en faveur de la naturalisation américaine de ses concitoyens. À cet égard, Pothier reste son modèle. Sa vie illustre le principe de loyauté, cher à Olivar, et qui découle de son choix personnel en faveur de la naturalisation. Il rappelle à partir de quels arguments « son » candidat a été élu pour la première fois à la mairie de Woonsocket sous la bannière républicaine. « Je me présente, disait-il, comme citoyen des États-Unis et non comme Canadien français. » Pothier, explique Olivar, ne voulait devoir son élection qu'à ses mérites et à sa compétence en vue de servir le bien commun. Il refusait le vote « de race » comme contraire à l'esprit du « service politique ». Il renvoyait dos à dos ceux qui appuyaient sa candidature et ceux qui s'y opposaient en évoquant ses origines canadiennes-françaises. Il fustigeait même le démocrate canadien-français qui aurait cherché à promouvoir sa candidature républicaine en invoquant l'argument de la solidarité ethnique. Une telle loyauté à la patrie d'adoption, une telle exigence quant aux motivations du vote, séduisent naturellement Olivar. Voilà un homme politique selon ses goûts[1] !

---

* Les « clubs de naturalisation », souvent présidés par les curés eux-mêmes, ont surgi, nombreux à cette époque, dans les paroisses canadiennes-françaises de la Nouvelle-Angleterre.

Bien peu de leaders échapperont plus tard aux critiques sévères dont le pamphlétaire accablera les « politiciens » de son temps ! Pothier constitue l'une de ces exceptions. Et comme il est le premier d'une liste qui s'annonce très sélective, il mérite qu'on le salue au passage et qu'on s'attarde quelques instants auprès du personnage. En outre, ce mépris pour le vote « de race », qu'endosse paradoxalement très tôt le jeune militant nationaliste, annonce déjà la couleur que prendra son engagement ultérieur sur la scène québécoise. Il témoigne peut-être aussi de l'amère leçon qu'il tire déjà de la « trahison de Laurier » dans l'affaire des écoles du Manitoba. N'est-ce pas précisément ce « vote de race », instinctif et inconséquent, qui a porté Laurier au pouvoir ? N'est-ce pas encore lui qui a poussé ses compatriotes à dédaigner un projet concret de loi réparatrice, piloté par un Charles Tupper, pour de vagues et fallacieuses promesses de solidarité canadiennes-françaises ?

En appuyant Pothier dans sa défense de la naturalisation et dans ses campagnes républicaines, Olivar a commencé à ordonner ses expériences de vie et à exprimer ses premières opinions personnelles. Le nationalisme canadien-français, tel qu'incarné par Pothier, présente des caractéristiques intéressantes. C'est d'abord un nationalisme ouvert sur les grandes aspirations démocratiques qui, en cette fin de siècle, soulèvent la société américaine. C'est ensuite un nationalisme résolument branché sur la culture politique européenne dont le maire francophile de Woonsocket est très féru. Chez son mentor, Olivar a eu la chance d'étendre sa connaissance des « journaux français » découverts dans un sous-sol d'église de Fall River. La chance également de rencontrer, à la table des Pothier, des journalistes, des écrivains, voire des parlementaires européens de passage aux États-Unis. De ces premières fréquentations sélectives, Olivar retirera peut-être un goût initial des vastes horizons de la pensée et du gouvernement des hommes. Aspirations fort peu accordées, sans doute, avec les mœurs électorales primaires qui avaient cours, aussi bien aux États-Unis que dans sa patrie d'origine et dont son père avait été la première victime.

Enfin, Aram J. Pothier est un homme racé et spirituel qui porte beau. Son élégance, tant physique qu'intellectuelle, transparaît jusque dans les hauts jambages de la correspondance que, toute sa vie, il entretiendra avec Asselin. Détail non négligeable celui-là, par sa constante répétition dans les subséquentes ferveurs politiques de son protégé : ces dernières comporteront toujours une nette dimension esthétique. Dans la conduite des affaires publiques, Olivar professera, jusqu'au paradoxe, une sainte horreur du populisme, de la démagogie et de la vulgarité. Les hommes-phares de sa vie de polémiste, il exigera toujours qu'ils logent sur les hauteurs et qu'ils aient du panache. C'est son côté Cyrano. Il ne s'en départira jamais.

Largeur de vue, élévation morale, sens critique, c'est dans la recherche modeste de ces nouvelles dimensions que le secrétaire de rédaction s'attelle à la tâche. Quelques semaines après son arrivée à *La Tribune*, il inaugure une chronique intitulée *Fautes à corriger* où il mènera, pendant deux ans, une guerre sans merci aux anglicismes et aux calques trop répandus dans une population émigrée en milieu anglophone. Il reproduit des articles de Tardivel qui soulèvent déjà le débat qui opposera, à maintes reprises durant le siècle à venir, les tenants du régionalisme linguistique et les partisans du français universel. Fidèle à ses premiers modèles, Olivar s'inscrit sans hésiter dans le second camp[2].

Les citations d'auteurs constituent souvent, pour un jeune esprit, la manière privilégiée de cheminer dans sa quête d'identité. Les « paravents » d'Olivar témoignent de son goût déjà marqué pour les grands auteurs français du journalisme et de la littérature. Il a, à cet égard, retenu les conseils de l'abbé Pettigrew quant à l'importance d'épurer son style des fioritures inutiles. La présentation élogieuse qu'il fait d'un conte de Maupassant montre qu'il s'est choisi un modèle bien adapté au but stylistique qu'il poursuit.

La richesse des langues est pour lui source d'émerveillement. Il s'amuse à rappeler que l'anglais disposerait de 17 000 mots seulement, alors que l'allemand en possèderait 42 000! Mais le pompon revient à l'arabe qui, écrit-il avec enthousiasme, dispose de plus de 140 noms différents pour désigner le vin, le lion ou le chameau[3]! À son avis, une vie française n'est possible, dans sa patrie d'adoption, que si elle entretient avec la France des relations intellectuelles privilégiées. En dépit des moyens limités dont dispose *La Tribune*, Olivar innove en expédiant un correspondant auprès des grands professeurs de France invités par les universités de Nouvelle-Angleterre, afin d'assurer à leurs conférences publiques consacrées à la littérature française une couverture digne de ce nom. De longs et savants exposés de Ferdinand Brunetière ou de René Doumic seront reproduits par *La Tribune*, parfois entre une tapageuse réclame de poison contre la vermine et un feuilleton racolleur intitulé *Turquoise la pécheresse*[4]!

Côté international, les rencontres bilatérales qui devaient conduire à la signature de l'entente franco-russe occupent une place régulière dans les chroniques de *La Tribune*. Avant l'arrivée d'Asselin, le journal se borne à tenir le carnet mondain de ces rencontres diplomatiques souvent fastueuses, s'attardant plutôt aux offrandes de fleurs à la tsarine et aux cadeaux présentés par le président Félix Faure à Nicolas II. Le jeune apprenti cherche plutôt à se former une opinion critique. Autour des événements, il multiplie les citations, voire les reproductions d'éditoriaux et de commentaires tirés des grands journaux de Londres, Paris et Saint-Pétersbourg[5]. On peut se demander (Lafond devait se le demander parfois lui aussi...) si tous ses lecteurs de Woonsocket le suivaient aisément dans les subtilités de la politique internationale ainsi révélées. Ce qui n'empêche pas l'éditorialiste en herbe d'y ajouter son grain de sel. Il ironise au passage sur « ce bon Nicolas » qui s'en va distribuer « l'argent des pauvres Russes aux Français qui n'y voient que du feu à cause des déclarations, du flon-flon et des fanfares[6] ». Il sait déjà qu'en politique, le ridicule ne tue pas nécessairement.

À l'époque de *La Tribune*, la germanisation forcée de l'Alsace et d'une partie de la Lorraine, après le conflit de 1870, demeure un thème très présent dans les sensibilités canadiennes-françaises et dans celles de leurs homologues de Nouvelle-Angleterre. Ses articles en témoignent. Comment, en effet, les petites communautés francophones du Canada, quotidiennement exposées au danger de l'anglicisation, ne s'identifieraient-elles pas spontanément au sort de ces deux provinces françaises pareillement conquises par des armées étrangères et vouées, elles aussi, à l'assimilation ? *La dernière classe* (de français), conte tiré des *Lettres de mon moulin* d'Alphonse Daudet, est un texte connu de tous les écoliers canadiens-français... Le rêve de reconquête de l'Alsace-Lorraine se confond alors souvent, sur le plan symbolique, avec le rêve de perpétuation de l'ancien empire français d'Amérique, aboli par le traité de Paris et promis à l'assimilation par le Rapport Durham.

D'autres questions d'envergure internationale laissent Olivar encore perplexe. L'affaire Dreyfus en est un bon exemple. On connaît la vision toute chevaleresque qu'il se fait alors du métier des armes. Le thème de « l'honneur de l'armée » invoqué par la droite est fait pour le toucher. Fort éloignée du conflit qui divise la société française, l'Amérique, de son côté, est en proie aux vieux démons du complot « judéo-maçonnique » et de la mainmise de la « presse jaune » sur l'opinion publique. L'empire Hearst[*] fait alors couler beaucoup d'encre. En France, la défense de Dreyfus est assurée par des « voix » qui jouissent encore de bien peu d'audience dans les cercles canadiens-français du Québec ou de la Nouvelle-Angleterre. Zola est un écrivain naturaliste que l'Église tient en grande suspicion et le jeune Péguy, qui rassemble les étudiants de la Sorbonne pour la défense de Dreyfus, ne s'est pas encore fait un nom au Canada français. Il lui faudra, pour cela, attendre sa conversion. La théologie officielle et les milieux d'Église sont loin d'être tendres à l'égard de ce représentant du « peuple élu » qui a « refusé le message du Christ » avant de le « mettre en croix ». Or, chez les Canadiens français, c'est l'Église qui domine le monde de la culture et opère le tri entre les auteurs, les tendances, les opinions intellectuelles admissibles. En 1896, il est

---

* Journaliste américain né en 1863 à San Francisco. Propriétaire du *Morning Journal* de New York, du *New York American*, puis d'une chaîne de quarante journaux et magazines, il fut le créateur de la presse à sensation en couleurs et à grand tirage. Sa réussite financière, tout autant que l'influence de son empire de presse, furent vivement critiquées aux États-Unis. C'est ce personnage controversé qu'évoque le film-culte d'Orson Welles, *Citizen Kane*.

sans doute aussi malaisé pour un jeune Canadien français de milieu modeste de devenir dreyfusard qu'à un chameau de se faufiler par le chas d'une aiguille !

Tout fils de « rouge » qu'il soit, Olivar a un autre motif sérieux d'être décontenancé par les tenants et aboutissants de l'Affaire : par une volte-face assez inexplicable, son « maître » Rochefort mène lui-même campagne, à la tête de l'*Intransigeant*, contre le capitaine juif dégradé. Le secrétaire de rédaction de *La Tribune* se bornera donc, au cours des mois qui suivront, à reproduire les extraits de la presse française, généralement de droite, qui lui parviennent.

Autre question d'importance qu'Olivar regarde passer sans s'y impliquer : celle de l'accession des femmes aux professions traditionnellement réservées aux hommes. Olivar prend bonne note de la montée du féminisme, non seulement en France et en Angleterre, mais aussi en Chine. Mais il se contente d'aligner les chiffres ou de reproduire la nouvelle : « Mademoiselle Landeau, de Montréal, qui a obtenu ses diplômes de docteur en médecine à Montréal et à Édimbourg vient d'arriver à Paris pour continuer le cours de ses études médicales[7]... » Époque oblige. Entre l'image besogneuse d'une Cédulie chargée d'enfants et celle de la libre et pétillante *Françoise* qu'il continue de rencontrer chez les Pothier, son cœur doit balancer encore.

Comme aurait dit la comtesse de Noailles, Olivar a le cœur « intermittent ». Ses poèmes amoureux paraissent fréquemment dans *La Tribune* de ces années-là. Les uns signés « F.O. Asselin », les autres anonymes, mais souvent de la même inspiration. Il y est beaucoup question d'une femme « liée à son devoir » qui dira, en lisant ces vers tout remplis d'elle : « Quelle est donc cette femme ? Et ne comprendra pas... »

Allusion maladroite à la jolie madame Pothier, trop jeune pour qu'il puisse voir en elle une seconde mère, et chez qui il se rend dîner presque chaque semaine ? Plus loin, Olivar signe un quatrain amer sur les mirages trompeurs de la vie mondaine dans laquelle il vient d'être introduit. Il y est beaucoup question de « faux appas » et de « faux empressement ». Mais surtout de « femmes sottes et vaines » qui « se mirent » dans les glaces, « yeux clos et bouche en cœur » et que le poète, précocément désenchanté, fait aussitôt rimer, comme il se doit, avec « faux bonheur[8] ».

Mais personne ne passe plus aisément que lui de la morosité à la gaieté la plus débridée. L'humour constitue son élément naturel. S'inspirant de son modèle Rochefort, il en fera un jour un mode d'expression. À *La Tribune*, quand il veut s'amuser, il s'invente des pseudonymes qui le dissimulent mal : « Grand serin », par dérision pour sa petite taille, « Un épicier », pour évoquer sa première incursion dans le monde des affaires, et « Rigolard », qui va sans dire. Il s'amuse parfois comme un gamin. Ses choix de titres en témoignent : *La bécane de Wilhelmine ou une reine peut-elle pédaler ?* en fournit un bon exemple[9].

Une proposition du Parlement visant à abolir la fonction « d'huissier à la Verge noire » lui offre ainsi le prétexte d'un commentaire irrévérencieux à l'égard de la Confédération et des traditions britanniques de son Parlement. Les couplets de corps de garde, appris auprès de Florian Ruest et de ses camarades d'internat de Montréal, lui en inspireront tout naturellement la thématique : « Plus d'huissier, plus de Verge, y pensez-vous, ce serait suffisant, écrit-il, pour amener des complications graves entre la colonie et la mère-patrie[10] ! » Voilà des facéties qui consolent un peu des traductions forcées d'avis nécrologiques.

À l'occasion d'articles aux sujets moins stimulants pour sa verve, Olivar adopte encore le ton badin qui appartient déjà à sa manière d'aborder les questions les plus graves. Il ne prise guère les gens qui se prennent trop au sérieux. Il a déjà les poncifs et les louanges abusives en horreur. D'une tombola paroissiale où l'on met aux enchères une église et un presbytère en sucre d'orge, il tirera un reportage enjoué où il est question des « journaux qui sont fourrés partout » et du « secrétaire de rédaction de *La Tribune* [qui] avait l'air rajeuni de vingt ans[*] de faire pour un jour besogne de reporter[11] ». Il s'extasie un jour devant les exploits physiques de Louis Cyr, l'homme fort de la province de Québec en tournée dans sa ville. Il disserte le lendemain sur les charmes et les vertus de l'équitation.

Le « Rigolard » de *La Tribune* est tout de même capable de sérieux. À l'égard des questions politiques qui agitent le Canada, il manifeste plus d'asssurance qu'à l'égard des conflits et des pactes internationaux. Il recourt volontiers à son expérience personnelle. Elle est modeste, mais Olivar est de ceux qui se souviennent : sa mémoire remonte jusqu'à celle de son père. À l'occasion d'une élection controversée dans le comté de Champlain où le clergé, Mgr Laflèche en tête, a cherché à infléchir le vote, quelles leçons historiques il conviendrait de tirer du fameux procès de Charlevoix de 1876 dont on voit qu'il n'a pas oublié un détail[12] ! Il y reviendra. Déjà, il laisse entrevoir qu'il aura la mémoire et la dent longues ; il est de ceux qui lâchent rarement leur proie.

Venger Rieule ? Est-ce le motif inconscient qui le pousse à suivre à la trace la carrière sinueuse d'Israël Tarte et la carrière charismatique de Wilfrid Laurier que Londres parle déjà de « sirer[**] » ? Les reportages hebdomadaires consacrés, dès octobre 1896, à l'enquête Tarte-Grenier (un autre procès d'abus de pouvoir auquel Tarte aura à faire face[13]) lui fournissaient, semaine après semaine, l'occasion de rappeler, tantôt les circonstances troubles de sa « conversion libérale » de « caméléon », tantôt la nature des procédés que « le bon Israël » utilise

---

[*] Il en a vingt-deux...

[**] Expression populaire utilisée pour tourner en dérision le titre de *Sir* que Londres décernait alors aux politiciens canadiens-français qui s'étaient illustrés au service de l'Empire.

généralement pour parvenir à ses fins. Le mépris du « politicien », sentiment si répandu chez les intellectuels de son temps, c'est d'abord l'organisateur de Charlevoix qui le lui aura inspiré. Mais Tarte, tout retors qu'il soit, demeure un homme intelligent et habile. Olivar a doublement raison de lui en vouloir : c'est cette intelligence et cette habileté exceptionnelles qui ont conduit Laurier à reconnaître la supériorité de Tarte et à s'attacher ses services. En 1896, nul candidat ne pouvait prétendre se faire élire dans la province de Québec s'il ne s'était d'abord assuré de son appui.

Après Tarte, voici Laurier qui a berné les siens dans l'affaire des écoles du Manitoba. Celui-là également, Olivar le suit pas à pas durant les deux années passées à *La Tribune*. Il ne manque aucune occasion, conférence à Londres ou visite protocolaire à Paris, de rappeler à quel point les allégeances profondes du grand chef sont contraires aux siennes. La citation lui apparaît déjà, à défaut du commentaire éditorial, comme le meilleur moyen d'illustrer ses propos :

> Nous sommes fidèles à la nation qui nous a donné naissance, mais nous resterons fidèles à la nation qui nous a donné la liberté[14]...

déclarera Laurier devant les membres de la Chambre de commerce anglaise de Paris. Ou devant un auditoire d'écrivains français :

> Vos ancêtres sont les miens, nos origines sont communes, mais je suis Anglais de tout cœur, votre *patrie** n'est plus la mienne[15].

On peut mesurer quel effet de telles paroles devaient produire sur le jeune Olivar qui avait déjà fait, dans le plus profond de son cœur, sa « patrie » spirituelle de la France ! À propos du règlement Laurier-Greenway, il avait d'ailleurs porté un jugement définitif :

> En croyant avoir tout fait pour les siens, l'hon. M. Laurier n'aura fait qu'ajouter à leurs maux et à leur humiliation, si les concessions qu'il a obtenues pour eux n'ont été accordées par le gouvernement Greenway qu'en vue d'éviter au gouverneur-général en Conseil d'avoir à se prononcer sur l'appel de la minorité et d'enlever à tout jamais à cette minorité son droit à ce dernier et suprême appel[16] !

Si sa jeunesse ne l'empêche pas de se mesurer déjà au chef libéral, ses ascendants « rouges » lui font encore rompre quelques lances avec les « évêques assimilateurs » de la Nouvelle-Angleterre, tel Mgr Keane, recteur de l'Université de Washington, finalement rappelé à l'ordre par le Vatican. Il se fait également l'écho de Wilfrid Gascon, de *L'Avenir du Nord* de Saint-Jérôme, jeune journaliste radical,

---

* Les italiques sont de nous.

indépendantiste avant la lettre, avec lequel il correspondra toute sa vie[17]. Mais il ne se contente pas de critiquer tel ou tel évêque.

Il cherche maintenant à comprendre les origines de ce cléricalisme étouffant qui semble toujours rejeter dans le camp des vainqueurs de 1760 tant de hauts dignitaires de l'Église catholique. Les réponses à ses questions, il les cherche d'abord dans l'Histoire. Avec lui, *La Tribune* s'est abonnée au *Bulletin de recherches historiques* de Québec publié à Lévis depuis 1895. Olivar en reproduit des extraits qui l'ont frappé. Il puise aussi, dans ses lectures et ses recherches, d'autres citations qui lui semblent susceptibles d'éclairer, et même de nuancer, les rapports ambigus qu'il dénonce entre les autorités de l'Église et le pouvoir temporel.

Dans un article intitulé *Lord Durham et le clergé catholique*, il cite un extrait du fameux rapport dans lequel le délégué du gouvernement britannique se livre à un long éloge du rôle pacificateur tenu par les prêtres au cours de la Rébellion de 1837-1838. La citation s'achève ainsi :

> Je dois ce témoignage de mon estime au clergé catholique du Bas-Canada, non seulement parce qu'il le mérite, mais parce qu'il a su résister aux menées artificieuses des mécontents. Moi qui ai administré la province dans ces jours de troubles, je devais reconnaître publiquement *les services éminents qu'il nous a rendus dans les circonstances*[*18].

Pareille reproduction d'hommage n'était pas innocente. Dans sa carrière de futur polémiste, la cause du clergé loyaliste et « pacificateur » venait d'être instruite.

L'autorité morale considérable exercée par les clercs dans la vie politique, sociale et intellectuelle de son temps fera toujours l'objet de ses questionnements. Sa lecture assidue des journaux français lui laisse entrevoir des rapports entre l'Église et l'État organisés tout autrement que dans sa patrie d'origine. C'est, cette fois, à la publication d'une lettre inédite de Louis-Joseph Papineau à sa femme Julie qu'il demande d'éclairer cette question encore complexe pour lui. Le futur chef patriote confie à sa femme qu'il appuiera, malgré ses réticences, le projet de nomination de Mgr Lartigue^** comme chapelain de la chapelle Notre-Dame de Bonsecours. Datée de Québec, cette lettre est du 27 février 1821 :

---

* Les italiques sont de nous.

** Mgr Jean-Jacques Lartigue, le premier évêque de Montréal, s'était signalé comme défenseur de la Couronne impériale au cours de la tentative d'invasion américaine de 1812. Pendant la rébellion de 1837, il fit entendre un vigoureux appel recommandant la soumission aux autorités anglaises, appel qui constituait une condamnation de la rébellion des Patriotes... Papineau avait donc raison d'appréhender quelque « incommodité » de la part de son futur voisin.

J'avance pourtant que, comme voisin, je n'aimerais Mgr Lartigue qu'un peu, de peur qu'il s'avisât de me vouloir prêcher. Mais pour l'avancement du clergé canadien, parce que ses intérêts sont liés à tous les autres intérêts canadiens, je me résignerais encore à cette *incommodité** comme à toutes les autres que je ne voudrais pas supporter comme particulier et que je supporte comme homme public[19].

Olivar éprouve peu d'inclination pour les subtiles distinctions qu'il se plaît à mettre en relief dans la lettre de Papineau à sa femme. S'il lui arrive de sympathiser avec de pauvres curés de campagne (comme son frère Raoul en deviendra un), en revanche, la morgue et le faste déployés par le haut clergé le hérissent! Si le nationaliste se rebelle déjà contre certains diktats de Londres, le baptisé de Saint-Hilarion de Charlevoix ne professe guère plus d'estime pour les politiques autoritaires et lointaines de Rome. Et ici, son nationalisme renforce sa méfiance de catholique : à la Congrégation romaine de la propagande, le Canada est, en matière diplomatique, considéré comme un pays anglo-saxon et les Canadiens français, implicitement conviés à se comporter en loyaux sujets de la couronne britannique. Olivar ne pardonnera jamais aux grands clercs de la Ville éternelle d'avoir trop souvent entériné, par leurs politiques conciliatrices et leur méfiance à l'égard de la France républicaine, les conséquences de la Conquête anglaise.

Il en donne pour exemple l'enquêteur expédié au Canada par le secrétaire du pape, le cardinal Rampolla, pour dénouer la crise de société provoquée par l'affaire des écoles du Manitoba. L'enquêteur se nomme Merry del Val[20]. Rome, en effet, ne redoute rien tant, en cette fin de siècle, que de voir le Canada français prendre le chemin de la rébellion irlandaise! C'est donc un jeune et brillant diplomate, d'ascendance espagnole par son père, anglo-saxonne par sa mère, que le Vatican délègue au Canada afin de trouver un terrain d'entente entre le tandem Laurier-Greenway et les évêques survoltés de la province de Québec qui viennent d'interdire le journal libéral *L'Électeur* et menacent d'en faire autant pour son successeur, *Le Soleil*.

Rome vient de rappeler à l'ordre le chef de la résistance épiscopale, Mgr Bégin. « Suspende omnia » (« Arrêtez tout »), le temps pour le diplomate du Vatican de rechercher le compromis nécessaire à la bonne entente entre les deux peuples arc-boutés. La « bonne entente » : une expression que le jeune polémiste a déjà en sainte horreur! Les subtilités, les concessions, les compromissions obligées de la diplomatie ne seront jamais son affaire. Des demi-mesures de l'encyclique *Affari vos* sur les écoles du Manitoba constituent, pour lui, une première occasion de le démontrer. Il entretient donc ses lecteurs de *La Tribune* des déplacements du délégué papal et des mondanités qui accompagnent son passage

---

* Les italiques sont de nous.

à travers le pays divisé. L'élégant prélat espagnol pratique le baise-main avec succès et parle le français avec un léger accent anglais qui charme ses auditoires. Et fait grincer des dents le fils du tanneur...

Les évêques, il les voudrait combattant avec le peuple! Il admire Mgr Langevin, le résistant farouche de Saint-Boniface. Et quand Israël Tarte invite ce dernier à descendre dans l'arène politique et à se porter candidat pour défendre la cause des écoles abolies, Olivar trouve l'idée excellente. Il cite un illustre précédent français: Mgr Félix Dupanloup, évêque d'Orléans, esprit libéral opposé aux thèses ultramontaines défendues par Louis Veuillot dans *L'Univers*, et qui devait faire carrière comme député et sénateur, afin de promouvoir la cause de l'enseignement supérieur[21].

Anticlérical à ses heures, Olivar n'a pourtant rien d'un militant antireligieux. L'attirance naturelle qu'il ressent pour les pauvres lui rendrait l'Évangile plutôt sympathique. Mais il exige de la foi catholique qu'elle se réconcilie avec l'intelligence. Et, surtout, qu'elle fasse de la défense des « petites gens » une priorité dont ses représentants officiels s'écartent trop volontiers à son goût. Cette double disposition d'esprit lui vaudra quelques différends sérieux avec l'ultramontain Tardivel que, par ailleurs, il admire pour ses hautes exigences syntaxiques et grammaticales. À l'occasion d'un assassinat multiple qui avait défrayé la chronique durant des mois, le jeune secrétaire de *La Tribune* se permet de railler doucement l'opinion « inspirée » de son respectable collègue de *La Vérité* :

> M. Tardivel prétend que les meurtriers de Saint-Liboire, de Saint-Canut et de Rawdon, dans l'exécution de leur forfait sans nom, ont été les instruments inconscients de l'Esprit du Mal. Mais alors, il n'y a plus qu'à acquitter les prévenus et à pendre sa Majesté Satanique.
>
> Reste à savoir si le procédé satisfera les pauvres hères qui ont besoin, pour vivre, de tirer le diable par la queue d'un Jour de l'An à l'autre[22].

Asselin commence à prendre exemple sur Rochefort. Il apprendra bientôt à ses dépens qu'il est infiniment plus facile à un adversaire d'accepter d'être contredit que d'accepter d'être raillé. Mais sachant que le ridicule tue plus rapidement encore que la démonstration, il n'hésite pas à s'en servir contre la bêtise humaine qui lui apparaît déjà incommensurable.

Il s'amuse aussi à raconter les aventures rocambolesques d'une prétendue repentie de la franc-maçonnerie, Miss Diana Vaughan, vivant canular que les adversaires de l'organisation secrète avaient inventé de toutes pièces et à laquelle ils attribuaient des révélations palpitantes sur les cérémonials et les secrets maçonniques[23]. Ou encore, cherchant déjà, par bravade, à se mesurer à des cibles très haut placées, il cherche des chevilles et des rimes pauvres dans les vers du barde national des Canadiens français, le grand Louis Fréchette! Il se moque de son rêve de voir un jour sa *Véronica* interprétée par Sarah Bernhardt[24] alors que cette dernière, entichée, comme tous les Parisiens, du «bon Sauvage», préférerait de beaucoup incarner l'*Iroquoise* à laquelle travaille d'arrache-pied son admirateur-poète[25]. Rien ne met Olivar en verve comme la folie des grandeurs...

Parfois cependant, il s'efface devant une citation à laquelle il ne demande rien d'autre que d'être belle et de donner à rêver. Car le polémiste se double d'un esthète. Certains destins lui inspirent une admiration que l'on voue généralement aux œuvres d'art. Celui de l'écrivain Faucher de Saint-Maurice est de ceux-là. Olivar se reconnaît dans le coup de tête inspiré qui le conduit, avec son ami Honoré Beaugrand, à combattre au Mexique pour défendre «la mission colonisatrice» de la France. Il admire les blessures de guerre du héros, sa condamnation, son évasion risquée à laquelle il trouve du panache... En 1897, lorsqu'au terme d'une vie féconde d'écrivain, de journaliste et de voyageur, Faucher de Saint-Maurice s'éteint à Montréal, Olivar publie de larges extraits de son testament. Tout en énumérant ses legs et leurs destinataires, l'écrivain livre son credo politique et moral dans un style qui en fait une sorte d'ode à la gloire de la France, sa «mère-patrie», à «son cher Québec» et à la pauvreté évangélique. Le testateur choisit d'en témoigner par le «cercueil du pauvre» et l'extrême dépouillement de ses obsèques. Un texte qu'Olivar n'oubliera jamais[26].

Après la gloire militaire et l'amour de la France, la prédilection pour les pauvres. Faucher de Saint-Maurice ne sera pas le seul à ressentir cette attirance à l'endroit des démunis. L'anticléricalisme d'Olivar, c'est celui des Évangiles condamnant l'indifférence du prêtre et du lévite à l'égard du voyageur violenté sur la route de Jéricho. Olivar le «rouge» a choisi le parti du Samaritain. Les pauvres, il les connaît: il a si souvent été l'un d'eux! Seul le privilège de l'instruction le sépare des chemineaux faméliques, des vieillards édentés, des enfants abandonnés dont parlent si souvent ses poèmes maladroits. Il n'aura pas assez de toute une vie pour racheter ce privilège. Car il ne s'agit pas ici de commisération, mais de connivence. Ce garçon de vingt ans qui a placé le don d'intelligence au-dessus de tous les autres, ce polémiste en herbe qui aiguise déjà ses bons mots pour épingler les puissants, depuis Wilfrid Laurier et Louis Fréchette jusqu'au gratin de l'épiscopat irlandais, ce bagarreur recèle en lui de bien étranges tendresses... Une fraternité mystérieuse semble le porter vers les plus démunis de l'esprit et du corps. Avec eux, il n'est subitement qu'indulgence et compréhension. Il a envers eux des élans d'affection qui, pas plus que ses élans de mépris et d'intransigeance, ne semblent comporter de demi-mesures.

Déjà, à Fall River, il lui arrivait de ramener à la maison un mendiant affamé croisé dans la rue, un enfant sans souliers qu'il avait pris en pitié. Il demandait à tous moments à sa famille d'allonger pour «ses amis» la soupe du jour ou de leur procurer des vêtements chauds. Il lui arrivait de rentrer le soir, sans veste, parce qu'il l'avait laissée à un sans-abri avec lequel il avait partagé son sandwich du midi le plus amicalement du monde, et comme s'il s'agissait de l'homme le plus spirituel et le plus intéressant de la ville*... Cédulie hochait la tête en silence et obtempérait. Comme Rieule, elle avait appris de sa religion populaire que, caché sous les guenilles du pauvre, c'est Notre-Seigneur en personne qui frappe à votre porte. Or, Olivar n'attendait pas qu'on frappe à sa porte. Il allait lui-même chercher ses vagabonds dépenaillés sous les ponts de la ville, au mépris de la crasse et des poux, pour ensuite les faire asseoir à leur table.

À Woonsocket, il n'a pas changé de fréquentations. Il s'est trouvé de nouveaux « amis » qui le délestent à tour de rôle de son argent de poche que Cédulie n'est plus là pour compter. Il s'attarde avec eux sur les bancs publics dans d'étranges conversations parsemées de grands rires. Avec eux, il a l'air de renaître. Avec eux, le combattant laisse tomber armes et armure. Sous les cristaux illuminés de la belle maison des Pothier, les soirs de réception, il lui arrive au contraire d'être triste et sur la défensive. Comme si tout à coup leur simplicité lui manquait au milieu des conventions mondaines. D'autres vers de jeunesse témoigneront de ses prédilections inattendues que la lecture des *Misérables* de Victor Hugo est sans doute venue conforter. Cette attirance pour les plus démunis influencera les opinions que les premières manifestations de la pensée sociale de son temps lui inspireront.

Conscient de l'immense privilège que lui ont déjà procuré les rudiments de formation intellectuelle reçus à Rimouski, Olivar désigne d'emblée la sous-scolarisation de ses compatriotes comme la cause première de leur infériorité économique et de leur prolétarisation forcée dans les usines de la Nouvelle-Angleterre. Bien que détenteur d'un baccalauréat de Rhétorique, ne s'est-il pas trouvé lui-même coïncé dans le fatal engrenage ? Il y serait peut-être encore retenu, n'eût été l'intervention fortuite d'Adélard Lafond et le soutien d'Aram J. Pothier. Aussi accorde-t-il le plus vif intérêt aux études que commence à publier le sociologue Léon Gérin** dans *La Science sociale* de France sur le nombre et la répartition des illettrés au Canada français. Il publie les résultats des enquêtes de Gérin dans *La Tribune* et appuie avec vigueur son plaidoyer en faveur d'une véritable école populaire publique et gratuite[27]. Thèse qu'il fera sienne toute sa vie et qui contribuera à alimenter, dans les milieux cléricaux, la légende de son appartenance à la franc-maçonnerie.

---

* Détails rapportés par Marcel A. Gagnon dans sa biographie de 1962 et basés sur les souvenirs des sœurs d'Olivar, témoins de sa vie en Nouvelle-Angleterre.

** Léon Gérin (1863-1951) était le fils de l'écrivain Antoine Gérin-Lajoie. Il fut le premier Canadien français à s'initier aux sciences sociales à Paris, en 1885, auprès de l'abbé de Tourville, disciple de Frédéric LePlay et d'Edmond Demolins.

Comme la scolarisation gratuite et obligatoire des Canadiens français demeure une utopie, en cette fin de siècle, Olivar accorde le plus grand intérêt au mouvement des cercles ouvriers et des cercles d'études qui, dans la mouvance du catholicisme social européen, ont commencé à faire leur apparition dans les paroisses canadiennes-françaises de Nouvelle-Angleterre. Celui qui a découvert sa vocation en lisant pour la première fois des « journaux français » dans un sous-sol d'église, grâce aux bons soins d'un « vicaire intelligent », voit d'un très bon œil se développer ces embryons de bibliothèques paroissiales, s'instaurer ces discussions animées où de futurs chefs de file s'initieront à la logique du discours, à la rédaction d'un exposé correct, à la prise de parole devant un auditoire critique. En attendant la scolarisation des masses, Olivar mise sur la formation de leaders éclairés. Il salue ainsi au passage l'action d'Edmond de Nevers* qui, tout juste après avoir publié son *Avenir du peuple canadien-français*, vient de fonder deux cercles d'études, l'un à Holyoke, l'autre à Woonsocket, et s'apprête à en inaugurer un troisième à Fall River[29].

À *La Tribune*, sa position morale s'est consolidée. Sa querelle avec Brazeau, son ancien patron du *Jean-Baptiste* de Pawtucket, qui l'avait traité publiquement de « petit fanfaron de la *Tribune* », s'est soldée par une rétractation publique de ce dernier. La réputation d'Asselin s'en est trouvée grandie. Le grand patron Brazeau a reconnu ses torts et fait son éloge public dans des termes non équivoques[29]. Un an plus tard toutefois, son indéfectible ami Lafond (qui décidément ne tient pas en place) quitte la gérance de *La Tribune* pour celle de *L'Espérance* de Central Falls. Olivar va le regretter. Sans la verve persuasive de Lafond, il va lui devenir infiniment plus difficile de convaincre seul, semaine après semaine, les gestionnaires du journal de la pertinence d'une presse capable de subordonner les impératifs économiques à ceux de la qualité de l'information. La visée éducative d'une publication populaire s'en trouve grandement compromise. Toujours sous le couvert de la citation et du pseudonyme, Olivar dénonce amèrement cette politique du mercantilisme et de l'anonymat qui compromet, selon lui, l'avenir d'une presse professionnelle de langue française aux États-Unis :

---

* Edmond de Nevers (1862-1906). Économiste et politicologue né à Baie-du-Febvre, reçu avocat en 1883. Artiste, poète et musicien, il rêve de vivre en Europe où il s'établit en 1889, habitant successivement l'Allemagne, l'Italie, l'Espagne, le Portugal, dont il apprend les langues. Se fixe à Paris en 1892 où il restera huit ans. Durant cette dernière période, il voyagera en Angleterre (1895) et aux États-Unis (1896 et 1897), époque où Olivar fera sa connaissance et se liera d'amitié avec lui. De Nevers a publié *L'Avenir du peuple canadien-français* (1896), *L'Âme américaine* (1900), *Études sur les États-Unis*. De retour au Canada en 1900, il occupera un poste de fonctionnaire à l'Assemblée législative du Québec. Malade, il se retirera dans sa famille à Central Falls (R.I.) où il mourra en 1906. Ses *Études sur les États-Unis* seront traduites par Matthew Arnold.

Les journaux de notre époque sont devenus des gouffres [...]. Les lecteurs ne peuvent les combler, et les propriétaires doivent, pour la plus grande honte du journalisme avoir recours aux annonces. Il en résulte une situation grotesque dans le sein du journalisme. Les vendeurs de médecines patentées et autres, soutiennent le journal et peuvent dicter leurs opinions. Les journaux sont libres seulement lorsque les annonceurs le leur permettent. Le journalisme moderne n'a pas de rédaction et est dépourvu de personnalité. Les gens qui lancent un grand journal quotidien commencent d'abord par réunir la somme nécessaire, puis ils choisissent leurs quartiers, y placent les presses les plus nouvelles et c'est alors qu'ils pensent à prendre un rédacteur [...]

Les journaux, à présent sont anonymes et on ne fait pas cas de leurs opinions. Dans la situation actuelle du journalisme américain, nous pensons qu'il serait bon d'adopter le système français, d'avoir chaque article signé par son auteur. Le journal ne sera pas responsable des articles signés par ses collaborateurs. Alors ces misérables assassins des hommes publics qui se cachent derrière l'impersonnalité du journal seraient exposés au mépris public, et leurs écrits jugés à leur juste valeur[30].

Pour Olivar, un combattant masqué n'est qu'un froussard. Comme son modèle Rochefort, il croit fermement qu'un journaliste doit être prêt à encourir le risque de la prison pour défendre ses idées. Son nom est à la réputation du journaliste ce que la livrée militaire est au soldat en temps de guerre! L'en dépouiller, c'est le dégrader au regard de sa conscience.

La comparaison s'impose. Car ce mot de guerre est sur toutes les lèvres en ce début d'année 1898. Les journaux, *La Tribune* en tête, la jugent imminente. On parle même précisément d'avril pour le déclenchement d'hostilités qui auront Cuba comme terrain d'opérations et qui mettront aux prises les forces américaines et celles de l'Espagne coloniale, qui conserve encore péniblement la maîtrise de l'île[31] en dépit des assauts répétés des rebelles indépendantistes. Dans ses discours, le président républicain McKinley rend hommage aux chefs patriotes de Cuba, José Marti et Antonio Maceo, morts au champ d'honneur. Il se déclare, en outre, prêt à aider le peuple cubain à s'affranchir définitivement de la tutelle espagnole, comme les États-Unis l'ont fait à l'égard de l'Angleterre en 1783.

En réalité, le conflit qui s'apprête constitue, pour le président des États-Unis, l'une des conséquences logiques de la doctrine Monroe. Définie en 1823 par le président dont elle porte le nom, cette doctrine affirmait que le continent américain ne pouvait plus être considéré comme territoire de colonisation par les puissances européennes. En revanche, les États-Unis s'engageaient, de leur côté, à ne pas intervenir dans les conflits européens. En vertu de la doctrine Monroe, les États-Unis d'Amérique s'isolaient délibérément de l'Europe colonialiste et du reste du monde, en faisant de l'hémisphère occidental, délimité par les océans Atlantique et Pacifique, la chasse gardée de leur politique étrangère. Dans ce nouveau secteur du globe, les Américains entendaient dorénavant assumer un rôle de chef de file.

Les velléités d'indépendance de Cuba vont leur servir de prétexte et leur fournir la première occasion d'étendre leur hégémonie en prenant d'abord pied dans les Antilles.

Sur le pupitre d'Olivar à *La Tribune* s'accumulent les révélations fracassantes de la presse américaine (particulièrement celle des empires Hearst et Pulitzer) touchant les malversations administratives de l'Espagne et la tyrannie sous laquelle se trouvent maintenus les Cubains, privés des libertés républicaines si chères à l'Amérique. Asselin subodore une « belle cause » qui conforte à point nommé son intérêt vacillant pour un métier routinier que la présence dynamique de Lafond a cessé, depuis quelques mois, de stimuler quotidiennement. Il rentre dare-dare de Montréal où, une fois de plus, sous la houlette de Robertine Barry[*], il était allé prospecter les possibilités d'embauche dans les journaux de la métropole canadienne.

La « cause des libertés » sous laquelle, dans son enthousiasme juvénile, il ne devine pas encore les visées expansionnistes américaines, le ramène à sa loyauté d'émigré. Il jongle avec l'idée de se porter volontaire. Ses compatriotes, rappelle-t-il, ont pareillement su faire preuve de générosité et de courage dans la défense des libertés républicaines en s'enrôlant au nombre de 40 000[**] dans les troupes nordistes du président Lincoln, durant la guerre de Sécession. Effrayé par le projet, son ami Pothier tente de le dissuader. Aller gaspiller dans les camps militaires un talent et une plume tellement plus utiles dans une salle de rédaction relèverait de la pure folie !

La monarchie espagnole, ébranlée par une triple crise politique, sociale et financière, cherche par tous les moyens à sortir la tête haute du bourbier cubain où elle s'enlise de plus en plus. Elle dépêche sur place le maréchal Blanco, avec mandat officieux de négocier l'autonomie de l'île, moyennant quelques concessions symboliques destinées à sauvegarder son honneur. Pris de vitesse par leur adversaire européen, et déterminés à livrer à l'Espagne une guerre sans merci, non seulement à Cuba, mais aussi à Porto Rico et aux Philippines, les Américains vont précipiter les choses.

En février 1898, le cuirassé américain *Maine*, bourré d'explosifs et stationné dans le port de La Havane, est victime d'une déflagration d'origine inconnue. Il coule en quelques minutes, entraînant dans la mort les 260 membres de son équipage. Horrifiée, l'opinion américaine crie aussitôt au sabotage. Dès lors, plus rien, pas même la défaite concédée par l'Espagne, ne saurait retenir le président

---

[*] *Françoise.*
[**] Il s'agit du chiffre véhiculé dans les écrits de l'époque. Les études récentes tendraient à le réduire de moitié.

McKinley dans sa volonté d'éliminer totalement l'Espagne de la zone d'influence convoitée par l'Amérique.

À Woonsocket, le major Paul Saint-Jacques, interrogé « par un représentant de *La Tribune* », déclare qu'un bataillon canadien-français est déjà sur le pied de guerre et n'attend plus que l'appel présidentiel pour se mettre au service de sa nouvelle patrie[32]. Tout à sa traduction fébrile des dépêches, Olivar se voit déjà, à la suite d'Honoré Beaugrand et de Faucher de Saint-Maurice, guerroyant dans les mers du sud et goûtant le repos du guerrier à l'ombre des palmeraies... Qu'importe, à vrai dire, que ses illustres devanciers aient embrassé la cause coloniale qu'il répudie aujourd'hui ! Ce qu'Olivar, à vingt-quatre ans, retient généralement des grands gestes qui l'inspirent, c'est beaucoup moins l'idéologie qui les sous-tend que le lyrisme qui s'en dégage, transcendant du même coup la grisaille de la routine et du quotidien.

Tandis qu'opposé à la guerre, son ami Pothier se retire provisoirement de la vie politique, Olivar, lui, se félicite des 50 millions qu'à l'unanimité le Congrès vient de voter devant l'imminence de la guerre. Il n'entend plus que l'appel des armes devenu, pour lui, l'appel à l'héroïsme et au dépassement... À *La Vérité* de Québec, Tardivel gronde devant tant d'égarement ! En bon ultramontain, dont les jugements politiques sont inspirés par les intérêts de la religion, c'est vers l'Espagne catholique que devrait, au contraire, se porter l'allégeance naturelle de ces Canadiens français égarés dans une solidarité contre-nature avec l'impérialisme anglo-protestant ! Olivar demeure sourd à ces arguments. Quand il s'opposera à la guerre, comme lorsqu'il décidera de s'y porter volontaire, jamais une Église ou son représentant ne pourra se vanter d'avoir pesé sur sa décision.

Il n'est d'ailleurs pas le seul. Dans les paroisses catholiques, notamment à Lowell, Massachusetts, les volontaires canadiens-français s'annoncent nombreux. Le goût de l'aventure y est sans doute pour quelque chose. Mais aussi les grèves, rendues de plus en plus fréquentes et pénibles dans l'industrie du textile, tant par l'inexistence des fonds de grève que par les lock-out et les réductions de salaires fixées par des patrons triomphants. Nombreux sont également ceux qui, découragés et réduits à la mendicité en ces années difficiles, retournent discrètement au Canada défricher des terres de colonisation. La guerre est une belle fuite en avant pour les ventres creux et les bras désœuvrés. Dans les journaux, les gros titres se multiplient, annonçant l'escalade de la mobilisation et le départ d'une importante escadre espagnole pour Cuba. *La Tribune*, après un reportage enthousiaste consacré à la description de l'arsenal américain stationné en rade de Charleston, se livre à une véritable propagande en faveur de l'enrôlement et n'hésite pas à fustiger les « déserteurs » canadiens-français qui retournent au Québec, en ces heures décisives, au lieu de manifester leur loyauté de citoyens à l'égard du drapeau étoilé[33].

Raoul, qui a été momentanément nommé vicaire à Cacouna, est loin d'applaudir aux perspectives de guerre qui enchantent son cadet. Comme beaucoup de ses compatriotes, il demeure viscéralement anti-américain et ne voit, dans le conflit cubain, qu'une manœuvre impérialiste de plus de la part des États-Unis. Les beaux discours du président le laissent tout à fait sceptique: «Je souhaite, a-t-il écrit à Olivar, que les Américains se fassent donner une bonne gifle comme ils s'en sont fait donner une par les Canadiens en 1775: ça leur apprendra à se mêler de leurs affaires[34]!»

Mais la lecture de *La Tribune*, dans les semaines suivantes, le persuade bientôt que l'enrôlement de son frère est inévitable. Tout comme Pothier, il sait que son opposition s'avérerait inutile et que cet entêté d'Olivar assumera jusqu'au bout les conséquences de son coup de tête. Sans lui dissimuler ses convictions touchant les mobiles cachés de la guerre, «la cupidité est au fond du sac[35]!», Raoul apprécie les éloges dont les convictions spectaculaires de son frère font déjà l'objet dans la presse américaine: «Ta place est marquée parmi l'élément canadien aux États-Unis et il ne te faut plus qu'un peu de persévérance et de courage pour arriver à te créer une brillante position, du moins un beau nom parmi les hommes marquants de la Grande République[36].»

Les propos de Raoul traduisent bien l'ambivalence des rapports qu'entretiennent les émigrés avec ceux de leur famille qui sont demeurés au pays. Comme prêtre, Raoul a appris de ses pairs à se méfier de la Grande République anglo-protestante, mercantile et assimilatrice. Appris aussi à apprécier les libertés religieuses et constitutionnelles concédées par l'Angleterre à sa nouvelle colonie du Canada, afin de la prémunir contre les tentations annexionnistes des États-Unis. Mais, comme aîné de famille, le jeune clerc ne peut se retenir d'applaudir lorsque, grâce à son talent et à sa détermination, Olivar utilise à fond les avantages du bilinguisme et de la naturalisation pour se tailler une place enviable aux États-Unis.

Comme Raoul, Aram J. Pothier a mis une sourdine à son pacifisme naturel pour apporter son soutien aux décisions d'Olivar. Il sait trop bien que son «poulain» piaffe d'impatience dans la petite ville aux horizons étroits de Woonsocket. C'est lui, d'ailleurs, qui l'a poussé à retourner à Montréal auprès de leur amie commune, «*Françoise*, femme de talent et de cœur», afin de s'y trouver un emploi plus prometteur[37].

Une fois Olivar enrôlé, Pothier l'assure de son appui lorsqu'il rentrera du front. Qu'il ne s'inquiète pas de la précarité et des aléas de son métier; son ami trouvera une solution en temps et lieu. Entre-temps, son protecteur lui promet sa visite au camp d'entraînement: «On commence, dit-il, à vous comprendre, à apprécier la noblesse de votre cœur et votre beau talent[38].» Voilà un assez bel hommage d'un pacifique à un soldat. Tel est le curieux effet qu'exerceront souvent les coups de tête d'Olivar sur ses proches: en dépit de leurs réticences les plus justifiées, ces derniers succomberont souvent à la désarmante sincérité qui les inspire. Séduction qui s'alimente aussi de tout le lyrisme dont le jeune pamphlétaire sait envelopper les « manifestes » écrits qui accompagnent et justifient ses décisions subites.

Les Américains, prédit Olivar à ses parents et amis, ne feront qu'une bouchée de l'Espagne! Ils viennent de recevoir l'appui de l'Allemagne par l'entremise du chancelier Bismarck. Les pacifistes européens, le pape en tête, ont dû renoncer à s'interposer. Mercredi, le 20 avril 1898, à 11h24, la déclaration de guerre des États-Unis à l'Espagne est signée. À lui seul, l'État du Rhode Island a déjà consenti 150 000 $ de crédits pour les dépenses militaires. Six jours plus tard, les premiers navires de l'escadre espagnole, qui a levé l'ancre au Cap Vert, sont attaqués et coulés par les puissants cuirassés américains.

À Woonsocket, dès le 28 avril, un bureau de recrutement ouvre ses portes. Selon *La Tribune*, les quatre premiers volontaires sont des Canadiens français. Dans les jours qui suivent, les recrues atteindront le chiffre de cinquante-sept. « Aussitôt après l'ouverture du bureau, y lit-on, un Canadien bien connu de cette ville a donné son nom. Il a été suivi de près par trois autres de ses compatriotes[39]. » Bien que le journal, sous le sceau de l'anonymat, invoque l'interdiction provisoire de divulguer les noms de ces premiers volontaires, il est bien tentant de voir dans ce « Canadien bien connu de cette ville » notre « Petit Caporal » en personne, publicisant lui-même son enrôlement volontaire et son départ imminent pour le camp de Quonset Point!

Moins de dix jours plus tard, en effet, *La Tribune* annonce que Woonsocket s'inscrit à la première place parmi les villes de la Nouvelle-Angleterre au chapitre du volontariat militaire. Avec 275 recrues canadiennes-françaises et, en tête de liste, le nom de « M. F.-O. Asselin, rédacteur » au journal[40]. Porté par la vague, Olivar se mue aussitôt en propagandiste militant. Dans la grande rue de la petite ville paisible où, dira-t-il plus tard, « on ne pouvait éternuer le soir sans provoquer d'attroupement », il organise un défilé qu'il ouvre lui-même... en simples caleçons! Histoire, sans doute, d'illustrer, geste à l'appui, l'impatience qui l'habite de troquer ses habits civils pour l'uniforme du soldat.

« Olivar a vécu des transes terribles avant de se voir accepté dans les rangs de l'armée américaine. Son dossier de candidature a été longuement discuté par les autorités militaires : le « Petit Caporal » de Rimouski n'avait tout simplement pas le poids requis pour le maniement des armes. Durant ces heures d'attente insupportables, l'humiliation tout autant que le découragement l'ont, comme à l'accoutumée, conduit à la poésie... À *La Tribune* du 10 mai, il livre ces pauvres vers dans lesquels il dévoile le secret de tant de ses luttes passées et à venir:

LES PETITS HOMMES

Les petits hommes ont du bon,
Quand aux champs sonne le clairon
[...]
Quant à les prendre au régiment,
Il n'y faut pas songer vraiment :
Ils ont la poitrine si frêle,
Leur faible voix sonne si grêle,
Qu'ils n'auraient pas même un soupir
À pousser avant de mourir
[...]

Laissons-les plutôt en arrière
Pour chanter le nom des vainqueurs :
Pour garder le feu dans les cœurs
Il leur faudra des hymnes de guerre.

Hâves les traits, caves les yeux,
Petits hommes pliés en deux
Sur un poussiéreux écritoire,
Tandis que d'autres à la gloire
D'un pas alerte s'en iront,
Nos maigres doigts rédigeront
Les bulletins de la Victoire.
[...]

F.O. Asselin

Son cauchemar sera de courte durée. Il est finalement accepté. Il apprend du même coup que le départ de sa compagnie pour la Virginie est prévu pour le 27 mai et qu'il s'embarquera sur le vapeur *Rhode Island**. À peine a-t-il le temps de courir à Fall River se faire photographier dans son bel uniforme et faire ses adieux à la famille. Du même coup, il entraîne l'instable Aurélien dans sa nouvelle aventure. Son jeune frère servira à son tour dans l'armée en qualité de brancardier. De Carleton, en Gaspésie, Raoul s'inquiète en ronchonnant des dangers moraux « pires que les balles » qui ne manqueront pas de menacer les deux écervelés dans les camps torrides de la Virginie ! Au camp Dyer, Olivar a commencé à s'initier au tir à la carabine. Les journaux français et anglais de Nouvelle-Angleterre font tous l'éloge de son beau geste patriotique. En lui envoyant ces flatteuses coupures de

---

* Il est permis de penser que la réputation d'Olivar, tout autant que ses talents de propagandiste, ne furent pas étrangers à cette dérogation aux poids et mensurations requis pour l'enrôlement. Son certificat de démobilisation lui accorde un 5 pieds 7 pouces (1,69 mètre) de taille, ce qui paraît fort généreux.

presse, Pothier lui prédit qu'il reviendra de guerre « couvert de gloire » ! Et les jeunes filles de Fall River de s'arracher déjà les coupures de journaux qui reproduisent sa photo en uniforme des Rough Riders.

Il lui tarde d'assister aux combats, mais les choses traînent en longueur. Après Quonset Point, le voici enfin au camp Alger, en Virginie. On est à la mi-juin et le régiment du Rhode Island n'a toujours pas gagné les côtes de la Floride. Pour tuer le temps et l'ennui, il s'improvise correspondant de guerre et vend ses reportages à divers journaux. Il rédige tantôt en anglais, tantôt en français. À *La Tribune*, où lui a succédé à la rédaction un Belge du nom de Gustave Vekeman, il expédie des « lettres de guerre » que, pour l'heure, il est bien forcé de rédiger loin des zones de combat. Le conflit qui débute pourrait bien durer deux ans, le temps, estime-t-il, d'étendre aux Philippines l'action « humanitaire » de libération politique entreprise à Cuba. Cette « cause » à laquelle il croit dur comme fer et adhère sans réticences, il estime que les Canadiens français ne seront jamais trop nombreux à y apporter leur soutien en s'enrôlant derrière la bannière étoilée[41].

Durant ses loisirs forcés, Olivar visite les environs du camp Alger, à proximité duquel se trouvent les champs de bataille de Bull Run et de Frederickburg où Nordistes et Sudistes se sont affrontés cruellement durant la guerre de Sécession. Il en tire de graves réflexions sur cette guerre fratricide et sur les avatars d'une union qu'il devine imposée à une population vaincue, mais qui n'a rien oublié. Cette résistance muette, c'est curieusement chez les femmes qu'elle lui apparaît la plus éloquente.

> Les femmes ont le front grave et la lèvre hautaine. Fières comme les Romaines de l'antiquité, on dirait qu'elles ont juré de perpétuer chez leurs fils l'idée de la revanche et si l'esprit d'union revient dans le Sud, je parie que ce n'est pas leur faute. Qu'elles sont belles ces Virginiennes dans leur simplicité rustique, et j'envierais presque, pour les femmes du Nord, leur noblesse de cœur et leur dignité de maintien[42]...

Et voilà cet abolitionniste, fervent admirateur d'Abraham Lincoln, séduit tout à coup par la dignité et l'orgueil des vaincus ! Des « vaincues », devrait-on plus justement écrire. Car c'est au bras d'une splendide Créole qu'il vient, paraît-il, d'arpenter les allées ombreuses du mémorial des champs de bataille. Miss Gibson, exquise sous son ombrelle déployée, appartient à une grande famille de Virginie ; le fils du tanneur s'emploie à faire sa conquête. La vie, on s'en doute, aura tôt fait de les séparer, mais jusqu'à la veille de ses noces, Olivar ne cessera de lui écrire d'interminables lettres et elle, de lui répondre*.

---

* L'épisode de « la belle Créole » relève de la tradition orale recueillie par Marcel A. Gagnon auprès des frères et sœurs survivants d'Olivar. Ce dernier aurait procédé à l'autodafé de leur correspondance à la veille de son mariage en 1902.

Le 13 juin, coup de tonnerre dans les chambrées militaires : un premier drapeau étoilé flotte sur la baie de Guantanamo ! Au camp Alger, accablé par une chaleur de 106 °F, cloué au lit par la fièvre et déshydraté par une dysenterie endémique, Olivar pleure de rage sur son rendez-vous manqué avec la gloire ! Des bruits courent également selon lesquels son régiment serait plutôt dirigé vers Porto Rico à la fin du mois. Le 18, les insurgés cubains revendiquent déjà 2500 prisonniers espagnols. Le débarquement américain se poursuit à un rythme accéléré. Le 21, on annonce que le 1er régiment du Rhode Island sera bientôt envoyé à Santiago. Mais le 23 juin, un débarquement-surprise massif a lieu à Daiquiri. À Alexandria, en Virginie, 1400 volontaires du camp Alger s'étaient déjà embarqués à bord des navires *Washington* et *Norfolk* sous les ordres des généraux Daffield et Bogan. Mais, nouvelle ingratitude du sort, Olivar était malade et il était resté confiné à l'infirmerie du camp.

Seules ses amours exotiques étaient venues, durant ces longues semaines, apporter un peu de lumière dans la grisaille d'un quotidien qu'il supportait avec stoïcisme, son estomac délicat sans cesse malmené par le régime douteux des cantines. Les lettres de Raoul lui parvenaient, alarmistes et prosaïques, l'entretenant sans cesse des frais impayés du pensionnat de Malvina à Rimouski, ou des petits frères désœuvrés de Fall River, bientôt « mûrs pour l'école de réforme[43] ». Olivar, pourtant, ne se plaint jamais. Un soldat ne se plaint pas, ni des blessures reçues, ni de ses conditions de vie au régiment. Le camp Alger, après tout, n'a rien à voir avec l'enfer nord-africain des chansons d'Aristide Bruant :

> Notre sort, cependant, n'en est pas moins beaucoup plus doux que celui du soldat d'Europe, s'il faut en croire — il faut bien quelquefois les croire — les grands journaux américains. Nos tentes sont spacieuses et n'ont qu'un défaut, celui de couler comme de vrais paniers quand il pleut. Nous avons à tous les repas, sinon du pain, du moins un biscuit à l'eau dont les propriétés nutritives sont à peu près les mêmes. La viande est bonne et généralement apprêtée d'une manière convenable. Quant aux vêtements, vous les avez vus lors de ma visite d'adieu à Woonsocket ; ils sont de bonne qualité et supplémentés de la couverture de laine et du « poncho », ou cauvere [sic] de caoutchouc. Ils suffiront, je crois, à nous protéger contre les intempéries que nous pourrons éprouver durant nos « deux années » de service.
>
> Je dis « deux années », car je n'ai jamais poussé le patriotisme, lisez plutôt le chauvinisme, jusqu'à me faire accroire que les Américains iraient à Cuba pour y étudier la culture de la canne à sucre ou la flore des pays tropicaux[44]...

Toute lucidité politique ne semble donc pas avoir déserté l'esprit de ce volontaire assoiffé de renommée. Pothier devait être bien aise de retrouver, çà et là, dans la prose de son protégé devenu correspondant de guerre, quelques brefs éclairs de sens critique. Quant aux vœux secrets qu'il entretenait de voir Olivar rentrer sain et sauf au bercail, ils seront bientôt réalisés. En juillet, de guerre lasse, l'Espagne capitule et demande la paix. Olivar, dépité, n'est allé ni à Cuba ni même à Porto Rico! L'équipée romantique où il s'était peut-être vu, un temps, marchant sur les traces glorieuses d'Honoré Beaugrand et de Faucher de Saint-Maurice, se terminait, pour lui, en queue de poisson.

Même des quelques avantages de sa solde, il n'a guère profité. Il a dû tout expédier à Fall River où le chômage a affecté successivement les emplois précaires de Mary, de Sophie et d'Auguste. Seul Aurélien, muté en Floride par l'armée américaine, conserve pour un temps son emploi de brancardier. Mais Aurélien n'écrit pas. Quant à Cédulie, qui franchit péniblement « l'âge critique », sa santé laisse beaucoup à désirer[45]. En attendant sa démobilisation, Olivar paie donc le couvent de Malvina et insiste auprès de Raoul pour que toute la famille encourage, dans ses lettres, Aurélien à persévérer dans l'armée. Quant à lui, il n'entend pas quitter ses rangs sans obtenir un grade honorable comme prix de consolation !

Quand il confie à Aram J. Pothier son rêve saugrenu de sortir en grande pompe du régiment avec les galons de sergent-major (il sollicite même son influence pour les obtenir), son protecteur, décontenancé, ne cherche plus à dissimuler son mécontentement. De le voir s'entêter de la sorte dans l'armée, maintenant que la guerre est terminée, lui semble une grave erreur de jugement : la place d'Olivar est dans la littérature ! Pothier, qui dit aimer Olivar « comme un fils », se désole de le voir gaspiller ainsi ses dons : « J'admire le talent, lui écrit-il au camp Fornance où le convalescent a été muté, et il me fait de la peine de vous voir vous abrutir dans des camps[46]. »

L'armistice signé, *La Tribune* accorde beaucoup moins d'intérêt aux papiers de son correspondant. Pothier, lié par sa promesse, surmonte ses répugnances et accepte de s'entremettre en faveur d'Olivar auprès des autorités militaires. Comme on peut s'en douter, l'armée américaine se montre fort réticente à lui accorder ses précieux galons. Aux premiers jours du mois d'août, Olivar, frustré, est démobilisé, « Petit Caporal », au propre comme au figuré.

Sa carrière militaire a échoué. Va donc, encore une fois, pour le journalisme, puisque c'est ce qu'il sait faire de mieux. Retourner à *La Tribune*, il n'y faut pas songer : les récents refus de publier de son ancien journal lui sont restés sur le cœur. À *La Tribune*, on ne peut oublier le mépris non dissimulé qu'il a déjà manifesté à l'égard du mercantilisme de l'entreprise. Après le départ de Lafond, ce mépris était allé jusqu'à la provocation. Il avait livré le fond de sa pensée sur le genre de journalisme qu'on y pratiquait. Ceux qui l'avaient remplacé au pupitre, durant la guerre, Olivar le savait, ne lui feraient aucun quartier à son retour. Cette fois, c'est aux invitations pressantes de l'Américain John Martin, éditeur de l'*Evening Star*, de Woonsocket, qu'il songe à se rendre. Six ans après son arrivée en Nouvelle-Angleterre, et nonobstant son amour de la France, Olivar peut rédiger indifféremment dans les deux langues. Pour gagner sa vie et celle des siens après sa démobilisation, il s'y montre disposé.

Martin l'estime et l'admire suffisamment pour que le jeune vétéran puisse espérer des conditions de travail honorables[47]. À Fall River, où elles ont recommencé à travailler, ses jeunes sœurs souffrent de malnutrition et d'épuisement. Quant à Joseph Roy, le nouveau mari de Cédulie, il justifie les appréhensions de parasitisme qui planaient sur sa réputation avant le mariage. Avant même d'être gagné, le salaire d'Olivar est englouti dans l'entreprise de solidarité familiale qu'il soutient avec Raoul. Sans doute pour mieux avoir l'œil sur les agissements du beau-père prodigue, Olivar, à peine démobilisé, décide de faire venir toute sa famille auprès de lui à Woonsocket. Économie de logement, économie de déplacements. Le printemps venu et son uniforme de caporal bien entreposé au grenier dans la naphtaline, le revoilà penché sur son pupitre, en train d'aiguiser ses crayons et d'imaginer ses futures rubriques. La médiocrité des horizons professionnels qui s'offrent à lui reste à peu de chose près la même. Les heures de bureau terminées, il poursuit ses activités militantes. Il trouve même le temps de participer à la fondation de la Société historique franco-américaine. Ses intérêts intellectuels n'ont pas changé.

Chez les Pothier, où il a recommencé ses visites « d'enfant de la maison », il a revu Robertine Barry en voyage d'agrément avec Alice Le Bouthillier qu'il a connue avant la guerre à Fall River. Ils ont à nouveau parlé de journalisme montréalais. *Françoise* l'a fortement encouragé à proposer sa collaboration aux futurs *Débats* de Montréal : projet de journal d'orientation libérale et de bonne tenue littéraire que s'apprête à fonder son ami Louvigny de Montigny. Fils d'un juge de la Cour municipale de Montréal, et lui-même diplômé en droit, cet élégant jeune homme de bonne famille est un animateur-né. Membre fondateur et premier archiviste de l'École littéraire de Montréal en 1895, de Montigny et ses collaborateurs lettrés constitueraient certes, pour Olivar, une famille d'esprits infiniment plus en accord avec ses goûts et ses aspirations que celle des chroniqueurs de journaux de Woonsocket ! Olivar est très tenté. Dès la fondation des *Débats*, il proposera à de Montigny des collaborations épisodiques.

Son employeur, John Martin, est passé à l'*Evening Star*. Il lui a proposé, cette fois, de devenir son associé, mais Olivar a refusé. Sa liberté d'expression de journaliste est infiniment plus précieuse, à ses yeux, qu'un titre honorifique à la direction du journal. En six années d'immersion en terre américaine, Olivar a appris à mesurer la vanité de ces postes symboliques dévolus, dans les entreprises de presse anglophones, au « Canadien français de service » docile et peu compromettant. Journaliste libre il est, journaliste libre il restera. Martin se montrera magnanime. Olivar a donc, une fois encore, la bride sur le cou. Fier de ses nouvelles performances en anglais, il multiplie les envois gracieux d'exemplaires de l'*Evening Star* au Séminaire de Rimouski. Mgr Sylvain, ravi de trouver tant de talents pour la langue anglaise chez son ancien élève, ne tarit pas d'éloges devant ce qui lui apparaît comme une évidente promotion sociale pour un petit Canadien français d'En-bas-de-Québec[48]... À peine rémunéré, Olivar s'empresse d'expédier à Raoul les frais de pension de Malvina, qui étudie maintenant chez les sœurs en vue de devenir institutrice. Il pourvoit du même coup son aîné en soutane et en souliers neufs. L'année prochaine, l'assure Raoul, Malvina touchera 70 $ par année de salaire et le jeune journaliste pourra respirer un peu.

Montréal, toutefois, ne cesse d'occuper ses pensées. Des amis lui écrivent qui l'encouragent fortement à rentrer au pays où tant de nouveautés passionnantes sont en ébullition au plan politique et en effervescence dans le domaine littéraire. Ne dirait-on pas que la préparation de l'Exposition universelle, qui va s'ouvrir à Paris avec le début du siècle, a déjà des retombées stimulantes sur le milieu montréalais ? Des idées progressistes circulent, l'esprit de clocher est battu en brèche. Et la « colonie de Rimouski » se manifeste à l'avant-garde de tous les projets qu'on échafaude[49].

Montréal ?... Ou alors Boston ? Mais tout, et une grande ville de préférence, plutôt que les horizons bouchés de Woonsocket ! Mobile comme tous les gens de son métier, John Martin est maintenant installé à Lowell d'où il dirige, depuis janvier 1900, les destinées du *Sunday Telegram*. Il comprend les aspirations d'Olivar, demeuré à l'*Evening Star*, et cherche à l'aider de son influence dans sa prospection des débouchés bostonnais. À Montréal, *Françoise* et ses amis journalistes s'entremettent également en sa faveur auprès des salles de rédaction des principaux journaux. À tout prix, il faut aider Olivar à sortir de la médiocrité professionnelle où il plafonne. Pothier lui-même l'encourage à se rendre dans la métropole canadienne où... « vivant dans un milieu plus éclairé et plus libéral, vos coudées seront plus franches et vos mérites devront être bientôt appréciés[50] ». Mais le militant de la naturalisation est loin d'avoir renoncé à faire de son protégé une étoile de plus au ciel de l'élite canadienne-française de la Nouvelle-Angleterre : « J'ose espérer que votre séjour à Montréal ne sera qu'une étape et que l'expérience acquise dans le journalisme anglais de la Métropole canadienne vous ouvrira les portes des grands journaux de Boston[51]. »

Montréal ? Ou alors Boston ?... Olivar est à un nouveau carrefour de sa vie. Il le sait. Il va, une fois de plus, laisser les circonstances décider pour lui. En janvier 1900, le revoilà locataire dans une pension de famille du village Saint-Jean-Baptiste à Montréal. Seul, encore une fois, en train d'épier les sollicitations de son destin. À Woonsocket, soumis aux caprices de Jos Roy, Cédulie, ses sœurs et ses petits frères sont suspendus à son choix. À Olivar de décider s'il les ramènera au Québec ou, au contraire, les enracinera définitivement en Nouvelle-Angleterre où la terre garde les os du père, mort en exil il y a sept ans déjà.

Deuxième partie

L'AVENTURE NATIONALISTE

Chapitre VII

MONTRÉAL, À NOUS DEUX !

En 1900, Montréal était une ville de cinq cent mille habitants, que la rue Saint-Laurent tranchait du nord au sud en ligne droite. À l'ouest, une forte minorité anglaise, riche, sûre d'elle-même et de la puissance de son argent, vivant largement, toutefois provinciale, attachée aux valeurs de l'Empire britannique [...]; à l'est, la majorité française, tout juste débarquée bécassinement des campagnes, race inculte et forte, faiseuse d'avocats et de prêtres.

(Jean Éthier-Blais préface à l'*Exil intérieur*
de Paul Morin, Éd. Orphée 1991, p. 7)

Les dés sont jetés. Ce sera Montréal. Il vient de réserver sa chambre (la moins chère) chez la veuve Martineau, dans le quartier Saint-Jean-Baptiste où il a pris, depuis quelques années déjà, ses habitudes. Les invitations pressantes de ses amis montréalais et l'encouragement d'Aram J. Pothier ont fini par emporter son adhésion. Sans doute aussi ce premier exemplaire des *Débats*, daté du 3 décembre 1898, fleurant encore bon l'encre fraîche et que *Françoise* lui a expédié pour mieux l'allécher. *Les Débats*, dont Paul Le Moyne de Martigny est directeur-propriétaire et Louvigny de Montigny rédacteur en chef. Un journal qui s'affiche d'emblée comme « Ni vendu ni à vendre à aucune faction politique »... Vaste entreprise pour un nouvel hebdomadaire appelé à se tailler une place dans la jungle des journaux de partis ! Mais Olivar aime les défis, ceux qui les lancent, comme ceux qui les relèvent. Il sera l'un d'eux si l'on veut bien de lui au sein de l'équipe.

Dès le premier éditorial, le journal s'engage à publier les dépêches étrangères traitant d'événements mondiaux, à suivre et à commenter l'actualité politique, religieuse, sportive, intellectuelle, littéraire et artistique et même les faits divers, « sans toutefois s'occuper des braves ivrognes recevant leur sentence hebdomadaire, des feux de cheminée et des chiens écrabouillés par les tramways[1] ». *Les Débats* adoptent, dès leur parution, le ton libre et désinvolte qui plaît à Olivar.

Son amour des arts et de la littérature devait, lui aussi, y trouver son compte. Plusieurs membres de la jeune École littéraire de Montréal se sont donné rendez-vous aux *Débats* et projettent de publier, chaque semaine, dans ses colonnes, des extraits de leur poésie ; Charles Gill, qui est aussi peintre à ses heures, et Arthur de Bussières, l'un des inséparables compagnons d'Émile Nelligan, sont de ceux-là. Des artistes également, dont l'avenir s'annonce prometteur : Maurice Cullen, Joseph Franchère, Raoul Barré. Quant aux têtes de Turc auxquelles la publication promet de s'attaquer, elles ont tout pour mettre notre pamphlétaire en verve. On y réserve à Sir Wilfrid Laurier et à ses thuriféraires, Israël Tarte et Laurent-Olivier David, quelques volées de bois vert où le premier ministre se verra comparé au Roi-Soliveau de la fable de La Fontaine et les Canadiens français, aux grenouilles-électeurs.

Mais avant de s'immerger dans les polémiques montréalaises et de reprendre la discipline des heures de tombée, Olivar éprouve le besoin de renouer avec ses racines. Il ira passer les Fêtes à Sainte-Flavie où Oscar le presse de venir prendre quelque repos à la maison familiale. Il en a bien besoin ! Sa guerre manquée et les humiliations de la démobilisation n'ont rien fait pour adoucir ses aigreurs d'estomac et lui faire retrouver l'appétit. Il ira aussi passer quelques jours auprès de Raoul, vicaire à Cacouna.

À Sainte-Flavie, dès sa descente du train, « l'oncle d'Amérique » a été assailli par la horde joyeuse des petits neveux, nés durant ses huit années d'exil. Ils se prénomment Raoul et Auguste comme ses frères, Thomas et Joseph comme ses oncles. Ils ont les joues rondes et le regard pétillant d'enfants bien nourris. Derrière la troupe des garçons, Joséphine-Cédulie leur aînée, grave et réservée, qui a déjà quitté l'enfance pour partager les tâches domestiques avec sa mère, Augustine. Oscar est aussi fier de sa progéniture que de sa réussite. Sans faire étalage d'opulence, « la vieille maison grise* » abandonnée par Rieule respire maintenant l'honnête aisance. Sur le poêle mijotent des viandes tendres qui sentent bon le clou et la cannelle. Dans l'obscurité de la cave, des casiers recouverts de sable fin regorgent de légumes d'automne. Des jambons pendent aux solives ; un petit lard nacré repose dans un bac à saumure ; courges et citrouilles attendent, dans l'ombre, l'heure d'être converties en tartes, compotes ou confitures. Sur la galerie arrière, dans un énorme tonneau couvert, des milliers d'éperlans argentés, raidis par le gel, sont promis, depuis les premiers froids, aux savoureuses fritures

---

* Olivar lui avait consacré un poème d'exil.

au beurre des vendredis sans viande. Les petits-enfants du tanneur sont tous bien chaussés. Et pour la messe de minuit, Augustine portera au cou des renards piégés sur ses terres.

Olivar, assailli par ses souvenirs de servitude ouvrière, écoute le récit de la réussite fraternelle. Les pommes de terre d'Oscar se vendent jusqu'à Montréal et Campbellton! Elles sont blanches et fermes, mais «fleurissent» merveilleusement à la cuisson. Les commandes affluent de toutes parts. Oscar est un homme considéré et surtout un homme libre. Personne ne lui dicte l'heure de se lever ni l'heure de se coucher, l'heure de semer ni celle de labourer, ni l'heure de vendre ni celle d'acheter. À sa table, les enfants peuvent continuer de s'additionner. Sur la terre que lui a laissée son père et qu'il a su faire prospérer, les nourrir et les vêtir ne fera jamais problème. Dans un silence pudique, les deux frères partagent sans doute un moment le souvenir du père mort déraciné et celui, tristement vivant, des frères et sœurs en exil.

La résolution d'Olivar est prise : aussitôt sa situation bien établie à Montréal, il lui faudra songer à les rapatrier tous. Le destin d'Olivar est en ville. Il le sait et n'en dérogera pas. Mais la réussite isolée d'Oscar n'a pas fini de s'imposer à lui. Comme nombre de ses contemporains mal préparés, blessés par le choc brutal de la réalité urbaine et de la condition ouvrière, Olivar retire de son exil la conviction intime qu'il n'est de Canadien véritablement maître chez lui que sur sa propre terre. Tant que l'instruction généralisée n'aura pas permis à ses compatriotes de devenir eux-mêmes chefs d'entreprise, leur destin sera celui de prolétaires asservis par le capital étranger. L'éducation publique et gratuite, la reconquête d'une économie confisquée en 1760 : deux idées-maîtresses, deux combats qui l'attendent et peuvent occuper toute une vie. Olivar y songe sans doute déjà, en cette fin de décembre 1899, arpentant avec son frère l'ancienne terre familiale qui a fini, contre toute attente, par tenir ses promesses.

Il ne se rassasie pas, d'ailleurs, des paysages jamais oubliés, ni du crissement sec de la neige durcie sous les pas du promeneur. Il s'adosse encore à « son » pommier-refuge devant le porche de la maison, pour contempler à nouveau les collines aimées. Seuls, quelques bosquets de sapins et la ligne trébuchante des pagées de clôture viennent rompre cette blancheur infinie qui recouvre l'ondulation des champs jusqu'au Fleuve figé par l'hiver.

Parfois aussi, il accompagne Oscar au village et, tandis que son frère s'attarde à bavarder à la forge ou au magasin, il s'aventure à pied sur les rives gelées. Parmi les glaces empilées par les marées, le vent a affûté des congères aux crêtes tranchantes, aligné des colonnettes, buriné des surfaces granuleuses, caillouteuses, craquelées comme des peaux de serpent. Dans les dédales de son architecture de neige, il découvre des formes arrondies, effilées à l'extrême par le vent du nord.

Seul sur le Fleuve, courbé par l'effort que lui impose le vent, Olivar se réapproprie l'hiver avec jubilation. Il renoue avec ce pays démesuré qu'il n'a jamais vraiment quitté. Face à la Côte Nord qui se perd désormais dans les rafales d'une poudrerie translucide, Olivar, ébloui, étanche sa soif de désert et d'absolu. Un jour, il s'en fait à lui-même la promesse solennelle, il dressera sa table à écrire face à ce paysage à nul autre pareil !

Il lui arrive d'étonner ses neveux et nièces par ces brusques alternances de silence lointain et de gaieté contagieuse. Il leur faut parfois aller tirer leur oncle de ses fugues solitaires. Amusé, Oscar explique alors à ses enfants qu'Olivar a toujours eu l'habitude de « jongler »* ainsi depuis sa plus tendre enfance. Il évoque la lucarne du grenier de Saint-Hilarion, le pommier de Sainte-Flavie, les histoires du collège de Rimouski... Augustine, qui épluche pensivement ses pommes de terre en bout de table, affirme cependant avoir connu nombre de jeunes gens, sujets comme Olivar aux « jongleries » maladives, et que le mariage avait guéri du jour au lendemain, comme par enchantement. À bientôt vingt-six ans, ne serait-il pas temps pour lui d'y songer ? À son âge, Oscar était déjà père de deux enfants. Le regard du rêveur se promène avec affection d'une tête enfantine à l'autre. Il s'attarde sur le petit visage de Joséphine-Cédulie, sur ses nattes sages, son sourire confiant. Des enfants ? Oui certes, il voudrait des enfants à lui. Il le voudrait même très fort : les enfants, il n'y a qu'eux de vrais, de sûrs, de désintéressés dans ce monde ! Les adultes sont si tôt pourris par l'ambition, la suffisance, la vanité, l'argent...

Des enfants certes, mais d'abord une femme. Oscar et Augustine insistent : une femme avisée qui saura tenir d'abord son intérieur et le nourrir convenablement. Avec sa constitution fragile, il serait imprudent pour lui d'entreprendre encore un autre hiver dans ces conditions. Olivar s'esquive par une pirouette dont il a l'habitude : la femme en question devrait, en sus des qualités ménagères énumérées par sa belle-sœur, être jolie, intelligente, cultivée et prête à affronter avec lui toutes les conséquences et toutes les privations inhérentes aux luttes qui attendent un journaliste de combat ! La perle rare existe-t-elle vraiment ? L'idée se met peu à peu à faire des ronds persistants dans l'esprit du jongleur.

Des ronds de plus en plus réguliers. Cette fois, c'est Raoul qui a jeté à son tour un pavé dans la mare du célibataire. Le vicaire de Cacouna a été formel : « Mieux vaut se marier que de brûler ! » Parole de saint Paul, apôtre des Gentils. La réputation de l'armée américaine et l'histoire de « la belle Créole » sont parvenues jusqu'à lui. Ses prières ont-elles su retenir Olivar au bord du précipice ? Puisant, tout à la fois, dans la connaissance intime qu'il a du tempérament vol-

---

* Être perdu dans une rêverie profonde.

canique de son cadet, que dans l'expérience de ses propres luttes de jeune campagnard lié par des vœux exigeants, Raoul, comme Oscar, pousse Olivar au mariage. Cette vie de bohème, aventureuse et incertaine, a assez duré. L'heure est venue pour lui de régler sa vie et de songer à s'établir.

Ils en causent tous deux, à la tombée du jour, dans le petit bureau du presbytère, tandis que la nuit envahit peu à peu la longue vallée fertile qui s'étend vers le sud, jusqu'aux contreforts enneigés des Apalaches et du mont Pilote. Entre les deux frères aux destins si contrastés, les connivences se renouent. En dépit des apparences, ils se ressemblent par plus d'un trait et se devinent secrètement. Ils ne sont, ni l'un ni l'autre, taillés pour les demi-mesures. Toute leur vie, ils auront à mâter cette révolte qui soulève leur colère devant la bêtise ou l'injustice, ce haut-le-cœur que provoquent pareillement chez eux l'ambition, la mollesse et les compromissions des politiciens ou des prélats bornés. Olivar rêve d'un journal libre, tranchant comme une épée, et qui couperait tous les liens qui maintiennent encore leur peuple dans la servitude des pouvoirs corrompus. Un journal où les journalistes, à l'instar de ces moines-chevaliers d'autrefois, feraient vœu de pauvreté, ferrailleraient avec les puissants et iraient jusqu'à la prison et aux chaînes pour la défense de leur cause!

Raoul, lui, n'a pas encore renoncé à son grand rêve missionnaire. Dans le beau presbytère de Cacouna qui, avec son appareil de pierre de taille et ses élégantes lucarnes, ressemble davantage à un petit manoir seigneurial* qu'à la pauvre cabane d'un oblat, le jeune vicaire ronge son frein. Cacouna est une vieille paroisse agricole que la douceur de son climat protégé des vents du nord a rendue prospère. Par contre, sur sa côte escarpée aux paysages grandioses, une station balnéaire cossue s'est depuis plusieurs années developpée. Adolescent, Émile Nelligan y séjournait avec sa famille. C'est le reporter-voyageur Arthur Buies qui, parmi d'autres, a le plus contribué à lancer Cacouna parmi l'élite canadienne-française de Montréal et de Québec.

On y vient désormais par familles entières, certaines réservant même à l'exclusivité de leurs enfants, petits-enfants et collatéraux, des wagons entiers à bord du Grand Tronc qui les conduit jusqu'à la ville voisine de Rivière-du-Loup. Cette population saisonnière, riche et considérée, prend ses quartiers d'été dans de vastes hôtels d'architecture victorienne dont les interminables vérandas de bois ouvragé, avec vue sur le Fleuve, semblent sorties tout droit des doigts d'une dentellière. Ces bourgeois aisés font la prospérité des commerces locaux, emploient des hommes de cour**, des jardiniers, des cuisinières, des banchisseuses et des femmes

---

* Classé monument historique, le presbytère de Cacouna date de 1836. Restauré en 1897, l'église qui lui est postérieure date de 1845.

** Domestiques préposés aux soins des chevaux et à l'entretien des voitures à traction animale.

de chambre. Ils fréquentent l'église, invitent le curé à leur table, souscrivent généreusement à ses œuvres, dotent à l'occasion ses protégés. Parfois aussi, ils lui suggèrent des thèmes d'homélie sur la paix sociale et le respect de l'autorité.

Tout cela contribue secrètement à mettre Raoul hors de lui! Dans les demi-mots de ses confidences, Olivar n'a pas été long à saisir que, pas plus que lui, son frère n'a de dispositions pour les rôles de second violon et les discours nuancés. Et s'il a ramené ses rêves missionnaires à la mesure, plus réaliste, d'une cure bien à lui, dans le diocèse de Rimouski, c'est un territoire vierge, âpre et lointain qu'il convoite.

Après ces brèves mais intenses retrouvailles, Raoul raccompagne son frère à la gare de Rivière-du-Loup avec la carriole du presbytère. Il gèle à pierre fendre dans la baie du Quai-à-Narcisse. Sur la route enneigée, les patins dérapent sur les pentes, laissant derrière eux une trace luisante. Les deux frères ont remonté jusqu'à mi-corps leurs robes de buffalo* et empilé à leurs pieds des briques chauffées au four. L'odeur musquée des fourrures et la vapeur saline s'exhalant des chevaux échauffés par l'effort s'entremêlent dans l'air vif.

Haussant la voix au-dessus des craquements et des sonnailles, Olivar promet d'écrire dès son arrivée à Montréal. Il enverra aussi à Raoul, dès leur parution, les articles que le *Herald* et *Le Journal* se sont déjà engagés à lui acheter à la pièce. Pour ce qui est des *Débats*, il verra plus tard avec de Montigny. Il lui faut d'abord voir *Françoise* qui lui a promis de l'introduire au sein de l'équipe. Depuis l'internement de Nelligan, son jeune ami poète, elle semble avoir reporté toute sa sollicitude sur Olivar. Il ne voudrait surtout pas décevoir cette grande dame un peu fantasque, mais d'une générosité sans pareille. Raoul l'interroge encore.

Oui, Olivar a eu l'occasion de lire quelques poèmes du poète fou que des amis lui ont recopiés. Il admire Nelligan sans restrictions. On dit du jeune malade qu'il est déjà le plus grand de tous nos poètes. Ceux qui l'accusent de « sensibilité maladive » sont des imbéciles qui n'entendent rien à l'art! À côté de ces vers inspirés, Olivar en convient, les siens ne sont que rimettes d'écolier... Mais si la grande ombre tragique ne lui permet plus de prétendre à la première place parmi les poètes, du moins peut-il encore la convoiter parmi les prosateurs? À ce qu'on sache, cette place d'honneur est encore à prendre!

Raoul évoque pour sa part le style ample et châtié de Tardivel. Il admire ce catholicisme plus intransigeant encore que celui des évêques et que le maître professe à pleines pages dans *La Vérité* de Québec. Mais Tardivel a presque cinquante ans. C'est l'homme d'une autre époque. Plume irréprochable, certes, con-

---

* Peaux de bison dont on garnissait l'intérieur des traîneaux et des carrioles pour se tenir au chaud durant les trajets.

vient Olivar, et d'une indéniable inspiration française ; mais s'allongeant en des éditoriaux interminables de sérieux où l'intérêt du grand public finit par se lasser. Plus de fantaisie, plus de mordant, que diable ! Et des formules-chocs ! Le public d'aujourd'hui ne demande qu'à être enlevé : il faut donc le prendre aux entrailles. C'est cela : « le prendre aux entrailles » : une formule qu'Olivar retiendra... Quand il prend congé de son frère pour monter enfin dans le wagon de seconde classe, son sac de victuailles d'une main et sa vieille malle à soufflets de l'autre, il n'est plus qu'un jeune homme pauvre qui part, parmi d'autres, tenter sa chance à Montréal. Mais ses ruminations secrètes, Raoul l'a deviné, sont celles d'un ambitieux.

À Lévis toutefois, il s'est précipité aux fenêtres pour revoir Québec où il s'est tant langui de solitude et de frustration durant sa brève cléricature de l'hiver 1891. Le cap Diamant étincelle de tous ses feux parmi les glaces. Mais il est devenu méconnaissable ! Durant son exil, un immense château de conte de fées dont il n'avait vu que la mise en chantier a surgi à son faîte. Dominant désormais la Vieille Ville à la douce architecture française (certains murmurent même autour de lui qu'il l'écrase), le château Frontenac a l'audace et la démesure des grandes réalisations américaines. C'est la compagnie ferroviaire du Canadien Pacifique qui en a commandé les plans au fameux concepteur new-yorkais Bruce Price. Sa construction, commencée en 1890 et terminée en 1893, a déclenché l'une des pires controverses de la ville de Québec. Controverse à laquelle ne peut être comparée, lui fait remarquer un compagon de voyage, que celle produite à Paris par l'érection de la tour Eiffel l'année précédente !

Les années ont passé et les querelles se sont estompées à mesure que se patinaient discrètement les toitures de cuivre rouge du nouvel hôtel du Canadien Pacifique. Aujourd'hui, le salon de thé du Château est devenu le rendez-vous de prédilection des dames de la bonne société. Les membres du Parlement ont pris l'habitude d'y deviser en arpentant par petits groupes, à l'heure de l'apéritif, la terrasse de bois qui surplombe désormais le Fleuve et les quartiers pauvres de la Basse-Ville. Le Château fait désormais partie du ciel de Québec. Il vient même de donner son nom à un style d'architecture qui va bientôt faire fureur, d'un océan à l'autre, dans le monde ferroviaire.

Le train a repris sa route entre les deux murailles de neige. Il a traversé le pays plat des Bois-Francs, longé les mystérieuses montagnes surgissant tout à coup dans la longue plaine du Richelieu, puis s'est engagé, avec un cliquetis métallique assourdissant, sur les rails étroits du pont Victoria[*]. Depuis le dernier séjour

---

[*] Construit entre les années 1854 et 1859, le pont Victoria est l'œuvre de l'architecte britannique Robert Stephenson, concepteur du célèbre pont de chemin de fer Britannia qui enjambait le détroit du Menai Strait, au pays de Galles. D'une longueur de 1870 m, le pont Victoria, prodige

d'Olivar à Montréal, une nouvelle superstructure de poutrelles d'acier a été érigée pour permettre, l'été, l'utilisation parallèle d'une voie carossable et piétonnière. On n'arrêterait donc jamais le progrès ?

Mais en ce début janvier 1900, seul dans son nuage de vapeur, le train s'est engagé sur le pont. Tout en bas, sur le Fleuve gelé, Olivar suit des yeux les traîneaux chargés de fourrage qui défilent à la queue-leu-leu entre deux allées de « Saint Michel* », en direction du débarcadère d'Hochelaga. Ils viennent de Longueuil et s'en vont ravitailler les innombrables marchés à foin de la ville et les écuries des compagnies de tramways. Depuis 1861, ces dernières assurent des services de transport en commun dans les grandes artères de Montréal. Sur roues l'été, sur patins l'hiver. Durant l'exil d'Olivar, quelques grands financiers ont commencé à investir aussi dans l'électrification des tramways. Mais à l'orée du nouveau siècle, c'est encore le traîneau qui règne en maître dans les rues de la ville où il s'apprête à descendre. Seule, parmi les grandes villes du monde, Saint-Pétersbourg rivaliserait avec Montréal pour le nombre de ces gracieux attelages d'hiver[2].

Ceux qu'il observe maintenant, en se tordant le cou, juste sous les dernières travées du pont, sont au contraire lourds et massifs. Des travailleurs emmitouflés jusqu'au cou s'affairent à les charger de blocs de glace bleutée, tandis que d'experts découpeurs, armés, deux par deux, de scies redoutables, les dégagent au fur et à mesure des eaux fumantes du Fleuve.

Chaque année, des milliers de tonnes de glace sont acheminées ainsi vers les vastes entrepôts de la ville où, isolés dans d'épaisses couches de sciure de bois, ils approvisionneront les glacières des Montréalais durant la canicule d'été. Avant de quitter le pont, Olivar a vu se profiler sur sa gauche les deux clochers de Notre-Dame qui dominent de toute leur hauteur le centre-ville de Montréal.

Le train avance maintenant au ralenti et freine par petites secousses grinçantes. Il entre précautionneusement en ville parmi les hangars et les couloirs gelés des écluses du canal Lachine. Il longe les cours arrière des quartiers populaires où se sont agglutinées, dans le foisonnement des poteaux électriques et non loin des industries naissantes, des petites maisons de bois aux arrière-cours encombrées de remises et de cabanons délabrés. À l'intérieur de ces maisons ouvrières, à l'occasion d'un de ses voyages d'affaires à Montréal, son frère Oscar a vu des familles entières dormir sur des paillasses posées à même la terre battue !

---

de l'ingénierie du XIXᵉ siècle, constituait le premier lien ferroviaire entre l'île de Montréal et l'une de ses rives. Il permettait ainsi au Grand-Tronc de relier Sarnia et Montréal à son réseau du sud, vers Portland et l'État du Maine, et d'établir une jonction d'hiver entre le port de la métropole et Rivière-du-Loup, ouvrant ainsi de nouveaux débouchés et de nouveaux relais vers les Provinces maritimes.

* Balises de sapinage servant de repères aux voyageurs par temps de poudrerie.

Le fable du rat des villes et du rat des champs lui revient en mémoire... D'unique, la voie se déploie maintenant en larges faisceaux sur la neige maculée de suie. Le train entre en gare.

La gare Bonaventure*, où aboutit la ligne du Grand-Tronc**, a grande allure avec ses toits en pavillon à terrasse faîtière. Le style Second Empire qu'affectionnaient, vers la fin du siècle, les architectes de l'hôtel de ville, du Mont-Saint-Louis et des résidences bourgeoises du Carré Saint-Louis, s'y déploie avec la grandiloquence qu'autorise ici l'importance de la grande Métropole. Ses abords sont occupés par un vaste dépôt et une gare de triage où s'affairent des centaines de cheminots.

Jouant du coude, Olivar traverse la salle des pas perdus et franchit le portail. Dans la cohue et les interpellations des cochers qui se disputent la clientèle, une file de traîneaux à bagages et de carrioles de louage attendent les voyageurs chargés et fortunés. Telle n'est pas sa situation. Sa mince valise à la main, il s'enquiert rapidement de son trajet et se met à la recherche de l'arrêt le plus proche de la Montreal Street Railway. Le soleil de janvier a commencé sa descente sur Montréal qu'il redécouvre durant le trajet qui va le conduire aux limites de la ville.

Le village Saint-Jean-Baptiste, comme on l'appelle familièrement encore, a été annexé à Montréal en 1884. La cascade des annexions d'anciens faubourgs et de villages limitrophes accélère l'expansion de la ville ; les remparts du vieux quartier français ont été rasés depuis. Des immeubles d'affaires et des résidences bourgeoises en pierre rose d'Écosse, en grès importé, en brique polychrome, viennent mettre quelques touches de couleur discrète sur le paysage urbain, jusque-là voué au gris par ses maisons traditionnelles en moellons de pierre et à toitures de métal argenté, ponctuées de souches de cheminées et de coupe-feu réglementaires.

Mais ce sont les clochers qui dominent la ville de leur hauteur*** : repères naturels de la vie de quartier où, comme autrefois dans les villages, les angélus, les carillons et les glas rythmaient la vie. Visitant Montréal en 1881, l'humoriste américain Mark Twain avait écrit dans son journal : « C'est la première fois que je

---

* Tombée sous le pic des démolisseurs, la gare Bonaventure était située du côté sud de la rue Saint-Jacques, au pied de la rue Windsor (aujourd'hui Peel). C'est la Gare centrale, propriété du CN, qui a pris le relai comme gare de l'ouest à Montréal.

** À l'est de Rivière-du-Loup, c'était ensuite l'Intercolonial qui, depuis 1876, prenait le relai jusqu'à Matapédia. Retournant vers l'ouest, l'Intercolonial, on s'en souvient, s'arrêtait à Charny. De là les voyageurs en route vers le sud empruntaient la ligne du Quebec Central qui les conduisait jusqu'à Richmond et Portland.

*** C'est l'usage des ascenseurs électriques qui permettra aux édifices à bureaux de s'élever au-delà des cinq ou six étages habituels au cours du siècle à venir.

visite une ville dans laquelle on ne pourrait lancer une pierre sans briser une fenêtre d'église ! »

Au-delà de la rue Sherbrooke, dès qu'on a franchi les premiers escarpements de la Côte-à-Baron, l'ordonnance et la densité de la ville se modifient. Les constructions n'apparaissent plus que par îlots isolés, dans un paysage demeuré rural et traversé par les grandes artères qui relient Montréal à ses anciens villages-satellites. À partir de la rue Duluth, au nord, on se croirait encore à la campagne ! On longe fermes et vergers. Mais les anciens hameaux, peuplés autrefois de maraîchers et de petits artisans, s'y sont développés à un rythme d'enfer : le quartier Saint-Jean-Baptiste a vu sa population doubler depuis l'époque, pourtant pas si lointaine, où Olivar y menait la vie de bohème avec ses amis étudiants en médecine. Et avec Saint-Jean-Baptiste, à l'ouest duquel se profile la silhouette trapue du mont Royal et de ses pentes boisées, se sont ajoutés le Coteau Saint-Louis, celui de Saint-Louis du Mile End et celui, plus à l'est, du village De Lorimier. Dans quelques décennies, ils formeront ensemble une communauté bien identifiée à la vie montréalaise : le Plateau Mont-Royal.

Pour l'heure, la vie urbaine s'arrête avenue Mont-Royal, à l'intersection de l'avenue du Parc, après qu'on ait longé le domaine des sœurs de l'Hôtel-Dieu. C'est là qu'est située la gare de bois du terminus des tramways. À gauche, la route rurale de la Côte-Sainte-Catherine conduit vers les résidences campagnardes d'Outremont et les terrains de chasse à courre du Montreal Hunt Club* aux abords du village Côte-des-Neiges. Les riches anglophones, qui s'adonnaient à leur passe-temps favori en jaquettes rouges, hautes bottes de cuir et casquettes de velours, y ont été peu à peu refoulés par le développement intensif de l'avenue Mont-Royal. À peu près au même niveau, plus à l'est, la barrière à péage de la rue Saint-Laurent perçoit encore le droit d'entrée en ville des fermiers venus des villages de la Rivière-des-Prairies vendre leurs animaux et les produits de leur ferme sur les marchés publics de la métropole.

Le quartier vers lequel se dirige Olivar possède, lui aussi, un imposant marché, à l'angle des rues Rachel et Saint-Dominique, au cœur du vieux village. Le marché Saint-Jean-Baptiste, comme la plupart des autres marchés de la ville, ne sert pas seulement aux échanges commerciaux. Il constitue une sorte d'agora populaire où se côtoient vie urbaine et vie paysanne. Sur ses estrades, où les grandes questions politiques de l'heure sont débattues, s'affrontent parfois des orateurs redoutables. En 1867, le projet de la Confédération y a été âprement discuté. L'année suivante, d'importantes célébrations ont marqué le départ de

---

* Édifice en état de décrépitude avancée, situé à l'arrière du terrain de stationnement qui jouxte aujourd'hui l'hôpital Sainte-Justine.

135 jeunes zouaves pontificaux appelés de partout au Québec à la défense du pape assiégé dans ses États par les soldats de Garibaldi. Ici, en 1885, on a pleuré la pendaison de Louis Riel et appelé d'une même voix la revanche d'Honoré Mercier...

Olivar a secoué de ses bottes la paille qui jonche le plancher du tramway. Les chevaux, fourbus, vont être relayés par d'autres au terminus du Mont-Royal. Le voyageur a emprunté l'avenue de l'Esplanade et marche d'un pas alerte vers la maison de la veuve Martineau, rue Rachel. La petite rue villageoise est maintenant grouillante de vie commerçante. Les boutiques canadiennes-françaises y dominent encore largement, mais la bigarrure exotique de la rue Saint-Laurent a commencé, par petites touches, d'y apporter sa couleur. Parmi les épiceries familières, un Polonais annonce ses saucisses, un Italien son huile d'olive. Derrière une vitrine givrée, un rabbin s'apprête à trancher, selon le rituel cachère, le cou d'une poule effarée qui se débat dans un nuage de plumes. Les petites maisons de bois en déclin, aux lucarnes rosies par les premières lampes de la fin du jour, alternent sans ordre avec de hautes demeures victoriennes qui annoncent le boutiquier prospère ou le marguillier influent.

À l'angle de la rue de l'Hôtel-de-Ville, Olivar reconnaît le toit mansardé et la longue galerie ouvragée de la maison où les notaires Mainville, père et fils, tiennent leur étude. Sur le trottoir d'en face, le docteur Labelle, autrefois externe des hôpitaux de Paris, propose ses compétences aux ouvriers du quartier qui travaillent aux carrières de pierre avoisinantes. Les dimanches, après la grand-messe, les fermiers aisés du nord de l'île qui ont passé la nuit à l'auberge, après le marché du samedi, viennent y placer leurs économies ou faire lancer un furoncle particulièrement rebelle. La pension de la veuve Martineau est à deux pas.

* * *

Fabiola Martineau s'est arrêtée au seuil de la porte. Sa mère est à la grand-messe et Fabiola apporte à Olivar sa chemise de rechange et son faux-col amidonné. Il doit sortir cet après-midi. Il est invité quelque part. Fabiola a beaucoup changé depuis 1895. D'adolescente, elle est devenue une mince jeune femme. Sa petite robe de challis et son tablier blanc lui vont bien. Olivar a certes des yeux pour voir. Non, il n'a pas oublié leurs fameux exploits de danse d'il y a cinq ans ! C'est pourquoi il est si heureux de se retrouver « en famille » à la joyeuse pension de la rue Rachel. Il n'a pas oublié Fabiola non plus. D'un geste preste il a dénoué, sur la commode, les pointes d'une serviette de toile qui renferme ses lettres les plus précieuses. Une lettre émouvante de Rieule au Séminaire de Rimouski, en 1891, peu avant le désastre et l'exil. Les innombrables lettres du fidèle Raoul. Celles de Mᵍʳ Sylvain et de ses anciens professeurs. Prestement il écarte les lettres, nouées à part, de la « belle Créole ». Il montre enfin à Fabiola sa lettre de petite fille qu'il a conservée. La voix charmeuse, il la relit pour elle : « Un de nos beaux oiseaux va revenir, juste à la plus belle saison de l'année[3] »... Olivar rit en repliant la lettre. En marge, il a déjà écrit : « *Fabiola.* Jeunesse ! »... Il est heureux. Il reprend sa lessive des mains de sa jeune amie. « Petite fille », murmure-t-il, avant d'éclater d'un grand rire.

Il revoit le visage rond et rieur de sa sœur préférée, Marguerite, la benjamine de la famille qu'il a provisoirement laissée derrière lui à Woonsocket. Il ira la chercher bientôt pour la ramener à Montréal. Et Joséphine-Cédulie, sa nièce qui, la semaine dernière encore, à Sainte-Flavie, venait le tirer de ses rêveries solitaires en lui proposant, gourmande, des petits gâteaux à partager...

Pourquoi donc, Olivar se le demande, faut-il absolument que ces petites filles adorables deviennent un jour de « vraies femmes » ? De ces femmes sages et prévoyantes dont Cédulie a été le modèle constant et dont Augustine lui vantait, hier encore, les mérites ? Des femmes que chacun veut économes, mais que les maternités, la prévison du lendemain, la rallonge des ourlets et l'utilisation des restes de table rendent, à la longue, trop minutieuses et trop graves. Éteintes, recrues de fatigues, inaptes à la fantaisie, au goût du jeu et du risque, insensibles à la connivence avec l'homme...

Et Fabiola ? Demain, sa mère remariée ou devenue rentière, saura-t-elle échapper à ce modèle incontournable qui reste le lot des filles de classe laborieuse ? Cette classe qui est aussi la sienne... Où se cache donc l'élixir de jeunesse qui permettrait aux petites filles de ne jamais vieillir ? Olivar a promis à son frère de songer sérieusement au mariage. Il ne leur a pas promis de lier sa vie à celle d'un parangon de vertus ménagères ! Il aura l'œil ouvert, certes. Mais le bon.

Il enfile la chemise fraîchement repassée pour aller prendre le thé, rue Cherrier, chez les sœurs Le Bouthillier, où *Françoise* lui a donné rendez-vous cet après-midi. Il évoque, en se cravatant, le souvenir de ces jeunes Gaspésiennes délurées et moqueuses qu'il a rencontrées à Fall River, chez leur cousin, et qu'il a revues à Woonsocket, chez Aram J. Pothier. La famille Le Bouthillier, qui a fait banqueroute quelques années auparavant à l'Anse-au-Griffon, dans l'exploitation de la morue, tient maintenant une pension pour étudiants au sommet de la Côte-à-Baron, à proximité de la rue Saint-Denis et de l'Université Laval à Montréal.

Casqué et botté, le cache-nez relevé jusqu'aux yeux, Olivar gagne la rue Saint-Laurent dont les boutiques dépareillées et pressées les unes contre les autres le protégeront contre le vent qui s'en donne à cœur joie dans les terrains vagues de la rue Saint-Denis. C'est dimanche et les échoppes sont fermées. Des toiles écrues ont été tendues sur les vitrines des boutiques. Mais les raisons sociales qu'Olivar déchiffre sur leurs façades lui confirment ce que tous ses amis du Québec lui ont déjà écrit : Montréal est devenue une ville cosmopolite où se côtoient toutes les nationalités et se parlent tous les dialectes de la Terre. Le problème de l'immigration sera, pour les Canadiens français soucieux de préserver leur langue, leur culture et leurs institutions, celui du siècle à venir. Quelques années plus tard, son ami le poète Charles Gill, reprenant, un jour de semaine, l'itinéraire d'Olivar en compagnie de son camarade Albert Ferland, notera avec inquiétude :

> Le soleil se couchait ; dans une poussière d'or passait la foule cosmopolite. Ce soleil au couchant, cette rue que j'avais vue il y a vingt ans toute française, cette foule composée de races hostiles à notre étoile, la diversité des langues, notre race représentée là surtout par ses prostituées de douze ans et ses jeunes ivrognes, tout cela me frappa. Nous étions demeurés près de la vitrine ; j'attirai Ferland* jusqu'au bord du trottoir ; d'un geste je lui montrai le soleil et de l'autre la foule : Regardez Ferland, lui dis-je, regardez mourir le Canada français[4]...

Olivar prend note de l'évolution, mais ne s'alarme pas encore outre mesure. Sa vie aux États-Unis l'a préparé au choc des langues et des cultures étrangères. Les grands ports de la Nouvelle-Angleterre, celui de Boston tout particulièrement, débouchaient depuis longtemps sur le monde alors qu'il y séjournait. Olivar y a côtoyé des travailleurs chinois, russes, des descendants d'esclaves noirs. Il est aussi de ceux qui, comme Pothier, ont cru davantage aux décisions politiques énergiques qu'aux fatalités de l'insondable destin providentiel dont les prêtres entretiennent ses compatriotes.

Il progresse lentement dans sa marche. Les boutiquiers responsables du déblayage de la neige devant leurs commerces n'ont pas pelleté depuis hier. Le monticule qui s'élève au milieu de la rue a été aplani par des rouleaux de bois pour faciliter le passage des traîneaux, mais il dissimule encore partiellement les maisons du trottoir d'en face. Avenue des Pins, Olivar bifurque à gauche pour gagner la rue Saint-Denis. Ici, en 1845, lui a-t-on raconté, M. de Courville possédait encore un immense domaine qui s'étendait de la rue Sherbrooke à l'avenue du Mont-Royal et jouxtait ceux des grandes familles bourgeoises de Montréal : les Guy, les Viger, les Cherrier, les Papineau. Les terres de ces notables formaient autrefois de longues bandes étroites qui s'étendaient jusqu'au chemin Papineau. Devenu promoteur, M. de Courville a loti sa terre et tracé les rues Coloniale, de Bullion et Hôtel-de-Ville.

Ouvriers et petits artisans sont venus, peu après, s'y installer plus bas, non loin des carrières et de la gare du Mile-End où aboutit le train du Nord. Le train : rêve tenace du curé Labelle, sous-ministre de la Colonisation dans le gouvernement Mercier, et qui relie enfin son fameux royaume des Laurentides à la plaine

---

* Albert Ferland (1872-1943) poète et dessinateur montréalais.

montréalaise. Au bout de la rue Laval, le promeneur entrevoit maintenant les maisons de pierre contiguës, coiffées de toitures de bois et de tôle ouvrées du carré Saint-Louis. De leurs fenêtres en saillie, on a vue sur le magnifique bassin central aux fontaines taries par l'hiver qui a remplacé l'ancien aqueduc de la Côte-à-Baron.

À partir du vaste Institut des Sourdes et Muettes, érigé par les sœurs de la Providence sur les terres de l'avocat Côme-Séraphin Cherrier, leur bienfaiteur, Olivar s'engage dans la courte rue qui porte le nom de l'ancien Patriote[5]. Tout au bout, c'est l'immense champ déboisé du parc Logan* où s'étend encore la courte-pointe rurale, parsemée d'avant-postes résidentiels isolés qui annoncent le village De Lorimier.

Rue Cherrier également, les maisons sont encore peu nombreuses. Celle qu'habitent les Le Bouthillier, à l'instar de ses voisines construites en pierre tirée des carrières du Plateau, compte quatre étages. Pour permettre à sa clientèle étudiante d'occuper le maximum de chambres à louer, la famille s'est repliée au premier étage où les filles, le soir venu, déplient des lits de camp improvisés. Mais le dimanche venu, madame-mère reçoit. Quatre filles à marier créent des obligations. Surtout quand le père n'a pas le sou pour les doter.

Mais à défaut de promesses d'établissement, les filles Le Bouthillier ont un nom, de l'esprit, du talent et de la débrouillardise. Un nom d'abord : celui de leur grand-père, John Le Bouthillier, venu s'établir à Paspébiac, en Gaspésie, à la fin du XVIIIe siècle, pour le compte du fameux Charles Robin**. De simple commis, le Jerseyais finit par ouvrir, à son propre compte, un premier établissement de pêche à Percé, en 1833. Un second à l'Anse-au-Griffon, en 1838, où il se fait construire, cette fois, une magnifique résidence d'été. Entre-temps devenu véritable notable de la ville de Gaspé, lieu de sa résidence permanente, John brigue avec succès, entre 1833 et 1867, trois mandats comme député de Gaspé et de Bonaventure à l'Assemblée législative de Québec, sous la bannière conservatrice. Il est, par la suite, nommé conseiller législatif.

Son fils Charles héritera du manoir et du commerce de l'Anse-au-Griffon. Francisé et converti au catholicisme***, le second fils de l'honorable John Le

---

* L'année suivante, en 1901, au milieu de grandes célébrations patriotiques, le parc Logan prendra le nom de Lafontaine qui fera sa célébrité jusqu'à nos jours.

** Exportateur de morue qui devait donner son nom à la célèbre entreprise Robin Jones & Withman, dont les légendaires magasins verts, présents dans chaque village, ont constitué, durant près d'un siècle et demi, le symbole de l'exploitation des pêcheurs gaspésiens. La compagnie payait les pêcheurs en jetons échangeables aux seuls magasins de la compagnie.

*** Les Le Bouthillier étaient des descendants de huguenots français chassés dans les îles de la Manche par la révocation de l'édit de Nantes.

Bouthillier a épousé Hélène Têtu, de Trois-Pistoles, qui lui a donné six enfants : cinq filles et un garçon. Vivant confortablement de leur négoce, Charles Le Bouthillier et sa femme passent leurs hivers dans la Vieille Capitale où les enfants poursuivent leurs études dans les meilleurs établissements religieux et fréquentent la fine fleur des vieilles familles de Québec. Les étés les ramènent, insouciants, à l'Anse-au-Griffon, au milieu des cabanes de pêcheurs et des vignaux à sécher le poisson. Mais aujourd'hui, les Le Bouthillier n'ont guère plus d'économies que les pêcheurs qui ont fait jadis leur fortune. Un naufrage a fait leur malheur et englouti leurs biens[6].

S'ils n'ont pas plus d'économies que les pêcheurs, ils ont plus d'instruction et infiniment plus de relations ! Et, surtout, la volonté de s'en sortir. Hélène, l'aînée, possède une voix d'or que la famille entend mettre à profit. On a écrit d'elle que sa voix de soprano ne peut être comparée qu'à celle de la grande Emma Albani. On vient de lui décerner une bourse d'études qui l'a conduite à Paris où un contrat l'attend au Grand Opéra. À Éva, la seconde, semblent avoir échu la beauté et l'assurance. De tels dons — joints à un tel nom — lui ont valu la protection d'Israël Tarte en personne. Éva a quitté son emploi de gouvernante dans une riche famille américaine pour accompagner Hélène à Paris. À l'été, un emploi d'hôtesse lui a été assuré au Pavillon canadien de l'Exposition universelle dont l'inauguration est prévue pour le 15 avril.

John, le fils unique, élégant milicien du 65e régiment des Carabiniers du Mont-Royal, est devenu extrêmement populaire dans les bals de Montréal. Il pourrait conséquemment prétendre aux meilleurs partis de la ville. Élizabeth, dite Éliza, petite, espiègle et dégourdie, dessine avec talent et donne des leçons particulières aux enfants des familles bourgeoises. Alice a reçu en partage le don de la conversation et un sourire lumineux. On la place donc en bout de table, à l'heure du repas des pensionnaires, afin de faire oublier aux étudiants que, dans leur assiette, la morue est mal dessalée et les pommes de terre trop cuites... Cette fonction essentiellement décorative n'empêche nullement Alice d'être la première femme à occuper un emploi permanent à l'Hôtel de Ville de Montréal.

Trop longtemps habituées à être servies, les filles Le Bouthillier ne sont pas, loin de là, des cordons-bleus[7]. Tout au plus madame-mère a-t-elle réussi à rescaper de la banqueroute de l'Anse-au-Griffon un ancien homme de cour venu des Antilles avec un retour de bateau. En échange du gîte et du couvert, « le père Herrebondt » parle le français avec l'accent chantant des Îles, communique à qui veut l'entendre son admiration pour le Siècle des lumières et répond de façon intermittente aux attentes ménagères. Prodigieusement intéressé par la conversation des invités, il en oublie d'ouvrir la porte et de faire circuler les plateaux.

Tout cela contribue à créer dans cette maison une ambiance bohème et insolite qui fait fondre la glace et met aussitôt le visiteur à l'aise. Figure ouverte et affable, madame Le Bouthillier, née Têtu, préside « son jour » avec jovialité. Mais c'est *Françoise* qui brille là de tous ses feux, au milieu de sa cour d'étudiants amateurs de littérature et qui rêvent de voir publiés un jour leurs premiers vers. La journaliste, qui a eu Honoré Beaugrand et Israël Tarte comme collègues à *La Patrie*, a de l'entregent et passe pour être d'excellent conseil. Elle aussi compte se rendre bientôt à l'Exposition universelle. Elle s'embarque au printemps en compagnie de son amie Joséphine Marchand-Dandurand* et de son mari, le sénateur. Déléguées officielles de leur pays, les deux féministes sont attendues dans la Ville Lumière où elles ont noué des relations impressionnantes. Gyp, la pétulante Gyp, leur ouvrira son salon et leur aménagera des rencontres utiles à leur entreprise : convaincre les Français et les Françaises d'envoyer des dons, sous forme de livres, afin de constituer des fonds de bibliothèques pour le Canada français**. *Françoise* y lira publiquement, à la même occasion, des extraits de ses *Fleurs champêtres*, contes en forme de petits tableaux agrestes dont raffolent, paraît-il, les Français lorsqu'ils évoquent le Canada français. Elle retrouvera aussi ses célèbres amies du Club Lyceum où, devenue officier de d'Académie, la « petite fille de l'Isle-Verte » a été admise avec tous les honneurs. Olivar boit littéralement ses paroles.

Il a vite remis un nom sur chaque visage et présenté ses hommages aux parents Le Bouthillier, enchantés de compter un jeune homme d'avenir de plus parmi leurs habitués. Sa réputation l'a précédé à Montréal. Puis *Françoise* l'a entraîné à nouveau dans son sillage et entretenu avec enthousiasme de la relève littéraire du XXe siècle qui fait ses armes et polit ses vers aux Soirées du Château de Ramesay. Il lui faudrait y venir prochainement lui aussi. Il y rencontrerait, outre Charles Gill et Arthur de Bussières, Jean Charbonneau, Lucien Rainier, Louis Dantin***, Gonzalve Desaulniers, Germain Beaulieu et bien d'autres. Il lui faut aussi rencontrer Albert Lozeau... Le jeune poète ne sort jamais de chez lui, cloué à son lit depuis plusieurs années par le mal de Pott****. Mais ses amis, persuadés de son immense talent, Charles Gill surtout, l'ont inscrit parmi les collaborateurs des *Soirées*. Bientôt on pourra lire des poèmes de Lozeau dans *Les Débats*. Il ne possède que l'embrasure de sa fenêtre de chambre comme échappée. Pourtant, personne mieux que lui ne sait évoquer, dans ses vers, la splendeur mélancolique

---

* Joséphine Marchand-Dandurand était la fille de l'ancien premier ministre du Québec Félix-Gabriel Marchand. Elle habitait tout près, rue Sherbrooke, avec son mari le sénateur Raoul Dandurand.

** Les bibliothèques de Waterloo, Beauharnois et Saint-Jean-sur-Richelieu bénéficieront de ces dons. *Françoise* se méritera les Palmes académiques en 1904, à la suite de cette initiative.

*** Pseudonyme littéraire du père Eugène Seers, ami, protecteur et éditeur de Nelligan.

**** Tuberculose des vertèbres décrite pour la première fois au XVIIIe siècle par le chirurgien anglais du même nom.

de nos automnes... Le soir venu, Lozeau fait placer, par sa mère, une veilleuse sur l'allège de la fenêtre. C'est un message d'affection qu'il adresse à ses amis qui passent... Sa chambre est devenue un véritable cénacle où *Françoise* l'amènera bientôt. La famille Lozeau habite aussi le quartier Saint-Jean-Baptiste.

Mais avant toutes choses, Olivar doit absolument prendre rendez-vous avec de Montigny. Elle lui donnera son adresse, montée du Zouave. Il peut aussi prendre contact avec lui au journal même. *Les Débats* occupent les anciens locaux de *La Patrie*, rue Sainte-Catherine. Olivar s'y rendra aisément. *Françoise* trouvera bien le temps de prendre le thé avec eux, tout près, Chez Kerhulu, pour mettre au point les modalités de leur collaboration. *Les Débats* ne paraissent qu'une fois la semaine. Olivar devra forcément trouver à s'employer simultanément ailleurs, s'il veut joindre les deux bouts et rapatrier bientôt sa famille à Montréal.

Les jeunes filles se préparent maintenant à chanter en s'accompagnant à tour de rôle au piano. Elles le font avec beaucoup d'aisance. Berceuses, romances, lieder, vieilles chansons françaises se succèdent. Quand les murmures admiratifs commencent à s'apaiser, certains émettent l'avis que ce XXe siècle qui s'ouvre pourrait bien être celui des femmes. Leurs talents ne cessent de se manifester dans tous les domaines. Celui des arts comme celui des lettres et, bientôt, celui de l'action sociale. Olivar connaîtra bientôt la charmante femme de Charles Gill : une autre journaliste de grande réputation qui s'est vouée à la cause de l'instruction supérieure des femmes. Née avec la Confédération, Marie Georgina Bélanger écrit, depuis quelques années, sous le pseudonyme de Gaétane de Montreuil. Dans *La Patrie*, où ses idées avancées n'ont pas outre mesure effarouché les libéraux, elle a créé le *Coin du Feu*. Il y a de cela sept ans déjà. Puis elle est passée à *La Presse* où elle rédige une page féminine dont on parle beaucoup. Elle forme avec son mari, le peintre-poète, un couple très moderne où chacun poursuit en toute liberté une carrière personnelle. Olivar doit aussi rencontrer Idola Saint-Jean, autre féministe qui fut également l'amie et la confidente de Nelligan.

Les sœurs Le Bouthillier lui parlent également de leur grande amie *Madeleine*, qui écrit actuellement au *Temps*, d'Ottawa, mais projette de venir s'établir bientôt à Montréal. De son vrai nom Anne-Marie Gleason, *Madeleine* est native, comme Olivar, d'En-bas-de-Québec. Plus précisément de Rimouski : est-il seulement possible que ce dernier ne l'ait jamais croisée, dans la rue principale, du temps où il fréquentait le Séminaire et sortait chaque midi, avec ses camarades, prendre son repas chez la mère Sirois ? Mais Rimouski, c'était l'époque des amitiés viriles et le « Petit Caporal », inconscient sans doute, avait raté le passage de la belle *Madeleine*. Il aurait tout le temps de se reprendre.

* * *

Olivar a quitté la maison de la rue Cherrier ébloui, un peu grisé. Tant de perspectives évoquées, de talents à découvrir et tous réunis dans une même ville! Presque dans un même quartier... Et ces amitiés qui s'offrent à lui spontanément, ces idées nouvelles si largement partagées, cette liberté d'expression qui se manifeste ouvertement, même chez les femmes. Oui, Woonsocket, son couvre-feu précoce et son petit univers clos sont bien loin déjà. Il a fait le bon choix: cette ville est décidément faite pour lui. Elle est à sa mesure et il saura s'y faire une place. Y prendra-t-il femme aussi, comme Oscar et Raoul le lui ont recommandé? Difficile à dire. S'il en juge par ce premier dimanche, les Montréalaises lui semblent toutes plus attirantes les unes que les autres.

Chapitre VIII

LE PIED À L'ÉTRIER

La technologie triomphante du XIXe siècle a transformé graduellement le journal dans sa présentation et dans son contenu. Le nombre de pages augmente; la périodicité devient plus fréquente; l'information, plus abondante, plus actuelle, occupe la place importante. Le journal perd son aspect monotone. Une mise en page savante, faite de manchettes, de sous-titres et de photos, lui donne plus de cachet.

(Jean Hamelin, « Aperçu du journalisme québécois d'expression
française » in *Recherches socio-graphiques*, VII, 3, p. 321)

Depuis son arrivée, Asselin n'a pas perdu son temps. Entre janvier et mars, il a ratissé les salles de rédaction de Montréal. Cette fois, il a vaincu la timidité du néophyte qui, cinq ans plus tôt, l'avait retenu au seuil des grands journaux de la métropole. Encore sommairement politisé et faisant flèche de tout bois, il a offert ses services partout. Anglaise ou française, libérale ou conservatrice, il est disposé à collaborer à toute publication où ses idées et sa signature seront respectées et rémunérées. Elles ne seront pas légion, et il n'a guère le choix. À Woonsocket, vivotant du travail instable de ses frères et sœurs en âge de gagner leur vie, sa famille attend avec impatience de venir le rejoindre à Montréal.

À l'aube du nouveau siècle, la presse québécoise qu'il découvre voit ses horizons multipliés par l'essor de nouvelles technologies. Après le prodige de communication créé par l'installation des câbles de transmission transocéanique, en 1886, c'est maintenant la transmission sans fil (1899) qui vient réduire à presque rien la distance entre l'événement et la nouvelle. L'écho des événements européens qui, au début du XIXe siècle, prenait huit semaines à atteindre le Canada, en prenait encore trois il y a à peine vingt ans ! Flairant le vent nouveau de l'instantanéité, les hommes d'affaires, que ces années de prospérité rendent entreprenants, investissent avec enthousiasme dans les entreprises de presse.

Quant aux politiciens, ils savent qu'ils doivent, eux aussi, prendre à temps le virage technologique : aucun parti ne peut aspirer au pouvoir s'il ne contrôle au moins un grand journal de prestige chargé de défendre, au jour le jour, ses politiques dans chaque ville et chaque village. Les chemins de fer assurent une livraison rapide des journaux aux quatre coins du pays. Et demain, assurent certains, c'est l'automobile qui décuplera encore le nombre potentiel des abonnés ! Les commerces investissent massivement dans cette publicité, ramifiée à l'extrême, sans laquelle aucune entreprise ne saurait dorénavant prospérer.

À Montréal, *The Montreal Star*, *La Patrie* et *La Presse* ont donné le ton et joué un rôle de précurseurs dans la modernisation des journaux. Dans les décennies à venir, les disparitions de « canards boiteux » et les fusions de sauvetage vont se multiplier. Maintenir, dans ces conditions, un journal d'idées, libre et indépendant des partis, relève de la prouesse ou de l'inconscience ! En se développant, la technologie pave la voie au journalisme à sensation dont les masses se montrent de plus en plus friandes. Les tirages des journaux populaires montent en flèche. Le fondateur de *La Presse*, William-Edmond Blumhart, tirait à 20 000 exemplaires en 1885, au moment de sa fondation. Quinze ans plus tard, son directeur, Trefflé Berthiaume, peut s'enorgueillir de 63 000 exemplaires quotidiennement vendus. En trente ans, *The Star* a vu, pour sa part, son tirage passer de 6700 à 51 752 exemplaires. *La Patrie*, elle, a presque sextuplé le sien en vingt ans : un bond de 5000 à 27 488 exemplaires.

Cette massification de l'information a entraîné une disparition brutale de la plupart des grands organes de presse qui avaient dominé le siècle précédent. Le *Journal de Québec* était mort en 1889, *Le Canadien*, en 1893, et *La Minerve*, le joyau du Parti conservateur, avait publié son dernier numéro l'année précédente, en 1899. Parvenus au pouvoir en 1896 avec Laurier, les libéraux dominent, depuis, le paysage de la presse partisane. Le patronage de l'État leur a permis de se créer un solide réseau où règne en maître incontesté Israël Tarte qui a su racheter, au bon moment, *La Patrie* d'Honoré Beaugrand. *La Patrie* a quitté sa petite maison de la rue Saint-Gabriel pour de spacieux locaux, situés rue Saint-Jacques. C'est là que travaille *Françoise*. Malgré la répugnance qu'il nourrit, depuis l'affaire du Manitoba, à l'endroit des politiques de Laurier, Asselin y placera quelques articles à la suggestion de son amie. Godfroy Langlois, le rédacteur en chef, passe pour un radical et un franc-maçon. Qu'importe la rumeur publique !

Mais il ira aussi proposer ses services chez l'adversaire. Il n'entretient aucune sympathie particulière à l'endroit des « tories », mais ces derniers accueillent volontiers ce jeune éditorialiste qui a commencé à s'attaquer, depuis la Nouvelle-Angleterre, au mythe du grand Canadien français à « la langue d'argent* ». Aussitôt après la disparition de *La Minerve*, en 1899, les conservateurs ont fondé *Le Journal* dont la direction a été confiée à Milton McDonald. Sa direction compte plusieurs représentants de la garde montante canadienne-française de Montréal : Louis-Joseph Forget, actionnaire des premiers tramways électriques de la ville, siège à son comité éditorial en compagnie de son neveu Rodolphe, de Louis Beaubien, père d'une future dynastie financière, de Frederich Debartzch Monk, éminent professeur de droit à l'Université Laval à Montréal et futur chef de l'aile québécoise du Parti conservateur, de l'ex-premier ministre du Québec Louis-Olivier Taillon, de Tom Chase Casgrain, ancien procureur général de la province et député conservateur à Ottawa. En 1900, Asselin croit trouver là un simple tremplin. Il ne se doute pas encore qu'un bien étrange rendez-vous l'attend avec tout ce beau monde... Va donc pour quelques articles bien payés au *Journal* ! Et tant qu'à y être, quelques-uns aussi à l'éphémère *Herald*, pour établir au départ qu'il peut rédiger aussi vite et aussi brillamment dans les deux langues.

Il n'a pas été long, non plus, à retracer Louvigny de Montigny, l'un des leaders étudiants les plus colorés de sa génération. À dix-neuf ans et encore étudiant en droit rue Saint-Denis, le second fils d'un respectable juge de la Cour municipale de Montréal faisait déjà parler de lui comme membre fondateur de l'École littéraire de Montréal. À vingt-quatre ans, en compagnie de quelques collègues du Quartier latin, il vient de fonder *Les Débats* dont *Françoise* lui avait expédié les premiers exemplaires à Woonsocket. De Montigny cultive, comme Olivar, le goût de la polémique et professe sensiblement les mêmes credos politique et littéraire : un anti-impérialisme virulent et un amour inconditionnel de la France. Ils devaient s'entendre. Ils s'entendirent sur-le-champ. Asselin rejoindrait bientôt l'équipe des *Débats*. Une équipe déjà prestigieuse, aux yeux de la jeunesse des collèges et de l'université, et qui pourra compter, parmi ses collaborateurs, la plupart des étoiles montantes de l'École littéraire de Montréal : Émile Nelligan, Charles Gill, Albert Lozeau, Louis Dantin, Albert Ferland, Arthur de Bussières. Soucieux de se maintenir, eux aussi, dans le vent du renouveau qui souffle simultanément sur *Les Débats* et sur *L'École*, des aînés au nom bien établi, Pamphile Le May, Louis Fréchette et Rémi Tremblay, ont assuré le nouveau journal de leur collaboration régulière.

Invitant à la fois peintres et musiciens à élaborer, avec eux, une nouvelle esthétique résolument moderne, les animateurs des *Débats* professent en art des idées avancées. Dans leur histoire de la presse québécoise, André Beaulieu et Jean Hamelin écrivent à leur propos :

---

* *The Silver Tongue* était le surnom de sir Wilfrid Laurier, orateur dont le verbe subjuguait les foules.

Influencés par les symbolistes et les impressionnistes, ils partageaient avec eux le principe de l'art pour l'art dans une société où l'art devait servir avant tout la morale. Les jeunes s'indignaient que de nombreux journaux, dits catholiques, couvrent la Vénus de Milo d'une chemise et consacrent dans une même édition deux ou trois pages à des complots de nos meilleurs bandits. « Nos idées sur la morale ne sont pas celles-là[1]. »

Cette façon de s'exprimer va comme un gant à l'ex-rédacteur de la *Tribune*. Bientôt, il va devenir un habitué de la garçonnière où les nouveaux esthètes, conviés par de Montigny, mettent en pratique leurs théories d'ouverture au monde et d'anticonformisme. Leur hôte, qui a jadis animé des « saturnales littéraires » au café Ayotte, rue Sainte-Catherine, en compagnie du groupe dit « des Six éponges », est passé maître dans l'art de créer des atmosphères. Il reçoit dans un décor de phalanstère raffiné et vaguement oriental. Son frère aîné, Gaston, a réalisé le vieux rêve d'Olivar : officier du 65e régiment des Carabiniers du Mont-Royal, il est passé à la Légion étrangère. De Sidi-bel-Abbès, en Algérie, puis du Maroc, il a expédié à Louvigny des tapis berbères, des poufs, des tables basses à plateaux de cuivre ouvragé autour desquelles, assis en tailleur dans des nuages de nicotine, ses amis font circuler les bouteilles et les idées nouvelles.

À vingt-quatre ans, Louvigny de Montigny s'est fait une tête romantique. Il porte les cheveux longs, rejetés vers l'arrière dans un désordre étudié. À la sombre cravate réglementaire, il préfère des lavallières de soie colorées. Enfin, il prise par-dessus tout les cuirs fins d'Italie et les lainages britanniques de grande marque : c'est un authentique « dandy ». À côté des fils de famille aux beaux habits savamment froissés s'expriment également avec autorité des jeunes gens pauvres qui arborent, avec non moins de panache, les écharpes trouées et la crinière en bataille d'Arthur Rimbaud, modèle incontesté de toute la révolte créatrice. Arthur de Bussières, confident et compagnon de Nelligan, est de ceux-là.

Dans son habit noir de petit provincial endimanché, Olivar a tout à apprendre de la faune montréalaise et de ses usages... Séduit par l'esthétisme qu'on y professe et qui rejoint d'emblée ses goûts personnels, il demeure plus réservé quant aux moyens d'y parvenir. Atteindre les sommets de l'Art grâce à ce « dérèglement de tous les sens », ne sera jamais l'affaire de ce fils de paysan admirateur de la discipline militaire. Travailleur d'usine, il a pu mesurer les conséquences désastreuses de l'alcoolisme familial. Il se méfie aujourd'hui des « cuites » maquillées d'esthétisme de ses amis bourgeois.

Tâcheron sous-payé dans les journaux franco-américains, il éprouve également un léger malaise devant la quasi-divination de l'écriture qu'on professe dans les nouveaux cercles où il est introduit. L'artisan quotidien du substantif et du verbe se sent parfois dépaysé parmi ces artistes délicats dont l'inspiration paraît aussi fragile qu'intermittente. Combien pourtant il les admire ! A-t-il vraiment renoncé, d'ailleurs, à compter un jour parmi les grands poètes du Canada français ? À vingt-six ans, Asselin n'a pas encore fini de se trouver.

C'est au plan politique, toutefois, qu'à l'égard de l'équipe des *Débats* ces réserves mineures vont fondre comme neige au soleil. *Les Débats* sont nés au cœur de l'agitation politique que vient de déclencher l'envoi d'un premier contingent canadien dépêché par le gouvernement Laurier à la guerre du Transvaal, en Afrique du Sud. Le 18 octobre 1899, le député libéral Henri Bourassa, en désaccord avec son chef, a rompu avec lui dans un coup d'éclat et siège désormais comme député indépendant. Autour de sa personne s'est rapidement formé un mouvement anti-participationniste. Ses appels éloquents en faveur de l'indépendance du Canada dans les guerres impériales se sont répandus comme une traînée de poudre parmi la jeunesse francophone de Montréal. C'est, en grande partie, pour donner un moyen d'expression à la nouvelle lutte nationaliste que Paul de Martigny et Louvigny de Montigny ont décidé de fonder un nouveau journal. Un journal libre, totalement affranchi des vieux partis qui, tour à tour depuis la Confédération, ont pris la fâcheuse habitude de régler le sort des Canadiens français selon les desiderata impérialistes du Canada anglais. « Notre journal n'est vendu et ne sera jamais vendu à aucune coterie. Il agira selon sa conscience en s'inspirant de la justice et du droit du faible », annonçait l'éditorial de son premier numéro.

La nouvelle guerre impériale se passe à l'autre bout du monde, dans deux petites républiques dirigées par d'anciens colons hollandais, les Boers*. Au Transvaal et dans l'État libre d'Orange, l'arrivée massive de colons anglais menace l'équilibre démographique. Les Boers ripostent en votant des mesures sévères, destinées à rendre plus difficile aux colons anglais l'accès à la citoyenneté de leurs républiques. Plus difficile, surtout, l'accès à leurs mines d'or et de diamants! L'enjeu est de taille : l'Afrique du Sud constitue la plus riche région agricole de tout le continent. Quant au Transvaal, il est le premier producteur de diamants au monde et ses mines d'or fournissent, à elles seules, 58% de la production mondiale. C'est un ancien prospecteur britannique de diamants, figure de proue du colonialisme impérial, Cecil Rhodes, qui se trouve alors premier ministre de la république voisine du Cap. Il se propose de casser lui-même l'obstructionnisme des Boers. Pour y parvenir, il devra d'abord affronter Paul Kruger, président-fondateur du Transvaal. Ce dernier, contre toute attente, va prendre rapidement l'initiative. Après avoir conclu une alliance avec l'État libre d'Orange, Kruger déclare la guerre à l'Angleterre, le 12 octobre 1899. C'est David contre Goliath...

---

*Les descendants des Boers, les « Afrikaaders » ou « Afrikaners », forment aujourd'hui la majorité de la population blanche d'Afrique du Sud. L'afrikaans, forme dialectale du néerlandais, est langue officielle au même titre que l'anglais. Après la guerre de 1899-1902, où ils ont été défaits, les Boers sont devenus citoyens britanniques.

Le grand empire victorien va pourtant s'empresser de sonner l'hallali dans toutes ses colonies et appeler ces dernières à serrer les rangs devant « la menace boer » qui pèse sur le « Grand Empire sur lequel le soleil ne se se couche jamais ».

Si les Canadiens anglais se sont sentis interpellés par l'appel solennel de la mère-patrie, il en va tout autrement des Canadiens français. Dans la province de Québec en particulier, les citoyens ont bien davantage tendance à s'identifier à la cause des Boers, qu'ils perçoivent comme un petit peuple courageux et indépendant, qu'à celle de la grande nation conquérante avec laquelle ils ne cessent eux-mêmes d'en découdre. L'idée d'aller verser leur sang pour permettre « aux Anglais » de faire main basse sur les mines d'or et de diamants du Transvaal, ne leur semble pas, non plus, une cause justifiable. Ils doutent même que ce soit « le sort de l'Empire qui se joue là-bas » ; ils croient plus volontiers à l'influence du lobby tout-puissant de ses grands financiers. Le Canada, sur lequel ne plane aucune menace et auquel Kruger n'a pas déclaré la guerre, n'a, selon l'opinion canadienne-française, absolument rien à faire dans cette galère !

Voici en quels termes, écrivant quatorze ans après les événements, Henri Bourassa évoque cette perception de la situation :

> Il est aujourd'hui acquis à l'histoire que Cecil Rhodes et Chamberlain* préparèrent de longue main et provoquèrent le conflit sud-africain afin de brusquer l'action des colonies et les entraîner, pour la première fois, dans les guerres de l'Empire.
>
> Rhodes « prépara » l'opinion aux colonies en corrompant les journaux et les politiciens, — comme le trust des armements fait aujourd'hui en Allemagne, en Angleterre, au Canada. Chamberlain, imitant Bismarck jusque dans ses procédés de falsification des dépêches, accula Kruger à commencer les hostilités, afin de faire croire à l'immense masse des badauds, des crédules et des gens mal renseignés que l'Angleterre était sur la défensive. Des renseignements pris à bonne source m'autorisent même à penser que les chefs du mouvement impérialiste ne furent qu'à demi-fâchés des premiers revers de l'armée anglaise. Sûrs de l'emporter par la force du nombre, ils voyaient, dans ces échecs humiliants, un moyen efficace de stimuler l'ardeur des coloniaux[2].

Pour la seconde fois de sa carrière, Laurier va se heurter à la fatidique arithmétique fédérale : conserver l'appui de la majorité canadienne-anglaise, en se montrant réceptif aux attentes de Londres, mais en évitant de heurter de front l'opposition minoritaire française dont le vote lui est indispensable pour se maintenir au pouvoir. En 1899, tout comme en 1896, à l'époque de la crise des écoles du Manitoba, c'est la quadrature du cercle. Mais les politiques de Laurier sont à géométrie variable. Il tentera de s'en sortir, pour une seconde fois, selon la méthode déjà éprouvée du double discours.

---

* Ministre des Colonies dans le gouvernement conservateur de l'Angleterre.

D'abord, gagner du temps. Aux Anglais de Londres, il rappelle les vibrants serments de loyauté à l'Empire qu'il a prononcés à l'occasion du jubilé de la reine Victoria et qui ont fait de lui l'une des figures les plus remarquées parmi les chefs d'État de l'Empire britannique. En catimini, et bien que les communes n'en aient pas encore été saisies, il laisse le quartier général de la milice préparer en secret une expédition et répartir les commandements de troupes. Mais il se garde bien d'en parler à « son cher Henri ».

Au jeune tribun qui ne demande qu'à croire son maître, il réitère ses promesses de demeurer ferme devant les pressions de Londres. Dans une entrevue du 4 octobre au *Globe* de Toronto, n'a-t-il pas répété que les volontaires sont enrôlés essentiellement pour servir à la défense du Dominion et que le Canada, dans le cas présent, n'est pas menacé ? Que le Canada ne saurait fournir de troupes sans l'approbation préalable du Parlement ? Là aussi, il a su gagner quelques jours avec Bourassa... Quelques jours, mais pas davantage. Des pressions adverses s'exercent de plus en plus nombreuses sur le premier ministre. « Le vin est tiré, il faut le boer », lui dira son député Rodolphe Lemieux dans un calembour grinçant.

L'opposition conservatrice n'entend pas lui laisser le temps de tergiverser. Bourassa raconte :

> Sir Charles Tupper, alors chef de l'opposition, en profita pour donner le croc-en-jambe au premier ministre. Donnant le démenti aux traditions de son parti, à la pratique établie par sir John Macdonald, en 1885, et aux principes qu'il avait lui-même soutenus jusque-là avec sa vigueur habituelle, il envoya une dépêche au premier ministre, lui offrant son concours s'il voulait se rendre « aux désirs du peuple canadien » et organiser immédiatement une expédition. Sir Wilfrid donna dans le panneau et ordonna, le 13 octobre, ce qu'il avait déclaré, le 3 octobre, ne pas pouvoir faire[3].

Londres va aussitôt profiter de la situation. Prenant prétexte d'un article de la *Canadian Military Gazette* du 3 octobre, soutenant qu'en cas de guerre le gouvernement du Canada mettra très certainement des troupes à la disposition de l'Angleterre, Londres va brusquement court-circuiter le processus parlementaire. Joseph Chamberlain s'empresse de prononcer un discours où il remercie solennellement le Canada pour sa généreuse participation à la guerre ! Voilà Laurier piégé, laissé à la merci du *Montreal Star* qui mène une campagne participationniste virulente. Chaque jour, ses éditoriaux dénoncent la déloyauté et la veulerie des Canadiens français et affirment que cette guerre met en jeu l'honneur du pays et l'avenir de la nation. Plus tard, le 11 octobre, le *News* de Toronto traitera même la province de Québec d'ennemie du Canada et de l'Empire britannique tout entier. Au Canada anglais, le ton est bel et bien donné : la « guerre de races » est déclarée sur son territoire, celle du Transvaal paraît imminente.

Les éditorialistes canadiens-français sentent la moutarde leur monter au nez. Le 5 octobre, *La Presse* se moque : « 20 000 Canadiens vont partir pour se faire Kaffirs*, dit-elle, et, en échange, on nous amène 25 000 Doukhobors pour en faire des Canadiens. C'est beau, la politique impérialiste[4] ! » Même *La Patrie* d'Israël Tarte, le conseiller de Laurier, a cessé d'attendre la réponse aux états d'âme du grand chef. Elle a donné la sienne : le pays n'a rien à faire en Afrique du Sud ! Toute sa vie, en effet, l'actuel bras droit de sir Wilfrid Laurier prétendra expliquer, par son nationalisme fondamental, ses volte-face et ses changements d'allégeance successifs. Voilà une belle occasion de le prouver : Tarte sera antiparticipationniste et il ira mettre, cette fois, son journal et ses conseils au service de Bourassa, son jeune compagnon de voyage de 1896. Rien de tel qu'une cure de jouvence pour recycler un vieux politicien roué... Tarte prend donc habilement parti pour la jeunesse qui manifeste déjà dans les rues de Montréal.

Le moment de vérité approche pour Laurier et Bourassa. Une rencontre officieuse s'organise à Ottawa au domicile de Tarte. Lomer Gouin, Rodolphe Lemieux, Louis-Napoléon Champagne et Napoléon-Antoine Belcourt assistent à l'entretien :

— M. Laurier, tiendrez-vous compte de l'opinion de la province de Québec ?

Et la phrase historique de tomber :

— Mon cher Henri, la province de Québec n'a pas d'opinion ; elle n'a que des sentiments !

Bourassa, le plus jeune du groupe, a été le seul à parler et à affronter le chef. Les autres représentants du Québec se sont tus. Le jeune député argumente, explique, se fait insistant. Laurier l'interrompt :

— Mon cher Henri, les circonstances sont difficiles...
— C'est parce que les circonstances sont difficiles que je vous demande de rester fidèle à votre parole. Gouverner, c'est avoir assez de cœur pour savoir, à un moment donné, risquer le pouvoir pour sauver un principe.

Un silence total reçoit ce langage abrupt qu'aucun ministériel n'a, de sa vie, osé adresser au chef. Frappé plus qu'il ne le laisse paraître, Laurier a pris le ton lassé et indulgent qui lui est familier, lorsqu'il cherche à s'esquiver :

— Ah, mon cher ami, vous manquez d'esprit pratique[5]...

Pour le vrai politicien, le pouvoir n'est jamais négociable. Les principes passent, le pouvoir reste : il s'agit simplement de durer. Bourassa a vite compris ce langage qui ne sera jamais le sien. Son choix est fait. Le 12 octobre, le Transvaal

---

* Nom donné par les Afghans musulmans à des peuplades voisines réfractaires à l'islam.

déclare la guerre à l'Angleterre. Le 18, Henri Bourassa envoie à Laurier sa lettre de démission comme député libéral de Labelle et annonce sa décision de se porter candidat indépendant. Sa campagne, exclusivement axée sur la participation à la guerre, constituera un test de vérité irrécusable pour qui prétend connaître l'opinion véritable du Québec et en tenir compte. Trop habile pour « faire un martyr » de ce fier dissident que toute une jeunesse admire déjà, Laurier mise plutôt sur le temps pour le voir rentrer discrètement au bercail libéral une fois la poussière retombée. Il ne se trompe pas. Le premier ministre ne suscitera donc pas d'opposition à la réélection de Bourassa. Devant l'intransigeance de l'homme, les conservateurs, de leur côté, se sont bien gardés de lui faire des avances. Ils voient juste : leur chef, Charles Tupper, est aussi impérialiste que Laurier. Bourassa, député indépendant, sera donc plébiscité dans Labelle à l'occasion d'une élection partielle déclenchée simultanément dans cinq comtés. Mais à vaincre sans péril on triomphe sans gloire, rappellera le *Herald*.

Qu'importe l'opinion des journaux anglais ! Pour la jeunesse canadienne-française, Bourassa, qui a su tenir tête à Laurier, est devenu un héros. Cette jeunesse exècre, en outre, les demi-mesures et n'entend rien aux nuances politiciennes des carriéristes. Tarte a donc raté sa cure de jouvence en ne suivant pas la ligne dure définie par le petit-fils de Papineau. Cherchant, comme son maître, à couper la poire en deux, le directeur de *La Patrie* s'est plutôt rallié à l'envoi d'un premier contingent « de courtoisie » au Transvaal, en retour d'une « clause » stipulant que cet envoi ne constituerait en rien un précédent. Le doigt dans l'engrenage. Seulement un doigt ? Allez-y voir ! Laurier connaît « son Tarte », mais Tarte connaît mal les Anglais.

C'est dans cette atmosphère survoltée, qui marque l'irruption de forces nouvelles sur l'échiquier politique du pays, que s'embarque à Québec le premier contingent militaire canadien pour l'Afrique du Sud. Du haut des remparts de la Vieille Ville, un étudiant transi regarde partir le navire illuminé et la foule de parents et d'amis qui, depuis le débarcadère, agitent des mouchoirs en direction des volontaires canadiens-français. Des jeunes de son âge qui s'en vont combattre les Boers au nom de l'Angleterre... Cet étudiant du Séminaire de Québec est troublé. Il s'appelle Antonio Perrault et se demande si, demain, il ne sera pas lui-même conscrit par la loi et entraîné malgré lui dans cette guerre absurde. Dans cette guerre et dans toutes les autres où il plaira dorénavant à l'Angleterre de s'engager ? N'est-ce pas là un dangereux précédent créé par un premier ministre canadien-français ?

Antonio Perrault n'est pas le seul, à Québec, à se poser de telles questions. À Trois-Rivières, à Saint-Hyacinthe, à Sherbrooke, les jeunes sont de plus en plus nombreux, maintenant, à remettre en cause les fidélités libérales inconditionnelles de leurs pères. Et ces questions brûlantes, c'est de plus en plus au député indépendant de Labelle qu'ils les adresseront. À trente et un ans, Bourassa appartient à une génération qui ne craint pas de s'attaquer aux idoles. Antonio Perrault, comme tant d'autres, a rendez-vous avec lui. Le navire a largué les amarres et disparaît peu à peu dans le brouillard. Sur le Saint-Laurent, Perrault, bouleversé, a cru « voir se refermer un immense suaire[6] »...

C'est révoltée par l'envoi de ce premier contingent et fouettée par les rumeurs de préparatifs imminents d'un second, que la jeune équipe éditoriale des *Débats* accueillera Asselin. Anti-impérialisme en politique, modernité et ouverture au monde en littérature : même combat. Les politiciens de toutes allégences en prennent pour leur grade. Joseph Chamberlain y est déjà traité de « macabre chef de bande » ; le chapleauisme, le merciérisme, le tartisme et le lauriérisme* ont tous été renvoyés dos à dos. Les familiers de Laurier, Israël Tarte, le sénateur Laurent-Olivier David et le directeur du *Soleil*, Ernest Pacaud, sont comparés à des chiens affamés qui attendent « la pâtée ». Le ton est donné, Asselin pourra s'en donner à cœur joie lui aussi.

Mais si la consigne veut que l'on monte aux barricades, elle n'interdit pas, pour autant, qu'on le fasse avec humour. Voisinant ces commentaires imprécateurs, les petites annonces rappellent aux lecteurs que les journalistes en herbe ont vingt ans et qu'ils sont, pour la plupart, des carabins qui ne détestent pas, à l'occasion, balancer leur faluche** par-dessus les moulins :

FIANCÉE - Un rédacteur des *Débats*, joli gaillard, brunement moustachu, cherche fiancée sans dot, mais instruite et pas bégueule. S'adresser à M.J.D.L.

VIN MARIANI - Henri de Rochefort, le célèbre journaliste français écrit : « Le vin Mariani a complètement rétabli ma constitution ; vous devriez en offrir au gouvernement français. » Le vin Mariani donne des forces aux hommes surmenés, aux femmes délicates, aux enfants maladifs.

Assis à son pupitre, Asselin feuillette les numéros précédents et y trouve, avec satisfaction, ses thèmes de prédilection et le style mordant dans lequel il croit lui-même exceller. On y rappelle l'affaire des écoles du Manitoba, pour mieux stigmatiser les trahisons, maquillées en concessions, du premier ministre. Excellent rappel... On commente les résultats ponctuels de la guerre où les courageux Boers ont gagné la première manche. Le caricaturiste a naturellement assorti l'éditorial d'un John Bull répugnant à souhait.

---

*Des noms de l'ancien premier ministre conservateur Adolphe Chapleau, de l'ancien premier ministre Honoré Mercier, d'Israël Tarte et de Laurier lui-même.

**Nom donné au large béret de feutre marine que les étudiants et les artistes du début du siècle arboraient pour mieux se distinguer des bourgeois en chapeau melon.

Après le déboulonnage des idoles politiques, passons à la littérature. On se moque copieusement du vénérable Louis Fréchette que la reine Victoria vient de décorer pour les alexandrins pompeux que lui a inspirés son récent jubilé. Fréchette vient aussi de faire traduire en anglais des contes publiés d'abord dans *La Patrie*. Louvigny de Montigny raille : « Les Anglais ne sont pas difficiles : du vieux neuf leur suffit. Des contes pondus à 18 ans, retouchés à 50 et traduits à .... Mais ne soyons pas indiscrets. M. Fréchette est encore beau et n'a pas renoncé à plaire. » Plus loin, on pastiche avec férocité sa chronique « Corrigeons-nous », vouée à la correction syntaxique et grammaticale.

C'est maintenant la fondation de la Caisse nationale d'économie de Montréal, par François-Liguori Béique, que *Les Débats* saluent au passage comme une étape importante de notre émancipation économique. Raoul Dandurand lui rend aussi un vibrant hommage.

Asselin s'arrête sans doute devant un inédit de Nelligan, *L'homme au cerceuil*, publié dans l'édition du 17 décembre. Ces vers le remuent profondément. Il a déjà fait la connaissance du père Seers qui participe aux *Débats* sous le nom de plume de Louis Dantin. Ils ont parlé ensemble de l'importance de réunir en recueil les poèmes épars de l'absent. Olivar a apontanément offert d'y collaborer. Le père Seers s'est dit intéressé. Plus loin dans le journal, la librairie Déom annonce les dernières parutions et indique les prix spéciaux qu'elle consent aux étudiants : Olivar a déjà repéré cet endroit mirifique, rue Saint-Denis. Il y engloutit ses rares économies. Ici, une belle galerie de portraits canadiens due à la plume de Georges Delfosse, un artiste qui promet. Grande nouvelle : le célèbre journaliste Hector Fabre, commissaire canadien à Paris, vient d'être expulsé ! La République française l'accuse d'avoir trempé dans un complot royaliste... Quoiqu'en très mauvaise santé, Tarte pourrait bien devoir quitter son ministère des Travaux publics pour aller le remplacer à l'Exposition universelle. De Paris, on nous apprend également que :

> Mademoiselle Le Bouthillier, une charmante compatriote actuellement à Paris vient d'obtenir un engagement au Grand Opéra où elle débutera d'ici un an. M. Koenig, maître de chant au Grand Opéra en fait les plus grands éloges et déclare que c'est une étoile qui se lève, une étoile de première grandeur et d'un éclat incomparable...

Asselin sourit de la complicité. Il a reconnu *Françoise*, l'amie inconditionnelle, dans cet entrefilet sans signature. Plus loin, le Théâtre des variétés, le parc Sohmer annoncent leurs prochains spectacles. Le nouveau rédacteur tourne encore des pages.

On s'en prend ici à *La Presse*, sensationnaliste, démagogique, flagorneuse avec les pouvoirs et « lécheuse de bottes » avec les Anglais... Au Transvaal, « la perfide Albion » a mis au point une arme diabolique : les balles *dumdum* qui décrivent un cercle infernal en s'enfonçant dans les chairs. Pas de chance pour les Boers... Un éditorial, *L'argent des autres*, rappelle aux lecteurs que le combat nationaliste est indissociable de la solidarité avec les luttes ouvrières. Toutes les grèves ne sont pas condamnables : elles font, au contraire partie de la lutte à la pauvreté et de la recherche de conditions de travail plus humaines.

Le 14 janvier suivant, nouveau poème de Nelligan, *Sieste ecclésiastique*... Un nouveau venu fait son apparition sur la scène municipale : Lomer Gouin, déjà député libéral du district n° 2 de Montréal à l'Assemblée législative de Québec, briguera un siège à l'Hôtel de Ville dans le quartier est. *Les Débats* appuieront la candidature de cet homme d'action que l'on dit soucieux des petites gens et grand défenseur de l'instruction publique. Tous les vrais « patriotes » devraient en faire autant. Une autre figure à surveiller à l'Hôtel de Ville : Hormidas Laporte, aspirant maire qui pilote déjà des projets réformistes intéressants.

Le caricaturiste Bazibi fait voir le 3e contingent défilant, avant son embarquement, devant la potence des Patriotes de 1837, tandis que John Bull, l'œil attendri, constate que les Canadiens français se souviennent des « bontés » que l'Angleterre a toujours eues pour leurs pères...

À Valleyfield, les ouvrières du textile sont à nouveau en grève. Leurs griefs sont justifiés et vigoureusement défendus en éditorial. L'ancien travailleur de la Stargrave constate que la condition ouvrière est partout semblable, en ce début de siècle, et qu'elle constitue un problème auquel il faudra s'attaquer en priorité. Foisonnent partout les signatures d'amis et de connaissances, peintres, poètes, étudiants de Montréal et de Québec. Ici, le musicien Frédéric Pelletier signe une chronique. Là, Arthur de Bussières met en musique un poème de Théophile Gauthier. Un étudiant de Québec, Antonio Perrault, signe un premier article. Les pseudonymes foisonnent aussi, selon le goût du jour. Féminins parfois. Des « Martine », des « Lucette », des « Margot* ». Derrière cette « Colombine », il a reconnu une autre championne de la cause des bibliothèques, Éva Circé-Côté, journaliste, conteuse, dramaturge et féministe. Un médecin en vue, le Dr Salomon Côté, qui passe pour anticlérical et libre-penseur, lui ferait présentement la cour. Aussi Éva évolue-t-elle prudemment à Montréal sous bien d'autres noms d'emprunt : Paul Bédard, Musette, Jean Ney, Julien Saint-Michel. Mais sa griffe très personnelle la trahit souvent[7].

Dans l'atmosphère survoltée que la guerre des Boers fait régner dans les salles de rédaction de Montréal, Asselin n'a pas été lent à comprendre que son éclectisme habituel n'était plus de mise. Les opinions nettement impérialistes du *Herald* et du *Journal* lui sont vite apparues comme incompatibles avec la

---

* Pseudonyme de Marguerite de Montigny, sœur de Louvigny et de Gaston de Montigny.

participation aux positions éditoriales des *Débats*. Il a rapidement coupé les amarres avec ses premiers employeurs. Les atermoiements de Tarte l'ont même conduit à remettre en question sa collaboration à *La Patrie*.

Désormais, le voilà solidaire de la jeunesse canadienne-française et serviteur exclusif du nouveau nationalisme canadien qu'Henri Bourassa est en train de définir au cœur d'une mêlée féroce. C'est le 4 mars que, dans un reportage saisissant, Olivar va décrire l'affrontement survenu l'avant-veille entre les étudiants de l'Université Laval* et ceux de McGill. Ces derniers, fouettés par la première victoire anglaise de la guerre, la délivrance de la garnison de Lady Smith détenue par les Boers, ont décidé d'aller, en masse, manifester leur joie à la barbe des anti-participationnistes canadiens-français, en hissant le drapeau britannique sur le toit de l'Université Laval. Mal leur en a pris :

GUERRE DE RACE

Tout le monde sait ce qui s'est passé ces jours derniers à Montréal. Une bande de voyous, que l'on dit étudiants à l'Université McGill, ont envahi la rue Saint-Jacques et, pendant trois heures, sous les fenêtres du bureau professionnel de M. l'échevin LeBœuf, ont violenté les personnes, dilapidé la propriété, obstrué les voies du commerce. Pas même ceux qui, enfonçant les bureaux de *La Presse*, étaient allés battre les employés de ce journal, sans doute pour les récompenser du loyalisme affecté par M. Berthiaume depuis l'ouverture des hostilités au Transvaal — pas même ceux-là n'ont été inquiétés, et la plupart d'entre eux, l'instant d'après leur libération, crachaient au visage de ces benêts agents de police canadienne-française qui les avaient épargnés. À l'hôtel de ville la masse a tout saccagé, tout souillé. Et nous avons eu la douleur de voir un maire canadien-français**, qui a fait appel au sentiment national de ses compatriotes chaque fois qu'il avait besoin de leur sanction pour ses tripotages, féliciter de leur patriotisme et de leur bruyante gaieté, loin de les faire flanquer à la porte comme ils le méritaient, ces braillards demi-ivres dont la voix, depuis le matin, n'avait cessé d'insulter à sa race.

De l'hôtel de ville, la meute s'est portée à l'Université Laval. À la Place Viger elle a rencontré une dame et s'est mise à chanter : « Hop along, Mary, hop along ! »

Quelques pas plus loin deux jeunes filles ont traversé la rue. *Like the girls along*, a crié la meute. Pas même nos femmes n'ont été à l'abri de leurs insultes.

À Laval ces cent ou deux cents braves ont trouvé cinq ou six canadiens-français. Ceux-ci ont bien essayé de faire comprendre aux visiteurs qu'il n'y avait à ce moment personne à l'Université, et qu'il ne serait pas digne de McGill de pénétrer de force chez des gens non préparés à les recevoir. La meute est entrée quand même. Les plus hardis se sont rendus jusque dans les salles de cours et les bureaux en quête de

---

* L'Université Laval à Montréal. L'Université de Montréal n'existe pas encore en tant qu'entité juridique.

** Raymond Préfontaine, maire de Montréal de 1898 à 1902.

drapeaux qu'ils croyaient ensevelis quelque part, sous une anti-patriotique poussière. Ne trouvant rien, ils sont sortis et ont hissé un de leurs propres haillons rouges en face de l'édifice.

Tout cela était déjà assez joli pour faire se demander aux Canadiens français de Montréal s'ils vivaient au XIXe siècle et dans un pays libre. Mais ce n'était pas tout. Durant la soirée, quelques milliers de sacripants, conduits par la jeunesse de McGill, se sont armés de bâtons et sont allés faire le siège de Laval. Au lieu de recevoir les assaillants à coups de feu, comme ils en avaient le droit, nos bons Canadiens français, dont il ne restait plus à ce moment qu'une poignée à l'Université, leur ont donné une douche d'eau froide. Et faut-il encore ajouter que la police et non les étudiants, a donné le signal de l'arrosage.

Pouvait-on en agir plus modérément envers des gens dont la voix rauque trahissait une soif féroce de sang?

Des coups ont été donnés, mais par la police, et parce qu'il s'agissait de prévenir, par d'énergiques moyens, une tuerie générale. L'agent Plouffe a arrêté durant la mêlée trois individus qui fonçaient sur le porche de l'Université le revolver au poing.

Eh bien! le croirait-on? Il y a eu à Montréal un torchon soi-disant canadien-français, *Le Journal**, qui non content de raconter les faits de manière à faire entendre que les torts étaient partagés, a dit, entre autres indignités:

Ce n'est pas le temps de jeter de l'huile sur le feu. Aussi nous regrettons vivement certains commentaires de journaux anglais et FRANÇAIS sur les événements de ces deux derniers jours.

On savait bien que *Le Journal* vivait des sous de sir Hugh Graham**, l'homme qui vient d'allumer à Montréal une guerre de race par ses appels au fanatisme anglais et que des rédacteurs n'osaient aller faire leurs eaux sans en demander d'abord la permission au *Star*, mais que des journalistes et des hommes publics canadiens-français aient poussé la servilité jusqu'à traiter de « frasques mutuelles » ce qui, en réalité a été l'attaque criminelle d'un élément contre un autre, c'est certainement quelque chose que pas même le propriétaire du *Star*, dont le rêve est d'asservir notre race en flattant les ambitions de nullités vaniteuses, comme McDonald*** et Bergeron, n'avait osé espérer. Il y a des gens plus méprisables que les fanatiques, ce sont les traîtres!

F.-O. Asselin[8]

Dans les rues de Montréal embourbées par les premiers dégels de mars, la bataille a fait de nombreux blessés. Les « McGill » ont attaqué les « Laval » à l'improviste et munis de gourdins, de barres de fer et de sacs de pommes de terre

---

* Quotidien conservateur auquel Asselin avait brièvement collaboré.
** Propriétaire du *Star*.
*** Directeur du *Journal*.

gelées en guise de projectiles. Repoussés momentanément par les boyaux à incendie des « Laval », les « McGill » ont ensuite dû affronter les « Pieds Noirs* » accourus du coteau Saint-Louis pour prêter main forte aux étudiants assiégés de Laval. Mais ils sont revenus en force les jours suivants. Bientôt, les étudiants de Kingston annoncent leur intention de venir se joindre à leurs compatriotes pour rosser les traîtres à l'Empire. En riposte, ceux de l'Université Laval de Québec déclarent aux journaux qu'ils s'apprêtent à noliser des wagons entiers de chemin de fer pour venir appuyer leurs collègues de Montréal. De jour en jour, les manifestations s'intensifient.

L'archevêque de Montréal, Mgr Bruchési, grand admirateur de Laurier, le Principal Peterson, de l'Université McGill, et un groupe de professeurs des deux institutions s'entremettent pour tenter d'éviter l'escalade et la « nationalisation » du conflit. Laurier a même demandé au prélat (qui est aussi « recteur magnifique » de l'Université Laval à Montréal) de présenter des excuses à McGill pour les « actes de violence » commis par les étudiants canadiens-français arroseurs... Israël Tarte, révolté à l'idée que les victimes puissent s'humilier de la sorte devant leurs agresseurs, écrit en sens absolument contraire à Mgr Bruchési ! Entre Laurier et son bras droit à la santé chancelante, la tension est encore montée d'un cran.

Mais le charme de Laurier opère une fois de plus sur l'archevêque de Montréal. On s'entend bientôt, en haut-lieu, sur l'opportunité d'« excuses mutuelles ». Mgr Bruchési et le Principal Peterson ont évité de justesse l'arrivée des « commandos » de Kingston et de Québec. Un calme apparent se rétablit enfin rue Saint-Denis. Mais la jeunesse des deux races n'a rien oublié. Ce chahut d'étudiants est le symptôme d'une crise profonde qui mine le Canada tout entier.

Et Olivar ? Olivar est devenu montréalais en vingt-quatre heures. Vingt-quatre heures durant lesquelles le « Petit Caporal » s'est mêlé à la foule et a choisi définitivement son camp. Quant à ses adversaires, leur silhouette est de moins en moins floue à ses yeux. Depuis Fall River et Woonsocket, leurs traits dominants avaient commencé à s'esquisser. Désormais, le portrait se détaille comme une photographie. D'abord une certaine image du « politicien » : celle qu'incarne plus que jamais Wilfrid Laurier, doucereuse figure de Janus qui utilise la fibre patriotique des siens à des fins électoralistes pour mieux les subordonner, ensuite, à la majorité anglaise à laquelle il est finalement redevable de son pouvoir.

Celle de l'évêque domestiqué, ensuite, qui met à profit une complaisante théologie de l'origine divine de l'autorité civile, pour mieux contrôler la colère du peuple et s'attirer les faveurs du prince. Cette image qui s'impose d'abord à lui, en ce mois de mars 1900, c'est d'abord celle de Mgr Paul Bruchési, prélat au visage

---

* Surnom donnés aux ouvriers des carrières du coteau Saint-Louis.

délicat, surmonté de minces lunettes cerclées de métal. Descendant d'immigrants italiens, Monseigneur de Montréal a longuement séjourné à Rome. Il en a conservé les manières raffinées, l'aisance dans le monde et l'onctuosité dans la conversation. Il se déplace en ville dans un équipage tendu de violet et sur les portes duquel figurent ses armoiries. Familier des journalistes chargés de couvrir les nombreuses cérémonies religieuses qu'il préside, il lui arrive souvent de faire monter les reporters auprès de lui dans sa voiture, pour les reconduire ensuite au journal en devisant des questions de l'heure. Le fils de Rieule Asselin n'a pas changé. L'épreuve de la rue l'a au contraire ancré plus que jamais dans ses convictions confortées aux États-Unis dans ses affrontements avec les évêques irlandais. Mgr Bruchési n'a sans doute pas fini d'entendre parler de lui.

La semaine suivante, Asselin récidive avec une charge à fond de train contre le ministre de la Milice qui laisse ses soldats se déchaîner contre les étudiants canadiens-français, alors que leurs collègues de McGill trouvent protection dans les casernes des First Victoria Rifles. Ils y fraternisent ouvertement, écrit-il, « avec des employés du Grand-Tronc et du Canadien Pacifique armés de solides gourdins, de barres de plomb et autres colifichets de même nature[9] ». « Pour Monsieur Borden* », second reportage d'Olivar aux *Débats*, est déjà caractéristique de ce style à l'emporte-pièce qui va lui gagner bientôt la faveur de toute une jeunesse en révolte. Le 18 mars, c'est au tour de la cathédrale Saint-Jacques** et du séminaire de Saint-Sulpice, qui jouxte la basilique Notre-Dame, d'être la cible de manifestations anti-canadiennes-françaises. Cette fois, Monseigneur écope à son tour.

Après les « excuses » mutuellement consenties en haut lieu, le chapitre consacré aux affrontements étudiants semble clos. L'attitude flagorneuse du maire du Montréal dans l'affaire l'ayant passablement dégoûté, Asselin s'intéresse de plus près à la politique municipale. Comme aux temps du *Protecteur canadien*, il se fait à l'occasion chroniqueur et critique des séances du Conseil à l'hôtel de ville. Les Soirées du château de Ramezay, auxquelles *Les Débats* assurent une couverture régulière, requièrent également sa présence. Avec quelques collègues du journal, il partagera à l'occasion le pseudonyme collectif de *Joseph Saint-Hilaire* sous lequel il livrera quelques comptes rendus des travaux de l'École littéraire de Montréal. Les jeunes auteurs, poètes débutants pour la plupart, y lisent quelques-unes de leurs œuvres en public tandis que, sous la direction d'un aîné respecté, leurs confrères décortiquent, louangent ou critiquent tel ou tel vers d'une « vedette » de la soirée.

---

*Frederick William Borden, ministre de la Milice dans le cabinet Laurier. Personnage plutôt falot à ne pas confondre avec le futur chef conservateur et premier ministre du Canada, Robert Laird Borden.

**Aujourd'hui intégrée aux locaux de l'Université du Québec à Montréal, rue Saint-Denis.

Ces soirées littéraires ramènent souvent les intérêts d'Asselin du côté de la poésie. Puisque chacun y va à tour de rôle de son petit quatrain, pourquoi ne goûterait-il pas, lui aussi, au plaisir de voir ses vers d'exil republiés aux *Débats*? Le 25 mars, il signe à nouveau ses « Faussetés », parus pour la première fois à *La Tribune* à l'époque où il désespérait de la nature féminine... Encouragé sans doute par des collègues complaisants, il s'enhardit, le 8 avril, avec des vers neufs, *Les chemineaux*, évocation de ses amis vagabonds des rues de Fall-River et de Woonsocket. Mais plus immédiatement aussi, évocations de ceux qu'Asselin a commencé à côtoyer dans les quartiers portuaires de Montréal où ses activités journalistiques et littéraires le conduisent chaque jour.

En ce début de printemps, ses « chemineaux » quittent de plus en plus volontiers les portiques des banques et les bancs arrière de la basilique où les rigueurs de l'hiver les poussaient à chercher refuge. Place d'Armes ou Carré d'Youville, ils viennent s'asseoir à la chaleur des premiers rayons du soleil. Olivar s'est remis à observer leurs allées et venues, à repérer quelques-uns de leurs sobriquets familiers, à bavarder de tout et de rien avec eux quand il les croise dans la rue. Il les voit, ces itinérants, comme de vieux sages qui auraient renoncé à la richesse et aux ancrages matériels pour mieux s'approprier une vérité mystérieuse qui lui échappe encore. Il les observe :

> Silencieux comme les mythes
> Drapés dans leurs haillons crasseux
> Pour vagabonder sous les cieux [...]

Il les voit comme une race de seigneurs :

> Grave est leur port, les chemineaux,
> Lente leur marche, haute leur tête [...]

> [...] Ces grands enfants de Diogène,
> Ces hommes sales, qu'ils sont beaux[10] !

Aux abords de la chapelle Notre-Dame de Bonsecours où ils se côtoient, Asselin a retrouvé son étrange complicité avec les marginaux de la pauvreté urbaine. Et lorsqu'il songe aux errances et à l'enfermement de Nelligan, il arrive qu'un vertige le saisisse... Oscar et Raoul ont peut-être bien raison de suggérer au « jongleur » de Saint-Hilarion qu'un bon mariage équilibre parfois la vie d'un homme... Il ne s'attarde guère, toutefois, dans les sombres appréhensions où le spectacle de la misère humaine le conduit. Son goût de l'action demeure le plus fort : à peine installé à Montréal, il s'est inscrit à la conférence Saint-Ignace de la Saint-Vincent-de-Paul de la paroisse Notre-Dame à laquelle il appartient. Il n'a rien du rongeur de balustres, mais quêter des vêtements et des vivres pour les pauvres lui semble tout naturel.

Sur les entrefaites, il a brusquement quitté le quartier Saint Jean-Baptiste, trop excentrique par rapport à ses nouveaux centres d'intérêt. Fabiola Martineau, la fille de sa logeuse, lui a fait ses adieux. Il a transporté ses pénates dans une mansarde du 248 de la rue Laval, tout proche de l'Université et à moins de vingt minutes de marche du journal, des libraires et des cafés que fréquentent ses amis de l'École littéraire. Tout proche également de la rue Cherrier où les sœurs Le Bouthillier continuent de recevoir chaque dimanche.

Entre-temps, il retourne aux *Débats*. Le *Joseph Saint-Hilaire* collectif du journal ne constitue que le premier d'une longue série de pseudonymes dont Olivar usera dans les premières années de sa carrière. D'après son ami Gérard Malchelosse, qui les a presque tous recensés en 1935[11], Olivar s'amusait à se dissimuler successivement en *Brutus, Cambronne, Jules Vernier, King-Fou-Tcheou, Charles Dupré, Narcisse Meunier, Oncle Anthime, Julien Saint-Michel, Louis de Varennes, Xaintrailles*, etc. Subterfuges auxquels aimaient se livrer les journalistes de l'époque, hommes ou femmes, pour mieux intriguer ou narguer les censeurs politiques et ecclésiastiques qui ne manquaient pas de scruter leurs articles à la loupe. Ainsi Honoré Beaugrand, le fondateur de *La Patrie*, prenait-il plaisir à signer parfois *La Débauche* ; Robertine Barry, *Feu-Follet* (à côté de *Françoise*, plus neutre) ; Germain Beaulieu*, *Jean Pince* ; Louvigny de Montigny, *Frisson, Lisette* ou *Tison*... Quant à *Joseph Saint-Hilaire*, sobriquet attitré du chroniqueur des « Soirées du château de Ramesay », il dissimulait tantôt Asselin, tantôt Charles Gill, tantôt Germain Beaulieu, Gustave Comte, Jean Charbonneau et sans doute bien d'autres. Il est donc assez risqué d'attribuer à Olivar Asselin le vibrant hommage que *Les Débats* rendirent à Nelligan sous cette signature le 6 mai 1900 et que Gérard Dagenais reproduit dans *Pensée française*[12].

En revanche, on peut se poser des questions plus sérieuses lorsque *Joseph Saint-Hilaire* se met subitement à délaisser les rimeurs de l'École littéraire pour renvoyer dos à dos les politiques impérialistes de Wilfrid Laurier et de Charles Tupper ou pour s'intéresser, chiffres à l'appui, aux conditions de travail des mineurs du Transvaal[13]. Ou que, sous la signature de *Jules Vernier*, il s'attaque à l'*Impérialisme par la faim*[14]. Certes, Asselin prise toujours autant la poésie. Mais il a trouvé aux *Débats* sa cible de prédilection : l'impérialisme britannique auquel il réserve désormais ses meilleures interventions de polémiste. La critique littéraire lui inspire déjà des textes nettement plus conformistes que ses éditoriaux politiques. Lentement, le jeune journaliste découvre sa voie et s'intègre à la nouvelle société dans laquelle il a choisi de vivre. « Olivar Asselin » n'est pas encore le nom

---

*Germain Beaulieu (1870-1944) membre fondateur et premier président de l'École littéraire de Montréal. Grand animateur de la vie culturelle au Québec.

prestigieux qu'il promet de devenir. Mais déjà, les caractéristiques se précisent. Évoquant cette époque de recherche d'identité, il écrira plus tard avec un brin d'attendrissement :

> Arrivé à Montréal en janvier 1900, je fus jusque dans l'automne de cette année-là un des collaborateurs les plus actifs des *Débats*, journal anti-impérialiste fondé en novembre ou décembre 1899 par MM. Paul de Martigny, Alfred Pelland*, Louvigny de Montigny, avec le concours pécuniaire d'Alexandre Duclos, aujourd'hui décédé. Nous prîmes dès le début la détestable habitude de signer des mêmes pseudonymes des articles de même nature mais dus à des collaborateurs différents. C'est ainsi que je partageai avec Gustave Comte et probablement quelques autres la signature de *Joseph Saint-Hilaire*; avec un hôtelier du nom de Bayer, qui avait étudié dans les universités belges, s'était enfui au Canada avec sa maîtresse contre le gré de ses parents et devait, peu d'années après, aller établir un café à Pompéi, celle de *Jules Verrier**, ou quelque chose comme cela. Il y avait aussi mon nom véritable qui, orné d'une enfilade d'initiales dont j'avais contracté l'usage aux États-Unis, se lisait J.F.O. Asselin, F.O. Asselin, ou je ne me rappelle plus quoi[15].

* * *

Tandis qu'Olivar fait ses premières armes aux *Débats* et y noue des amitiés solides, le printemps a achevé son œuvre dans les rues de Montréal transformées en fondrières. Seules quelques artères importantes sont recouvertes de bitume ou de pavés disposés en « arlequinage » sur un lit de sable, afin de mieux résister au gel. Le long des rues boueuses où les traîneaux ont cédé la place aux charrettes et aux calèches embourbées, les promeneurs se sont réfugiés sur des trottoirs de bois endommagés par l'hiver. À l'hôtel de ville, le docteur Emmanuel-Persillier Lachapelle vitupère, à chaque assemblée du Conseil, contre les madriers trop souvent pourris qui servent d'abri aux rats et de milieu de culture aux microbes. Ce disciple fervent de Pasteur, qui est aussi un admirateur du Siècle des lumières, passe pour un libre-penseur. C'est dans cet esprit tourné vers la modernité qu'il aurait fondé, en 1880, l'hôpital Notre-Dame de Montréal. Cette fondation entiè-rement laïque constitue une première dans l'histoire de la Ville-aux-cent-clochers. Olivar, qui partage, depuis son séjour aux États-Unis, cette passion scientifique pour les questions d'hygiène publique, estime fort ce pionnier aux idées libérales.

En fait-il part à mesdemoiselles Éliza et Alice Le Bouthillier auxquelles il donne le bras, rue Sherbrooke, par un beau dimanche après-midi de printemps ? Le soleil a fait sortir la jeunesse des sombres salons victoriens et, partout sur les

---

* À ne pas confondre avec le peintre Alfred Pellan.
** En réalité « Jules Vernier ».

trottoirs, les passants se reconnaissent et se saluent après le long enfermement de l'hiver. Les jeunes filles soulèvent précautionneusement leurs longues jupes pour traverser les rigoles débordantes. Les jeunes gens se précipitent pour leur tendre une main secourable.

Alice et Éliza lui parlent des lettres enthousiastes que *Françoise*, Éva et Hélène leur adressent de Paris où vient de s'ouvrir l'Exposition universelle. La Ville lumière s'est littéralement transformée pour l'événement! Un nouveau pont a été jeté sur la Seine, le pont Alexandre III, dont les pylones sont surmontés de Pégases d'or; de nouveaux palais ont surgi sur les Champs-Élysées, véritables prodiges de science et d'architecture, faits de verre et de métal allégé à l'extrême, comme autant d'ailes de papillon! La nouvelle gare d'Orsay, rive gauche, leur offre une admirable réponse de symétrie. Éva et Hélène les ont déjà visités avec un jeune boursier en architecture, protégé lui aussi par Israël Tarte qui lui a confié, à vingt-huit ans, les plans et devis du Pavillon canadien. Il s'appelle Joseph-Omer Marchand*. Il est parisien depuis sept ans déjà et se montre des plus empressé à parfaire la culture européenne des deux sœurs. Il les a même entraînées sous terre pour essayer le nouveau Métropolitain qui vient tout juste d'être inauguré.

En qualité d'hôtesse, Éva a aussi ses entrées dans les autres pavillons de l'Exposition: celui des États-Unis, le plus grand de tous, comme on pouvait s'y attendre; celui d'Italie, tout orné de statues de nus tels qu'on ne saurait en tolérer à Montréal! Celui de Hongrie à l'allure de cloître médiéval; celui de Finlande avec ses toitures paysannes; celui de Roumanie avec ses coupoles vertes et bleues; ceux de Bosnie, de Serbie, du Monténégro... Bref, aucune de ces nations n'a manqué à l'appel rassembleur de la France. Sur les rives de la Seine, leur présence est une formidable invitation à l'ouverture au monde. Dieu, que le Canada leur semble loin, avec son esprit de clocher, sa morale étouffante et sa frilosité intellectuelle!... Heureusement que leur père les a abonnées aux *Débats* pour leur redonner le goût de rentrer au pays...

Pourtant, tout n'est pas rose, loin de là, dans la vie parisienne. Les deux sœurs habitent sous les combles, rue de Galilée, un minuscule logis où elles font cuire leurs repas avec des moyens de fortune. Les autres chambres de bonne sont occupées par des étudiants en musique qui s'accommodent, tant bien que mal, de l'absence de confort. Il n'y a qu'au dernier étage qu'on tolère les artistes! À l'Opéra où elle a été engagée, Hélène découvre avec stupeur que la plupart des femmes artistes sont entretenues par des « protecteurs ». De quoi alimenter en supputations

---

* Grande figure de l'architecture montréalaise du début du siècle, J.O. Marchand (1872-1936) séjournera à Paris de 1893 à 1903. Ces dix années d'imprégnation européenne feront de lui un admirateur du style Beaux-Arts dans lequel il excellera à son retour.

malveillantes sur son compte le milieu bégueule et cancanier de la colonie canadienne à Paris! « Si vous ne voulez pas faire parler en mal de vous à Paris, lui a conseillé un collègue, ne voyez aucun compatriote! »

Heureusement, *Françoise* est là pour leur ouvrir des portes, leur présenter des artistes français et leur permettre de sortir un peu. La journaliste se maquille et se teint les cheveux comme une véritable Parisienne et placarde les murs de son studio d'affiches de nus, au grand dam des commères québécoises! Hélène aussi, lorsque sa carrière théâtrale démarrera vraiment, devra se maquiller. Dans les cercles parisiens où *Françoise* les pilote, il leur arrive d'avoir à rougir de l'analphabétisme et des mœurs de leurs compatriotes... L'autre soir, chez Waldeck-Rousseau*, la conversation du groupe de médecins canadiens présents était d'un primaire insoutenable... Mieux valait en rire qu'en pleurer! Parmi les nombreux visiteurs canadiens qu'attire l'Exposition, il y a aussi pléthore de nouveaux riches venus à Paris sans leurs femmes. En tant qu'hôtesse, Éva doit souvent les accompagner au théâtre ou au concert. Comme les deux sœurs n'ont qu'une seule robe du soir, Hélène doit alors rester à la maison. En ce moment, un éleveur de porcs de la Beauce est amoureux fou de la belle Éva et lui offre le champagne chaque semaine! La grande demande paraît imminente, mais le prétendant a la fâcheuse habitude de ronfler durant le spectacle. Il l'a encore fait pendant *L'Aiglon* où jouait la grande Sarah Bernhardt! Pour faire diversion, Éva lui a suggéré de l'amener en mongolfière avec Hélène, le dimanche suivant.

Les week-ends, elles partent souvent pour la Bretagne qu'Omer Marchand leur a fait découvrir. Les paysages bretons leur rappellent ceux de l'Anse-au-Griffon. Il y a, sur la côte ouest, des petites auberges bon marché où les peintres peuvent payer leur pension avec des tableaux. Suzor-Coté, Henri Beau le font aussi. Elles y ont rencontré là Paul de Martigny, le fondateur des *Débats*, et Jules Duchastel en visite chez son oncle, le vice-consul. Il leur tarde maintenant qu'Éliza et John viennent les rejoindre. Éliza aussi s'est déniché un emploi de secrétaire au pavillon canadien. Grâce à Éva et aux Tarte[16].

Toutes ces évocations rendent Alice un brin mélancolique puisqu'elle ne sera pas du voyage... Mais Olivar peut admirer la bonne humeur avec laquelle la jeune fille accepte de demeurer derrière, liée par son travail régulier à l'hôtel de ville. Lui aussi, faute d'argent, devra se contenter d'admirer de loin la grande fête de la France. Il promet à « mademoiselle Alice » de venir la distraire après le départ d'Éliza. Ne pourraient-ils pas aller prendre le frais sur la terrasse du parc Sohmer,

---

* Pierre-Marie René Waldeck-Rousseau (1846-1904), président du Conseil de 1899 à 1902, constitua un cabinet de Défense républicaine, décida de la révision du procès de Dreyfus et fit adopter la loi sur les associations qui devait conduire, en 1901, à la séparation de l'Église et de l'État.

au bord du Fleuve, en écoutant l'orchestre des cuivres qui se produit chaque soir au grand kiosque ? Ou encore voir Louis Cyr immobiliser, d'un seul poignet cerclé de cuir, un attelage de quatre chevaux de trait ?

Il l'a revue. Il lui a parlé avec émotion du tragique incendie de Hull qui a jeté sur le pavé des centaines de familles de travailleurs. *Les Débats* se sont aussitôt insurgés contre la « gentry » anglaise de l'Outaouais qui a lancé une souscription pour reconstruire... leurs usines. Des usines où les ouvriers seront à nouveau exploités, alors qu'ils ont perdu leurs maisons ! *Les Débats* organisent une grande fête populaire au Monument national, rue Saint-Laurent, pour reconstruire les écoles françaises incendiées et acheter des livres de classe aux enfants des travailleurs[17]. Mademoiselle Alice acceptera-t-elle de les aider à vendre des billets d'entrée ? Elle a acquiescé avec un élan qui ne trompe pas. La jeune secrétaire est déjà active dans les œuvres de charité. Son travail régulier à l'hôtel de ville l'a sensibilisée, depuis un certain temps, aux innombrables détresses physiques et morales auxquelles toute grande cité nord-américaine se trouve maintenant confrontée. Elle ira au Monument national et y amènera parents et amis en grand nombre.

Alice partage aussi avec lui les dernières lettres de ses sœurs. Elles lui parlent des écrivains que *Françoise* leur a présentés, des expositions qu'elle ont visitées, des conférences du Collège de France et de la Sorbonne où Omer Marchand les a entraînées. Lui-même a le privilège d'habiter au cœur du Quartier latin, tout près du boulevard Saint-Michel et du Luxembourg. Olivar et Alice les accompagnent en pensée, pareillement émus à l'évocation des rives de la Seine. La France : une dévotion qui, avec l'amour des pauvres, leur est désormais commune. L'espace d'un bref éclair, Olivar s'est vu, au bras de cette jeune fille sage en capeline de paille, bouquinant sur les quais de Paris... Lui aussi reçoit de la mère-patrie des lettres enthousiastes d'Aram J. Pothier qui fait partie de la délégation franco-américaine à l'Exposition universelle.

Au temps des lilas, il a laissé parler un peu « le langage des fleurs »... Le 10 juin, Bourassa a fait aux *Débats* sa première visite et Olivar la lui a racontée avec force détails. Les journalistes se sont tous portés à sa rencontre à la gare et l'ont amené, rue Sainte-Catherine, visiter leurs nouveaux locaux. Il a serré des mains empressées et accordé des entrevues. Le parlementaire au verbe parfois tranchant semblait détendu et heureux. La fervente admiration des jeunes gens réunis le touchait visiblement : déjà ses nouveaux « disciples » saluaient, en lui, rien de moins qu'un « nouveau Mercier[18] » ! Au physique, comment est-il ? Pas très grand, se souvient Olivar, mais imposant par sa prestance et sa démarche. Une tête virile et austère à l'ossature saillante. Des cheveux qu'il porte coupés très ras, à la manière des orateurs romains dont les bustes ornent parfois les parloirs de collège. Une barbiche en pointe et une moustache soignée comme celle du prince de Galles. Un regard vif et pénétrant, qui peut être glacial quand il polémique, mais qu'Olivar a trouvé amical, ce jour-là, et presque chaleureux. Bref, une figure admirable, brillante d'intelligence, de force et de passion! Sa culture est très vaste et très originale. Il n'a jamais fréquenté les collèges mais poursuivi des études particulières sous la direction d'un maître français, Frédéric André, dont on dit qu'il était à la fois républicain sincère et fervent catholique : un spécimen rare pour l'époque! Bourassa est lui-même un esprit assez exceptionnel. Laurier, qui a pour lui toutes les indulgences, le compare à la blague à un « castor rouge », une sorte d'hybride politique inclassable : « rouge » comme son grand-père maternel Louis-Joseph Papineau, « castor » comme son père ultramontain, l'artiste Napoléon Bourassa.

Évidemment, aux *Débats*, on est plutôt rouge clair... Mais Bourassa est l'homme de la situation et prétend que la défense du Canada et celle de l'Église vont de pair. Peut-être, après tout, a-t-il raison? Alice, qui est très pieuse, trouve assez providentiel de voir défendues vaillement, par un même chef, deux causes qui lui sont également chères. Olivar, de son côté, bien qu'il ne soit pas particulièrement porté à la dévotion, estime qu'il peut s'en accommoder. Bourassa lui semble taillé dans le bois dont on fait les grands résistants. Il ne craindra pas, croit-il, de s'opposer, le cas échéant, aux évêques qui se compromettraient trop ouvertement avec les politiciens impérialistes.

Il en a discuté, au journal, avec son nouveau collègue et ami, Wilfrid Gascon. Un vrai « rouge » celui-là, de la lignée des Doutre et des Dessaulles* et anticlérical jusqu'à la moelle. Mais au demeurant, garçon fort intelligent et généreux. Gascon semble plus réticent qu'Olivar à l'égard de Bourassa. Mais ne faut-il pas prendre la province de Québec comme elle est? La puissance de son clergé est peut-être actuellement aussi incontournable que le dit Bourassa et le combat nationaliste pourrait bien devoir en tenir compte. À cause de son radicalisme, Gascon lui-même a connu bien des déboires avant d'aboutir aux *Débats*. Fondateur et rédacteur en chef de *L'Avenir du Nord*, de Saint-Jérôme, il y prônait la séparation de l'Église et de l'État, au grand scandale de l'évêché. Il avait donc fini par devenir encombrant pour le propriétaire du journal, Jules-Édouard Prévost, dont la famille avait toujours entretenu des visées politiques et électoralistes qui impliquaient de bonnes relations avec le clergé. Au bout de sept mois, Prévost avait fini par larguer son bouillant rédacteur en chef. C'était en 1897. Gascon, aussitôt retombé sur ses

---

* Joseph Doutre, écrivain, et Louis-Antoine Dessaulles, essayiste et neveu de L.-J. Papineau. Grandes figures du « rougisme » radical du milieu du XIXe siècle. Leur pôle de ralliement intellectuel, l'Institut canadien de Montréal, possédait une bibliothèque de plus de 10 000 volumes et comptait environ 800 membres à son apogée. Ce qui lui valut d'être frappé d'interdit par l'archevêque de Montréal, Mgr Ignace Bourget, en 1869.

pattes, avait riposté en fondant *L'Égalité* dont le credo avait été publié dans le premier éditorial :

> Accordant à chacun des libertés de droit commun, *L'Égalité* est en faveur de l'abolition de tous privilèges, exemptions et immunités contraires au principe de l'égalité de tous les citoyens devant la loi et l'impôt. Elle demandera la réforme de l'instruction publique, avec enseignement moral et profane par des instituteurs compétents — pas d'écoles sans Dieu ; — le suffrage universel, la création d'une milice provinciale non subordonnée au pouvoir central ; enfin, au premier rang, la sécession et l'indépendance du Canada-français[19].

Gascon n'y allait pas de main morte. Dommage pour lui, *L'Égalité* n'aura duré que quelques semaines. Curieux, tout de même, que cette idée de « sécession et d'indépendance » (qui n'est pas du tout, loin de là, l'option de M. Bourassa) soit le fait d'esprits si totalement aux antipodes : un Tardivel ultramontain à *La Vérité* de Québec et, à l'autre extrême, un Gascon radical, toujours fidèle aux thèses républicaines des vieux « rouges ». Tous deux, aussi contrastés qu'ils soient, sont pourtant de purs produits intellectuels de la France.

Bourassa, au contraire, s'est toujours proclamé, comme Laurier, « libéral de l'école anglaise » par opposition au libéralisme laïque de l'école française dont l'Église se méfie toujours. Aux *Débats*, il leur d'ailleurs parlé avec admiration du grand journaliste canadien-anglais Goldwin Smith, qui l'a appuyé spontanément dans ses positions sur la participation canadienne à la guerre du Transvaal. Smith, à ce qu'il paraît, serait l'un des esprits les plus indépendants et les plus originaux du pays. Bourassa et lui se sont vite liés d'amitié et correspondent régulièrement. Mais Olivar pense que le Goldwin Smith de Bourassa fait plutôt figure d'exception parmi les fanatiques qui se déchaînent en ce moment à Ottawa et à Toronto.

Wilfrid Gascon est aussi un esprit perspicace qu'Olivar estime beaucoup. Il vient de signer aux *Débats* un superbe article sur les dangers que fait courir l'application de la doctrine Monroe au Canada français. Pour avoir vécu aux États-Unis et participé de loin à la guerre de Cuba, Olivar trouve ses appréhensions parfaitement justifiées : « Après Cuba, les Philippines et Porto-Rico, écrit Gascon, viendra le tour du Canada... » Et de conclure :

> C'est clair, et notre politique est toute tracée pour l'avenir ; se séparer des partis anglais « grit » ou « tory » ; sonner de toute part le ralliement national, reprendre les traditions de Papineau, nous affirmer comme nation, et lorsqu'on voudra nous faire emboîter le pas derrière la troupe anglophone en marchent [*sic*] vers l'union anglo-saxonne, pousser ensemble un formidable cri capable d'être entendu sur les bords de la Seine : NON SERVIAM[20] !

Voilà un journaliste comme Asselin les aime.

En juillet 1900, il a revu Bourassa. Le député de Labelle a fait aux *Débats* une nouvelle visite, tout à fait impromptue, et il a été accueilli avec l'enthousiasme qu'on imagine! Il faisait dehors une chaleur étouffante. Le petit-fils du seigneur de Montebello a laissé tomber familièrement la veste... Autour des pupitres désencombrés en hâte de leurs paperasses, ils se sont rassemblés et de Montigny a fait monter de la bière fraîche. Le chef se sentait visiblement chez lui : ce journal, tous ces jeunes collaborateurs qui lui proposent si spontanément leur appui alors que, jusqu'à présent, il avait dû ferrailler presque seul à la Chambre.

Seul, il va l'être de moins en moins. Tout un mouvement est en train de prendre nettement forme derrière lui. À Québec, *La Vérité* de Tardivel et *La Semaine religieuse* de l'abbé Gosselin le soutiennent avec l'accord tacite de l'archevêque, Mgr Bégin. *Le Trifluvien*, *Le Monde Canadien* et *Le Pionnier* de Sherbrooke expriment leur admiration pour les Boers. Les impatients voudraient que ce mouvement se transforme bientôt en un nouveau parti! De jeunes députés libéraux, comme Dominique Monet* et Charles Angers, pousseraient en ce sens. Même le vieux Tarte, qu'on dit déçu par l'attitude de Laurier, pourrait bien revenir prendre du service avec les jeunes. Bourassa, toutefois, ne veut pas entendre parler de nouveau parti. Il coupe court. Ses priorités ne sont pas, pour le moment, de ce côté. Il s'en expliquera le temps venu. Le maître laisse plutôt parler ses nouveaux disciples. Il s'émerveille de leur générosité, tempère un peu leur impétuosité et les semonce gentiment avec l'autorité discrète que lui confèrent ses premiers cheveux gris[21]. Ils se sont séparés tard, passionnés qu'ils étaient à l'idée de refaire le monde avec lui.

Puis la vie montréalaise est entrée dans la torpeur de l'été. La chaleur a fait fuir les citadins aisés vers les villégiatures. Les voyages organisés ont amené, par pleins paquebots, de nouveaux privilégiés vers l'Exposition de Paris. Rue Saint-Jacques, à la fermeture des bureaux, Asselin ne croise plus que des avocats restés seuls en ville et qui se cherchent désespérément un compagnon de table pour éviter d'avoir à regagner trop tôt un logis désert. Place d'Armes, ses vieux compagnons de la cloche se sont agglutinés à l'ombre et s'éventent d'un mouchoir crasseux. Sous l'ardeur du plein soleil d'été, on a cloué au pilori de bois du Palais de Justice quatre malheureux prévenus en attente de leur procès[22]. Sans leur donner à boire!... À certaines heures, tous les malheurs du monde semblent vouloir fondre sur Olivar. Ils le plongent dans une mélancolie profonde, momentanément inguérissable et qui altère sa combativité naturelle.

Heureusement, Alice est en ville : les Le Bouthillier ne sont pas encore partis pour l'Anse-au-Griffon. Le beau manoir d'autrefois sera bientôt vendu à un certain M. Chouinard, mais la famille s'y réserverait, pour quelques années encore, l'usage

---

* Député libéral de Napierville, il s'était solidarisé de Bourassa au moment de sa démission. Grand-père de la militante Simonne Monet-Chartrand.

des appartements du gérant... et le privilège de se bercer encore sur la longue véranda qui fait face à la mer! Alice rit de si bon cœur, en lui racontant la clause étrange que son père veut faire introduire dans l'acte de vente, qu'Olivar en est tout émerveillé. Quelles joyeuses dispositions d'esprit possède donc cette jeune personne face aux revers de fortune? On la dirait à la fois détachée et déterminée à ne considérer, dans la vie, que son côté ensoleillé. Alors qu'il lui arrive si souvent, à lui, entre deux élans d'enthousiasme, de pencher dangereusement du côté de l'ombre... Comme en ce moment.

Alice emmène Olivar au parc du Mont-Royal. Ils se rendent au sommet de la montagne par le funiculaire et vont se promener à l'ombre des chênes et des grands érables. Les allées sont fraîches, à peine trouées de soleil. Ils croisent des couples de cavaliers. Les femmes montent en amazone, leurs longues jupes retenues à l'arçon de leur selle. Elles laissent flotter derrière elles les voilettes de leurs canotiers et cette odeur de cuir sauvage que le fils de Rieule ne respire jamais sans ivresse... Un jour, lui aussi se promet de harnacher l'une de ces bêtes splendides! Il l'enfourchera avec la plus belle paire de bottes qui se puisse trouver en ville! Alice s'amuse follement des projets de l'intarrissable « jongleur ». Elle fait même de la surenchère. Ils sont heureux. Pour la première fois, ses sœurs étant toutes absentes, les voilà sans chaperon avec de longues heures devant eux. Une journée exceptionnelle dont Olivar marquera l'anniversaire.

En août, Alice partie pour la Gaspésie rejoindre sa famille, le revoilà en proie à la mélancolie. Aux *Débats*, il publie à nouveau de mauvais vers. Il en est vite conscient. *Au sérail*[23] est vraiment au-dessous de tout! Même dans un guignol, on ne voudrait pas de ses odalisques en carton-pâte! Le goût d'écrire l'a déserté subitement... Il se met à douter de lui-même, de son talent de journaliste, de l'avenir de la carrière montréalaise qu'il vient d'entreprendre. Il broie du noir. Il lui semble qu'Alice ne reviendra jamais de son village perdu : cinq jours de bateau depuis Québec! Il aurait tant besoin, en ce moment, d'entendre son rire, de voir pétiller ses yeux. Alors, une fois de plus, il cède au coup de tête. Le 22 août, l'ex-caporal Olivar Asselin écrit en bonne et due forme à l'armée américaine pour demander d'y être réintégré en qualité de réserviste affecté au service médical. Il le fait savoir autour de lui. La nouvelle est même relayée par *La Patrie*[24]. La réponse, fort heureusement, ne se fait pas attendre : la paix revenue, on n'enrôle plus, désormais, que de simples soldats au poste de brancardiers. Être dégradé? Il n'y faut pas songer!

Il est déjà passé à autre chose. Au journal, en août, de nouvelles signatures se sont manifestées en l'absence des estivants. Olivar a fait la connaissance d'un étudiant en notariat qui s'adonne à l'occasion, comme lui, à la critique littéraire. Il s'appelle Édouard Biron. Ils ont tout de suite sympathisé. Même si Olivar ne partage pas entièrement l'admiration que son nouvel ami professe à l'endroit du romancier Paul Bourget[25]. Ils ont promis de se revoir. Tous deux se sont reconnu de solides racines « rouges » et une admiration commune pour le nouveau nationalisme dont Henri Bourassa est le porte-étendard. Avec Germain Beaulieu et le père Seers, Olivar aime discuter littérature. Mais il trouve rarement avec eux cette nouvelle complicité politique qui l'attire tant vers Bourassa. Il se sent peu à peu entraîné dans l'aventure. Une nouvelle page d'histoire est en train de s'écrire au Québec et il se promet bien qu'elle ne s'écrira pas sans lui ! Pour assister à l'enterrement de l'impérialisme et à la reconnaissance de son pays, il veut être aux premières loges.

Alice à peine rentrée de Gaspésie, le voilà parti pour Montebello où le député de Labelle l'a convoqué ! Il a promis de lui écrire. Dans le train qui l'emporte, tout exalté de l'honneur qui lui échoit, il explique à « mademoiselle Alice » combien il regrette le contretemps et se morfond à l'idée de leur excursion manquée. Il a signé : « votre admirateur ». Il vient d'inaugurer, sur le mode épistolaire, un genre littéraire où il promet d'exceller : tenter de faire croire à la femme aimée que la passion qu'il éprouve pour elle l'emporte sur celle de la politique... Tenter de se faire croire, à lui-même d'abord, que c'est « en service commandé » qu'il s'est jeté à corps perdu dans la mêlée et que son plus cher désir est de retourner auprès d'elle !

Sereine sous la lampe, rue Cherrier, « mademoiselle Alice » a sorti sa boîte à ouvrage et son cerceau à broder. Point par point, en chantonnant, elle a commencé d'entrelacer, sur les taies d'oreiller de son trousseau, des « L », des « B » et des « A ».

Chapitre IX

LA MOUCHE DU COCHE

Le nationalisme, c'est d'abord Lavergne et Asselin, ardents, passion-
nés, pauvres, fanatiques de la cause, combattants de première ligne,
excitateurs de volontés. La parole et la plume...

(Louis Francœur, *La Patrie*, 25 avril 1937)

La convocation de Montebello n'était pas sans motif. Des élections fédérales
s'annonçaient pour l'automne 1900 et sir Wilfrid Laurier, élu pour la première fois
en 1896, allait solliciter un second mandat avant les neiges. Entré en dissidence
l'année précédente, Henri Bourassa entendait bien y rester. Depuis sa démission
du caucus libéral, un contingent s'était embarqué pour l'Afrique du Sud avec la
bénédiction du gouvernement. Et l'on parlait d'un deuxième. Puisque Laurier
s'entêtait de la sorte dans sa politique impérialiste, il se représenterait à nouveau
comme indépendant.

Asselin et ses amis avaient été réunis pour évaluer quels appuis ils se
croyaient en mesure d'apporter à la réélection du député de Labelle. Ce dernier,
privé de journal, comptait sur la petite équipe des *Débats* qui avait si bien su
s'attirer les faveurs de la jeunesse l'année précédente. Aux communes, les appuis
à Bourassa s'annonçaient presque nuls. Les jeunes libéraux qui l'avaient soutenu
l'année précédente n'osaient se priver de l'appui du parti en imitant son geste.
N'ayant ni l'expérience, ni la stature, ni le charisme de Bourassa, il leur semblait
irréaliste de chercher à se faire élire comme indépendants. Puisque le maître
boudait l'idée de créer une troisième force sous l'étiquette nationaliste, les Monet
et les Angers continueraient à jouer la carte du bipartisme. Ils se présenteraient
encore comme libéraux.

Si l'on exclut l'affaire sud-africaine, où Bourassa a fait figure de trublion de grande classe, Laurier a plutôt le vent dans les voiles en cet automne 1900. La prospérité économique et l'élan créateur de ce début de siècle le favoriseraient plutôt dans les intentions de vote. Un climat général d'optimisme prévaut dans l'opinion, climat que les électeurs (les Canadiens français surtout) semblent tout disposés à porter au crédit de Laurier. Son adversaire, Charles Tupper, réserve-t-il la salle de l'hôtel Windsor pour lancer sa campagne électorale à Montréal, que Laurier riposte aussitôt en attirant des foules délirantes au parc Sohmer. Même *La Presse* semble avoir oublié la guerre du Transvaal et affiche à son égard une neutralité bienveillante. Le Parti conservateur part d'un bien mauvais pied au Québec.

Quant à Bourassa et à sa poignée de jeunes disciples, ils ne risquent pas de faire de vagues! Il suffira au chef « à la langue d'argent » de paraître sur les estrades pour qu'aussitôt séduits, ses compatriotes en oublient les écoles du Manitoba et les milliers de morts du Transvaal. Ce que les Canadiens français désirent avant tout c'est que leur pays, bien que colonie anglaise, puisse continuer à s'affirmer dans tous les domaines. Et Laurier leur apparaît, en dépit des événements récents, comme l'homme tout désigné pour conduire le pays sur cette voie, comme le compatriote dont on puisse être fier... Comme en 1896, Laurier va jouer à fond la carte de la solidarité de race. Et il va gagner. Asselin, qui expédie des commentaires sur la campagne électorale à *L'Opinion publique* de Worcester, en rage d'avance. Mais en vain. Le 7 novembre, les libéraux sont réélus avec 133 députés contre 80 conservateurs. Au Québec, la victoire est encore plus écrasante : 57 libéraux pour 8 conservateurs. En dépit de sa participation anti-démocratique à la guerre, Laurier sort vainqueur des « élections kaki ». Pour les conservateurs du Québec, c'est la déconfiture totale. Pour la jeunesse, une amère désillusion sur tous les fronts.

L'organisateur Israël Tarte n'avait rien négligé, pendant la campagne, pour s'assurer de la victoire de Laurier. Les bruyants et discordants *Débats*, avec lesquels il avait esquissé un flirt au moment de la guerre, avaient fini par lui taper sur les nerfs. Il avait décidé de les acheter.

Cependant, Louvigny de Montigny veillait au grain. Le 7 octobre, coup de théâtre aux *Débats*. Le rédacteur en chef rend publique une lettre confidentielle de Louis-Joseph Tarte, fils, au propriétaire et bailleur de fonds Alexandre Duclos, associé puis successeur de Paul de Martigny. Dans cette lettre, Louis-Joseph Tarte offre la somme rondelette de 50 $ par semaine en échange du contrôle politique du journal et du droit d'y publier librement tout article de propagande libérale que le parti jugera opportun! La campagne électorale bat alors son plein. De Montigny, révolté par la manœuvre, déclare qu'un journal ne peut être acheté lorsque l'ensemble des journalistes décident de demeurer indépendants. Et il fait suivre sa déclaration de leurs signatures. Asselin, bien sûr, est du nombre. Fort des actions majoritaires qu'il détient, Alexandre Duclos reprend toutefois le contrôle des *Débats* et se déclare dorénavant seul responsable des politiques éditoriales du journal. Louvigny de Montigny démissionne avec fracas en signe de protestation.

La crise des *Débats* va pourrir lentement. Moins touchés que leurs collègues affectés aux dossiers politiques, les poètes restent fidèles au journal, avec la caution de Louis Dantin. Mais les chroniqueurs politiques, désabusés, se dispersent et sont peu à peu remplacés par des collaborateurs plus « coopératifs ». Les *Débats* s'assagissent. Ils sont dorénavant domestiqués par les Tarte. Durant quelques mois, dans un bref sursaut destiné à conserver leur soutien actif à Bourassa jusqu'aux élections de novembre, de Montigny va tenter de rassembler les dissidents en lançant d'abord les *Vrais débats*, le 14 octobre, puis *L'Avenir*, journal dominical publié pour la première fois la semaine suivante. Les élections passées, de Montigny démissionnera à nouveau et *L'Avenir* mourra de sa belle mort au bout de quelques mois.

Asselin aura tout juste le temps d'y publier une évocation ironique de l'ouverture de la session d'Ottawa et du discours du premier ministre. Morceau de bravoure qui dut faire froncer les sourcils du député de Labelle, adversaire respectueux de sir Wilfrid Laurier, mais grand admirateur des institutions parlementaires britanniques. Irrévérence bien déplacée d'ailleurs, aux yeux de certains, alors que le gouvernement se trouvait tout endeuillé par la mort de la reine Victoria :

Le discours du Trône — lisez le discours de nos ministres, puisque le gouverneur général du Canada ne reçoit $50,000 par année que pour servir de porte-voix au cabinet — ne renferme rien de nouveau.

Son Excellence, il va sans dire, est profondément peinée de la mort de la reine et profondément heureuse de l'avènement d'Edouard VII.

Dans un pays monarchique, le premier devoir du fonctionnaire est de savoir pleurer et se réjouir avec la Cour, comme celui du sujet est de se tenir constamment les yeux fixés sur les chefs de claque du loyalisme.

Son Excellence est fière des lauriers conquis par les soldats canadiens en Afrique australe ; heureuse d'apprendre que Son Altesse le duc de Cornwall daignera passer par le Canada à son retour d'Australie, enchantée de voir que le projet de la pose de câble transpacifique est en voie de se réaliser ; au septième ciel de constater que le peuple canadien se loyalifie tous les jours davantage.

Enfin, de quoi Son Excellence n'est-elle pas fière, de quoi n'est-elle pas heureuse, de quoi n'est-elle pas enchantée ? Un peu plus, son bonheur tiendrait du délire.

Dans sa réponse à ce boniment qu'il a lui-même rédigé, M. Laurier dira qu'il est heureux que Son Excellence soit heureuse de tant de choses, fière de tant de choses; le bonheur gagnera tout le monde; et il ne restera plus au cabinet qu'à élaborer ces lois qui doivent nous confirmer dans la possession de la Terre Promise. [...]

[...] Le discours de M. Laurier avait réuni à la Chambre, à part la troupe des anglomanes accoutumés à applaudir les lieux communs du premier ministre, bon nombre de gens attirés par sa réputation d'orateur. À le lire dans les journaux, on serait tenté de s'imaginer que M. Laurier a eu des sanglots dans la voix, des attitudes tragiques, des gestes à fendre l'âme. Erreur profonde: souriant comme toujours, le premier ministre avait l'air d'un homme qui vient de perdre sa belle-mère; il a parlé, parlé, parlé sur un ton déclamatoire qui aurait gâté l'effet du plus beau discours. Il a découvert des pleurs et des gémissements chez les Indous, que la domination britannique ruine; chez les peuples sud-africains, que la tyrannie anglaise écrase; chez les tribus barbares de l'Asie et de l'Océanie qui ne connaissaient de l'Angleterre que ses balles et son whisky. [...]

Après avoir décrit le dépit ennuyé des membres de l'opposition, Asselin passe aux ministériels:

Du côté ministériel on n'était pas plus attentif. Sir Richard Cartwright bâillait aux mouches; M. Tarte avait l'air de calculer combien de quais il pourra construire d'ici à 1905 dans le comté de Montmorency pour faire battre M. Casgrain ou sur les côtes du Labrador pour gagner les Esquimaux au parti libéral. M. Sifton semblait chercher dans quel pays barbare il pourrait recruter des colons pour noyer la minorité française du Canada; quelques députés dormaient; d'autres, l'oreille tendue, essayaient en vain de saisir quelques mots du « speech » débité avec tant de volubilité par le premier ministre. Il ne manquera pas de journaux ministériels pour comparer encore une fois, à cette occasion, Sir Wilfrid Laurier à Démosthène. Les hommes intelligents qui assistaient à la séance de vendredi en sont revenus avec l'idée qu'il n'est qu'un acteur incapable de jouer la tragédie[1].

Les Débats confisqués, tout ce tumulte et ces branle-bas de combat vont laisser Asselin sans travail régulier. Sa famille attend toujours, à Woonsocket, qu'il la rapatrie à Montréal, réunion qu'il remet toujours à cause de la précarité de sa situation. Sophie, Malvina et Mary fabriquent temporairement des manchons chez Sharp & Perkins. Mais les conditions de travail sont désastreuses et les salaires dérisoires. Jos Roy, le beau-père, s'est fait graver une carte de vendeur d'assurances, mais ne vend apparemment rien. Rue Cherrier, les amours d'Olivar se confirment et M. Le Bouthillier-père s'informe avec de plus en plus d'insistance de ses nouvelles perspectives d'emploi. Redevenu journaliste à la pige, avec ou sans pseudonymes, Olivar, qui s'est remis à vivre au jour le jour, doit encore gagner la confiance de son futur beau-père s'il veut convoler bientôt en justes noces. Les grands yeux noirs d'Alice, mieux encore que les arguments d'Oscar et de Raoul, lui en ont inspiré la détermination. Il partage toujours avec elle la même admiration fervente pour Bourassa qui ferraille, plus seul que jamais aux communes, contre toutes formes d'impérialisme, qu'elles soient de nature politique, militaire ou économique. Une à une, les motions du leader nationaliste se trouvent défaites par l'écrasante majorité libérale. Seul lui reste, là-bas, le soutien régulier des lettres que lui adresse son ami Goldwin Smith.

La débâcle conservatrice a cependant apporté des changements de têtes à la direction du parti. Le vieux Charles Tupper a été remplacé par le député d'Halifax, Robert Laird Borden. Ce dernier s'est aussitôt choisi un nouveau lieutenant québécois. Bien que de père anglais, Frederick Debartzch Monk a une mère et une épouse canadiennes-françaises. Il parle donc couramment le français, langue dans laquelle il enseigne depuis des années à la faculté de droit de l'Université Laval à Montréal. C'est un grand blond, mince et légèrement voûté comme c'est fréquemment le cas chez les hommes d'étude peu portés aux activités physiques. Il a quarante-cinq ans lorsqu'il prend la tête de l'aile québécoise du Parti conservateur. Il s'agit d'un défi de taille : au Québec, le Parti conservateur, miné par une nouvelle querelle des Anciens et des Modernes, se trouve pratiquement moribond. Tolérant et parfaitement à l'aise dans les deux cultures, Monk passe pour être l'homme de la réconciliation et du renouveau. Bourassa ne voit donc pas apparaître cette nouvelle figure, sur l'échiquier politique, sans en éprouver quelque satisfaction. Aux communes, les hommes de culture sont rares. De double culture, plus rares encore. Bientôt Monk et Bourassa prennent plaisir à se retrouver à la même table au restaurant du Parlement. De quinze ans son cadet, le député de Labelle apprécie l'expérience et les vastes connaissances du professeur : en matière constitutionnelle, Monk s'avère un véritable puits de science. En son for intérieur, le fils des seigneurs de Montebello devait préférer nettement les manières de table du gentleman à celles, par trop primaires et bruyantes, de certains de ses compatriotes.

À Montréal, *Les Débats* disparus, le chef nationaliste n'a plus, hormis quelques conférences isolées, de point de ralliement pour entretenir la flamme chez ses jeunes supporteurs anti-impérialistes. Asselin, comme les autres, le voit plus rarement. Avec ses amis, il projette d'organiser, pour le printemps, une vaste assemblée publique en l'honneur de Bourassa pour marquer la célébration de la Saint-Jean-Baptiste. Le chef adresserait alors la parole à la jeunesse, dresserait le bilan de la session écoulée, en matière de politique impériale, et rassemblerait les énergies dispersées depuis l'élection de novembre. Mais Bourassa décline. Le bruit court bientôt qu'il s'embarquerait pour l'Europe. Plus précisément pour l'Angleterre. Robert Rumilly raconte :

> Bourassa est animé d'une foi brûlante. Il est sujet à des crises de scrupule, ce qui n'est pas sans exemple dans sa famille. Le public, sans en connaître aussi long, le sait si religieux qu'un bruit singulier court la province : il irait s'enfermer dans un monastère. En réalité, Bourassa part en voyage d'étude. Il s'est tenu ce

raisonnement : nous sommes encore, et pour longtemps, soumis à l'Angleterre dans une large mesure ; notre constitution vient d'Angleterre ; notre sort est lié à celui de l'Angleterre ; or nous connaissons très peu, très mal, l'histoire de l'Angleterre, ses mouvements politiques et sociaux, l'esprit de ce pays dont dépendent notre présent et notre avenir ; il faut les étudier, sur place de préférence. Donc, Bourassa décide un voyage d'étude. Il part, les poches bourrées de lettres d'introduction fournies par Goldwin Smith et, pour quelques-unes, par le professeur Weldon*, de la Nouvelle-Écosse.

Les lettres de Goldwin Smith et le titre de député canadien ouvrent toutes les portes[2].

À Londres, il multiplie les entrevues avec les leaders politiques, les grands éditorialistes et les chefs ouvriers. Il veut entendre tous les sons de cloche. Aux communes, le fonctionnement du parlementarisme britannique et le rôle important joué par l'opinion publique provoquent son admiration. Les députés y jouissent de plus de latitude qu'au Canada. Ils peuvent s'éloigner de la ligne du parti lorsque leur conscience le leur dicte. Les débats y sont plus civilisés et plus courtois, les arguments invoqués volent moins bas... Pourtant, en Europe continentale, la guerre des Boers a donné bien mauvaise presse à l'Angleterre. Sauf l'Allemagne de Guillaume II, à laquelle la famille royale britannique se trouve apparentée, la plupart des pays européens ont dénoncé avec virulence la répression du Transvaal.

En France, où la nouvelle de son passage à Londres a été publicisée, un comité de soutien à l'Afrique du Sud voit en Bourassa le porte-parole tout désigné de la résistance à la politique coloniale de l'Angleterre. Le comité l'invite donc à prononcer une conférence à Paris. Bourassa décline :

> Citoyen canadien et sujet britannique, il réserve pour l'Angleterre et pour le Canada, terre d'Empire, ses attaques contre la politique britannique. Il n'ira pas en France critiquer les Anglais : « Je combats les gens en face, pas de dos[3]. »

Sans doute se mêle-t-il aussi, chez cet ardent défenseur de l'Église, un sentiment de réserve envers la République laïcisante ? En cette année 1901, le ministère Waldeck-Rousseau vient en effet, d'ouvrir un débat houleux sur la loi dite des « associations », euphémisme qui remet en question l'avenir, et en certains cas la survie, aux termes du nouveau projet de loi, des congrégations religieuses. Ces dernières devront, dorénavant, obtenir une « autorisation » gouvernementale pour

---

* Richard Chapman Weldon. Autre intellectuel canadien-anglais dont Bourassa appréciait les idées en matière d'indépendance canadienne et de droits des minorités. Originaire de la Nouvelle-Écosse, le professeur Weldon avait étudié le droit international à Yale et à Heidelberg avant de se consacrer à l'enseignement à la faculté de droit de Dalhousie, puis d'Halifax où il avait été promu doyen. Élu député en 1891 aux communes, sous l'étiquette « libérale-conservatrice », il avait prononcé des discours remarqués par le jeune Henri Bourassa, lors de la crise scolaire du Manitoba.

se réunir. Le pays, divisé sur la question, se trouve en proie à des controverses passionnées. Gauche contre droite. Anticléricaux contre catholiques. Des élections décisives sont prévues pour 1902 dont la loi des associations constituera l'enjeu majeur. Le pape Léon XIII intervient dans la polémique pour rappeler que : « les congrégations sont nécessaires à la liberté catholique ». Or, aux yeux de Bourassa, la parole du pape constitue une directive.

Il se rendra néanmoins en France, mais à titre personnel. Il visitera les bureaux canadiens d'immigration où il découvrira que le gouvernement prévoit deux types de publicité bien distincts pour les candidats à l'immigration : l'un pour le Canada anglais, l'autre pour le Canada français. Le ministère canadien de l'Intérieur a fait éditer une carte fort bien faite et détaillée de l'Ouest canadien et de l'Ontario. Mais toute la région de Montréal, au nord du Saint-Laurent, est représentée dans un flou cartographique tel qu'on pourrait la confondre, selon Rumilly, avec une sorte d'extension nordique du Maine et du Vermont. Cette découverte ne laissera pas le député de Labelle indifférent. Dans son esprit, la question de l'immigration et de la minorisation progressive des Canadiens français dans la Confédération est plus que jamais à l'ordre du jour.

* * *

Tandis que Bourassa tente de concilier ses allégeances contradictoires, Asselin, lui, doit plus prosaïquement chercher à gagner sa vie. Une fois de plus, il fait le tour des salles de rédaction de Montréal et multiplie ses envois aux journaux de province. En Nouvelle-Angleterre, *L'Opinion publique* de Worcester accepte de le prendre à l'essai comme correspondant canadien. Tardivel, qui a soutenu Bourassa et ses disciples dans l'affaire du Transvaal, accepte de publier ses articles dans *La Vérité*. *La Gazette de Québec*, *Le Pionnier* de Sherbrooke, *L'Oiseau-mouche* de Chicoutimi, *L'Avenir du nord*, propriété du très libéral Jules-Édouard Prévost, où son ami Wilfrid Gascon est devenu simple rédacteur politique, font de même. L'anti-impérialisme s'est momentanément rallié des supporters au-delà des clivages libéraux et ultramontains. Mais les cachets sont maigres et la vie de pigiste demeure aléatoire.

Comme à beaucoup de journalistes en mal de stabilité, une occasion inespérée de travailler auprès du gouvernement de Québec s'offre à lui. Ses amis des défunts *Débats* ont pressenti, en sa faveur, Lomer Gouin dont ils avaient appuyé la candidature à l'échevinage de Montréal, l'année précédente. De simple député, Gouin venait d'être promu ministre de la Colonisation et des Travaux publics par le premier ministre libéral Simon-Napoléon Parent*, l'homme lige de sir Wilfrid

---

* Premier ministre libéral de 1900 à 1905. Lomer Gouin lui succédera de 1905 à 1920.

Laurier. Le nouveau ministre se cherche un secrétaire particulier. Le talent d'Asselin et ses indiscutables convictions libérales plaident en sa faveur. Familiers de Gouin, ses amis lui ménagent une entrevue qui s'avère concluante. Une joyeuse fête d'adieu s'organise entre anciens collègues. Asselin part pour Québec aussitôt après. Une autre page de vie s'ouvre pour lui. Et, par ricochet, pour Alice dont les pièces de trousseau commencent à s'additionner dans « le coffre d'espérance ».

Lomer Gouin est le fils d'un médecin de campagne de Grondines. Reçu avocat en 1881, et très tôt militant libéral, il a partagé l'étude légale d'Honoré Mercier de 1887 à 1891, à l'époque où ce dernier était premier ministre du Québec. En 1888, il épouse Élise Mercier, fille du premier ministre. Il aime assez se profiler dans l'ombre glorieuse de son célèbre beau-père. Cette proximité lui attire les sympathies des radicaux. Hypersensible aux échos de l'opinion publique, Gouin cultive avec soin les journalistes. Son flair lui a permis de sentir le vent nouveau qui s'est mis à souffler sur le Québec depuis la guerre des Boers : la jeunesse, regroupée momentanément autour de Bourassa et des *Débats* ne sera plus inconditionnellement « lauriériste » comme ses pères. À lui d'en tenir compte... Depuis son élection dans le comté de Montréal n° 2, en 1897, alors que Félix-Gabriel Marchand se trouvait à la barre de la Province, bien de l'eau a coulé sous les ponts !

Réélu dans le même comté en 1900, Lomer Gouin est dans la force de l'âge quand Olivar entre à son service. À quarante ans, Gouin est un travailleur infatigable et ambitieux. C'est un homme courtois mais peu loquace et réservé, facilement inquiet, dont le regard lourdement cerné de gris semble toujours empreint d'une vague tristesse. Une épaisse moustache donne à sa bouche un pli de gravité, comme si, désireux de plaire à tous, le politicien doutait d'y arriver jamais. En matière d'éducation, il professe des idées libérales et progressistes qu'Olivar sait apprécier à leur pleine valeur. Mais pour l'heure, c'est de colonisation qu'il s'occupe et le pain sur la planche ne manque pas. Depuis les temps lointains où son père Rieule défendait les projets de réforme de « Pit » Tremblay et les droits de coupe des habitants de Charlevoix, la question n'a pas suffisamment évolué au goût d'Asselin. Il se mettra de bon cœur à l'étude de cet important dossier.

La proximité de la bibliothèque du parlement de Québec constitue aussi, pour lui, un avantage marginal important. Aux *Débats*, ses débuts comme chroniqueur politique lui ont permis de mesurer les déficiences de sa formation et les lacunes de son information. Son exil aux États-Unis l'a trop longtemps tenu en lisière des vrais problèmes de sa province. Il a du rattrapage à faire et cette nouvelle fonction va lui permettre de se documenter à fond, tout en gagnant honorablement sa vie. Autodidacte, mais doué d'une phénoménale capacité de lecture et d'une non moins prodigieuse facilité à élaborer de grandes synthèses, Asselin va devenir, durant son bref séjour auprès du ministre de la Colonisation, un véritable « homme de dossiers » et l'un des journalistes politiques les mieux informés de sa génération.

Livres bleus, verts ou blancs, enquêtes et rapports officiels, statistiques gouvernementales, rien ne le rebute, tout le met en appétit, tout sollicite sa curiosité, tout provoque sa réflexion. Colonisation et travaux publics, en tout premier lieu, certes, mais aussi fiscalité, agriculture, éducation, hygiène publique. Il s'intéresse même au problème de la vaccination anti-variolique et va jusqu'à rédiger, en bonne et due forme, un projet de loi en ce sens qu'il fait parvenir dare-dare au secrétaire du Bureau d'hygiène de la Province. Le docteur Elzéar Pelletier dut concevoir bien de l'étonnement à lire pareille prose juridique émanant d'un obscur secrétaire de ministre de vingt-sept ans... À sa fiancée demeurée à Montréal, il ne cesse d'écrire combien elle lui manque et combien il est désespéré d'être retenu, une fois de plus le dimanche, auprès de son ministre.

Sa nouvelle expérience démarre dans la ferveur et l'enthousiasme. Aussitôt en selle, il confie longuement à son protecteur, Aram J. Pothier, tous les espoirs qu'il a spontanément placés dans le mouvement de renouveau politique qu'il croit percevoir sur la scène québécoise. Au centre de ce renouveau, il attribue déjà un rôle privilégié à son nouveau patron, le ministre de la Colonisation. De Rieule, ardent partisan de l'arpenteur Pierre-Alexis Tremblay, l'obsession tenace de la reconquête du territoire s'est bien transmise. Olivar reprend intégralement à son compte l'injonction du curé Labelle : « Emparons-nous du sol ! » À la suite de son père, il entend s'attaquer sans délai au monopole des grandes compagnies papetières qui spolient sans vergogne les droits de coupe du colon après s'être concilié, par des pots-de-vin réguliers, la complicité des politiciens. Asselin compte fermement sur la détermination de Lomer Gouin pour mettre fin à ce trafic honteux :

Actuellement, je fais un noviciat : je travaille et observe ; mon rôle est très effacé. Ce n'est pas, cependant, qu'en abandonnant le journalisme (du moins en apparence) je me sois voué à l'oubli, car plus je vieilis au service de l'honorable M. Gouin, plus je me convaincs qu'il est l'homme de demain et que ses leçons me seront d'un immense profit. Si vous lisez les journaux de la province de Québec, vous n'êtes pas sans remarquer le réveil général qui s'accuse au sujet de la colonisation. Je ne crains pas de dire que c'est le ministre actuel de la colonisation qui préside à ce réveil et qui, par ses amis personnels répandus un peu partout, le généralise chaque jour davantage. La leçonklu recensement, savoir que l'avenir de la race canadienne-française réside dans la possession du sol, lui a mis en main un fort atout, qu'il emploiera pour mieux vaincre l'ignorance et la malveillance de quelques-uns de ses collègues et reprendre, avec des moyens nouveaux, les grandes traditions de

Mercier*. *C'est à Québec que s'affirmeront d'ici vingt-cinq ans, les hommes d'état canadiens-français. Nous avons perdu à Ottawa toute notre influence**,* malgré l'apparente victoire que nous avons remportée le jour où Sir Wilfrid Laurier est devenu le chef du cabinet[4].

Amèrement déçu, depuis l'affaire des écoles du Manitoba en 1896, par les promesses non tenues de Laurier, Asselin fonde désormais tous ses espoirs sur le réveil de sa province où les Canadiens français sont majoritaires. Observateur intransigeant du jeu parlementaire où les siens sont condamnés, à Ottawa, au rôle d'éternels perdants, c'est sur la force du nombre qu'il compte désormais pour renverser le destin de « la race française » que le rapport Durham vouait à l'assimilation.

Deux moyens privilégiés s'offrent aux Canadiens français pour reconquérir leur majorité perdue : d'abord une politique d'immigration placée sous leur contrôle et qui privilégie l'apport accru et déterminant d'éléments français de qualité ; ensuite une réforme de l'éducation susceptible de préparer les électeurs à voter de façon libre et éclairée dans le sens de leur intérêt collectif. Il s'en explique longuement dans la même lettre à son indéfectible ami.

Déjà, à l'instar de Tardivel, Asselin croit voir en marche, dans son pays, la reconquête du nombre et du sol par l'élément français, mouvement prometteur qui pourrait bien, un jour, servir d'irrésistible attraction pour les « exilés » franco-américains eux-mêmes :

Les cantons de l'Est, où les Anglais étaient rois et maîtres il y a vingt ans, sont aujourd'hui, à l'exception de cinq comtés, entre les mains des Canadiens français. Nous avons jeté dans Ontario une avant-garde de 900,000 Français, qui au lieu de se laisser angliciser, se groupent pour mieux se conserver à la langue et à l'idée française, et cette avant-garde, dans quelques années, touchera aux groupes français du Manitoba et du Nord-Ouest. Qui sait si alors il ne sera pas possible de mettre au ministère de l'Intérieur, à Ottawa, un homme qui nous aidera à reconquérir dans ces provinces, y attirant les Canadiens du Montana, de l'Illinois, du Minnesota et du Michigan, l'influence que la race française y a perdue. Tout cela est possible, cher monsieur Pothier, si possible que des journaux de l'importance du *Montreal Herald*, du *Montreal Witness* et du *Toronto News*, prévoient le jour, assez prochain, où nous formerons encore, comme avant l'union des deux Canadas, la majorité de la population du Dominion. Ce jour-là, cher ami, nous donnerons à la politique canadienne l'orientation qu'il nous plaira et l'avenir de la race française en Amérique sera assuré[5].

---

* Honoré Mercier, premier ministre du Québec de 1887 à 1891, avait fait du curé Labelle son sous-ministre de la Colonisation.

** Les italiques sont de nous.

Son enthousiasme de militant ne lui a pas fait oublier les embûches de cette vaste entreprise de réunification nationale qu'il appelle de tous ses vœux. Il sait que le courage demeure la vertu la plus mal partagée. Mais il sait aussi que le succès attire le succès. Il mise beaucoup sur l'effet salutaire de la contagion politique qui pourrait bien finir par rallier à « la cause française » en Amérique les derniers retranchements même de ses irréductibles adversaires irlandais :

> D'ici là nous aurons sans doute bien des défections, bien des apostasies à enregistrer, mais elles se produiront parmi les lâches qui suivent toujours les gros bataillons et qui nous reviendront d'eux-mêmes, par la seule force des circonstances comme aujourd'hui à Woonsocket et dans quelques autres ville de la Nouvelle-Angleterre, on voit des Canadiens reprendre des noms français qu'ils avaient reniés depuis longtemps. Bien plus, nous aurons de notre côté nos compatriotes irlandais, dès que la balance penchera de notre côté : car ici comme chez vous, ces gens-là se tiennent *du côté du manche** et autant d'ardeur ils mettent aujourd'hui à exécuter les hautes et les basses œuvres de la *race supérieure***, autant ils en mettront à se faire les instruments de notre vengeance quand ils nous croiront assez forts, surtout assez rancuniers pour en exercer[6].

Dans la mesure de ses faibles moyens, il s'est ardemment mis à la tâche de « régénération nationale » qui attend ses compatriotes. Accompagnant le ministre de la Colonisation en visite dans les nouveaux territoires du Nord, il y a convoqué ses collègues journalistes pour les sensibiliser à la cause de l'éducation en milieu pionnier. Il y a même lancé l'idée de la fondation d'écoles nouvelles financées par souscription populaire. En dépit de sa jeunesse et de son inexpérience, il leur a parlé avec tant de persuasion que, déjà, près d'un millier de dollars ont été recueillis et que d'autres sommes lui ont été promises. *La Patrie* véhicule sa requête et, par l'entremise de son ami Pothier, Olivar songe même à mettre à contribution ses compatriotes de Woonsocket. Dans la « cause » qu'il défend et qui est celle de tout le peuple français d'Amérique, Asselin ne s'embarrasse guère de l'arbitraire du 49e parallèle ! Il a même fait sa devise d'un célèbre aphorisme du président américain Abraham Lincoln : *Malice toward none, charity for all...*

L'espoir qui l'habite le rend généreux et l'émeut profondément. Sa longue évocation des lendemains lumineux qui attendent sa patrie reconquise s'achève sur cet aveu :

> En vous écrivant toutes ces choses je sens que mon œil se mouille, car à travers toutes les vicissitudes de ma carrière encore brève je suis resté français jusqu'aux

---

* Les italiques sont d'Asselin avec dérision.
** Les italiques sont d'Asselin.

moëlles [*sic*]. C'est, par ma bouche, quelque vieux soldat qui parle, tombé sur les plaines d'Abraham sous une balle anglaise; c'est une victime de la conquête qui espère et se réjouit en moi. Vous avez, vous aussi, le sang français, et je sais que vous partagez mes sentiments. Il faut faire en sorte que la France soit fière de nous[7].

Asselin a mis un pied dans l'engrenage politique. Il est jeune, fervent, désintéressé. Il croit qu'on entre au service de la patrie comme on entre en religion: en renonçant à tout, en s'y donnant tout entier. Il n'ignore pas, pourtant, que ceux de son espèce font figure d'exceptions dans les eaux parfois troubles où il a commencé à naviguer. En outre, dans ce milieu clos et provincial de la fonction publique du début du siècle, il prétend agir avec les siens « en sorte que la France soit fière de nous »... Rien n'est moins assuré qu'un idéal aussi élevé y soit aisément compris. Olivar, une fois de plus, s'apprête à goûter à l'amère potion de la solitude.

À Québec, où il a pris ses nouveaux quartiers, l'Hôtel du Gouvernement porte alors son nom au sens le plus littéral du terme. Les parlementaires et leurs employés y dorment, y mangent et y travaillent. Les ministres occupent de spacieux appartements de fonction. Une armée de cuisiniers et de valets s'affairent à leur service. Devant le portail d'entrée, des cochers sont mis en permanence à leur disposition pour leurs déplacements. Les simples secrétaires de ministre, comme Asselin, sont logés dans des studios plus modestes, sous les combles. C'est là qu'ils se retirent à la fermeture des bureaux. Mais Olivar, lui, passe ses soirées à la bibliothèque dont il est devenu un pilier. Ses fringales de lecture se prolongent tard dans la nuit. Il s'est lié d'amitié avec Pierre-Georges Roy, éditeur du *Bulletin de recherches historiques de Lévis* et se passionne pour la correspondance échangée entre Chateaubriand et l'abbé Painchaud, supérieur du Collège Sainte-Anne de la Pocatière. Ou encore pour l'identité du « traître » mystérieux qui aurait révélé aux troupes de Wolfe l'existence du sentier de l'Anse-au-Foulon par lequel les Anglais se hissèrent, de nuit, jusqu'aux plaines d'Abraham pour y surprendre l'armée de Montcalm.

Le jour, il reprend son service auprès de Lomer Gouin. Ce service-là est également fort instructif et il y perdra vite quelques illusions. Il y voit se nouer des intrigues. Il y entend ses collègues parler de tactiques électorales. Ne le prend-on pas, au cabinet, pour un « bon libéral » devant lequel on peut parler sans retenue? Il découvre aussi que l'ambition personnelle peut donner lieu à d'impitoyables luttes de pouvoir entre partisans de même allégeance. Le front impassible du patron ne laisse transparaître, en pareils cas, aucun froncement de sourcils réprobateur. Le ministre ne voit rien, le ministre ne dit rien. Il est tout à tous. Olivar s'en offense. « Si tu peux apprendre à te taire, lui répond un jour son patron avec un paternalisme amusé, tu peux espérer devenir premier ministre! » La vilaine phrase fait écho au conseil de Laurier à Bourassa : « Mon ami, comme vous manquez d'esprit pratique !... » Le « silence » devant le mensonge, « l'esprit pratique » devant les principes galvaudés : serait-ce la loi du milieu où il vient d'atterrir ? Il y a là un tison qui commence à couver sous la cendre...

Il avait rêvé d'une collaboration fervente avec un homme ouvert aux idées généreuses. Il découvre un patron plutôt secret, parfois distant. Il avait anticipé des discussions passionnantes sur tous les sujets que les libéraux prétendaient avoir à cœur. Il découvre un univers où les décisions se prennent à un niveau où il n'est pas toujours convoqué et au nom de motivations qui, le plus souvent, lui échappent. Il voit sortir du bureau de Gouin des personnages énigmatiques qui ne sont pas passés par lui pour obtenir rendez-vous et que le ministre omet de lui présenter. Hormis la dictée du courrier et les déplacements extérieurs, les occasions de parler longuement seul à seul avec Gouin sont rares. Il lui arrive même de devoir mettre par écrit ce qu'il désire lui faire savoir. Ou de passer par d'autres. Contrairement à lui, certains savent si bien se mettre le pied dans la porte !

Il avait, dans sa naïveté, écrit avec insistance à Louvigny de Montigny, l'arbitre des élégances montréalaises, pour obtenir des échantillons de beaux tissus. En prévision des sorties ministérielles d'apparat, il croyait avoir besoin d'un « habit à queue » ! Mais le soir, le ministre sort sans lui. Barrière de classe entre patron et secrétaire ? Cela non plus, Olivar ne l'avait pas prévu. Quand il ne lit pas, seul le soir dans sa chambre, ou qu'il n'écrit pas à Alice des lettres passionnées, il fait quelques visites solitaires à pied dans la Vieille Ville. Il s'arrête chez Némèse Garneau, député libéral devenu, depuis peu, sénateur. C'est un cousin des Le Bouthillier, homme de famille très pieux, sympathique à Bourassa et très hospitalier, mais qu'Olivar trouve secrètement ennuyeux et sans envergure. Il le voit pouΩ8f˙Åre plaisir à Alice. Il passe voir Edmond de Nevers, rentré depuis peu des États-Unis après un fabuleux séjour de douze ans en Europe. Sa famille, comme celle d'Olivar, a émigré en Nouvelle-Angleterre. Les Boisvert, originaires de la Baie-du-Febvre, se sont fixés à Central Falls, dans le Rhode Island. « De Nevers » est le nom de plume que le jeune Edmond s'est donné, à Paris, à l'occasion de la publication de ses premiers ouvrages, une traduction de deux pièces de l'écrivain norvégien Henrik Ibsen.

Polyglotte, économiste et politicologue, autodidacte, poète, écrivain et musicien, de Nevers a tout pour fasciner Olivar par son érudition et sa vaste culture européenne. Atouts que son emploi de rédacteur-publicitaire à l'Assemblée législative ne permet guère de mettre en valeur. Tous deux célibataires, et pareillement déçus par l'étroitesse intellectuelle du milieu où ils doivent provisoirement gagner leur vie, Asselin et de Nevers se rencontrent presque quotidiennement à la bibliothèque du Parlement où ils vont apaiser leur boulimie de lecture. Ou encore à la petite chambre des remparts où de Nevers, de douze ans l'aîné d'Olivar, est parfois retenu au lit par de violentes crises de rhumatismes. On peut penser que la lecture privilégiée de *L'Avenir du peuple canadien-français* (1896) et de *L'Âme américaine* (1900) n'est pas totalement étrangère à l'esprit visionnaire de la lettre qu'Olivar vient d'expédier à son ami Aram J. Pothier. Comme son ami et modèle, le nouveau secrétaire de Lomer Gouin est déjà sensible à la vision lyrique de l'Histoire. Comme de Nevers, seule une foi inébranlable en un avenir lumineux, pour le peuple canadien-français, lui permet de supporter l'isolement et l'incompréhension qui semblent constituer le lot de tout intellectuel qui prétend, en ce début de siècle, faire carrière dans la province de Québec.

Pas plus qu'en 1891, Asselin ne s'intègre bien à la vie des vieux remparts. Il trouve le milieu de Québec provincial, cancanier et bien pensant, les barrières de classes subtiles mais infranchissables. En politique, il trouve les Québecquois[*] peu sensibilisés à la « guerre des races » qui sévit au Canada. Il les juge anglomaniaques et fascinés par les titres et le pouvoir. Ici, les membres de la famille royale sont l'objet d'un véritable culte ! En revanche les Québecquoises sont toujours aussi jolies qu'il y a dix ans et leurs manières sont demeurées bien françaises. Cet aveu inconsidéré dans une lettre à sa fiancée lui vaudra les mises en garde attristées d'Alice dont il lui faudra ensuite se défendre.

Il lit toujours beaucoup et écume les librairies d'occasion. Errol Bouchette[**] vient de publier son manifeste, *Emparons-nous de l'industrie*, qui l'enthousiasme littéralement. Depuis Fall River, c'est aussi sa conviction profonde. Les discours de l'abbé Pâquet, théologien officiel de l'archevêché de Québec, voulant que les Anglo-protestants possèdent la « bosse des affaires » et les Franco-catholiques celle des « choses de l'esprit » l'ont toujours exaspéré, bien que ce soit globalement une idée que partagent Tardivel et même Bourassa. Tant que les Canadiens français n'auront pas mené à bien leur reconquête économique, croit Asselin, le nationalisme demeurera un songe creux. Il assiste donc avec satisfaction à la fondation, par Alphonse Desjardins, de la première Caisse populaire de Lévis. Ses lettres font foi de deux objectifs qui alimentent son idéal nationaliste : la reconquête du territoire, par une vigoureuse politique de colonisation et de développement des richesses naturelles, associée à la conquête des industries naissantes, par le contrôle des leviers économiques nécessaires à leur expansion.

---

[*] Asselin distinguera toute sa vie la graphie « Québécois » pour les habitants du Québec et « Québecquois » pour ceux de la Vieille Capitale. Coquetterie d'écrivain que reprendra à son compte son disciple Jean-Louis Gagnon dans ses *Mémoires*.

[**] Essayiste et romancier né à Québec en 1863. Reçu notaire en 1885. Collaborateur à *L'Électeur* de Québec et au *Globe* de Toronto. Bibliothécaire au parlement d'Ottawa jusqu'à sa mort en 1912. L'un des premiers essayistes canadiens-français à s'intéresser aux problèmes d'industrialisation et à prôner le nationalisme économique des Canadiens français.

Nourries par son expérience franco-américaine, ses convictions en matière économique ont tôt fait de le mettre en correspondance avec Bouchette. Âgé de trente-neuf ans et notaire de formation, ce dernier a fini par délaisser, en 1898, la pratique du droit et par quitter sa ville natale de Québec pour suivre le ministre du Revenu à Ottawa, sir Henri Joly de Lotbinière, en qualité de secrétaire. On le retrouve, peu après, bibliothécaire adjoint au parlement de la capitale canadienne. Esprit d'avant-garde et chercheur solitaire, Bouchette est presque le seul intellectuel de sa génération à proclamer ouvertement que « l'arme par excellence d'un peuple [...] c'est sa supériorité économique » et à proposer au gouvernement du Québec une audacieuse politique d'encouragement à l'industrie canadienne-française. Mais les politiciens à courte vue qui, en 1902, gèrent les affaires de la province préfèrent encore concéder, à vil prix, les richesses forestières, hydrauliques et minières du Québec aux compagnies étrangères qui savent se montrer discrètement généreuses à l'endroit de leur caisse électorale... Une commune résolution intérieure a donc tôt fait de transformer les échanges épistolaires Bouchette-Asselin en amitié solide.

Ce dernier garde aussi contact avec ses nombreux amis dispersés, notamment avec *Françoise* qui vient de réaliser son rêve : le *Journal de Françoise* a enfin commencé de paraître à Montréal. La directrice prend souvent le temps de venir distraire « cette chère Alice » qui se languit loin de son fiancé. Charles Gill a mis en chantier une immense fresque lyrique qui comportera huit tomes dédiés au fleuve Saint-Laurent. Arthur Buies est mort. C'est un grand témoin du journalisme « à la française » qui disparaît. L'ami du curé Labelle et le pamphlétaire de *La Lanterne* ne suscitera plus de ces controverses passionnées dont le XIXᵉ siècle avait été si friand à l'époque des « vieux rouges ». *Madeleine*, qui a remplacé *Françoise* à *La Patrie*, a consacré à Buies un bel éloge qui a rejoint la pensée et les sentiments d'Olivar. Il le lui fait savoir et signe : « Votre confrère qui vous admire. » L'amie rimouskoise devenue montréalaise vient d'entrer dans sa vie.

La démangeaison d'écrire et de défendre ses idées a bientôt raison du « devoir de réserve » qu'en qualité de secrétaire de ministre il serait tenu de s'imposer. Ses confrères et amis, en outre, tel Jules-Édouard Prévost, le supplient de « ne pas laisser sa plume se rouiller ». Il se remet donc secrètement à envoyer aux journaux, sous divers pseudonymes, des commentaires dont M. Gouin ignore tout :

Étant secrétaire particulier de M. Gouin, j'utilisais mes loisirs de chaque jour, après douze ou quinze heure de travail ou d'études politiques, à publier dans tous les journaux qui voulaient bien les accepter des articles où, par une habitude que j'ai conservée, je m'appliquais à rectifier, touchant l'étendue de la forêt exploitable, du domaine colonisable, etc., les exagérations les plus manifestes des politiciens et des fonctionnaires. Je crois me rappeler d'une dizaine de journaux de toute couleur politique (car à ce moment les nuances n'étaient pas encore connues) publiaient mes articles. Bien entendu, je ne disais rien de cette collaboration à M. Gouin, qui ne pouvait guère en prendre connaissance que par mon entremise, mais dont les ambitions politiques devaient forcément en profiter. On trouverait de ces articles dans un journal publié à ce moment à la Baie Saint-Paul par un imprimeur du nom de Fortin, [...] Mais du diable si je me rappellerais comment je signais ces canards, qui n'ont d'ailleurs aucune valeur littéraire ni même, à certains égards, politiques, et qui, j'en suis sûr, doivent être, en leur qualité de canards, copieusement farcis de coquilles typographiques, car je les écrivais à la main[8].

Il les pourchassait tout de même avec insistance, ces coquilles ! Son courrier de l'époque Gouin en fait foi. À l'éditeur de l'*Écho de Charlevoix*, il écrit même qu'il ne reprendra sa collaboration que si ce dernier surveille dorénavant mieux la correction des épreuves[9]...

La politique le tient visiblement de plus en plus. Il fait à Montréal des séjours éclairs où il trouve le temps de courtiser Alice et de travailler, avec Louvigny de Montigny, à l'élection d'Hormidas Laporte, candidat réformiste à l'échevinage de la Ville de Montréal. M. Gouin, bien sûr, est censé tout ignorer de l'affaire. En réalité, il a ses antennes partout et a choisi de fermer les yeux : bien que de sympathies conservatrices, Laporte ne s'est jamais présenté en adversaire déclaré des libéraux.

En août, Asselin s'implique aussi dans l'organisation de la conférence publique qui doit avoir lieu, au Théâtre national, pour marquer le retour d'Europe d'Henri Bourassa. La salle est bondée. Les étudiants de Laval sont venus en masse avec leurs drapeaux et leurs banderoles. Des jeunes filles également, les sœurs Le Bouthillier et leur amie *Madeleine* en tête. Bourassa tient l'auditoire en haleine deux heures durant sur le thème des relations du Canada avec la Grande-Bretagne. Il fustige les leaders canadiens-français qui sacrifient les revendications légitimes de leur peuple à l'honneur de se faire « sirer » par l'Angleterre (un caillou de plus dans la mare de Laurier). Être admis à la Chambre des pairs devient aussi une ambition à laquelle, selon l'orateur, tout le monde sacrifie allégrement : l'impérialisme militant dont fait profession l'ancien président du Canadien Pacifique, lord Strathcona*, illustre bien que la politique est devenue un monde de troc où tout s'achète et tout se paie !

Voilà un langage que la jeunesse est toute disposée à entendre. Elle ovationne Bourassa à tout rompre. Son éloge pourtant appuyé des institutions parlementaires anglaises passe presque inaperçu. L'auditoire, qui préfère les dénonciations, en redemande. Fouetté, le petit-fils de Papineau livre l'un des discours les

---

* Donald Smith, fondateur et mécène de l'Université McGill.

plus fougueux et les plus sarcastiques de sa carrière et c'est l'Angleterre impériale qui en fait les frais. La salle, enthousiasmée, le plébiscite chef incontesté de la résistance canadienne-française. La nuit passée, l'orateur dégrisé en éprouve du tourment et des regrets. Il est persuadé d'être, cette fois, allé trop loin. Asselin, qui ignore tout de ce changement d'humeur, a repris le train de Québec tout ragaillardi et fier de sa réussite d'organisateur. Il a acheté tous les journaux du lendemain à la gare avant de s'embarquer.

À *La Presse*, chacun le sait, règne en maître le rédacteur en chef Arthur Dansereau, ancien condisciple de sir Wilfrid Laurier et d'Israël Tarte au collège de l'Assomption. Ce dernier choisit généralement ses thèmes éditoriaux de concert avec le premier ministre. Il dénonce donc avec vigueur les outrances verbales de Bourassa à l'assemblée de la veille. *The Gazette*, bien sûr, renchérit. *Le Journal*, conservateur, prend au contraire la défense du chef nationaliste : puisque Bourassa refuse toujours de fonder un parti, chaque vote enlevé aux « rouges » passera forcément du côté des « bleus »... *Le Soleil* de Québec affecte ne voir, dans la bruyante rentrée du député de Labelle, qu'une manifestation supplémentaire de son goût du vedettariat : M. Bourassa, la chose est connue, aime assez à poser en chef de barricades. Question d'atavisme, sans doute. Telle est la conclusion sommaire du quotidien de Québec que dirige fidèlement Ernest Pacaud, autre ami de longue date du chef libéral. Tous ces commentaires grincheux n'ont rien fait, bien au contraire, pour abattre l'enthousiasme de la jeunesse. La fièvre nationaliste a désormais gagné Québec. Elle a même alarmé le recteur de l'Université Laval, Mgr Mathieu, grand admirateur de Laurier et partisan inconditionnel de la réconciliation entre les deux races. Monseigneur ne voit pas sans s'alarmer l'un de ses étudiants les plus prometteurs entraîné par la vague de contestation anti-impérialiste qui déferle sur son université :

> Il constate la vogue irrésistible des idées bourassistes parmi les jeunes emballés, au premier rang desquels il distingue Armand Lavergne, fils de vieux amis de Laurier et président des étudiants en droit. Le recteur avertit le premier ministre, qui invite Armand Lavergne, au cours d'un passage à Québec. Laurier, sans enfants, a reporté son affection sur le fils de ses vieux amis d'Arthabaska. Et certes, Armand Lavergne, à vingt ans, justifie cette affection, ces espoirs. C'est un beau jeune homme souple, ardent, à la tête expressive et bouclée. Mais c'est Bourassa, non pas Laurier, qui recueille ses applaudissements frénétiques, Bourassa qui fustige, comme des traîtres, les porteurs de décorations britanniques en tête desquels sir Wilfrid Laurier peut se compter. Laurier, qui a fait venir Armand pour l'influencer, y renonce prudemment devant l'exaltation du jeune homme[10].

Armand Lavergne est, en effet, le fils d'un avocat renommé, Joseph Lavergne, qui avait été l'associé de Laurier dans son étude légale d'Arthabaska. Émilie, sa mère, femme exceptionnellement brillante et cultivée, était devenue l'amie et l'égérie du futur premier ministre, alors qu'il n'était encore que simple député. Elle était devenue, au fil des années, sa correspondante attitrée et sa confidente. Cette tendre relation avait d'autant plus fait jaser que, dès l'âge de dix ans, le jeune Armand présentait déjà de troublantes ressemblances avec le premier ministre. L'un des plus récents biographes de Laurier, Réal Bélanger, affirme aujourd'hui qu'il n'existe aucune preuve concluante permettant de confirmer ou d'infirmer la légende. Assez jolie légende d'ailleurs que celle d'un enfant de l'amour, auréolé du prestige que confère le talent et la jeunesse, et venant à croiser le fer avec son père naturel devenu chef d'État ! Mais l'historien de conclure avec prudence :

> Cent ans plus tard, il est bien difficile de refaire la réelle filiation d'Armand Lavergne. Qu'il y ait eu un grand attachement — et de l'amour — entre Laurier et Émilie, on ne peut plus en douter désormais. En sont-ils restés à des amours platoniniques ? Personne ne peut le dire : les deux grands amis ont emporté leur secret dans leur tombe[11].

Reste, pour faire un sort à la rumeur publique, l'étrange confidence qu'Émilie Lavergne fera à son neveu Louis-Renaud Lavergne, au soir de sa vie :

> Quand je rencontrai Monsieur Laurier, je m'aperçus bien vite que ce jeune député d'avenir n'était encore, sous certains rapports, que le pauvre petit cornichon de Saint-Lin ; que sa jeune femme n'était pas la personne qui lui en imposait assez pour lui apprendre même les éléments de l'étiquette nécessaire à un homme du monde, surtout à un homme politique destiné par ses talents variés à parvenir aux plus hautes charges. Il ne savait même pas manger une simple orange comme il se doit. Je lui fis admettre que ce manque d'éducation pourrait lui nuire auprès de l'élite anglaise qu'il était appelé à côtoyer à Ottawa. Je lui enseignai donc à manger, à s'habiller avec goût, enfin tout ce qu'un gentleman doit savoir. Comme c'était un homme d'esprit, il le comprit[12].

C'est cette maîtresse-femme qui a élevé et formé le jeune Armand Lavergne en train de prendre la tête du mouvement nationaliste chez les étudiants de Québec :

> Fille de Joseph-Guillaume Barthe, avocat, journaliste, député sous l'Union, assez riche, vers 1850, pour vivre en Europe, elle a connu Paris, Londres, la vie européenne et quelques-uns de ses grands noms dont Lamartine, Thiers et nul autre que le grand Victor Hugo. Dévorée par une insatiable soif de lecture, elle lit tout ce qui lui tombe sous la main. Anglophile prononcée, elle copie avec grâce la manière de faire et de vivre des Anglais, mais elle s'habille avec l'élégance coûteuse des Françaises. De cette femme exceptionnelle [...] on écrira quelques années plus tard qu'« elle est probablement la femme la plus brillante de la société du Canada français[13] ».

Si la mère a su faire la conquête de Laurier, le fils élevé et formé à son esprit va bientôt s'attirer les regards de Bourassa. À vingt ans, Lavergne se présente déjà comme une recrue extrêmement intéressante pour le mouvement nationaliste. Avec Asselin, le destin lui réserve aussi l'expérience d'un compagnonnage fervent. Mais pour l'heure, le secrétaire de Lomer Gouin et le leader étudiant du Quartier latin vont se côtoyer encore, entre les remparts de Québec, sans collaborer vraiment. L'heure de la fraternité chaleureuse n'a pas encore sonné pour eux.

Asselin est d'ailleurs plus souvent à Montréal depuis quelque temps. Sa situation s'étant stabilisée, le retour de Cédulie et de ses enfants paraît imminent. Il habite toujours rue Laval, mais il leur a trouvé un logement convenable rue de l'Hôtel-de-Ville. À la demande de Raoul, les pères du Séminaire de Rimouski ont accepté Auguste comme pensionnaire. Tancrède, plus jeune, sera externe à Montréal avec la petite Marguerite. Joseph-Wilfrid, qui a le goût de la terre comme Oscar, retournera auprès des cousins Tremblay de Charlevoix pour chercher à s'y établir. Sophie et Mary se chercheront du travail à Montréal. Raoul essaiera également de dénicher un emploi à Malvina qui a obtenu d'assez bonnes notes chez les sœurs pour se qualifier comme maîtresse d'école. On est cependant toujours sans nouvelles d'Aurélien depuis la guerre. Olivar a écrit à maintes reprises aux Forces armées américaines. Elles aussi ont perdu sa trace. Quant à l'indolent beau-père, il se laisse toujours porter par le zèle de Cédulie. La veuve de Rieule a pour lui des indulgences qui dépassent l'entendement!

Quand il passe voir aux préparatifs du déménagement, rue de l'Hôtel-de-Ville, il arrive à Asselin de s'arrêter au monastère où le père Seers, alias Louis Dantin, son ex-collègue des *Débats*, a commencé d'imprimer les poèmes de Nelligan dans les ateliers de la revue du *Petit Messager du Très Saint-Sacrement*. Pensif, il révise avec lui les galées porteuses de rythmes et de sonorités ineffables, en songeant à la prose grise et bureaucratique qui est devenue son gagne-pain... Sans la perspective de pouvoir enfin épouser Alice, il retournerait bien vite au journalisme!

Il revoit toujours Alice. Sa fiancée se retrouve beaucoup moins seule, maintenant que ses sœurs sont rentrées d'Europe. Hélène a bien profité de son séjour là-bas. Elle a déjà donné à Montréal un concert qui a attiré beaucoup de monde et remporté un vif succès. Elle doit en donner un autre, très bientôt, à Québec. Éva est rentrée à regret. Son ami Omer Marchand, lui, doit demeurer à Paris pour trois années d'études encore. Mais depuis l'Exposition universelle, qui a permis à ce dernier de faire valoir ses talents et sa créativité au pavillon canadien, les propositions de contrats se multiplient. Du Louvre, de New York, d'Ottawa, on fait appel à lui. Le jeune homme n'a que l'embarras du choix. Une carrière internationale s'offre à lui. Mais les préoccupations de cette carrière ne l'empêchent pas d'écrire à la belle Éva chaque semaine. Avec elle, ou avec *Madeleine*, Alice et Olivar parlent abondamment de Paris, cet été-là, en prenant le frais au bord de la grande fontaine du Carré Saint-Louis. Ils n'ont pas renoncé au rêve de s'y rendre un jour ensemble. Après leur mariage. L'année prochaine, peut-être ?

Quand ils se mettent à échafauder des projets d'avenir, il arrive qu'Asselin devienne taciturne et préoccupé. Absent même. Ses « jongleries » d'enfant et d'adolescent le reprennent. Alice n'ose alors lui demander encore s'il se sent toujours amoureux d'elle, tant les protestations enflammées qui s'ensuivraient dépasseraient ses attentes : Olivar, visiblement, ne manifeste pas plus de mesure et de retenue dans l'expression de ses sentiments amoureux que dans celle de ses aversions politiques ! Alice s'en inquiète. Parfois, il arrive à son fiancé de repartir pour Québec sans qu'entre eux la communication se soit rétablie. Mais la patiente Alice sait fort bien qu'une lettre suivra. Parfois deux dans la même journée. Il en note l'heure. Par écrit, Olivar sait mieux identifier ses appréhensions. Il les lui confie franchement. Est-ce sagesse, pour une jeune fille si joyeuse et si confiante dans la vie, que d'accepter de lier son destin à celui d'un homme sujet à de si profonds accès de mélancolie et de découragement ? Sachant, surtout, que cet homme a promis de se donner entièrement, comme par vœu, et quoi qu'il puisse lui en coûter, au service de sa patrie ? Sachant enfin que ce jeune homme pauvre a déjà charge d'une famille nombreuse qui dépendra de lui à Montréal ?

Elle écrit peu, intimidée par son talent à lui. Mais quand il la revoit, Alice réfute toutes ses objections, apaise toutes ses craintes. Comme Augustine, elle fonde beaucoup d'espoirs dans les vertus curatives du mariage en matière de « jongleries » mélancoliques. Les devoirs qu'il s'impose à l'égard de sa famille ? C'est un souci qui l'honore en tant que fils, mais qui ne constitue pas, loin de là, un obstacle insurmontable à leur mariage. Ne détient-elle pas elle-même un emploi à l'hôtel de ville ? Une fois mariés, il leur suffira de constituer une cagnotte avec leurs deux salaires. Il lui sera loisible d'y prélever, chaque mois, une pension pour sa mère. Il doit en convenir, Alice a pensé à tout. Elle a tout prévu. Elle est d'accord sur tout. Quant à l'aventure nationaliste, elle y croit autant que lui. La parole de Bourassa la soulève. Si elle était homme, elle serait à ses côtés sur les tribunes et dans les bureaux de scrutin !

Qu'il n'ait donc crainte de lui faire vivre une vie modeste et effacée. Elle a connu l'aisance et elle a tout perdu. Mais elle a aussi appris, dans l'épreuve, que l'essentiel n'est pas du côté des biens matériels. Comme lui, elle croit que la vie de l'esprit et un engagement généreux au service d'une grande cause peuvent illuminer toute une existence. Pourvu que l'on s'aime et qu'on soit *deux*... Les réserves et les scrupules d'Olivar fondent comme neige au soleil. Où pourrait-il trouver « une petite femme » plus dévouée, plus généreuse, plus admirable que son « cher petit capitaine ? » Insouciante pour deux, la douce Alice ? Olivar saura bientôt lui rendre la pareille.

Les responsabilités familiales le rejoignent même au travail. Au gouvernement, un courrier personnel d'un genre nouveau a commencé de s'accumuler sur son pupitre. Dans tous les coins du Québec où il a de la parenté, la nouvelle s'est propagée rapidement : le plus doué des garçons de Rieule Asselin et de Cédulie Tremblay travaille au gouvernement. Et, qui plus est, tout près d'un ministre ! Du coup, les cousins Asselin de la Malbaie, les cousins Tremblay émigrés à Huberdeau, ceux de Saint-André-de-l'Épouvante et ceux de Péribonka, en mal d'emplois ou en mal de lots à coloniser se sont mis à faire appel au « parent influent » qui est désormais bien placé à Québec... De leur écriture maladroite et sobre, ils plaident bien leur cause : la vie de chômeur et celle de colon à gages, pour contrastées qu'elles soient, n'en sont pas moins misérables toutes les deux. Olivar en convient et s'en émeut.

Mais ces attentes, gonflées par la réputation qu'on lui prête, le dépassent. La solidarité familiale et la compassion lui dicteraient chaque fois d'intervenir. Mais il voit, en même temps, se profiler la difficile ligne de démarcation que ses charitables interventions risquent de lui faire franchir en direction de ce « patronage éhonté » qu'il a si souvent dénoncé quand il était journaliste ! Il prend là une fameuse leçon d'humilité. Il règle prudemment quelques cas isolés. Mais à tous et à toutes, il répond affectueusement, prodigue des conseils pratiques, prêche un peu la constance dans l'effort. Après tout, n'est-il pas lui-même parti de rien pour arriver où il est ?

À son cousin Boudreault, du lac Saint-Léon, il explique longuement combien il est difficile de « placer » quelqu'un à la fonction publique alors que, pour un seul emploi vacant, on voit aussitôt affluer cent demandes... Il lui déconseille fortement de prendre la route des États-Unis où, dit-il, le chômage sévit tout autant qu'au Canada. Il encourage plutôt son cousin à se rendre au Lac-Saint-Jean où d'excellentes terres seront bientôt ouvertes à la colonisation. Chacun a ses problèmes : lui-même n'est-il pas forcé « d'entretenir en ce moment son beau-père à ne rien faire » ? Mais qu'importe. Olivar n'oubliera pas son lointain parent. Il promet de lui écrire dès qu'une ouverture se présentera au gouvernement.

Il lui arrive parfois aussi de s'indigner contre le manque de courage de tous ces quémandeurs ! Il n'oublie jamais que, fils d'artisan émigré aux États-Unis, il a lui-même été forcé de travailler de ses mains. À un ami d'enfance dont le frère vient de refuser un emploi de mécanicien qu'il lui avait déniché à grand-peine, il répond avec humeur :

C'est avec une peine mêlée d'indignation que je vois des jeunes gens élevés à la campagne, par conséquent accoutumés au travail des mains, regarder ce travail comme un déshonneur dès qu'ils ont mis les pieds en ville où ils n'ont pourtant pour toute ressource que la recommandation de leurs amis[14].

Et quand il en a fini avec la parenté, il lui faut s'occuper de la filière franco-américaine dont Aram J.-Pothier demeure le relais diligent. Ou encore de la filière rimouskoise alimentée par Raoul ou par Sam Bellavance devenu jésuite!

Il répond parfois avec mauvaise humeur, mais il répond. Les devoirs d'entraide et de solidarité, les liens de famille et ceux de l'amitié sont pour lui choses sacrées. Rien ne le met davantage hors de lui que l'attitude du carriériste d'origine modeste, qui coupe subitement les ponts avec les siens et s'efforce de brouiller les pistes devant ses collègues de milieu bourgeois. Le refus du patronage ne lui servira jamais d'alibi vertueux pour laisser sans réponse un appel de détresse sincère. Marcher sur les cordes raides ne l'a d'ailleurs jamais effrayé. En cette délicate matière de solidarité moins qu'en toute autre.

Même quand il ne répond pas à ces multiples demandes d'intervention, son courrier l'occupe beaucoup. En dépit d'un veuvage récent qui l'a beaucoup affecté, Aram Pothier continue de couver paternellement sa carrière montante. Asselin, faisant contre mauvaise fortune bon cœur, s'amuse à lui laisser entrevoir, pour lui-même, une fulgurante ascension politique:

> Les choses marchent à merveille; je ne doute pas que s'il continue à en être ainsi je serai un jour premier ministre de la province de Québec ou Président de la République canadienne [...]. J'ai calculé qu'il me faudrait au plus quinze ans pour devenir ministre de la Colonisation et des Travaux publics; de là au premier poste, il n'y a qu'un pas[15]!

Le « pas » qui sépare les deux fonctions, c'est Gouin lui-même qui s'apprête à le franchir. Son secrétaire particulier aurait-il senti venir les choses?

S'il persiste, comme à Woonsocket, à croire en sa bonne étoile, il ne se fait pas d'illusion, vu son incorrigible caractère franc-tireur, sur l'avenir qui l'attend: il sait qu'il ne s'enrichira jamais. Mais il a des consolations. Depuis les *Débats* et en dépit de son jeune âge, ses articles anti-impérialistes au style enlevé lui ont valu une certaine notoriété parmi la jeunesse des collèges classiques. Des étudiants lui écrivent pour se faire expliquer les positions qu'il défend, pour le féliciter d'un éditorial, ou même pour prendre conseil d'un aîné qu'ils admirent. À eux non plus, il ne ménage pas les longues réponses et les feuillets noircis après ses journées de travail. Il y réitère, chaque fois, ses convictions et son engagement. À J.E. Fortin, étudiant au Collège de Lévis, il écrit:

> Je crois au travail et à la justice. J'aime par-dessus tout ma race et ma province. J'espère que vous vivrez assez longtemps pour le reconnaître. Quand vous viendrez àᵔᴬᵘébec, passez à mon bureau, je serai heureux de vous serrer la main. Vous avez de l'enthousiasme, de la sincérité et du talent: je vous estime déjà sans vous connaître[16].

S'il aime par-dessus tout « sa race et sa province », Asselin ne verse pas dans l'« anti-cosmopolitisme » que manifestent depuis quelque temps certains éditorialistes du *Pionnier*[*] qui s'en sont pris à l'influence des « étrangers » dans la presse écrite canadienne-française. Olivar croit beaucoup, au contraire, à l'heureuse collaboration entre Français et Canadiens. Aux *Débats*, où Alexandre Duclos a fini par vendre ses intérêts à un Français du nom de Charlier, la liberté des collaborateurs serait, à ses yeux, davantage respectée et l'influence des Tarte, beaucoup moins déterminante. Au point qu'Asselin lui-même a cru pouvoir se permettre d'y reprendre quelques collaborations. Il se dissocie également des attaques qu'on a publiées, au *Pionnier* encore, contre l'un des collaborateurs occasionnels des *Débats*, le Français d'origine juive Jules Helbronner[**]. Il ne se sent pas « déshonoré », bien au contraire, de l'avoir eu comme collègue. Dans la même lettre, il précise sa pensée : « Je n'en dis pas de mal [des Juifs] si je n'ai contre eux aucun grief que je puisse établir devant les Tribunaux. » Et de conclure avec son franc-parler habituel : « D'ailleurs le plus juif [*sic*] dans le cas qui nous occupe, est-ce Helbronner, qui dénonce les fraudes bénies et indulgenciées de l'Union Franco-Canadienne, ou Robillard[13] qui s'enfuit avec l'argent extorqué au peuple grâce aux bénédictions des évêques[17] ? »

Si son nationalisme est tel qu'il le dit, son attachement aux vertus libérales et républicaines de tolérance et d'ouverture à la diversité des « citoyens » l'est tout autant. Quand les plus jeunes viennent solliciter son avis, il lui arrive souvent de les mettre en garde contre la peur de se mesurer aux autres. En littérature surtout. Les « régionalistes » l'apprendront bientôt : l'allégeance « française » d'Asselin, en matière de culture, ne se reconnaît pas dans les frontières étroites de la province de Québec.

Ces mêmes vertus républicaines, héritées de Rieule et de la tradition patriote, lui inspirent la méfiance que l'on sait à l'égard du pouvoir clérical, trait qui ne laissera pas d'inquiéter parfois certains disciples du très religieux Bourassa. Par exemple, lorsqu'Asselin remet en cause la réputation de « pacificateur » du père Lacombe, dit l'« apôtre des Métis » :

Vous me faites un crime de taxer de blague le père Lacombe ? Je me fais gloire d'avoir le premier, dans la presse canadienne-française, et probablement aussi dans

---

[*] Journal de Sherbrooke, d'obédience catholique, déménagé depuis peu à Montréal.

[**] Futur rédacteur en chef de *La Presse*, Helbronner représentait à Montréal la Société des gens de lettres de France fondée par Honoré de Balzac et Victor Hugo pour protéger les droits d'auteur des écrivains français contre le piratage de leurs œuvres. C'est Louvigny de Montigny qui, devenu plus tard le gendre d'Helbronner, héritera du mandat de la Société.

[***] Homme d'affaires devenu propriétaire du *Pionnier* auquel, dans la foulée de l'opposition à la guerre des Boers, il avait donné un ton anti-impérialiste.

toute la presse du pays, mis le public en garde contre les histoires à dormir debout racontées par ce vieux blagueur. Deux prêtres qui ont vécu longtemps au Nord-Ouest, ont récemment prouvé au père Lacombe dans *La Vérité*, qu'il avait trompé ses compatriotes en disant qu'il quêtait pour des écoles françaises. Le dernier numéro du même journal contient un article qui prouve que si les Métis sont encore dans un état de pauvreté absolue et d'ignorance crasse, c'est dû à ceux qui, tels les Oblats, les ont parqués comme du bétail dans des *réserves** où la paresse les ronge[18].

Et voilà notre anticlérical d'en appeler au journal de Tardivel pour étoffer sa réponse! Asselin fait déjà flèche de tout bois et ignore les chapelles.

Les luttes nationalistes qui s'annoncent devront, en effet, se plier au jeu difficile et périlleux des coalitions. Certaines dureront, certaines s'effriteront, d'autres s'avéreront mortelles pour la « cause ». À l'heure où Asselin parfait son éducation politique au ministère de la Colonisation et des Travaux publics, Henri Bourassa, toujours sans journal, cherche, de son côté, à faire diffuser ses idées dans les rares publications où il compte des adeptes. Il rédige aussi, à compte d'auteur, des petites brochures sous forme de longs éditoriaux qu'un réseau de militants, répartis dans les principales villes de la province de Québec, se chargent de faire connaître et de vendre à prix modique.

Dans les collèges, les séminaires et même les évêchés, les nationalistes peuvent désormais compter sur des propagandistes zélés. Dans la région de Rimouski, Asselin a déjà embrigadé son frère Raoul et son ancien condisciple, le jeune docteur Gauvreau, pour leur faire répandre la bonne parole nationaliste. Il n'est jusqu'à Oscar qui, à l'occasion de ses livraisons de pommes de terre à Montréal, ne reparte pour sa région chargé de tracts et de littérature anti-impérialistes à distribuer dans les rangs de Sainte-Flavie.

Influencer les journaux, y faire accepter des articles, y placer les bons hommes aux bons endroits n'est pas non plus chose facile. Ce n'est pas non plus le genre de travail obscur de pénétration qui convient particulièrement au grand aristocrate de Montebello, plus à l'aise à la tribune que dans les coulisses. Travail sans gloire de militant convaincu auquel, par contre, Asselin va se donner avec intelligence et perspicacité dans son courrier quotidien. Il possède déjà le don, indispensable dans la défense d'une cause, de flairer et d'écarter du jeu les « faux jetons ». Celui également de reconnaître le talent, la sincérité et le désintéressement. Car ceux-ci existent et il s'en émerveille, chaque fois qu'il les rencontre.

---

* Le père Lacombe avait servi d'intermédiaire et de négociateur entre le gouvernement fédéral et les Métis à l'occasion de la construction du premier chemin de fer transcontinental dont le tracé proposé traversait leurs territoires. Les termes de « l'entente », selon Olivar, devaient ultérieurement servir d'appui à la politique gouvernementale des « réserves ».

Il invite ainsi Bourassa à déjeuner à Québec avec un jeune homme au visage franc et ouvert qui ne les décevra ni l'un ni l'autre. Omer Héroux, qu'Olivar a connu autrefois à *La Patrie*, gagne sa vie au *Journal* où il n'est pas heureux. Le jeune journaliste est, par contre, un admirateur inconditionnel de Bourassa dont il imite jusqu'à la coupe de cheveux et la barbichette pointue. C'est aussi, comme Asselin, un nationaliste qui s'est « croisé », à la vie à la mort, pour « la cause »... Bourassa appréciera également, à leur juste valeur, les convictions religieuses d'Héroux, qui sont profondes, et le style exigeant de sa langue écrite. Parmi bien d'autres talents, celui-là, justement, a incité Olivar à le recruter. Comme il subodore au *Pionnier* un nationalisme plus opportuniste que sincère, il voudrait, en outre, que Bourassa use de son influence auprès du propriétaire, Robillard, pour qu'Omer Héroux remplace, à la rédaction, Amédée Denault qu'il juge trop conciliant. Avec Héroux au gouvernail, pense Asselin, les « affairistes » se heurteraient à un mur d'intransigeance dans leur prétention d'infléchir les orientations du journal.

Mais entremettre de la sorte son influence morale n'est guère dans les manières de Bourassa. Par tempérament, ce genre de démarche lui répugne. Comme beaucoup de ces fiers incorruptibles, il s'en remettra, pour ces tâches intermédiaires, à la discrétion de ses collaborateurs. Asselin regrettera pour *Le Pionnier*. Il voyait pourtant en Héroux « le seul homme sincère de cette boutique[19] ». Auprès de lui, il aurait été heureux de reprendre une collaboration régulière, même bénévole, à ce journal. Mais qu'importe la déception. Son chemin croisera à nouveau et pour longtemps celui d'Héroux, l'homme des longues fidélités.

Toujours à l'affût du talent, de la sincérité et du désintéressement, il a fini par rencontrer Armand Lavergne à Québec et à parler concrètement d'action avec lui. L'exemple de ce jeune homme bien né, rompant brusquement avec sa tradition familiale d'attachement à Laurier pour suivre Bourassa dans sa lutte, lui inspire une admiration qu'il ne cherche pas à dissimuler. Le geste est si beau, si honorable à ses yeux, que Bourassa devrait le citer en exemple à toute la jeunesse! Et pourquoi pas en écrivant une « lettre ouverte à Lavergne » qu'Olivar se chargerait de faire publier simultanément dans plusieurs journaux? Afin, plaide-t-il, de :

> rappeler à la jeunesse qu'elle ne peut espérer travailler efficacement à la liberté si elle n'a pas la force de tout lui sacrifier[20].

La semaine suivante, Bourassa lui répondra posément qu'il a décidé de trancher la poire en deux : il n'écrira pas de « lettre ouverte à Armand Lavergne ». Mais il retiendra l'idée de citer son comportement héroïque en exemple lors de sa prochaine conférence. Olivar, une fois de plus, s'est donné le rôle de mouche du coche. Mais quand lui est à l'accélérateur, Bourassa est souvent au frein. Ce dernier le fait d'ailleurs avec une bienveillance toute amicale, flatté, au fond, par le zèle parfois intempestif que son influence suscite chez tous ces jeunes gens qui brûlent de servir ses idées.

Il brûle tellement d'agir, Asselin, qu'il en oublie de plus en plus son « devoir de réserve » envers Gouin. Il expédie des articles partout, il correspond assidûment avec les plus ouvertement engagés de ses collègues, il organise pour le chef, aussi bien à Québec qu'à Montréal, conférences, entrevues et distribution de tracts. Bourassa doit parfois lui faire remarquer en riant qu'il ne possède pas le don d'ubiquité. Rien n'y fait. Autour d'Asselin, un réseau fervent de relations publiques semble s'être regroupé pour la propagande* d'une cause qu'hier encore le député de Labelle se croyait seul à défendre. L'ampleur de son succès dépasse ses attentes. Elle lui cause même de l'inquiétude. Créer un parti lui répugne viscéralement. Mais un mouvement n'est pas hiérarchisé comme un parti et les capitaines y sont souvent nombreux...

Comment, dans les circonstances, Bourassa réussira-t-il à satisfaire à la fois les attentes plus conservatrices que sa réputation de « grand chrétien » lui a values dans les cures et les évêchés, et celles, contradictoires, de tous ces jeunes « rouges » issus des anciens *Débats* et qui s'obstinent à voir en lui un Papineau réincarné ? Comment ne pas décevoir l'espoir de tous ces jeunes, éminemment attachants, qui ont su se rendre indispensables et qui sont devenus, par la force des choses, le véritable fer de lance de son action ? Chaque jour émanent d'eux de nouvelles initiatives que le chef ne contrôle pas toujours. Ainsi ce regroupement spontané des *Revendicateurs de la langue française* qui, depuis le mois de février, s'est répandu comme une traînée de poudre dans les collèges classiques. Le langage abrupt des nouveaux « revendicateurs » ne laisse pas d'inquiéter en certains lieux. Et, bien sûr, c'est encore Olivar Asselin qui se porte à leur défense, dans les journaux, sous forme de lettres ouvertes qu'il ne craint plus de signer. Olivar Asselin, qui semble né pour souffler sur toutes les braises.

---

* Au début du siècle le mot propagande ne comportait pas la connotation péjorative qu'on lui confère aujourd'hui.

Chapitre X

Un mariage clandestin

*...et moi qui voudrais faire le gamin, chaque fois que je puis
sauter les barrières !*

(Lettre à sa femme Alice, le 19 juillet 1908)

Plus son leadership s'affirme à l'intérieur du « mouvement bourassiste », plus il
multiplie ses collaborations aux journaux, plus Asselin pressent que ses jours
auprès de Lomer Gouin sont comptés. Se faisant une fleur d'avoir pour secrétaire
un ancien des *Débats*, le ministre a accepté, jusqu'à présent, de fermer les yeux sur
ses « irrégularités ». Mais le militant n'est pas sans savoir qu'il est l'objet de
dénonciations de la part de partisans libéraux peu soucieux de s'aliéner les faveurs
de Laurier, auquel le premier ministre, Simon-Napoléon Parent, est entièrement
dévoué. Il lui faut donc hâter son mariage. Sans une situation stable, il le pressent,
M. Le Bouthillier sera fort réticent à lui accorder la main d'Alice. En avril, il
annonce donc à Aram J. Pothier, qui vient lui-même de convoler en secondes noces
avec une Parisienne, que la célébration de son mariage est prévue pour l'automne :

Je n'ai que le temps de vous féliciter de l'heureuse détermination que vous venez de
prendre. Je commençais à craindre que ce couronnement manquât à votre belle
carrière. Je suivrai probablement votre exemple à l'automne. La future est une
demoiselle Le Bouthiller, pas riche, mais intelligente, instruite, courageuse, foncièrement honnête, et, ce qui ne gâte rien en pareille affaire, jolie. Je suis flatté de
voir que nous comprenons le bonheur, comme tant d'autres choses, de la même
manière[1].

À sa famille immédiate, il ne touche pas un mot. Peut-être redoute-t-il les
réticences de Cédulie ? Leur installation à Montréal a accumulé les responsabilités
financières sur ses épaules. Il a accepté de prendre charge des études et de

l'habillement de Marguerite et de Tancrède, dont il est le parrain. Il s'est entremis aussi pour caser son beau-père à l'Hôtel de Ville comme percepteur de taxes, mais son penchant pour l'alcool l'a rapidement disqualifié aux yeux de ses employeurs. Mary et Sophie ont dû s'employer comme domestiques et versent la quasi-totalité de leur salaire à Cédulie, ce qui met leur aîné hors de lui. Raoul, l'intransigeant, est aux prises avec son évêque, Mgr Blais, qui retarde toujours l'octroi de la cure lointaine qui permettrait à son frère de contribuer lui aussi au soutien de sa famille. Dans ses lettres à Olivar, le vicaire fulmine contre le milieu étroit et soupçonneux du diocèse de Rimouski, « à cause du tas de vipères hypocrites et grimaçantes qui sont ici depuis peu[2] ». Il regrette qu'Auguste doive poursuivre son cours commercial dans un milieu pareil! Olivar, bien sûr, incite son aîné à la rébellion.

Alice, à qui il confie tous ses soucis, s'en inquiète. Elle croit qu'il s'oblige à l'épouser « par honneur » et dans des circonstances particulièrement difficiles. Elle le soupçonne aussi d'être encore bien volage... Et lui de protester avec la dernière énergie. S'il sort dans le monde, à Québec, c'est « comme un agneau qu'on mène à la boucherie » et « son habit moisit dans son placard »... Il reconnaît toutefois avoir connu beaucoup de femmes; que certaines, telle « madame Putiphar* », lui ont déjà « fait tourner la tête » et qu'il lui arrive encore de côtoyer à Québec « les plus belles dots de la ville ». Mais Alice sort toujours victorieuse de cette abondante comparaison: il l'a aimée entre toutes et il l'aimera « sous ses cheveux gris » ! Elle-même, ajoute-t-il galamment, a certes dû compter de nombreux admirateurs avant de le rencontrer. Il ne lui en tient pas rigueur, bien au contraire: leur expérience passée, en matière sentimentale, n'est-elle pas garante du sérieux de leur résolution? Certes, il se reconnaît passionné et impulsif; elle serait en apparence « plus froide et plus calculatrice ». Mais il la sait « intérieurement d'une très grande sensibilité » et il l'aimera toujours ainsi.

Il la sait également très pieuse, issue, contrairement à lui, d'une famille conservatrice. Mais, comme de nombreux maris plutôt irréligieux, il ne voit pas d'un si mauvais œil que sa femme soit davantage portée que lui vers la pratique des vertus chrétiennes, gages de stabilité conjugale. À condition, bien sûr, qu'elle ne se « laisse pas embégueuler » par les prédicateurs de retraite pour jeunes filles! Il lui conseille d'y aller « en intellectuelle plutôt qu'en dévote ». En ce printemps de 1902, Alice se montre assidue aux conférences de Carême de la basilique Notre-Dame où les grands prédicateurs français de l'Oratoire ou de l'Ordre de saint Dominique attirent des foules assidues. Olivar redoute avant tout qu'Alice n'en

---

* Femme d'un officier du Pharaon qui, dans la Bible, tenta de séduire Joseph, fils d'Isaac, et de le compromettre à la cour.

vienne à tomber dans les «mômeries» qui constituent, selon lui, la caricature de la prière véritable. Si elle désire tant prier, lui écrit-il, qu'elle se concentre sur les paroles essentielles du *Pater*, véritable charte de la vie chrétienne et qui ont, sur toutes les autres formules de dévotion, l'immense avantage d'avoir été composées par le Christ lui-même.

Quant aux promoteurs de neuvaines pour jeunes filles, poursuit-il, ils devraient plus utilement employer leur temps à leur dispenser... des cours de cuisine! Voilà une allusion beaucoup moins galante. Alice prend finement la mouche et lui répond du tac au tac. Ses réparties mettent Olivar en joie: il préférera toujours, lui écrit-il, être «mal nourri par Alice, si elle ne peut me bien nourrir, que de bien l'être par une autre». Engagement lourd de conséquences. D'ici là, il l'en supplie, qu'elle lui envoie sa photo après laquelle il se languit[3].

Il a d'ailleurs trouvé en *Madeleine* une alliée de choix dans ses efforts pour incliner davantage Alice vers les loisirs intellectuels. *Madeleine* entraîne son amie au théâtre, au concert, aux conférences publiques de l'Université et fait à Olivar des comptes rendus enjoués de leurs sorties de jeunes filles. Asselin lui répond et donne du «chère collègue» à la chroniqueuse de la *Patrie*. Mais le marivaudage n'est jamais bien loin dans ses lettres; il ne saura jamais y renoncer tout à fait dans ses amitiés féminines et il arrivera à Alice d'en souffrir en silence. «Je vous aime toujours à tort et à travers», lui répétera-t-il souvent, en souvenir du mot adressé par Henri IV, dit le Vert galant, à sa favorite Gabrielle d'Estrée.

Impatience de se voir enfin marié, tensions au travail, responsabilités accrues de la militance et des charges familiales, ce printemps 1902 n'en finit plus de s'éterniser pour lui en contraintes de toutes sortes. Sa santé s'en ressent. Ses maux d'estomac le font à nouveau souffrir. Il en perd le sommeil et l'appétit. Lors d'un court séjour à Montréal, il est terrassé par une attaque fulgurante de scarlatine qui le cloue à un lit d'hospice, prisonnier d'une quarantaine rigoureuse. Humilié de se voir atteint par une maladie d'enfant, le «Petit Caporal» s'exaspère du maternage et des sobriquets dont il est l'objet de la part d'Alice qui lui écrit amoureusement, presque de la rue voisine. En secret, *Madeleine* va le ravitailler en lectures. À son ami Wilfrid Gascon, devenu traducteur à Ottawa, il trouve quand même le moyen d'écrire avec humour:

> Je te préviens cependant que, depuis plusieurs jours, je ne vaux pas grand chose. À force de taper sur la constitution du pays, on finit par ébranler la sienne[4].

Mais c'est moralement que cet interminable printemps l'affecte le plus. Il a multiplié, aux États-Unis, les lettres et les recherches pour essayer de retracer son frère Aurélien, perdu de vue depuis la guerre hispano-cubaine. Celles-ci ont fini par aboutir. Le jeune homme a été enfin identifié, heurté à mort par un train de marchandises près de la petite ville d'Elko, dans le Nevada. Son jeune frère voyageait en solitaire, son paqueton sur l'épaule, en empruntant imprudemment la voie ferrée. Olivar en est inconsolable. Le souvenir du farouche vagabond à la tête blonde ne cesse de le hanter, sa beauté du diable de le tourmenter, sa mort tragique de se présenter à lui comme un reproche. Ne s'était-il pas, en l'enrôlant à sa suite dans l'armée américaine, chargé de cet enfant de dix-neuf ans, encore mineur*? Tout à son ambition de se tailler une place dans la carrière militaire, Olivar l'avait abandonné derrière lui alors qu'il connaissait trop bien son caractère fantasque et irréfléchi.

En mourant, son père ne lui avait-il pas confié, sans exception, la garde de tous ses frères et sœurs orphelins? Or quand il évoque son père dans ses lettres à Alice, Olivar n'en finit plus de se repentir des peines et des déceptions que sa trajectoire aventureuse a pu lui causer naguère. Il redevient la proie de ces accès de mélancolie profonde, aggravés par les remords, qui effraient sa fiancée. Il n'a de cesse qu'il n'ait commandé, pour Aurélien, une épitaphe de bois imputrescible, dont il a rédigé lui-même le texte français, et qui, plantée par des mains étrangères au bord d'un désert inconnu, témoignera de l'inguérissable affection qu'il portait à son jeune frère.

Son deuil et sa douleur lui ont rappelé le sérieux de l'engagement qu'il s'apprête à contracter envers Alice qu'il appelle toujours, dans ses lettres, sa « chère petite fille ». À elle surtout, qui lui accorde si spontanément sa confiance, il ne voudrait pas faire défaut! Engagé corps et âme dans l'aventure nationaliste, chargé d'une famille aussi nombreuse que démunie, il doit songer à protéger sa compagne de route. À la mutuelle d'assurances des United Workmen, il s'emploie à souscrire une police de 1000 $ dont elle serait, le cas échéant, bénéficiaire. Il s'assure également qu'une police précédente, souscrite en faveur de sa mère, sera reconduite au nom de sa future épouse. Ces mesures de prévoyance assurées, Olivar va mettre au point le scénario-éclair d'un mariage clandestin à l'Anse-au-Griffon**, dont Cédulie et Raoul ne seront mis au courant par lettre qu'une fois le fait accompli. Le coup de tête demeure l'une de ses manières favorites de procéder. En amour comme en politique : « J'ai passé ma vie à faire des cadeaux de noces, écrira-t-il plus tard avec amusement, après avoir pris des mesures pour que personne n'eût connaissance de mon mariage (en quoi j'ai d'ailleurs parfaitement réussi)[5]. »

Ce mariage non conformiste a fort bien pu, en outre, accommoder secrètement une belle-famille désargentée et guère en état, en cet été 1902, d'assumer les

---

* La majorité légale se situait alors à vingt et un ans. Asselin en est très conscient.

** Que l'on orthographiait « Gris-Fond » au XIXe siècle à cause des dalles de pierre grise qui constituaient le fond marin de l'anse. Aujourd'hui intégré au parc Forillon, ce village de pêche est situé sur la rive nord de la péninsule gaspésienne.

dépenses d'une noce. L'idée d'aller marier leur fille en secret, dans leur lointaine Gaspésie natale, présentait aussi l'immense avantage de décourager à l'avance les invités potentiels.

Au tournant du siècle, en effet, il n'existe pas encore de route carossable continue sur le littoral nord de la péninsule*. Le voyageur, par voie de terre, met encore dix jours pour se rendre de Québec à Gaspé[6]. Il doit constamment alterner les moyens de transport : voiture à traction animale, goélette, bac, quand ce n'est pas la marche à pied par des sentiers vertigineux ou au passage des caps par les plages aux heures de marée basse. En 1902, les premiers navires à vapeur ont certes commencé à relayer les goélettes à voile sur le Fleuve, pour le transport des voyageurs et des marchandises. Le *Gaspésien* et le *Campana* assurent une liaison hebdomadaire entre Québec et Pictou, en Nouvelle-Écosse, avec escales à Gaspé et à Percé. Ce sont de véritables bateaux-magasins qui attirent des foules de villageois sur les quais grâce à leurs étalages mobiles de denrées, de mobilier, de tissus et de marchandises de toutes sortes. Mais ils ne s'arrêtent pas dans ces pauvres villages côtiers de Gaspé-nord dépourvus de havres et de quais et fiefs bien gardés de l'establishment commercial des compagnies Robin et Le Bouthillier. À l'Anse-au-Griffon, c'est la compagnie William Fruing qui a racheté le commerce en faillite de Charles Le Bouthillier. Toutes ces compagnies jerseyaises possèdent leur propre flotte qui maintient le commerce du poisson en circuit fermé[7].

À l'époque du mariage d'Olivar et d'Alice, trois à quatre goélettes affrétées par les compagnies jerseyaises assurent la liaison Québec-Gaspé : la *Langevin*, qui ramène les marchandises de Québec, la *Redoutable*, l'*Alice*** et la *Maude* qui transportent le sel aux pêcheurs et ramènent à Gaspé la morue séchée ou salée pour y être expédiée vers les ports de la Méditerranée, des Îles anglo-normandes, de l'Angleterre, des Antilles et du Brésil. Lorsqu'elles passent devant les « graves*** » où les compagnies possèdent des établissements de pêche et de traitement de la morue, les goélettes s'arrêtent en rade et les petites barques des pêcheurs côtiers assurent péniblement le débarquement et l'embarquement des cargaisons vers la terre ferme.

---

* Quant au chemin de fer de la baie des Chaleurs, il n'atteindra Paspébiac qu'en 1902, Port-Daniel en 1907 et Gaspé en 1911 seulement.

** Possiblement nommée en l'honneur d'Alice Le Bouthillier elle-même. Une très ancienne coutume gaspésienne veut, de nos jours encore, que le propriétaire d'une embarcation lui donne un prénom féminin : mère, fiancée, épouse ou fille.

*** Plages dont l'inclinaison et l'ensoleillement naturels favorisaient l'installation des établissements de sèchage et de traitement du poisson. En l'absence de havres, les pêcheurs devaient, en outre, pouvoir y hisser leurs barques à l'aide de cabestans, pour les mettre en sécurité durant la nuit ou les tempêtes.

Vu les difficultés de communications par terre entre Gaspé et l'Anse-au-Griffon à l'époque, il y a fort à parier que c'est à bord d'une de ces goélettes jerseyaises que les fiancés de 1902 se sont embarqués, depuis Québec, pour gagner clandestinement l'Anse-au-Griffon à la voile. Un chaperon les attend au débarcadère, en la personne de madame Le Bouthillier-mère. C'est elle qui, le 3 août 1902, signera l'acte de mariage de sa fille Alice en qualité de témoin. M. Le Bouthillier père ne semble pas être du voyage. S'il l'avait été, c'est lui qui, selon la coutume, aurait été tout désigné pour « conduire sa fille à l'autel ».

Pas de famille non plus du côté d'Olivar. C'est le frère du curé et « bedeau » de la paroisse, Raphaël Smith, qui lui servira de témoin à l'église Saint-Joseph-de-l'Anse-au-Griffon. Mariage anti-conformiste, mariage secret, mariage précipité : les fiancés ont payé et obtenu de l'abbé Alfred Archambault, vice-gérant de Mgr l'archevêque de Montréal, dispense de publication pour les trois bans réglementaires*. Et Olivar, pourtant amateur de photographie et portraitiste attentif des siens, ne conservera aucun cliché de l'événement, comme pour mieux contribuer à brouiller les pistes de sa vie sentimentale. Le surlendemain des noces seulement, Olivar écrira à sa mère pour l'informer simultanément et très respectueusement de l'événement et du nom de l'heureuse élue :

Ma chère maman,

La carte postale de M. Roy, qui m'est arrivée dimanche soir m'apportait une grande nouvelle : celle de l'arrivée d'Amanda** à Montréal. Je vous en apporte une non moins grande : celle de mon mariage.

J'ai épousé, dimanche matin, à l'Anse-au-Griffon, devant M. le Curé Smith, Mademoiselle Alice LeBouthillier, dont la mère Madame Charles LeBouthillier, a passé là une partie de l'été. Nous sommes arrivés aujourd'hui à Trois-Pistoles où demeurent plusieurs parents de ma femme, et nous serons cette semaine à Montréal, moi le premier, ma femme une couple de jours après. Vous ferez alors la connaissance de votre bru, qui vous plaira, j'en suis sûr. Je l'ai mise il y a déjà plusieurs mois au courant de la situation de notre famille, et elle a consenti avec joie à ce que nous mettions de côté pour vous, tous les mois, vingt-cinq piastres. Je vous donnerai cette semaine même trente-cinq piastres, pour la balance du mois d'août et le mois de septembre, et en septembre je reprendrai le cours de mes paiements. Par exemple, en mai prochain, si vous pouviez vous passer de moi... J'écris ce soir même à Raoul pour lui apprendre mon mariage : il doit monter ces jours-ci à Rimouski pour y faire sa retraite. Je lui ai conseillé de tâcher d'obtenir la cure de l'Anse-au-Griffon

---

* Proclamation solennelle d'un futur mariage à l'église durant les trois dimanches qui précèdent sa célébration. Alice et Olivar étaient tous deux paroissiens de Saint-Jacques-le-Majeur, à Montréal, à l'époque de leur mariage. Mgr Paul Bruchési était l'archevêque du diocèse.

** Sœur aînée d'Olivar demeurée aux États-Unis après son mariage.

où il serait très bien, je crois, et où, surtout, il pourrait vous être utile. Cette cure devient vacante en septembre par suite de laretraite de M. Smith.

D'ici à septembre prochain, j'habiterai avec ma femme au n° 376 rue Sherbrooke. À cettè date nous prendrons maison avec l'acquis que nous avons économisé tous deux et qui nous permettra de nous meubler au complet. J'ai une jolie femme, très spirituelle et très gaie. Je ne crois pas exagérer en disant que je l'aime beaucoup.

J'ai bien hâte de voir Amanda et de lui présenter ma femme. Maintenant, si Raoul montait nous voir tous ensemble, ce serait charmant. Je vous embrasse en attendant de vous voir, et vous prie de croire que je reste

Votre fils dévoué,

Olivar[8]

Qu'il s'agisse pour Raoul d'obtenir une cure, ou pour Olivar d'épouser la femme de son choix, la sécurité matérielle de Cédulie et de ses enfants à charge demeure une priorité. Olivar ne cherche nullement à se dérober à ses devoirs d'assistance filiale. Mais appréhendant sans doute les préséances que sa mère et son frère ne manqueraient pas d'opposer à sa décision, il a délibérément choisi de les mettre tous deux devant le fait accompli.

Combien de jours ont-ils passé ainsi, avant et après leur mariage, dans ce petit village perdu du littoral gaspésien, tout juste relié au monde extérieur par l'intermittent va-et-vient des goélettes commerçantes? À peine quelques-uns, semble-t-il. Dès la mi-août, Olivar aura regagné son studio de l'hôtel du gouvernement, laissant Alice s'attarder quelque temps à Trois-Pistoles chez ses cousins Têtu. Après quoi, elle regagnera seule leur nouvel appartement, encore sommairement meublé, au 376 de la rue Sherbrooke.

Ces précieux moments d'évasion secrète, ils les auront vécus dans une atmosphère de fin d'époque, et à ce temps de l'été où la lumière déclinante du mois d'août avive les contrastes et la lancinante beauté des paysages. Dans le grand manoir aux cinq lucarnes, l'écho répond seul à leurs voix. Depuis la faillite, les lourdes tentures, les pendules, les tableaux et presque tous les meubles en ont été retirés. Seuls témoins d'une époque faste, l'harmonium du salon et le superbe poêle de fonte, sorti des célèbres fonderies de l'Islet, rappellent encore à Alice le décor d'une enfance choyée. Quelques chaises de pin et une table bancale à la cuisine, quelques modestes commodes et des lits à paillasses aux chambres, complètent l'austère décor. En silence, la mère de la mariée va d'une pièce à l'autre, distribuant à chacun les draps et les serviettes. Comme le fiancé ne doit pas, selon l'usage, dormir sous le même toit que sa future épouse, Madame mère a assigné à Olivar l'ancien logement du gérant auquel on accède, depuis la cuisine, par un petit escalier dérobé. De sa chambre, il aura quand même vue sur la mer. Les femmes, elles, emprunteront le grand escalier du salon pour regagner les leurs.

Alice, le bougeoir à la main, donnera le bras à sa mère qui, lasse tout à coup de tant de voyage et de mélancolie, s'appuie à la rampe sculptée dont ses doigts connaissent par cœur le moindre feuillage, la plus petite rainure. La lueur tremblante s'attarde un moment sur les fleurs fanées des cretonnes qui tapissent les murs, à la frise de bois ouvragé, à la volige des plafonds patinés par les feux de cheminée. Flambées à jamais éteintes et qu'égayaient leurs rires et leurs chansons d'enfants. Alice a refermé la porte de sa chambre sur ses souvenirs.

Demain, elle épouse un jeune homme pauvre sur lequel un début de célébrité et de grandes promesses d'avenir ont commencé à briller. Un jeune homme maigre au regard intense et brûlant qui ne ressemble à personne et la déroute souvent. Mais qu'elle aime et auquel elle se destine en toute sérénité. Le vent du nord, qui rend les ciels d'août si purs qu'on y voit, parfois le soir, danser « les marionnettes* », fait entendre son bruissement soyeux entre les lattes des volets refermés. Dans sa longue chemise de nuit, sa tresse noire déroulée sur l'épaule, Alice récite une dernière fois la prière du soir devant son lit de fer de petite fille. Elle prie encore pour Olivar qu'elle épouse demain et qui, lui, semble prier si peu...

Ce soir-là non plus, Olivar, les yeux grand ouverts dans le noir, ne prie pas. Quand le silence est enfin retombé sur le manoir endormi, il se faufile comme un chat par l'escalier dérobé qui descend vers la grande cuisine. Il s'agenouille devant l'âtre où quelques braises rougeoient encore. De la poche intérieure de sa veste, il retire gravement une liasse de lettres nouées ensemble. Ce sont les lettres de « la belle Créole » qu'il a conservées jusqu'à cette dernière nuit et dont il brûle un à un les feuillets frémissant sous la flamme.

Sans un verre, sans une chanson, sans un camarade, le « Petit Caporal », boute-en-train des chambrées militaires, enterre seul sa vie de garçon... À la veille de son mariage, le galant repenti est persuadé d'être en train de « se ranger » définitivement. Du moins l'écrira-t-il ensuite à Raoul et à son ami Bourassa. Le souvenir de l'autodafé nocturne l'enchantera d'ailleurs longtemps et il en fera le récit secret à ses sœurs. Secret de Polichinelle, bien sûr**.

Le lendemain, l'abbé Smith a expédié discrètement les choses comme Olivar le souhaitait. Pas de bans avant, pas de cloches après. La petite église de bois était nue et presque déserte***. Quand ils sont rentrés à pied à la maison, piquant à travers pré, seul le bouquet d'asters, d'immortelles sauvages et de tanaisies qu'Alice tenait à la main pouvait la désigner comme « la reine du jour ». Petite

---

* Nom populaire donné, en Gaspésie, aux aurores boréales.

** Selon les témoignages oraux recueillis par Marcel A. Gagnon auprès des frères et sœurs d'Olivar Asselin.

*** Incendiée depuis et plusieurs fois reconstruite, l'église paroissiale actuelle de l'Anse-au-Griffon ne rappelle en rien celle où fut célébré le mariage d'Alice et Olivar.

reine déchue qui enjambait, avec son époux roturier, les herbes folles qui avaient envahi, depuis le pacage, tout le pourtour de la grange, de l'abattoir, de la glacière, du fumoir et du four-à-pain. Devant l'âtre géant, ils ont partagé avec madame Le Bouthillier une brioche dorée et tressée, et une bouteille de vin pétillant qui a fait monter aux yeux de leur mère quelques larmes fugitives. Puis ils sont allés se promener sur les plages. Le soir venu, Madame mère a gravi seule l'escalier monumental du grand salon.

Ils ont épuisé les moments qui leur restaient à contempler la mer qui avait si bien contribué à les réunir. À travers son exaltation à lui, elle redécouvrait le pays de son enfance. À travers le lyrisme débridé d'Olivar devant la nature, elle entendait un hommage et un chant d'amour à elle seule destinés. Elle s'émerveillait de ces choses simples et quotidiennes qui le plongeaient, lui, dans l'étonnement et le ravissement. Ce pays trop beau, trop vaste, où elle avait vécu souvent sans le voir, elle le redécouvrait par ses yeux. Elle buvait sa gratitude inattendue de poète maladroit. Elle lui ouvrait les portes d'un royaume dont elle ne croyait pas posséder depuis tant de temps les clefs.

Quand ils regagnaient la maison à la tombée du jour, ils retrouvaient leur mère soucieuse, parlant à voix basse de location et de vente avec son homme engagé. Olivar, pressant la main d'Alice, lui promettait alors une maison bien à eux sur la mer. Une maison qu'il avait commencé à entrevoir en arpentant les berges gelées de Sainte-Flavie, et qu'il voyait maintenant remplie d'enfants.

Mais sur la « grave » de l'Anse-au-Griffon, par delà le caractère grandiose du paysage, Asselin n'a pas été long à découvrir le visage familier de la servitude. En passant des mains de Charles Le Bouthillier à celles de William Fruing, la compagnie jerseyaise n'a guère changé ses méthodes d'exploitation de la pêche côtière. Avec l'empire des Robin, des Fauvel, des Janvrin, des Hyman, elle contrôle les prises de plus de cinq mille « barges*», réparties sur toute la péninsule et où les pêcheurs travaillent deux par deux, depuis le mitan de la nuit jusqu'en fin d'après-midi. Après le travail de dépeçage et d'entreposage du poisson, qui s'effectue souvent en famille sur la « grave », ils doivent encore aller, le soir venu, dans leurs petits « flats** », mouiller leurs filets à harengs à un tangon afin de s'assurer la « boëtte*** » du lendemain. Dès avant leur départ pour « les fonds » où se tient la morue, il leur faut aller démailler et couper les harengs qui s'y sont pris durant la

---

* Barques ventrues d'une vingtaine de pieds de longueur, non pontées et munies d'une voile. John Le Bouthillier, fondateur de la dynastie et grand-père d'Alice, contrôlait six cents « barges » dans son seul comté de Gaspé.

** Petites embarcations à fond plat et à rame qui font la navette entre la « grave » et les embarcations à plus fort tirant d'eau qui servaient à la pêche côtière.

*** Appât pour les lignes à main et les lignes dormantes.

nuit afin d'appâter les hameçons. Quand ils ne pêchent pas à la « turlute* ». La grande majorité de ces pêcheurs sont analphabètes, les compagnies (celle des Robin tout particulièrement) ne s'étant jamais souciées de favoriser la scolarisation en Gaspésie. Et aucun d'eux, bien sûr, ne sait nager.

Si les gens de terre touchent parfois de maigres salaires, les pêcheurs, eux, sont payés au quintal de morue à la fin de chaque saison et sous forme de jetons échangeables aux seuls comptoirs de la compagnie. À la fin de sa journée et s'il travaille seul, le pêcheur passe au « chaffaud** » faire peser ses prises. À la place désignée pour chacun se trouve une planchette de bois accrochée au mur avec son nom et son numéro. C'est le « tally ». Les quintaux de morue y sont consignés sous forme d'encoches. Le « tally » est ensuite remis en place jusqu'à la pêche suivante. Comme le travail « à la pièce » dans les usines, la pêche « à la prise » stimule le désir d'améliorer son gain et favorise les longues sorties en mer et le surmenage. La pêche est un rude métier où les accidents de travail, les noyades, les membres gelés ou amputés font partie des risques.

S'il travaille en famille, comme c'est parfois le cas dans Gaspé-Nord, le pêcheur regagne directement la « grave » où, avec l'aide de sa femme et de ses enfants, il tranchera, salera et séchera lui-même ses prises. Ensuite seulement il ira revendre aux Jersiais le produit fini de sa pêche.

Grâce au système des jetons, qui est de rigueur, aussi bien pour le pêcheur seul que pour la famille-traîteur, la compagnie Le Bouthillier***, comme toutes les autres, se constitue en fournisseur exclusif du pêcheur : agrès de pêche, vêtements et nourriture. Comme la compagnie est l'acheteuse exclusive de ses prises et que c'est elle qui fixe annuellement le prix du quintal de morue, le pêcheur n'arrive jamais à liquider ses dettes et doit perpétuellement vivre à crédit. Quand le seuil du « tolérable » est franchi à ses yeux, le compagnie peut en arriver à saisir ses prises, sa « barge » et même sa maison. Comme il ne touche jamais d'argent sonnant, les conditions de vie du pêcheur ne diffèrent guère de celles qui prévalaient pour les serfs de l'époque féodale****. Comme autrefois la cloche du château, celle

---

* Appelée aussi « faux » ou « jigger », la turlute est un crochet que le pêcheur fait monter et descendre à la main à 20 ou 40 brasses de profondeur.

** Vaste bâtiment servant à la pesée, puis à l'entreposage du poisson une fois les étapes du salage et du sèchage terminées.

*** Charles Le Bouthillier, père d'Alice, n'était pas le seul de son clan à posséder des installations de pêche en Gaspésie. De son association avec un marchand de Québec, François Buteau, John Le Bouthillier-père avait acquis d'autres établissements dans le bassin de Gaspé et à Mont-Louis, commerces que se partagèrent ses autres fils après sa mort.

**** Ce n'est qu'avec l'imposition de l'impôt sur le revenu par le gouvernement fédéral, au cours de la Première Guerre mondiale, que les compagnies se verront forcées de rétribuer les pêcheurs en papier monnaie.

de la compagnie appelle aussi matin, midi, et soir les *shoremen** sur la « grave »
pour le travail du poisson. Ils s'y rendent pour dépecer, laver et empiler dans les
barils les morues qui, une fois salées et lessivées, devront prendre au moins « dix
soleils » sur les treillis des « vignaux ».

C'est toute une fourmilière humaine qui s'affaire ainsi dans l'Anse,
transbordant les prises depuis les « barges » jusqu'aux « flats » et depuis les
« flats » jusqu'aux tables où l'on déverse les « boyards** ». C'est là que va
s'effectuer le dépeçage. Trois hommes bottés et revêtus de tabliers de caoutchouc
noir officient sur l'étal : le « piqueur » d'abord, avec un couteau pointu à deux
tranchants, qui égorge la morue et l'ouvre jusqu'au nombril. Le « décolleur », qui
en arrache les entrailles, détache le foie conservé à part pour en extraire l'huile et
fait sauter la tête qui va servir d'alimentation de base aux familles. Le « trancheur »
enfin qui, à l'aide d'un couteau à un seul tranchant, ouvre le poisson par le côté
gauche à partir du cou jusqu'à la queue. Il retire ensuite l'arête dorsale sur les
deux tiers de sa longueur. Le « trancheur » laisse ensuite tomber la morue dans un
tonneau rempli d'eau de mer. Dans le cas des familles-traiteurs, c'est généralement
le travail des femmes et des enfants que de laver soigneusement les filets, les
débarrasser des débris sanguinolents qui pourraient y demeurer attachés et de
renouveler fréquemment l'eau des tonneaux.

Le « saleur » entre alors en scène. Il dispose les morues la peau en bas, les
couvre de sel et les empile les unes sur les autres pour les faire « suer*** ». Durant
trois ou quatre jours, il les laisse ainsi « prendre leur sel ». Il s'agit d'un sel de mer
réputé pur et fin et que les compagnies font venir de Cadix, en Espagne. Après la
salaison, nouveau lessivage du poisson dans sa propre saumure : toute trace de sel
doit être éliminée avant que le morue n'aille prendre ses « dix soleils » sur les
« vignaux**** ». On réempile enfin en rayons de roue les morues séchées en un
monticule rond, « l'arrime » ou la « bonne femme » selon la taille, pour les faire
« suer » encore. C'est le climat frais et sec de la côte gaspésienne qui permet à la
morue salée de sécher rapidement et d'atteindre ce taux d'humidité idéale de 38%

---

* Les employés de terre.

** Caisses de bois robustes munies de manchons et que les hommes chargeaient sur leurs
épaules pour transporter le poisson.

*** Opération qui consiste à faire remonter en surface l'eau contenue dans les chairs du
poisson et à permettre à une nouvelle opération de séchage d'agir (un autre « soleil »). L'empilage
produit également une fermentation qui ajoute au goût du produit fini. Plus le poisson est empilé
longtemps, meilleur est son goût.

**** Durant son séjour sur les vignaux, la morue est protégée de la pluie par des « combles »,
ou petites toitures pointues en cèdre. Selon les localités, on les appelle aussi « casques »,
« chapeaux » ou même « dallots ».

qui la rend si propre à l'exportation. De la prise par le pêcheur jusqu'à l'ultime séchage, toute l'opération aura duré de cinq à six semaines selon l'ensoleillement. Les beaux poissons ambrés et raidis qui en résultent, connus mondialement sous le nom de « Gaspé Cure », ont fait la renommée de la Gaspésie sur les marchés d'Italie, d'Espagne, des Antilles et du Brésil[9].

Ce contraste entre le succès commercial des compagnies et des rudes conditions de travail des pêcheurs constitue pour Asselin une découverte décon- certante. Même la vie du simple colon sur son lot lui semble plus enviable et plus libre que celle de ces pêcheurs gaspésiens prisonniers d'une économie fermée. Des pêcheurs qui font pourtant tourner un commerce d'envergure internationale avec de simples lignes à main, enroulées autour d'un caret de bois, et qui n'ont sans doute pas changé depuis l'arrivée des Français au pays. Les compagnies, l'ancien ouvrier de la Stargrave le découvre, n'ont pas intérêt à voir s'implanter en Gaspésie des techniques de pêche plus productives et plus automatisées. À chaque ligne à main correspond un pêcheur, donc un client captif, par le système des jetons et du troc, pour l'écoulement des marchandises du magasin qui lui a acheté ses prises. Plus il y a de pêcheurs en activité, plus la production de poisson augmente et plus il se fait d'achats au comptoir de la compagnie. Ainsi cette dernière récupère-t-elle la totalité de son dû au pêcheur[10].

Asselin retrouve là, sur cette plage sauvage, ce visage familier de l'exploi- tation humaine qui l'avait tant humilié dans les usines de la Nouvelle-Angleterre... « Emparons-nous de l'industrie ! » a-t-il lu avec ferveur, l'hiver précédent, sous la plume d'Errol Bouchette. Oui, c'est bien de cela qu'il s'agirait ici : de s'emparer de toute cette richesse poissonneuse et de la monnayer enfin soi-même ! De construire des écoles et des hôpitaux avec les profits ainsi réinvestis. De construire des routes qui relieraient enfin la Gaspésie au reste de la Province. Asservis par le capital étranger, les pêcheurs sont, en outre, ignorés du reste du pays. Papineau lui-même n'avait rien compris à leur sort. Prisonnier, comme les siens, du mythe exclusif de l'agriculture et de l'idéologie économique libérale, il voyait dans les conditions de vie misérables des Gaspésiens la preuve de la non-rentabilité de la pêche. Pendant tout ce temps, s'édifiait, sans eux, l'empire jerseyais de la « Gaspé Cure »... « Créer un pêcheur, c'est enlever un cultivateur à la terre, c'est encourager l'industrie la moins convenable au pays car l'agriculture sied plus au Canada que la pêche[11] », avait déclaré, inconséquent, le chef patriote à l'Assemblée du Bas-Canada.

Mais toutes ces pensées qui s'agitent en lui, Asselin peut-il seulement les communiquer à la jeune femme qui lui donne le bras et que les hommes, sur la « grave », saluent respectueusement en soulevant leur casquette poissée de sel ? « Mademoiselle Alice », aujourd'hui « Madame Olivar Asselin », est « née Le Bouthillier »... Les lettres de ce nom trop lourd à porter achèvent de pâlir sur les planches des *cook-rooms** où la raison sociale fraîchement peinte de la « William Fruing » les a depuis peu remplacées. Dans les petites maisons pointues en bardeaux de cèdre décoloré par les embruns et devant lesquelles les femmes ravaudent des filets à harengs, Alice, ses sœurs et sa mère sont maintes fois allées porter des paniers secourables... Pour la fête de Sainte-Anne en été, pour le premier de l'An en hiver. Parfois même des layettes pour un nouveau-né. Des petites maisons souvent sans solage de pierre, ni eau courante, et où s'entassaient des familles nombreuses. Des petites maisons où la mort frappait souvent. Alice, sa mère et ses sœurs avaient commencé, très jeunes, à tricoter « pour leurs pauvres », le soir sous la lampe, sans songer à remettre en question l'ordre ancien des choses. Sans questionner leur père dont dépendait la vie de toutes ces familles endettées. Devenue pauvre à son tour par un revers du destin, sa femme comprendrait-elle mieux, maintenant, ce questionnement d'Olivar dont l'amour retient prudemment l'expression sur ses lèvres ?

Il va pourtant passer de la commisération à l'émerveillement le plus paradoxal. Car ces pêcheurs sans le sou et sans avenir n'ont rien des loqueteux taciturnes qu'il rencontre à Montréal dans le vieux port. Les compagnies peuvent toujours se saisir de leurs biens, ils demeurent riches de leur musique, de leurs contes et de leurs chansons. Olivar redécouvre sur la « grave » l'évocation enchantée du chroniqueur :

> Ils sont d'une hardiesse extrême, on leur entend dire qu'avec une bonne berge** ils ne craignent rien. Ils ont la hardiesse marquée sur leurs visages, ils ont un caractère tout particulier. Élevés à la pêche dans une vie aventureuse, en contact avec les étrangers, ils ont beaucoup de connaissances, ils ont plein d'histoires pour rire, ils sont joyeux aimant à faire des tours, et on peut rire beaucoup en les voyant jouer entre eux sur le rivage dans une belle soirée ; et malheur à celui qui peut prêter à leurs farces et à leurs tours, car il s'en retire qu'après bien des avaries de toutes sortes[12].

Est-ce de ces âmes simples, libres et courageuses qu'Alice a reçu en héritage ce naturel enjoué, confiant et insouciant du lendemain ? Comme si, en perdant tout, les maîtres étaient devenus désormais les débiteurs d'une sagesse populaire forgée par les épreuves et les naufrages ? Enfant, elle a joué sur la plage avec ces hommes et ces femmes au visage tanné par le soleil et la mer. Elle les reconnaît et les tutoie avec une joyeuse surprise. Puis un jour d'été, dès avant l'âge du catéchisme, ses compagnons de jeux l'ont quittée pour le travail du poisson. À l'automne, Alice a

---

* Vastes dortoirs sommaires où les pêcheurs venus des villages voisins résidaient durant la saison des pêches et y cuisinaient leurs aliments. Leurs familles n'y étaient pas admises.

** « Barge » prononcée « berge ».

revêtu, à Québec, l'uniforme prescrit par les religieuses françaises du couvent Jésus-Marie de Sillery. Leur chemin a bifurqué. Pourtant, elle reste à jamais marquée par cette enfance. Elle leur ressemble aujourd'hui par plus d'un trait. Trop, peut-être, pour bien comprendre l'intérêt et le plaisir sans cesse renouvelés qu'Olivar prend en leur compagnie, alors qu'elle voudrait tant, en ces jours précieux entre tous, l'avoir enfin à elle toute seule.

Chapitre XI

LA LIGUE NATIONALISTE

Sur le rôle joué par Asselin à la Ligue nationaliste, *il ne peut y
avoir la moindre discussion. Il fut l'inspirateur, le créateur du
mouvement et son maître ouvrier.*

(Omer Héroux, *Le Devoir*, 20 avril 1937)

De retour à Montréal, Olivar a aussitôt pris congé de sa femme pour regagner
Québec. Leur logement de la rue Sherbrooke est encore presque aussi sommairement meublé que le manoir de l'Anse-au-Griffon. Mais Olivar lui a bien promis
qu'il se ferait donner, par Chollet, le jardinier de Spencer Wood* avec lequel il s'est
lié d'amitié, des plantes d'intérieur qui feront merveille « pour boucher les trous ».
Alice attendra longtemps ses plantes vertes. Et Olivar, ses bibliothèques bien
garnies.

Le démon de la politique l'a repris de plus belle. Son mariage n'aura été
qu'une brève parenthèse dans sa vie militante. Chez les disciples de Bourassa, bien
des yeux sont tournés vers Asselin et n'attendent qu'un signal de sa part pour
donner au mouvement suscité par le nouveau chef la base organisationnelle qui lui
fait toujours défaut. Le soir après son travail, l'héritier spirituel du grand Ferdinand
Gagnon a commencé à élaborer des projets de structures et de règlements, afin de
regrouper les forces vives du nationalisme et de coordonner leur action politique.

Il ne voudrait surtout pas que la belle flambée de 1900 retombe en cendres
sous les manœuvres conciliantes de Laurier. En cette étrange année 1902,
sir Wilfrid navigue en virtuose et il a déjà déstabilisé plusieurs de ses opposants.
Son charme opère toujours en dépit de ses promesses équivoques. Le grand

---

* Résidence du lieutenant-gouverneur de la Province. Aujourd'hui Bois-de-Coulonge.

stratège sait qu'il doit jouer autant de vitesse que de finesse, son flirt avec l'impérialisme lui ayant fait perdre de nombreux partisans. Laurier, selon sa méthode, se fait donc rassurant envers les uns et loyaliste envers les autres. Il a consacré tout le printemps 1902 à ce jeu subtil de balancier. Mais la levée d'un quatrième contingent pour le Transvaal, en avril, a contribué à rapprocher davantage les nationalistes de Bourassa et les conservateurs québécois de Monk, de plus en plus conscients de la manœuvre.

Laurier avait chargé ses amis Arthur Dansereau à *La Presse* et Ernest Pacaud au *Soleil* de présenter l'envoi de ce quatrième contingent militaire comme un simple moyen de se concilier les bonnes grâces de Londres en prévision de la Conférence coloniale de l'été. Mais l'opinion publique trouvait la couleuvre difficile à avaler. Il lui fallait trouver autre chose, poser un geste d'éclat susceptible de désamorcer la grogne qui allait en s'amplifiant. Au Québec, surtout, où Bourassa ne cessait de se faire de nouveaux disciples qui récusaient sa politique.

Tandis qu'Asselin partait avec Alice pour l'Anse-au-Griffon, Laurier se rendait à Londres assister à la Conférence coloniale et au couronnement d'Édouard VII, prévu pour le 9 août. Le ministre des Colonies, Joseph Chamberlain, soucieux de se concilier son partenaire canadien aux imprévisibles sursauts autonomistes, n'avait rien ménagé pour que sir Wilfrid et lady Laurier fussent reçus, dans la capitale anglaise, avec tous les honneurs dus à leur rang :

> Un page du roi et un équipage royal portant la livrée écarlate d'Édouard VII, se tiennent en permanence à leur disposition à la porte de l'hôtel Cecil. Le moindre secrétaire de la délégation canadienne est étourdi d'invitations et de propagande impérialiste. Lord Strathcona, fort ami de Laurier, orchestre cette savante composition[1].

Mais, cette fois, le chef canadien sait pertinemment qu'il doit éviter de se faire prendre à nouveau au jeu de Londres, s'il veut survivre politiquement au Canada. Dans les jours qui précèdent l'ouverture de la Conférence, il laisse entrevoir de nouvelles orientations : « L'intégrité de l'Empire sera maintenue par des mesures de paix et non par des mesures de guerre » (banquet du Club Constitutionnel) ; ou encore : « Le transfert du pouvoir législatif aux colonies aura toujours été le ciment de l'Empire britannique » (au Club national libéral), et à nouveau : « L'Empire britannique repose sur la liberté de ses parties constituantes » (au Guildhall[2]). Grâce à la célérité et à l'efficacité de son réseau de presse, ses « bonnes paroles » ont tôt fait de rejoindre l'opinion canadienne aux aguets. Au grand dam des loyalistes anglais, à l'étonnement quasi décontenancé des nationalistes de toutes allégeances, Laurier vient de prendre un virage significatif :

> Bien appuyé par ses ministres Fielding, Mulock, Paterson et Borden, Laurier se montre inflexible en tous points. Dès le début de la Conférence, Chamberlain

annonce ses couleurs. Il n'y met peut-être pas toute la pression qu'on attendait, mais il va droit au but. Il parle d'une intégration politique, économique et militaire de l'Empire, spécifie nettement qu'il souhaite l'établissement d'un vrai Conseil impérial, puis développe l'idée de la défense commune de l'Empire. À tout cela, Laurier répond par un non catégorique. Non au Conseil impérial; à la place, il accepte simplement la tenue de conférences périodiques et informelles. Non aussi à la mise sur pied d'une force navale impériale; le Canada, précise-t-il, construira un jour sa propre Marine pour la défense de ses côtes. Non, enfin, à l'union commerciale; la préférence impériale suffit. Chamberlain ne comprend plus rien et se met en colère. Encore une fois, Laurier, le plus ferme de tous les premiers ministres coloniaux, vient de saborder ses rêves. « Je préférerais faire affaire avec un goujat qui sait ce qu'il veut », confie rageusement Chamberlain à lady Minto*. Pour d'autres impéria-listes, « le maudit maître à danser [n'a fait que] saboter le spectacle[3] ».

À son retour au pays, c'est le triomphe et le délire! La presse, unanime, louange en chœur la fermeté héroïque de Laurier qui a réussi à résister au chant des sirènes britanniques et à déjouer les plans centralisateurs de Joseph Chamberlain. Laurier fait aussi en sorte de « laisser couler » des comptes rendus de la Conférence et de la correspondance échangée avec ses partenaires coloniaux. Il en fait même réserver la primeur à « son cher Henri » par l'entremise du fidèle Rodolphe Lemieux. Ébranlé, étonné, rasséréné par la tournure des événements, Bourassa se rend auprès de son ancien chef:

> Monsieur Laurier, maintenant que la procession des lécheurs de bottes a passé, permettez-moi comme un de vos partisans qui prétend ne pas être aveugle, de venir vous dire qu'ayant lu le rapport complet de la conférence, je redeviens votre partisan ferme et sincère. Et tant que vous maintiendrez cette attitude, je vous appuyerai de toutes mes forces[4].

Et, joignant le geste à la parole, le député de Labelle, aussitôt la session inaugurée, retraverse le parquet de la Chambre pour réintégrer le parti ministériel. Il participe à nouveau au caucus et tient à ce qu'on le sache: à *La Patrie* qui a omis son nom dans un compte rendu d'une réunion libérale, il écrit pour demander rectification. Laurier, qui n'espérait pas un si prompt retour au bercail de la part de Bourassa, se frotte les mains de satisfaction.

Cette consolation vient à point nommé pour le premier ministre. Son brusque changement de cap, à Londres, n'a pas été sans provoquer des remous dans l'opi-nion loyaliste. Durant son séjour en Angleterre, des rumeurs avaient circulé touchant le mauvais état de sa santé. On avait même parlé de sa démission pro-chaine. Alléché par la perspective d'une succession dont il se croyait le

---

* Femme du gouverneur général du Canada, lord Minto.

bénéficiaire tout désigné, Israël Tarte avait profité de l'absence de son vieux condisciple pour organiser un putsch qui s'était soldé par un échec. Renouant avec son ancienne allégeance conservatrice, il avait lancé une campagne protectionniste qui s'était heurtée à une fin de non-recevoir de la part du cabinet libéral.

De retour de Londres, visiblement affecté par la maladie mais porté en triomphe par l'opinion publique, Laurier avait aussitôt sommé le rebelle de remettre sa démission. Tarte, mâté pour la première fois de sa vie, était parti, emportant avec lui son journal. Ayant perdu *La Patrie*, les libéraux fonderont *Le Canada*, en 1903, pour donner un nouvel organe officiel à leur parti. En dépit de ses revers de santé, le premier ministre avait donc su faire montre de fermeté. Mais secrètement, il savait quelle perte représentait pour lui le départ de Tarte. Aussi devait-il à tout prix s'employer à choyer désormais ses jeunes et « chers rebelles » nationalistes.

Il n'en néglige aucun. Ni « ce cher Henri » ni « ce cher Armand », auxquels il prodigue une sollicitude toute paternelle. Mais les disciples semblent moins empressés que le maître à revenir manger dans sa main. Informelle et agissante au printemps, leur organisation semi-clandestine leur paraît plus nécessaire que jamais, après l'accalmie de la Conférence coloniale. Stratège du « cas par cas », Bourassa estime que le premier ministre s'est suffisamment amendé pour que l'on ne lui discute plus son appui. Plus instinctifs, et sans doute plus perspicaces, les « jeunes » réprouvent sa personnalité louvoyante et ses compromis passés. Ils demeurent sur leurs gardes, estimant qu'en matière d'impérialisme, « qui a bu boira ».

Dans les circonstances, disperser les forces d'opposition coalisées à l'occasion de la guerre du Transvaal leur paraît aussi imprudent que prématuré. Asselin et ses amis, loin de relâcher leur pression et de démanteler leurs petits réseaux de propagande régionale, continuent de se réunir officieusement et de peaufiner la charte d'une future organisation qu'ils appellent déjà, entre eux, la Ligue nationaliste. Bourassa, qui a réintégré le caucus libéral, n'assiste pas à leurs réunions et refuse à l'avance d'en être membre. Mais comme ses jeunes disciples lui conservent toute leur admiration, ils continuent de le consulter et de lui faire réviser leurs copies de travail. En se prêtant de bonne grâce à cette fonction de guide et de conseiller, Bourassa accepte implicitement de leur conférer une sorte de caution morale ou de parrainage qui le flatte secrètement, tout en maintenant, sur Laurier, une certaine pression. Le chef nationaliste, rentré au bercail libéral, ne répugne pas à l'idée de se ménager une porte de sortie.

À la tête du groupe, il y a, bien sûr, Asselin, rassembleur de talents et d'énergies, camarade généreux auquel il est difficile de refuser un appui et boulimique d'action au point d'épuiser tous ses collaborateurs. Il y a aussi Omer Héroux à Montréal et Armand Lavergne à Québec, ses « deux bras droits » auxquels s'ajoutent tous les jeunes journalistes des premiers *Débats* qui constituent, avec Louvigny de Montigny, le premier cercle des membres actifs. Mais dans le monde journalistique, Asselin et ses amis, ces « dix ou douze jeunes gens sans nom et sans réputation », selon l'expression d'Héroux, ont aussi étendu leur influence à un second cercle de sympathisants. Quand ils organisent une assemblée populaire, une conférence publique où Bourassa doit prendre la parole, ils peuvent compter sur ce second cercle de « haut-parleurs » pour répercuter les propos de Bourassa aux quatre coins de la Province.

Ces sympathisants actifs présentent un vaste éventail de couleurs politiques et même religieuses. Libéraux et conservateurs s'y côtoient, libres-penseurs et ultramontains peuvent, à l'occasion, travailler au sein du même comité organisateur. Ces surprenantes cohabitations ne décontenancent guère Asselin, ravi au contraire de faire collaborer alternativement à « la cause » un Jules-Paul Tardivel et un Godfroy Langlois dont l'appartenance à la loge maçonnique française *L'Émancipation* est devenue un secret de polichinelle pour tout Montréal. Mais il arrivera à Bourassa de froncer les sourcils avant de monter sur l'estrade du Théâtre national, en découvrant quels « supporteurs » Asselin et ses amis ont installés au premier rang...

À *La Patrie* d'Israël Tarte entré en dissidence, le mouvement peut, outre Godfroy Langlois et Louvigny de Montigny, compter sur la sympathie active d'Hector Garneau, du Français Gustave Comte, de J. Alfred Pelland, de Raphaël Ouimet et, bien sûr, de *Madeleine* qui s'affaire comme la plus diligente des abeilles recruteuses. Voilà un journal assez bien « infiltré ». *La Presse*, libérale de fait, a aussi sa « cinquième colonne » nationaliste en la personne du couple Gaétane de Montreuil et Charles Gill, auxquels on peut ajouter Émile Bélanger, Alonzo Cinq-Mars, Arthur Côté, Rodolphe Girard, Albert Laberge, chroniqueur sportif et écrivain à ses heures*, Septime Laferrière, J.-E. Martin et J.-A. Rodier. *Le Journal*, conservateur, ne demeure pas en reste et Omer Héroux y a fait diligence en recrutant Arthur Beauchesne, « Colette » (Lesage), L.-J. Dastous, Frédéric Pelletier et Paul-Émile Ranger. *Les Débats* d'Édouard Charlier, avec lesquels Asselin a fini par se réconcilier, lui fournissent aussi l'appui tacite d'Édouard Charlebois. *Le Pionnier* d'Amédée Denault, de tendance nationaliste, autrefois de Sherbrooke et qui a désormais pignon sur rue à Montréal, compte aussi une propagandiste de marque en la personne de l'active « Colombine** ». Asselin, on le voit, s'est assuré

---

* Futur auteur de *La Scouine*, roman naturaliste qui fera sensation en son temps (1918). Laberge fit aussi partie de l'École littéraire de Montréal et publia sous le pseudonyme d'Adrien Clamer.
** Éva Circé, autrefois des *Débats*. Elle sera, en 1903, avec son collègue Hector Garneau, la fondatrice et première directrice de la Bibliothèque municipale de Montréal.

la collaboration de ses « chères collègues », où qu'elles se trouvent, et la cause nationaliste a su éveiller des sympathie agissantes chez les femmes journalistes et leurs lectrices.

Même au sein de la presse anglophone, Asselin a réussi à sensibiliser quelques collègues aux idées de résistance anti-impérialiste et d'autonomie canadienne. Au *Herald*, il s'est acquis la collaboration de J.-A. Valiquette, au *Witness* celle d'Ernest Chambers, à la *Gazette* celle de Thomas Lonergan, au *Star* celle de Thomas Ahern. Bientôt, tous ces journalistes sympathisants seront acquis aux idées encore marginales de Goldwin Smith dont Bourassa s'emploie à traduire les écrits*. La parfaite aisance d'Asselin dans la langue de Shakespeare, son intelligence, son entregent et sa persuasion feront le reste.

Plusieurs lieux de réunions et foyers de pensée alimentent les activités de la *Ligue* et contribuent à l'élaboration de son programme politique. Depuis juin, les rencontres se sont multipliées, à Montréal comme à Québec. À Montréal, un groupe de jeunes catholiques gravite autour de Joseph Versailles** et des jésuites du collège Sainte-Marie. Un autre, plus « libéral », se réunit chez les jeunes époux Asselin, rue Sherbrooke, ou au siège social de la *Sauvegarde* sous l'instigation alternée d'Olivar Asselin et d'Omer Héroux. Ou encore au petit logis d'Antonio Perrault, devenu étudiant en droit à l'Université Laval. À Québec c'est, bien sûr, autour du brillant Armand Lavergne, cocardier comme un personnage de Rostand, que gravitent ceux que Bourassa appelle affectueusement dans ses lettres « ses jeunes sectaires ». Sectaires auxquels, depuis que le chef nationaliste a réintégré le giron libéral, ne craignent pas de s'adjoindre quelques avocats respectables de la Vieille Capitale.

Asselin, cependant, que Bourassa évoquera plus tard comme « l'âme et souvent le corps[5] » de la *Ligue nationaliste*, ne perd pas de vue la précarité de sa situation auprès de Lomer Gouin. Ses charges familiales, auxquelles viennent de s'ajouter celles de son mariage précipité, l'obligent à songer sérieusement à son avenir. Nonobstant ses frustrations de journaliste muselé, c'est à nouveau vers la fonction publique qu'il croit devoir se tourner. Le 16 septembre, il sollicite un poste de traducteur au *Hansard*, journal des débats parlementaires à Ottawa où s'est déjà réfugié son ami, le franc-tireur libéral Wilfrid Gascon. Il en informe aussitôt les membres du comité de rédaction des *Débats* auxquels il a recommencé à collaborer, après le départ d'Alexandre Duclos. Et il sollicite l'appui de députés

---

* Particulièrement : *Devant le tribunal de l'histoire, plaidoyer pour les Canadiens qui ont condamné la guerre sud-africaine*, enregistré en 1902 et publié aux éditions Beauchemin en 1903.

** Futur président de l'ACJC (Association catholique de la jeunesse canadienne-française), où le jésuite Samuel Bellavance, l'ex-confrère d'Olivar à Rimouski, imprimera, lui aussi, une orientation nationaliste.

amis. Mais il en informe aussi Bourassa, avec l'espoir secret, sans doute, de voir ce dernier le détourner de la neutralité politique à laquelle l'assujettirait à nouveau un emploi de fonctionnaire du gouvernement fédéral. Il n'attend visiblement qu'un signe de lui pour plonger définitivement dans l'action militante :

Cher monsieur Bourassa,

Il se peut qu'à la session prochaine je sois candidat à la position laissée vacante par M. Beaulieu au *Hansard*. J'ai écrit à ce sujet aux membres du comité des *Débats* ; si vous croyez que je dois persister dans ma résolution, écrivez donc un mot à votre ami Monet* dans mon intérêt. J'aurai toujours le temps de changer d'avis, ce que je ferai certainement si M. Gouin, que je soupçonne de vouloir se caser dans la magistrature avant longtemps, me dit qu'il entend au contraire rester dans la politique active et que je ferais bien de l'y suivre (ou de l'y accompagner).

Quand partez-vous pour Québec ? J'espère bien vous y voir l'hiver prochain si vous ne passez pas toute la session à Ottawa. Quant à moi, je viens, en me mariant, de faire encore un coup de tête ; mais je ne le regrette pas. Cela règle la vie, donne de l'ardeur au travail. J'ai une femme charmante, qui m'aime et qui m'aidera en toute chose.

À vous,

(S.) Asselin[6]

Le député de Labelle mettra six semaines à répondre et se refusera à trancher à la place d'Olivar. La perspective de voir son bouillant disciple aboutir à la traduction du *Hansard* lui apparaît-elle comme une perte pour « la cause » ? Si c'est le cas, il ne le lui dit pas. Mutisme dont Asselin souffrira peut-être en silence. Mais entre les dividendes que peuvent rapporter à ladite « cause » l'engagement d'un homme aussi dynamique, et les risques qu'un esprit aussi indépendant et déterminé lui ferait courir, le chef hésite sans doute encore. Le 30 octobre, il lui fait parvenir une réponse aussi brève qu'évasive. Mais il s'empresse de le féliciter de son récent mariage :

Cher Monsieur Asselin,

Pardonnez-moi ce long retard à vous répondre. J'espérais toujours vous voir à Montréal, après avoir rencontré mon ami Monet. J'aurais préféré vous donner une réponse définitive de sa part. Il m'a été impossible d'aller à Montréal un jour où Monet s'y trouve, mais j'espère le voir mardi et je vous verrai ensuite.

À bientôt, donc

Henri Bourassa

---

* Dominique Monet, député de Laprairie-Napierville et disciple de Bourassa.

Je n'ai pas encore résolu pour mon compte le problème du mariage. Mais en attendant d'être fixé sur les avantages ou les inconvénients du système, j'opine pour le bon côté... lorsqu'il s'agit des autres. Donc, je vous félicite de tout cœur[7].

Entre-temps, Olivar s'est porté acquéreur, pour la somme de cinquante-quatre dollars, d'une île boisée au Lac-des-Îles, non loin d'Ottawa. Lorsque la jeune mariée, trop fréquemment délaissée au profit de la politique, se risque à émettre quelques timides remontrances, le militant lui fait aussitôt miroiter la perspective d'y aller très bientôt vivre une seconde lune de miel...

L'automne s'écoule toutefois entre les soucis d'argent et les intenses préparatifs du lancement officiel de la *Ligue*. Asselin se rend vite compte que mieux vaut tenir Bourassa dans l'ignorance des difficultés rencontrées. La prudence à laquelle l'incline son tempérament inquiet en prendrait trop facilement prétexte pour ajourner un événement que toute la jeunesse attend avec impatience.

Dès le début de l'année, le député de Labelle lui écrit en ce sens :

Mon cher ami,

J'ai été tellement pris par une traduction de Goldwin Smith que je n'ai pas encore eu le temps de vous remercier de votre article dans le *Journal de Françoise*. Décidément vous êtes un courageux. Aller faire mon éloge dans le sanctuaire des femmes, moi qui passe pour un *woman bater* [*sic*] — bien à tort, du reste ; car je les adore, les chère créatures ! Ensuite vous vous avisez de me trouver modeste tandis que mes *amis* ont toujours décidé que j'étais un insupportable orgueilleux. Vous êtes un frondeur.

Je crois qu'il vaut mieux ajourner le *lancement** de la Ligue si vous n'avez pas le temps d'y voir maintenant. Mais je me réserve de causer plus longuement de ceci avec vous la semaine prochaine. J'irai passer quelques jours à Québec, dont un dimanche et nous traiterons le sujet à fond[8].

À Québec, et en dépit de toutes ses préoccupations, le jeune marié dit cependant se languir d'éloignement et ne cesse d'appeler « sa bien-aimée petite femme » auprès de lui. Mais Alice a repris son emploi à l'Hôtel de Ville. Sans sa contribution généreuse, la tribu Asselin de la rue Hôtel-de-Ville connaîtrait le plus misérable des sorts. Pas question, donc, pour le moment, d'escapades amoureuses à Québec. Par bonheur, Marie-Caroline, devenue « Mary », est presque fiancée à un jeune émigrant français, Alfred Limosi, qui projette de s'établir sur une ferme aussitôt après leur mariage. Dans les circonstances, Mary prendrait aussitôt Sophie auprès d'elle afin de la soustraire aux exigences de Cédulie et du fâcheux beau-père. Raoul, qui piaffe toujours d'impatience à Cacouna, a enfin réussi à caser Malvina dans l'enseignement rural. Dès qu'une timide lueur d'espoir se met à

---

* Les italiques sont de Bourassa.

briller sur son lourd horizon familial, Olivar, optimiste et rasséréné, retourne à ses engagements politiques et littéraires avec une ferveur décuplée.

Ferveur qui lui fait oublier trop souvent, depuis l'automne, l'isolement de sa jeune épouse dans le logement désert de la rue Sherbrooke où, par mesure d'économie, ils interrompent le chauffage durant leurs absences. Olivar s'inquiète à l'idée qu'Alice puisse y grelotter toute seule, à son retour du bureau. Aussi lui conseille-t-il d'aller dormir chez ses parents, lorsque le froid s'y fait trop intense. Alice obtempère. Mais avec l'arrivée de l'hiver, les tuyaux gèlent durant la nuit. Désastre en la demeure... Allez donc à la fois mettre sur pied des troupes d'élite pour la défense de la patrie menacée et résoudre, à distance, de vulgaires problèmes de plomberie! Olivar est vite dépassé.

Il a d'ailleurs bien des fers au feu. La longue croisade entreprise avec Bourassa ne lui a pas fait perdre contact avec le milieu littéraire. Il voit fréquemment Edmond de Nevers à Québec, souvent chez sa belle-sœur Hélène. La jeune cantatrice a fini par épouser le docteur Arthur Lavoie, un veuf chargé d'enfants. Sa carrière professionnelle mise en veilleuse, Hélène, pour se distraire, réunit fréquemment chez elle des musiciens amateurs. De Nevers, qui joue agréablement du violon, accompagne volontiers la chanteuse. Et, à l'heure du thé dominical, il a avec Olivar d'interminables échanges où il est beaucoup question de l'avenir social et économique du peuple canadien-français. Leur double expérience franco-américaine, tout autant que leur francophilie, contribue, sur plus d'un point, à rapprocher leur pensée touchant la domination culturelle grandissante des États-Unis. Parfois aussi Bourassa, de passage à Québec, retrouve Asselin chez de Nevers pour passer la soirée avec eux.

Charles Gill, qui vient de collaborer à la fondation de *L'Étincelle*** avec Éva Circé et Arsène Bessette, continue de lui soumettre amicalement ses poésies. Asselin, dont les vers sont bien inférieurs à ceux de son camarade, accepte pourtant de jouer au critique. En regard du poème *Les deux étoiles*, il porte ce jugement péremptoire: « Pondu trop vite. Très inférieur à ceux de l'an dernier en semblable occurrence[9]. »

Mais rien là pour troubler la chaude amitié des deux compères qui se connaissent trop bien pour se brouiller. Asselin garde aussi le contact épistolaire avec Joseph Melançon, Gonzalve Desaulniers, Louvigny de Montigny et son frère Gaston, l'ex-légionnaire qui vient de se faire admettre à la Trappe d'Oka en qualité de « donné ». Cet étrange destin rend Olivar songeur. Ce démon de l'organisation éprouve une curieuse attirance pour le silence des déserts et la solitude des

---

* De présentation modeste mais d'excellente tenue, *L'Étincelle*, dirigée par Claire Ethel Prad, ne paraîtra que de décembre 1902 à mai 1903.

cloîtres... Échange de lettres aussi avec *Madeleine* qui vient de publier un premier recueil de poèmes au titre racoleur de *Premier péché*. Et *Françoise*, que le rigorisme moral de Bourassa agace souverainement et qui lui cherche des controverses. Entre sa protectrice et son nouveau maître à penser, Asselin joue plutôt mal que bien le rôle d'arbitre. Surtout lorsqu'à court d'arguments, Bourassa, lui-même vieux garçon, impute au célibat de la féministe ses divergences d'opinion avec lui!

Mais c'est la légende et le culte fervent de Nelligan, retiré du monde, qui soudent ensemble tous ces jeunes gens et ces jeunes femmes qui écrivent. Tous sont partisans d'une esthétique neuve, à portée universelle qui ne devrait plus rien à l'héritage des « vieilles barbes » et aux « vieux poncifs » du terroir canadien-français. Ils se veulent à la fois nationalistes et citoyens du monde. Ils vont bientôt perdre, en Louis Dantin, l'un des animateurs littéraires les plus importants de cette nouvelle « école » de poésie. Dantin avec lequel Asselin avait conservé des liens de collaboration. À son ami Louvigny de Montigny qui s'inquiète de la brusque disparition du père Seers, Asselin écrit en avril : « Héroux me dit que vous aimeriez à savoir où est le père Seers. Je ne le sais pas plus que vous. Je n'ai pas vu le R.P. depuis que nous avons lu ensemble le manuscrit de Nelligan[10]. »

En réalité, le père Seers, en proie à une crise morale et religieuse profonde, a quitté la congrégation des Pères du Très Saint-Sacrement. Sur les instances de sa famille consternée par sa laïcisation, il a dû s'exiler précipitamment aux États-Unis. Il a laissé derrière lui l'impression inachevée et les manuscrits de Nelligan que sa mère lui avait confiés. C'est elle, madame Nelligan, qui, aidée de Charles Gill, poursuit maintenant des démarches auprès des éditions Beauchemin pour continuer l'impression d'*Émile Nelligan et son œuvre*. *Madeleine* non plus n'est jamais bien loin quand il s'agit du poète interné. C'est elle qui a persuadé sa mère de l'accompagner à l'asile Saint-Benoît. Jusqu'au bout, madame Nelligan se sera refusée à admettre la maladie de son fils. La visite, hélas, restera sans lendemain.

La dimension esthétique n'est pas la seule à faire tourner Asselin autour de la mémoire vivante de Nelligan. Le destin tragique de l'auteur de l'*Idiote aux cloches* et du *Vaisseau d'or* exerce visiblement sur lui une sorte de fascination morose. Lui qui passe, parfois sans transition, du feu jubilatoire de l'action à la déréliction la plus profonde, n'évoque pas sans angoisse la geôle de la pensée et du corps dont leur ami s'est si jeune constitué prisonnier... Que de fois la solide Alice devra secouer de toutes ses forces le dormeur éveillé, pour le délivrer de ses cauchemars et de sa hantise du naufrage de l'esprit!

Si la poésie lui fait parfois frôler les abysses, la grammaire rassure pleinement. Terrain solide où la norme sécurise et où la recherche de la perfection repose sur les ressources, toujours disponibles, de la mémoire et de la volonté. Terrain de joutes brillantes où l'on peut, entre écrivains en herbe, croiser le fer sans trop se blesser. Un autre lot de lettres conservées par Asselin portent sur des nuances sémantiques et des curiosités syntaxiques. À la demande son ami Adjutor Rivard, secrétaire de la Société du parler français et sympathisant de la Ligue, il collige des « canadianismes » pour le *Bulletin de la Société* dont Rivard est le rédacteur. À l'occasion, il lui envoie même des articles de fond où il se révèle un lexicologue bien informé. Il correspond aussi avec Tardivel sur les mêmes sujets : autour d'un imparfait du subjonctif, le « rouge » et l'ultramontain se retrouvent provisoirement sur la même longueur d'ondes.

Son goût de la controverse stylistique joint sans doute à sa lassitude de devoir vivre perpétuellement dans l'ombre de son ministre le décident même, au cours de cette année 1903, à reprendre le duel amorcé aux temps des *Débats* avec le grand Louis Fréchette, lauréat de l'Académie française et Compagnon de l'Ordre du Bain*... La polémique donnera lieu à une escalade d'arguties brillantes, sera répercutée dans tous les journaux de la Province et rejoindra même ceux de la Nouvelle-Angleterre, où les frasques de l'ancien bras droit d'Adélard Lafond avaient laissé chez ses ex-collègues[11] un souvenir complice.

Dans le Bas-du-Fleuve, Oscar et Raoul[12] se passionnent, eux aussi, pour l'issue du pugilat littéraire où leur petit frère prétend trouver des chevilles et des rimes pauvres chez l'auteur de *La légende d'un peuple* ! Ils font parvenir des lettres d'encouragement au lutteur épris de purisme grammatical et qui reproche à son adversaire son usage abusif du mot « canayen ». Fréchette et ses amis ripostent en republiant, à la une des journaux, des extraits des plus mauvais vers d'Asselin... Sa vocation de poète reçoit alors un coup mortel dont elle ne se relèvera pas.

Mais, même perdant, il s'est couvert de gloire. En juillet, *La Croix*, de la rue Saint-Gabriel, publie sous la signature anonyme « d'un Nationaliste » le portrait suivant du Don Quichotte des alexandrins :

Le « nommé Asselin »

Hâtons-nous de crayonner son portrait avant que M. Fréchette ne le fasse boucler.

Vingt-sept ans. Fonctionnaire par accident, journaliste par vocation et malgré tout. Marié à une femme aussi vaillante que charmante [...]

Un paquet de nerfs hypersensibilisés ; une intelligence très claire, extrêmement rapide.

L'horreur de toutes les hypocrisies ; la crânerie poussée jusqu'à la témérité.

Travaille dix-huit heures par vingt-quatre. Fouille avec une rage pareille les livres bleus, les annuaires de géographie, les volumes de Philosophie et ses auteurs classiques. Parle et écrit avec une facilité égale le français et l'anglais.

L'un de nos journalistes les plus complets. Dix ans de service dans les journaux du Canada et des États-Unis. Une énergie de fer ; une puissance et une rapidité de travail presque invraisemblables.

---

* Décoration britannique dont le nom mettait en verve les jeunes contempteurs de l'Empire.

Patriote ardent; nationaliste par tempérament et par conviction. Compte des amis dans tous les groupes.

Au demeurant, l'un des pires adversaires que M. Fréchette pût se mettre à dos.

Un Nationaliste[13]

Quand il ne se passionne pas pour des problèmes de versification et de grammaire, c'est d'économie politique qu'il se montre le plus friand. D'Ottawa, où il occupe un emploi de fonctionnaire au ministère du Revenu, Errol Bouchette lui envoie à son tour ses brochures publiées à compte d'auteur. Olivar les lit et les annote avec un intérêt grandissant. Plus que jamais, il prend ses distances à l'égard de certaines visions manichéennes dont l'abbé Louis-Adolphe Pâquet s'est fait parfois le théologien officiel à Québec: « Notre mission est moins de manier des capitaux que de remuer des idées; elle consiste moins à allumer le feu des usines qu'à entretenir et à faire rayonner au loin le foyer lumineux de la religion et de la pensée[14]. »

Tout, depuis son passé de travailleur d'usine jusqu'à la découverte de la servitude des pêcheurs gaspésiens, l'amène à contester ce qui lui apparaît comme une tentation de fuite dans le spirituel et une démission devant la lutte d'émancipation économique qui s'impose à ses compatriotes. À ses yeux, comme à ceux de Bouchette, qu'il admire davantage à mesure qu'il le découvre, cette lutte sera celle du siècle à venir. Mais ils sont peu nombreux encore à penser ainsi au Canada français. Tardivel, dans *La Vérité*, véhicule fidèlement les idées de l'abbé Pâquet qui semblent si bien accordées à sa vision ultramontaine de l'avenir. Bourassa lui-même, au Monument national, ne soutenait-il pas récemment lui aussi ces mêmes idées paradoxales de « grandeur dans la petitesse » de nos entreprises ? Mais Asselin n'est pas d'abord un homme de système. C'est avant tout un homme d'action mû par l'instinct du militant qui croit fermement aux causes rassembleuses. Et « la cause » de l'heure, c'est, par excellence, la lutte à l'impérialisme britannique et la promotion de l'autonomie canadienne.

Or la Ligue, qu'il est en train de mettre sur pied avec Héroux et Lavergne, en constitue le fer de lance. C'est vers elle que se tendent désormais toutes ses énergies. C'est à propos d'elle qu'il ne cesse d'expédier à Bourassa des lettres et des notes. Son travail de rassembleur et d'animateur est sur le point d'aboutir. En dépit de certaines réticences qu'il conserve à l'égard du personnage Asselin, le député de Labelle ne laisse pas d'être ébloui par l'efficacité et l'ampleur des résultats obtenus. Le 1er mars 1903, la Ligue nationaliste est officiellement créée. Née dans la foulée des idées libérales de Louis-Joseph Papineau, puis de celles de Louis-Hippolyte LaFontaine, elle va constituer l'expression politique, économomique et sociale du nouveau nationalisme, suscité par l'opposition de la jeunesse à la guerre des Boers.

Plus à droite, et davantage tributaire de la tradition ultramontaine, l'Association catholique de la jeunesse canadienne-française, l'ACJC, fondée l'année suivante par son ancien condisciple, le jésuite Samuel Bellavance, va en incarner l'expression nationale et religieuse. Soucieux de se situer idéologiquement au-dessus des partis et des mouvements, très individualiste de tempérament, Bourassa va chapeauter moralement les deux groupes, allant de l'un à l'autre, distribuant paternellement encouragements et directives, mais ne faisant partie d'aucun des deux. Omer Héroux raconte :

> M. Bourassa, notre aîné de quelques années et dont l'éclat de ses interventions avaient vite fait un maître, ne fit partie ni de l'un ni de l'autre de ces groupes ; mais auprès des deux, il faisait en quelque sorte, figure de patron. Son extraordinaire éloquence, le prestige que lui conféraient ses premiers gestes politiques lui permirent d'apporter à l'un et l'autre un puissant concours[15].

Dès que l'on quitte la sphère des idées pour celle de l'organisation, le « patron » prend cependant ses distances. Tel n'est pas le terrain où excelle cet homme d'étude et de réflexion. Même dans son comté de Labelle, à Papineauville, il refusera de prêter son concours au recrutement de membres pour la Ligue[16]. De Québec, par contre, Armand Lavergne ne cesse de mettre Asselin en contact avec de nouvelles recrues. Hommes de communication, ces deux-là sont indéniablement doués pour l'action. Avec Héroux et Lavergne, Asselin peut efficacement s'entretenir de la question du financement. Question trop terre-à-terre pour l'aristocrate patron moral de la Ligue et de l'ACJC.

Patron aux états d'âme complexes, en vérité, et qui, héraut indiscutable du nouveau mouvement, se livre parfois à d'étranges confidences où se manifestent des angoisses d'apprenti-sorcier débordé par l'ascendant qu'il exerce sur les foules :

> Mon cher ami, (Notons que l'on est passé du « cher monsieur Asselin » au « cher ami »...)
>
> Pour l'amour du ciel ne m'appelez pas chef ! En dépit de mes airs de matamore, au fond, je suis un poltron et j'ai toujours peur quand on me fait sentir que je pourrais avoir des responsabilités[17].

Une fois de plus, dirait Laurier, voilà le « castor rouge » tiraillé entre ses gènes Papineau, qui le poussent en direction des conflits et des estrades, et son tempérament Bourassa qui le tire plutôt vers l'arrière, l'incite à la retraite et au silence chers aux esprits religieux, pour qui les agitations du siècle ne sont que bruits et fureurs.

Asselin, comme après lui une longue tradition de militants, devra s'accommoder d'un chef aux audaces intermittentes. Pour l'heure le tribun Bourassa demeure irremplaçable. Le rôle de la Ligue devra donc consister, très souvent, à le pousser discrètement vers l'avant de la scène; comme de lui couper fraternellement la retraite vers l'arrière... Et, pourquoi pas — Asselin en est bien capable —, de lui assurer par des assemblées délirantes la ration secrète d'encens populaire qui constitue, dans la plupart des cas, l'oxygène de l'homme politique.

De telles assemblées publiques, la Ligue en organisera plus d'une autour de trois principes nationalistes que Bourassa explicitera avec un brio et un succès grandissants:

1° Pour le Canada, le plus d'autonomie possible vis-à-vis de l'Angleterre dans les domaines économique, politique et militaire.

2° Pour les provinces canadiennes, le plus d'autonomie possible vis-à-vis du gouvernement fédéral.

3° Adoption par les gouvernements fédéral et provinciaux d'une politique de développement économique et intellectuel essentiellement canadienne.

Mais les jeunes « ligueurs », instruits par l'actualité récente et les visées impérialistes de Chamberlain, entendent mettre beaucoup de chair et de muscles sur ce squelette de programme. Ils peaufinent même des éléments précis de politique provinciale en matière de colonisation, d'enseignement patriotique et de législation ouvrière. On décèle bien là la marque d'Asselin et ses préoccupations les plus chères.

Les membres de la *Ligue* définissent comme suit leurs conceptions de l'autonomie politique, de l'autonomie commerciale et de l'autonomie militaire:

1. Autonomie politique:

a) Maintien absolu des libertés politiques.

b) Opposition à toute participation du Canada aux délibérations du parlement britannique et de tout conseil impérial, permanent ou périodique.

c) Consultation des Chambres par le gouvernement sur l'opportunité de participer aux conférences extraordinaires des pays d'allégeance britannique...

d) Liberté absolue de réglementer notre immigration.

e) Production de toute correspondance ou documents échangés entre les gouvernements de Londres et d'Ottawa.

f) Restriction des appels au Conseil privé; pour les lois provinciales, on ne doit en appeler qu'aux tribunaux provinciaux.

g) Droit de représentation aux congrès internationaux.

2. Autonomie commerciale:

a) Droit absolu de faire et de défaire nos traités de commerce avec tous pays, y compris la Grande-Bretagne et ses colonies.

b) Liberté de nommer des agents commerciaux.

3. Autonomie militaire :

a) Aucune participation aux guerres impériales en dehors du Canada.

b) Résistance à toute tentative de recrutement que l'Angleterre ferait au Canada.

c) Opposition à l'établissement d'une école navale au Canada, avec le concours et pour le bénéfice de l'autorité impériale.

c) Commandement de la milice canadienne par un officier canadien ; caractère strictement canadien imprimé à l'entraînement de la milice[18].

Bourassa entérine. Tous ces éléments de programme lui ont été rigoureusement soumis, quand il n'en a pas personnellement rédigé certains. De temps à autre, pourtant, il semble trouver que ses jeunes collaborateurs ont tendance à le bousculer un peu. Il proteste pour la forme. C'est moins sur le fond, d'ailleurs, qu'il se sent contraint, que sur leur manière de promouvoir la cause nationaliste. Entre la fondation de la *Ligue* et celle du *Nationaliste*, l'année suivante, va se développer, entre Asselin et lui, une étrange relation qui, de disciple à maître, va évoluer graduellement en direction de l'amitié et même, pour un bref moment de la part du maître, vers le tutoiement de la camaraderie. Son bouillant supporteur lui inspire un savant mélange de crainte et d'admiration qu'il exprime avec enjouement dans des lettres de plus en plus fréquentes. Il l'appelle familièrement son « cher ami » ou son « cher Asselin », très souvent aussi son « cher sectaire ». Il signe parfois en latin « tibi », quand ce n'est pas « tout tatoué », expression qui, pour un seigneur rural, constitue le comble de la connivence et de la familiarité...

Il lui arrive de taquiner affectueusement le caractère combatif de son meilleur lieutenant. Il reprend alors à son compte un vocabulaire militaire qui lui semble bien adapté aux actions énergiques du « Petit Caporal ». Il lui annonce dans un post-scriptum : « ... réconciliation opérée avec *Françoise* après maints fers croisés et boulets rouges tirés. Mais comme dans les duels français, pas de morts ni de blessés[19]. »

Ou encore : « Évidemment les francs tireurs s'impatientent de leur inaction, les sectaires réclament des autodafés[20]. »

Et, sur le même ton : « Je suis allé plusieurs fois à Montréal, mais toujours de midi à 4 heures, sinon à 14 heures. Je n'ai pas eu une minute pour aller vous voir et calmer votre amour des combats[21]. »

À propos de l'affaire Fréchette, il s'informera, amusé : « Voyons, comment va le Rodrigue des Maures de la grammaire[22] ? »

À propos d'Asselin, et probablement d'Armand Lavergne, il écrira : « J'ai regretté amèrement de n'avoir pas été à Papineauville pour recevoir dans ma tanière deux de mes disciples les plus distingués, sinon des plus dociles[23]. »

Si Asselin et ses amis se voient fréquemment ramenés à l'ordre par le « patron », celui-ci doit pour sa part vivre avec le risque permanent d'être débordé par sa gauche. L'extrême jeunesse de ses premiers partisans, tout autant que l'indéniable ascendant qu'il exerce sur eux, le persuadent toutefois qu'il demeure maître d'une situation, au demeurant très flatteuse pour lui. Lorsque son « aile droite » lui reproche les excès de langage de son « aile gauche », il prend volontiers la défense de ses bruyants disciples. Il n'a après tout lui-même que trente-quatre ans. Peut-être aussi se souvient-il avec attendrissement de l'indulgence paternelle que Laurier lui manifestait encore, il y a quelques années à peine ? « Mon cher Asselin », « Mon cher Henri », même réflexe de chef soucieux de faire participer à ses visées politiques tous les talents, même les plus remuants.

Au soir de sa vie, après une retraite politique de près de trente années, Henri Bourassa, interrogé par son biographe, ne se montrera pas particulièrement ému à l'évocation de cette brève époque de fraternité militante aux côtés d'Asselin et de Lavergne. À Rumilly qui lui fait observer le malentendu créé par l'acceptation d'un concours si diversement orienté sur le plan idéologique, Bourassa propose, a posteriori, une explication pragmatique qui ne manque pas d'étonner chez un esprit aussi soucieux de rigueur intellectuelle : « Je ne pouvais pas lancer un grand mouvement tout seul. Il me fallait des lieutenants, des partisans. Et ceux-là sont les seuls qui se soient présentés[24]. »

Convient-il d'imputer à l'âge du témoin et à la grande distance des événements cette surprenante froideur d'analyse ? Les lettres de l'époque, tout ambivalentes qu'elles soient, manifestent, si elles sont sincères, tout de même plus de connivences et de chaleur. S'amusant, en 1903, du rôle de « propagandiste » qu'Olivar et ses « conspirateurs » lui ont confié et qu'il remplit fidèlement selon l'horaire tracé, Bourassa lui écrit : « vendredi soir, j'endoctrine quelques braves gens à Granby ; je reviens en ville samedi matin et je vais à Sainte-Thérèse dimanche pour prêcher les écoliers le soir. Mais j'aurai une soirée libre samedi. Je la passerai avec grand plaisir chez vous. Vous pourriez demander le fidèle Héroux, mais pas d'autres, car j'aurai peut-être des confidences à vous faire. Avez-vous reçu le monceau de livres bleus que je vous ai fait adresser à Québec ? Tibi etc.[25]. »

Quand ils diffèrent d'opinion sur une question de stratégie, le chef défend son point de vue, mais sans y mettre nécessairement le ton autoritaire qui indiquerait une fin de non-recevoir. Il semble admettre pleinement le dialogue entre lui et son lieutenant. Et, à travers ce dialogue qui se poursuit au fil des mois, il cherche encore lui-même sa voie :

> Comme cela, les jeunes me trouvaient mou ? Et dire que tant de gens me trouvent cassant ! Vous aviez bien raison de dire à Damours que je n'arriverai à rien. Est-ce paresse, est-ce raison ? Mais je persiste à croire que si l'on veut atteindre quelque résultat de ses efforts, il ne faut pas les multiplier ni les éparpiller[26].

Henri Bourassa, comme bien d'autres, et quoique dans la force de l'âge, n'a pas toujours l'énergie nécessaire pour suivre pas à pas cette dynamo d'Asselin! Il lui arrive même de crier grâce quand ce dernier accélère plus que de raison, la cadence des assemblées. Les seules trêves à survenir dans la vie trépidante de la Ligue nationaliste, à cette époque, sont souvent déclenchées par les crises gastriques du président-fondateur, lorsqu'il se retrouve brusquement cloué au lit, les entrailles en feu et condamné au régime lacté par son médecin. On expédie alors en toute hâte un billet de train à Alice, seule habilitée à faire entendre raison au forcené. Durant son absence et par mesure d'économie, Éva s'empresse de sous-louer leur logement inoccupé pour défrayer les frais de pension de sa sœur à Québec. À peine remis sur pied, le convalescent se laisse reprendre de plus belle par ses activités débordantes.

Mais il lui faut, entre-temps, songer à déménager en prévision de la naissance de leur premier enfant. Olivar est au comble de l'exaltation! Fréquemment, durant sa vie de célibataire, il avait confié à ses amis sa crainte persistante de n'avoir jamais d'enfant à lui. Souvent, son ami le docteur Ruest l'avait taquiné à ce sujet et proposé des tests médicaux innovateurs propres à le rassurer. Aujourd'hui, il peut faire taire ses appréhensions: Alice est enceinte et l'accouchement est prévu pour juillet. Il prendra des vacances, à cette occasion, pour bien s'occuper de celle qu'il aime, écrit-il dans ses lettres, « plus que ma bibliothèque, plus que la politique et que tout le reste »... Paroles imprudentes! Entre-temps, il est à Québec, tout à ses combats, tandis qu'Alice, ronde comme un ballon, prépare ses caisses et rassemble à la hâte leurs modestes possessions de Montréal.

En mai, la charrette tirée par deux chevaux s'est immobilisée rue Sherbrooke pour les conduire, armes et bagages, au 6 de la rue Prince-Arthur où une petite chambre a été prévue pour le nouveau-né. C'est le début, pour eux, d'une suite d'interminables pérégrinations qui les conduiront, au cours de leur vie de couple, d'un petit logement ouvrier à l'autre, logis tubulaires pour la plupart, mal éclairés et vétustes, et dont les cours arrière encombrées de bric-à-brac et d'herbes folles ne débouchent sur aucun horizon. Aussitôt arrivés sur les lieux, Alice et Olivar installent en priorité la bibliothèque et la table à écrire, afin de permettre au polémiste de terminer l'article commencé la veille et promis pour le lendemain. Année après année, le même scénario se répétera: quelques semaines après le déménagement, Olivar ne parvient déjà plus à se dégager le moindre espace libre sur sa table encombrée de paperasses et de documents de toutes sortes. Il a déjà émigré en direction de la cuisine où il termine son texte en livrant aux chaudrons d'Alice une guerre de territoire sans merci. Elle s'en accommode comme de tout le reste. Et comme elle a bien plus de goût pour les débats de l'heure que pour les performances culinaires, elle s'attable à ses côtés pour relire son texte en oubliant, du coup, la préparation du dîner! Ils sont heureux.

Le 8 juillet, Alice met au monde un garçon. Olivar est au septième ciel! L'enfant a une bonne frimousse ronde, toute rose, et des petits yeux en amande. Il s'appellera Claude. Il est calme et ne pleure presque jamais. Olivar s'est confiné au nid, fidèle à sa promesse. Bourassa s'étonne de tant de docilité inattendue:

> Êtes-vous encore sous séquestre, n° 6, rue du Prince Arthur, sous la garde vigilante de votre charmante femme et de votre fils, plus raisonnable, j'en suis sûr, que son papa? Si le tribunal vous condamne à garder le domicile et la paix pendant un an et un jour, je parie que vous accepterez le châtiment de bonne grâce — celui du domicile plutôt que celui de la paix, je pense. Si on vous envoie en prison dans la vraie prison, vous pourrez en profiter pour écrire vos mémoires à la façon de Pellico*, mais dans un genre plus agressif.
>
> Je vous renvoie la lettre de votre ami Laroque**. Peut-être trouverez-vous quelqu'un plus apte que moi à lui donner satisfaction.
>
> Tout tatoué etc.[27].

Puis il lui réitère ses félicitations à l'occasion de la naissance du « petit sectaire » et demande à être parrain du suivant! Mais les allusions taquines de Bourassa au « séquestre » et à la « prison » ne sont pas des figures de style. En multipliant à gauche et à droite ses « contributions » libres aux journaux, notre polémiste-né a commencé à écorcher quelques susceptibilités haut placées. Des menaces de poursuites en libelle planent sur la tête de l'indiscipliné secrétaire de M. Gouin. Il n'en a cure. Son congé de paternité achevé, il a emmené Alice et Claude avec lui à Québec. Le soir venu, Olivar entraîne sa femme dans ses réunions politiques où ses amis se montrent, à son égard, chaleureux et empressés. Le jour, son travail au gouvernement et l'organisation des activités de la *Ligue* le transforment à nouveau en courant d'air.

Août venu, Alice, mal remise de ses relevailles écourtées, s'embarque avec sa famille pour l'Anse-au-Griffon. Le bateau et le courrier n'y parviennent qu'aux deux semaines. Olivar lui expédie, comme à chaque absence, des lettres passionnées. Mais il a beau lui écrire combien, à Québec, ses amis, admiratifs, déplorent son absence, lui parlent de sa beauté et de son esprit, Alice semble triste et lointaine à l'heure de célébrer, loin de lui, le premier anniversaire de leur mariage.

---

* Silvio Pellico (1789-1854). Journaliste milanais emprisonné par les Autrichiens pour ses idées libérales. Grand classique de la littérature italienne, son ouvrage *Mes prisons* fut un best-seller au Canada français. L'auteur y fait toutefois montre d'une résignation chrétienne qui déçut un peu les patriotes italiens aux yeux desquels il était un martyr de l'occupation étrangère.

** Laroque est un militant de la *Ligue* qui s'occupe de levées de fonds auprès des sympathisants. Il aurait souhaité que Bourassa lui facilite les contacts avec des souscripteurs potentiels en lui accordant sa caution morale. Mais le chef se refusera toujours à être, de près ou de loin, associé aux problèmes de financement. Comme d'habitude, il renvoie le solliciteur à Asselin.

Elle avait beaucoup misé sur ce mariage, plus encore sur cette naissance, pour ramener Olivar à plus de mesure et de réalisme dans ses activités et ses comportements. Il n'en a rien été.

À ses accès de surmenage, succèdent toujours des moments de distraction et d'impatience quasi impardonnables chez un époux et un père de famille responsables. Et puis s'additionnent les heures difficiles entre toutes, pour une femme, où il s'absente en un « ailleurs » inaccessible... À ses pages brûlantes, elle répond par de pragmatiques recommandadations vestimentaires et alimentaires. Elle redoute qu'il n'oublie d'éteindre les lumières ou de fermer les portes, qu'il ne gaspille les victuailles ou se retrouve sans chemises propres, faute de s'être préoccupé de les porter au blanchisseur. Mais, surtout, elle lui recommande avec amertume de bien profiter de son absence : « J'espère que tu auras tout le temps voulu pour *fixer** et fixe assez pour ne pas fixer quand je reviendrai [...] Je pense que c'est demain ton affaire de cour. Tâche de ne pas te faire jeter en prison cette année[28]... »

Légère dépression « post-partum » ? Déception amoureuse ? Il n'y aura jamais d'éclats publics chez Alice. Tout au contraire suscitera-t-elle, au fil des années, l'admiration de leur entourage par sa solidarité avec les idéaux de son mari, son détachement désinvolte vis-à-vis du luxe et des honneurs, son caractère heureux et sa sociabilité naturelle. Mais à l'été 1903, sans doute contemple-t-elle la mer en silence, convaincue peut-être d'avoir épousé le vent...

Vent de tempête, vent caressant. Insistant même. Olivar ne cesse de confesser ses distractions et ses brusqueries, de promettre de s'amender. L'amour exclusif d'Alice, explique-t-il dans ses lettres, a fait de lui un homme nouveau ! Il lui doit tout. Sa vertu s'est montrée communicative. La vie de son mari en a été changée. Tout le mérite lui en revient, il ne le lui dira jamais assez... Et certes, il demeure sans excuses lorsqu'il la néglige, oublie de l'embrasser avant de partir au travail ou de la prévenir s'il ne rentre pas dîner... Ou pire : lorsqu'il lui « parle durement comme à une servante ». Mais il ne s'attarde jamais par plaisir loin d'elle ; elle doit le croire. Il lui tarde toujours de revenir auprès d'elle, de la prendre sur ses genoux, de retrouver « la saveur de ses lèvres roses, l'ardeur de ses caresses[29]... » De quel œil la sage Alice lit-elle toutes ces lignes exaltées, là-bas, sur la longue véranda de l'Anse-au-Griffon, tandis que le petit Claude dort auprès d'elle ?

Il lui écrit de Grande Péribonka où il accompagne le ministre de la Colonisation en tournée d'inspection. Il en profite pour visiter certains de ses cousins Tremblay de Charlevoix, partis avec plusieurs familles de la Malbaie ouvrir des terres neuves au royaume du Saguenay. Il fait des milles à pied pour visiter des

---

* Les italiques sont d'Alice, qui fait ici allusion aux « jongleries » fréquentes auxquelles Olivar était sujet depuis son plus jeune âge.

installations éloignées. Les paysages grandioses qu'il y découvre, avec le dénuement des colons, provoquent chez lui un mélange d'admiration et de révolte qu'il
ne peut s'empêcher de communiquer à sa femme :

> Je voudrais t'avoir à mes côtés pour que tu puisses partager l'espèce d'*exaltation** qui
> s'empare de moi et qui n'est que l'orgueil d'habiter un si grand pays ; l'espèce de
> *mélancolie sombre* qui me vient aussi et qui n'est que le chagrin de voir ce superbe
> royaume livré à la cupidité des spéculateurs sans patriotisme [...] Tu comprendrais
> alors que je songe parfois à *me ruer comme un forcené* contre le système actuel de
> colonisation de la province de Québec[30].

« Exaltation »... « mélancolie sombre »... « me ruer comme un forcené »... Tout
son mari semble résumé en ces quelques mots, avec ses alternances de frénésie et
de découragement, ses ravissements et ses révoltes. Il le lui rappelle entre deux
lettres d'amour. Comme s'il voulait lui faire comprendre que, pour le meilleur et
pour le pire, c'est à elle désormais que revient la gouverne de leur petite barque
malmenée par ses tempêtes intérieures.

Contre « le système actuel de colonisation de la province de Québec », il ne
peut être question de se « ruer comme un forcené », tant qu'il demeure secrétaire
privé du ministre. Il lui faut d'abord recouvrer sa liberté d'action. Au retour de sa
tournée du Lac-Saint-Jean, il fait part à Lomer Gouin de sa décision de retourner
bientôt à la pratique du journalisme. Son patron, visiblement, avait depuis
longtemps senti venir les choses. Les « affaires de cour** » de son secrétaire
faisaient d'ailleurs beaucoup trop jaser sur la colline parlementaire. La démission
d'Asselin lui tire une épine du pied. En politicien habile, il décide de se montrer
bon prince. Son secrétaire, qui doit le quitter à la mi-septembre, touchera son plein
salaire pour le mois amorcé et la totalité du mois d'octobre en indemnisation de
départ[31]. Mieux vaut, quand on est ministre et qu'on a affaire à pareil bagarreur,
se quitter en bons termes.

Et le voilà libre à nouveau, délivré de « cet espèce de monstre que la
Providence m'a donné pour patron pendant deux ans pour me permettre d'épouser
mon petit capitaine[32] ». « Monstre » est un bien gros mot s'agissant de Lomer Gouin.
Mais Olivar n'en est pas à une nuance près.

À Lomer Gouin, il ne peut pardonner sa réticence (ou son impuissance) à
faire prévaloir au Conseil des ministres la nécessité de procéder sans délai aux
réformes qui s'imposent dans la politique de colonisation. Sa tournée dans la région

---

* Les italiques sont de nous.

** À l'époque, les pamphlétaires faisaient constamment l'objet de poursuite pour « libelle »
de la part des personnalités publiques qui s'estimaient lésées, dans leur honneur ou leur réputation,
par les propos des journalistes.

du Lac-Saint-Jean, a laissé dans son esprit et dans son cœur une brûlure inguérissable. La corruption et le favoritisme qu'il a observés dans l'assignation des meilleurs lots à des spéculateurs (souvent proches du régime), l'absence de planification dans le développement du réseau routier et des nouvelles paroisses, la complaisance servile du pouvoir politique à l'endroit des privilèges exorbitants des grandes papetières l'ont indigné.

Tout aussi révoltante lui apparaît la politique à courte vue du gouvernement provincial qui concède « pour un plat de lentilles » les plus puissantes chutes d'eau du Québec à des compagnies, souvent étrangères, qui fixent arbitrairement à la hausse les tarifs de l'énergie motrice et de l'électricité à Montréal*, où les tarifs aux usagers viennent de subir une hausse spectaculaire de près de 50 %, alors qu'ils sont à la baisse en Ontario. Cette hausse abusive constitue, selon lui, l'illustration la plus scandaleuse de cette politique à courte vue.

S'il lui est devenu intolérable de cautionner plus longtemps, par son silence, l'attitude velléitaire du ministre de la Colonisation, il lui est devenu tout aussi insupportable de voir Lomer Gouin cautionner l'incurie généralisée de l'administration Parent. Le dossier de la colonisation et celui de l'hydro-électricité lui tiennent à cœur. Sa liberté d'expression retrouvée, il est bien déterminé à tout mettre en œuvre pour les faire débloquer.

Il s'est heurté à des portes closes et à des fins de non-recevoir à Québec, il portera donc l'affaire jusqu'à Ottawa ! Le 3 septembre, dix jours à peine après avoir annoncé sa démission à Lomer Gouin, il écrit en ce sens au premier ministre du Canada pour solliciter un entretien dont il lui explicite l'objet :

Cher monsieur,

Je quitte dans quelques jours la position de secrétaire particulier de l'honorable M. Gouin, que j'occupe depuis bientôt deux ans et demi. Un député de la région de Québec au Parlement me disait ces jours derniers que vous portez un intérêt particulier à la colonisation de la province de Québec, et la part que vous avez faite à cette province dans votre projet de transcontinental me confirme dans cette opinion. Depuis deux ans, j'ai appris sur l'administration de Québec des choses qui sont en partie connues et en partie, peut-être, ignorées. Je viens de faire autour du lac Saint-Jean un voyage qui m'a renseigné exactement sur l'état de cette colonie. Me feriez-vous la faveur de me recevoir et de m'entendre, quand vos travaux vous le permettront ? Je ne trahirai pas de secrets. Je vous dirai seulement ce que l'on voit quand on veut, à brève distance, ouvrir les yeux sur ce qui se passe un peu partout

---

* Il s'agit de la Montreal Light Heat and Power établie en 1901 et au conseil d'administration de laquelle siègent deux nouveaux venus canadiens-français de la haute finance montréalaise, Louis Joseph et Rodolphe Forget, avec lesquels Asselin n'a pas fini d'en découdre.

aujourd'hui dans la province. Si je pouvais contribuer tant soit peu à vous éclairer, je croirais avoir rendu un grand service à ma race[33].

Dès le lendemain, trop heureux de tirer parti de la confiance inattendue que lui témoigne le président de la Ligue nationaliste, Laurier lui fait part de sa totale disponibilité à le recevoir, dès qu'il plaira à l'ex-secrétaire de Lomer Gouin de venir se présenter à Ottawa. Asselin ne se le fait pas dire deux fois.

Après une entrevue marquée du sceau de l'aménité qui caractérise les rapports du premier ministre avec tout allié circonstanciel, Asselin retourne à Montréal chargé de la rédaction d'un mémoire résumant ses observations, son diagnostic et ses recommandations. Il se met à la tâche le 16 septembre.

Le 25, le voilà prêt à livrer la marchandise. En préambule toutefois, il a tenu à préciser au premier ministre que c'est en toute loyauté qu'il a servi, puis quitté son ancien patron. Il n'a pas caché à ce dernier le véritable motif de son départ. Évoquant les termes mêmes de sa démission, il les retranscrit pour le bénéfice de Laurier dans sa lettre de présentation :

> Le plus grand mal que je puisse dire de vous (M. Lomer Gouin), c'est qu'avec votre talent et votre patriotisme, vous avez tort de servir sous un homme (S.N. Parent) qui mène à la ruine et son pays et sa province[34].

En conclusion de son mémoire à Laurier, il va plus loin encore sur la voie de la confidence. À ce stratège roué dont il a pourtant eu l'occasion d'éprouver à plusieurs reprises l'habileté, il ne craint pas de confier la véritable crise morale qui l'a poussé à se compromettre dans ce combat inégal contre toute une administration provinciale et à recourir, en dernière instance, à l'intervention personnelle du premier ministre du Canada :

> Pour ma part, capable de gagner honnêtement ma vie ailleurs, j'aurais cru manquer au devoir envers ma province, envers ma race, envers mon pays, en continuant à manger, à la table ministérielle, un pain qui me fermait la bouche. Je ne m'abuse pas sur ma force ; je sais bien que les révolutions politiques ne s'accomplissent pas du jour au lendemain par des jeunes gens obscurs et pauvres, mal préparés à la discussion des affaires publiques ; mais pour la satisfaction de ma conscience, et avec l'espoir profond, invincible, que la Providence ne me laissera pas écraser par l'indifférence de mes compatriotes, je veux crier un peu de vérité à ceux qui nous trahissent. Et j'ose vous assurer que l'on m'écoutera.
>
> Vous occupez aujourd'hui dans le cœur de vos compatriotes une place trop grande pour souffrir personnellement des fautes commises par le ministère soi-disant libéral de Québec ; aussi, en vous disant loyalement ce que la jeunesse pense de la politique de M. Parent, n'ai-je voulu que faire appel à votre patriotisme en faveur d'une cause intimement liée à l'avenir de la race canadienne-française[35].

Son mémoire (en réalité une volumineuse note d'une vingtaine de pages) constitue un vivant tour d'horizon de l'état de la colonisation dans la région du Lac-Saint-Jean. Asselin y explique que deux facteurs principaux conduisent la politique de colonisation à la ruine et à l'exploitation éhontée du colon au bénéfice duquel elle prétend avoir été élaborée :

1° Le laisser-faire gouvernemental, devant la mainmise des spéculateurs sur les meilleurs lots, empêche les colons de s'établir sur des terres productives et accessibles. Ces dernières sont laissées en friche par des propriétaires uniquement préoccupés de les revendre, des années plus tard, lorsque le développement du réseau routier aura fait grimper les prix. Ce sont ces « amis » du gouvernement qui, dans ce but inavoué, pèsent sur les décisions affectant le tracé des routes et l'assignation des travaux de voirie dans la région.

Les prix inabordables, réclamés ensuite par les spéculateurs, empêchent les agriculteurs potentiels de s'établir sur les meilleures terres. Ces colons frustrés en sont alors réduits à s'employer comme cochers ou simples journaliers dans les grandes pulperies qui fixent arbitrairement les salaires au plus bas niveau et détiennent des droits de coupes extravagants sur toute la région. D'où la stagnation des paroisses de colonisation déjà établies, mais capables d'attirer chez elles de nouvelles familles.

2° Ces « faux-colons » spéculateurs s'entendent comme larrons en foire avec les marchands de bois et les grandes papetières, telle la Price Brothers, pour conserver leur mainmise sur les lots les plus richement boisés. En sorte que, lorsqu'après des délais et des échanges de paperasserie interminables, le colon prend enfin possession de son lot, ce dernier a été pratiquement coupé à blanc par la pulperie voisine. Le colon se voit donc spolié du revenu d'appoint de son bois, revenu indispensable pour nourrir sa famille durant les années de défrichement de sa terre et avant que cette dernière ne soit en état de produire. Pire encore : il doit souvent acheter ailleurs, et au prix fort, le bois nécessaire à la construction de sa maison, de sa grange et à l'érection de ses clôtures ! La compagnie lui vole l'arbre et lui laisse la souche à retirer, sans compensation. Elle fait pire encore :

> On m'a raconté, sur la tyrannie exercée par la pulperie dans les affaires municipales, et sur les ruses qu'elle emploie pour piller les terres publiques voisines de ses concessions, des choses si graves que je craindrais de les répéter, même dans un mémoire confidentiel. Pour le vol du bois (il n'y a guère d'autre terme convenable) elle ferait inscrire ses ouvriers comme colons, puis laisserait annuler la vente, le bois enlevé[36].

Pour corriger cette situation abusive, deux décisions gouvernementales s'imposent :

1° Reprendre l'un après l'autre aux marchands de bois et aux papetières tous les domaines forestiers dont le fonds de terre s'avère propre à l'agriculture et les réserver en exclusivité aux colons susceptibles de les rendre productifs à court terme. Restreindre l'activité commerciale du bois et de la pulpe aux territoires impropres à l'agriculture et exercer une surveillance régulière indispensable au respect de la loi. Dans l'état actuel des choses, le gouvernement est devenu la risée des commerçants :

> Pour toute la région du Lac-Saint-Jean, il n'y a qu'un garde. Il ne visite les chantiers qu'une fois par hiver et commence sa tournée vers le 10 décembre. Le marchand de bois qui produit ses livres en décembre a tout l'hiver pour voler le gouvernement. J'ai fait cette observation à un haut fonctionnaire du ministère du domaine public. Il l'a trouvée juste, mais m'a répondu : « Que voulez-vous ? Nous ne pouvons voir à tout. Nous vendons plus de bois, et à meilleurs prix qu'autrefois. Pensez-vous que nous avons le temps de nous occuper des détails ? » J'ai répliqué : « Il y a détails et détails. Ceux que je vous signale ont leur importance qui éclatera aux yeux des plus aveugles quand nos forêts seront épuisées[37]. »

2° Prévenir la spéculation par une règlementation efficace et une inspection régulière de l'état des lots. Qu'après un délai raisonnable accordé au propriétaire pour défricher et ensemencer sa terre, la vente de cette dernière puisse être annulée, s'il s'avère que ce dernier l'a délibérément laissée en friche pour fins de spéculation.

Chiffres à l'appui, Asselin évoque enfin les limites ridicules de l'espace budgétaire à l'intérieur desquelles le Québec doit, tant bien que mal, essayer malgré tout d'orienter son développement. Le tragique de la situation est loin de lui échapper :

> Peut-être mes chiffres vous feront-ils sourire ? Vous êtes le chef d'un grand pays, d'un gouvernement puissant. Cette perte de sept cents piastres, qui m'afflige, égale le salaire annuel d'un de vos messagers. Les 75 000 $ jetées depuis deux ans au fond du lac Saint-Jean sont peut-être plusieurs fois perdues dans quelques-uns des travaux exécutés chaque année par votre ministère. Le budget total de la Colonisation n'égale pas le coût de la papeterie qui se consomme chaque année au Parlement. Je vous l'avoue, je me trouve moi-même un peu ridicule. Mais si l'on admet que Québec doit être le vrai châteaufort des droits de la race française au Canada ; que la colonisation, qui jusqu'ici a marché seule ou même en dépit des pouvoirs publics, devrait être le premier souci d'un gouvernement qui a dix fois autant de terre à peupler qu'il n'en a à administrer ; et si l'on réfléchit que notre incurie nous a réduits à n'avoir plus, sur un budget total de 4 500 000 $ que trois quarts de million à consacrer à l'instruction publique, à la colonisation, à l'agriculture, et, de cette somme, à peine un septième à la colonisation, on ne s'étonnera pas que je regrette jusqu'aux miettes tombées de la table de nos ministres provinciaux[38].

Cette évocation lui sert de porte d'entrée pour aborder le problème de la main-mise des compagnies privées sur les richesses hydrauliques du Québec.

Comment prétendre redresser la situation financière déplorable d'une province si, d'entrée de jeu, cette dernière s'aliène délibérément la première de ses richesses naturelles? Pour se doter d'un revenu permanent et développer sa propre industrie, le Québec doit absolument se donner une vigoureuse politique de développement de son patrimoine naturel. Or ce que fait présentement son gouvernement, c'est brader ce patrimoine à la pièce au profit des pourvoyeurs occultes de la caisse électorale du parti ministériel. Asselin multiplie les exemples:

> Le côté canadien de la chûte Niagara rapporte à l'Ontario une rente annuelle de 75,000 $; la chûte de Shawinigan, plus considérable, a été donnée sans retour pour la bagatelle de 52,000 $ — un plat de lentilles. La chûte de Chicoutimi, une des plus merveilleuses du pays pour la facilité de l'aménagement, a rapporté à la province quatre ou cinq mille piastres. La maison MacLaren, qui possède déjà, dans les grandes chûtes de Buckingham, dix fois plus de force motrice qu'elle n'en a besoin, a obtenu du ministère Parent une promesse de vente (et non de location) de toute la rivière du Lièvre, jusqu'à cent milles de son embouchure. Sont comprises dans cette promesse les Grandes Chûtes, ou High Falls, hautes de plus de cent cinquante pieds et plus fortes que celle de Montmorency.
>
> Au moins, l'industrie profite-t-elle de nos sacrifices? C'est la prétention de M. Parent: est-elle fondée?
>
> Le gage le plus sûr du développement de l'industrie repose dans l'abondance de la force motrice; or, quelle mesure le gouvernement prend-il pour assurer cette abondance? N'a-t-il pas permis, ou plutôt, par sa muette complicité, déterminé la création d'un monopole qui, après avoir fait main basse sur toute l'énergie électrique du district de Montréal, menace aujourd'hui les autres parties de la province. Montréal, entourée de chûtes d'eau magnifiques, est tombée aux mains d'une bande de brigands qui ont trouvé dans la vénalité de certains membres du cabinet Parent leur plus précieux auxiliaire. La force motrice et l'éclairage y coûtent plus cher que presque partout ailleurs; ici, le coût de l'énergie électrique vient d'augmenter de 50 pour cent; partout ailleurs, il baisse. La chûte de Shawinigan, sur laquelle le consommateur fondait des espoirs de concurrence, est acquise au monopole par une promesse de vente que le gouvernement avait légalisé d'avance. Et voici maintenant que s'annonce l'englobement de toutes les chûtes de la région de Québec, à commencer par celles de la Chaudière, de Montmorency et de Jacques-Cartier. De là à l'asservissement de toute l'industrie de la province, il n'y a qu'un pas; ce pas fait — et seul le gouvernement, en se jettant résolument sur la route du trust, peut l'empêcher — que restera-t-il de la plus belle, de la plus vaste, de la plus étonnante ressource naturelle de la province[39]?

Le mémoire prophétique s'achève sur une requête bien précise au premier ministre. L'ancien fonctionnaire est visiblement impatient de reprendre la plume et de la remettre au service de ses concitoyens exploités par le système de colonisation et les « trusts » de l'électricité:

Les exigences de la politique vous empêcheront-elles de prendre, à l'endroit de M. Parent, la décision énergique que souhaite le meilleur élément du parti libéral ? Je ne veux pas le savoir. Mais il y a une chose que j'ose espérer de vous ; je vais vous la dire : je viens d'entrer à *La Presse* en qualité de directeur de l'information ; on vous dit en excellents termes avec le directeur de ce journal, M. Dansereau : demandez-lui, sur la colonisation, une enquête complète et impartiale. Que la lumière se fasse ! M. Parent en souffrira sans doute, mais n'y a-t-il pas, au-dessus de ses intérêts, ceux de votre province, ceux de votre race, et même ceux de votre parti, car, il n'y a pas à se le cacher, si nulle que soit l'opposition à Québec, le cabinet libéral, qui, refait immédiatement et avec un nouveau programme, pourrait encore faire face à l'ennemi, sera infailliblement écrasé aux élections prochaines s'il ne change pas d'hommes et d'idées[40].

Sa bouteille lancée à la mer, Olivar écrit dès le surlendemain à Raoul, qui s'étonne de sa brusque réorientation, pour lui en expliquer les motifs. Mais du secret espoir qu'il entretient follement de voir le premier ministre libéral se commettre à la direction du journal pour que lui soit confiée la vaste enquête sur la colonisation à laquelle il rêve, il ne souffle mot à son frère. Il tend plutôt à minimiser le rôle qu'il s'attend à tenir à *La Presse* :

Mon cher Raoul,

Je te ferai adresser *La Presse* comme tu me le demandes. Je dois cependant te faire observer que je ne suis pas entré à ce journal pour faire de la rédaction. Mais bien plutôt pour n'en pas faire. Je cherchais un moyen de gagner honorablement ma vie sans être obligé de toujours opiner du bonnet aux actes de mes chefs. J'aurais pu entrer à la rédaction du *Canada* pour faire à la longue année l'éloge du parti au pouvoir, ou à *La Patrie* pour faire les affaires de Tarte. C'eût été tomber de Charibde en Scylla. À *La Presse*, je fais de la cuisine à des conditions pécuniaires assez avantageuses pour ne pas me faire regretter de faire la cuisine d'un ministre, et je conserve pour l'extérieur, toute ma liberté d'action. C'est là tout le secret de ma dernière mutation [...]

Les brèves nouvelles familiales s'achèvent sur cette note où il laisse percer son inquiétude de jeune père :

Ma petite femme se joint à moi pour te saluer et te dire que ton neveu Claude est un enfant modèle. Il ne pleure jamais : je crains qu'il ne soit sourd-muet[34].

Chapitre XII

UN JOURNAL POUR LA *LIGUE* !

Si vous voulez que je parle, donnez-moi une plume !

(Louis Veuillot)

Le retour en grâce de Bourassa au sein du caucus libéral n'est sans doute pas étranger à l'éphémère bonne fortune qui vient d'échoir à Asselin : un poste de directeur de l'information à *La Presse**, dont il espère sans doute secrètement se servir comme tribune. Conservateur au moment de sa fondation**, le grand quotidien de la rue Saint-Jacques est devenu tacitement libéral en 1898, peu après l'avènement de Laurier au pouvoir. Son directeur, Trefflé Berthiaume, lui est entièrement dévoué. Son rédacteur en chef, Arthur Dansereau, dit « le Boss », est un ancien condisciple de classe du premier ministre qu'il tutoie et auprès duquel il requiert familièrement des directives éditoriales.

En ce début d'automne 1903, le compte à rebours d'un important rendez-vous électoral est déjà entamé et rien n'importe davantage aux stratèges libéraux que de tempérer les ardeurs des disciples du député de Labelle. Reçu avocat l'été précédent, et toujours fervent militant de la Ligue nationaliste, Armand Lavergne a ouvert une étude légale à Québec. Passant volontiers l'éponge sur les frasques passées de « ce cher Armand », quelques clients ont commencé à s'y présenter. Toujours dans la Vieille Capitale, Omer Héroux, qui a quitté *La Patrie*, est passé à *La Vérité*, chez Tardivel dont il a commencé à courtiser la fille Alice. Mais peu

---

* Asselin signe, à cette époque : directeur du reportage à *La Presse*.

** *La Presse* avait été fondée le 20 octobre 1884 par William-Edmond Blumhart, grand admirateur de sir Joseph-Adolphe Chapleau. Il avait mis son nouveau journal au service des conservateurs.

d'ennuis à redouter de ce côté. L'époque des beaux affrontements entre « rouges » et « castors » est bel et bien révolue. Réconcilié avec Laurier, Bourassa lui a même confié qu'il envisagerait, sans déplaisir aucun, de se retirer de la politique si on lui offrait une situation stable. Par exemple : celle de maître de poste à Montréal. Le premier ministre n'en a pas cru ses oreilles !... Bourassa a rapidement tourné l'affaire à la blague et l'on en est resté là*. Reste donc Asselin, à Montréal, l'âme du groupe nationaliste. Ce dernier vient de retrousser ses manches et de se tailler des crayons neufs dans la salle de rédaction de M. Berthiaume. Après tant de mois de séquestration au ministère de la Colonisation, le jeune pamphlétaire espère secrètement rattraper le temps perdu. Comme jadis à *La Tribune*, c'est lui qui, désormais, est censé opérer le tri dans l'abondance des nouvelles et décider de l'assignation des journalistes parmi lesquels la Ligue nationaliste compte quelques inconditionnels sympathisants.

Une semaine, deux semaines ne se sont pas écoulées que le claquement sec des talons du Petit Caporal a commencé à résonner, dans les allées de la salle de rédaction, et à perturber le ronronnement quotidien auquel chacun s'était habitué. Pas plus aujourd'hui qu'au temps des *Débats*, Asselin n'a de goût pour le sensationnalisme, la chronique du crime et les histoires à faire pleurer Margot. Il demande que l'on mette pleins feux sur l'actualité politique et sociale et que la nouvelle internationale soit privilégiée dans les colonnes dont il a la responsabilité. Il exige aussi que la prose de chacun lui arrive impeccable. Les journalistes, qui retrouvent leurs reportages au fond de la corbeille à papier, ou qui se voient contraints de faire des heures supplémentaires pour reprendre leurs textes parsemés de ratures et de corrections, ont tôt fait de porter leurs doléances auprès du « Boss » Dansereau. Visiblement, Asselin envahit ses plates-bandes. Les entretiens se multiplient à la rédaction où Asselin compte quelques appuis, dont celui de Jules Helbronner, journaliste français d'origine juive dont il a déjà pris la défense**. Le soir venu, Olivar prend Alice à témoin de la pauvreté des arguments qu'on lui sert ! Il a conscience d'abattre, pour *La Presse*, de l'excellente besogne et ne voit pas pourquoi on ne finirait pas par le reconnaître.

L'entreprise qui « bénéficie » en ce moment de ses services n'a toutefois pas besoin d'être « sauvée ». En ce début de siècle, elle a plutôt le vent en poupe. Après des débuts difficiles, du temps de ses allégeances conservatrices, *La Presse* occupe une place privilégiée parmi les périodiques montréalais, tant par ses tirages

---

* L'incident est rapporté par Joseph Schull, biographe de Laurier.

** Helbronner, qui militait pour une plus grande justice sociale et pour la promotion de la classe ouvrière, avait tenu, sous le pseudonyme de Jean-Baptiste Gagnepetit, une chronique ouvrière à *La Presse*, entre les années 1884 et 1894, attirant une clientèle de nouveaux lecteurs au grand quotidien de la rue Saint-Jacques.

que par l'innovation technologique dont elle fait preuve. C'est son directeur politique, Arthur Dansereau, autrefois éditeur-propriétaire de la défunte *Minerve*, qui est l'artisan de ce renouveau. Avec son installation à l'angle des rues Saint-Laurent et Saint-Jacques en 1891, *La Presse* a entrepris, sous son impulsion, de moderniser son équipement. Première publication à utiliser, en 1884, la fameuse presse cylindrique Marinoni, elle a été la première également à introduire, quelques années plus tard, la composition par linotypes. Première publication française à se payer le luxe d'illustrer les faits divers par la photographie et le dessin et de populariser la télégraphie sans fil, *La Presse* a fait de la primeur sa marque de commerce en information.

Or qui dit « primeur » ne dit pas nécessairement « rigueur ». De toute évidence, les reporters placés sous les ordres d'Asselin ne manquent pas d'imagination et leurs récits, souvent farcis de faits irréels mais vraisemblables, et enjolivés par le crayon talentueux du caricaturiste Brodeur, obtiennent un succès considérable auprès des lecteurs. Le nouveau directeur de l'information a tôt fait d'y déceler la facilité d'esprit de ses propres incartades de jeunesse au *Protecteur canadien* d'Adélard Lafond. Il est bien décidé à lui livrer, cette fois, une guerre sans merci. Dix ans après ses débuts dans le journalisme, le jeune délinquant va se muer en censeur redoutable. Tant de sévérité, tout en bousculant les vieilles habitudes de la maison, risque d'affaiblir la rentabilité de l'entreprise dans le domaine précis où *La Presse* ne se connaît pas de rivale : celui de la nouvelle. Amusé au début par la pétulance du personnage, puis agacé par la multiplication des plaintes de ses subordonnés, « le Boss » Dansereau commence à froncer les sourcils.

Parmi les tâcherons appelés à subir les remontrances esthétiques et grammaticales d'Asselin, un tout jeune reporter a tôt fait de se distinguer de la masse. Né à Coteau-du-Lac dans une famille de cultivateurs, c'est un ambitieux déterminé à se tailler une place dans le journalisme et la littérature. Il s'appelle Jules Fournier et n'a pas vingt ans. Comme Olivar au même âge, il ne dédaigne pas jouer alternativement de tous les styles et de tous les registres de l'écriture pour parvenir à ses fins.

C'est son intelligence et son insatiable curiosité intellectuelle qui lui ont valu, comme à bien d'autres, d'être remarqué, dès son enfance, par un instituteur de village d'origine lorraine, Michel Weber. Après lui avoir enseigné des rudiments de latin, le Lorrain a persuadé ses parents de l'inscrire en classe de syntaxe au Collège de Valleyfield où Fournier, conseillé comme tant d'autres de sa génération par le jeune abbé Lionel Groulx*, s'est empressé de dévorer tous les livres de la

---

* Il deviendra son titulaire en classe de Rhétorique.

bibliothèque. Parvenu en classe de Philosophie, une brouille insignifiante avec un directeur plutôt revêche le persuade d'abandonner ses études et de venir chercher fortune à Montréal. Outre un indéfectible attachement à la langue française et à ses grands auteurs, Michel Weber a légué à son élève l'esprit de résistance qui caractérise les « provinces martyres », l'Alsace et la Lorraine, passées sous domination allemande à l'issue de la guerre de 1870. Entre le sort des provinces conquises et celui du Canada français passé sous domination anglaise en 1760, des liens symboliques, sinon politiques, ont commencé à se tisser peu à peu dans l'esprit de l'adolescent. L'influence de Groulx a sans doute fait le reste.

Ces similitudes d'origine, de sensibilité et de destin ne peuvent échapper à Asselin qui, de son pupitre de chef des nouvelles, observe avec une attention de plus en plus sympathique « ce grand garçon au teint olivâtre, au regard inoubliable » [...] « d'une distinction et d'une délicatesse peu communes chez un fils et petit-fils de paysan[1] ». Mais, sans doute parce qu'il devine en Fournier un être d'exception, Asselin se comporte d'abord en patron exigeant :

> Je connus Fournier pour la première fois dans l'automne de 1903 à la Presse, où je passai moi-même quelques semaines. Il écrivait alors comme la moyenne de nos reporters, et même, je crois, un peu plus mal. Je me rappelle avoir un jour réclamé son congé après avoir lu certaine histoire de jeune fille poitrinaire, racontée par lui dans un style encore pire que celui qui était de rigueur dans la maison. La Direction décida contre moi. Heureusement, d'autres circonstances ne tardèrent pas à tirer Fournier d'un milieu aussi peu propice au développement de la personnalité. Il se révéla plus tard que dès cette époque il avait constamment dans sa poche quelque chef-d'œuvre de la littérature classique française[2].

Fouetté par le jugement rigoureux d'Asselin, son jeune subordonné est bien décidé à lui démontrer qu'il peut faire beaucoup mieux en matière de style. Bon perdant, Asselin, de son côté, s'est rapidement pris d'intérêt pour ce garçon à l'allure négligée dont les vêtements sont perpétuellement déformés par les livres, les journaux et les manuscrits qu'il accumule dans ses poches. Ils se découvrent rapidement des passions communes : Racine, La Bruyère, Pascal, Fontenelle, Voltaire, Rivarol, Veuillot, Taine, Anatole France, Jules Lemaître et Remy de Gourmont[3].

Tout autant que leurs goûts littéraires, leur sévérité de jugement sur « l'apocalyptique stérilité intellectuelle[4] » de leur époque a tôt fait de les amener à conclure, chacun de leur côté, que leur place n'est pas à *La Presse*... Asselin, parce que l'espoir de se voir confier une vaste enquête sur la colonisation* ne s'est pas

---

* De toute évidence, sir Wilfrid Laurier n'a pas donné suite aux recommandations du mémoire qu'Asselin lui avait adressé le 25 septembre précédent.

réalisé et que les conflits de politique éditoriale vont en s'envenimant avec Dansereau ; Fournier, parce qu'il s'estime, selon l'avis de son aîné, promis à un avenir meilleur que celui de « reporter de noces d'or et de bénédiction de cloches[5] ». Après quelques semaines orageuses, tous deux quittent la barque de Berthiaume au grand soulagement de leurs collègues.

Mais si Fournier, tout célibataire qu'il soit, a vite fait de se recaser comme courriériste parlementaire au *Canada**, Asselin, son coup de tête passé, n'a rien prévu, dans l'immédiat, pour assurer la subsistance d'Alice et de Claude. Les activités de la *Ligue* l'accaparent au point de lui faire perdre de vue qu'elles sont bénévoles. Ses relations de plus en plus étroites avec Bourassa contribuent à le lui faire oublier. Le député de Labelle est devenu l'hôte familier du jeune ménage. Quand Olivar l'invite à dîner, Alice se précipite chez ses parents, rue Cherrier, pour emprunter des cristaux et de l'argenterie. Ses sœurs Éva et Éliza viennent l'aider à faire la cuisine et disparaissent par la porte arrière dès que la sonnette se fait entendre. Alice s'amuse avec Olivar de cette mise en scène improvisée qui vient rompre la grisaille de son quotidien et l'associer, pour quelques heures, à « l'aventure nationaliste ». Les bougies sur la table, le sourire désarmant d'Alice font aussi oublier à Bourassa que son principal lieutenant est un père de famille privé de situation.

Bourassa a des excuses : jamais Olivar n'a paru si occupé que depuis sa démission de *La Presse*. Avec ses amis Omer Héroux, Amédée Denault**, *Madeleine*, Arthur Côté et Hector Garneau***, il vient de fonder l'Association des journalistes canadiens-français qui parviendra rapidement à recruter une soixantaine de membres influents parmi les quatre grands quotidiens français de Montréal. Contrairement aux associations existantes, qui constituaient plutôt des sortes de clubs sociaux où se rencontraient, pour le repas de midi, propriétaires et rédacteurs en chef, le nouvel organisme ne propose rien de moins que de « relever le niveau moral et matériel du journalisme canadien-français ». Il utilisera comme moyens d'action les clubs de presse locaux, les tribunaux d'honneur, la carte d'identité et les bureaux de placement. Une maison de retraite pour journalistes âgés et une société de secours mutuel font partie des services qu'on se propose d'offrir aux membres[6]. Asselin et ses amis manifestent là leur désir d'accroître le

---

* *Le Canada* a été fondé en 1903 par les libéraux François-Liguori Béique, Marcellin Wilson et Donat Raymond pour servir d'organe à leur parti, à la suite de la scission survenue entre Laurier et son ministre Israël Tarte, scission qui avait entraîné la volte-face de *La Patrie* dont ce dernier demeurait propriétaire.

** Qu'Asselin avait connu à *La Croix* lors de son bref séjour à Montréal en 1895.

*** Cofondateur et directeur, avec Éva Circé, de la Bibliothèque municipale de Montréal.

professionnalisme de leur métier aventureux, tout en tissant, autour de leurs confrères, de nouveaux réseaux d'entraide et de solidarité pour la défense de leur liberté d'expression et de leurs droits.

Un autre projet d'envergure obsède le président de la Ligue nationaliste en cet automne 1903 : convaincre Bourassa de se lancer dans l'arène provinciale où Asselin le voit promis aux plus hautes fonctions ! Son expérience de secrétaire particulier du ministre de la Colonisation l'a persuadé que l'étoile pâlissante du premier ministre Simon-Napoléon Parent en était à ses derniers feux et que certains libéraux, dont Adélard Turgeon et Lomer Gouin, comptabilisaient déjà les appuis susceptibles de leur permettre de briguer sa succession à la tête du parti.

Les désillusions s'étaient suffisamment accumulées, auprès de Gouin, pour convaincre Asselin que seul un chef de la trempe et de l'envergure de Bourassa pourrait lui barrer la route. En matière de colonisation — dossier qui lui tenait tout particulièrement à cœur — il avait pu mesurer l'impuissance des colons à faire valoir leurs droits de coupe, face au lobby tout puissant des grandes compagnies papetières devenues les nourrices occultes de la caisse électorale. Or l'opinion de Bourassa, il le savait, rejoignait tout à fait la sienne sur ce point. Bourassa seul, enfin, pourrait donner à la politique provinciale des orientations fermes, face aux tentations impérialistes du gouvernement Laurier. Le président de la Ligue nationaliste estimait aussi qu'il était illusoire de chercher plus longtemps à promouvoir son programme politique dans les milieux fédéraux, si les Canadiens français ne l'endossaient d'abord avec fermeté au niveau provincial, seul palier d'intervention où ils soient assurés de détenir une majorité.

Mais Bourassa demeurait fort réticent à s'engager de la sorte. Asselin multipliait les conciliabules avec les « conspirateurs » et organisait des conférences pour son chef avec l'espoir secret de voir enfin se former, autour de lui, une vague populaire qui le conduirait enfin dans la direction souhaitée. Des rumeurs avaient même commencé à circuler, dans les salles de rédaction, et avaient effrayé le député de Labelle. Visiblement, on cherchait à le bousculer, à lui tordre le bras, à contrarier sa véritable nature pour le lancer, à son corps défendant, dans une aventure qui, pour le moment, ne lui disait rien qui vaille.

Le 13 octobre, Bourassa fait parvenir à Asselin une longue lettre, révélatrice à la fois de l'attachement « patriotique » qui unit les deux hommes et des contrastes de personnalité qui projettent souvent leur ombre sur une collaboration étroite devenue quotidienne :

Mon cher ami,

Décidément vous voulez ma gloire avec une frénésie qui m'épouvante. Par bonheur, je sais que que c'est le patriotisme qui vous guide ; c'est pourquoi je vous pardonne de conspirer contre ma paix. Il faut bien que je me le rappelle tous les quarts d'heure tout de même pour ne pas vous en vouloir à mort. Si vous saviez comme je ne demande qu'à rester dans mon coin, avec la liberté d'en sortir de temps à autre pour dire ce que je pense, et puis d'y rentrer bien vite! Plus on me propose de me faire pontifier ici ou là, plus j'aspire à rester Gros-Jean comme devant.

Dans un moment de faiblesse, ensorcelé par je ne sais quelle sotte idée que je pourrais rendre service à mon pays, j'ai fait l'énorme bêtise de laisser savoir en haut lieu que j'accepterais d'aller à Québec. Depuis ce moment-là, on m'en rabat les oreilles et je m'en mords les pouces. [...] Donc, abandonnez votre projet d'apothéose et faites cesser toute nouvelle dans les journaux. Notez qu'en admettant même que vous eussiez raison, que je doive aller à Québec, qu'on m'y attende, que je puisse y faire quelque bien, je ne crois pas que votre projet d'assemblée soit désirable. La rumeur est devenue trop générale et persistante. Si j'acceptais votre idée, j'aurais absolument l'air de courir au-devant de la timbale. [...] Non, quoi qu'il arrive, il vaut mieux que je me tienne absolument sur la *réserve**. Si on m'appelle et que je fasse la sottise de répondre à l'appel, je parlerai comme chef du ministère. Si on ne m'appelle pas, ou si on m'appelle dans un moment comme celui-ci où j'aurais le bon sens de refuser, eh bien! je resterais libre de dire ma pensée sur les affaires provinciales comme sur toute autre. La situation devra se dessiner avant peu.

Patientez encore un peu[7].

En terminant, Bourassa annonce à son bras droit que « si cela peut vous faire plaisir », il a accepté de prononcer quelques conférences au Canada anglais au cours du mois de novembre, notamment à Toronto, sur le thème de « *The loyalty of the French Canadians* » et, à Woodstock, « *On the spirit of the Confederacy* ». L'assemblée-plébiscite rêvée par Asselin est donc contremandée et une invitation à prendre la parole devant le Canadian Club de Montréal refusée, par crainte de l'opposition que ses propos ne pourraient manquer de susciter. Devant la répugnance que lui inspire visiblement la perspective d'une entrée fracassante au parlement de Québec, Bourassa ira plutôt prêcher le nationalisme « canadian » en Ontario.

Tel qu'il est, Asselin ne peut manquer d'en être frustré dans ses projets et contrarié dans son leadership de président de la Ligue. Ce qui lui apparaît comme des prudences et des atermoiements de la part de Bourassa ne peut qu'indisposer son tempérament fougueux, si aisément porté aux décisions rapides et instinctives que lui dictent les circonstances. Il s'en ouvre à son chef**, sans doute avec une véhémence d'expression qui ne manquera pas d'écorcher ce dernier au passage. Quelques jours après, Bourassa lui réécrit longuement pour solliciter des explications de vive voix: malgré leurs divergences de vue, le député de Labelle recherche visiblement un terrain d'entente avec un collaborateur autour duquel

---

* Les italiques sont de Bourassa.
** Dans une lettre qui ne semble malheureusement pas avoir été conservée mais à laquelle Bourassa répond dès le 16 octobre.

gravite toute une constellation de disciples dont le dévouement lui est acquis et la collaboration indispensable:

Mon cher ami,

Je n'ai pas le temps de répondre tout au long à votre lettre, que je viens de recevoir, et où je trouve beaucoup de vrai. J'irai à Montréal lundi ou mardi et nous en causerons à notre aise. Je me sens tellement abruti et paresseux que je préfère causer. D'ailleurs, on s'explique toujours mieux nez à nez. Je ne serais pas politiquailleur [*sic*], si comme à Numa Roumestan*, les idées ne me venaient pas mieux lorsque je parle.

Mais il y a un bout de votre lettre, la fin, que je ne peux pas laisser passer, même pour 24 heures. C'est lorsque vous me *faites penser*** que votre concours et celui des jeunes, d'Héroux en particulier, irrite mon omnipotence. Mon cher ami, j'aurais cru que vous connaissiez mieux que cela mon affection, et aussi mon défaut total d'amour de l'ostentation et des grands dignitaires. De quel droit et à quel titre, bon Dieu! aurais-je à rougir de votre concours et de votre appui? Je puis croire qu'à un moment donné il vaudrait mieux faire ceci ou cela et vous pensez de même trouver que je ferais mieux de dire cela ou ceci — mais en quoi une divergence d'opinion sur un point impliquerait-elle une pensée qui ne pourrait être, dans mon cas, le produit d'une fatuité ridicule ou d'un manque de cœur méprisable? Comment ne préférais-je point l'appui des jeunes, francs et désintéressés, qui ne m'ont pas lâché dans les jours de tempête à la faveur de ceux qui trouvant que je ne suis pas déraciné*** songent à tirer parti de moi?

Non, il ne peut y avoir de doute là-dessus dans votre esprit. Seulement, il s'agit de prendre le meilleur moyen d'atteindre notre but — s'il y a un but atteignable et qu'il soit à propos de l'atteindre — toutes choses dont je douterai jusqu'à la fin de mes jours. Voilà où nous pouvons différer d'avis. Vous avez peut-être raison et je n'ai peut-être pas tort. C'est ce que nous discuterons.

À vous,

Henri Bourassa[8]

La discussion « virile » dut s'avérer provisoirement concluante, puisqu'au lendemain des explications, les conférences de Toronto et de Woodstock s'étaient étendues à tout un circuit en région franco-ontarienne, notamment à North Bay et à Sudbury.

---

* Héros d'un roman d'Alphonse Daudet racontant les avatars d'un parlementaire provincial « monté à Paris ».

** Les italiques sont de Bourassa.

*** Le mot a été créé par l'écrivain et parlementaire français Maurice Barrès (1862-1923) qui exercera une influence considérable au Canada français au début du siècle. *Les Déracinés* constituaient le premier tome d'une trilogie, *Le Roman de l'énergie*, dont *L'Appel au soldat* et *Leurs figures* constituaient la suite (1897-1902). Les nationalistes canadiens-français ne pouvaient qu'être sensibles aux thèmes barrésiens de la « domination étrangère » et de « l'enracinement ».

La brouille semble à peu près dissipée entre les deux hommes. Faisant contre mauvaise fortune bon cœur, le président de la Ligue a quand même obtenu gain de cause : promener et faire valoir sa « vedette » préférée sur des tribunes de plus en plus nombreuses et diverses. Sa tâche d'organisateur d'assemblées lui sera, en outre, facilitée par sa parfaite aisance en anglais et les nombreux contacts qu'il a déjà su établir avec ses collègues de la presse torontoise. Il correspond assidûment avec eux. Aux yeux d'Asselin, la Ligue nationaliste et son action anti-impérialiste concernent tous les Canadiens soucieux d'assurer l'autonomie du Canada.

La tournée commence en novembre, à Toronto. Très souvent, au cours de leurs déplacements, le conférencier invité sera logé ou reçu à table par des hôtes de marque. Asselin, qui lui sert d'attaché de presse et de secrétaire, se retire dans des pensions plus modestes, une fois son travail achevé. Pensions dont il ne sait pas encore comment il acquittera la note. Tard le soir, il tente de répondre aux inquiétudes de sa femme laissée sans ressources à Montréal avec un bébé... Alice qu'il a encore oublié d'embrasser avant de partir et qui lui réexpédie, par la poste, des gants ou des documents égarés dans la précipitation du départ.

Alice le presse par ailleurs de mettre de côté son orgueil et d'accepter le poste que lui propose Louis-Joseph Tarte, qui a pris la succession de son père à *La Patrie* et offre à Asselin la responsabilité d'une page entière du journal ! Un salaire plus modeste mais plus stable, plaide-t-elle, serait préférable à l'insécurité de la situation actuelle. Mais Olivar résiste. Il n'éprouve pas grande estime pour « Tarte fils » en dépit de l'offre flatteuse qui lui est faite. Sans doute ne peut-il oublier la mainmise politicienne du père et du fils sur les défunts *Débats*. Son bref passage à *La Presse* lui a également révélé, le temps d'un éclair, l'incomparable satisfaction qu'il pourrait tirer de l'exercice d'une véritable liberté éditoriale.

Posséder enfin son propre journal ! Tel est le rêve fou et obstiné qui le garde éveillé, tard la nuit, sur les petits lits de fer de ses déplacements quotidiens... Sans un journal bien à elle, comment la Ligue nationaliste pourrait-elle assurer la diffusion régulière de ses idées ? Répondre à ses détracteurs ? Comment Bourassa, son haut-parleur en Chambre, pourrait-il espérer voir ses discours reproduits dans les journaux de parti, lorsque ses propos contiennent des opinions qui s'écartent un tant soit peu de la ligne de pensée officielle du gouvernement ? Si Olivar ne confie pas encore à sa femme le produit de ses ruminations nocturnes, il lui tarde d'en saisir son chef.

Mais le rythme de la tournée, l'agenda chargé de rencontres avec la presse et de rendez-vous avec diverses personnalités lui laissent peu de loisirs. Bourassa parle, Asselin applaudit, résume Alice dans ses lettres. Bourassa est devenu une vedette que les auditoires se disputent. Les intellectuels canadiens-anglais se sont pris de curiosité pour ce rebelle de grande classe qui les intrigue, parle leur langue dans un style littéraire et connaît leurs institutions parlementaires aussi bien qu'eux. Il arrive même qu'on lui fasse assaut de mondanités. Asselin, parfois, l'accompagne. Mais l'aisance dans une langue n'est pas tout. Certain soir, par exemple chez Goldwin Smith, dans les vastes pièces lambrissées d'acajou où le feu de cheminée regroupe les hommes après la conférence, il se sent tout à coup « affreusement gêné[9] ». La lumière tamisée des cristaux, le tintement des glaçons dans les verres, le luxe discret des rayonnages couverts de livres rares, le ton des conversations murmurantes remplies d'allusions à un monde qui lui est étranger, tout contribue à son désarroi. Comme autrefois auprès de Gouin, le fils du tanneur prend conscience de la barrière de classe qui le sépare de celui qu'il a choisi de servir. Il ne redeviendra lui-même, il en est désormais persuadé, que la plume à la main.

Une fois de plus, l'éloignement des siens se met insidieusement à lui peser. Alice et le petit Claude lui manquent. Loin d'eux, il se surmène, s'alimente mal et dort plus mal encore. Le remords de les avoir laissés derrière lui dans l'insécurité matérielle lui inspire de brusques épanchements amoureux, mais peu de résolutions pratiques... Il lui tarde simplement de prouver à sa « chère petite biche aux yeux mouillés » que tant de jours de séparation ne l'ont rendu ni moins aimant, ni moins démonstratif[10]. Lui redire qu'il rêve de passer deux semaines seul à seule avec elle « sans livres ni journaux » (est-ce possible ?) ; qu'il envisage même, à son retour, « une véritable lune de miel à New York » (avec quel argent ?) pour lui faire oublier combien il s'est montré jusque-là indigne de l'amour désintéressé qu'elle lui porte...

Alice, qui aurait sans doute préféré un contrat ferme d'embauche à *La Patrie* comme preuve d'amour, continue de s'intéresser patiemment aux succès oratoires de leur « cher Henri »... Olivar lui écrit que Bourassa poursuit sa tournée « entouré de femmes », en dépit du fait que son discours se soit notablement radicalisé au contact du public ontarien. « Dis-lui [il s'agit de leur ami Omer Héroux] que Bourassa a parlé une heure et demie avec moins de feu qu'à l'ordinaire et dans une langue généralement incorrecte, mais avec un rare bonheur d'idées[11]. » S'il est entièrement dévoué aux idéaux de son maître, le disciple est critique en matière de langue. Loin de s'offusquer de ses remarques, Bourassa, qui demeure soucieux d'améliorer ses performances oratoires, sollicite volontiers l'avis de son organisateur dont la connaissance de l'anglais est éprouvée.

Avec la conférence et les rencontres de Sudbury, où se trouve concentrée une très forte minorité de Canadiens français attirés par les emplois de l'industrie, le périple de Bourassa tire à sa fin. Le chef ne manifeste pourtant aucun signe de fatigue. Sa résistance physique exceptionnelle semble se régénérer d'elle-même au contact de ses auditoires. Il peut parler des heures durant, sans que son raisonnement y perde en rigueur, ni son expression en mordant. Certains orateurs doivent se préparer longuement avant de parler. Chez lui, la pensée semble si bien structurée, et depuis tant d'années par l'étude et la réflexion solitaires, que sa parole coule maintenant de source. On dirait même que l'écho de sa propre voix possède le pouvoir de relancer sa pensée encore plus loin. Asselin et ses amis ont maintes fois observé que certains discours de Bourassa, complètement improvisés dans le feu de l'action, peuvent se révéler plus efficaces, et même plus brillants, que certaines de ses allocutions longuement préparées. C'est souvent lorsqu'il met son texte de côté et se laisse emporter par la magie naturelle de son verbe que Bourassa donne le meilleur de lui-même. Quitte à en éprouver remords et appréhensions le lendemain, une fois le charme de la communication rompu.

Si le chef est en pleine forme, en cette fin de tournée, son lieutenant, lui, tire de l'aile. Le talent d'organisateur d'Asselin ne s'est pas démenti durant ces semaines mouvementées, mais sa santé fragile en a encore subi les contrecoups. Physiquement, il ne s'habituera jamais à la vie instable de l'activité politique, aux chambres anonymes dont il faut changer chaque soir, aux casse-croûte solitaires expédiés, le crayon à la main, aux relations superficielles et souvent mondaines auxquelles le contraint sa fonction. Animateur et rassembleur-né, Asselin s'étiole, dès qu'il est séparé des siens et sevré de ses heures d'écriture quotidienne. Ses insomnies et ses maux d'estomac le reprennent de plus belle.

Plutôt que de rentrer immédiatement à Montréal, il ira, avec l'approbation d'Alice, se reposer quelques jours chez sa sœur Mary et son beau-frère Alfred Limosi. Après leur mariage, le jeune ménage s'est installé sur une petite ferme forestière à Nairn, non loin de Sudbury. La région est giboyeuse, parsemée de lacs enchanteurs et Olivar n'a pas revu sa sœur la plus proche depuis près d'un an. Il s'y rend aussitôt avec plaisir, portageant même son canot le long d'une rivière pour rejoindre la maison isolée des Limosi.

Il y est accueilli à bras ouverts, nourri et couvé comme autrefois. Le potager a généreusement donné et les baies de la forêt ont rempli les rayonnages de confitures. Son beau-frère l'entraîne dans les sentiers où ils chassent le lièvre et la perdrix. L'air est vif et l'écho de la forêt dépouillée leur renvoit parfois le craquement sonore de leurs pas dans les branchages. Il a sympathisé tout de suite avec ce jeune Français entreprenant et qui a du bagout. Son beau-frère est un homme bien informé, un esprit délié avec lequel le journaliste peut partager des idées, converser sans fin de politique ou de littérature.

Alfred, en outre, manifeste à Mary beaucoup d'affection et de considération. Il l'associe à tous ses projets. Sa sœur semble heureuse et cette certitude réconforte Olivar. Avec Oscar et Raoul, depuis la mort de leur père, il partagera toujours le souci de voir ses sœurs « bien établies ». Le jeune couple a maintenant une petite fille de cinq mois qu'Olivar trouve « délicieusement jolie » et « qui parle déjà très bien », écrit-il à sa femme, le « ouais-ouais » des bébés. Il la trouve d'une précocité qui le préoccupe cependant. À cinq mois, dit-il, Aline pèse déjà quinze livres... La comparaison s'insinue malgré lui dans son esprit : leur petit Claude, tout gracile et sage qu'il soit, ne marche et ne parle toujours pas, à un an passé[12].

Alice ne relève pas la chose. Claude est affectueux, rieur et adorable ; elle se console avec le fils de l'absence du père. Elle a d'ailleurs bien d'autres chats à fouetter, madame Asselin ! On vient de débrancher leur téléphone, faute de paiement. Comment Olivar, au retour, fera-t-il pour travailler sans cet indispensable moyen de communication ? Avec le soutien d'Héroux et de Lavergne, Bourassa tient des assemblées triomphales à Québec. Et ce n'est pas fini. Elle voudrait donc épargner à son mari tous les soucis matériels, le laisser profiter pleinement de ses vacances pour se remettre, retenir à Montréal son courrier et ses comptes en souffrance pour qu'il ne se tourmente pas inutilement... Mais elle ne peut le laisser plus longtemps dans l'ignorance de certaines réalités auxquelles elle doit faire face.

Une réponse négative de Louis-Joseph Tarte est arrivée de *La Patrie* : le salaire demandé par Olivar (30 $ par semaine*) lui paraît évidemment excessif. Pourquoi, plaide Alice, Olivar n'a-t-il pas accepté de le réviser à la baisse ? Toutes ces questions pratiques semblent donc l'intéresser si peu ? L'hiver est tout proche maintenant : il y a des achats indispensables à faire en prévision des grands froids. Sait-il seulement qu'il ne reste presque plus de charbon à la cave ? Si une solution ne se présente pas, il faudra bientôt songer à sous-louer leur « petit sanctuaire d'amour » pour aller en pension à moindre coût. Devra-t-elle encore en décider toute seule ? Sublime d'abnégation devant tant d'insouciance de sa part, Alice tient pourtant, le sachant mal en point, à le rassurer sur ses sentiments profonds : « [...] Et sois toujours sûr qu'à part tes moments de distraction, tu as une petite femme qui t'adore ; c'est à toi à n'être pas trop absorbé ailleurs si tu tiens à être aimé bien fort et très longtemps. J'ai hâte de te serrer dans mes bras. »

Elle va jusqu'à lui suggérer de prendre, à Nairn, tout le temps nécessaire à sa santé : « ne pense pas à d'autres qu'à toi dans ta décision[13] », conclut-elle généreusement.

Novembre s'achève pour elle dans l'incertitude du lendemain. En décembre, il gèle déjà à pierre fendre à Montréal. Les chères plantes vertes d'Olivar ont été frigorifiées dans l'appartement mal chauffé de la rue Prince-Arthur. Alice l'a déserté avec Claude pour se réfugier, une fois de plus, chez ses parents. Faute d'alternative, leur logement vient d'être mis en location. Elle lui écrit toujours pour

---

* À titre indicatif, l'historien Jean de Bonville relève qu'en 1899, le rédacteur en chef de *La Presse* gagne 40 $ par semaine. Les rédacteurs et éditorialistes 25 $, les autres rédacteurs ou secrétaires de rédaction 15 $ et les reporters débutants de 5 $ à 10 $ par semaine. Olivar, dans sa demande à Tarte, est très conscient de sa valeur personnelle... ou alors, secrètement désireux de s'attirer une réponse négative.

l'informer. Son « cher amour » est devenu son « cher cœur »... Mais ce sont désormais les lettres d'une amoureuse blessée. Les difficultés du quotidien ont peu à peu entamé sa belle ferveur. Elle se compare maintenant à la femme de Zola, prisonnier de son œuvre. Olivar, certes, lui écrit de belles lettres d'amour, mais elle le sent « toujours en mouvement », toujours loin d'elle. Il est constamment « distrait ». Claude sera-t-il pareillement « distrait » lorsqu'il grandira ? La solitude d'Alice sera bien grande alors... « Je n'ai pas tort de te dire que ta distraction et un travail exagéré sera la cause de *l'amitié** qui, paraît-il, succède à l'amour dans les unions légitimes ; c'est peut-être pour cela que tu es pour l'amour libre[14] ?... »

Les sœurs Le Bouthillier, une fois de plus, serrent les coudes devant les épreuves d'Alice. Hélène et son mari, le docteur Lavoie, lui expédient, de Québec, les billets de chemin de fer pour la faire venir auprès d'eux avec le petit Claude. Puisque Olivar tarde tant à rentrer au bercail, mieux vaut aider sa femme à changer d'air et à fuir l'humiliation de devoir faire face aux créanciers ! Les soirées musicales du Vieux Québec lui feront le plus grand bien. Edmond de Nevers y est toujours assidu avec son violon. Olivar le soupçonne même de faire à sa femme un brin de cour dont il aurait motif, dit-il, de se montrer terriblement jaloux s'il ne s'agissait de l'un de ses meilleurs amis.

Mais pour l'heure, durant ses longues battues de chasse solitaire à travers la forêt, il ne cesse de mûrir avec obstination son projet de fondation de journal. S'il rentre jamais « au bercail », comme on le presse de le faire, ce ne sera pas pour retourner ployer sous le joug d'un autre patron ! Comme son grand inspirateur, Ferdinand Gagnon, Asselin s'est découvert à la Ligue nationaliste une âme de fondateur et de leader l'opinion. Comme son camarade Adélard Lafond, il rêve d'être bientôt maître après Dieu à bord de son propre journal. Un rêve exclusif et obstiné en voie de se muer en décision. Un rêve qui lui fait reléguer au second plan ses plus élémentaires devoirs de mari et de père de famille. Pour le réaliser, il se sent prêt à tout lui sacrifier.

* * *

Il est rentré début décembre pour fêter Noël en famille, dans un logis exigu et temporaire qu'Alice a fini par dénicher au 1593 de la rue Notre-Dame, durant son séjour à Nairn. Autant, pour elle, ouvrir la porte à un courant d'air... Réunions familiales et réunions de comité se sont enchevêtrées durant toute la période des Fêtes. Son séjour auprès de Mary l'a tout à fait remis sur pied. En son absence, Bourassa n'a connu que des triomphes. Le programme autonomiste de la *Ligue*,

---

* Les italiques sont d'Alice.

face au pouvoir impérial de l'Angleterre, soulève partout l'enthousiasme. À Québec, où Armand Lavergne s'affaire à le distribuer, sous forme de tracts, jusqu'à la porte des usines, des assemblées de travailleurs ovationnent la lecture qu'on leur en fait. Dans son courrier retenu par Alice, Olivar a trouvé des félicitations et des témoignages d'appui qui affluent de partout. Son frère Raoul, enfin devenu curé à Chien-Blanc* en Gaspésie, ses anciens condisciples de Rimouski devenus jésuites, Edmond Colough et Samuel Bellavance, ne craignent plus de s'afficher nationalistes et « bourassistes ». Il était temps, lui écrivent-ils tous, que le Québec fasse entendre sa voix par le truchement du président de la Ligue nationaliste !

De son presbytère de Saint-Justin de Maskinongé, un autre adhérent, le curé Denis Gérin**, le presse de faire venir Bourassa dans sa région où ce dernier est encore trop mal ou trop peu connu. L'abbé Gérin offre donc ses services comme propagandiste de la *Ligue*[15]. Devant des « cautions » aussi respectables, Bourassa ne peut blâmer son disciple de vouloir profiter au maximum de la vague favorable qui porte leurs idées les plus chères. Au manège militaire de Québec, le 8 décembre, et parlant avant lui, Asselin a soulevé la foule des étudiants venus les entendre, en s'écriant que l'heure était désormais venue pour les nationalistes de « prendre les foules aux entrailles ! »

Entre-temps, Alice le presse, une fois de plus, de songer sérieusement au pain du lendemain. Elle en manque littéralement et leurs dettes s'accumulent chez l'épicier. Sans grande ferveur, il promet de solliciter un emploi au *Soleil* auprès de Cyrille Delage, grand notable libéral assez proche de Laurier. Malheureusement, le poste convoité a, paraît-il, déjà été accordé à Hector Garneau, du *Canada*... Mais, sympathisant bourassiste, Delage promet à Asselin de prêter son concours à la levée de fonds de la *Ligue* et à l'organisation de la prochaine conférence de Bourassa à Québec. À ce train d'enfer, une assemblée n'attend pas l'autre.

La réponse négative du *Soleil* a dû le réjouir secrètement. Dans son esprit, et nonobstant les besoins criants de sa famille, Alice tout aussi bien que Bourassa doivent, par élimination, en arriver à la même conclusion : seule la fondation d'un journal pourrait à la fois résoudre son problème d'emploi et servir la « cause » à laquelle ils se sont tous donnés. Or, pour servir ladite « cause » comme Asselin l'entend, une totale liberté d'opinion et d'expression lui est indispensable. Et cette liberté, il ne saurait la trouver dans un emploi qui comporterait quelque lien que ce soit avec le pouvoir politique : l'expérience auprès de Gouin lui aura tout de

---

* Aujourd'hui Saint-Georges-de-Malbaie, entre Gaspé et Percé.
** Fils de l'écrivain Antoine Gérin-Lajoie, l'abbé Gérin était aussi le frère du sociologue Léon Gérin. C'est dans sa paroisse de Saint-Justin, en 1886, qu'avait été menée par son frère l'enquête publiée en 1898, *L'habitant de Saint-Justin*, qui allait constituer la première monographie québécoise.

même enseigné cela. La veille de Noël, il rédige en ce sens une réponse à l'offre que le ministre de la Justice à Ottawa, l'Irlandais Charles Fitzpatrick, a été chargé de lui faire. Habile politicien et catholique pratiquant, Fitzpatrick s'est toujours montré, comme Bourassa, un défenseur convaincu des minorités. « L'offre » qu'il a faite à Asselin a été verbale. Le contexte permet de penser qu'il s'agirait d'un autre poste de rédacteur dans un journal dévoué aux intérêts du gouvernement Laurier. La lettre de refus d'Asselin mérite d'être citée :

> J'ai réfléchi, j'ai pris conseil plutôt de mes principes que de mes intérêts matériels. J'en suis venu à la conclusion que je ne pouvais accepter votre offre.
>
> Je vous répète que je serai heureux d'appuyer de ma faible voix le ministère Laurier tant qu'il restera dans la voie qu'il suit depuis un an ; mais de même qu'à mes débuts dans le journalisme canadien, j'ai critiqué M. Laurier sans intérêt personnel, loin de là, de même je voudrais rendre justice à son attitude actuelle sans m'exposer à une accusation de servilisme.
>
> Je veux aussi rester *libre*[*] de dire ce que je pense de notre politique provinciale actuelle, et je sens qu'en toute loyauté pour les idées auxquelles j'ai déjà fait quelques sacrifices (entre autres celui de ma position de secrétaire particulier de M. Gouin), je ne puis m'engager à me taire sur ce point. Je considérerais un grand malheur pour moi que mon silence comme mes paroles fussent attribués à l'intérêt pécuniaire.
>
> Veuillez croire que cette résolution m'est inspirée par le seul respect de moi-même, et non par une opinion exagérée de mon importance, par la sotte prétention d'être quelqu'un ou quelque chose dans la politique canadienne, et la ridicule ambition de rassurer ou de faire tomber les gouvernements. Je n'ai que trop conscience de mon impuissance. Seulement, je suis de ceux qui croient que la conception d'une idée nouvelle qui puisse bénéficier à sa race et à son pays comporte l'obligation de l'exprimer. La pauvreté ne m'effraie pas ; j'estime l'indépendance le plus grand des biens, et j'espère bien n'en jamais manquer.
>
> En vous priant d'agréer l'expression de ma plus sincère gratitude pour l'intérêt que vous m'avez témoigné,
>
> Je me souscris
>
> Votre tout dévoué serviteur,
>
> Olivar Asselin[16]

Le ministre doit comprendre que, nonobstant la lune de miel qui se poursuit entre Bourassa et le Parti libéral, Asselin entend demeurer libre de toute allégeance. Comme pour bien le lui signifier, ce dernier envoie au *Journal*, d'allégeance conservatrice, une étude consacrée à la poésie de son ami Albert Lozeau. La poésie, comme étendard pour manifester son éclectisme et sa liberté de

---

* Les italiques sont d'Asselin.

choix... Quant à la sécurité matérielle d'Alice et de Claude, on voit de quel poids elle a pesé dans sa décision!

Il va encore plus loin. Fidèle à son intérêt pour la politique municipale et aussitôt le jour de l'An passé, il se jette à corps perdu dans la campagne électorale qui vient de s'ouvrir à la mairie de Montréal. C'est un candidat du Parti réformiste à l'Hôtel de Ville qui a retenu, cette fois, les faveurs d'Asselin: le conservateur Hormidas Laporte, qui jouit de l'appui de Frederick D. Monk.

Fils d'un meunier de Sault-au-Récollet, près de Montréal, Laporte y a poursuivi des études primaires fort écourtées. Autodidacte, il a ensuite suivi des cours privés du soir, tout en gagnant sa vie et celle de sa famille comme travailleur manuel dans une usine de clous. Plus tard commis dans une épicerie, il ne tarde pas à devenir son propre patron, d'abord dans le commerce du charbon et du bois, puis dans celui des fruits et légumes où il excellera. Son ascension fulgurante, à compter de 1870, est typique des « success stories » nord-américaines et l'exploit a tout pour séduire Asselin.

Si le « rougisme » du XIXe siècle est bien mort, le libéralisme est loin de l'être. Au plan éthique, social, économique et politique, il sait même se montrer fort cohérent. Comme son ami Errol Bouchette, le président de la *Ligue* mise beaucoup sur la performance de cette « garde montante » avant la lettre, pour réaliser l'émancipation économique des Canadiens français. Or, très rapidement, les entreprises Laporte et Martin sont devenues parmi les plus importantes et les plus performantes dans le domaine de l'import-export alimentaire[17].

Dès lors, Laporte devient un personnage influent de la rue Saint-Jacques. En 1892, il fonde l'Alliance nationale dont il sera le premier président. L'année 1894 le propulse à la présidence de la Chambre de commerce de Montréal et, en 1903, l'autodidacte persévérant devient membre de la Commission des écoles catholiques de Montréal et membre de la direction de la compagnie d'assurances La Sauvegarde où la Ligue nationaliste compte déjà de nombreux sympathisants « bourassistes ». Ses intérêts patriotiques l'ont aussi conduit à militer activement à l'Association Saint-Jean-Baptiste et son souci des démunis, aux Conférences de Saint-Vincent-de-Paul, dont il cumulera aussi les présidences. Non satisfait de la portée des « œuvres de bienfaisance », Laporte a également instauré, dans ses entreprises, la participation des travailleurs aux bénéfices, conformément à l'esprit du catholicisme social dont l'encyclique *Rerum novarum* avait défini l'esprit de partenariat en 1891. Voilà pour l'homme.

À elle seule, la nomenclature de ses origines, de ses sensibilités et de ses engagements eût suffi à lui attirer spontanément les sympathies d'Asselin. Mais il y a aussi le programme du Parti réformiste qui rencontre plusieurs de ses objectifs politiques: la lutte contre les trusts, si proche de ses idées en matière de colonisation, est de ceux-là. Hormidas Laporte en a fait l'un des chevaux de bataille de sa campagne électorale. Le candidat à la mairie plaide pour l'abolition des trusts qui contrôlent le gaz, l'électricité et les tramways de Montréal où se trouvent impliqués de grands financiers tant conservateurs que libéraux, tels les Forget, les Dandurand et les Holt*. Il plaide aussi en faveur de la municipalisation des services du gaz et du port de Montréal, bref, pour une plus grande autonomie de la ville par rapport aux pouvoirs provinciaux et fédéraux, où pullulent les lobbies des spéculateurs de la haute finance montréalaise.

Le candidat des « petites gens » réclame également une réduction des dépenses publiques, par le biais d'une épuration radicale du système de patronage installé à l'Hôtel de Ville de 1898 à 1902, sous le règne du maire Raymond Préfontaine, du temps où Asselin, journaliste débutant à Montréal, couvrait les séances du Conseil de Ville pour le compte des *Débats*. Enfin, alertés par les problèmes d'épidémies, de tuberculose et de mortalité infantile engendrés par la contamination de l'eau et du lait, la promiscuité et la surpopulation de certains quartiers, les candidats réformistes prônent la mise en application de vigoureuses mesures dans le domaine de la santé publique. Au début du siècle, en effet, Montréal occupe le second rang, après Calcutta, au triste palmarès de la mortalité infantile : de son mariage avec Mirza Gervais, Hormidas Laporte a eu dix enfants, dont huit sont morts en bas âge à la suite de diverses maladies infantiles.

Laporte avait été recruté dès 1895 comme candidat par le mouvement réformiste, dont l'industriel et philanthrope Herbert Brown Ames était l'âme dirigeante. En se faisant élire comme échevin d'opposition en 1897, Laporte était rapidement devenu le porte-parole du Parti réformiste auprès des francophones. Asselin retrouvait donc, chez lui, tout l'esprit de ce vaste mouvement progressiste de la réforme urbaine qui s'étendait alors à toute l'Amérique du Nord et qui l'avait déjà rejoint à Fall River et à Woonsocket, du temps où il commençait à s'intéresser aux questions de politique municipale pour le compte du *Protecteur canadien* et de *La Tribune*.

Bientôt, Asselin est devenu un familier de la vaste demeure de la rue Dorchester**, près de la rue Sussex, où l'aspirant maire de cinquante-quatre ans vit confortablement en compagnie de sa femme et de ses deux seuls enfants survivants, Marie et Joseph. C'est un homme simple et courtois qui a conservé de ses origines modestes une grande affabilité et une grande curiosité intellectuelle. Son ascension sociale rapide n'a pas émoussé en lui le sentiment d'appartenance à l'égard des démunis de sa communauté, ni la fidélité à ses idéaux patriotiques. L'amitié et l'appui public d'Asselin lui ont donc été très spontanément acquis.

---

* Familles auxquelles appartenaient sir Rodolphe Forget et le sénateur Raoul Dandurand. Les Holt s'associeront aux Renfrew pour créer le célèbre magasin du même nom de la rue Sherbrooke.

** Aujourd'hui boulevard René-Lévesque.

La campagne électorale de 1904 s'annonce comme une fort belle joute et le Parti réformiste ne lésine pas sur le contenu et les idées en proposant son programme aux élections. La victoire les en récompensera et Hormidas Laporte remplacera aisément l'éphémère James Cochrane* à la mairie de Montréal[18]. Des photos de lui, avec son vaste front et son collier de barbe poivre et sel, s'étalent à la une des journaux. *La Patrie* d'Israël Tarte et fils a naturellement mené campagne en sa faveur. Même Arthur Dansereau, à *La Presse*, nonobstant ses sympathies lauriéristes, s'est prononcé en faveur des mesures réformistes : les raisons d'Ottawa et de Québec ne sont pas forcément celles de Montréal, où *La Presse* recrute l'essentiel de son public.

Asselin triomphe... À Ottawa, Fitzpatrick comprend que le plus ardent disciple de Bourassa n'est pas de la fibre dont on fait les militants inconditionnels : il ne s'est pas laissé domestiquer par les faveurs des libéraux, affirmant par là l'indépendance foncière de ses choix. À la mairie de Montréal, des mesures souhaitables ont été mises de l'avant par un membre de la famille conservatrice et il a spontanément appuyé ces mesures, sans se soucier de la « lune de miel » que les nationalistes étaient censés poursuivre avec le parti de Laurier. Ce faisant, il a brûlé sciemment ses derniers vaisseaux. Il ne reste maintenant devant lui que le champ libre et dépouillé de la liberté retrouvée qu'il lui tarde désormais d'investir dans la fondation d'un journal. Et, avant tout, la tâche de convaincre Bourassa de s'en servir comme porte-voix de ses idéaux.

---

* À l'exception de Raymond Préfontaine, presque tous les maires de Montréal, y compris Laporte, ne réussiront à se maintenir en fonction que pour de brefs mandats de deux ans entre les années 1896 et 1914. À cette époque, la tradition voulait qu'alternent à l'Hôtel de Ville, un maire canadien-français et un maire canadien-anglais.

Chapitre XIII

LE NATIONALISTE

> *Tout le monde à Montréal parle du* Nationaliste. *On ne vit jamais scandale pareil. Pour la première fois, on prenait contact avec un journal de combat écrit en français, rédigé avec beaucoup d'esprit, sillonné de coups de sabre, de coups de fourche et de coups de gueule.*
>
> Claude-Henri Grignon (*Les Pamphlets de Valdombre*, 1ᵉʳ octobre 1937)

À son retour de voyage, Asselin a retrouvé la belle *Madeleine** transformée. Au chevet de leur ami Albert Lozeau, où elle se rend chaque semaine, la jeune journaliste s'est liée d'une tendre amitié avec le docteur Wilfrid Huguenin, éminent spécialiste de la tuberculose** et grand admirateur des arts et des lettres. Ils sont désormais fiancés. Fils d'une riche famille d'émigrés français, le docteur Huguenin a été élevé dans le patriotisme de la « revanche*** ». Il est donc entré très rapidement dans les raisons, les sentiments et les convictions de cette jeunesse canadienne-française qui, depuis la guerre des Boers, cherche à secouer, au Canada, le joug de l'impérialisme britannique.

---

* Anne-Marie Gleason, grande amie des sœurs Le Bouthillier.

** Lozeau souffrait de tuberculose osseuse appelée alors « mal de Pott ».

*** La « revanche » désignait le projet politique des Français qui ne s'étaient jamais résignés à l'annexion, par l'Allemagne en 1870, des provinces de l'Alsace et de la Lorraine. Maurice Barrès avait illustré ce projet par une formule célèbre enjoignant ses compatriotes de garder constamment leurs yeux rivés sur « la ligne bleue des Vosges »... Certains de ses disciples lui attribuaient même la paternité du terme de « nationalisme » que le député écrivain aurait, selon eux, contribué à lancer en Europe.

Auprès du jeune couple, Olivar s'est vite senti en confiance. Il leur a fait part de son ambitueux projet. *Madeleine* a promis de mettre sa plume au service du nouveau journal. Wilfrid de le supporter de ses deniers : son expérience européenne lui a appris l'extrême importance d'une presse libre pour la diffusion des idées. Et Bourassa, bien sûr, est son homme.

Mais tous ses amis ne partagent pas l'enthousiasme spontané du cercle des poètes-journalistes, les Lozeau, les Gill, les Beaulieu et les de Montigny qui avaient été ses premiers collègues aux *Débats*. Collaborateurs occasionnels, les « littéraires » courent moins de risques à s'associer à une telle entreprise. Le journaliste de métier, au contraire, a tout à perdre à se lancer sans filet de sécurité dans pareille entreprise. C'est ce que lui écrit longuement d'Ottawa, où il occupe un obscur emploi de traducteur, son ami Wilfrid Gascon. Un Gascon amer, qui a tout sacrifié, jadis, à la « cause » patriotique et n'a rencontré ensuite sur sa route — à l'instar, écrit-il, des Papineau, des Mercier et des Buies — que dénuement, méfiance et ingratitude :

> Mon cher, ta persévérance — j'aimerais mieux dire ton entêtement — à sacrifier pour l'Idée tant d'avantages dont tu eusses dû profiter, me déconcerte. Je t'en prie, bon camarade, arrête ces sacrifices, car tu iras à Canossa sûrement. Rappelle-toi l'histoire de ce pays, depuis Papineau jusqu'à Mercier, et sache qu'après la chute de celui-ci, et le retour d'exil de celui-là, les partisans d'autrefois se sont éloignés de ces héros dont l'amitié [les] compromettait. Connais-tu l'histoire de Buies, rédacteur de *La Lanterne*, mangeur de curés, qui a dû par la suite travailler avec eux pour vivre, en écrivant sous leur direction des brochures de colonisation ? Moi-même qui t'écris, j'ai refusé en 1899 d'être nommé traducteur des Débats parlementaires pour descendre à Montréal fonder un journal *national-démocrate*, avec des souscriptions patriotiques ! J'ai connu un mois d'angoisses, de déceptions cruelles, de gêne matérielle, mon cher, et j'ai été bien heureux de m'engager au service de Tarte à 12 $ par semaine pour travailler comme un cheval. La désillusion a été grande.

Après avoir évoqué la somme de ses déboires et de ses désillusions touchant les « grands hommes » qu'il avait cherché à servir, Gascon met son ami en garde contre un désintéressement excessif qui risque de lui être fatal s'il ne songe pas à protéger ses arrières :

> Mon cher, ne t'étonne pas de ce langage. Tôt ou tard tu le tiendras toi-même. Tu m'assures que certains hommes de fortune ou de bonne volonté vont te mettre un journal dans les mains. Je m'en réjouis. Vas-y. Mais ne lâche pas la bride à ton imagination. Tiens l'œil ouvert sur tes propres intérêts. Sers-les en même temps que tu serviras la cause. Mène les deux de front si tu peux. Mais si, au moment critique, tu dois sacrifier un des deux buts que tu poursuis : fouille-toi avant de prendre une décision[1].

Fidèle au radicalisme de ses prédécesseurs, Gascon n'est pas de ceux qui, à l'instar de Laurier, iront faire des courbettes aux évêques et baiser leur anneau pour s'assurer de leur neutralité! Ce qu'il redoute pour Asselin, hors l'insécurité matérielle, c'est de le voir lier aussi inconditionnellement son destin à celui de Bourassa, l'imprévisible « castor rouge »... Tôt ou tard, prédit Gascon, Asselin « rencontrera la soutane » sur sa route! Qu'en sera-t-il alors des appuis de ce chef qui se dit, avant tout, fils aimant et soumis de l'Église? Et la « soutane », en l'occurrence, pourrait bien être violette...

Oublierait-il qu'à l'heure où il songe à fonder son journal, l'archevêque de Montréal, Mᵍʳ Bruchési, grand ami de Laurier, l'a depuis longtemps à l'œil? Oublierait-il sa condamnation des émeutes étudiantes de 1899, dont Asselin avait fait des reportages si cinglants dans les *Débats*? Oublierait-il que le prélat s'oppose actuellement aux projets et aux idées de leurs meilleurs amis dans les questions intellectuelles qui leur tiennent le plus à cœur? La question de l'uniformité et de la gratuité des manuels scolaires, que leur collègue Germain Beaulieu, à la suite de Léon Gérin, a reprise à son compte et sur qui plane une menace de condamnation épiscopale? Qu'arrivera-t-il lorsqu'il voudra promouvoir, dans son journal, ces idées qui lui sont chères? Eh bien! il sera accusé, lui aussi, d'être franc-maçon, tout comme leur amie *Colombine** à qui l'archevêque n'a jamais pardonné la fondation de la Bibliothèque municipale de Montréal.

Mais pour un Gascon qui joue les Cassandre, que d'encouragements de poids il reçoit! Errol Bouchette, fonctionnaire au ministère du Revenu à Ottawa, lui a écrit à plusieurs reprises depuis qu'Asselin l'a mis au courant du projet auquel il veut l'associer: « Vous n'êtes pas pour le moment dans la poussière du combat, mais vous avez le devoir d'aider à la cause. » Reprenant à son compte les paroles de son ami, Bouchette lui rappelle que le premier devoir de l'écrivain est de publier quelques livres essentiels. Mais que l'œuvre « d'économie sociale », qu'ils envisagent avec espoir ne saurait être menée à bien sans que le journaliste contribue à en diffuser les principes de base, qui autrement resteraient enfermés dans quelques bibliothèques poussiéreuses:

> Les grands moments de régénération sociale ou nationale sont basés sur un ou plusieurs livres qui constituent une œuvre. Cette œuvre d'économie sociale nous manque, essayez de combler cette lacune. Et ne dites pas qu'elle est au-dessus de vos forces [...] Les sacrifices réels que je comprends et que j'admire vous seront rendus au centuple à vous et aux vôtres[2].

Peu de temps après, remerciant Asselin pour une recension élogieuse de son roman *Robert Lozé***, Bouchette écrit:

---

* Éva Circé.

** *Robert Lozé* est une transcription romanesque des idées de Bouchette sur les bases d'une politique économique canadienne-française.

Une remarque surtout que vous faites dans votre article m'a frappé. C'est ce que vous dites au sujet de la simplicité d'âme de nos compatriotes, du peu de complication des caractères. Ce trait caractéristique est encourageant, je crois, et il ne vous sera pas très difficile de gagner la confiance de ces cœurs, simples en somme, bien que souvent égarés. Comme tous ceux qui se rapprochent de l'enfant, ils ont de fortes intuitions et savent instinctivement reconnaître la sincérité. J'ai hâte de voir paraître votre nouvelle publication. Je n'ai pas à dire que ma plume sera toujours à votre service. Maintenant que mon traitement est un peu moins maigre, j'espère que vous me direz si je puis être utile autrement à l'œuvre à laquelle vous vous sacrifiez tout entier[3].

Bouchette considère les « immenses talents » d'Asselin comme une richesse pour la collectivité. Ce dernier a le devoir de les faire fructifier. Non seulement pour « la cause », mais aussi comme héritage spirituel et comme exemple à suivre pour ses enfants. Le peuple, croit-il, est moins ingrat qu'on le dit parfois. Il finit tôt ou tard par « reconnaître les siens ». De Gascon ou de Bouchette, de qui Asselin prendra-t-il finalement l'avis ?

Il n'hésitera pas longtemps. Il sait qu'il peut d'ores et déjà compter sur des appuis dans plusieurs milieux. Le docteur Huguenin n'est pas le seul, dans la profession médicale, à lui promettre un soutien financier. Depuis qu'il a fait sien et défendu publiquement le programme réformiste du candidat Hormidas Laporte à la mairie de Montréal, Asselin s'est attiré l'estime de nombreux médecins préoccupés par les questions de santé et d'hygiène publique. La vague nationaliste a fait le reste. Il est d'ores et déjà assuré de la collaboration de plusieurs praticiens : les docteurs Desjardins et Boulet lui ont promis de souscrire chacun quatre actions de 25 $. Les docteurs Daigle, Rivet, Prévost, Laberge et Durocher se sont engagés pour une, peut-être davantage. D'autres confrères se joindront à eux dans les mois qui suivent, certains pour des montants supérieurs.

Le milieu canadien-français des affaires lui ménage également des appuis. Les thèses nationalistes suscitent des échos favorables dans cette nouvelle classe de chefs d'entreprises, de commerçants et d'hommes d'affaires qui commencent tout juste à se tailler une place dans le monde des assurances et des banques, longtemps considéré comme chasse gardée de l'élite anglophone. Or Asselin, comme son ami Bouchette, et instruit en cela par son expérience américaine, a toujours soutenu ce projet d'émancipation économique et l'a toujours associé, dans ses écrits, au programme anti-impérialiste de la *Ligue*.

Il s'est ainsi fait des amis inconditionnels du côté de la jeune compagnie d'asssurances La Sauvegarde. Cette dernière a accordé son appui à la *Ligue*, dès ses débuts. C'est dans ses bureaux qu'Asselin et Héroux ont tenu leurs premières assemblées et rédigé leur programme d'action. L'un des plus éminents dirigeants de *La Sauvegarde*, Guillaume-Narcisse Ducharme, souscrira, à lui seul, quarante actions pour la fondation du journal et acceptera d'en être l'un des directeurs et cofondateurs, si Bourassa appuie le projet. Des financiers en vue, tels Edmond Lepage, J.E. Alfred Dubuc, Charles Duquette, Adhémar Delorme, Joseph-Théodule Cardinal, Achille Joubert et le baron Joseph d'Halewyn se sont aussi engagés à souscrire des sommes intéressantes. Asselin compte également de nombreux sympathisants à la Chambre de commerce du district de Montréal et à la Banque provinciale.

À coups de petites contributions d'une ou deux actions recueillies auprès de ses meilleurs amis écrivains et journalistes et auprès de sa propre famille, il se fait fort de réunir la somme nécessaire à la location de bureaux et à l'achat de matériel d'imprimerie. Quant aux salaires... les ventes y pourvoiront à la mesure de la qualité du produit. Pour s'assurer enfin de l'approbation d'Alice, Asselin a imaginé de la faire nommer... trésorière de la future entreprise. La nomination constituerait une première dans l'histoire du féminisme montréalais, mais il est permis de se demander quels fonds resteraient à administrer par la pionnière, une fois les rêves de son mari réalisés[4]?

Jamais, plaide Asselin, la conjoncture ne sera plus favorable au lancement d'un journal d'opinion libéré de toute attache partisane. De plus en plus tenté par la perspective de bénéficier d'une tribune indépendante, Bourassa finit par se laisser séduire. Avec son père, Napoléon Bourassa, il accepte même d'être l'un des cofondateurs du journal dont Asselin sera le directeur et le rédacteur en chef. Guillaume-Narcisse Ducharme, de La Sauvegarde, et l'homme d'affaires Edmond Lepage, qui s'est entiché de Bourassa, compléteront le comité.

Rétrospectivement, la présence de l'artiste Napoléon Bourassa au sein d'un comité de fondation à caractère politique et militant a de quoi surprendre. D'une nature plutôt effacée et solitaire, le père du grand tribun nationaliste s'est peu manifesté au cours de la vie publique de son fils. L'absolue dévotion qu'Asselin vouait à leur cause commune l'avait-elle touché, et son esprit de total renoncement séduit? L'avenir remontrera qu'en dépit des désaccords profonds qui opposeront plus tard les deux hommes, plusieurs membres de la famille Bourassa conserveront à Olivar Asselin leur estime et même leur amitié. Chose certaine, en ce début d'année 1904, son enthousiasme et sa persuasion ont su rallier à sa cause aussi bien le père que le fils.

Ses amis des anciens *Débats*, de leur côté, n'attendent qu'un signal de sa part pour se remettre à l'écriture. Les « littéraires », tout particulièrement, sont stimulés par la publication imminente de cent sept poèmes de Nelligan chez Beauchemin[*].

---

* Ils seront préfacés et présentés par Louis Dantin (le père Eugène Seers), dans une édition à laquelle il semble probable qu'Asselin ait collaboré avant l'exil du père Seers.

Les « chères collègues » sont au premier rang : *Madeleine* et *Colombine* font du recrutement intensif. Seul, curieusement, Héroux hésite à se lancer dans l'entreprise. À *La Vérité*, Tardivel est tombé malade et se voit contraint à un repos forcé d'un an. Son fils Paul doit assurer l'intérim. Héroux hésite donc, semble-t-il, à quitter le navire en si fâcheuse posture, d'autant que sa relation avec la fille du patron semble évoluer dans la direction souhaitée. Dans ses lettres à Asselin, il le presse moins qu'auparavant de lui présenter quelque « jolie cousine ». Mais il souhaite de tout cœur voir son ami réussir dans son projet de journal, lui si peu fait pour les tâches routinières de la fonction publique ! Héroux voudrait aussi voir Bourassa se raffermir dans ses convictions et ses résolutions : ses derniers discours lui ont paru un peu « tendres » envers leurs adversaires... Mais peut-être, finalement, Asselin et lui sont-ils trop exclusivement « des hommes d'opposition[5] » ?

* * *

En janvier, Asselin a été distrait durant quelques jours de ses tractations de fondation. Il a dû représenter Oscar à un procès intenté par son frère à un gros client anglophone qui refusait de lui payer ses pommes de terre. Il a aussi fini par refuser l'offre généreuse des Limosi de prendre à leur charge, à Nairn, leur petite sœur Marguerite, née en Nouvelle-Angleterre. L'enfant est très intelligente et Olivar, qui l'adore, tient à la garder auprès de lui, à Montréal, pour veiller à son éducation et la faire instruire dans une bonne maison d'enseignement.

Mais c'est le déclenchement d'élections partielles dans le comté de Montmagny, prévues pour le 16 février, qui va mobiliser temporairement, sur le front électoral, toute la jeune effervescence nationaliste et retarder la parution du *Nationaliste*. « Adoubé » par Bourassa, Armand Lavergne vient, à vingt-quatre ans, d'annoncer qu'il s'y présentera sous la bannière libérale. Pour la *Ligue*, il s'agit d'une étape décisive de son action. Elle va prendre rapidement figure de test et de symbole : face à l'ordre établi, l'ancien leader étudiant incarne avec séduction toute les attentes et les refus de sa génération. Stigmatisé, en effet, par son activisme nationaliste, le fils d'Émilie Lavergne avait eu peu d'occasions de s'illustrer dans l'étude légale de la Vieille Capitale où des avocats libéraux, après la trêve Bourassa-Laurier, avaient consenti à lui faire une place.

Déçu et désireux d'aller s'établir à la campagne, il avait fini par jeter son dévolu sur le comté de Montmagny, où on lui avait laissé entendre qu'un jeune avocat libéral y serait le bienvenu. L'accueil avait été des plus chaleureux. Quelques mois plus tard, il est élu candidat avec une énorme majorité à la convention libérale convoquée à la suite du décès du député Martineau. Bourassa, dans les circonstances, l'encourage fortement à se présenter : fonder un parti lui répugne foncièrement mais noyauter le Parti libéral en faisant élire des nationalistes lui semble une excellente façon de faire cheminer leurs idées. Méprisant foncièrement la « politique politicienne », l'intellectuel en lui préfère de beaucoup l'exercice de l'influence à celui du pouvoir. Il a besoin du concours de Lavergne à Ottawa pour étendre encore cette influence au sein du parti ministériel par leurs interventions à la Chambre et leur participation aux discussions du caucus libéral.

Mais les libéraux bon teint se méfient de Lavergne et de Bourassa qu'ils jugent peu fiables. Ils veulent se prémunir contre les volte-face imprévisibles du jeune candidat et s'assurer de son orthodoxie future. Voici en quels termes Lavergne raconte leur tentative de le contraindre à suivre, à l'avenir et sur toutes questions, la ligne du parti :

> Toujours est-il que mon futur collègue au local, Ernest Roy, à une réunion des organisateurs tenue en présence de Bourassa, m'apporta de leur part le document suivant :
>
> Je soussigné, Armand Lavergne, candidat libéral dans le comté de Montmagny, déclare par les présentes que j'approuve tous les actes passés du gouvernement libéral, et m'engage à les approuver à l'avenir.
>
> Il me laissa clairement entendre que si je ne signais cette formule, je serais privé du nerf de la guerre. Du moins tel était le message dont on l'avait chargé.
>
> L'on sait que, suivant ce qu'en disait feu Israël Tarte : « Les élections ne se font pas avec des prières. »
>
> Je me fis remettre le document et demandai à Bourassa ce qu'il en pensait. Il me répondit assez sèchement que ça n'était pas de son affaire.
>
> Mettant le papier dans ma poche, je dis à mon ami Ernest : « Je n'ai pas l'intention de signer, mais je ferai l'élection sur ce document. Avec ce papier je n'ai pas besoin de fonds. » Inutile de dire qu'il y eut du bruit dans Landerneau. Mais je gardai précieusement ce papier caractéristique.
>
> Bourassa partit pour Ottawa et, après entrevue avec Laurier, je fus accepté comme candidat libéral, *libre* de toute attache et de tout engagement sur les questions impériales et nationales[6].

Lavergne passe rapidement sur les motifs d'acceptation de Laurier. Il ne lui appartient sans doute pas d'évoquer ici la tendre amitié qui a longtemps lié le premier ministre et sa mère*. Bourassa, lui, garde plutôt de l'épisode le souvenir d'un premier ministre réticent et ennuyé :

> Armand Lavergne, déjà membre du comité directeur de la Ligue nationaliste, posa sa candidature libérale et réclama mon appui, afin de marquer nettement ses

---

* Il écrit ici à plus de vingt ans d'intervalle. Jeune politicien, Lavergne ne répugnait toutefois pas à jouer sur les circonstances mystérieuses et romanesques de sa naissance. « Quel que soit mon père, de Joseph Lavergne ou de Sir Wilfrid Laurier, j'ai tous les motifs d'en être fier », avait-il répondu au cours d'une assemblée à un interlocuteur qui avait évoqué publiquement la possibilité que Lavergne soit le fils naturel du premier ministre.

affiliations nationalistes. J'aurais préféré, je l'avoue, qu'il ne passât pas sous les fourches caudines d'une convention libérale. Toutefois, pour sauver l'essentiel, je trouvai plus loyal de prévenir M. Laurier et M. Fitzpatrick que si Lavergne était choisi, le gouvernement libéral devait s'attendre à ce qu'il soutint à la Chambre les principes nationalistes. Le premier ministre y acquiesça avec une certaine répugnance. Il commençait à trouver que le mouvement prenait pas mal d'extension et menaçait d'échapper à son contrôle[7].

Il faut croire que le virus nationaliste avait touché les libéraux bien au-delà des appréhensions de leur chef et des espoirs du député de Labelle puisque, le 16 février 1904, Armand Lavergne, soutenu par la jeunesse et parrainé par Bourassa, remporte une victoire éclatante. Il a mené une campagne forcenée à travers son comté, bravant, en carriole, des froids sibériens agrémentés de poudreries pour tenir des assemblées de village. Les habitants s'y sont présentés par centaines, venus de rangs éloignés pour entendre le jeune orateur à la crinière bouclée et vêtu comme une carte de mode. À la tribune l'avait invariablement précédé, dans un silence respectueux, Bourassa, son maître à penser, austère dans sa mise comme un pasteur méthodiste, mais dont le verbe magique soulevait littéralement les auditoires de paysans endimanchés.

Israël Tarte, redevenu, depuis sa rupture avec Laurier, l'organisateur en chef du Parti conservateur, commente la victoire de Lavergne dans *La Patrie*. Il écrit que le jeune député est « libéral nationaliste », membre du comité exécutif de la *Ligue* d'où il ne fait pas de doute que, tôt ou tard, sous la pression des jeunes, pourrait bien émerger un troisième parti! Et que, fort de cette menace potentielle :

> il n'y a pas de doute que M. Bourassa, renforcé de M. Lavergne et appuyé dans une certaine mesure de M. Monet, insistera, à la prochaine session, auprès du gouvernement, pour obtenir des déclarations sur les sujets importants mentionnés au programme de la Ligue [...] Nous avons hâte de savoir comment le gouvernement expliquera à M. Bourassa la présence de sir Frederick Borden au conseil du Comité de la défense impériale[8].

Habile stratège, Laurier anticipe le coup. Les magouilles de Tarte et ses changements d'allégeance ont eu raison du personnage : Bourassa a rompu avec son ancien compagnon de voyage de 1896 au Manitoba, à l'époque de la crise des écoles séparées. Qui plus est, au Québec, l'arrivée inopinée de Tarte chez les conservateurs a produit un effet de repoussoir sur le fier et distingué Frederick D. Monk, chef de l'aile québécoise du parti et compagnon de table privilégié de Bourassa durant la session parlementaire. Monk ne fait pas mystère de ses réticences à collaborer avec Tarte. Un « vire capot », comme on dit, se révèle rarement un collaborateur fiable. Comme Monk n'est pas, contrairement à Tarte, d'humeur compétitive et bagarreuse, on peut d'ores et déjà augurer que c'est le plus sensible et le plus raffiné des deux qui cédera sa place à l'autre. Monk éliminé, plus rien ni personne ne saurait alors attirer Bourassa dans l'aire des adversaires de Laurier. S'il joue de finesse, le premier ministre saura bien retenir le petit-fils de Papineau dans le giron libéral, d'autant que l'idée de fonder un nouveau parti répugne foncièrement à sa nature anti-politicienne.

La trêve avec Bourassa doit donc être maintenue à tout prix. Fin psychologue, le premier ministre s'y emploie avec toute l'astuce qui le caractérise. Il se garde bien d'user lui-même de flatterie à son endroit, manœuvre grossière, que le très intelligent et très rétif député de Labelle aurait tôt fait de démasquer et de flétrir! Non. Laurier demandera plutôt à ses ministres de... consulter Bourassa. En politique, rien de tel, en effet, que de consulter un homme de réflexion pour s'assurer ensuite de son approbation une fois qu'on a suivi son avis. Ou promis de le suivre. Ou même fait mine de le suivre.

Ainsi, depuis quelque temps, son ministre de la Milice, sir Frederick Borden, fait-il respectueusement réviser par Bourassa ses copies de travail concernant la défense du Canada. Borden, comme le disait Tarte, siège déjà, sans que la chose ait été publicisée, au conseil du Comité de la défense impériale. Une interpellation en Chambre sur le sujet serait donc fort à redouter, du côté de Bourassa, une fois la session commencée. En prenant les devants et en le consultant au préalable, on peut espérer désamorcer à temps la bombe. Ce qui sera fait. Bourassa raconte, avec un brin de candeur, comment il lui fut donné satisfaction en la matière :

> Le ministère préparait une refonte des lois de la milice. Avant de soumettre son projet à la Chambre, sir Frederick me le communiqua. Nous eûmes plusieurs conférences ; il accepta certaines modifications que je lui suggérai. Il daigna même me remercier avec effusion des services que je lui avais rendus.
>
> C'est en préparant cette révision que le ministère libéral fit rétablir un dispositif important des lois antérieures à la Confédération et éliminé de la Loi de de 1872 : celui qui déclare que la milice du Canada ne peut être appelée aux armes « que pour la défense du Canada ».
>
> Il n'est que juste de répéter ici ce que je déclarai à la Chambre : ce texte, le ministre l'avait introduit de lui-même avant de me communiquer son projet de loi. Inutile d'ajouter que je l'en félicitai chaleureusement.
>
> Cette reconnaissance de la doctrine nationaliste en matière de défense militaire souleva l'ire des jingos[*], à commencer par le pétulant Sam Hughes[**].

---

[*] Terme qui évoquait, à l'époque, la tendance la plus impérialiste et la plus anti-française de l'élément anglophone du Parti conservateur.

[**] Sam Hughes deviendra à son tour ministre de la Milice et de la Défense dans le gouvernement conservateur de Robert Laird Borden, après la défaite de Laurier en 1911. C'est lui qui sera « aux affaires » durant la guerre de 1914-1918.

Les nouvelles civilités échangées entre Bourassa et sir Frederick impressionnent peu Asselin. Depuis la crise de 1899, alors qu'il était jeune reporter aux *Débats*, il avait pris la mesure exacte du ministre de la Milice et cela lui suffisait.

Tandis que ses amis pavoisent et festoient pour célébrer la victoire de Lavergne, Asselin s'intéresse toujours au dossier de la colonisation et des droits de coupe des habitants lésés par les spéculateurs, les marchands de bois et compagnies de pulpe. N'avait-il pas écrit à sa femme, l'été précédent, qu'il songeait parfois à « se ruer comme un forcené contre le système actuel de colonisation[10] »... La chance lui est maintenant donnée de faire entendre la voix des colons : la commission itinérante de la Colonisation, présidée par le sénateur Legris, tient des audiences à travers la province. Asselin veut saisir l'occasion de faire passer ses idées.

Il s'y présente bardé d'informations de première main. Tout ce qu'il a appris dans l'antichambre du ministre de la Colonisation, tous ces « livres bleus, blancs et jaunes » épluchés durant ses nuits sans sommeil, à l'hôtel du gouvernement, vont lui servir. Selon une logique implacable, les pièces du dossier se sont mises en place dans sa tête, humanisées par les centaines de témoignages de colons recueillis au cours de ses tournées, ou dans le courrier de Gouin auquel il était chargé de répondre. Son esprit fonctionne à une vitesse accélérée, au rythme des audiences qu'il suivra jusqu'à Hull, et son ami Héroux, jusqu'au Lac-Saint-Jean. Asselin va y révéler une autre facette de son talent : celui de journaliste d'enquête et de vulgarisateur. Rapidement, il a rallié à ses méthodes (et bientôt à ses idées) plusieurs membres de la commission, dont il est devenu l'animateur informel et vers lequel tous les regards se tournent, lorsqu'une pièce d'importance est déposée sur le bureau du président Legris. Héroux, son fidèle comparse, en conservera un souvenir inoubliable :

> Aux jeunes qui ont le goût de la recherche, nous conseillons de feuilleter l'un des volumes de l'enquête sur la Colonisation, celui qui donne les témoignages recueillis à Montréal. Ils y apprendront d'étonnantes choses. Pour cette partie de l'enquête, c'est Asselin qui fut le maître ouvrier et le grand metteur en scène. Aidé magnifiquement d'ailleurs par le président de la Commission, le sénateur Legris qui lui avait dit : Vous ferez entendre les témoins que vous voudrez, vous poserez les questions que vous jugerez pertinentes... Nous ne cherchons que la vérité[11]...

Tous deux ont été invités à dîner par le secrétaire de la Commission, Chrysostome Langelier, géant affable qui se fait passer pour bourru afin d'intimider les témoins. Langelier a été ému par les témoignages de nombreux missionnaires venus plaider la cause de leurs ouailles exploitées. Héroux et Asselin l'ont donc persuadé de faire entendre Bourassa devant la Commission. Les deux recherchistes ont bien en main les orientations que cette dernière est en train de prendre. Mais ils savent qu'il ne suffit pas d'avoir approfondi un dossier durant des années pour réussir à le rendre politiquement efficace. À leurs yeux, c'est le prestige et le verbe de Bourassa qui devraient constituer ce détonateur politique. Langelier, gagné à leur cause, accepte la proposition. Le député de Labelle est aussitôt convoqué à Montréal pour le 18 février. L'ancien secrétaire du ministre de la Colonisation, on peut s'en douter, lui a préparé un dossier bien documenté. Il a échoué auprès de Lomer Gouin, il se fait fort de réussir avec Bourassa.

Le député de Labelle d'ailleurs (Asselin ne l'ignore pas) est bien sensibilisé aux problèmes soulevés par la Commission Legris. Dans la seigneurie de son grand-père, à Montebello, il a vécu au milieu des colons. Ce sont eux qui l'ont élu et réélu député et c'est de leurs doléances que, plus d'une fois, il s'est fait le porte-parole auprès du gouvernement et de la fonction publique dont il connaît mieux que quiconque les dédales compliqués, les lenteurs et les tracasseries administratives. Il sait que, faute de terre cultivable suffisante, le colon ne peut survivre sur une terre neuve, si on ne lui permet, en même temps, de vendre lui-même son bois. Or les compagnies de pulpe (souvent étrangères) lui livrent une guerre de droits de coupe sans merci, en obtenant du gouvernement des concessions plantureuses exclusives, en échange de leurs contributions à la caisse électorale du parti. Sans âme et sans appartenance, elles sont en train de dénuder le sol québécois sous l'œil complaisant des libéraux de Simon-Napoléon Parent, qui n'émet aucune protestation. (Asselin en sait quelque chose...) Les grandes papetières sont riches, elles versent de gros honoraires à leurs avocats et les contestations du colon ne se rendent jamais devant le juge intègre susceptible de lui rendre justice.

Bourassa a donc tôt fait d'entrer dans les raisons d'Asselin. La solution qu'il propose, dans son discours, est de séparer le domaine proprement forestier du domaine colonisable. De réserver au colon les meilleures terres arables et de lui permettre de vendre son bois comme il l'entend, tandis que les compagnies, intéressées à la seule industrie de la pulpe, se rabattront sur le domaine forestier impropre à l'agriculture.

Voilà ce qu'Asselin suggérait déjà à sir Wilfrid Laurier dans son mémoire, du temps où il s'apprêtait à quitter son poste de secrétaire de Gouin pour entrer à *La Presse*. Comme il le faisait invariablement envers les journalistes, le premier ministre lui avait écrit combien ses considérations lui étaient apparues intéressantes et combien il demeurait reconnaissant à Asselin d'avoir pris la peine de les lui communiquer... Il avait promis d'en prendre bonne note, mais n'était jamais intervenu dans le dossier. Laurier, dans les circonstances, ne pouvait prendre ombrage de la comparution de Bourassa devant la Commission Legris et des positions de la *Ligue* qui en découleraient automatiquement.

Bourassa s'est donné un slogan : « La terre libre pour le colon libre »... Asselin est aux anges ! Subjugués par le talent oratoire de Bourassa, qui a parlé pendant deux heures sans être interrompu par le moindre toussotement, libéraux et conservateurs confondus ovationnent ses propos. De l'exploitation forestière à la concession aveugle des ressources hydrauliques de la province, le tribun stigmatise l'absence de vision du gouvernement Parent : « Nous cédons pour l'éternité, par simple vente privée, une propriété dont personne ne peut encore dire la valeur et qui ne s'épuisera jamais. C'est le comble de la démence administrative[12] ! » Asselin est vengé de ses mois d'indignation rentrée auprès de ce gouvernement rampant et de ses vaines démarches auprès de Laurier. « Le comble de la démence administrative »... Comme il admire son chef en cette minute de vérité où le succès populaire lui fait oublier ses prudences habituelles ! Et combien, secrètement, il doit se réjouir de lui avoir fait réussir cette première incursion-test dans les affaires provinciales.

Il faut battre le fer tandis qu'il est chaud. Jamais les circonstances n'ont été plus favorables à la *Ligue* : elle vient de faire élire, dans Montmagny, Armand Lavergne, l'idole de la jeunesse nationaliste ; elle vient de prouver qu'elle peut encore exercer sur la politique fédérale de défense une influence décisive, comme en font foi les échanges Borden-Bourassa ; elle est capable de mobiliser l'opinion en un temps record pour influencer également la politique provinciale, ainsi qu'en témoignent les audiences de la Commission Legris sur la colonisation.

Le 21 février, la *Ligue* convoque donc une assemblée monstre au Théâtre national pour célébrer cette triple performance. Asselin sent qu'il peut annoncer publiquement la fondation du *Nationaliste*. Bourassa, cette fois, est derrière lui. Il annonce la parution du premier numéro du journal pour le 6 mars. La *Ligue* a le vent dans les voiles et leurs deux noms, avec celui de Lavergne, sont désormais indissociables. La grande aventure nationaliste ne fait que commencer. Au *Nationaliste* d'en écrire désormais l'histoire. Déjà, le fidèle Héroux en appelle publiquement à une « révolution bienfaisante » et le petit-fils de Papineau, cette fois, n'a pas froncé les sourcils...

Il est au meilleur de sa forme, Bourassa. À l'assemblée du Théâtre national, fort de son influence sur le ministre de la Milice, il annonce fièrement à un auditoire impatient de passer à l'action qu'il interrogera bientôt, en Chambre, sir Frederick Borden lui-même sur sa présence au conseil du Comité impérial de la défense. Une fois de plus, Bourassa s'impose, face à Laurier, comme la figure dominante des forces de renouveau du Canada français. Du jamais vu comme assemblée ! Sans distinction de couleur et de partis, tout Montréalais bien informé tiendra à faire savoir, le lendemain, qu'il y a assisté. Le président de la *Ligue* se frotte les mains de satisfaction.

Dans la cohue de la sortie, Asselin a reconnu, parmi la foule, une silhouette familière qui l'attendait sur le trottoir. C'est Jules Fournier, son ex-collègue de *La Presse* devenu courriériste parlementaire au *Canada*. Il était aux premières loges et n'a rien manqué du discours de Bourassa. Ce dernier l'a littéralement soulevé.

Il voudrait en discuter avec Asselin. Bras dessus bras dessous, tout au bonheur de se retrouver, ils filent vers les cafés illuminés de la rue Saint-Laurent où des groupes de partisans volubiles les ont précédés. Dans cette atmosphère fiévreuse et complice, ils vont deviser tard dans la nuit. Après la politique, la littérature... Fournier, qui a toujours les poches bourrées de trouvailles récentes, n'en finit plus de déballer ses trésors devant son ami retrouvé.

Au petit matin, en se levant pour chauffer le biberon de Claude, Alice découvre un grand jeune homme endormi, en bras de chemise, sur le divan du salon. C'est Fournier qui vient d'entrer dans leur vie pour n'en plus ressortir. Fournier l'unique, le frère selon l'esprit. L'une des plus belles amitiés intellectuelles de ce début de siècle est en train de naître*. Joyeuse, Alice fera du café pour trois : rien ne la rend plus heureuse que de voir la vie et les ferveurs d'Olivar envahir leur sphère domestique où, certains jours, elle se sent un peu prisonnière. En ce moment, portée par son optimisme naturel et à l'instar de Fournier, elle croit dur comme fer, en dépit de leurs dettes accumulées, que le succès, sinon la fortune, attend son Olivar au *Nationaliste*... Il vient de franchir les derniers obstacles. Les opposants qu'il n'a su convaincre, il les a séduits un à un. Alice, pas plus que Bourassa, n'a pu lui résister. Le lendemain, Asselin trouvera dans son courrier une lettre de « Colombine » qui témoigne de la faveur dont jouit désormais son projet. La jeune femme l'a écrite sous le coup de l'exaltation produite par l'assemblée de la veille, au Théâtre national, où Asselin a annoncé la parution imminente du *Nationaliste* :

> Si vous avez besoin d'un dévouement à toute épreuve, d'un travail opiniâtre, d'un disciple qui embrasse votre cause avec l'ardeur d'un néophyte qui peut aller jusqu'au martyre, je vous offre tout ça, croyant remplir par là un devoir de reconnaissance[13].

Bigre ! La directrice-fondatrice de la nouvelle Bibliothèque municipale de Montréal n'a pas peur des mots : c'est bien d'un journal de combat qu'il s'agit !

Les jours suivants vont submerger Asselin d'urgences matérielles : ce *Nationaliste*, fièrement annoncé comme le seul journal indépendant du dimanche matin à Montréal, il faut le produire, même si toutes les souscriptions promises n'ont pas encore été encaissées. Les orientations se préciseront bien par la suite : il y aura assez de pamphlétaires dans la boîte pour qu'on leur fasse confiance ! Pour l'heure, après avoir recueilli maintes soumissions d'imprimerie jugées exorbitantes, le nouveau directeur a décidé que le *Nationaliste* posséderait ses propres presses.

---

* Les contemporains d'Asselin et de Fournier comparaient volontiers leur amitié exceptionnelle à celle qui unissait, en France, les écrivains provençaux Frédéric Mistral et Alphonse Daudet. Une différence d'âge de dix ans avait également conféré au premier le statut de maître, au début de la carrière du second.

Il a jeté son dévolu sur un équipement vétuste qu'un certain Arthur Smith, de Saint-Henri, mettrait à sa disposition « moyennant 1500 $ dont 1000 $ en argent comptant et 500 $ en actions au *Nationaliste*[14] ». Une aubaine ! Comme quoi il se trouve des patriotes partout... Pour loger cette merveille de la technologie triomphante, il a repéré, tout près de chez lui, au 1437 de la rue Notre-Dame, une ancienne épicerie qui vient de fermer ses portes. « Fermer ses portes » est un bien grand mot. Asselin avouera plus tard que, dans ce local en démanche, « froid comme une glacière, et qui reposait sur une cave ouverte à l'arrière, la neige pénétrait par bancs[15] ».

Le déménagement des presses de Saint-Henri à la rue Notre-Dame est prévu pour le samedi 5 mars et la publication du premier numéro... pour le lendemain ! Mais, dame, n'est-il pas souvent arrivé à Asselin de devoir mettre lui-même la main à la presse, à l'époque glorieuse du *Protecteur canadien* et de *La Tribune* ? Voici en quels termes ses anciens collègues du *Nationaliste* raconteront, neuf ans plus tard, dans quelles circonstances le premier exemplaire du journal devait voir le jour :

> Il était écrit que le journal, fondé contre vents et marées, aurait une naissance difficultueuse [*sic*]. Transporter un matériel d'imprimerie, presse, casses, caractères, etc. de Saint-Henri à la rue Notre-Dame, cela demandait un peu de temps ; déménager l'épicerie et emménager le matériel ne pouvait non plus se réaliser par une simple opération de l'esprit. Or, les circonstances voulurent que tout cela se fît à la fois, dans l'après-midi du samedi.
>
> Par la porte constamment ouverte, entraient accessoires d'imprimerie et morceaux de presse, tandis que sortaient chaudières de saindoux et boîtes de conserves. Dans un coin de la vaste salle, le vieux mécanicien essayait de mettre debout la presse, tandis que, dans l'autre, les typographes, les doigts à demi gelés, s'acharnaient à déchiffrer et à traduire nos hiéroglyphes.
>
> En face, Asselin, tiraillé de droite et de gauche, interpellé par les typos, le mécanicien et les charretiers, rédigeait sur le fond d'un baril de biscuits ses échos et son article-programme. Tout à côté, sur un autre baril, l'épicier faisait à haute voix l'inventaire de sa marchandise.
>
> — Pour le Canada, dans ses relations avec la Grande-Bretagne, la plus large mesure d'autonomie, écrivait Asselin.
>
> — Deux douzaines de balais... Quatre douzaines de boîtes de saumon... Trois douzaines de moutarde... répétait à haute voix le brave épicier.
>
> — Le nationalisme est la politique de l'avenir dans les pays comme le nôtre, où tous les éléments d'une forte civilisation se sont développés sur une terre riche et féconde, concluait Asselin.
>
> — Prenez garde aux confitures, recommandait le bon commerçant.
>
> Mais l'idée qui nous torturait était celle-ci : finirions-nous le journal à temps ? et si la composition était prête, cette malheureuse presse le serait-elle ?

Et voudrait-elle fonctionner?

Rien n'est capricieux comme une vieille presse qu'on installe sur un plancher ancien. La moindre anicroche, la moindre différence de niveau dans le plancher peut bloquer tous les rouages.

À huit heures, le mécanicien nous avertit que deux heures plus tard tout serait prêt et qu'à moins d'accident le journal paraîtrait. La composition s'achevait, nous poussâmes un cri de triomphe. Je crois même qu'Asselin esquissa un entrechat au milieu des caisses vides.

Mais il fallut déchanter. On vint nous prévenir que le pressier recruté par Asselin ne pourrait venir au journal. C'était le naufrage en vue du port. Où trouver un pressier à quelques minutes d'avis le samedi soir, dans une ville comme Montréal? Où trouver surtout le brave homme qui, sa semaine finie, voudrait passer avec nous une nuit blanche, pour jeter dans le public notre petit journal?

Nous nous creusions désespérément la cervelle, quand survint Denault*.

— À la Minerve, autrefois, nous dit Denault, j'ai connu un très brave homme, très obligeant; mais j'ignore où il demeure. Nous feuilletâmes le bottin rapidement et Denault, bon garçon, partit à la recherche de l'homme. Tentative fort hasardeuse.

Il était neuf heures quand Denault finit par rejoindre son vieil ami. Débotté, en bras de chemise, fatigué et satisfait de sa semaine, le vieillard allait se mettre au lit.

Denault raconta notre aventure, plaida notre cause.

— Mais, mon cher monsieur Denault, vous voyez bien que c'est impossible, disait le bon pressier. Un homme de mon âge, aller passer la nuit blanche, le samedi soir, je ne puis plus...

Denault insistait. Le vieillard peut-être par curiosité, peut-être par diversion, finit par lui dire:

— Mais quel est donc ce journal? Je n'ai jamais entendu parler de cela, *Le Nationaliste*?

Denault eut une inspiration.

— C'est le journal de Bourassa, l'homme qui a dénoncé la guerre des Boers, dit-il.

— Ah! c'est le journal de Bourassa... Apporte-moi mes bottes, jeta-t-il à sa vieille compagne. Nous ne sommes pas pour laisser ces jeunes gens-là dans l'embarras. Je vais le faire, leur journal...

Et fier, un rayon de jeunesse dans les yeux, le brave monsieur Jubinville s'en vint avec nous passer la nuit blanche au service d'une idée.

Grâce à lui, grâce au travail et au dévouement de nos ouvriers, le journal parut vers les quatre heures.

Nous sortîmes du bureau, un peu avant six heures, pour aller à Notre-Dame. Nous marchions à la file indienne, l'air grave, chacun de nous lisant le nouveau journal et étalant avec soin le titre où vibrait, nous semblait-il, quelque chose de notre âme. Ce fut la première grande réclame du *Nationaliste*[16].

---

* Amédée Denault avait été, un temps, le collègue d'Asselin à *La Croix* dont il était directeur à l'époque de l'essai infructueux d'Olivar de s'établir à Montréal en 1895.

La barbe longue, les yeux cernés, épuisé mais ravi, Asselin pouvait aller se jeter pour quelques heures en travers de son lit ! Il avait gagné la première manche. Les « petites gens », comme il les appelait, ceux pour lesquels il avait entrepris de livrer bataille contre le mensonge impérialiste et la « concussion » (un autre terme qu'il affectionnait), eh bien, ces « petites gens », à commencer par le brave père Jubinville, venaient de lui prouver, au cours de cette nuit mémorable, qu'ils l'avaient compris et qu'ils l'appuieraient dans son entreprise.

L'accueil des « cœurs simples » dont les intuitions, en matière de sincérité, ne trompent pas, lui avait prédit Bouchette, c'est d'abord chez les étudiants qu'il va se manifester. Asselin est déjà, avec Lavergne, un de leurs héros. Maintenant qu'il possède son propre journal, celui-ci va, dès le lundi suivant, se répandre dans les collèges et les salles de cours de l'université comme un véritable manifeste de la jeunesse. Louis Breton, qui plus tard se fera journaliste à l'exemple d'Asselin, raconte la réception qu'on lui fit dans son collège :

> Je me rappelle comme si c'était celui de cette semaine, le lundi où il m'emmena [Marcel Henry*] au fond de la cour. Avec des airs de mystère, qu'il aurait à me faire fumer des cigarettes... défendues et extrayant des profondeurs de sa poche un numéro du *Nationaliste*, il me dit : « Enfin, dans ce pays de sauvages, on a un journal rédigé en français, où il y a des idées, et surtout de la critique, de la critique, entends-tu ? Ce qui nous manquait jusqu'ici. » J'eus, je l'avoue, des effarouchements naïfs à voir tomber des idoles qu'on m'avait fabriquées au collège et que j'adorais avec la foi du charbonnier. Mais Henry eut tôt fait de me former. Et depuis lors, nous eûmes des hâtes fébriles des lundis, malgré que ce fût jour de mélasse et de hachis au réfectoire... Nous passions tout de suite, en recevant le journal, à la colonne des « Échos et commentaires » où la verve d'Asselin était plus drôle d'être comprimée dans d'étroits entrefilets. Hebdomadairement, *Le Nationaliste* arrivait dans les divinités du monde politique, comme une boule dans un jeu de quilles et nous étions, Henry et moi, comme des enfants qui s'amusent fort à voir changer en cibles des poupées traitées quelque temps avec égards[17]...

Car ce journal nationaliste, son fondateur de vingt-neuf ans l'a voulu de très haute tenue. Comme aux *Débats*, on y poursuivra indissociablement le combat politique et le combat littéraire. À quoi bon, pense Asselin, combattre l'impérialisme britannique si nous ne savons déjà plus parler français, si nous « ne pensons plus français ? » Cette menace, ses amis poètes la sentent confusément peser sur leurs propres œuvres : « Je suis ignorant, je ne sais pas ma langue »... avouera quelques années plus tard Albert Lozeau[18]. Aussi les « littéraires » entendent-ils mener campagne auprès d'Asselin pour la qualité de la pensée et de l'expression.

---

* Pseudonyme du futur écrivain Marcel Dugas.

Ils ont placé la barre très haut et, dès le premier numéro, ils précisent le défi qu'ils entendent relever.

Charles Gill, dans un commentaire de Nelligan, puis, à sa suite, Gaston et Louvigny de Montigny et Albert Lozeau indiqueront assez que l'enclos du terroir canadien-français célébré par Louis Fréchette est bien trop étroit pour contenir leur inspiration de jeunes citoyens du monde. À l'instar d'Asselin, ils se sont mis depuis longtemps à l'école de ces « journaux français » où, pour être journaliste, il faut commencer par savoir écrire.

Lavergne, que sa toute récente élection désigne pour être, aux côtés d'Asselin et bientôt de Fournier, le meilleur critique politique du groupe, sera le courriériste parlementaire attitré du *Nationaliste*. Ses émoluments de député font réaliser au journal naissant d'importantes économies. C'est avec toute la fougue de ses vingt-quatre ans et son goût de la polémique que Lavergne se met à la tâche aux côtés d'Asselin :

> Je me souviens, entre autres, d'un journaliste, beaucoup moins jeune que moi, dont le talent incontestable avait subi de nombreux avatars avec *La Presse*, où s'exerçait sa plume, mais qui avait aussi le faible d'aimer un peu la vieille fine (si on peut dire que ce soit un faible). Il m'avait pulvérisé d'un formidable premier-Montréal*, ayant pour titre : *Le jeune fou de Montmagny fait ses dents.*
>
> La réponse était facile et s'imposait.
>
> J'admis, dans *Le Nationaliste* du dimanche suivant, le bien-fondé de l'accusation, me contentant d'ajouter que « la chose étant, j'étais encore plus avancé que mon honorable contradicteur, puisqu'à soixante ans passés, *il était encore à la bouteille.* »
>
> Le mot, qui ne demandait pas un terrible effort de l'imagination, eut du succès et fit le tour de la presse.
>
> Il est bon de dire que, grâce à la plume d'Asselin, à la collaboration de Jules Fournier et de quelques autres, *Le Nationaliste* constituait, chaque semaine, quand il paraissait, et cela suivant le témoignage désintéressé, paru dans la *Revue des Deux Mondes*, du professeur Louis Gillet : « un petit événement littéraire ». On se l'arrachait.
>
> Les courriers parlementaires de Montjorge** même étaient invariablement traduits et commentés par toute la grande presse anglaise des deux partis.
>
> Le journal d'Asselin gîtait en ce temps-là dans une cave, ou presque, de la rue Saint-Vincent***. J'y arrivais ordinairement le vendredi soir pour travailler avec le patron. Ses bons mots constituaient mes émoluments, ce qui lui permettait, bon

---

* Nom donné à l'époque à l'article éditorial.

** Pseudonyme d'Armand Lavergne au *Nationaliste*.

*** Fondé rue Notre-Dame, *Le Nationaliste* déménagera successivement rue Saint-Vincent et rue Sainte-Thérèse.

prince, de les doubler quand il le voulait; avec en plus un robinet qui, au dire d'Asselin, donnait indifféremment « de l'eau ou du lait ». La couleur y était dans tous les cas.

Le matin, vers les quatre heures, la conscience en paix, avec la satisfaction du devoir accompli, Asselin, grand seigneur, nous payait une fève au lard dans un boui-boui de la côte Saint-Lambert, et je reprenais allégrement le chemin de fer pour Québec ou Montmagny.

Comme nous nous aimions et combien nous étions unis ! Pour moi ces jours sont gravés trop profondément dans mon cœur, rien ne pourra en effacer le souvenir.

Nous n'avions que notre jeunesse et c'est généralement, avec joie, que nous la prodiguions au service de la patrie. Je ne sais si parmi ceux qui vivent encore il en est qui le regrettent. S'il en est, je ne suis pas de ceux-là[19].

Ils n'avaient « que leur jeunesse » mais aussi leur talent. Ils « s'aimaient », en outre, et ils « étaient unis ». Voilà ce que leurs adversaires ne savaient que trop. Voilà une sorte de solidarité qui les dépassait et qu'ils n'arrivaient pas à leur pardonner. Une semaine à peine après la sortie du premier numéro du *Nationaliste*, les libéraux bon teint du *Canada* crachent leur fiel en direction de ces jeunes « libéraux indépendants » qui prétendent contester leurs méthodes et leurs orientations :

L'existence de ce groupe est un danger constant pour le maintien de la tranquillité dont nous jouissons et ce mouvement nationaliste associé au mouvement protectionniste par le trait d'union de l'agitation colonisatrice est une mesquine manigance politique dont la province de Québec paiera les frais[20].

On n'avait pas digéré, en haut lieu, la manière expéditive dont Asselin avait retourné la Commission Legris en propulsant Bourassa à l'avant-scène. « L'agitation colonisatrice » qui avait si prestement démasqué la collusion des grandes papetières avec la caisse électorale du Parti libéral, c'était encore Asselin ! Un empêcheur de tourner en rond qu'on risquait dorénavant de croiser sur sa route chaque semaine. L'organe du Parti libéral poursuit :

Le seul effet de cette publication peut donc être de réveiller en dehors de notre province un sentiment anti-français qui peut seconder les ambitieuses spéculations politiques de M. Bourassa, mais que tout le monde déplorera du fond du cœur[21].

Loin de produire l'effet d'une douche froide, un tel accueil ne pouvait manquer d'agir, sur l'esprit de ceux que Bourassa appelait ses « jeunes zélotes », comme un puissant stimulant. Si les forces d'inertie se cabraient, les forces de changement, elles, se réjouissaient. Trente-trois ans après l'événement, Arthur Laurendeau* écrira avec admiration :

---

* Musicien contemporain d'Olivar Asselin, militant nationaliste et père du journaliste André Laurendeau. Arthur Laurendeau évoque ici ses souvenirs, quelques mois après la mort d'Asselin.

Ceux qui ont vécu l'émotion des premiers *Nationaliste* ne s'y trompèrent pas. Il y avait là, derrière des moyens d'attaque fragiles et minces, derrière ce petit hebdomadaire qui tenait dans sa main, méprisé et traqué par les puissants, une volonté latente, un refus sourd de toutes les bassesses du temps[22].

Asselin a gagné son pari. Il signe son premier article : « directeur-gérant ». Il a enfin réalisé le rêve secret de tout journaliste : posséder enfin son propre journal, déterminer jour après jour les orientations de la politique éditoriale, procéder à la sélection des dossiers à traiter, choisir ses collaborateurs. Journal du dimanche, *Le Nationaliste* ne sera pas assujetti à la contrainte de la primeur. Il traitera de ses sujets selon ses propres critères et les approfondira. Opiniâtre et documenté, Asselin privilégiera certaines idées-maîtresses sur lesquelles il aimera revenir sans cesse, les étoffant chaque fois d'informations et d'argumentations nouvelles, les dotant de formulations percutantes où se déploieront sans fin une verve souriante et un humour ravageur qui enchanteront ses contemporains.

Ce journal, il l'a voué à « la création d'un véritable esprit national », d'un « service » austère et généreux, susceptible d'élever le niveau des débats politiques et d'épurer les mœurs « politiciennes » qui l'empoisonnent : « mollesse de la pensée », « recherche des titres et des honneurs », « vénalité » et « concussion ». Dures épithètes, vaste programme. Mais cette entreprise de « régénération nationale », que lui suggérait Bouchette, il l'entreprend presque seul, sans le support financier d'un parti, puisqu'il n'est toujours pas question, pour Bourassa, d'en fonder un. Avec une poignée de collaborateurs aussi jeunes et désintéressés que lui, il vient d'entreprendre, dans une grande précarité matérielle, la phase peut-être la plus exaltante et la plus intense de sa vie de journaliste.

* * *

Mais avant d'aborder, en tant que tel, le contenu du *Nationaliste*, il convient de rappeler d'abord à quelle époque et dans quelles conditions, de 1904 à 1909, Asselin devait y investir le meilleur de lui-même avec une poignée d'amis dévoués, jeunes femmes et hommes tout aussi déterminés à changer le monde autour d'eux... Il convient d'évoquer aussi la vie d'insécurité et de privations que devait connaître sa famille à laquelle deux autres enfants allaient s'ajouter, durant ces cinq années d'écriture de combat, de procès pour libelle et même d'incarcération.

Tous les contemporains d'Asselin en arriveront tour à tour à la conclusion suivante : le journalisme n'est pas une profession ! En ce début de siècle, il ne constitue pas un avenir pour un homme de talent qui prétend faire vivre une famille de ses émoluments dérisoires. Les salaires stagnent au plus bas niveau parce que le métier, contrairement aux professions légale et médicale, ne jouit pas de la considération sociale que confère une formation professionnelle sanctionnée par l'Université. Ouvert à tous, il est piégé par le bas et l'excellence n'y est pas reconnue. En 1911, fort de son expérience à *La Presse*, Jules Fournier parlera de « l'ignorance incroyable de la plupart des reporters » et même de leur « inaptitude [...] à apprendre[23] ». Ernest Shenck, un débutant au *Devoir*, en 1910, écrira :

> Le journalisme d'autrefois n'était pas comme maintenant une carrière bien étiquetée, à laquelle on se préparait consciencieusement, mais un milieu mêlé et trépidant où, à côté de gens ayant vraiment la vocation d'écrire, échouaient un tas de bohèmes, de désaxés, ou au contraire, des jeunes en route vers les cimes par des sentiers un peu fantaisistes comme ceux de l'école buissonnière, et dont quelques-uns menaient à la taverne, à la vie de bohème[24].

Associé de plus près encore à la fondation du *Nationaliste*, Omer Héroux dressera le même constat dans *La Vérité* du 19 août 1905*. En le citant largement, l'historien du journalisme québécois Jean de Bonville résumera l'itinéraire incertain des aventuriers de la presse du début du siècle :

> La biographie d'un reporter suit un itinéraire connu. Un jeune homme sort du collège, plein d'ardeur. Comme il a de la facilité à écrire, il devient reporter. Il atteint rapidement le traitement le plus élevé auquel il puisse avoir droit, « et celui-ci n'est pas élevé ». Au début, ses faibles émoluments ne l'inquiètent guère. Il vit seul, ne ressent guère le besoin d'économiser. Puis il se marie et les enfants naissent. Les besoins augmentent, mais son rendement et son traitement stagnent. Son métier exige plus d'endurance physique que d'étude. Désormais, « il lui répugne de passer la journée à courir par la ville et ses soirées hors de chez lui ; il n'a plus la force de travailler deux ou trois jours presque sans désemparer. Bref, au point de vue du patron, il est inférieur à ce qu'il était cinq ou six ans plus tôt, à ce qu'est le quasi-débutant qui se contente d'un salaire peu élevé. » Héroux conclut donc avec lucidité : « Le reportage est un métier de jeunes gens ; c'est une situation temporaire qui peut offrir certains avantages, mais qui ne constitue point une position stable et définitive [...] à l'heure actuelle, il faut le dire nettement, le journalisme n'est pas une carrière[25]. »

Asselin, certes, n'est plus un simple reporter. Mais son titre de « directeur-gérant » d'un hebdomadaire de prestige ne lui confère guère d'avantages pécuniaires appréciables sur ses confrères qui peinent au bas de l'échelle.

À la même époque, Télesphore-Damien Bouchard, éditorialiste et unique reporter à *La Tribune* de Saint-Hyacinthe (hebdomadaire lui aussi), gagne 1,40 $ par semaine. C'est pour obtenir une augmentation pharamineuse de 2,60 $ qui portera son salaire hebdomadaire à 4,00 $ qu'il quitte *La Tribune* pour passer au

---

* Au moment où il écrit ces lignes, Héroux, journaliste à *La Vérité*, s'interroge sérieusement sur son avenir puisqu'il songe à épouser Alice Tardivel.

journal concurrent, *L'Union*. Pour réussir à boucler son budget, il cumulera aussi la fonction de correspondant de *La Presse* à Saint-Hyacinthe*. Bien que les salaires des journalistes soient sensiblement plus élevés à Québec et à Montréal, les existences précaires et aventureuses de T.D. Bouchard et d'Olivar Asselin offrent beaucoup de similitudes[26].

Au *Nationaliste*, le patron sera toujours le dernier payé... Et n'eussent été, à l'époque, des « slabes » de morue séchée que les Le Bouthillier refilaient régulièrement à Alice, sa petite famille se serait souvent mise au lit le ventre vide. « En théorie, il remplit un sacerdoce ; en pratique, il fait un métier de chien ! », écrira, en 1918, le journaliste Alfred-Duclos Decelles dans la notice nécrologique d'Arthur Dansereau. Si telles étaient les conditions salariales du « Boss » Dansereau au « plus grand quotidien français d'Amérique », on peut imaginer la situation calamiteuse dans laquelle le directeur-gérant du petit *Nationaliste* entreprenait, en ce 6 mars 1904, de livrer les plus beaux combats de sa vie.

---

* T.D. Bouchard est alors célibataire et se contente visiblement de bien peu.

Chapitre XIV

LES FORCES VIVES DU NOUVEAU SIÈCLE

Nous sommes de ceux qui virent le beau miracle de la rue Ste-Thérèse, les campagne ardentes, les vendredis de fièvre, les samedis sans feu et sans pain [...] Si le destin nous assignait un rôle douloureux, ce sera quelque chose que d'avoir senti passer le vent dans nos chevelures et livré nos âmes aux caprices de la chimère. Notre matin aura été traversé de soleil; et notre fierté sera satisfaite si elle reçoit le témoignage que nous n'avons pas commencé à vivre de façon vulgaire.

(Jules Fournier dans *L'Action*, 25 janvier 1913)

En dépit de leurs caractères pâles et vacillants et de leur présentation artisanale, les premiers numéros du *Nationaliste* s'envolent à l'étalage comme des petits pains. Deux heures après son arrivée chez les marchands, le stock du journal est épuisé. Mais le nombre de ses lecteurs ne cesse d'augmenter. Chez les étudiants, on se regroupe à dix ou à quinze, chaque dimanche, pour se procurer, à 2¢ l'exemplaire, le fameux « journal d'Asselin ». Pour un dollar (une aubaine) les plus fortunés peuvent s'abonner pour un an. La devise qui coiffe la page frontispice, « Droit au but », laisse déjà entendre que le lecteur en aura pour son argent. Ses quatre modestes pages vont susciter de passionnants débats et bouleverser de vieilles habitudes politiciennes parmi les plus ancrées dans les mœurs.

Dès le premier numéro du 6 mars 1904, le directeur annonce le contenu de son programme politique. En tous points, ce sera celui de la Ligue nationaliste avec la caution prestigieuse d'Henri Bourassa. Le premier éditorial en donne d'ailleurs le résumé complet. Dans les semaines qui suivent, Asselin développera régulièrement l'option de son journal selon une méthode progressive qui deviendra la marque de l'hebdomadaire : répéter, marteler, illustrer, expliciter pour mieux convaincre.

Sur l'engagement politique du journal, il précisera bientôt :

La Ligue croit de son devoir d'offrir son modeste appui aux députés libéraux et conservateurs à tendances nationalistes pour empêcher qu'après avoir fait les sacrifices d'amitiés puissantes et s'être, comme M. Bourassa, exposés à l'hostilité des principaux organes de leur parti, ils ne périssent obscurément dans quelque traquenard tendu par des hommes sans patriotisme, sans bonne foi, sans pudeur, comme ceux qui inspirent *L'Evénement*, *Le Journal*, et *La Nation*[1].

En un bref paragraphe, il vient de se mettre à dos trois puissants journaux. Ou plutôt cinq. Dès la parution du premier numéro, deux semaines auparavant, *Le Canada* et le *Witness* lui avaient fait l'honneur d'une déclaration de guerre. Sa publicité est déjà toute faite. Un journal de combat, et à plus forte raison un polémiste de talent, doivent le plus clair de leur succès au prestige de leurs adversaires. Asselin promet d'être bien servi. Il n'a pas oublié les leçon d'escrime de son maître Rochefort. Ni d'ailleurs son sens de l'humour.

Dès le début, et tout en s'affirmant comme journal d'idées, le *Nationaliste* adopte ce ton enjoué, ce style mordant qui a fait, depuis des décennies, la bonne fortune du journalisme « à la française ». Avec des plumes comme celle de Fournier et une vivacité d'esprit comme celle de Lavergne, il est bien équipé pour le faire. La caricature, qui deviendra l'image de marque du journal, grâce aux crayons impitoyables de Gorcy, Charlebois et James McIsaac, sera vite promue au rang de « second éditorial », tant par la virulence de son message que par le choix de ses cibles de prédilection. Dans son « premier Montréal », Asselin n'hésitera pas au besoin à se mettre à la remorque de son caricaturiste, dont il se fera le commentateur ironique.

Car si le comité directeur de la *Ligue* a pris ses quartiers au 1487 de la rue Notre-Dame, les artistes, les musiciens, les écrivains et les poètes vont aussi s'y donner rendez-vous pour remettre leurs textes. Quatre ans après sa dispersion, la petite équipe des défunts *Débats* va rapidement se reconstituer autour d'Asselin, comme elle l'avait fait autour de Louvigny de Montigny, au moment de la guerre du Transvaal. Dès le premier numéro, de Montigny consacre un article à la question du droit d'auteur pour les écrivains canadiens-français, tandis que Charles Gill signe une étude attentive de l'édition des poèmes de Nelligan que Louis Dantin vient de publier. La préface en est si sensible et si pénétrante, dit-il, que « seul un autre poète pouvait l'écrire ». Puisse une telle lumière jetée sur l'œuvre du « cher malade » lui donner le goût de se remettre bientôt à la tâche ! En frontispice, Albert Lozeau publie un poème d'inspiration barrésienne sur le charme dépouillé de ces vieilles églises campagnardes, où le pauvre ne se sent jamais seul ni dépaysé...

Semaine après semaine, poètes, peintres et musiciens verront leurs textes publiés, leurs œuvres signalées et commentées par *Le Nationaliste*. Les manifestations du théâtre et bientôt du cinéma*, spectacles alors tenus en haute suspicion par les autorités ecclésiastiques, seront régulièrement signalées à l'attention du public, en qualité de véritables productions artistiques. La tradition d'ouverture culturelle des *Débats* se poursuit dans le droit fil de son courant libéral d'origine.

S'y ajouteront, avec les années, les contributions de plusieurs poètes et écrivains : Germain Beaulieu, Alphonse Beauregard, Jean Charbonneau, William Chapman, René Chopin, Hector Demers, Louvigny et Gaston de Montigny, Albert Ferland, Ernest Gagnon, Charles Gill, Marie Lefranc, Pamphile Le May, Albert Lozeau, Paul Morin. Des musiciens : Albert Chamberland, Alexis Contant, Guillaume Couture, Alfred de Sève, Albert Jeannotte, Alfred Laliberté**, Arthur Laurendeau, Joseph Saucier. Des peintres : Henri Beau, William Brymner, Maurice Cullen, Edmond Dyonnet, J.C. Franchère, Clarence Gagnon, Joseph Saint-Charles, Suzor-Coté et nombre d'autres...

Pas étonnant qu'après trois ans d'ardents combats et de coûteux procès pour libelle, Asselin ait reçu l'appui spontané des artistes qui organiseront, pour renflouer la caisse de leur brûlot favori, un immense gala-bénéfice au Monument national, où récitants, chanteurs, pianistes, violonistes et choristes, hommes et femmes, rivaliseront de talents et d'humour au service de la cause nationaliste[2].

Unis par leur jeunesse et leur goût du changement, militants politiques soucieux de secouer le joug colonial et créateurs impatients de s'affranchir de traditions esthétiques vieillottes vont trouver des appuis importants dans une certaine presse régionale d'allégeances partisanes diverses. Acquis aux idées de Bourassa, *Le Courrier de Saint-Jean* (conservateur), *L'Avenir du Nord* de Saint-Jérôme (libéral) et *La Vérité* (catholique et ultramontaine) salueront fraternellement l'arrivée de leur nouveau « confrère » sur le marché de l'opinion canadienne-française. Plusieurs journalistes de l'extérieur viendront aussi spontanément, au cours des années, offrir leur contribution au petit David de la presse montréalaise et alimenter en cailloux sa fronde si efficace contre les Goliath des « trusts » et des « prébendes ». Certains d'entre eux, sur la seule réputation d'Asselin... Ce sera le cas du dévoué Ferdinand Paradis, autrefois de *La Gazette de Québec*, quittant sa lointaine vallée de la Matapédia pour venir relayer Asselin, au pied levé, un été où le surmenage avait une fois de plus terrassé, pour quelques semaines, le directeur du *Nationaliste*.

Même s'il décide de demeurer à *La Vérité* auprès des Tardivel et de renoncer, pour cause d'éloignement, à ses fonctions de secrétaire-trésorier de la Ligue, Omer Héroux ne cesse de manifester son attachement à l'entreprise de son confrère et d'y

---

* Le Ouimetoscope ouvrira ses portes en 1906.

** Pianiste, homonyme du sculpteur du même nom.

collaborer étroitement. Outre les textes qu'il envoie régulièrement au *Nationaliste*, Héroux s'empresse de faire reproduire, dans *La Vérité*, tous les textes du *Nationaliste* dont l'orientation rejoint, en matière politique, celle que les Tardivel, père et fils, donnent à leur propre journal. Asselin fait de même avec certains textes de *La Vérité*. Au cours des années, ses lettres en feront foi : devenu le gendre de Tardivel, Héroux jouera un rôle de précieux temporisateur entre l'austère journal ultramontain à tous moments tenté de se déchaîner contre l'esprit libéral et laïque du pétulant *Nationaliste*... Hommes d'action tous les deux, Asselin et son fidèle ami mettront tout en œuvre pour que les idéaux partagés de la cause nationaliste l'emportent, dans leurs journaux respectifs, sur les options des deux directeurs en matière religieuse. En dépit de leurs profondes divergences idéologiques, Tardivel et Asselin croient fermement que l'avenir des Canadiens français passe par Québec et souhaitent secrètement voir Bourassa s'engager pour de bon sur la scène provinciale. Leur obstination finira par porter ses fruits.

Parmi les « chères collègues » les réponses seront tout aussi spontanées : *Margot*, la sœur de Louvigny et de Gaston de Montigny, répond à l'appel comme aux temps des *Débats*. *Françoise*, la « marraine littéraire » d'Olivar, tout à la direction de son propre journal où elle propage ses idées féministes[*], trouve le temps de lui envoyer des collaborations occasionnelles. « Colombine », qui a bien des fers au feu, publie déjà des chroniques régulières dans *Le Pionnier*, dans *L'Avenir du Nord* et dans le *Monde ouvrier*. Mais n'a-t-elle pas promis à Asselin de marcher à ses côtés « jusqu'au martyre » pour « la cause » ? L'occasion ne lui sera malheureusement pas fournie d'être mêlée de si près au feu des combats. Ce sera, le plus souvent, sous forme de textes de création qu'elle collaborera au journal. Car la part du lion, c'est la mondaine et bourdonnante *Madeleine*, l'amie des sœurs Le Bouthillier, qui va se la tailler au *Nationaliste* en y tenant simultanément plusieurs chroniques dites « féminines » qu'elle signera, tantôt de son pseudonyme favori, tantôt de celui de *Myrto* ou de *Cousine nationaliste*.

Il est dommage qu'Éva Circé dite *Colombine*, la plus articulée des deux femmes au niveau d'une pensée sociale, politique et littéraire nettement libérale, ait presque limité sa collaboration au *Nationaliste* à la littérature de fiction. Son audacieuse participation à la création de la première bibliothèque publique de la Ville de Montréal, son attachement à la cause des défavorisés la qualifiaient pourtant d'emblée pour conduire, aux côtés d'Asselin, de fort beaux débats d'idées sur l'éducation publique et gratuite auxquels toute une constellation de féministes « éclairées », les Caroline Dessaulles-Béique, les Joséphine Marchand-Dandurand, les Marie Lacoste-Gérin-Lajoie n'eussent pas manqué d'être très sensibles.

---

[*] *Le Journal de Françoise*, fondé en 1902.

Mais on ne refait pas l'histoire. Choix spontané des femmes journalistes elles-mêmes ou choix personnel du directeur?... C'est finalement *Madeleine* qui, par ses chroniques ménagères et ses présentations de mode, perpétuera au journal le concept traditionnel de « section féminine ». Quand elle abordera le volet littéraire, où elle nourrit tout de même quelques prétentions, ses textes offriront presque toujours un « point de vue féminin » délibéré. Bien des années plus tard, dans *L'Action*, Jules Fournier la félicitera de s'être enfin dépouillée « de ce ton conventionnel, mignard, léger que l'on rencontrait dans ses premiers écrits » et de ces « éclats d'artifices dont elle sembla friande jadis[3] ». Mais en 1904, *Madeleine* n'en est pas encore à cultiver la sobriété et la rigueur. Elle vient d'épouser le riche docteur Huguenin et ambitionne de tenir un salon littéraire.

Il faudra attendre l'arrivée de Marie Lefranc* au *Nationaliste*, deux ans après sa fondation, pour qu'une véritable femme écrivain commence à s'y affirmer par des articles de fond sur l'immigration, la question scolaire ou les conditions de vie des Indiens. Séduit par la qualité de ses premiers vers, Asselin avait commencé par publier ses poèmes avant de l'inviter à collaborer régulièrement au journal.

L'intérêt croissant que portent les milieux d'affaires canadiens-français aux thèses du libéralisme économique s'accommode très bien, lui aussi, du ton libertaire et progressiste adopté par le journal d'Asselin. Quant à son nationalisme, il n'effarouche guère ces commerçants et hommes d'affaires canadiens-français, réunis à la Chambre de commerce de Montréal depuis 1886. La plupart d'entre eux n'ont pas été lents à anticiper les retombées économiques qu'un tel mouvement pouvait avoir sur leurs entreprises. Ce vent de renouveau coïncidait avec leurs ambitions croissantes de se tailler une place auprès de l'élite anglaise du Montreal Board of Trade. De 1900 à 1910, le Québec verra le volume de sa production manufacturière augmenter de 76% et les Canadiens français n'ont pas l'intention de demeurer à l'écart d'un mouvement de croissance aussi prometteur. La génération des François-Liguori Béique, des Hormidas Laporte, des J.-X. Perrault, des Arthur Gagnon, ex-présidents ou membres éminents de la Chambre de commerce de Montréal, ne se prive pas de militer au sein de l'Association Saint-Jean-Baptiste ou même de détenir occasionnellement une carte de membre de la Ligue nationaliste.

Enthousiasmés par les fulgurants progrès scientifiques et technologiques qui font la prospérité des Américains, les milieux d'affaires canadiens-français piaffent d'impatience devant la stagnation du système d'éducation québécois encore jalousement contrôlé par une Église trop conservatrice dans ses choix pédagogiques.

---

* Romancière et poète d'origine bretonne. Émigre au Québec en 1905. Obtient le prix Femina en 1925 pour son roman *Grand Louis l'innocent*, dont l'action se situe dans son pays d'adoption.

Pas étonnant que, sorti de leurs rang, et sensible à leurs requêtes, un Lomer Gouin, devenu premier ministre, favorise la création de l'École polytechnique (1905), de l'École des Hautes Études commerciales (1907) et d'écoles techniques affranchies du contrôle confessionnel de l'Église.

Il allait de soi que les états de service d'Asselin, pur produit de la tradition libérale et très tôt sensibilisé, par son expérience franco-américaine, aux nouvelles exigences de la vie urbaine et du progrès industriel, jouent en sa faveur. Le nom d'Asselin attirera au *Nationaliste*, parmi les gens d'affaires, une clientèle influente et certains appuis publicitaires indispensables à sa survie financière. Dans ses tumultueuses campagnes d'opinion en faveur de l'école publique, de la gratuité et de l'uniformité des manuels scolaires, d'une solide formation des maîtres laïques, Asselin pourra compter sur l'appui de plusieurs de ces hommes d'affaires « éclairés ». Sans renier leur prédilection foncière pour l'harmonie sociale ni leur appartenance à l'Église, ils remettent sérieusement en question la tutelle cléricale exercée sur la formation de la main-d'œuvre québécoise.

Semaine après semaine, au *Nationaliste*, les encarts publicitaires de La Sauvegarde, de la Banque provinciale, des commerces de grandes familles comme celles des N.G. Valiquette et des J.B. Rolland, des restaurants, des grandes quincailleries, des épiceries en gros spécialisées dans l'import-export, des détaillants d'huile à chauffage, des marchands de tabac ou de fourrures, des importateurs de vins et spiritueux ou de vêtements pour dames, témoigneront de la solidarité tacite de certains milieux d'affaires canadiens-français avec le journal nationaliste et d'inspiration libérale dirigé par Asselin. Les idées progressistes d'Errol Bouchette et les anticipations utopiques d'Edmond de Nevers étaient, semble-t-il, beaucoup mieux partagées qu'on aurait pu le croire, au sein d'une certaine bourgeoisie d'affaires favorable à la petite entreprise de presse[4].

Mais de tous les appuis qui lui parviennent de ces groupements d'hommes et de femmes préoccupés de changement social et d'épuration des mœurs politiques, le plus déterminant pour l'avenir du *Nationaliste* demeure celui du député de Labelle. S'il lui arrive de grimacer à la vue des aguichantes publicités du Théâtre national, des fines champagnes et du brandy de la maison Laporte et Martin, l'austère Bourassa n'en conserve pas moins, à l'égard du *Nationaliste*, la solidarité promise au moment de sa fondation. Mais, en journalisme comme en politique, Bourassa ne s'identifiera jamais à cette « famille » aventureuse dont Fournier et Lavergne célébreront les liens fraternels et sacrés. Le travail en équipe, dans un journal comme dans un parti, répugne à sa nature profonde. C'est un solitaire qui, au besoin, consent à accorder sa puissante caution intellectuelle et morale.

C'est d'Ottawa que le député de Labelle envoie ses premiers articles. Leur parution sera irrégulière, une fois l'hebdomadaire lancé. Le premier, un éditorial, porte sur la politique tarifaire et se situe dans le droit fil de la pensée nationaliste : il y reproche à messieurs Israël Tarte et Hugh Graham d'avoir rendu un bien mauvais service aux conservateurs en forçant les candidats à « mettre leur drapeau dans leur poche pour arborer les couleurs du protectionnisme[5] ». Le second[6] s'en prendra au loyalisme invétéré de certains Canadiens français soucieux de mousser leur carrière politique au Canada anglais. Le troisième portera sur l'implication du Canada dans les conflits qui opposent la Grande-Bretagne à ses colonies d'Orient[7]. Bourassa reviendra fréquemment sur la politique coloniale anglaise, tantôt à l'occasion de questions d'intérêt international, tantôt à l'occasion de projets de loi fédéraux qui, tel le bill de la Milice*, constituent une illustration vivante de cet esprit colonialiste dont il cherche, par son action intellectuelle, à affranchir le Canada[8].

Dès le quatrième numéro, toutefois, Bourassa éprouve le besoin de clarifier ses relations avec *Le Nationaliste* parce que, écrit-il, « un peu partout on considère que *Le Nationaliste* est mon organe ». Or il tient à apporter la précision suivante :

> Je ne suis ni le fondateur, ni le propriétaire, ni le directeur, ni le rédacteur du *Nationaliste*. Je possède un *douzième* seulement de son capital-actions. Je suis l'un de ses collaborateurs du dehors, seul responsable des articles que j'écris et que je signe, et je n'exerce aucun contrôle immédiat ou lointain sur les autres articles qui y paraissent non plus que sur l'administration ou la direction du journal. Voilà qui est clair, je pense[9].

S'il a consenti à appuyer l'entreprise de ces « jeunes gens de talent, de caractère et d'idées », c'est que leur projet de journal indépendant venait combler un vide criant dans la jungle des journaux de partis :

> Depuis longtemps, je regrettais l'absence d'un journal, tout modeste qu'il fût, qui traitât des questions nationales et politiques à un point de vue absolument indépendant des partis. Il y a bien *La Vérité*, dont je reconnais toute la bonne et salutaire influence. Mais *La Vérité* est avant tout un journal religieux. Elle n'atteint qu'un public spécial et nécessairement restreint. Je voulais voir naître et vivre une feuille plus populaire, qui atteint la foule. Pour cela, il fallait un homme et des fonds : un homme qui refusât obstinément de se vendre ou même de se louer, et un capital suffisant à assurer l'existence d'un journal qui pût se passer de tous les appuis

---

* Le lord-général britannique Dundonald fustigeait partout la tiédeur des Canadiens à s'engager militairement pour la défense de l'Empire. Aux communes, le projet de loi dit « bill de la Milice », dénoncé par les tories, accentue le caractère canadien de la milice qui sera dorénavant commandée par un officier canadien dans des opérations militaires utiles « à la défense du Canada ». Cette dernière réserve porte la marque de Bourassa et du programme de la Ligue nationaliste, dont Laurier se sert pour désarmer ses opposants.

louches ou compromettants. Je rencontrai M. Asselin. Par tempérament et par conviction, il voulait être journaliste à la façon que je souhaitais. Il trouvait des collaborateurs animés du même esprit. Après quelques pourparlers, je consentis à leur prêter mon concours pour organiser une compagnie, et je leur promis des articles[10].

Grand admirateur des institutions parlementaires britanniques, le chef nationaliste stigmatise l'étroitesse de cette discipline partisane aveugle qui, au Canada, étouffe l'esprit critique, dégrade les entreprises de presse et stérilise la vie de l'esprit :

> Si l'esprit de parti était ici ce qu'il est en Angleterre, la nécessité de journaux indépendants serait moins impérieuse. En Angleterre, la discipline de parti comporte une très grande liberté de pensée, de parole et même d'action. Ici, non seulement faut-il voter avec son parti, mais on doit, sous peine d'excommunication majeure, écrire, parler, penser, respirer, manger et dormir selon les strictes règles du protocole disciplinaire *rouge* ou *bleu*. Ce régime engendre l'abrutissement moral et intellectuel des hommes publics et la démoralisation de la pensée et de l'action populaire. De plus, il offre au pays un danger immédiat et très grave[11].

C'est pourquoi, en dépit des risques que comporte la bride qu'il laisse, en toute lucidité, sur le cou de ses impétueux disciples, Bourassa estime que les actionnaires du *Nationaliste* demeurent tout aussi justifiés que lui de leur faire confiance :

> Je ne garantis pas que ces jeunes gens que je veux aider dans cette œuvre utile et patriotique, tiendront un langage et une attitude toujours exemplaires. Plus jeunes que nous et, partant, moins frottés aux hommes et aux choses, ils seront plus rigoristes, plus exigeants que nous. Ils condamneront le mal plus volontiers qu'ils ne loueront le bien. Ils attaqueront des hommes et des idées que nous ménagerions davantage, ou encore ils les censureront dans des termes que nous aimerions adoucir. Ils prêcheront des réformes trop hâtives ou trop radicales. Mais peu importe : ils ont dans l'ensemble un programme qui mérite d'être appuyé : ils se proposent un but qui ne peut qu'être utile au pays. Pourquoi ne les aiderions-nous pas ? Il y en a tant d'autres qui ne songent qu'à s'amuser, à s'abrutir ou à exploiter la confiance publique[12].

Venant après d'amers reproches et d'acerbes discussions épistolaires entre Asselin et lui, la mise au point ne manque pas d'élégance !

Dans le même numéro d'ailleurs, Bourassa consent à se faire l'interprète du président-fondateur de la Ligue nationaliste dans une « Réponse amicale à *La Vérité* ». Tardivel vient de prendre à partie les positions nationalistes de la *Ligue*, jugées trop accommodantes à l'égard du Canada anglo-protestant. Au nationalisme canadien-français et catholique de Tardivel, qui appelle de tous ses vœux l'avènement providentiel d'une « patrie canadienne-française » libérée du joug colonial,

Bourassa oppose respectueusement sa « plus large » conception d'un « nationalisme canadien fondé sur la dualité des races et sur les traditions particulières que cette dualité comporte ». Et il ajoute :

> Les *nôtres*, pour nous comme pour M. Tardivel, sont les Canadiens-Français ; mais les Anglo-Canadiens ne sont pas des étrangers et nous regardons comme des alliés tous ceux d'entre eux qui nous respectent et veulent comme nous le respect intégral de l'autonomie canadienne[13].

À l'heure où Bourassa conclut sur cette vision optimiste de la dualité canadienne, Asselin, porté par le succès moral contagieux de son entreprise naissante, contresignerait volontiers ces lignes. Dans une certaine presse torontoise, on salue en effet l'avènement du « nouveau Rochefort » de la presse québécoise, on vante son talent, sa culture, sa fougue et sa détermination. Le voilà promu deuxième vedette du mouvement nationaliste ! La mèche qui lui barre le front, la braise du regard et jusqu'à la moue de petit boxeur qu'il affiche sur ses photos, tout semble devoir être porté à son crédit. Bref, on frissonnerait presque de plaisir, chez certains « alliés » du Canada anglais, à l'idée de devoir bientôt croiser le jeune loup sur sa route...

Durant les premiers mois du *Nationaliste*, la collaboration de Bourassa se maintient à une cadence assez régulière. Puis elle s'espace peu à peu pour disparaître complètement vers la fin de la première année. À cette époque, outre les adversaires politiques de prédilection des nationalistes, Asselin s'est déjà fait des ennemis de premier choix dans les cercles catholiques conservateurs. En prônant un système d'éducation nationale relevant du gouvernement, il a, comme le lui avait prédit Wilfrid Gascon, rencontré « la soutane » sur sa route ! Et la plume vengeresse qui défend « la soutane », c'est celle de la famille Tardivel, père, fils et gendre. Devenu directeur de *La Croix* de Montréal, Joseph Bégin, qui a épousé la deuxième fille de Tardivel, s'est mis à tirer à boulets rouges sur la dérive laïcisante du *Nationaliste* auquel, croit-il, Bourassa a cessé d'accorder sa caution morale. Mais, passant outre le peu d'affinités qu'il ressent à l'endroit des combats séculiers de Germain Beaulieu et de ses collègues « rouges », Bourassa se porte à la défense d'Asselin. Pour lui, la poursuite désintéressée du grand objectif nationaliste passe avant toute autre considération :

> J'ai cessé de collaborer au *Nationaliste* parce que j'ai constaté l'impossibilité pour un homme public d'écrire des articles dans un journal et d'éviter en même temps qu'on le tienne responsable de tout ce que ce journal publie.
>
> Cela ne m'a pas empêché de rester en bons termes avec son directeur et de pouvoir compter sur son zèle et son dévouement pour la défense des idées nationales auxquelles je suis le plus attaché. Récemment encore, alors que libéraux et conservateurs, et nombre de soi-disant indépendants, jugeaient à propos de faire la

conspiration du silence autour de la question du Nord-Ouest*. C'est au *Nationaliste* et dans la personne de son directeur que j'ai trouvé l'appui le plus efficace et le plus empressé pour organiser l'assemblée du Monument National et faire connaître la vérité sur cette importante question nationale et religieuse.

On peut ne pas s'accorder avec M. Asselin sur beaucoup de choses, on peut regretter le ton de plusieurs de ses articles; mais mettre en doute son grand désintéressement, c'est, en vérité, commettre une injustice à laquelle je ne peux, sans protester, laisser associer mon nom.

Me permettez-vous d'ajouter une observation? La religion et la patrie me semblent courir des dangers qui demandent le concours de toutes les bonnes volontés; et il ne me paraît ni charitable ni patriotique de chercher noise à ceux qui, s'accordant avec nous sur les vérités essentielles, peuvent commettre des erreurs ou penser autrement que nous sur des questions secondaires[14].

L'autorité suprême de l'Église: une question « secondaire »... Venant de Bourassa, pareille affirmation dut faire bondir d'indignation la famille Tardivel! Mais le passage révèle aussi qu'à ce moment précis de sa carrière, le chef nationaliste demeure parfaitement conscient du rôle irremplaçable que joue Asselin dans la poursuite de leur lutte commune. Et qu'à tout prendre, il est sans doute plus aisé à l'ami de Goldwin Smith de s'accommoder des excès langagiers de son jeune disciple, fût-ce en matière religieuse, que de l'intransigeance doctrinale et de la francophilie exclusive d'un Tardivel qui rêve ouvertement de sécession québécoise.

Mais la « caution morale » de Bourassa n'empêchera nullement, par la suite, le directeur de *La Croix* d'accuser Asselin d'accointances avec la franc-maçonnerie et Asselin de lui intenter, par l'intermédiaire de Me Amédée Geoffrion, un procès pour libelle qui en annoncera bien d'autres. Climat de foire d'empoigne qui répugne profondément à Bourassa, dont la signature se fait de plus en plus rare dans le journal.

Il y fait une apparition rapide en novembre 1906, à l'occasion d'une élection complémentaire dans le comté fédéral de Sainte-Marie où, bien entendu, *Le Nationaliste* n'a pas tardé à afficher ses couleurs en faveur du jeune Parti ouvrier. Très proches des nationalistes, les militants ouvriers avaient déjà fait élire un candidat dans Maisonneuve quelques mois auparavant**. Cette fois, c'est Joseph Ainey,

---

* La crise des écoles du Nord-Ouest (1905) éclate au moment de la création, à même les Territoires, des nouvelles provinces de l'Alberta et de la Saskatchewan. Quel allait être alors le futur statut des écoles françaises et catholiques qui s'y trouveraient? Le Canada anglais manœuvrait pour y faire prévaloir le statut amoindri qui avait prévalu au Manitoba en 1890 et auquel l'intervention de Rome n'avait rien changé. La Ligue nationaliste, Bourassa en tête, mènera une lutte acharnée pour la reconnaissance de l'égalité des droits scolaires des deux communautés linguistiques et religieuses.

** Alphonse Verville, premier député ouvrier. Plombier de son état, Verville fut un pionnier du syndicalisme à Montréal.

secrétaire de la Fraternité des charpentiers-menuisiers, qui brigue les suffrages dans Sainte-Marie, avec l'appui d'Asselin et de son équipe. Rien, dans un tel appui, qui puisse constituer un virage pour le journal ni une surprise pour Bourassa. Pénétré lui-même de l'esprit de la grande encyclique sociale de Léon XIII*, le chef nationaliste n'avait jamais ménagé ses encouragements et ses sympathies à la jeune force ouvrière. Pourtant, le moment de l'élection venu, il tiendra par deux fois[15] à réitérer les distances qu'il entend conserver, tant à l'endroit des positions éditoriales du *Nationaliste* que du Parti ouvrier. Bourassa, tout nationaliste qu'il soit, demeure tout de même membre du caucus libéral de sir Wilfrid Laurier**... Ce n'est pas le cas du journaliste Asselin! En décembre de la même année, courtoisement et soucieux de ménager la sensibilité du maître qui se fait de plus en plus distant, Asselin consacre un long éditorial à la fameuse question de « l'indépendance de M. Bourassa ».

C'était déjà beaucoup de colonnes vouées à la délicate question du précieux parrainage du journal. L'enfant, était désormais vigoureux et avait des fourmis dans les jambes. Il lui tardait, avec ou sans Bourassa, de galoper vers les destinées qu'entrevoyait pour lui son fringant directeur. Les grandes causes et les bonnes cibles n'allaient pas lui faire défaut. Non plus que les appuis : avec ceux de la jeunesse, les forces de changement qui travaillaient le Québec se reconnaissaient de plus en plus dans les éclats du jeune pamphlétaire.

---

* *Rerum novarum*, parue en 1891.

** À la candidature d'Ainey, les libéraux opposent celle de Médéric Martin, ancien ouvrier devenu propriétaire d'une fabrique de cigares et échevin de la Ville. Martin infligera une cuisante défaite au candidat ouvrier.

Chapitre XV

LA *LIGUE* ET *LE NATIONALISTE* FACE À LAURIER

Il faut reprendre, avec des moyens nouveaux, les grandes traditions de Mercier. C'est à Québec que s'affirmeront, d'ici vingt-cinq ans, les hommes d'État canadiens-français. Nous avons perdu à Ottawa toute notre influence, malgré l'apparente victoire que nous avons remportée le jour où Sir Wilfrid Laurier est devenu le chef du cabinet.

(Lettre non datée d'Olivar Asselin à Aram J. Pothier, circa 1902)

À des étudiants en médecine* venus l'ovationner sous les fenêtres du petit local du 20 de la rue Sainte-Thérèse, où il a transporté son journal, Asselin fait l'aveu suivant:

Ce qui arrive de nous chaque semaine, ce n'est pas la substance de notre âme ni la fleur de nos facultés. C'est l'instinctif éclat de rire devant la sottise, l'irrépressible cri de dégoût devant la lâcheté, l'imprécation devant le triomphe insolent de la force brutale sur la raison impuissante[1]...

Cet aveu, c'est celui d'un homme qui, après plus de deux ans passés à la barre du *Nationaliste*, se considère beaucoup moins comme un théoricien que comme un combattant de terrain. La sottise, la lâcheté, le triomphe de la force brutale, il les a plus d'une fois croisés sur sa route. Il sait désormais qu'il n'est de territoire où il ne risque de les affronter à nouveau en chair et en os. Depuis trente mois qu'il dirige ce journal, il a même cherché à multiplier les fronts. Le rédacteur du programme de la Ligue nationaliste ne se contente plus d'être le fer de lance

---

* Ils ont fondé le Cercle nationaliste des étudiants en médecine de l'Université Laval, dont Bourassa est le président d'honneur. Asselin sera le conférencier invité à leur banquet annuel.

de Bourassa en matière de politique fédérale, d'autonomie canadienne et de défense des minorités.

Enfin maître à bord de son propre journal, il le met au service de toutes les questions brûlantes qui lui ont jusque-là tenu à cœur aux niveaux fédéral, provincial et municipal. Tels sont la question de l'immigration, la politique de colonisation du gouvernement québécois ou le monopole des « trusts » du gaz, de l'électricité et des transports à Montréal. Engagé au service de la cause nationaliste, il se fait aussi le critique exigeant, parfois impitoyable, des stratégies « molles » et de la frilosité politique des notables qui siègent au conseil général de l'Association Saint-Jean-Baptiste.

Exigeant, *Le Nationaliste* l'est déjà, du seul fait d'exister comme journal indépendant. Envers les géants de l'information montréalaise, dominés par les partis politiques et vulnérables aux tractations financières de toutes sortes, il va se montrer impitoyable. Ces tractations, il prendra sur lui de les dénoncer publiquement à deux reprises, comme dans le cas de *La Presse*, avec les risques de procédures judiciaires que l'opération comporte. Non content de dénoncer, il entend donner à ses concurrents à gros tirages de bonnes leçons de professionnalisme. Ainsi, en 1905, il entame une série des grandes enquêtes sur l'avenir des Canadiens français. L'influence naissante de la science sociale s'y fera sentir.

Si la réforme de l'éducation lui apparaît comme un préalable indispensable, aussi bien à l'instauration d'une démocratie véritable qu'à l'essor économique des Canadiens français, Asselin ne peut s'attaquer à cette question « réservée » sans afficher clairement ses couleurs en matière religieuse. Or prendre parti publiquement pour la séparation de l'Église et de l'État relève de la gageure. C'est pourtant dans cette voie périlleuse qu'il s'engage. Tout aussi semées d'embûches seront parfois, aux yeux d'une opinion âpre à lui chercher querelle, sa vision des classes sociales, ses options en faveur des organisations ouvrières naissantes et son opposition aux grands monopoles capitalistes de l'énergie.

En littérature enfin, ce contempteur de la médiocrité complaisante qui ne craignait pas de défier Louis Fréchette en duel lexicographique, ouvre les colonnes de son journal aux écrivains et critiques de France. Y fera rapidement sa marque un tout jeune observateur de la poésie québécoise, Charles Ab der Halden, avec qui Jules Fournier entretiendra plus tard une brillante querelle d'identité littéraire demeurée célèbre.

Ces débats multiples, où se déploie une énergie proprement stupéfiante chez un homme de santé fragile, vont permettre à Asselin de découvrir sa manière personnelle de sentir et d'aborder les problèmes : celle du polémiste, pour qui une idée ou un système politique doivent être discutés, non pas dans l'abstrait, mais dans une confrontation directe avec l'homme public qui s'en fait le représentant. C'est donc à travers une multitude « d'affaires », tantôt graves, tantôt rocambolesques, qu'il convient de suivre Asselin durant ses quatre années d'intense activité au *Nationaliste*.

À travers toutes les dénonciations et les révélations, au-delà de tous les coups de théâtre et de tous les coups de cœur, on découvre une constellation de valeurs personnelles qu'aucune idéologie en vogue à son époque n'arrivait sans doute à contenir et à satisfaire pleinement. En des matières où son maître Bourassa cherchait à se situer au-dessus de la mêlée politicienne, Asselin se voulait combattant de première ligne. Sur des questions délicates où le premier se réservait, l'autre fonçait. Au risque de déconcerter et de bousculer sur son passage de nombreux alliés de bonne foi.

* * *

Un journal de combat ne peut se contenter d'être une revue d'idées. C'est d'abord l'événement et l'actualité qui provoquent sa réflexion et ses prises de position. Mais, à chaque occasion, le directeur du *Nationaliste* ne manque pas de rappeler à ses lecteurs le programme de la *Ligue*, sur lequel se fondent les positions du journal, et les leçons qu'il convient de tirer du passé. Asselin n'a rien oublié de la crise des écoles du Manitoba, en 1890, ni de la guerre du Transvaal en 1899, ni du rôle particulièrement ambigu qu'y a tenu le premier ministre Laurier.

Trois grandes questions de ressort fédéral vont occuper l'avant-scène de l'actualité durant les premières années du *Nationaliste*. À l'instar des précédentes, ces trois questions vont justifier le militantisme du mouvement nationaliste, tant à la Chambre que dans la presse et l'opinion publique. Ce seront, par ordre d'entrée en scène, le bill* de la Milice (1904), la question des écoles du Nord-Ouest (1905) et le bill du Dimanche (1906).

À l'occasion de chacun de ces débats importants, Asselin et ses collaborateurs diffuseront dans le journal de larges extraits des discours de Bourassa aux communes et les appuieront d'importants commentaires éditoriaux. Ils organiseront aussi des assemblées publiques où le chef, entouré de quelques orateurs d'appoint, viendra défendre les points de vue de la *Ligue* devant des auditoires enthousiastes et de plus en plus nombreux. L'utilisation des assemblées publiques, comme moyen de « propagande » pour le mouvement, devient plus systématique avec l'excellent moyen de diffusion que constitue le journal. L'activisme spontané des années 1900, au plus fort de l'envoi des contingents militaires en Afrique du Sud, a fait place à une organisation de mieux en mieux rodée, capable de répercuter dans l'opinion publique les prises de position de Bourassa.

---

* Aujourd'hui « projet de loi ». Nous utilisons ici le terme de « bill » par souci de concordance avec la terminologie en usage à l'époque.

* * *

À l'occasion du bill de la Milice, Bourassa doit affronter un adversaire coriace et particulièrement désagréable: le colonel Sam Hughes, député conservateur et fervent admirateur de la Couronne britannique dont le Canada devrait, à son avis, se faire le défenseur inconditionnel aux quatre coins de l'Empire. Hughes ne rate pas une occasion de stigmatiser la couardise et l'impréparation militaire de ces Canadiens (lisons: les Canadiens français) qui, à l'instar des Bourassa et des Lavergne, ont la prétention de vouloir réserver, comme le programme du parti ministériel le stipule, les ressources militaires canadiennes à la seule défense du territoire national. Hughes est petit, trappu et décidé. Il se livre en Chambre à des interventions théâtrales, revêtant l'uniforme militaire en toutes occasions, prenant la parole dans un cliquetis ostentatoire de sabre et d'éperons, et exhalant un mépris non dissimulé pour les civils en général et les intellectuels en particulier. Bourassa, qui lui résiste brillamment, est devenu sa bête noire. Le colonel l'accuse publiquement d'être l'éminence grise du Parti libéral et d'avoir participé à la rédaction du projet de loi.

Tandis que les aménités s'échangent de la Chambre, Laurier, qui a besoin de consolider ses appuis au Québec à l'approche des élections de l'automne 1904, laisse croire à son électorat québécois qu'il gouverne avec l'appui de son tribun le plus populaire, Henri Bourassa. Il excelle si bien à tirer les marrons du feu que les conservateurs du Québec voudront, à leur tour, se dissocier de l'image repoussoir de l'impérialiste et arrogant Sam Hughes. Ils n'auront d'autre choix que de se rapprocher, provisoirement, des nationalistes.

Selon l'esprit de son programme, *Le Nationaliste* fait campagne en faveur de l'indépendance militaire du Canada. Ses rédacteurs travaillent en étroite communion de pensée avec la petite équipe nationaliste des communes qui compense sa faiblesse numérique par la multitude, l'éloquence et la virulence de ses interventions. Lavergne, fouetté dans son orgueil juvénile par les accusations de lâcheté de Sam Hughes envers ses compatriotes de langue française, s'oublie même jusqu'à se proclamer « un loyal sujet de Sa Majesté », au grand ahurissement de ses aînés libéraux, déjà embarrassés par l'excès de zèle de leurs alliés nationalistes. Dans un avenir rapproché, ces derniers pourraient bien leur causer de graves préjudices, au Canada anglais, par leurs déclarations anti-impérialistes. Pour tout dire, ces alliés circonstanciels deviennent de plus en plus encombrants à l'approche des élections générales.

Ostensiblement couvés et ménagés par Laurier, Lavergne et Bourassa demeurent provisoirement intouchables pour les organisateurs du parti. Mais on fait discrètement savoir à Dominique Monet qu'il ne devra compter que sur ses ressources personnelles, s'il désire se représenter sous la bannière libérale, dans son comté de Napierville. Simple avocat de village et déjà père de famille, Monet, ulcéré par le désaveu de son parti, décide d'abandonner la lutte. Bourassa, qui éprouve toujours la même répugnance pour les questions de financement, n'interviendra pas publiquement. Il est lui-même indépendant de fortune et n'attend rien du parti*. Mais dans *Le Nationaliste*, Asselin consacre aussitôt un article au départ forcé de cet « homme intègre qu'on regrettera[2] ». Monet, écrit-il, n'a rien défendu d'autre, en 1904, que les positions qui avaient été siennes en 1900, au moment des événements d'Afrique du Sud. À ces deux occasions, cet homme s'est montré parfaitement cohérent avec lui-même et avec ses convictions. Extérieurement, il l'était également avec l'esprit du bill présenté par les libéraux. Mais la constance de ses convictions, qui font appel à l'histoire récente, portent ombrage à la politique à la pièce d'un parti qui, longtemps dominé par le tandem Tarte-Sifton si cher à Laurier, a fait du louvoiement sa technique favorite de gouvernement. Préoccupés de sauvegarder leur marge de manœuvre, les libéraux sacrifient le plus vulnérable des porte-parole nationalistes.

Asselin ne croit pas si bien prophétiser. Six ans plus tard, à l'occasion du bill de la Marine**, le vent impérialiste tentera à nouveau de regonfler les voiles faseyantes d'un gouvernement libéral en fin de régime. L'influence des principes nationalistes sur la nouvelle législation ne suffit visiblement pas à apaiser la suspicion tenace du journaliste à l'endroit du parti de Laurier auquel son chef se rallie pourtant encore. En la personne de Monet, estime Asselin, un homme droit et intègre a été sacrifié et le mépris manifeste du parti à l'endroit de la personne augure très mal pour la future feuille de route du gouvernement. Contrairement à Bourassa et Lavergne, qui ont grandi politiquement sous l'aile tutélaire de Laurier, Asselin n'éprouve aucune indulgence sentimentale à son endroit. Indulgence inconsciente, sans doute, de la part des députés de Labelle et de Montmagny, mais pleinement justifiées par le succès momentané de l'influence nationaliste sur la politique fédérale :

> Bref, concluait, à l'époque, Bourassa [...] les relations du groupe nationaliste avec le ministère libéral étaient alors excellentes.
>
> Notre succès était si marqué, nos idées avaient fait un tel progrès que je songeai sérieusement à une retraite momentanée afin de réparer les brèches que cinq années de lutte intense et sans trêve avaient faites à ma santé et à mon modeste patrimoine.
>
> La Providence et son *self constituted* représentant, sir Wilfrid Laurier, en avaient décidé autrement[3].

---

* Outre quelques modestes revenus de famille, Bourassa occupe, à temps partiel, le poste de secrétaire de la compagnie d'assurances La Sauvegarde.

** À cette occasion la vieille question resurgira à savoir si le Canada doit, ou non, fournir gracieusement des navires de guerre pour la défense de l'Empire.

Le 16 février 1904, Bourassa et Lavergne seront donc réélus comme libéraux indépendants, dans leurs comtés respectifs.

* * *

L'année suivante, en 1905, le Canada connaît une autre crise autrement plus grave pour l'unité du pays : celle des écoles du Nord-Ouest. La portion sud de ces immenses territoires devrait être bientôt détachée et sectionnée pour donner naissance à deux nouvelles provinces : l'Alberta et la Saskatchewan, vaste région de plus de 500 000 milles carrés qui comptait encore moins d'un habitant au mille carré*. Les colons de langue française et de religion catholique s'y trouvaient, depuis longtemps, isolés et disséminés au sein d'une population largement immigrante aux yeux de laquelle le choix de la langue anglaise relevait de l'évidence. La politique d'immigration du Canada avait fait son œuvre. Quant à la petite minorité franco-catholique, elle-même s'était presque résignée à son sort.

Dans les districts et les paroisses où l'usage du français persistait, son enseignement était toléré durant la dernière heure de la journée. Encore le maître devait-il accepter de fractionner cette heure pour permettre au prêtre catholique d'initier les enfants au catéchisme. Ces deux maigres « concessions » étaient du reste financées par les parents, puisque le système scolaire public, son personnel et ses manuels étaient, à toutes fins utiles, anglais et protestants.

Mais la création de nouvelles provinces allait faire naître, chez les minorités, l'espoir de voir reconnus leurs droits scolaires et d'obtenir les subventions garanties par l'article 93 de la Constitution et dont se prévalaient déjà les écoles franco-catholiques de l'Ontario comme les écoles anglo-protestantes du Québec.

Or Laurier veut surtout faire oublier à son électorat canadien-français les piètres arrangements, conclus en 1896, pour régler le sort des écoles franco-manitobaines. Déjà marqué par l'âge et l'usure du pouvoir, le premier ministre éprouve le besoin de se rapprocher des siens. Il détient certes un nouveau mandat, mais il sait que le Québec attend beaucoup du règlement de la question scolaire du Nord-Ouest. Or s'il déçoit sa province d'origine dans ses attentes, le mandat suivant risque d'être beaucoup plus malaisé à renouveler pour les libéraux. Enfin, éprouvé depuis tant d'années par l'hostilité des « tories », des loges orangistes et les attaques incessantes de leurs politiciens francophobes, il désire s'assurer d'appuis plus larges parmi les meilleurs éléments de la constellation nationaliste que Bourassa vient d'acquérir à ses vues. Or, cette nouvelle constellation recrute désormais, aussi bien chez les conservateurs du Québec qu'au sein de son propre parti.

---

* En mesures métriques : 1 294 900 km², comptant moins d'un habitant par 2,5898 km².

Deux figures du Québec lui sont, en ce moment, particulièrement précieuses : Rodolphe Lemieux et Ernest Lapointe. Lemieux appartient à la génération de Bourassa et, comme lui, a été élu dans la fournée victorieuse de 1896. Doté d'esprit critique, mais de tempérament moins combatif que le député de Labelle, il a fait ses classes politiques auprès du journaliste Ernest Pacaud, l'inconditionnel ami et confident du premier ministre. Il a pratiqué le droit dans l'étude d'Honoré Mercier qui, en dépit d'une fin de règne éprouvante, demeure une grande figure nationale. Enfin, Lemieux vient d'être nommé solliciteur général, poste qui lui confère un statut équivalent à celui de ministre.

Le jeune député de Kamouraska, Ernest Lapointe, a été élu en même temps qu'Armand Lavergne dont il est le contemporain. Lapointe peut avantageusement compenser, par sa loyauté inconditionnelle et son esprit pondéré, les volte-face imprévisibles de Lavergne.

Laurier n'ignore pas que, pour réimposer à l'Ouest anglophone l'esprit du pacte confédératif, tel qu'inspiré, à l'époque, par Cartier, Mackenzie et Blake, il lui faut s'attaquer à une situation bien établie où le droit des minorités aux écoles séparées s'est trouvé, depuis longtemps, nié dans les faits. Un tel « retour en arrière », pour l'Ouest anglo-protestant, paraît impensable.

Quand on se propose de s'attaquer à une citadelle à ce point hérissée de défenses, on a besoin d'un fer de lance à toute épreuve. Or le parti de Laurier et de ses « loyaux serviteurs » a donné, dans le passé, trop de preuves d'alliances circonstancielles avec l'adversaire, pour pouvoir, à lui seul, fournir le métal dur et incorruptible exigé par les circonstances. Laurier a donc besoin de se doter d'un aiguillon extérieur. Élevés dans le sérail libéral, les Lemieux, les Lapointe et leurs semblables ne sauraient le lui fournir. Seul un Bourassa qui le soutiendrait de toute sa puissance intellectuelle, qui mettrait à son service sa prodigieuse science constitutionnelle et son éloquence contagieuse pourrait lui permettre de passer au travers des barrages de l'opposition. Une fois de plus, il fera donc appel à Bourassa :

> Avant la prorogation des chambres, écrira plus tard ce dernier, M. Laurier me fit supplier, par l'un de ses ministres, de me porter de nouveau candidat [aux élections de 1904] afin de l'aider à faire maintenir les droits de la minorité des Territoires. Sans prévoir la crise qui devait se produire, il voulait se préparer à toute éventualité. Ne pouvant compter — ce furent les propres paroles du ministre intermédiaire — sur la fermeté des députés canadiens-français, il voulait s'assurer d'avance le concours d'un homme décidé au besoin à organiser la résistance, afin de lui permettre de plaider nécessité auprès des ministres et des députés récalcitrants[3].

Cet appel à l'aide se fera au nom d'un devoir religieux auquel Bourassa ne peut, en conscience, se soustraire : la défense de l'école catholique préconisée par l'Église. Mais cet appel va rejoindre le député de Labelle à un moment de sa carrière où il éprouve soudainement le besoin de se retirer provisoirement de l'agitation politique. Ses algarades pénibles avec le tonitruant Sam Hughes, l'année précédente, l'ont sans doute éprouvé. En 1903, il aspirait déjà à devenir maître de poste à Montréal. Mais Laurier avait considéré ce vœu, tout au plus, comme une bonne blague. Quoi, à trente-cinq ans, le premier tribun du Canada français désirait passer le reste de ses jours à oblitérer des timbres?... Il n'en avait plus été question entre eux. Quelques mois avant l'appel pressant du premier ministre, Bourassa s'était fait plus insistant encore dans son désir de s'éloigner de la zone des combats. Il avait sollicité, cette fois, le poste de vice-président de la Chambre. Depuis peu fiancé à sa petite-cousine Joséphine Papineau, il souhaitait, une fois marié, retrouver une vie plus calme qui le tiendrait à l'écart des âpres luttes politiciennes qu'il détestait, mais dans lesquelles il se laissait entraîner à son corps défendant.

À l'automne de 1905, toutefois, Laurier ne l'entend pas ainsi. Il a besoin du député de Labelle et désapprouve un choix qui eût enfoui sous le boisseau des dons exceptionnels. Soutenu par sa fiancée, Bourassa finit par promettre son concours actif à Laurier, à condition, toutefois, que ce dernier poursuive une politique courageuse et conforme à ses convictions. Pas plus en 1905 qu'en 1899, Bourassa ne consent à s'engager dans les sentiers tortueux de la loyauté partisane. La leçon du Manitoba a porté. Il se souvient, sans doute avec amertume, comment, dans sa naïveté juvénile, il n'avait pas saisi, à l'époque, combien l'habile manœuvrier qu'était Israël Tarte avait su utiliser à son profit la caution morale que la présence du député de Labelle avait apporté aux compromis boiteux des fameux accords Laurier-Greenway. On ne l'y reprendrait pas une seconde fois !

La crise des écoles du Nord-Ouest, à son tour, durera plusieurs mois et connaîtra de multiples rebondissements. La première rupture qu'elle provoquera sera celle du ministre libéral Clifford Sifton, porte-parole attitré de l'Ouest. Ce dernier démissionnera avec fracas du cabinet Laurier, en signe de protestation contre un projet de loi qui visait pourtant à rétablir la minorité franco-catholique dans des droits constitutionnels jusque-là ignorés. Laurier avait souvent fondé sa politique, sinon toute sa carrière, sur le jeu de balancier de ses deux éminents conseillers : Israël Tarte pour le Québec et Clifford Sifton pour l'Ouest. Il avait chassé Tarte pour haute trahison et, désormais, s'estimant à son tour trahi, c'est Clifford Sifton qui le quittait... Laurier demeurait seul avec l'imprévisible petit-fils de Papineau, lui-même éprouvé dans ses amitiés canadiennes-anglaises.

Profondément libéral, en effet, attaché viscéralement au principe de la séparation de l'Église et de l'État et ardent défenseur de l'autonomie des provinces, son ami Goldwin Smith se séparait maintenant de lui dans un combat où Bourassa défendait l'intervention de l'Église en éducation et l'intervention du gouvernement fédéral dans un champ de compétence provinciale. Or Smith n'était pas le seul, parmi ses alliés d'hier, à penser ainsi au Canada anglais. Bourassa allait-il perdre son pari en faveur de la dualité canadienne sur laquelle il avait fondé, jusqu'ici, tant d'espoirs ? Devant les déchaînements d'hostilité que déclenchaient ses appels persuasifs à l'esprit fondateur des Pères de la Confédération, il en venait à douter de la viabilité de cette « patrie » canadienne, seule inspiratrice jusque-là du mouvement nationaliste qu'il avait suscité avec tant de conviction. S'ils allaient se retrouver bafoués et niés dans leurs droits de citoyens, aussi bien au Manitoba jadis, qu'en Alberta et en Saskatchewan aujourd'hui, les Canadiens français n'auraient-ils, finalement, d'autre patrie que le Québec où espérer s'épanouir ? Cette question, pour lui dramatique, et qu'il renvoie chaque jour à ses contradicteurs de la Chambre, se heurte pourtant à une fin de non-recevoir. La lutte s'annonce rude pour un Laurier vieillissant qui, tel un apprenti sorcier, vient de déclencher malgré lui une nouvelle « guerre des races ». Le virtuose du compromis tiendra-t-il jusqu'au bout, dans sa détermination folle de restaurer, partout au pays, l'esprit amoindri du pacte de 1867 ?

Au Nationaliste, l'équipe serre les coudes autour de Bourassa à nouveau monté aux barricades. À tour de rôle, on se relaye chaque semaine pour commenter les débats. Un nouveau venu s'est joint au groupe : Jérôme-Adolphe Chicoyne, ancien député conservateur du comté de Wolfe à l'Assemblée législative de Québec. C'est un aîné respecté des jeunes : fils de cultivateur, issu du milieu de la colonisation où il a été agent recruteur, puis fondateur de colonies, c'est le spectacle de l'exploitation des siens par le capital étranger qui a nourri son nationalisme et l'a conduit à militer auprès de Bourassa. Il est révolté par le traitement injuste réservé aux colons canadiens-français, les premiers à avoir jadis ouvert les riches territoires de l'Ouest au capitalisme anglo-protestant. Journaliste lui-même, il a travaillé autrefois au *Courrier de Saint-Hyacinthe* et à *L'Opinion publique*, avant de fonder et de diriger *Le Pionnier* de Sherbrooke. Pour Asselin, Chicoyne est une recrue précieuse. Il possède une excellente plume et sa retraite de député le rend tout à fait disponible pour la cause. De toutes parts on s'affaire au combat.

C'est Bourassa que Laurier charge des pourparlers qu'il lui faut entamer, en matière de confessionnalité scolaire, avec le légat du pape, Mgr Sbaretti. Sa réputation de grand croyant et de fils respectueux de l'Église justifient pleinement le choix du premier ministre. Bourassa s'en acquittera avec la rigueur exemplaire qu'on lui connaît. Mais si, au Canada, la lutte pour la défense de l'éducation religieuse se trouve puissamment confortée par la lutte en faveur des droits du français, il n'en va pas de même au Vatican. À la Propagande, on considère toujours, en matière diplomatique, le Canada comme une colonie britannique parmi d'autres. Éprouvée par la naissance de républiques européennes imbues d'esprit séculier, la puissance romaine a dû s'habituer, depuis plus d'un siècle, à l'esprit de compromis qui sous-tend les divers concordats qu'elle a dû signer avec plusieurs états pour sauvegarder ses droits. Elle a appris à ne plus rechercher, comme autrefois, la confrontation directe avec les nouveaux pouvoirs civils. Depuis long-temps, en Europe, en France tout particulièrement, elle a dû composer avec la mainmise de l'État sur l'école publique.

C'est donc en diplomate réservé que Mgr Sbaretti se présente à Ottawa, en 1905. C'est un gros homme un peu débonnaire qui, aux yeux de Bourassa, ne possède pas l'envergure nécessaire pour imposer son point de vue. Il ne jettera pas d'huile sur le feu. On peut, au contraire, redouter qu'avec un tel négociateur ne se répète, de la part de Rome, la reculade qui l'avait fait se résigner aux compromis Laurier-Grenway, en 1896, alors que le Canada français tout entier s'était enflammé pour la défense des écoles séparées. S'il arrivait à Laurier de flancher encore devant la fronde du Canada anglais, Rome n'ira-t-elle pas sacrifier à la « bonne entente » avec le pouvoir civil la résistance de tous ces évêques « patriotes » ? Prélats libéraux et ultramontains confondus, tous rangés derrière Mgr Langevin, ils se réclament en ce moment de l'autorité de Rome pour justifier leur résistance.

Et si Bourassa, lâché, à la fois par Laurier qui risque de céder à sa pente naturelle pour « le juste milieu », et par le représentant du pape qui accorde visiblement peu de prix à la langue dans laquelle s'exprimeront dorénavant les catholiques de l'Ouest canadien, si Bourassa allait se retrouver tout à coup isolé ? Les appréhensions secrètes des nationalistes vont bientôt se trouver justifiées : après avoir démarré en lion, le gouvernement s'apprête à légiférer en mouton... Comme en 1896 il cherche maintenant un compromis pour éviter d'être renversé.

Depuis la deuxième lecture du bill, Laurier s'achemine de toute évidence vers des compromis douteux. Ces amendements vont non seulement perpétuer l'injustice de 1896 au Manitoba, ils vont en étendre les effets pervers à deux nouvelles provinces. Ils vont donc créer, au Canada, des précédents dangereux qui ne manqueront pas d'orienter toutes les législations scolaires des provinces où les Canadiens français se retrouveront minoritaires. Dénoncé par les nationalistes pour son recul, le premier ministre est simultanément stigmatisé par la presse anglo-phone comme un « agent papiste » ! Ses ministres et ses députés, affolés à la pers-pective de voir leur gouvernement renversé, n'ont pas été lents à opter pour « la modération »... Les Lemieux et les Lapointe, après quelques belles escarmouches verbales (qui leur vaudront de l'avancement dans leur carrière) sont rentrés, comme les autres, dans le rang du compromis. Seul avec Lavergne, auquel se sont joints une poignée de conservateurs du Québec, Bourassa est devenu chef de la résistance. La presse libérale qui hier encore l'encensait, louait sa clairvoyance et son courage, voit désormais en lui un dangereux extrémiste. Entre les Sam Hughes et les Bourassa, écrit-elle, il y a heureusement Laurier, l'homme providentiel du « juste milieu ». Et Laurier de renchérir en faisant valoir que la situation des

Canadiens français de l'Ouest serait bien pire encore si son gouvernement devait être renversé et remplacé par celui des fanatiques « tories » de Robert Laird Borden... Encore une fois, Laurier fait appel au « vote de race » pour faire avaliser son recul.

Au Québec, révolté, Tardivel presque mourant en appelle, une fois de plus, à la création d'un État catholique et français sur les rives du Saint-Laurent, seule patrie véritable où les Canadiens français puissent espérer recevoir enfin justice. Outre *La Vérité*, un autre journal défend les principes sacro-saints de l'école catholique. C'est *L'Événement* de Québec dirigé par le sénateur conservateur Philippe Landry. La question religieuse l'emporte, à ses yeux, sur les bonnes relations avec le « grand frère fédéral » où se concentre le fiel antipapiste et francophobe des loges orangistes.

Outre l'appui de *La Vérité* et de *L'Événement*, l'opinion catholique du Québec apporte cependant à Bourassa l'appui militant de l'ACJC, qui regroupe, depuis 1903, la jeunesse étudiante des collèges et de l'Université. Et avec elle, la sympathie grandissante de nombreux membres du clergé et des communautés religieuses. Tous ces clercs et ces religieux se reconnaissent de plus en plus dans ces luttes scolaires, où les droits de la langue et ceux de la foi catholique apparaissent indissociablement liés.

À l'autre extrémité du spectre religieux des opinions politiques se retrouvent, plus militants que jamais, les disciples « rouges » de Bourassa, regroupés au sein de la Ligue et auxquels *Le Nationaliste* sert de manifeste hebdomadaire. La crise a momentanément relégué au second plan, dans les préoccupations de ses lecteurs, les différends qui l'opposent à la presse ultra-catholique en matière d'éducation publique. Dans les milieux nationalistes, l'heure est à l'union sacrée autour des écoles du Nord-Ouest. C'est Asselin qui a lancé le mot d'ordre : PAS DE COMPROMIS ! dans un éditorial cinglant du 12 mars. Si, au dire de Bourassa, sir Wilfrid Laurier fait de la politique « à la pièce », Asselin, lui, entend bien rappeler à la mémoire de ses lecteurs la feuille de route marquée par un déplorable penchant pour les arrangements d'antichambre, toujours conclus au mépris des droits des minorités françaises pourtant garantis par le pacte confédératif de 1867. Or, plaide-t-il, « l'exemple de la Belgique et de la Suisse est là pour prouver que la coexistence de plusieurs nationalités distinctes ne nuit pas à l'avancement matériel et intellectuel d'un pays[5] ».

Puis, délaissant brusquement le style narratif de l'accablante récapitulation historique à laquelle il vient de se livrer, le pamphlétaire adresse à Laurier l'une de ces longues interpellations circulaires et répétitives qui s'achèvera sur une formule-choc résumant tout l'article :

Les députés canadiens-français ne peuvent sans lâcheté souscrire à une loi qui consacrerait l'infériorité politique de leurs compatriotes... M. Laurier a effectué en d'autres occasions des reculades peu glorieuses. Il a vieilli, il voit où nous a conduits sa politique « de paix et de concorde » : s'il croit qu'il vaut mieux tomber en combattant que de se suicider lâchement sur un signe de ses ennemis (il ne peut pas ne pas le croire), s'il croit que l'homme politique canadien-français qui voterait la déchéance des siens mériterait la réprobation de ses compatriotes et le mépris des Anglais bien nés (et il ne peut pas ne pas le croire), s'il croit enfin que, personnellement, il a le devoir de ne pas conseiller plus longtemps à ses compatriotes la soumission à une tyrannie de plus en plus âpre (et il ne peut pas ne pas le croire) il devra se souvenir, que dans cette histoire parlementaire anglaise qu'il admire à juste titre, il est de tradition de descendre dignement du pouvoir plutôt que d'y rester au mépris de ses principes.

Il est temps que nous sachions si nous sommes tombés dans un traquenard en entrant dans la Confédération[6].

Après avoir fait virevolter sa phrase au point d'égarer momentanément son lecteur, le matador précipite l'estocade finale. Bientôt, cette manière de conclure deviendra sienne au point de lui interdire l'abri amusé des pseudonymes. Asselin ne se contente pas de clouer Laurier au pilori de son style. Il salue au passage les prises de position sans équivoque de Mgr Cloutier, de Trois-Rivières, qui s'oppose de toutes ses forces aux compromis proposés en deuxième lecture par le parti ministériel. Asselin en profite pour rappeler qu'au-delà de leur attachement à l'école confessionnelle favorisée par Rome, les évêques canadiens ont un devoir de solidarité spécifiquement nationale envers le peuple français qu'ils ont mission de diriger spirituellement :

Il y a quelques mois, nous applaudissions au courage de Mgr Archambault, qui n'avait pas craint de conseiller aux étudiants, dans une réunion publique, de se préparer à servir un Canada libre.

Nous applaudissons avec le même enthousiasme au geste de cet évêque qui accole fièrement son titre national à sa qualité de prélat catholique.

Nous voulons des évêques pas trop sages, pas pas trop prudents, pas trop opportunistes... qui sachent faire comprendre au peuple qu'ils seront avec lui aux heures de lutte, pour la défense de sa langue, comme pour la défense de sa foi[7].

Au cours de ce même mois d'avril fertile en rebondissements, le président de la *Ligue* organise l'une des plus fameuses assemblées de la carrière de Bourassa au Monument national[*], devenu, depuis la guerre des Boers, le haut-lieu de la résistance nationaliste. Asselin et ses collaborateurs ont distribué des billets en

---

[*] Le Monument national avait été érigé en 1893, à l'instigation de l'Association Saint-Jean-Baptiste et sous la présidence de Laurent-Olivier David.

plusieurs points de vente: au journal bien sûr, à La Sauvegarde, à la librairie Déom, au magasin de musique Archambault, rue Sainte-Catherine, et à la pharmacie Giroux. Les commerçants solidaires de la *Ligue* se disputent l'honneur d'être dépositaires de laisser-passer pour l'assemblée historique du 17 avril. Le bouche-à-oreille fera le reste. Bourassa, une fois de plus, fera salle comble. Mais peu de ses admirateurs devineront le déchirement intérieur que ressent alors l'orateur. Laurier comptait au départ sur le député de Labelle pour lui apporter le concours du Canada français. Or voilà Bourassa qui s'apprête à dresser le Canada français tout entier contre Laurier...

Divisée entre partisans de Laurier et partisans de Bourassa, la salle est pleine à craquer. Le public étudiant y domine. Mais on remarque aussi, dans l'assistance, un grand nombre de prêtres et de religieux qui reconnaissent maintenant en Bourassa le véritable défenseur des écoles séparées. Parmi eux, le jeune abbé Groulx, venu tout exprès de son collège de Valleyfield, boit littéralement les paroles de Bourassa. Il consignera le déroulement de cette soirée dans ses *Mémoires*.

Mais Asselin a d'abord voulu réunir, autour de son chef, une vaste coalition de toutes les forces nationalistes. Ce combat n'est pas seulement affaire de foi et de religion. C'est aussi le destin d'une langue et d'une culture qui se trouve compromis dans l'Ouest canadien. Aussi a-t-il confié la présidence de la soirée à Paul Martineau, un nationaliste de tendance radicale, mais qui a récemment défendu avec courage le point de vue catholique, devant un auditoire torontois déchaîné. Martineau a accepté, sans se faire prier, de présenter le grand orateur catholique.

Bourassa se lève enfin et entame un long historique de la formation des Territoires. Il dépeint le rôle colonisateur tenu, dans leur développement, par les Métis de langue française et de religion catholique. Il rappelle les conventions « sacrées » de 1867 et l'iniquité des amendements proposés par Laurier et qui s'apprêtent à perpétuer, dans les nouvelles provinces, l'injustice faite en 1896 aux Canadiens français du Manitoba. Voilà, conclut-il, ce que Laurier vous demande d'accepter! Entre la justice et l'iniquité, il n'y a pas de place pour l'euphémisme de la « conciliation »! Tous les Canadiens ne sont-ils pas égaux quand vient l'heure de prélever les taxes? Dès lors l'argent des catholiques leur donne droit aux mêmes services que l'argent des protestants. Ses compatriotes, s'écrie-t-il, n'ont pas le droit de céder devant l'intimidation!

Il s'adresse maintenant à eux comme un véritable chef. Il réclame leur appui moral. Pour un peu, il dirait: « J'exige! » Soulevé par les réactions enthousiastes de la salle, Armand Lavergne inspiré, lui promet cet appui au nom de toute la jeunesse canadienne-française... Bourassa a tant donné de lui-même depuis deux heures, qu'au moment de répondre à l'ovation de la foule massée jusqu'au dernier balcon, il est tout en sueur. Mais l'auditoire est conquis. Au premier rang, émus, ont pris place son père Napoléon Bourassa, sa fiancée Joséphine Papineau et son vieux précepteur, Frédéric André, venu applaudir son ancien élève.

La Ligue a finalement réussi à saisir l'opinion canadienne-française. Elle en regroupe désormais les forces vives derrière le front du refus magnifiquement incarné par Bourassa.

Mais à l'heure même où le député de Labelle remporte l'une des plus belles victoires morales de sa carrière, John Willison, rédacteur en chef du *World* de Toronto tient, dans la Ville-Reine, une assemblée de protestation contre le même bill. Mais pour des raisons tout à fait inverses. Sous l'emprise de Bourassa, Laurier s'apprêterait, dit-il, à trop concéder à la fronde franco-catholique ! Sans le savoir, Willison vient d'ouvrir à Laurier la voie de sortie honorable qu'il recherchait désespérément depuis le début de l'opposition de Bourassa. Désormais le premier ministre pourra affirmer, sans sourciller, que ses amendements le situent « au centre » de deux extrémismes également condamnables : celui de Willison et celui de Bourassa... La semaine suivante, *Le Soleil*, chargé d'exécuter anonymement le député de Labelle, écrira :

> L'Assemblée du Monument national de Montréal répond à celle de Massey Hall de Toronto. La province de Québec n'a plus rien à reprocher à la province d'Ontario. L'une a son Willison, l'autre son Bourassa[8].

Traité désormais en pestiféré par le parti ministériel, le député de Labelle défendra encore courageusement la cause des écoles du Nord-Ouest dans *Le Natio-naliste* et dans *La Patrie*. Mais le 3 mai, le bill est adopté en deuxième lecture par 140 voix contre 59. Même les députés conservateurs du Québec ont fini par appuyer les amendements du « juste milieu » concoctés par Laurier. Les évêques irlandais de l'Ontario, dont les confrères de la Nouvelle-Angleterre ont eu maille à partir avec leurs ouailles de langue française, n'ont pas été longs à convaincre le délégué du pape que le compromis du premier ministre était honorable et que Bourassa était un personnage excessif et dangereux pour la cause des catholiques.

Des années plus tard, le directeur-fondateur du *Devoir** commentera la volte-face du prélat avec une certaine ironie :

> Je n'ai jamais revu Mgr Sbaretti : mais j'ai ouï dire à Rome qu'il se glorifiait d'avoir, en cette occurrence, remporté une grande victoire. Il ajoutait, paraît-il, que M. Lau-rier avait beaucoup mérité de l'Église et que les nationalistes étaient des intran-sigeants dangereux. Cette aventure m'a rendu circonspect dans mes relations avec les diplomates, clercs ou laics. [...] Avec le progrès des mœurs démocratiques, la

---

* *Le Devoir* sera fondé le 10 janvier 1910.

fréquentation du palais des princes a fait place aux transactions dans les anti-chambres des ministères[9].

Avec l'approche de l'été, avec les amendements qui s'additionnent et la troisième lecture qui se fait encore attendre, la ferveur commence à s'atténuer dans l'opinion publique. Les députés libéraux du Québec, redoutant toujours le renversement de leur gouvernement et la perte de leurs privilèges ministériels, pressent Laurier de conclure dans le sens du compromis préconisé par le ministre démissionnaire Clifford Sifton. Sous le couvert d'une nouvelle loi, c'est la politique bancale de 1896 qui se poursuivra donc, en Alberta et en Saskatchewan, au détriment des minorités. La résistance nationaliste marque cette fois le pas. Le 4 septembre à Sainte-Adèle, Henri Bourassa s'accorde un bref répit pour épouser sa petite-cousine Joséphine Papineau dans la plus stricte intimité.

Mais les jeux sont déjà faits dans les écoles du Nord-Ouest. Amers et profondément déçus, Bourassa et Lavergne en imputeront le blâme à la servilité des députés canadiens-français qui ont sacrifié, dans toute cette histoire, les droits de leurs frères de l'Ouest à leur soif de pouvoir et de patronage. Ce sont ces lâches, expliquent les deux députés nationalistes, qui ont fait défection à Sir Wilfrid Laurier : s'ils l'avaient soutenu en bloc, le premier ministre aurait fini par gagner à leur juste cause la plupart de leurs collègues canadiens-anglais de bonne volonté...

Cette ultime façon de chercher encore à ménager Laurier, au lendemain de l'abandon et de la rebuffade, ne manque pas d'étonner le sénateur Landry. Dans *L'Événement*, l'éminent conservateur blâme Lavergne et Bourassa d'entretenir rétrospectivement de pareilles illusions sur Laurier ! Au *Nationaliste*, Asselin tire, lui aussi, de cette interminable bataille perdue des conclusions dévastatrices pour le premier ministre du Canada. Pour Bourassa, toujours soucieux de ménager Laurier, voilà peut-être un autre motif de marquer ses distances avec l'hebdomadaire de la rue Sainte-Thérèse.

* * *

L'année suivante, en juin 1906, un projet de loi d'apparence anodine va brusquement rallumer les hostilités entre deux factions rivales que Laurier se faisait fort d'avoir renvoyées dos à dos. Ce sont, cette fois, les dénominations protestantes de tendance puritaine, réunies depuis peu dans une coalition appelée *The Lord Day Alliance*, qui entreprennent des démarches auprès du gouvernement fédéral pour assurer le respect du « jour du Seigneur ». Elles veulent que le Parlement légifère pour interdire tout travail, toute activité commerciale et tout divertissement public le dimanche. Elles sont soutenues dans leur démarche par le *Globe* de Toronto et ont placé à leur tête le révérend Shearer, secrétaire général de l'Alliance. Elles peuvent aussi compter sur un allié de poids, au sein du gouvernement libéral, en la personne du ministre de la Justice, Charles Fitzpatrick. Cet Irlandais dévot demeure sensible à l'appui apporté au bill du Dimanche par nul autre que l'archevêque de Montréal Mgr Paul Bruchési, qui en approuve à la fois le principe et les dispositions. Mgr de Montréal, en effet, mène dans son propre diocèse une guerre sans merci aux débits de boisson et aux spectacles du cirque, du théâtre et du cinéma qui échappent de plus en plus à la surveillance et au contrôle de la hiérarchie.

Tout catholique et montréalais qu'ils soient, Bourassa et les siens ne l'entendent pas ainsi. Derrière les parrains du projet de loi, ils ont vite reconnu les porte-parole des loges orangistes qui, l'année précédente encore, réussissaient à imposer leur langue, leurs manuels scolaires et leur pédagogie aux écoles du Nord-Ouest. Cette fois, c'est au peuple joyeux, grégaire et débonnaire du Québec qu'on prétend imposer leurs mœurs puritaines et leur sinistre conception du dimanche!

Hier, les nationalistes incitaient le gouvernement fédéral à se porter au secours des écoles de la minorité franco-catholique menacée dans ses droits collectifs par des législations provinciales. Aujourd'hui, ils revendiquent à leur tour l'autonomie des provinces pour se soustraire au bill du Dimanche. Ils voient rien de moins dans ce projet qu'une intrusion inacceptable du gouvernement fédéral dans un champ de compétences reconnues aux provinces par la Constitution: celui des coutumes domestiques et des mœurs publiques. Une telle ingérence, plaident-ils, constitue un précédent redoutable pour le Québec à qui incombe le devoir exclusif de veiller à la sauvegarde de ses traits culturels distinctifs et de sa tradition française. Bourassa, fouetté par la défaite de l'année précédente, prend aussitôt la tête du mouvement d'opposition.

Dès les premières escarmouches, *Le Nationaliste*, par la plume acérée d'Olivar Asselin et de Ferdinand Paradis, dénonce l'aberration du projet de loi. Ainsi, écrit Asselin, un simple citoyen se verra interdire l'accès aux voitures de louage « le jour du Seigneur », alors que le propriétaire de ces mêmes voitures pourra, lui, rouler et se déplacer en tout impunité! La raison du riche est donc toujours la meilleure? Et *Le Nationaliste*, qui paraît le dimanche, se verrait frappé d'interdit, alors que ses concurrents du samedi occuperaient toute la place, sous prétexte qu'ils paraissent la veille? Asselin dénonce avec virulence l'hypocrisie puritaine déchaînée contre la « province française » et stigmatise, sans ménagements, cette nouvelle « trahison de Laurier[10] ». Une fois de plus, le premier ministre laisse les passions s'exprimer pour mieux se réserver le jugement de Salomon qui plaît tant aux électeurs lassés par des débats trop longs et trop subtils.

L'extrême rigueur d'Asselin à l'égard de Laurier explique sans doute, en partie, l'attitude de plus en plus réservée de Bourassa. Mgr Bruchési, son chef spirituel, s'est lui aussi commis en faveur du bill. Mais Bourassa se porte à sa défense en expliquant aux foules qu'on a usurpé le nom vénéré de l'archevêque pour justifier la teneur du bill, alors que Monseigneur voulait tout simplement faire cesser les excursions scandaleuses et les divertissements immoraux.

Nul n'ignore cependant, à Montréal, les liens de correspondance et d'amitié qui unissent le premier ministre à l'archevêque si soucieux de sauvegarder les bonnes mœurs dans son diocèse. Asselin, sans doute moins que tout autre. Jeune reporter aux *Débats*, il avait observé de près l'attitude du prélat, en 1900, lors des émeutes étudiantes auxquelles la guerre du Transvaal avait donné lieu dans le Quartier latin. Il se souvient comment, à la demande de Laurier, Mgr Bruchési avait accepté de présenter des « excuses » aux autorités de McGill pour les « actes de violence » commis par les étudiants de Laval, alors que ces derniers avaient été provoqués les premiers, dans leurs propres locaux, par les étudiants de l'université anglaise. Non, Asselin n'a rien oublié de cela et il ne faut surtout pas compter sur lui pour ménager l'ami de sir Wilfrid Laurier ! Un prélat qu'il ne cesse d'ailleurs de croiser sur sa route, lorsqu'avec ses amis, Germain Beaulieu ou *Colombine*, il plaide la cause de l'instruction publique ou celle de l'uniformisation des manuels scolaires. Le puritanisme et les compromis, Asselin les combat d'où qu'ils se manifestent.

En pareille matière, il reçoit presque chaque jour, dans *La Patrie*, le support d'Israël Tarte qui entend bien profiter de sa liberté d'expression retrouvée pour embêter les libéraux tout en fustigeant les bigots ! L'appui éditorial de *La Patrie* où, comme au *Nationaliste*, les rongeurs de balustres n'ont pas la réputation d'être légion, apporte à Bourassa une caution qui lui attire également l'appui du jeune mouvement ouvrier dont les sympathies pour la réforme de l'éducation chère à Asselin sont bien connues.

Les bases du Parti ouvrier avaient été jetées en 1899 par J.-A. Rodier, un militant syndical actif, alors chroniqueur à *La Presse*. Il était né en 1852, dans l'État de New-York où son père Benjamin Rodier, très actif dans la Rébellion des patriotes de 1837, s'était réfugié et avait noué des contacts avec les organisations syndicales américaines. Plusieurs clubs ouvriers avaient été fondés, par la suite, dans les quartiers populaires du Centre-Sud de Montréal. À l'instigation de Rodier, ils avaient même commencé à essaimer en province avec un certain succès. Pour financer leurs activités, les clubs organisaient des joutes sportives, des concerts et des représentations théâtrales d'amateurs. Ils avaient organisé une petite caisse de chômage et prévoyaient mettre sur pied une société de colonisation pour les ouvriers privés de travail.

Déçus par les fausses promesses des libéraux, aussi bien provinciaux que fédéraux, les dirigeants du parti avaient présenté, sans succès, un candidat aux élections fédérales en 1900 dans le comté de Sainte-Marie. Leur porte-parole, Fridolin Roberge, avait subi une défaite cuisante aux mains du tout-puissant Israël

Tarte. Mais aux élections provinciales de 1904, porté par la vague de mécontentement que le chômage et la misère soulevaient dans les quartiers populaires, leur nouveau candidat, Alphonse Verville, avait réussi à talonner de très près son adversaire libéral dans le comté d'Hochelaga. Son collègue Latreille avait également réussi à mener une lutte sérieuse au directeur du *Canada*, le redoutable Godfroy Langlois. Ces deux « victoires morales » avaient gonflé d'espoir le cœur des militants ouvriers. En février 1906, une élection partielle dans Maisonneuve fournissait à Verville l'occasion d'une spectaculaire revanche : il y était élu député avec une majorité de 1000 voix. Jamais les travailleurs n'avaient acquis une pareille influence[11].

C'est dans ce climat de ferveur naissante qu'avait éclaté, quelques mois plus tard, l'affaire du bill du Dimanche. Le Parti ouvrier n'avait pas été lent à rejoindre le vaste mouvement de protestation dont Bourassa venait de prendre la tête. Leurs idées et leur opposition, en la matière, coïncidaient parfaitement avec celles des nationalistes. Leur porte-parole, J.-A. Rodier, venait de se voir privé de sa chronique à *La Presse**, où Jules Helbronner avait été forcé de lui retirer son soutien. Il avait aussitôt été recueilli par *La Patrie* où Israël Tarte s'amusait plus que jamais à faire flèche de tout bois. Avec *Le Nationaliste* et *La Patrie*, deux journaux populaires se trouvaient donc acquis à l'opposition au bill du Dimanche.

Dans les assemblées publiques comme dans les salles de rédaction et dans les réunions de la Ligue, les nationalistes entretiennent donc des liens de sympathie mutuelle avec les militants ouvriers. Ils côtoient ainsi des hommes de réflexion, tels Albert Saint-Martin, alors traducteur et sténographe au Palais de justice de Montréal et futur éditeur, ou Gustave Franck, typographe d'origine belge qui, nourri d'idées socialisantes européennes, incarne alors l'aile gauche du parti**. Au-delà de l'opposition au bill du Dimanche et de l'instruction obligatoire, bien des aspirations communes rapprochent tous ces jeunes gens. Tout comme Asselin, les militants ouvriers s'opposent au monopole des trusts du gaz et de l'électricité et rêvent de nationaliser les ressources naturelles de la province.

Appuyé par les ouvriers, Bourassa est donc obligé de jouer d'extrême finesse, en ce printemps de 1906, pour garder uni, coûte que coûte, le mouvement de protestation qu'il vient de susciter. À *La Vérité* de Québec, les prises de bec avec *Le Nationaliste* n'ont pas cessé pour autant en matière d'éducation et de foi. Quant à *La Croix* de Montréal, elle ne cesse d'accuser *Le Nationaliste* et ses alliés ouvriers d'accointances maçonniques et son directeur, Olivar Asselin, de mauvaises fréquentations idéologiques. Édouard Charlier, l'ancien propriétaire des

---

* Acquise par des intérêts financiers dévoués au Parti libéral.

** En France, en 1904, Jean Jaurès, au faîte de son influence, vient de fonder *L'Humanité*. Mais le grand leader socialiste est encore un personnage très peu connu du public montréalais.

Débats, et Gustave Franck sont ainsi soupçonnés d'appartenir, tout comme Godfroy Langlois du *Canada*, à la loge maçonnique de l'*Émancipation**.

Toutes ces rumeurs et ces tensions internes qui se propagent, parmi ses supporteurs « rouges » et ultramontains, ne vont pas sans causer de sérieux maux de tête à Bourassa qui présente, semaine après semaine, de nouveaux amendements pour atténuer les effets pervers du bill du Dimanche. D'abord combattus à outrance, ces amendements finissent par être récupérés en catimini par Laurier. Moins que jamais, le chef libéral ne peut se permettre de braver l'opinion québécoise unifiée et braquée contre le « bill protestant ». Les nationalistes remportent bientôt une victoire morale qui met temporairement un léger baume sur les blessures de leur défaite de 1905. Une fois de plus, à l'étonnement de certains, Bourassa peut se déclarer provisoirement satisfait de ses rapports avec Laurier :

> À la session de 1906, le ministère présenta un projet de loi absurde et tyrannique, connu sous le nom de *bill du Dimanche*. Il souleva l'indignation de plusieurs députés ministériels qui, du reste, plièrent tôt l'échine sous les coups de fouet des gardiens du troupeau. Lavergne et moi soutinrent [*sic*] la lutte jusqu'au bout. Naturellement, le ministère rejeta toutes nos propositions d'amendement ; mais il les fit reprendre au Sénat. Et le bill revenu émasculé à la Chambre, le troupeau des moutons l'accepta. Ce qu'ils avaient trouvé abominable, venant des nationalistes, ils le trouvèrent excellent, sous l'estampille ministérielle. Et comme pour mieux souligner leur abject asservissement, M. Laurier ne s'est jamais gêné pour reconnaître que nous avions eu absolument raison[12].

Tout comme en 1904, où il avait envoyé son ministre Frederick Borden « consulter » Bourassa, Laurier lui rend ostensiblement le crédit de son influence. Le chef nationaliste ainsi confirmé dans son autorité intellectuelle, Laurier peut espérer le neutraliser encore un certain temps. Certes Bourassa tient à son indépendance comme à la prunelle de ses yeux. Mais un libéral, fût-il indépendant, demeure un libéral. Laurier sait tout cela. Aussi lui sied-il d'avoir ici le triomphe modeste. L'âge n'a pas émoussé en lui ce don redoutable qu'il a de sonder les reins et les cœurs de ceux dont il dispose, à leur insu souvent, sur l'échiquier de sa réussite personnelle.

---

* Soupçons tout à fait fondés. Voir à ce sujet Roger LeMoyne, *Deux loges maçonniques du Grand Orient de France*, Cahiers du CRCCF n° 28, Presses de l'Université d'Ottawa, 1991, annexes 108-117-118.

Chapitre XVI

LE CŒUR À GAUCHE

Vous, les piétons, vous les petites gens qui croyez que la rue est à tout le monde, vous vous joindrez à nous pour que le jugement du magistrat montréalais qui envoie les écraseurs en prison s'applique également dans l'ordre social. Et je ne doute pas qu'en travaillant ferme nous y arriverons, car le cœur humain est comme les caveaux : les reptiles en sortent dès qu'on fait pénétrer la lumière.

(Olivar Asselin, *Le Nationaliste*, 30 septembre 1906)

Si la lutte anti-impérialiste et la réalisation du programme de la *Ligue* drainent des énergies considérables au *Nationaliste*, son directeur-fondateur n'en néglige pas pour autant l'objectif, à ses yeux tout aussi important, de « la justice sociale ». C'est l'une des deux tâches qu'il assigne en priorité à son journal[1].

Parmi ses proches collaborateurs, fils et filles de commerçants, de cultivateurs ou de professionnels, bien peu ont expérimenté, comme il a pu le faire en Nouvelle-Angleterre, les conditions de vie concrètes des travailleurs d'usine. À trente ans, Olivar Asselin n'a rien oublié de ses dures années d'apprentissage dans les filatures de Fall River. Aujourd'hui encore à Montréal, comme aux États-Unis, des frères et sœurs plus jeunes, des neveux et des nièces dont le sort lui tient à cœur se trouvent toujours confrontés aux mêmes réalités quotidiennes de pauvreté et d'insécurité. Si l'instruction lui a permis d'échapper au sort commun des exilés, il a conservé de cette expérience une sensibilité suraiguë à l'injustice et à l'exploitation des petits salariés. La mort en exil du maître-tanneur ruiné ne cesse de le hanter. C'est sans doute vers cette solidarité familiale première qu'il convient de se tourner d'abord pour mieux comprendre la démarche et les affinités naturelles d'Asselin au *Nationaliste*, lorsqu'il y aborde la question du socialisme, qu'il lutte contre les « trusts » ou qu'il fait cause commune avec les candidats du Parti ouvrier, Alphonse Verville ou Joseph Ainey.

Certes, Asselin demeure un autodidacte infatigable dont les capacités de lecture stupéfieront toujours ses contemporains. C'est aussi un passionné de discussions, dont la camaraderie intellectuelle ne connaît pas de frontières. Sa journée de travail achevée, il s'attarde volontiers dans les cafés du Vieux Montréal, pour refaire le monde en compagnie d'interlocuteurs dont l'intelligence et le savoir stimulent sa réflexion. Nul doute que, dans le minuscule village idéologique du Montréal de son époque, les représentants clairsemés de la pensée socialiste lui sont connus, sinon familiers, et qu'avec eux il échange aussi bien les idées que les livres.

Il continue également de correspondre avec son frère Raoul, maintenant curé de Saint-Georges-de-Malbaie, en Gaspésie. Confronté à l'exploitation des pêcheurs canadiens-français par les grandes compagnies jerseyaises, ne pose-t-il pas, sans le savoir, le même diagnostic que les « socialistes » fréquentés par Olivar ? Pour les deux frères, immergés si diversement dans l'action, la lutte des classes est d'abord affaire d'expérience personnelle. Plus familier du monde de la pensée, Asselin n'en fera toutefois pas l'objet d'un système. Tel n'est surtout pas la manière du pamphlétaire d'engager le développement d'une idée.

Comme à l'accoutumée, ce seront les événements — manifestations populaires, défilés ouvriers, élections — qui, dans l'immédiat, provoqueront sa réflexion. Mais il est aisé de constater que les intérêts d'Asselin et la mémoire de ses luttes passées continuent d'alimenter ses prises de position. S'il s'est intéressé si tôt à la politique municipale, ce n'est pas seulement parce que son premier employeur, Adélard Lafond, avait coutume de lui confier la « couverture » des assemblées du Conseil de Ville de Fall River. Mais bien parce qu'il avait été sensibilisé, plus tôt encore, aux conditions de vie matérielle difficiles qui sévissaient dans les quartiers populaires de la petite ville où il habitait. Ces quartiers modestes où les services municipaux laissaient beaucoup à désirer en matière d'hygiène publique et de sécurité lui étaient familiers depuis son adolescence.

À Montréal, il n'en avait guère changé, son métier de journaliste et ses responsabilités familiales le tenant, la plupart du temps, en lisière des beaux quartiers, pépinières d'élus municipaux soucieux de qualité de vie. D'où ses luttes incessantes contre la Montreal Light Heat and Power, contre les puissants monopoles de ses ennemis de prédilection, Louis-Joseph Forget et son neveu Rodolphe, dans les domaines du transport municipal, de l'électricité ou du charbon. Ces services de première nécessité pour la vie des simples citoyens, en grande majorité locataires*, Asselin estime qu'ils devraient relever de l'administration publique, au lieu de contribuer à la fortune privée d'une poignée d'hommes d'affaires fortunés et peu soucieux d'assurer le bien-être de leurs concitoyens moins favorisés.

---

* Seuls les propriétaires ont qualité d'électeurs à l'époque.

À les passer en revue, les batailles municipales d'Asselin contre les « trustards » de Montréal relèvent en droite ligne de sa pensée sociale. Elles procèdent directement de l'idée qu'il se fait du « bien commun » et de la « richesse collective » que constituent les ressources naturelles d'une ville ou d'un pays. On pourrait dire la même chose de la critique acerbe qu'il fait de la politique de la colonisation. Quand il préconise la nationalisation des ressources hydrauliques de la province, ou celle de la forêt contre la mainmise des grandes papetières, c'est au nom du « patrimoine commun des générations futures » qu'il le fait. À trente ans, ce libéral-là a décidément le cœur à gauche ! Voyons un peu, à l'aide de quelques textes clés, comment et au nom de quelles valeurs il procède à ses choix spontanés.

Un éditorial à l'emporte-pièce du 20 mars 1906, *Le drapeau rouge*, lui est inspiré par un défilé populaire qui a suscité des propos alarmistes à *La Patrie* : aux yeux de son rédacteur, le déploiement de l'étendard cramoisi serait annonciateur des pires désordres ! L'époque est d'ailleurs en pleine turbulence. Au Canada, les grèves se multiplient d'un océan à l'autre, relayées par une presse à grand tirage qui accorde la première place à la nouvelle. L'opinion publique n'accepte plus avec le même fatalisme la répétition morbide des accidents de travail. Les syndicats internationaux recrutent donc aisément parmi les populations ouvrières largement privées de protection. Au Québec, lentes à réagir aux directives de l'encyclique sociale de Léon XIII*, les autorités ecclésiastiques ne sont pas encore parvenues à mettre sur pied les premiers syndicats catholiques**. C'est donc avec espoir que travailleurs et militants ouvriers ont déployé « le drapeau rouge » et emboîté le pas à un défilé dont la thématique à saveur internationale a suscité tant d'appréhension dans la bourgeoisie et le clergé.

Après avoir épinglé, avec son espièglerie coutumière, le rédacteur de *La Patrie* et le curé de Saint-Hubert appelé à la rescousse pour jouer les Cassandre, Asselin développe sa propre conception du socialisme, vu comme un généreux et indispensable levier de réforme. Certes, le collectivisme intégral lui répugne viscéralement. Il y voit comme un déni de l'initiative individuelle chère à tous les libéraux : c'est elle qui confère « à la volonté et au libre arbitre le droit de s'en servir ». Il n'en va pas de même, croit-il, du socialisme qui prône une réorganisation globale de l'État et de ses services, non plus en fonction du profit de quelques-uns, mais en fonction du bien commun.

Peut-être ces socialistes « utopiques », pour lesquels il éprouve visiblement de la sympathie, s'illusionnent-ils sur leur capacité de faire opérer au système politique un pareil virage ? Mais, écrit-il :

---

* *Rerum novarum*, en 1891.
** Les premiers verront le jour à Québec en 1907.

[...] si on veut se donner la peine d'étudier la tendance économique de notre temps — concentration constante des richesses, accaparement des moyens de production, augmentation du coût de l'existence dans une mesure disproportionnée à l'augmentation des salaires — on sera bien forcé d'avouer que leur théorie a quelque chose de noblement idéaliste qui fait défaut au système actuel, basé sur l'égoïsme, la fraude et la force brutale[2].

On ne saurait être plus clair. Il y a aussi, poursuit-il, d'autres « socialistes » dont il conviendrait d'observer la démarche. Ceux-ci sont « [...] des hommes qui ne s'intitulent pas socialistes et dont néanmoins les idées sur les besoins de la société et les devoirs de l'État s'écarteraient assez des formules ordinaires pour mériter ce qualiticatif[3]. »

Ces « socialistes » sans étiquette, parmi lesquels l'auteur se rangerait spontanément, sont sans doute moins idéalistes que ceux du groupe précédent. Plus sceptiques, ils ne croient guère aux vertus infuses d'un État paternaliste qui « confisquerait tous les biens à son profit » sous prétexte de « corriger tous les maux de l'humanité ». Un tel État-Roi, prophétise-t-il, « finirait sans doute par n'être qu'une bonne vache à lait pour les malins ! »

Et cependant, le régime actuel les révolte ; ils ont horreur de ces gouvernements-emplâtres bons seulement pour faire suer des taxes aux administrés : ils croient que dans un pays neuf comme le nôtre où il n'y a heureusement ni aristocratie terrienne ni privilèges héréditaires et où l'aristocratie financière ne vient que de naître, où, d'un autre côté, les richesses naturelles sont répandues partout sur le sol et dans les entrailles de la terre, il suffirait à l'État, pour créer un État social, sinon parfait, du moins bien supérieur à ceux que l'humanité a connus jusqu'ici :

1° D'égaliser les chances de tous en ne créant aucun privilège ;

2° D'assurer au peuple la plus grande jouissance possible des richesses naturelles, soit en exploitant ces richesses lui-même, soit en les faisant exploiter dans des conditions déterminées par lui ;

3° De monopoliser les transports et autres industries qui ont de tout temps servi à l'accumulation de la richesse entre les mains du petit nombre au déséquilibrement de la puissance politique ;

4° De confisquer au profit de la collectivité toute industrie définitivement monopolisée, quitte à la faire régir en son nom par des particuliers ;

5° D'empêcher la formation de trop grandes fortunes par l'impôt progressif sur le revenu, impôt qui frappe encore plus peut-être que le travail, l'intelligence, don gratuit de la nature et source première des inégalités sociales.

Ces hommes qui prennent ainsi la contrepartie de tout ce que nos modernes Rois Fainéants croient et pratiquent, ils sont eux aussi des socialistes à leur manière, qu'ils s'intitulent libéraux parce qu'ils conçoivent le progrès humain comme un affranchissement, rationalistes parce que, poursuivant un but politique, ils regardent le contentement des masses populaires comme une condition essentielle de la vie et de la puissance nationale, conservateurs même parce que — plaisante perversion des mots — ils veulent conserver l'ordre social en le régénérant. Va-t-on les excommunier pour un nom sur le sens duquel on ne s'entendra pas[4]?

Voilà un texte quelque peu tortueux, où Asselin dévoile certains traits caractéristiques de son tempérament intellectuel. Il s'y révèle déjà comme rébarbatif à l'esprit de système et au dogmatisme, mais accueillant à la diversité des opinions, pourvu que l'adhésion à une même poursuite de justice sociale soit honnêtement reconnue comme but de l'activité politique. C'est donc une « valeur » d'égalité et de partage qu'il place sous l'étiquette « socialiste », bien plus qu'un système de pensée ou une politique précise de répartition des richesses. Certes, pour se donner des mains, cette « valeur » requerra des réformes sociales et politiques d'une telle ampleur que bon nombre de ses contemporains s'entendront pour les juger irréalistes et subversives.

Certaines de ces réformes, en dépit du caractère pragmatique qu'Asselin veut bien leur prêter, relèvent, pour son époque, de l'utopie : fin des privilèges, égalité de tous les citoyens devant la loi (y pensiez-vous en le lisant, « chères collègues » ?...), nationalisation des richesses naturelles, fin des monopoles industriels, impôt progressif sur la fortune. De telles réformes devront attendre la Révolution tranquille pour être dédouanées aux yeux d'une opinion publique encore craintive. D'autres attendent encore de l'être.

Mais cet esprit qui loge si spontanément « à gauche » ne fait pas d'Asselin un égalitariste systématique. Se glisse dans son « programme », une réserve qui trahit le souvenir de son aventure personnelle : l'allusion renouvelée à « l'intelligence, don gratuit de la nature et source première des inégalités sociales ». N'est-ce pas son talent exceptionnel qui lui a permis d'échapper au destin commun d'une famille prolétaire ? Le réalisme d'Asselin le tiendra toujours à distance de la pensée magique.

Aussi refuse-t-il obstinément que l'on se batte ou s'excommunie au nom du vocable de « socialisme » dont le sens lui semble convenir aujourd'hui à une grande diversité de familles d'esprits, des plus utopistes aux plus pragmatiques. De même qu'il cherchera toujours à réunir les meilleurs éléments nationalistes au-delà des partis, de même est-il soucieux, ici, de voir ses plus chers projets de transformation sociale transcender les clivages idéologiques et partisans. Aussi s'empresse-t-il de rappeler que cette doctrine socialiste — « qui n'est au fond que celle du Christ[5] » — est aussi à la base de l'émergence du catholicisme social qui, en France, vient de faire accéder « un prêtre, l'abbé Lemire, à la Chambre des députés ». Habile rappel d'Asselin à ses détracteurs de *La Vérité* et de *La Croix* : ils ne sont pas les seuls au monde à vouloir prendre l'Évangile au sérieux.

Quand cet Évangile est confisqué par les possédants au détriment des pauvres, faut-il s'étonner, poursuit-il encore, que le dernier espoir de ceux-ci se tourne vers les promesses de changements symbolisées par « le drapeau rouge » ? Ce symbole, conclut-il :

> [...] représente aussi en Amérique le rêve généreux, l'illusion sincère de milliers de braves gens qui sentent glisser l'humanité dans les bras d'un autre Moloch, et qui, abandonnés à leurs seules lumières par des classes supérieures ignorantes et jouisseuses croient pouvoir la sauver par l'application d'un nouveau principe politique. Et s'il nous fallait choisir entre ce rêve et cette illusion et l'égoïsme crapuleux de journaux qui osent affirmer le bonheur parfait de l'ouvrier canadien en face du trust de l'électricité qui le prive de l'éclairage [...], du trust des viandes qui lui fait payer au poids de l'or l'article principal de son alimentation, du trust judiciaire qui lui prend un mois de son gain pour une affaire de cinquante sous, s'il nous fallait choisir entre ces deux états d'esprit, peut-être [...] serions-nous tenté de pardonner aux socialistes de n'avoir su deviner sur le champ clair de leur drapeau le grouin d'un Morgan, la panse d'un Rockefeller, ou même — s'il est permis de comparer les petites choses aux grandes — le rectum sacré d'un Forget[6].

Voilà une finale des plus irrévérencieuses, qui fera frémir dans les salons du *golden square mile**. Et accentuera encore, si besoin en était, la réputation d'enfant terrible de la presse québécoise qu'Asselin est en train de se forger. Il ne sait pas résister à la tentation du « mot ». L'utilisation du vocabulaire scatologique ne lui répugne pas. Il aime provoquer. C'est son côté collégien. Les puristes se contentent d'envoyer à la rédaction des lettres qui ne font que stimuler sa verve. Mais sous ses fenêtres, en revenant de leurs cours, les étudiants de Laval, mis en joie par ses « bons mots », l'interpellent au contraire pour le féliciter d'avoir si bien « planté » des adversaires qui sont aussi devenus les leurs. Si la ferveur de la jeunesse confirme Bourassa dans son rôle de tribun populaire, elle consacre bientôt Asselin dans son rôle de polémiste et de redresseur de torts.

Ces étudiants en liesse n'ont pas entièrement tort. La question sociale est, pour Asselin, l'objet de préoccupations constantes. Il la voit ressurgir partout où se révèlent les effets des inégalités entre riches et pauvres. S'intéresse-t-il à l'hygiène publique que, très tôt, s'impose à sa réflexion le caractère morbide de la pauvreté. La lutte contre la tuberculose, vue uniquement sous l'angle sanitaire et individuel, lui apparaît insuffisante**. Tant que les familles seront entassées dans des loge-

---

* Expression qui désigne le quartier cossu de la rue Sherbrooke Ouest où les représentants des grandes fortunes montréalaises (dont M. Louis-Joseph Forget) avaient élu domicile.

** Portés, les uns par le vaste mouvement nord-américain de réforme urbaine, les autres par leur idéal socialiste, plusieurs médecins et hygiénistes montréalais défendent aussi ce point de vue. Asselin et *Le Nationaliste* comptent de nombreux amis et sympathisants au sein de cette « aile gauche » de la profession médicale, dont le docteur Emmanuel-Persillier Lachapelle, fondateur de l'hôpital Notre-Dame, demeure l'un des éminents représentants.

ments exigus, mal éclairés et mal chauffés, tant que les enfants manqueront d'air pur et d'une alimentation saine, l'art médical continuera de s'exercer en pure perte[7].

Il stigmatise aussi, avec des formules lapidaires, le double standard qui fixe le prix d'une vie humaine, selon que cette vie est celle d'un travailleur manuel ou celle d'un bien nanti :

> Quand un vidangeur contracte le tétanos en remuant du fumier, on trouve la chose triste, mais naturelle. Quand un médecin meurt d'un empoisonnement du sang contracté durant une opération qui devait lui rapporter 100.00 $ il est « victime du devoir » et on le glorifie dans les journaux[8].

En 1906, deux élections complémentaires dans les comtés de Maisonneuve (en février) et de Sainte-Marie (en novembre) lui fournissent l'occasion de s'engager en faveur de candidats ouvriers qui défendent les mêmes valeurs de justice sociale. Les ouvriers, contrairement aux nationalistes, sont bel et bien organisés sous forme de parti. Mais à l'opposé de Bourassa, Asselin n'éprouve aucun scrupule à s'engager ouvertement à leurs côtés. Ce n'est pas l'idée abstraite de « parti » qui lui fait horreur en ce moment, ce sont plutôt les pratiques tortueuses du Parti libéral de sir Wilfrid Laurier ! Ou les pratiques frauduleuses des gros organisateurs bleus qui peuplent les loges orangistes de l'Ontario.

Dans Maisonneuve, l'élection a pour but d'assurer une succession, aux communes, à l'honorable Raymond Préfontaine, diplômé en droit de McGill, président de plusieurs compagnies, ex-maire de Montréal (de 1898 à 1902) et jusque-là ministre de la Marine et des Pêcheries. Préfontaine était décédé subitement, à Paris, au mois de décembre précédent. Les libéraux, à l'encontre des vœux de leurs électeurs de Maisonneuve, persistent à vouloir y présenter la candidature de L.-O. Grothé, propriétaire de fabrique de cigares particulièrement détesté des travailleurs. Ces derniers, outrés de voir le parti ministériel demeurer sourd à leurs requêtes, ripostent en lui opposant un candidat de prestige, Alphonse Verville, un modeste plombier devenu président du Congrès des métiers et du travail du Canada. La lutte s'annonce serrée. Pour attendrir les électeurs fort tentés d'appuyer la candidature ouvrière, le discours libéral ne cesse d'évoquer, avec des trémolos, la douloureuse mémoire du ministre défunt, bienfaiteur insigne de son comté... Et de présenter, avec componction, L.-O. Grothé comme son fils spirituel. *Le Nationaliste*, qui appuiera Verville avant d'appuyer Ainey, stigmatisera la manœuvre libérale d'un de ces traits de plume dont Asselin possède le secret : « On se battait à l'abri du mort, écrira-t-il, comme ces soldats qui font le coup de feu embusqués derrière des fourgons d'ambulance[9]... »

À l'occasion de l'élection complémentaire de Sainte-Marie, qui devait suivre de quelques mois celle de Maisonneuve, *Le Nationaliste* fait campagne, cette fois, en faveur de Joseph Ainey, un charpentier-menuisier qui porte, lui aussi, les couleurs du Parti ouvrier. Asselin aura donc à nouveau l'occasion de s'exprimer sur les réformes sociales qui retiennent sa faveur. Mais, surtout, de frapper les esprits à l'aide de titres et de sous-titres qui résument bien sa pensée. Il coiffe ainsi son éditorial :

LE PROGRAMME OUVRIER

ou Ce que l'on désigne sous le nom d'anarchie parmi les partisans de l'assiette au beurre[10]

Les « partisans de l'assiette au beurre », en l'occurrence, ce sont très évidemment les députés et ministres du grand Parti libéral de sir Wilfrid Laurier. Ce sont tous ces beaux messieurs bien gourmés qui, l'année précédente à l'occasion de l'affaire des écoles du Nord-Ouest, ont renoncé à défendre les droits scolaires de leurs compatriotes canadiens-français, par crainte de voir les privilèges et les prébendes ministérielles leur échapper. Attitude qui en dit long, pense Asselin, sur la conscience sociale de tout ce beau monde affamé de patronage*.

En pamphlétaire exemplaire, Asselin n'a pas besoin d'une longue exégèse du programme ouvrier pour arriver à sa conclusion. Il ne s'embarrasse pas, non plus, avant de choisir ses épithètes, des liens de solidarité (de plus en plus malaisés, il est vrai) qui relient encore Bourassa et Lavergne au parti de Laurier. Il y a pourtant à boire et à manger dans ce programme ouvrier et tous les articles ne relèvent pas de la même cohérence politique :

LÉGISLATION FÉDÉRALE

Que le jour des élections soit déclaré jour de fête obligatoire.
Le vote obligatoire.
Le suffrage universel.
Chaque électeur ne doit avoir qu'un seul droit de vote. Un homme, un vote.
Le referendum.
Abolition du système des travaux à forfait pour tous les travaux publics.
Nationalisation et municipalisation de toutes les utilités publiques.
Impôt progressif sur le revenu.
Que les étiquettes des unions ouvrières soient apposées sur toutes les marchandises produites et achetées par l'État et les municipalités.
Représentation proportionnelle à la population.

---

* Dans le vocabulaire courant de l'époque, le mot « patronage » ne comportait pas la connotation négative qu'on lui prête aujourd'hui. Cette façon de faire semblait aller de soi ; on considérait plutôt l'octroi discrétionnaire des contrats gouvernementaux comme le privilège normal du parti au pouvoir. Il arrivera ainsi à Armand Lavergne, député libéral indépendant du comté de Montmagny, de se voir officiellement « retirer le patronage » par les libéraux, en guise de représailles pour ses « infidélités » à la ligne du parti...

DEMANDES GÉNÉRALES

Assurance d'État contre la maladie et la vieillesse.

Suppression du travail des prisons faisant concurrence au travail libre.

Suppression de toutes les banques privées et leur remplacement par une banque d'État.

La liberté absolue de la presse en affaires publiques.

L'élection des juges par le peuple ou la réforme du mode de nomination.

Suppression des intérêts usuraires.

Création d'un ministère du travail.

Abolition du Sénat ou une réforme sérieuse de ce corps.

Suppression de la Commission du Port.

Réglementation de l'immigration.

Que les élections fédérales aient lieu à date fixe, tous les quatre ans, sans égard aux élections générales imprévues pouvant avoir été tenues durant l'intervalle.

Les terres publiques doivent être déclarées inaliénables : révocation de tout octroi de terres à des corporations ou à des individus qui n'ont pas rempli les conditions exigées par la loi[11].

Plusieurs de ces articles du programme ouvrier évoquent des réformes qu'il appelle lui-même de ses vœux et en faveur desquelles il s'est maintes fois exprimé en termes clairs : nationalisation et municipalisation de tous les services publics, impôt progressif sur le revenu, protection des terres publiques, réglementation de l'immigration, liberté absolue de la presse dans le domaine des affaires publiques... D'autres propositions font certainement appel à des valeurs de protection et de solidarité envers les petits salariés qui ne peuvent pas ne pas répondre à ses propres choix de société. D'autres enfin, pour difficiles à réaliser qu'elles soient, lui apparaissent certainement fort rafraîchissantes : l'idée d'abolir le Sénat doit même faire pétiller un moment son œil goguenard, lui qui épinglera toute sa vie (et avec combien de malice) les sinécures de la Chambre haute !

Aussi la conclusion s'impose-t-elle déjà au bout de sa plume : « Pour notre part, non seulement nous ne trouvons rien de subversif à ce programme, mais dans son ensemble il nous paraît excellent — infiniment meilleur, en tout cas, que les idées, ou plutôt les appétits, qui animent à l'heure actuelle le troupeau ministériel[12]. »

Voilà qui est dit : le « troupeau ministériel » de sir Wilfrid Laurier, la chose est bien connue d'Asselin et de ses lecteurs, ne connaît de morale que celle du ventre et de « l'appétit ». Qu'il s'agisse, hier, des droits des minorités françaises, aujourd'hui de ceux des travailleurs, les hommes qui forment ce « troupeau »-là n'ont pas changé. Leur « programme » social, ils pourront, demain, le fouler aux pieds avec le même cynisme qui accompagnait le reniement de leurs promesses d'hier aux Canadiens français de l'Ouest. Entre ce simulacre de programme et l'idéaliste « programme ouvrier », Asselin ne saurait balancer bien longtemps.

Une petite phrase, insérée à la fin de son gros titre, révèle toutefois un aspect encore méconnu de son caractère : « Les ouvriers, écrit-il sans sourciller, sont les véritables amis de l'ordre[13]. » En effet, les accusations d'anarchie que l'on porte sur l'esprit des manifestations ouvrières le blessent profondément. Pour lui, ce sont les injustices et les inégalités qui constituent le « désordre » permanent et institutionnalisé de la société capitaliste. En voulant restaurer les principes d'égalité entre les citoyens, en cherchant à supprimer l'exploitation des uns par les autres, les ouvriers travaillent au contraire à l'avènement d'un véritable « ordre » social. Or ce que les « partisans de l'assiette au beurre » appellent le « maintien de l'ordre », c'est plutôt le maintien de leurs privilèges et de leur domination. Voilà pourquoi ils qualifient de dangereuse « anarchie » la prétention des ouvriers de s'occuper eux-mêmes de la défense de leurs droits, en faisant élire des députés sortis de leurs rangs et en présentant un programme politique qui reflète leurs aspirations.

L'éditorial d'Asselin ne suffira malheureusement pas à faire élire le menuisier Joseph Ainey dans Sainte-Marie. Contre lui, les libéraux feront donner toute l'artillerie de leur puissante machine électorale et feront triompher leur candidat, Médéric Martin. Ils avaient déjà suffisamment de trouble-fête à contrôler à la Chambre, avec deux députés nationalistes, pour laisser Verville s'adjoindre un coéquipier d'allégeance ouvrière.

Sur le plan politique, la lune de miel entre militants nationalistes et militants ouvriers sera cependant de courte durée. Isolé aux communes, Verville sera rapidement phagocyté par le parti ministériel, désireux avant tout d'empêcher la coalition de ces deux forces d'opposition montantes. Après avoir démarré en lion, comme défenseur du programme ouvrier, le président du Congrès des métiers et du travail fera faux bond aux nationalistes au sujet de la politique de colonisation. « Les intérêts des colons ne sont pas ceux des ouvriers », répétera-t-il derrière les ministériels. Les travailleurs, dira-t-il encore, ont besoin des grandes papetières pour préserver leurs emplois et la politique colonisatrice de M. Bourassa conduirait à coup sûr le pays à la ruine ! Diviser pour régner : les libéraux viennent encore de marquer un point. Désormais, ouvriers et agriculteurs se regarderont comme chiens de faïence.

Dans *Le Nationaliste*, Asselin a invité son confrère J.-A. Rodier* à rédiger la chronique amère de cette dispersion progressive des forces d'opposition issues du Parti ouvrier. Il y dénoncera l'attitude servile d'Alphonse Verville qui participe désormais au caucus libéral et fraternise ouvertement avec les dirigeants de *La Presse*... qui a fait campagne contre lui l'année précédente et qui vient même de supprimer la chronique ouvrière de ses colonnes :

---

* Sous le pseudonyme de « Voitout ».

La Presse, qui est toujours l'ami des ouvriers quand ils n'ont pas besoin de ses services, mais qui, aux jours critiques, n'a jamais failli de se ruer brutalement contre eux pour les écraser au bénéfice de sa caisse[14].

Asselin aurait pu contresigner ces lignes. *La Presse*, à ses yeux, incarne la duplicité. Par le côté populiste et racoleur de ses titres et de sa politique d'information, elle se targue, elle aussi, d'avoir « le cœur à gauche »... Mais c'est pour mieux tenir captif, au profit de ses maîtres occultes de la haute finance, un public laborieux et bon enfant qui n'y voit que du feu. Asselin y reviendra. Ses démêlés avec le grand quotidien de la rue Saint-Jacques ne font que commencer.

Son engagement sans réserve du côté de l'éphémère Parti ouvrier n'a pas contribué, lui non plus, à rendre plus fréquents et plus harmonieux les rapports du *Nationaliste* avec Bourassa. Ce dernier tient toujours à garder de prudentes distances avec quelque parti que ce soit. Mêmes réserves à l'égard des unions ouvrières internationales, à l'heure où l'Église du Québec s'apprête, de son côté, à jeter les bases du syndicalisme catholique. Et pourtant, comme Verville que le journal d'Asselin flétrit, Bourassa participe toujours aux séances du caucus libéral... Voilà des distinctions subtiles qu'il n'est pas toujours aisé de respecter pour un bretteur de plume tel qu'Asselin.

Pour le directeur du Nationaliste, le choix des cibles semble tout naturel, quand on s'est rallié au « drapeau rouge » et à son large éventail de réformes sociales. Ce seront, en priorité, les représentants de ces monopoles de l'énergie et du transport en commun qu'il pourfend depuis quelques années à Montréal, aux côtés de son ami Hormidas Laporte, chef du Parti réformiste à l'Hôtel de Ville. Après avoir combattu les grandes papetières au temps de la Commission Legris sur la colonisation, il va désormais s'attaquer aux grands argentiers de la Beauharnois Light Heat and Power et à ceux de la Montreal Light Heat and Power. Au conseil d'administration de cette dernière siègent les représentants des grandes fortunes anglaises et écossaises de la métropole : les Ross, les Montagu, les Holt et les McKay. Mais aussi, deux nouveaux venus canadiens-français dans les cercles fermés de la haute finance montréalaise : le sénateur Louis-Joseph Forget et son neveu Rodolphe, d'à peine huit ans son cadet. Tous deux sont d'allégeance conservatrice.

En obtenant l'incorporation de la Montreal Light Heat and Power en 1901, les Forget et leurs associés se sont vu concéder un monopole d'exclusivités respectives de trente et de vingt ans, pour les produits de chauffage et d'éclairage qu'ils distribuent. C'est à ce monopole, qu'elle juge abusive, que l'administration Laporte, élue en 1903 avec le concours d'Asselin, s'est attaquée en priorité avec le soutien du *Nationaliste*. Des produits de première nécessité ne sauraient, selon les réformistes, faire l'objet de monopoles conduisant à l'enrichissement de quelques-uns. À leur avis, ce pouvoir discrétionnaire d'augmenter à leur guise les tarifs du gaz et de l'électricité dont dépendent, pour vivre, les citoyens à faibles revenus, est fondé sur une injustice sociale flagrante.

Les Forget, qui deviendront bientôt ses cibles de prédilection, sont natifs de Terrebonne. Banquier et courtier, sénateur depuis 1896, l'oncle a connu une carrière fulgurante qui l'a propulsé rapidement à la présidence d'une dizaine de grandes compagnies impliquées dans les transports en commun, la métallurgie, les assurances et les produits manufacturiers. On le retrouve aux commandes de la Montreal Street Rail, de la Richelieu and Ontario Navigation, de la Dominion Steel and Coal, de la Royal Victoria Life Insurance, de la Dominion Textile... C'est le premier courtier canadien-français à détenir un siège à la Bourse de Montréal où il sera de longues années seul, avec François-Liguori Béique, à représenter la nouvelle bourgeoisie d'affaires d'expression française.

Le neveu a rapidement marché sur les traces de l'oncle, cumulant lui aussi les fondations (dont celle de la Banque internationale du Canada), les présidences de compagnies (dont celle de la Canadian Car and Foundry) et les lucratifs monopoles de la Montreal Light Heat and Power. Au faîte de sa réussite financière symbolisée par l'érection d'une splendide résidence secondaire sur les hauteurs de Saint-Irénée-de-Charlevoix*, Rodolphe Forget, qui n'a pas encore quarante ans, lorgne désormais du côté de la politique active où il nourrit de nouvelles ambitions.

La protection de leur monopole énergétique à Montréal conduit les Forget à rechercher de nouvelles alliances pour contrer la montée de la grogne réformiste qui se trouve une audience accrue jusque parmi les lecteurs de *La Presse*. Les Berthiaume, en ouvrant autrefois leurs colonnes aux chroniques ouvrières d'un Helbronner ou d'un J.-A. Rodier (chroniques qui leur ont valu un accroissement de clientèle dans les milieux populaires), ont indirectement favorisé la contestation, dans ces mêmes milieux, du monopole exercé par la Montreal Light Heat and Power. Seuls, croient les deux financiers, des contacts politiques au plus haut niveau pourraient leur permettre d'espérer contrôler un jour une information qui se montre, en ce moment, plutôt défavorable à la poursuite paisible de leurs affaires. Aspirations politiques, recherche du contrôle de l'information à *La Presse* : deux terrains d'affrontement où les deux Forget vont devoir bientôt croiser le fer avec le petit hebdomadaire de la rue Sainte-Thérèse !

Asselin, pourtant, ne méprise ni l'argent ni le profit. Seuls les riches peuvent s'offrir le luxe de sentiments aussi désintéressés ! Il partage trop les vues de son ami Errol Bouchette sur l'émancipation économique des Canadiens français pour jeter la pierre à ceux des siens qui réussissent en affaires à force de talent et de persévérance. Son ancien protecteur, Aram J. Pothier, puis « son » candidat à la

---

* Aujourd'hui devenu le Domaine musical Forget.

mairie de Montréal, Hormidas Laporte, ne sont-ils pas eux-mêmes des fils de milieux populaires parvenus à la réussite à la force des poignets ? N'est-ce pas le travail et le flair qui ont conduit Oscar, son propre frère, à l'honnête aisance qu'il connaît aujourd'hui à Sainte-Flavie ?

Non, ce n'est ni l'envie, ni « l'odeur de l'argent », ni même celle des aménités qu'il procure qui vont valoir aux Forget les déclarations de guerre du *Nationaliste*. Mais bien ce qu'Asselin stigmatisera bientôt comme une totale absence de solidarité avec le peuple dont ils sont issus, et un manque flagrant de compassion envers les besoins des petites gens qui, jour après jour, les enrichissent. Ce qu'Asselin ne pardonnera jamais aux Forget, c'est de tenir ces gagne-petit captifs de leurs monopoles en matière de nécessités aussi vitales que celles de l'éclairage et du chauffage de leurs pauvres logis.

Et quand ces mêmes Forget chercheront à museler, par des tractations secrètes, une presse qui se montre peu critique à l'égard de leur libre pratique des affaires, l'indignation atteindra son comble et le « Petit Caporal », une fois de plus, montera aux barricades. Voyons un peu comment, au fil des mois et des années, ses affrontements avec la célèbre famille vont se présenter. Suffisamment d'escarmouches les auront d'ailleurs précédés, dans les colonnes du journal, pour que l'étonnement de Rodolphe Forget ne soit pas total, lorsqu'aux élections fédérales du 3 novembre 1904, il retrouve Asselin aux côtés de son adversaire libéral, Louis-Charles-Alphonse Angers, dans le comté de Charlevoix où l'homme d'affaires vient d'annoncer qu'il briguera les suffrages sous la bannière conservatrice.

Tel est, en effet, le moment choisi par Forget-neveu pour faire le saut en politique. Les temps sont mûrs, aussi bien pour lui que pour la poursuite de ses affaires montréalaises. Affaires dont, bien sûr, isolés dans leur région privée de moyens de communication, les braves électeurs de Charlevoix ignorent sans doute le fin mot. Forget y réside plusieurs mois chaque année. Il y fréquente régulièrement l'église sur le perron de laquelle il s'attarde volontiers pour causer, aussi bien avec les habitants qu'avec les notables du lieu. Il souscrit aux œuvres de bienfaisance paroissiales et les curés savent qu'ils peuvent toujours recommander à sa générosité proverbiale des garçons de familles modestes qui présentent les dispositions intellectuelles nécessaires à la poursuite d'un cours classique. L'agriculture l'intéresse et il s'est subitement découvert une passion secrète pour l'élevage des chevaux et des bovins. Bref, le candidat conservateur n'a rien négligé, au fil des années, pour bien s'enraciner dans une région dont la nature somptueuse ne cesse par ailleurs de l'enchanter.

Il n'a pas, non plus, brûlé les étapes, conscient d'avoir à mener une lutte politique délicate contre « un enfant du pays », le libéral Charles Angers. Son adversaire est natif de la Malbaie. Il y réside en permanence et s'y est adonné à l'enseignement, puis à la pratique du droit. Angers, en outre, bénéficie de l'aura favorable dont jouit encore, auprès de ses compatriotes, le grand parti de sir Wilfrid Laurier. Enfin, l'avocat charlevoisien n'a jamais fait mystère de ses sympathies nationalistes. Dans l'élection qui s'annonce, Bourassa et Lavergne, qui se présentent eux-mêmes comme libéraux-indépendants dans Labelle et Montmagny, lui ont promis leur appui.

L'appui que lui apporte spontanément Asselin n'est pas à négliger non plus : aux enjeux strictement locaux de la lutte qui s'annonce, *Le Nationaliste* promet d'ajouter quelques informations intéressantes en provenance de la rue Saint-Jacques. Et, sur un autre plan, c'est sans doute la fougue atavique de Rieule combattant sir Hector Langevin qu'on retrouve dans la bataille d'Olivar contre le prestigieux candidat des « bleus »...

Il y a indubitablement, dans l'engagement d'Asselin aux côtés de Charles Angers, une motivation personnelle qui relève davantage de la lutte des classes que de l'esprit partisan. Le conservateur Rodolphe Forget, tout comme avant lui sir Hector Langevin, se propose d'utiliser, à des degrés divers, la même couverture cléricale pour se faire élire. Non content de s'assurer les bonnes grâces des curés de Charlevoix par sa générosité*, le « châtelain** » de Saint-Irénée a réussi, l'été précédant les élections, la prouesse de faire venir chez lui, en villégiature, nul autre que l'archevêque de Montréal, Mgr Paul Bruchési, ami pourtant reconnu de sir Wilfrid Laurier ! Monseigneur de Montréal a, bien sûr, voyagé somptuairement aux frais de son hôte, à bord du *Québec*, paquebot de la compagnie fluviale Richelieu & Ontario Navigation dont les Forget sont les actionnaires principaux. Comment, d'ailleurs, le prélat aurait-il pu refuser à l'éminent philanthrope montréalais cette simple visite de courtoisie de la part d'un pasteur dont le diocèse demeure redevable de tant d'activités caritatives ? Bien sûr, l'hôte privilégié s'empressera de faire donner, par les journaux conservateurs, une abondante publicité à l'événement. Comme prévu, la visite de Monseigneur de Montréal fera beaucoup parler dans Charlevoix. Un Forget et un Bruchési « dans le même bateau », c'était plus que n'en pouvait supporter le directeur du *Nationaliste* ! On ne sait plus très bien, de la manœuvre du riche politicien ou de la complaisance de l'évêque, ce qui, dans toute l'affaire, souleva davantage son indignation[15]...

Le prestige abusif dont jouissent les hommes d'argent auprès des populations mêmes qu'ils exploitent, et que trop souvent ils bernent, éclate dans un article d'Asselin, datant du même été, et rédigé en faveur d'Armand Lavergne, candidat

---

* Le plus gros carillon du clocher de Baie-Saint-Paul sera baptisé « Rodolphe » en souvenir de ses libéralités au moment de la réfection de l'église.

** « Gilmont » était le nom donné par Rodolphe Forget à son domaine de Saint-Irénée. Mais les résidents du village parlaient plus volontiers du « château », lorsqu'ils y montaient pour des services ou des livraisons.

libéral-indépendant dans Montmagny. Contre le jeune député nationaliste, les conservateurs présentent Harry Price, membre de la célèbre dynastie d'exploitants forestiers fondée par William Price*... Même « race de monde », aurait tout aussi bien pu écrire notre porte-étendard du « drapeau rouge » :

> Les ambitions de MM. William et Harry Price sont particulièrement insupportables. Voici des gens qui emploient un grand nombre d'hommes, c'est vrai, mais qui n'ont jamais trop bien rémunéré le travail — qui ont pu contribuer à la formation de centres industriels, mais qui ont retardé la colonisation par tous les moyens, lors même qu'une opinion publique ignorante et bon enfant leur décernait le titre de père — et qui osent invoquer à l'appui de leur candidature leur zèle pour le bien public ! Eux qui, élevés dans une ville française, n'ont pas eu assez de largeur de vues pour apprendre le français [...] ils briguent la faveur des comtés entièrement français ! En sommes-nous donc arrivés au point que l'argent soit la suprême reconnaissance des aspirants aux honneurs publics ? La devise de M. Forget : [...] « La politique est une question d'affaires » va-t-elle devenir celle des deux grands partis ? Conçoit-on bien ce que la diffusion d'un pareil principe aura de déprimant pour le peuple canadien et en particulier pour notre race ? Comment pourrions-nous nous plaindre de l'accaparement du gouvernement par l'élément anglais, si nous avons nous-mêmes reconnu qu'il appartient de droit aux plus riches ?
>
> Dans le cas de Montmagny, nous sommes d'autant plus à l'aise pour combattre le candidat de langue anglaise que son adversaire est un jeune homme de talent et un bon nationaliste. Le triomphe d'un membre de la clique Price dans ce comté serait de nature à faire douter du bon sens et du patriotisme du peuple[16].

Nul doute que, dans l'esprit d'Asselin, la question de la langue étant exclue, ce portrait vitriolique de l'activité financière des Price ne vaille aussi pour les Forget. Ce n'est certes pas l'amour de sir Wilfrid Laurier qui jette, en ce moment, avec tant de fougue, le jeune directeur du *Nationaliste* dans la mêlée électorale. C'est la lutte contre ce paternalisme mensonger, cautionné par un archevêque complaisant, et qui masque des pratiques d'exploitation du peuple qu'il lui faut révéler au grand jour, pour mieux ouvrir les yeux à ses compatriotes de Charlevoix et de Montmagny.

Aux côtés de Charles Angers, Asselin multiplie donc les attaques et les provocations en direction de son éminent adversaire. *Le Nationaliste* rapporte fidèlement la moindre assemblée de village où les candidats s'affrontent dans des salles paroissiales pleines à craquer. Rodolphe Forget, en effet, a affrété à 3 $

---

* Le fondateur de la Price Brothers, William (1827-1879), député fédéral de Chicoutimi-Saguenay, aura une nombreuse descendance d'allégeance conservatrice. À l'élection fédérale de novembre 1904, on trouve ainsi un William Price jr. candidat dans Rimouski (il sera défait) et un Harry Price dans Montmagny ; Armand Lavergne lui fera également mordre la poussière.

l'unité toutes les voitures de louage des environs pour transporter ses partisans. Goguenards, les habitants de Charlevoix, friands de joutes oratoires et de belles empoignades, ne se font pas prier pour monter en voiture. Mais ses opposants suivent Forget à la trace, à pied, à cheval ou en charrette. Quand ils ne sont pas les plus nombreux, dans la salle, ils crient plus fort que les autres pour mieux se faire entendre:

> Les deux réunions les plus intéressantes tenues jusqu'ici ont eu lieu à la Baie Saint-Paul et à Saint-Fidèle. À chaque endroit M. Forget avait pris des arrangements pour être seul. À la Baie Saint-Paul, M. Angers a tout bouleversé. À Saint-Fidèle, M. Angers a mis le candidat hors de ses gonds en disant qu'un homme qui a édifié sa fortune sur tant de ruines n'a pas le droit de poser au bienfaiteur de l'humanité. M. Forget a menacé de faire arrêter M. Angers. Là-dessus, M. Asselin s'est avancé et lui a dit: « Vous voulez faire arrêter quelqu'un: je vais répéter ces affirmations en les accentuant. Laissez donc en paix M. Angers et prenez-moi, car je vous défie de trouver un jury qui me condamne. Je suis accoutumé aux arrestations de ce genre. Elles ont toujours coûté plus cher à mes accusateurs qu'à moi-même. » L'assemblée s'est terminée en triomphe pour M. Angers[17].

Fort heureusement pour elle, Alice Asselin n'est pas présente auprès de son mari pour l'entendre lancer pareil défi à la tête du Goliath de la haute finance montréalaise. Enceinte à nouveau, elle a choisi de demeurer à Montréal auprès du petit Claude. À leur grande préoccupation, l'enfant ne marche toujours pas. De Saint-Hilarion, où il n'est pas revenu depuis le départ de sa famille pour Sainte-Flavie, Olivar lui écrit son émotion de se retrouver subitement sur les lieux de sa petite enfance et d'y reconnaître des parents et de vieux amis de son père dont le souvenir ne le quitte pas:

> Du haut de la place de l'église où je fis mon apparition un dimanche après-midi en robe blanche pour y être baptisé et qui est le point le plus élevé de la partie habitée de Charlevoix, l'œil apercevait la mer blanche sous une lune blanche, par-delà l'éboulis graduel des montagnes. Et entre ces deux blancheurs, une clameur immense comme l'annonce d'une tempête. Un soir d'hiver sans neige. J'étais ému, travaillé; j'avais presque peur. J'ai couché chez une cousine, dans une maison basse et vaste comme la plupart de celles de ce pays, après avoir été visiter la vieille maison paternelle[18].

Il n'a guère le temps, toutefois, de s'attarder à ces réminiscences mélancoliques. Avec le candidat Angers, il tient, à certains jours, jusqu'à trois assemblées publiques consécutives, auxquelles participent parfois Bourassa et Lavergne. Sans parler des assemblées contradictoires* où il savoure une popularité inattendue.

---

* Les assemblées contradictoires consistaient en confrontations organisées des deux adversaires. Par définition houleuses et fertiles en rebondissements de toutes sortes, ces assemblées

Dans Charlevoix, le fils de Rieule n'a pas été perdu de vue, loin de là, depuis tant d'années écoulées. Chez les « rouges », on se répète à l'envi ses bons mots.

Ces bains de foule lui réchauffent le cœur et confortent son inébranlable optimisme quant à l'issue du scrutin : Charles Angers n'a-t-il pas été élu, en 1900, avec 160 voix de majorité ? Nul doute qu'avec la campagne vigoureuse que l'on mène actuellement en sa faveur, il pourra faire mieux encore cette année. L'enthousiasme l'habite et la modestie ne l'étouffe pas : « Je te prédis, écrit-il à sa femme, que je parlerai d'ici peu aussi bien que Bourassa[19] »... oubliant là que sa petite taille et sa voix fluette ne le prédisposent guère aux grandes performances de la tribune. Mais qu'importe : ici les salles sont minuscules et l'esprit du discours l'emporte sur la puissance de l'organe vocal.

Et, surtout, Olivar est ici parmi les siens et s'en trouve tout à coup très ému. Il presserait volontiers Alice de confier momentanément Claude à ses sœurs, pour venir le rejoindre et participer, elle aussi, à l'euphorie de la campagne. Mais il met une sourdine à sa proposition : « [...] Si cela te faisait *plaisir*. Je fais cette restriction parce que tu ne comprends guère, toi, ces gens du peuple que je trouve, moi, si intéressants[20]... » Et de lui citer maints exemples de ces parlers régionaux savoureux qui enchantent en lui, à la fois l'enfant de la région et l'écrivain, incurable chasseur d'images. Alice, certes, est bonne et charitable. Les Le Bouthillier, même ruinés, ont toujours gardé « leurs pauvres ». Mais ils n'ont jamais été des leurs. Olivar, si. Par expérience autant que par prédilection. Ce qu'il vit dans Charlevoix, sa femme le comprendrait mal. En ce moment, la frontière ténue des classes sociales traverse secrètement la vie de son couple. Tout comme elle attise, au grand jour, ses combats politiques.

Car Olivar, le fils de Rieule, se montrera toujours fier de ses ennemis. Plus ils sont forts et puissants, plus il apprécie les polémiques qu'il entretient avec eux. Tout en les attaquant furieusement, il ne dédaigne pas, en bon escrimeur, leur faire une fleur au passage. Ainsi termine-t-il une ravageuse chronique de campagne sur cette finale : « Madame Forget accompagne partout son mari, avec Madame Laviolette, sa sœur. C'est la seule note agréable de toute la campagne de M. Forget[20]. »

C'est son côté Cyrano. Asselin se découvre toujours devant les dames. Il a beau vouloir en découdre avec le financier de la Montreal Light Heat and Power, il a des yeux pour voir. Et la seconde épouse de Rodolphe Forget, née Blanche Macdonald, est une jeune Écossaise, ma foi fort plaisante à regarder.

Mais l'adversaire reste de taille. À trente-huit ans à peine, le président de la Canadian Car and Foundry dîne déjà régulièrement, dans les clubs conservateurs,

---

faisaient la joie des électeurs friands de beaux effets oratoires et de polémiques. Il n'était pas exceptionnel que de telles joutes ne dégénèrent en empoignades physiques entre partisans ou en procès pour diffamation qui constituaient alors le pain quotidien des avocats de campagne.

en compagnie des magnats de l'industrie ferrovière canadienne-anglaise. Aussi a-t-il pu promettre avec assurance à ses électeurs, s'ils l'élisaient député de Charlevoix, de leur faire construire, au pied des formidables caps de la Côte-Nord, un chemin de fer ultra-moderne qui relierait enfin Baie-Sainte-Catherine* à Québec! Ébranlés, séduits, les commerçants de cette région isolée entre toutes, et toujours réputée pour ses mauvais chemins, tergiversent. Forget s'enhardit et rêve maintenant tout haut: ne va-t-il pas jusqu'à imaginer la construction d'un autre chemin de fer, électrique celui-là, qui relierait Sainte-Anne-de-Beaupré à Baie-Sainte-Catherine, grâce aux harnachements des chutes de Saint-Ferréol qu'il affirme être d'ores et déjà sa propriété? Ses adversaires démontreront, preuve à l'appui, qu'il n'en est rien. Mais l'image séduisante fera tout de même son chemin dans le cerveau charmé des électeurs**.

Pour réaliser ses promesses électorales et obtenir les coudées franches pour ses compagnies, Rodolphe Forget, cela se conçoit, préférerait de beaucoup se retrouver du côté ministériel, une fois élu. Mais pour cela, les conservateurs devraient d'abord réussir à faire battre Laurier, l'idole des Canadiens français. Or la presse conservatrice, à Montréal surtout, manque singulièrement d'antennes du côté français: *Le Journal*, où son oncle Louis-Joseph a déjà englouti une fortune, était loin de connaître l'audience populaire de *La Presse* où le « boss » Dansereau sert toujours efficacement les intérêts du premier ministre. Il conviendrait donc (mais en grand secret pour ne pas alerter les lecteurs à l'approche du scrutin fédéral) de mettre financièrement la main sur le grand quotidien de la rue Saint-Jacques. Quelques mois de mainmise et de contrôle éditorial suffiraient probablement, le temps d'y neutraliser, en douce, la campagne lauriériste dithyrambique que l'approche des élections générales ne manquera pas de déclencher dans ses colonnes.

Forget va donc manœuvrer dans ce sens. Avec ses collègues canadiens-anglais, William Mackenzie et Donald Mann, de la firme ferroviaire Canadien Nord (dont les projets d'expansion*** impliqueraient, eux aussi, un renversement du gouvernement Laurier), Forget s'entremet dans la transaction. Hugh Graham, du *Montreal Star*, toujours à la recherche d'un journal français à acheter, fait

---

* En face de Tadoussac, sur la rive ouest de la rivière Saguenay.

** Le chemin de fer de Charlevoix, promis par Rodolphe Forget, verra le jour en juillet 1919. Mais son parrain et promoteur, décédé quelques mois auparavant, ne sera pas présent aux fêtes qui marqueront son inauguration, pour y recevoir le tribut de gratitude de ses électeurs.

*** Le gouvernement libéral favorisait plutôt le Grand Tronc. Mackenzie et Mann comptaient donc sur l'éventuel successeur conservateur de Laurier pour s'assurer des contrats exclusifs pour la construction de nouveaux tronçons du chemin de fer Transcontinental, construction estimée alors à 200 millions de dollars.

également partie du projet qui comporte l'acquisition simultanée de cinq ou six autres journaux à travers le Canada. L'un des négociateurs occultes les plus diligents de l'affaire est l'avocat personnel de Mackenzie et Mann à Montréal, un certain Mᵉ Greenshields, de la Shawinigan Power, compagnie qui partage avec la Montreal Light Heat and Power une foule d'intérêts communs. Il va de soi que Greenshields et les Forget sont des familiers de longue date et qu'entre eux, la confiance règne. Leur espoir de réussir leur transaction secrète s'avère donc assez bien fondé.

Certains dessous, de ce que *Le Nationaliste* va bientôt mettre à jour comme la plus « ténébreuse affaire » du siècle, demeurent encore obscurs pour les historiens de la presse. Nul, à ce jour, ne saurait identifier avec certitude la « source » secrète qui permet alors à Israël Tarte*, l'ex-ministre de Laurier redevenu directeur-propriétaire de *La Patrie*, d'avoir vent de ce projet complexe. Projet qui, dans l'esprit de ses auteurs du moins, comportait toute une série de rebondissements allant de la compromission, au plus haut niveau, de plusieurs ministres libéraux à leur démission fracassante, voire jusqu'à la chute du gouvernement Laurier lui-même ! Certes, quoique banni pour sa tentative d'usurpation du pouvoir, Tarte demeure sentimentalement attaché à Laurier. À soixante-trois ans, le premier ministre exerce toujours sur ses gens une inexplicable séduction. On ne sait toutefois pas très bien, non plus, pourquoi Tarte, redevenu journaliste, ne garde pas, pour lui et son journal, un « scoop » aussi extraordinaire. Les preuves qu'il détient alors sont-elles encore trop mal ficelées pour que le vieux renard consente à sortir lui-même de sa tanière ?

Toujours est-il que l'ancien adversaire de Rieule Asselin s'en vient nuitamment retrouver le fils dans son « repaire de Marat** » de la rue Sainte-Thérèse pour lui confier les révélations faramineuses que l'on sait sur le compte de Rodolphe Forget. Forget, l'ennemi mortel avec lequel Asselin s'apprête à croiser le fer dans Charlevoix, quelques semaines plus tard. Que vouliez-vous qu'il fît, celui que Bourassa appelait le « Rodrigue des Maures » de la presse montréalaise ? La réponse ne fait pas de doute : il fonce ! Et avec raison, car la chance le sert et toutes les appréhensions de Tarte s'avéreront bientôt justifiées. C'est le rédacteur en chef de *La Presse*, Arthur Dansereau en personne, que Greenshields a soudoyé pour mieux convaincre Trefflé Berthiaume de se prêter à la transaction. L'un des biographes de Laurier, Joseph Schull, raconte en quelles circonstances :

---

* Asselin, pour sa part, croyait que les « putschistes » avaient poussé l'outrecuidance jusqu'à tenter d'acheter Tarte lui-même et *La Patrie* avec lui, mais qu'ils avaient échoué.

** Surnom donné par Jules Fournier aux vieux bureaux du *Nationaliste*.

> Le 11 octobre [...], Dansereau avait rencontré Trefflé Berthiaume, propriétaire de *La Presse* et ami de Laurier, à un concert à Montréal. À la suite de cette soirée musicale, ils s'étaient rendus à la résidence de J.N. Greenshields, conseiller juridique de Mackenzie et Mann, où se trouvaient déjà David Russell* et une flopée d'avocats. La conversation avait duré jusqu'au matin, copieusement arrosée de champagne et, quelques jours plus tard, un Dansereau radieux partait pour l'Europe dans des conditions luxueuses et aux frais de Russell. Il s'attendait à passer une année là-bas et, selon la rumeur, il avait dans sa poche copie d'un contrat lui garantissant, entre autres largesses, un revenu mensuel de mille dollars pour une durée de dix années, qu'il travaillât ou non.
>
> Selon les informateurs affolés de Laurier, Dansereau avait persuadé un Berthiaume hésitant de vendre *La Presse* aux agents de Mackenzie et Mann pour un peu plus d'un million de dollars. Et le journal devait alors changer de politique et faire campagne contre Laurier et contre le Grand Tronc[21].

Schull corrobore ici la version des faits qu'Asselin publiera dans *Le Devoir*, sept ans après les événements. Mais au plus fort de l'action, le 16 octobre précédant l'élection du 3 novembre 1904, *Le Nationaliste* fait sa manchette de la bombe lâchée par Tarte : Hugh Graham, Rodolphe Forget et consorts s'apprêtent bel et bien à verser secrètement 1 100 000 $ pour l'achat de *La Presse* ! M. Berthiaume, pour sa part, aurait déjà touché entre 600 000 $ et 700 000 $ à our le prix de son silence. Les lecteurs du *Nationaliste* ne verront leur curiosité pleinement satisfaite qu'une semaine plus tard. Mais, cette fois, il seront bien servis.

Asselin consacre toute la première page du journal à la tentative de création d'un nouveau « trust » des journaux. Tous les détails y sont. Mais, surtout, il explicite tous les liens organiques qui relient désormais les intérêts des politiciens et ceux des hommes d'affaires qui financent l'opération. Il y stigmatise les silences complices de tout ce beau monde : depuis M. Berthiaume qui affirme ne rien pouvoir dire aux journalistes en l'absence de Dansereau (lequel se balade déjà en Europe aux frais de Mackenzie et de Mann) jusqu'au sénateur Louis-Joseph Forget en personne qui déclare, offensé, que sa maison de courtage n'a rien à voir avec la vente de *La Presse* ! La « maison » certes, lui rétorque Asselin, mais « quid » de la famille ?

> Pour le présent, le prix de *La Presse* est entre les mains de M. Tancrède Bienvenu, gérant général de la Banque Provinciale du Canada. M. Bienvenu refuse de dire d'où vient cet argent. M. Rodolphe Forget, de la Montreal Light Heat & Power Co, et M. Hugh Graham du *Montreal Star*, sont mentionnés, mais M. Graham prétend ne rien savoir et M. Forget est perdu dans les profondeurs de Charlevoix.

---

* Un gros promoteur de Saint-Jean (N.B.) qui achetait des journaux pour le compte des conservateurs.

On attache une grande signification au fait qu'il y a quelque temps le *Montreal Star* est passé aux mains d'une compagnie à fonds social. On a dit alors qu'un certain nombre de conservateurs éminents faisaient partie de la compagnie, mais les noms de ces actionnaires n'ont pas été rendus publics. Ni le *Telegraph* et le *Times* de Saint-Jean, et *La Presse* de Montréal, sont la propriété du même groupe — voilà une question bien propre à piquer la curiosité du public[23].

Asselin s'empresse aussitôt d'établir un lien entre le scrutin fédéral imminent (il se tiendra dix jours plus tard) et les enjeux que constituerait, pour les citoyens de Montréal, la mainmise des grands argentiers de la Montreal Light Heat and Power sur les orientations de *La Presse* en matière de politique municipale :

Après les élections, il y aurait d'autres affaires à pousser (other things to promote). M. Russell, brasseur d'affaires de son métier, cherche depuis quelque temps à obtenir des concessions pour la construction d'un réseau de tramways électriques autour de Montréal. La Compagnie du tramway de Montréal est en guerre avec le terminal et demande des prolongations de concessions à Montréal et aux municipalités voisines. La Montreal L.H. & P. Co. travaille à faire renouveler son contrat pour la fourniture du gaz aux citoyens. La plupart des financiers en quête de journaux sont intéressés dans ces affaires[24].

Une semaine plus tard, le 30 octobre, Asselin envoie son article au *Nationaliste* depuis Charlevoix où s'achève la campagne de Charles Angers contre Rodolphe Forget. Il y annonce le départ inexpliqué de *La Presse* de son ex-confrère Jules Helbronner. Il affirme du même souffle y voir la preuve de la mainmise imminente des Forget sur le journal : les chroniques municipales d'Helbronner ne s'étaient-elles pas montrées, jadis, fort critiques à l'endroit du monopole exercé par l'auguste famille à la tête de la Montreal Light Heat and Power ? Preuve que *La Presse* a changé de maîtres : de tels propos ont brusquement cessé de trouver grâce en haut lieu. Un rédacteur en chef de talent et d'expérience comme Helbronner n'est pas subitement évincé d'une salle de rédaction sans raison. Il y a anguille sous roche.

À l'aide de ces trois articles, Asselin vient de rendre un fier service au gouvernement Laurier qu'il ne porte pourtant pas dans son cœur. Mais tel est l'homme, quand sa conscience se révulse à la vue de la corruption et lui commande d'agir. Il cogne d'abord, il en mesure les conséquences ensuite. Aussitôt « l'affaire » éventée par *Le Nationaliste*, Laurier s'est empressé de faire intervenir un émissaire auprès de Berthiaume, tout penaud et surpris la main dans le sac, pour lui communiquer de sa part le message suivant :

Il serait des plus regrettable, fit-il savoir à Berthiaume, et désavantageux pour les intéressés si la rumeur disait vrai au sujet de la vente de *La Presse* à Mackenzie et Mann. Un journal n'est pas, en fin de compte, comme un chemin de fer ou un bout de terrain. Sa valeur en dernière analyse, dépend entièrement du nombre de ses lecteurs et de la confiance qu'il leur inspire. Or cette valeur, à quoi serait-elle réduite après que Laurier aurait déclaré, ainsi qu'il serait obligé de le faire, que le principal journal du Canada français avait été vendu à un groupe de spéculateurs anglais pour des raisons qu'il ne manquerait pas de préciser[25].

Trefflé Berthiaume avoue, fait amende honorable et la manœuvre avorte. L'épilogue de toute l'affaire revient encore à Joseph Schull :

> Aucun scandale n'éclata. Aucun ministre du cabinet ne démissionna. Aucun des candidats ne renonça à sa candidature. La campagne électorale se poursuivit triomphalement et, le 3 novembre, le gouvernement de Wilfrid Laurier était réélu avec une majorité de 74 sièges, la plus considérable qu'il eût encore obtenue. Hugh Graham mit deux mois à retrouver assez de sang-froid pour aborder un ennemi peu rancunier afin de négocier, au nom de ses amis confus, l'entente qui sauvait et mettait en cage leur éléphant blanc d'un million.
>
> Le document rédigé et signé au St. James Club, le 18 janvier 1905, se lisait ainsi : « Il est clairement entendu que le journal La Presse ne deviendra pas un organe tory, qu'il doit demeurer indépendant, et qu'il doit apporter un généreux appui à Sir Wilfrid Laurier. (Signé) Wm. Mackenzie, président, D.D. Mann, vice-président[26]. »

Laurier est bel et bien réélu et délivré de la pire menace qui ait jamais plané sur son cabinet, si les plans machiavéliques de Mackenzie et de Mann s'étaient réalisés. Le premier ministre peut aller partout désormais, louant le courage du jeune journal nationaliste (et de son « cher Asselin ») qui a démasqué et flétri à jamais les Graham et les Forget du Québec qui se sont compromis, eux aussi, dans cette histoire.

Mais la plus « ténébreuse affaire » du siècle, éventée si peu de temps avant les élections, trouvera peu d'échos dans Charlevoix, pour faire contrepoids à la promesse du « train de M. Forget ». Au Québec la vague libérale, qui reporte une fois de plus sir Wilfrid Laurier au pouvoir, n'entraîne pas la victoire de Charles Angers dans son comté. Le journaliste Asselin a certes réussi à produire, contre son adversaire, la primeur de sa vie. Mais l'affaire de *La Presse* est demeurée, pour Charlevoix, une querelle bien montréalaise. Les coups de force financiers des grands de ce monde demeurent trop souvent une énigme pour les petits. Quand ils ne sont pas tout bonnement considérés comme les privilèges normaux du pouvoir conféré par l'argent. Asselin en prend conscience, une fois de plus, devant la victoire de son puissant adversaire. Sa seule consolation : Forget (bientôt « sir » Rodolphe Forget) demeurera député d'arrière-banc dans le prochain Parlement canadien[*].

---

[*] Les conservateurs fédéraux réussiront à prendre le pouvoir en 1911, permettant ainsi au député de Charlevoix de réaliser enfin sa promesse électorale de 1904 et de mettre en chantier son projet de chemin de fer.

Infatigable, Asselin ne va pas pour autant laisser son adversaire vaquer en toute quiétude à ses petites affaires. Si *Le Nationaliste* a perdu la première manche au palier fédéral, il se rattrapera bien au palier municipal, là où, à chaque élection, les Forget présentent des candidats favorables au maintien des monopoles de la Montreal Light Heat and Power. *Le Nationaliste* fera donc campagne en faveur des candidats du Programme des citoyens qui, eux, s'y opposent. Et, cette fois, il s'y prendra à l'avance et ne lâchera pas sa proie d'une caricature, jusqu'à l'issue du scrutin de 1906. On y verra Forget représenté sur un char allégorique entouré de micro-échevins prosternés à ses pieds. Ou encore en calife maléfique dominant les délibérations d'un conseil municipal complètement tétanisé.

D'avoir pu attaquer sans relâche son ennemi de prédilection, tout en amusant la galerie, ne fait toutefois pas oublier à Asselin la tentative de putsch exercée sur le contrôle de l'information à *La Presse*. Le défenseur proclamé des « petites gens » y subodore, à juste titre, que les capitalistes soucieux d'y tempérer les critiques passées d'un Helbronner (ou d'un Rodier) n'ont pas désarmé pour autant. Asselin ne peut brandir, dans son journal, les accords signés par Mackenzie et Mann au Club St. James, en faveur de Laurier. Et il n'est pas sans se douter que, « bleus » ou « rouges », les grands argentiers des deux partis nationaux n'ont guère « le cœur à gauche ». Quand il s'agit de tempérer la révolte des citoyens à faibles revenus, qui ne contribuent pas aux caisses électorales de leurs partis respectifs, les deux frères ennemis s'entendent comme larrons en foire. Voilà ce que pense Asselin des organisateurs de parti.

La suite des événements va sans doute lui donner raison. Réintégré à la hâte dans ses fonctions de rédacteur en chef, une fois « l'affaire » éventée par Asselin, Jules Helbronner semble effectivement avoir tourné casaque. Il émet, cette fois, de sérieuses réserves à l'endroit des prétentions du Comité des citoyens : ces derniers veulent obtenir la stabilisation des prix du gaz et de l'électricité à Montréal, en exigeant les deux tiers des voix aux instances décisionnelles municipales chargées d'approuver les tarifs de la Montreal Light Heat and Power. Ce changement graduel de ton, chez le défenseur habituel des ouvriers, va déchaîner l'indignation du pamphlétaire. Dans *Le Nationaliste*, Asselin accuse son ex-collègue d'être encore manipulé par les intérêts des financiers conservateurs en général et par ceux des Forget en particulier. Depuis peu, écrit-il, Helbronner est devenu lui-même action-naire de l'une de leurs lucratives compagnies de transport. Raison additionnelle, pour ce vire-capot, de mettre maintenant son « drapeau rouge » dans sa poche !

« Mensonge et mauvaise foi ! », s'indigne aussitôt le rédacteur en chef de *La Presse*, outragé dans son honneur « d'homme de gauche ». Quelques jours plus tard, le petit hebdomadaire du dimanche lui répond par la voix persiflante de son directeur :

« Mensonge et mauvaise foi » est le cri de rage d'un honnête homme ! À votre âge, et après tant d'années du métier que vous faites, on n'est plus capable de ces mouvements ; on prend le masque de l'indignation pour ce qu'il vaut en piastres et en cents ; on ne rugit pas, on a la clameur éraillée de la femme publique qui se dit outragée pour faire chanter quelqu'un[27].

Aux yeux du redoutable censeur qu'est devenu Asselin, les états de service passés de *Jean-Baptiste Gagnepetit* ont été pulvérisés par la trahison qu'il commet en ce moment, en reniant ses idéaux passés. Asselin poursuit en ces termes :

Le 16 mai, vous marquiez pour la boucherie les échevins qui avaient voté pour le gaz à 1.00*. Je reproduis votre table de proscription en fac-similé dans une autre colonne : le reconnaîtrez-vous ?

Deux jours après, un capitaliste qui connaissait ce qui se passait chez vous, dit à l'un de nos amis : « Après cette semaine, les VINGT COPAINS** ne seront plus malmenés par la "Presse" ; suivez bien ce journal ». Et de fait, vous vous êtes employé de votre mieux à réhabiliter MM. Lapointe, Lavallée et autres. La moindre démarche, le moindre geste de ces messieurs qui ne semblait pas trop contraire à l'intérêt public, vous l'avez signalé avec un soin attendri. À l'approche des élections, rien ne peut vous décider à rééditer vos dénonciations de jadis ; les auteurs du coup de main du 15 mai se vantent ouvertement d'avoir votre appui personnel et celui de votre journal. On dit même que vous n'auriez pas été étranger à la rédaction de la réponse de certains d'entre eux au Comité des citoyens[28].

Il réitère, contre Helbronner, ses accusations de conflit d'intérêt en donnant des indices de la participation du journaliste au capital-actions de la Terminal***. Puis, la part de l'information faite, il laisse, avec une jubilation féroce, la bride sur le cou à sa phrase tournoyante :

Vous me tenez, dites-vous, pour un journaliste capable de toutes les vilenies ? J'en suis presque flatté. Par atavisme et par éducation, nous n'avons pas les mêmes principes de morale. Je ne sais jusqu'à quel point j'ai la confiance de mes concitoyens, mais quand je me lève dans une assemblée pour exprimer mon avis, nul ne peut me faire baisser les yeux, et personne ne se demande de qui je suis le serviteur. Pouvez-vous en dire autant ? Le jour où je jouirais de votre estime, je croirais avoir commis quelque action infâme, et j'irais me pendre à l'instar du plus illustre de vos compatriote, Judas[29].

Voilà pour le trait final. Helbronner était un émigré alsacien d'origine juive, homme de grande culture qui n'avait pas renoncé à ses idéaux socialistes en

---

* C'était le tarif demandé par le Comité des citoyens qui réclamait la stabilisation des tarifs du gaz.
** Il s'agissait des candidats favorables aux intérêts de la Montreal Light Heat and Power.
*** Une compagnie de tramways où les mêmes financiers avaient des intérêts.

s'installant au Canada. Il en avait longtemps donné la preuve dans ses écrits. Il s'était aussi activement occupé de la défense des droits des écrivains et des journalistes. Il avait été secondé dans cette tâche par Louvigny de Montigny, un jeune collègue qui allait bientôt devenir son gendre. La cause de l'instruction publique et gratuite rapprochait aussi Helbronner d'Asselin et de leurs anciens camarades des *Débats*. Lors de son bref passage à *La Presse*, Asselin avait même bénéficié de sa protection, sinon de son amitié.

Aux yeux du pamphlétaire, toutefois, le passé ne saurait être garant de l'avenir. Du présent, surtout. Et le présent, à ses yeux, c'est le constat d'évidence qu'il vient de rappeler : la politique éditoriale de *La Presse* a bel et bien été réorientée depuis la « ténébreuse » affaire. Et, de toute évidence, Helbronner a dû promettre de se faire l'exécuteur des basses œuvres de la haute finance contre le Comité des citoyens, pour pouvoir y réintégrer son poste de rédacteur en chef. Farouchement épris d'indépendance et de liberté, Asselin ne peut, en conscience, pardonner à un confrère, si éminent soit-il, ce genre de compromission. Alors il frappe sans retenue, entraîné par le rythme de sa phrase, tout autant que par ses convictions sociales. « Le silence du mot lui était aussi impossible que celui de la pensée », dira plus tard de lui son ami Joseph Gauvreau. Jules Helbronner vient d'en faire l'expérience*.

Son honneur de Français mis en cause, Helbronner va naturellement faire intenter un énième procès pour libelle à Asselin qui, depuis la fondation de son journal, tient sur un pied d'alerte tout ce que le Québec compte d'avocats nationalistes disposés à travailler « pour l'honneur et les prunes » : les Monet, les Alleyn, les Geoffrion, les Lavergne, les Laflamme. *La Presse* a naturellement pris les choses en mains et la caution d'Asselin a été fixée à 500 $ avec « prière de garder la paix ». C'est bien mal connaître notre homme. Son procès est fixé au 30 janvier. Deux jours avant sa comparution, l'impénitent invective à nouveau son adversaire :

> Confiant dans la fidélité de mes amis, certain que la Providence qui fait vivre les petits oiseaux ne laissera pas périr la vérité et la justice, je me moque de sa poursuite. Je lui donne rendez-vous devant le jury. En attendant, je lui crache cordialement mon mépris à la face[30].

---

* Helbronner aura l'occasion de s'amender. En 1909, il reprendra à *La Presse* ses critiques vigoureuses contre la corruption municipale, critiques qui, cette fois, lui vaudront une lettre de renvoi de la part de Berthiaume. Ironie du sort, c'est Jules Fournier qui le recueillera à *L'Action*. Pamphlétaires redoutés tous les deux, Asselin et Fournier ne sont pas rancuniers. Helbronner non plus, semble-t-il.

Cette dernière insulte, écrira son biographe Marcel-Aimé Gagnon, « lui vaut, cette semaine-là, 10 000 lecteurs[31] ». Asselin, une fois de plus, met les rieurs de son côté contre « la grosse Presse » (qu'il appelle aussi : « la Con-Presse »).

En cour de justice, le 30 janvier, l'affaire traîne en longueur. Le juge Joseph Lavergne*, embarrassé, réduit le cautionnement d'Asselin à 200 $, mais refuse de rendre son jugement séance tenante. L'accusé a beau réclamer à cor et à cri qu'on lui fasse promptement justice, le magistrat lui fait remarquer qu'il arrive parfois à des journalistes en mal de publicité « de se traiter en public de canailles et de s'embrasser dans l'intimité[32] »... Asselin est le premier à en convenir. Aussi le juge Lavergne cherche-t-il à gagner du temps, dans l'espoir de voir les deux forcenés s'épuiser d'eux-mêmes.

Helbronner non plus n'est guère soucieux d'affronter un adversaire qui jouit d'une cote de popularité aussi redoutable auprès de la jeunesse. Il feint donc la maladie pour demander, à l'instar du magistrat, un délai additionnel. Mal lui en prend : il vient de tendre une perche insoupçonnée à son détracteur. Après s'être résigné de mauvaise grâce aux atermoiements du magistrat, Asselin conclut à l'adresse d'Helbronner : « [...] de même il convient d'accepter sans mot dire tout bout de papier sur lequel M. Diafoirus attestera que vous avez les hémorroïdes, la diarrhée, ou quelque autre affliction où les anges ni les hommes n'oseraient mettre le nez[33] ».

Après pareille algarade, on comprend que le pauvre Helbronner préfère retirer sa plainte, plutôt que d'avoir à affronter à nouveau pareil malotru dans un prétoire ! L'histoire s'achève donc en queue de poisson.

Durant toute cette affaire, *La Presse* n'a pourtant jamais ménagé son appui à son rédacteur en chef traîné dans la boue. Jour après jour, ses cent mille abonnés ont été prévenus contre les « prétentions criminelles » du citoyen Asselin. Mais ce dernier, loin de faire de son procès une affaire personnelle, s'est au contraire empressé de rappeler sans cesse à son modeste public les liens qui reliaient le procès, intenté à un individu, aux problèmes collectifs posés par la corruption municipale et la tentative de museler l'information à *La Presse*. Et, selon toutes les apparences, le message d'Asselin a été entendu.

Il a, en effet, si bien manié l'ironie et le sarcasme, après avoir dévoilé toutes ses sources d'information, que presque tous les candidats des « trusts » mordent la poussière, le jour du scrutin municipal venu. Contrairement à ceux de Charlevoix, les citoyens de Montréal se sont sentis concerné par les révélations du *Nationaliste*. Sur dix-huit élus, seize se sont présentés sous la bannière du Comité des citoyens, infligeant une cuisante défaite aux partisans reconnus des grandes compagnies de

---

* Père d'Armand Lavergne.

la maison Forget. *Le Nationaliste*, en dépit de sa petite taille, remporte une fière victoire contre le géant de l'information de la rue Saint-Jacques. Asselin peut se permettre de pavoiser.

Ses ambitions provisoirement contrecarrées, Forget n'en aura pas fini pour autant avec le brûlot de la rue Sainte-Thérèse. Momentanément las de jouer avec la souris, il arrivera au chat repu de l'abandonner quelque temps aux jeux de griffes et d'esprit des plus jeunes. Quelques mois à peine après la déconfiture de ses candidats à l'Hôtel de Ville, Rodolphe Forget fera à nouveau la une du *Nationaliste* à l'occasion de sa brusque démission de la direction de l'hôpital Notre-Dame*. C'est au tout jeune Marcel Dugas**, encore étudiant, qu'il reviendra de se payer, une fois de plus, la tête du cher ennemi.

L'occasion est trop belle pour qui aspire à se faire les dents. *La Gazette*, raconte Dugas avec perfidie, soupçonne la démission de M. Forget d'être reliée à un prêche prononcé du haut de la chaire de Notre-Dame à l'occasion du Carême*** par un dominicain célèbre, le R.P. Plessis, lequel s'en est pris aux abus de pouvoir des riches, avec des éclats d'une rare violence. M. Forget, rappelle la *Gazette*, se serait senti aussitôt visé par les propos du prédicateur. Après avoir quitté précipitamment la nef, il aurait, dès le lendemain, remis sa démission de directeur de l'hôpital Notre-Dame, ulcéré de voir l'Église de son pays faire preuve de tant d'ingratitude à l'endroit de ses libéralités passées. Il n'en fallait pas davantage pour attiser la verve d'un pamphlétaire en herbe :

> Qu'a dit, en somme le père Plessis, sinon que tous les voleurs ne sont pas en prison ; que l'homme qui, par fraude, par corruption des pouvoirs publics, accapare le bien de tous pour assouvir sa soif de luxe et de jouissance, est maudit de Dieu ? [...] Assurément, M. Forget n'a pu se reconnaître dans ce portrait.
>
> [...] Mais, peut-être le grand financier se fait-il une conception différente des devoirs du prédicateur ?
>
> M. Forget préférerait-il un orateur sacré prêchant au nom de la Justice Éternelle :
>
> Que le monopole de l'éclairage et autres services plus ou moins publics, est un bienfait du ciel.
>
> Qu'il faut respecter l'agiotage et l'accaparement, car ils sont un moyen scientifique et infaillible de mieux concentrer la fortune de tous dans l'escarcelle de

---

* Fondé en 1880 par le docteur Persillier Lachapelle, l'hôpital Notre-Dame avait été le premier hôpital de langue française à se doter d'une direction laïque à Montréal.

** Sous le pseudonyme de « Marcel Dac ».

*** Les « Carêmes de Notre-Dame », toujours prêchés par des orateurs célèbres, attiraient des foules d'auditeurs avides d'éloquence. Ces soirées constituaient des événements mondains dont tous les journaux assuraient la couverture, invariablement suivie de la liste des notables remarqués parmi la foule des retraitants.

quelques-uns qui peuvent ensuite distribuer aux pauvres la partie congrue de cette fortune, avec éclat et ostentation.

Que ceux qui, sur la place de l'agiotage, font la hausse ou la baisse, toutes les cartes dans les mains — celles de la clientèle, celle des compagnies cotées à la Bourse, et les leurs — doivent être appelés dès ici-bas bienheureux, pourvu qu'ils s'intéressent aux choses d'église... à la manière des marguilliers, par exemple.

Que ceux qui, pour satisfaire des visées personnelles, encouragent la corruption des pouvoirs publics, méritent de se voir décerner les plus hauts honneurs ici-bas et l'éternité bienheureuse dans l'autre ! ! ! etc... etc.[34]...

Si Asselin n'est pas ici tout benoîtement penché sur la copie de son élève, c'est à coup sûr le rythme de sa phrase-boomerang qui trotte en ce moment dans la tête du plus jeune. Forget reste une cible de choix. Mais on n'a pas tous les jours un adversaire aussi dodu à se mettre sous la dent. Aussi les détracteurs du facétieux porte-étendard du « drapeau rouge » ne tarderont-ils pas à accuser le directeur du *Nationaliste* de « manger aussi du curé ».

Chapitre XVII

BRUCHÉSI, TARDIVEL,
LES JÉSUITES ET LES AUTRES...

*La France est en feu [...] On se croirait dans un pays de barbares.
Le gouvernement poursuit sa campagne ignoble contre les congrégations religieuses ; bientôt il s'attaquera directement à la religion,
aux églises, à tout ce qui est chrétien.*

(Lettre de Mgr Paul Bruchési
à Mgr Louis Nazaire Bégin, 24 août 1902. AAQ)

Dès la parution des premiers numéros du *Nationaliste*, Asselin va se trouver
interpellé sur la question de son orientation religieuse et entraîné malgré lui dans
d'interminables polémiques avec les journaux ultramontains de la famille Tardivel :
La Vérité de Québec et *La Croix* de Montréal*. Polémiques d'autant plus déchi-
rantes pour la cause nationaliste que ces deux journaux sont indépendants des
partis politiques (denrée rare pour l'époque) et bourrassistes d'allégeance. Avant la
fondation du *Nationaliste*, *La Vérité* avait souvent combattu seule pour la défense
des idées de Bourassa. De voir le grand leader catholique accorder tout à coup sa
confiance et sa caution à l'équipe « rouge » du jeune Asselin n'est pas ressenti sans
une certaine frustration par le vieux combattant de *La Vérité*.

Séjournant à Trois-Rivières, au cours des premiers mois de parution du journal, Omer Héroux s'inquiète de l'accueil qui sera fait au *Nationaliste* dans les
milieux ecclésiastiques de la ville. Les positions religieuses du nouveau journal,

---

* La Vérité est dirigée jusqu'en 1905 par son fondateur Jules-Paul Tardivel. À la mort de ce
dernier, son fils Paul prend la relève. *La Croix* est dirigée à Montréal par Joseph Bégin, gendre et
beau-frère des précédents.

écrit-il, n'y apparaissent pas aussi déterminées et précises que celles qui concernent l'adhésion au programme de la Ligue nationaliste. On y souhaiterait des professions de foi plus explicites[1].

Chez les Tardivel, un tel silence est aussitôt considéré comme de la déviance. *La Vérité*, plus que réticente à accorder sa caution au journal d'Asselin, somme aussitôt *Le Nationaliste* d'annoncer ses couleurs et son directeur de faire promptement soumission aux directives papales et épiscopales. *La Vérité* ne pouvait plus mal tomber. Au lieu de se laisser passer docilement le licou, le poulain se rebiffe. Or quand Asselin se rebiffe, il commence par se moquer. Tôt ou tard l'échange risque de tourner au vinaigre. Bourassa croit devoir intervenir rapidement pour éviter une polémique désastreuse entre son aile droite et son aile gauche, à peine le nouveau journal lancé. Car si le polémiste Asselin se réclame toujours de Rochefort, Tardivel, lui, a pris le redoutable Louis Veuillot* comme modèle. Ni l'un ni l'autre ne répugnent fondamentalement aux prouesses et aux coups fourrés du duel verbal. Bourassa aura fort à faire pour tenter de réconcilier des disciples d'âge et de tempéraments si opposés. D'autant que les griefs de Tardivel débordent, à son avis, la question religieuse proprement dite, pour s'en prendre au ton, au style, aux rubriques même du *Nationaliste*. Surmontant avec grandeur ses réticences personnelles, Bourassa se porte à la défense d'Asselin et de son équipe. À Tardivel, qui lui reproche le parrainage qu'il accorde au *Nationaliste*, il répond avec franchise :

> [...] Vous êtes absolument dans l'erreur si vous pensez que j'ai aidé à la fondation de la Ligue et du *Nationaliste* dans l'intention de me faire un parti et un organe. Si j'ai un défaut, c'est plutôt celui de redouter la publicité de mes idées et la responsabilité qui incombe à un chef de parti et à un directeur de journal. La conviction qu'on me tiendrait responsable de tout ce que publierait le *Nationaliste* m'a fait hésiter longtemps à aider les jeunes gens qui voulaient le fonder ; et vous avez lu l'article où j'ai expliqué la nature de mes relations avec le journal**.
>
> D'une part, je voyais la situation à Montréal mieux que vous ne pouvez la voir. Je constatais que les jeunes gens s'éloignaient de plus en plus des saines idées religieuses et nationales. Les idées de la feu [sic] *Canada-Revue****, des *Débats*, et

---

* Louis Veuillot (1813-1883). Rédacteur en chef de *L'Univers*, organe puissant de la cause ultramontaine en France. Journal supprimé en 1860 pour s'être opposé à la politique italienne de Napoléon III.

** Article du 26 mars 1904, cité au chapitre XIV, note 9.

*** Fondée par Aristide Filiatreault en 1891, la *Canada-Revue* était le porte-parole des libéraux-radicaux de Montréal désireux d'y perpétuer l'esprit de l'Institut canadien, condamné autrefois par Mgr Bourget. L'hebdomadaire, qui comptera jusqu'à 5000 abonnés, avait fait de la cause de l'enseignement laïque et obligatoire l'un de ses chevaux de bataille. Condamnée à son tour par Mgr Fabre, la *Canada-Revue* disparaît pour aussitôt renaître de ses cendres sous un nouveau nom : *Le Réveil*, qui lui survivra jusqu'en 1901.

celles plus voilées, et peut-être plus dangereuses de Langlois, à *La Patrie*, puis au *Canada*, de Beauchesne*, au *Journal*, faisaient chaque jour des adeptes. Un groupe de jeunes gens, pas très religieux, mais sincèrement *nationaux*, tenaient à s'affirmer. Je n'aurais pas réussi à leur faire faire un journal essentiellement catholique ; mais je trouvais un dérivatif en les lançant dans le mouvement nationaliste. Je leur ai fait accepter l'idée qu'être anti-catholique, c'était être mauvais patriote, et même que pour préserver la nationalité canadienne-française, il fallait maintenir l'influence du clergé catholique. Je crois pouvoir répondre d'eux sur deux points : d'abord, qu'ils ne commettront aucune erreur de doctrine ni aucune faute contre la discipline ; ensuite que lorsque la religion sera attaquée, ils la défendront. Ce n'est pas l'idéal ; mais c'est mieux, il me semble, que les *Débats*, qu'ils ont contribué à faire mourir ; et c'est même mieux, je crois, que le *Rappel*** ou qu'aucun autre journal de parti qui se préoccupe avant tout de mettre la religion au service de son parti[2].

Si le passage en dit long sur le cheminement politique de ces « jeunes gens pas très religieux, mais très sincèrement nationaux », dont Asselin est devenu le représentant, il est également très révélateur des complexités intérieures de celui que Laurier se plaisait à appeler le « castor rouge ». Tout soumis qu'il se prétende lui-même aux directives de son Église, Bourassa n'en pense pas moins, à l'instar de son grand-père Papineau, que l'encadrement religieux des Canadiens français « sert » objectivement la cause de la survivance nationale. Il ne se prive donc pas d'en tirer un argument politique auprès de ses jeunes disciples « pas très religieux ».

Inversement, son sens politique lui indique clairement que le rêve d'une théocratie canadienne-française caressé par Tardivel est une voie désormais sans issue. Dans une ville cosmopolite comme Montréal, estime-t-il, l'idée laïque a fait tant de progrès qu'un mouvement de redressement national, tel que la *Ligue* se propose d'en être un, ne peut espérer s'affirmer qu'en conjuguant harmonieusement les forces des diverses tendances religieuses en présence dans la société :

Vous ne vous rendez pas bien compte de ce qui se passe à Montréal. Si les choses vont du train actuel, la séparation complète se fera entre les catholiques et les anti-catholiques et même les indifférents. Un journal comme *La Croix* n'est lu que par des

---

* Gaspésien d'origine, Arthur Beauchesne était rédacteur en chef du *Journal* (conservateur). Curieusement, il avait collaboré aux *Débats* en y publiant, en 1903, un vif réquisitoire contre l'attitude de Mᵍʳ Bruchési durant la crise des écoles du Manitoba. Il était aussi membre fondateur de la Ligue d'enseignement qui militait en faveur d'un système d'enseignement public et gratuit.

** *Le Rappel* (1902-1904), hebdomadaire fondé par Aegedius Fauteux, alors étudiant en droit, avait été mis sur pied par de jeunes conservateurs du Québec, dont Arthur Sauvé, acquis au programme nationaliste et désireux de se démarquer de l'organe officiel du parti, *Le Journal*, mais surtout des politiques de ses deux principaux argentiers, Louis-Joseph et Rodolphe Forget qui comptaient parmi les plus « chers ennemis » d'Asselin.

gens qui n'en ont aucun besoin. De plus, étant rédigée par des gens qui ne connaissent rien de ce qui se passe en dehors de leurs quatre murs, ils disent des sottises qui servent d'argument à ceux qui combattent le fond même de leurs idées[3].

Voilà un jugement qui est loin d'être tendre à l'endroit de Joseph Bégin, gendre de Tardivel! Bourassa ne croit pas, en effet, qu'il faille renoncer aux vertus de l'intelligence politique pour se montrer bon catholique. Il va même plus loin dans son souci de voir le mouvement nationaliste déborder les cercles du catholicisme officiel et conquérir des publics nouveaux, surtout chez les jeunes :

> [...] il y a, à Montréal, une demi-foule qui lit les journaux du dimanche pour les articles qui s'y trouvent. Cette foule ne lit pas *La Vérité* ni *La Croix*, elle lisait *Les Débats*, elle lit encore *Le Rappel* et *Le Sport**, et nous voulons lui faire lire *Le Nationaliste*, croyant que les idées saines y gagneront et même que la religion n'y perdra rien. Cette foule se compose surtout de jeunes gens, comme ceux qui rédigent le journal : c'est ce qui vous explique les caricatures et quelques articles plus ou moins sérieux que je supprimerais volontiers, si j'avais la direction du journal; mais tant que l'inspiration de ces *légèretés*** n'est pas mauvaise, je ne vois pas lieu de m'en formaliser. Soyez convaincu que même ceux qui préfèrent ce genre et qui achètent *Le Nationaliste* à cause de cela lisent tout le reste également.
>
> Lorsque vous aurez réfléchi à tout cela, il me semble que vous n'insisterez pas davantage sur ce qui peut vous séparer du *Nationaliste* et de la Ligue. Ceux qui désirent le relèvement moral de notre pays ne sont pas tellement nombreux, qu'à moins de divergences essentielles de principes, il ne soit pas regrettable de s'entraver réciproquement[4].

Les arguments sensés du chef nationaliste auront peu de poids auprès de Tardivel. Le Savonarole de la presse québécoise en a également contre les caricatures et les publicités du Théâtre français publiées par *Le Nationaliste*. À l'encontre des directives de Mgr Bruchési, en effet, des Phèdre en pâmoison, des Toinette décolletées y convient le public aux spectacles condamnés par l'évêque. C'était méconnaître Asselin que d'espérer que, pris à partie du côté de l'humour et du répertoire français, il se tiendrait coi... La réponse ne se fait pas attendre. Elle débute ainsi :

> De toutes les aménités dont *La Vérité* a jugé à propos d'agrémenter ses bons souhaits au *Nationaliste*, il ressort que *Le Nationaliste* exclut de ses colonnes tout sentiment

---

* *Le Sport*, hebdomadaire dominical indépendant fondé en 1902 et qui tire à 5000 exemplaires. Des amis d'Asselin, Errol Bouchette, *Françoise* et Jules Fournier, y collaboreront sous des rubriques plus intellectuelles que le titre du journal ne le laisse supposer. Cette promiscuité du sport et des idées n'était visiblement pas appréciée du puriste qu'était Tardivel.

** Les italiques sont de Bourassa.

religieux et que les articles comme celui de notre collaborateur Gaston de Montigny*
sur « Combes et le Christ » ne comptent pas ; que lorsqu'on surprend son domestique
à nous trahir comme la province est trahie par ses gouvernants, il faut d'abord lui
faire un sermon sur l'éternité des peines et les beautés du ciel ; qu'un seul journal
nationaliste suffisait pour tout le Canada français et que M. Bourassa n'aurait jamais
dû écrire ailleurs qu'à *La Vérité* ; que l'élite intellectuelle de notre société lit *La
Vérité* et que le *Nationaliste* partage les rebuts avec *La Presse* et *Le Soleil* ; que la
caricature est déplacée dans un journal sérieux et que le rire est une des choses les
plus diaboliques qui se puissent imaginer[5].

Tout le reste de l'article est à l'avenant. Piqué au vif, Tardivel annonce
aussitôt à Bourassa qu'il répondra sous peu à l'épigramme intitulé *Humbles aveux*,
« un des écrits les plus sots que j'aie vus depuis longtemps[6] »... Il fulmine ! Une fois
de plus, Bourassa plaide la cause d'Asselin, invoque sa jeunesse et sa générosité
à la décharge de ce qui lui apparaît, tout au plus, comme des gamineries négligeables. Asselin a signé son billet : « La direction ». Tout en se dissociant de
l'article incriminé, Bourassa cherche sincèrement à défendre les positions d'Asselin en matière religieuse :

> Vous avez bien raison de croire que je ne suis pour rien dans cette plaisanterie
> douteuse de *la direction*. S'il n'est pas trop tard, puis-je vous prier de ne pas la
> reproduire et de n'en pas parler ?
>
> Malgré ses défauts, que vous avez bien saisis, Asselin a de belles qualités, assez
> rares chez les jeunes gens de notre époque. Il s'est arrêté dans la voie de l'indif-
> férence religieuse où il était entraîné. Par simple patriotisme, d'abord, il a compris
> la nécessité de maintenir l'idée religieuse chez les nôtres. C'est lui qui a suggéré de
> mettre dans le programme de la Ligue un article affirmant le principe des écoles
> séparées. Je ne vous le donne pas pour un apôtre ; mais il a assez de sentiments
> religieux, individuels et sociaux, pour s'être trouvé blessé de l'accusation d'indiffé-
> rentisme que contenait votre article. Avec son penchant à la riposte et aux arguments
> personnels, c'est ce qui l'a poussé à faire son article, malgré que je l'eusse prié de
> garder le silence. Ceci vous convaincra, entre parenthèses, que *Le Nationaliste* n'est
> pas mon organe. Enfin, n'oubliez pas qu'Asselin est jeune, impulsif et que vous
> pouvez facilement dédaigner une boutade comme celle-là[7].

Au-delà de la défense personnelle d'Asselin, Bourassa cherche ici à préserver l'unité des forces nationalistes qu'une résurgence de la vieille hostilité entre les
héritiers des « rouges » et ceux des « castors » risque de compromettre. Mis dans
les confidences de Laurier au sujet des tensions qui se manifestent déjà à propos

---

* Dans un article intitulé *Combes et le Christ*, Gaston de Montigny prenait la défense des
congrégations religieuses interdites et dispersées par les lois de 1903 et de 1904 dont le ministre de
l'Intérieur et des Cultes de France, Émile Combes, était le parrain.

du statut des écoles du Nord-Ouest, Bourassa voudrait, en outre, rendre Tardivel plus conscient de l'utilité que pourrait représenter, pour le débat qui s'annonce, un journal populaire tel que *Le Nationaliste*. L'un pourra utilement rejoindre et influencer un public auquel l'autre n'a pas aussi facilement accès :

> Le même motif qui me fait vous prier de fermer les yeux sur les écarts d'Asselin, me fait désirer également que nous ne fassions pas de polémique même courtoise. Je reconnais avec vous qu'il ne devrait en résulter aucun mal. Si la droiture d'esprit et la largeur de vues étaient plus générales au Canada, je crois même que ces expressions d'opinions diverses ne pourraient que faire du bien. Mais il y a tant de gens qui ont horreur de toutes les nuances d'indépendance et qui ne se préoccupent que de nous garder dans l'ornière ! Ceux-là — et c'est la masse — désirent surtout que les indépendants se neutralisent.
>
> Il me semble qu'à moins de divergences graves, il importe que nous fermions les yeux sur les causes secondaires de dissentiment, pour travailler d'accord, chacun dans sa sphère, et avec ses méthodes, au relèvement moral de notre population[8].

Dans le post-scriptum d'une lettre prédécente, où il avait beaucoup été question des écoles, Bourassa s'était fait plus précis encore sur la complémentarité nécessaire qu'il entrevoyait, pour les deux journaux nationalistes et indépendants, dans la lutte scolaire qu'il voyait déjà se profiler à l'Ouest :

> P.S. Je peux ajouter que si les projets que je vous ai communiqués au sujet de la question scolaire, mûrissent, comme je l'espère, je compte bien tirer parti du *Nationaliste*. Il me semble qu'en ce cas il pourra rendre de plus grands services qu'un journal qui ferait de la question religieuse la principale de ses préoccupations.
>
> Inutile de vous dire que tout ceci — et surtout le post-scriptum — doit rester absolument entre nous[9].

Bourassa ne sera pas entendu. Tardivel s'en tiendra à l'idée étroite qu'il se fait du journalisme catholique. Mais, surtout, il ne pardonnera pas à Bourassa d'avoir préféré l'insolent nouveau venu de la presse québécoise à l'austère *Vérité* qu'il pilotait seul, depuis près d'un quart de siècle, contre vents et marées... Dans sa dernière lettre à Bourassa, Tardivel conclut que trop de « divergences graves » persistent entre *Le Nationaliste* et *La Vérité* pour que l'un et l'autre puissent jamais espérer travailler de concert au « relèvement moral » de leurs compatriotes :

> Dans votre article du 27 mars, vous disiez que *La Vérité* est trop *religieuse* pour être lue par la foule. Il me semble que, dans les circonstances, j'avais raison de rétorquer que *Le Nationaliste* n'est pas assez catholique pour faire du bien au peuple[10] !

Par retour du courrier, Bourassa s'inclinera laconiquement devant la décision de Tardivel. Le vieux combattant s'éteindra l'année suivante, sans que le malentendu se soit dissipé entre *La Vérité* et *Le Nationaliste*. Chevaleresque, Asselin, de son côté, rendra un vibrant hommage à l'intégrité, au courage et à la ténacité de son intransigeant adversaire qui, outre ces vertus exemplaires, écrivait dans une langue presque parfaite et n'était à la solde d'aucun parti[11].

Si les escarmouches avec *La Vérité* avaient le don de mettre Asselin en verve, elles préoccupaient bien davantage Bourassa. Non que ce dernier, à l'instar du vieux censeur de Québec, ne se formalisât outre mesure de voir *Le Nationaliste* user de la caricature ou s'intéresser au théâtre de Richepin*, mais parce que le chef nationaliste n'avait d'autre choix, pour étendre son influence en ce début de siècle, que de se concilier l'opinion catholique. Opinion que son jeune disciple ne cessait au contraire d'inquiéter ou de prendre à partie.

Or, inquiète et nerveuse, l'opinion catholique n'avait pas attendu la fondation du « petit *Nationaliste* à deux sous » pour s'estimer justifiée de l'être. L'époque ne se prête guère aux nuances en matière religieuse. À l'orée du siècle, l'idée de laïcité est on ne peut plus mal portée en haut lieu. L'enseignement théologique officiel veut que quiconque n'est pas inconditionnellement avec l'Église soit contre elle. Selon l'esprit des encycliques de l'heure, *Graves de communi* sur l'action de la démocratie chrétienne (1901) ou *Il fermo proposito* affirmant la suprématie inconditionnelle du pouvoir religieux sur le pouvoir civil (1905), la liberté de pensée et d'expression d'un Asselin, en matière de culture, de justice sociale ou d'enseignement public confine à la mécréance. Il n'en faudra pas plus, on l'imagine, pour provoquer des étincelles dans l'opinion québécoise.

Le contexte international n'est guère propice, lui non plus, aux discussions sereines et aux réconciliations généreuses entre ultramontains et laïcisants. En 1903, année précédant la fondation du *Nationaliste*, le ministre de l'Intérieur et des Cultes de France, Émile Combes, ancien ecclésiastique rallié au radicalisme, avait fait interdire cinquante-quatre congrégations religieuses masculines, dont vingt-cinq congrégations enseignantes**. Quelques mois plus tard, quatre-vingts congrégations de religieuses éducatrices subirent le même sort.

L'année suivante, en 1904, le « petit père Combes » resserra encore ses contraintes en retirant carrément le droit d'enseigner à toute congrégation, même autorisée par la loi à se réunir. Les religieux et les religieuses frappés d'interdit se voyaient accorder un délai de quelques semaines pour se disperser. En cas de

---

* Jean Richepin (1849-1926). Normalien lettré, Richepin opte pour la bohème littéraire où il cultive le personnage romantique du révolté social. Sa *Chanson des gueux* lui vaut procès et condamnation. Son drame *Le Chemineau* et ses romans populaires, tous d'une grande truculence verbale, confirment sa réputation d'écrivain contestataire. Un autre « personnage » fait pour plaire à Asselin et pour déchaîner les foudres de Tardivel.

** Auxquelles il faut ajouter 28 congrégations « prédicantes » et une « commerçante », les moines chartreux, du fait de la fabrication et de la mise en marché de leur célèbre liqueur.

résistance, ils étaient menacés d'expulsion par les forces de l'ordre. Certains de ces religieux et de ces religieuses choisiront de poursuivre leurs œuvres en France en acceptant, selon la formule consacrée, d'y être « réduits à l'état laïque ». D'autres, en grand nombre, choisiront l'exil vers des sociétés plus clémentes en matière religieuse*.

Le Québec, où l'Église bénéficie toujours de son statut d'Ancien Régime, constitue, pour les exilés religieux, une terre d'accueil privilégiée. Au cours de la seule année 1903, plus de 700 pères, frères et sœurs de France trouveront refuge dans des maisons religieuses québécoises. Entre 1904 et 1914, c'est plus de 2000 d'entre eux qui, répartis en une cinquantaine de communautés, commenceront à œuvrer et à enseigner au Canada français[12]. Certes, l'histoire de tous ces exilés de « la France laïque et républicaine » reste encore à écrire. Mais on peut imaginer que les victimes d'un tel traumatisme moral ne constitueront pas les meilleurs avocats, en terre québécoise, de l'idée républicaine de séparation de l'Église et de l'État... Souvent plus instruits et cultivés que la plupart de leurs collègues québécois**, rompus aux traquenards de la politique par plus d'un siècle de survie diplomatique en régime républicain, ces religieux français exerceront une influence intellectuelle incontestable sur leur entourage immédiat. Les jésuites, tout particulièrement, qui, hébergés dès leur arrivée à Montréal au collège Sainte-Marie, y seront rapidement recherchés comme professeurs, à cause de leur vaste culture. Au « péril jésuite » brandi par le « petit père Combes » pour justifier la « loi infâme », les exilés riposteront en mettant leurs nouveaux compatriotes en garde contre les dangers du « péril laïque ». Ils ne manqueront pas d'être entendus, certains de leurs disciples rivalisant bientôt avec eux dans l'art de propager le complexe de l'assiégé.

Or le discours alarmiste des émigrés tombe pile, en certains milieux catholiques déjà portés à l'inquiétude. Cette fois, c'est le « péril maçonnique » représenté, entre 1896 et 1910 par les activités de la loge *L'Émancipation*, qui fait l'objet de leurs alarmes. Rattachée au Grand Orient de France, la loge *L'Émancipation*, comme toutes les autres de même obédience, demeure une société

---

* Les « lois Combes » furent, dans les faits, appliquées avec plus ou moins de rigueur selon qu'il s'agissait de communautés féminines ou masculines. Selon l'esprit de la réforme de l'enseignement entreprise par Jules Ferry, de 1881 à 1886, c'était surtout « l'enseignement congrégationniste » qui se trouvait visé en tant que rival de l'enseignement laïque. Les congrégations hospitalières, par exemple, jouirent d'une plus grande tolérance dans l'application des autorisations.

** Dans ses mémoires, le père Georges-Henri Lévesque, élevé chez les Frères maristes de Roberval, écrit : « Nos premiers éducateurs, Aldéricus, Thuribe et autres furent des Français et ils l'étaient de la tête aux pieds... On leur doit une fière chandelle... Ils étaient patriotes et vibraient au seul nom de la France... C'étaient des enseignants compétents et pleins de ressources... on les considérait comme des éducateurs complets, de vrais formateurs. » (*Souvenances I*)

secrète. Mais les prises de position non équivoques de certains personnages bien en vue du Canada français, dont le directeur du *Canada*, Godfroy Langlois, donnent suffisamment de prises à la rumeur publique pour que les imprudents qui ne craignent pas de s'afficher en leur compagnie, ou de partager telle ou telle de leurs idées, soient aussitôt soupçonnés d'appartenir, eux aussi, au « complot maçonnique ». C'est exactement ce qu'il adviendra à Asselin durant les années 1904 à 1908 où il se trouve à la barre du *Nationaliste*.

Foncièrement tolérant en matière d'opinions, farouchement épris de liberté au chapitre de ses fréquentations intellectuelles, allergique aussi bien aux credos des chapelles qu'aux lignes des partis, éclectique, voire déroutant dans ses choix idéologiques, Asselin va devenir une cible de choix. Cible d'autant plus irritante et insaisissable, pour les bigots, qu'il réapparaît toujours là où on l'attendait le moins et qu'il décoche ses flèches du monticule d'où l'on croyait l'avoir vu dégringoler la minute précédente. Rien cependant n'arrêtera ses détracteurs tenaces. Durant les quatre années que durera son mandat de directeur, ultramontains et jésuites persisteront, à tour de rôle, à voir en lui un « serpent maçonnique » que, par inadvertance ou inconscience, Bourassa aurait, à son insu, réchauffé dans son sein !

La petite histoire de la loge *L'Émancipation*[13] comporte, il faut le reconnaître, quelques traits propres à rendre certains de ses objectifs plutôt sympathiques au nationaliste Asselin. D'abord son changement d'obédience qui, en 1896, lui a fait préférer la maison-mère de Paris à celle de Londres. En 1896, en effet, quelques membres canadiens-français de la loge *Les Cœurs unis*, rattachée alors à la Grande Loge de Québec (d'obédience anglaise), décident de faire sécession et de demander leur affiliation au Grand Orient de France sous un nouveau nom : *L'Émancipation*. Motif invoqué : les maçons canadiens-français ne sentent pas leurs « aspirations maçonniques » pleinement reconnues et appuyées par les autorités anglaises. Francophiles, souvent libres penseurs et socialisants (les Canadiens anglais sont plutôt capitalistes et bons protestants), les maçons canadiens-français ont hérité, de leur attachement aux valeurs laïques de la République française en matière d'enseignement, un certain fond de radicalisme qui leur vaut la sympathie de plusieurs héritiers du vieux rougisme canadien-français*.

C'est dans le but de soustraire enfin le domaine de l'éducation à la mainmise du clergé (leur nouveau nom en témoigne éloquemment) que certains de ses membres ont participé à la fondation de la *Ligue d'enseignement*. Cette dernière

---

* Au siècle précédent, l'Institut canadien (1845-1871) avait prôné des idées semblables et encouru la condamnation de Mgr Bourget. Les Chevaliers du Travail (1882) avaient mis à leur programme la cause de l'enseignement public reprise, en 1899, par le Parti ouvrier.

milite, depuis sa mise sur pied, en faveur d'un système d'enseignement public et gratuit de qualité, pour la création d'écoles normales laïques, pour l'uniformité et la gratuité des manuels scolaires et le développement d'écoles de métiers. Inspirée de la ligue française du même nom, fondée par Jean Macé en 1866, la Ligue d'enseignement[14] rencontre, dès 1902, un vif succès au Québec, auprès des intellectuels, des journalistes et des hommes politiques de tradition libérale. Des féministes de toutes allégeances y voient également un bon moyen d'action pour faire progresser leurs requêtes en matière d'accès à l'enseignement supérieur.

Sans être nécessairement maçons eux-mêmes, plusieurs collaborateurs très proches d'Asselin, un Wilfrid Gascon, un Germain Beaulieu, une *Colombine* prônent depuis longtemps des réformes semblables. Idées subversives, s'il en est, et qui ont valu à certains d'entre eux de perdre quelques plumes, et même leur emploi, ou encore d'encourir les foudres épiscopales de Mᵍʳ Bruchési. Un grand nombre d'amis d'Asselin, qui gravitent autour de l'École littéraire de Montréal, ou qui ont collaboré aux défunts *Débats** quelques années auparavant, appartiennent à cette mouvance « laïque » que l'Église garde soigneusement à l'œil, d'autant qu'Asselin ne craint pas de les laisser s'exprimer ouvertement dans les colonnes de son journal.

Le directeur du *Nationaliste*, en effet, se bat toujours visière levée. C'est pour lui une question de principe, mais aussi de tempérament. Les sociétés secrètes férues d'influences occultes déplaisent souverainement au « Petit Caporal » qui ne se prive pas de stigmatiser leur manque de transparence et de courage. Mais lorsqu'une idée lui semble valable, fût-elle partagée par le groupe le plus contesté de la société, il prend sa défense avec la dernière énergie. Ainsi en sera-t-il pour la question de l'enseignement public.

Il se verra donc accusé d'appartenance à la franc-maçonnerie, pour avoir prôné l'intervention de l'État en matière d'éducation et récusé le projet d'adoption du drapeau Carillon-Sacré-Cœur. Il va bientôt se voir taxé de « socialisme » à cause des liens qui uniront, durant quelques années, les luttes de la Ligue nationaliste et du Parti ouvrier sur la scène fédérale, puis municipale. Là encore, certaines de ses « fréquentations » intellectuelles contribueront à rendre Asselin suspect. Celles d'un syndicaliste comme Gustave Francq ou de l'éditeur Albert Saint-Martin en

---

* Les archives mises récemment à jour par Roger LeMoyne permettent de savoir aujourd'hui que les écrivains Albert Ferland, Gonzalve Desaulniers, Charles Gill, de l'École littéraire de Montréal, étaient maçons. Aux *Débats*, Paul LeMoyne de Martigny, cofondateur du journal avec Louvigny de Montigny, était membre de la loge *L'Émancipation* de même que deux de ses bailleurs de fonds successifs, les Français Gustave Comte et Édouard Charlier. Sauf de rarissimes exceptions, leurs collègues de travail ignoraient tout de cette affiliation. Seules des idées communes les rapprochaient les uns des autres.

constituent un exemple parmi d'autres*. Pour ses adversaires, il n'y a pas de fumée sans feu! Plusieurs médecins francophiles, tels les docteurs Adelstan et François-Xavier de Martigny**, des hommes d'affaires soucieux de voir s'améliorer le niveau de formation intellectuelle des Québécois, des artistes, des écrivains réputés non pratiquants partagent les idées de réformes éducatives et sociales du *Nationaliste*. Plusieurs le soutiennent ouvertement de leurs deniers. Les Tardivel et certains jésuites particulièrement zélés ne seront donc pas lents à y déceler l'effet d'une infiltration dangereuse.

La loi du secret*** entourant les activités de la franc-maçonnerie n'est pas le seul élément qui contribue à brouiller les pistes et à enflammer les imaginations. Depuis la réconciliation du parti de Laurier avec les évêques, réconciliation en faveur de laquelle Mgr Bruchési avait joué un rôle de premier plan, le mot d'ordre des radicaux était de jouer de finesse pour éviter des affrontements susceptibles de nuire au parti « rouge », l'heure du scrutin venue. C'est la politique du « profil bas » adoptée au même moment par *Le Canada*, organe officiel du Parti libéral dirigé alors par un autre franc-maçon, Godfroy Langlois. Ou celle qui se maintiendra à *La Patrie* jusqu'en 1902, avec la famille Tarte****.

À partir de ses affinités intellectuelles, de ses thèmes préférés, de ses polémiques ouvertes avec ses détracteurs ultramontains ou Jésuites, de ses échanges privés avec un Bourassa ennuyé ou une épouse préoccupée par les ragots de la rumeur publique, il est possible d'esquisser un portrait des véritables intuitions d'Asselin en matière religieuse. Ces intuitions, reconnaissons-le toutefois, le rendent le plus souvent inclassable aux yeux de ses contemporains élevés dans la rigueur des enseignements du Concile Vatican I*****.

---

* Selon les sources de Roger Le Moyne, Albert Saint-Martin était un fervent communiste, mais n'appartenait pas à la franc-maçonnerie. (C'est l'un de ses homonymes et contemporains, Honoré Saint-Martin, qui l'était, d'où la confusion qui s'ensuivit.) Gustave Francq, syndicaliste d'origine belge, était socialiste mais anticommuniste. Devenu éditeur prospère, ce franc-maçon disert et bon vivant avait la réputation d'être un fin gourmet et un homme d'esprit : tout pour plaire à Olivar Asselin.

** Tous deux membres de la loge *L'Émancipation*.

*** Le « secret maçonnique » interdit aux membres d'une loge de révéler l'appartenance de leurs « frères » au mouvement mais n'interdit pas à un maçon de révéler la sienne à un confident ou même de s'afficher publiquement. C'était le cas d'Honoré Beaugrand et de Godfroy Langlois.

**** Le fondateur de *La Patrie* en 1897, Honoré Beaugrand ne craignait pas de s'afficher publiquement comme libre penseur. Après avoir été rédacteur en chef du *Canadien* de Québec à l'époque de sa militance conservatrice, Israël Tarte avait acheté *La Patrie* qu'il avait consacrée, ultérieurement, aux thèses libérales « modérées » de Laurier, son nouveau chef, jusqu'à sa rupture avec le premier ministre en 1902. Après quoi Tarte reviendra progressivement à ses allégeances conservatrices de jeunesse.

***** Vingtième concile œcuménique réuni par le pape Pie IX en 1869 et interrompu par l'entrée des troupes républicaines dans Rome en 1870. Face à la montée du libéralisme et du

Quelques semaines après la fondation du *Nationaliste*, Asselin est appelé à commenter clairement le nouveau programme de l'Association catholique de la jeunesse canadienne, fondée par son ancien condisciple du Séminaire de Rimouski, Samuel Bellavance, devenu jésuite. L'ACJC, comme la Ligue nationaliste, s'est donné Bourassa comme mentor. Ce dernier éprouvera infiniment moins de difficultés à conserver l'harmonie d'action entre les deux mouvements nés de son inspiration, l'un plus « catholique », l'autre plus « politique », qu'il n'en aura rencontré à tenter vainement de réconcilier Tardivel et Asselin. Les jeunes « apôtres » de l'ACJC ont sans doute en commun, avec les militants de la *Ligue*, d'être les premiers enfants du XXᵉ siècle à se lancer côte à côte dans l'action nationaliste. En saluant amicalement leur entrée en scène, Asselin se solidarise de ce que nous qualifierions aujourd'hui de « projet de société » pour le Canada français, dans un article qu'il intitule « Catholicisme en action » :

> L'Association catholique de la jeunesse canadienne-française a bravement inscrit à son programme l'étude des questions politiques et sociales dont l'intérêt de la race canadienne-française réclame la solution immédiate : l'éducation, l'agriculture, la colonisation, le commerce et l'industrie, les relations du capital et du travail.
>
> Nos jeunes amis ont compris que le catholicisme qui est essentiellement une œuvre sociale et que suivant le mot d'un de nos confrères français, les peuples sont voués à la destruction qui choisissent l'heure où l'ennemi bat leurs remparts en brèche pour discuter si la lumière qui apparut sur le Thabor était créée ou incréée[15].

Il eût été pour le moins surprenant qu'Asselin n'en eût pas profité pour allonger, au passage, un léger coup de griffe du côté de certains théologiens de son temps dont la prose obscure eût fait les délices de Molière... Ces derniers lui en garderont rancune. Le catholicisme auquel Asselin se dit prêt à se rallier est « essentiellement une œuvre sociale », incarnée dans les besoins de la société où il s'est implanté et où il est censé jouer son rôle de « levain dans la pâte ». Quand il évoquera tour à tour, dans *Le drapeau rouge*, les diverses familles d'esprit qui se réclament du socialisme, il affirmera inversement que « la doctrine socialiste n'est au fond que celle du Christ ». Le lien exigeant qu'il établit entre la poursuite de la justice sociale et le catholicisme, il se dit heureux de le retrouver établi, sur la question de l'éducation publique, dans le programme de l'ACJC qu'il reproduit et commente dans le même article :

---

rationalisme, le Concile Vatican I rappelait la pérennité de la doctrine catholique concernant la foi et la révélation. La proclamation du dogme de l'infaillibilité pontificale, quoique fort contesté par certains épiscopats, notamment ceux de France et d'Allemagne, en constitua le couronnement. Dès lors tenue pour une « doctrine protestante », l'idée de liberté de conscience, si chère à Asselin, devra attendre jusqu'au Concile Vatican II, cent ans plus tard, pour connaître un début de réhabilitation.

[...] la jeunesse catholique, tout en approuvant la guerre à la franc-maçonnerie, réprouve les excès de zèle qui ont fait éclore, en réponse à la brochure de la Ligue de l'Enseignement, des volumes de statistique extra-superficielle, capable de rendormir pour toujours l'opinion publique à peine éveillée à la nécessité d'une réforme de l'instruction primaire. Il est temps que les catholiques, au lieu de traiter de francs-maçons tous ceux qui croient que nos instituteurs sont mal rémunérés, que nos écoles sont encore trop petites et trop imparfaitement aménagées, que le bureau central d'examen est d'une utilité problématique, que les taxes scolaires sont en général trop peu élevées et que l'uniformité des livres dans les limites d'une même municipalité peut avoir du bon — il est temps, disons-nous, que les catholiques prennent la tête du mouvement; qu'ils reconnaissent que la meilleure réponse à faire aux critiques du système actuel serait, par exemple, d'amener les contribuables de Montréal à construire quelques-unes de ces quinze écoles nouvelles que Mgr Bruchési réclame pour les seuls quartiers compris entre les rues Guy et Saint-Laurent[16].

Habile, la référence finale à son « cher ennemi », Mgr Bruchési : en 1901, ce dernier s'objectait encore à la scolarisation obligatoire des enfants de huit à treize ans au nom de l'inviolabilité de la puissance paternelle.

La réforme de l'enseignement, comme celle de l'agriculture et de la colonisation, les droits de la minorité à des écoles séparées, la protection de la langue française, la « conservation des ressources naturelles du sol aux enfants du sol », autant de terrains où Asselin souhaite voir se manifester aussi ce nouveau « catholicisme en action ». Et il conclut :

Nous voudrions pouvoir citer encore d'autres parties du programme catholique, mais en voilà assez pour indiquer que la nouvelle association est plus qu'une confrérie pieuse ; qu'elle entend bien ne pas perdre de vue qu'un État bien gouverné est encore un des plus beaux hommages que l'on puisse rendre à la divinité*[17].

Un mois plus tard, Asselin s'insurge avec véhémence contre la peine de mort. Il invoque le pardon évangélique pour exprimer toute l'horreur qu'il vient de ressentir à l'occasion de l'exécution d'un condamné :

Ce n'est pas la société qui se protège, c'est la force brutale qui se venge. Il y a quatorze ans que ces paroles ont été écrites [...] Quatorze ans s'écouleront bien encore avant que l'homme ne soit pénétré d'un peu de pitié de ce Jésus qu'il prie tous les jours sans le comprendre. Mais nous aurons toujours eu la satisfaction profonde de dire à certains serviteurs de la société qu'ils sont des brutes[18].

S'il invoque spontanément le pardon de Jésus au larron repenti, c'est toutefois au prophète en colère, chassant à coups de cravache les vendeurs du Temple,

---

* Asselin pastiche ici une phrase de Cicéron qu'il remettra en exergue, en 1909, à sa « Feuille de combat » *A Québec View of Canadian Nationalism*.

qu'il s'identifie le plus volontiers. Il y a du Léon Bloy chez cet empêcheur de danser en rond. La « couverture » de Bourassa lui est bien nécessaire... D'autant qu'il choisit souvent ses amis dans des cercles placés sous haute surveillance. Voyons voir.

Mai 1904, mariage de Louvigny de Montigny. Le tout jeune fondateur des *Débats* (celui-là même qui avait mis à Olivar le pied à l'étrier dans le journalisme montréalais) épouse Antoinette Helbronner, fille de Jules Helbronner, rédacteur en chef à *La Presse* : un émigré français d'origine juive demeuré longtemps fidèle à ses idées socialistes. *Le Nationaliste* célèbre, comme il se doit, l'heureuse destinée qui survient à l'un de ses plus éminents collaborateurs littéraires. Une fête est même organisée à l'hôtel de ville, par ses amis, en l'honneur du futur époux. Le journal en donne la liste[19]. Outre Asselin lui-même, indispensable organisateur de tous les « enterrements de vie de garçon », on y remarque la présence d'Hector Garneau, Germain Beaulieu, Albert Laberge, Godfroy Langlois, Gustave Comte, du notaire Édouard Biron et du docteur Wilfrid Huguenin. Deux Français réputés pour leurs idées « libérales », deux francs-maçons (Comte et Langlois), deux écrivains contestataires sur lesquels planent des menaces de censure épiscopale : Beaulieu et Laberge* !

Asselin récidivera l'année suivante à l'occasion du mariage de sa chère *Colombine* (Éva Circé) avec le docteur Salomon Côté, libre penseur notoire qui ne craint pas, lui non plus, d'afficher ses convictions. Tout comme la journaliste féministe, qui s'est présentée à l'autel en tailleur et chapeau verts, pour bien se démarquer de la conception traditionnelle du mariage symbolisé par le voile blanc et les fleurs d'oranger[20]. Asselin n'a pas à rougir de ses amis. C'est le moins qu'on puisse dire à l'heure où Tardivel stigmatise l'irréligion de son journal.

Dans ses lettres à Raoul, depuis son arrivée à Montréal, il s'est maintes fois exprimé sur le sujet : la bonne volonté et la générosité à s'engager dans le rétablissement de la justice sociale, voire de la charité, c'est souvent chez des noncatholiques, des socialistes, voire des francs-maçons, qu'il les trouve les mieux représentées. L'explication réitérée dut rassurer son aîné puisque, quelques années plus tard, Asselin arrivera au presbytère de Chien Blanc avec l'un de ses amis médecins, le docteur Gaston de Martigny, de réputation douteuse lui aussi**, mais

---

* Romancier, conteur et journaliste, Laberge était chroniqueur sportif à *La Presse* depuis 1896 lorsqu'Asselin et Fournier y effectuèrent un bref séjour à l'automne 1903. Grand admirateur de Maupassant, Huysmans et Zola, Laberge commence, en 1903 également, à publier, en épisodes, un roman de mœurs campagnardes, *La Scouine*, qui s'attire la condamnation de Mgr Bruchési. Louvigny de Montigny et Charles Gill avaient fait admettre Laberge à l'École littéraire de Montréal.

** Plusieurs membres de la famille de Martigny étaient médecins. L'aîné, Adelstan, était pneumologue et très engagé dans la lutte antituberculeuse, dans les quartiers populaires de Montréal. François-Xavier était chirurgien et participa à la fondation de l'Hôpital Français (aujourd'hui Sainte-

prêt à dispenser gratuitement, durant quelques semaines, les ressources de son art auprès des familles gaspésiennes démunies. Le docteur de Martigny, écrira Olivar à sa femme, s'adapte bien, va puiser l'eau au puits, fend allégrement le bois avec eux, et « ne gueule pas trop contre les curés »... Raoul, pour n'être pas en reste, le laisse seul au presbytère à fricoter le dîner pendant la grand-messe du dimanche. Un arrangement que monseigneur de Rimouski n'eût certes pas approuvé mais qui semble avoir satisfait aussi pleinement le curé que le médecin bénévole[21].

Les questions sociales ne constituent pas le seul terrain où Asselin croit aux vertus d'un œcuménisme avant la lettre. Une culture, une vie intellectuelle, une pensée chrétiennes dignes de ce nom ne sauraient se développer dans un climat de sectarisme religieux. Or ce climat étouffant afflige en ce moment la société tout entière, du fait de quelques esprits bornés auxquels Asselin refuse d'associer, en bloc, tous les représentants du clergé :

> Quand M. le curé Faguy, de la basilique de Québec, voulut mettre ses paroissiens en garde contre le danger du théâtre, il leur lut, du haut de la chaire, un chapitre de Jean-Jacques Rousseau.
>
> Quand le R.P. Plessis a voulu montrer en Jésus le précurseur de la démocratie, il a cité Renan à ses auditeurs de Notre-Dame.
>
> Dans le dernier numéro du *Rosaire*, le R.P. Vuillermet appuie sur le philosophe Herbert Spencer un de ses conseils à la jeunesse.
>
> Et ces actes n'ont rien d'extraordinaire. Ils prouvent seulement qu'à moins d'avoir l'esprit encrassé et le sens moral faussé, même les prêtres, chez les catholiques, savent rendre justice aux incroyants, ou tout au moins invoquer leur témoignage en faveur de la vérité[22].

Habileté ou conviction, il est piquant de voir le directeur d'un journal constamment pris à partie pour la publicité qu'il donne au théâtre, invoquer à son tour le prêche du curé Faguy... contre le théâtre ! Apologétique oblige. Mais ces adroites citations d'ecclésiastiques cultivés ne constituent qu'un préambule pour permettre au pamphlétaire de river leur clou aux intolérants personnages qui s'acharnent en ce moment contre *Le Nationaliste* :

> Il passe en ce moment sur notre province un souffle d'obscurantisme et d'intolérance dont les autorités religieuses sont responsables en quelque sorte par l'appui actif ou tacite qu'elles donnent aux journaux du genre de *La Croix*. Il est certaines maisons d'éducation où l'on distribue *La Croix* gratuitement aux élèves pour mieux les fana-

Jeanne d'Arc). Tous deux étaient membres de la loge *L'Émancipation* ainsi qu'un autre de leurs frères, Paul, journaliste et écrivain, cofondateur des *Débats* et membre de l'École littéraire de Montréal. On sait moins de choses sur Gaston, le compagnon de voyage d'Asselin en Gaspésie... Mais quelle famille !

tiser. Il en est d'autres d'où l'on exclut tout journal qui n'a pas l'approbation de l'illuminé Bégin [Joseph Begin, directeur de *La Croix*]. Bref, le clergé se fait en maint endroit le complice d'une véritable semence de haines, dont les victimes sont prises sans discernement un peu partout. Nous l'avertissons charitablement qu'il aura besoin du concours de toutes les bonnes volontés pour tenir tête à l'orage que ses prétendus organes sont en train de provoquer.

Il y a en notre province une foule de gens bien disposés envers le clergé, mais qui, à force de se voir vouer à l'hostilité de leurs concitoyens par des individus qu'il encourage dans le métier de bretteurs de plume, seront peut-être tentés de se révolter. Ils ne sont que des hommes après tout[23].

Le ton des attaques de *La Vérité* et de *La Croix*, après la mort de Tardivel en 1905, se dégrade à tel point qu'il fait déborder la coupe. Le fils et le gendre n'ont visiblement pas la classe du père. Ils n'inspirent à Asselin ni le même respect ni la même retenue. Le fiel de leurs invectives et la malveillance de leurs insinuations, depuis la disparition de leur père, ont persuadé Bourassa que toute tentative de conciliation s'avérerait désormais inutile contre la furie vengeresse qui semble animer ses héritiers. Dégoûté, Asselin confie à son ami Amédée Geoffrion[*] le soin d'intenter une action en libelle contre Joseph Bégin, le directeur de *La Croix* qui l'accuse: 1° d'appartenir à la franc-maçonnerie, 2° de s'enrichir à même la vente des reprographies des discours de Bourassa[**] et 3° de n'être qu'un « galeux »... Asselin ripostera en demandant au tribunal comment un individu peut réussir à « s'enrichir » en vendant des tracts et demeurer en même temps « pauvre comme la gale ». Il estimera néanmoins à 5000 $ les dommages causés à sa réputation par l'accusation d'appartenir à une loge maçonnique. Les plaideurs, on l'imagine déjà, seront renvoyés dos à dos au terme d'un procès transformé en foire d'empoigne.

Ce genre de divertissement oratoire occupe de plus en plus de temps dans la vie survoltée du directeur du *Nationaliste*. Il lui arrive également de devoir passer quelques nuitées glorieuses en prison pour outrage au tribunal. À sa sortie, les étudiants du Quartier latin ne manquent jamais de l'ovationner et de lui faire une haie d'honneur. Mince consolation pour Alice qui se morfond seule dans ses foyers déserts... Terreur également pour les juges à la perspective de se voir chargés à nouveau d'une cause où Asselin se trouve impliqué.

Tous ces affrontements agrémentés de mises en scène théâtrales n'empêcheront pas, au ras du sol, une collaboration tacite de s'établir entre le journal de

---

[*] Geoffrion est l'associé de Dominique Monet, l'ex-député nationaliste de Napierville aux communes avec lequel il partage la même étude légale.

[**] À l'occasion de la crise des écoles du Nord-Ouest, Asselin avait lancé une souscription populaire visant à recueillir 300 $ pour faire imprimer en brochure les principales interventions de Bourassa qu'il jugeait mal ou incomplètement rapportées par la presse. La brochure devait être imprimée à 35 000 exemplaires. On doute que sa vente ait pu enrichir qui que ce soit.

Tardivel et celui d'Asselin, à l'occasion des grands débats nationalistes. Reproduction d'articles, échanges d'information, synchronisation des interventions, toutes initiatives reposant sur l'amitié indéfectible et la diligence discrète d'Omer Héroux, passé chez les Tardivel. Bon joueur, Asselin, de son côté, met tactiquement en veilleuse ses échanges de flèches avec ses détracteurs, dès qu'un front commun lui apparaît s'imposer pour la défense de « la cause »*. À l'heure même où Tardivel écrivait à Bourassa pour dénoncer l'irréligion de son jeune confrère, Asselin marchait superbement sur ces eaux agitées en saluant l'arrivée d'Héroux à *La Vérité* qu'il ne craignait pas de qualifier alors de... « journal frère » !

Quant aux « Frères » secrets, ceux de la loge *L'Émancipation*, s'ils trouvent en lui un allié circonstanciel convaincu pour faire la promotion de la lutte antituberculeuse ou du programme de La Ligue d'enseignement, ils se heurtent toutefois à son opposition en d'autres circonstances où les répugnances viscérales d'Asselin pour les tactiques d'infiltration prenaient le pas sur toute autre considération :

> Et quand les *Frères* essayèrent dans l'ombre de faire arriver au conseil municipal certains de leurs associés, ou de ceux sur qui ils espéraient exercer de l'influence, bien des fois ils se virent barrer la route par Asselin. Fort bien vu alors de M. Laporte** — qui était, comme l'on sait, très influent dans la politique municipale du temps, Asselin dénonçait méthodiquement au président du Comité des Citoyens les candidatures suspectes[24].

De même les francs-maçons rencontreront-ils son opposition ouverte lors des élections fédérales de novembre 1904 où *Le Nationaliste* accorde son appui à Achille Latreille, président du Syndicat des tailleurs de pierre et candidat du Parti ouvrier. Latreille se présente alors contre Godfroy Langlois***, directeur du *Canada* et membre de la loge *L'Émancipation*. Asselin n'en a cure. Il est de ceux qui montent au front précédés d'un roulement de tambour, une fleur écarlate piquée à leur baïonnette. Les stratégies de la « confrérie des ombres » n'auront jamais sa faveur. Il y estime quelques esprits éclairés et généreux, il approuve leurs projets de réforme, mais il n'a que mépris pour leurs méthodes.

Tant d'éclectisme de la part d'Asselin ne facilite pas la tâche à Bourassa. Ce dernier cherche péniblement, en ces années charnières, à établir le plus large consensus possible, dans une société peu portée aux nuances et dans une Église qui ne fait rien pour y remédier. Tout au contraire la hiérarchie catholique cède-

---

* Ce sera le cas au moment de la crise des écoles du Nord-Ouest.

** Hormidas Laporte, maire de Montréal de 1904 à 1906.

*** Asselin estimait fort suspect le ralliement plus que tardif de Langlois à la lutte anti-trusts prônée par le Comité des citoyens et le Parti ouvrier, lutte où il avait investi le meilleur de lui-même depuis des années.

t-elle le plus souvent elle-même au délire de la persécution, assiégée par la turbulence des idéologies nouvelles qui ne cessent d'éclore à l'extérieur du petit pâturage où avaient coutume de paître en toute sécurité ses brebis...

Nonobstant ses sympathies et son indulgence envers les frasques de son disciple, le chef politique est donc amené, aussi bien par conviction que par tempérament, à reconnaître que la mouvance laïque, représentée par Asselin et ses jeunes contemporains, demeure minoritaire et son influence encore marginale, par rapport au large courant de l'opinion catholique régnante. Aussi estime-t-il, faute d'avoir réussi à réconcilier efficacement ses deux ailes, devoir prendre de plus en plus de distances à l'égard du *Nationaliste*, de ses campagnes d'opinions et de ses combats hebdomadaires. Ses collaborations, on l'a vu, vont s'espacer discrètement au fil des mois, jusqu'à s'effacer complètement. Et cela, même aux heures où le journal commande l'assaut dans la crise des écoles du Nord-Ouest. Comme il l'avait annoncé confidentiellement à Tardivel dans un post-scriptum[25], Bourassa réussit à bien « tirer parti » du *Nationaliste* et de son audience. Sans toutefois y compromettre sa réputation de « grand catholique », réputation essentielle pour assurer efficacement la diffusion de ses idées et de son mouvement dans l'opinion canadienne-française.

En bout de ligne toutefois, la crise des écoles du Nord-Ouest se soldera par un échec pour les nationalistes lâchés par Laurier. Les années passant sur cet humiliant revers, Bourassa en tirera peu à peu des leçons nécessaires pour l'avenir. Dans la tourmente qui aura eu raison de ses troupes, de quel poids pesait alors ce « petit *Nationaliste* à deux sous » avec ses deux minables feuillets et sa cadence hebdomadaire de tortue ? De peu de poids, hélas, quand ses adversaires pouvaient disposer, eux, d'une riposte quotidienne et abondante, aussi bien à Québec, avec *Le Soleil*, qu'à Montréal avec *La Presse* et *Le Canada*.

Dès lors, le projet de voir son mouvement se doter à son tour d'un journal quotidien commence à cheminer lentement dans l'esprit de Bourassa. Il s'en ouvre prudemment à quelques proches collaborateurs. Asselin lui-même est, semble-t-il, dans la confidence. Dans sa générosité encore un peu candide, il croira longtemps *Le Nationaliste* tout naturellement désigné pour remplir cette mission nouvelle. Et, sans doute, un long moment encore, Bourassa pourra-t-il, sans chercher à l'abuser, lui laisser entrevoir l'avenir de la sorte. Qu'un journal hebdomadaire de combat décide de se muer un jour en quotidien, pour être plus efficace, quoi de plus normal en effet ?

Pour les leaders de l'opinion catholique toutefois, les rumeurs discrètes de ce projet vont susciter un nouvel espoir. Celui de voir leur influence mieux assurée, à l'avenir, au sein du mouvement nationaliste. Trop rebelle, trop éclectique, trop imprévisible, trop imprudent dans ses « fréquentations », Asselin est loin d'être, aux yeux de certains, un « homme sûr ». Trop indocile pour jouer les courroies de transmission, il se permet, en outre, de juger les directives épiscopales à la pièce, quand il ne les nargue pas ouvertement.

Monseigneur de Montréal adresse aux journalistes catholiques une supplique les enjoignant d'interrrompre sur-le-champ toute publicité faite aux spectacles du théâtre et de l'opéra dans leurs journaux. Asselin répond par la photo d'une Tosca délurée ou de malfrats de comédie transformés en vedettes... Inutile d'espérer voir l'insoumis s'amender. C'est à la tête du mouvement qu'il convient de s'adresser pour préparer l'avenir. N'est-il pas de notoriété publique que le chef nationaliste pratique l'oraison silencieuse avant chacune de ses interventions en Chambre? Laissons donc *Le Nationaliste* poursuivre seul sa route et occupons-nous plutôt de baliser soigneusement le projet de journal quotidien de Bourassa...

Tel est sans doute l'objectif poursuivi discrètement, en ces années de débats passionnés, par trois jésuites, dont Asselin redoutera sans cesse l'influence sur Bourassa et dont il aura maintes fois l'occasion de se plaindre dans ses lettres. Tous trois frères et tous trois membres de la Compagnie de Jésus, les pères Louis, Hermas et Joseph Lalande ont le collège Sainte-Marie pour port d'attache. Ils y exercent leur mission, respectivement en qualité de prédicateur, de professeur et d'économe de la grande institution de la rue Bleury. Ils se garderont bien, durant toutes ces années, d'affronter Asselin à la manière provocante et grossière d'un Joseph Bégin! Leur méthode est tout autre et elle a fait ses preuves. Dans l'histoire séculaire de leur compagnie, plusieurs membres éminents se sont faits tour à tour confesseurs et conseillers de rois... *ad majorem Dei gloriam.*

Les pères Lalande vont donc tenter d'exercer sur Bourassa une influence discrète, et à long terme bénéfique pour l'Église, en détachant peu à peu ce dernier des liens ambigus qui le relient encore au passé « rouge » de sa propre famille et le rendent objectivement solidaire, en dépit de ses dénégations répétées, de l'esprit « laïque » qui souffle, semaine après semaine, dans les colonnes du *Nationaliste*. Si un nouveau journal devait être fondé, c'est à des hommes sûrs et loyaux que la responsabilité devrait en être dorénavant confiée. Des indésirables, tel Asselin, devraient en être écartés, ou à tout le moins sérieusement encadrés. Voilà probablement le sens des propos et des informations que se communiquent entre eux les révérends pères. Animés d'un même esprit d'épuration, ils livrent, chacun de leur côté, une lutte sans relâche au programme de la Ligue d'enseignement* et travaillent à débusquer, où qu'il se manifeste, le « travail de sape » de la loge *L'Émancipation.*

---

* Le père Hermas Lalande est l'auteur d'une brochure qui s'attaque avec férocité à la thèse de l'enseignement public et obligatoire chère à Asselin.

Le père Louis Lalande, pour sa part, caresse secrètement le rêve de devenir un jour une sorte de père Joseph* auprès du grand Bourassa... Il possède tous les atouts susceptibles de fonder pareil espoir. Professeur de rhétorique et de philosophie au collège Sainte-Marie, ce fils de cultivateur de Saint-Hermas-des-Deux-Montagnes commence très tôt à s'affirmer comme un brillant prédicateur capable de livrer une sérieuse concurrence aux célèbres Dominicains français qui attirent les foules aux Carêmes de Notre-Dame. L'art oratoire de l'époque permet au prédicateur de déployer toutes les ressources du beau langage et de l'érudition, pour mieux toucher l'esprit critique et exigeant des bourgeois cultivés. Ces laïcs instruits sont, en général, assez peu choyés par les prêches d'un clergé diocésain souvent fruste et peu scolarisé. Voici à quoi pouvait ressembler, en action, le père Louis Lalande vu par un témoin de son temps, le jeune abbé Groulx :

> Le père était jeune, en pleine verve, en pleine force [...] Son éloquence s'éloignait notablement de l'éloquence véhémente, tonitruante, déclamatoire, des politiciens du temps. Il était disert, fin, malin, attendri, jouait de toutes les gammes ; mais il était acteur, il dramatisait son texte, son débit, avec un brio à l'emporte-pièce. Il parlait généralement debout, arpentait la rampe, ce qui ajoutait encore à ses moyens. [...] Ainsi m'apparut-il, déclamant avec une vigueur entraînante, irrésistible, certaines pages vengeresses des Libres penseurs de Veuillot[26].

Or Veuillot était, pour le tribun Bourassa comme pour Tardivel, la grande figure emblématique du journalisme catholique de son temps.

À son tour, le père Hermas Lalande, comme son aîné, est un nationaliste et un patriote ardent, que deux ans d'enseignement au Collège de Saint-Boniface, au lendemain de la « législation traîtresse » de 1896 contre les écoles séparées manitobaines, ont galvanisé pour « la cause ». Comme son frère, il respire à Sainte-Marie l'air de citadelle assiégée que les victimes des lois Combes ont sans doute emporté avec elles dans leurs bagages. L'esprit délétère de « la France républicaine et laïque », le spectre de la franc-maçonnerie hantent pareillement ses nuits de soldat du pape. Engagé à la rédaction du *Semeur*, l'organe des jeunes militants de l'ACJC, le père Hermas Lalande n'a pas, comme son confrère Samuel Bellavance, de raisons affectives de faire preuve de tolérance à l'égard d'Asselin et de ses idées. Il croit, au contraire, de son devoir de purger le mouvement nationaliste en général, et le futur journal de Bourassa en particulier, de son influence dangereuse. Mais tout comme son frère Louis, c'est derrière la scène qu'il choisira d'agir.

---

* Devenu capucin après une brillante carrière à l'armée et à la cour, François Joseph Leclerc du Tremblay, dit « Le père Joseph », devint le collaborateur intime de Richelieu et joua un rôle déterminant dans la politique étrangère de la France. D'où son surnom « d'éminence grise » inspiré par la couleur de sa bure. Chez les jésuites, on parlait plutôt de « Pape noir », à propos du Général de l'Ordre.

Manœuvres prudentes et effacées certes, mais pas au point de demeurer invisibles aux yeux d'Asselin qui pourfend, au même moment, les sociétés secrètes et la franc-maçonnerie pour manque de courage et de transparence. D'être attaqué, une fois de plus, par les dévôts lui serait toutefois de peu de choses, s'il ne sentait, par moments, le maître secrètement ébranlé dans la confiance et la solidarité dont il l'a jusqu'ici assuré. Ce climat d'incertitude le ronge. Il cherche à obtenir de Bourassa des explications franches et ouvertes. Retenu à Québec dans l'attente d'un long et onéreux procès*, il craint que ses adversaires ne profitent de son absence pour entraîner Bourassa dans une direction d'où lui, Asselin, se verrait écarté.

Mais Bourassa semble fuir la minute de vérité avec son principal lieutenant. Si d'aventure il arrête le voir à Québec, il se montre réticent et embarrassé. Leurs rares rencontres sont brèves, factuelles, le plus souvent écourtées par quelque rendez-vous urgent. À sa femme, que ce climat d'intrigues consterne profondément (son admiration pour Bourassa ne s'est jamais démentie), Asselin écrit qu'il a tenté de crever l'abcès : « Je lui ai dit que s'il entendait faire du futur journal une Vérité quotidienne, je lui tirerai ma révérence[27] ! »

À cela Bourassa n'a pas voulu répondre sur-le-champ. Il n'est pas homme à se laisser poser des ultimatum, ni par les jésuites, ni par Asselin. Mais la rudesse de l'intervention a laissé des traces. On le somme de choisir ; il a préféré, jusque-là, gagner du temps en faisant à Asselin de vagues reproches concernant certains articles de critique littéraire. Un domaine auquel il accorde pourtant un intérêt mitigé. Une fois de plus, Asselin subodore les doléances extérieures et les propos rapportés. Il croit y déceler, en outre, la hantise des jésuites à l'égard des « mauvais auteurs ». Français de préférence. Il se cherche désespérément des cautions reli-gieuses pour rassurer le maître. Il suggère même à Bourassa de demander l'avis du chanoine Gauthier** qui vient tout récemment de le féliciter, lui, Asselin, pour un article concernant Brunetière***. Article qu'il a même fait lire (rapporte-t-il dans sa lettre au directeur du *Nationaliste*) à tous les prêtres de Saint-Louis-de-France ! Ou encore l'avis de leur ami commun, l'abbé Philippe Perrier, qui reçoit des nationalistes à sa table, presque chaque semaine, et auprès duquel Asselin prend souvent conseil. Nationaliste de la première heure, l'abbé Perrier ne voit pas les manœuvres jésuites d'un si bon œil, semble-t-il... Même l'abbé Camille Roy est

---

* Qui l'oppose au ministre de la Colonisation Jean Prévost.

** Georges Gauthier, futur successeur de Mgr Bruchési, en 1923, au siège épiscopal de Montréal.

*** Critique littéraire français, directeur de la *Revue des Deux Mondes*, converti au catholicisme en 1900. Son ouvrage *Sur les chemins de la croyance* lui valut de devenir un auteur et un conférencier vedette au Canada français.

appelé à la rescousse, lui qui vient de féliciter chaudement Asselin pour un article que Bourassa avait jugé, lui, « trop peu orthodoxe ». L'abbé Roy n'est-il pas meilleur juge, en matière littéraire, que les deux Lalande qui s'affairent dans l'ombre, sans avoir jamais osé demander une entrevue personnelle à l'auteur des articles incriminés ?

Les atermoiements de Bourassa lui sont devenues d'autant plus insupportables que l'attente de son procès a rendu Asselin extrêmement nerveux. Il se propose d'écrire tout le fond de sa pensée à son chef et de le rendre conscient, s'il ne l'est pas encore, de la façon dont on cherche à le manipuler. Le fier personnage ne manquera pas d'en être extrêmement froissé. Mais, écrit Asselin à sa femme, l'attente a assez duré. Il lui écrira donc et Alice révisera le texte :

> [...] cela en attendant que je donne à Bourassa la petite leçon dont nous avons convenu hier soir. J'y pense aujourd'hui, la manière d'agir de Bourassa a besoin d'explications. Il se laisse mener par le bout du nez par ce gros lourdeau de père Hermas Lalande qui s'imagine être diplomate et qui fait sa diplomatie avec ses pieds. Je t'enverrai la lettre pour que tu la lises et tu la mettras toi-même à la poste[28].

S'il ne se présente pas en personne au *Nationaliste* pour y discuter littérature avec le directeur, le père Hermas est au contraire bien connu d'Asselin pour son opposition farouche au programme de la Ligue d'enseignement dont Germain Beaulieu et ses amis se font les défenseurs réguliers dans les colonnes du journal. Et son frère Louis lui est devenu familier pour avoir servi de caution morale à son adversaire Rodolphe Forget, à l'occasion de son élection dans le comté de Charlevoix ! Deux souvenirs qui demeureront profondément gravés dans la mémoire d'Asselin et dont il évoquera, trente ans plus tard, les détails amers dans une longue lettre adressée à son vieil ami du Séminaire de Rimouski, Samuel Bellavance :

> En 1904, le père Hermas Lalande vient au NATIONATISTE me demander l'hospitalité pour une lettre en réponse à une « tribune libre » de Germain Beaulieu où, selon la coutume de son Ordre, il attribuait à la franc-maçonnerie la paternité de la campagne pour la gratuité et l'uniformité des livres à Montréal. Beaulieu ayant signé, je demandai au P. Lalande d'en faire autant. « Mais l'Ordre ne me le permettrait pas », dit-il. — « Si l'Ordre ne vous le permet pas, répondis-je, la loyauté ne me permet pas de vous publier. » Quelques jours après, je lisais dans *La Croix* que j'avais refusé de publier une réponse à la communication de M. Beaulieu. À cette époque, le P. Adam, que j'ai connu personnellement depuis et qui m'a paru être un brave homme, était vu fréquemment à *La Croix*, qui n'avait pas de moyens visibles d'existence et qui, chaque semaine, dénonçait comme mauvais catholiques les adversaires du soi-disant drapeau du Sacré-Cœur, les partisans de l'uniformité*.

---

* Il s'agit de l'uniformité des manuels scolaires réclamée par les parents d'élèves peu fortunés. Lorsqu'il leur arrivait de devoir changer de quartier ou de région, ces derniers se trouvaient contraints

Vers le même temps, étant allé te voir à Sainte-Marie*, je passai devant la chambre du père Louis Lalande. M'apercevant : « Entrez donc causer un instant ». Et presqu'aussitôt [sic] : « Votre journal est intéressant, très intéressant. Vous devriez cependant surveiller votre attitude dans la question de l'enseignement. En ces matières, il est si facile de se faire mal juger. Vous, on connaît vos bonnes intentions, on sait de quel bois vous vous chauffez. Mais des hommes comme Marcellin Wilson, comme Deserres... » À ce moment, Marcellin Wilson** et Deserres venaient d'entrer dans un simulacre de conseil de direction des Débats, l'un par intérêt de distillateur (il venait de fonder son établissement de Berthier et il avait besoin du concours de la presse pour faire modifier le contrôle de la distillation des alcools), l'autre par intérêt électoral (il était conseiller municipal).

Quelques jours après, je croise par hasard Deserres sur le palier de son immeuble de la rue Saint-Jacques : « Entrez donc causer », me dit-il. Et presque aussitôt : « Vous faites un journal intéressant, très intéressant. Mais vous devriez traiter certaines questions avec prudence : il est si facile de se faire des ennemis ! Les Jésuites sont des gens puissants et qui peuvent vous faire beaucoup de mal. Le P. Lalande, qui veillait chez moi l'autre soir, me disait, "Vous Deserres, nous n'avons rien à craindre de vous : on peut discuter avec vous d'instruction publique, on sait de quel bois vous vous chauffez. Mais des hommes comme Asselin..." »

C'est d'ailleurs ce même P. Louis Lalande qui, en 1904, après avoir prêché une année ou deux auparavant sur l'agiotage, un Carême qui ne pouvait viser que Rodolphe Forget (lui-même ce bon gascon de prédicateur, disait à qui voulait l'entendre, en se bombant la poitrine et en se frappant le front : « Hein ! je l'ai attrapé, moi, Forget, hein ! »), fut à Saint-Irénée l'hôte de l'agioteur [...] Forget préparait alors sa candidature au parlement. Il fit annoncer cette visite dans les journaux et promena le bon père en landau de presbytère en presbytère. Quelques jours avant l'élection, je rencontrai à la porte de l'église de la Baie-Saint-Paul un jeune vicaire qui s'étonna que je fusse venu prêter main-forte à Charles Angers : « Monsieur Forget est un si brave homme », dit-il, « et un homme si généreux, et un si bon chrétien. Songez-y, il communie toutes les semaines... » (je ne me rappelle plus s'il ne dit pas : « tous les jours ») « Tout le clergé du comté sait cela », dit le jeune vicaire : « Mais qui vous a si bien renseignés ? » demandai-je. — « C'est le père Lalande qui nous l'a dit. »

[...]

Cette dynastie des Lalande a gouverné l'Ordre des Jésuites à Montréal pendant vingt ans, du moins aux yeux du public. C'est par elle, par ses intrigues, par ses

---

d'acheter des manuels neufs à leurs enfants, les politiques de choix pouvant varier énormément d'un endroit à l'autre, à la discrétion des diverses communautés religieuses en charge des écoles.

* Le père Samuel Bellavance y était alors professeur.

** Admirateur d'Asselin, Marcellin Wilson fera fortune dans la distillerie. D'esprit libéral, esthète et cultivé, il deviendra l'un des grands argentiers du Parti libéral provincial, particulièrement sous le régime Taschereau. Nous aurons à reparler de lui.

menteries, par sa fourberie, que j'ai jugé l'Ordre, malgré les braves gens que je connaissais parmi les Jésuites. Ils étaient, à mes yeux, les prototypes de ces touche-à-tout, de ces « brasseurs », de ces hommes de main, que l'Ordre garde à son service quand il a à faire faire des besognes qu'il ne voudrait pas prendre à son compte.

Pardonne-moi de te parler ainsi : je ne pourrais parler autrement[29].

L'ami « Sam » avait tout lieu de se sentir écartelé entre son camarade Olivar et sa loyauté jésuite... Lui-même, du temps de son militantisme à l'ACJC aux côtés du père Hermas, ne s'était pas toujours privé de « casser du franc-maçon » avec des méthodes musclées qui relevaient davantage de l'esprit du contre-espionnage que de celui de l'Évangile. Les athlétiques Voyageurs de commerce, qu'il avait regroupés par la suite en association militante en faveur de la Tempérance, privilégiaient, eux aussi, des méthodes très expéditives pour faire fermer les débits de boisson insensibles à leur prédication.

Mais durant toutes ces années, de 1904 à 1908, médisances et calomnies viendront jeter, semaine après semaine, leur cendre sur les joyeux combats du *Nationaliste*. Asselin y fera face avec crânerie. Mais les auteurs de tous ces ragots se doutaient-ils à quel point ils atteignaient Asselin dans ce qu'il avait de plus précieux : ses amitiés ? Un jour, c'est une rumeur diffuse qui circule dans les milieux de la presse et voulant que la direction du futur quotidien de Bourassa soit assumée par... le fidèle Héroux ! *Le Nationaliste* dément aussitôt. Un autre jour, il est question d'une équipe de cinq directeurs comprenant... Armand Lavergne. Mais le nom d'Asselin n'est jamais sur la liste.

Ses adversaires de *La Presse*, du *Canada* ou du *Soleil* s'empressent naturellement de colporter tous ces on-dit qui le blessent secrètement. Il a d'ailleurs déjà intenté un procès au *Soleil* qui s'était permis d'annoncer l'achat du *Nationaliste* par les conservateurs. Asselin avait eu gain de cause. Il méprisait, à vrai dire, ce genre d'attaques grossières, les estimant inhérentes aux risques du métier de pamphlétaire. Mais pas celles qui visaient l'estime et la loyauté que Bourassa lui avait jusqu'ici conservées ! Celles-là lui faisaient mal. Il choisissait de n'y pas répondre, attendant toujours le tête-à-tête qui ne venait pas et qui aurait pu dissiper les nuages qui traversaient alors sa vie difficile.

À deux pas du journal, pourtant, se trouvaient les bureaux de *La Sauvegarde* où son chef occupait le poste de secrétaire. Bourassa s'y rendait, presque chaque jour, quand il n'était pas requis de siéger aux communes. Mais le « patron » arrêtait rarement encourager, dans leur taudis, ses zélateurs aux habits élimés et aux estomacs creux qui consumaient allègrement leurs années de jeunesse pour « la cause »... Trente ans plus tard, la « légère meurtrissure » n'en sera toujours pas cicatrisée :

> Le NATIONALISTE venait de se fonder. Il s'était établi dans un ancien magasin de la rue Notre-Dame froid comme une glacière, et qui reposait sur une cave ouverte à l'arrière, où la neige pénétrait par bancs. La presse, mue par un moteur à gaz à

action intermittente, menaçait à tout moment de dégringoler dans la cave, et le journal, par suite de ces circonstances, ne paraissait jamais avant quatre heures le dimanche matin, bien qu'il fût censé paraître le samedi après-midi. Après quatre mois de cette existence, le rédacteur (c'était moi) était forcé de prendre des vacances. Comme je devais passer quelques semaines en Gaspésie (chez un frère curé), la question de mon remplacement ne laissait pas d'être embarrassante, car les journalistes nationalistes étaient rares, à cette époque, et ceux d'entre eux qui voulaient bien se contenter d'un salaire de $20 par semaine, virtuellement introuvables. Me rappelant certains articles bien tournés que j'avais trouvés dans un éphémère hebdomadaire, *La Gazette de Québec*, sous la signature de Ferdinand Paradis, je proposai à celui-ci, que je ne connaissais pas et qui débutait dans l'industrie du bois au Lac-au-Saumon, sur la Matapédia, de venir faire du journalisme à Montréal, la rémunération devant consister en un billet de chemin de fer et $15 par semaine. Paradis accepta tout de suite... pour la cause. Il posa seulement comme condition d'être présenté à Henri Bourassa, pour qui il avait une véritable vénération. Je l'installai à mon minable domicile, qui à ce moment-là se trouvait rue Drolet, entre l'avenue des Pins et la rue Roy, mais j'eus à peine le temps d'échanger avec lui quelques mots. Je pris le train à 7h. du soir à la gare Bonaventure et, en route, je griffonnai au crayon, entre Montréal et Saint-Hyacinthe, un mot où je mettais M. Bourassa au courant des circonstances de la venue de Paradis. Par la même occasion, je faisais part au député de Labelle du désir instant de ce néophyte. M. Bourassa était alors secrétaire de la Sauvegarde et tous les soirs il passait devant le journal pour prendre à la gare Viger le train de Sainte-Rose, où il était en villégiature. Pendant tout un mois Paradis, par la glace de l'ancien magasin, le vit défiler, fringant, sautillant, mais pas une seule fois M. Bourassa ne pensa à entrer saluer ce père de famille (Paradis était père de famille) venu du fond de la Matapédia pour servir nos idées. Paradis n'est pas loquace, mais j'imagine qu'à voir passer devant sa porte, tous les soirs, le député de Labelle, il perdit quelque peu de son enthousiasme. Moi-même, mon dévouement devait durer longtemps, mais l'affaire me fit quand même quelque chose[30].

Un jour viendra où, l'équivoque religieuse et personnelle s'épaississsant, le remarquable tandem qu'auront formé le fils du tanneur et le petit-fils de Papineau prendra fin. La « légère meurtrissure », insensiblement, aura réussi à desceller le dur et pur cristal de leur engagement.

Mais pour l'heure, Bourassa n'en a pas encore terminé avec l'enfant terrible de la presse québécoise. Quand il s'est lassé de donner des angoisses à Tardivel, aux jésuites ou à l'archevêque de Montréal, c'est pour l'avenir de sa province qu'Asselin se passionne et se révolte le plus volontiers. Pour elle, il voit grand. Trop grand ! Aussi houspille-t-il tous ceux qui voient « petit », tous ceux-là aussi qu'on appelle déjà « les scieurs de bois et les porteurs d'eau » résignés. Il les morigène. Il les interpelle. Il les prend pour cible. Il les bouscule, à tort et à travers, en direction de la grande intuition qu'il a et qu'il est résolu à faire partager.

À tous les siens, mais d'abord à Bourassa, le seul chef qui lui paraisse toujours, en dépit de son amertume et de ses frustrations secrètes, être véritablement taillé à la mesure du Québec.

Chapitre XVIII

UNE CERTAINE IDÉE DU QUÉBEC

Le pays est agité jusqu'aux moelles par le pressentiment
d'événements graves, d'où sortira tôt ou tard un état politique
nouveau. À quoi servira-t-il au gouvernement fédéral de pousser le
peuple dans la voie nationaliste, de hâter la solution du problème
qui surgit, si les gouvernements provinciaux donnent en partage à
qui veut le prendre, le sol même sur lequel on veut édifier la
nationalité ?

(Olivar Asselin, *Le Nationaliste*, 19 juin 1904)

De 1904 à 1908, Bourassa, ainsi qu'il l'avait laissé pressentir à Tardivel, tirera assez bien parti du *Nationaliste*. Asselin, cependant, est loin d'agir en simple courroie de transmission du programme de la *Ligue* dont il est toujours le président. Ce programme, il l'a depuis longtemps fait sien. Au journal, semaine après semaine, il en tire toutes les conséquences. Il prend des initiatives qui en prolongent l'esprit. Moins assujetti que le député de Labelle au contenu du menu législatif, il se permet des incursions dans des domaines nouveaux, provinciaux surtout, en direction desquels l'actualité le conduit. Il en arrive ainsi, dans la logique de la pensée autonomiste canadienne, à préconiser l'abolition du recours judiciaire au Conseil privé de Londres comme tribunal de dernière instance. La suggestion, bien sûr, n'aura pas de suites immédiates*. Mais elle ne constitue qu'un exemple parmi d'autres des ambitions du programme nationaliste tel qu'Asselin le conçoit.

---

* Cette mesure se réalisera, cinquante ans plus tard, sous le ministère de Louis Saint-Laurent. Pierre Asselin, le plus jeune fils d'Olivar, est alors secrétaire particulier du premier ministre.

Ce que Bourassa défend avec tant de conviction à Ottawa, c'est la vision d'un Canada autonome qui repose sur la cohabitation égalitaire « des deux races » et trouve son fondement dans les libertés constitutionnelles de 1867. Or certaines de ces libertés et de ces garanties, particulièrement dans le domaine scolaire, ont été plus d'une fois foulées aux pieds. Pour faire accepter cette vision généreuse et ce « retour aux sources » de la Confédération à ses compatriotes des deux langues, Bourassa s'appuie sur l'esprit démocratique des grandes institutions parlementaires britanniques pour lesquelles il professe une très grande admiration. Lorsqu'il est invité à décliner ses sources d'inspiration et ses appartenances naturelles, c'est, comme Laurier, à ce « libéralisme de l'école anglaise » qu'il dit toujours se rattacher d'abord. C'est sur cette communauté de culture politique qu'il fonde son espoir de gagner peu à peu à ses vues ses compatriotes de langue anglaise. Déjà, certains esprits « éclairés », parmi l'élite anglaise du pays, lui ont manifesté leur sympathie. Les journalistes E.T.D. Chambers de Montréal et Goldwin Smith de Toronto sont de ceux-là. Et ils ne sont pas les seuls. Leur opinion compte beaucoup à ses yeux. Il la sollicite volontiers. L'avenir du Canada, il en est persuadé, repose sur l'entente des élites intellectuelles et politiques des « deux races ».

Les prédilections et les enracinements d'Asselin sont différents. Différentes seront donc leurs façons respectives d'entrevoir l'évolution, au Québec, de la pensée nationaliste que la *Ligue* et son journal s'étaient donné pour mission de propager. Certes, tous deux ont en commun un même milieu québécois d'origine. Mais l'un est de lignage seigneurial, l'autre de souche paysanne. Devant la Commission Legris, Bourassa parlait de ses colons de la « Petite Nation » en disant : « ils ». Asselin, qui comptait un frère et plusieurs cousins parmi eux, n'hésitait pas à utiliser le « nous ». Derrière le destin d'un groupe exploité par les grandes papetières étrangères, le fils du tanneur percevait celui de tout un peuple parlant français et dont il se sentait solidaire. L'exil américain, sans doute, y avait été pour quelque chose. Dans les usines de coton de Fall River, dans les paroisses canadiennes-françaises aux prises avec l'autorité des évêques irlandais assimilateurs, le rapport inégalitaire entre les deux groupes linguistiques avait été vécu d'abord comme celui d'un rapport de force. Il n'avait pu l'oublier.

Tout autre, sans doute, avait été l'expérience d'exil des Papineau en terre américaine. À ces rebelles bien éduqués qui partageaient avec elles l'idéal républicain, les bonnes familles américaines avaient spontanément ouvert les portes de leurs salons. Quelques mariages mixtes et heureux résultèrent de l'expérience*. Ils étaient du même monde. Comment le petit-fils du célèbre exilé n'en serait-il pas demeuré, au fond de lui-même, favorablement marqué ?

---

* Plusieurs cousins germains d'Henri Bourassa, côté Papineau, étaient anglophones et de religion protestante.

Alors que le bourgeois cultivé se passionnait pour l'histoire constitutionnelle et les institutions britanniques, l'ouvrier autodidacte éprouvait un coup de foudre littéraire, en découvrant une pile de « journaux français » dans le sous-sol d'église d'une obscure paroisse franco-américaine. Cette impression de jeunesse ne s'effacera jamais. Asselin sera, toute sa vie, un francophile passionné et un journaliste épris de correction de style et d'excellence littéraire. *Le Nationaliste*, il l'a d'abord rêvé comme un journal libre et bien fait dont il aurait la direction. L'idée d'un instrument d'action politique est venue s'y greffer ensuite. Par sa vocation initiale, chez lui le journaliste prolonge l'écrivain. Chez Bourassa, c'est plutôt le chef politique qui agrandit son audience en se dotant d'un journal.

Si l'on tient compte de ces multiples nuances d'accent et de tempérament chez les deux hommes, on peut d'ores et déjà voir se développer, à travers le contenu du *Nationaliste*, une « certaine idée du Québec » qui portera la marque de son directeur. Cette pensée, qui chemine et se développe à la faveur des événements, explique l'insistance qu'Asselin met, depuis des années, à vouloir persuader Bourassa de donner enfin un contenu proprement québécois à l'action politique entreprise par les nationalistes sur la scène fédérale. Ces mêmes nuances d'accent et de tempérament expliqueront la longue résistance de Bourassa à s'engager dans cette direction. Puis, une fois l'aventure vécue quelques années, à considérer a posteriori cette dernière comme une erreur de parcours, sorte de tangente sans issue survenue dans sa trajectoire première.

La francophilie spontanée d'Asselin, dans ses références, ses choix culturels et ses modèles d'action sociale ne peuvent, en effet, qu'accentuer « la différence québécoise » dans la conception qu'il se fait de la politique canadienne. Elle le pousse spontanément à rechercher, aux problèmes politiques, des solutions qui tiennent compte de cette « différence ». Elle développe également en lui une sensibilité particulière aux inégalités économiques, sociales et culturelles qui affectent la communauté marquée par cette même « différence » et sur un territoire où cette dernière se retrouve pourtant majoritaire : la province de Québec.

Dans cette perception du Québec, comme pôle de la vie française en Amérique et foyer d'action de la résistance à l'assimilation, Asselin reprend ici l'essentiel du grand rêve d'Honoré Mercier. En l'espace de quelques années, le grand leader québécois avait soulevé d'énormes espoirs dans la génération de son père. Au lendemain de l'exécution, en 1885, du chef de l'insurrection métisse Louis Riel, Mercier avait projeté de réunir tous les Canadiens français en un seul mouvement de solidarité non partisan pour la défense et la promotion de leur identité française. Les « Nationaux » avaient alors recruté et mobilisé avec succès dans les rangs des deux grands partis, rouge et bleu, particulièrement dans la province de Québec où les conservateurs étaient désormais identifiés au parti des

« pendards » de Riel*. Mis en sérieuses difficultés dans la province française, Sir John A. Macdonald avait néanmoins été réélu en 1887, puis en 1991. Mercier était alors chef de l'opposition libérale à Québec.

Devenu premier ministre deux ans plus tard, ce dernier avait déployé beaucoup d'énergie dans la promotion de l'autonomie provinciale face au pouvoir fédéral, tout en réactivant les liens et les échanges avec la France. Son règne, toutefois, avait été de courte durée**. Mais Olivar enfant, selon les témoignages de ses frères et sœurs, avait maintes fois entendu son père se remémorer la fameuse interpellation de Mercier au Champ-de-Mars, au lendemain de la mort de Riel : « Cessons nos luttes fratricides... unissons-nous... » La vision du Québec qui prend forme chez Asselin, dans le feu de son action quotidienne, se nourrit sans doute de cette même conviction, vraisemblablement martelée par son père durant ses années d'adolescence : le service de la patrie canadienne-française transcende la fidélité aux partis et fortifie sa détermination à même son identité française. Sans doute aussi perçoit-il le prolongement québécois de son propre projet nationaliste comme une sorte d'héritage naturel du rêve inachevé de Mercier***.

Inspiré dans sa vocation de pamphlétaire par le style parisien d'un Rochefort, nourri dans sa jeunesse d'auteurs français, formé en Nouvelle-Angleterre dans les rangs de la « résistance » française, intégré dès son arrivée à Montréal dans la petite équipe franco-québécoise des *Débats*, Asselin ne peut aujourd'hui entrevoir

---

* Trois ministres conservateurs canadiens-français, dans le cabinet Macdonald, avaient refusé de se démettre en signe de protestation contre l'exécution de Riel à Regina. Se solidariseront ainsi de la décision du premier ministre : Adolphe-Philippe Caron (Milice), Adolphe Chapleau (Secrétaire d'État) et Hector Langevin (Travaux publics). D'où l'expression de « ministres pendards » qui les suivra toute leur vie.

** La chute de Mercier, en 1891, fut aussi fulgurante que l'avait été son ascension politique. Impliqué dans le scandale de la Baie-des-Chaleurs, après trois années de mandat, et soupçonné de détournement de fonds publics, Mercier, alors député de Bonaventure et premier ministre, fut forcé de remettre sa démission sur demande du Lieutenant-gouverneur conservateur, Réal Angers, trop heureux de prendre, six ans plus tard, sa revanche sur le contempteur impitoyable de sir John Macdonald. Déclaré non coupable par un tribunal de dernière instance, Mercier, réélu dans Bonaventure en 1893, devait néanmoins mourir ruiné, en 1894, sans avoir pu retrouver sa crédibilité politique entachée par ses procès successifs.

*** Mercier est sans doute le premier leader politique, depuis la Confédération, à avoir si bien articulé ses politiques autour de la même notion de spécificité québécoise. Mais, en soi, l'idée de la « québécitude » n'était pas neuve. Elle réapparaissait sporadiquement dans le paysage depuis la Conquête. Au milieu du XIXe siècle, l'Institut canadien avait procédé à un sondage auprès de ses membres : les jeunes favorisaient l'indépendance du Québec, alors que leurs aînés, majoritaires, accordaient leur faveur à... l'annexion aux États-Unis ! À l'autre extrémité du spectre, on connaît enfin la prédilection de Tardivel pour un projet d'État français et catholique, distinct du Canada, englobant le territoire de la province de Québec, ainsi qu'une partie de l'Ontario et des Maritimes, où se trouvaient alors concentrées de fortes minorités françaises et catholiques.

d'avenir, pour les parlants français d'Amérique, qu'étroitement associés à la France et à ses institutions culturelles. Il est donc très naturel que, parvenu à la barre du *Nationaliste*, il fasse une très large place, dans ses colonnes, à la littérature et au dialogue entre écrivains de deux peuples de langue française.

Aux écrivains, mais aussi aux peintres, aux musiciens, aux gens de théâtre qui, par leurs allées et venues entre le Québec et la France, entretiennent ces liens vitaux pour le développement d'une vie culturelle digne de ce nom. Car, pour Asselin, la survivance de la langue française, à elle seule, serait une bataille perdue, si on ne lui associait la vitalité créatrice d'une véritable «pensée française* ». Une langue française ravalée à l'état de simple traduction d'une pensée qui aurait cessé de l'être serait, à ses yeux, une langue déjà moribonde. Toute sa vie, il reviendra sur cette idée maîtresse.

C'est dans cet esprit qu'il procède alors à des reproductions d'articles choisis dans les nombreuses publications françaises auquel il s'est abonné et avec lesquelles *Le Nationaliste* a tôt fait de conclure des échanges. Ses lecteurs se familiariseront ainsi avec les critiques littéraires d'un Louis Gillet, d'un Charles Ab der Halden, d'un Maurice Hodent ou d'un Léopold Leau, rédacteur à la revue *La Canadienne* de Paris. Ce dernier deviendra, au fil des ans, un ami et un correspondant assidu d'Asselin. C'est ainsi que trouve naturellement sa place au journal une Marie Lefranc, jeune enseignante et poétesse à peine débarquée de sa Bretagne natale; qu'artistes et comédiens français voient, chaque semaine, leurs expositions et leurs spectacles annoncés et commentés dans *Le Nationaliste*. En sorte que la plupart des poètes et des écrivains qui gravitent, en ces années-là, autour de l'École littéraire de Montréal, Louvigny de Montigny, Albert Lozeau et Charles Gill en tête, en arrivent, eux aussi, à considérer *Le Nationaliste* comme « leur » journal et le symbole vivant de leur attachement à la culture française.

Ainsi Éva Circé-Côté, devenue conservatrice de la bibliothèque municipale, y poursuit-elle un vibrant plaidoyer en faveur de l'adoption du système métrique au Québec, outil indispensable, dit-elle, pour permettre à nos jeunes scientifiques d'avoir accès aux manuels et aux grands traités de physique et de chimie édités en France. Faute de quoi ces jeunes en seront réduits à poursuivre leur formation dans des ouvrages anglais ou américains rédigés exclusivement en anglais. À la longue et faute de lire quotidiennement en français, nos jeunes scientifiques, croit-elle,

---

* Ce sera le titre que Gérard Dagenais donnera à un recueil posthume de textes d'Olivar Asselin publié l'année de sa mort en 1937 aux Éditions de l'Action canadienne-française. *Pensée française* a été réédité par Fides, en 1993, dans la collection du Nénuphar. Dagenais reprend d'Asselin lui-même l'expression « pensée française » en souvenir de la vigoureuse campagne menée par ce dernier, en 1913, en faveur de la résistance franco-américaine au Règlement 17, campagne menée par la Société Saint-Jean-Baptiste de Montréal, dont il est alors président, sous le nom de « Sou de la pensée française ».

cesseront de «penser français». Asselin, bien sûr, appuie fortement *Colombine* dans son entreprise[1].

L'étroite association entre rédacteurs politiques et rédacteurs culturels de forte allégeance française ne peut pas ne pas colorer certaines orientations du journal. Elle contribue certainement à l'élaboration d'une pensée sociale qui se démarque du discours conservateur ambiant et à l'apprivoisement de l'idée de laïcité dans le domaine de l'enseignement. Si, du point de vue religieux, de telles orientations sont examinées d'un œil plutôt circonspect par Bourassa, on peut en dire autant de leur source d'inspiration.

La France, en ce début de siècle, a bien meilleure presse parmi le peuple, qui n'y a jamais mis les pieds, qu'auprès d'une élite politique qui y séjourne régulièrement. Cette élite qui, depuis l'Acte constitutionnel de 1791, envoie des députés à l'Assemblée législative, demeure généralement persuadée qu'en passant de la tutelle française à la tutelle britannique, le Canada s'est retrouvé gagnant en termes de libertés parlementaires. Ces libertés politiques, estime-t-elle, le régime colonial les lui refusait sous la monarchie française. Sous la République, ce sont ses libertés religieuses qui eussent été gravement compromises si le Canada était demeuré français! Certains — et ils sont nombreux à penser ainsi — perçoivent l'influence actuelle de l'ancienne mère-patrie sur la vie politique canadienne comme équivoque sinon comme délétère. Voilà ce que l'on penserait volontiers au sein d'une certaine élite politique et religieuse qui a sans doute ses entrées auprès de Bourassa. Élite qui a fort bien intériorisé cette vision douteuse de ses origines suggérée par le conquérant: un raccourci télescopé qui part des frivolités d'un Louis XV, en passant par les malversations d'un Bigot, pour s'abîmer dans les bains de sang de la Terreur. C'est de cette vision tronquée qu'a voulu se démarquer Mercier, vingt ans auparavant, et c'est d'elle que détachent ostensiblement Asselin et son groupe. Chez eux survivent de vieilles fidélités populaires auxquelles sont venues se greffer des sensibilités francophiles héritées des anciens «rouges» et revigorées par leurs nouveaux compagnons de route socialisants.

Ce terreau d'amitiés et d'échanges franco-québécois, comme on peut s'y attendre, remettra au premier plan la question vitale de l'immigration belge et française au Canada. Asselin et Fournier y consacreront, à tour de rôle, de nombreux articles alarmistes étayés de colonnes de chiffres accablants. À leurs yeux, les politiques assimilatrices sont toujours à l'œuvre chez ces «héritiers de Lord Durham*». Tantôt les gouvernements découragent les velléités d'établissement de

---

* Après l'écrasement de la rébellion des Patriotes, en 1837, lord Durham avait été mandaté par Londres pour enquêter sur l'état de la colonie. Son rapport, devenu célèbre, recommandait la fusion du Haut et du Bas-Canada comme moyen d'assimilation rapide des Canadiens français. En 1840, l'Acte d'Union répondait à cette recommandation.

colons d'origine belge ou française dans la province de Québec, tantôt ils réorientent ces derniers vers l'Ouest canadien, là où leur nombre risque moins de grossir indûment les rangs d'une minorité canadienne-française déjà contrôlée, à sa source, par des politiques scolaires restrictives quant à l'usage du français.

Dans un éditorial intitulé « Ceux qui vont mourir », Jules Fournier[2] voit dans les politiques d'immigration d'Ottawa une volonté manifeste d'assimilation qui s'exerce, année après année, contre le peuple canadien-français. « Où serons-nous dans vingt-cinq ans ? » se demande-t-il, en évoquant des chiffres avancés par le premier ministre lui-même, lors d'un récent discours. Selon ses propres chiffres, en 1905, 189 064 immigrants sont entrés au Canada durant l'année 1905, dont seulement 2300 étaient originaires de pays de langue français ! Multipliez ces deux chiffres par vingt-cinq, conclut Fournier, et vous avez la réponse : « C'est la fin d'une race » systématiquement engloutie par l'autre... Il y revient quelques mois après sous le titre tout aussi évocateur de *La grande conspiration*[3] où il stigmatise le loyalisme d'un Rodolphe Lemieux, devenu le témoin impuissant et complice de ces distorsions, dans la sélection et la répartition des immigrants par le gouvernement fédéral. Asselin, de son côté, renchérit : « c'est par dizaine de milliers que les Français émigreraient au Canada si le gouvernement canadien faisait, en France, la propagande qu'il fait en Grande-Bretagne[4] ! »

La France et la Belgique, il faut le dire, ne favorisaient guère l'émigration de leurs ressortissants vers le Canada. Mais les critiques d'Asselin ne visent pas seulement le gouvernement d'Ottawa. Elles prennent aussi à partie celui de Québec qui s'acquitte très mal de sa mission propre. Les immigrants belges ou français, explique Asselin, sont des agriculteurs expérimentés, riches d'une longue tradition rurale et d'une scolarisation généralement beaucoup plus élevée que celle des nôtres. Répartis judicieusement au sein de nos populations agricoles et à proximité des villages les plus peuplés, ces immigrants pourraient rapidement faire école. Grâce à leur savoir et à leur exemple, notre classe agricole pourrait accéder, peu à peu, à des techniques nouvelles de rotation et d'expansion des cultures qui lui permettraient de sortir enfin de la stricte économie de subsistance où trop de familles rurales se trouvent encore confinées.

Or, poursuit Asselin, le gouvernement fait tout le contraire dans la province de Québec ! Il dirige ces agriculteurs d'expérience vers des régions de colonisation à peine ouvertes où ces derniers doivent s'adonner au rude métier de bûcheron durant des années, avant de pouvoir mettre leur savoir à profit sur la moindre parcelle de terre arable. Peu accoutumés à la rigueur du climat et au travail exigeant de pionnier, la plupart d'entre eux se découragent et finissent par renoncer à leur projet d'immigration. C'est aux colons canadiens-français, explique Asselin, que l'on doit confier en priorité la tâche d'ouvrir des terres nouvelles, car ils sont « nés défricheurs » et déterminés à repousser au plus loin les frontières de leur patrie. Il partage en cela l'avis de son prédécesseur Arthur Buies, qui voyait en eux « les seuls défricheurs du Nouveau-monde[5] ». Aux Canadiens français donc la tâche de repousser la forêt. Aux immigrés belges et français de faire ensuite école pour mettre en état de produire à pleine capacité tout ce nouvel espace rural mis à la disposition des nôtres.

Avec l'immigration, toute la politique de colonisation serait, elle aussi, à revoir, selon *Le Nationaliste*. Asselin reprend ici l'une des idées fortes de Mercier qui, en son temps, avait fait du curé Labelle son sous-ministre de la Colonisation. La forêt et les ressources naturelles qu'elle contient constituent, avec l'agriculture, à peu près l'unique source de revenus de la province. Tout le reste provient des subventions du gouvernement fédéral. Telle est la sujétion économique dans laquelle, depuis la Confédération, la province de Québec doit se débrouiller pour sauvegarder la mince part d'autonomie qui lui reste pour orienter son développement. Pour illustrer la modicité des revenus de la province, rappelons que, du 1er juillet 1867 au 31 décembre 1868, son budget totalise 1 076 677 $, dont 600 175 $ proviennent de la subvention du gouvernement central. Pour l'année 1870-1871, ces revenus s'élèvent à 1 651 287 $ dont 790 000 $ en subside fédéral. Trente ans plus tard, à l'époque d'Asselin, la proportion, selon le sociologue Fernand Dumont, n'aurait guère varié[6].

Asselin, on l'a vu, a le dossier de la colonisation à cœur comme nul autre, depuis son bref passage au ministère aux côtés de Lomer Gouin. Il s'est ensuite adressé personnellement à sir Wilfrid Laurier pour lequel il a rédigé un mémoire, en 1902, dans l'espoir de le faire intervenir dans les politiques à courte vue des libéraux provinciaux de Simon-Napoléon Parent. Il a servi d'expert-conseil auprès de la Commission Legris l'année suivante. Au *Nationaliste*, en compagnie de son ami Ferdinand Paradis, il mettra de l'avant les politiques qu'il préconise : 1° Séparer définitivement le domaine forestier du domaine de la colonisation. 2° Restreindre les appétits des grandes papetières au premier domaine. Le domaine forestier comprendra les secteurs impropres à l'agriculture. Laisser ensuite les colons disposer librement du revenu tiré du bois de leurs futures terres, durant les années où ces dernières ne sont pas encore en pleine productivité. Ainsi, « le colon libre sur une terre libre » ne dépendra plus des aléatoires primes gouvernementales pour faire vivre sa famille. 3° Réglementer sévèrement la spéculation qui sévit dans les nouvelles paroisses agricoles, afin de réserver au colon, désireux de les cultiver immédiatement, les terres les plus accessibles et les plus rapprochées des villages.

Asselin talonnera avec obstination son ancien patron, toujours ministre dans le gouvernement Parent. Lorsque ce dernier sera forcé de démissionner en 1905 et que Lomer Gouin deviendra premier ministre à son tour, les réserves d'indulgence d'Asselin à son égard seront épuisées ! Désormais il pourchassera les atermoiements et l'incurie du « gouinisme » avec la dernière énergie. Il avait confié autrefois à sa femme son désir de se « ruer comme un forcené contre la politique de colonisation de la province de Québec ! » Il tiendra promesse. Seules les questions d'éducation accorderont à Lomer Gouin, quand il se retrouvera enfin à la barre de la province, quelques courtes périodes de trêve et d'indulgence de la part de son ex-secrétaire.

Pragmatique, le nouveau premier ministre ne se croit pas de taille, en effet, à affronter ouvertement le barrage que ne manquerait pas de lui opposer un pouvoir clérical unanimement dressé contre ses projets de réforme, s'il s'avisait de favoriser un tant soit peu le programme tant redouté de la Ligue d'enseignement. Mais puisque le domaine de l'enseignement primaire et secondaire semble devoir demeurer, pour un temps encore, la chasse gardée de l'Église, Gouin fera le détour par l'enseignement supérieur et technique. Sous son gouvernement l'École polytechnique (1905), l'École d'architecture (1906), celle des Hautes Études commerciales (1907) seront mises sur pied sans octroi de statut confessionnel et sans levée de boucliers. Il en ira de même pour les écoles techniques. Ces initiatives vaudront au nouveau premier ministre de nombreux appuis de la part des milieux intellectuels. Bon prince, *Le Nationaliste* s'en fera obligeamment l'écho.

Asselin, de son côté, s'attirera la bienveillance de quelques rares ecclésiastiques « éclairés » en matière d'éducation : le dominicain Charles Gonthier, les abbés Louis Collin et Philippe Perrier, pour ne nommer que ceux-là, ne dédaignent pas en découdre élégamment, à l'occasion, avec leurs confrères jésuites. L'éducation relevant des compétences provinciales, Bourassa, pour sa part, et vu son caractère discutable sur le plan religieux, eût sans doute préféré ne pas la voir débattue aussi largement par *Le Nationaliste*. Par le traitement régulier et abondant qu'il lui réserve, Asselin, au contraire, semble lui accorder une importance au moins égale à celle qu'il donne aux questions de politique impériale ou fédérale. Au-delà des grandes lignes du programme de la *Ligue*, ses intérêts et ses sensibilités convergent de plus en plus vers la province de Québec où il n'a pas renoncé à faire intervenir un jour Bourassa.

Intérêts et sensibilités, tout l'y conduit. Homme de terrain et homme d'équipe, interlocuteur recherché s'il en est, Asselin voit se rapprocher de son journal une foule d'esprits avides de changements et qui se reconnaissent dans les divers projets de réforme dont il fait la promotion. *Le Nationaliste* devient peu à peu un lieu informel d'échanges et de discussions dont il ne tarde pas à vouloir tirer parti. Les grandes enquêtes du *Nationaliste* débuteront à l'été 1905 et engageront, durant six mois, les opinions des leaders les plus écoutés de son temps dans tous les domaines. Avec elles, Asselin entend relever le défi de « remettre la pensée à l'honneur » dans une entreprise de presse québécoise, si modeste soit-elle.

Inspiré par le nouveau courant des sciences sociales, dont Léon Gérin s'est fait le porte-parole au Québec, l'enquête porte sur « l'Avenir des Canadiens français ». Il s'agira moins, pour les personnages sollicités, de faire des prédictions générales, que de s'exprimer sur des projets de société pour le peuple canadien-français, dont le foyer principal se trouve au Québec. Interviewé parmi « les économistes et les mutualistes », Léon Gérin accorde une longue entrevue rapportée dans la livraison du 24 septembre 1905.

Asselin cherche à équilibrer judicieusement son échantillonnage de témoins. Il puise dans la députation des deux grands partis pour les hommes politiques, mais accorde une voix au député nationaliste de Montmagny, Armand Lavergne. Il laisse s'exprimer aussi bien la haute finance que la petite entreprise et les coopératives naissantes. Parmi les « gens de lettres », il consacre toute l'édition du 19 novembre à recueillir l'avis des « femmes de lettres » parmi lesquelles on trouve ses « chères collègues », *Colombine*, *Françoise* et *Madeleine*, auxquelles viennent s'ajouter *Margot* (de Montigny), *Colette* (Lesage) et Élizabeth Bourbeau-Rainville, fille du sénateur Laurent-Olivier David. En éducation, en agriculture, en journalisme, comme en arts visuels ou en musique, il cherche à produire un large éventail de tendances et d'opinions. Les membres du clergé y sont représentés à l'occasion, mais pour leur compétence reconnue dans un domaine donné. Leur avis côtoie, sans préséances, celui du libre penseur. Une enquête doit « donner à voir ». Elle n'a rien à prouver, professe son instigateur.

Le choix des leaders d'opinion arrêté par Asselin accorde aussi une place significative aux Canadiens anglais. Dans presque toutes les catégories professionnelles retenues, il leur donne la parole. Selon toutes les apparences, c'est un défi (presque un honneur) pour ces invités que de se voir proposer une entrevue par *Le Nationaliste* sur un thème pareil. Les langues se délient donc sans contrainte.

Un E.T.D. Chambers y loue la générosité des Canadiens français à l'égard de la minorité anglaise du Québec et déplore la situation injuste faite aux minorités françaises de l'Ouest : « Tirez les premiers, messieurs les Français », conclut-il. Son collègue Arthur Wallis renchérit : « On vous aime plus que vous ne pensez ! » Un peu plus loin, tel homme politique, tel éminent professeur de l'Université McGill, tel financier présentent, au contraire, l'assimilation des Canadiens français comme une promotion sociale vers le statut d'égalité entre citoyens et comme la voie assurée vers le progrès économique promis à toutes les nations regroupées au sein du grand Commonwealth britannique... S'il sait se faire éditorialiste cinglant à ses heures, Asselin sait aussi s'effacer devant l'information et laisser le texte parler de lui-même. Il ne commente ni les uns ni les autres.

Le nationalisme d'Asselin se nourrit de faits et d'expériences dont il tire rapidement des jugements péremptoires sur les hommes et leurs politiques. Cet amateur impénitent de poésie et d'éloquence a les discours creux en horreur. Les prudences et les atermoiements des hommes de pouvoir l'exaspèrent. Les réticences sentimentales le mettent hors de lui, une fois l'action décidée. Et comme l'évangéliste, il vomit les tièdes ! Avec Bourassa, depuis la guerre du Transvaal, il a contribué à mettre le nationalisme canadien-français en action. Il l'a fait passer de sentiment d'appartenance à l'état de véritable programme politique. Avec la Ligue, il lui a donné des mains, avec *Le Nationaliste*, une voix. Tôt ou tard, ce « nouveau nationalisme » épris d'action politique devait bousculer, sur le terrain, les habitudes et les rituels consacrés de la vénérable Association nationale Saint-Jean-Baptiste*.

Militante au moment de sa fondation, en 1834, par le patriote Ludger Duvernay, éprouvée par l'Union, influencée par l'esprit de la Confédération, l'Association s'est peu à peu retranchée dans la sphère de la symbolique culturelle et de l'entraide, lorsque débute l'action nationaliste enclenchée par Bourassa en 1899. Plutôt que des manifestations, elle organise volontiers des commémorations patriotiques, des célébrations et des défilés officiels qui n'ont rien de bien subversif ni de terriblement revendicateur. S'y côtoient des hommes politiques de diverses allégeances, « tous Canadiens français et fiers de l'être ». Les deux partis, bleu et rouge, chacun de leur côté y trouvent leur profit. Sir Wilfrid Laurier, par exemple, estime précieuse l'approbation silencieuse apportée à ses politiques par la présence fidèle, à ses côtés, du sénateur Laurent-Olivier David, président de l'Association Saint-Jean-Baptiste et fondateur, en 1903, du Monument national. David est un esprit libéral et un intellectuel respecté. Il est l'auteur de plusieurs biographies de « héros nationaux » du Canada français, dont celle du colonel de Salaberry, le vainqueur de Châteauguay, et des deux Papineau, père et fils. Son *Histoire des Patriotes de 1837-1838* l'a hissé au rang de véritable écrivain national**. Quelle chance, pour le maître de l'ambiguïté, que d'associer à ses politiques la caution d'un écrivain de prestige, héritier moral de Ludger Duvernay de surcroît !

Asselin et ses jeunes Turcs vont s'empresser de « brasser la cage » de l'Association dont les activités paisibles se poursuivent sous le patronage d'honneur de trois respectables sénateurs et inconditionnels partisans de Laurier : François-Liguori Béique, Raoul Dandurand et Laurent-Olivier David. Sans oublier le Grand Aumônier de l'Association, Mᵍʳ Paul Bruchési, archevêque de Montréal, très proche, lui aussi, du premier ministre. Jamais, estime Asselin, aumônier n'aura exercé plus efficacement son rôle de « modérateur » que Mᵍʳ Paul Bruchési au sein de l'organisme patriotique canadien-français ! *Le Nationaliste* va bientôt déclencher

---

* C'est sous la présidence d'Asselin, aux environs de 1913, que l'Association nationale Saint-Jean-Baptiste changera son nom pour celui de Société Saint-Jean-Baptiste de Montréal.
** La plus haute distinction littéraire accordée par le gouvernement du Québec porte son nom.

la contestation de tout ce beau monde pour édulcoration et détournement de patriotisme.

C'est le caractère loufoque et burlesque du défilé du 24 juin 1904 qui va donner le signal des hostilités. La célèbre procession, en effet, s'est attiré le blâme unanime des journaux. *Le Canada* (libéral), *Le Journal* (conservateur), *La Patrie* et *Le Journal de Françoise* accusent l'Association Saint-Jean-Baptiste d'avoir transformé la fête nationale en véritable cirque. Mais *Le Nationaliste* les surpasse tous dans l'art d'évoquer le spectacle. Asselin y décrit l'étonnant défilé « où les colles et les engrais de Bastien et Cie, le tabac "Mobs", les matelas "Rootsmore", et le cigare "Tamerlan" alternent avec des généraux qui portent l'épée à droite, des Napoléons Premiers qui ont la jaunisse, des cow-boys qui ont peine à se tenir en selle et qui rentreront chez eux fourbus, le siège lacéré par la lame d'un poignard mal assujetti à la ceinture[7]. »

En lieu et place de ces attractions populacières, le pamphétaire réclame des assemblées concertées « dans les églises, les théâtres et les salles publiques », où le peuple sera amené à réfléchir tout en souscrivant « son obole à des activités d'utilité nationale dont on marquera les fondations le lendemain dans le recueillement qui doit précéder l'effort héroïque ».

Cet appel à « l'héroïsme » pour « la cause » n'aura pas l'heur de plaire à tous ces petits commerçants trop heureux de faire vibrer la corde patriotique de leurs concitoyens pour mousser la vente de leurs produits. À la haute direction, ce sera la consternation ! Comment le journal nationaliste peut-il ajouter, aux critiques de leurs adversaires communs, le sel amer d'un tel persiflage ? Mais pour douloureuse qu'elle soit, la question de « l'utilité nationale » de l'Association vient d'être brutalement mise à l'ordre du jour. Elle y restera. Certains esprits exigeants y tiennent. Ils peuvent d'ailleurs compter sur Asselin pour étayer leurs arguments.

Dans une réponse à Arthur Gagnon, secrétaire-général de l'Association qui cherche à défendre ses choix, Asselin suggère qu'au lieu de s'égarer dans les ligues de tempérance et les banquets complaisants en l'honneur de politiciens douteux, l'Association Saint-Jean-Baptiste devrait voir grand et se mobiliser au service des intérêts nationaux des Canadiens français. Au premier rang de ces intérêts, Asselin place l'éducation et la formation professionnelle. « Mais, déplore-t-il, les écoles techniques l'ennuient, les écoles ménagères* le font bâiller[8] ! » En l'absence de système d'éducation adéquat et complet, que de cours utilitaires pourraient être instaurés pour permettre aux jeunes d'accéder à des emplois spécialisés et bien rémunérés ! Quant à ce lieu exceptionnel de ralliement que constitue le Monument

---

* Ces dernières venaient d'être fondées, à Montréal, par Joséphine Marchand-Dandurand dont le mari siégeait à la direction de l'Association Saint-Jean-Baptiste.

national, on pourrait l'utiliser à de bien meilleures fins en y montant des spectacles de qualité qui contribueraient à la formation du goût et de la pensée chez nos concitoyens. Enfin, en matière économique, l'Association devrait tout mettre en œuvre pour hâter la mise sur pied d'une véritable caisse nationale d'économie:

> Quand la Caisse sera de 100 000 ou 200 000 membres ayant tous la même idée, possédant tous les mêmes sentiments, représentant toute une race, alors cette race pourra faire des choses réellement grandes[9].

Malheureusement, conclut Asselin, l'esprit pantouflard qui prévaut en ce moment à l'Association veut que l'éducation relève du gouvernement et la richesse de la Providence! L'Association s'obstine à voir petit. En sorte que, de dirigeants « bleus » en dirigeants « rouges », la société nationale ne s'est engagée, depuis quarante ans, dans aucune action concrète pour défendre les droits des écoles françaises du Manitoba ou ceux des écoles du Nord-Ouest, lorsque ces derniers étaient foulés aux pieds. Elle n'a rien entrepris de tangible, non plus, pour promouvoir l'égalité de traîtement des Canadiens français dans la fonction publique fédérale. Aurait-elle peur, en ce faisant, de se mettre à dos les pouvoirs politiques qui comptent tant d'amis dévoués dans ses rangs?

L'Association Saint-Jean-Baptiste, poursuit Asselin implacable, fait preuve d'une mollesse et d'une inconséquence impardonnables en accueillant, parmi les membres de sa direction, nul autre que le gérant de *La Presse*, M. Godin, sous prétexte que ce dernier est « un administrateur zélé et un bon père de famille »... alors que ce même Godin agissait en coulissier efficace auprès de ses maîtres occultes, messieurs Mackenzie, Mann et Greenshields, et qu'il trahit chaque jour les intérêts de ses concitoyens peu fortunés en favorisant les « trusts » du gaz et de l'électricité à Montréal[10]!

Asselin ne nourrit toutefois pas d'animosité systématique à l'égard de la vénérable Association. Il cherche plutôt à la réformer en profondeur. Quand il est témoin d'initiatives heureuses au sein de la grande famille nationaliste, il sait les reconnaître. Celle qu'il salue avec force compliments, le 2 juin 1907, c'est la fondation de la Fédération nationale Saint-Jean-Baptiste qui a été décidée à l'issue d'une vaste plénière d'associations féministes réunies en congrès au Monument national. Plusieurs des « chères collègues » y étaient présentes.

Les instigatrices du projet sont, en l'occurrence, deux femmes remarquables. D'abord Caroline Béique, épouse du financier et sénateur François-Liguori Béique, lui-même ancien président de la Saint-Jean-Baptiste. Caroline Béique, née Dessaulles, appartient à une très vieille famille « rouge » de Saint-Hyacinthe et professe des idées très libérales en matière d'éducation. Marie Gérin-Lajoie ensuite, épouse d'un magistrat lettré, Henri Gérin-Lajoie, lui-même fils d'écrivain*. La militante est née Lacoste, famille conservatrice aux fortes racines patriotes. Marie Lacoste-Gérin-Lajoie s'est engagée, dès avant son mariage, dans l'action féministe. En 1902, elle a publié un *Traité de droit usuel* à l'usage des femmes encore mal informées des lois qui régissent leur statut matrimonial et les destinées de leur famille. Deux femmes intelligentes, donc, et pour lesquelles Asselin éprouve de l'estime. Les motifs qui ont inspiré la nouvelle fondation lui apparaissent excellents.

En tant que dames patronnesses de l'Association Saint-Jean-Baptiste, les deux militantes ont été conviées à quelques reprises aux réunions du Local Council of Women, organisme montréalais qui regroupe les associations féministes anglaises sur le modèle du National Council of Women d'Angleterre. Les Canadiennes françaises ont été invitées à se joindre à leurs compatriotes de langue anglaise dans une fédération commune. Mais, au niveau de l'action sociale qu'elles poursuivent, la disparité de religion pose problème aux Canadiennes françaises. Ces dernières ont pris l'habitude de travailler en étroite liaison avec les communautés religieuses responsables des hôpitaux, des orphelinats et des hospices. Jamais, en effet, Mgr Bruchési, tel qu'on le connaît, n'autoriserait ces supérieures de communautés à se réunir au sein d'un organisme protestant. Les catholiques prennent donc conscience de la nécessité pratique de se doter d'une fédération autonome. Un incident va servir de déclencheur à leur décision. Ce sera la célébration, par les Canadiens anglais de Montréal, du centenaire de la mort de l'amiral Nelson à la bataille de Trafalgar.

Avec une candeur plutôt désarmante, les dames du Local Council of Women ont invité les dames patronnesses de l'Association Saint-Jean-Baptiste à se joindre à elles au cours d'un banquet destiné à marquer l'anniversaire. À l'instar de leurs maris, les Caroline Dessaulles-Béique et Marie Lacoste-Gérin-Lajoie déclinent l'invitation en alléguant le fait qu'un tel centenaire est « intimement lié à la défaite de la flotte française[11] ».

Asselin, comme les deux militantes, estime aussi qu'impérialisme et féminisme ne feraient pas bon ménage au sein d'un organisme voué à l'action sociale et nationaliste chez les Canadiennes françaises. Aussi saluera-t-il avec déférence la saine logique de leur décision. Deux femmes, une libérale et une conservatrice, avaient donc su faire prévaloir l'intérêt national au-delà des partis ! Combien d'hommes savaient, en ce moment, faire preuve d'autant de discernement politique ?

Asselin a bien des fers au feu. Il brûle, on vient de le voir, d'intervenir sur la scène québécoise et d'y mettre son nationalisme en action. Il fourmille de projets

---

* Antoine Gérin-Lajoie, l'auteur de *Jean Rivard, le défricheur* et de *Jean Rivard, économiste* était son beau-père.

de réformes dans tous les domaines. Il s'impatiente du manque de vision et de l'incurie des « Rois-Fainéants » qui gouvernent le Québec, et de Simon-Napoléon Parent en particulier. Renverser ce gouvernement de « forbans », « d'emplâtres » et de « prévaricateurs » lui plairait assez ! Quand donc Bourassa mettra-t-il fin à ses interminables périodes de réflexion où il pèse sans fin le pour et le contre de sa décision ?

Est-ce pour mettre brusquement le maître devant le fait accompli, pour le provoquer dans sa fierté de chef que, sans crier gare et sans guère consulter autour de lui, le « Petit Caporal » se jette lui-même subitement dans la mêlée électorale ? À cette élection provinciale du 25 novembre 1904 où il décide subitement de se porter candidat, ne l'oublions pas, il n'a même pas fini d'en découdre avec Rodolphe Forget à l'élection fédérale du 3 novembre précédent ! S'il est un geste gratuit dans toute sa carrière, c'est bien celui-là. Il s'est peu expliqué sur le sens de cette brusque décision. Encore moins sur le choix de son adversaire. Car si la personne et les activités d'un Rodolphe Forget le désignaient d'office comme cible de choix, on ne saurait en dire autant de Jean Prévost, député libéral sortant du comté de Terrebonne contre lequel il choisit de se présenter.

Depuis les trois générations qui le séparent de la Confédération, le pays du curé Labelle a vu s'affronter deux grandes familles : les Nantel pour les conservateurs et les Prévost pour les libéraux. Le troisième de la lignée des Prévost, Jean-Benoit Berchmans, est un jeune avocat de la génération d'Asselin et, tout comme lui, « vif de corps et d'esprit[12] ». C'est un orateur séduisant et qui jouit de la confiance des colons et des défricheurs de son comté dont il a toujours su défendre les intérêts.

À Saint-Jérôme, son grand-père le docteur Jules Prévost, qui a mis au monde près de deux générations de citoyens, est connu comme le loup blanc. La vieille maison grise aux volets verts, tout près de la grande route, était ouverte à tout venant et à toutes heures du jour, tant pour requérir une consultation médicale (ou une obole) que pour y discuter familièrement de politique dans l'antichambre de son cabinet. Le curé Labelle lui-même s'y arrêtait volontiers fumer une pipe avec les habitants, quand il était sous-ministre de la Colonisation dans le gouvernement d'Honoré Mercier.

Tout à côté, son fils Wilfrid avait fait bâtir une vaste maison blanche à toit mansardé, aussi connue et fréquentée que celle de son père par les électeurs « rouges » du comté. C'est là que Jean Prévost, le petit-fils du docteur, avait grandi. Une fois ses études de droit achevées, et comme il avait « une fort belle main d'écriture », il avait fait ses premières armes comme rédacteur à *L'Avenir du Nord*, propriété de sa famille. Journal libéral, *L'Avenir du Nord* avait autrefois accueilli avec intérêt les premières piges d'Asselin à son arrivée à Montréal. Il avait aussi salué avec une sympathie non dissimulée l'arrivée du *Nationaliste* sur la scène québécoise, quelques mois à peine avant l'élection fatidique. Libéraux modérés à la façon qui convenait alors à Laurier, la famille Prévost y soutenait volontiers des positions nationalistes et appuyait sans réserve les campagnes d'opinion en faveur de la réforme de l'éducation et des politiques de colonisation. Asselin aurait certes pu s'inventer pire ennemi !

S'il décide quand même de s'attaquer à lui, c'est qu'aux yeux du pamphlétaire le député libéral sortant de Terrebonne incarne, en politique, le prototype même du « coupable par association ». Le gouvernement de Simon-Napoléon Parent est, de l'avis du *Nationaliste*, un gouvernement impuissant et corrompu. Quiconque s'y associe, ou lui confère sa caution morale, se rend automatiquement complice de la même incurie et des mêmes malversations. Asselin fera montre de la même sévérité à l'égard de Dominique Monet, qui s'était fait réélire dans la circonscription provinciale de Napierville. Simon-Napoléon Parent, accusé de corruption, l'avait aussitôt promu au Cabinet pour se donner une caution morale contre ceux de ses ministres qui mettaient en cause son intégrité et contestaient son leadership.

Depuis quelque temps, d'ailleurs, le directeur de *L'Avenir du Nord* a commencé à attirer l'attention d'Asselin, son ancien collaborateur. Quelques boutades faciles d'abord, quelques annonces piquantes ensuite, mais dont la pointe contient assez d'irritants pour faire réagir un jeune politicien en début de carrière. Les jeux de mots d'Asselin prennent la forme de prophéties fantaisistes. Ils annoncent, avec force manchettes, que l'honorable ministre de la Colonisation M. Gouin sera bientôt nommé juge ; que M. Jean Prévost deviendra ministre de l'Agriculture ; que M. Alexandre Taschereau sera élevé au rang de « ministre de n'importe quoi » et enfin que la police de Montréal aurait, la nuit précédente, mis la main au collet à un individu « qui faisait son petit Jean Prévost* » rue Saint-Laurent[13]...

Ces facéties de collégien ne constituent, à vrai dire, qu'un appât disposé par Asselin pour provoquer l'adversaire. Son calcul s'avère fondé : le directeur du *Nationaliste* reçoit dans les heures qui suivent, et sur papier dûment timbré, une action en libelle de 500 $ réclamés par la victime de ses moqueries. À vrai dire, Asselin ne demande pas mieux. Pour un pamphlétaire qui cherche à faire connaître son nouveau journal, une confrontation Asselin-Prévost représente une véritable aubaine ! C'est l'occasion ou jamais, pour lui, de mesurer son talent à celui que l'opinion publique tient pour « l'un des journalistes les plus redoutables de sa génération[14] ».

---

* Pastiche de l'expression populaire « faire son petit Jean Lévesque », c'est-à-dire faire son faraud, se donner de l'importance.

Trois semaines plus tard, *Le Nationaliste* commence à publier une série de réquisitoires violents contre l'administration Parent à laquelle se trouve associé Jean Prévost, membre en règle du caucus libéral. L'éditorial du 19 juin se veut un simple commentaire d'une caricature de Gorcy représentant la danse d'Hérodiade et mettant en scène un Hérode-Parent complaisant derrière lequel se cache, l'œil lubrique, un Louis-Philippe Pelletier* qui ne veut rien rater du spectacle. Le tout porte en exergue (et en grec) le commentaire de saint Jean Chrysostome, père de l'Église : « Elle a commis le double crime de danser et de danser pour mériter un homicide. »

La tête de Jean-Baptiste, en l'occurrence, c'est, bien sûr, la province de Québec sacrifiée aux intérêts partisans et à ceux de la haute finance des grandes papetières et des « trusts ». Asselin en profite pour rappeler les grandes lignes de ce projet de réforme qui constituerait, sur la scène provinciale, une sorte d'extension du programme de la Ligue nationaliste. Une image vaut mille mots : il est bien clair qu'aussi bien le caricaturiste que l'éditorialiste jugent ici les deux vieux partis également inaptes à réaliser un tel programme :

> Le premier devoir de la race française est de se donner un gouvernement qui pense pour elle, qui agisse pour elle ; de voir à ce que le domaine qu'elle a reçu en partage en 1867 et qui constitue la seule garantie sérieuse de développement de l'instruction publique, de l'agriculture et de la colonisation ne soit pas accaparé par quelques forbans avec la complicité des corps législatifs ; — de protéger un peu contre les dessins homicides de la Haute Finance, le précurseur, le pionnier, le colon. [...]
>
> Tout gouvernement qui ferme les yeux sur ces besoins est un gouvernement de Judas, et le peuple devrait le dire aux politiciens qui font du patriotisme le 24 juin après avoir, tout le reste de l'année, trafiqué de la chair et du sang des générations futures[15].

Contre ces inaptes « matamores de la Chambre » que trop de pots-de-vin ont enivrés, Asselin tient en réserve un Bourassa encore hésitant, mais incorruptible, et qu'il brûle de lancer à l'assaut de la citadelle chancelante de Québec. Bourassa soupèse encore le pour et le contre ? Qu'à cela ne tienne, Asselin, lui, va foncer !

Le 25 novembre, Simon-Napoléon Parent, aux abois, déclenche précipitamment des élections. Pris de vitesse, plusieurs conservateurs décident de ne pas faire campagne. La voie s'ouvre devant Asselin. Dix jours à peine après avoir échoué à faire élire Charles Angers contre Rodolphe Forget dans Charlevoix, le franc-tireur tâte anonymement le terrain dans les colonnes du *Nationaliste*. Personne n'est dupe : ces lignes évasives, c'est bien lui qui les a rédigées.

---

* Futur chef de l'opposition conservatrice provinciale.

Le directeur du *Nationaliste* a été prié par ses amis de se porter candidat indépendant, ou plutôt nationaliste — candidat des droits de la nation contre la cupidité des trusts et la malhonnêteté des gouvernants. Il n'a pas encore pris de décision. Il travaille dans l'humble mesure de ses forces à l'émancipation économique du Canada et en particulier de la province de Québec ; il a fait des sacrifices pour ses opinions : on peut être sûr que, même au risque d'une défaite personnelle, il ne reculerait pas devant une intervention nécessaire pour permettre à la conscience publique de s'exprimer librement[16].

Les « amis » d'Asselin, ceux-là mêmes que Bourassa se plaît à appeler ses jeunes « zélotes », sont donc derrière cette candidature de dernière heure ? Sans doute des jeunes gens aussi idéalistes que peu nombreux. Chose certaine, le goût du défi et la perspective d'une victoire morale leur suffisent. Ils alimenteront autour d'eux, durant quelques semaines, l'espoir fou de voir un vote de protestation nationaliste se faufiler, contre toute attente, entre les deux blocs partisans. Mais le candidat pressenti demeure lucide. Une semaine après sa décision, il précise le sens de sa démarche :

M. Asselin est allé tenter fortune dans Terrebonne, apparemment contre tout espoir, pour aider, dans l'humble mesure de ses moyens, à la transformation graduelle des partis en groupant sous le drapeau nationaliste des conservateurs et des libéraux. Cette candidature lui a été offerte à la dernière heure, sans qu'il y eût jamais songé... Il fait sa campagne sans argent, pour la gloire... Il croit à l'action[17]...

Cet acte de foi dans l'action, il le veut communicatif. Pour lui, c'est avec humour et désinvolture qu'il marche au combat. La lutte terminée, il sera fier d'annoncer que les frais de sa campagne électorale se sont élevés à 19 $ contre les 15 000 $ qu'avaient dû débourser les candidats Prévost et Nantel lors des élections précédentes[18] !

Cette campagne « pour l'honneur », elle a peu de chance, en effet, de se voir couronnée de succès. Contre Jean Prévost, issu d'une vieille famille du pays, tribun original, idole des foules du Nord, député accessible et respecté, que vient donc faire ici cet intrus de la grande ville ? Séduire les auditoires ? Il n'y faut pas songer : Asselin n'est pas Lavergne. Il n'en possède ni la prestance ni le verbe. Les lecteurs qui s'enchantent, semaine après semaine dans *Le Nationaliste*, de sa verve, de son style et de son humour caustique, ne l'ont pas encore vu à la tribune d'une grosse assemblée de comté. Ni surtout entendu ! Avant l'ère des micros et des amplificateurs, le candidat que la nature n'a pas favorisé d'une voix de stentor réussit à peine à se faire entendre d'une foule massée en plein air. De l'auditoire jaillissent perpétuellement des bruits parasites ou des interruptions vociférantes qu'il lui faut, à tous moments, tâcher de dominer. Prévost possède une telle voix. Il en use magnifiquement. Asselin n'est pas de taille : « Sa voix sifflante, écrit Claude-Henri Grignon, ne dominait pas les foules et avait le geste timide. Il ne trouvait pas les formules susceptibles de convaincre et de vaincre. Avant que de commencer à parler, il paraissait déjà las[19]. »

Deux jours après une défaite honorable (Prévost a recueilli 2708 voix, Asselin 1201), le vaincu insère l'annonce de sa propre défaite... entre deux avis de décès dans les colonnes du journal. Bien des années plus tard, il confiera laconiquement à son jeune admirateur, Claude-Henri Grignon : « Nous venions de fonder la *Ligue nationaliste*. Il en faillait un qui dût se sacrifier. Le sort me désigna : je marchai au poteau[20]. »

L'explication est un peu courte. La suite va le prouver.

Chapitre XIX

LES NATIONALISTES DANS L'ARÈNE PROVINCIALE

Vous autres qui tenez le pouvoir,vous n'avez que les moyens que donne l'argent; nous autres qui l'attendons, nous avons ceux que donne le dévouement!

(Alexandre Dumas, *Le comte de Monte Cristo*)

Les attaques nourries du *Nationaliste* contre l'administration Parent étaient fondées. La presse conservatrice n'était pas la seule à le crier sur les toits. Au sein même du cabinet, le malaise allait grandissant chez certains ministres qui voyaient leur carrière compromise par la mauvaise image qui s'attachait au leadership mou de Simon-Napoléon Parent. Lomer Gouin, comme l'avait bien pressenti son ancien secrétaire, attendait son heure. Un an après les élections, les aiguilles de la bonne fortune vont la lui indiquer.

Avec l'appui de quelques collègues aussi déterminés que lui à restaurer l'image ternie du Parti libéral, les Adélard Turgeon et les William Alexander Weir, Gouin va, au printemps de 1905, forcer la démission du premier ministre et réussir à prendre sa place, à l'issue d'un putsch bien calculé. En juillet, le jeune et prometteur Jean Prévost sera, à trente-cinq ans, promu ministre de la Colonisation, des Mines et des Pêcheries. Tout en commentant les déclarations, les faits et gestes du nouveau premier ministre, Asselin, désormais va garder « son Prévost » à l'œil sur un terrain qui lui est éminemment familier, celui de la colonisation, et dont il connaît, mieux que quiconque, depuis son séjour à Québec auprès de Gouin lui-même, les moindres replis, les « nids à patronage » les mieux dissimulés.

Entre-temps, le directeur du *Nationaliste* a perdu le procès pour libelle qui l'opposait à son ex-adversaire. Le juge Curran a condamné Asselin à 50 $ d'amende (le salaire de plus de deux semaines de travail) pour avoir « outrepassé les bornes d'une critique loyale des faits et gestes du demandeur comme homme public[1] ». Le pamphlétaire s'exécute avec élégance : ce sont là les risques du métier. Le fardeau de ses dettes, lui, s'en alourdit d'autant. Il attend toutefois sa revanche.

Pour le moment, devant le changement de direction qui s'effectue au Parti libéral, *Le Nationaliste* laisse obligeamment la chance au coureur, soucieux, avant toute chose, d'influencer les nouvelles orientations de son cabinet. Le programme politique de Lomer Gouin est dévoilé le 5 avril 1905, à l'issue d'un discours remarqué. Quatre jours plus tard, Asselin livre ses commentaires en attirant son ancien patron sur le terrain de la *Ligue*. Il y qualifie « Le programme de M. Gouin » de véritable « triomphe pour l'idée nationaliste » :

> Le peuple de la province de Québec pourrait demander à M. Gouin un compte sévère des moyens par lesquels il est arrivé au pouvoir... Il les lui pardonnera volontiers si le programme énoncé le 5 avril dernier à l'école Montcalm est fidèlement suivi.
>
> Le petit groupe nationaliste est bien vengé des rires idiots que ses critiques de l'administration parentiste ont maintes fois provoqués dans la presse ministérielle.
>
> La Ligue, par la voix de M. Bourassa, a été la première à condamner le mode actuel de concessions forestières : M. Gouin promet de limiter les concessions aux besoins du commerce, d'obliger les concessionnaires à l'exploitation, de faire en sorte que la forêt rapporte au trésor public tout ce qu'on a le droit d'en attendre.
>
> La Ligue a été la première à condamner la concession des forces hydrauliques à perpétuité et par acte privé, et, si nous avons bonne mémoire, M. Gouin a été le premier homme politique de la province de Québec à traiter les ligueurs de visionnaires. Aujourd'hui, M. Gouin, chef de la province, reconnaît que la vente aux enchères ou même la location par bail emphythéotique, peut avoir du bon, et il s'engage à faire l'essai de ce système.
>
> La Ligue a réclamé la création d'un enseignement technique et industriel, la fondation d'une école forestière. M. Gouin fait de ces réformes deux articles de son programme.
>
> C'est dans les conseils de la Ligue et dans ses réunions publiques que l'impôt sur les transactions de bourse a été proposé sérieusement pour la première fois : M. Gouin s'y rallie au risque de se mettre en froid dès les premiers jours avec M. Turgeon, connu pour ses relations plus qu'amicales avec la maison Forget.
>
> M. Gouin veut l'augmentation du subside fédéral. La création d'une grande école centrale d'agriculture sur le plan de celle de Guelph, la réserve de certaines parties du domaine public à la colonisation agricole... qu'on relise le « Nationaliste » depuis sa fondation et l'on y trouvera toutes ces réformes prêchées tantôt par M. Chicoyne, tantôt par M. Paradis, tantôt par M. Héroux, tantôt par le directeur.
>
> Nous disons les choses sans forfanterie, uniquement pour faire comprendre à la jeunesse la force d'une idée juste, servie avec désintéressement.

Qui aurait dit en mars 1903 que deux ans plus tard, presque tous les desiderata nationalistes en matière provinciale entreraient d'un seul coup dans le credo d'un grand parti politique.

Nous félicitons M. Gouin de son inconséquence. Nous le félicitons surtout d'avoir tout de suite, par ses déclarations touchant les affaires de bourse, détruit la mauvaise impression créée par la présence du nom de MM. Forget et Rainville sur son bulletin de présentation.

Sur la question des chemins de fer, M. Gouin n'a pas été aussi radical que nous l'aurions voulu. À notre sens, nous devrions avant d'accorder de nouvelles subventions à ces entreprises, tirer au clair la déclaration de la commission de colonisation que les chemins de fer, dans notre province, se construisent aux frais du public.

Mais ne soyons pas trop minutieux: sachons reconnaître que M. Gouin s'est taillé dans son discours-programme, de la belle et bonne besogne. Tant qu'il marchera dans cette voie, il aura l'appui loyal d'un homme qui s'est quelquefois montré sévère à son endroit au cours de la dernière crise, mais qui n'a cessé de croire à son honnêteté et à son patriotisme[2].

Sous les roses, il y a les épines. De nombreuses épines faites d'accointances suspectes dont Gouin est prévenu qu'il lui en sera tenu rigueur, s'il se laisse écarter du droit chemin indiqué par les nationalistes.

La trêve dure quelques mois. *Le Nationaliste* a, cette année-là, bien des fers au feu avec l'éducation et la question municipale. Il ne cesse toutefois de multiplier les rappels au gouvernement concernant le volet provincial de son programme touchant la réforme de l'enseignement technique, l'immigration, la gestion des ressources hydrauliques et forestières. Un an après le fameux discours-programme de Lomer Gouin, ce dernier est déjà pris à partie par le caricaturiste Joseph Charlebois. En première page du *Nationaliste*, le premier ministre s'y trouve représenté sous les traits d'une vieille grand-mère endormie dans sa chaise berçante et que tente en vain d'éveiller un Diogène-Asselin, nu comme un ver dans son tonneau. Promise à la légende, « la Mère Gouin » vient d'entrer en scène pour ne plus laisser au premier ministre le moindre répit! Semaine après semaine, tantôt « la Mère Gouin », toujours somnolente et indifférente, se fait voler sa corde de bois derrière son dos, tantôt elle demeure sourde aux doléances des mères de familles qui réclament des écoles ou des instituteurs faméliques qui demandent d'être payés à l'égal des commis de bar... Les hostilités sont bel et bien déclarées entre *Le Nationaliste* et le « gouinisme ».

Fin septembre 1906, à l'occasion de la fête de saint Luc, leur patron, les étudiants en médecine viennent apporter leur appui au *Nationaliste* en tenant une manifestation devant ses bureaux. Asselin et Fournier se montrent à la fenêtre. Le directeur commence par s'adresser à eux dans une superbe paraphrase de Napoléon: « Du haut des fenêtres de la rue Sainte-Thérèse, quarante têtes vous contemplent[3]! »

Mais cette carabinade inaugure des propos beaucoup plus sérieux. Asselin en profite pour rappeler aux étudiants les raisons fondamentales de l'engagement nationaliste incarné par la petite équipe qui fait l'objet de leur sympathie. Il revendique la liberté chèrement acquise qui les a conduit, dans ce réduit sommaire et qui leur permet de tenir tête, en toute indépendance, aux pouvoirs en place. Il souligne les liens étroits qui relient, en ce moment, l'engagement du journal en faveur d'une réforme en profondeur de la vie politique et son combat en faveur de la justice sociale.

Ce n'est donc pas d'une lutte partisane qu'il s'agit ici, mais de nouvelles valeurs à promouvoir dans l'administration de la chose publique. Asselin se fait le défenseur de la solidarité et de la compassion envers les citoyens les plus vulnérables. Dans sa harangue perce le rappel à la responsabilité sociale lancé par le fils de l'artisan aux enfants des notables. Ce vaste programme de restauration de la pensée politique, par-delà les futurs disciples d'Esculape venus l'entendre, c'est à Lomer Gouin qu'il s'adresse. C'est une sorte d'ultimatum à peine voilé qui lui est lancé après les premiers « avertissements » du caricaturiste. Mais le grand coup n'a pas encore été porté.

Il va l'être en octobre et c'est Jean Prévost qui va, le premier, en faire les frais, à l'occasion du deuxième anniversaire de sa victoire électorale contre Asselin. Cette fois, ce n'est plus un simple député qui va se retrouver dans la mire du tireur, c'est l'honorable ministre de la Colonisation. Ce dernier va se voir gratifier d'un premier-Montréal à l'emporte-pièce intitulé *Jean-sans-tête*.

Plus inexplicable encore que sa décision de 1904 de se porter candidat contre Prévost, apparaît alors la fureur gratuite avec laquelle le pamphlétaire se déchaîne alors, sans crier gare, contre son ancien adversaire. Il a beau avoir reçu en partage le don souverain de l'insolence, cette fois, même ses admirateurs en demeurent bouche bée. Dans quel répertoire de collège ou de garnison a-t-il bien pu dénicher toutes ces injures que ne renierait pas un capitaine Haddock un demi-siècle plus tard ? Elles vont de « potache vicieux » au « croisement de vache marine et de catalo » (cachalot ?)... Le regard du jeune ministre s'y trouve qualifié de « noir, sournois et faux » et sa belle voix de baryton de « mélange de crécelle et de cymbale* ». On dirait un gamin juché sur une clôture et proférant des gros mots à la face du ciel.

Mais toute cette cacophonie n'est que ruse et parades précédant le combat. En réalité, c'est le toréro perfide qui plante ici ses premières banderilles dans

---

* L'impressionnant répertoire des injures dites « non parlementaires » produit par l'Assemblée législative indique assez que cette époque ne manquait pas de vocabulaire quand elle s'adonnait à la polémique.

l'échine du jeune taureau dont il cherche à provoquer la charge. Semaine après semaine, Asselin donne des suites à son *Jean-sans-tête*. Les injures gratuites s'espacent au profit d'attaques qui se précisent de plus en plus. Jean Prévost, provoqué, lui fait désormais face dans l'arène où Asselin cherchait à l'attirer: le terrain brûlant de la colonisation et des mines.

Le justicier imprécateur l'accuse bientôt de brader, à vil prix, des territoires miniers que des spéculateurs revendent ensuite avec des profits démesurés. Prévost, outré, riposte dans son propre journal où il se livre, contre son ennemi, à une escalade verbale d'aménités qui vont, à leur tour, du « coquin sinistre » au « triste Olivaron ». Mais ces injures retournées ne constituent pas une réponse bien nette aux attaques dont il fait l'objet. Asselin renchérit de plus belle et obtient ce qu'il cherchait: Prévost annonce enfin qu'il traînera son insulteur devant les tribunaux et le sommera de s'expliquer publiquement. Asselin n'attendait, à vrai dire, que cela pour sortir la carte maîtresse qu'il tenait encore dans sa manche: le scandale de l'Abitibi dans lequel, aux toutes premières loges, le ministre des Terres et Forêts, Adélard Turgeon, va se touver compromis.

Le « petit *Nationaliste* à deux sous » constituait, en effet, une tribune bien trop modeste, aux yeux de son directeur, pour lâcher pareil morceau dans l'opinion publique. Le prétoire, ses effets de toges, ses coups de théâtre, ses intrigues révélées au compte-gouttes, ses morceaux d'éloquence dont le public se montre si friand, voilà la plate-forme idéale pour lancer le débat. Voilà ce que cherchait Asselin et ce qu'il vient d'obtenir à force d'invectives personnelles. Désormais, toute la province va se trouver, jour après jour, informée de l'affaire du fameux syndicat belge, dominée par un certain baron de l'Épine. Cet intermédiaire achetait, lui aussi, des terres neuves en Abitibi, en échange de plantureuses contributions à la caisse électorale du Parti libéral. Pour régler discrètement les détails de ces lucratives conventions, il arrivait au ministre Turgeon et à son épouse d'effectuer des séjours en Belgique. À leur retour ils réclameront 3500 $ au gouvernement pour déplacements et subsistance, sans déclarer qu'ils étaient, tout ce temps, princièrement logés et nourris aux frais du syndicat belge. Asselin, devant le tribunal, se déclarera prêt à produire la correspondance privée qui en faisait foi: celle qu'avaient échangée, en toute candeur, madame Turgeon et son hôtesse la baronne de l'Épine... C'était plus que n'en pourraient sans doute supporter les cœurs sensibles et les esprits bien pensants.

Le procès s'apprête et les amis d'Asselin veillent soigneusement à sa mise en scène. Au premier rang, Armand Lavergne et son collègue Alleyn Taschereau, flanqués de leur avocat conseil Joseph-Léon-Kemeneur Laflamme, un Franco-Américain d'origine qui passe pour être le plus redoutable plaideur d'assises de sa génération. Ancien journaliste en Nouvelle-Angleterre, tout comme Asselin, il a été piqué, lui aussi précocément du virus nationaliste. Il ne demande pas mieux que d'y consacrer son talent, tout en haussant encore d'un cran la réputation cocardière qui précède le plaideur partout où il passe.

Mais avant d'entendre l'acte d'accusation et les plaidoiries, il faut d'abord mettre la main au collet du prévenu et lui passer les menottes. *Le Nationaliste* entretient le suspense par ses manchettes : « Réussira-t-on à trouver notre directeur ? Les paris sont ouverts. » Or les amis d'Asselin imaginent toute une série de traquenards rocambolesques dans lesquels se laissera piéger le Grand Connétable Gale venu tout exprès de Québec pour l'arrêter. Tantôt on dirige l'officier de police vers un placard rempli de vêtements féminins parmi lesquels Asselin a réussi à se camoufler, grâce à sa petite taille. Tantôt on conduit le constable à l'autre bout de la ville, dans un logement à moitié vide où Asselin, transporté là par des voies mystérieuses, se tient recroquevillé dans un coffre rempli de vieilles paperasses. Excédé et humilié, Gale rentre bredouille de sa mission.

Le soir même, l'officier de police reprend le train de nuit pour Québec, sans se douter que la couchette du haut est occupée... par Asselin lui-même ! Arrivé à la gare du Palais, le prévenu se présente au marchepied du wagon au bras du policier médusé, au milieu des applaudissements et des hourras de la foule. Ce sont les étudiants de Laval, prévenus par leurs collègues de Montréal de l'arrivée du héros. Sous le leadership de Marcel Dugas, ils ont pris le relais pour assurer au procès qui s'annonce toute la publicité qu'il mérite. *Le Nationaliste*, cela va de soi, confie à ses caricaturistes le soin d'illustrer toutes les péripéties de l'aventure : la bande dessinée est bien près de naître avant son heure.

Puisqu'il s'agit d'assises criminelles, Asselin, comme c'est son droit, a choisi un procès devant jury. Les charges qui pèsent contre lui, comme auteur de libelle, s'avèrent peut-être fondées en droit, mais le caractère frondeur du prévenu lui attire énormément de sympathies. L'opinion publique tient, en effet, la corruption politique pour un mal endémique, profondément ancré dans les mœurs et se montre disposée à l'indulgence envers les excès verbaux de son contempteur. Asselin et ses avocats vont jouer adroitement de cette carte. Le malaise des juges et les tergiversations du jury vont faire traîner les choses en longueur. Libéré sous une énorme caution de 1000 $, qui alourdira encore le fardeau de ses dettes, Asselin attendra, jusqu'à l'automne, l'issue du second procès qui l'opposera encore à Jean Prévost.

Mais comme il a, entre-temps, mis en doute la réputation d'intégrité du ministre des Terres de la Couronne, Adélard Turgeon, il doit également faire face à une autre poursuite de 400 $, de la part du deuxième offensé. La riposte narquoise ne se fait pas attendre : *Le Nationaliste* se dit étonné que le ministre Turgeon n'évalue son honneur qu'à la modique somme de 400 $! Il annonce, par la même occasion, la publication imminente d'un « grand roman inédit, composé d'une centaine de lettres, toutes plus passionnantes les unes que les autres, échangées entre M. Turgeon, ministre des Terres de la Couronne et M. Prévost, ministre des Mines[4] ». Il précise même que si *Le Nationaliste* se trouvait empêché de livrer la marchandise, il a d'ores et déjà obtenu l'assurance que *La Patrie* s'en chargerait à sa place. Dans les milieux journalistiques, Asselin a réussi à créer une connivence certaine en sa faveur. Même à *La Presse*, dont il a pourtant fort malmené la direction ces derniers temps, des collègues prennent sa défense contre le parti ministériel qui tente, à tout moment, de s'immiscer dans les décisions du tribunal.

Les pouvoirs publics, cela se conçoit, éprouvent un besoin d'autant plus pressant de créer un exemple, en faisant condamner Asselin, que toute la province s'est prise au jeu et « suit désormais avec délices les prouesses de l'ineffable journaliste ». Asselin, ajoute Marcel-A. Gagnon, se crée, à cette occasion « la réputation du plus grand rebelle du Canada français depuis Papineau, Chénier et Louis Riel. Et, chose curieuse, un rebelle gai, amusant, qui a du plaisir à vivre[5]. »

Comme pour ajouter un paradoxe de plus à sa démarche et pimenter encore la dégustation du plat de résistance qu'il mijote, Me Laflamme présente son plaidoyer... en anglais ! La cause célèbre « Le Roi versus Asselin accusé de libelle » donne également lieu à des interrogatoires parfaitement surréalistes. Me Louis-Alexandre Taschereau, substitut du procureur général, interroge ainsi l'Honorable Louis-Rodolphe Roy, secrétaire de la Province :

> Q.-Voulez-vous dire qu'est-ce que vous avez compris par les mots : « Jean-sans-tête » ; qui avez-vous compris que cela désignait ?
> R.-J'ai compris que cela désignait clairement mon collègue, l'honorable Jean Prévost, ministre des Mines, de la Colonisation et des Pêcheries...

Et la salle, pleine à craquer, de s'esclaffer sous les applaudissements interminables des supporteurs d'Asselin... Après quelques expériences pénibles du genre, Prévost, à l'instar de Jules Helbronner, choisit de se déclarer lui aussi malade, pour se soustraire enfin aux quolibets de la foule enchantée par la tournure des événements. Une fois de plus, les choses traînent en longueur et laissent les douze jurés de plus en plus perplexes et divisés. Me Laflamme, qui ne déteste pas faire un peu de drame ou de comédie devant le jury, si les intérêts de son client l'exigent, décide de frapper une dernière fois les imaginations :

> Dans cette affaire, rapporte Armand Lavergne, sa plaidoirie fut remarquable et des plus impressionnante ; il finit sa péroraison comme le soir tombait, à peu près vers l'heure de l'ajournement. Pour en corser l'effet, comme les jurés se retiraient, et à leur profonde émotion, il s'écroula sans connaissance sur son pupitre.
> Alleyn Taschereau, qui n'a jamais manqué de sang-froid, ne trouva rien de mieux que de prendre le pot d'eau à la glace, mis à la disposition des avocats, et d'en arroser copieusement notre conseil. Le remède énergique ne manqua pas de ramener

Laflamme au sentiment, et il le manifesta à Alleyn Taschereau de façon à nous prouver qu'il avait recouvré entièrement l'usage de ses sens et de son vocabulaire[6].

Narguée, divisée, soupçonnée de docilité à l'endroit du gouvernement, la justice acquitte virtuellement Asselin en invoquant le manque de preuves produites par le demandeur pour lui permettre de rendre un jugement définitif. L'affaire est remise « sine die ». Elle ne sera jamais reprise.

À l'occasion du célèbre procès Prévost-Asselin, le tirage du *Nationaliste* est passé à 20 000 exemplaires et « l'affaire de l'Abitibi » demeure en pleine actualité : Asselin a réussi à l'imposer à la conscience du public. « L'affaire » s'est même transportée en Chambre où elle occupe une large part des débats parlementaires au cours de l'année 1907. En octobre, le premier ministre se voit forcé d'exiger la démission de Jean Prévost qui a menacé ses collègues, en pleine séance du Cabinet, de faire les pires révélations sur le compte... de son propre gouvernement. « On a jeté un cadavre à la mer », commente cyniquement Bourassa. L'année suivante, ce sera au tour d'Adélard Turgeon de devoir aller « se faire blanchir » par ses électeurs du comté de Bellechasse. Enfin, en novembre 1909, le premier ministre en personne donnera tardivement raison au *Nationaliste* en acceptant de scinder enfin les ministères de la colonisation et des forêts, sources de tant d'abus et de favoritisme dénoncés à maintes reprises par Asselin et Fournier.

Si les guérillas verbales et les coups de tête du pamphlétaire répugnent foncièrement à Bourassa, s'il se tient le plus éloigné possible du procès théâtral intenté à son imprévisible lieutenant, le chef ne peut toutefois manquer d'être impressionné par les résultats. Au-delà des invectives et des péripéties auxquelles les plaidoiries ont donné lieu, c'est bel et bien le procès de toute l'administration provinciale qui vient d'être instruit devant le tribunal de l'opinion publique. Le verdict penche en ce moment en faveur du renouveau et les décisions pénibles auxquelles le gouvernement vient d'être acculé constituent la preuve que ce dernier est aux abois et que le message a porté.

Par le truchement de son acquittement virtuel, Asselin vient de poser, en matière de politique provinciale, des questions essentielles que le moraliste Bourassa ne peut esquiver plus longtemps. Depuis le scandale du syndicat belge, et compte tenu de son implication récente dans le dossier chaud de la colonisation, le chef nationaliste va se trouver de plus en plus fréquemment interpellé par ses partisans, en matière de politique provinciale et de développement économique. Asselin est de moins en moins seul, désormais, à vouloir entendre Bourassa se prononcer sur l'avenir de sa province. À travers le Québec, les assemblées se multiplient. Certaines virent au tumulte. Le chef nationaliste se trouve sollicité de toutes parts pour commenter les conclusions de l'incontournable procès. Et comme Asselin avait raison sur le fond, Bourassa, à son corps défendant, se retrouve à tenir le même discours que lui lorsqu'il dénonce, à son tour, les conflits d'intérêts et la corruption institutionnalisée dont souffre la province.

Quand Asselin et Fournier révèlent, dans *Le Nationaliste*, les profits de 695 000 $ réalisés par un puissant industriel du nom de Breaky, ami connu du régime, et après que ce dernier eut obtenu un vaste territoire forestier par vente aux enchères[7], Bourassa ne peut que leur donner raison. En toute logique, il est conduit à dénoncer le mal profond dont une telle tractation ne constitue que la pointe de l'iceberg. Mais, du même coup, il se met lui-même à dos la troupe déchaînée de leurs victimes politiques, plus déterminées que jamais à obtenir leur revanche.

Fidèles à Laurier, de nombreux libéraux provinciaux redoutaient déjà Bourassa. De le voir maintenant emboucher la trompette d'Asselin et envahir leurs plates-bandes provinciales va les rendre plus impatients encore d'en finir avec lui. Premier visé après Jean Prévost dans l'affaire de l'Abitibi, c'est Adélard Turgeon qui va se faire l'agent provocateur et réussir, là où Asselin et ses amis avaient tant de fois échoué à persuader leur chef. Le ministre, en effet, vient d'obtenir une première revanche contre le directeur du *Nationaliste* condamné à 400 $ d'amende par le juge Cimon. Dans son jugement, le magistrat conservateur a exprimé son vif regret que la loi ne lui permette pas d'emprisonner sur-le-champ l'impertinent journaliste... De plus en plus cousu de dettes, Asselin commente fièrement:

> La canaillerie avec laquelle la presse abitibiste* me met en cause après jugement, est tout de même un hommage dont je puis être fier. Pour m'être attiré tant de haine de la part de ces gens-là, je dois avoir porté de rudes coups à la canaille, je dois avoir démoli, avec la Caisse noire, bien des espérances[8]!

Ragaillardi d'avoir provisoirement maté son premier ennemi, Turgeon vise désormais la tête du mouvement nationaliste. Pour prouver son innocence, de plus en plus controversée dans les assemblées publiques qui se multiplient, grâce au travail de la Ligue, Turgeon démissionne comme ministre et député de Bellechasse. Il met aussitôt Bourassa au défi de se présenter contre lui pour prouver ses allégations et celles du *Nationaliste*. Coup de tonnerre dans l'opinion: que va faire Bourassa, fouetté dans son honneur par le défi insolent d'un politicien traîné dans la boue? La tenue de l'élection partielle de Bellechasse a été fixée au 4 novembre 1907.

Dans toute la province, la nouvelle se répand comme une traînée de poudre. Chez les Canadiens français, c'est le réflexe de fierté familiale qui domine: Laurier à Ottawa, Bourassa à Québec?... On croit rêver! Les libéraux fédéraux, depuis le bill de la Milice, l'affaire des écoles du Nord-Ouest et le bill du Dimanche,

---

* Principalement *La Presse* et *Le Soleil*, qui défendent l'intégrité du gouvernement contre les allégations du *Nationaliste*.

voudraient bien se débarrasser de l'encombrant député de Labelle. Mais Laurier s'obstine encore à le ménager. Les fédéraux voient donc d'un assez bon œil se propager toute cette agitation provinciale. Les circonstances ne pourraient-elles pas les servir, là où le premier ministre se refuse à sévir? Ils ne lèveront pas le petit doigt pour retenir Henri Bourassa au sein du caucus libéral. Son départ pour la scène provinciale ne peut que débarrasser leur parti d'un empêcheur de danser en rond. Et Laurier, qui préfère toujours voir les décisions se prendre sans qu'il ait à intervenir, fait le dos rond et laisse porter.

Car le « cher Henri » est piqué au vif comme jamais par le défi d'Adélard Turgeon. Littéralement, on dit qu'il « voit rouge ». Armand Lavergne raconte :

> C'était un traquenard, mais seuls Laflamme, Alleyn Taschereau et moi fûmes d'opinion d'ignorer le gant jeté.
>
> Bourassa disait qu'il aimait mieux se faire battre que de passer pour un lâche.
>
> Nos autres amis, avec l'enthousiasme optimiste de la jeunesse, étaient sûrs de la victoire. Bien mieux, une délégation de Bellechasse, composée de conservateurs et de libéraux, était venue demander à Bourassa de relever le défi. (J'ai toujours pensé que celle-ci avait été organisée par nos adversaires.) Tout le monde se souvient de la fin. Bellechasse était un siège ardemment libéral et, malgré une lutte formidable, le résultat fatal arriva : Bourassa fut battu par 700 voix de majorité. Toute la circonscription avait été envahie par les forces et les états-majors des deux partis[9].

Par les états-majors mais aussi par la haute finance. Le très conservateur Rodolphe Forget n'a rien oublié de son élection de 1904 dans Charlevoix, ni du persiflage et des attaques incessantes dont il fait encore l'objet dans *Le Nationaliste*. Le financier conservateur souscrira à lui seul 12 500 $ à la caisse libérale d'Adélard Turgeon[10] !

Asselin et *Le Nationaliste* auront donc contribué à coaliser contre leur chef les establishments des deux grands partis provinciaux. Au cours de ce récent procès, ils ont, en effet, perturbé les conventions non écrites qui rapprochaient « bleus » et « rouges » au niveau de leurs pratiques communes de la politique et du patronage. Face à l'incorruptible Bourassa, d'instinct, ces derniers feront front commun contre les nouvelles mœurs rigoureuses et transparentes dont ce dernier prétend se faire le champion.

Pour Asselin, qui a tant misé sur cette décision, si lente à venir et si subitement prise, la campagne sera exceptionnellement exigeante. Toute l'équipe nationaliste, en effet, a été mise à contribution, portée par l'enthousiasme de la jeunesse des collèges et des universités venue lui prêter main-forte. Jour et nuit, il leur faut être partout à la fois, harcelant les souscripteurs, organisant des assemblées, publiant le journal à la hâte, imprimant et distribuant des tracts avec des moyens de fortune.

Asselin lance ainsi une petite feuille vitriolique pour la durée de la campagne. C'est *La Mitraille*. La caricature politique la plus osée y domine. Il y joint des articles cinglants qu'il griffonne fiévreusement n'importe où, sur ses genoux, en train ou en voiture, pendant les multiples déplacements exigés par la campagne électorale. Armand Lavergne imagine, lui, de reproduire sur une même gravure, et de faire imprimer à des centaines d'exemplaires les portraits de Papineau et de Bourassa réunis : le grand-père et le petit-fils. Les étudiants s'arrachent littéralement la gravure et en placardent les murs de leurs chambres.

Un courtier de la rue Saint-Jacques, actionnaire-mécène du *Nationaliste* et fervent admirateur de Bourassa, met son automobile* à la disposition du candidat et s'offre à lui servir personnellement de chauffeur durant toute la durée de la campagne. Edmond, dit « Eddy », Lepage est un être généreux, mais bohème et farfelu. Bourassa, légèrement dédaigneux, accepte de se laisser conduire. Comme à l'accoutumée, il est reçu avec déférence et considération dans les presbytères. Mais dans les fermes, peu bavards et sur leur quant-à-soi, les habitants réservent leur jugement pour le jour du scrutin. La province tout entière retient son souffle. Tous les regards sont tournés vers Bellechasse. Au Collège de Montréal, anticipant la victoire, les pensionnaires rédigent déjà leur adresse de félicitations à Bourassa.

Au beau milieu de la campagne toutefois, le candidat-vedette tombe malade. Il a pris froid. Armand Lavergne et ses amis doivent le remplacer au pied levé sur des tribunes glaciales, prendre la parole à sa place, serrer des mains, répondre à des invitations multiples. Mais l'effet produit chez les électeurs est loin d'être à la hauteur des attentes. C'est Bourassa que l'on veut voir, c'est lui seul, l'orateur magique, qu'on est venu entendre. Lui, et pas un autre ! Son absence porte un rude coup à sa campagne. Mais il se terre chez lui, en proie à la fièvre et soudainement vidé de la fougue primesautière qui l'a fait sauter brusquement dans la mêlée. Navré, *Le Nationaliste* limite ses commentaires à l'émission de vœux de prompt rétablissement à son candidat[10]. Mais secrètement, le cœur n'y est plus. Le 4 novembre 1907, le peuple rend son verdict. Face à l'union sacrée scellée entre libéraux et conservateurs pour mieux terrasser « l'hydre nationaliste », Bourassa, pâle et à peine rétabli, doit assumer dignement la défaite.

À Ottawa, les fédéraux se réjouissent secrètement de voir le caucus ministériel enfin débarrassé de sa conscience têtue et dérangeante. Désormais réduite aux voix encore mal assurées d'Armand Laverge et du tout jeune député de Beauport, Lorenzo Robitaille, âgé de vingt-six ans, la petite faction nationaliste n'est plus de taille à leur causer de grands soucis. À Québec, libéraux et

---

* En 1907, les propriétaires de voitures automobiles sont extrêmement rares et se recrutent parmi les privilégiés. Dans les rues et sur les routes, c'est encore la traction animale qui domine.

conservateurs bombent le torse et annoncent, à travers la province, la mort politique et définitive d'Henri Bourassa et de son mouvement. Le nationalisme, clament-ils, n'est qu'un prurit éphémère, agaçant certes, mais qui disparaîtra comme il est venu, sans laisser de traces. C'était vendre la peau de l'ours avant de l'avoir tué.

Les élections de Bellechasse n'allaient, en effet, précéder le scrutin général que de quelques mois. Les nationalistes, fouettés par la défaite et plus que jamais ancrés dans leurs convictions réformistes, sont déterminés à prendre leur revanche. Reste à persuader leur chef de marcher sur sa fierté blessée et de remonter, encore une fois, aux barricades. Mais, tout comme Achille devant le siège de Troie, Bourassa s'est retiré sous sa tente et réfléchit à son avenir. À Ottawa, seul et livré à lui-même, Armand Lavergne présente courageusement une motion des plus controversées sur les droits constitutionnels du français et son usage dans la fonction et les services publics. Il réclame l'usage du français à bord des trains et dans l'impression des timbres-poste. La *Ligue*, naturellement, s'engage aussitôt dans le débat et met au service de Lavergne les mêmes moyens qu'elle fournissait autrefois à Bourassa dans ses luttes : grands éditoriaux du *Nationaliste*, tracts, assemblées populaires.

Sous le patronage jumelé de la *Ligue* et de l'Association Saint-Jean-Baptiste stimulée par Asselin, une grande assemblée publique d'appui à Lavergne se trouve convoquée au Monument national. La salle, bondée et survoltée, écoute avec attention le jeune député de Montmagny défendre, point par point, la motion qui porte déjà son nom :

> Après que mon travail eut été terminé, on vit s'avancer sur la scène un monsieur décoré de la légion d'honneur, et qui, d'une voix au timbre aussi particulier que sûr de lui, demanda la parole.
>
> Ce personnage à rosette n'était autre que le sénateur Dandurand, en plus organisateur libéral en chef*. Il commença, avec l'organe que l'on connaît, à critiquer mon projet de loi, à ridiculiser ma thèse.
>
> Le représentant de la Chambre haute avait mal choisi son moment. Le temps était passé où il suffisait d'être rouge et partisan de « M. Lôner » [*sic*]** pour conduire à son gré une assemblée populaire.
>
> De cette salle immense, bondée ce soir-là jusqu'à l'écrasement, une protestation spontanée, unanime, ardente, jaillit d'un seul cri d'indignation ; le sénateur à ruban rouge fut couvert de huées et réduit au silence par les sifflets de la foule. Pourtant une accalmie de quelques secondes se produisit à la demande du président Asselin

---

* Le sénateur Raoul Dandurand est aussi patron d'honneur de l'Association Saint-Jean-Baptiste.

** Pour « Lôrier », graphie utilisée par les nationalistes pour se moquer de la prononciation, à l'anglaise, du nom de sir Wilfrid Laurier.

et l'on entendit, venant du paradis, une voix inculte, mais jeune et fraîche, qui criait : « Braille pas, Dandurand, demain t'auras ton portrait dans la Presse ! » Quand l'immense éclat de rire, qui suivit cette remarque, eut fini de secouer l'assemblée, le sénateur, sa rosette et sa dissidence, s'étaient évanouis. On ne les revit pas ce soir-là !

Mais en revanche, un autre fut reconnu et follement acclamé. Celui-là c'était le vaincu de Bellechasse, Henri Bourassa, qui se dissimulait modestement dans le fond d'une loge.

Les acclamations ne cessèrent et il n'eut de paix que lorsqu'il eut consenti à monter sur la scène et à prendre la parole.

Nos adversaires durent s'apercevoir que celui dont ils avaient triomphalement chanté la mort était un cadavre plutôt galvanique[11].

Une fois de plus, la miraculeuse osmose entre l'orateur et son public va produire ses fruits. Bourassa réclamé, écouté dans une ferveur quasi religieuse, avant d'être longuement ovationné, a retrouvé, en une heure, tous ses moyens et sa combativité. Ces foules qui le plébiscitent, comment les décevoir lorsqu'elles lui indiquent peut-être la voie du devoir moral et politique qui s'impose à lui avec une insistance nouvelle : nettoyer, une fois pour toutes, les écuries d'Augias de la politique provinciale et restaurer, dans l'esprit de tous les Canadiens, l'image ternie de la province française rongée par le cancer du patronage. Secrètement, le candidat défait se voit déjà à nouveau en selle. Mais il n'en souffle pas mot encore, fût-ce à ses plus proches collaborateurs.

À l'approche des élections, les conservateur provinciaux, de leur côté, se sont retrouvés affaiblis et dispersés. Leur nouveau chef, Évariste Leblanc, ne fait pas le poids et ne possède aucun charisme. Mais ils comptent dans leurs rangs des hommes de qualité qui, tel Mathias Tellier, sympathisent ouvertement avec Bourassa et rêvent secrètement d'une alliance avec le « parti de la jeunesse » pour redorer leur blason. Petit-fils de Patriote, homme très religieux, leur organisateur, sir Alexandre Lacoste, est pressenti pour tenter les premières approches auprès du chef nationaliste. Ce juge en chef à la retraite est un homme d'étude et de culture. Il ne risque donc pas d'indisposer l'allié pressenti. Sa femme, née Globensky, demeure très active dans les œuvres de charité et tient salon, chaque semaine, dans leur hôtel particulier de la rue Saint-Hubert*. Il est probablement arrivé aux membres de la famille Bourassa d'assister à ces soirées littéraires et musicales très recherchées par l'élite montréalaise.

Bourassa confie à sir Alexandre qu'il ne songe nullement, pour l'heure, à solliciter à nouveau un mandat parlementaire auprès des électeurs québécois. Le

---

* Sir Alexandre et lady Lacoste étaient les parents de Marie Lacoste-Gérin-Lajoie, cofondatrice avec Caroline Dessaules-Béique de la Fédération nationale Saint-Jean-Baptiste.

projet auquel il s'est plutôt attaché, ces derniers mois, et auquel il consacre l'essentiel de ses réflexions depuis sa défaite de Bellechasse, c'est celui d'un journal quotidien indépendant qui permettrait enfin au mouvement nationaliste de diffuser régulièrement son message et de répondre chaque jour aux interpellations de l'actualité. C'est faute d'une presse quotidienne libre, estime-t-il, que l'affaire des écoles du Nord-Ouest, en 1905, s'est soldée par un échec aussi cuisant pour les Canadiens français. Sir Alexandre a tôt fait d'entrer dans ces considérations.

Comme Bourassa n'est pas homme à se laisser « acheter » par qui que ce soit, l'organisateur lui propose une simple alliance tactique avec son parti : ce dernier ne présentera pas d'opposition dans les comtés où les nationalistes présenteront des candidats contre les libéraux. Quant à Bourassa, c'est contre le premier ministre lui-même qu'il devrait se présenter, dans son fief libéral de Saint-Jacques, réclamant ainsi de la population un vote symbolique de non-confiance à l'égard de l'administration Gouin. Les élections passées, les conservateurs s'engageraient à participer activement à une vaste souscription populaire qui placerait entre les mains de Bourassa le contrôle absolu d'un journal quotidien libre de toute attache partisane. Bourassa, visiblement tenté et rassuré, ne dit pas non. Il continue de réfléchir.

Deux semaines à peine avant la tenue du scrutin général prévu pour le 8 juin, il démissionne de ses fonctions de secrétaire-trésorier de *La Sauvegarde*. Il annonce simultanément son intention de briguer les suffrages, à la fois dans le comté de Saint-Jacques et dans celui de Saint-Hyacinthe. Son adversaire, Lomer Gouin, se présente également dans deux circonscriptions, Saint-Jacques et Portneuf, comme c'est alors fréquemment la coutume. Le ministre Louis-Alexandre Taschereau se présente, lui aussi, simultanément dans Montmagny et Charlevoix. La nouvelle de la double candidature de Bourassa se répand comme une traînée de poudre à travers la province. Ne ménageant ni leur peine ni leurs veilles, les jeunes partisans nationalistes reprennent aussitôt le collier, fermement résolus à mettre les bouchées doubles pour rattraper la longueur d'avance que les libéraux ont déjà prise sur eux dans le château-fort convoité de Saint-Jacques.

À Ottawa, Armand Lavergne n'attendait, à vrai dire, qu'un signal de son chef pour venir le rejoindre. Privé de l'ombre protectrice de Bourassa, il venait d'être expulsé du caucus libéral pour insubordination. Laurier n'avait pas eu un mot pour le défendre. Moins combatif, son jeune collègue Robitaille se préparait, de son côté, à rentrer docilement au bercail libéral. La place du député nationaliste était désormais à Québec, auprès de son chef, et il était confiant que ses électeurs de Montmagny approuveraient sa décision.

Aussitôt sa démission remise, Lavergne, rentré au Québec, convainc aisément d'autres jeunes supporteurs de Bourassa de se porter, eux aussi, candidats sous la bannière nationaliste : Joseph-Édouard Bédard dans Québec, Napoléon Garceau dans

Drummondville, Joseph Rainville dans Verchères, Romuald Labelle dans Iberville. Ainsi entouré sur les tribunes, Bourassa pourra faire figure de véritable chef.

Il inaugure sa campagne électorale de Saint-Hyacinthe le 23 mai et celle de Saint-Jacques, au Monument national, le 25. Devant des salles enfiévrées, il apparaît en compagnie de son petit état-major habituel composé principalement de J.L.K. Laflamme, Armand Lavergne, Olivar Asselin et Jules Fournier. Les autres candidats nationalistes complètent le cercle de ses inconditionnels supporteurs. Parfaitement à l'aise et au meilleur de sa forme, Bourassa expose, des heures durant, les projets de réforme du programme nationaliste en matière de colonisation, de foresterie, de richesses naturelles et de protection sociale. Comme à l'accoutumée, ce sont ses superbes envolées, et celles de Lavergne sur la langue française et ses droits bafoués, qui contribuent davantage à la cote d'amour des nationalistes auprès de la jeunesse. À Sainte-Marie et au Collège de Montréal, des pensionnaires escaladent les murs, le soir, pour venir l'entendre.

À la sortie du Monument national, par un beau soir de mai, les étudiants vont jusqu'à dételer la voiture où Bourassa et sa femme ont pris place et les raccompagnent en triomphe jusqu'à leur domicile de l'avenue du Parc. Quelle publicité ! Sympathique, *La Patrie* qualifie l'événement d'historique. *La Presse* le compare plutôt aux tournées du cirque Barnum. *Le Soleil* écrit que la prestation du tribun lui rappelle celle « de la femme à barbe, de la belle Fatma ou du dernier des Astèques [*sic*][12] ». Les libéraux, semble-t-il, commencent à rire jaune.

Bourassa partage équitablement son temps entre Saint-Hyacinthe où, apparenté aux Dessaulles, il jouit déjà d'un préjugé favorable parmi les libéraux ; et bien sûr Saint-Jacques, le comté vers lequel toute la province a les yeux tournés. Il circule d'un comté à l'autre, toujours piloté par « Eddy » Lepage, son chauffeur bénévole. Ce bon vivant, riche et original, s'est curieusement entiché de l'austère personnage. Comme c'est la belle saison, il promène son futur député dans une rutilante « décapotable ». Pour rajeunir l'image un peu sombre qu'il projette, Bourassa, sans doute sur les conseils de sa femme, arbore une tenue sportive assortie au véhicule : pull décontracté et pantalons « breeches ». Ses organisateurs sont aux anges.

Dans Saint-Jacques, Asselin est devenu son organisateur en chef. Il a mis sur pied un comité central chapeauté par deux présidents nationalistes, un libéral et un conservateur. Cinq comités de quartier, avec chacun son bureau, complètent le réseau d'action où les bénévoles, en nombre grandissant, vont spontanément offrir leurs services pour « la cause ». Tous les soirs, dans l'intervalle des grandes assemblées où le candidat prend lui-même la parole, des équipes d'étudiants infatigables tiennent des assemblées de quartier en sa faveur, sous les directives d'Asselin, Fournier et Laflamme, du notaire Édouard Biron et de deux jeunes avocats prometteurs, Paul-Émile Lamarche et Jean-Baptiste Archambault.

Ces étudiants escortent Bourassa dans tous ses déplacements, remplissent les salles, organisent des manifestations d'appui au programme nationaliste. Le 2 juin, une foule compacte se presse aux portes du Monument national où elle n'a pas réussi à trouver place. Bourassa apparaît alors sur le porche et invite ses partisans à le suivre au marché Saint-Jacques. Un défilé spontané, joyeux et bon enfant s'organise, sous l'œil serein des policiers, postés là en grand nombre dans l'éventualité d'une émeute. Le moins qu'on puisse dire des assemblées de Lomer Gouin, c'est qu'elles sont loin de soulever pareil enthousiasme.

Certains soirs de ferveur particulièrement bruyante, les résidents de Saint-Jacques ne parviennent pas à fermer l'œil de la nuit. Le 6 juin, Bourassa s'enhardit et défie son adversaire de venir l'affronter au Champs-de-Mars à l'issue d'une assemblée contradictoire. Lomer Gouin riposte aussitôt en lui donnant rendez-vous au marché Saint-Jacques. Devant la tension qui monte de plus en plus dans le quartier populaire, les autorités municipales, appréhendant le tumulte et la violence, refusent leur autorisation au plus attendu des combats de coqs qui eût jamais défrayé les manchettes politiques des journaux.

Voici enfin arrivée la journée tant attendue du 8 juin 1908 ! Laissons plutôt au biographe ému de Bourassa[*] le soin d'en évoquer l'atmosphère exceptionnelle :

> Ce soir-là, une foule évaluée à vingt mille personnes encombre les abords de *La Patrie*, où s'affichent les résultats. Une autre foule envahit les quais de la gare Bonaventure, où l'on attend Bourassa, venant de Saint-Hyacinthe. Quand il arrive, exténué, à dix heures du soir, on le sait élu député de Saint-Jacques par 43 voix de majorité sur Lomer Gouin. De la masse noire qui a rompu le service d'ordre s'élève une immense acclamation. Bourassa est enlevé sur le marchepied du train et porté dans sa voiture, tandis qu'éclatent des fanfares. Chevaux dételés, la voiture traînée par des étudiants se fraie un chemin dans les remous de la foule. Depuis plusieurs heures déjà, la circulation des tramways est interrompue. Le cortège s'engage dans la rue Craig, bordée d'échoppes de fripiers, puis sur le boulevard Saint-Laurent, bordé de restaurants kascher. Des « jobbers » au teint bistre s'enfoncent, d'instinct, dans leur arrière-boutique. Rue Sainte-Catherine, une autre multitude attend, aux abords de *La Patrie*. La scène rappelle les soirées parisiennes où le général Boulanger n'aurait eu qu'un mot à dire pour entraîner la foule sur l'Élysée. Chapeaux défoncés, robes déchirées, personne n'en a cure. On lance en l'air son couvre-chef, sans espoir de le retrouver. Les accents de plusieurs fanfares se contrarient. Enfin Bourassa, sa femme et les frères Louis-Joseph et Eugène Tarte[**] peuvent monter sur

---

[*] Rumilly n'est pas un témoin oculaire. Il rédige son « évocation » à quarante ans de distance, en s'inspirant des comptes rendus des journaux de l'époque et des témoignages des partisans de Bourassa encore vivants. En 1953, toutefois, ces derniers sont encore assez nombreux pour que la description des événements apparaisse plausible, même sous la plume d'un hagiographe.

[**] Propriétaires de *La Patrie*.

une estrade improvisée, d'où ils dominent la fourmilière. On crie : « Saint-Jacques a vengé Bellechasse ! »

Oui, Saint-Jacques a vengé Bellechasse, reprend Bourassa. Le vainqueur remercie les électeurs ; il remercie *La Patrie* et dit à l'adresse de l'autre feuille populaire, *La Presse* : « Quand un journal corrompu entreprend d'étouffer la voix du patriotisme, le peuple refuse de se laisser berner par les sottises qui s'impriment dans cette feuille ». La victoire de Saint-Jacques n'est qu'un premier pas vers une victoire plus complète, un premier pas dans le grand mouvement national. Bourassa développe cette idée, mais l'enthousiasme de ses partisans couvre sa voix, l'arrache de son estrade, l'entraîne au Théâtre National, siège de son comité, où il doit encore parler. Sur le parcours, toutes les fenêtres se garnissent, et son nom mille fois répété : « Bourassa... Bourassa... » forme comme une guirlande, une chaîne de clameur. Il faut terminer la nuit au Club Lafontaine. « C'est la journée la plus occupée de ma vie », dit Bourassa.

Journée de victoire, journée de gloire.

Le soir de ses plus grands triomphes, Henri Bourassa, humblement, s'agenouille sur le parquet de sa chambre[13].

Asselin, le militant, a enfin réalisé son grand rêve. Il lui faut maintenant en assumer le prix. Celui-ci va s'avérer exorbitant.

Chapitre XX

L'AILE BRISÉE

Ma vie est un paroxysme continuel à peine interrompu par des
intervalles de lassitude profonde et d'inneffable découragement.

(Léon Bloy, cité par Jacques Petit,
Léon Bloy, Desclée de Brouwer, 1965)

Brisé par l'effort consenti durant la campagne de Saint-Jacques, cousu de dettes et angoissé quant à son avenir, Asselin prend, une fois de plus, le chemin de la Gaspésie pour refaire ses forces auprès de Raoul. En cet été de 1908, il part seul et la mort dans l'âme, sans avoir pu revoir Bourassa après son élection triomphale. Comme il lui arrive fréquemment, après avoir donné le meilleur de lui-même, le grand homme, en proie au doute, s'est réfugié dans la solitude de sa maison de Sainte-Adèle et ne veut plus voir personne. Sa porte est condamnée depuis cinq semaines et il refuse même d'ouvrir son courrier. Comme souvent, en pareilles circonstances, il se déclare malade.

Et effectivement il l'est. Une fois de plus, il se sent écartelé entre deux personnages qui se livrent en lui le même étrange combat. D'un côté l'orateur impulsif, le tribun que la ferveur des foules pousse dans ses derniers retranchements, là où son talent et sa parole galvanisent l'auditoire, conduisant alors sa pensée sur des terrains où, seul dans son cabinet de travail, il ne se fût peut-être jamais avancé. Mais contre ce tribun fougueux se dresse ensuite le contemplatif, le solitaire effrayé par tant de clameurs et de tumultes, qui tire le lutteur vers l'arrière de la scène et lui prodigue d'amers reproches. Le « castor rouge », c'est encore lui, semble-t-il, qui fait ici des siennes...

Joséphine, sa jeune femme, tentera sans succès de rétablir le lien entre Asselin et son mari. Comme son beau-père Napoléon, comme ses deux belles-sœurs, Adine et Henriette, elle éprouve une sympathie certaine pour ce jeune militant dévoué qui a tant donné à « la cause » de son mari. Rien ne lui ferait davantage plaisir que de voir ces deux-là se parler et s'entendre. Mais Bourassa broie du noir et refuse le contact. Sa femme s'en excuse auprès d'Asselin :

> Peut-être ce repos de quelques semaines aura-t-il modifié l'idée de mon mari sur l'opportunité de remercier les électeurs, etc... Dans tous les cas, ne lui en voulez pas de ce qu'il a pu vous dire de désagréable sur ce sujet ou d'autres. Il était si fatigué qu'il en voulait à l'humanité entière — mais je sais qu'il vous aime bien et vous apprécie.
>
> Cordialement,
>
> Joséphine Papineau-Bourassa[1]

Ses démarches seront vaines. Bourassa semble, en effet, en vouloir à l'humanité entière. À ses jeunes disciples, tout particulièrement, de l'avoir poussé, presque à son corps défendant, dans l'arène provinciale. Même le fidèle Héroux, en partance pour l'Europe, s'est vu interdire la porte de l'auguste convalescent. Mais rien n'égale le désarroi dans lequel l'expérience de Saint-Jacques vient de plonger Asselin qui a littéralement tout sacrifié, sur le plan professionnel et familial, à la victoire de Bourassa. Un bref rappel des événements de l'année précédente permet de mesurer l'ampleur du sacrifice consenti.

Aussitôt après la défaite de Bellechasse en novembre 1907, et à peine le décompte des voix achevé, Asselin avait retrouvé sa combativité naturelle. L'esprit de revanche l'animait. Très rapidement il avait retourné ses batteries du côté des élections générales prévues pour le printemps suivant. Dans six mois peut-être, Bourassa pourrait retrouver, s'il le désirait, une deuxième chance d'être élu député. Tout devait donc être mis en œuvre pour lui assurer, s'il décidait de se représenter, cette victoire éclatante dont il rêvait pour son chef.

Mais pour parvenir à ses fins, Asselin devra jouer le tout pour le tout et sacrifier à Bourassa ce qu'il possède au monde de plus précieux : le 8 mars 1908, le cartouche du *Nationaliste* indique laconiquement que le journal est dorénavant rédigé « en collaboration ». La mention : « Olivar Asselin, directeur-gérant » en a été discrètement supprimée.

Trois mois, jour pour jour, séparent cette brusque décision de la tenue du prochain scrutin provincial. Trois mois dont Asselin, à peine remis de son état dépressif et toujours incertain de la décision de Bourassa, croit avoir besoin pour mettre sur pied l'organisation électorale capable de mener à coup sûr son candidat à la victoire, dans quelque comté où il pourrait décider de se présenter. Et, qui sait, un jour, à la tête de sa province bien-aimée s'il le désire ? Mais la mise sur pied d'une structure d'action nationaliste propre à rivaliser avec les ressources de la puissante machine libérale va exiger de lui, il ne l'ignore pas, des prodiges d'énergie et d'imagination. Déjà éprouvé, dans sa santé, par les affrontements de son dernier procès, il a besoin de faire de la lutte électorale sa priorité. Il lui faut donc procéder au sacrifice rapide de la direction de son journal et accepter de passer la main.

Sans regret apparent, comme on se jette à la mer, le voilà qui renonce tout à coup au grand rêve de sa jeunesse : posséder enfin son propre journal. Lui, l'impénitent, le virtuose des mots et de la mise en scène, le voilà résolu à se lancer à corps perdu, à s'immerger totalement dans les contingences prosaïques et sans gloire des travaux de l'ombre : l'organisation électorale, ses patientes démarches de recrutement, ses minutieux travaux de pointage, ses interminables efforts de persuasion auprès des électeurs. Pendant ces trois mois, et même au-delà, pas une seule fois sa signature n'apparaîtra dans « son » *Nationaliste*.

S'il s'attendait à être payé de gratitude, il sera vite déçu. Bourassa est resté fidèle à lui-même. Tout au long de la campagne de Saint-Jacques, il a conservé ses mêmes habitudes de vie, préparant ses discours dans la solitude et la réflexion de son cabinet de travail. Il n'est pas de ces hommes politiques que l'on voit, à tous propos, faire irruption dans les locaux enfumés de leur organisation, serrant les mains de militants ravis, en bras de chemise, une bière à la main.. Ou encore faisant mine de les consulter à la ronde pour « mieux les mettre dans le coup ». Non, Bourassa n'a que mépris pour ce genre de connivence racoleuse.

Intellectuel et grand seigneur, il ne s'intéresse guère aux menus travaux d'intendance et refuse généralement qu'on lui en parle, alléguant avec agacement qu'il fait entièrement confiance à ses collaborateurs pour « ces choses-là ». Conscient de pouvoir y donner le meilleur de lui-même, c'est pour les grandes assemblées qu'il se réserve. La plupart du temps, cet étanche partage des tâches est bien observé à la base. Mais pour Asselin, qui peut à bon droit se targuer d'être, en matière de contenu, tout aussi bon juge que le candidat lui-même, cette manière cloisonnée de procéder comporte sa part d'humiliation secrète. L'éditorialiste tenait, jusque-là, un rôle de conseiller public auquel il vient lui-même de renoncer pour se lancer dans l'organisation. Organisateur il a voulu être, simple organisateur il restera.

Les affiches et les serpentins de la victoire à peine ramassés, il en prendra amèrement conscience. Plus d'un quart de siècle après, le militant blessé se rappelle encore les affres de cette campagne décidée à la toute dernière minute par le principal intéressé :

En 1908, M. Bourassa était candidat à l'Assemblée législative dans Saint-Jacques et dans Saint-Hyacinthe. Sa candidature dans Saint-Jacques fut décidée 12 jours avant le scrutin. Comme on n'avait pas le sou, il fallut se mettre en quête d'une modeste caisse électorale. En moins de 10 jours, j'avais recueilli $2,800 en sommes de $5 à $50, avec deux souscriptions de $200 chacune. La plupart des gens à qui je m'adressais ne m'avaient jamais vu et je ne les connaissais pas davantage. L'élection terminée et les délais réglementaires écoulés, je suggérai à M. Bourassa d'envoyer sa carte aux souscripteurs, dont aucun ne lui devait rien et dont aucun non plus n'était un aspirant fournisseur de l'État ou un entrepreneur de travaux publics. « Ces procédés, dit M. Bourassa, c'est bon pour les charlatans : je ne m'abaisse pas à cette démagogie. » M. Bourassa a continué et sa défaite dans le comté de Labelle est la chose du monde qui s'explique le mieux, et par cette horreur de la démagogie qui lui faisait de l'ingratitude un point d'honneur, et par ses discours sur la question de savoir si le nationalisme est un péché*.

Il y a des journaux qui suggèrent maintenant que l'ancien député de Labelle soit nommé sénateur. Ils ne courent pas risque de se tromper. M. Bourassa est bien du bois dont on fait les sénateurs. S'il avait eu un adversaires aux élections de 1930**, il aurait été fort convenablement battu[2].

Même s'il ne s'abaisse pas à « la démagogie » et privilégie de loin la persuasion des électeurs par les vertus pédagogiques du discours, Bourassa n'a pas été sans se rendre compte de l'appui non négligeable que toute une mouvance « asseliniste » avait fourni à son élection : « rouges » bon teint et conservateurs nationalistes en grand nombre, certes, mais aussi militants ouvriers, libres penseurs d'allégeance socialiste, francophiles radicaux, sans oublier certains « amis » francs-maçons bien déterminés, eux aussi, à contribuer à la défaite de Lomer Gouin. La question se posait : qu'adviendrait-il si tous « ces gens-là » allaient, par la suite, crier victoire à sa place ou, pire encore, lui réclamer quelque tribut de reconnaissance pour services rendus ? Asselin l'avait rassuré : tout le crédit de la victoire lui revenait et il pouvait dormir tranquille.

Mais le ver était quand même entré dans la pomme. Car si, une fois le nouveau quotidien lancé sous la direction du nouveau député de Saint-Jacques, les « frères » de la loge allaient crier sur les toits que Bourassa avait été « leur » candidat, quelles pourraient en être les conséquences ? L'œuvre et son fondateur n'en subiraient-ils pas un discrédit considérable aux yeux de la hiérarchie catholique ? Recevoir l'aide de l'inclassable Asselin, Bourassa s'en rendait compte,

---

* À cette époque de sa vie, Bourassa endossait volontiers les réticences de l'Église à l'endroit des nationalismes, ce qui l'avait conduit à condamner la résistance franco-américaine aux décisions controversées des évêques irlandais de la Nouvelle-Angleterre. Ces derniers prétendaient leur imposer une part du financement des écoles anglaises en sus de celui de leurs propres écoles (Affaire de Providence).

** Considérant a posteriori son incursion en politique provinciale comme une « erreur », Henri Bourassa ne fera qu'un seul mandat au Parlement de Québec. En 1912, il ne se représentera pas afin de se consacrer entièrement au *Devoir*, fondé deux ans auparavant. En 1926, toutefois, il fera un retour en politique fédérale à la demande pressante du chef du Parti libéral William Lyon Mackenzie King. Il sera réélu sans opposition dans son ancien comté de Labelle en 1930, mais battu aux élections de 1935. C'est à ces derniers événements qu'Asselin fait allusion ici.

aussi généreuse et entière que soit cette aide, n'allait pas sans comporter quelques inconvénients majeurs. Il le lui avait d'ailleurs laissé entendre. Sept ans plus tard, Bourassa évoque le souvenir de ces tensions déjà présentes entre les deux hommes :

> Lorsqu'on m'a présenté dans Saint-Jacques, vous vous rappelez sans doute que j'étais déjà candidat dans le comté de Saint-Hyacinthe. J'ai donc dû laisser diriger la lutte à Montréal par ceux qui avaient préparé et posé ma candidature. Asselin était parmi ceux-là et je lui rends témoignage qu'il a fait un travail très actif et très intelligent, quoique un peu brouillon, comme toujours. Une fois les deux élections faites, on me prévint que, certains des amis de la Loge se vantaient d'avoir contribué à la défaite du premier Ministre, afin de lui faire une leçon. J'interrogeai Asselin à ce sujet. Il me déclara que c'était une pure invention des francs-maçons qui, afin d'accroître leur prestige et leur influence, réclamaient maintenant une partie de la victoire afin de s'en faire une arme de chantage[3].

Ces tensions, elles ne pouvaient manquer de se manifester. Les deux hommes, en effet, avaient vécu la campagne de Saint-Jacques sur deux planètes différentes. À Bourassa étaient échues l'admirable cohérence du discours et la parfaite osmose avec des foules conquises à l'avance et qui adulaient littéralement l'orateur. Asselin avait reçu en partage les coups bas, les fraudes et l'intimidation, la confrontation avec des êtres vulgaires, parfois même violents. Trois semaines après la tenue du scrutin, il se vide le cœur dans *Le Nationaliste* après un long silence. On en apprend de belles ! Une semaine après le déclenchement des élections, Rodolphe Latulipe, le président d'élection, sans doute de connivence avec le parti ministériel, refusait toujours de communiquer à l'organisation nationaliste la liste des bureaux de scrutin, liste que la machine libérale avait pourtant en main depuis le tout début de la campagne. Asselin rapporte crûment l'altercation qui s'en était suivie entre les deux hommes : « je lui ai dit que je lui casserais les reins s'il ne me donnait sur-le-champ la liste officielle des bureaux de votation [*sic*] que le comité gouiniste avait en sa possession depuis une semaine[4] ! »

Ces révélations prennent ensuite la forme d'une lettre ouverte à Jules Fournier. Asselin y envie ouvertement son confrère d'avoir « eu l'honneur de dénoncer publiquement toutes les manigances » dont l'organisateur a été, sur le terrain, le témoin souvent muselé et impuissant : bulletins blancs laissés à la portée de tous les fraudeurs potentiels, boîtes de scrutin ouvertes ou abandonnées sans surveillance, distribution, aux électeurs, de billets de 5 $ accompagnés de fausses cartes de Bourassa pour tâcher de le compromettre... La vue de toutes ces « turpitudes » a littéralement soulevé le cœur d'Asselin. Mais au plus fort de sa révolte, il prend subitement conscience d'avoir renoncé, de lui-même, à la seule arme efficace qu'il possédait pour contrer « la canaille » et que c'est les mains nues qu'il a dû l'affronter seul : « mais en matière électorale, quand les doigts me démangent trop, je n'ai plus, hélas, que des coups de bâtons à offrir aux gredins à la place des francs coups de plume qui me toquent dans le bout des doigts[5]! »

Car il est trop tard, maintenant, pour revenir en arrière : un organisateur d'élections, n'eût-il trempé dans le métier que quelques semaines, ne saurait prétendre à la crédibilité de l'éditorialiste qui a suivi les événements du haut de sa tribune. Asselin doit se refaire une virginité éditoriale. Et *Le Nationaliste*, d'ici là, ne saurait voguer sur les eaux tumultueuses qui sont devenues les siennes sans un capitaine de première valeur à sa barre. Ce même 28 juin suivant les élections, en frontispice, et présumant de l'accord tacite de Bourassa, Jules Fournier est désigné comme nouveau directeur-gérant de l'hebdomadaire. En dépit de sa frustration et de son abattement, Asselin peut partir rassuré pour la Gaspésie : « son » journal maintiendra au plus haut la ligne de ses engagements politiques, sociaux et culturels, et il sera rédigé dans une langue soignée. Avec Fournier[*], il peut en être sûr.

Les deux amis, en effet, ont tout en commun et se sont toujours complétés admirablement. Esthètes et pamphlétaires-nés tous les deux, nationalistes et francophiles, ils partagent le même amour de la littérature, le goût de l'élégance, fût-ce dans leur pauvreté vestimentaire, et celui de l'humour dans toutes leurs tribulations. Jeunes, généreux, fidèles en amitié, ils ne cessent de s'entraider et de s'épauler en dépit de leur différence d'âge.

Asselin est le plus politique des deux, Fournier le plus littéraire, mais tous deux tendent à occuper alternativement et avec un bonheur presque égal le terrain de l'autre. La compétition et l'envie leur sont étrangères. Ce sont des êtres de chaleur et de communication qu'un dévouement sans mesure à Bourassa va laisser pareillement sur leur faim. Mais si Asselin sacrifie davantage à « la cause », c'est Fournier qui éprouvera, plus tard, l'amertume la plus profonde[**].

Mais pour l'heure, Fournier possède déjà, en dépit de son âge (il n'a que vingt-quatre ans), ce qui s'appelle « un nom » dans les lettres montréalaises. L'hiver précédent, une querelle littéraire célèbre l'a opposé au jeune critique français Charles Ab der Halden, collaborateur régulier du *Nationaliste* et ami reconnu de plusieurs écrivains rattachés à l'École littéraire de Montréal. Ces deux jeunes gens, également talentueux et brillants, ont croisé le fer durant l'hiver de 1907 dans la *Revue Canadienne* sur le thème de l'existence contestée de la littérature canadienne. Ab der Halden, sympathique à Nelligan et à ses épigones, prétendant que

---

* Fournier collaborait depuis longtemps au journal, souvent sous le pseudonyme de Pierre Beaudry.

** Ainsi qu'en fera foi son texte posthume : *La faillite (?) du nationalisme*, édité en 1922 par madame Fournier et préfacé par Asselin dans un recueil d'articles de son ami réunis à Montréal sous le titre de *Mon Encrier*.

oui, le Canadien français soutenant, contre toute attente, qu'il n'en était rien ! La querelle, une guerre tout en dentelles, avait pourtant provoqué le scandale et fait couler beaucoup d'encre.

Les notables des lettres canadiennes ne pouvaient concevoir qu'un blanc-bec de la taille de Fournier s'avisât de contester leur existence comme institution littéraire. Adversaires farouches de la facilité, de l'autosatisfaction, de l'encensement mutuel et du refus de se comparer, Asselin et Fournier, toute leur vie, prétendront pareillement que la meilleure façon de faire advenir un jour une littérature canadienne digne de ce nom, c'est de soutenir mordicus que cette dernière n'existe pas ! Certains duels littéraires de l'époque relevant parfois de la convention, il n'est d'ailleurs pas totalement exclu que l'ami Ab der Halden se soit prêté, de fort bonne grâce peut-être et sur la demande de Fournier lui-même, à un simulacre de polémique susceptible de relancer un débat de fond jugé nécessaire au Canada français*.

À une fine lame de cette trempe, Asselin épuisé peut donc confier, sans crainte, « son » *Nationaliste* qui en a bien besoin. Au niveau rédactionnel, il sait que Fournier, comme lui-même, s'imposera les fastidieuses heures de réécriture exigées par les hauts standards de correction littéraire que le journal a voulu s'imposer depuis sa fondation. Bien que zélés et désintéressés, les collaborateurs du *Nationaliste* n'écrivent pas tous correctement leur langue, tant s'en faut. Solécismes, barbarismes, anglicismes truffent parfois leurs proses bénévoles. Même le brillant Armand Lavergne rédige souvent ses textes à la hâte, en se fiant abusivement à sa facilité. D'où des fautes d'orthographe constantes. Un bon directeur doit donc avoir l'œil à tout. Fournier, en outre, jouit en ce moment de la considération de Bourassa : ses récents reportages sur l'état des minorités franco-américaines lui ont valu des éloges appuyés de la part du maître.

La compétence et le dévouement de Fournier lui seront, enfin, grandement facilités par la liberté d'action que lui procure son statut de célibataire : seule époque de sa vie où un journaliste demeure encore libre de prodiguer ses talents pour 20 $ par semaine ! Avec des dettes, une femme et trois enfants, il ne saurait en être question plus longtemps pour Asselin. Il a assez donné. Il est temps pour lui de passer la main. Sa situation personnelle confine au drame.

Le militant qui erre seul sur les plages de la Gaspésie en cet été de 1908 est, au plus secret de lui-même, un homme rompu auquel s'imposent les plus radicales remises en question. Bourassa porté en triomphe, propulsé en une nuit à la tête du

---

* C'est l'une des hypothèses soulevées par Marie-Andrée Beaudet qui a soutenu, en 1988, un mémoire de doctorat en littérature à l'Université Laval portant, en partie, sur la célèbre querelle Fournier-Ab der Halden. (Sous le titre de : *L'impact de la situation linguistique sur la formation du champ littéraire au Québec de 1895 à 1914*). Les Éditions de l'Hexagone ont publié cet essai à Montréal, en 1991, sous le titre de *Langue et littérature au Québec (1895-1914)*.

mouvement nationaliste au Parlement de Québec, voilà la longue ambition secrète qui l'aura tenu sur la brèche depuis cinq ans. Cette grande ambition, elle se trouve enfin réalisée... Or elle le trouve incapable de s'en réjouir. Pour permettre à son rêve de prendre corps, Asselin n'a ménagé ni son temps ni ses efforts. Il lui a sacrifié allégrement son journal, sa vie personnelle jusqu'à compromettre, à certaines heures, même celle de son couple et de sa famille. Aussi, après toutes ces années, émerge-t-il de l'aventure épuisé et criblé de dettes. Devant lui s'ouvre un abîme sans fond constitué d'amendes, de cautionnements et de frais d'avocats qu'il tient absolument à rembourser rubis sur l'ongle à tous ses amis et supporteurs. Son sens ombrageux de l'honneur tout autant que le réalisme politique le lui commandent impérieusement : on ne parle pas de ses déboires financiers à un député nouvellement élu quand ce dernier s'appelle Bourassa et qu'on revendique l'honneur d'avoir été son organisateur !

Mais le combattant est également la proie du remords. Depuis la fondation du *Nationaliste*, il n'a littéralement pas vu le temps passer. Tout à ses polémiques et à ses procès, courant d'une assemblée à l'autre, pourfendant tantôt un bill, tantôt l'autre, soulevant l'opposition de Rimouski à Charlevoix, prenant la plume ou la parole au nom de toutes les grandes causes où la vérité et la justice lui semblaient compromises, il a vécu jusqu'ici en célibataire frugal et inconséquent.

Le voilà pourtant bel et bien père de famille. Un second fils, Jean, lui est né en 1905, au plus fort de la crise des écoles du Nord-Ouest. Dix-huit mois plus tard, en 1906, Jean est suivi de Paul. Par un prodige d'organisation, il a réussi à être présent à leur baptême ! Pour Jean, né en pleine effervescence nationaliste, c'est *Madeleine* et son mari, le docteur Wilfrid Huguenin, qui ont fait office de parrain et de marraine. Sa mère et son frère Raoul l'ont été pour Paul. Puis Asselin est reparti de plus belle à ses combats et à ses absences répétées.

Quand il rentrait au foyer exténué, l'estomac noué et la tête bourdonnante d'urgences et de nouveaux défis, à peine avait-il le temps de remarquer que les enfants avaient grandi, que les traits d'Alice trahissaient toujours davantage les soucis et que les vingt dollars de son salaire hebdomadaire, écorné par les dettes et les aumônes aux clochards, ne suffisaient plus à faire bouillir la marmite. L'éternel distrait avait-il seulement observé les allées et venues d'Alice, les jours de ravitaillement, lorsqu'elle allait marchander aux commerçants, attendris à la vue des trois enfants, quelques poireaux flétris ou quelques poires blettes pour compléter son ordinaire sans viande ? Lui qui prisait tant l'élégance féminine et s'intéressait de si près à la mode française, savait-il que, depuis des années, Alice ne s'habillait plus que des dons discrets de ses sœurs ? D'Éva, surtout, qui après de longues fiançailles, avait épousé Omer Marchand, ce jeune et brillant architecte, parrainé autrefois par Israël Tarte, et auquel paroisses, communautés religieuses et gouvernements ne cessaient de proposer de lucratifs contrats.

Rieule Asselin et Cédulie Tremblay, des êtres de conviction qui marqueront leur fils.
(Collection privée André P. Asselin)

Le peloton de tête des aînés : Oscar, Raoul, Amanda et
Olivar. Des solidarités qui se maintiendront toute la vie.
(Collection privée André P. Asselin)

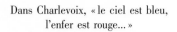
Dans Charlevoix, « le ciel est bleu,
l'enfer est rouge... »

Pierre-Alexis Tremblay,
candidat libéral.

Sir Hector Langevin,
candidat conservateur.

Mgr Elzéar-Alexandre Taschereau, l'auteur
d'un mandement dévastateur pour les Rouges.
(Archives Fides)

Israël Tarte, l'organisateur d'élections le plus
redouté de son temps. (Archives Fides)

Le troisième séminaire de Rimouski. Olivar Asselin y nouera des amitiés solides.
(Archives Séminaire de Rimouski)

Olivar Asselin en classe. Le « Petit Caporal » arbore fièrement son prix d'excellence :
une paire de hautes bottes qui le distinguent de ses condisciples
(à l'extrême droite de la première rangée).
(Archives Séminaire de Rimouski)

Louis Riel, chef de l'insurrection des Métis. Sa pendaison va révolter le Canada français tout entier.
(Archives Fides)

Honoré Mercier prend la tête des Nationaux: un premier ministre du Québec aux allures de chef d'État.
(Archives Fides)

Les grands modèles.

Arthur Buies, un brillant pamphlétaire formé
à Rimouski. (Archives Fides)

Deux pamphlétaires exemplaires de la Presse française.

Le républicain, Henri de Rochefort.　　　　L'ultramontain, Louis Veuillot.

Raoul Asselin, futur curé de Chien-Blanc, en
Gaspésie: le frère, le complice et le confident.
(Archives du Séminaire de Rimouski)

Olivar Asselin à vingt ans avec l'une de ses jeunes sœurs.
(Collection privée André P. Asselin)

Olivar Asselin, rédacteur en chef au *Protecteur canadien*. (Collection privée André P. Asselin)

Olivar Asselin en 1898, à l'époque de la guerre hispano-cubaine. (Collection privée André P. Asselin)

À l'entraînement militaire. (Collection privée André P. Asselin)

Adélard Lafond, directeur du *Protecteur canadien* de Fall River et de *La Tribune* de Woonsocket: le premier employeur d'Olivar Asselin dans sa carrière américaine». (Collection privée Yves Roby)

Ferdinand Gagnon, chef de file et grand rassembleur des Canadiens français des États-Unis. (Association des Canado-Américains)

Aram J. Pothier, banquier, maire de Woonsochet, lieutenant-gouverneur du Rhode Island. Guide et protecteur d'Asselin en Nouvelle-Angleterre.

Honoré Beaugrand, fondateur de journaux en Nouvelle-
Angleterre et au Canada, écrivain et maire de
Montréal, franc-maçon et fier de l'être....

Narcisse-Henri-Édouard Faucher de Saint-Maurice.
Un écrivain canadien au service de la France ;
un destin qui fait rêver Olivar.

Françoise (Robertine Barry) la « marraine littéraire »
d'Émile Nelligan et d'Olivar Asselin. (Université d'Ottawa/CRCCF)

Edmond de Nevers (Edmond Boisvert), une
vaste culture européenne, une grande
vision d'avenir pour les Canadiens français
d'Amérique. (Archives Fides)

Louvigny de Montigny, membre-fondateur de
l'École littéraire de Montréal et cofondateur
des Débats: une rencontre déterminante
pour Asselin. (Archives Fides)

Henri Bourassa, le fier député de Labelle. Depuis la guerre des Boers, la jeunesse nationaliste se regroupe derrière lui.
(Collection privée Anne Bourassa)

Lomer Gouin, ministre de la Colonisation dans le gouvernement de Simon-Napoléon Parent. Il fera d'Asselin son secrétaire particulier. (Archives Fides)

Hormidas Laporte, élu maire de Montréal en 1904 avec le concours d'Asselin; ensemble, ils feront la guerre aux « trusts » des transports et de l'électricité. (Archives Fides)

Olivar Asselin et sa fiancée à Trois-Pistoles en 1901.
(Collection privée André P. Asselin)

1902 : Olivar épouse Alice Le Bouthillier.
« Je vous aime toujours à tort et à travers. » (Henri IV à Gabrielle d'Estrées)
(Collection privée André P. Asselin)

David contre Goliath.

Le Nationaliste, « Enfin, un journal écrit en français ! »

Quand Le Nationaliste s'attaque à La Presse : Arthur dit
« le Boss » Dansereau, directeur. (Archives Fides)

Jules Helbronner, rédacteur en chef (à droite du pupitre).

Jules-Paul Tardivel, directeur fondateur de *La Vérité* :
un adversaire redoutable et respecté. (Archives Fides)

Armand Lavergne, député nationaliste à
24 ans et courriériste parlementaire du
Nationaliste (sous le pseudonyme de
« Montjorge »). (Archives Fides)

Jules Fournier, le frère selon l'esprit.
Asselin n'allait pas sans Fournier, ni
Fournier sans Asselin.

Les « chères collègues. »

De gauche à droite *Madeleine* (Anne-Marie Gleason-Huguenin),
Colombine (Eva Circé-Côté), *Gaétane de Montreuil* (Marie-Georgina Bélanger-Gill)

Deux fidèles compagnons de route du *Nationaliste*.

Omer Héroux, secrétaire-trésorier de la
Ligue nationaliste et journaliste à
La Vérité. (Collection privée Jean Héroux)

Ferdinand Paradis, journaliste et gaspésien.
Il remplacera à pied levé le directeur
Asselin, victime de surmenage.
(Collection privée famille Paradis)

La constellation littéraire du *Nationaliste*.

Émile Nelligan, une figure de légende; la jeune poésie se reconnaît dans son œuvre. (Archives Fides)

Charles Gill, peintre et poète. Il forme, avec Gaétane de Montreuil, un couple résolument moderne. (Archives Fides)

Albert Lozeau: le poète alité; sa chambre est devenue un véritable cénacle littéraire. (Université d'Ottawa/CRCCF)

Albert Ferland, poète, dessinateur et cartographe. Un autodidacte lyrique. (Université d'Ottawa/CRCCF)

Dans le « deuxième cercle » des arts et des lettres.

Louis Fréchette, arbitre incontesté des
Soirées du Château de Ramesay ; de
Montigny et Asselin lui chercheront
querelle. (Archives Fides)

Pamphile Lemay ; un aîné respecté,
un collaborateur assidu.
(Archives Fides)

Arthur Laurendeau, musicien et
nationaliste ; un ardent supporteur
du *Nationaliste*. (Centre de recherches
Lionel-Groulx)

Napoléon Bourassa, peintre et
écrivain ; parmi les premiers
actionnaires du *Nationaliste*.
(Collection privée Anne Bourassa)

Sir Wilfrid Laurier, « The Silver Tongue » ; ambivalence et
séduction... Premier ministre du Canada de 1896 à 1911.
(Archives Fides)

Mgr Paul Bruchési, archevêque de Montréal, Grand aumônier de la
Société Saint-Jean-Baptiste et ami personnel de Laurier ; le pamphlétaire
le croisera fréquemment sur sa route. (Archives Fides)

Jean Prévost, député libéral de Terrebonne, un adversaire qui a de la classe et avec lequel Asselin se réconciliera.

Adélard Turgeon, député de Bellechasse et ministre des terres et forêts. Asselin l'acculera à la démission en révélant « le scandale de l'Abitibi » dans son journal.

Rodolphe Forget, dit « le Roi des trusts », devant sa résidence d'été de Saint-Irénée (aujourd'hui Domaine Forget).
(Bibliothèque nationale du Québec (Québec))

Olivar Asselin refait ses forces au soleil de la Gaspésie chez son frère Raoul.
(Collection privée André P. Asselin)

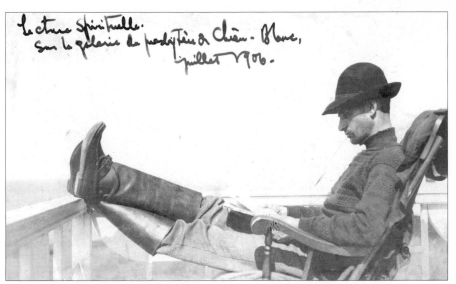

« Lecture spirituelle » sur la galerie du presbytère de Chien-Blanc.
(Collection privée André P. Asselin)

L'oncle Raoul et ses neveux Jean et Paul Asselin.
(Collection privée André P. Asselin)

Alice Asselin et ses fils Claude, Jean et Paul
en vacances d'été à Chien-Blanc.
(Collection privée André P. Asselin)

Olivar Asselin et son fils Paul,
dit « Poulichet », à Chien-Blanc.
(Collection privée André P. Asselin)

Henri Bourassa, directeur-fondateur
du *Devoir*, 10 janvier 1910.
(Collection privée Anne Bourassa)

Georges Pelletier, premier courriériste
parlementaire du *Devoir* à Ottawa ; un poste
qu'Asselin convoitait secrètement.
(Archives *Le Devoir*)

Omer Héroux, le choix du directeur-fondateur.
(Archives *Le Devoir*)

Des références essentielles.

Charles Péguy fondateur des *Cahiers de la Quinzaine*.
« Les cahiers ont contre eux tous les menteurs et tous les
salauds, c'est-à-dire l'immense majorité de tous les partis... »

Léon Bloy, « Ma vie est un paroxysme
continuel à peine interrompu de lassitude
profonde et d'ineffable découragement. »

Jules-Amédée Barbey d'Aurevilly,
« J'ai parfois dans ma vie été bien
malheureux, mais je n'ai jamais
quitté mes gants blancs. »

La victoire conservatrice.

Le premier ministre du Canada Robert Laird Borden à Londres,
en 1911, en compagnie du Premier lord de l'amirauté,
Winston Churchill. (Archives publiques du Canada)

Frederick-Debartzch Monk, chef de l'aile québécoise du
Parti conservateur : érudition, distinction, double culture ;
chef dépassé d'une coalition fragile.

Paul-Émile Lamarche député de Nicolet,
un résistant courageux mais isolé.

Louis-Philippe Pelletier, ministre des
Postes ; le choix d'Armand Lavergne.
Il fera faux bond aux nationalistes durant
la crise des écoles du Keewatin.

Le « parti des sénateurs » ou la « cinquième colonne » de Laurier
à la Société Saint-Jean-Baptiste de Montréal :

Laurent-Olivier David.

François Liguori Béique.

Raoul Dandurand.

Beau-frère et mécène, l'architecte Omer Marchand par Suzor Coté.
Une solidarité qui ne se dément pas... des emprunts qui se
multiplient. (Collection Pierre Richard Bisson)

L'abbé Lionel Groulx au milieu de ses élèves. Le prêtre-historien inaugure
ses premiers cours à l'Université Laval à Montréal en 1915.
(Centre de recherches Lionel-Groulx)

Marie Lacoste-Gérin-Lajoie, présidente-
fondatrice de la Fédération nationale Saint-
Jean-Baptiste, une alliée indispensable du
Président Asselin dans la campagne du Sou
de la pensée française. (Archives Institut
Notre-Dame-du-Bon-Conseil)

Marie Gérin-Lajoie, directrice de *La Bonne
Parole*, Les militantes de la FNSJB appuieront
la résistance de leurs sœurs franco-
ontariennes au Règlement 17.
(Archives Institut Notre-Dame-du-Bon-Conseil)

Olivar Asselin en 1915. « ...avantagé par l'uniforme
lorsque la casquette d'officier, démesurée pour sa
petite taille, n'écrase pas sa silhouette... »
(Collection privée André P. Asselin)

Le major Asselin au Mont-Royal en mars 1916. « ...la plus noble
conquête de l'homme... » (Collection privée André P. Asselin)

Le major Asselin et ses fils, face au bureau de recrutement du 163ᵉ bataillon. Il correspondra avec eux durant toute la Guerre. (Collection privée André P. Asselin)

L'affiche du 163ᵉ. Asselin voulait en faire un bataillon entièrement canadien-français pour servir en France. (Archives publiques du Canada)

Le colonel Henri Desrosiers. Un soldat de métier qui s'est illustré
dans les Flandres. Asselin le choisit pour commander son bataillon.
(Archives publiques du Canada)

Sir Sam Hughes en grand uniforme de colonel de l'armée impériale à sa descente
de train pour la revue de ses troupes cantonnées à Valcartier.

Éva et Omer s'étaient fait construire une superbe résidence, au 486 de l'avenue Wood, à Westmount, où Omer avait créé un cadre d'époque pour ses collections d'œuvres d'art acquises en Europe. Alice, pendant ce temps, émigrait péniblement de leur petite chambre-studio de la rue Notre-Dame à un obscur deux pièces de l'avenue du Parc d'où la naissance rapprochée de Paul l'avait chassée au bout de quelques mois. Aujourd'hui, les Asselin habitent au 85b de la rue Drolet, tout près du Carré Saint-Louis, où ils ont enfin récupéré une chambre additionnelle pour loger leurs trois enfants. C'est un modeste trois pièces avec un corridor étroit où s'entassent, dans un fouillis indescriptible, journaux français et brochures gouvernementales, outils indispensables au travail du journaliste.

Dans la cuisine sombre, située tout à l'arrière, des lessives de bébé sèchent en permanence, laissant sur la vitre une buée tenace que l'hiver transforme aussitôt en givre. Alice calfeutre les fenêtres disjointes à l'aide de bandes de tissu déchiré qu'elle insère dans les interstices à l'aide d'une lame de couteau... Comme ils sont loin, pour eux, les horizons bleus de Sainte-Flavie et de l'Anse-au-Griffon !

C'est durant l'interminable printemps de 1907, alors qu'il rongeait son frein à Québec, dans l'attente du fameux procès qui l'opposait à Jean Prévost, qu'Olivar, soudain désœuvré, avait pris conscience pour la première fois du prix exorbitant que son engagement politique auprès de Bourassa faisait peser sur les siens. Cette réalité, qu'il avait jusque-là refusé de regarder bien en face, lui était subitement apparue de façon brutale. Journaliste libre il avait toujours voulu être, journaliste libre il avait été : *Le Nationaliste* n'était à la solde d'aucun parti et d'aucun « trust » et il n'était d'homme ou d'idée dont son directeur ne pouvait discuter à sa guise. Mais le prix de la liberté était là : à cause de lui, Alice, Claude, Jean et Paul vivaient dans le même état de dénuement chronique que l'éditorialiste était le premier à dénoncer quand il s'agissait de familles ouvrières des comtés de Sainte-Marie et de Saint-Jacques ! Le poids de son engagement politique, c'étaient de jeunes êtres innocents qui le supportaient les premiers. Alice le faisait par courage et fidélité. À peine pouvait-il encore dire « par amour », tant sa lassitude, à certaines heures, trahissait la disette sentimentale à laquelle il l'avait contrainte en se vouant ainsi corps et âme à « la cause ».

Il était loin, le temps où Bourassa, célibataire, venait joyeusement dîner en tête-à-tête avec le jeune couple, donnant à Alice le sentiment d'être associée de près aux débats d'idées de la folle entreprise ! Dans son petit logis encombré d'enfants, où persistait l'odeur tenace des soupes du pauvre, avait-elle seulement encore l'énergie et les ressources de « recevoir » ? Les relations entre les deux hommes s'étaient considérablement refroidies. Depuis, surtout, qu'au *Nationaliste* Asselin avait acquis une stature personnelle distincte de celle du maître et où il prônait des idées que ce dernier, particulièrement en matière d'éducation, de religion et de culture, était loin d'approuver sans réserves. Depuis quelque temps d'ailleurs, les affiches imprimées pour annoncer les assemblées où il prenait la parole portaient la mention laconique : « les dames ne sont pas admises »... Olivar avait suivi le courant, Alice était demeurée sur la berge.

Fort de sa longue accoutumance à la frugalité et à la turbulence des familles nombreuses, Olivar s'était facilement illusionné sur sa faculté d'adaptation à la venue des enfants qu'Alice, de toute façon, assumait presque seule. Il lui suffisait d'être ébloui un instant par la grâce de leurs petits corps, enchanté par leur babil et touché par la tendresse qu'ils lui manifestaient, pour se croire pleinement homme de famille. Les enfants, ne les avait-il pas toujours adorés ? Ses petites sœurs d'abord, ses « trois gars » maintenant ? Écrire un éditorial propre à « renverser un gouvernement », procéder à l'exégèse impitoyable d'un projet de loi sur un coin de table de cuisine, au beau milieu des disputes et des jeux bruyants de ses fils, ne l'avait jamais importuné. Il en avait tiré la conclusion hâtive qu'il était constitué de la fibre dont on fait les bons pères de famille.

À Québec, alors qu'il se trouvait à demi séquestré par ses avocats dans une pension isolée où il risquait peu, par ses propos intempestifs, de nuire à sa cause tandis que cette dernière était « sub judice », Asselin avait eu tout son temps pour réfléchir à sa vie personnelle. Cette nouvelle menace de condamnation qui pesait alors sur lui, il s'était subitement rendu compte qu'elle pesait aussi sur « eux » : sur Alice et leurs trois fils dont l'éducation et l'avenir étaient loin d'être encore assurés.

Longtemps abusé par l'atmosphère un peu irréelle que le militantisme avait insidieusement entretenue autour de sa vie familiale, il avait, en outre, refusé jusque-là de reconnaître les causes véritables du retard de Claude, leur aîné, à marcher et à parler comme le font normalement les enfants de son âge. Maintenant que Jean et Paul le talonnaient de près dans leur développement, il lui fallait faire face à la réalité. Le retard de Claude, ainsi que le docteur Huguenin avait maintes fois tenté de le lui laisser entrevoir, tenait probablement à une paralysie cérébrale partielle qui remontait aux circonstances de sa naissance. Au cours d'un accouchement trop long, particulièrement laborieux, le cerveau de l'enfant avait, semble-t-il, été trop longtemps privé d'oxygène. Son développement moteur et cognitif en avait été affecté de manière irréversible. Claude demeurerait toute sa vie un enfant handicapé.

Olivar s'était longtemps cramponné à l'idée que l'air marin de la Gaspésie, où son frère Raoul se proposait de le prendre temporairement en charge, un entraînement physique intensif et l'amour maternel opéreraient des miracles. Maintenant, il lui fallait déchanter. À deux ans, Jean faisait des phrases presque complètes alors qu'à cinq ans, Claude ne réussissait à émettre que des sons confus. Jean et Paul gambadaient tous deux dans le corridor, tandis que leur aîné, flageolant sur ses petites jambes maigres, ne progressait qu'en s'appuyant péniblement sur les meubles. Longtemps, à cause de son inconscience, Alice avait supporté seule la grande épreuve. Il n'arrivait plus maintenant à se pardonner de lui avoir fait si cruellement défaut, à l'heure où elle aurait eu tellement besoin de lui pour partager ses inquiétudes !

Toujours en 1907, et dans l'attente de son fameux procès de Québec, il se met alors à lui écrire fébrilement. Parfois deux ou trois fois dans la même journée. Il en note les heures. Il s'accuse soudainement, à pleines pages, de toutes les désertions. Il cherche à se faire pardonner toutes ses absences, ses aveuglements, ses inconséquences. Il voudrait la persuader de son optimisme, quant à l'issue de l'affaire Prévost, et de sa résolution bien ancrée de se consacrer désormais tout entier à leur vie de couple et au bien-être tant négligé de leur « chère petite famille ». Il multiplie les protestations d'amour et les serments passionnés. Il l'embrasse « avec toute l'ardeur d'un amant encore jeune et toute la vénération d'un mari assez vieux pour avoir maintes fois trouvé en toi la femme la plus généreuse, la plus forte, la meilleure de la création[6] ».

La « vénération »... Tel est le nouveau sentiment qui, noué à une incurable culpabilité, va désormais rattacher, pour le meilleur et pour le pire, le destin d'Olivar Asselin à celui de sa femme. Aventurier impénitent de la pensée et de l'action, l'amour des siens ne réussira jamais à le sédentariser complètement, en dépit de ses promesses. Alice le sait. Peut-être même l'a-t-elle toujours su ? Le cœur las, submergée par un quotidien ingrat, elle lui écrit peu. Il en souffre et le lui dit. À l'instar de tant d'hommes repentants, et secrètement émus par l'ampleur même de leur repentir, il s'étonne naïvement de n'être pas aussitôt payé en retour par les effusions de tendresse de la réconciliation. Il lui fait parvenir des chèques de plus en plus dérisoires accompagnés des plus étonnantes prédictions : « Chère petite femme, nous avons fini nos tribulations, l'ère du plaisir commence[7] ! » Il a frôlé la mièvrerie, il verse maintenant dans l'affabulation.

C'est, on s'en souvient, qu'il tient désormais sa primeur : la correspondance privée échangée entre la baronne de l'Épine, femme du président du syndicat belge, et l'épouse du ministre Turgeon. Une pièce maîtresse pour un procès qui va bientôt ébranler tout le gouvernement Gouin, et que le baron de l'Épine vient de confier à Asselin pour laver son honneur : Turgeon lui réclamait, en effet, 150 000 $ de « tour de bâton » pour la caisse du Parti libéral en échange de l'exclusivité de la concession abitibienne ! De l'Épine n'étant pas disposé à verser le montant exigé, Turgeon s'était vengé en l'accusant d'avoir voulu « acheter le gouvernement » pour 40 000 $.

La perspective de voir bientôt confondu de façon si éclatante son redoutable adversaire avait fait entrevoir à Olivar un avenir doré pour Alice. Son bonheur ne devait-il pas rejaillir automatiquement sur le sien ? Comme Perrette et le pot au lait, il avait entreposé la précieuse correspondance sous scellés, à l'étude de son fidèle allié le sénateur conservateur Louis-Philippe Landry. Après quoi il s'était mis à rêver tout haut. Alice, qui lisait les journaux aussi bien que quiconque, ne se pressait donc pas d'emboucher la trompette de la prospérité retrouvée.

À ses objurgations pitoyables de venir le rejoindre à Québec « avec le petit Pouliche d'amour » afin qu'il puisse promener fièrement aux yeux des Québécquois « sa chère petite héroïne », elle haussait les épaules et ne répondait guère. Elle n'avait tout simplement pas l'argent nécessaire pour prendre le train. Elle écrivait rarement, la plupart du temps des lettres factuelles. Quand s'y glissait une expression tendre, Olivar s'abîmait aussitôt en gratitude et en regrets répétitifs. La redondance des hommages fervents qu'il ne cessait de lui prodiguer était à la mesure des remords qu'il éprouvait.

Fin mai 1907, ces derniers avaient eu raison de sa combativité et de son optimisme. En public, on s'en souvient, le polémiste donnait le change. Il crânait et multipliait les bons mots qui transformaient les assises en spectacle et remplissaient les galeries. En privé, toutefois, il était constamment au bord des larmes et de l'épuisement. Il avait perdu le sommeil et l'appétit. Il se sentait abandonné de Bourassa qui avait ce procès en horreur et ne venait jamais le voir, ni l'encourager dans sa retraite. Il redoutait aussi d'être mollement défendu par Laflamme qui, en bon libéral, ne cachait plus son inquiétude à la vue de l'ampleur du scandale qui risquait d'éclabousser, à travers Turgeon, le gouvernement Gouin tout entier, si son client s'obstinait à vouloir utiliser à fond l'arme de la correspondance secrète confiée à la garde du sénateur Landry. Asselin sentait, chez Lavergne lui-même, de l'agacement et de l'impatience devant des bravades qui ne facilitaient guère la tâche de ses procureurs et ne faisaient certainement rien pour améliorer leurs aléatoires perspectives de rémunération.

À nouveau insomniaque, malade et dépressif, Asselin s'était alors senti abandonné de Dieu et des hommes, à l'heure où il aurait tant eu besoin de toutes ses forces pour la lutte finale. Il avouait alors à sa femme :

> Je voudrais t'écrire et je ne sais trop que t'écrire. J'ai les nerfs tendus à pleurer et je crois que je pleurerai tantôt dans ma chambre avant de m'endormir de fatigue et d'épuisement. Je t'attendais aujourd'hui, j'ai été désappointé de ne pas te voir. D'avoir embrassé avant le dernier acte de ce terrible drame ma vaillante petite femme et l'un de nos chers gosses, j'aurais eu plus de cœur au ventre. Je n'ai pas de raisons de craindre, je voudrais faire bonne figure jusqu'au bout, jetant à mes adversaires, de ma chaise d'accusé, le sourire du dédain et du mépris. Ma fatigue physique pourrait leur faire croire, les lâches, que le cœur me manque, et c'est cela aussi qui m'angoisse[8].

Crâner, tenir le coup, faire bonne figure, avoir l'air courageux, tel est le lot quotidien de l'homme public engagé dans un rapport de force avec le pouvoir. Mais le dépressif doit, en outre, maîtriser ses tremblements, ravaler ses larmes. Et, surtout, dominer sa peur panique de voir son entourage percer à jour ses limites, deviner sa fragilité, abuser de sa vulnérabilité. Pour réconforter son âme en proie à la plus secrète déréliction, son prestigieux avocat ne lui est d'aucun secours. Asselin lui trouve même, à l'usage, « un sale caractère, pire encore que celui de Bourassa, ce qui n'est pas peu dire ». Le procureur n'est ni le père, ni le confesseur magnanime dont l'accusé aurait, en ce moment, tant besoin. Mais il connaît son droit et en use habilement pour lui : grâce à Laflamme, le procès sera renvoyé à l'automne par un juge excédé, un jury divisé, un auditoire survolté. La cause, déclare le magistrat, relève davantage du droit civil que du droit pénal. Tout est donc à recommencer.

Cet été de 1907, précédant l'entrée de Bourassa en politique provinciale et sa défaite momentanée dans le comté de Bellechasse, aura donc été, pour Asselin, l'occasion de prolonger la longue réflexion solitaire entreprise à Québec concernant l'avenir de son couple et de sa famille. De retour à Montréal, il a été contraint à nouveau, par ses avocats, de se tenir à leur disposition et de s'interdire toute action ou déclaration publique susceptibles de nuire à sa cause. Réserve qui n'a pas empêché les autres signataires du *Nationaliste* de se déchaîner, tout l'été, contre les malversations du ministre Turgeon et « le scandale de l'Abitibi ». De Chien-Blanc, en Gaspésie, où son beau-frère Raoul l'a fait venir auprès de lui avec les enfants pour les vacances, Alice suppliera son mari de respecter les consignes de ses avocats et de songer sérieusement à leur avenir. Confiné à Montréal, muselé par ses procureurs, entravé dans ses allées et venues, le dépressif va tourner en rond dans sa cage tout l'été, battant interminablement sa coulpe et multipliant les bonnes résolutions dans ses lettres.

Il arrive fréquemment aux littéraires de faire précéder la chose par les mots. Éloigné des siens, mais résolu à se montrer dorénavant bon époux et bon père, le polémiste, qui se croit tout à coup assagi, se découvre, cet été-là, l'âme pacifiée d'un véritable poète familial. Loin de ses enfants, il imagine, dans ses lettres, chacun de leurs gestes, réinvente leurs mots et leurs jeux, avec des évocations précises qui seules peuvent venir à un observateur expérimenté. La qualité de la présence paternelle aurait-elle, comme on le dit, réussi à suppléer à la quantité des rares moments passés auprès d'eux ? On pourrait le croire. Il continue donc d'écrire à sa femme une multitude de lettres et de billets, tous plus attendrissants les uns que les autres :

> Ma bien-aimée petite chatte,
>
> Avant de partir pour le travail, je veux t'envoyer ma première pensée. La chambre est vide et froide ; le soleil qui y pénètre n'a rien de celui qui éclairait les tentatives matinales de nos trois gosses dans ma chambre. Au moment où je t'écris, Claude, Yanniche et Poulichet font un vacarme du diable dans la maison. Claude est en robe de nuit. Jean n'a qu'une chaussure et la « bavaloise » lui pend sur les jarrets,

Paul se promène nu comme un ver, en chantant comme un rossignol. Et toi tu prépares pour l'un le petit pot, pour un autre le bain, tandis que le troisième s'amusera avec le chien ou la chatte. Embrasse-les bien fort pour moi. Songe que vous êtes les seuls êtres du monde à qui j'ai pensé depuis mon retour.

Ton mari,

Olivar[9]

Cette dernière affirmation est peut-être excessive. La relance du *Nationaliste*, dont les finances ont été, par ricochet, éprouvées, elles aussi, par les multiples procès de son directeur et les projets de fondation d'un quotidien nationaliste ne laissent pas le dépressif aussi indifférent qu'il veut bien l'admettre. Une conversation inattendue avec Bourassa semble d'ailleurs l'avoir un peu rasséréné. Sans doute le maître redoute-t-il moins de s'entretenir avec lui, cet été-là, maintenant que ses avocats l'ont prudemment contraint au silence.

Mais s'il est un domaine plus intime où les attentes d'Alice et celles de Bourassa coïncideront, en cet été 1907, c'est bien celui des attitudes religieuses d'Olivar. En l'absence d'Alice, Olivar n'est guère porté sur la pratique religieuse. Elle le sait et s'en inquiète. L'épreuve morale qu'il traverse ne pourrait-elle être, pour lui, l'occasion d'une conversion salutaire ? Un changement de vie susceptible de mettre à la fois de l'ordre dans sa vie privée et de rassurer Bourassa quant à la ligne de pensée que son disciple serait susceptible d'adopter dans la future entreprise de presse ? Le repenti n'écarte pas l'argument d'un revers de main. Mais il confesse avec sincérité les limites de la démarche qu'il est disposé à entreprendre pour tenter de réconcilier sa vie privée et sa vie publique.

Ainsi, il ne cédera pas aux pressions de son beau-père qui s'obstine à venir indiscrètement le tirer du lit, chaque dimanche matin, pour l'envoyer à la messe ! Une fois réveillé, il ira plutôt faire des visites chez ses amis Antonio Perrault et Gaston de Martigny, «causer socialisme avec Rodier»... ou poésie avec l'abbé Melançon*. Cependant, écrit-il à sa femme :

Dans la soirée, tu m'en croiras si tu veux, j'ai été aux vêpres. J'étais parti pour aller voir l'abbé Melançon, et en passant je suis entré dans l'église pour m'assurer s'il n'y était pas : la musique était belle, la foule recueillie, et j'ai dit quelques paters avant de sortir : je n'ai pas l'esprit antireligieux ; je trouve seulement que les hommes ont inventé, pour plaire au Seigneur, une foule de niaiseries qui leur font perdre beaucoup de temps et dont le Seigneur doit être le premier à se ficher. Et je rage toujours

---

* Ami d'adolescence d'Émile Nelligan, Joseph-Marie Melançon, devenu prêtre, publie de la poésie sous le pseudonyme de Lucien Rainier après avoir participé à la fondation de l'École littéraire de Montréal en 1895, avec Louvigny de Montigny, Germain Beaulieu, Jean Charbonneau et d'autres.

de voir des millions de piastres perdues en construction d'églises quand il y a partout des pauvres qui n'ont pas même la vie matérielle assurée[10]...

Mais il dit toujours s'en tenir aux strictes paroles du Christ : celles du Notre Père auquel il dit être quotidiennement fidèle, même si certaines de ses exigences lui semblent particulièrement difficiles à concilier avec sa mission de pamphlétaire et de redresseur de torts :

> [...] j'ai fait mes dévotions dominicales chez nous. Mais pour le Pater, je n'y ai pas manqué : c'est une si belle prière et qui engage à si peu de chose. Elle ne renferme réellement qu'une chose qui coûte : le pardon des offenses, vertu admirable en certains cas et méprisable souvent[11]...

Alice est plus ritualiste que lui. Elle n'entre guère dans ces subtiles distinctions entre offenses personnelles et offenses collectives auxquelles se réfère visiblement le pourfendeur tenace de Rodolphe Forget, de sir Wilfrid Laurier et de l'honorable Adélard Turgeon. Pour elle non plus, le pardon n'est guère facile. Le poète familial reçoit peu d'échos, cet été-là, de toutes les évocations lyriques qu'il expédie presque chaque jour à sa femme, sur le thème du repentir et des joies domestiques retrouvées.

En octobre 1907, à la reprise des assises du procès Prévost-Asselin à Québec, l'accusé est à nouveau isolé, maintenu « incommunicado » par décision de ses avocats. Aussitôt, il se retrouve en proie au doute et à l'affliction, à la pensée de l'incertitude que l'issue du procès ferait encore peser sur l'avenir d'Alice et de ses enfants, si d'aventure il lui arrivait d'être condamné :

> Tantôt, lui écrit-il de sa retraite forcée, je pensais à toi et à nos chers petits ; et je me rappelais malgré moi l'*Œuvre* de Zola, ce livre épouvantable que nous lûmes aux premiers temps de notre mariage. *Il y a deux hommes en moi, le combatif et le sensitif** et parce que le combatif s'est affirmé le premier et que, tombé au milieu de l'ennemi il ne peut plus abandonner la lutte, le sensitif profite de tous les moments de trêve pour se plaindre. J'ai le cœur gros de larmes. Je suis dans une de ces heures où l'on dirait volontiers « Que ce calice passe loin de moi ! » si l'on n'avait son amour-propre de lutter jusqu'au bout, et aussi sa volonté bien ferme de ne pas donner à ses compagnons d'armes l'exemple de la désertion.
>
> Moi, rien ne m'effraie plus guère. Mais toi, ma bien-aimée, toi que je n'ai pas même su compenser par ma tendresse quand je l'aurais pu faire. Je comprends ta terreur devant l'avenir, tes soucis pour toi-même et pour notre petite famille. Tu as souffert pour moi plus que toute autre femme ne l'aurait pu faire ; sans toi, qu'aurais-je accompli ? Et c'est le souvenir ramassé, violent, de toutes tes privations, de tous tes ennuis, de tes angoisses, qui m'emplit l'esprit en ces jours où, dégoûté du travail,

---

* Les italiques sont de nous.

hésitant entre des résolutions contraires, je fais reporter mes regards sur les cinq années que nous avons passées ensemble.

Ce n'est pas de l'amour que j'ai pour toi, c'est une adoration émue qui ne demande qu'à mouiller de pleurs le bas de ta robe — une adoration capable de sacrifice, n'en doute pas, et qui n'attend, pour te le prouver, que la solution des difficultés, sans importance aux fonds où je me débats présentement.

Je t'embrasse de toute mon âme, ma bien-aimée, et je souhaite que la gentillesse de nos chers petits enfants te rende la solitude moins pénible.

Ton mari coupable, mais qui se fera tuer pour toi,

Olivar[12]

Il y a un gouffre entre les fanfaronnades auxquelles il se livre alors en présence des jurés et le désarroi intérieur qui l'habite. Il y a « deux hommes » en lui, dit-il, qui se livrent une cruelle bataille, « deux hommes » familiers de tous les militants qui, un jour ou l'autre, ont choisi de tout sacrifier à une « cause ». Ou à un « grand homme » qui les a secrètement déçus.

Sa référence à l'*Œuvre** de Zola est loin d'être innocente. N'est-ce pas au suicide que se trouve acculé le héros du roman, lorsqu'il prend conscience d'avoir sacrifié son bonheur conjugal à la réalisation d'une œuvre gigantesque qu'il a été incapable de mener à terme ?

On pourrait croire que, parvenu à un constat aussi déchirant et aussitôt libéré par l'irrésolution des jurés à le condamner, Olivar se serait précipité aux pieds d'Alice pour n'en plus bouger et pour, comme il le disait si bien à l'époque, « mouiller de pleurs le bas de sa robe ». Comme on le pressent déjà, il n'en sera rien.

La certitude d'avoir évité le pire, c'est-à-dire le déshonneur, la prison et la ruine s'il avait été convaincu par le tribunal d'avoir erré dans ses accusations portées contre le tandem Prévost-Turgeon, semble avoir eu, sur le déprimé, un effet miraculeux ! Et, comme à l'accoutumée, lorsque les choses se présentent pour lui sous un jour légèrement favorable, il ne voit pas pourquoi il en irait autrement pour Alice et pour les siens. Il reprend aussitôt le chemin de ses vieux bureaux, bien déterminé à sortir, une fois de plus, son journal de la dèche et à rétablir ses finances familiales. Purifié par l'épreuve, le phénix allait, contre toute attente, renaître peu à peu de ses cendres. D'avoir accumulé des dettes, réduit sa famille à la quasi-mendicité et frôlé les abîmes de la dépression ne l'ont donc pas encore persuadé de réorienter sa vie hors des sentiers hasardeux de l'action politique ? Alice, accablée, doit donc recommencer de plus belle ses rapiéçages de vêtements et ses marchandages de légumes avariés.

---

* Publiée en 1886, l'Œuvre fait partie du grand cycle des *Rougon-Macquart* ; le héros du livre, le peintre Claude Lantier, est le fils de la Gervaise de *L'Assommoir*.

Il se sentait, en cet automne 1907, des responsabilités nouvelles qu'il n'avait pas été question pour lui d'esquiver. En effet, sans l'affaire Prévost et les révélations du scandale de l'Abitibi, qui avaient jeté le discrédit sur l'administration Gouin, le ministre offensé, Adélard Turgeon, n'aurait jamais songé à lancer à Bourassa son fameux défi de Bellechasse, ni ce dernier à le relever aussi promptement. Tout ce qu'Asselin avait toujours rêvé d'obtenir de Bourassa, à savoir son engagement dans la politique provinciale, était alors en train de se réaliser. Pas question donc d'abandonner la lutte alors que la victoire se trouvait désormais à portée de main ! Les idées moroses sont donc promptement chassées, les larmes du pénitent furtivement séchées. Même la défaite de Bellechasse, en novembre, n'entamera pas sa combativité renaissante, tant la détermination de la revanche semble le soutenir : dans six mois, Saint-Jacques aura bel et bien vengé Bellechasse... Et c'est pour y parvenir qu'au mois de mars 1908 il avait, sur un nouveau coup de tête, sacrifié la direction du *Nationaliste* pour se consacrer entièrement à l'organisation électorale de Bourassa. Mais, ce faisant, il s'était retrouvé, une fois de plus, sans le sou.

Il n'était pas question à l'époque, pour Bourassa et sa petite équipe, de payer un salaire à leur organisateur potentiel. Tout au plus pouvait-on, à la rigueur, lui consentir le remboursement de ses dépenses. Pas de doutes : il fallait trouver à Asselin un revenu d'appoint. Et suffisamment de loisirs pour monter rapidement une organisation, dès que Bourassa en aurait terminé avec la réflexion qui précédait le choix de son comté. *Madeleine*, grande amie du couple, venait de passer elle-même à *La Patrie*. Elle s'était empressée de faire connaître chez les Tarte la disponibilité d'Asselin. On lui avait aussitôt proposé quelques piges peu exigeantes, mais fort bien rémunérées, et qui l'avaient épisodiquement conduit à la tribune parlementaire d'Ottawa. Ce printemps-là, Armand Lavergne brûlait ses derniers vaisseaux aux communes avant de venir rejoindre définitivement Bourassa à Québec.

L'intervention de *Madeleine* permettait à Alice de reprendre son idée abandonnée en 1903, avant la fondation du *Nationaliste* : faire entrer définitivement Olivar à *La Patrie* auprès de Louis-Joseph Tarte qui n'avait jamais ménagé à son mari, ni son estime ni son admiration. Elle savait par expérience que, sans ses polémiques et sans son écriture quotidienne, Olivar était comme un poisson tiré hors de l'eau. C'est dans l'écriture qu'il renaissait et donnait le meilleur de lui-même. Pour le faire sortir de sa morosité et de ses « jongleries » cycliques, rien de tel que de lui commander un texte... Une activité qui le rebranchait aussitôt sur son oxygène vital.

La brusque décision de son mari de quitter la direction du *Nationaliste* ne pouvait, à cet égard, que la réjouir à demi. Pour Olivar, estimait-elle sans doute, l'organisation électorale ne saurait être qu'une brève diversion survenue dans sa carrière de journaliste. Alice Asselin ignore alors tout de ce que la psychiatrie moderne identifiera plus tard comme le profil des personnalités bi-polaires ou maniaco-dépressives. Mais elle connaît suffisamment son homme pour se méfier au plus haut point de cet activisme fébrile qui vient, sans crier gare, de succéder à la période dépressive qu'Olivar a traversée au cours de son dernier procès. Elle tient donc, aussi bien pour son équilibre que pour sa sécurité et celle de leur famille, à le remettre en selle dans son véritable métier.

Tel qu'Alice le pressentait, Olivar, réintégré partiellement dans le journalisme, n'avait pas tardé à émerger de son marasme et à trouver quelque charme à l'arrangement. Son nouvel emploi lui conservait, en effet, l'essentiel de sa liberté d'expression tout en l'allégeant des responsabilités préoccupantes d'un journal déficitaire et des remords chroniques de mal faire vivre sa famille. Le fragile convalescent de l'esprit se sentait mieux et reprenait quelque goût à l'existence. Alice recevait désormais une allocation hebdomadaire convenable et Olivar pouvait regarnir un peu sa garde-robe élimée par trop d'années de vaches maigres.

Il le fallait, semble-t-il, pour participer convenablement à la vie sociale de la capitale canadienne où sa réputation de grand cocardier de la plume lui valait une foule d'invitations à dîner. Sans compter certains succès de curiosité féminine dont Alice eût certes pu s'inquiéter. Olivar l'avait vite rassurée : Joséphine Marchand-Dandurand, qui prétendait ne plus vouloir « tenir son jour » quand il n'était pas là, était bien trop vieille. Lady Laurier, naturellement sans grâce et mal fagotée. Restaient ses flammes platoniques qui, comme lui, brûlaient pour « la cause »...

L'ex-directeur du *Nationaliste* était ainsi devenu l'ami assidu d'Henriette Bourassa et de son mari, le juge Hector Chauvin. Tous deux résidaient à Aylmer. Beaucoup moins mondaine que son mari, éprise de lecture, adorant la forêt et la randonnée pédestre, Henriette Chauvin était un esprit original en compagnie duquel on ne s'ennuyait jamais. Souvent, à la fin du jour, Asselin allait se promener en sa compagnie, le long de la rivière Rideau. Si elle n'eût été femme, madame Chauvin se fût, elle aussi, aussitôt « croisée pour la cause ! » Elle eût rejoint sans hésitation le camp de ces jeunes nationalistes dont son frère Henri redoutait parfois les excès et le radicalisme. Mais elle devait se contenter d'observer à distance la chaleureuse montée du mouvement et de prodiguer ses encouragements à ses partisans masculins. Ce combat-là, pour le moment, n'était pas l'affaire des femmes.

Histoire de poursuivre plus confortablement ses discussions idéologiques avec la sœur de son chef, Olivar avait procédé à l'achat d'un pantalon de flanelle blanche et d'un canotier qui, semblait-il, lui allaient à ravir. Alice semblant en prendre quelque ombrage, il l'avait pressée, aussitôt, de venir le rejoindre à Ottawa « avec Poulichet » pour venir goûter, elle aussi, les charmes du « sentier des amoureux ». Ou se promener en yacht jusqu'à Aylmer en compagnie des Chauvin. Le printemps était là, il y avait des fleurs partout aux devantures, le convalescent de l'esprit mettait les bouchées doubles et pressait sa femme de s'acheter, elle aussi, de beaux vêtements pour célébrer son arrivée : « Ne critique pas cet arrangement : j'ai tant de bonheur à vivre un peu large, comme mes instincts m'y portent. J'ai tant souffert depuis quatre ans[13] ! »

Alice s'était bien gardée d'obtempérer. Comme d'habitude, elle faisait des économies en vue des jours difficiles. Il était la cigale, il fallait bien qu'elle fût la fourmi.

Les préparatifs de la campagne avaient d'ailleurs vite arraché Olivar à la douceur de vivre de sa nouvelle sinécure. Tel que prévu et à la grande inquiétude d'Alice, il avait fait faux bond aux Tarte pour replonger dans l'action électorale. Bons princes, ces derniers ne lui en avaient pas tenu rigueur : eux-mêmes, à l'instar de nombreux conservateurs, soutenaient ouvertement la candidature de Bourassa dans Saint-Jacques. À Montréal, Alice soignait officieusement les rapports entre les uns et les autres, tantôt rassurant le directeur de *La Patrie* sur les intentions futures de son mari, tantôt quémandant à Bourassa le modeste chèque dû à son organisateur pour dépenses encourues à son service. Tout cela avait quelque chose d'humiliant mais elle n'avait guère le choix. Pour défendre sa nichée, elle retrouvait d'ailleurs, comme par grâce, ce sourire désarmant qui la faisait aimer de tous.

Mais si la ténacité et la vigilance d'Alice avaient réussi à sortir provisoirement Olivar du marasme l'année précédente, elles allaient être mises à rude épreuve après l'élection de Saint-Jacques. Le silence prolongé de Bourassa, son refus de communiquer avec quiconque, fût-ce par lettre, son isolement à Sainte-Adèle étaient apparus à son plus fidèle lieutenant comme autant de manifestations d'incompréhension et d'ingratitude. La blessure, profondément ressentie, en avait aussitôt réveillé d'autres : celles du remords d'avoir, une fois de plus, sacrifié le bien-être d'Alice et de ses enfants à la politique.

Les vieilles plaies de l'année précédente s'étaient réouvertes. C'est donc un militant épuisé, un mari en plein désarroi qu'Alice avait expédié à son beau-frère Raoul, en cet été 1908, pour tenter d'y refaire ses forces et son moral. À juste titre, elle appréhendait cette nouvelle rechute de l'état dépressif où Olivar s'était trouvé plongé l'année précédente. Et, comme par le passé, elle comptait sur les défis de l'écriture et des heures de tombée pour distraire le journaliste de ses avatars politiques. Elle surestimait, cette fois, sa phénoménale capacité de rebondissement.

Pour un temps, la manœuvre de diversion avait semblé porter quelques fruits. À son retour en Gaspésie, Olivar avait, semble-t-il, refait le plein des heures de sommeil perdues durant la campagne et repris un peu de poids. Comme toujours, il crânait lorsqu'on s'inquiétait de son état de santé. Encouragé par Raoul, il avait même accepté de revoir Louis-Joseph Tarte. Il avait retrouvé ce dernier enchanté par le résultat du scrutin de Saint-Jacques et rempli de bienveillance à son égard. Malgré l'interruption estivale de sa collaboration, Tarte était à nouveau disposé à lui assurer une certaine stabilité à son journal. Et, cette fois, pour 40$ par semaine, salaire qu'il avait pourtant jugé excessif cinq ans auparavant. Mais durant ces cinq ans, Asselin « s'était fait un nom ». Et quel nom! Avec sa signature, *La Patrie* pourrait sans doute aller chercher des milliers de nouveaux lecteurs, particulièrement chez les jeunes. Un journal doit toujours veiller au rajeunissement de sa clientèle. Louis-Joseph Tarte était certes reconnu comme un mécène et un philanthrope. Mais en s'attachant les services d'Asselin, il n'ignorait pas qu'il faisait aussi une très bonne affaire. Alice et Olivar allaient donc pouvoir toucher le double des émoluments qui avaient été leurs au temps du *Nationaliste*. Était-ce enfin la lueur au bout du tunnel? Pas encore, hélas.

Depuis les premières manifestations de sa dépression, due en grande partie à ces quatre années de surmenage au *Nationaliste*, sa santé s'était progressivement délabrée. Les séjours chez Raoul et les bons soins d'Alice étaient devenus impuissants à calmer les maux d'estomac qui le tenaillaient à intervalles de plus en plus rapprochés, provoquant parfois des vomissements de sang spectaculaires qui le laissaient abattu et sans énergie pour de longues semaines. Ses deux épisodes dépressifs de 1907 et de 1908 n'avaient fait qu'aggraver les choses. Ses amis médecins le persuadent donc, à son retour de Gaspésie, qu'il doit être opéré sans délai. Si rien n'est fait, il risque, à brève échéance, une perforation mortelle de ce qu'on soupçonne être un ulcère d'estomac. À l'automne, et à peine sa nouvelle collaboration à *La Patrie* amorcée, il accepte donc de subir une gastrectomie, opération grave et fort délicate pour l'époque. Une anesthésie générale prolongée comporte alors des risques importants et la transfusion sanguine en est encore au stade expérimental*. Alarmé, son ami Héroux le croit mortellement atteint.

Comme à beaucoup d'hommes d'action intraitables, l'opération va plutôt servir d'alibi à une trêve dont il avait certes le plus grand besoin et qu'il refusait toujours de s'accorder. Il fait face à l'intervention avec sa crânerie et son fatalisme coutumiers. Délivré momentanément de ses soucis immédiats, il profite de sa longue convalescence pour satisfaire sa boulimie de lecture, frustrée par trop d'années de combats et de procès. Ses amis fêtent sa guérison. Soucieux de le distraire, ils lui apportent des livres et des revues par brassées. Asselin renoue avec plaisir avec ceux et celles d'entre eux dont ses années de militantisme l'avaient tenu éloigné.

---

* Cette dernière sera mise au point et généralisée pour la première fois par le docteur Norman Bethune, sur les champs de bataille de la guerre d'Espagne en 1936.

Françoise d'abord, sa « marraine littéraire », qui s'était promis de faire de lui, un jour, le premier prosateur de sa génération et qui ne doute plus d'avoir réussi... Comme lui, *Françoise* vient de mettre fin, à regret, à sa carrière de directrice de journal. Elle a mis elle-même un trait final à l'expérience féministe du *Journal de Françoise*, pour accepter un poste d'inspectrice provinciale du travail féminin que le premier ministre Gouin lui a proposé. La grande dame des lettres canadiennes-françaises est toujours aussi élégante en dépit des années. Mais elle dissimule mal son essoufflement, lorsqu'elle doit gravir un escalier particulièrement abrupt.

Visiblement, ses bons amis de l'École littéraire se cherchent. Depuis la mort de Louis Fréchette, leur mentor, les jeunes écrivains se retrouvent divisés en deux clans, l'un prônant le retour au terroir et aux thèmes régionalistes de la patrie canadienne, l'autre l'ouverture universelle et la fidélité à la grande tradition française dont la littérature canadienne ne serait qu'un des nombreux greffons. Se succèdent ainsi, au chevet d'Asselin, son pétulant disciple Marcel Dugas qui, à vingt-cinq ans, s'apprêterait à fonder une petite revue littéraire avec ses amis Guy Delahaye et Jean-Baptiste Lagacé : *Le Soc*. Mais aussi les poètes Jean Charbonneau et Albert Ferland qui, de leur côté, ont commencé à publier *Le Terroir*... Tous ces débats d'identité littéraire le passionnent. Ils lui paraissent étroitement liés à la conception qu'il se fait d'un nationalisme canadien-français culturellement branché sur ses origines et son identité française, mais politiquement en prise avec les réalités socio-économiques propres à l'Amérique du Nord. Il dévore donc tout ce qui se publie en nouvelle poésie.

Éva Circé-Côté, sa chère « Colombine », éprouve de sérieux ennuis à la Bibliothèque municipale où sa nomination de codirectrice, avec Hector Garneau, n'a pas eu l'heur de plaire à Monseigneur de Montréal. Outre qu'elle est femme, la réputation de libre penseur de son mari, le docteur Pierre-Salomon Côté, lui cause un tort considérable auprès des autorités ecclésiastiques. Mgr Bruchési a obtenu des autorités municipales que la gestion et la diffusion des ouvrages littéraires et philosophiques soient retirées aux laïcs. Les deux directeurs voient donc leurs activités circonscrites au seul secteur scientifique et technique. *Le Nationaliste*, où Asselin reste libre de collaborer à l'occasion, prendra leur défense. Depuis son lit d'hôpital, le convalescent s'en porte garant. « Colombine » sent toutefois son poste de plus en plus menacé depuis l'imposition de ces diverses restrictions.

Un événement, toutefois, est venu mettre un peu de baume sur les plaies des féministes montréalaises. Confronté à la menace de l'ouverture imminente d'un lycée français pour jeunes filles, rue Saint-Denis*, l'épiscopat a finalement consenti

---

* La loge *L'Émancipation* avait beaucoup contribué à la fondation de ce lycée. Ce dernier ne connaîtra toutefois qu'une brève existence. Très conscient de la « menace », l'épiscopat était

à accorder le feu vert à Mère Sainte Anne-Marie, de la Congrégation de Notre-Dame, pour ouvrir le premier collège féminin d'enseignement secondaire catholique de langue française au Québec. Une belle victoire pour les féministes de la Fédération nationale Saint-Jean-Baptiste qui avaient placé l'accès à l'éducation supérieure en tête de leur programme d'action. La fille de la présidente, Marie Gérin-Lajoie, a été la première à s'y inscrire*.

En repos provisoire, Asselin renoue avec ses intérêts littéraires et historiques. Il retrouve ses «chers journaux français» auxquels de nouvelles parutions sont venues s'ajouter au fil des ans. On lui a fait connaître les *Cahiers de la Quinzaine* que publie, depuis 1901, son contemporain Charles Péguy. Comme lui, Péguy est un fils d'artisan et un autodidacte. Désiré Péguy, son père, a participé à la guerre de 1870, éprouvé la défaite et connu l'occupation de l'Alsace-Lorraine. À son fils, il a légué, en mourant, l'amour de la patrie et une conception quasi mystique et sacrificielle du métier des armes, thèmes dans lesquels Asselin se reconnaît volontiers. De Péguy, il a lu avec émotion *Notre Patrie*. Il s'identifie volontiers à ce normalien, fils orgueilleux d'une rempailleuse de chaises, pamphlétaire pauvre, libre de toute attache politique et qui publie ses *Cahiers* dans un local délabré du Quartier latin. Comme lui, Péguy est en brouille avec une Église qui recherche le pouvoir et courtise les puissants. Péguy est du côté des pauvres et des petits. C'est à cause d'eux qu'il a longtemps suivi Jaurès sur la voie du socialisme. Il l'a ensuite quitté avec fracas, après l'affaire Dreyfus, le jour où il a cru voir, chez les socialistes, l'esprit de système et les luttes de préséances prendre le pas sur le service des humbles: «Tout commence en mystique, tout s'achève en politique!» Asselin se reconnaît pleinement dans ce dur constat.

Péguy s'est longtemps dit athée. Ce qui ne l'empêche pas de présider activement une conférence de la Saint-Vincent-de-Paul: autre paradoxe qui s'accorde bien avec les débats intérieurs et la nature profonde du militant canadien-français anticlérical, mais épris de radicalisme évangélique. Même refus, chez les deux, des carcans idéologiques et des étiquettes doctrinales; même parti pris du cœur agissant contre la pensée froide, figée dans sa propre complaisance. Chez Péguy, Asselin a trouvé une dimension sociale qui prolonge les grands thèmes barrésiens**

---

intervenu à temps pour lui barrer la route et c'est tout naturellement que les notables montréalais choisirent ensuite d'inscrire leurs filles chez les Dames de la Congrégation plutôt que chez « les laïques ».

* Elle sera la première femme à y obtenir un baccalauréat ès arts en 1911.

** Le personnage de Barrès est, certes, celui d'un grand bourgeois esthète et raffiné. Mais sa pensée politique allie souvent nationalisme et socialisme. Après avoir été élu député de Nancy en 1889, il siège à l'extrême-gauche de la Chambre d'assemblée. Il décide ensuite de se porter candidat dans un quartier populaire de Paris : on le retrouve un jour dans un bistrot, ovationné et porté en triomphe par ses électeurs ouvriers après un discours... sur la grandeur de la France !

de la patrie et de la mémoire, de la terre et des morts auxquels il était déjà sensibilisé par ses lectures antérieures.

Sa « filière parisienne » se trouve aussi alimentée, cet automne-là, par le fidèle Héroux qui y effectue un voyage de repos. En convalescence du cœur celui-là : Alice Tardivel, sa femme, vient de mourir subitement, le laissant veuf avec une petite fille. À Paris, il a trouvé réconfort auprès de son jeune compatriote l'abbé Groulx, lui-même en voyage d'études et de recherches archivistiques. Sir Thomas Chapais vient d'inaugurer un premier cours d'Histoire du Canada à l'Université Laval de Québec. Groulx se prépare-t-il à faire de même à Montréal ? Ses supérieurs en décideront à son retour. En attendant, les deux expatriés arpentent les quais de la Seine, fouinent ensemble chez les bouquinistes, suivent, en auditeurs libres, les conférences de la Sorbonne et de l'Institut catholique.

La vie politique française ne laisse pas les deux compagnons indifférents. Leurs lettres en font foi. Là aussi, les thèmes nationalistes sont à l'honneur. Ils y observent la montée de l'Action française de Charles Maurras qui dénonce « l'infiltration du parti allemand » jusque dans les milieux de la Sorbonne. Maurras et ses disciples rencontrent une audience sympathique parmi les étudiants.

C'est, en effet, l'époque où les philosophes allemands jouissent d'une influence considérable dans les milieux intellectuels français. Dans sa préface écrite en 1888 pour *L'Avenir de la science*, Ernest Renan reconnaissait qu'il avait « fait de l'Allemagne sa maîtresse »... Imprudent aveu ! Renan devait beaucoup, entre autres influences, à celle du philosophe et historien David Friedrich Strauss, auteur, en 1835, d'une *Vie de Jésus* qui avait autrefois inspiré la sienne (1863). Mais, dès la guerre de 1870, Renan s'était vivement opposé à son maître allemand à propos des visées expansionnistes de l'Allemagne, notamment en Alsace-Lorraine. Leur correspondance en faisait foi, bien que Strauss, décédé en 1874, en eût longtemps retenu la publication.

Mais les intransigeants « patriotes » de l'Action française ne s'embarrassent guère de telles nuances. Pour eux, honorer les philosophes allemands, citer Kant, Fichte, Hegel, Schopenhauer dans un ouvrage français, équivaut à célébrer les armées de Bismarck ! Chez les étudiants de la Sorbonne, cette mentalité fait de plus en plus d'adeptes. Sous la conduite d'un jeune disciple de Maurras, Maurice Pujo, les « Camelots du Roi » organisent des manifestations bruyantes dans le Quartier latin. Des militants étudiants sont arrêtés et jetés en prison. Mais leur exemple fait de nouveaux disciples.

Le parti de Jaurès est devenu leur tête de Turc : par ses thèses pacifistes, disent-ils, le grand projet de l'Internationale ouvrière fait le jeu des bellicistes germaniques qui en profitent pour persuader les Français de se désarmer. Il faut leur barrer la route ! Au régime républicain et laïcisant du « petit père Combes », l'Action française va opposer le culte de Jeanne d'Arc, la Pucelle d'Orléans qui avait héroïquement « bouté l'ennemi hors de France ». On devine un peu ce que de tels thèmes pouvaient susciter de perplexité et de curiosité dans l'esprit des deux observateurs canadiens. L'Action française publie aussi un journal de très haute tenue littéraire qui, cette année-là, va devenir quotidien. Comme ses amis, Asselin en prend connaissance avec intérêt.

Ce ne sont pas d'abord les thèses monarchistes de L'Action française qui éveillent de l'intérêt chez les Canadiens français. Depuis 1791, leurs pères et leurs grands-pères ont appris à tirer adroitement parti du régime parlementaire de type britannique que leur a concédé l'Acte constitutionnel de 1791. Ni particulièrement séduisante ne leur apparaît, non plus, la figure austère de Charles Maurras, intellectuel un peu distant qu'une surdité précoce isole des foules. Épris d'hellénisme et de raison pure, c'est l'autorité et la puissance de son intelligence, alliée à une phénoménale capacité de travail, qui ont rassemblé, autour de son journal et de son mouvement, quelques-uns des plus beaux talents de sa génération. Et parmi eux, le coloré, le truculent Léon Daudet, fils de l'auteur des célèbres Lettres de mon moulin.

Converti aux idées monarchistes, ce critique littéraire, doublé d'un romancier inégal et prolifique, manifeste un besoin de liberté débordante et un dédain complet des partis pris politiques. Adversaire farouche de Jaurès, Daudet, humoriste et pamphlétaire cruel, avait coutume de dire : « Le cœur penche à gauche, mais le talent est à droite ! » La boutade, malgré son raccourci un peu cruel, contenait sa part de vérité. À côté de L'Humanité de Jaurès, plus étroitement politique, L'Action française affichait davantage de « noms » qui comptaient dans les lettres françaises. En outre, par la qualité de ses enquêtes, de ses reportages et de ses articles de fond, elle avait tout pour séduire un lecteur de journal épris de haute tenue professionnelle et de qualité d'expression.

Une autre grande figure, parmi les « penseurs » de l'Action française, allait retenir l'attention des Héroux, des Groulx et des Asselin : l'historien Jacques Bainville dont les ouvrages vont, au cours des années à venir, figurer dans presque toutes les bibliothèques de la bourgeoisie instruite du Canada français. Hanté toute sa vie par la pensée de la présence, à côté de la France, d'une masse allemande deux fois plus nombreuse, Bainville, disciple de Barrès, va devenir l'un des maîtres à penser du nationalisme de « la revanche ». Par ses travaux d'historien, il va nourrir le projet de reconquête de l'Alsace-Lorraine. À L'Action française devenue quotidienne, Bainville tient une chronique régulière de politique étrangère où il plaide en faveur du réarmement défensif de la France. Épris d'histoire lui-même, Asselin se passionne déjà pour les nombreux dessous de la guerre de conquête de la Nouvelle-France par les Anglais*, et pour l'identité du « traître » mystérieux qui

---

* Il entretient à ce sujet une correspondance régulière, notamment avec son ami Pierre-Georges Roy, éditeur, à Lévis, du Bulletin des recherches historiques.

aurait indiqué au général Wolfe le sentier secret de l'Anse-au-Foulon. Il ne peut donc manquer d'être sensible aux mises en garde de l'historien français.

Rien de moins surprenant que ces courants de curiosité et d'intérêt mutuel qui s'établissent, à l'époque, entre voyageurs canadiens-français et sympathisants de l'Action française. Les positions et l'action, menée en 1908 par Charles Maurras et ses nouveaux disciples, sont alors loin d'être aussi clairement articulées qu'elles ne le seront, en 1926, après deux décennies d'activisme politique*.

Le traumatisme tout récent des lois Combes, de l'expulsion des religieux et de la saisie de leurs biens est encore très vivement ressenti par l'opinion catholique française. Issu d'une société où l'Église assure une suppléance à peu près exclusive à tous les paliers de l'éducation, comme à travers tout le réseau des hôpitaux, des hospices et des orphelinats, le Canadien français de passage ne peut manquer d'être fort ému à l'évocation de telles mesures de déracinement institutionnel. Un ecclésiastique tel que Groulx, un laïc pieux tel qu'Héroux ont vraisemblablement pris pension dans une maison religieuse, ou à tout le moins recommandée, lors de leur séjour à Paris. C'est donc tout naturellement qu'ils ont dû être orientés par leurs hôtes, ainsi qu'en font foi les mémoires de Groulx, aussi bien vers les cours de l'Institut catholique que vers les conférences publiques de l'Action française.

Quel intérêt d'ailleurs pouvaient bien présenter alors, pour la gauche française, ces fils de paysans canadiens-français issus d'une société d'Ancien Régime où domine encore un pouvoir clérical qu'elle récuse dans son programme et son action ? Intérêt presque nul, à n'en pas douter.

Tout autrement sympathiques et accueillants à l'égard des voyageurs d'outre-Atlantique se montrent, au contraire, certains milieux de droite, particulièrement sensibles au lien patriarcal qui unissait autrefois la paysannerie française à ses petits seigneurs de campagne et à son clergé. Aux yeux de certaines vieilles familles de Vendée**, par exemple, le Canada français fait figure de terre bénie où

---

* Année de la condamnation du mouvement par Rome, vraisemblablement soucieuse de se ménager la bienveillance de la République, en vue d'une nouvelle entente sur les congrégations et l'épineuse question scolaire.

** La guerre de Vendée, l'une des guerres civiles les plus meurtrières que la France ait connues, avait été préparée par les disettes, la misère et les politiques anti-religieuses de la Convention. Un décret de mobilisation de 300 000 hommes, en 1793, de la part de la Convention, avait déclenché l'insurrection contre-révolutionnaire en Vendée. Paysans, nobles et prêtres réfractaires s'étaient unis pour constituer une armée (les « Blancs ») que les républicains (les « Bleus ») écraseront à Savenay avant de réduire l'opposition vendéenne par les purges de la Terreur. En 1815, la Vendée devait se soulever à nouveau et être, une fois de plus, défaite par le général Lemarque. De tels souvenirs demeuraient vivaces et se transmettaient de génération en génération dans cette région de France.

survit une France engloutie dont elles ont conservé la nostalgie. Ses représentants y sont donc souvent accueillis comme de véritables parents.

C'est un peu le cas de Groulx qui, à l'été 1908, séjournera en Bretagne à l'invitation du comte-amiral de Cuverville, sénateur du Finistère, alors à la recherche d'un aumônier pour son manoir de Crec'h Bleiz. Le futur historien y fera la connaissance du barde-compositeur breton Théodore Botrel, dont les chansons connaîtront une immense popularité au Canada français. Plusieurs contemporains de Groulx bénéficieront pareillement de l'intérêt et de l'hospitalité d'hommes politiques ou d'écrivains de droite plutôt enclins à la sympathie à l'égard des aspects les plus traditionnels de la société canadienne-française.

La « filière de droite », dans laquelle s'insèrent tout naturellement la plupart des étudiants canadiens-français à Paris, apparaît donc tout autant comme affaire d'affinités naturelles et de qualité d'accueil que d'idéologie formelle. Déjà sensibilisés au sort des provinces conquises, l'Alsace et la Lorraine, et au projet tenace de la reconquête, c'est assez spontanément que le visiteur de la province de Québec se retrouve d'abord interpellé par les thèmes nationalistes de l'Action française.

Ceux de l'internationalisme pacifique de la classe ouvrière, présenté par la gauche, éveillent moins de résonances, chez lui, dans le contexte historico-politique où il se trouve placé. Le Québec de 1908 est encore majoritairement rural et la tradition ouvrière trop jeune encore pour que les appels de Jaurès, étayés par une longue réflexion sur la condition prolétarienne, puissent trouver beaucoup d'échos chez lui. Ceux qui s'y sont montrés parfois sensibles, parmi la jeune équipe des *Débats*, puis celle du *Nationaliste*, jusqu'au *Parti ouvrier* naissant, font encore, avec quelques intellectuels isolés, figure d'exception.

* * *

Stimulé par les lettres d'outre-mer et les visites de ses amis, gavé de lectures européennes, de toniques et de viandes rouges, Asselin convalescent mettra tout l'automne et une partie de l'hiver à refaire ses forces. En l'absence de transfusions sanguines, ces forces, cela se conçoit, sont particulièrement lentes à revenir. Prisonnier du foyer et astreint à divers régimes, il ne va pas pour autant demeurer totalement inactif. Il en profite pour accepter une collaboration régulière au *Collier's* de Toronto que *La Patrie*, son employeur, ne considère pas comme un concurrent. Asselin aime bien écrire en anglais, langue dans laquelle il excelle. Faire preuve d'une parfaite aisance dans leur langue lui paraît être une excellente leçon de savoir-faire et de savoir-vivre à prodiguer à ses lecteurs torontois. Les nationalistes canadiens-français, croit-il, ne doivent négliger aucune occasion de propager leurs idées et de mettre en valeur le programme de la *Ligue* auprès du public de langue anglaise.

Malheureusement, sa collaboration au *Collier's* connaîtra des hauts et des bas, Franklin Gadsby, son directeur, ne considérant pas nécessairement les poursuites en libelle diffamatoire comme la meilleure publicité dont un journal puisse rêver. Asselin excelle dans l'art du portrait ravageur des hommes politiques. Le traitement qu'il en fait, largement inspiré de La Bruyère et de son maître Rochefort, plongent à tous moments la direction du *Collier's* dans l'embarras le plus extrême, la signature d'Asselin jouissant, dans la Ville reine comme à Montréal, d'un effet de curiosité considérable.

Il collabore aussi, à l'occasion, au *Toronto World* sur des sujets de réforme municipale, question qui lui tient toujours à cœur et à propos de laquelle il ne cesse, grâce aux loisirs de sa convalescence forcée, d'accumuler une importante documentation. Expérience qui le conduira, l'année suivante, à la publication de ses premières « Feuilles de combat » : deux opuscules, mi-documentaires, mi-pamphlétaires, *The Montreal Graft Inquiry* et *Le problème municipal*, où il poursuit inlassablement ses projets réformistes et ses luttes anti-trusts.

La question impérialiste n'a pas cessé pour autant de solliciter l'attention du président de la *Ligue*. Malgré tant de malentendus et de déceptions, la confiance qu'il porte à Bourassa, en matière de défense de l'autonomie canadienne, est demeurée intacte. Or, en cette fin 1908, l'historien Jacques Bainville n'est plus le seul, en Europe, à s'inquiéter de la montée du bellicisme allemand. L'Angleterre aussi est aux abois et le laisse de plus en plus savoir à ses colonies.

En Allemagne, en effet, la course aux armements, particulièrement en matière navale, a été déclenchée par la résolution du kaiser Guillaume II de rivaliser avec l'Angleterre en matière de marine de guerre. Faisant allusion au trident de Neptune, le souverain a lancé au peuple allemand un mot d'ordre qui ne laisse pas d'être inquiétant pour l'Angleterre : « Nous devons, disait-il, avoir désormais le trident au poing ! » Son ministre des Affaires étrangères s'était montré plus clair encore : « Dans le siècle à venir, affirmait Von Bülow, le peuple allemand devra être ou le marteau, ou l'enclume ! » Aucun doute ne semblait permis, pour qui connaissait les deux hommes, sur le rôle que le kaiser et son ministre entendaient faire jouer à leur pays. Entre « l'enclume et le marteau », leur choix était fait depuis longtemps.

Le comportement de Guillaume II avait tout pour alarmer l'Angleterre. Le kaiser se donnait de plus en plus volontiers des allures de matamore et de véritable seigneur de guerre. L'uniforme qu'il arborait le plus souvent était celui de grand amiral de la flotte allemande. Cet engouement subit pour la marine lui venait sans doute de ses origines anglaises. Petit-fils de la reine Victoria par sa mère, qui avait épousé le prince héritier Frédéric de Prusse, Guillaume II s'opposait en rival farouche à son oncle, Édouard VII, qu'il brûlait de supplanter sur les mers grâce à la maîtrise du fameux « trident ». Pour réaliser son rêve, le kaiser avait pris, pour maître d'œuvre, le brillant amiral Alfred von Tirpitz animé d'une foi compétitive identique à la sienne.

Devant la montée de pareille menace, l'Angleterre avait aussitôt réagi en confiant la direction de son amirauté à « Jackie » Fisher qui allait devenir, à Londres, Premier lord de la mer et véritable cerveau de la riposte britannique. Il était inadmissible, en effet, que la puissance impériale anglaise se vît disputer de la sorte la suprématie des mers ! Deux ans après son installation aux commandes de l'amirauté, Fisher avait annoncé la mise au point d'un tout nouveau prototype de navire de guerre : le Dreadnought, plus gros, plus rapide, plus redoutablement armé qu'aucun autre navire de l'histoire militaire :

> La quantité et la qualité de ses innovations, en ce qui concernait sa propulsion, son blindage et ses énormes canons capables d'envoyer leurs obus avec une grande précision au-delà de la limite de visibilité, étaient telles que, dès son lancement, tous les autres navires de guerre se trouvèrent instantanément périmés.

> Le Dreadnought représentait un tel bond en avant dans la guerre navale qu'il donna son nom à toute une nouvelle classe de navires et déclencha la plus grande course aux armements maritimes que le monde ait jamais connue. À partir de 1906, les dreadnoughts furent lancés dans les chantiers britanniques et allemands en nombre toujours croissant, avec des tonnages, des vitesses et des calibres de canons toujours supérieurs[14].

La marine de guerre anglaise n'avait pas subi de choc technologique équivalent, semblait-il, depuis son passage de la voile à la vapeur, un quart de siècle plus tôt. Déterminé à moderniser dans les plus brefs délais la flotte britannique, Fisher s'était empressé d'envoyer à la ferraille un grand nombre de bâtiments anciens et qu'il se proposait de faire remplacer aussitôt par ses fameux dreadnoughts. Mais pour cela, il fallait d'abord convaincre le peuple anglais (et par ricochet ses colonies) de payer la facture. Artiste de la formule choc, Fisher avait déclaré qu'il n'entendait pas se cantonner dans le rôle de « gardien d'un musée flottant », mais bien préparer, coûte que coûte, son pays à riposter adéquatement à toute menace de guerre en provenance de sa rivale allemande. Pour s'assurer du soutien populaire, Fisher entretenait d'excellentes relations avec les milieux les plus influents de la presse britannique.

Les échos de cette vaste campagne d'opinion en faveur du réarmement naval de l'Angleterre n'avaient pas été lents à se répercuter au Canada. Dans les journaux et les cercles loyalistes anglais, il était de plus en plus question de la menace que la marine allemande faisait peser sur la suprématie, jusque-là indiscutable et indiscutée, du grand Empire britannique. Dans peu de temps, on pouvait d'ores et déjà le pressentir, le Canada serait, lui aussi, pressé de faire sa part pour la défense de l'Angleterre. Aux oreilles d'Asselin attentif, le refrain entonné évoquait un air connu : cet appel à l'enrôlement pour le Transvaal qui, dix ans plus tôt, avait déterminé son engagement politique.

Il était alors jeune et inexpérimenté et c'est en toute spontanéité qu'il s'était fait le propagandiste des idées de Bourassa. Aujourd'hui, à trente-quatre ans, le ressurgissement de la question impériale le trouve mûri, plus sûr de lui et, surtout, nourri d'expériences nouvelles. Il n'attend plus les mots d'ordre. C'est avec détermination et librement qu'il commence à documenter son plaidoyer en faveur de la défense exclusive du Canada. Plaidoyer qui le conduira à la publication, en mai de l'année suivante, de *La défense navale de l'Empire britannique*, sa troisième « Feuille de combat ».

En dépit de ses blessures d'amour-propre et de ses frustrations multiples, la pente de son destin ne l'a donc pas encore éloigné définitivement d'Henri Bourassa. À l'orée de 1909, elle l'y ramène au contraire avec insistance : cette nouvelle lutte nationaliste qui s'apprête, à propos de la marine de guerre, pourrait bien requérir, comme en 1905 et 1906 à propos de la Milice, des écoles du Nord-Ouest et du bill du Dimanche, la reconstitution du fragile tandem Bourassa-Asselin. Et qui sait si, cette fois, le terrain privilégié de cette nouvelle lutte ne sera pas ce journal quotidien dont il est de plus en plus question dans les lettres qu'Asselin échange en ce moment avec Héroux et Lavergne ? Un journal indépendant, dont il est de plus en plus question et qui recruterait au cœur même de la jeune génération nationaliste... Comment l'ex-directeur du *Nationaliste*, devenu, par la force des choses, simple collaborateur chez les Tarte, ne se prendrait-il pas, lui aussi, à en rêver tout haut à certaines heures ?

Chapitre XXI

« FAIS CE QUE DOIS »

Il est évident qu'un journal engageant la responsabilité personnelle de Bourassa ne pourra prendre les allures de franc- tireur, de gavroche même, qui sont parfois utiles.

(Lettre d'Omer Héroux à Olivar Asselin, 15 décembre 1908)

Peu avant Noël 1908, Omer Héroux avait écrit à son ami Asselin à propos du futur journal de Bourassa. Lui aussi se trouvait sans nouvelles, depuis l'élection du chef nationaliste dans Saint-Jacques, six mois auparavant. La mort brutale de sa femme, Alice Tardivel, avait eu raison des dernières réticences d'Héroux à quitter *La Vérité*. L'étroitesse de vues de Paul Tardivel, qui allait parfois jusqu'au fanatisme, lui faisait trop souvent dépasser les bornes du professionnalisme et de la simple bonne foi. Le fils n'avait pas su se hisser à la hauteur du père. Si bien que l'archevêque de Québec, Mgr Bégin, avait résolu de prendre ses distances avec l'ultramontanisme égaré de *La Vérité*. Il avait mis tout son poids dans la fondation d'un nouveau journal quotidien, *L'Action sociale*, dont la direction avait été confiée à Jules Dorion, ardent nationaliste et catholique de tout repos.

L'Action sociale, qui publiait maintenant depuis près d'un an, recrutait des jeunes gens de talent dans le même vivier, si bien qu'au moment de son départ pour l'Europe, Héroux avait reçu quelques espoirs d'engagement. Pour le moment, il finançait son séjour à Paris en envoyant épisodiquement des « lettres de voyage » à *La Patrie*. Mais, tout comme Asselin, il se tient toujours disponible en attendant la fondation du quotidien nationaliste. Il se préoccupe aussi du sort et de la vocation particulière du *Nationaliste* comme hebdomadaire de combat :

Mais il y a un aspect de la question du *Nationaliste* qui me préoccupe à distance. Faire du *Nationaliste* un quotidien, c'est abandonner la place à un autre journal du dimanche, renoncer à un organe qu'on ne saura pas remplacer et à une feuille d'avant-garde qui sera, je crois, nécessaire à côté du quotidien. [...] S'il y avait moyen de conserver *Le Nationaliste*, avec son caractère spécial de journal du dimanche, et d'éditer à côté, les deux feuilles s'aidant l'une l'autre, un quotidien, ne serait-ce point un avantage ? Il y a deux besoins très différents à satisfaire et deux armes à forger[1].

Si Asselin, durement éprouvé par les problèmes financiers de son ancien journal, ne partage guère l'optimisme d'Héroux quant à la possibilité de doter simultanément le mouvement nationaliste de deux publications distinctes, du moins entre-t-il facilement dans ses raisons lorsque ce dernier rappelle la répugnance foncière de Bourassa à l'endroit de tout ce qui s'apparente au style « franc-tireur et gavroche ». Le style, précisément, qu'Asselin a imprégné au *Nationaliste* et qui s'y maintient intégralement avec Fournier.

Mais plus profondément encore que les questions d'excès ou de retenue dans le « style » persistent entre les deux hommes des divergences certaines en matière religieuse. Ces divergences risquent, et chacun le sait, de rendre grinçants leurs rapports de collaboration éventuelle à un même journal. C'est moins la foi en Dieu qui est en cause, pense Asselin, que l'exigeante conception que se fait Bourassa des premiers devoirs et de la première allégeance du journaliste catholique à l'égard de l'Église. S'il aspire à travailler un jour auprès de Bourassa à ce nouveau journal, Asselin devrait donc, une fois pour toutes, tirer la question au clair pour lui-même. Alice, d'ailleurs, ne cesse de le presser de mettre un peu plus d'ordre dans sa conscience et sa pratique religieuse, s'il souhaite manifester également plus de constance dans l'accomplissement de ses devoirs de père de famille.

Pour toutes ces raisons, Asselin décide brusquement, en janvier 1909, d'effectuer une retraite de réflexion solitaire dans une abbaye cistercienne de la Nouvelle-Angleterre où il risque peu d'être reconnu et questionné. Dans son esprit, la démarche doit demeurer absolument secrète. À Montréal, Alice est priée de n'en souffler mot à personne, ni aux Tarte, ni à *Madeleine*, ni même à sa famille immédiate. Seul son médecin personnel, le docteur Desjardins, lié par le secret professionnel, est au courant de son projet inattendu.

Il a vite trouvé un excellent alibi à son absence en se faisant inviter en Nouvelle-Angleterre par son ancien protecteur, Aram J. Pothier. Asselin prononcera des conférences à Woonsocket, Lowell et Nashua, où l'on s'intéresse de très près à l'évolution du mouvement nationaliste d'outre-frontière. L'irruption encore récente de Bourassa sur la scène provinciale suscite beaucoup de curiosité. Asselin partagera son temps entre le monastère et les tribunes franco-américaines. Il en profitera aussi pour recommencer à alimenter davantage en chroniques *La Patrie*, dont sa convalescence l'a quelque peu tenu éloigné depuis l'automne.

La famille Pothier l'entoure et le fête, écrit-il à Alice, comme s'il s'agissait du « retour de l'enfant prodigue ». Il en est touché : il reste toujours attaché à son éphémère patrie franco-américaine. Il aime sa résistance opiniâtre et son humeur bagarreuse d'avant-poste constamment en butte aux dangers de l'assimilation. Elle le console de la molle et nonchalante inconscience de la province de Québec, trop assurée de la force de sa majorité. Il a retrouvé avec émotion sa petite filleule, Adèle Pothier, âgée maintenant de onze ans. Elle a rapporté de son long séjour à Paris un vocabulaire et un petit accent pointu qui l'enchantent. Comme autrefois, il la fait sauter sur ses genoux. À trente-quatre ans, il a retrouvé ses anciens camarades, devenus aujourd'hui commis de banque, médecin ou même gérant d'usine. Puis, ses conférences données, et esquivant de justesse *Françoise* et son vieil ennemi le père Louis Lalande, eux aussi en tournée de conférences, il part se réfugier en secret chez les Trappistes de l'Abbaye Notre-Dame-de-la-Vallée. « J'attends beaucoup, écrit-il aussitôt à sa femme, de mon séjour dans cette maison[2] », couvent austère et retiré en forêt où notre bon vivant, si bavard de nature, est pourtant bien déterminé à se cloîtrer en silence pour deux longues semaines.

> Tu connais mes sentiments religieux, écrit-il encore à Alice. On m'a dit souvent que j'avais l'âme religieuse, quoique j'en pensasse : je commence à le croire. La seule perspective de pouvoir me recueillir un peu avant le grand effort que je serai peut-être appelé à faire* me fait du bien. Je veux revenir meilleur[3].

Deux jours plus tard, dans une longue lettre à sa femme, il précise encore le sens profond de sa démarche :

> Je ne veux pas m'endormir sans m'être entretenu avec toi de mon emploi de la journée : tu es le seul être au monde à qui je ne craigne pas de paraître ridicule en parlant de ces intimités.
>
> Je suis ici en curieux, tu le sais. Je veux voir si, après la vie intense que j'ai menée depuis quelques années, je suis encore susceptible de profiter d'une accalmie comme celle-là. Je veux voir si, à défaut d'une conversion religieuse dont je ne suis probablement plus capable, je ne pourrais me rapprocher du catholicisme par un effort de volonté, et me mettre ainsi au diapason de ceux avec qui je suis appelé à collaborer comme journaliste. Et incidemment, je veux observer un peu cette vie de trappiste qui, en notre temps matérialiste, est comme une évocation des siècles mystiques du moyen-âge. Jusqu'ici, je n'ai senti en moi aucun changement : la solitude, il faut croire, n'a pas encore produit son effet ; quoique, aussi bien je doive avouer que, par souci de bon sommeil et de bonne digestion, je m'efforce plutôt à ne pas réfléchir, mais seulement à me laisser vivre. Pour le moment, je n'en suis encore qu'à observer les autres et si ce n'est pas le plus utile, ce n'est pas non plus le moins amusant[4]...

---

* Sans doute une allusion à sa participation à la fondation imminente du nouveau quotidien.

Le pittoresque de certains personnages croisés dans les corridors de l'abbaye ne saurait, en effet, échapper à son sens caustique de l'observation. Mais il ne suffit pas, non plus, à le distraire de la préoccupation majeure qui l'a conduit en un lieu apparemment si étranger à sa nature. Il pressent aussi le sacrifice que constituerait, pour sa raison rebelle, un acte de foi librement consenti. Il n'est pas assuré d'en être un jour réellement capable. Mais il dit et il pense à certains moments « qu'il est bon de croire sans autre but que d'humilier sa raison et se rapprocher des simples ; qu'il est facile d'être honnête homme une fois acceptés d'un cœur simple, les préceptes d'une religion, si mystérieuse soit-elle[5] ».

La simplicité, l'authenticité, la pauvreté qu'il a toujours recherchées d'instinct chez ses amis vagabonds des rues de Fall River, de Woonsocket ou de Montréal, c'est elle encore qu'il recherche dans la lecture de la vieille règle de saint Benoît. Il a demandé à lire le texte dans sa version d'origine. La lecture lui réserve des surprises :

> J'y lis, entre autres choses, raconte-t-il à Alice, que le rire est diabolique par essence, et cela me fait rire ; que la propriété privée est un vice, ce qui m'agrée, mais qui ne ferait pas, par exemple, l'édification de Mgr Bruchési ; qu'il ne faut point jurer, de peur de se parjurer (avis à Turgeon) ; qu'il y a quatre sortes de moines : les Cénobites, les Anachorêtes, les Sarabaïtes et les Gyrovaques, et que les deux premières sortes seulement valent quelque chose, mais nous sommes au Ve siècle ; enfin, qu'il faut donner du vin aux moines car ils ne peuvent s'en passer. Tu goûteras comme moi la douce ironie de ce chapitre. Cela se lit ainsi[6]...

Et Asselin de citer avec ravissement les distinctions réalistes faites par le saint fondateur entre l'idéal de la règle et les capacités de ses frères d'y conformer leurs robustes appétits :

> Nous lisons, il est vrai, que le vin ne convient nullement aux moines, mais comme on ne peut le persuader aux moines de notre temps, convenons au moins de n'en pas boire jusqu'à satiété, car « le vin fait apostasier même les sages ».
>
> [...] Il sera pardonné beaucoup de bêtises à saint Benoit, conclut-il, pour avoir, un des premiers, décrété l'égalité absolue du noble et du roturier dans l'Église régulière[*]. Dans l'ensemble, la Règle paraît très sage pour des hommes encore à demi-barbares ; ce qui paraît l'être moins, c'est l'application qu'on en fait encore dans un âge qui ne ressemble en rien à celui où elle fut écrite, et parmi des peuples qui n'ont rien de ceux du Ve siècle[7].

À Notre-Dame-de-la-Vallée Olivar ne trouve pas la liberté et la fraîcheur d'esprit qui avaient apparemment présidé à la rédaction de la règle de saint Benoît. Il y décèle plutôt le poids d'une routine sévère, privée de son inspiration première.

---

[*] C'est-à-dire à l'intérieur des monastères soumis à la règle.

Très tôt, le dénuement de sa cellule commence à le déprimer, le silence et la solitude se mettent à lui peser, les liturgies monocordes à l'ennuyer, les lectures spirituelles, débitées à toute vitesse par un lecteur inculte, à l'assommer littéralement.

Le commerce des moines le déçoit également. Il trouve le père abbé « trop malin », trop mondain, trop occupé de questions pécuniaires. Il avait anticipé des échanges profonds avec de « grands spirituels ». Il s'est retrouvé en présence d'un frère hôtelier prosaïque et mal dégrossi qui ne semble rien entendre à ses interrogations métaphysiques. Il cherchait un sens profond à donner à sa vie. On lui répond par des suggestions de dévotions qu'il tient pour ridicules et débilitantes. Il était curieux de leçons de vie contemplative. On lui tient encore des propos moralisateurs sur les dangers du théâtre et du cinéma.

La religion des hommes, celle qu'il ne supporte visiblement pas, était donc toujours la même ? La foi et l'intelligence étaient-elles donc à ce point irréconciliables qu'il lui fallait abdiquer le bon goût et le simple bon sens pour prétendre accéder enfin à la conversion qu'on attendait de lui ? En vain a-t-il tenté de se lier avec les autres pensionnaires. Visiblement, ces derniers n'étaient guère accordés à ses préoccupations : le dentiste était ivre, le commis-voyageur mangeait avec son couteau ! Ses propos véhéments les ont laissés complètement abasourdis. Il est vite retourné à ses moines dont il comprend de moins en moins la vie de renoncement à mesure que les jours passent :

> Hier, au salut, j'ai eu un moment de désespoir en voyant ces pauvres brutes volontairement privées de l'usage de la parole, astreintes à une règle de fer pour le seul plaisir de cultiver des choux*. Je voulais fuir : le problème religieux m'apparaissait sous un jour nouveau, tragique et grotesque à la fois. Je crois plus que jamais qu'il n'y a qu'une seule religion sensée qui est de faire le plus de bien possible en sa vie et s'en rapporter pour le reste à la miséricorde de Dieu[8].

Dès lors rendu à lui-même, il commence à délaisser les offices. Dans sa cellule, il retourne à la lecture de Brunetière et à la rédaction de ses articles pour *La Patrie* et le *Collier's*. Comme sa frustration se traduit par un impérieux besoin de dépense physique, il convainc aisément le frère portier de lui laisser fendre du bois de chauffage dans la cour. Il se promène longuement en forêt où il découvre, dans un ermitage retiré, quelques vieux prêtres exilés de France qui y terminent paisiblement leurs jours, en méditant et en fumant leur pipe. Il leur trouve davantage d'équilibre et de bon sens. Ceux-là, du moins lui semble-t-il, ne considèrent pas l'humour comme une invention diabolique ! Mais ni les Américains ni

---

* Les Trappistes s'adonnent à l'agriculture, partageant leur horaire entre la prière, l'office divin et le travail manuel.

les Français n'ont réussi à lui faire opérer le changement de vie tant espéré. La conversion propre à satisfaire les attentes présumées de Bourassa n'aura pas lieu. Ses quinze jours écoulés à la Trappe, Asselin n'est plus qu'un amoureux transi et un père qui se languit. Il brûle de rentrer dare-dare à la maison. Mais la question religieuse, pour lui, demeure entière. Elle n'a pas fini de le tourmenter :

> Ce qui va le plus mal, écrit-il à sa femme qui s'inquiète de sa santé encore mal rétablie, c'est la tête et peut-être le cœur. Il est des moments affreux où je ne sais plus par quel bout prendre la vie. Je ne deviens pas fou, pourtant. Je cherche seulement le secret de donner son maximum d'effort, de produire le maximum de bien, durant les quelques jours qu'on passe sur la terre, et tout en observant envers Dieu, envers la société, envers sa famille, comme envers soi-même, les règles de la justice. Je pense le moins possible, mais quand je pense, c'est avec une intensité qui me fait mal aux tempes et qui me fait vibrer les artères[9].

Seule Alice, la confidente, sait qu'il n'a pas trouvé à la Trappe la paix intérieure recherchée. Bourassa ignore même qu'il a tenté cette ultime démarche pour se rapprocher de lui et, surtout, de cette Église envers laquelle il nourrit toujours des griefs profonds. Bourassa sait seulement que son fidèle collaborateur prolonge sa convalescence auprès de ses amis de Nouvelle-Angleterre et qu'il y prononce, à l'occasion, quelques causeries à saveur nationaliste. Mais il s'est enfin décidé à lui écrire ! Et tout autant que sa hâte de retrouver les siens, c'est ce signal longtemps attendu qui donne secrètement des ailes au retraitant déçu :

> T'ai-je dit ce que m'écrivait Bourassa ? Il me demande à quand mon retour et me donne de bonnes nouvelles de la souscription. Il a cherché à me voir avant mon départ. Il m'écrira aux États-Unis si je dois y prolonger mon séjour. Il a l'air de très bonne humeur. Je lui ai répondu que s'il était prêt à conclure avec moi, je prolongerais peut-être mes vacances... Je crois qu'il m'attendra à Montréal[10].

Vraisemblablement soulagé par le départ d'Asselin de la direction du *Nationaliste*, Bourassa semble toutefois désireux de l'associer de très près à la fondation de son nouveau journal. Ses obligations de député le retenant plusieurs jours par semaine à Québec, il demeure sans doute conscient de ne pouvoir se passer des remarquables talents d'organisateur d'Asselin pour lancer l'entreprise à distance. Les noms d'Asselin et de Fournier lui seront fort utiles pour attirer au nouveau quotidien la jeune clientèle déjà recrutée par le *Nationaliste*. C'est donc plein d'espoir qu'Asselin regagne en hâte ses foyers.

À son retour, *La Patrie* lui propose de reprendre progressivement sa collaboration de courriériste parlementaire. Mais, cette fois, au Parlement de Québec où siègent dorénavant Bourassa et Lavergne. Persuadé que sa santé et sa situation familiale lui interdisent tout retour à la vie impécunieuse et exténuante de franc-tireur, Asselin accepte la proposition de Tarte. Fort conscient, de son côté, de tout l'impact que les reportages d'Asselin sont susceptibles de recevoir parmi la population, Louis-Joseph Tarte les fait précéder d'une large publicité. Depuis l'affaire du syndicat belge, qui a failli ébranler toute l'administration Gouin, Asselin s'est taillé la réputation de meilleur journaliste d'enquête de sa génération. Sa signature vaut désormais son pesant d'or.

Ses obligations remplies envers son employeur, Asselin conserve toutefois sa liberté d'expression. Il poursuit donc sa contribution régulière au *Collier's* et collabore à la *Revue franco-américaine* que son ancien procureur, J.L.K. Laflamme, vient de fonder à Québec. Il met également en chantier une nouvelle « Feuille de combat ». Il s'agit d'une critique mordante des *Souvenirs politiques de M. Ch. Langelier*, sorte d'autobiographie complaisante d'un politicien libéral apparenté au juge François Langelier. L'auteur visé incarnait tout ce qu'Asselin détestait le plus en matière de partisanerie. Il dédie ce pamphlet curieux « À mon père, à l'humble travailleur qui toute sa vie, de toutes les aspirations de son âme probe, chercha passionnément la vérité et la justice, j'offre cette "Feuille" pour le venger d'avoir été, comme tant d'autres hommes de sa génération, l'innocente victime des hâbleurs et des charlatans ».

Il en profite également pour commencer à payer quelques menues dettes. Le sentiment du devoir accompli l'autorise même à acquérir, à prix d'ami, quelques tableaux d'artistes débutants. Il s'intéresse particulièrement à Henri Beau, peintre bohème formé à l'école française de Barbizon. Henri Beau lorgne maintenant du côté des Impressionnistes. Olivar lui achète une petite scène de sous-bois, tout en clair-obscur, qu'il offre, dédicacée, à Alice, en souvenir de leurs promenades d'amoureux au mont Royal.

Les rumeurs de fondation imminente du quotidien nationaliste vont bon train et l'associent maintenant au projet de Bourassa. Des curés colonisateurs reconnaissants, des militants convaincus lui adressent personnellement des dons et des souscriptions. Il en transmet aussitôt les modiques sommes à Bourassa auquel il a désormais accès plus facilement. Les discussions s'amorcent à propos de l'organisation : agence de presse, traduction des dépêches, rédaction des annonces, échange de journaux, correspondants étrangers, etc. En mai, Asselin, désormais pleinement associé à la mise sur pied de l'entreprise, suggère à son chef de ne plus trop tarder à procéder aux engagements en bonne et due forme des futurs journalistes. Depuis son retour de Nouvelle-Angleterre, leurs relations semblent revenues au beau fixe. Un événement mémorable va toutefois venir, une fois de plus, assombrir considérablement leurs nouveaux rapports.

Un beau jour de mai où le courriériste parlementaire de *La Patrie* assiste à une séance de l'Assemblée législative, Me Alexandre Taschereau, ex-procureur de Jean Prévost et ministre des Travaux publics, prend soudainement le journaliste à partie. Le ministre accuse publiquement Asselin d'avoir participé à la rédaction d'un faux télégramme destiné à compromettre le premier ministre Gouin dans le scandale Turgeon-de l'Épine. Le journaliste interpellé réagit avec toute l'indignation que l'on imagine : « Vous savez bien que c'est faux ! » Mais son adversaire maintient ses insinuations, tout en alléguant, du même souffle, que son interlocuteur a mal interprété ses propos. La dérobade, plus encore que l'accusation, met Asselin hors de ses gonds. Il voit rouge. En quelques secondes, souple comme un chat, il a bondi sur le parquet de la Chambre et administré à son honorable accusateur la gifle la plus retentissante dont les échos se soient jamais répercutés entre les murs de l'auguste enceinte : « L'espace d'un éclair », se souviendra avec humour l'assaillant, j'aurai « aperçu l'envers de la bouche attique d'Alexandre Taschereau[11] !... »

Mais on ne rigole pas, à Québec, avec l'immunité parlementaire des honorables membres de la Chambre d'Assemblée. Asselin est aussitôt arrêté et emprisonné incommunicado dans les cellules de la Police provinciale, au rez-de-chaussée du Parlement. L'humidité de sa cellule et l'infâme brouet qu'on sert aux prisonniers en guise de nourriture ont vite fait d'ébranler sa santé encore chancelante. L'anxiété sans doute encore davantage, devant les fâcheuses répercussions que ce nouvel emprisonnement ne manquera pas de faire peser sur ses rapports avec Bourassa d'abord, sa famille et ses employeurs ensuite, au moment même où l'impulsif commençait à donner des signes de vouloir s'amender. Il éprouve aussitôt une violente crise de cette gastro-entérite à laquelle il est fréquemment sujet. Son état ne laisse pas d'inquiéter en haut lieu. On se hâte donc de le faire transporter à l'infirmerie de la prison où il se met aussitôt à vomir à nouveau le sang.

À Montréal, Fournier se démène comme un forcené pour obtenir l'amélioration des conditions de détention de son ami. Il fulmine littéralement : on intercepte le courrier d'Asselin et on lui interdit d'écrire des lettres ; on lui défend de recevoir des colis alimentaires de l'extérieur et de se rendre au parloir pour recevoir la visite de son épouse. Il n'a même pas été autorisé, jusqu'à présent, à se pourvoir des services d'un avocat : « Depuis son entrée en prison, il a eu deux hémorragies qui, au dire des médecins, ont failli chaque fois l'emporter. Il est gravement malade à l'infirmerie de Québec mais il ne veut pas laisser croire qu'il attend la moindre faveur. Il dédaigne la pitié de M. Gouin[12]. » À Québec, dans L'Action sociale, Omer Héroux, rentré au pays, compare le geste théâtral d'Asselin « aux violences nécessaires des camelots du Roi ».

Le médecin de la prison confirme que le malade perd, en moyenne, un décilitre de sang par jour. Terrassé mais fier comme un coq de combat, Asselin ne sollicitera pas de faveur du gouvernement. Mais il luttera, pied à pied, pour sa survie. Il n'y va pas par quatre chemins. Mais, surtout, il crâne : « En vous battant du bec et des ongles avec le Gouverneur, en lui faisant entrevoir la destitution si les nationalistes arrivent au pouvoir, au bout de deux jours vous aurez le lait, de quatre jours l'œuf, et de six jours l'orange. Vous n'aurez plus ensuite qu'à vous laisser revivre [...]; et c'est d'un ventre ferme que vous irez ensuite vous vautrer dans les pissenlits en fleurs du préau[13]... »

Le Gouverneur a fini par céder. Asselin aura droit à *deux* œufs par jour! Mais le prisonnier s'empresse aussitôt d'en refiler un à son compagnon d'infortune, « un jeune et sympathique escroc qu'on laissait mourir de faim[14] ». Après les déceptions accumulées auprès des politiciens et des grands de ce monde, les vagabonds et les prisonniers sont encore les spécimens d'humanité envers lesquels il éprouve le plus de sympathie. Son sort ne l'étonne guère, d'ailleurs. Il est devenu, depuis des années, l'observateur désenchanté de la collusion entre pouvoir politique et pouvoir judiciaire. Il se borne donc à constater que

> [...] la Province a jugé prudent d'installer sa police sous le même toit que ses législateurs, et que ce n'est pas sa faute si les agents qui devaient tenir l'abbitibisme en respect sont devenus les instruments des basses œuvres de M. Charles Lanctôt[*15].

Il ne croit pas si bien dire! Ses adversaires vont bientôt faire d'une pierre deux coups. Au *Nationaliste*, Fournier s'est tant démené pour le tirer d'affaire, il a à ce point multiplié les attaques contre le gouvernement, qu'il s'en est pris, à travers le ministre Taschereau et le juge François Langelier, à la personne même du premier ministre Gouin. Ce juge Langelier était le même qui, jeune avocat, s'était fait le procureur du libéral Pierre-Alexis Tremblay dans le procès pour influence indue dans Charlevoix au cours duquel Rieule Asselin, le père d'Olivar, avait été cité comme témoin.

La coupe des sarcasmes et des accusations d'injustice ayant débordé, Fournier lui-même a été traîné devant les tribunaux par le gouvernement et jeté à son tour en prison pour trois mois. Il devra y rester jusqu'en septembre. Il prend donc le chemin des cellules[**] au moment précis où Asselin achève d'y purger sa peine temporaire pour assaut contre la personne du ministre Taschereau. Son procès a été fixé à l'automne. À peine relâché et remis tant bien que mal de sa gastroentérite et de ses hémorragies, le premier des deux compères s'empresse d'aller relayer l'autre au *Nationaliste* à nouveau privé de capitaine.

Asselin chancelant a beau être, une fois de plus, accueilli en vedette à sa sortie de prison, le fâcheux événement a eu raison de la longue magnanimité des fils Tarte à son égard. Ennuyés par les bruyantes retombées politiques de

---

* Autre procureur impliqué dans le procès du scandale de l'Abitibi par le truchement du procès Prévost-Asselin.

** La prison où les deux amis ont été incarcérés fait actuellement partie des locaux agrandis du Musée de Québec. La cellule où Fournier a commencé la rédaction de ses célèbres *Souvenirs de prison* a été restaurée dans son état original et peut aujourd'hui être visitée.

« l'affaire » sur leur propre journal, ses patrons le somment de choisir entre son emploi stable et bien rémunéré à *La Patrie* et sa collaboration au *Nationaliste*. Entre sa sécurité personnelle et son amitié pour Fournier, Asselin ne tergiverse pas longtemps. Sans prendre le temps de consulter Alice et après s'être copieusement querellé avec les fils Tarte, il quitte *La Patrie* en claquant les portes. Un seul devoir compte désormais à ses yeux : défendre son ami et le faire sortir coûte que coûte de prison.

Il n'est pas seul à vouloir le faire. Autour de Fournier, la petite équipe nationaliste serre les coudes. Mais Bourassa, extrêmement contrarié par les nouvelles frasques judiciaires de ses jeunes disciples, ne se manifeste pas. Il ne donne signe de vie ni à l'un ni à l'autre durant leur incarcération. Homme d'ordre et de discipline, ennemi des excès langagiers (et à plus forte raison des gestes de violence physique), il laisse la justice suivre son cours. Isaïe Fournier, le vieux père de Jules, simple cultivateur, comprend mal que le chef nationaliste n'intervienne pas publiquement en faveur de son fils emprisonné du simple fait d'avoir critiqué ouvertement un gouvernement en place. Plusieurs militants partagent cet avis. Ils souhaiteraient voir Bourassa prendre la parole au cours d'une vaste assemblée populaire en faveur de Fournier.

Alleyn Taschereau, l'ancien avocat d'Asselin, lui écrit dans ce sens :

> M. Bourassa devrait forcer Laflamme* à faire quelque procédure pour tenter de faire sortir Fournier de prison. Le public sera plus satisfait quand bien même Laflamme ne réussirait pas [...] M. Bourassa devrait en profiter pour tenir une grande assemblée[16].

Pour faire pression sur Bourassa, Asselin et ses amis ont même obtenu des témoignages assermentés de personnes qui ont entendu le shérif et le juge François Langelier déclarer publiquement que, si les amis de Fournier voulaient bien accepter de se tenir tranquilles, ce dernier pourrait sortir de prison au bout de cinq semaines au lieu de purger les trois mois de sa condamnation ! Rien n'y fait : le chef nationaliste refuse d'obtempérer. Sans doute, dans son esprit, la crédibilité et la respectabilité de son futur journal doivent-elles passer avant toute autre considération. Mortifié et abattu, Fournier tombe malade à son tour.

Les deux compères recevront naturellement un certain soutien de la députation conservatrice, trop heureuse de trouver dans « l'affaire Asselin-Fournier » un nouveau prétexte pour attaquer le gouvernement. Les conservateurs comptent dans leurs rangs quelques juristes de renom. Le nouveau chef de l'opposition, Mᵉ Matthias Tellier, prononcera ainsi un vigoureux plaidoyer en faveur d'Asselin

---

* J.L.K. Laflamme, procureur-conseil avec Alleyn Taschereau et Armand Lavergne, lors du procès Jean Prévost vs Olivar Asselin.

à la séance du 26 mai. Il cherchera à établir : 1° que ce sont ses écrits, comme journaliste indépendant, bien plus que la gifle administrée au ministre des Travaux publics qui ont provoqué la démesure de la vengence ministérielle ; 2° que l'arrestation d'Asselin, sans mandat, était illégale et que Taschereau avait tronqué les textes du Code pour tenter de la justifier ; 3° que la détention « incommunicado » du prisonnier était un odieux attentat à ses droits de citoyen libre et de sujet britannique[17].

Plusieurs de ses collègues conservateurs se lèveront aussi en Chambre pour prendre à leur tour la défense de Fournier, fustiger la rigueur arbitraire du parti ministériel et flétrir l'intervention politique à l'intérieur du processus judiciaire. L'opposition conservatrice manœuvrera tant et si bien qu'en quelques jours Fournier se verra hissé au rang de héros national, victime de son courage politique. Devant ce revirement fâcheux de l'opinion publique, Lomer Gouin décide de faire prudemment machine arrière. Fournier sera libéré au bout de quelques semaines, sans conditions. Élargi et porté en triomphe à sa sortie de prison, le « héros national » profitera de sa convalescence pour peaufiner ses vitroliques *Souvenirs de prison*. Avant sa libération, Asselin avait aussi obtenu que Fournier puisse recevoir la visite de son médecin et ami personnel, le docteur Adelstan de Martigny, chargé de veiller sur la santé du prisonnier.

Les discours et les dénonciations véhémentes des orateurs conservateurs auront eu, toutefois, peu d'effet d'entraînement sur Bourassa. Retiré à Sainte-Adèle dès la fin de la session, il ne se rendra pas à Montréal pour assister à la fête organisée par les amis d'Asselin pour célébrer sa libération. Une mauvaise bronchite, compliquée d'un lumbago, l'a retenu à la maison. Contrairement à M\ᵉ Tellier, il ne peut, non plus, réunir l'information qu'Asselin sollicite de sa part touchant ses interventions en Chambre : tous ses papiers, dit-il, se trouvent à Montréal dans des caisses. Enfin, Asselin lui a aussi demandé de préfacer sa prochaine « Feuille de combat ». Il s'agit de la *Défense navale de l'empire britannique*, rédigée en prévision de la nouvelle crise qui se profile à l'horizon de la politique impériale : la contribution « volontaire » des colonies à la construction des dreadnoughts chers à l'amiral « Jackie » Fisher. Asselin l'a écrite en réaction à une motion présentée en ce sens, le 29 mars, aux communes, par le député George Foster. Aucun projet de loi concret n'a encore été déposé, mais, selon les observateurs, la chose ne saurait tarder. Chose certaine, l'opinion publique en est déjà saisie. Mais Bourassa s'excuse à nouveau auprès d'Asselin en invoquant, cette fois, son peu de goût pour l'écriture :

> Ces maux passagers se compliquant de la réaction inévitable qui suit la fin de session, me mettent dans les plus mauvaises conditions possibles pour écrire une préface — d'autant plus que l'écriture, comme vous le savez, n'est jamais mon fort[18].

Au vrai, l'essai d'Asselin l'a déçu. Il ne l'a pas, dit-il, trouvé aussi complet et concluant que leur dernière conversation le lui avait laissé entrevoir. Lui-même a sa petite idée sur la question. Et Asselin, comme d'habitude, n'apporte sans doute pas toutes les nuances voulues avant de porter ses jugements :

> Il y a aussi certaines expressions à l'endroit d'impérialistes très sincères et très honnêtes, comme Leacock* que je n'aurais pu laisser passer sans réserve[19],

lui écrit-il dans la même lettre.

Évidemment, en matière d'impérialisme, Asselin n'a pas l'habitude de faire dans la dentelle ! *La défense navale de l'Empire britannique* paraîtra sans préface de Bourassa et Asselin devra se passer de locomotive. Mais sa « Feuille de combat » connaîtra un franc succès d'édition. Elle aura eu le grand mérite, en dépit de ses imperfections, de paraître à son heure : la question des dreadnoughts était déjà sur toutes les lèvres. Dans les cercles autonomistes du Canada anglais, l'essai d'Asselin sera accueilli avec intérêt et considération. Outre la perspicacité politique et le dévouement de son auteur à la cause de l'autonomie canadienne, la critique sera unanime à vanter son impartialité, sa parfaite aisance dans la langue anglaise et son véritable talent d'écrivain. On ne fait pas mieux à Londres et à Boston, affirmera sans ambages le *London Free Press* qui en fait la recension.

Si Bourassa doit jamais s'adjoindre Asselin dans la conduite de son futur journal, il ne doit donc pas s'attendre à trouver en lui la docilité du parfait exécutant. À trente-quatre ans, l'homme a déjà acquis une stature, une pensée et un rayonnement qui lui sont propres. Il a mis au monde et dirigé son propre journal. Il sait maintenant de quoi il parle et ce qu'il vaut. Il est douteux qu'il accepte jamais de changer son style et sa manière, sachant désormais toute la bonne fortune qu'il leur doit.

Mais si Bourassa s'interroge à bon droit sur la docilité d'Asselin, rien ne semble devoir rebuter son encombrant disciple. *La défense navale de l'empire britannique* paraît à l'été avec une élogieuse dédicace. Une fois de plus, le militant semble indiquer au maître la voie à suivre :

À M. HENRI BOURASSA,
le seul homme politique canadien-français qui en ces dernières années, dans la discussion des obligations des colonies envers la métropole, n'ait jamais confondu le loyalisme avec le servilisme[20].

La flatteuse dédicace, jointe à l'opiniâtre fidélité d'Asselin, agiront-elles comme un baume sur l'esprit inquiet du chef ? On serait porté à le croire. Le danger de scandale écarté et Fournier libéré dans l'allégresse populaire, Bourassa

---

* L'écrivain Stephen Leacock.

accepte finalement, le 25 juillet, de prendre la parole à une assemblée populaire tenue à Coteau Landing à propos des procès intentés au *Nationaliste*. Contre toute attente, il y dénonce, avec une rare vigueur, l'attitude du juge François Langelier et compare même le sort fait à Fournier à celui des Patriotes de 1837. Ces derniers, rappelle-t-il, ont été jugés par des magistrats payés par un Exécutif dont ils se faisaient les créatures serviles. L'appui vient un peu tard, mais il est accueilli avec reconnaissance par les jeunes nationalistes inquiets du silence prolongé de leur chef.

En août, arraché de force par Alice aux bureaux du *Nationaliste*, Olivar est à nouveau expédié à Chien-Blanc pour se remettre des séquelles de son incarcé-ration. Son journal est entre bonnes mains : le 16 août, Fournier, qui a racheté ses actions comme directeur, peut annoncer la fondation de la Compagnie générale de publication dont les actionnaires sont dorénavant G.N. Ducharme, J.L.K. Laflamme, J.H. Rainville et A.P. Simar. Le tirage du *Nationaliste* s'élève à 10 000 exemplaires et l'on prévoit une augmentation grâce à l'achat de nouvelles presses. Selon le vœu de Bourassa, Héroux est venu, entre-temps, prêter main forte au journal, tandis que Fournier part, lui aussi, se refaire une santé en Europe. Rassuré, tant par la présence que par l'influence conciliatrice d'Héroux, Bourassa vient plus souvent faire son tour au journal. Il s'est même commis auprès de ses « mécènes » habituels pour aider à en redresser les finances durement éprouvées par les déboires de ses deux directeurs successifs. Ces « mécènes » souhaitent que le chef nationaliste surveille de plus près la réorganisation du petit hebdomadaire, afin de le prémunir contre les risques de nouveaux et onéreux procès. Héroux aurait-il persuadé Bourassa de maintenir conjointement l'ancienne et la nouvelle publication nationaliste ? C'est, en tout cas, une lettre plus enjouée que Bourassa expédiera, en plein mois d'août, au convalescent Asselin sur papier en-tête du *Nationaliste* :

> Reposez-vous. Héroux viendra faire le n° du 5 septembre et probablement la suite jusqu'à la réorganisation.
>
> Prenez des forces, emplissez-vous les poumons de bon air et revenez-nous avec des bottes de varech pour préparer les couches mortuaires de nos échevins. Je prémédite une grosse campagne municipale pour le début du journal.
>
> [...] Je travaille comme deux chevaux, mais ça va très bien. J'ai même eu le temps de récolter un fils au temps des foins. Un *Jean* qui dort les poings fermés, prêt à occire les infidèles de l'avenir [...]
>
> À vous cordialement[21]...

Ne dirait-on pas, retrouvée, la connivence d'autrefois, au tout début de leur collaboration ? Momentanément rassuré, Asselin se remet à écrire au soleil, face à la mer, sur la véranda du presbytère de Saint-Georges de Malbaie. En contrebas, sur la plage, il imagine ses fils faisant des galipettes sous la surveillance d'Alice et du chien berger de Raoul. Leur absence lui pèse. Il retravaille avec soin quatre longs articles publiés en anglais dans la *Canadian Century Review* et qu'il se propose d'éditer en brochure à l'automne. Il a intitulé cette dernière : *A Quebec View of Canadian Nationalism*. Ce sera, il l'ignore encore, son plus gros succès de librairie dans tout le Canada. Et comme le sens de l'humour lui est revenu avec le repos, il y a même ajouté comme sous-titre : « An essay by a dyed-in-the-wool French-Canadian, on the best means of ensuring the greatness of the Canadian fatherland ». Et une dédicace qui, connaissant Asselin, ne saurait se décliner sans un sourire : « To the Great English Race, this little book is modestly dedicated[22]. »

L'ouvrage se veut un exposé de la pensée et des sentiments canadiens-français en matière de relations avec l'Angleterre. Il va bien au-delà du schématique programme de la *Ligue nationaliste*. Ce n'est plus seulement le militant écrivant sous la dictée de Bourassa qui s'exprime ici. C'est l'analyste politique en pleine possession de ses moyens qui développe les tenants et aboutissants des grandes thèses nationalistes auxquelles il adhère depuis près d'une décennie déjà.

Ces thèses, il les développe en éditorialiste et leur donne une perspective internationale. Les liens du Canada avec les grandes nations européennes ou américaines, il ne lui suffit plus de les observer par le biais de l'étroite lunette coloniale. C'est en nation indépendante que le Canada doit dorénavant considérer ses relations avec les autres puissances. Mais la voix d'un Canada affranchi de la tutelle coloniale ne saurait être univoque. Le Canada français ne conteste certes pas les liens très particuliers que les détours de l'Histoire lui ont fait tisser avec l'Angleterre depuis près d'un siècle et demi. Mais le Canada anglais, et a fortiori l'Angleterre, ne doivent jamais perdre de vue les liens antérieurs qui ont relié le destin des Canadiens français à celui de la France.

Si ces liens anciens ont été abolis au plan politique, ils subsistent au plan intellectuel et spirituel et demeurent essentiels à la vie culturelle du Canada français. Voilà pourquoi, au plan international, la sagesse politique commande de restreindre les obligations militaires du Canada à la stricte défense de son territoire. Car jamais, advenant divergence d'intérêts entre la France et l'Angleterre dans un conflit international, les Canadiens français ne doivent être sommés de choisir entre leur loyauté envers le souverain britannique et leur attachement premier, naturel et indéfectible à la France.

Asselin refuse l'association facile que l'on tente de faire entre anti-impérialisme et anti-militarisme. La « paix-à-tout-prix » chère à ses amis socialistes n'est pas son fait. Il ne veut surtout pas qu'on s'y méprenne : Asselin est un soldat dans l'âme ! Son opposition à la participation du Canada au renforcement de la flotte britannique découle exclusivement et en droite ligne de son nationalisme autonomiste. Pour la défense du Canada, c'est sans hésitation qu'il prendrait les armes si ce dernier était attaqué. Fût-ce, par pure hypothèse, par la France elle-même ! Un anti-impérialiste n'est pas un félon.

Mais l'essai qu'il rédige va bien au-delà de la question militaire, de l'autonomie canadienne et du prestige de l'empire britannique. Il rappelle aussi à ses interlocuteurs du Canada anglais à quelles conditions non négociables la loyauté du Canada français pourra leur être assurée : celles qui feront du Canada tout entier la véritable patrie des « deux races », traitées, selon l'esprit du pacte de 1867, sur un véritable pied d'égalité. Les droits de la langue française et la religion catholique ne constituent pas, loin de là, et l'Histoire l'a prouvé, un obstacle à l'unité canadienne. Mais les droits pourtant imprescriptibles de la langue et de la religion des Canadiens français ont été violés successivement, en matière scolaire, aussi bien en 1890 au Manitoba qu'en 1905 en Alberta et en Saskatchewan. Ces droits le sont indirectement encore, et chaque jour davantage, par les effets pervers et l'insidieuse politique d'immigration avalisée par le gouvernement, dans le but inavoué d'assimiler les minorités franco-catholiques, les premières, au siècle dernier, à avoir ouvert l'Ouest canadien à la colonisation.

Si le Canada anglais veut s'assurer de la loyauté du Canada français, il doit faire en sorte que ce même Canadien français se sente chez lui et pleinement respecté, dans son identité, partout au Canada, comme l'ont manifestement voulu, à l'origine, les Pères du pacte confédératif. Faute de quoi la loyauté des Canadiens français pourrait bien être tentée de s'exercer à l'égard de la seule province où ces derniers sont encore assurés de détenir la majorité. Ils tiendront de plus en plus en suspicion une association bancale où ils seraient voués à être les éternels perdants. Pourtant, la séculaire résistance culturelle du Canada français ne constitue-t-elle pas le meilleur rempart qui soit contre les visées annexionnistes des États-Unis d'Amérique ? Le nationalisme pancanadien d'Asselin s'exprime aussi, dans cet essai ambitieux, aussi bien en matière de politique agricole et forestière, d'exploitation des richesses naturelles et de transports, que de fiscalité, de syndicalisme, de culture et d'enseignement.

Avant même que Bourassa n'ait lancé son journal et explicité son propre programme d'action, Asselin, son collaborateur, annonce déjà ses couleurs avec une autorité de ton et des précisions qui laissent deviner l'espace qu'un journaliste de cette envergure pourrait prétendre occuper au sein de la future entreprise. Le succès de librairie que connaîtra *A Quebec View of Canadian Nationalism*, à quelques semaines de la fondation du *Devoir*, ne fera que confirmer ces attentes. Le professeur Leigh McGregor, de l'Université McGill, faisant la critique des écrits politiques d'Asselin rédigés en anglais, affirmera même que rien de mieux n'avait encore été publié en Amérique à propos du nationalisme canadien[23]... Et Bourassa, qui jongle de plus en plus avec l'organigramme de son futur journal, doit bien se dire qu'il lui faudra, bon gré mal gré, en tenir compte lorsqu'il s'agira d'y caser l'incontournable franc-tireur.

Depuis deux ans, Asselin a successivement rompu les amarres avec *Le Nationaliste*, puis avec *La Patrie*. Il n'a désormais plus d'autre alternative devant lui, s'il prétend dorénavant vivre de sa plume, que d'espérer faire sa marque au futur quotidien de Bourassa dans les mois qui viennent. L'ex-directeur du *Nationaliste* a réussi, depuis quatre ans, à se mettre à dos à peu près tout ce qui compte parmi les journaux de partis qui dominent la scène québécoise. Il n'a plus guère le choix. Et Bourassa, qui tente de remettre tant bien que mal *Le Nationaliste* à flot, en ces mois d'été 1909, le sait mieux que quiconque : Alice Asselin est à nouveau enceinte et la naissance de ce quatrième enfant est prévue pour janvier. À Montréal, la jeune femme attend avec anxiété que son mari reprenne des forces en Gaspésie. Elle vit mal cette nouvelle grossesse qui s'avère difficile. Les mois d'été, à Montréal, sont torrides. Avec trois enfants à charge, alourdie et fatigable, elle écrit très peu.

Si la mise au net du manuscrit de *A Quebec view of Canadian nationalism* lui a procuré quelques bons moments d'écriture, Olivar, en revanche, n'éprouve plus l'élan de jadis pour la rédaction, à l'emporte-pièce, des courts articles qu'il s'est engagé à faire, encore quelque temps, pour *Le Nationaliste*. Est-ce parce que le leadership lui en échappe désormais, qu'il ne retrouve plus la ferveur d'autrefois pour son travail quotidien ? Dans son esprit, la page glorieuse du *Nationaliste* semble bel et bien tournée. Seule la solidarité envers Fournier et le sens des responsabilités le retiennent encore momentanément au rêve sacrifié de sa jeunesse :

> À propos du N... le numéro de dimanche m'a ravi. Il ne contenait qu'un article ennuyant, le mien. Je suis tenté de remettre la barque définitivement aux mains de Lafortune* et de m'orienter ailleurs pour le plus grand bien de ma bien-aimée petite femme et de mes chers petits gars. Mon devoir est fait. À d'autres de continuer l'œuvre en la perfectionnant. J'ai écrit à Lafortune pour le féliciter et lui donner du courage. À en juger par le journal, il doit avoir beaucoup travaillé la semaine dernière[24].

Ce Lafortune, dont il parle, n'a que vingt-quatre ans. Il a été recruté par ses soins peu de temps auparavant, au cours d'une rencontre fortuite dans un tramway de Montréal. Le jeune homme, d'apparence modeste, était plongé dans la lecture d'un auteur classique français, comportement qui avait aussitôt piqué la curiosité d'Asselin. Aux questions de son interlocuteur, Lafortune avait simplement répondu, en s'identifiant, qu'il était fort pauvre et en recherche d'emploi. Ses intérêts

---

* Le journaliste Napoléon Lafortune, esprit original et coloré, fera ensuite carrière au *Devoir*.

littéraires et sa physionomie avenante pour toutes références, il avait été sur-le-champ embauché par le directeur du *Nationaliste*. Asselin, de plus en plus accaparé, à l'époque, par les campagnes électorales de Bourassa, y avait plus que jamais besoin de renfort. Lafortune était resté et avait rapidement fait valoir ses talents. C'est à lui qu'Asselin est tenté de passer la main. Il n'a plus, décidément, le cœur à l'ouvrage :

> J'ai essayé de faire un article pour *Le Nat.* pas moyen, pas une idée, pas une phrase. Heureusement, je constate que le cher journal a de moins en moins besoin de moi. À mon retour, je laisserai la rédaction entre les mains de Lafortune pour ne m'occuper que de l'administration. En quatre mois j'aurai réglé les comptes et mis les livres à point et je serai prêt à démissionner. Quel rêve! Je me consacrerai ensuite tout entier au bonheur de ma petite famille[25].

Son compagnon de voyage en Gaspésie, le jovial docteur de Martigny, s'efforce de réconforter l'hypocondriaque qui digère mal et croit souffrir, cette fois, de calculs rénaux. Le médecin offre même d'écrire ses articles à sa place! Asselin s'amusera de voir le libre penseur rédiger avec application ses textes sur le pupitre de Raoul, où lui font face des statues impavides du Sacré-Cœur et de la Sainte Vierge. De Martigny s'affaire avec bonhomie au presbytère, s'offre à laver la vaisselle, à frotter la coutellerie et à faire les lits en l'absence de la ménagère. Il charrie le bois et prodigue ses consultations gratuites aux villageois mal en point. Entraîné par son activité débordante, Olivar finit par oublier quelque peu ses malaises et se laisse de bon gré conduire à la pêche aux moules et à la truite de ruisseau.

En septembre, grâce aux soins vigilants de son ami et à la sollicitude de Raoul, c'est passablement ragaillardi qu'il s'apprête à reprendre le chemin de Montréal où l'attendent les retombées flatteuses de sa sortie de prison et de la publication de *La défense navale de l'Empire britannique*. Henriette Chauvin* lui a déjà écrit une lettre presque tendre, louant son courage et parlant de son emprisonnement comme du plus « glorieux épisode de votre vie bouillonnante ». Elle a lu, relu et annoté ses deux premières « Feuilles de combat ». Elle a même comparé leur auteur aux valeureux Gracque** de l'histoire romaine, Henriette a tout naturellement choisi « Cornélie » comme nom de plume. Elle renvoie donc à Asselin la montre qu'il lui a confiée en gage. « C'est encore les petits mots tracés par votre main qui ont le plus de valeur à mes yeux. Ô éternel féminin[26] ! » Nul doute que

---

* Sœur d'Henri Bourassa.

** Branche plébéienne d'une famille romaine célèbre pour avoir proposé une réforme agraire comportant une redistribution plus équitable des terres entre tous les citoyens de Rome. Cornélie, leur mère, reconnue pour la sobriété de sa mise, présentait ses fils en disant : « Voilà mes bijoux. »

le retour en ville, après l'été, ne lui ménagera encore d'autres succès d'estime susceptibles de l'aider à surmonter son désenchantement momentané. Son fidèle supporteur, le sénateur Philippe Landry, ne lui a-t-il pas indiqué, à son tour, la voie à suivre, la seule où le pamphlétaire excelle vraiment : « Vous revenez dans la barbarie, s'exclame-t-il dans une lettre, reprendre votre poste de combat[27] ! »

Sans doute l'approche des élections municipales, où Bourassa a promis d'engager le nouveau journal, donnent-elles au sénateur confiant des motifs additionnels de croire en l'indéracinable combativité d'Asselin. Mais le doute s'est installé au cœur du combattant. S'il s'associe toujours aussi ouvertement au lancement imminent du journal de Bourassa, c'est d'abord parce qu'il n'a plus devant lui d'autre choix : dans quatre mois, il sera père à nouveau et il a promis à Alice de procurer, à l'avenir, une existence plus décente à leurs enfants.

Pour l'heure, il touche un salaire provisoire de 35 $ pour deux semaines de travail à temps partiel. Il s'est engagé à mettre sur pied l'organisation du journal, à canaliser les souscriptions, embaucher le personnel, assigner les tâches. En l'absence de Bourassa, la plupart du temps retenu à Québec par les travaux de la session parlementaire, le 85b de la rue Drolet est devenu la plaque tournante autour de laquelle s'articule le projet de fondation. C'est souvent à lui qu'on adresse ses dons. C'est encore à lui qu'on écrit pour proposer ses services. Tantôt Héroux, tantôt *Madeleine* lui réfèrent des candidats potentiels pour la rédaction. L'équivoque persiste : Asselin lui-même ignore encore quel sera son statut personnel au sein de l'organisation. Ni lui ni Bourassa n'ont encore rien entrepris pour mettre les choses au clair.

C'est encore Asselin qui écrit à Georges Pelletier, jeune courriériste parlementaire de *L'Action sociale* à Ottawa, pour lui proposer d'entrer au service du nouveau journal de Bourassa. On l'a autorisé à proposer au candidat (fort heureusement célibataire) un salaire de 13 $ par semaine. Chacun, paraît-il, devrait considérer comme un honneur d'être appelé à travailler pour « la cause ». Pelletier hésite. L'aventure mérite réflexion et la liberté a son prix. La même proposition sera faite à Joseph Bourret de *L'Indépendant* de Fall River. Lui aussi hésite : il gagne là-bas 16 $. Ce serait donc moins avec Bourassa ? Oui, plaide Asselin. Mais à Montréal, le coût de la vie est bien moindre qu'aux États-Unis et le travail au journal lui laissera toutes ses soirées libres pour travailler ailleurs. Le journalisme indépendant est décidément une voie ascétique.

Asselin est bien placé pour le savoir. Terminé le confortable salaire de 40 $ par semaine à *La Patrie*. À 35 $ par deux semaines, il lui faut absolument conserver ses piges et travailler le soir. Mais le *Collier's* est devenu terriblement méfiant à son égard depuis son emprisonnement. Gadsby subodore le libelle à chaque feuillet un peu corsé qu'Asselin lui expédie. Il s'alarme de chaque figure de style. Entre le patron et le pigiste, s'est instaurée une correspondance aigre-douce où chaque mot est discuté. Combien de temps encore lui sera-t-il permis d'appeler librement un chat un chat et un politicien véreux par son nom ? L'attelage avec le *Collier's* est devenu de plus en plus grinçant. Et ce n'est ni la *Revue franco-américaine* ni la *Canadian Review* qui peuvent prétendre arrondir ses fins de mois.

Alice, mal en point, a impérativement besoin d'une bonne. Mais comment verser un salaire de domestique avec de tels émoluments et quatre personnes à charge ? Aux abois, il fait appel à son ami Sam Bellavance pour essayer de vendre quelques exemplaires de ses « Feuilles de combat » parmi les cercles étudiants de l'ACJC. Alice recycle encore ses vieux vêtements, Olivar ses anciens textes. Il faut bien vivre en attendant la sortie du premier numéro du nouveau journal.

D'autant que, cet automne-là, l'attendent d'autres comparutions devant les tribunaux. La « gifle à Taschereau » n'a pas fini de faire des vagues. Ses procureurs, d'ailleurs, commencent à manifester quelques signes d'impatience à l'idée d'avoir à défendre un client aussi imprévisible, qui les tient constamment en haleine et les rémunère au compte-gouttes depuis des années. En octobre, Armand Lavergne, agacé, lui écrit de Québec :

> Mon cher Asselin,
>
> Le terme des Assises est fixé au 12. Comme de raison c'est ton affaire de comparaître seul et de ne pas vous occuper des subtilités de la procédure. Vous savez mieux que moi ce que vous avez à faire. Cependant, si vous permettez à notre ancienne camaraderia [*sic*] de vous doner [*sic*] un conseil je ne me ficherais pas trop, à votre place, de la pr[*sic*] procédure ou du Code ou de ses subtilités, même de ce qui peut vous paraître des niaiseries.
>
> Il peut arrives [*sic*] que par l'une d'elles vous soyez condamné, ce qui serait désastreux pour vous et pour la cause. Dans tous les cas, c'est votre affaire[28].

Asselin lit la lettre de son ami, le crayon à la main comme aux temps du *Nationaliste**. Il lui corrige une faute de concordance qui en dit long : Lavergne a commencé par écrire « c'est *ton* affaire », pour passer au « vous » cinq mots plus loin. Asselin rature et substitue le « votre » au « ton ». Visiblement, il éprouve quelque lassitude devant le procureur impatient qui parle par la bouche de « l'ancien camarade ». Et quand Lavergne invoque « la cause », Asselin, dans un renvoi initialé, écrit avec désenchantement. « Ah ! la cause ! A. » Deux jours plus tard, il se vide le cœur dans le brouillon de la réponse qu'il lui expédie :

> Mon cher Lavergne,
>
> C'est étonnant comme ce mot ne me dit plus rien : la *cause*. Je reste toujours attaché à l'*idée*, mais plus je regarde autour de moi, moins je me sens solidaire de certaines choses que l'on a faites et de beaucoup d'autres choses qu'on se propose

---

* Lavergne a visiblement dactylographié cette lettre lui-même...

de faire. Je ne serai au journal de Bourassa que la bonne bête qui gagne sa vie le plus honnêtement possible. Je ne ferai plus le moindre sacrifice pour les hommes. Bourassa m'a un peu guéri de cette manie quand il m'a dit froidement chez vous, en mai dernier, que je ne connaissais pas plus que lui l'auteur du faux cablogramme — personnage que je connaissais bien que c'est pour le seul amour de Bourassa que je ne l'ai pas nommé et que je me suis laissé traiter de faussaire par la moitié de la province — et Bourassa *n'ignore pas** ce détail. Je me guéris chaque jour un peu davantage. Je recommencerais demain ma vie de misère et avec autant d'enthousiasme que lorsque je fondai *Le Nationaliste*. Je veux dire *Le Nationaliste*. Mais je ne servirai plus de ...[mot indéchiffrable] à personne[29].

Il éprouve, aussi, une certaine amertume envers J.L.K. Laflamme, le brillant avocat-conseil appelé à la rescousse par Lavergne et Alleyn Taschereau, pour assurer sa défense dans le procès qui l'opposait à Jean Prévost et à Adélard Turgeon. Laflamme, qui nourrit quelques ambitions politiques du côté libéral, avait amorcé, à l'époque, quelques tentatives de règlement hors cour sans consulter son client. Or Asselin, qui avait amassé une preuve qu'il estimait des plus solides, n'avait, lui, nullement l'intention d'accepter le moindre compromis lorsque son honneur se trouvait en jeu. Mais le souci d'éviter de nouveaux éclats avait poussé Laflamme à accepter des procédures et des délais qui s'étaient soldés, pour Asselin, par des frais d'avocats additionnels. Ces dettes, il est de moins en moins capable de les honorer, dans les circonstances difficiles où il se trouve placé, deux ans après les événements. Aussi se sent-il blessé, dans son amour-propre, de voir aujourd'hui ses procureurs manifester de la lassitude et de l'impatience à l'égard d'une situation dont ils sont, à ses yeux, les premiers responsables. En assurant seul sa défense, Asselin est persuadé maintenant qu'il se serait évité, à l'époque, non seulement le déshonneur d'avoir eu à « se cacher comme un criminel » durant tout un été, mais encore qu'il ne serait pas, aujourd'hui, le débiteur humilié de ses avocats :

> Je vous estime, Lavergne, et je vous aime, mais je ne puis oublier qu'à la suite de mon premier procès, j'ai reçu de vous et d'Alleyn une note d'honoraires de $520 pour vingt-six jours de services chacun, à $10.00 par jour. Vous étiez pauvres, sans doute, et le prix réclamé, dérisoire, mais aujourd'hui encore moins qu'alors je serais en état de le payer. Il y a quatre mois que je ne fais rien, pour avoir démissionné à *La Patrie* lors de l'affaire Fournier: Bourassa, qui devait régler mon cas dès le printemps dernier, m'a fait poser jusqu'au 1er octobre, et je n'ai plus le sou. Dans les circonstances, je trouve tout naturel de songer à me défendre moi-même**, quitte à

---

* Les italiques sont d'Asselin. Il s'agit ici de l'accusation de faux lancée par Taschereau à Asselin et qui avait provoqué l'incident de la célèbre « gifle ».

** Il n'aura pas à le faire : les poursuites intentées contre lui seront, les unes après les autres, abandonnées par ses adversaires.

vous demander quelques conseils que vous ne refuseriez pas au plus indigne de vos amis et qui en tout cas, ne sauraient me coûter aussi cher qu'une défense en règle[30].

Asselin est donc aux abois, sans le sou, meurtri par la froideur apparente de Bourassa et l'impatience de Lavergne. Il est aussi anxieux, préoccupé au plus haut point, par la grossesse difficile d'Alice et l'avenir incertain de sa famille traquée par les créanciers. C'est dans cet état d'esprit qu'il écrit alors à Bourassa une lettre chargée d'émotion retenue. Il y demande des éclaircissements touchant les conditions de l'engagement qui devrait les lier prochainement l'un à l'autre:

> Mon cher Bourassa,
>
> J'ai essayé de vous voir deux fois la semaine dernière — une fois rue Saint-Jacques et une fois (vendredi soir) rue Saint-Denis. C'était pour vous dire que, dans l'espoir d'en arriver à une entente ultérieure sur les questions qui nous séparent, je consentirais à me mettre tout de suite au travail pour votre journal — de quelque nom qu'il s'appelle. Attendrai-je vos instructions?
>
> Olivar Asselin[31]

L'anxiété d'Asselin est bien compréhensible: Fournier, à son tour, s'apprête à quitter la direction du *Nationaliste*. Le 10 octobre, le cartouche du journal portera, pour la dernière fois, la mention: «Jules Fournier, directeur». Sans doute la réorganisation préconisée par le nouveau conseil d'administration impliquera-t-elle une nouvelle direction, dorénavant contrôlée par Bourassa lui-même? Le 17 octobre, le cartouche indiquera, cette fois: «Rédigé en collaboration».

Quelques jours plus tard, Asselin reçoit une réponse. Une fois de plus indisposé, Bourassa est encore dans l'impossibilité de le recevoir. Dans sa lettre, il résume en trois points les sujets de leurs divergences et y apporte des précisions qui ne sauraient prêter à équivoque:

> Mon cher Asselin,
>
> Je suis trop malade pour vous voir avant mon départ. Mon médecin m'a forcé à m'absenter une couple de semaines.
>
> Je n'ai pas parfaitement compris votre lettre du 4. Vous m'écrivez: «dans l'espoir d'en arriver à une entente ultérieure sur les questions qui nous séparent, je consentirais à me mettre tout de suite au travail pour votre journal — de quelque nom qu'il s'appelle». Or nous n'avons pas discuté la question du nom du journal. Les trois questions que nous avons discutées sont: 1) le droit de vous porter candidat* tout en restant attaché à la direction du journal; 2) le droit d'écrire tout ce que vous voudriez, et particulièrement celui d'attaquer qui bon vous semblerait, y compris mes

---

* Trois élections partielles doivent se tenir en novembre au niveau provincial. Incertain de son avenir comme journaliste et criblé de dettes, Asselin a sans doute envisagé la carrière de député comme une avenue possible. Homme d'action, il ne lui aurait certes pas déplu de poursuivre le combat nationaliste auprès de Bourassa qu'il a contribué à faire élire à Québec.

amis et alliés politiques, lorsque vous jugeriez qu'ils ont tort ; 3) la question de traitement.

Sur le premier point, nous n'avons guère discuté, puisque vous m'avez annoncé vous-même que vous aviez renoncé, pour l'instant, à toute velléité de candidature.

C'est donc sur les deux autres points que nous nous sommes séparés. J'attendais votre réponse avant le 26 septembre. Depuis ce moment, j'ai été ou absent ou malade.

Inutile de vous dire, mon cher Asselin, que je tiens beaucoup à votre présence au journal — d'autant plus que c'est en grande partie en cédant à votre pression que j'ai successivement abandonné mon mandat fédéral et tous mes moyens d'existence*, fait racheter *Le Nationaliste* et attaché mon sort politique et personnel à cette œuvre. C'est particulièrement pour céder à vos désirs que j'ai songé à organiser un journal quotidien dont je serais le directeur, avec Héroux et vous comme principaux collaborateurs. Mais comme je vous l'ai dit dès le début et comme je vous l'ai répété l'autre soir : une œuvre de ce genre ne peut être durable si elle n'a pas l'unité de direction — et puisque je suis responsable de celle-ci aux yeux du public et que j'en dois compte aux actionnaires, il faut bien exercer cette autorité de la manière qui semble la plus propre aux actionnaires et à moi-même à sauvegarder l'œuvre.

Je suis convaincu qu'avec la pratique de la besogne journalière, les choses n'iront pas mal ; mais il faut bien s'entendre sur ce premier point avant de commencer.

Sur la question du traitement, je vous ai offert le même que celui que j'offre à Héroux et plus que je ne toucherai moi-même tant que l'œuvre ne sera pas à flot. Je ne peux faire davantage en conscience et vous ne devez pas compter sur une augmentation de traitement avant que nous soyons sortis du bois. Du reste, vous pouvez être certain que je penserai aux autres avant de songer à moi.

Si vous acceptez ces deux points : — vous conformer à la direction que je donnerai au journal et le traitement de 35 $ par semaine — je serai plus heureux que je ne peux vous l'exprimer en ce moment, de vous voir vous joindre à nous.

Vous pourriez vous mettre en besogne immédiatement, votre traitement commencerait dès demain (11 octobre) et voici à quoi vous pourriez vous employer en attendant mon retour :

1) dresser une liste du personnel de rédaction et commencer à y mettre des noms propres, comme indications qui pourront m'aider dans le choix définitif ;

2) préparer la liste des journaux canadiens à l'étranger à qui nous demanderons l'échange ;

3) préparer votre documentation au sujet de la question impérialiste, de la question forestière et de la question municipale.

Sur les deux premiers points, vous pourriez conférer avec Héroux et vous aider l'un l'autre à préparer ces listes.

> Bien à vous à la hâte,
>
> Henri Bourassa[32]

---

* Bourassa avait démissionné de son poste de secrétaire de la Sauvegarde.

On ne saurait, en effet, être plus clair. Le poste qui est offert à Asselin, comme à Héroux, est bel et bien un poste « de direction » et le salaire proposé en fait foi. Trente-cinq dollars par semaine, c'est le double de ce qu'Asselin est autorisé à proposer aux jeunes journalistes qu'il recrute en ce moment : par exemple à Georges Pelletier de *L'Action sociale*. C'est aussi, à cinq dollars près, le salaire qu'il touchait à *La Patrie*. Mais ce poste dit « de direction », ne doit pas faire oublier au fondateur du *Nationaliste* que le futur quotidien comportera une direction unique, celle de Bourassa lui-même, principal actionnaire et seul garant de l'entreprise auprès des autres actionnaires.

La réponse d'Asselin à Bourassa ne nous est pas parvenue. Peut-être ne l'a-t-il même jamais rédigée, soucieux de sauvegarder, jusqu'au dernier moment, cette liberté, précieuse entre toutes pour le pamphlétaire, mais dont on vient de lui signifier sans détours les limites éventuelles qui lui seront imposées. Comme ce sera fréquemment le cas au cours de sa vie tumultueuse, c'est plutôt par le geste qu'il s'apprête à répondre. Car s'il a perdu beaucoup d'illusions par rapport à « la cause » et au comportement de son chef, il leur reste douloureusement, mais profondément attaché. Au point, même, d'oublier son amertume à l'endroit de ses anciens procureurs et de leur prêter main-forte à la première circonstance.

Cette occasion va se présenter, quelques semaines plus tard, à l'issue de trois élections partielles provinciales dont l'une, cruciale entre toutes pour les nationalistes, dans le comté de Saint-Jacques laissé vacant par la décision de Bourassa de représenter dorénavant la circonscription de Saint-Hyacinthe où il a été simultanément élu.

Dans le comté de Saint-Sauveur, à Québec, Bourassa et les nationalistes appuient déjà la candidature ouvrière de Joseph-Alphonse Langlais, membre actif de la Fraternité nationale des cordonniers-machinistes. Ce groupement confessionnel, conseillé par un aumônier, prépare l'avènement du syndicalisme catholique préconisé par Mgr Bégin et inspiré par la doctrine sociale de l'Église. Dans Chambly, comté de tradition patriote, c'est Tancrède Marsil, lui-même fils d'un « lion du Nord » et ardent nationaliste, qui a retenu leur faveur. Mais c'est vers Saint-Jacques, délaissé par Bourassa, que tous les yeux sont désormais tournés. Outre l'enjeu symbolique que représente la réélection d'un candidat nationaliste dans cette circonscription urbaine à forte concentration immigrante, l'élection comporte aussi un enjeu municipal. Or c'est l'ancien procureur d'Asselin et de Fournier, J.L.K. Laflamme, lui-même avocat du Comité des citoyens de Montréal, qui s'y présente comme libéral indépendant. L'échevin et candidat libéral officiel, Clément Robillard, lui livrera bataille pour le parti ministériel. Bourassa et les nationalistes se rangeront tout naturellement du côté de leur allié, J.L.K. Laflamme.

La candidature de ce dernier va réunir d'anciens «frères ennemis» parmi conservateurs et nationalistes. Mais le plus étonnant de ces ralliements demeure sans conteste celui du libéral Jean Prévost, expulsé du conseil des ministres trois ans auparavant, mais qui a connu son chemin de Damas au moment des révélations du scandale de l'Abitibi, lors du procès qui l'opposait à Asselin. Défenseur sincère des colons, Prévost a été profondément heurté par les dessous de l'affaire Turgeon-de l'Épine. Ses yeux de politicien une fois dessillés, il a décidé de combattre désormais aux côtés des nationalistes en faveur de l'assainissement des finances publiques, de la suppression des caisses occultes des partis politiques et de l'épuration des mœurs électorales.

Après s'être invectivés à qui mieux mieux dans leurs journaux respectifs, après avoir rompu ensemble des lances étincelantes, Asselin et Prévost travaillent donc de concert, dans Saint-Jacques, à l'élection de J.L.K. Laflamme. Jeunes, chevaleresques et doués tous les deux d'un robuste sens de l'humour, ils ont rapidement passé l'éponge sur leurs dissentions passées, au nom des intérêts supérieurs de «la cause». Au point que certains les soupçonnent d'avoir créé de toutes pièces la célèbre controverse, afin de mieux faire crever l'abcès politique qui affectait alors le monde de la colonisation. Tous deux braquent les ressources de leur pugnacité vers l'adversaire libéral. Prévost somme publiquement le sénateur Raoul Dandurand, ami et conseiller personnel de Laurier appelé à la rescousse pour prêter main-forte à Robillard, d'expliquer de quelle façon, pauvre en 1896, il a réussi à amasser, depuis, une fortune évaluée à un demi-million ? Moins actif qu'en juin 1908, Asselin, de son côté, prend quand même part à de nombreuses assemblées où, en dépit de son handicap verbal, il galvanise à nouveau les publics étudiants qui en redemandent. Emporté par sa fougue coutumière, il lui arrive de traiter tous les politiciens «de plus de quarante ans» de «vieux crocodiles» en oubliant tout à coup que Bourassa vient tout juste de franchir lui-même ce cap fatidique.

Dans Saint-Jacques, le jeu s'avère dur et la lutte serrée. Le 12 novembre, Clément Robillard inflige la défaite à J.L.K. Laflamme par une faible majorité de 286 voix. Tancrède Marsil mord également la poussière dans Chambly. Seul, dans Saint-Sauveur, J. Alphonse Langlais, épaulé par la coalition conservateurs-nationalistes, et fort de l'appui massif du vote ouvrier, remporte une victoire honorable avec 600 voix de majorité.

Dès le lendemain, *Le Canada*, une fois de plus, est fier d'annoncer la mort imminente du mouvement nationaliste et la fin de l'emprise bourassiste sur l'opinion publique :

> L'élection de la division Saint-Jacques met fin à une légende et à une comédie.
>   La légende est celle que l'on cherchait à tisser autour de M. Bourassa le surhomme, le rédempteur à la parole ardente, à qui rien ne pouvait résister.

M. Bourassa a fait de l'élection de M. Laflamme son affaire personnelle, et il n'a pu réunir, à un an de distance, les votes qu'il avait obtenus par surprise le 8 juin 1908.

La défaite de M. Laflamme dans Saint-Jacques est la défaite personnelle de M. Bourassa.

La comédie est celle de l'alliance Bourassa–Prévost–Tellier*, où il n'y avait en commun que des haines, et où les alliés gardaient encore la cicatrice des blessures qu'ils s'infligèrent les uns aux autres... Une alliance immorale, contre nature, de ce genre, ne peut durer que si elle profite. Or, celle-ci n'a profité à personne, et n'a fait que déplorablement éclabousser la réputation de M. Tellier, qui doit avoir hâte de s'en laver.

Finie la légende nationaliste-bourassiste; finie la comédie[33]!

Cette défaite affecte certainement Bourassa. C'est un peu à son corps défendant, en effet, qu'il est entré en politique provinciale. L'échec de Laflamme dans Saint-Jacques, un an et demi à peine après sa propre victoire, semble vouloir justifier ses appréhensions. C'est en partie sous l'influence pressante d'Asselin et des jeunes qu'il a fini par relever le défi malicieux d'Adélard Turgeon dans Bellechasse, puis celui de Lomer Gouin dans Saint-Jacques. C'est, un an plus tard, à la suite de l'emprisonnement d'Asselin et de Fournier qu'il s'est retrouvé ensuite à la remorque des conservateurs de Mathias Tellier qui l'avaient précédé dans la défense des deux journalistes. Aujourd'hui, et en dépit de sa profonde répugnance à l'endroit des stratégies partisanes, l'action de Bourassa, au provincial, se trouve amalgamée, malgré lui, à celle du chef conservateur Matthias Tellier et du transfuge libéral Jean Prévost. Combien il voudrait, en ce moment, se dégager de ces alliances que des circonstances indépendantes de sa volonté lui ont peu à peu imposées!

Si la « conversion » de Prévost donne tous les signes d'une irréversible sincérité, la sympathie des conservateurs, en revanche, semble devoir peser un temps encore sur toutes ses démarches. Déçu par les jeux de la politique, Bourassa fonde en ce moment tous ses espoirs sur l'avènement prochain de son journal. Seules l'indépendance et la liberté de parole du futur quotidien pourront restaurer, à ses yeux, cette fonction critique exclusive qui constitue la raison d'être de son engagement en politique active. Il est déterminé à faire mentir les Cassandre du *Canada* qui annoncent la fin de sa « légende ». Entre le pouvoir et l'influence, Bourassa préférera toujours, et de loin, exercer cette dernière. Son journal en deviendra bientôt l'instrument privilégié.

---

* Matthias Tellier, chef de l'aile provinciale du Parti conservateur, celui-là même qui avait si vigoureusement défendu, en Chambre, Olivar Asselin et Jules Fournier, au moment de leur incarcération.

Les conservateurs, en effet, ont rigoureusement rempli la promesse que sir Alexandre Lacoste, leur porte-parole, avait faite à Bourassa en lui demandant, en juin 1908, de se porter candidat contre le premier ministre, dans le comté de Saint-Jacques. Le chef nationaliste s'étant exécuté, les conservateurs ont tenu parole : ils ont participé, nombreux, au financement d'un journal indépendant qui allait être sous peu placé entre ses mains et dont il serait libre de faire ce qu'il voudrait. Tout comme ses bailleurs de fonds nationalistes, les conservateurs acceptent de bonne grâce que le futur directeur soit maître absolu dans son journal et n'ait de comptes à rendre à quiconque, homme ou parti.

Mais en cette fin novembre 1909, une autre tempête politique se profile depuis un certain temps à l'horizon. Elle risque d'éclater à très brève échéance. Ses vagues vont bientôt conduire, une fois de plus, le chef nationaliste à se rapprocher des conservateurs. Elles vont le contraindre à une alliance circonstancielle avec le chef de l'aile québécoise du parti fédéral, Frederick D. Monk, dont il avait, par le passé, su apprécier les qualités d'ouverture d'esprit, de culture et de jugement. Par le jeu des alliances, Bourassa et Monk se trouvent également apparentés, comme c'est souvent le cas au sein de la bourgeoisie instruite des deux langues. Cette tempête politique qui se profile à l'horizon, c'est la fameuse affaire des dreadnoughts et de la marine de guerre. Dans sa seconde « Feuille de combat » publiée au printemps, Asselin avait déjà dénoncé la menace que ferait peser, sur l'autonomie canadienne, l'envoi de navires de guerre en Angleterre. *La défense navale de l'empire britannique* avait été on ne peut plus clair : tant que les frontières canadiennes ne sont pas menacées il ne faut consentir à l'Angleterre ni un bateau, ni un homme, ni un sou !

Comme on peut s'y attendre, cette question fédérale, qui touche aux fondements mêmes de la doctrine nationaliste inaugurée en 1899 à l'occasion de la guerre des Boers, va prendre une importance croissante aux yeux de Bourassa. Elle va bientôt reléguer, dans ses préoccupations, toutes les autres au second plan y compris, et surtout, les questions provinciales. Lord Grey, le gouverneur général du Canada, cherche, en effet, de plus en plus à forcer la main de Laurier dont Bourassa ne connaît que trop bien la pente naturelle : celle qui va faire pencher, une fois de plus, le premier ministre vers le loyalisme cher au Canada anglais. À Ottawa, les « tories » sont naturellement déterminés à offrir des navires à l'Angleterre, leur mère-patrie. À Québec, nombre de conservateurs canadiens-français ne l'entendent toutefois pas ainsi.

Mus par leur réflexe d'opposition, tout autant qu'influencés par leur compagnonnage récent avec les nationalistes, ces derniers ont chargé l'un d'entre eux, Thomas-Chase Casgrain, pourtant connu pour ses sentiments loyalistes, d'engager Bourassa à prendre la tête du mouvement de résistance au projet de loi navale de Laurier. La démarche ayant eu lieu quelques jours à peine avant les élections

partielles de Saint-Jacques, Bourassa avait donné tacitement son accord en demandant à J.L.K. Laflamme d'ajouter à son titre de « libéral indépendant » celui de
« candidat oppositionniste ». La défaite de Laflamme n'allait donc pas empêcher,
comme le croyaient *Le Soleil* et *Le Canada*, Bourassa de rebondir : il avait devant
lui une bataille taillée à sa mesure et contre l'adversaire qu'il estimait entre tous,
sir Wilfrid Laurier lui-même.

Mais, cette fois, c'est par la plume d'un directeur de journal, souverain dans
son fief, qu'il allait diriger la lutte. Les arguments de ses campagnes d'opinions,
qui autrefois allaient se perdre dans les colonnes obscures du « Hansard », allaient
dorénavant s'étaler à la une d'un quotidien indépendant, placé sous sa direction et
dont il assurerait le prestige en lui imposant des critères de rigueur et d'exigence
méprisés jusque-là par la plupart des journaux de partis. Pour parvenir à ses fins,
Bourassa est déterminé à s'adjoindre une équipe de toute première valeur. Et, pour
la réunir, il compte sur Asselin et Héroux : deux amis loyaux, pareillement dévoués
à « la cause » et capables de s'attacher les meilleurs éléments journalistiques, aussi
bien de son aile gauche que de son aile droite. Mais la docilité du premier est
encore loin de lui être acquise. Et comme Asselin ne va pas sans Fournier ni
Fournier sans Asselin, Bourassa sait qu'il devra aussi compter sur la présence de
l'imprévisible tandem à la salle de rédaction. Un tandem qui ne supportera d'autre
autorité que la sienne et que le fidèle Héroux serait bien incapable de freiner ou
de discipliner à lui tout seul. Bourassa devra donc s'imposer et assumer lui-même
les pleins pouvoirs au journal.

Ces pleins pouvoirs, la charte qui s'apprête à donner naissance à la future
institution va les lui garantir. L'été précédent, les actionnaires de la compagnie La
Publicité*, créée à cette fin, ont élu leur premier conseil d'administration. Ce
dernier ne comprend aucun homme politique, mais sept représentants du monde
des affaires pareillement acquis à la pensée nationaliste et dévoués à l'action de
Bourassa. Le premier président, Janvier A. Vaillancourt, négociant, est également
administrateur de la Banque d'Hochelaga ; S.D. Vallières est entrepreneur ;
Edouard Gohier et Joseph Girard sont agents d'immeubles ; Joseph Lamoureux a
fait carrière dans l'industrie ; L.-A. Delorme est secrétaire-trésorier de la maison
Laporte, Martin et Cie fondée par le conservateur et ex-maire réformiste Hormidas
Laporte ; Guillaume-Narcisse Ducharme, autre conservateur qui avait déjà puissamment contribué à la mise au monde du *Nationaliste*, six ans auparavant, est
président de la compagnie d'assurances La Sauvegarde. C'est à La Sauvegarde que

---

* À l'origine, La Publicité envisageait de mettre sur pied plusieurs moyens d'action ou de
« propagande » faisant œuvre d'éducation sociale, politique et religieuse : journaux, brochures, livres,
conférences. Elle commence par éditer un journal quotidien.

Bourassa avait occupé le poste de secrétaire, du temps où il était député de Labelle aux communes. Enfin, le septième administrateur, l'avocat Siméon Beaudin, ancien bâtonnier de la Province, complète le premier conseil d'administration. C'est lui qui rédigera la charte du futur journal.

À l'exception de la contribution de G.N. Ducharme, qui souscrira au départ la somme, faramineuse pour l'époque, de 10 000 $*, la plupart des montants investis par les cent soixante-douze actionnaires du début ne réunissent au départ que d'assez petites sommes. Ainsi d'intrépides zélateurs se mettent-ils à sillonner la province en quête de souscriptions modestes, mais qui, additionnées, permettront de lancer l'entreprise. De toute évidence, le nationalisme recrute peu chez les millionnaires. Pour un Samuel Casavant, fabricant d'orgues à Saint-Hyacinthe, qui accepte de souscrire 1000 $, c'est à coup de cinq, de dix, de cinquante ou de cent dollars recueillis chez des partisans à revenus modestes qu'on réussit enfin à amasser la somme requise de 100 000 $. Il en faudrait, leur dit-on, 250 000 $, et même davantage, pour faire face aux premières années déficitaires qui suivent inévitablement la naissance d'un nouveau journal. Mais la confiance règne chez les actionnaires. Tous sont impatients de voir Bourassa se mettre sans plus tarder à la besogne.

Le montant recueilli est aussitôt réparti en 4000 actions de 25 $ chacune dont 2001 d'entre elles sont aussitôt remises entre les mains de Bourassa, assurant ainsi au directeur le contrôle absolu de l'entreprise. Une clause de la charte stipule, en outre, que ces actions majoritaires retomberont en fidéicommis à la mort de Bourassa, faisant ainsi de lui, si tel est son bon plaisir, un directeur à vie. Me Beaudin, on le voit, a parfaitement bien saisi la crainte de Bourassa de voir, un jour, un parti politique mettre la main sur son journal. Il a su le prémunir contre tout risque d'ingérence. Pas plus les souscripteurs conservateurs d'aujourd'hui que de potentiels « mécènes » libéraux de demain ne risquent donc de prendre le contrôle des actions de La Publicité : elles se trouvent désormais sous bonne garde.

Sans plus tarder, Asselin et Héroux s'affairent donc au recrutement, afin de préparer la liste définitive des futurs journalistes qu'en dernière instance Bourassa doit approuver par un engagement en bonne et due forme. Aussi bien la lettre personnelle de mise au point que le futur directeur lui a adressée en octobre, que les dispositions explicites de la charte, ne peuvent permettre à Asselin d'entretenir la moindre illusion quant à la direction exclusive que Bourassa compte exercer sur le journal.

---

* Cette somme sera portée plus tard à 40 000 $.

Fin novembre, Henriette Dessaulles-Saint-Jacques*, de Saint-Hyacinthe, elle-même apparentée à la famille Bourassa, s'adresse personnellement à Asselin pour lui recommander un ami français. Jean Vernay, écrit-elle, désirerait beaucoup se joindre au futur « cénacle » nationaliste. Henriette Dessaulles est elle-même journaliste. Elle a débuté à *La Patrie*, suivi *Françoise* à son journal et collaboré, par la suite, au *Nationaliste* où elle a connu Asselin et s'est liée d'amitié avec lui. C'est donc en toute confiance qu'elle lui vante le talent et les mérites de son protégé dont elle aimerait, dit-elle, l'entretenir de vive voix, lors d'un prochain voyage à Montréal : « Son rêve, ajoute-t-elle, serait d'écrire pour *votre*** journal »... Elle lui confie en terminant :

> [...] je ne sais si vous savez avec quelle sympathie et quelle admiration je vous suis dans vos luttes si pénibles mais si efficaces.
>
> J'espère dans l'avenir devenir une petite voix du grand chœur nationaliste. Il ne me manque ni la sincérité, ni l'enthousiasme de l'emploi !
>
> Mais pour le moment, je ne songe qu'aux intérêts de mon ami qui seraient aussi les intérêts de la cause si *vous* l'admettiez dans le cénacle[34].

La réponse d'Asselin ne tarde pas. Elle est galamment adressée à « Madame Saint-Jacques, femme de lettres ». Elle traduit bien le double sentiment de lucidité et de respect qui l'habite, face au futur leadership de Bourassa : ce dernier se méfie parfois de cette France des libertés à laquelle « Fadette », tout comme Asselin, est si attachée :

> Chère Madame : —
>
> J'ai communiqué votre lettre à M. Bourassa, et lui ai en même temps recommandé M. Vernay. Il vous verra lui-même à Saint-Hyacinthe, où il doit se rendre prochainement pour affaires. Je dois vous dire cependant qu'il est très circonspect au sujet des Français, et de plus qu'il trouve le genre de M. Vernay un peu flou. Je lui ai fait observer qu'au *Canada* l'on avait guère ses coudées franches***.
>
> J'espère que tout tournera pour le mieux, et que nous compterons dans la personne de M. Vernay un précieux collaborateur.
>
> Je me souscris respectueusement
>
> Votre tout dévoué serviteur,
>
> S.) Olivar Asselin[35]

---

* Henriette Dessaulles-Saint-Jacques fera elle-même carrière au *Devoir*, sous le pseudonyme de « Fadette ». Elle y elle publiera des chroniques régulières. Son *Journal*, édité en 1971 chez HMH, révèle un rare talent d'écrivain. En 1989, M. Jean-Louis Major a publié une édition critique de cette œuvre aux Presses de l'Université de Montréal, dans la collection Bibliothèque du Nouveau Monde.

** L'italique est de nous. Les journalistes s'adressaient visiblement à Asselin comme au fondé de pouvoirs de Bourassa.

*** Sans doute le protégé de « Fadette » a-t-il signé quelques articles dans le journal libéral dirigé alors par Godfroy Langlois, réputé pour son radicalisme et ses liens avec la franc-maçonnerie.

Mais le temps presse. Jean Vernay écarté, Bourassa a quand même donné le feu vert à plusieurs engagements. De Québec, Georges Pelletier a fini par venir, de lui-même, offrir ses services. Il quittera donc *L'Action sociale* en même temps qu'Héroux, dès que l'entreprise sera prête à démarrer. Leurs employeurs, Jules Dorion et Amédée Denault, des amis de longue date, ne leur en tiennent pas rigueur. *L'Action sociale* demeurera d'ailleurs l'alliée tacite du futur journal. Les deux nouvelles recrues participeront donc, avec Asselin et Fournier, à la rédaction permanente, tandis que Bourassa et Lavergne, retenus à Québec en temps de session, leur feront parvenir leurs articles par courrier.

Aux autres postes à pourvoir, le choix de Bourassa s'est arrêté sur les noms de Montarville de la Bruère comme chef des nouvelles, de Donat Fortin comme courriériste parlementaire à Québec et de Jules Tremblay comme rédacteur sportif. Les collaborateurs habituels du *Nationaliste* assureront des chroniques régulières : Tancrède Marsil, Napoléon Lafortune, Paul-Marcel Bernard sont déjà du nombre. En sorte que, selon l'idée première d'Héroux, les deux journaux pourront s'épauler et se compléter l'un l'autre, l'un comme quotidien, l'autre comme journal du dimanche. On est donc fin prêts à commencer.

Le 6, les journalistes sont enfin dans leurs meubles et Asselin peut écrire à un ancien collègue :

> Notre nouveau journal est maintenant installé au 71 a) de la rue Saint-Jacques et tout le monde est à l'œuvre[36].

Il s'agit du vieil immeuble occupé autrefois par *La Patrie*, du temps d'Honoré Beaugrand et d'Israël Tarte. Le nouveau journal s'est installé à la porte voisine du *Canada*, l'un de ses plus redoutables concurrents. La proximité du journal libéral n'est pas faite pour déplaire au pamphlétaire.

Est-ce l'atmosphère subitement retrouvée d'une salle de rédaction fébrile, avec ses odeurs d'encre et de papier, ses coups de téléphone incessants et ses interpellations joyeuses ? Asselin semble, en tout cas, avoir retrouvé, en dépit de ses épreuves récentes, son énergie de naguère. Le 8 décembre, il met la dernière main à un document qu'il expédie, au nom du journal, à tous les directeurs de journaux régionaux indépendants, pour les inviter à une réunion extraordinaire. Asselin songe, en effet, à jeter les bases d'un vaste réseau de journaux indépendants, montréalais et régionaux, quotidiens et hebdomadaires, susceptibles de mettre en commun des services complémentaires d'information et de publicité, tout en faisant bénéficier leurs lecteurs d'un prix d'abonnement collectif. Il voit déjà grand pour la future association qu'il estime favorisée par une nouvelle convergence d'idéaux communs :

> [...] La presse indépendante prendrait ainsi un regain de vie et ce serait tant mieux pour elle, et pour le pays.

Vous seriez bien aimable de nous dire par retour du courrier s'il vous est possible d'accepter cette invitation. Nous savons que vous avez déjà fait à Montréal, pour des fins semblables, des voyages qui n'ont guère donné de résultats; mais il existe entre nous une communauté d'idées et d'intérêts qui manquait aux congrès antérieurs, et nous croyons que le temps est venu d'affirmer cette communauté d'une manière éclatante[37].

Asselin entrevoit, pour le quotidien de Bourassa, un rôle de réformateur et de catalyseur pour toute entreprise de presse québécoise qui se voudrait, elle aussi, affranchie des partis politiques.

Le soir même, l'infatigable enfanteur de projets communique à l'un des dirigeants de la Ligue du progrès civique le texte de la conférence qu'il a donnée, la semaine précédente, à la salle Montcalm, sur les enjeux de la réforme urbaine. Le prochain rendez-vous électoral municipal a été fixé au 1er février. Bourassa a certes promis que le nouveau quotidien serait très présent dans cette lutte. Mais Asselin croit que la publication de son texte, édité sous forme de « Feuille de combat » et de portée plus générale, pourrait nourrir, d'ici là, l'argumentation des réformistes. Il s'offre donc à la diffuser, sans droits d'auteur, pourvu que la Ligue du progrès civique l'aide à recueillir les souscriptions nécessaires à l'impression du document[38]. Quelques semaines plus tard paraît *Le problème municipal*, opuscule qui porte en sous-titre : « La leçon que Montréal doit tirer de l'expérience des États-Unis ». En dépit de la sortie imminente du nouveau journal, Asselin n'a pas perdu son souci constant d'opérer, à sa manière, des transformations profondes dans l'administration de la ville où il a choisi de faire carrière.

Le 19 décembre, conformément aux vœux du nouveau conseil d'administration, *Le Nationaliste* quitte ses locaux insalubres de la rue Sainte-Thérèse pour prendre, lui aussi, ses nouveaux quartiers au 71a de la rue Saint-Jacques. Fournier, qui y collabore toujours, souligne l'événement par un texte empreint de mélancolie, à l'évocation des combats épiques qui s'y sont déroulés. Asselin eût certes pu contresigner ces lignes :

ADIEUX À NOS VIEUX BUREAUX

Vendredi soir.

Voici donc le dernier article que j'écris rue Sainte-Thérèse... M. l'Administrateur du NATIONALISTE nous fait savoir, en effet, que dès lundi nous serons installés définitivement rue Saint-Jacques, avec nos paperasses et nos livres. Je ne demande pas mieux ! En vérité, il y a assez longtemps que nous habitons ce local insalubre, aux plafonds écrasés, aux murs moisis, en cette rue sombre et reculée. Il y a assez longtemps que nous grelottons, été comme hiver, dans cette masure perpétuellement humide, et que nous nous y ruinons les yeux en plein midi, à la lueur des becs de gaz... Enfin, tout cela va changer : ce n'aura pas été trop tôt !

Et pourtant...

[...] J'ai voulu, une dernière fois, revoir ces murs où s'écoulèrent les quatre dernières années du NATIONALISTE ; j'ai voulu faire mes adieux à nos vieux bureaux.

[...] Excepté de l'argent, Mesdames et Messieurs, ces bureaux ont tout vu. Tout, vous dis-je.

Toute sorte de chose et toute sorte de gens.

Des poètes et des échevins, des avocats, des prêtres, des médecins, trois juges, onze députés en un jour, deux sénateurs et un ministre. Ils ont vu la police. Oui, Messieurs, la police, en chair et en os, avec des boutons jaunes et de gros bâtons. Ils ont vu des huissiers... Je me rappelle celui qui vint un jour de la part de M. Turgeon. [...] Je le vis successivement porter les mains, avec des gestes pâmés, sur tous les meubles, couvrir de ses attouchements impurs jusqu'aux vitres des fenêtres, palper avec une joie sadique les chaises, la table et même les murs. Oh, le vieillard dépravé !

C'est ici tout de même que furent écrits tant de « libelles » fameux ! C'est en cet endroit que tel plagiaire se fit voler son honneur ; c'est sur cette vieille table que nous immolâmes la réputation de tel ou tel fripon. Nous avons, ici même, tordu le cou à bien des coquins, nous avons fait sauter la cervelle à bien des bandits. Comme ces caves d'hôtels tragiques, dont *La Presse* nous parle quelquefois, — sans compter celui de l'ancien ministre Turgeon...

Pendant quatre ans, cette masure a fait, en même temps que la consolation des honnêtes gens, le châtiment des criminels.

Pendant quatre ans, cette vieille maison délabrée, presque seule, a servi de rempart contre l'audace des voleurs de grand chemin. Pendant quatre ans elle a été leur terreur et leur cauchemar.

Députés prévaricateurs, ministres d'aventure, financiers sans conscience et sans pudeur, ils avaient pour eux l'argent, la presse, le pouvoir, — et quelquefois la prostitution des lois. Le NATIONALISTE, lui, n'avait que cet asile, et il les a fait tous trembler[39]...

Le « repaire de Marat » a fermé ses portes. Noël se passe dans une fébrilité anxieuse pour Asselin, dans l'affliction pour Alice. Elle vient d'être éprouvée par la mort récente de son père, Charles Le Bouthillier, et se fait beaucoup de soucis pour l'avenir incertain de sa mère. Les souvenirs de son enfance dorée, en Gaspésie, s'entremêlent douloureusement à l'inquiétude des temps actuels. Mais sa grossesse difficile, et qui n'en finit plus, tire bientôt à sa fin.

Le 10 janvier 1910 paraît enfin le premier exemplaire du nouveau quotidien tant attendu ! Il arbore comme devise : « Fais ce que dois ». Il a pour titre : *Le Devoir*, nom promis à une longue et fructueuse carrière. Bourassa s'y est rallié après mûre réflexion : si la mémoire de Tardivel n'était pas à jamais associée au nom de *La Vérité*, c'est ce dernier nom, éclatant comme le tranchant d'une lame, qui eût certes recueilli ses faveurs. Ce premier choix écarté, Bourassa avait été favorablement impressionné ensuite par le nom d'un hebdomadaire franco-américain, édité en 1890 au Michigan par l'un de ses bons amis, Élie Vézina. L'ancêtre franco-américain du *Devoir* s'était donné comme devise : « Aime Dieu et va ton chemin ». Bourassa a voulu, pour son journal, le même haut lettrage et la même présentation dépouillée. Et, sans doute aussi, ce même idéal dicté par son exigeante conscience de disciple du grand Louis Veuillot : « Fais ce dois. »

Le 12 janvier, Laurier dépose enfin aux Communes son fameux projet de loi concernant la marine de guerre canadienne et ses relations avec l'Angleterre.

Le 14, un messager vient quérir Asselin au marbre où il surveille la composition du cinquième numéro du journal. Alice vient d'accoucher de leur quatrième garçon. On lui donnera le nom de Pierre.

Chapitre XXII

LA RUPTURE

*De 1902 à 1910, j'ai peut-être plus fait pour Bourassa qu'aucun
être humain n'a fait et ne fera. J'ai eu pour lui un véritable culte.
Mais [...] nos conceptions respectives du nationalisme, ou plutôt de
son organisation, étaient trop différentes. Je croyais surtout à
l'action, il croyait surtout aux discours... Chacun de nous a
continué.*

(Olivar Asselin, entretien à *La Presse*, 9 février 1926)

Au moment où paraît le premier exemplaire du *Devoir*, le milieu journalistique de
Montréal se trouve en deuil. *Françoise* est décédée subitement, le 7 janvier, à
quarante-sept ans. Avec Robertine Barry disparaît une pionnière du journalisme et
de l'action féministes chez les Canadiennes françaises. À l'École littéraire, elle
laisse également de nombreux amis parmi les jeunes créateurs qu'elle a encouragés
de ses conseils et auxquels elle a souvent ouvert les portes des salons littéraires
parisiens où « la petite fille de l'Isle-Verte » avait ses entrées particulières. Le plus
douloureusement célèbre d'entre eux demeure Émile Nelligan, interné à l'asile
Saint-Benoit-Joseph-Labre et dont elle avait été autrefois l'égérie, l'inspiratrice très
chère de tendres poèmes : *Rêve d'artiste*, *À une femme détestée* et *Beauté cruelle*.

La disparition de *Françoise* marque aussi la fin d'une époque pour Olivar et
Alice qu'elle avait autrefois présentés l'un à l'autre, à Fall River. C'est elle encore,
l'amie des sœurs Le Bouthillier, qui avait piloté la nouvelle carrière montréalaise
d'Asselin en lui présentant ses jeunes collègues Louvigny de Montigny et Paul de
Martigny, au moment où ces derniers recrutaient de nouveaux collaborateurs pour
Les Débats. *Françoise*, célibataire au grand cœur, avait toujours « couvé » le jeune
ménage et gardé une confiance inaltérable dans le talent exceptionnel d'Asselin.
Mais la journaliste s'était plusieurs fois querellée avec Bourassa qui n'appréciait

guère ses revendications féministes. *Françoise* devenue fonctionnaire provinciale, sa carrière et celle d'Asselin avaient ensuite bifurqué. Mais l'amitié était demeurée bien vivante. À quelques jours de la naissance de son quatrième enfant, Alice se trouve particulièrement éprouvée par cette brusque disparition.

Mais la vie les pousse tous deux de l'avant. Pierre est un bébé chétif qui leur cause de l'inquiétude. Olivar, dont la petite enfance avait été elle-même surprotégée, se fait beaucoup de soucis pour ce dernier-né envers lequel la nature semble vouloir se montrer parcimonieuse. Alice peut cependant compter sur le soutien de sa sœur Éva et de son mari Omer Marchand. Tous deux entourent leur petit filleul de prévenances de toutes sortes. Presque chaque jour, la marraine se rend rue Drolet assister sa jeune sœur dans ses relevailles, promener les aînés en traîneau ou donner le biberon au nouveau-né. Elle arrive toujours de Westmount, les bras chargés de paquets ou de victuailles. Olivar, rassuré par la présence de sa diligente belle-sœur, peut retourner au *Devoir* où le travail est loin de lui faire défaut en ces premières semaines de rodage du nouveau journal.

Tenté par l'idée d'une direction plutôt morale, Bourassa a caressé, un temps, le projet de remettre entièrement entre les mains d'Omer Héroux la responsabilité concrète de la rédaction. Il éprouve une totale confiance à l'endroit du gendre de Tardivel dont les convictions religieuses coïncident parfaitement avec les siennes. Il n'en va pas de même, toutefois, avec Asselin et Fournier. Si les deux ex-directeurs du *Nationaliste* lui sont encore dévoués et loyaux, Bourassa n'est pas sans pressentir que ni l'un ni l'autre, nonobstant l'amitié qui les unit, ne s'accommoderaient facilement du leadership d'Héroux. Asselin tout particulièrement. C'est lui qui avait présenté autrefois Héroux à Bourassa et encouragé les premiers pas du jeune homme dans le journalisme. C'est Asselin encore qui était allé le chercher, en 1903, pour lui confier le poste de secrétaire de la *Ligue nationaliste* qu'il venait de fonder. Depuis, Héroux n'avait jamais cessé de manifester à son aîné son estime et sa fidélité. Héroux, le premier de tous, répugnerait sans doute foncièrement à devoir dicter à Asselin sa conduite éditoriale.

Contraint par les circonstances à arbitrer, une fois de plus, entre son « aile gauche » et son « aile droite », Bourassa a dû se résoudre à devenir directeur de journal, dans toute la force du terme. Une fois investi de ses nouvelles responsabilités, il les a assumées pleinement. Le manifeste-programme qui coiffait le premier numéro du 10 janvier 1910 avait pour titre *Avant le combat* et portait la signature du nouveau directeur-fondateur.

D'entrée de jeu, le manifeste-éditorial annonçait que le « combat » en question se situerait d'abord sur le terrain de l'éthique sociale : « *Le Devoir*, écrivait Bourassa, appuiera les honnêtes gens et dénoncera les coquins[1]. » Vaste entreprise, en vérité !

En matière de politique provinciale, tout particulièrement, le député de Saint-Hyacinthe rappelait les motivations qui l'avaient amené à briguer successivement les suffrages de Bellechasse, de Saint-Hyacinthe et de Saint-Jacques, motivations qui continueront d'inspirer l'action des députés nationalistes au Parlement de Québec :

> Dans la politique provinciale, nous combattons le gouvernement actuel parce que nous y trouvons toutes les tendances mauvaises que nous voulons faire disparaître de la vie publique : la vénalité, l'insouciance, la lâcheté, l'esprit de parti avilissant et étroit.
>
> Nous appuyons l'opposition parce que nous y trouvons les tendances contraires : la probité, le courage, des principes fermes, une grande largeur de vues. Ces principes sont admirablement réunis dans la personnalité de son leader, M. Tellier.
>
> Le jour où ce groupe ne suivrait plus les inspirations qui le guident aujourd'hui, il nous trouverait sur sa route pour le combattre comme nous combattons les hommes au pouvoir[2].

Voilà qui est vite et bien dit. Car la mission du *Devoir*, rappellera Bourassa, est d'abord d'ordre moral. Le chef nationaliste n'est pas, et n'a jamais aspiré à devenir un chef de parti provincial. Il n'a conséquemment pas à proposer à ses concitoyens d'alternative au gouvernement de Lomer Gouin. Le choix de cette alternative appartient en propre à la loyale opposition de Sa Majesté, au Parti conservateur de Matthias Tellier que *Le Devoir*, par sa vigilance critique, espère contribuer à garder dans le droit chemin des principes qu'il préconise.

Aussi Bourrassa n'éprouve-t-il pas le besoin de proposer de programme ou de vision politique particulière pour sa province. Si Asselin a pu jouer, autrefois, un certain rôle dans sa décision de venir œuvrer sur la scène provinciale, il ne semble pas, en revanche, que son bouillant disciple ait réussi à lui communiquer entièrement sa propre passion pour le développement et la maîtrise des richesses naturelles, la politique de colonisation, la sélection et le contrôle de l'immigration au Québec, la réforme de l'enseignement public et le développement de l'institution universitaire. Du moins le manifeste-programme demeure-t-il, en toutes ces matières, plutôt laconique.

Car la question brûlante de l'heure, pour Bourassa, c'est évidemment le fameux projet de loi sur la marine canadienne et la construction de dreadnoughts pour la défense de l'Angleterre. Cette question vient de faire resurgir les vieux démons impérialistes de 1899. Car en matière de politique fédérale, n'en doutons pas, Henri Bourassa a une vision claire. Il a aussi un programme, celui de la Ligue nationaliste qui a inspiré toutes ses interventions depuis dix ans : bill de la Milice, crise des écoles du Nord-Ouest, bill du Dimanche. En matière de politique fédérale, Bourassa ne se contentera donc pas de refiler la définition de l'alternative aux conservateurs. Il entend bien, au contraire, leur indiquer la route à suivre. Car si Matthias Tellier a su mériter sa confiance à Québec, il est loin d'en être ainsi avec Robert Laird Borden et le loyalisme des « tories » dont il sait le parti infiltré par les loges orangistes de l'Ontario :

À Ottawa, la situation est moins claire. Les deux partis s'enlisent dans le marasme où gisait la politique provinciale il y a quelques années.

Le souci de la conquête ou de la conservation du pouvoir semble être leur seul mobile.

Depuis dix ans, des questions vitales se sont imposées à l'étude de nos parlementaires fédéraux; la guerre d'Afrique et l'impérialisme, la constitution des nouvelles provinces et le droit des minorités, la construction du Grand-Tronc-Pacifique et le régime des chemins de fer, l'immigration étrangère et le peuplement du territoire national.

Par une sorte de conspiration, les deux groupes parlementaires se sont entendus pour donner à chacun de ces problèmes une solution où le droit, la justice, l'intérêt national ont été sacrifiés à l'opportunisme, aux intrigues de partis ou, pis encore, à la cupidité des intérêts individuels.

À l'heure même où nous entrons en scène, le parlement est saisi d'une question de la plus haute importance qui n'est qu'un épisode nouveau du mouvement impérialiste: la construction d'une marine canadienne.

Assisterons-nous à une répétition de la comédie de 1899? Le peuple canadien sera-t-il dupe des machinations et des misérables intrigues des partis[3] ?

On devine au ton de l'interrogation finale que le jouteur entend tenir un rôle de premier plan dans la lutte qui s'annonce.

Dans le journal qu'il dirige, il va d'ailleurs se tailler la part du lion dans le traitement éditorial de la question de la Marine.

Depuis le dépôt du projet de loi ministériel, le 12 janvier, la trêve qu'il observait depuis 1902 à l'endroit de Laurier en matière de politique impériale est bel et bien terminée. Au Québec, Bourassa, associé à F.D. Monk à la tête des «oppositionnistes» conservateurs et nationalistes coalisés, va désormais faire figure de Brutus implacable, aiguisant chaque jour sa plume incisive contre son ancien père politique. Dans cette histoire quasi intime, entre Laurier et lui, d'admiration déçue et d'affection trompée, Bourassa ne tolérera pas de tiers. L'auteur à succès de *La défense navale de l'Empire britannique* devra se trouver d'autres sujets à débattre dans les colonnes du *Devoir*.

Dans une ébauche d'organigramme conçue l'automne précédent, Asselin s'était vu dans le rôle de courriériste parlementaire à Ottawa, au moment même où, selon toute vraisemblance, la fameuse loi navale se trouverait débattue aux Communes. Sans doute avait-il rêvé un instant au fameux tandem qu'il eût pu former avec son chef, tous deux bardés d'arguments sans faille et intervenant sur le déroulement d'une crise d'envergure nationale: Asselin au reportage, Bourassa à l'éditorial! Oui, c'était un rêve. Mais de courte durée.

Sur les entrefaites, Georges Pelletier, finalement décidé à tenter l'aventure, était venu offrir ses services au *Devoir*. Il occupait déjà la fonction de courriériste parlementaire à Ottawa pour le compte de *L'Action sociale*. Bourassa lui avait demandé sur-le-champ d'assumer les mêmes responsabilités pour *Le Devoir*. Originaire de Rivière-du-Loup-en-Bas, le jeune célibataire de vingt-huit ans n'avait encore aucune attache familiale à Montréal. Il était donc retourné dare-dare à son poste pour y rédiger la *Lettre d'Ottawa* quotidienne qui allait accompagner dorénavant, en première page, les éditoriaux du directeur, tout au long de son combat épique contre la loi navale de Laurier.

Issu d'une famille conservatrice de négociants réputés pour leur souci des pauvres, leur piété et leur respect de l'Église, Pelletier, comme Héroux, représentait, aux yeux du directeur, la loyauté, la mesure et un talent entièrement voué à sa cause et à sa personne. Après de brillantes études de droit et de littérature, poursuivies à l'Université Laval, le jeune diplômé avait travaillé quelque temps à Québec dans l'étude juridique de l'ancien chef de l'opposition conservatrice, Louis-Philippe Pelletier, auquel il était apparenté. Bientôt tenté par le journalisme, il avait fait ses premières armes en région avant de rejoindre définitivement Héroux à *L'Action sociale*, peu de temps après sa fondation. Comme tant de jeunes gens issus de vieilles familles ultramontaines, Pelletier est mû par un impérieux sentiment du devoir à accomplir. C'est cet appel exigeant qui l'a attiré, depuis des années et après mûre réflexion, dans le sillage de l'incorruptible Bourassa. Ce garçon au geste timide et au regard bleu est, lui aussi, capable d'intransigeance quand les principes sont en jeu. Avec Héroux, il va devenir, avec les années, l'un des deux piliers sur lesquels, très souvent absent, Bourassa fera reposer en toute quiétude les destinées de son journal.

Pelletier expédié à Ottawa, quelle part va être dévolue au président de la Ligue nationaliste dans les orientations éditoriales du nouveau journal? La politique municipale d'abord, domaine à l'égard duquel Asselin a, certes, toujours manifesté beaucoup d'intérêt, depuis l'époque où il dirigeait lui-même les destinées du *Nationaliste*. Mais secteur indubitablement moins glorieux à couvrir, pour un journaliste, que la politique provinciale ou fédérale. Bourassa lui avait d'ailleurs écrit, l'été précédent, de bien se remettre en forme pour venir « préparer les couches mortuaires de nos échevins ». Et effectivement, des élections étaient prévues, à la mairie de Montréal, pour le 1er février. Bourassa a promis depuis longtemps à Asselin que *Le Devoir* entendait s'y engager à fond. Mais, à vrai dire, le grand théoricien de l'autonomie canadienne s'intéresse assez peu à ces questions prosaïques qui, la plupart du temps, constituent la matière des enjeux municipaux : tarifs du gaz et de l'électricité, transport en commun, construction de logements à prix modique, conduites d'égoûts, enlèvement des ordures, approvisionnement en eau potable, distribution de la glace, inspection du lait distribué aux enfants, etc.

Asselin, au contraire, depuis qu'il a épousé les visées réformistes de l'ancien maire Hormidas Laporte et de ses amis médecins et hygiénistes, s'est beaucoup intéressé aux débats de l'Hôtel de Ville. C'est là que l'éternel locataire et petit salarié a mené de redoutables campagnes contre les «trusts» du gaz, de l'électricité et des transports. C'est encore à l'Hôtel de Ville qu'il a fait mordre la poussière, en 1906, aux échevins partisans des Forget et de la *Montreal Light Heat and Power*.

Bourassa tient donc aisément une promesse qui lui coûte peu et dans un domaine auquel il a prêté, jusqu'ici, une attention plutôt distraite, mais en direction duquel certains de ses administrateurs, proches du mouvement réformiste, l'incitent désormais à fournir la précieuse caution de son nom et de son journal. L.-A. Delorme, secrétaire de la maison Laporte, Martin et Cie, est de ceux-là. Dans la lutte municipale qui s'annonce, le Comité des citoyens favorise le docteur James-John Edmond Guerin, médecin irlandais catholique attaché à l'Hôtel-Dieu de Montréal et fort respecté de Bourassa. Ce dernier peut abandonner sans soucis l'adversaire libéral, «Bijou» Casgrain, petit politicien sans envergure, à l'ironie et aux bons mots d'Asselin qui lui trouve «une âme de laquais». Affairé à couvrir et à animer les assemblées réformistes, Asselin abandonnera donc obligatoirement à Bourassa le soin exclusif de s'occuper de Laurier, au cours des semaines qui s'avéreront cruciales pour l'autonomie canadienne.

La place dévolue à Fournier demeure encore plus floue. Mais elle demeure, elle aussi, secondaire. Lui aurait-on offert, au départ, un secteur dont il n'aurait pas voulu? Tout comme Asselin, il continue de collaborer épisodiquement au *Nationaliste* qui gîte désormais sous le même toit que *Le Devoir*. Mais ses contributions au nouveau quotidien se limitent à de brèves chroniques irrégulières, à des *billets du soir* souvent fort ironiques et qui traduisent le désenchantement du jeune pamphlétaire devant «la paisible trahison des élites».

Le premier de ces «billets» donne le ton. Il s'intitule *Mon encrier**. Son style provocateur laisse présager les pires ennuis pour les pouvoirs en place:

> C'est un bel encrier tout flambant neuf rempli jusqu'au bord de bonne encre fraîche et claire. Oh! le merveilleux liquide! Comme il fera d'agréables éclaboussures sur de certains visages... De quoi barbouiller tout un ministère. Attendez un peu, Monsieur Gouin, nous vous en ferons boire!... Une ère nouvelle va s'ouvrir pour les huissiers et les avocats, et vous seriez vous-même épouvanté si vous pouviez prévoir le nombre de procès qui vont sortir de cet encrier[5].

Les pires ennuis également pour le directeur du *Devoir* soucieux d'établir, dès le départ, la parfaite respectabilité de son journal!

---

* C'est le titre que donneront, en 1922, Mme Thérèse Fournier et Olivar Asselin au recueil posthume de textes de Jules Fournier décédé prématurément en 1918. *Mon encrier* a été partiellement réédité, avec l'ajout de quelques inédits, en 1996, par les Éditions Fides, dans la collection Bibliothèque québécoise. Mais cette édition ne comporte pas la préface d'Asselin à l'édition originale.

Une autre série intitulée *Notre députation*[6], galerie de portraits ravageurs des représentants du Québec à la Chambre des communes, déclenche une vague de protestation outrée de la part de ministériels croqués sur le vif en train de jouer aux dames, de lire leur journal, ou de siroter un scotch à la tabagie du Parlement, insouciants des destinées de la nation qui se décident sans eux dans l'enceinte parlementaire.

Fournier n'a pas renoncé à son style en entrant au *Devoir*! Bientôt *Le Soleil* (libéral) l'accuse de porter au front «tous les stigmates de la dégénérescence physique et morale»... «de ne plus pouvoir que ricaner»... «de porter sur son masque de blasé de la vie le rictus de Satan»... «d'être un colimaçon doublé d'un aliéné[7]». De tels échanges d'aménités ne sont pas faits pour plaire à Bourassa, davantage soucieux «d'élever le niveau des débats» à son journal que d'y favoriser la polémique. Mais Fournier, tout comme Asselin, jouit de l'estime de ses collègues. Dans *Le Devoir*, tout comme dans *Le Nationaliste*, des entrefilets non signés témoignent à tout moment de la solidarité des journalistes, à l'occasion des interminables rebondissements judiciaires du procès que lui a intenté le premier ministre.

Bourassa a beau avoir concédé, dans son manifeste-programme, que *Le Devoir*, nonobstant l'austérité de son titre... «n'exclut pas la gaieté, au contraire[8]», des balises assez nettes ont été fixées pour contenir l'humour et la dérision dans des limites tolérables. Comme l'avait bien perçu Héroux, dans sa lettre à Asselin, «un journal engageant la responsabilité de Bourassa ne pourra prendre de ces allures de franc-tireur et de gavroche[9]» qu'affectionnent Asselin et Fournier. Il devra refléter davantage la personnalité sobre et disciplinée de son directeur. Comme Héroux était toujours demeuré soucieux de protéger l'entité et le style des deux journaux, Bourassa avait visiblement consenti à laisser *Le Nationaliste* continuer à publier certaines «joyeusetés» sur sa lancée première, pourvu qu'il soit bien entendu, dans la nouvelle publicité, que de telles «légèretés» s'adresseraient dorénavant au public encore adolescent des collèges et de l'université. Rédigé «en collaboration», l'ancien journal d'Asselin se présente désormais comme une sorte de supplément dominical du *Devoir*, destiné tout particulièrement à un public étudiant. À l'endroit des deux anciens directeurs, la consigne était on ne peut plus claire.

Bourassa, certes, ne va pas jusqu'à voir dans le rire, comme Tardivel le prétendait dans ses attaques contre *Le Nationaliste*, une sorte «d'invention diabolique». Il demeure certain, toutefois, qu'en fondant *Le Devoir*, il entendait bien mettre sur pied un journal catholique respectueux des directives de l'Église, particulièrement dans le domaine social et moral. En tous points, par exemple, l'orientation sociale du journal devra se conformer à la doctrine sociale de l'Église explicitée, en 1891, dans l'encyclique *Rerum novarum* de Léon XIII. Certes, *Le*

Devoir sera rédigé par des laïcs et l'autorité de Mgr Bruchési ne s'y fera pas sentir aussi directement que celle de Mgr Bégin sur *L'Action sociale* de Québec. L'archevêque de Montréal, ami et conseiller proche de Laurier et de ses politiques loyalistes, préfère d'ailleurs de beaucoup la formule du *Devoir*, qui marque une certaine distance entre l'archevêché et l'organe des nationalistes. Monseigneur de Montréal n'a, par ailleurs, pas trop de soucis à se faire à propos de l'orthodoxie du nouveau journal. Très proche des nationalistes au contraire, les jésuites ont déjà fondé l'ACJC où milite actuellement une jeunesse chrétienne pleinement acquise au leadership moral et national de Bourassa. Les pères se sont toujours impliqués à fond dans les luttes scolaires du Manitoba et du Nord-Ouest. Ils ont leurs entrées officieuses au *Devoir* et ils fréquentent régulièrement certains de ses rédacteurs laïques attachés à l'Église. Comme Bourassa lui-même, les jésuites préfèrent l'influence au pouvoir. Les célèbres pères Louis, Hermas et Joseph Lalande, avec lesquels Asselin avait eu des démêlés orageux au *Nationaliste* sur la question du théâtre et de l'enseignement public, exercent sans doute, avec la constance et la discrétion qui les caractérisent, une influence certaine sur le nouveau journal.

Dans une lettre de Rome adressée à Héroux, douze ans après la fondation du journal, Bourassa ne parle-t-il pas avec affection du père Joseph Lalande comme de son « bon docteur spirituel[10] » ? Si la « bête noire » d'Asselin était à ce point présente dans la vie du directeur, en 1922, et après avoir surveillé d'aussi près les « errances » du *Nationaliste* de 1904 à 1908, il est permis de croire que la vigilance des frères Lalande ne s'était pas relâchée, bien au contraire, au moment de la fondation du *Devoir*. En tout état de fait, le manifeste programme indique bien que tous les desiderata de Mgr Bruchési y ont été pris en considération et qu'un sérieux coup de barre a été donné au nouveau quotidien, tout particulièrement en ce qui concerne la publicité donnée au théâtre ou aux boissons alcooliques :

> Grâce à son organisation et à ses méthodes nouvelles, le « DEVOIR » va enfin réaliser ce qu'aucun autre journal quotidien n'a encore tenté à Montréal : CHOISIR SA CLIENTÈLE d'annonces.
>
> Décidé à faire un journal absolument recommandable, dont aucun père de famille ne soit obligé de cacher une page ou l'autre à ses enfants, NOUS REFUSONS D'ANNONCER dans le « DEVOIR », les mauvais livres, les théâtres immoraux, les boissons fortes (autres que vins et bières), les médecines brevetées à base d'opium, de morphine, de cocaïne ou d'alcool, les remèdes à guérir tous les maux, et surtout les maladies les plus répugnantes et les plus soigneusement décrites, les réclames de charlatans et de diseuses de bonne aventure, en un mot tous les négoces ou articles de commerce propres à altérer la santé, à propager le vice et à duper les naïfs. Nous voulons protéger le public, et surtout le public ouvrier, contre l'exploitation dont il est victime[11].

Terminée donc, la publicité faite au brandy local des frères Lawrence et Marcellin Wilson. Même celle des fines champagnes de la maison Laporte et Martin, pourtant si généreuse à l'endroit du *Devoir*. Le journal de Bourassa ne transige pas avec les principes. Finies aussi les photos d'actrices du Théâtre français, jugées trop aguichantes dans leur peplum grec ou leur robe à tournure. Refusées les recensions littéraires d'auteurs incroyants ou libertins. Les feuilletons du *Devoir* privilégieront les grands auteurs catholiques, tel René Bazin, et puiseront abondamment dans la filière des nouveaux convertis de la France républicaine : Ferdinand Brunetière, Paul Claudel et Ernest Psichari, le petit-fils de Renan, appartiennent à cette catégorie privilégiée. Pour Asselin et Fournier, cette évolution, qui démarque le nouveau quotidien des tendances culturelles plus libérales du *Nationaliste* et des *Débats*, constitue sans doute une consigne additionnelle dont ils devront tenir compte.

Mais ces principes d'orthodoxie morale et religieuse n'excluent pas, bien au contraire, le souci de qualité dans l'expression et la facture du journal. Bourassa ne craint pas d'écrire aussi que son journal : « différera essentiellement des journaux actuels [...] On peut affirmer que ce sera le journal français le mieux rédigé et le plus intéressant du Canada, sinon d'Amérique[12]. »

On ne saurait être moins modeste. Mais pour atteindre la première place en excellence, *Le Devoir* aura sans doute besoin de s'adjoindre, un temps encore, les meilleures plumes de l'heure, notamment celles d'Asselin et de Fournier.

Dans ses articulets sporadiques et ses *Billets du soir*, Fournier, plus jeune et plus intransigeant, choisit de jouer ostensiblement sur les marges. Asselin, lui, de remplir correctement, dans un premier temps, son mandat à l'endroit de l'élection du 1er février à la mairie de Montréal. Mais comme Asselin est à peu près le seul, de toute la salle de rédaction, à posséder une expérience concrète de l'organisation matérielle d'un journal, plusieurs responsabilités importantes lui échoient qui rognent d'autant sur son temps d'écriture. Héroux a encore tout à apprendre dans ce domaine. Quant à Bourassa, il se fie entièrement à ses collaborateurs pour toutes ces tâches d'intendance où le contenu n'est pas en cause.

Fidèle à ses habitudes de travail et de réflexion, le directeur est assez peu présent dans la salle de rédaction, même aux périodes où il n'est pas requis à Québec par les travaux parlementaires. Évoquant les premières années du célèbre quotidien montréalais, Pierre-Philippe Gingras raconte :

> Travaillant toujours très tard dans la nuit, Henri Bourassa avait pris l'habitude d'arriver au bureau vers la fin de la journée, alors que la plupart des employés quittaient leur travail. S'accordant de longs entretiens avec Héroux, et avec Pelletier, lorsqu'il était à Montréal, il passait ensuite en revue les troupes présentes, généralement les gens de l'imprimerie et de la salle de rédaction. Après avoir discuté avec le chef des nouvelles, Bourassa retournait à son bureau pour corriger les épreuves de ses textes

et y apporter, au besoin, quelques changements. Habitué à donner des résumés de ses longues conférences, qui occupaient tout de même un large espace du journal, le directeur avait une curieuse façon de besogner. Souvent, très tôt le samedi matin, il se rendait à son bureau, s'installait une cafetière bien remplie à ses côtés, une pipe à la main. Puis, il écrivait toute la journée et toute la nuit, au crayon, jamais à la machine, jusqu'à ce que son article soit terminé. Ensuite, il se rendait à la messe du dimanche matin et rentrait se coucher à la maison. Arrivés au Devoir, ses lieutenants ramassaient l'article, le mettaient en ordre et l'envoyaient à la composition. Le soir même, Bourassa, travailleur infatigable, relisait les premières épreuves[13].

Entré tout jeune au *Nationaliste*, puis au *Devoir*, l'écrivain Victor Barbeau[*] eut longtemps, entre autres attributions, la responsabilité de porter les épreuves des éditoriaux de Bourassa à son domicile pour éviter au directeur du *Devoir* d'avoir à se déplacer pour venir les corriger sur place. Au journal, aux heures de grande activité, son grand bureau demeure la plupart du temps inoccupé. Les journalistes de la salle de rédaction partagent un local commun, assez encombré et bruyant, Héroux et Asselin chacun un bureau adjacent et plus petit. Mais personne ne sait exactement, en cette période de rodage, lequel des deux, en l'absence du grand patron, doit prendre les décisions finales. Les problèmes d'ordre matériel aboutissent spontanément chez Asselin, le plus expérimenté des deux. Le rôle d'Héroux reste plus flou, bien qu'il fasse partie de « la direction ». Il est le premier à en éprouver du malaise. Un survol des assignations, au cours des deux premiers mois de publication du journal, en fait foi.

Après la publication de son manifeste-programme, Bourassa s'attaque, dès le 13 janvier, à la question de la Marine et braque ses plus gros canons contre la nouvelle politique de Laurier. Il le fait dans de longs éditoriaux rédigés sur deux colonnes (ils s'allongent souvent bien au-delà) et sous des titres percutants qui, chaque fois, font la une du journal. La plupart du temps, la *Lettre d'Ottawa*, signée par Georges Pelletier, est publiée sur la même page et chapeautée d'un résumé. Laurier a déposé son projet de loi le 12 janvier et les débats aux Communes débutent le 4 février. Le projet de loi dite « loi concernant la marine de guerre du Canada » stipule que cinq croiseurs et six destroyers seraient construits, soit au Canada, soit en Angleterre, selon les besoins, et au coût d'un peu plus de 11 millions de dollars. Ces navires seraient appelés à combattre « n'importe où », selon les engagements militaires où la Grande-Bretagne pourrait se trouver

---

[*]Encore étudiant au collège, Victor Barbeau, fils de famille bourgeoise passionné de théâtre, signe ses premières chroniques théâtrales dans *Le Nationaliste* sous le pseudonyme de « Turc » qu'il partagera, à l'occasion, avec Marcel Dugas. Il travaillera ensuite au *Devoir*, mais dans d'autres secteurs.

impliquée. Cette marine de guerre relèverait de l'autorité du gouvernement canadien mais, en cas d'urgence, pourrait passer sous contrôle impérial, en vertu d'un décret ministériel ratifié par le Parlement. L'enrôlement des militaires appelés à servir sur ces onze navires se ferait sur une base volontaire. Aucune coercition ne serait exercée et aucune conscription imposée. Laurier a pris soin de rappeler le principe sur lequel reposait la teneur de son projet de loi : « Lorsque la Grande-Bretagne est en guerre, le Canada est en guerre. »

Au cours de janvier et février, comme on pouvait s'y attendre, Bourassa consacrera seize éditoriaux fort virulents à démontrer les effets pervers du texte de loi sur l'autonomie canadienne et à dévoiler les tactiques louvoyantes de son auteur. De longs résumés de la célèbre conférence publique qu'il prononce sur le même sujet au Monument national, le 20 janvier, devant une salle pleine à craquer, s'échelonnent également sur plusieurs numéros. À six reprises, Omer Héroux aura le privilège d'intervenir à son tour, et en éditorial, sur la fameuse question impériale et le « bill de la Marine ».

L'auteur de *La défense navale de l'empire britannique* a été assigné au domaine municipal. Il interviendra quatre fois en éditorial sur les enjeux de l'élection à la mairie de Montréal, dans les semaines qui précéderont le scrutin du 1er février. La veille, cependant, Bourassa signera un bref éditorial pour définir officiellement la position du journal sur la question municipale, inaugurant ainsi au *Devoir* une longue tradition qui s'est maintenue. Le lendemain, Bourassa intervient à nouveau, en éditorial, pour tirer les leçons de la journée mouvementée qui avait porté au pouvoir l'équipe du maire Guerin.

Tout au long de janvier donc, et hormis ses quatre éditoriaux, la signature d'Asselin sera apparue cinq fois au bas d'une colonne consacrée aux élections municipales. Il y dénonce son adversaire « Bijou » Casgrain, aspirant sénateur qui se présente comme un fidèle admirateur de Mgr Bruchési. Le candidat promet même, s'il est élu maire, de « faire honneur à l'Église de Montréal » à l'occasion du Congrès eucharistique international qui doit s'y tenir à l'automne. Mais le candidat se présente aussi, sur les estrades, flanqué des grands représentants des « trusts » du gaz et de l'électricité (lire : les Forget) qui exploitent sans vergogne les petits épargnants et les travailleurs.

Asselin rappelle que l'appui du vote des citoyens doit aller aux candidats de l'équipe la plus méritante et dont le programme est le plus souhaitable en matière de justice sociale. Et ce, nonobstant le fait que le docteur Guerin soit un Irlandais et l'aspirant conseiller Wanklyn, un Canadien anglais. Tout comme le candidat ouvrier Joseph Ainey, ces derniers se sont engagés à protéger d'abord les intérêts des locataires et des petits propriétaires, tout en mettant en place de nouvelles mesures indispensables d'hygiène publique. Nuisible, le « vote de race » ne doit pas faire perdre de vue aux électeurs les véritables enjeux de la présente campagne municipale. Asselin termine son article en incitant les électrices* à exercer aussi leur droit de vote. Ce dernier appel rejoint celui des militantes de la Fédération nationale Saint-Jean-Baptiste: depuis 1902, en effet, leur présidente, Marie Lacoste-Gérin-Lajoie**, incite les électrices à favoriser les candidats qui s'engagent à mettre fin au favoritisme politique dans l'émission des permis d'alcool et à instaurer de vigoureuses réformes d'assainissement et de contrôle dans le domaine de l'hygiène publique.

Hormis sa couverture des affaires de l'Hôtel de Ville, Asselin aura donc très peu écrit durant cette période. Compte rendu d'une réunion de la *Société du parler français* présidée par son ami Adjutor Rivard, échos narquois de la démotion du «Frère» Godfroy Langlois de la direction du *Canada***, à la suite de pressions de Mᵍʳ Bruchési inquiet de l'influence de la loge *L'Émancipation* sur l'organe du Parti libéral. Asselin suppute alors la nature du «prix de consolation» que lui réserve le gouvernement Gouin: une nomination au sénat peut-être? Billet ironique sur l'usage abusif du terme «honorable» dont on ne manquerait pas de se gausser en France: verra-t-on bientôt, au pays, nos «honorables juges» monter sur leur «honorable banc» pour y déposer leurs «honorables fessiers[14]?»

Dans un autre billet ironique, Asselin s'amuse d'un débat amorcé au Parlement de Québec par un député irlandais qui s'objecte à la volonté posthume d'un franc-maçon d'être incinéré, plutôt qu'inhumé au cimetière catholique. Dans *Au four, les gars!* Asselin se moque: «Puisque, (semble-t-il) les non-catholiques sont condamnés au feu, il importe peu qu'ils prennent de l'avance. Il faut aller au four comme des braves, les pieds devant[15]!» suggère Asselin, avec un clin d'œil complice en direction de ses sporadiques compagnons de route de la Ligue d'enseignement. Bourassa ne devait guère goûter ce genre de plaisanteries où il n'était jamais très clair, des persécuteurs ou des persécutés, de qui exactement Asselin voulait se payer la tête.

En février, l'élection passée et son devoir accompli, Asselin, comme Fournier dans sa série *Notre députation*, se met, lui aussi, à jouer sur les marges du pamphlet et de la dérision. Il n'a plus de rubrique assignée, mais il n'entend pas pour autant être réduit au silence. Il prend alors des initiatives à propos de la question de la Marine dont on l'avait exclu au départ. Mais habilement et dans une

---

*Les femmes propriétaires d'immeubles ont le droit de vote à Montréal depuis 1892. Les femmes, en général, obtiendront le droit de vote au fédéral, en 1918, sous le gouvernement conservateur de Robert Laird Borden et au provincial, en 1940, sous le gouvernement libéral d'Adélard Godbout.

**Sur le vote municipal des femmes, voir mon ouvrage *Marie Gérin-Lajoie, de mère en fille la cause des femmes*, Montréal. Boréal, 1985, p. 78s.

***Il sera remplacé par Fernand Rinfret qui deviendra maire de Montréal de 1932 à 1934.

direction où ni Bourassa ni Héroux ne se sont avancés jusqu'ici: celle du « quatrième pouvoir », celui de la presse, dans le conditionnement de l'opinion canadienne sur la politique impériale.

Asselin a étudié de près cette question à la suite des événements d'Angleterre. Il a bien vu quel parti habile l'amiral « Jacky » Fisher avait su tirer des grands journaux britanniques, pour mieux persuader l'opinion publique de l'imminence du « péril allemand » et préparer ses concitoyens à une politique de course à l'armement naval. La construction massive et accélérée des dreadnoughts était le résultat tangible de cette stratégie d'utilisation du « quatrième pouvoir ». Depuis la publication de *La défense navale de l'empire britannique*, Asselin est persuadé que la même tactique est mise à l'essai par le gouvernement Laurier pour faire avaliser sa loi.

À l'exception d'une petite fraction instruite de l'opinion publique canadienne-anglaise acquise aux thèses de l'autonomie canadienne et opposée à la loi navale, le premier ministre (et le chef de l'opposition qui se tient coi) peuvent généralement compter sur la force du réflexe loyaliste dans l'ensemble des provinces anglaises. C'est au Québec que la résistance, animée par Bourassa, a installé ses plus grosses batteries. C'est donc là que le gouvernement doit contrer la force de persuasion du grand orateur devenu, depuis peu, le plus écouté des éditorialistes. Laurier peut évidemment compter, au départ, sur l'organe officiel de son parti, *Le Canada*. Mais il lui faudra d'autres appuis s'il veut persuader l'ensemble de l'opinion publique québécoise du bien-fondé de sa loi.

À *La Patrie*, revenue à ses premières fidélités conservatrices, il peut toutefois espérer encore une certaine indulgence de la part des fils d'Israël Tarte. À *La Presse*, son vieux condisciple de collège, le « boss » Dansereau, voudra également se faire pardonner son flirt passager avec les argentiers conservateurs, tractation avortée qu'avait bruyamment éventée Asselin dans *Le Nationaliste*, six ans auparavant. Les deux journaux ont, en outre, de sérieuses raisons de se montrer, en ce moment, plutôt dociles à l'endroit du gouvernement: tous deux connaissent des difficultés financières qui les rendent débiteurs des grands financiers du Parti libéral. Cette situation précaire les met à la merci d'une hausse inopinée des tarifs postaux. Il suffirait donc au gouvernement de laisser courir momentanément la rumeur d'une telle hausse, pour ramener aussitôt les récalcitrants potentiels dans le droit chemin de l'orthodoxie partisane. Asselin explique tout cela avec brio, le 14 février, dans une colonne intitulée *Le questionnaire de* La Presse *et de* La Patrie, qui jouxte l'éditorial de Bourassa: *La marine et le budget*.

Il s'en prend à des questionnaires tendancieux publiés par les deux journaux sous le prétexte, fallacieux selon lui, de sonder l'opinion de la province de Québec sur la question navale. Citations à l'appui, Asselin démontre que « le message » contenu dans le pseudo-questionnaire vise à inspirer à la province française une peur panique de se voir isolée au sein de la Confédération et privée de ses droits, si d'aventure elle s'avisait de voter contre l'opinion majoritaire des provinces anglaises. Un demi-siècle avant que les sondages ne deviennent une méthode acceptée de gouverner, Asselin dénonce les traquenards du procédé. Avouons, à lire les citations, que leurs auteurs n'avaient guère usé de raffinement dans le choix de leurs formules avant de les publier :

Les questionnaires de *La Presse* et de *La Patrie*

M. Tarte s'est encore fait voler une idée par M. Berthiaume, et M. Tarte n'est pas content. Quand on travaille aussi ardûment pour avoir des idées, on devrait pouvoir les faire breveter. Le jour où M. Tarte ferait breveter les siennes, *La Presse* serait obligée de paraître en blanc et les boulangers pourraient sans danger pour le public envelopper leur pain avec. [...] Mais si le but de M. Tarte est de faire connaître au pays le véritable sentiment des Canadiens-Français sur la question de la marine, quelle objection peut-il bien avoir à ce que d'autres journaux consultent eux aussi leurs lecteurs ? Son dépit à l'endroit de *La Presse* se comprend d'autant moins que les deux feuilles, avec des degrés d'effronterie différents, posent la question à peu près de la même manière ; on dirait que l'ombre de M. Laurier s'est projetée sur les deux à la fois.

Avant le passage de M. Laurier à Montréal, *La Presse* songeait à se ruer corps et âme (oh ! « corps et ÂME » une simple façon de parler) contre le projet ministériel. Le lendemain, elle demandait au public :

1° Êtes-vous favorable à la création d'une marine de guerre canadienne, devant participer aux guerres de l'Empire ?

2° Êtes-vous en faveur d'une contribution directe à la marine impériale, soit en navires, soit en argent ?

3° Êtes-vous en faveur du « statu quo », c'est-à-dire du maintien de la situation présente ?

4° PENSEZ-VOUS QUE SI LES AUTRES PROVINCES QUI METTENT UN SENTIMENT PASSIONNÉ DANS CETTE QUESTION, SE PRONONCENT SOIT POUR UNE MARINE CANNADIENNE, SOIT POUR UNE CONTRIBUTION DIRECTE, LA PROVINCE DE QUÉBEC DOIVE RESTER SEULE DANS SON REFUS D'AIDER LA GRANDE-BRETAGNE À L'HEURE DU DANGER ?

Voilà en vérité une plaisante manière d'interroger les gens. — Allons, messieurs, parlez à cœur ouvert : seulement, prenez garde d'offenser les Anglais !

Ce doit être pour des motifs semblables que *La Patrie* a fait poser samedi à quatre cents citoyens de Montréal les questions suivantes :

1

Êtes-vous d'opinion que l'Angleterre a droit de compter sur l'appui de ses colonies pour assurer sa suprématie sur les mers ET PAR LÀ MAINTENIR L'INTÉGRITÉ DE SON EMPIRE ?

2

Le Canada peut-il refuser à la mère-patrie QUI LUI A DONNÉ TOUTES LES LIBERTÉS, de participer À LA DÉFENSE DE SON TERRITOIRE, lorsque l'occasion se présentera ?

3

Est-il opportun, est-il sage, est-il patriotique de rejeter la prière de la Grande-Bretagne qui a avisé le parlement fédéral de créer UNE MARINE NATIONALE, de rendre plus efficace notre service de protection militaire ?

4

Le Confédération Canadienne se compose de neuf provinces DONT HUIT DE LANGUE ANGLAISE. Dans ces huit provinces L'ON SEMBLE UNANIME À VOULOIR FAIRE QUELQUE CHOSE pour venir en aide à l'Angleterre, soit en lui envoyant des « dreadnoughts », soit par une contribution directe, soit en organisant une marine nationale. CROYEZ-VOUS QUE LA SEULE PROVINCE FRANÇAISE DE QUÉBEC PUISSE RESTER EN DEHORS DU MOUVEMENT ET FAIRE BANDE À PART, REFUSER TOUT SECOURS SANS PLUS S'EXPOSER À COMPROMETTRE SON INFLUENCE, SON AVENIR ?

5

Sommes-nous en état de ROMPRE TOUTE RELATION AVEC NOS CONCI-TOYENS DE LANGUE ANGLAISE AVEC QUI NOUS VIVONS EN BONNE HAR-MONIE et qui nous aident si puissamment à mettre en valeur le patriotisme national ?

6

La marine que le gouvernement veut créer entraînera une dépense assez consi-dérable, c'est vrai, mais les Canadiens-français sont-ils prêts à METTRE EN PÉRIL LEURS INSTITUTIONS ET TOUT CE QUI LEUR EST CHER pour quelques millions destinés après tout à AUGMENTER LE PRESTIGE DE NOTRE PAYS À L'ÉTRANGER ET NOUS METTRE À L'ABRI DE TOUTE INVASION ÉTRANGÈRE ?

7

LES CANADIENS-FRANÇAIS PEUVENT-ILS COURIR LE RISQUE, À CETTE PÉRIODE IMPORTANTE DE LEUR HISTOIRE, DE LAISSER EN SUSPICION LEUR LOYAUTÉ TRADITIONNELLE ET FAIRE MENTIR TOUT UN PASSÉ D'HONNEUR, DE DÉVOUEMENT ET DE FIDÈLES SERVICES À LA COURONNE BRITANNIQUE ?

[...] La Patrie n'a pas publié ses questions : elles n'ont été imprimées que pour l'usage de ses reporters, et c'est un pur accident qui nous les a mises sous la main. Quelles explications M. Tarte donnera-t-il maintenant de cette tentative honteuse d'aveugler, par une abominable perversion des faits, ceux dont il fait mine de solli-citer le jugement ?

Et cependant, je le répète, le questionnaire de La Patrie, est-ce autre chose que le développement de la quatrième question de La Presse ? Et n'est-il pas évident que les deux journaux ont reçu de la même autorité le mot d'ordre d'exploiter au profit du pouvoir cette crainte mystérieuse de l'Anglais qui, chez beaucoup de Canadiens-Français hante encore l'âme du vaincu de 1760[16] ?

L'attaque est redoutable, mais Asselin a bien vérifié ses sources : son bref passage à *La Patrie*, l'année précédente, lui a valu des complicités chez les journalistes qui ont obligeamment porté à son attention le projet tendancieux de questionnaire que Louis-Joseph Tarte se proposait de publier, après avoir fait mine d'appuyer l'opposition à la loi navale. Sans doute étonné par la portée et l'originalité du coup, Bourassa met peu de temps à en mesurer lui-même la valeur. Trois jours plus tard, il foudroie cependant *La conspiration des journaux* dans un éditorial fougueux. C'est Asselin, cette fois, qui a armé son bras. Sur une mince colonne voisine, son lieutenant continue d'aligner preuves et pièces à l'appui de ses dires[17]. Mais le maître a désormais parlé. Le mot de la fin appartenait au directeur. Deux jours plus tard, Asselin se contente d'écrire un article banal concernant... les droits de pêche sur la rivière Moisie[18].

Intérieurement pourtant, comment ne pas imaginer qu'il piaffe d'impatience et mijote d'intervenir à nouveau ? Pour cela, il lui faut, encore une fois, le faire « autrement ». Trouver un biais neuf, un filon inexploité. Serait-ce lui, le précurseur des enquêtes, le journaliste « à dossiers » qui, sous l'énigmatique signature de « XXX », aligne en éditorial des colonnes de chiffres accablants pour Laurier, concernant les dépenses militaires au Canada[19] ? Il n'est pas interdit de le supposer. Il est le seul de la salle à avoir, depuis des années, potassé si longuement de tels chiffres et accumulé pareille documentation. Il l'a fait à l'occasion de la publication de sa fameuse « Feuille de combat » sur la question navale et c'est une question sur laquelle il sera de plus en plus difficile de le faire taire.

Le 1er mars, le voilà à son tour et contre toute attente au « premier-Montréal » dans un bref texte fort cinglant, *Lord Grey*, où il réclame, ni plus ni moins, le rappel à Londres du gouverneur général. Le représentant du souverain britannique s'emploie, avec un activisme à peine dissimulé, à court-circuiter les décisions démocratiques du Parlement canadien en tentant d'infléchir le verdict populaire en faveur du réarmement naval. Asselin est ici au meilleur de sa forme. Sa phrase a perdu de ces sinuosités compliquées dans lesquelles sa pensée se développait longuement autrefois. Elle s'est épurée, dépouillée, sans rien perdre de son énergie et de sa verdeur. Elle chatoie toujours. Elle distribue un à un ses arguments qui s'ajustent les uns aux autres comme les pièces d'un casse-tête. Un éditorialiste, en compagnie duquel l'attention du lecteur est à chaque instant stimulée :

> [...] Au Canada même, il y a à peine soixante ans que des gouverneurs ont été révoqués par le gouvernement anglais pour avoir voulu faire leurs petits Jean Lévesque.
>
> La révocation de sir Francis Bond Head comme gouverneur du Haut-Canada fut obtenue par les Réformistes qui venaient de s'insurger les armes à la main. Le départ de lord Metcalfe après l'Union fut exigé par LaFontaine, qui préféra démissionner plutôt que de laisser la Couronne empiéter sur les prérogatives populaires.

Pourquoi permet-on à lord Grey, depuis son arrivée au pays, d'abuser du prestige de sa fonction pour faire une campagne impérialiste qui est au premier chef une campagne politique ?

On prétendra peut-être, — que dis-je, on a prétendu — que la défense du territoire n'étant pas une question de parti, le gouverneur n'est pas sorti de ses attributions ? Qu'on aille demander à M. Asquith, à M. Lloyd George, ou même à M. Balfour et à lord Rosebery, amis personnels d'Édouard VII, ce qu'ils feraient si le roi se mettait à prêcher le service militaire obligatoire sous prétexte que les partis n'ont pas encore pris position. Le roi se tairait ou il débarquerait[20].

Asselin ne l'ignore pas : il a toujours son public derrière lui. Dans le Quartier latin, les manifestations étudiantes contre le bill de la Marine se multiplient, comme en 1899 pendant la guerre des Boers. Parfois, la troupe réclamant un plébiscite populaire sur la loi navale vient sous les fenêtres du *Devoir* chercher des consignes auprès du grand Bourassa. Le chef nationaliste apparaît brièvement à la fenêtre et leur adresse quelques mots. Mais quand le directeur s'est retiré, on entend encore scander « Asselin ! Asselin ! » derrière les vitres closes. On est loin de l'avoir oublié, celui-là. Du moins parmi la jeunesse.

Le 2 mars, tandis qu'Héroux commente, en éditorial, une élection partielle provinciale qui vient de se tenir à Drummondville, Asselin récidive encore dans un article consacré à l'existence, quoique minoritaire, d'une opinion et d'une presse bel et bien anti-impérialiste, au Canada anglais.

Le 3 mars, le voilà à nouveau en éditorial sur la question de l'opinion publique et de la loi navale de Laurier. Chiffres à l'appui, il crève le ballon que l'on tente de gonfler pour faire peur aux électeurs du Canada français. On cherche en ce moment à leur faire croire en l'existence d'une opinion publique canadienne anglaise galvanisée, unanimement dressée en faveur de la marine de guerre et prête à se ruer furieusement sur la province récalcitrante pour lui faire payer le prix de sa dissidence. Cette tentative de lavage de cerveaux est savamment orchestrée en haut lieu, explique Asselin. Aux termes de cette propagande fabriquée de toutes pièces, la Confédération canadienne, elle-même, serait menacée d'éclatement et l'avenir du pays compromis, si d'aventure les Canadiens français prétendaient exprimer, sur la question navale, une opinion un tant soi peu différente de celle de leurs compatriotes des provinces anglaises. Or, explique l'enquêteur, il n'en est rien. Toute cette histoire d'unanimité de la presse anglaise n'existe que dans l'imagination fertile de stratèges politiques déterminés à faire avaler des couleuvres à la province de Québec, pour lui faire accepter leurs politiques d'armement au bénéfice de l'Angleterre :

Samedi soir, en travaillant au *Nationaliste*, l'idée nous vint de passer en revue les journaux canadiens-anglais reçus dans l'après-midi pour nous rendre compte du sentiment de nos concitoyens « d'autre origine » — comme on dit à l'Académie du Dr Choquette — sur la question de la défense navale.

Il y en avait vingt-deux. Nous avons cité hier l'opinion du Daily Post de Sydney. Voici maintenant les reproductions mises à part, de quoi traitaient les vingt-et-un [*sic*] autres dans leurs articles de fond[21].

Et Asselin de les énumérer tous, à la queue leu leu, avec le résumé de leurs opinions (quand ils en avaient) sur la fameuse question impériale. Car certains n'en avaient, semble-t-il, aucune qui puisse mériter une place spéciale dans l'édition consultée. Sur ces vingt-deux journaux recensés, explique Asselin, huit seulement traitaient ce jour-là de la question navale. Ces huit périodiques, poursuit-il, se trouvent, par pur hasard, à être des journaux de villes portuaires : Sydney, Saint-Jean (N.-B.), Halifax, Vancouver, etc. Toutes ces villes ont des intérêts locaux manifestes à voir se développer une nouvelle industrie navale dans leurs rades. Elles possèdent donc, outre l'eau nécessaire pour faire flotter des bateaux, du minerai de fer pour les construire et de la houille pour les propulser. Voilà pourquoi ces villes se montrent plutôt favorables aux retombées économiques de la construction de quelques dreadnoughts par le Canada. Et surtout, AU Canada ! L'amour de l'Empire britannique n'a donc rien à voir avec l'affaire. Et de toute évidence, s'il existe, cet amour s'exprime ici de façon bien discrète :

> Mis bout à bout, les articles des huit journaux qui parlaient de la question forment UN PEU PLUS DE TROIS COLONNES.
> Donc, à une date donnée, dans vingt-deux journaux quotidiens du Canada anglais, nous avons trouvé sur la question navale TROIS COLONNES de rédaction.
> Le voilà le formidable mouvement d'opinion dont la presse ministérielle canadienne-française nous rebat les oreilles[22] ! ! !

Le 5 mars enfin, c'est son chant du cygne : il signe l'éditorial *L'opinion des provinces anglaises* sur la même lancée. Il dénonce, une fois de plus, les conditionnements de l'opinion publique sur la question navale, par l'intervention du bras politique dans la manipulation de l'information publiée dans les journaux canadiens. Il stigmatise la distorsion, délibérément entretenue par des organes de presse dominés par les partis, entre les desiderata réels de la population et l'écho qui en est donné dans les journaux. Des députés des deux « races », et qui devraient éprouver le souci, pourtant élémentaire, de leur réélection, ne semblent même pas informés de cette opinion. Ou alors, choisissent de l'ignorer, par pur souci d'avancement dans leur carrière politique. Peu d'entre eux, jusqu'à présent, ont osé passer outre à ce barrage de la propagande ministérielle :

> [...] Ces députés*, ils doivent avoir comme les nôtres, le souci de la réélection.
> Ils ne sont, les uns et les autres, pas encore bien nombreux, mais M. Verville** est bien le seul député libéral fédéral canadien-français qui se soit prononcé contre

---

* Canadiens anglais.
** Alphonse Verville, candidat du Parti ouvrier élu sous étiquette libérale.

le projet ministériel, et nos lecteurs savent cependant que le Québec est aux quatre cinquième hostile à la création d'une marine de guerre pour le bénéfice de la métropole!

En tout cas, les protestations qui viennent des provinces anglaises sont assez significatives dans les circonstances, pour que la presse canadienne-française ne soit pas justifiable de s'abstenir de les passer sous silence. Comment expliquer qu'il n'en soit pas fait mention ni dans *Le Canada*, ni dans *La Presse*, ni dans *La Patrie*, ni dans *Le Soleil*, ni dans *La Vigie*? Si *Le Devoir* et *Le Nationaliste* n'existaient pas, à l'heure actuelle, quelles chances les Canadiens-Français de Montréal auraient-ils de se renseigner sur la question la plus grave qui ait surgi à Ottawa depuis quatre ans[23]?

Comme preuve de ces manipulations délibérées, Asselin raconte, dans un court texte qui voisine son éditorial, *Ciseaux! Ciseaux!*, comment il lui a été impossible de retrouver, le lendemain, dans *Le Canada*, *La Presse* et *La Patrie*, une très surprenante déclaration antimilitariste du ministre fédéral de l'Agriculture, l'Honorable Sydney Fisher, invité à prononcer une causerie à l'Université McGill devant un parterre d'étudiants de la faculté des sciences. Asselin assistait lui-même au banquet de la faculté, en compagnie du maire récemment élu de Montréal, le docteur Guerin, entouré des sommités universitaires de la grande institution de langue anglaise. Après avoir promis les diplômés à un brillant avenir dans le domaine du développement agricole, le ministre du gouvernement Laurier s'était laissé aller à prophétiser, sur la question navale, en des termes étonnants qu'Asselin traduit ici mot à mot pour le bénéfice de ses lecteurs. Et il leur donne la clef de l'énigme des reportages tronqués publiés par la suite:

Je cherchais encore le secret de l'énigme, quand me tomba sous la main un journal anglais de la veille au soir, — un journal ministériel, s'il vous plaît — où se lisait le même compte-rendu, précédé de ces paroles hardies du ministre de l'agriculture, collègue de l'impérialiste M. Laurier:

« Notre pays glisse sur la pente du militarisme. Nous discutons sur l'origine et les progrès du militarisme, mais nous en serons vite rendus au "navalisme", s'il est permis de créer un néologisme pour désigner cet état d'esprit naissant...

« La pensée de notre peuple est plus sollicitée, et son temps plus occupé, par la préparation des moyens de destruction, que par les œuvres productives. Nous avons, au Canada, assez de besogne dans cette dernière voie. Travaillons donc d'abord à tirer parti de nos ressources naturelles. »

Je pus alors reconstituer la génèse de ce qui m'avait paru de prime abord erreur de mise en page. Un naïf reporter — qui sait? peut-être quelque maudit nationaliste égaré chez les Gentils... — avait découpé le compte rendu intégralement d'un journal du soir pour s'épargner un travail personnel. À la dernière minute, une autorité supérieure avait fait sauter la déclaration de M. Fisher, sans supprimer l'allusion subséquente.

La rédaction du *Canada* s'y était bien prise pour laisser ignorer à ses lecteurs, comme d'ailleurs *La Presse* et *La Patrie*, les significatives paroles du ministre. Mais dans les œuvres d'iniquité, il y a, pour ainsi dire, toujours un bout qui retrousse[24].

Ce seront là les dernière lignes d'Asselin au *Devoir*. Après le 5 mars, sa signature et celle de Fournier cesseront d'y apparaître. Ni lettre de congédiement, ni lettre de démission, ni regrets, ni remerciements pour services rendus ne viendront renseigner le lecteur. Au journal, on entourera la rupture d'Asselin et de Fournier avec Bourassa d'un long silence pudique et embarrassé.

Mais, entre les fragments épars des derniers textes publiés, il est permis d'entrevoir, de part et d'autre, beaucoup de souffrance rentrée et d'incompatibilités jamais surmontées. Au moment de réaliser la grande entreprise de sa vie, Bourassa n'aura pas su se concilier efficacement sa fière « aile gauche ». En son for intérieur, a-t-il même jamais voulu l'inclure ? Mais cette dernière ne pouvait pas ne pas sentir dans quelle direction se portaient ultimement la confiance et la prédilection du chef. Peut-être, alors, Bourassa a-t-il tout simplement laissé à la Vie le soin d'en décider, pressentant bien que les contraintes, les réserves et l'auto-censure deviendraient, tôt ou tard, insupportables à ses deux plus talentueux disciples ? Peut-être, enfin, a-t-il éprouvé une sorte de soulagement secret à n'avoir pas à trancher une question où son cœur, en dépit des plus froides apparences, demeurait habité par le souvenir de ces intenses et inconditionnelles fidélités de jeunesse qui venaient brusquement de se dénouer ?

Le 10 mars, d'Ottawa, Georges Pelletier écrit donc à Héroux :

Je regrette infiniment que Fournier et Asselin aient laissé *Le Devoir*. C'est un contretemps fâcheux et qui doit vous causer des ennuis où je sympathise avec vous.

Puisque la chose semble irrémédiable, vous serez bien bon de me faire réserver le bureau d'Asselin, pour la date de mon retour chez vous. Je vous en serais reconnaissant, et mon ouvrage y gagnera puisque je suis incapable de travailler avec un autre dans mon bureau[25].

On est bien vite remplacé... Le même jour, perdu entre les petites annonces et d'anodins entrefilets, un communiqué anonyme prévient les lecteurs que :

L'un de nos collaborateurs de la première heure, M. Asselin, vient d'accepter dans une institution financière nouvelle, d'importantes fonctions.

Son talent, dont il serait presque impertinent de faire l'éloge dans ce journal où tous ont pu l'apprécier à sa juste valeur — son énergie, sa magnifique activité — lui permettront sans doute de rendre à cette œuvre de grands services.

Nous lui souhaitons cordialement le plus heureux succès[26].

Olivar Asselin, l'une des plumes les plus ensorcelantes de sa génération, a décidé, à trente-cinq ans, de se faire courtier en immeubles pour nourrir sa famille.

Jules Fournier, son cadet, toujours célibataire et la rage au cœur, n'a plus désormais qu'une idée en tête : posséder à son tour son propre journal !

Chapitre XXIII

Courtier en immeubles

Mon cher Fournier,
Quand j'étais journaliste et que je m'efforçais de toujours dire la
vérité, et que je la disais pour protéger le public contre les voleurs,
j'allais en prison. Je fais maintenant dans l'Immeuble; j'ai
beaucoup menti depuis quelques mois; jamais je n'ai été si
considéré de mes concitoyens.

(Olivar Asselin, Préface aux
Souvenirs de prison de Jules Fournier)

Cette « institution financière nouvelle » qui, selon *Le Devoir*, vient de s'adjoindre « le talent, l'énergie et la magnifique activité » du confrère Asselin, c'est Le Crédit métropolitain. Édouard Biron, jeune notaire et ancien collaborateur aux *Débats*, en est le président-fondateur et le principal actionnaire. C'est un jeune homme au visage fin, aigu, barré d'une fine moustache. Il a l'esprit vif et l'intelligence parfois ombrageuse. C'est lui qui, par amitié, a attiré le journaliste déçu dans la nouvelle entreprise, en lui proposant le poste de secrétaire permanent. À son conseil d'administration se retrouvent également Joseph Brochu, ex-magistrat de la Cour des tutelles à Providence, dans le Rhode Island, et actuel président du Crédit foncier canadien. Brochu, ancien condisciple franco-américain, est une recrue d'Asselin.

L'entreprise est jeune : le vice-président a vingt-huit ans, Biron trente-trois, Asselin, l'aîné du groupe, trente-six. Ils incarnent cet esprit pionnier, volontiers joueur, qui anime les nouveaux promoteurs du développement urbain montréalais du début du siècle, époque où la métropole se déploie de façon tentaculaire en annexant, année après année à l'est, à l'ouest et au nord, de nouveaux villages limitrophes. Immigration, afflux croissant de ruraux attirés en ville par les besoins d'une industrie en pleine expansion, tout concourt à créer, à Montréal, de nouveaux besoins en logements locatifs. Le Crédit métropolitain se veut une réponse moderne et adaptée aux réalités du monde urbain. Il ne suffit plus d'intégrer passivement les vieilles maisons rurales des villages annexés pour répondre aux attentes de la nouvelle population ouvrière. Il faut aussi construire du neuf, selon un plan d'ensemble qui tienne compte d'une répartition plus intelligente, mieux calculée et moins anarchique de l'espace urbain.

L'une des premières initiatives du Crédit métropolitain a donc été de se porter acquéreur, pour la somme de 90 000 $, du vaste domaine du parc Tiffin, dans le quartier Saint-Denis, et d'y créer, au nord de la ville, un projet de développement domiciliaire auquel on a donné le nom de Plateau Bon-Air. Le Plateau offrira à ses futurs résidents la salubrité d'un vaste site éloigné des industries, mais relié au centre-ville de Montréal par la ligne des tramways qui, à l'époque, s'arrête à l'intersection des rues Papineau et Saint-Zotique. Le Plateau Bon-Air se trouve situé dans le quadrilatère limité à l'ouest par la rue Papineau, à l'est par Iberville, au sud par Bélanger et au nord par l'ancienne montée Saint-Michel*. À forte distance des usines Angus et autres industries, le Plateau Bon-Air, sa publicité en fait foi, est promis à un développement sans précédent susceptible d'assurer la bonne fortune des acheteurs astucieux qui s'empressent d'y acquérir des terrains.

La construction de nouveaux logements salubres pour les travailleurs montréalais a toujours constitué une priorité pour Asselin et ses alliés réformistes de l'Hôtel de Ville. L'idée d'y investir le capital et la vision d'avenir d'une jeune entreprise canadienne-française reçoit très rapidement son adhésion. Montréal vient de se doter d'une École des Hautes Études commerciales qui va canaliser la volonté politique de la nouvelle classe d'affaires canadienne-française d'occuper désormais toute sa place dans le développement économique de la métropole. Le Crédit métropolitain constitue l'une des multiples expressions de cette volonté d'affirmation. Le notaire Biron et ses jeunes associés font partie de cette première « garde montante** » du début du siècle qui se reconnaît dans la vision d'un Errol Bouchette et qui se reconnaîtra plus tard dans les enseignements d'un Édouard Montpetit, d'un Esdras Minville et d'un François-Albert Angers. Les visées de ce nouveau nationalisme économique ne peuvent qu'emporter l'adhésion spontanée d'Asselin.

L'invitation de Biron survient au moment opportun. Toutes les portes du journalisme montréalais sont dorénavant fermées à l'ex-directeur du *Nationaliste*

---

* Aujourd'hui boulevard Crémazie.

** L'expression sera créée, dans les années 1980, par le petit-fils du notaire Biron, l'économiste Jacques Parizeau, pour désigner les nouveaux chefs d'entreprise québécois des années postérieures à la Révolution tranquille.

qui a pourtant une femme et quatre enfants à faire vivre, une mère toujours aussi mal mariée, des sœurs en difficulté et de jeunes frères à établir. Sans compter les dettes de ses années de militantisme à rembourser.

Encore heureux que des liens d'amitié et des similitudes de vues avec Biron lui facilitent la tâche! Quelques jours à peine après sa rupture avec Bourassa, Asselin est donc à son poste, au numéro 11 de la rue Saint-Sacrement où le *Crédit métropolitain* a établi ses bureaux. Il se retrouve là à un jet de pierre de ses anciens lieux de travail. Au cours de ses allées et venues dans le quartier, dans les cafés et les restaurants du voisinage, il ne cessera de côtoyer ses anciens collègues du *Nationaliste*, du *Devoir*, du *Canada*, de *La Presse* et de *La Patrie*. Personne ne soupçonne encore, dans son entourage, que le brillant éditorialiste vient d'amorcer, à trente-six ans, une parenthèse de vingt ans dans sa vie professionnelle.

Le Nationaliste, surtout, se résigne mal au départ de son fondateur. À tous moments, un entrefilet non signé laisse entendre que le duo Asselin-Fournier s'apprêterait à lancer bientôt un nouveau journal. Dans la presse anglaise libérale, certains commentateurs sympathiques aux thèses autonomistes se perdent en conjectures sur les motifs de leur rupture avec Bourassa. On y déplore sincèrement l'éviction, du *Devoir*, de ce que l'on considère généralement comme l'aile gauche du mouvement nationaliste canadien-français. On y subodore même une répétition des vieux affrontements du siècle dernier entre « libéraux » et « castors ». Or, selon le mot fameux de Laurier: « Si vous grattez un nationaliste, vous trouverez un "castor". Et si vous grattez un "castor", vous trouverez un "tory" »... Il y aurait donc péril en la demeure nationaliste? Dans quelques mois, l'avenir va se charger de préciser lequel.

Pour l'heure, Asselin, encore sous le choc de sa décision, dépouille un courrier réconfortant qui cherche à le détourner d'une retraite prématurée de l'écriture et de l'action politiques. Les témoignages affluent. Aram J. Pothier, son fidèle protecteur, se fait particulièrement pressant et encourageant. Même Georges Pelletier, qui a si vite récupéré son ancien bureau du *Devoir*, vient de lire avec enthousiasme *A Quebec view of French Canadian nationalism* et le lui écrit:

> Quoi que je fasse, mon cher Asselin, je ne m'enlèverai jamais cette idée de la tête, que vous êtes indispensable au succès de nos idées communes, et que vous les pourrez encore beaucoup servir, sinon par le journalisme, au moins par la brochure et la conférence. Et ce champ est autrement vaste que le journalisme quotidien. Aussi, n'êtes-vous pas juste envers votre rôle quand vous dites: « Je crois qu'il est fini ». Il a évolué, voilà tout[1].

De son côté, son ancien condisciple du Séminaire de Rimouski, le docteur Gauvreau, croit le démissionnaire en simple « réserve de la République ». Le « Petit Caporal » ne manifestait-il pas, depuis sa prime adolescence, toutes les dispositions nécessaires à la conduite des affaires de l'État ? « Vous subissez en ce moment, lui écrit-il, une épreuve nécessaire à vos compatriotes [...] Vous êtes de l'étoffe dont on fait les chefs de pays : vous reviendrez prendre votre place à la tête de notre phalange[2]. »

Mais c'est sous-estimer la profondeur de la blessure que de le croire si tôt prêt à rebondir. À quelques reprises, Asselin a tenté de mettre par écrit le détail de ses griefs et le fond de son cœur. Il en est résulté un long brouillon de lettre à Bourassa qu'il ne s'est jamais résolu à lui envoyer. Sans doute redoute-t-il la froide et implacable logique de la réponse que le fondateur du *Devoir* ne manque-rait pas de faire à pareil étalage de sentiments. Le papier est demeuré, tel quel, dans ses cartons avec toutes ses ratures et les enchevêtrements de son écriture rageuse.

Pas plus que lui, Fournier n'a, pour le moment, le goût de revenir sur ce passé encore récent et combien douloureux. Il songe plutôt à s'évader provisoi-rement vers l'Europe, éternel refuge de l'écrivain canadien-français déçu par la petitesse d'esprit de ses compatriotes. En partant, il a remis à Asselin le manuscrit de ses *Souvenirs de prison*, pour que son ami en rédige la préface et se charge d'entamer les démarches de publication à compte d'auteur. Les deux jeunes gens se sont donné rendez-vous à l'embarcadère du transatlantique qui doit conduire Fournier au Havre. Le voyageur s'est habillé de neuf pour la traversée et son aîné lui trouve des allures de véritable dandy avec son costume havane, ses chaussures claires, son canotier, sa lavallière et sa pochette de soie...

Le printemps est arrivé dans le port de Montréal et les deux militants désen-chantés se jurent mutuellement de prendre désormais le temps de vivre. Accoudés au parapet du quai d'embarquement, ils font des projets d'avenir. Asselin rêve toujours d'une petite maison de campagne au bord du Fleuve, où les enfants s'éveilleraient, le matin, au bruit des vagues et des cris des goélands. Ou encore de quelques milliers de dollars pour aller, lui aussi, faire quelque temps la vie de bohème à Paris. Fournier aimerait bien se marier d'abord. Autour d'eux, écrira Victor Barbeau :

> [...] l'air embaume l'étoupe, le goudron et résonne du fracas des grues qui hissent les cargaisons du fond des cales. Au milieu de ce tintamarre percent les cris mélan-coliques des sirènes. [...] Les plus imposants [bateaux], les océaniques, battent le pavillon des lignes Allan, Cunard, White Star, Pacifique Canadien. Ils rutilent au soleil de tous les feux de leurs cuivres et de la blancheur de leur coque. Non loin de ces palais flottants sont en partance les bateaux à roues, moins râblés que les remorqueurs, mais dont les aubes font tourbillonner les eaux du Fleuve. Les uns, « Le Tadoussac », « Le Montréal », « Le Québec » sillonnent le Saint-Laurent jus-qu'au golfe. Plus petits de taille et d'allure plutôt lourdaude, les autres font la navette entre Montréal et les villages de la rive Sud, Boucherville, Contrecœur, etc... que leur proximité a popularisés auprès des estivants[3].

Un bref appel de la sirène les interrompt. L'heure du départ a sonné pour Fournier. Les adieux terminés, Asselin remonte à pied la rue Saint-Laurent jusqu'à la rue Drolet. Il va rejoindre Alice et l'aider dans les préparatifs de leur prochain déménagement que l'arrivée de Pierre a rendu indispensable. Ils habiteront désormais au 1022 de la rue Saint-Hubert, toujours dans le quartier Saint-Louis.

Il y reclasse à nouveau ses dossiers et constate que certains d'entre eux éveillent toujours en lui le goût d'intervenir publiquement. La vente des terrains du Plateau Bon-Air et son engagement récent dans la recherche de contrats pour la cimenterie Hassam ne sauraient épuiser ses intérêts et son goût de voir bouger les choses autour de lui. Il a repris ses recherches et sa correspondance avec des archivistes susceptibles de l'éclairer sur l'énigmatique personnage de Robert Stobo, le mercenaire américain qu'il soupçonne toujours d'avoir joué un certain rôle dans la découverte du sentier de l'Anse-au-Foulon par l'armée de Wolfe. Il écrit aussi à son ami jésuite, Sam Bellavance, parti observer l'implantation des syndicats catholiques en Belgique. Il se propose de collaborer avec lui à une éventuelle publication consacrée à la question ouvrière.

Le nouveau secrétaire du Crédit métropolitain n'a donc pas tout à fait renoncé à écrire ? Non, puisqu'il vient de renouer, trois semaines après son départ du *Devoir*, avec Gadsby, son ancien patron du *Collier's*. Il lui a même proposé, en sus de la sienne, la collaboration régulière de Fournier en qui il ne voit rien de moins que « the cleverest writer in Canada[4] ! » Il a ébauché un projet d'étude sur le bilan de l'émigration franco-américaine. Mais l'essai a vite pris le ton de mémoires personnels et débouche sur un pessimisme qui le détourne de toute velléité de publication. Sur les 25 000 habitants que comptait alors Fall River, constate-t-il avec amertume, on pouvait compter, vingt ans plus tard, « un policier, un détective et un commis de banque, et ce commis de banque, c'était moi[5] ! » Il a perdu des illusions. Il n'écrirait plus, comme il le faisait huit ans plus tôt à Aram J. Pothier, que les Canadiens français étaient appelés à reconquérir leur ancien empire français d'Amérique...

Il continue toutefois de distribuer et de dédicacer ses « Feuilles de combat », principalement celles qu'il a consacrées au nationalisme canadien-français et à la défense navale de l'Empire britannique. Des accusés de réception élogieux viennent le rassurer quant à la justesse de ses vues et à ses talents d'essayiste. Les deux brochures ne font que gagner en actualité, en ces semaines de printemps où le projet de loi de Laurier se trouve soumis aux discussions passionnées de la troisième lecture. Même au *Devoir*, on continue de les utiliser en catimini, comme propagande, tant elles constituent des instruments d'action indispensables, par la qualité de leur vulgarisation et le plaisir de lecture qu'elles procurent.

De tels états de service en faveur de la cause nationaliste lui valent, au cours des mêmes mois, une invitation pressante de la part de certains de ses amis à se présenter à l'élection du bureau de direction de l'Association Saint-Jean-Baptiste. Il y jouit déjà de certains appuis auprès des éléments nationalistes qui souhaitent voir l'Association devenir plus active et plus militante. Ces membres, épris comme lui de changement, ne semblent pas lui avoir tenu rigueur, bien au contraire, des descriptions ravageuses qu'il a faites du célèbre défilé dans *Le Nationaliste*. Asselin accepte donc de poser sa candidature. Il est aussitôt élu, le 15 mai 1910, parmi les membres du conseil.

D'entrée de jeu, il affirme que la cause la plus urgente à défendre, dans les mois et les années qui viennent, sera indubitablement celle des droits du français chez les minorités. En Nouvelle-Angleterre, par exemple, la résistance des Canadiens français aux évêques irlandais assimilateurs fait peser des menaces d'excommunication sur les principaux chefs de file patriotes. C'est Mgr Walsh qui incarne là-bas l'intransigeance de la majorité catholique irlandaise.

En Ontario, le vent d'ouest assimilateur, qui a déjà déferlé sur le Manitoba, l'Alberta et la Saskatchewan, commence à soulever certaines passions. Là aussi, un mouvement d'opinion est déjà à l'œuvre, chez les évêques irlandais, comme dans les milieux anglo-protestants et les loges orangistes, pour remettre carrément en question les droits du français dans les écoles séparées. Or, aussi bien en Ontario qu'en Nouvelle-Angleterre, on voit actuellement la solidarité de religion céder peu à peu le pas à la « solidarité de race ». Un archevêque irlandais, Mgr Fallon, a déjà annoncé ses couleurs : il n'est pas favorable, lui non plus, au maintien du financement de deux réseaux linguistiques distincts dans les écoles catholiques de l'Ontario. Pour Asselin, ce réalignement des forces assimilatrices, au sud et à l'ouest, laisse présager le pire. Le Québec et ses associations patriotiques devront donc se tenir prêts à livrer là le dur combat des droits du français, aux côtés de leurs frères franco-ontariens et américains. À l'Association Saint-Jean-Baptiste, les interventions d'Asselin ont été remarquées. Elles ont aussi soulevé de l'inquiétude chez les partisans d'un patriotisme symbolique tranquille, peu susceptible de susciter des affrontements politiques.

Au lendemain du défilé annuel de la Saint-Jean, un événement mémorable va toutefois détourner momentanément l'attention d'Asselin. Un spectacle inusité mobilise les curieux montréalais en direction des gares Windsor et Bonaventure où des trains spéciaux du Pacifique canadien et du Grand Tronc s'offrent à les conduire au nouveau terrain d'aviation de Lakeside, sur les rives du lac Saint-Louis*. C'est là que des pilotes venus du monde entier vont se produire au cours d'une performance exceptionnelle d'acrobatie aérienne. La vedette principale appelée à faire valoir sa virtuosité et son audace, c'est le comte Jacques de Lesseps, le propre

---

* Un simple élargissement du Saint-Laurent à l'ouest de l'île de Montréal.

fils du célèbre ingénieur du canal de Suez. L'année précédente, suivant de près Louis Blériot, le jeune aviateur a été le second pilote français à réussir la dangereuse traversée de la Manche entre Calais et Douvres. La légende vivante de ces « as du ciel » soulève naturellement l'enthousiasme des foules. Asselin s'empresse de se rendre à Lakeside en compagnie des aînés de ses fils.

À l'issue des réceptions données en l'honneur des héros de l'aviation naissante, Asselin se lie d'amitié avec le célèbre aviateur. Par la suite, de Lesseps reviendra fréquemment au Canada. Il sera le premier pilote d'avion à effectuer la liaison Montréal/Toronto. Plus tard, après la guerre, accompagné de son fidèle mécanicien Victor Chichenko, il entreprendra de réaliser la première cartographie aérienne de la Gaspésie. À chacun de ses séjours, les deux amis se retrouveront avec le même bonheur.

Ces brefs moments d'excitation passés, Asselin doit faire face à de nouvelles épreuves familiales : Alfred Limosi meurt subitement à Nairn, laissant sa sœur Marie-Caroline sans ressources avec deux jeunes enfants à charge. Ce beau-frère immigré était son préféré. Avec lui, Olivar partageait volontiers ses lectures, ses projets et ses idées. Alfred avait même collaboré épisodiquement au *Nationaliste* avec des articles consacrés à l'agriculture et à la colonisation. Mais le jeune Français, en dépit de son attachement sincère à sa nouvelle patrie, n'avait guère rencontré de succès dans ses tentatives d'établissement agricole en Ontario. Le rude travail de défricheur s'était avéré, à long terme, au-dessus de ses forces. Le jeune couple s'était, par la suite, endetté pour acheter un commerce de boucherie au village voisin. Mais Alfred était mort avant d'être parvenu à rentabiliser le petit établissement. « Mary », complètement désemparée, avait dû vendre à perte son petit commerce et se réfugier à Montréal chez sa mère où les exigences de l'omnipotent beau-père et le caractère abrupt de Cédulie étaient loin de rendre la vie facile aux deux orphelins. Olivar aurait souhaité prendre chez lui ses neveux et sa sœur la plus proche. Mais Alice, accablée, n'imaginait pas comment il leur serait possible de prendre trois personnes additionnelles à charge dans leur petit logement de la rue Saint-Hubert.

Les Le Bouthillier eux-mêmes faisaient face à un deuil cruel. John, le fils unique de la famille, s'était noyé accidentellement à Contrecœur quelques jours plus tôt. Il venait d'avoir trente et un ans. En pleine nuit, dans des circonstances demeurées assez obscures, le jeune milicien du 65e régiment avait été victime d'une chute mortelle depuis le pont du bateau-maison qu'il possédait à Lakeside et à bord duquel le joyeux célibataire aimait promener ses amis par les belles soirées d'été. On avait retrouvé son képi sur la berge. Après les funérailles, encore affectée par ses couches difficiles et les fatigues de leur récent déménagement, Alice était repartie seule pour Chien-Blanc avec ses quatre enfants. Olivar, lui, était demeuré en ville pour régler la succession de John et s'activer à la vente des

terrains du Plateau Bon-Air. L'espoir de nouveaux contrats de pavage, à la cimenterie Hassam, lui fait également entrevoir des jours meilleurs pour le règlement de
leur mauvaise situation financière. Éva et Omer Marchand s'activent pour lui faciliter les contacts et les transactions avantageuses.

Cet été-là, tandis que son beau-frère architecte achève de peaufiner les plans
de la future église Saint-Stanislas, commandés par le curé Piette pour sa nouvelle
paroisse du Plateau Mont-Royal, de vastes travaux de reboisement paysager sont
entrepris au Plateau Bon-Air. Asselin s'occupe à rédiger des textes publicitaires
qui seront subséquemment envoyés à une clientèle-cible et reproduits dans tous les
journaux. *Le Nationaliste*, nonobstant le caractère impécunieux de son jeune
public, s'en fait aussi l'écho. Le nouveau publiciste, pas plus que l'ancien pamphlétaire, ne dédaigne ici l'emploi de mots susceptibles de frapper les imaginations. À n'en pas douter, le Plateau Bon-Air est un havre de paix pour les fervents
de la nature et un paradis pour les investisseurs :

> Le PLATEAU BON-AIR est une terre idéale pour la construction.
>
> Le PLATEAU BON-AIR sera entièrement planté d'arbres d'ici à quelques mois.
> Il en contient déjà cinq cents.
>
> Le PLATEAU BON-AIR est, de toutes les terres comprises dans la ville depuis
> plusieurs années, celle où la terre est le meilleur marché.
>
> Le PLATEAU BON-AIR, au train actuel, sera entièrement vendu d'ici au
> 1ᵉʳ janvier 1912.
>
> Le PLATEAU BON-AIR est à moins d'un demi-mille de l'église et des écoles
> de Saint-Jean-Berchmans. On y a réservé un emplacement pour son église.
>
> Le PLATEAU BON-AIR est sur la route du tramway qu'il faudra construire cet
> été même pour se rendre au champ du « St. Michel Driving Club » sur la montée de
> la Côte Saint-Michel.
>
> Le PLATEAU BON-AIR est à sept cents pieds seulement d'un des tracés du
> chemin de fer Lachine et Maisonneuve, qui sera un des tronçons du Grand Tronc
> Pacifique. Il est question de modifier le tracé de manière à le faire passer à travers
> le PLATEAU BON-AIR.
>
> Le PLATEAU BON-AIR est sur la route de la grande poussée humaine qui
> monte irrésistiblement du Saint-Laurent à la Rivière des Prairies.
>
> Le PLATEAU BON-AIR est la plus belle terre de l'Île de Montréal pour la
> spéculation[6].

Bigre !... voilà notre porte-étendard du « Drapeau rouge » bien rapidement
reconverti aux vertus du marché et de la plus-value ! À force de rédiger et de
répéter ses slogans publicitaires, le secrétaire permanent du Crédit métropolitain
a fini par leur trouver d'irrésistibles accents de vérité. Il y croit désormais fermement. Si fermement, semble-t-il, qu'en ce mois de juillet 1910, alors qu'il se
retrouve seul à Montréal avec ses réflexions, il a entrevu, l'espace d'un éclair, la
solution-miracle à ses six années d'endettement, l'ultime réparation de toutes les

épreuves et de toutes les privations imposées aux siens par les coups de tête de son militantisme. Ces paroles provocantes, qu'il rédige en ce moment pour sa préface aux *Souvenirs de prison* de Jules Fournier, ne sont ici que figures de style destinées à frapper les imaginations. Le courtier en immeubles va bientôt démontrer, au contraire, qu'il croit en ce qu'il dit à ses clients. Quand il écrit : « Je fais maintenant dans l'Immeuble ; j'ai beaucoup menti depuis quelques mois ; jamais je n'ai été aussi considéré de mes concitoyens[7] », il se calomnie lui-même !

Fin juillet, et en dépit de sa réputation d'insolvabilité chronique, il a bel et bien réussi le tour de force d'emprunter encore, autour de lui, la somme imposante de 15 000 $ pour investir personnellement dans l'achat de terrains à son fameux Plateau Bon-Air. Dès la fin d'août, il aura investi, à force d'emprunts, 22 500 $ dans le projet. Dans très peu de temps, au 1er janvier 1913 au plus tard, promet-il à Alice, ils auront fini de payer leurs dettes ! Ils pourront même se permettre d'aller vivre plusieurs mois par année à Paris, du fruit de leurs rentes. Jean, Paul et Pierre fréquenteront un lycée français. C'est Perrette et le pot au lait qui guide sa main quand il écrit à sa femme.

La première à succomber au poids des arguments sera Alice elle-même que tant d'années de privations ont rendue particulièrement vulnérable aux assurances d'une vie meilleure. Irrésistible par écrit, Olivar l'a finalement persuadée d'investir dans l'affaire le petit héritage de 1200 $ qu'elle vient tout juste de toucher à la mort de son frère John. Le second à faire aveuglément confiance au socialiste recyclé en spéculateur, c'est Omer Marchand, l'architecte prospère chroniquement désolé de voir son talentueux beau-frère et sa chère petite belle-sœur tirer perpétuellement le diable par la queue. Cinq ou six inconditionnels d'Asselin investiront eux aussi en sa faveur, au cours de ce même été. Tous perdront également des plumes dans les projets futuristes du Plateau Bon-Air. À la mort d'Olivar, en 1937, ses créanciers n'auront toujours pas fini de récupérer leur mise. « L'irrésistible poussée humaine » qui devait déferler « du Saint-Laurent à la Rivière des Prairies » n'aura pas tenu ses promesses. Mais à l'été 1910, l'intrépide investisseur est persuadé d'avoir tardivement donné rendez-vous à la fortune.

Dans quelques mois, Asselin aura trente-six ans. La vie, jusqu'ici, ne s'est guère montrée tendre avec lui. Le surmenage de ces années de combat incessant, les revers de santé, les privations et les déceptions accumulées ont laissé leur marque sur son visage. Ses traits se sont accusés, un léger pli d'amertume barre désormais son sourire. À certains jours de fatigue et de tristesse particulièrement accusées, ses amis trouvent à son regard une ressemblance troublante avec celui de Baudelaire sur la célèbre photo d'Étienne Carjat, un contemporain de Nadar.

Mais ces brefs moments ne durent guère. Asselin a encore du ressort. Il veut vivre. Et, avant tout, il est fermement décidé à ressouder les liens familiaux que trop d'années de militantisme débridé ont distendus. La naissance de son cadet lui a enfin ouvert les yeux. Pour la première fois, devant ce bébé fragile, il a pris conscience de la vulnérabilité de ceux qu'il aime. Il s'est fait énormément de souci pour cet enfant dernier-né, aujourd'hui hors de danger. Il voudrait sincèrement être pour lui un père digne de ce nom. Comme à l'accoutumée, il se sent démuni loin de sa femme et de ses enfants. Pour lui, le cercle familial n'est jamais trop grand. Il souhaiterait encore l'agrandir, s'il le pouvait, à tous les isolés et les déshérités qu'il côtoie. Il songe à prendre auprès d'eux, à l'automne, le vieux père Herrebondt, cet ancien domestique antillais des années d'opulence de sa belle-famille. En dépit de ses forces déclinantes, plaide-t-il auprès d'Alice, ce vieux serviteur ne pourrait-il pas encore tenir le rôle de grand-père auprès de leurs fils que la vie a trop tôt privés des leurs ? Après « Mary » et ses enfants, le domestique retraité ! Un jour, pense sans doute Alice, Olivar finira par transformer leur maison en refuge. La solitude ne lui va décidément pas. Depuis Chien-Blanc, elle relit ses dernières lettres :

> J'ai écrit hier à ta maman, j'ai tâché d'y mettre la tendresse d'un fils ; je ne suis pas encore vieux, mais je me sens assez vieux pour comprendre combien un mot de sympathie peut faire de bien aux vieillards. Si tu le veux, à ton retour, nous garderons avec nous le père Herrebondt, cela ne nous appauvrira pas[8]...

Il sent planer désormais sur lui l'échéance du temps qui passe et des enfants qui grandissent :

> Je suis sûr que Pierre ne sera pas aussi beau que Jean ni peut-être aussi bon ; mais il reste quand même mon préféré parce qu'il devra fatalement rester orphelin plus jeune[9].

De voir sa sœur « Mary » si tôt réduite au veuvage et ses enfants malmenés chez sa mère le rend inconsolable. Cette épreuve a réveillé en lui des relents de mélancolie. Il s'imagine lui-même veuf et voué à une vieillesse solitaire :

> Ma chère petite fille,

> Je m'aperçois, depuis quelques minutes, combien, à mon âge, il doit être dur de se séparer pour toujours d'une femme et d'enfants que l'on aime. J'étais pris comme une âme damnée par le travail ; n'en pouvant plus, je suis allé me délasser devant la porte, et c'est là que l'ennui m'a saisi. J'aurais voulu, sinon te voir, te savoir tout près ; et j'aurais voulu avoir un gosse ou deux dans les jambes, avec la perspective de retrouver, en rentrant, le gros Pierre dans son berceau, le nez et les petons émergeant des couvertures. Décidément, vous m'êtes tous entrés dans la moelle, et je ferais un mauvais veuf [...] Je suis triste à la pensée qu'un jour, quand je serai vieux, cassé, et devenu à charge de tout le monde, je perdrai peut-être mon amour, après avoir vu disparaître tour à tour nos chers enfants. Comme une vieillesse en deuil doit être affreuse[10] !

En août, son ami Fournier rentré d'Europe vient à point nommé le tirer de ses anticipations moroses. Le jeune célibataire s'est relogé à proximité de chez lui, rue Saint-Denis. À midi, les deux compères se retrouvent au café Bouillon, au sous-sol de la Banque canadienne nationale où tout le petit monde des affaires, auquel Asselin se targue désormais d'appartenir, se donne rendez-vous pour casser la croûte. On y « rit ferme de tout et de tous », écrit-il à Alice. On y rit jusqu'à ce que Bourassa fasse son apparition. Les éclats de voix s'interrompent alors et un silence un peu crispé accompagne le passage du directeur jusqu'à la table de ses anciens associés. Il les salue brièvement au passage et s'en va rejoindre la sienne où se pressent déjà collaborateurs et partisans, anxieux de recueillir son avis sur la question de l'heure : la contestation de la loi de la Marine dont les nationalistes réclament à grands cris le retrait.

Au cours d'une mémorable assemblée qui vient d'être tenue symboliquement à Saint-Eustache, haut lieu des luttes patriotes, Frederick D. Monk a solennellement donné son appui aux nationalistes au nom de l'aile québécoise du Parti conservateur canadien. La tenue imminente du Congrès eucharistique international, prévue pour septembre, délie également beaucoup de langues dans le quartier des affaires. Montréal y sera, en effet, le point de mire de toute la catholicité. *La Presse* a déjà annoncé qu'en raison de la solennité de l'événement, elle supprimera les suppléments « comiques » de toutes ses éditions, entre le 15 août et le 15 septembre ! C'est ce communiqué qui, tout à l'heure, avait sans doute provoqué les commentaires ironiques et la bonne humeur de la table Asselin-Fournier.

Le soir, les deux amis arpentent le quartier à la recherche des rares camarades demeurés en ville durant la canicule. Ils s'arrêtent faire un brin de causette chez les Huguenin qui viennent d'avoir une petite fille : Julie. Ou encore s'en vont terminer la soirée chez les Biron. Ils remontent souvent jusqu'à la rue Rachel visiter Albert Lozeau, toujours alité, mais si heureux de leur faire lire ses nouveaux poèmes. Ils s'arrêtent prendre le frais près de la fontaine murmurante du Carré Saint-Louis : Fournier trouve à ses vieilles frondaisons alignées tout le charme des petits squares du quartier Saint-Germain-des-Prés où son cœur est demeuré accroché. Ses poches d'habit sont toujours aussi déformées qu'autrefois par les livres et les brochures qu'il a la manie de transporter partout avec lui. Asselin écoute avec envie le récit de ses débauches littéraires parisiennes. Quand donc lui sera-t-il donné, à lui, de fouler à son tour ces vieux pavés où l'Histoire est si souvent passée en trombe ?

Le retour de Fournier a provoqué chez Asselin de véritables fringales de lecture. Après ses éblouissements de jeunesse pour les « beaux effets » du style romantique, il découvre les vertus austères du dépouillement et de l'économie d'expression :

Je lis de ce temps-ci en tramway, partout, un livre bien admirable : *L'Amour* de Stendhal. Quand je songe que cela a été écrit vers la même époque que les amplifications rhétoriciennes de Chateaubriand et quelques années seulement avant les risibles *Confessions d'un enfant du siècle*, je comprends pourquoi l'auteur disait qu'il serait compris dans quatre-vingts ans. En France, on ne fait que commencer à goûter tant de simplicité. Je parle de Stendhal à tous ceux que je rencontre : on me croira fou[11].

Il a bien besoin de cette évasion par le livre. Ses audacieux investissements, comme il fallait s'y attendre, n'ont pas encore commencé à porter fruit et les acheteurs ne se bousculent pas non plus au bureau des ventes du Plateau Bon-Air. Les estivants lui ont visiblement préféré le terrain d'amusement du Parc Sohmer.

À Chien-Blanc, Raoul se dévoue comme il peut auprès des enfants. Grâce à ses répétitions de vocabulaire, Claude articule désormais de courtes phrases. Presque chaque jour, le curé Asselin part à la pêche, avec l'un ou l'autre de ses paroissiens, pour rapporter au presbytère la morue fraîche qu'Alice apprêtera de diverses façons. Raoul est aussi désargenté que son frère. Jean n'a plus de chaussures pour rentrer à Montréal et Olivar n'a pas encore réuni la somme nécessaire à l'achat de leurs billets de retour. Raoul se démènera tant et si bien que c'est finalement *Madeleine* qui se chargera de faire rapatrier, par train, les Asselin à Montréal. Et, une fois de plus, ce seront les Marchand qui habilleront Jean pour la rentrée scolaire. « Nous ne faisons que reprendre pied depuis nos affaires du *Nationaliste*[12] », avait pourtant écrit Olivar dans sa dernière lettre.

Tout l'automne, ses frères et ses sœurs vont également faire l'objet de préoccupations. À Salinas, au Nevada, Amanda et son mari, Johnny Saindon, ont le mal du pays et arrivent difficilement à s'en sortir. « Rentrez immédiatement », leur écrit Olivar, sans plus se demander quel pourrait bien être le point de chute des exilés à leur retour. Alice hoche la tête en silence. Par bonheur, « Mary » et ses deux orphelins ont temporairement trouvé refuge dans Charlevoix, chez Wilfrid qui a repris le travail de la terre auprès de ses cousins Asselin. Malvina, qui a épousé un modeste artisan pour échapper enfin à la tutelle impérieuse de Cédulie, vient d'accoucher d'une fille et n'a pas de quoi langer convenablement son nourrisson. Mais Tancrède, le plus jeune des garçons, est un petit débrouillard : tout en faisant office de garçon à tout faire au consulat de Russie, où sa double connaissance de l'anglais et du français l'a rendu indispensable, il est parvenu à s'inscrire à l'école dentaire de l'Université.

Marguerite, sa plus jeune sœur et sa préférée, vient à peine d'achever ses études au pensionnat du Saint Nom de Marie. Olivar estimait la petite particulièrement intelligente et tenait à lui éviter la condition ouvrière où ses sœurs aînées avaient eu tant à pâtir. Il avait tenu, en dépit de ses déboires financiers personnels, à la faire étudier dans une bonne maison d'enseignement. Mais sa santé vient de causer les plus vives alarmes à son frère. La jeune fille a été hospitalisée d'urgence à l'Hôtel-Dieu et se remet péniblement d'une grave intervention gynécologique. Olivar, qui l'a veillée jour et nuit avec Tancrède et Sophie, a réellement cru la voir morte! Mais le docteur François de Martigny a fait merveille. Grâce à son intervention, Marguerite vivra. Au printemps, pleinement remise, elle pourra même songer à épouser Alphonse Désilets, un typographe du *Devoir*, qu'Olivar lui a présenté quelques mois auparavant et avec lequel elle est déjà fiancée.

Le docteur de Martigny et son frère Adelstan, le célèbre pneumologue montréalais, sont dans de beaux draps en cette veille du Congrès eucharistique de Montréal! Les membres de la loge *L'Émancipation* se retrouvent au cœur d'un procès retentissant qui fait jaser le tout-Montréal et risque d'avoir des retombées les plus fâcheuses sur leurs carrières professionnelles. Au cours de leurs réunions, les francs-maçons montréalais ont fait l'objet, quelques mois plus tôt, d'écoute clandestine et de vol de documents internes. L'historien Roger Le Moyne raconte les péripéties de cet épisode rocambolesque:

> Au début de 1910, des membres de l'ACJC [...] louent un appartement situé au-dessus de la loge; les locaux de celle-ci sont alors situés dans l'édifice de *La Patrie*, au coin de Sainte-Catherine et de l'Hôtel-de-ville. Ils pratiquent des ouvertures dans le plancher et y placent «des cornets de gramophones munis de stéthoscopes qui permettent de tout entendre clairement, même jusqu'au tic-tac de la pendule de la salle des séances». Peu après, une lettre anonyme parvient à la loge; elle suggère d'intervenir pendant le congrès eucharistique de façon à le discréditer. Les «chevaliers du plafond», comme les appelle *Le Pays*[*] sont au poste pour la tenue du 11 février 1910 que Millette (membre de l'ACJC) suit de son poste d'observation: «Je déclare que j'étais présent à la tenue de la loge L'Émancipation, le 11 février, lorsque le complot dirigé contre les prêtres et qui devait être mis à exécution lors du congrès eucharistique fut ourdi. Après quelques minutes de discussion, un membre de la loge se leva et déclara qu'il avait un projet capable de ruiner le congrès eucharistique. Pendant ce temps de fêtes religieuses, disait-il, les collèges et les maisons d'éducation regorgeront de prêtres; il s'agirait d'en attirer un certain nombre, sous de fausses représentations, dans une maison malfamée et de les faire ensuite coffrer en forçant la police à faire une descente dans cet endroit.» [...] De son côté, Adelstan Le Moyne de Martigny, lorsqu'il témoignera à l'enquête de l'hôtel de ville, décrira ainsi la séance de février: «Je ne puis appeler cela un complot. Cependant on a parlé de quelque chose d'analogue à ce que vous dites. On a dit que

---

[*] Journal radical fondé par Godfroy Langlois après qu'il eut été démis de ses fonctions de directeur du *Canada*. Cette démotion faisait suite à des pressions de Mgr Bruchési auprès de sir Wilfrid Laurier et de Lomer Gouin. La démotion de Langlois et la victoire de l'équipe du docteur Guerin à l'Hôtel de Ville, en février 1910, inauguraient la lutte à finir entre les autorités religieuses et les «Frères» montréalais du Grand Orient de France.

si on faisait une descente dans les maisons louches pendant le congrès eucharistique, on y pourrait prendre des tas de curés. »

À un avocat qui lui demande si le projet est sérieux, il répond : « Mais voyons donc, vous ne l'avez pas cru vous-même. Mais vous savez le Canadien aime à faire des badinages. Deux sujets surtout l'amusent, le prêtre et le policier. Il n'est guère de gens parmi les dévots qui ne blaguent un peu leur curé au cercle ou quelquefois en famille. [...] »

Les deux versions ne concordent que sur un point : la question fut envisagée à la loge et sans doute à la suite de la lettre anonyme, et même s'il n'est pas fait mention de celle-ci dans les textes cités plus haut[13]...

Il est fort plausible, en effet, que les jeunes membres de l'ACJC, soutenus par les jésuites dans leur résolution de « purger » la vie montréalaise de « l'infiltration maçonnique », aient tendu quelque guet-apens aux membres de *L'Émancipation*. Le vol de documents perpétré, peu de temps après, par l'un des leurs sur la personne du secrétaire de la loge, le peintre Ludger Larose, alors que ce dernier sortait d'une réunion, semble établir que les troupes de choc des pères Lalande et Bellavance ne reculaient pas devant les procédés musclés pour faire advenir le règne de Dieu dans la cité profane. Le procès de l'agresseur Lemieux, qui devait suivre les « révélations » contenues dans les documents volés, causera des torts considérables aux maçons identifiés. Certains perdront leur emploi à l'Hôtel de Ville et la loge devra se résoudre à se « mettre en sommeil » dans l'attente de jours meilleurs.

Asselin, on l'a dit, n'a toujours éprouvé que dédain pour les procédés de l'infiltration secrète propres à la maçonnerie. À ses yeux, ils étaient synonymes de dissimulation et de couardise. Favorable aux candidats du Parti ouvrier, il a plusieurs fois combattu les visées électoralistes du très libéral Godfroy Langlois, membre avoué de *L'Émancipation*. Il a fait campagne en faveur des candidats du maire Guerin à l'Hôtel de Ville et dénoncé, à maintes reprises, certaines manœuvres de ses opposants maçons. Mais il a, par ailleurs, toujours admiré et soutenu les engagements sociaux des docteurs François et Adelstan de Martigny dans le domaine de la médecine familiale, de l'hygiène publique et de la lutte antituberculeuse. Au *Nationaliste*, la fondation de l'Hôpital français, tout comme les visées éducatives et démocratiques de la Ligue d'enseignement, avaient également reçu son appui réitéré. C'est cet appui qui lui avait valu, de la part de *La Vérité* et de *La Croix*, de perpétuelles accusations d'appartenance à la Loge et, de la part des jésuites, une méfiance tenace qui avait, sans nul doute, contribué elle aussi à miner son crédit auprès de Bourassa.

Au moment où s'instruit le procès intenté par les maçons montréalais à l'agresseur de Ludger Larose, Asselin en est éprouvé dans ses amitiés. François de Martigny vient d'opérer avec succès sa sœur Marguerite. Adelstan, son frère, est l'ami et le médecin personnel de Fournier. Il s'est rendu plusieurs fois à la prison de Québec pour défendre les deux pamphlétaires emprisonnés. À deux reprises, leur cousin Gaston a accompagné Asselin en Gaspésie, veillant sur sa santé délabrée et prodiguant avec générosité ses consultations gratuites auprès des paroissiens sans ressources de Raoul.

Ce qui devait être le procès d'un agresseur s'est mué en procès d'une institution. La violence des accusations portées contre L'Émancipation semble dénuée de toutes proportions. Mais, surtout, Asselin constate à quel point toute déviance à l'égard de la pensée officielle de l'Église de Montréal se trouve aujourd'hui frappée d'interdit. Même l'avocat des maçons, l'incontournable avocat d'assises, J.L.K. Laflamme, use de périphrases prudentes et diplomatiques pour éviter d'être associé, de près ou de loin, à la société secrète et à ses clients libres penseurs. Ces derniers semblent désormais marqués au fer rouge par l'opprobre populaire. En dépit d'une adresse sévère du juge Lavergne aux jurés, l'agresseur Lemieux, l'auteur des voies de faits et du rapt des documents sur la personne de Ludger Larose, sera exonéré de tout blâme.

Le procès d'un voleur s'est transformé en procès d'une société secrète et cette dernière, aux yeux du jury, l'a perdu. Même Le Devoir reconnaîtra, un an plus tard, l'injustice de la sentence. Mais entre-temps, bien des réputations auront été anéanties. La Loge « mise en sommeil », certains de ses membres devront opérer un retour ostensible à la pratique religieuse pour éviter de perdre leur emploi. Tel semble avoir été le cas du docteur François de Martigny, pionnier de la chirurgie montréalaise, mais dont l'activité médicale et professorale dépend alors directement des religieuses hospitalières de l'Hôtel-Dieu, respectueuses des directives de Mgr Bruchési quant à l'embauche des médecins à leur hôpital.

Les francs-maçons ainsi réduits à l'inactivité, aucune menace d'orage ne semble devoir planer désormais sur l'événement médiatique le plus attendu de l'année : le Congrès eucharistique international de 1910 dont Mgr Bruchési doit être l'hôte d'honneur. Aux flancs du mont Royal, de gigantesques estrades de bois ont été dressées face au plus imposant reposoir devant lequel les foules montréalaises aient jamais été conviées à se recueillir. Des délégations religieuses en provenance de tous les pays de la chrétienté sont attendues. Dans toutes les maisons religieuses de la métropole, des chambres pour les pèlerins et des suites pour les prélats ont été réquisitionnées et aménagées dans une pieuse fébrilité. L'archevêque de Montréal vit de grandes heures !

Son ami Wilfrid Laurier est plus inquiet. Outre sa dimension spirituelle, l'événement comporte des éléments diplomatiques fort délicats. Le Canada est majoritairement composé d'une population anglo-saxonne et protestante. Mais la province-hôte, le Québec, est majoritairement française et catholique. Au Vatican, à Ottawa comme à Québec, les chefs de protocole s'affairent à la répartition judicieuse des sièges aux divers dignitaires politiques lors des manifestations officielles prévues à l'agenda. Les préséances deviennent de véritables casse-tête. Entre le Vatican et Ottawa, le va-et-vient des notes diplomatiques accélère sa cadence. Le délégué du pape, le cardinal Vanutelli, devra donc manœuvrer tout en finesse dans un contexte politique tendu où, depuis 1896, sévissent des luttes scolaires et les frondes anti-impérialistes incessantes :

> Mgr Langevin vient de l'Ouest. L'archevêque de Saint-Boniface ne considère pas la question des écoles du Manitoba comme réglée. Il rêve encore d'ouvrir des écoles séparées pour les Polonais, les Hongrois, les Allemands et les Ruthènes catholiques. Et il compte trouver des concours moraux et financiers dans la province de Québec. *Le Soleil* avertit qu'il serait maladroit de créer, en présence du légat, « un renouveau d'actualité autour de la question des écoles du Manitoba » et de tenter « de galvaniser l'opinion publique à ce sujet ».
>
> Mgr Fallon, évêque de London, et ses collègues irlando-canadiens viendront aussi au Congrès. Le 15 août, plusieurs évêques de langue anglaise, réunis à Kingston à l'occasion d'une fête, approuvent les démarches entreprises par Mgr Fallon auprès du gouvernement ontarien, contre les écoles bilingues et les requêtes des Franco-Ontariens. Ils vont plus loin, et l'autorisent à parler en leur nom. Ces mêmes évêques comptent obtenir pour l'un d'eux, Mgr Gauthier, le siège archiépiscopal d'Ottawa. Entre Mgr Langevin et Mgr Fallon, le légat de Pie X se trouvera évidemment, comme les délégués des papes précédents, obligé d'entendre deux thèses et pris entre deux feux. Des Canadiens français croient l'occasion opportune pour aborder la question de la langue française, ostracisée par les évêques d'origine irlandaise[14].

Et, tout naturellement, c'est vers le directeur du *Devoir* appelé à prendre la parole à l'église Notre-Dame, le 10 septembre 1910, que tous les yeux sont désormais tournés. Le chef nationaliste est bien conscient de la qualité exceptionnelle de la tribune qui lui est ainsi offerte pour faire valoir le point de vue des siens. Mais il demeure réticent à l'idée qu'on pourrait ultérieurement l'accuser, comme catholique, d'avoir abusé d'une circonstance religieuse aussi exceptionnelle pour promouvoir les thèses nationalistes. Les événements vont, une fois de plus, précipiter sa décision.

Parmi les personnalités ecclésiastiques de premier plan appelées à entourer le cardinal-légat, au cours des cérémonies officielles, figure l'archevêque de Westminster, Mgr Francis Bourne. Ce dernier doit également prononcer une allocution à Notre-Dame, dans la soirée du 10 septembre. Les propos du délégué de la Grande-Bretagne font l'objet de supputations fébriles. Dans l'après-midi, un vaste ralliement de la jeunesse autour de « l'évêque martyr » de Saint-Boniface laisse présager, pour l'assemblée du soir, un climat chargé d'émotion. Les jeunes de l'ACJC ont réservé à Mgr Langevin, « le lion de l'Ouest », un véritable triomphe. Ils ont acclamé les propos du vieux résistant, en agitant frénétiquement le drapeau français de Carillon que Mᵍʳ Bruchési, d'accord avec Laurier, considère comme une sorte d'emblème séparatiste. L'aréna de vingt-cinq mille places a été littéralement prise d'assaut par une jeunesse survoltée.

Une même affluence attire les auditeurs à Notre-Dame en soirée. Refoulée sur le parvis, une foule immense attendra, sur la Place d'Armes, sa chance d'entrevoir les célèbres orateurs à leur sortie de la basilique. À l'intérieur, Mᵍʳ Bruchési les présente à tour de rôle à l'assistance avec les éloges qu'il convient. Vient le tour très attendu de Mᵍʳ Francis Bourne. L'abbé Groulx se souvient:

> L'archevêque de Westminster développe ce thème: le Canada est appelé à grandir, à se peupler — à se peupler de colons d'origines diverses, mais qui parleront tous l'anglais. Pour que l'Église catholique conquière et garde ces nouveaux Canadiens, il ne faut pas leur donner l'impression qu'elle est liée à la langue française. Il faut au contraire que l'Église catholique utilise l'influence grandissante de la langue anglaise au Canada...
>
> Bourassa traduit la substance du discours à Gerlier*, son voisin. Soudain, il s'arrête: «Excusez-moi. Il faut maintenant que je suive de très près ce qui se dit.» L'archevêque de Westminster continue: «La langue anglaise doit être le véhicule de la foi... Il faut allier, à l'avenir, la religion catholique et la langue anglaise.»
>
> Tout le monde comprend que l'éminent prélat conseille l'abandon des luttes en faveur de la langue française, au moins en dehors de la province de Québec. «Quel manque de tact!» dit Mᵍʳ Latulipe** en se penchant vers Mᵍʳ Laroque***. Le discours de Mᵍʳ Bourne terminé, les auditeurs canadiens-français dans la proportion de neuf sur dix, se sentent consternés. Les jeunes gens de l'ACJC, qui viennent d'acclamer Mᵍʳ Langevin à l'Arena, serrent les poings de rage en entendant cette réplique à l'archevêque de Saint-Boniface. Plusieurs sortent, les larmes aux yeux. Mᵍʳ Langevin lui-même, dérangeant Mᵍʳ Larocque et Mᵍʳ Latulipe, s'approche de Bourassa: «Nous ne pouvons pas laisser passer cela; il faut que vous répondiez.» Bourassa, les traits tendus, répond: «Cela ne restera pas là.» Mᵍʳ Latulipe, entendant Bourassa, l'approuve: «Il ne faut pas que cela reste là¹⁵.»

Son tour venu de monter à l'ambon, Bourassa, grave et tendu à l'extrême, a replié dans sa poche les notes prévues pour son allocution sur les écoles séparées. Il se sent habité par le sentiment impérieux d'une mission à accomplir. De la nef, pleine à craquer, montent vers lui les attentes muettes de la foule humiliée. L'orateur ne la décevra pas. Porté comme jamais par la magie de son verbe, il va donner au prélat britannique une réponse qui figurera bientôt dans toutes les anthologies oratoires du Canada français: *Le discours de Notre-Dame*¹⁶...

---

* Jeune étudiant en droit, le futur cardinal Pierre Gerlier est alors délégué de la Jeunesse catholique de France au Congrès eucharistique.

** Vicaire apostolique du Témiscamingue.

*** Évêque de Sherbrooke.

Perdu parmi la foule, le jeune et fougueux admirateur du chef nationaliste s'apprête à consigner pour la postérité ses impressions de l'inoubliable soirée d'osmose collective:

La foule a compris. Elle éclate. Bourassa s'avance vers la tribune. D'un mouvement incompressible, les assistants se lèvent. On veut voir, entendre. Donc rupture du cordon de police; poussée générale dans la nef, dans les galeries. On quitte son banc, on vient se masser le plus près possible du chœur. Ceux qui sont restés à leur place n'ont plus qu'un choix: monter sur leur siège. Je me hisse sur le mien. L'orateur est là, dans une tribune assez large, entourée d'une rampe en cuivre doré. Il paraît ému, nerveux. Mais sa voix claironnante atteint facilement l'auditoire maintenant ramassé. Et tout à coup, un frisson court sur la foule. Bourassa se porte à l'attaque d'une thèse, celle de l'archevêque Bourne. Et cette thèse, peu ou point comprise tout à l'heure*, plonge à fond dans les passions qui divisent Irlandais et Canadiens français catholiques. Thèse d'impérialisme religieux qui se résume en cette proposition maîtresse: faire de la langue anglaise, dans un pays de langue anglaise, l'idiome courant, officiel, dans lequel l'Évangile sera prêché. Bourassa tient le sujet qu'il cherchait. Son discours prend tout de suite de l'ampleur, de la solennité. L'auditoire haletant se ramasse davantage. Et l'on sent qu'un rien peut déchaîner les suprêmes passions. L'orateur se montre pourtant correct, respectueux. Avec sa merveilleuse faculté d'improvisateur, les phrases jaillissent, drues, étincelantes, d'une frappe d'acier. Et le discours se développe dans un ordre étonnant. Pourtant, l'orateur n'est pas tout à fait celui que j'ai entendu en 1905**. Le tribun émerge, dirait-on, de l'orateur. Passionné, il va d'un coin à l'autre de la tribune, comme pour assener, à gauche, à droite, à tous, ses pathétiques ripostes. Mais le moyen, pour lui, de ne pas paraître agité et de ne pas l'être, devant cet auditoire, lui aussi emporté, et dont les acclamations scandées de gestes presque violents, refluent vers la tribune, l'assaillent comme des vagues de tempête. Du haut de mon banc, presque à l'arrière de la foule, je puis observer à mon aise, embrasser du regard le parvis et les jubés. Et que vois-je? Une foule qui fait corps et âme avec l'homme qui lui parle, qui la soulève, la manie comme un magicien. Des milliers de visages tendus vers un même point, avec du feu dans le regard, des gestes identiques, des poings qui s'allongent ensemble, pour une adhésion, une protestation péremptoires. Adhésion, protestation que provoque presque chaque phrase de l'orateur. Je ne veux ni analyser ni résumer un discours très connu[17].

Qu'on en juge, en effet. Avec ce savant mélange de respect et de fermeté que commandent les circonstances, la foule entend Bourassa tenir à l'archevêque de Westminster des propos semblables à ceux-ci:

---

* L'archevêque de Westminster s'est exprimé en anglais et, comme il est encore d'usage à l'époque, sans micro. Ses propos n'ont pu être saisis clairement par les auditeurs des jubés ou des rangées arrière de la grande nef.

** Groulx évoque ici une assemblée fameuse de Bourassa au Monument national, tenue à l'occasion de la crise des écoles du Nord-Ouest.

Sa Grandeur a parlé de la question de langue. Elle nous a peint l'Amérique tout entière comme vouée dans l'avenir à l'usage de la langue anglaise ; et au nom des intérêts catholiques, Elle nous a demandé de faire de cette langue l'idiome habituel dans lequel l'Évangile serait annoncé et prêché au peuple.

[...] Soyez sans crainte, vénérable archevêque de Westminster ; sur cette terre canadienne, particulièrement sur cette française de Québec, nos pasteurs, comme ils l'ont toujours fait, prodigueront aux fils d'exilés de votre noble patrie, comme à ceux de l'héroïque Irlande, tous les secours de la religion dans la langue de leurs pères, soyez-en certain.

Mais en même temps, permettez-moi de revendiquer le même droit pour mes compatriotes, pour ceux qui parlent ma langue, non seulement dans cette province, mais partout où des groupes français vivent à l'ombre du drapeau britannique, du glorieux étendard étoilé, et surtout sous l'aile maternelle de l'Église catholique — de l'Église du Christ, qui est mort pour tous les hommes et qui n'a imposé à personne l'obligation de renier sa race pour lui rester fidèle.

De cette province de Québec, de cette minuscule colonie française dont la langue, dit-on, est appelée à disparaître, sont sortis les trois quarts du clergé de l'Amérique du Nord...

Éminence, vous avez visité nos communautés religieuses, vous êtes allé chercher dans les couvents, dans les hôpitaux et dans les collèges de Montréal la preuve de la foi et des œuvres du peuple canadien-français. Il vous faudrait rester deux ans en Amérique, franchir cinq mille kilomètres de pays depuis le Cap-Breton jusqu'à la Colombie-Anglaise, et visiter la moitié de la glorieuse république américaine, pour retracer les fondations de toute sorte — collèges, couvents, hôpitaux, asiles — filles de ces institutions mères que vous avez visitées ici...

Que l'on se garde, oui, que l'on se garde avec soin d'éteindre ce foyer intense de lumière qui éclaire tout un continent depuis trois siècles...

Mais, dira-t-on, vous n'êtes qu'une poignée, vous êtes fatalement destinés à disparaître ; pourquoi vous obstiner dans la lutte ? Nous ne sommes qu'une poignée, c'est vrai, mais à l'école du Christ, je n'ai pas appris à compter le droit et les forces morales d'après le nombre et les richesses. Nous ne sommes qu'une poignée ; mais nous comptons pour ce que nous sommes et nous avons le droit de vivre...

Douze apôtres, méprisés en leur temps par tout ce qu'il y avait de riche, d'influent et d'instruit, ont conquis le monde. Je ne dis pas : Laissez les Canadiens-français conquérir l'Amérique. Ils ne le demandent pas. Nous vous disons simplement : Laissez-nous notre place au foyer de l'Église et faire notre part de travail pour assurer son triomphe.

Après la mort du Christ, saint Pierre voulut un jour marquer la supériorité des Hébreux sur les gentils. Saint Paul, l'apôtre des nations, lui rappela qu'il devait être le père de toutes les races, de toutes les langues. Le pape le comprit ; et depuis dix-neuf cents ans, il n'y a pas eu de pape hébreu, de pape romain, de pape italien, de pape français, mais le Pape, père de toute la grande famille catholique.

Montons plus haut, montons jusqu'au Calvaire, et là, sur cette petite montagne de Judée, qui n'était pas bien haute dans le monde, apprenons la leçon de la tolérance et de la vraie charité chrétienne[18].

L'improvisation, ponctuée d'applaudissements, rumeurs de protestations et cris de joie, dure plus d'une heure. Aucun discours de Bourassa aux communes ou à l'Assemblée législative, pas même ceux de ses plus célèbres assemblées anti-impérialistes n'ont, semble-t-il, atteint pareil sommet. En aucune occasion précédente, le grand tribun n'est parvenu à un tel degré d'osmose avec son public. Mais laissons à l'abbé Groulx le soin d'évoquer l'accueil que ce public réserve à la fière réplique du laïc au prélat venu d'Angleterre prêcher la soumission à son peuple :

> Pendant que la foule trépigne, applaudit, crie, s'abandonne à son délire, à côté de moi, dans le banc, une jeune fille que je ne connais point, qui n'a pas dit un mot, pas esquissé un geste, pleure silencieusement. Le discours est fini. Les dernières acclamations ont retenti. Pierre Gerlier, président de l'ACJF*, a le redoutable sort de parler après Bourassa. Il parle bien. On l'écoute avec politesse. Mais l'auditoire a hâte de se détendre, de rompre son intense émotion. Enfin on s'ébranle pour la sortie. Par quel à-propos ou intention, à la tribune de l'orgue, l'organiste se met à jouer, sur le mode triomphal, l'*Ô Canada*. Dans l'église et sur la place d'Armes où l'on débouche, la foule ponctue du pied la solennelle mélodie.
>
> Ce soir là, dans bien des presbytères, dans bien des hôtels, dans bien des salons, dans bien des chambres, l'on oubliera de dormir. Il faudra se raconter l'un à l'autre la soirée, y ajouter chacun son observation, son incident. Les grandes émotions comme les grandes vagues ne s'apaisent qu'avec lenteur[19].

Même son de cloche, à quelques détails près, chez le biographe de Bourassa. Contrairement à Groulx, Rumilly n'était pas présent à Notre-Dame. Après coup cependant, il a recréé l'atmosphère de la soirée à l'aide de nombreux témoignages d'époque ; ces derniers concordent bien avec l'évocation émue du jeune professeur d'histoire :

> L'étonnante improvisation terminée, il s'écoule encore quelques secondes où chacun retient son souffle, car les cœurs noués ne peuvent se libérer tout de suite. Mgr Bruchési tremble pour la réussite de son congrès. Mais le cardinal Vanutelli, légat du Pape, vient serrer la main de Bourassa, ce qu'il n'a pas fait pour les autres orateurs. Alors une immense clameur s'élève. De jeunes prêtres trépignent, d'autres montent sur leur prie-Dieu, agitant des mouchoirs, des chapeaux. Des religieux applaudissent tant que leurs manches de bure dessinent des battements d'ailes. Des évêques — dont l'habitude est d'applaudir à petits battements de main discrets — des évêques frappent du pied. Un gros curé ne se retient pas de crier, à l'adresse de Mgr Bourne : « Attrape, mon maudit ! » Quelques-uns seulement, les plus sensibles, incapables de crier, de remuer, pleurent à chaudes larmes. On s'embrasse dans

---

* Association catholique de la jeunesse française. Avocat, Pierre Gerlier entrera au séminaire en 1913. Il deviendra par la suite archevêque de Lyon, primat des Gaules et cardinal en 1937.

l'église. On s'embrasse sur le parvis en sortant, on rit, on pleure, on chante. Ceux qui n'ont pu entrer dans l'église sont mis au courant par les autres, en phrases haletantes.

Comme son grand-père à certaine heure de l'histoire, Henri Bourassa, le 10 septembre 1910, incarne l'âme de son peuple[20.]

Mais là s'arrête la comparaison avec Papineau. Par son articulation ramassée, le discours de Notre-Dame, que seul Bourassa pouvait élaborer au pied levé, scelle les liens indissociables qui devront unir, en terre d'Amérique, le destin de la langue française et celui de la foi catholique. Si la langue y apparaît comme gardienne de la foi, inversement, le parterre d'ecclésiastiques et de prélats qui ovationnent le tribun sous les voûtes de la basilique, indique bien que c'est l'Église qui constituera désormais le fer de lance de la bataille du français et de la résistance à l'assimilation.

Le célèbre discours, que des générations de rhétoriciens des collèges analyseront dans leurs classes de français, ne se contente pas de rappeler les droits légitimes des Canadiens français à proclamer l'Évangile dans leur langue. Il constitue également, pour le chef nationaliste, un véritable manifeste d'allégeance à l'Église : obéissance filiale au pape, adhésion enthousiaste à sa doctrine sociale en matière de question ouvrière, reconnaissance de la légitimité de l'enseignement catholique à tous les niveaux, universitaire et technique inclus.

Bref, le discours de Notre-Dame apparaît, a posteriori, comme une véritable charte du nationalisme canadien-français qui dominera, pour le demi-siècle à venir, la pensée officielle des élites politiques et religieuses du Canada français. Cette idéologie dualiste, qui lie avec fermeté langue et foi dans son projet de société, c'est Le Devoir fondé par Bourassa lui-même qui l'incarnera et la propagera avec le plus de constance et d'exigence jusqu'aux lendemains de la Révolution tranquille. Lu et discuté par le haut clergé, présent dans tous les presbytères et les grandes maisons d'enseignement du Québec, le quotidien nationaliste pourra compter sur l'appui concerté et ponctuel des élites religieuses et nationalistes pour assurer sa survie financière et son indépendance éditoriale au cours de sa tumultueuse existence.

Au lendemain du discours de Notre-Dame, Bourassa, il est vrai, n'en a pas tout à fait terminé avec ses luttes anti-impérialistes : il lui reste encore quelques batailles significatives à perdre aux mains de Laurier et de son successeur. Mais déjà, avec la fondation du Devoir, son projet nationaliste commence à se déployer davantage en direction de la sphère religieuse et culturelle où les conflits scolaires, qui se multiplient dans les provinces canadiennes, le conduisent tout naturellement à s'engager. Ce nationalisme, de plus en plus résolument catholique et français, rassemblera plus tard, dans sa mouvance, de nombreux groupes d'influence dont les jésuites de l'École sociale populaire* ou les disciples nationalistes du prêtre-historien Lionel Groulx regroupés autour de la revue *L'Action française*** de Montréal.

En Bourassa, le conflit intérieur entre l'héritage libéral laïque et républicain des Papineau (sa branche maternelle) et la filiation spirituelle ultramontaine des Bourassa est en train de se résoudre en faveur de ces derniers. C'est ce qu'il est permis de lire clairement entre les lignes de l'historique discours de Notre-Dame. Le vieux Tardivel n'est pas mort sans laisser derrière lui quelques héritiers. Si arrogants et fiers, au siècle précédent, les ultramontains canadiens-français, tancés par Rome et discrédités par l'habileté de Laurier, ne dominent plus la scène politique, mais leur influence morale demeure. Elle survit, surtout, chez ce fils tourmenté de l'Église que le destin, le talent et les circonstances ont transformé en chef politique et en meneur d'hommes.

Laurier, un temps, avait pu représenter une réponse proprement libérale aux aspirations nationales des Canadiens français. À travers lui, pour un bref moment, la vieille tradition patriote avait paru renaître. Mais l'illusion avait été de courte durée. Rompant avec son passé radical, Laurier s'était, dans un premier temps, réconcilié avec l'épiscopat par réalisme politique : « if you can't beat them, join them ! » lui conseillait cette vieille sagesse anglaise qu'il admirait tant. Dans un second temps, le nouveau premier ministre avait inauguré cette irritante politique de la bascule et du « juste milieu » qui lui avait permis de se maintenir avec succès au pouvoir, contentant et décevant alternativement, selon la conjoncture, aussi bien le Canada anglais que le Canada français.

Mais depuis la guerre du Transvaal, c'était maintenant Bourassa, et non plus Laurier, qui incarnait la résistance canadienne-française, aussi bien à l'impérialisme britannique qu'à l'assimilation par l'école. Discréditée par les multiples revirements et euphémismes du discours de Laurier, la tradition libérale réussissait de plus en plus difficilement à prendre pied dans le train en marche du nationalisme canadien-français lancé par Bourassa. Avec lui aux commandes du *Devoir*, c'est plutôt la tradition ultramontaine qui allait s'imposer par défaut. Devant l'impuissance et les atermoiements tactiques des politiciens libéraux, une fois de plus, l'Église allait être appelée à exercer un rôle de suppléance politique. Par le biais de l'ascendant moral que l'un de ses fils laïcs les plus prestigieux allait lui conférer à l'intérieur de son propre leadership, cette dernière allait réussir à

---

* Fondée en 1911 par le père Léonidas Hudon, plus tard dirigée par le père Joseph Papin-Archambault.

** Rebaptisée *L'Action nationale* après la condamnation de *L'Action française* de France par le Vatican en 1926.

contenir, pour près d'un demi-siècle encore, les attentes et les aspirations laïques de la tradition libérale d'inspiration française si chère à Papineau.

Au *Devoir*, quelques mois plus tôt, l'équipe Asselin-Fournier, s'effaçant d'elle-même devant l'équipe Héroux-Pelletier, préfigurait déjà ce que le « manifeste de Notre-Dame » venait de proclamer en toutes lettres, devant des milliers de représentants internationaux réunis. Le nouveau nationalisme canadien-français avait annoncé ses couleurs. Pour le demi-siècle à venir, il n'en changerait guère. Ses combats se confondraient souvent avec ceux de l'Église. Et, inversement, l'Église constituerait souvent l'avant-garde batailleuse de ses incessants combats pour la langue et l'école françaises menacées.

À l'intérieur de cet étroit jumelage de valeurs nationales et religieuses confondues, quel espace idéologique reste-t-il à un esprit libéral, tel que celui d'Asselin, pour se mouvoir à l'aise ? À vrai dire, presque nul... *Les Débats* sont disparus et ses collaborateurs dispersés. *Le Nationaliste* a été domestiqué par les hommes de Bourassa qui en assurent l'orientation et la gestion. Sa première clientèle, édifiée par Asselin, est en voie de passer corps et biens au *Devoir* où, chaque jour, elle retrouve les éditoriaux choc et les mots d'ordre du chef incontesté de la résistance canadienne-française. En réalisant son rêve de voir l'ancien député de Labelle s'imposer sur la scène québécoise, Asselin, sans le savoir, a contribué à mettre en veilleuse ses propres valeurs d'engagement, à réduire presque à néant la plate-forme dévolue à sa famille d'esprits marginalisée. La vague populaire sans précédent qui vient de plébisciter Bourassa sur le parvis de Notre-Dame a laissé sur la berge quelques esprits isolés qui, pour des décennies à venir, se reconnaîtront de plus en plus difficilement dans les choix politiques qui vont s'offrir à canaliser leurs aspirations nationales. Asselin et Fournier sont de ceux-là. Mais le fils de Rieule Asselin ne s'est pas encore résigné tout à fait à rentrer dans l'ombre. Il croit avoir encore quelques comptes personnels à régler avec sir Wilfrid Laurier.

Chapitre XXIV

Nouveau coup de tête

*Les fonds, jusque-là excessivement rares dans le trésor nationaliste,
se mirent à affluer quand les tories des autres provinces et les hauts
financiers de la rue Saint-Jacques se furent aperçus que Laurier
perdait son emprise sur Québec.*

(Armand Lavergne, *Trente ans de vie nationale*)

L'automne de 1910 ne s'annonce guère prometteur pour la nouvelle carrière d'Olivar au Crédit métropolitain. Il s'entend mal avec le gérant, Arthur Laberge, qui ne partage pas ses idées politiques. Le marché de l'immobilier stagne à Montréal et les attraits du Plateau Bon-Air exercent encore peu de séduction sur les acheteurs. Avant même d'être gagnés, les modestes émoluments d'Asselin sont aussitôt absorbés par le remboursement de ses dettes de procès et de ses emprunts d'investissement dans le projet de développement de son entreprise. À la compagnie de pavage Hassam, dont il est également secrétaire, il multiplie les soumissions mais obtient peu de contrats. Là aussi, les affaires tournent au ralenti. Humilié, il doit de nouveau faire appel aux débris d'héritage de sa femme. Son couple bat de l'aile.

Depuis son opération et ses rechutes dépressives, il est demeuré fragile. L'amertume et la morosité ont tôt fait d'envahir son esprit, dès qu'une trêve se produit dans ses combats ou que sa plume n'est plus sollicitée. Dans la préface qu'il rédige, en octobre, pour l'édition des *Souvenirs de prison* de Jules Fournier, il tourne en dérision, de façon étincelante, son ancien métier où son désintéressement l'a conduit à la ruine. Il ridiculise, avec plus de cruauté encore, son activité actuelle dont les pratiques, pour peu qu'elles tendent au succès, s'apparenteraient à celles du mensonge et du vol organisés. Belle façon, pour le pamphlétaire, de se faire des amis dans le milieu des affaires qui est devenu le sien :

Mon cher Fournier,

Quand j'étais journaliste et que je m'efforçais de toujours dire la vérité, et que je la disais pour protéger le public contre les voleurs, j'allais en prison. Je fais maintenant dans l'Immeuble; j'ai beaucoup menti depuis quelques mois; jamais je n'ai été si considéré de mes concitoyens. Quand j'aurai dompté les derniers vestiges de ma timidité, que je saurai voler franchement, voler tout le temps, et voler tellement que je ne pourrai plus expliquer à personne l'origine de ma fortune, je serai mûr pour le ministère, je serai élu aux conseils d'administration des voies ferrées, je deviendrai le courtier attitré et le confident des soucis matériels de Saint-Sulpice, je donnerai avec ostentation aux hôpitaux et aux églises et je serai cité en exemple au menu fretin du haut des chaires de vérité*.

Quant à vous, sorti à moitié du journalisme, vous goûtez à *La Patrie* la protection du seul vrai mécène que possèdent à l'heure actuelle les Lettres canadiennes-françaises: je veux dire M. Louis-Joseph Tarte, et je parle ici sérieusement, pour avoir moi-même passé à *La Patrie* la plus douce année de mon existence. Mais tant que vous tiendrez, de si loin que ce soit, à ce damné métier, vous ne pourrez vous empêcher de faire des fredaines, vous conserverez la démangeaison d'écrire des ouvrages comme celui-ci pour dénigrer tout ce que vénèrent nos compatriotes: les magistrats, les geôliers, les gardes, les prisons. Je vous ai fait, dans le passé, beaucoup de tort par mes mauvais exemples. Ma conscience ne me donnera de cesse que je ne vous aie, par de paternels conseils, arraché à l'existence de propre-à-rien où je sens que j'ai pu contribuer à vous conduire. Sortez du journalisme; mettez-vous dans l'Immeuble. J'ajouterai une parole qui aura son écho dans les siècles futurs, sur laquelle les historiens de l'avenir se chamailleront sans répit et que la moitié de l'humanité jettera en opprobre à ma mémoire; mais une parole que mon bonheur présent me fait un devoir de vous crier des profondeurs de mon âme... si la prison m'en a laissé une: Mentez, mentez, il vous en restera toujours quelque chose[1].

Fournier, bien sûr, se gardera bien de répondre à ces injonctions provocatrices. Jeune et libre de toute attache, il a d'autres projets en tête pour continuer à pourfendre ses ennemis comme il l'entend et dans le style qui est le sien. Loin de rejoindre son préfacier « dans l'Immeuble », il s'embarque à nouveau pour l'Europe à la recherche d'idées nouvelles pour son futur journal. Son idole, Henri de Rochefort, a accepté de lui accorder une entrevue.

Tandis que les deux journalistes en rupture de ban tentent de réorienter tant bien que mal leurs carrières, celle de Bourassa atteint les sommets. Le discours de Notre-Dame a propulsé le directeur fondateur du *Devoir* au faîte de sa notoriété et lui a conféré une autorité morale sans précédent au Canada français. Au projet honni de la Marine, les éditoriaux du journal livrent, cet automne-là, un combat sans merci. À la rédaction, aucun rival ne dispute plus au « maître » la direction,

---

* Allusions sans équivoque à ses ennemis de prédilection, Louis-Joseph et Rodolphe Forget.

désormais exclusive, du style et des opérations. À un an du scrutin fédéral, Laurier vieillissant va devoir faire face, en la personne de Bourassa, à un Brutus implacable.

Or rien, en politique, ne s'avère plus destructeur qu'un amour retourné. C'est exactement ce que chuchotent entre eux les conservateurs fédéraux las de jeûner, depuis 1896, sur les banquettes de l'opposition. Prenant appui sur cet amour retourné, une coalition nationaliste-conservatrice serait-elle possible dans les mois qui viennent? Si oui, elle constituerait, à n'en pas douter, la combinaison du siècle dans la province jusque-là obstinément fidèle à Laurier!

Mais les « tories » ont trop souvent été identifiés comme des impérialistes hostiles au fait français. Leur chef, Robert Laird Borden, est tout à fait impopulaire auprès de l'électorat du Québec. Comment, dans les circonstances, les conservateurs pourraient-ils aider leur vieux parti à se rapprocher, un tant soit peu, de l'incorruptible Bourassa, champion incontesté des minorités françaises? Réponse des stratèges: en demeurant résolument dans l'ombre durant tout le déroulement des opérations de rapprochement...

Les circonstances, à cet égard, les favorisent. Au Québec, depuis la fameuse assemblée oppositionniste de l'été à Saint-Eustache*, plusieurs conservateurs québécois opposés au projet de loi de la Marine et regroupés autour du député de Jacques-Cartier, Frederick Debartzch Monk, ont déjà constitué, sur le terrain, une alliance circonstancielle avec les nationalistes de Bourassa. *Le Devoir* est devenu, depuis, le porte-parole de leur groupe informel dont les membres se qualifient eux-mêmes, tantôt « d'oppositionnistes », tantôt « d'autonomistes ». Loin de porter ombrage à l'initiative québécoise, les « tories » de R.L. Borden laissent la bride sur le cou à leur aile québécoise. Conscients de tout le capital politique dont une alliance Monk-Bourassa pourrait, à long terme, faire bénéficier leur parti dans la belle Province, ils évitent de s'y montrer.

L'estime et le respect que se vouent les deux chefs de file vont d'ailleurs les servir. Ces sentiments, renforcés par de lointaines alliances familiales**, sont nés de convictions anti-impérialistes partagées, à l'époque de la guerre du Transvaal et de la mobilisation protestataire qui s'en était suivie dans la province de Québec. La démission de Monk, comme chef de l'aile québécoise du Parti conservateur, en 1903, n'avait fait que renforcer l'admiration que Bourassa portait à ce constitutionnaliste cultivé, biculturel et plus soucieux de fidélité à ses principes que d'ambition partisane. Si Bourassa était devenu, avec les années, « la conscience » anti-

---

* Cette assemblée avait été tenue le 17 août 1910.

** Les Papineau, branche maternelle de Bourassa, et les Debartzch, branche maternelle de Monk, s'étaient tous deux alliés à la famille du libéral radical Louis-Antoine Dessaulles de Saint-Hyacinthe.

impérialiste de Monk, ce dernier était devenu, aux yeux du directeur du *Devoir*, une sorte de caution dont les conservateurs entendaient bien tirer profit pour leur formation. Le parti des « pendards de Riel », que l'ancien député de Labelle ne se privait pas de qualifier jadis en Chambre de « tory-jingoë-impérialiste » a bien besoin de redorer son blason s'il prétend faire route, fût-ce le temps d'une élection, avec le champion de l'autonomie canadienne et des droits du français ! On laissera donc le champ libre à Monk jusqu'au prochain scrutin fédéral. On tirera les marrons du feu ensuite.

Une première occasion de mettre à l'épreuve l'efficacité du tandem Monk-Bourassa va bientôt se présenter. Le 3 novembre 1910 a été désigné jour d'élection partielle dans le comté de Drummond-Arthabaska, dont le siège est devenu vacant par suite de l'accession récente au Sénat de l'oncle d'Armand Laverge, le député, Louis Lavergne. Les organisateurs libéraux se sont un peu vite empressés de rassurer Laurier quant à l'issue du scrutin : la question de la Marine n'intéresse pas les cultivateurs et la popularité du premier ministre serait intacte dans les campagnes de la belle province.

C'était bien mal calculer les effets dévastateurs, quoique encore bien imprévisibles, d'une alliance entre nationalistes et conservateurs sur le terrain du vote. Le candidat « autonomiste » désigné, Arthur Gilbert, est un cultivateur d'allégeance jusque-là libérale, mais qui voit se profiler, dans le projet de la Marine de Laurier, une nouvelle menace de conscription militaire. C'est muni de ces simples arguments qu'il s'apprête à affronter un avocat prestigieux, Joseph-Édouard Perrault, lui-même frère d'Antonio Perrault, fervent nationaliste et disciple de Bourassa. Le candidat libéral est persuadé de pouvoir emporter aisément l'élection. Trop sûrs de leur fait en début de campagne, les organisateurs de Laurier sous-estiment la force de persuasion des discours « autonomistes » tenus dans toutes les paroisses du comté par des brochettes d'excellents orateurs qui se sont portés volontaires pour seconder Monk et Bourassa dans les assemblées. Les meilleures ressources du ban et de l'arrière-ban conservateur et nationaliste ont été réquisitionnées.

Après Armand Lavergne, de nouveaux noms commencent à se faire valoir parmi les jeunes : on applaudit un Paul-Émile Lamarche, ancien élève de Monk, un Albert Sévigny, avocat lui aussi et doué d'indéniables talents d'orateur. Mais dans le clan « autonomiste », personne ne s'attend sérieusement à la victoire. On livre combat par conviction et pour l'honneur. Dans le « premier-Montréal » qu'il rédige pour le matin de l'élection, Bourassa lui-même tente de minimiser les effets d'une défaite « autonomiste » dans Drummond-Arthabaska. La vraie défaite qui l'intéresse à plus long terme, c'est celle du Grand Intouchable de la politique canadienne ! Pour stigmatiser les procédés électoraux de dernière heure des partisans de Laurier, l'éditorialiste recourt à des formulations personnalisées et d'une virulence qu'on ne lui connaissait pas :

Cette sale besogne s'est accomplie sous l'œil serein, avec la connivence tacite et complaisante du Très honorable sir Wilfrid Laurier, P.C. G.C.M.G. K.G., D.C.L. L.L.D.* etc... etc...

[...] Quel que soit le résultat de ce soir — que le candidat ministériel soit défait ou qu'il l'emporte par mille voix — la gloire du Grand Homme est en train de sombrer, et c'est dans la crotte qu'elle s'enfonce[2]...

Voilà certes une finale pour le moins inattendue de la part du grand Bourassa. Sous la plume d'Asselin, elle aurait moins étonné et le directeur du *Devoir* se serait sans doute empressé de la censurer. L'esprit de vengeance hanterait donc l'esprit du chef nationaliste? Sentiment justifié certes, mais périlleux pour qui s'aventure dans l'arène politicienne sous son inspiration. Les fédéraux viennent de repérer le défaut à la cuirasse de l'incorruptible Bourassa. Dans quelques mois, ils sauront mettre leur découverte à profit.

Mais à court terme, le 3 novembre au soir, la combinaison gagnante porte ses fruits : contre toute attente, le candidat « autonomiste » Arthur Gilbert est proclamé élu par 207 voix de majorité. Bourassa vient de remporter sa première victoire sur Laurier et les « autonomistes », eux, d'opérer une brèche significative dans le bipartisme traditionnel au Québec. Cette défaite inattendue va plonger les libéraux dans la consternation. Une semaine plus tard, au cours d'une assemblée monstre, convoquée à la patinoire Ontario de Montréal, plus de 20 000 personnes acclament Monk, Bourassa et Lavergne, fiers de leur annoncer la fin imminente du régime décadent et corrompu de sir Wilfrid Laurier.

Toujours discrets et effacés, les organisateurs de R.L. Borden se frottent les mains de satisfaction. Sur l'estrade, ils laissent l'un des leurs, le jeune avocat Albert Sévigny, enjoindre une fois de plus la foule en délire de délaisser définitivement « la guenille rouge et la guenille bleue » pour suivre les « autonomistes » dans leur marche triomphale. Ils entendent, sans sourciller, Pierre-Édouard Blondin répéter qu'il faut, à l'instar de nos pères, « trouer le drapeau anglais de balles afin de respirer au travers l'air de la liberté ! »... L'heure de siffler la fin de la récréation n'est pas encore venue pour les chefs conservateurs. Ils attendront sagement l'issue des élections générales prévues pour 1911. D'ici là, les quelques conservateurs « autonomistes » pourront fraterniser à leur guise avec les nationalistes de Bourassa, sans crainte de se voir rappeler à l'ordre. Sur le podium, Bourassa couve du regard, avec une sympathie non dissimulée, le jeune Paul-Émile Lamarche dont la franchise, la droiture et la qualité d'engagement lui ont été révélées au cours de la campagne de Drummond-Arthabaska. L'alliance, on peut le croire, tiendra bon jusqu'à l'année prochaine.

---

* Sigles de plusieurs distinctions impérialistes conférées au premier ministre canadien.

F.D. Monk, tenu jusque-là à l'écart pour cause de dissidence anti-impérialiste, sera dorénavant entouré de prévenances et d'égards de toutes sortes par la vieille garde de son parti. À certains jours, confiera-t-il à Bourassa, l'obséquiosité des courtisans « bleus » lui apparaîtra quasi « indécente ». Retranché dans la forteresse de ses principes, Bourassa refuse toutefois d'accorder plus d'importance qu'il n'en faut à ces signaux d'alerte qui commencent à clignoter du côté de ses alliés circonstanciels. À ceux qui le suivent et qui le lisent quotidiennement, il continue de prêcher l'intransigeante vertu qui est la sienne et de résister au chant des sirènes « bleues ». La conscience de Bourassa est sans faille et sans prix.

Tandis que le directeur du *Devoir* peaufine, semaine après semaine, ses plus cinglants éditoriaux contre la politique navale de son ancien chef, Jules Fournier, lui, s'apprête à prendre sa revanche de journaliste indépendant. Le 15 avril 1911 paraît le premier numéro de *L'Action* dont il est le directeur-fondateur. Le nouvel hebdomadaire a établi ses quartiers dans un local exigu, le 323 de la rue Saint-Denis, qui jouxte le domicile de Fournier*. Il se détaille cinq cents l'exemplaire et offre plusieurs traits de ressemblance graphique avec *Le Nationaliste*. Comme au journal d'Asselin, la caricature y occupe la première page et renforce souvent l'éditorial. Quant à la devise, empruntée à Cyrano, elle annonce clairement que *L'Action* n'entend pas se cantonner dans les idées générales :

« Toumbé dèssus ! Escrasas lous ! »

Point n'est besoin de parler gascon pour se savoir prévenu. Que les Turgeon, Forget, Lemieux et allii se le tiennent pour dit : Asselin a peut-être reçu quelques volées de plomb dans l'aile, mais Fournier, son frère et son semblable, n'a pas dit son dernier mot.

Homme-orchestre de sa petite entreprise de presse, il voit à tout. Plusieurs anciens collaborateurs du *Nationaliste* lui sont acquis. L'avocat-conseil J.-L.-K. Laflamme, les journalistes *Madeleine*, Joseph Baril et Ferdinand Paradis, le jeune professeur Édouard Montpetit, l'économiste Errol Bouchette, le musicien Arthur Laurendeau, les écrivains Jean Charbonneau, Gonzalve Desaulniers, Marcel Dugas, Marie Lefranc, Albert Lozeau, Paul Morin figurent parmi ses collaborateurs réguliers. Parmi eux, son ami Asselin aura droit à la place d'honneur lorsqu'il choisira d'intervenir sur les questions d'actualité. Chaque fois, Fournier annoncera à l'avance, comme une primeur, les interventions toujours attendues de l'ancien directeur du *Nationaliste*. *L'Action* enfin, accorde un espace très important à la littérature française dont Fournier déplore que le public canadien-français ignore trop souvent les grands textes. À chaque numéro, les lecteurs se verront donc

---

* Il émigrera bientôt au 72 de la rue Saint-Gabriel.

proposer de larges extraits de Balzac, Barbey d'Aurevilly, Barrès, Baudelaire, Alphonse Daudet, Anatole France, José Maria de Heredia, Victor Hugo, Leconte de Lisle, Maurice Maeterlinck, Guy de Maupassant, Catulle Mendès, Alfred de Musset, Anna de Noailles, Sully Prudhomme, Jean Richepin, Edmond Rostand, Saint-Simon, Voltaire...

Mais s'il consacre beaucoup d'espace aux « belles-lettres », *L'Action* n'en demeure pas moins un journal de combat. Dans le contexte politique de l'heure, Fournier prend parti et signale les pièges qui guettent l'action « autonomiste ». L'éditorial du premier numéro s'intitule *En décomposition*. Contre toute attente, ce n'est pas le Parti libéral de sir Wilfrid Laurier qu'il vise, mais bien celui de Robert L. Borden. Fournier lui reproche de n'avoir jamais épuré ses rangs des grands profiteurs d'argent qui le soutiennent et d'avoir toujours affiché le plus profond mépris pour la pensée politique en particulier et les idées en général. Il lui reproche, surtout, de manquer totalement de direction : « Ils [les conservateurs] n'ont pas de chef. M. Borden, nous nous excusons d'avoir à le répéter... M. Borden n'est pas, n'a jamais été et ne sera jamais un chef[3]. »

Certes la plate-forme « autonomiste », représentée au Québec par Monk et Bourassa, lui paraît tout à fait crédible. Mais si ce jeune mouvement devait, un tant soit peu, lier sa destinée future à celle du Parti conservateur, Fournier prédit qu'une telle alliance le conduirait bientôt à la ruine. Pour lui, si l'issue du prochain scrutin fédéral devait se borner à substituer un Borden à un Laurier, un tel changement n'augurerait rien de bon pour les idées défendues par la petite phalange « autonomiste ». Quelle serait donc, dans les circonstances, l'alternative souhaitable pour la nouvelle coalition québécoise ? Fournier, étrangement, n'en souffle pas mot dans son éditorial.

Au cours des semaines et des mois, pourtant, il reviendra fréquemment sur le sujet. Tandis que *Le Devoir* pourfend Laurier et son parti, *L'Action* rappellera sans cesse le passé impérialiste, anti-français et les mœurs électorales douteuses au parti de Borden qu'une défaite de Laurier porterait immanquablement au pouvoir. En juin, lorsque Monk et Bourassa refusent de s'associer à un banquet donné à Montréal en l'honneur de Borden, il les félicite pour leur geste d'indépendance et stigmatise les « revenants » bleus de l'organisation conservatrice : les Réal Angers, Thomas-Chase Casgrain, Charles J. Doherty, Alexandre Lacoste, le lieutenant-colonel Landry, et l'ancien premier ministre Louis-Olivier Taillon. Et il précise encore sa pensée :

> C'est que M. Borden, au regard de tout le groupe oppositionniste, ne vaut pas mieux que M. Laurier. Sur toutes les questions importantes, au point de vue canadien-français particulièrement, il a voté contre nous avec M. Laurier et Rodolphe Lemieux sans y manquer une seule fois[4].

Lorsque, des mois plus tard, les jeux seront faits, Fournier pourra dire qu'il avait, à juste titre, agité la sonnette d'alarme. Pourtant, ni lui ni Asselin ne semblent disposés à tirer les conclusions politiques qui paraissent s'imposer à ce carrefour où les deux voies partisanes traditionnelles s'avèrent également bloquées. Ni l'un ni l'autre ne suggéreront à Monk et à Bourassa de mettre sur pied, avec leurs disciples, une formation politique distincte. Sans doute leur long cheminement aux côtés de Bourassa leur a-t-il appris qu'une telle voie était sans issue : le seul mot de « parti » lui fait horreur avec tous ses dérivés, « partisan » et « partisanerie ». En outre, une réédition de l'action isolée d'un Lavergne et d'un Bourassa aux communes leur paraîtrait, dans les circonstances, plutôt symbolique. Hors du Québec, en effet, les disciples de Monk et de Bourassa se comptent sur le bout des doigts.

Asselin, d'ailleurs, écrit peu ces temps-ci, trop occupé sans doute à se débattre dans un quotidien ingrat et à se remettre de ses revers de santé. Tout au plus sa verve de pamphlétaire se sent-elle occasionnellement inspirée par des événements mineurs. Ainsi, au hasard des vacances, l'est-elle par la décision de Bourassa de cesser de désigner le premier ministre canadien du titre honorifique de « sir » pour lui substituer celui de « monsieur ». L'outrecuidance du directeur du *Devoir* lui a attiré des reproches scandalisés et des commentaires acrimonieux dans la presse québécoise. Asselin prend sa défense :

> « Monsieur » est un habit à queue qui se porte également par les princes et par les valets ; il fut longtemps l'orgueil des dauphins de France. Le seul tort de M. Bourassa est de croire que, dans un pays où le ridicule n'a jamais tué personne, il suffit d'avoir le bon sens de son côté pour pouvoir détruire, du jour au lendemain, un usage grotesque né de l'ignorance et de la bêtise et fortifié par le fétichisme[5].

Le « goût du mot » inspire encore Asselin. Mais, de toute évidence, chez lui, l'analyste politique s'est mis en veilleuse. Il ne poursuivra pas plus avant ses commentaires, dans les mois qui précéderont la tenue des élections générales. Fournier n'insistera pas davantage sur les traquenards de la coalition conservatrice-nationaliste. *L'Action* réservera le meilleur de sa réflexion à la question de l'immigration, à la politique municipale, à la lutte anti-trusts, au lobby romain des évêques irlandais de Nouvelle-Angleterre (auquel s'est joint récemment l'épiscopat ontarien), à l'instauration d'un organisme de coopération économique entre le Canada et la France. La défaite bien méritée de Laurier, discrédité à leurs yeux par trop de trahisons, obnubilerait-elle à ce point les deux combattants nationalistes qu'elle les retiendrait, comme tant d'autres au Québec, d'anticiper sérieusement au-delà des satisfactions immédiates de la revanche ? Bien des indices permettraient de le supposer.

Quelle mouche a donc piqué, dans les circonstances, le convalescent en proie à la morosité, à l'endettement et aux problèmes familiaux pour que, le 26 août précédant le scrutin du 21 septembre 1911, il annonce brusquement sa décision de se porter « candidat oppositionniste » dans la circonscription fédérale de Saint-Jacques ? Le commentateur politique s'était pourtant montré fort peu loquace, jusque-là, à propos de cette élection « historique ». Le voilà pourtant qui se jette dans la mêlée sans crier gare. Nouveau coup de tête inexpliqué, nouveau virage à 180°. Nouvel appel d'air, sans doute aussi, dans cette existence privée d'oxygène vital, mais qu'il prétendait avoir définitivement choisie pour sa paix intérieure et le bien-être de sa famille.

Comme pour bien prouver à son entourage que sa santé n'a pas été aussi affectée qu'on l'a laissé entendre, depuis son retrait du *Devoir*, Asselin vient d'entreprendre (et de réussir) une marche forcée de plusieurs centaines de kilomètres qui l'a conduit, sac au dos, depuis Québec jusqu'en Gaspésie, chez son frère Raoul. Son compagnon de route, A.P. Simar, a dû déclarer forfait avant d'arriver à destination. Asselin, la preuve de sa vitalité bien établie, a rendu sa décision publique le 26 août suivant : il sera bel et bien « candidat oppositionniste » dans Saint-Jacques. À vrai dire, il s'y préparait déjà depuis quelques semaines. Le jour même d'ailleurs, *L'Action* appuie sans réserves sa candidature. C'est évidemment Jules Fournier qui signe l'éditorial du 26 août :

> Élisons Asselin dans Saint-Jacques. Tel devrait être, à l'heure qu'il est le mot d'ordre non seulement des nationalistes, mais encore de tous les ministériels intelligents. Quel que soit le parti auquel il appartient, un homme de la valeur intellectuelle d'Asselin devrait trouver partout, même chez les plus enragés adversaires du nationalisme, des partisans nombreux. Nous n'avons pas, chez les Canadiens français, assez d'hommes distingués pour pouvoir se payer le luxe d'immoler un Olivar Asselin...

Pourtant, et comme pour épaissir encore le mystère autour d'une décision aussi subite que paradoxale, l'increvable marcheur écrit à sa femme, au lendemain même de l'annonce officielle de sa candidature :

> Dans le tumulte où je me trouve, je serai obligé de dicter mes lettres. Je veux du moins que tu aies de mes nouvelles tous les jours. Pour aujourd'hui, laisse-moi te dire que je me sens déjà pris d'une grande lassitude devant la besogne électorale que j'affectionnais tant autrefois. Je t'assure qu'après trois semaines de ce travail, dont je ne croyais pas m'être si complètement déshabitué, je ne serais pas désappointé le moins du monde d'être battu. Je me suis beaucoup ennuyé aujourd'hui de toi et de nos chers gars. Je me suis installé dans ce trou de l'hôtel Richelieu pour le temps de la campagne, afin d'être à proximité du terrain de la lutte. J'achève ma brochure et dans quelques heures je pourrai consacrer tout mon temps à l'organisation de nos forces. Je constate un fort mouvement en ma faveur, et malgré ce que t'en a dit le Dr Huguenin, je ne serais pas surpris d'être élu, mais je le répète, j'envisage la possibilité, non seulement avec indifférence mais presque avec crainte[6].

Alice, fort réticente à l'endroit de cette nouvelle aventure, est en vacances à Bellevue, près de Montréal, avec les enfants. Dans les lettres subséquentes qu'il lui adresse, Olivar parle de son épuisement. Marcher de Québec à Chien-Blanc était peu de chose, comparé à l'énergie morale exigée par la lutte électorale. Il réitère son désir secret d'être battu. S'il a voulu (peut-être à tort) relever ce nouveau défi, c'est, dit-il, pour dédommager Alice de toutes ses peines passées en lui faisant l'honneur d'une victoire. Après tant d'instabilité, n'aimerait-elle pas se retrouver, pour quatre ans, femme de député?

Alice n'est pas la seule à se trouver contrariée par le nouveau coup de tête de son mari. Le tandem Monk-Bourassa s'en trouve également pris au dépourvu: Saint-Jacques était la circonscription choisie, au départ, pour leur poulain favori, Paul-Émile Lamarche. Mais, sans même attendre la décision de ses chefs, Lamarche choisit spontanément de s'effacer devant un aîné qu'il admire et respecte. Les états de service d'Asselin envers la cause nationaliste sont, dit-il, bien plus impressionnants que les siens. Lamarche affirme avoir encore l'âge d'attendre et de se faire valoir ailleurs. Asselin lui en sait gré et fait aussitôt son éloge dans *L'Action*. Il partage entièrement l'estime que portent Monk et Bourassa à la droiture et au désintéressement du jeune militant conservateur.

Mais, sa décision prise, Asselin tient comme à la prunelle de ses yeux à son comté de Saint-Jacques! Une circonscription qu'il connaît bien, pour en avoir sillonné les moindres recoins, trois ans auparavant, alors que Bourassa y briguait les suffrages pour la première fois dans une élection provinciale. Asselin, on s'en souvient, dirigeait alors son organisation électorale et Lamarche faisait partie de l'équipe des jeunes orateurs bénévoles chargés de répandre la bonne parole nationaliste auprès du public des collèges et de l'université. Entre les deux militants, les choses ont tôt fait de se régler à l'amiable: Lamarche briguera plutôt les suffrages dans le comté rural de Nicolet.

Asselin rédige aussitôt ses textes de candidature dans les deux langues. Le *Montreal Herald* publie le texte anglais. Asselin s'y présente comme « oppositionniste d'allégeance bourassiste ». Ostensible expression de fidélité personnelle dont le directeur du *Devoir* se fût sans doute passé. Le candidat présente toutefois son propre ouvrage, *A Quebec view of French Canadian Nationalism*, comme l'expression de la pensée nationaliste à laquelle il se référera pour juger des enjeux de l'élection fédérale en cours. Il cherche à démontrer ensuite que ses prises de position passées, en matière de justice sociale, ne lui ont jamais été dictées par une quelconque « fidélité de race », mais bien par la priorité accordée à la défense des individus les plus faibles et les plus démunis de la société. C'est cette priorité, dit-il, qui l'a amené autrefois à faire campagne en faveur de la réforme municipale, indifféremment auprès d'un Herbert Brown Ames ou d'un Hormidas Laporte, afin d'éviter que le nationalisme ne serve d'alibi à certains opposants canadiens-français trop impliqués dans le système de corruption qui prévalait alors à l'Hôtel de Ville de Montréal. « Sous mon contrôle », écrit-il, sans sourciller, « *Le Devoir* n'a jamais péché par racisme lorsqu'il traitait de politique municipale* ! » De politique canadienne non plus, estime le *Canadian Century* dans son édition du 16 septembre :

> Olivar Asselin, bien connu comme nationaliste canadien-français et qui se présente comme candidat d'opposition aux libéraux dans le comté montréalais de Saint-Jacques, n'a jamais rien fait, croyons-nous, pour attiser les préjugés de race. Son but n'est pas d'isoler les Canadiens français des autres groupes de citoyens du Canada, mais bien de réunir toutes les classes de la société, quelles que soient leurs origines ou leurs croyances, autour de certains principes auxquels il croit fermement**.

Enfant d'artisan, émigrant désargenté, travailleur du textile aux États-Unis, commis, colporteur, soldat, journaliste, aujourd'hui « homme d'affaires », Asselin dit avoir appris, dans toutes ces situations, à connaître les gens sans fortune et à les aimer. S'il s'est montré, dans le passé, dur et implacable envers certains hommes de pouvoir, il n'a jamais malmené ni méprisé les pauvres, les petits et les honnêtes gens. Voilà pourquoi, dit-il, après voir « connu la faveur » dans son nouveau métier d'homme d'affaires (« Mentez, mentez »...), le voilà tout disposé à « se contenter d'un modeste salaire de député » (700 $ à 800 $ par an) afin de faire bouger efficacement les choses en politique.

Pour promouvoir ce nouveau nationalisme canadien et défendre les droits des citoyens les plus vulnérables, une action concertée entre Canadiens français et Canadiens anglais lui apparaît éminemment souhaitable. Il en veut pour preuve la collaboration spontanée qu'il reçoit de la part des deux groupes dans la mise sur pied de la Child Welfare Exhibit qui se tiendra pour la première fois à Montréal, un an après l'élection, et à l'organisation de laquelle il participe[8].

Dans ce qu'Asselin y dit de lui-même, le texte reste empreint de dignité et de clarté. En filigrane, on peut y lire l'opiniâtre admiration qu'il voue encore à Bourassa, mais aussi sa volonté d'exprimer, par ses écrits et par ses gestes politiques, sa propre vision du nationalisme. On y retrouve aussi son humour, son esprit de bravade coutumier, son mépris pour l'argent et sa prédilection pour les laissés-pour-compte de la société. Groupe social dont il est, somme toute, assez peu question dans l'élection en cours.

---

* Rappelons qu'Asselin, alors responsable du dossier municipal, n'a séjourné au *Devoir* que de janvier à mars 1910...

** Asselin, who is running in opposition to the Liberal candidate in the St. James division of Montreal, while known as a French-Canadian Nationalist, has never done anything to foster race prejudice, we believe. His ideal is not to isolate the French-Canadian from other sections of the Canadian people, but to unite all classes of Canadians of every origin and every creed in support of certain principles in which he believes.

Politiquement, on peut toutefois dire de ce texte qu'il apparaît décalé par rapport aux enjeux immédiats de l'élection. Asselin s'y montre fidèle à lui-même, mais le combattant, généralement si prompt à déceler les failles dans la défense de l'adversaire, est loin d'y apparaître au meilleur de sa forme. Il attaque parce que telle est la règle du jeu, mais sans plus. Porté par l'escalade verbale des assemblées, il s'y montrera plus virulent que dans ses écrits personnels, mais il ne fera là que reprendre l'argumentaire nationaliste répercutée aux quatre coins de la Province par Bourassa, Monk et Lavergne.

Du fameux traité de réciprocité commerciale avec les États-Unis, le projet d'entente Taft*-Laurier, que les libéraux ont récemment jeté dans la mare électorale pour tenter de faire diversion au débat calamiteux de la Marine, Asselin dit assez peu de chose, sinon qu'il y est opposé. Les conservateurs, vu leur passé et les prédilections de leurs grands argentiers, s'y opposent eux aussi. Bourassa, un temps, s'est montré plutôt favorable à la réciprocité : en réorientant ses relations économiques, tantôt en direction de Londres, tantôt en direction de Washington, le Canada manifesterait davantage d'autonomie politique et n'enfermerait pas irrémédiablement ses destinées économiques et militaires dans l'étroit corridor des intérêts impérialistes de l'Angleterre. Mais bientôt, tout comme Monk, il en arrive à la conclusion que, profitable à première vue à cause des impressionnantes concessions obtenues de la part des futurs partenaires américains, l'entente risque de se montrer, à long terme, désastreuse pour les agriculteurs, les artisans et les petites entreprises.

Laurier espérait sans doute opérer là une brèche dans l'étrange coalition québécoise survenue entre nationalistes et conservateurs. Il semble avoir échoué. L'entêté Bourassa, qui résiste mal à la tentation de faire cavalier seul en politique, a fini, cette fois, par se ranger du côté des arguments anti-réciprocité. Il fera donc campagne avec les conservateurs contre l'entente Taft-Laurier. Sans développer davantage pour son propre compte, Asselin, dans sa campagne de Saint-Jacques, reprendra sensiblement les mêmes arguments que *Le Devoir* et poursuivra, sans se laisser divertir, ses attaques privilégiées contre le projet de la Marine des libéraux.

Bourassa, toute sa vie, se défendra d'avoir été manipulé et utilisé à son insu par les conservateurs fédéraux dans l'affaire de la réciprocité. L'exploration de cette zone grise des relations entretenues, à l'époque, entre les deux partenaires d'occasion est toutefois loin d'être achevée**. Chose certaine, le chef nationaliste ne se contente plus de travailler en étroite collaboration avec Monk et d'entretenir

---

* William-Howard Taft (1857-1930), président républicain des États-Unis de 1909 à 1913 et successeur de Theodore Roosevelt.
** Pour plus de développements, voir l'ouvrage de Réal Bélanger, *Paul-Émile Lamarche, le pays avant le parti (1904-1918)*, Québec, PUL, 1984.

avec ce dernier une correspondance significative sur les enjeux de l'élection*. Il accepte aussi de participer, en compagnie de Monk, à quelques réunions informelles de stratégie convoquées au domicile du financier Charles Beaubien, organisateur du Parti conservateur pour le Québec. Car il s'agit, d'abord et avant tout, de préparer la défaite de Laurier.

Dans les faits, cette collaboration aura des retombées indirectes fort heureuses pour les finances encore chancelantes du journal de Bourassa. Ainsi, à l'approche de la tenue du scrutin fédéral, des organisateurs conservateurs des Cantons de l'Est abonneront temporairement au *Devoir* des milliers de leurs électeurs susceptibles d'apprécier, comme il se doit, la prose incendiaire que les éditoriaux de Bourassa, les articles et les reportages de Georges Pelletier et d'Omer Héroux répandent, jour après jour, contre les politiques de Laurier. Le journal se remplume, l'équipe s'enrichit de nouveaux talents avec l'arrivée d'un Louis Dupire, d'un Léon Lorrain et d'un Léon Trépanier à la salle de rédaction. Aux communes, Rodolphe Lemieux, déchaîné, accuse les conservateurs d'avoir « acheté » *Le Devoir* pour 200 000 $ en vue de l'élection. Mais « l'Incorruptible » maintiendra sa version des faits :

> À quelques jours de là, l'un des chefs les plus importants du Comité conservateur, armé de listes électorales de tous les comtés de l'Est, abonnait au *Devoir*, pour toute la durée de la campagne quelques milliers de braves électeurs. Du reste, nous fûmes bons princes. Loin de profiter de la situation pour mettre le couteau sur la gorge de ces messieurs, l'administration du journal leur fit des conditions généreuses : nous n'exigeâmes que le prix de l'abonnement régulier, moins la commission que nous payions aux solliciteurs ordinaires. Nous restions ainsi libres de tout ce qui aurait pu avoir couleur de souscription politique, et nous avions l'indicible satisfaction de faire servir le mammon de l'iniquité tory-impérialiste à répandre à pleines colonnes la bonne doctrine nationaliste[9].

Reste, pour l'heure, que « le mammon de l'iniquité » sera utilisé à fond pour faire expier à Laurier ses ambiguïtés et ses trahisons. Comme Bourassa, le candidat Asselin y consent lui aussi indirectement : ses brochures, tout particulièrement *La défense navale de l'Empire britannique* et *A Quebec view of Canadian nationalism*, seront largement diffusées au cours de la campagne électorale par les organisations, aussi bien conservatrice que nationaliste. Les journalistes du *Devoir*, demeurés personnellement fidèles à Asselin, s'en feront aussi les ardents propagandistes. Elles valent à Asselin, comme à Bourassa, la considération et l'estime de certains leaders d'opinion canadiens-anglais particulièrement bien informés et sensibles aux thèses de l'autonomie canadienne.

---

* La correspondance échangée entre les deux leaders politiques a été déposée dans le fonds F.D. Monk aux Archives nationales du Canada à Ottawa.

Le conservateur C.H. Cahan, un avocat d'affaires réputé, sera du nombre. L'estime et l'approbation d'intellectuels canadiens-anglais « éclairés » revêtira toujours beaucoup d'importance aux yeux de Bourassa soucieux d'obtenir leur caution morale. Après la mort de Goldwin Smith, l'année précédente, C.H. Cahan jouera le même rôle auprès du chef nationaliste. Grâce à ses écrits bien documentés dans le *Toronto World* et la *Gazette* concernant le mouvement nationaliste, la coalition pourra ainsi faire entendre sa voix jusque sur les tribunes de l'Ontario. Des journalistes de langue anglaise, tels John Boyd de Toronto, ajouteront leur voix aux arguments de Cahan : les conservateurs du Canada, et non seulement ceux du Québec, devraient tendre le rameau d'olivier à Bourassa et à son groupe. Bientôt, non seulement les conservateurs de la rue Saint-Jacques, mais aussi quelques-uns du côté de Bay Street, se mettront à souscrire également des abonnements au *Devoir* ! Un an et demi après sa fondation, le nouveau journal dépasse déjà *La Presse* et *La Patrie* en influence... sinon en tirage.

À *L'Action,* toutefois, les duettistes Asselin et Fournier continuent de faire cavalier seul. Tandis que les débats préélectoraux font rage, le nouvel hebdomadaire s'intéresse aussi, de façon très suivie, à la fronde qui oppose les résistants franco-américains aux décisions des évêques assimilateurs dont Mgr Walsh est le chef de file. Des menaces d'excommunication sont brandies, des représentants du Vatican mandés sur place. Leur tournée d'inspection s'achèvera tout naturellement par une visite protocolaire au Canada. Rome, depuis l'affaire des écoles du Manitoba, cherche à temporiser. Mais sa politique officieuse s'apparente davantage à celle de Mgr Bourne, au Congrès eucharistique de Montréal, qu'à celle du fougueux Bourassa.

La querelle d'outre-frontière intéresse d'ailleurs au plus haut point nul autre que Mgr Fallon et ses coreligionnaires irlandais de l'Ontario, que le maintien d'un réseau parallèle d'écoles franco-catholiques indispose profondément. Ils demandent, eux aussi, à être entendus par le délégué du pape, Mgr Sbaretti. Devant le lobby anti-français qui s'organise ostensiblement, *L'Action* prend aussitôt position. Ni le style de Fournier ni celui d'Asselin ne s'embarrassent de circonlocutions particulièrement respectueuses à l'égard de tous ces ecclésiastiques romains et irlandais en train de débattre, entre eux, de l'avenir de la langue française en terre d'Amérique. S'inspirant l'un l'autre, les deux pamphlétaires ne mâchent pas leurs mots.

Forcé lui-même de se défendre auprès des autorités religieuses, pour cause de nationalisme excessif, Bourassa ne prise guère, par ailleurs, le renfort non sollicité qu'il reçoit ainsi de ses ex-collaborateurs. Plus que jamais, il se méfie de leurs tendances anticléricales. Quand des hommes d'Église en viennent à errer, Bourassa s'estime seul autorisé à les ramener dans le droit chemin. Dans les assemblées convoquées en Nouvelle-Angleterre, Asselin, orateur invité avec Omer

Héroux, prêche la résistance aux insoumis. Bourassa leur conseille plutôt de garder confiance : dûment éclairée et touchée par leur fidélité à son magistère, Rome, plaide-t-il, finira bien par rendre justice à ses ouailles de langue française.

La collaboration de Bourassa à la campagne d'Asselin dans Saint-Jacques aura parfois à souffrir de ce nouveau conflit d'opinion en matière religieuse. Secrètement contrarié, Bourassa se contentera de laisser *Le Devoir*, dont la salle de rédaction compte de nombreux « asselinistes », appuyer la candidature du président de la Ligue nationaliste, mais sous d'autres signatures moins prestigieuses que la sienne. Il acceptera aussi de participer à quelques assemblées à ses côtés. Le député provincial de Saint-Jacques inaugurera tout de même de bonne grâce la campagne d'Asselin, en mettant plutôt l'accent sur les convergences de leurs pensées respectives que sur les différends qui les opposent :

> Et puisque la présente assemblée est l'ouverture de la campagne dans Saint-Jacques, j'insisterai particulièrement au sujet de mon ami Asselin... On a voulu relever entre Asselin et moi des nuances d'opinion et l'on a été tout étonné de voir que nous pouvions être unis tout en différant d'opinion sur des questions secondaires et même en pouvant être divisés par certains griefs personnels. Dans les troupeaux où la voix du chef commande en maîtresse, il est difficile de faire pénétrer cette idée que chacun peut avoir son opinion personnelle, mais chez nous, lorsque nous sommes unis par les mêmes principes, nous permettons à nos amis de ne pas partager nos vues sur des questions secondaires... Nous sommes venus surtout pour répondre à une question, celle-ci : « Pourquoi, nous, les vieux libéraux de naissance, de tradition, de formation, de principes et de sympathies, nous qui avons travaillé pour notre parti dans les bons comme dans les mauvais jours sans jamais rien recevoir ni rien demander, nous qui avons mis Laurier au pouvoir en 1896, pourquoi aujourd'hui voulons-nous le jeter en bas de pouvoir[10] ? »

Ne voulant pas demeurer en reste de concessions à l'égard de Bourassa, Asselin, prenant la parole aussitôt après lui, affirmera, à la totale incrédulité de tous : « On m'accuse d'être un fauteur de troubles. Depuis quelque temps je suis [devenu] modéré ! » Puis, enchaînant sur ses convictions nationalistes, il affirmera vouloir être candidat à une époque où le pays a plus que jamais besoin de « jeunes lutteurs » et parce que les nationalistes ont été les premiers à formuler, pour le Canada, une solution logique et sensée aux visées impérialistes de l'Angleterre en matière de défense militaire[11].

Cet échange de courtoisie sur la tribune masquait un malaise que seule la nécessité de présenter à l'adversaire un front parfaitement uni était parvenue à surmonter. Huit jours plus tôt, Asselin doutait encore de voir Bourassa venir inaugurer personnellement sa campagne. Alors que les journaux annonçaient déjà qu'il prendrait la parole aux côtés de son ex-organisateur, le député provincial de Saint-Jacques s'était encore une fois déclaré malade. Son disciple s'était aussitôt inquiété des répercussions possibles d'une telle absence qui, selon la rumeur publique de leurs dissensions, apparaîtrait aussitôt comme un désaveu :

> Mon cher Bourassa,
>
> J'ai pris la peine de dire hier aux reporters que vous étiez malade et que je n'étais pas sûr que vous pourriez être présent à notre première assemblée. Le *Star* annonçait hier soir que vous seriez présent. Cela m'ennuie beaucoup et je tiens à vous le dire.
>
> J'ai téléphoné à M. Monk à plusieurs reprises, mais il me répond à chaque fois que si j'ai votre appui dans S.-Jacques cela me sera suffisant. Cette réponse ne me satisfait pas et si vous pouviez voir M. Monk pour le convaincre qu'il doit parler, j'en serais bien aise. J'ai fixé la date au 8 septembre précisément pour l'accommoder[12].

Monk est pourtant très près d'Asselin puisque la coalition l'a personnellement désigné pour documenter et conseiller le chef conservateur sur la question du français[13]. Mais ce dernier ne s'aventurera pas à cautionner Asselin, si Bourassa le boude ostensiblement. Heureusement les choses finiront, in extremis, par s'arranger. Diplomatique ou pas, la maladie de Bourassa sera surmontée et la campagne de Saint-Jacques inaugurée et chapeautée dans les formes. Il arrive ainsi aux vedettes politiques, comme à celles de l'opéra, de devoir échanger sur scène baisers et caresses, alors qu'elles brûlent intérieurement d'un tout autre feu.

Mais l'ancien directeur du *Nationaliste* a-t-il vraiment besoin de toutes ces cautions pour faire campagne ? Si les instances officielles de la coalition le battent froid, il jouit d'appuis non négligeables pour faire face au candidat libéral Louis Audet Lapointe, négociant, commissaire d'école et échevin à l'Hôtel de Ville. La jeunesse des collèges et de l'Université Laval accourt à son appel, aussi fervente et nombreuse qu'en 1908, pour prêter main-forte à son organisation. Elle est venue applaudir son idole et ne sera pas déçue : le candidat Asselin, qui se disait pourtant purgé du romantisme et des beaux effets de style, ne craint pas de s'écrier devant ses auditoires estudiantins en liesse :

> Jeunesse qui, à la suite de César, a jeté la semence de la civilisation, jeunesse qui, marchant sur les traces de Richard Cœur de Lion et de Louis IX a porté les lumières de la civilisation chez les barbares de l'Asie et est allée arracher aux infidèles le tombeau du Christ ; jeunesse qui a conquis nos libertés en versant ton sang ; jeunesse qui était aux côtés de Papineau et de Lyon Mackenzie, pour la conquête de nos libertés ; jeunesse qui a teint de sang chacune des pages de notre histoire ; jeunesse, il faudra que tu sois là quand viendra l'heure décisive ! Viens, entre dans la lutte, combats avec nous, et ensemble nous irons accrocher nos cœurs aux étoiles[14]...

Langage surprenant, qui laisse pantois les électeurs ouvriers de son comté. Mais l'orateur a plus d'une corde à son arc. Pour expliquer de façon plus pédagogique son opposition à la loi de la Marine, il recourt à une image plus familière : « Nous sommes absolument dans la position de deux hommes qui n'ayant que cinq sous pour acheter un cigare, l'un dit à l'autre : "Il faut s'entendre, moi je fumerai, toi, tu cracheras." L'Angleterre va fumer et nous, nous cracherons[15]... »

Comblés, ses jeunes supporteurs distribuent avec enthousiasme à travers tout le comté des lettres où Asselin, ex-libéral désillusionné, ne craint pas de tendre la main aux libéraux de bonne foi, même s'il brigue les suffrages au sein d'une coalition qui compte des conservateurs et des nationalistes dans ses rangs[16].

Son appel ne lui attirera pas des foules de convertis. Mais la qualité compensera la quantité. Son ancien adversaire, Jean Prévost, dont les yeux ont été dessillés par les révélations de l'affaire Turgeon de l'Épine*, répond à son appel de ralliement. Durant toute la campagne, il prêtera le concours de ses talents d'orateur à la dénonciation des mœurs politiciennes des libéraux et à la promotion des thèses nationalistes. Passant outre aux réticences de son patron, le fidèle Héroux sera, lui aussi, présent sur les estrades pour faire l'éloge d'Asselin, de l'homme d'étude et de réflexion qui, pouvant « prétendre à un avenir brillant en demeurant dans les rangs du parti auquel il appartenait, a préféré s'en séparer pour combattre en homme libre[17] ».

Voilà des arguments éthiques bien nuancés pour un candidat qui doit affronter sous peu l'un des pires débats partisans du siècle. Mais épaulé par ses amis, Asselin les reprend dans les lettres dont il multiplie les envois à travers son comté. Un libraire, un plombier, un médecin, un menuisier, un notaire, un épicier, un loueur de voitures, un assureur, un importateur du comté recevront tous, personnellement, des lettres de cette nature signées de la main d'Asselin. Visiblement, la prose polycopiée que lui propose l'organisation conservatrice ne lui agrée pas particulièrement. Il entend s'en charger lui-même. De son petit bureau du 74 de la rue Saint-Jacques, le candidat Asselin, boudé par Monk et Bourassa, se fait épistolier.

Il croit beaucoup à l'écrit. À son ami Jules Fournier, qui fait campagne en sa faveur dans *L'Action* et *Le Passe-temps*, il écrit également pour préciser un peu ses positions au sujet des grands enjeux de l'élection, particulièrement à propos de la réciprocité. Mais l'instauration de discussions publiques éclairées et de mécanismes de consultation populaire, assortis à l'épuration des mœurs politiques, demeurent les ressorts principaux de son engagement électoral, qu'il s'agisse de libre-échange ou de la Marine :

> Quant à la réciprocité, si vous ne trouvez pas grand mal à en dire, vous pourrez toujours signaler la contradiction qui existe entre les arguments ministériels, selon qu'ils s'adressent aux cultivateurs ou aux ouvriers des villes. Mais surtout vous

---

* En 1911, Jean Prévost siège toujours à l'Assemblée législative du Québec aux côtés de Bourassa et de Lavergne.

pourriez, sur l'un et l'autre point, dénoncer avec la dernière vigueur l'habitude qu'ont prise nos ministres de régler les plus grandes questions sans consulter le public. Si un plébiscite formel n'est pas possible, au moins que l'on instruise l'opinion par une discussion franche et entière en temps de calme. Dites un mot des grands abus administratifs[18].

À propos du double discours tenu par les libéraux sur la réciprocité, Asselin précise encore sa pensée dans un texte qu'il adresse aux électeurs italiens de son comté. C'est dans l'exécution des contrats de la compagnie de cimenterie Hassam, dont il est le secrétaire, qu'Asselin a pris contact avec la petite communauté italienne de Montréal, au sein de laquelle se recrutent toujours de nombreux maçons, briqueteurs et ouvriers compétents dans les travaux de pavage et de terrassement. Si l'on fait miroiter aux fermiers, par le truchement de la réciprocité, la possibilité de hausses intéressantes du prix des denrées agricoles, qu'adviendra-t-il de la facture d'épicerie des travailleurs des villes ? Tel est, semble-t-il, avec l'affaire de la Marine, le souci majeur d'Asselin en la matière :

> Avant d'être journaliste, puis homme d'affaires, j'ai été dans ma jeunesse ouvrier d'usine, je sais donc ce que c'est que le travail manuel et j'ai raison d'avoir de la sympathie pour le petit peuple.
>
> Je suis contre la loi votée en 1910 pour la création d'une marine de guerre au Canada, parce que le coût de cette marine équivaudrait à une taxe annuelle d'une piastre par tête d'habitant, soit de $5 pour une famille de cinq. Je ne veux pas que l'on introduise au Canada le militarisme qui écrase les nations européennes et qui a forcé tant d'Italiens à émigrer de leur beau pays.
>
> Je suis contre le traité de réciprocité avec les États-Unis parce que ce traité a pour but de faire monter au Canada le prix des produits agricoles, qui est déjà trop élevé. On dit aux cultivateurs que s'ils veulent vendre leurs produits en franchise aux États-Unis, ils toucheront 6¢ la livre de plus pour le beurre et le fromage, 2¢ par gallon de plus pour le lait, de 2¢ à 5¢ de plus par livre pour la viande, 5¢ de plus par douzaine pour les œufs, et ainsi de suite. Si cela est vrai le coût de l'existence augmentera d'autant pour les ouvriers des villes, sans qu'il y ait aucune chance que leur salaire augmente, puisque les Américains viendront graduellement faire concurrence à nos industriels[19].

Ses arguments économiques, autonomistes et antimilitaristes lui attirent bien des sympathies. Si *La Presse*, *Le Canada* et *Le Soleil*, voués aux intérêts de Laurier, se déchaînent quotidiennement contre lui, de nombreux journaux français et anglais du Québec et même de l'Ontario lui sont au contraire favorables. The *Canadian Century*, auquel il collabore régulièrement, fait l'éloge de son talent, de sa pensée et de son ouverture d'esprit. Ces propos louangeurs réitérés coiffent encore une vaste étude qu'Asselin trouve le moyen de consacrer à la communauté juive de Montréal, le 16 septembre, au beau milieu de la campagne électorale.

Avec son humour habituel, le journaliste s'attaque aux stéréotypes et aux croyances populaires qui entourent cette communauté immigrante. Données historiques, sociologiques, culturelles et religieuses côtoient quelques tableaux chiffrés concernant la véritable participation des citoyens juifs à la propriété foncière montréalaise.

Asselin en profite pour fustiger l'intolérance religieuse des autorités catholiques en matière scolaire et annoncer la part considérable que la communauté juive sera ainsi invitée à occuper, par défaut, à l'intérieur même du réseau scolaire protestant. Belle chance perdue, pour les Canadiens français, d'attirer dans leurs écoles et vers leur groupe des immigrants sobres et travailleurs qui donnent constamment l'exemple de l'entraide et de la solidarité communautaires! Pour sympathique qu'il soit aux descendants d'Aaron Hart, d'Emanuel de Cordova ou de Levi Salomon, le journaliste s'exprime avec franchise et sans circonlocutions sur un sujet qu'il sait controversé. Par opposition, feu Goldwin Smith, l'ex-confident et ami de Bourassa, ne faisait pas mystère de ses sentiments antisémites. *The Canadian Century* apprécie d'autant plus la contribution d'Asselin que cette dernière s'effectue par le biais, original et inusité pour l'époque, du journalisme d'enquête.

À l'instar des rédacteurs du *Canadian Century*, plusieurs intellectuels canadiens-anglais solidaires des principes autonomistes de Monk et de Bourassa recherchent, eux aussi, les écrits et les brochures d'Asselin et affirment que bien peu de journalistes de leur propre groupe réussissent à s'exprimer en français avec l'aisance parfaite que manifeste Asselin dans la leur. *L'Action* traduit et reproduit fidèlement tous ces propos louangeurs.

L'hommage est intéressant, flatteur même. Mais il plane légèrement au-dessus des arguments brandis par les partisans de son vindicatif adversaire, Louis-Audet Lapointe. Ce dernier accuse tour à tour Asselin d'avoir intrigué pour obtenir le poste de secrétaire au Comité exécutif de la Ville et d'avoir quémandé des contrats de pavage pour la cimenterie Hassam, après l'élection du maire Guerin dont il avait appuyé la candidature dans *Le Devoir* l'année précédente. Mais surtout, surtout... Lapointe brandit partout avec lui, dans ses assemblées, la fameuse préface aux *Souvenirs de prison* de Jules Fournier. Dans chacun de ces discours il cite la phrase incendiaire: «J'ai beaucoup menti depuis quelques mois [...] Quand j'aurai dompté les derniers vestiges de ma timidité, que je saurai voler franchement, voler tout le temps, et voler tellement que je ne pourrai plus expliquer à personne l'origine de ma fortune, je serai mûr pour le ministère»...

«Donnez-moi dix lignes de la main d'un homme et je le ferai pendre», prétendait Talleyrand. Lapointe, qui ignore tout du redoutable ministre, utilise pourtant le même stratagème. Cités hors contexte devant des foules interloquées, les extraits ironiques de la fameuse préface vont faire des ravages parmi les électeurs. Ces derniers soupçonnaient déjà la plupart des politiciens de mentir et de voler effrontément. Lorsqu'en sus ils s'en vantent, la mesure déborde! Lapointe profite de l'effet choc obtenu par ses citations pour rappeler qu'Asselin a déjà effectué trois séjours en prison, dont l'un pour avoir frappé au visage le ministre Alexandre Taschereau en personne. Menteur, voleur et agresseur! Décidément, Lapointe ne recule devant aucune accusation.

La Presse s'en mêle. Elle reproche à Asselin d'être devenu citoyen américain lors de son séjour en Nouvelle-Angleterre et de n'avoir régularisé sa situation au Canada que le 17 mars 1911, six mois seulement avant la tenue du scrutin fédéral. Durant plus de dix ans donc, le candidat Asselin faisait la pluie et le beau temps en politique, votait et se portait même candidat* sans être sujet britannique!

Au Devoir, les amis d'Asselin reproduisent fidèlement les arguments de sa défense. Le 18 septembre, ils rétorquent: oui Asselin a bel et bien cogné sur la « gueule » du ministre Taschereau, qui était un « sale individu », et, « bien que plus léger que lui de 50 livres », le journaliste a cru qu'il avait « assez de cœur dans la poitrine » pour lui faire ravaler ses mensonges. D'ailleurs, sir Wilfrid Laurier lui-même, dans sa jeunesse, n'a-t-il pas écopé d'une amende de 15$ pour avoir giflé un collègue du nom de Crépeault? Tout comme Asselin, le premier ministre libéral a comparu autrefois devant les tribunaux sous accusation de libelle et, comme lui encore, il a été acquitté faute de preuve! En politique, on ne fait pas d'omelette sans casser des œufs.

Les accusations de Lapointe traînent malgré tout dans le paysage. Asselin ne doit rien négliger pour parer les coups qui n'en finissent pas de pleuvoir sur lui. Il le fait avec désinvolture et brio, sinon avec efficacité, et s'attire de nombreux appuis populaires. Un soir, au marché Saint-Jacques, cinq mille personnes l'acclament. Trois mille autres le portent en triomphe, drapé dans les plis... du drapeau du Dominion!

Mais ces succès d'estime ne lui font guère illusion. Il sait que la partie est loin d'être gagnée. Instruit par l'éprouvante expérience des élections provinciales de 1908, il veille personnellement au recrutement d'officiers de votation expérimentés, pour s'assurer que les tentatives de supposition de personne — les « télégraphes » — seront démasquées et déjouées à temps. Esprit concret, excellent organisateur (quoiqu'un peu « brouillon », aurait dit Bourassa), Asselin se constitue une équipe efficace et dévouée. Il n'a pas son pareil pour mettre de l'ambiance dans une organisation. Ses bons mots fusent à tout propos. Avec lui, les militants sont assurés de ne s'ennuyer jamais! Même certains dignitaires de la vénérable Association Saint-Jean-Baptiste sont venus lui prêter main-forte. Asselin, devenu sur les entrefaites leur vice-président, les éléments les plus politisés de

---

* C'était le cas à l'élection provinciale de 1904 où Asselin s'était présenté contre Jean Prévost, dans le comté de Terrebonne.

l'Association verraient d'un œil plutôt favorable son élection au sein du gouvernement fédéral, à l'heure où tout laisse présager, pour l'Ontario, une réédition scolaire de la crise manitobaine de 1896.

Devant tant d'attentes et de sympathies, le candidat Asselin se doit de ne pas décevoir. Dissimuler sa fatigue, cacher son désarroi, crâner encore et toujours... qu'a-t-il fait d'autre, d'ailleurs, depuis trois ans qu'il tire derrière lui son aile brisée ? Il ira jusqu'au bout cette fois encore. Dans *Le Devoir*, Omer Héroux souligne la qualité exceptionnelle de son engagement. Il en profite pour rendre un vibrant hommage au désintéressement de madame Asselin, fidèle supporteur du candidat de Saint-Jacques : « Ceux qui me croisent se demandent, après cela, si je suis digne de toi[20] ? » écrit le candidat à sa femme qu'il devine plus que réticente à l'égard de sa dernière embardée électorale. Et il termine sa lettre sur une promesse qu'à son propre étonnement il tiendra : « Je te promets de ne plus faire de politique après le 21 septembre si je suis battu[21]. »

L'avant-veille du scrutin, le 19 septembre, une assemblée générale monstre réunit enfin tous les ténors de la coalition « autonomiste » à la patinoire Ontario. Asselin prend place sur l'estrade, aux côtés de Monk et de Bourassa. Avec eux, il a droit aux ovations de la foule lorsqu'il convie la jeunesse à ne plus lier son sort à celui d'un « moribond qui sent déjà mauvais » mais à gravir la pente qui conduit « vers le soleil, à la conquête de la liberté ».

> Je rends hommage, s'écrie-t-il, à ceux qui mettent Monk et Bourassa avant Laurier et Borden, je rends surtout hommage au peuple qui veut maintenant que l'on discute et qui, enfin, ne se laisse pas guider par le fétichisme. Le 21 au soir, que ce ne soit pas Laurier ou Borden ou Monk et Bourassa qui triomphent, mais que ce soit l'idée de la patrie canadienne elle-même...

Le Devoir du lendemain reproduira fidèlement sa profession de foi nationaliste envers le peuple et la patrie canadienne. Mais pour l'heure, les manifestants sont en liesse ! Le bruit court dans l'assemblée que Laurier, aux abois, se serait rendu le jour même en pèlerinage au sanctuaire de Sainte-Anne-de-Beaupré. Enthousiasmés, ils détellent la voiture de Bourassa et de sa femme pour aller les reconduire à leur domicile, en défilant dans les rues. Asselin, qu'Alice a accepté d'accompagner le dernier soir, a droit au même traitement de faveur. La campagne est terminée. Les jeux sont faits et les candidats, fourbus, vont se mettre au lit.

Le 21 septembre 1911, le gouvernement Laurier subit une défaite retentissante, après quinze ans de pouvoir, et la coalition nationaliste-conservatrice triomphe. Asselin est cependant défait dans son comté par le libéral Louis Audet-Lapointe qui l'emporte par 1514 voix de majorité. Plus heureux, le chevaleresque Paul-Émile Lamarche est élu dans Nicolet. Au Québec, la coalition Monk-Bourassa réussit à faire élire dix-sept députés sous une identité qui, dès le lendemain, apparaîtra passablement ambiguë.

L'aile québécoise du parti ministériel a beau revendiquer une très large autonomie d'opinion par rapport aux instances fédérales, elle ne saurait, pensent certains, s'identifier autrement que sous l'étiquette conservatrice. Quant aux nationalistes « bourassistes », de par la volonté de leur chef, ils n'ont jamais constitué de parti distinct. Députés provinciaux, Lavergne et Bourassa ont orchestré la campagne et tenu des assemblées « oppositionnistes », sans consentir à se porter eux-mêmes candidats. C'est donc sous la houlette morale de Monk que les dix-sept élus du Québec vont se présenter bientôt aux communes. Ironie du sort, leurs interventions à la Chambre vont dorénavant dépendre du bon vouloir et du signal du « whip » en chef du Parti conservateur. Élu par une confortable majorité de 47 sièges, grâce principalement à son opposition au projet de réciprocité, Borden n'a guère besoin de l'appui du Québec pour gouverner à sa guise. Déjà, en Ontario, son élection est saluée comme une victoire des thèses et des politiques favorables à l'Empire : « One fleet, one flag, one throne ». On est loin de la balance du pouvoir !

Au Québec, les journaux libéraux annoncent que la voix de la province de Québec sera étouffée et que c'est celle de Toronto qui va désormais prédominer dans les débats parlementaires. On accuse du même souffle l'infâme « secte nationaliste » d'avoir affaibli le Québec, en cédant impulsivement à ses désirs de vengeance contre Laurier. Quelque peu décontenancés par les répercussions de leur victoire, les nouveaux élus de la coalition sont à la recherche de consignes claires qui tardent à venir.

Au lendemain de la victoire, épuisé sans doute par l'effort de la campagne, Bourassa s'est réfugié dans sa retraite de Sainte-Adèle et ne veut plus voir personne. Comme après sa victoire de 1908, sa porte se retrouve consignée et il refuse d'ouvrir son courrier. Tout au long des semaines où se poursuivront les pourparlers entourant le choix de la représentation québécoise au sein du nouveau cabinet conservateur, il ne fera pas entendre sa voix publiquement et ne participera pas aux rencontres informelles réunissant les nouveaux élus. Sans instructions précises de la part de leur chef, certains députés de la coalition hésiteront alors à s'inscrire comme « nationalistes » au registre du Guide parlementaire canadien. À l'instar de Paul-Émile Lamarche, élu dans son comté de Nicolet, Louis Coderre, Joseph-Hormidas Rainville et Albert Sévigny s'identifieront tout naturellement comme « conservateurs ». L'équivoque venait de commencer.

Davantage homme d'étude que stratège politique, Monk n'est pas de taille à pouvoir la dissiper. Profondément affecté par la mort récente de sa femme et doté d'une santé plutôt délicate, il ne suffit pas à compenser seul pour la surprenante éclipse du premier mentor de la coalition. Dans un éditorial, publié deux ans plus tard, le directeur du *Devoir* expliquera laconiquement en quelles circonstances il abandonnera ainsi à son jeune disciple, Armand Lavergne, l'écrasante responsabilité des tractations entourant la formation du cabinet Borden : « Je partis pour la campagne, autant pour ne pas assister à la dispute des dépouilles, besogne à laquelle je suis fort peu apte, je l'avoue, qu'afin de me désinfecter d'une lutte électorale de deux mois[22]. »

Aveu éloquent, par le choix des mots, de l'ambivalance foncière qui continue d'habiter le petit-fils de Papineau. Face aux foules qui l'adulent, il ne peut résister à la tentation d'y faire servir les ressources de sa pensée et de ses dons exceptionnels. Mais il redevient vite la proie d'une sorte de répulsion foncière pour les grands jeux du pouvoir où il craint, par-dessus tout, de se voir entraîné et compromis. Ou, selon sa propre expression, « infecté » au contact des miasmes de la partisanerie politique. C'est bien là ce qu'Asselin lui reprochera toujours : de s'en tenir aux discours et, le moment venu, de se refuser à l'action. Voilà peut-être, entre autres motifs secrets, la sorte de « leçon » que le disciple déçu a voulu prodiguer au maître en se présentant à la place qui aurait dû lui revenir sur la ligne de feu : celle de député de son comté de Saint-Jacques, celle d'inspirateur et de chef de file naturel de la coalition contre Laurier.

Bourassa poursuit donc à Sainte-Adèle la cure purificatrice qui lui permettra de reprendre bientôt son rôle préféré d'arbitre et de juge impartial des débats en cours. Armand Lavergne, en dépit de son jeune âge, est bien obligé, lui, de retirer ses gants blancs ! Il n'y répugne pas absolument. Des tractations intenses entre Borden et ses lieutenants « tories » sont en cours pour la formation du futur cabinet. Si personne de la coalition québécoise n'accepte de s'en mêler sérieusement, les principes autonomistes risquent de se retrouver sans défenseurs valables au conseil suprême de la nation. Lavergne, porte-parole par défaut de la coalition québécoise, s'engage donc à fond dans les conciliabules préparatoires aux nominations. Dans les coulisses, toutefois, Bourassa continue de prodiguer ses conseils au plus fidèle et au plus jeune de ses disciples. Borden a promis à Monk de respecter ses choix : ce dernier aura le dernier mot sur les nominations des représentants de la province de Québec.

La partie ne s'annonce pas facile. D'entrée de jeu, Monk, qui connaît ses propres limites, refuse carrément d'entrer dans un cabinet dont Bourassa, infiniment plus aguerri que lui, ne ferait pas partie. Borden offre aussitôt de libérer deux comtés québécois victorieux, pour permettre à Bourassa et à Lavergne d'accéder aux ministères dévolus au Québec. La caution nationaliste lui est encore utile. Mais, comme prévu, Bourassa refuse. Il estime avoir commis une erreur, trois ans auparavant, en acceptant de passer de la scène fédérale à la scène provinciale. Il ne va tout de même pas, cette fois-ci, accepter de refaire le même trajet en sens inverse ! Ce serait faire preuve d'inconstance et de légèreté. Lavergne fera comme lui. Les deux députés nationalistes, que le ministre giflé, Alexandre Taschereau, a déjà surnommés « l'empereur et le soldat », demeureront donc en poste à leur siège

de simples députés de l'Assemblée législative du Québec. Il faut trouver rapidement autre chose. Il faut tout mettre en œuvre pour faire accéder au cabinet Borden des élus favorables aux principes de la coalition autonomiste et fournir à Monk les renforts dont il a un si pressant besoin pour maintenir son leadership aux communes.

Armand Lavergne s'active donc seul, en l'absence de Bourassa. Il demeure lucide et n'a pas froid aux yeux. Loin de le révulser, l'observation des grands jeux du pouvoir lui procure, au contraire, un spectacle fascinant. Ainsi, l'idole de la jeunesse, le trouble-fête, le gavroche des communes et de l'Assemblée législative prend-il un malin plaisir à se voir subitement entouré de prévenances et d'attentions par toute une cour de messieurs bedonnants et cravatés de haut, qui ont l'âge de son père, et qui viennent quémander un bon mot de sa part dans l'espoir d'accéder au cabinet.

Le grand ami de Bourassa, C.H. Cahan, toujours fervent partisan des thèses autonomistes, engage même ses deniers dans la location d'un wagon de chemin de fer privé qu'il met personnellement à la disposition de Lavergne pour faciliter ses indispensables va-et-vient entre Montréal et Ottawa. À trente et un ans, voilà un encens qui risque de monter à la tête du plus intransigeant des « bourassistes » ! Lavergne, tout en s'amusant follement du spectacle de la comédie humaine qui se déroule sous ses yeux, s'efforce de garder raison. Enfoncé dans le fauteuil « pullman » de son wagon particulier, il garde la tête froide et dresse, sans hésiter, la liste des indésirables et des ministrables qu'il entend soumettre à Monk d'abord, au premier ministre ensuite.

Il écarte d'emblée les faux jetons et les « chers ennemis » qui ont fait route avec les nationalistes par opportunisme, dans le seul espoir d'en retirer des avantages, une fois Laurier battu. En dépit de sa fortune et de ses grands états de services, Rodolphe Forget, roi de la Bourse et des « trusts », et cible de prédilection d'Asselin au *Nationaliste*, sera péremptoirement rangé parmi les indésirables. La vieille famille « bleue » s'en trouve frappée de stupeur incrédule : Forget avait toujours prétendu qu'« Armand Lavergne n'était qu'un enfant » ! Sommé de choisir entre Forget et Lavergne, Monk incline plutôt du côté de Lavergne. Son choix se portera donc, lui aussi, sur l'ancien chef québécois Louis-Philippe Pelletier, dont la feuille de route lui apparaît beaucoup moins tortueuse. Croisant ensuite Forget dans les corridors du Parlement, Pelletier, promu ministre des Postes, s'empressera de lui offrir ses sympathies narquoises : « Que voulez-vous : "l'enfant" n'a pas voulu ! » Comme prix de consolation, le courtier éconduit se verra décerner le titre de « chevalier » sur recommandation expresse du gouvernement. « Sirez-vous si vous voulez, ripostera Lavergne ; en Angleterre, tous les gros marchands de savon sont sirés[23]. »

En dépit de leurs protestations tardives de foi nationaliste et d'assauts répétés auprès de Lavergne, certains des aspirants-ministres, tels David-Ovide

Lespérance, seront déçus. La pilule demeure amère pour la vieille garde « bleue ». Mais à plus long terme, l'influence de Lavergne s'avérera fort limitée. Certes les plus voyants des indésirables, tel l'impérialiste Thomas Chase-Casgrain, ont été provisosirement écartés du cabinet. En revanche, toutefois, le choix de la représentation québécoise et celui des ministères qui lui seront attribués n'assurent aucunement l'influence de la coalition autonomiste dans la conduite des affaires de la nation. Le crédit dont jouirait le « petit soldat » de Bourassa auprès du premier ministre n'est pas tel qu'on se plaît à le dire dans les rangs conservateurs.

Le cas de Monk demeure le plus préoccupant de tous. À ce juriste distingué, doué d'une conscience exigeante, le ministère de la Justice eût parfaitement convenu. C'est, à la surprise générale, aux Travaux publics que se trouve plutôt promu le député de Jacques-Cartier. Officine par excellence des tractations secrètes, du patronage et du financement occulte des partis, les Travaux publics constituent un lieu de pouvoir parallèle où un Israël Tarte se mouvait avec aisance et parfaite désinvolture! Monk, au contraire, se trouvera bientôt débordé par la tâche et perdu dans les labyrinthes obscurs d'influences dont il ne soupçonnait même pas l'existence. Borden eût-il planifié, au départ, la perte de son lieutenant québécois d'occasion, qu'il n'eût pas agi autrement en lui confiant pareilles responsabilités.

Quatre représentants du Québec seconderaient donc Monk dans son action: Charles J. Doherty à la Justice, Bruno Nantel au Revenu de l'intérieur, Louis-Philippe Pelletier aux Postes, Georges Perley, ministre sans portefeuille. Aucun poids lourd. Tous ces quinquagénaires, formés à l'intérieur du sérail conservateur, seront bien incapables de répercuter et de défendre la pensée autonomiste et nationaliste au sein du nouveau cabinet. Bruno Nantel, pour sa part, ne parle même pas l'anglais.

En paix avec lui-même, toutefois, le directeur du *Devoir* a repris son rôle de prédilection. À distance, il va bientôt se faire le commentateur dédaigneux et sarcastique des avatars que la coalition s'apprête à subir aux mains du puissant parti de sir John A. Macdonald. Brutus victorieux, il affile déjà ses dagues pour les retourner, cette fois, contre le parti des vainqueurs de Laurier. Plusieurs de ses anciens disciples, désormais clairsemés au sein du caucus conservateur, vont devoir en faire les frais. D'autres, qui feront cavalier seul en l'absence de directives, s'apprêtent à traverser avec un bonheur inégal l'épreuve de l'isolement politique le plus total. Certains s'y briseront l'échine. Un isolé, Paul-Émile Lamarche, sauvera, à lui seul, l'honneur de la coalition et de ses principes. À sa mort prématurée, en 1918, *Le Devoir* ne manquera pas de rendre un vibrant hommage au courage, à la droiture et à la fidélité opiniâtre du jeune disciple que Bourassa avait contribué à larguer seul sur les eaux traîtresses de la partisanerie tant abhorrée[24].

De son côté, la défaite d'Asselin, présagée et presque souhaitée, n'altérera guère la ligne de ses intérêts et de ses humeurs. À *L'Action*, où l'on n'attendait aucun miracle du côté de Borden et des conservateurs, les positions éditoriales ne seront pas modifiées par l'issue du scrutin. Aux premiers signes avant-coureurs de débandade et de reniement, du côté de la coalition, on se gardera de jeter les hauts cris. On déclarera plutôt qu'en compagnie de pareils partenaires, la chose était prévisible. Ni Fournier ni Asselin, pourtant, ne tenteront, à rebours, d'imaginer un meilleur scénario pour les nationalistes que celui auquel on venait d'assister. De telles spéculations devenaient sans doute théoriques devant les nouvelles luttes qui s'annonçaient.

L'Action en effet, est toujours en guerre ouverte avec le lobby des évêques assimilateurs du Rhode Island et de l'Ontario qui ont fait leurs les principes énoncés par Mgr Bourne au Congrès eucharistique de Montréal, l'année précédente. Le journal de Fournier multiplie les attaques et les caricatures et, ce faisant, accentue encore le fossé qui va s'élargissant entre le directeur du *Devoir* et ses anciens disciples. Bourassa prône toujours le respect dû aux chefs spirituels auxquels il subordonne la défense des droits du français. Asselin et Fournier, au contraire, prédisent que les leaders franco-américains en seront réduits, un jour ou l'autre, à boycotter le paiement de la dîme et l'assistance à la messe dominicale, si l'on persiste à leur envoyer des pasteurs qui ne parlent pas leur langue ou à leur imposer une double taxation scolaire. Dès le lendemain des élections, ils reprennent le combat.

Monseigneur Bourne a été nommé cardinal, rappelle Asselin dans les numéros suivants, sans doute pour s'être fait, ici même en 1910, le porte-parole des politiques vaticanes favorables à l'anglais comme véhicule d'évangélisation. Quelle récompense le délégué du pape, Mgr Sbaretti, réserve-t-il alors à Mgr Fallon qui s'apprête à mettre en application, en Ontario, l'esprit de ces mêmes politiques ? Le caricaturiste Charlebois complète aussitôt la pensée de l'éditorialiste. Découvrant avec consternation que Jésus était juif, un paroissien irlandais se console en confiant à son curé : « Au moins, il n'était pas canadien-français ! » Aux yeux de Bourassa, de tels procédés sont inadmissibles.

Asselin récidive pourtant en s'attaquant à la législation ontarienne qui, sous l'influence du clergé irlandais, interdit les mariages entre catholiques et protestants. Les citoyens riches s'en tirent en versant des sommes considérables à l'Église sous forme de « dispenses ». Les Canadiens français pauvres, quant à eux, sont contraints d'apostasier ou de s'angliciser pour pouvoir se marier selon leur cœur. Charlebois n'est pas en reste d'impertinence : la caricature fait voir un instituteur prédisant une brillante carrière d'évêque à l'écolier irlandais qui vient tout juste de mettre knock-out son petit condisciple canadien-français. À l'ouest de la rivière Outaouais, les nuages s'amoncellent.

Peu avant Noël, Asselin décoche une dernière flèche en direction de Louis Audet-Lapointe, son ex-rival dans Saint-Jacques et président du comité exécutif de la Ville de Montréal. La Ville, en effet, projette de se porter acquéreur, pour la somme de 400 000 $, de l'immeuble de l'Université Laval à Montréal situé rue Saint-Denis. Le pamphlétaire en profite pour stigmatiser l'absence de vision et de culture des « vieux gâteux » qui dirigent les destinées de notre « grande université », commme s'il s'agissait d'une épicerie de quartier :

> Ce qu'il faut aux administrateurs actuels de Laval, écrit-il, ce n'est pas de l'argent pour leur boutique : ils n'en sauraient que faire. C'est, pour leur vieillesse impotente, un asile paisible, de la bouillie, du papier de riz et des chaises percées[25].

Une finale cruelle qui laissera des traces indélébiles dans certaines mémoires. Tandis que les deux pamphlétaires reprennent de plus belle leurs combats, Armand Lavergne profite du mince crédit dont il jouit encore auprès du nouveau gouvernement pour faire cheminer leurs idées. La question de l'immigration au Canada a toujours tenu une place très importante dans les préoccupations du *Nationaliste*, du *Devoir* et de *L'Action*. Comme collaborateur assidu, Lavergne s'est associé aux positions défendues alternativement par Asselin et par Fournier, dans leurs nombreux articles consacrés aux entraves multiples posées par le gouvernement fédéral à l'immigration belge et française au Canada français. Il estime, avec eux, que le temps est venu de procéder à une enquête sérieuse concernant une question trop longtemps et délibérément ignorée par les libéraux. Selon leurs chiffres, de 1901 à 1906, environ 580 000 immigrants étaient entrés au pays. De ce nombre, 7000 seulement étaient de langue française.

Le responsable d'une telle enquête ne saurait être Fournier, devenu l'hommeorchestre indispensable à la vie de son nouveau journal. Asselin, au contraire, s'ennuie à périr au Crédit métropolitain et troquerait avec enthousiasme les soumissions de la cimenterie Hassam pour une mission gouvernementale en Europe. N'est-ce pas, après tout, la coutume, pour le parti au pouvoir, que de réserver quelques douceurs à ceux de ses candidats malchanceux qui ont subi la défaite ? Asselin est loin d'être un conservateur bon teint, tant s'en faut ! Mais la lune de miel entre « bleus » et nationalistes n'est pas encore tout à fait terminée et Borden, bon prince, fait mine d'ignorer tout le mal qu'on dit de lui et de son parti dans *L'Action*.

En janvier, Asselin est officiellement chargé de mission en Europe, afin d'y effectuer une vaste enquête sur l'immigration. Le premier ministre et le ministre de l'Intérieur, Robert Rogers, lui ont laissé carte blanche. Asselin, tel qu'il a toujours rêvé de le faire, y observera la mise en place des politiques gouvernementales dans les pays d'expression tant française qu'anglaise. Si son hypothèse de départ se vérifie, son rapport devrait établir, hors de tout doute, l'existence d'un double discours et de doubles standards visant à encourager, ou à dissuader selon le cas, l'immigration en direction du Canada. Selon leur langue d'origine, les immigrants, pensent Asselin et Fournier, se voient peindre l'entreprise sous un jour plus ou moins favorable. Les « héritiers de Lord Durham » seraient donc toujours à l'œuvre dans les officines gouvernementales ? Comment Asselin, qui l'a toujours soutenu, pourrait-il résister à l'offre qui lui est faite aujourd'hui de reprendre la plume et d'établir, par une enquête factuelle commandée directement par le ministre de l'Intérieur, la véracité et le bien-fondé de ses allégations ?

Ses émoluments fixés et l'allocation d'Alice assurée, le journaliste-enquêteur s'embarque avec jubilation pour la France, patrie lointaine de son esprit et dame de toutes ses pensées... Le port de Montréal étant bloqué par les glaces, c'est d'Halifax qu'il effectue, pour la première fois de sa vie, la grande traversée. Il n'arrive pas à contenir la joie qui l'envahit. Les lettres quotidiennes qu'il rédige à l'intention d'Alice, depuis l'*Empress of Ireland*, en témoignent. Mais il lui faut d'abord passer par l'Angleterre.

Chapitre XXV

ENFIN LA FRANCE !

Ce qui fait de la France une nation unique dans l'histoire, c'est son culte inlassable et profond des idées...

(Olivar Asselin, *Pourquoi on aime la France*)

La traversée de l'Atlantique Nord en plein mois de janvier n'offre pas, tant s'en faut, les charmes indolents d'une croisière aux Antilles. À peine sorti des eaux du Golfe, l'*Empress of Ireland* est aussitôt la proie des tempêtes hivernales et l'accès à ses ponts est interdit aux passagers par mesure de sécurité. Asselin se trouve momentanément frustré de ses promenades quotidiennes. Il est, fort heureusement, peu sujet au mal de mer. Confiné à l'intérieur, il se familiarise avec son nouvel environnement. Les services fédéraux ont réservé à l'enquêteur du gouvernement une vaste cabine de première classe qui lui sert de bureau. Il en profite pour décrire longuement à sa femme ses impressions de voyage.

S'il maugrée, pour la forme, devant l'obligation qui lui est faite d'obéir à la cloche qui appelle aux repas, de revêtir l'habit de soirée pour dîner, il s'accommode fort bien, en revanche, du luxe discret du décor et de l'atmosphère feutrée de la bibliothèque dont il a déjà repéré quelques titres prometteurs. Les lambris d'acajou du grand salon et les cristaux de la salle à manger finissent par trouver grâce à ses yeux. À peine le bateau a-t-il laissé derrière lui les escarpements brumeux de Terre-Neuve qu'on le retrouve en grande conversation au fumoir des hommes où sa réputation avantageuse l'a précédé. Tel négociant de Montréal en voyage d'affaires, tel avocat de Québec appelé à défendre une cause auprès du Conseil privé de Londres lui offrent, tantôt un verre de bourbon, tantôt un cigare de la Havane, dans l'espoir d'un bon mot ou d'un coup de griffe de sa part. Ils ne seront pas déçus. Bien calé dans son vaste fauteuil de cuir, après tant d'années d'inconforts et de privations, le candidat défait de Saint-Jacques se laisse courtiser de bon cœur.

Pauvre toute sa vie, entier dans ses opinions, jusqu'au-boutiste dans ses combats, Asselin n'a jamais songé à protéger sérieusement ses arrières. L'ombrageuse prudence d'un Bourassa, prudence qui pouvait aller jusqu'à la froideur dans ses relations avec ses compagnons d'armes, n'a jamais été le fait de son disciple. Rude à lui-même, frugal dans ses besoins, désintéressé jusqu'à l'inconscience, le contempteur redouté des puissants a pourtant conservé, à travers tous ses combats, un amour intense de la vie et de ses douceurs. Quand celles-ci, exceptionnellement, passent à portée de main, il s'en saisit et les savoure sans la moindre arrière-pensée.

En dépit de son manque total de familiarité avec ce qu'il convient généralement d'appeler le luxe, Asselin, bon vivant de nature, semble reconnaître d'emblée et apprécier, comme de science infuse, les meilleurs vins, les tissus les plus raffinés, les travaux d'artiste les plus délicats. En mer, tandis que le paquebot l'éloigne chaque jour davantage de l'Amérique, il achève la lecture des *Confessions* de Verlaine. L'étonne et l'amuse à la fois, écrit-il à sa femme, cette mémoire sélective de l'abbé Camille Roy qui s'obstine à ne retenir du poète symboliste que les vers du converti tardif...

Voilà des réflexions qu'il ne peut guère partager avec ceux de ses rares compatriotes que le hasard lui a assignés comme compagnons de voyage et auxquels les affres du mal de mer ont été épargnées. Il juge ces derniers généralement peu informés et mal dégrossis. Après quelques jours de traversée, il en vient à privilégier davantage la conversation d'un commerçant londonien, fort cultivé, et d'un immigrant juif d'origine allemande, qui vient d'élire domicile au Québec et s'intéresse de près à la politique internationale.

À l'approche du Gulf Stream, la mer se faisant plus clémente et les autorisations de sortir plus fréquentes, Asselin organise une petite chorale d'amateurs. À une loterie, organisée parmi les passagers pour deviner la distance quotidienne parcourue par le paquebot, Asselin décroche le gros lot de 73 $ et s'en amuse follement. À Liverpool, l'heure du débarquement venue, les cartes de visite s'échangent. Décidément, le redoutable polémiste s'est avéré un très agréable compagnon de voyage. Ceux qui le traitent de croquemitaine n'ont jamais affronté le roulis et le tangage en sa compagnie !

Pour les fins de son enquête sur l'immigration, Asselin doit séjourner deux semaines en Angleterre, avant de poursuivre ses recherches en Belgique et en France. Avant de plonger dans les dossiers du Haut Commissariat du Canada à Londres et de mener ses entrevues auprès des membres du personnel affectés à l'immigration, il veut s'arrêter à Birmingham, Sheffield, Chester, Manchester et Oxford. Sur la voie du retour, il compte visiter au passage Portsmouth et Douvres, d'où il gagnera Anvers et la Belgique.

Après le confort douillet de son « palais flottant », il est saisi par l'humidité et le froid omniprésents, aussi bien dans les musées, les cloîtres et les cathédrales que dans les officines gouvernementales et les chambres d'hôtels. Sa constitution encore fragile se ressent aussitôt de ces nuits écourtées qu'il passe recroquevillé, à grelotter entre des draps rêches et glacés à la recherche du sommeil. Ses ennuis digestifs et intestinaux reprennent de plus belle et il doit faire appel à toutes les ressources de son énergie pour respecter l'agenda chargé, les sorties et les visites organisées qui ont été prévues pour lui par les autorités responsables de son emploi du temps.

Malgré la conscience aiguë de son identité française, l'Angleterre lui procure une impression de familiarité inattendue. À Birmingham comme à Londres, le voyageur découvre combien, à maints égards, l'architecture des immeubles, le tracé des rues, la délimitation des quartiers commerciaux et résidentiels, l'affichage et les mœurs urbaines font de Montréal une ville fortement marquée par ses influences britanniques. La « deuxième ville française du monde » conserve, extérieurement du moins, bien peu de traces physiques de ses origines françaises. À cette lointaine familiarité du décor se surajoute, pour Asselin, la découverte du caractère déjà européen des villes qu'il visite en Angleterre : respect de l'Histoire et de ses traces, grandeur des monuments, civilité des rapports entre l'autorité et les citoyens, tolérance à l'égard de la diversité d'opinions dans les débats politiques et les journaux.

Sa curiosité est particulièrement stimulée par l'omniprésence des femmes, aussi bien parmi les membres du personnel des moyens de transports, des bureaux et des hôtels qu'il fréquente, qu'aux spectacles et aux concerts auxquels le convient ses guides d'occasion. Des femmes, de plus en plus nombreuses, occupent des responsabilités dans le monde du travail et des affaires publiques. Le soir venu, ces dames ne craignent pas de sortir seules, à deux ou en groupe. Ou encore de tenir des réunions sociales et culturelles dans des clubs privés, en tous points semblables à ceux des hommes. Les féministes anglo-protestantes sont, de toute évidence, à l'avant-garde du mouvement pour l'égalité juridique entre les deux sexes. Une réflexion qu'il a eu l'occasion de partager déjà avec la présidente-fondatrice de la Fédération nationale Saint-Jean-Baptiste, Marie Lacoste-Gérin-Lajoie, depuis que lui-même siège au bureau de direction de la Société.

En revanche, Asselin ne peut manquer d'être bouleversé par les manifestations de la pauvreté et l'ampleur des problèmes sociaux qu'il découvre, au gré de ses promenades quotidiennes. La misère des enfants des rues lui est un véritable crève-cœur : certains d'entre eux errent tout le jour, pieds nus dans la neige, vêtus de haillons comme de véritables personnages de Dickens, confie-t-il à sa femme. Les yeux exorbités par la faim, ils tendent la main dans l'espoir d'une obole ou d'un morceau de pain... Par comparaison, Claude, Jean, Paul et Pierre, bien au chaud au 1022 de la rue Saint-Hubert, mènent une existence de petits princes !

La question sociale et ouvrière préoccupe toujours Asselin. Au cours de son voyage, il a l'occasion de s'en ouvrir avec le neveu de Joseph Chamberlain*, étudiant très engagé dans les œuvres sociales populaires. À vingt-huit ans, Norman Chamberlain s'est trouvé mobilisé par un mouvement social animé par diverses dénominations chrétiennes. Ces dernières cherchent à intéresser les jeunes universitaires au dialogue et à la coopération avec les milieux populaires, chroniquement affectés par la misère et le chômage. Sous l'inspiration de *Rerum novarum*, l'encyclique sociale du pape Léon XIII parue en 1891, les « catholiques sociaux » anglais ont emboîté le pas en fondant les *settlements*, lieux de résidence, de réflexion et d'animation implantés au cœur des quartiers populaires.

Asselin partage aussi ses impressions et ses découvertes avec ce négociant de Québec, d'origine juive-allemande, avec lequel il s'est lié d'amitié durant la traversée et qu'il revoit à quelques reprises pendant son séjour à Londres. Au-delà des monuments du passé, ce sont les luttes quotidiennes des hommes qui le captivent ici. « En Angleterre, écrit-il à Alice, on ne peut faire un pas sans marcher dans l'Histoire. Quand j'aurai visité Coventry, Warwick, Stratford-on-Avon, serai-je plus avancé ? Ce qui m'intéresse dans ce voyage, ce sont les idées, ce sont les hommes[1]. »

L'équilibre qu'il croit observer, en Angleterre, entre le souci de la tradition et l'ouverture aux idées nouvelles, lui semble d'excellent augure et colore très positivement les premières impressions qu'il se fait de la grande cité de Londres. Une qualité qu'on dit toute britannique, l'esprit d'ordre et de discipline, séduit tout particulièrement le franc-tireur recyclé en enquêteur gouvernemental :

> Tu ne saurais t'imaginer, écrit-il encore à sa femme, l'impression de grandeur et de force que fait Londres sur l'étranger. L'admirable caractère anglais s'y manifeste de toute manière. Paris me séduira peut-être davantage, mais je ne crois pas qu'il m'inspire plus d'estime ni plus de respect [...]. Où la grande Cité anglaise se trouve, c'est dans son attachement au passé, son souci intelligent du présent et de l'avenir, *son goût de l'ordre***, son respect de la liberté[2].

S'ajoute à ces impressions favorables la découverte de tous ces Londoniens et Londoniennes qui se font un point d'honneur de manifester, en sa présence, leur connaissance de la langue et de la culture françaises. Tant de courtoisie et d'ouverture le changent agréablement de l'arrogance de ces Canadiens anglais

---

* Sir Joseph Austen Chamberlain (1863-1937) a été élu député en 1892 dans les rangs des libéraux unionistes. Il est devenu par la suite chef du Parti conservateur.

** L'italique est de nous.

obtus, de ces orangistes bornés avec lesquels, depuis la guerre du Transvaal, il s'est habitué à rompre des lances.

À Londres, le travail sérieux commence. D'entrée de jeu, Asselin sait qu'une centaine d'agents d'immigration y sont à pied d'œuvre sous la haute direction d'un ex-avocat de Vancouver, J. Obed Smith, lequel chapeaute également l'action menée par le gouvernement canadien en Belgique et en France. Dans ces deux pays d'expression française, trois fonctionnaires seulement œuvrent sous la haute direction londonienne. Pas étonnant, au départ, croit-il, que les résultats obtenus, en nombre d'immigrants recrutés, soient si disproportionnés. Asselin, toutefois, ne s'empresse pas de conclure et poursuit ses observations. Il résume ainsi, pour le bénéfice d'Alice, l'impression générale que lui a laissée sa première entrevue avec Mr. Smith :

> Il m'a paru par sa conversation qu'on fait pour l'émigration française juste assez pour ne pas avoir l'air de ne rien faire. Il se peut aussi qu'il n'y ait rien de volontaire dans cette inaction, mais qu'elle résulte uniquement de ce que la direction ne connaît rien de la France ni de la Belgique[3].

Anvers et Paris, il est vrai, sont fort éloignés de la côte ouest du Canada. Il paraît bientôt évident à l'enquêteur que le Pas-de-Calais constitue, culturellement, un gouffre sans fond au-delà duquel l'ex-avocat de Vancouver n'a jamais entrepris de s'avancer sérieusement. Colonie britannique, le Canada se soucie peu, en outre, d'alimenter en nombre et de conforter en qualité sa turbulente minorité de langue française. Reste à l'enquêteur de poursuivre ses observations sur le continent.

Le 3 février, il s'embarque pour Anvers, *La Philosophie de l'Art* d'Hippolyte Taine sous le bras et impatient de découvrir, en autodidacte, les chefs-d'œuvre de la peinture flamande dont ses amis lui ont annoncé les révélations. Il neige sur les paysages estompés des Pays-Bas et le voyageur, émerveillé, grelotte toujours. À Anvers, son ancien condisciple du séminaire de Rimouski, le père Samuel Bellavance, l'a chaudement recommandé à ses confrères belges, auprès desquels lui-même est allé s'initier à l'action ouvrière et à l'organisation syndicale, peu d'années auparavant.

Les jésuites belges accueillent Asselin comme l'un des leurs. Tout en l'initiant à leur célèbre bière, ils débattent avec lui des questions ouvrières de l'heure. Ils lui servent aussi de guides à la cathédrale et au musée. Comme à Londres, Asselin s'émerveille de ce que, même dans des lieux consacrés, la truculence et la gauloiserie de l'artiste sculpteur puissent se manifester librement sans que le visiteur religieux ne semble en prendre ombrage. Il imagine mal Monseigneur de Montréal faisant ses dévotions devant certains chapiteaux.

C'est au musée d'Anvers, toutefois, que l'attend le grand choc. Là, il mesure l'ignorance, la pauvreté et l'inculture de son propre milieu :

Je voyais un Rubens pour la première fois, un Léonard de Vinci pour la première fois, un Van Dyck, un Rembrandt... Ça m'a fait quelque chose, confie-t-il à Alice. J'étais très sage. On ne m'aurait pas fait parler pour une terre en bois debout! [...] Je m'approchais beaucoup des tableaux; pour peu je les aurais touchés. Cette attitude d'étonnement a semblé paraître étrange aux Anversois, vu que j'étais bien habillé... J'avais envie de crier: « Je viens du Canada! »... avec trois accents circonflexes sur la dernière syllabe[4]...

Premier choc linguistique également, avec une langue française différente, dans son expression, son accent et ses tournures, de celle qu'il se targue pourtant de parler et d'écrire assez correctement dans son pays d'origine. Le décalage géographique lui fournit des points de comparaison qui le conduisent à des constats pénibles: ravages de l'anglicisme, appauvrissement du vocabulaire, contamination de la syntaxe dans le parler des Canadiens français. Il se réjouit, sur cette lancée, de voir sa jeune belle-sœur, Éliza Le Bouthillier, engagée dans un projet de mariage avec un professeur de l'École des Beaux-Arts de Montréal: au contact de l'oncle Jules Poivert, Français d'origine, ses enfants auront l'occasion d'améliorer la qualité de leur langue parlée.

Asselin doit quand même surmonter ce léger complexe pour aborder, avec ses vis-à-vis européens, la question des rapports Belgique-Canada en matière d'émigration. Pays relativement prospère, la Belgique n'arrive plus à fournir suffisamment de terres pour satisfaire aux besoins des nouvelles générations d'agriculteurs. Chaque année, plus de 100 000 jeunes Belges franchissent la frontière française à la recherche de terres disponibles. La majorité en reviennent déçus, découragés par les prix élevés qu'on leur réclame. Certains partent chercher fortune au Congo belge au prix d'endettements, de dangers et de déboires innombrables.

Un préjugé éminemment favorable les porterait au contraire vers le Canada, si un simple début de propagande et de volonté politique venait prendre le relais de ce courant de sympathie naturelle qui circule déjà entre les deux peuples d'expression française. Mais isolé et sans soutien, le seul agent d'immigration canadien maintenu en poste à Bruxelles, M. Tréau de Coeli, est bien incapable, en dépit de sa bonne volonté et de son dévouement manifestes, d'assumer seul la conduite d'une politique cohérente adaptée à de telles attentes. Asselin, ici, ne mâchera pas ses mots à l'endroit du gouvernement canadien.

À la veille de quitter la Belgique, l'ex-directeur du *Nationaliste* apprendra, par la voix des journaux, que la mauvaise fortune poursuit encore, cette fois dans son pays natal, l'infortuné baron de l'Épine que son propre journal avait impliqué, avec le ministre Adélard Turgeon, dans le fameux scandale de l'Abitibi et qui avait valu au pamphlétaire l'interminable procès que l'on sait. Devenu haut fonctionnaire de la police belge au Congo, le baron de l'Épine doit maintenant faire face à des accusations accablantes devant les tribunaux de son pays pour avoir fait exécuter, sans jugement, six Noirs katangais qu'il avait pour simple mandat d'appréhender. Sous toutes les latitudes du monde, conclut Asselin, la justice coloniale conservera probablement toujours le même caractère fondamentalement discriminatoire et expéditif.

La France attend maintenant la visite émue d'Asselin. Il ne dira jamais assez, dans ses lettres, combien Paris l'a séduit, gagné, conquis. C'est son ancien camarade français et ex-bailleur de fonds des *Débats*, Alexandre Duclos, qui a temporairement mis son petit appartement du boulevard Haussmann à sa disposition. Aussitôt prévenus de son arrivée, Marcel Dugas et Paul Morin se sont précipités à sa rencontre, ravis de pouvoir lui servir de guides dans Paris. Tous deux sont étudiants en littérature à la Sorbonne. Paul Morin, qui vient de faire avantageusement parler de lui dans *L'Action*, avec la publication récente des poèmes de son *Paon d'émail*, y prépare une thèse de doctorat consacrée aux plagiats littéraires de Longfellow. Il habite Passy avec sa mère. C'est un garçon distant et studieux.

Plus expansif et dilettante, Marcel Dugas fréquente les cours de la Sorbonne, du Collège de France et de l'école du Louvre, humant l'air du temps et se mêlant, à l'occasion, aux débats politiques et aux conférences publiques organisés, dans le Quartier latin, par les jeunes militants de l'*Action française*. Une petite rente mensuelle, versée par un oncle débonnaire, lui permet de mener à Paris une vie d'étudiant modeste, dans l'attente d'un emploi rémunéré aux Archives canadiennes. Asselin soupçonne son jeune disciple de préparer un peu mollement un doctorat ès lettres auquel il croit plus ou moins, d'exagérer la gravité de ses difficultés financières et de ses épisodiques moments de neurasthénie. « Je le soupçonne d'être un peu paresseux », confie Olivar à Alice. « Il travaille, mais en artiste et en bohème[4]. » Tout épris de la chose littéraire qu'il soit, Asselin, fils d'artisan, n'est jamais parvenu à faire siennes les motivations intellectuelles évoquées par ses amis bourgeois désœuvrés, pour se faire entretenir par une parenté plus trivialement besogneuse. Dugas le dilettante aura fréquemment à subir ses remontrances agacées au cours de leur épisodique correspondance. Mais les sautes d'humeur du maître à écrire n'entameront jamais la fidélité et la dévotion de l'élève.

Cet hiver-là, à Paris, Dugas fera figure d'infatigable cicérone et de véritable ange gardien auprès de son aîné. Presque chaque midi, il le rejoint, boulevard des Capucines, après sa matinée d'enquête au Commissariat canadien, et l'emmène déjeuner dans quelque bistrot du Quartier latin où les étudiants du Québec ont leurs habitudes. Une trentaine d'entre eux logent à la même pension, rue Saint-Georges, quelques-uns avec femmes et enfants. Parmi eux, se distinguent plusieurs résidents en médecine acquis à la cause nationaliste. Asselin est aussitôt entouré, questionné, consulté. Entre la poire et le fromage, il lui arrive de devoir improviser, de toutes pièces, une véritable causerie. Il prend ainsi la parole à l'une des réunions de La Boucane, association mise sur pied en 1888, pour permettre aux Canadiens français qui séjournent à Paris d'y rencontrer leurs compatriotes. La Boucane tient ses réunions mensuelles dans l'une des salles du café Voltaire, près de l'Odéon. Comment d'ailleurs, dans le contexte français de l'heure, éviter de parler politique? Les «camelots du Roi» sont très actifs dans les environs de la Sorbonne. Ils distribuent *L'Action française,* devenue quotidienne. Le nationalisme est un thème à la mode, en cet hiver 1912. En revanche, celui de l'anticléricalisme semble plutôt à la baisse: «Bientôt, écrit Asselin à sa femme, il ne sera plus de mode qu'en province et au Canada[5]... »

Bien qu'agnostique, l'inspirateur de *L'Action française*, Charles Maurras, considère la religion comme socialement utile et ses prêtres comme les gardiens nécessaires de l'ordre et de la morale. Le pamphlétaire Léon Daudet, pour sa part, reçoit chez lui, parmi ses intimes, le père Janvier, réputé prédicateur et théologien dominicain, lequel n'a pas renoncé à convertir un jour l'irrévérencieux et truculent rejeton d'Alphonse Daudet.

Certes, bien peu d'étudiants canadiens seraient enclins à se croiser pareillement pour le rétablissement de la monarchie. Mais le retour de la thématique nationaliste, dans la politique française de l'heure, ne saurait laisser indifférents les jeunes disciples d'Asselin, de Lavergne et de Bourassa.

Dugas entraîne ainsi son maître à un débat public organisé par *L'Action française* dans le Quartier latin. Asselin s'y rend en curieux:

> La belle discussion d'idées! On admettait la contradiction; il s'est présenté un bonapartiste et deux syndicalistes révolutionnaires. L'auditoire [composé en majorité d'étudiants royalistes] a écouté avec le plus grand respect les contradicteurs; chez nous, on les eût descendus de l'estrade! Le Français serait-il plus que nous respectueux de la liberté de parole? Encore une illusion qui s'en va[6]...

Mais si, selon ses premières impressions de Paris, le «radico-socialisme» y semble à la baisse et si l'on y «mange moins de curé», en revanche Asselin observe une remontée certaine de «l'esprit cocardier» chez les Français. À Vincennes, raconte-t-il à Alice, on a vu passer, aux applaudissements de la foule, un défilé de 30 000 militaires en armes survolé par dix aéroplanes et trois dirigeables. Asselin conclut: «Autant les soldats étaient mal vus il y a trois ou quatre ans, autant ils sont choyés aujourd'hui[7]. »

L'influence des idées de *L'Action française* sur le «péril allemand» n'est peut-être pas étrangère à la résurgence de ce nouvel état d'esprit militariste.

En dépit du ciel bas et du crachin perpétuel de l'hiver continental, Asselin s'adapte assez vite à la vie parisienne. Au Commissariat canadien, un bureau spacieux a été mis à sa disposition, avec vue sur le grouillant boulevard des

Capucines. Le commissaire général, Louis-Philippe Roy, lui a réservé le plus chaleureux des accueils. Une parfaite entente s'installe bientôt entre les deux hommes que tout rapproche en matière de goûts et de culture.

Du temps de Laurier, le statut du Commissaire général du Canada à Paris avait été l'égal de celui que détenait alors lord Strathcona à Londres. Sous Borden, toutefois, la situation de Louis-Philippe Roy à Paris a commencé à se détériorer : visiblement, on cherche de mille façons détournées à lui rogner les ailes. On entrave son action par le biais de subtiles tracasseries administratives. On n'hésite pas, au besoin, à faire intervenir le ministre britannique des Colonies en personne, pour remettre au pas le trop entreprenant délégué canadien-français. Car s'il est un homme qui croit fermement, en ce début de siècle, aux relations franco-canadiennes, c'est bien Louis-Philippe Roy. Le travail d'Asselin devra donc composer avec la détermination personnelle du Commissaire général et les coups de freins sporadiques venus tout récemment d'Ottawa.

La mission d'Asselin à Paris va donc s'effectuer à deux niveaux. Officiellement, il consacre toutes ses matinées à interroger le responsable du dossier de l'émigration, M. Wiallard, et à réunir les données objectives indispensables à la rédaction du rapport dont il a été chargé par le gouvernement canadien. Officieusement, il assiste, plusieurs fois par semaine, avenue du Bois-de-Boulogne, à des rencontres informelles organisées par Louis-Philippe Roy et sa femme. Au cours de ces dîners d'apparence mondaine, il sera régulièrement mis en contact avec les milieux français les plus susceptibles de favoriser la restauration des échanges et des communications entre les deux pays. Intellectuels et hommes d'affaires y côtoient des fonctionnaires retraités qui ont connu autrefois Honoré Mercier et le curé Labelle. Tous semblent bien disposés à former ensemble une officieuse filière française sympathique à la cause canadienne-française.

Le nom d'Olivar Asselin ne leur est d'ailleurs pas inconnu. Le fondateur du *Nationaliste* est aussitôt assailli d'invitations. Bientôt, son agenda se trouvera surchargé d'engagements à prononcer des causeries, à rencontrer des groupes d'écrivains ou de commerçants, à dîner en ville ou à accompagner au théâtre tel ou tel de ces sympathisants du rapprochement franco-canadien. Tout à tous, Asselin y nouera des amitiés durables et fortifiera ses convictions dans la nécessité de restaurer les échanges entre les deux pays.

La branche commerciale de la « filière française » suscitée par Louis-Philippe Roy comprend surtout des fonctionnaires, des agents de compagnies maritimes ou de grandes sociétés qui font affaire avec le Canada. Ils se retrouvent au sein d'une association, La Canadienne, créée pour assurer la promotion de leurs intérêts communs. Les sociétaires de La Canadienne publient également une revue dont le directeur, Maurice Hodent, a tôt fait de s'intéresser à l'expérience d'Asselin en matière de politique provinciale et d'action coopérative : *L'Action* du 6 avril fera état d'une entrevue d'Asselin, accordée à La Canadienne et concernant les coopératives agricoles du Québec.

Le secrétaire de La Canadienne, Léopold Leau, est professeur de sciences au lycée Michelet. Entre Asselin et lui un vif courant de sympathie mutuelle va s'établir qui se manifestera bien au-delà de leurs intérêts nationaux respectifs. Asselin se trouve bientôt admis dans l'intimité familiale du professeur et de sa femme. Il participe avec entrain aux jeux de leurs enfants qui, à peu de chose près, ont l'âge des siens. Quand les enfants Leau ont regagné leur lit, les discussions politiques se poursuivent entre les deux hommes, souvent tard dans la nuit.

La question de la séparation de l'Église et de l'État, en France, intéresse tout particulièrement Asselin qui n'en finit plus d'interroger ses hôtes. La situation personnelle de Leau lui apparaît, à cet égard, extrêmement instructive. Catholique pratiquant, ce dernier enseigne dans un lycée d'État, sans éprouver ni conflits intérieurs ni malaises apparents. Plusieurs de ses coréligionnaires en font autant. Ces catholiques « sociaux » conçoivent désormais autrement leur rôle, au sein des institutions d'un État républicain devenu laïc. Certes, une frange d'irréductibles nostalgiques du concordat napoléonien n'ont pas renoncé à réimposer leur credo, par le biais des structures et des lois. Mais d'autres estiment, au contraire, que l'avenir de la foi repose sur la valeur du témoignage personnel, plutôt que sur les contraintes juridiques. Lépold Leau est de ceux-là. Asselin savoure littéralement des propos qui, dans le diocèse de Mgr Bruchési, mériteraient certainement l'anathème! Les idées du secrétaire de La Canadienne n'ont pas fini d'intéresser Asselin.

Par-delà les questions commerciales dont ils auront à débattre au cours des années, dans l'intérêt de leurs pays respectifs, les échanges épistolaires entre les deux hommes s'étendront spontanément à la politique, à la science, à l'art et à la religion. L'amitié et la confiance de Léopold Leau à La Canadienne seront très utiles à Asselin pour lui permettre de corriger la fâcheuse réputation qu'avaient attirée aux milieux d'affaires canadiens-français les avatars de la Banque internationale du Canada fondée par son « cher ennemi » Rodolphe Forget. Au moment du séjour d'Asselin à Paris, les parts de la Banque sont en chute libre et bien des investisseurs français de bonne foi se sentent, à tort ou à raison, selon Asselin, franchement « escroqués ». L'ancien adversaire politique de Forget devra faire appel à toutes les ressources diplomatiques dont il se sent capable pour redonner confiance à ses amis de La Canadienne à l'égard de leurs vis-à-vis d'affaires canadiens-français.

La branche proprement intellectuelle de la « filière française » se déploie principalement autour du Comité France-Amérique. Suscité par des parlementaires, des écrivains et des universitaires de toutes allégeances politiques, le comité cherche principalement à restaurer, auprès du Canada français, l'image négative d'une France trop étroitement associée aux lois antireligieuses du début du siècle. Dans la très catholique province de Québec, les noms de Jules Ferry* et d'Émile Combes** n'évoquent rien de moins que de véritables suppôts de Satan !

Il est plus que temps, estime-t-on au sein de France-Amérique, de faire savoir à « nos cousins d'Amérique » que la France a bien d'autres valeurs, moins discutables, à leur proposer. « L'anti-cléricalisme », aiment à répéter les animateurs du Comité, « ne constitue pas une denrée d'exportation ». Conscients que l'Angleterre tire certainement avantage de cette image négative de la France propagée dans son ancienne colonie, les intellectuels de France-Amérique entendent tout mettre en œuvre pour intensifier et diversifier les échanges culturels entre les deux pays.

L'œcuménisme politique pratiqué au sein du Comité ne peut que convenir à Asselin, personnellement hostile aux dogmatismes politiques et toujours amateur de « beaux débats d'idées ». Il sera bien servi dans ces réunions où un souci partagé d'élargir l'audience intellectuelle de la France allait permettre à des républicains, des monarchistes, et même des socialistes, de parler d'une même voix au nom des intérêts supérieurs de la culture française et de son rayonnement au-delà des mers. Le choc des opinions a toujours stimulé Asselin. La verve française, son culte du mot et de la formule-choc l'enchantent. L'humour demeure, à ses yeux, l'expression pudique du courage intellectuel et de la modestie de l'esprit. Il ne pardonne à personne d'en manquer !

Louis-Philippe Roy avait bien jaugé son homme : Asselin, à Paris, naviguera comme un poisson dans l'eau à travers les divers courants idéologiques de la « filière française » au sein de laquelle il se sent bientôt tout à fait chez lui. Il dîne avec l'économiste et sociologue André Siegfried et son collègue Pierre Leroy-Beaulieu, spécialiste des pays d'Europe centrale. Tous deux ont été invités, comme lui, à la table du conseiller d'État, M. Javet, qui occupe le poste de secrétaire du Comité France-Amérique : « Il ne manquait que M. de Tocqueville[8] ! » écrit-il le soir-même à sa femme, encore sous l'enchantement des vastes horizons entrevues au cours des discussions auxquelles il vient d'assister. Il dîne avec Firmin Roy de la *Revue des Deux-Mondes*, avec le philosophe Émile Boutroux. Des écrivains

---

* Jules Ferry (1832-1893), président du Conseil entre 1880 et 1885 et responsable de l'intro-duction des principes de la laïcité, de la gratuité, du caractère obligatoire et de l'accessibilité des jeunes filles, dans le système scolaire français à tous les niveaux. Jules Ferry contribue également à établir les grandes libertés publiques : liberté de réunion, de presse et d'associatioon syndicale.

** Émile Combes (1835-1921), ancien ecclésiastique rallié au radicalisme politique. Ministre de l'Instruction publique, président du Conseil, il fut l'artisan, en 1904, de la politique de séparation de l'Église et de l'État et fit voter les lois anticléricales de laïcisation des congrégations religieuses et de saisie des biens ecclésiastiques.

l'invitent au théâtre. Au music-hall même, où Colette Willy, précédée de la réputation d'écrivain affranchie que lui a value sa série des *Claudine*, se produit en
personne sur scène avec sa compagne Polaire.

Alice prend ombrage de ce qu'elle estime être perte de temps et dissipation.
Pour la rassurer, Olivar feint, un moment, d'être accablé par trop d'obligations et
de mondanités, alors qu'il éprouve, au contraire, l'impression de déployer ses ailes
dans une aire enfin à sa mesure. Comme se sont vite estompées, à ses yeux, les
étroites perspectives dans lesquelles il se sentait le prisonnier incompris ! Si loin
déjà, ce « Canada avec trois accents circonflexes » dont il parlait, hier encore avec
frustration, dans ses premières impressions de voyage...

Lui qui, en Belgique, disait n'avoir jamais contemplé de ses yeux une toile
de maître, le voilà introduit, grâce à des lettres de son beau-frère Omer Marchand,
dans des ateliers de peintres et de sculpteurs dont les vastes baies vitrées s'ouvrent
sur les quais de la Seine. Des architectes, des artistes le conduisent dans les
musées et les petites galeries d'art de la Rive gauche. Ils l'initient aux nouvelles
tendances de l'art, lui expliquent les querelles d'écoles. Des sculptures, des huiles,
des aquarelles, des gravures, des estampes sans nombre défilent devant ses yeux
éblouis, affinent ses perceptions, lui font entrevoir les liens, insoupçonnés jusque-
là, qui relient le monde de l'art à celui de la littérature. Surstimulé par tant de
découvertes à la fois, il dit en perdre parfois le sommeil !

Sa pensée aussi se déploie dans un espace nouveau pour lui. Les philosophes, les catholiques « sociaux » qu'il fréquente l'ont conduit à reformuler autrement la question religieuse, à ne plus associer aussi étroitement qu'avant foi et
pratique sacramentelle, comme le faisaient péremptoirement les prêtres de son
pays. En France, Asselin rencontre d'autres clercs que l'épreuve du dépouillement
et la perte d'autorité ont mûris et conduits à une vision plus intériorisée des choses
de la foi. Il se rend ainsi aux prédications du Carême à Notre-Dame entendre le
célèbre père Janvier : « Sans être éloquent au sens où nous entendons ordinaire-
ment ce mot, il a dit des choses qui m'ont touché ; jamais je n'ai si ardemment
désiré croire[9] », écrit-il à Alice.

À la sortie de la cathédrale, des étudiants canadiens le reconnaissent et font
cercle autour de lui sur le parvis. La soirée d'achève à une terrasse du boulevard
Saint-Michel. Ce n'est certes pas à Montréal, par les temps qui courent, que l'on
pourrait ainsi discuter de l'historicité des Évangiles en pleine rue, autour d'une
chope de bière...

Après ces semaines trop intenses de suractivité et de suralimentation culturelles, il s'effondre, subitement épuisé. Confiné à sa chambre par une recrudes-
cence aiguë des malaises dus à ce qu'il appelle toujours son « entéro-colite », il se
sent seul et abandonné des hommes. Il en oublie, du coup, tous ses nouveaux amis
du Commissariat canadien, du Comité France-Amérique et de La Canadienne. Il

se voit déjà mourir seul à Paris, loin d'Alice et de ses enfants. Ses rencontres des dernières semaines lui apparaissent soudainement futiles. Les habitants du quartier avec lesquels, hier encore, il adorait causer et blaguer en rentrant du travail, lui semblent tout à coup froids et indifférents. S'il lui arrivait de « crever seul » dans son appartement, écrit-il, les voisins ne se soucieraient pas davantage de lui que « d'un vieux cheval ». Il ne lui reste plus qu'à « pleurer dans son oreiller comme un gros bêta » en attendant la mort[10] ! Alice, familière de ces brusques alternances d'exaltation et de morosité, ne s'alarme pas outre mesure. Comme à l'accoutumée, elle répond rarement à ses lettres quasi quotidiennes. La lenteur du courrier transatlantique risquerait d'ailleurs de rendre caduque toute manifestation de consolation et d'encouragement de sa part. Pire encore, de tels propos risqueraient de trouver le phénix, perpétuellement renaissant de ses cendres, à nouveau plongé dans le tourbillon de ses mondanités diplomatiques.

Par bonheur, le fidèle Dugas s'alarme très vite à la vue des souffrances et de la prostration dans lesquelles Asselin semble irrémédiablement plongé. Il convoque rapidement à son chevet un résident canadien en médecine, le docteur Falardeau, qui ne tardera pas à diagnostiquer, outre les ennuis chroniques dont le patient est affecté depuis son opération, une douloureuse fissure anale consécutive, peut-être, aux dernières crises dont il a été frappé depuis le début de son voyage. À son avis, une opération s'impose.

Un éminent chirurgien français attaché à l'hôpital Necker, le professeur Chevassu, est aussitôt demandé en consultation. Il se montre disposé à intervenir dans les plus brefs délais. L'opération aura donc lieu le 22 mars et un jeune collègue canadien, résident en chirurgie dans son service, l'assistera auprès de son célèbre compatriote. Crâneur, en dépit de son désarroi physique et moral, Olivar choisit l'anesthésie locale, afin d'être mieux en mesure de suivre personnellement, par le truchement d'un miroir, tout le déroulement de la délicate intervention. Ses douleurs intenses seront contrôlées par la morphine. Trop heureux d'impressionner Alice à distance, Olivar, dès qu'il se retrouve en mesure d'écrire, succombera à son penchant inné pour la crudité du détail : « On a dilaté, coupé, brûlé. Je voyais monter entre mes jambes la fumée blanche de ma chair grillée[11]... »

Gavé d'opium, Asselin inaugure sa convalescence dans une chambre dont les fenêtres s'ouvrent sur un vaste jardin intérieur. Le silence inattendu des lieux, en plein cœur de Paris, n'est troublé que par le pépiement des moineaux et le murmure d'une fontaine vers laquelle convergent des allées de gravier.

Ce jardin paisible, c'est celui de la maison provinciale des Frères hospitaliers de Saint-Jean-de-Dieu, sise boulevard Oudinot, dans le VIIe arrondissement. Conformément à l'esprit de leur ordre, les Frères hospitaliers y administrent une clinique médicale où la plupart des services se trouvent représentés. C'est donc tout naturellement que le choix de ses compatriotes médecins s'est arrêté sur une clinique dotée d'un encadrement religieux. En France, le réseau canadien-français s'insère spontanément dans des institutions dont les structures lui sont déjà familières. Asselin, d'ailleurs, n'aura pas matière à s'en plaindre. Bien formés en matière de soins infirmiers, les Frères hospitaliers s'occuperont avec compétence du malade canadien.

De nombreux amis, alertés par son état, accourent à son chevet. Marcel Dugas, Louis-Philippe Roy et sa femme lui apportent livres et journaux. Dugas se priverait même de déjeuner, croit Asselin, afin de lui apporter quotidiennement des myosotis! Son attachement chaleureux contraste avec la froide distance prise par Paul Morin à son endroit. Ou, plus remarquée encore, avec celle de Bourassa qui se trouve à Paris au même moment. Hôte assidu, comme Asselin, du Commissariat canadien, le directeur du *Devoir* ne peut, en effet, ignorer les revers de santé éprouvés par son ancien disciple. Mais il ne se manifeste pas.

C'est donc au bras du fidèle Dugas qu'Asselin fait ses premiers pas dans les allées du jardin des Frères. Il se repose volontiers, auprès de son jeune compagnon, sur la margelle de la vieille fontaine couverte de mousse et entourée de colonnettes. Jean de La Fontaine y aurait rédigé, dit-on, certaines de ses fables, du temps où l'hospice était encore un hôtel particulier. Le propriétaire de l'époque, M. Plumet, aimait, selon la tradition orale, recevoir chez lui le fabuliste lors de ses séjours à Paris. Une telle évocation enchante le convalescent.

Dugas informe également son aîné des nouvelles récentes du Canada. Il lui apporte les derniers numéros de *L'Action*. L'affaire de la Marine s'étire en longueur, en petites trahisons et en tergiversations révélatrices de l'extrême fragilité de la coalition des nationalistes et des conservateurs. À l'affaire de la Marine vient s'ajouter, tout à coup, une nouvelle crise scolaire. Au Keewatin cette fois, territoire situé au nord du Manitoba où les colons canadiens-français avaient bénéficié, jusque-là, d'un enseignement catholique dispensé dans leur langue. Le 19 février, le ministre de l'Intérieur, Robert Rogers*, présente à la Chambre une mesure préconisant l'annexion pure et simple du Keewatin à la province du Manitoba. L'ancien bras droit de Laurier, Clifford Sifton, et l'ineffable Sam Hughes devenu ministre de la Milice et de la Défense, se retrouvent spontanément d'accord pour applaudir une motion qui réduira à néant les prétentions scolaires de la minorité canadienne-française.

Une fois annexé au Manitoba, le Keewatin devra, en effet, faire siennes les dispositions de 1896 restreignant les droits confessionnels et linguistiques des Canadiens français dans cette province. Inutile de compter sur le premier ministre pour s'opposer à la motion. Fidèle à lui-même, Borden s'apprête à adopter la ligne

---

* C'est de ce même ministre que dépend la mission d'Asselin en Europe.

dure, tout comme il l'a fait en 1905 pour les écoles du Nord-Ouest lorsqu'il était dans l'opposition. La cause des écoles séparées n'a jamais, comme on dit, « été sa tasse de thé » ! Sans doute aussi le calcul électoraliste justifie-t-il son intransigeance : son prédécesseur, sir Charles Tupper, qui, en 1896, avait tenté de défendre la minorité canadienne-française du Manitoba, n'a-t-il pas été balayé ensuite du pouvoir par Laurier ? Combiné au « vote de race » de la province de Québec, le « vote de blâme » de ses compatriotes de langue anglaise avait alors causé sa perte. Borden, lui, jouera cette fois gagnant : il donnera satisfaction aux siens contre les colons catholiques de langue française nettement minoritaires.

À la tête de son impuissante délégation québécoise, Monk refuse de s'engager, comme en 1905, dans une répétition de la bataille perdue des écoles du Nord-Ouest. Comme juriste, en outre, il estime la lutte condamnée d'avance, par manque d'assises juridiques aux prétentions des colons canadiens-français. Mandé d'urgence à Ottawa, Armand Lavergne n'y trouve plus qu'un sénateur conservateur, Philippe Landry, et le député de Nicolet, Paul-Émile Lamarche, qui se disent prêts à se lancer dans un baroud d'honneur en faveur des écoles du Keewatin.

Soucieuse de se ménager des concessions de dernière heure, si par malheur la bataille devait être perdue comme celles de 1896 et de 1905, la hiérarchie catholique de langue française hésite encore à se prononcer. Elle préfère, pour le moment, ménager la chèvre et le chou dans l'espoir d'un compromis. Interpellé, le directeur du *Devoir* se propose d'attendre que la bataille soit engagée de façon définitive pour distribuer, en éditorial, les louanges et les blâmes. Pour le moment, on le sait, Bourassa voyage en Europe, oubliant sans doute qu'il avait été lui-même, avec Israël Tarte, l'artisan du compromis de 1896 qui allait maintenant faire jurisprudence, au Manitoba, à l'occasion de l'annexion du Keewatin.

Dugas ne cache pas à son ami Asselin que, dans l'état actuel de désarroi et de divisions qui affecte les forces nationalistes, le débat pourrait bien, sous peu, se transporter en Ontario où Mgr Fallon et les loges orangistes rêvent, chacun de leur côté, d'en finir avec les écoles françaises. À *L'Action*, Jules Fournier veille de près à tous les développements inattendus qui surgissent dans le dossier scolaire.

Asselin et Dugas y vont également de leurs commentaires personnels touchant le prochain mariage de Fournier avec mademoiselle Thérèse Surveyer, fille d'un éminent juriste de Montréal. « Un coup de tête ! », tranche Asselin, subitement frappé d'amnésie quant aux circonstances de son propre mariage. Sorti définitivement lui-même du journalisme (du moins le croit-il), l'ex-directeur du *Nationaliste* estime que son ami Fournier risque les pires déboires conjugaux à tenter d'unir sa vie à celle d'une jeune femme de milieu aisé, peu ou mal préparée à l'insécurité financière et au climat de polémique continuel qui constituent le lot du journaliste de combat. La vie, on le verra, le conduira à modifier son jugement concernant la vaillance et le désintéressement de mademoiselle Surveyer.

S'il a personnellement quitté la profession pour s'extirper enfin de l'insécurité quotidienne, Asselin n'en a toutefois pas terminé avec les déboires
financiers. L'intervention chirurgicale lui a coûté 300 $ et les frais d'hospitalisation
chez les Frères, 75 $. Son beau-frère Marchand, déjà sollicité pour un emprunt de
200 $ quelques semaines auparavant, câble sans murmurer les sommes demandées
par le convalescent. Olivar, en effet, ne doute pas le moins du monde d'être très
bientôt en mesure de rembourser toutes ses dettes, grâce aux retombées anticipées
de son investissement de 22 500 $ au Crédit métropolitain! Une visite récente
d'Édouard Biron à Paris semble l'avoir conforté dans ses convictions. Leur bureau
n'avait-il pas reçu, tout récemment, une offre de 2200 $ l'acre, pour la terre
Beaudry? Une telle offre permet d'entretenir les meilleurs espoirs à l'endroit des
ventes de terrains du Plateau Bon-Air. Principal bailleur de fond de l'investissement d'Asselin dans le futur parc résidentiel du nord de Montréal, le célèbre
architecte n'a visiblement pas le choix : il lui faut, une fois de plus, aider son
impénitent débiteur à sauver la mise.

Retiré, à sa sortie de l'hôpital, dans une petite chambre confortable de la rue
des Mathurins, les données de son rapport complétées et ses affaires parisiennes
mises en ordre, Olivar ne songe plus, désormais, qu'à écourter son séjour. À peine
remis, il renonce aussi à se rendre aux îles de la Manche et à Londres, où Alice
comptait pourtant le voir représenter sa famille dans le règlement de la succession
Le Bouthillier à Jersey. Pour la consoler un peu, à la veille de quitter Paris pour
Le Havre, Olivar lui confie les efforts constants qu'il a menés contre lui-même, au
cours de son voyage, pour tenter de se réconcilier avec la foi catholique et se
mettre en règle avec les prescriptions de l'Église concernant la pratique religieuse :

> Je note pieusement ce que tu me dis quant aux Pâques et verrai ce que je puis faire
> sans hypocrisie. J'ai le cœur malade de ce temps-ci, et mon Dieu! si un acte de
> dévotion pouvait le guérir... Mais d'abord, il faut croire. Et il ne faut pas confondre
> avec la foi un vague abandon de la volonté résultant de dépression physique.
> Pendant trois jours à l'hôpital, j'ai lu l'*Inquiétude religieuse* d'Henri Brémond. J'ai
> tâché — car je m'en allais tout droit à la folie — Je n'ai jamais physiquement, pu
> regarder de très haut dans le vide sans être pris de vertige. Je ne puis pas davantage
> me pencher au-dedans de moi-même. Dieu, j'espère, me tiendra compte de cette
> impuissance[12].

Il plie bagages quelques jours plus tard, tout à la joie enfantine de rapporter
des aéroplanes, des canotiers de paille et des « habits de matelots » pour Claude,
Jean, Paul et Pierre, « une robe de rue en soie marine » pour Alice, une poupée
pour la petite Julie Huguenin, des gants, des écharpes, des parfums, des mouchoirs
brodés pour ses sœurs Marguerite et Sophie, pour ses belles-sœurs Éva, Hélène et
Éliza. Les avances financières d'Omer Marchand ont été bien utilisées. Solvable ou
insolvable, Olivar humera avec délectation, le temps d'effectuer ses emplettes, le

parfum de civilisation qui émane de ces boutiques parisiennes qui l'enchanteront toute sa vie.

Le 12 avril il est au Havre pour l'embarquement. La traversée, mouvementée, durera onze jours. Cette fois le passager, encore mal remis de son opération, s'attardera moins à discuter au fumoir des hommes ou à organiser des jeux de société au grand salon. Il observe un régime sévère et passe de longues heures à se reposer dans sa cabine. Allongé sur sa couchette, il fait en vain appel à l'énergie qui lui manque pour s'attaquer à la rédaction de son rapport de mission. Sur son bureau, la documentation accumulée lui paraît une montagne...

Les grandes lignes de ses conclusions commencent pourtant à s'imposer à son esprit. Mentalement, il récapitule ces huit semaines passées en France à scruter la politique et les démarches du gouvernement canadien en matière d'immigration française, à en repérer les erreurs diplomatiques et les lacunes les plus criantes. Ces dernières lui paraissent d'ailleurs pléthoriques. Il lui semble quasi miraculeux, dans les circonstances, que 2041 immigrants français aient tout de même persisté à venir s'établir au Canada au cours de l'année 1910-1911! À Londres, au cours de la décennie 1900-1910, le diligent Mr. Smith et ses multiples agents faisaient, eux, passer l'immigration britannique vers le Canada de 11 810 à 123 013 habitants[13].

Pour Asselin, de tels chiffres illustrent mieux que n'importe quel discours à quel point les luttes des Canadiens français hors Québec vont se trouver de plus en plus tributaires de la réalité démographique du pays. Pour lui, comme pour Fournier, c'est l'immigration québécoise, mais aussi belge et française, qui constituera, à l'avenir, l'élément décisif de la survie, de l'affirmation et du développement des minorités françaises de l'Ouest canadien. Lorsqu'une minorité décline jusqu'à ne plus représenter qu'un pourcentage insignifiant, tous les discours patriotiques des parlementaires s'avèrent impuissants à contrer la volonté de la puissante majorité d'imposer sa volonté. Ainsi le veut, paraît-il, la loi d'airain de la démocratie.

Tels sont également les arguments réitérés par Fournier dans les derniers éditoriaux de L'Action consacrés à la crise des écoles du Keewatin. Contre des droits scolaires fragilisés par les sombres précédents du Manitoba (1896), de l'Alberta et de la Saskatchewan (1905), il faut opposer l'implacable rigueur des faits : 300 colons canadiens-français, belges ou français de plus par comté et par année, dans ces régions encore sous-peuplées de l'Ouest, feraient toute la différence! Ces apports démographiques exerceraient, localement, des pressions constantes que l'action isolée de quelques sénateurs ou ministres de bonne volonté, comme Pelletier et Nantel, s'avère bien incapable de produire actuellement aux communes.

Borden, comme Laurier en 1896, invoque à son tour l'argument du « moindre mal » pour annexer, sans reconduction de ses garanties scolaires, le Keewatin à la province spoliée des siennes seize ans plus tôt. Contre la trahison honteuse des politiciens canadiens-français, celle des Maréchal et des Casgrain, Fournier oppose la résistance du peuple et du nombre, village par village, grâce à une vigoureuse promotion de l'immigration française vers les paroisses de colonisation de l'Ouest[14]. À cet égard, les vues et les ultimes espoirs des deux amis concordent parfaitement.

Mais tandis que le paquebot le ramène au pays et l'éloigne chaque jour davantage de sa France bien-aimée, Asselin prend davantage conscience du climat polémique dans lequel risquent d'atterrir les conclusions de son rapport, lorsque les forces lui seront revenues pour les rédiger. À Paris, il avait cédé à l'emballement de voir se reconstituer, sous ses yeux, de nouveaux réseaux de communication entre le Canada et la France. Il avait préféré oublier que le contexte politique canadien n'était plus à l'euphorie franco-canadienne qui avait prévalu, un bref moment, à l'époque de Mercier et durant les premières années d'illusions du règne de Laurier.

C'était désormais, inchangés et bien fidèles à eux-mêmes, ces « tories » hostiles au fait français qui étaient à nouveau au pouvoir à Ottawa. Au pouvoir grâce, entre autres, à l'appui de nationalistes, tels Bourassa et lui-même, aveuglés par leur désir de se venger enfin de Laurier. Asselin avait bel et bien été « leur » candidat : l'instructif et passionnant voyage qui s'achève constituait, au mieux, un prix de consolation implicite pour la défaite subie dans Saint-Jacques. Comment croire et espérer sérieusement, dans les circonstances, qu'à la veille de supprimer les droits des Canadiens français au Keewatin et de chercher à les restreindre davantage en Ontario, ces mêmes « tories » allaient faire leurs les idées revanchardes d'Asselin et de Fournier sur « le pouvoir du nombre » dans les comtés français de l'Ouest menacés par l'assimilation ?

Chapitre XXVI

LA FIN D'UN RÊVE

*Bourassa a voulu créer un mouvement et il a parfaitement réussi :
c'est un mouvement vers la crèche !*

Sir Wilfrid Laurier

Lorsque Asselin met enfin pied à terre à Halifax, les manchettes des journaux sont tout entières occupées par les détails tragiques d'un drame maritime sans précédent survenu quelques jours plus tôt. Le *Titanic*, orgueil de la flotte commerciale britannique, vient de sombrer corps et biens à 700 km au sud-est de Terre-Neuve, après avoir heurté un iceberg. Dans la nuit du 14 au 15 avril 1912, quelque 1500 passagers et membres de l'équipage ont trouvé la mort dans les eaux glacées de l'Atlantique Nord.

À Montréal, c'est d'un tout autre naufrage que *Le Devoir* et *L'Action* vont le saisir : celui de la petite phalange nationaliste isolée aux communes et pratiquement neutralisée par les conservateurs, depuis la conclusion désastreuse de l'affaire des écoles du Keewatin. À Paris, Asselin en avait été tardivement informé. Mais bien des détails et des noms lui manquaient encore pour reconstituer le lamentable casse-tête. Fournier, toujours sur la brèche, allait lui transmettre avec empressement les noms des principaux « renégats » et les circonstances de l'abandon progressif du grand principe nationaliste : la reconnaissance de droits scolaires absolument égaux pour les représentants des deux peuples fondateurs de la Confédération canadienne.

Monk, le tout premier à être désigné à la vindicte de *L'Action*, s'était refusé à prendre parti en invoquant des arguments légaux complexes, en vertu desquels les revendications des colons canadiens-français du Keewatin auraient reposé sur des bases juridiques douteuses, mal étayées par la jurisprudence. Son collègue de la Justice, l'Irlandais catholique Charles J. Doherty, était de son avis. Le ministre du Revenu de l'Intérieur, Bruno Nantel, un mou et un esprit plutôt médiocre, avait paru hésiter un certain temps, puis s'était rallié à son tour à la ligne du parti. Peu après son élection dans le comté de Terrebonne, il avait d'ailleurs avoué candidement à Borden: « I was never a Nationalist [...] I have helped Bourassa in Bellechasse, and in founding of his paper. I saw no other way to destroy Laurierism in Quebec; and for this purpose Nationalism was a good device[*1]. »

C'est dire si ce bref compagnonnage avec les Nationalistes avait eu peu d'influence sur sa façon éminemment partisane d'envisager la carrière politique.

Le cas de Louis-Philippe Pelletier était le plus choquant de tous. Le ministre des Postes avait déjà à maintes occasions manifesté son attachement à la cause des droits du français. L'un de ses premiers gestes, comme ministre des Postes, n'avait-il pas été d'imposer le bilinguisme des cartes postales pré-timbrées vendues dans les bureaux de poste? Une mesure mise de l'avant par Lavergne et réclamée depuis longtemps par les électeurs canadiens-français.

Dans le cas des écoles du Keewatin, où le droit aux écoles séparées était en cause, Louis-Philippe Pelletier, toutefois, persistait à mettre en doute l'efficacité, à long terme, du geste passif que l'opinion nationaliste réclamait à cor et à cri de lui et de ses collègues: la démission. Il raisonnait ainsi: en 1885, lors de l'affaire Riel, l'opinion canadienne-française avait pareillement sommé les Caron, les Chapleau et les Langevin de démissionner en signe de protestation. En 1896, pour les écoles du Manitoba, on avait à nouveau demandé aux Angers, aux Caron et aux Ouimet de démissionner. En 1912, on demandait encore aux Monk, Nantel et Pelletier de se démettre de leurs fonctions de ministres, par solidarité avec les colons spoliés du Keewatin. Serait-on plus avancé pour autant dans le rétablissement des droits aux écoles séparées, lorsque le cabinet ne compterait plus de ministres canadiens-français et que la province de Québec se trouverait isolée aux communes?

De l'avis de Pelletier, la démission des rares représentants canadiens-français, sur une pure question d'honneur et de principes, ne servirait qu'à paver la voie à de nouveaux ministres canadiens-anglais, trop heureux de prendre leur place au sein du cabinet. Depuis la Confédération, toutes ces démissions de ministres canadiens-français, pour question d'honneur et de solidarité envers leur « race », n'avaient, selon lui, aucunement fait avancer la cause des minorités. Pour Pelletier, qui tenait à son poste chèrement acquis, la démission était l'arme des faibles: ministre il était, ministre il resterait! Venant du plus connu et du plus

---

[*] « Je n'ai jamais été nationaliste. J'ai aidé Bourassa à se faire élire dans Bellechasse et à fonder son journal. Je ne voyais pas d'autre manière de détruire le parti de Laurier au Québec et dans cette optique le nationalisme m'apparaissait un bon outil. »

énergique des représentants conservateurs du Québec, désigné de surcroît pour le ministère par Lavergne lui-même, la réaction tenait du camouflet le plus cinglant à l'égard de ses alliés nationalistes.

Au *Devoir*, son jeune parent Georges Pelletier avait dû, à regret, prendre acte du fossé qui le séparait désormais de ce protecteur qui l'avait hébergé et parrainé au début de sa carrière d'avocat, puis de journaliste et de compagnon de route de Bourassa. Armand Lavergne, ulcéré, s'était précipité en vain à Ottawa pour tenter d'infléchir la décision de « son » ministre et tancer les velléitaires. Peine perdue : plusieurs ministres et députés ministériels lui avaient fait valoir que, pour sauver une demi-douzaine d'écoles catholiques et françaises au Keewatin, on risquait de déclencher une véritable guerre civile au Manitoba ! Lavergne, qui était devenu, sur les entrefaites, capitaine de milice du régiment de Montmagny, avait répondu avec hauteur qu'il en était parfaitement conscient mais que, lorsque les principes étaient en jeu, un homme d'honneur devait être prêt à aller jusqu'à la guerre civile ! De tels propos avaient laissé les parlementaires pantois. Décidément, Lavergne n'habitait plus la même planète qu'eux.

Bourassa s'était assez peu manifesté durant ces débats houleux, laissant plutôt Héroux et Pelletier couvrir « l'affaire » au quotidien. Respectueux des préséances ecclésiastiques, il avait préféré attendre que le délégué apostolique, Mgr Stagni, se soit prononcé pour intervenir. Mais, comme en 1896, la politique vaticane concernant la colonie britannique du Canada favorisait toujours le compromis. Tel était également l'avis de Mgr Bruchési à Montréal. Lorsque Bourassa s'était enfin décidé à intervenir en tenant, comme à l'accoutumée, de populeuses assemblées de protestation dans la métropole, les dés étaient jetés et l'opposition nationaliste aux communes pratiquement neutralisée. Les ministres issus du Québec se cramponnaient à leur poste. Pierre-Édouard Blondin qui, hier encore, parlait de « trouer de balles le drapeau anglais afin de respirer au travers l'air de la liberté », était devenu vice-président de la Chambre et se tenait parfaitement coi lui aussi. Laurier pouvait ironiser à sa guise, les faits lui donnaient raison : « Bourassa a voulu créer un nouvement, disait-il, et il a réussi : c'est un mouvement vers la crèche ! »

Lorsque les libéraux avaient présenté une motion remédiatrice, rédigée en termes suffisamment ambigus pour rassurer leur députation anglophone, seuls cinq députés concervateurs, Paul-Émile Lamarche en tête, avaient eu le courage de voter contre leur gouvernement. La motion libérale avait donc été défaite sans difficultés par la majorité conservatrice.

Lamarche avait à son tour tenté une ultime tentative en présentant un amendement relatif aux droits acquis des colons du Keewatin en matière scolaire. Ses arguments avaient été aussitôt taillés en pièce par son propre collègue, le ministre de la Justice Charles J. Doherty. Monk, toujours persuadé que les droits des colons n'étaient pas suffisamment fondés en loi, ne l'avait pas défendu davantage. Isolé avec une poignée de députés, Lamarche avait résisté avec héroïsme aux tentations et aux pressions inouïes qui s'étaient alors exercées sur lui. Jour après jour, il avait vu d'anciens compagnons de lutte faiblir et déserter les rangs de la résistance. L'amendement avait donc été repoussé par 160 voix contre 24.

Le 13 mars, à trois heures du matin, le bill dit « du Manitoba » était finalement adopté. Sept conservateurs tenaces avaient voté contre. Les 24 libéraux qui s'y étaient opposés, les Joseph Demers, Ernest Lapointe et Charles Marcil, reconnaissaient publiquement, toutefois, que leur vote constituait davantage une manifestation d'opposition au gouvernement conservateur qu'une reconnaissance des droits de la minorité du Keewatin ! Visiblement, ils ménageaient leurs arrières en vue d'un éventuel retour aux affaires. *Le Devoir* avait donc pu titrer le lendemain sous un filet de deuil : « L'iniquité est consommée ».

Pour les nationalistes, la lutte parlementaire apparaissait désormais sans issue. Ils avaient contribué à mettre Borden au pouvoir pour se venger des trahisons de Laurier. Borden, à son tour, les avait trahis et bernés. Pire encore : la législation imposée aux colons du Keewatin n'était qu'un corollaire, ou mieux, une annexe conséquente de celle que Laurier et Tarte avaient concoctée en 1896 pour le Manitoba. Les Libéraux eux-mêmes le reconnaissaient publiquement. Bleus ou Rouges, les politiciens fédéraux, de quelque parti et de quelque origine qu'ils soient, manœuvraient toujours selon les desiderata de la majorité anglaise qui les maintenait au pouvoir. Tel était l'implacable fondement de la démocratie à laquelle les Canadiens français avaient adhéré en acceptant d'entrer dans la Confédération. Après 1896, 1905 et 1912, quand donc la série noire de la confiscation de leurs droits scolaires allait-elle s'arrêter ?

Justement, elle n'allait pas s'arrêter ! Comme Fournier et Asselin l'avaient pressenti dans *L'Action*, l'automne précédent, les hostilités scolaires allaient, sans plus tarder, se transporter sur la scène ontarienne où l'évêque irlandais, Mgr Fallon, professe, comme tant d'autres ecclésiastiques inspirés par Mgr Bourne à Notre-Dame, que le catholicisme doit adopter l'anglais s'il veut se propager en Amérique. Politiquement, sinon doctrinalement, il a donc partie liée avec les forces orangistes les plus déterminées à en finir avec le système parallèle des écoles séparées de langue française. L'enquête du Dr F.W. Merchant, sur la qualité de l'enseignement dans les écoles bilingues de la province, allait bientôt en fournir le prétexte au premier ministre conservateur, James Pliny Whitney.

Huit semaines à peine après le retour d'Asselin et prenant prétexte du « manque d'efficacité des écoles anglo-françaises », le gouvernement de l'Ontario présente à la Chambre, le 15 juin 1912, « la circulaire d'Instruction n° 17 » qui allait passer à l'histoire sous le nom de « Règlement 17 ».

La circulaire d'Instruction n° 17 restreint l'usage de la langue française, dans l'enseignement et les communications avec les élèves, aux deux premières années du cours élémentaire. Les élèves qui, au-delà de la troisième année, éprouveraient encore des difficultés à comprendre leur professeur et à s'exprimer dans la langue de la majorité, auraient droit à des mesures de rattrapage temporaires : ils pourraient continuer à recevoir un certain enseignement dans leur langue maternelle, jusqu'à ce qu'ils s'avèrent suffisamment bilingues pour s'intégrer dans les classes anglaises. Dans les faits, les Franco-Ontariens ne sont pas lents à comprendre que l'enseignement en langue française vient d'être pratiquement aboli dans leur province. Partout, les protestations s'organisent.

De 5% de la population qu'ils étaient en 1880, les Franco-Ontariens sont passés, trente ans plus tard, à 10%. Là réside, selon eux, l'explication non écrite de la mesure de représailles dont ils font présentement l'objet : la proverbiale fécondité des familles canadiennes-françaises constitue une menace démographique évidente pour la majorité de langue anglaise. Aussitôt, les membres de la Commission des écoles séparées d'Ottawa s'élèvent avec véhémence contre une mesure qui leur apparaît comme un nouveau déni, en matière scolaire, des droits garantis par la Constitution canadienne aux parents et aux écoliers des deux peuples fondateurs. L'Association canadienne-française d'éducation d'Ontario, l'ACFEO, emboîte elle aussi le pas. À la tête du mouvement de résistance va bientôt se révéler un tempérament de chef insoupçonné : celui de Samuel Genest, fonctionnaire jusque-là paisible, issu d'une vieille famille conservatrice des Trois-Rivières, mais que la défense des droits du français va transformer en lion. Au Québec, encore sous le coup de la défaite du Keewatin, l'opinion canadienne-française serre les coudes : *La Patrie* des frères Tarte, *Le Devoir*, *L'Action* font entendre leurs voix de protestation. Trop heureux d'accabler de blâmes un gouvernement conservateur, les journaux libéraux, *Le Soleil* et *La Presse* en tête, emboîtent le pas.

Cette levée de boucliers, au Québec, va constituer une véritable aubaine pour Laurier, soucieux de faire oublier les écoles du Nord-Ouest et l'affaire de la Marine, pour se présenter à nouveau comme le défenseur attitré des droits des Canadiens français. L'amnésie politique des siens et les tactiques éprouvées du bipartisme devraient concourir favorablement à préparer son retour en grâce auprès des électeurs du Québec. Même Bourassa qui, moins d'un an auparavant, annonçait pourtant la chute infâmante du « grand homme » dans la fange, reconnaît maintenant, dans son journal, que Laurier demeure peut-être encore, dans les circonstances, « l'homme de la situation »...

Mais « l'homme de la situation » rêve d'abord et avant tout de reprendre le pouvoir aux conservateurs. Il ne peut, en conséquence, retrouver les faveurs de

« sa » province en s'opposant ouvertement à une décision émanant du gouvernement de l'Ontario : cela, la majorité anglaise du Canada ne le lui pardonnerait jamais. Laurier recourra donc à sa stratégie favorite du double langage, flattant un jour l'irréductible Lamarche, évoquant, le lendemain, l'autonomie provinciale de l'Ontario pour justifier sa décision et s'opposer à toute mesure remédiatrice du gouvernement fédéral dans un champ de compétence provinciale. Nul mieux que ce politicien de génie n'a compris et utilisé plus à fond cette loi non écrite qui, dans la fédération canadienne, conduit le plus sûrement un homme au pouvoir.

Devant la déliquescence dans laquelle s'enfonce la coalition politique des conservateurs et des nationalistes, comment réagit le candidat défait de Saint-Jacques, tout juste rentré de sa mission européenne ? D'avril jusqu'à octobre, il n'écrit nulle part et ne se fait pas entendre publiquement sur la question. Devant l'ampleur du désastre pour la « cause » qu'il avait cru si bien servir en se portant candidat sous la bannière nationaliste, on imagine assez de quelles pensées moroses le voilà habité.

Dans l'affaire des écoles du Keewatin, comme dans celle du Règlement 17, c'est son opposant libéral de l'automne précédent qui se retrouve en ce moment, de par le jeu de chaises musicales du bipartisme, du côté des défenseurs des minorités opprimées ! En leur for intérieur pourtant, ni le député Audet Lapointe ni Laurier ne songent sérieusement à compromettre leur carrière politique pour une minorité, trop insignifiante en nombre pour prétendre les ramener un jour au pouvoir. Mais en tant qu'opposition officielle, les libéraux assumeront volontiers un rôle tout en effets oratoires et en rodomontades qui n'abusera que les électeurs privés de mémoire.

Asselin n'est pas de ceux-là. En un tout autre moment de sa vie, pourtant, la situation l'eût révolté, fouetté, jeté à nouveau dans la mêlée. Elle le trouve cette fois en plein désarroi physique et moral. À peine remis de son intervention chirurgicale, mais encore porté par l'euphorie passagère que lui a procurée son immersion parisienne, il reprend péniblement pied dans un quotidien qui lui paraît doublement ingrat.

Si les députés nationalistes semblent engagés de façon irrémédiable sur la voie de la compromission et de la partisanerie, sa situation personnelle ne lui fournit guère de motifs de consolation. La vie factice de paquebot et d'hôtel a pris fin. Après un détour un peu irréel, le voilà brutalement ramené à la case de départ : un emploi obscur au Crédit métropolitain pour lequel il ne possède manifestement pas les dispositions requises et dans lequel il a étourdiment investi une petite fortune. Ses dettes se sont encore accumulées durant son absence. Le travail de vendeur de terrains lui répugne tout autant qu'avant, en dépit des encouragements que ne cesse de lui prodiguer son employeur et ami, Édouard Biron. À la maison, il n'a guère non plus le loisir de partager avec Alice la somme de son exaltante expérience européenne. Trop de soucis domestiques et de comptes en souffrance l'ont attendu, durant ces quatre mois d'absence, pour que ses souvenirs puissent avoir préséance sur leur solution.

S'il met du temps à reprendre pied sur la scène politique de son pays et de son temps, c'est aussi que son esprit est resté, pour une large part, accroché « là-bas », séduit par « les beaux débats d'idées » auxquels il lui a été donné d'assister à Paris. Et que la « politique politicienne » qui s'étale ici, à la une des journaux, lui fait maintenant lever le cœur ! Brusquement sevré de l'oxygène intellectuel qui l'a tant stimulé en France, Asselin souffre du syndrome du « retour d'Europe ». Il recherche avidement la compagnie de ceux et celles de ses amis qui ont déjà vécu la même expérience que lui : son ami Fournier, Éva et Omer Marchand, *Madeleine* et Wilfrid Huguenin, sa jeune belle-sœur Éliza et son mari français, Jules Poivert. Alice, demeurée en retrait de cette expérience fondatrice, en souffre secrètement. Olivar ne lui avait-il pas conseillé avec désinvolture, au cours de son voyage, de se faire expliquer par sa sœur Éva les passages de ses lettres qui lui paraîtraient obscurs en matière de politique internationale ? Éva avait vécu et travaillé à Paris en célibataire, voyagé avec un mari fortuné, et qui avait de nombreuses relations en France. Comme horizons, Alice n'avait connu que la Gaspésie, le couvent de Sillery et les petits logements de Montréal où elle élevait péniblement leurs quatre enfants. Au cours de ces évocations nostalgiques et enjouées de « la vie parisienne », elle se sentait parfois laissée-pour-compte.

À l'été elle se résout, encore une fois, à partir seule avec les enfants pour la Gaspésie. Talonné par l'échéance de la remise de son rapport de mission, Olivar n'est pas en mesure de la suivre. Il doit aussi reprendre son travail au Crédit métropolitain. Alice part, en outre, très affectée par la mort de sa sœur Hélène, survenue le 24 mai après une brève maladie ; trois semaines auparavant, la cantatrice donnait encore un récital. Sa sœur doit surmonter sa peine et partir seule pour Chien-Blanc. La santé des enfants, celle de Claude surtout, bénéficie toujours de cette cure annuelle d'air marin. La fragilité de cet enfant handicapé, ses retards de croissance, deviennent de plus en plus manifestes avec les années. Olivar est d'avis que Claude aurait tout à gagner à demeurer auprès de son oncle après les vacances, comme Raoul le leur propose depuis des années. Libre de toute attache familiale, son frère curé pourrait apprendre à l'enfant à parler et à exécuter quelques menus travaux manuels adaptés à ses capacités. Alice ne voit pas les choses du même œil. Jean et Paul vont maintenant à l'école, Pierre a déjà deux ans et demi. Nul mieux que sa mère n'est en mesure de s'occuper de la croissance et des besoins particuliers de Claude. Elle obtiendra gain de cause. Raoul et Olivar n'insisteront pas. Mais une ombre de plus a plané sur eux, l'espace d'un été.

Demeuré seul à Montréal, Asselin a repris, sans joie, son travail au Crédit métropolitain. Sa journée terminée, il se rend à pied à la gare Windsor prendre le train pour Beaconsfield d'où il regagne Beaurepaire à bicyclette. Depuis deux ans, sur l'insistance des Huguenin, sa famille y a loué un chalet près du leur, au bord du lac Saint-Louis. Jules Fournier et sa jeune épouse, les Marchand et plusieurs de leurs amis communs ont également pris leurs quartiers d'été dans les environs. La proximité d'un vaste plan d'eau navigable est en voie de transformer peu à peu en villégiature cette petite paroisse agricole aux terres grasses bordées d'ormes centenaires. Au matin, les hommes se retrouvent familièrement à bord du train, le journal sous le bras, pour commenter les nouvelles du jour. Ils s'y retrouvent le soir, souvent à leur place attitrée dans le même wagon, pour y poursuivre la conversation entamée quelques heures plus tôt. Asselin y est vite reconnu et entouré. Les invitations, comme d'habitude, se multiplient : dîners, pique-niques, excursions sur le lac, jeux de société, charades, parties de pêche l'empêchent momentanément de sombrer tout à fait dans cette mélancolie dépressive qui lui est coutumière, chaque fois qu'il se trouve séparé d'Alice et des enfants l'espace d'un été. Il lui écrit d'ailleurs : « Tu ne m'en voudras pas j'espère si je m'étourdis un peu. Je ne puis vraiment pas me passer tout à fait de faire le fou (oh ! *faire le fou* est un bien gros mot[2] !). »

Se trouve-t-il seul, en effet, pour quelques heures dans ce chalet sous les arbres, où persiste l'odeur des plantes aquatiques déracinées, qu'une vague de nostalgie l'assaille aussitôt. La vue des jouets et des vêtements d'enfants qu'Alice a laissés derrière elle avant son départ lui tirent des larmes. Attablé en vain devant ses notes de voyage, il passe de longues heures sur la véranda grillagée, sans pouvoir rédiger la moindre ligne à l'intention du ministre de l'Intérieur auquel il est pourtant tenu de remettre, dans les plus brefs délais, un rapport de mission détaillé... Et, bien sûr, il en oublie de s'alimenter.

Les Huguenin, ses plus proches voisins, s'en alarment. À la levée du jour, ils envoient leur domestique, chargé d'un plateau copieux, s'assurer que le mélancolique a bien pris son petit déjeuner. Les intimes serrent les rangs, multiplient les occasions de distractions pour le tirer de ce nouveau marasme. Velléitaire, Asselin accepte de jouer, une fois de plus, le jeu du joyeux compagnon. Mais intérieurement, il sent son esprit sombrer dans la passivité et l'indécision caractéristiques de ses périodes dépressives. À *L'Action*, où il a accepté de remplacer, pour quelques semaines, son ami Fournier immobilisé par une foulure, il arrive à peine à planifier les numéros du journal et ne réussit pas à rédiger lui-même le moindre éditorial. Ce ne sont pourtant pas les sujets brûlants qui font défaut en cet été 1912 ! En Ontario, la fronde canadienne-française s'organise contre le Règlement 17 et laisse présager un automne mouvementé. Mais, dans la corbeille d'Asselin, les brouillons rejetés ne font que s'accumuler. Le 1er août, il écrit à sa femme : « Depuis plusieurs jours, je ne fais plus rien : plus d'idées, plus de force et le cœur malade. Je mourrais avec plaisir si vous, toi et les gosses, ne m'attachiez à la vie.

Ne t'étonne pas de m'entendre parler ainsi: fatigue physique, désappointement d'argent, privation de jouissances intellectuelles, autant de causes qui, avec les autres, en abattraient de plus forts que moi[3]. »

« Désappointement d'argent » pour Alice également qui, de Chien-Blanc, s'alarme des chèques qui n'arrivent jamais et des terrains du Plateau-Bon-Air qui ne se vendent toujours pas, en dépit de l'investissement généreux qu'elle y a fait de son modeste héritage. Mais Olivar esseulé semble incapable de se remettre à son ancien travail. Le surlendemain, il lui confie à nouveau:

> Deux lettres de toi ce matin: cela me réconforte. Par le temps qui court, un rien me décourage, mais un rien me remet sur pied. Je suis las de lutter contre moi-même [...] Je me suis souvent moqué des neurasthéniques. Mais si c'est être neurasthénique que de piétiner sur place sans savoir où aller, prendre en une journée vingt décisions contraires, se laisser accabler sans résistance par la moindre menace de mauvaise fortune, je le suis. Il me faudrait, à moi aussi des vacances, mais des vacances au fond des bois, loin de toute civilisation, car ma neurasthénie se confond avec ma misanthropie: je méprise tout le monde et moi-même[4].

Tiraillé entre le personnage du crâneur et celui du misanthrope, le neurasthénique avoué accepte de se laisser étourdir par ceux et celles qu'il rêve pourtant de fuir « au fond des bois ». Croisière de plusieurs jours en bateau, bal costumé où il stupéfie ses hôtes par l'astuce de son déguisement et la contrefaçon de sa voix, tentation éphémère de l'alcool et de la fuite font rapidement place à une angoisse et à un désarroi encore plus grands. Il est plus que temps pour Alice de se débrouiller pour rentrer à Montréal! Depuis son départ, Olivar lui a fait parvenir en tout et pour tout 15 $.

Il mettra plus de six mois à reprendre pied chez les siens et à retrouver quelques-uns de ses réflexes combatifs. À *L'Action*, en octobre, il ne donne qu'un court texte, décalé par rapport à l'actualité, où il fustige les trois ministres conservateurs, Monk, Pelletier et Nantel, qui ont refusé de démissionner dans l'affaire du Keewatin. C'est plutôt son ami Errol Bouchette qui, quelques semaines à peine avant sa mort, reprend encore la plume pour soutenir avec vigueur la résistance organisée des Canadiens français de l'Ontario au Règlement 17.

La scène provinciale ne semble pas lui fournir davantage de thèmes de réflexion ou d'indignation. Aux élections de mai, le gouvernement libéral de Lomer Gouin avait été reconduit au pouvoir avec une écrasante majorité. Le ressentiment éprouvé dans la province de Québec à l'endroit du comportement des ministres conservateurs, dans l'affaire du Keewatin, puis dans celle des écoles de l'Ontario, y était sans doute pour quelque chose.

Pour rendre plus cruelle encore la déroute de l'opposition, Bourassa ne s'était pas représenté dans son glorieux comté de Saint-Jacques. Ses jeunes disciples, Armand Lavergne et Jean Prévost, se retrouvaient désormais seuls à la Chambre sous la houlette conservatrice de Matthias Tellier. Pour Bourassa, sa brève incursion sur la scène provinciale n'avait été, semble-t-il, qu'une erreur de parcours effectuée sous l'influence de son aile « gauche » dont Asselin s'était fait, quatre ans plus tôt, le procureur acharné et persuasif. Pour lui, la page était tournée.

En voyage en Europe tout le printemps, Bourassa n'avait pris aucune part à la campagne électorale du Québec. Le directeur du *Devoir* n'avait même pas cru bon de regagner sa province pour commenter la déroute des conservateurs et les résultats du scrutin tenu le 15 mai précédent. Les enjeux de l'élection, visiblement, ne le sollicitaient plus et il se fiait à ses assistants pour en faire état dans son journal. Dans une lettre à son patron, Omer Héroux ne semblait guère se faire, lui non plus, d'illusion sur l'intérêt que le destinataire porterait aux nouvelles qu'il prenait la peine de lui communiquer : « Mais je suis en train de vous faire une lettre politique et vous devez avoir à penser à bien autre chose ! Votre carte m'a reporté aux journées délicieuses que j'ai vécues à Orléans, et j'imagine que ces jours-ci vous devez vous promener aux alentours du Mont Saint-Michel[5]... »

Le retrait provisoire de Bourassa de la politique active scellait la fin d'une époque militante pour le mouvement nationaliste qu'il avait contribué à mettre sur pied. Pour Asselin, qui avait toujours attaché une très grande importance à certains dossiers provinciaux, tels la réforme de l'éducation, la législation ouvrière, la colonisation et les richesses naturelles, l'absence de Bourassa à la Chambre privait ces dossiers du seul défenseur susceptible d'en assurer, à court terme, la promotion intelligente et efficace. Bourassa avait refusé d'accompagner et de soutenir ses disciples aux communes, l'année précédente, au cours de leur périlleuse coalition avec les conservateurs. Maintenant, il laissait quelques jeunes députés formés par lui se débrouiller seuls à Québec avec les problèmes d'intendance de la province. Il se réservait pour le service exclusif des idées à partir desquelles il jugerait dorénavant de l'action des autres.

Dans l'état dépressif où il se trouve temporairement plongé, Asselin, sans doute, n'éprouve guère le goût de s'appesantir sur cette nouvelle désillusion. Privée de la pensée et du style flamboyant de Bourassa, la politique de sa province se cherchera longtemps de nouveaux horizons et de nouveaux défis. En attendant, là aussi la « politique politicienne » retombera dans ses vieilles ornières. Et en ce moment, moins que jamais, Asselin n'a sans doute envie de recommencer à remuer toute cette boue... Il a surtout son rapport de mission à rédiger.

À *L'Action*, ni ailleurs semble-t-il, Asselin n'intervient davantage, en cet automne 1912, dans l'affaire de la Marine que les conservateurs viennent pourtant de relancer dans un esprit de loyalisme à faire pâlir Laurier lui-même. Fidèle à la plus pure tradition « tory », le gouvernement Borden n'a plus rien à redouter de ses alliés circonstanciels d'hier. Aux communes, les nationalistes sont à toutes fins utiles paralysés par leurs compromissions passées sur la question des écoles.

Quant aux ministres conservateurs du Québec « choisis » par Lavergne, le premier ministre se fait fort de les gagner à sa cause en les associant de plus près à ses démarches avec Londres.

Le gouvernement conservateur, en effet, s'apprête à opérer un virage par rapport aux positions qu'il a pourtant défendues deux ans auparavant, lors de l'élection partielle de Drummond-Arthabaska : le rejet du projet de loi navale de Laurier et la promesse d'un plébiscite pancanadien sur une politique permanente de la Marine. Forts de l'appui des provinces anglaises opposées au libre-échange, et principalement de l'Ontario, les conservateurs fédéraux ont bénéficié également du vote « oppositionniste » de la province de Québec pour se faire élire. À peine au pouvoir toutefois, Borden a procédé à des nominations qui laissent deviner la force et la persistance de la tradition impérialiste chère à sa formation politique.

En recevant le portefeuille de la Milice et de la Défense, Sam Hughes a aussitôt reconduit, dans ses fonctions de sous-ministre, le très libéral Eugène Fiset, héros de la guerre du Transvaal sous Laurier. Transcendant les divisions de parti, le mouvement impérialiste s'est donc remis en marche avec une ardeur nouvelle sous l'impulsion non déguisée du ministre de la Défense. Restait à Borden à trouver des arguments convaincants pour expliquer la volte-face spectaculaire qu'il se préparait à opérer : suspendre le projet de loi de Laurier, afin de donner l'illusion qu'il respectait ses promesses, tout en concoctant une nouvelle proposition susceptible d'en arriver sensiblement au même résultat. Il demanderait donc à Londres de lui fournir les arguments susceptibles de justifier pareil revirement.

Peu après, « mandé » en Angleterre par l'Amirauté pour fins de « consultation », Borden choisit de s'y faire accompagner par ses ministres Doherty, Hazen et Pelletier : deux représentants sur trois de cette province française récalcitrante qu'il faut maintenant convaincre du bien-fondé d'une forte contribution militaire à la défense de l'Empire menacé. Subodorant les visées de cette pseudo-consultation, Monk, sur ses gardes, a refusé de faire partie de la délégation. Sans doute Borden en est-il soulagé. Il devait redouter secrètement l'exigeante rigueur intellectuelle de cet homme dépourvu d'ambition personnelle et que ses convictions anti-impérialistes sincères avaient beaucoup rapproché de Bourassa depuis la guerre du Transvaal. Les « principes » du ministre des Postes, Louis-Philippe Pelletier, seraient, en revanche, beaucoup plus susceptibles de flexibilité. On s'embarque donc pour l'Angleterre, mais sans Monk. Rien n'a d'ailleurs été ménagé pour bien recevoir les délégués canadiens.

Après s'être hissé, à trente-huit ans, au sommet des responsabilités de l'État, le nouveau Premier Lord de l'Amirauté, Winston Churchill, est de ceux auquel on confie volontiers les missions impossibles. Tous les filets, toutes les manœuvres de séduction déployés naguère autour de Laurier le seront à nouveau autour de

Borden. Mais, cette fois-ci, la menace du « péril allemand » sera puissamment dramatisée par Churchill.

Le Premier Lord s'empresse donc de convoquer « en secret » la délégation canadienne dans son bureau personnel. Comme prévu, cette dernière se montre flattée et fort impressionnée par le climat de mystère et de gravité qui entoure la rencontre qu'on dit « historique ». Le Premier Lord déploie alors, devant les ministres coloniaux impressionnés, une immense carte d'état-major indiquant la concentration des forces navales britanniques dans la Manche, en prévision de l'agression allemande appréhendée. La Manche... un simple bras de mer qui sépare en ce moment les deux mères-patries des Canadiens ! Comment, en effet, plaide Churchill, les Canadiens français peuvent-ils imaginer un instant que le sort de la France ne soit pas intimement lié, dans le conflit qui se prépare, à celui de l'Angleterre ? Défendre l'Angleterre aujourd'hui, c'est aussi défendre la France. Au « trident des mers » brandi par le kaiser Guillaume contre la « civilisation », il faut opposer sans plus tarder le « bouclier » protecteur d'une flotte britannique renforcée par la contribution massive de toutes ses colonies.

Borden et Hazen, à vrai dire, ne demandaient qu'à se laisser convaincre. Les accents péremptoires et le regard bleu glacé du Premier Lord ont laissé à court d'arguments les ministres du Québec. Churchill n'a même pas eu à livrer bataille pour remporter la victoire. Il lui a suffi de dérouler le tapis rouge pour leur permettre une sortie honorable.

De retour au Canada, le gouvernement Borden tournera donc casaque avec une aisance déconcertante : la loi navale de Laurier sera suspendue sans être jamais révoquée. Mais le Canada pourra fournir, selon les vœux de Sam Hughes, trente-cinq millions de dollars pour construire trois dreadnoughts en guise de contribution navale à la défense de l'Empire. Un nouveau projet de loi se trouve promptement rédigé en ce sens. Tenu à l'écart de la démarche, débordé par les tractations des puissances d'argent auxquelles il se trouve confronté au ministère des Travaux publics, Monk n'est plus de taille à s'opposer à la volte-face de son parti. Privé d'appuis, il n'est plus en mesure non plus de faire valoir les principes qu'il s'est engagé à défendre, au nom même des conservateurs, aux élections de 1911. En octobre, épuisé, amer et profondément déçu, Monk remet sa démission au premier ministre. Aucune commotion ne s'ensuit dans les rangs ministériels : bien en selle après avoir infligé la défaite à Laurier, les conservateurs n'avaient plus besoin de lui. La trappe de l'oubli, désormais, peut se refermer sur Monk. En décembre, tel que souhaité par Londres, le nouveau projet de loi sur la Marine est présenté aux communes. Il marque le retour définitif de la politique conservatrice aux principes de la prépondérance impériale :

> C'était en réalité le projet de Churchill tel que soumis à l'invitation de Borden et appuyé par de nombreux mémoires, rédigés dans le style impérial du Premier Lord

de l'Amirauté. Puisqu'il entendait de toute manière construire ces navires et puisque l'argent canadien était le bienvenu, Churchill s'était empressé de profiter du changement d'humeur d'Ottawa. Il continua d'écrire pendant que le débat se poursuivait, signalant sans ambages aux coloninaux qu'il ne croyait pas qu'ils fussent capables de construire les navires, ni de les manœuvrer, ni de fournir des équipages. Vraisemblablement de jeunes Canadiens seraient autorisés à s'entraîner dans la Royal Navy comme élèves officiers, quelques pétroliers et navires de faible tonnage pourraient être mis en chantier au Canada, mais hormis cela et l'argent, il faudrait s'en remettre à l'Amirauté[6].

En dépit de l'opposition de plus en plus isolée d'un Paul-Émile Lamarche chez les ministériels, et de l'obstruction purement circonstancielle des libéraux, le projet de loi va s'éterniser de longs mois en débats acrimonieux.

Cette question extrêmement névralgique de la Marine avait énormément sollicité la réflexion d'Asselin. Elle avait contribué à lui faire rédiger l'une de ses plus lucides et de ses plus vigoureuses « feuilles de combat », *La défense navale de l'Empire britannique*. Elle l'a sans doute poussé aussi à se porter candidat contre le parti de Laurier dans Saint-Jacques, l'année précédente. La question de la Marine laisserait-elle désormais Asselin indifférent ? Croit-il en ce moment, comme Bourassa le soutient dans *Le Devoir*, que l'ampleur du « péril allemand » se trouve nettement dramatisée et exagérée par les Britanniques, dans le seul but d'accroître leur puissance militaire et d'assurer leur suprématie sur les mers ?

Croit-il au contraire sa chère France à nouveau menacée par l'appétit conquérant de l'Allemagne, ainsi qu'il l'avait souvent entendu dire dans les milieux parisiens, l'hiver précédent, et comme le prétendait toujours *L'Action française* ? Ces bruits de bottes et ces cliquetis d'armes qu'il avait entendus dans les rues de Paris, cet engouement subit de l'opinion française pour la chose militaire ne constituaient-ils pas les signes avant-coureurs d'un conflit face auquel le Canada devait obligatoirement prendre position ? Si de telles pensées habitent en ce moment Asselin, rien n'en témoigne, cet automne-là, dans ses écrits. Le cynisme absolu qui, dans l'affaire de la Marine, accompagne la volte-face mensongère des conservateurs offre pourtant tous les ingrédients susceptibles d'électriser la verve rageuse du pamphlétaire.

Pourtant, Asselin garde obstinément le silence. Encore en proie à l'abattement et à ce qu'il identifie toujours comme sa « neurasthénie », il consacre ses rares loisirs à la rédaction, de plus en plus malaisée dans les circonstances, de son rapport de mission au ministre de l'Intérieur. Jusqu'à la remise de ce rapport, il limitera ses interventions à la signature d'une préface littéraire qu'il accepte de rédiger pour le texte, mi-poème, mi-pamphlet, d'un jeune étudiant en médecine, Guillaume Lahaise.

Sous le pseudonyme de Guy Delahaye, l'auteur a fait de son recueil *Mignonne, allons voir si la rose...* une pièce argumentaire cinglante, sous le couvert du pastiche de la célèbre querelle qui oppose, depuis quelques années, « régionalistes » et « exotiques » en matière d'inspiration littéraire. Lahaise, ami très proche de Paul Morin et de Marcel Dugas, s'est empressé d'aller rejoindre ses jeunes collègues « exotiques » à Paris, avant de lancer son brûlot à la face des pontifes de la critique littéraire québécoise. Le 30 novembre, *L'Action* fait état de la préface d'Asselin.

Lahaise, dont l'admission avait été refusée à l'École littéraire de Montréal quatre ans auparavant, y règle ses comptes avec le poète régionaliste Englebert Gallèze* dont la candidature avait été préférée à la sienne au cours de la même année. En parodiant les vers d'inspiration « terroiriste » de son rival, Lahaise ne manque pas d'écorcher au passage Albert Ferland, préfacier louangeur des *Chemins de l'âme*, et l'abbé Camille Roy, le critique littéraire le plus influent de sa génération. Ce dernier, en effet, avait cru voir dans les poèmes de Gallèze « quelques-uns des vers les plus agréables, et très probablement les plus remplis de sens, que l'on ait écrits, en ces dernières années à Montréal[7] ».

Le jeune étudiant en médecine, comme ses amis Marcel Dugas, René Chopin et Paul Morin, est un francophile avoué. Comme eux, il tourne des yeux admiratifs vers la France de Verlaine, de Rimbaud et de Heredia. Comme eux, il considère Nelligan comme le précurseur d'une poésie nouvelle, affranchie et ouverte sur une thématique universelle. C'est donc tout naturellement que les « quatre cavaliers de l'Apocalypse » (selon le sobriquet qu'ils se sont eux-mêmes décerné) recourent à Asselin pour parrainer la démarche pamphlétaire de l'un des leurs. À leur âge, Asselin ne craignait pas, lui non plus, de s'attaquer à Louis Fréchette, à l'époque où ce dernier officiait, à titre de grand prêtre reconnu, aux cérémonials poétiques de l'École littéraire de Montréal. *L'Action* de Fournier, en outre, offre, par sa qualité d'ouverture à la littérature venue de France, des pages critiques et des recensions qui échappent à la censure ecclésiastique aussi bien qu'aux idées reçues de la critique officielle. Lahaise s'y sent donc en pays ami.

En dépit de son piètre état de santé, Asselin se prête volontiers à l'exercice littéraire. Il signera la préface du poème-manifeste *Mignonne, allons voir si la rose...* même et surtout, écrit-il, parce qu'il considère Guy Delahaye comme « un vrai poète qui joue au fumiste » et qui « cultive la Blague pour l'amour de la blague[8] ». Très proche de ses amis « exotiques » par ses goûts, ses affinités littéraires et sa francophilie, Asselin, toutefois, se refuse à confondre les genres littéraires et à tomber dans la complaisance. Pamphlétaire lui-même, il ne concédera pas, à si bon compte, un talent poétique véritable à son jeune ami : « Delahaye a fait *Mignonne* pour prouver qu'il pourrait faire autre chose et mieux. Il m'a

---

* Pseudonyme de Lionel Léveillé.

convaincu. Je l'attendrai à la besogne. Je vivrai pour voir ceinte de feuilles d'érable, par ses compatriotes mieux éclairés, sa belle tête de pensée, de rêve — et de blague[9]. »

Mais plus intéressants encore que le jugement d'Asselin sur le poème manifeste de Guy Delahaye sont les aveux auxquels se livre le préfacier. Asselin y reconnaît avec humour qu'il n'a pas « compris tout de suite tout ce qui est dans *Mignonne* » parce que, sans doute, « J'ai peu lu et je le regrette ; les livres du Crédit métropolitain, limitée (aie ! aie !) m'ont pris ces dernières années un temps que j'aurais été heureux de consacrer à l'étude[10] ». Mais cette raison en forme d'acte de fausse modestie est loin d'être la seule :

> [...] il m'a semblé que la blague de *Mignonne* était plutôt, presque uniquement la blague à froid des *Ethopées*[*]. Or, la blague à froid est précisément celui de tous les genres de blagues qui vous taxe le plus l'entendement. Ce n'est du reste pas la première fois que je me serai trouvé interloqué devant la Blague[11].

De toute évidence, les savantes didascalies auxquelles s'adonne Delahaye pour mieux ridiculiser ses adversaires n'ont pas provoqué de soubresauts d'hilarité chez le premier lecteur de *Mignonne*... Bon prince, Asselin affirme toutefois qu'il possède, en tant que disciple de la Blague, toutes les qualités requises pour agir en préfacier intelligent :

> — à vrai dire, il y a déjà quelque temps que mes amitiés littéraires se caractérisent par un large éclectisme, où la Blague trouve largement son compte. Raoul Ponchon m'a souvent reposé de Corneille, et Courteline de Bossuet. Le sublime et ennuyant Milton ne m'empêche pas de goûter Mark Twain. Alphonse Allais, Jacques Ferny, David Lafortune, L.-O. David (dans ses œuvres historiques), ont souvent embelli de rêves folichons les sommeils invincibles qui me venaient de certains dialogues de Platon. J'étais donc tout désigné pour écrire la préface de *Mignonne* — œuvre délibérément provocatrice, funambulesque à la troisième puissance, mais plus intéressante, par son allure même, que ces beaux petits recueils bien peignés, bien léchés, bien sages, qui forment presque toute la production poétique canadienne-française[12].

Et pour mieux affirmer en quelle piètre estime il tient tous « ces beaux petits recueils bien peignés, bien léchés, bien sages » publiés chaque année par ses compatriotes, Asselin déclare que :

> [...] le nouveau livre de M. Delahaye me plaît sans doute parce que, supprimées les notes, les reproductions, les paraphrases, il contient très peu de vers — mérite rare, à mon sens, pour un volume de vers canadien-française [*sic*][13].

---

* Œuvre de Joseph Péladan (1859-1918), figure pittoresque de l'époque symboliste, néo-catholique et mystique aujourd'hui tombé dans l'oubli.

Autre façon paradoxale d'affirmer, comme son ami Fournier l'avait fait quelques années auparavant dans la célèbre querelle littéraire qui l'avait opposé au critique français Charles Ab der Halden, que la meilleure façon de faire advenir une littérature canadienne-française digne de ce nom, c'est de proclamer avec force que cette dernière n'existe pas (encore)!

Hormis cette courte parenthèse littéraire, Asselin consacre visiblement tous ses loisirs de l'automne 1912 à la rédaction de son rapport de mission sur l'immigration. S'y révèle, à cette occasion, un trait encore mal connu de son caractère: un sens aigu du devoir et le respect de l'engagement contracté. Quelles que soient les orientations loyalistes de plus en plus manifestes du gouvernement Borden et l'insignifiance du poids politique représenté par le commanditaire du rapport, le ministre de l'Intérieur Robert Rogers, Asselin livrera la marchandise. Chose promise, chose due. Nul ne pourra prétendre que son séjour de quatre mois en Angleterre, en Belgique et en France n'était qu'une sinécure, une simple récompense politique accordée à un candidat défait! Même s'il devine les recommandations de son rapport globalement irrecevables par le caucus et le Conseil des ministres conservateurs, il ne les rédige pas moins selon des convictions, bien étayées par les faits et les chiffres qu'il signale minutieusement à l'attention du ministre, relativement aux trois pays visités.

Il se mue également en conseiller en matière de relations franco-canadiennes, rappelant les nombreux faux-pas diplomatiques commis par des agents d'immigration canadiens mal informés de la conjoncture politique et des sensibilités particulières du gouvernement français. Clemenceau, explique-t-il, voit actuellement d'un assez mauvais œil ce qui lui apparaît comme des tentatives de maraudage de la part d'une «colonie britannique», dans les rangs de «sa population». Cette perception négative, largement partagée par les milieux républicains, se trouverait renforcée par l'utilisation maladroite qu'on a cru bon de faire de prêtres français émigrés au Canada depuis 1902, comme propagandistes-recruteurs.

Les meilleurs propagandistes-recruteurs, pense Asselin, ne devraient-ils pas être plutôt choisis parmi les colons français, émigrés de fraîche date? Ces derniers seraient susceptibles de répondre bien plus adéquatement aux questions concrètes de leurs jeunes compatriotes, pareillement tentés par les perspectives d'un établissement agricole en sol canadien. Tout en procurant aux futurs immigrants une information de première main, touchant les conditions d'exercice de leur métier, le Canada éviterait ainsi de froisser inutilement les susceptibilités laïques et républicaines qui prévalent au sein du gouvernement français.

Asselin, homme d'action, s'attarde longuement aussi à décrire de quelle manière devrait être conçue et orientée une campagne efficace d'information concernant les possibilités d'immigration au Canada. Expositions itinérantes, tournées de conférenciers français et canadiens, stands dans les foires agricoles régionales, publications de nature et de niveaux divers concernant le Canada, son agriculture, son commerce, son organisation politique et scolaire, sa vie culturelle, etc.

Comme il fallait s'y attendre, Asselin s'insurge également contre l'usage systématique de l'anglais par les agents d'immigration canadiens en poste en France, en Belgique et en Hollande :

> Je tiens des agents de Paris et d'Anvers que l'on répond ordinairement en anglais aux personnes qui s'adressent directement à votre ministère, en français, en flamand ou en hollandais, pour avoir des renseignements sur le Canada. Inutile de vous faire observer combien le procédé est peu propre à éclairer et à attirer l'étranger — surtout le Français, qui s'était imaginé que le français est une des langues officielles de notre pays. Pour répondre à chacun dans sa langue, — du moins à ceux, comme le Belge et Français, qu'on sollicite particulièrement d'émigrer au Canada — il suffirait de la présence d'une couple de bons linguistes comme M. Tréau de Coeli* au ministère[14].

Enfin, l'enquêteur retrouve bientôt ses accents de pamphlétaire pour flétrir la piètre qualité du français « de traduction » en usage dans les publications gouvernementales canadiennes destinées à la France et à la Belgique :

> La rédaction des publications officielles étant, dans une campagne de publicité, un élément de toute première importance, on ne saurait trop déplorer l'incompétence ordinaire des rédacteurs ou traducteurs français du ministère de l'Intérieur.
>
> Je n'hésite pas à dire que la rédaction de la plupart des ouvrages officiels du gouvernement canadien destinés aux pays de langue française est loin de faire honneur au Canada. Il en est que M. Wiallard a dû enfouir dans les caves de l'agence parisienne pour ne pas les laisser tomber sous les yeux des Français, quitte à retraduire lui-même l'original anglais, au prix d'un travail onéreux. Nos agents ont autre chose à faire cependant et la plupart du temps ils sont bien obligés de se servir du matériel à leur disposition. La carte murale que nous distribuons aux écoles de France est rédigée partie en français, partie en anglais, partie en je ne sais quoi. En France où le ridicule tue, un pays comme le nôtre devrait prendre garde de ne pas attacher son nom à des publications grotesques dont rougiraient la Patagonie ou la Nigérie. Si le Canada ne peut faire mieux par lui-même, il n'a qu'à prendre modèle sur les coquettes publications de l'Argentine ou de maint autre pays qui, sans avoir la prétention d'être des Nouvelles-Frances, ont cependant découvert le moyen de s'adresser aux Français en français. Je me rappelle avoir vu un ouvrage publié par l'Australie occidentale à l'occasion de l'exposition universelle de 1900, et dont la forme ferait honte aux publicistes de votre ministère, s'ils pouvaient encore rougir[15].

---

* Agent d'immigration en poste en Belgique, au moment de l'enquête menée par Asselin, et dont les compétences l'avaient favorablement impressionné.

Car les « gaucheries de traduction », si elles choquent le locuteur français, trahissent également une méconnaissance impardonnable de ses références culturelles les plus élémentaires :

> À l'heure actuelle, la plupart des publications envoyées dans les pays de langue française sont des traductions littérales de publications rédigées expressément pour les pays anglais. Il en résulte, à part les simples gaucheries de traduction, un caractère général d'exotisme qui choque et indispose le lecteur français. De même que les bons traducteurs ne s'improvisent pas, ce n'est pas le premier venu qui puisse s'adresser à tous les publics suivant leurs goûts, leurs traditions, voire, leurs préjugés : il faut pour cela plus de jugement que n'en semblent posséder certains de vos subalternes. Par exempe, dans l'*Ouest Canadien* — traduction de la brochure intitulée *Western Canada*, qui est celle que vos agents distribuent le plus libéralement, — l'on appelle successivement en témoignage A. Baumak, ci-devant de l'Indiana, Philip N. Taft, Ira Sutton, ci-devant de l'Iowa, et des douzaines d'autres mais pas un seul colon belge ou français : n'est-il pas évident que si l'on ne tenait pas plutôt à effrayer les Français et les Belges par la perspective de l'isolement, et ce n'est pas certainement le but qu'on s'est proposé — l'on eût agi plus sagement en citant les témoignages de colons français et belges[16] ?

En conclusion, Asselin préconise beaucoup plus de rigueur et d'exigences dans la sélection des représentants commerciaux et des agents d'immigration en poste en Europe :

> Le ministère devrait, dans ses nominations futures, exiger du titulaire non seulement une connaissance parfaite du milieu, mais une bonne culture générale. Dans l'Europe entière, la culture intellectuelle est regardée comme essentielle à l'exercice de certaines fonction publiques — surtout de celles qui offrent un certain caractère diplomatique[17].

C'est sans illusion aucune concernant leur avenir qu'Asselin expédie ces recommandations au ministre de l'Intérieur, au cours des premières semaines de janvier. Une copie de son rapport est aussitôt transmise, par le ministère, au Commissaire général du Canada à Paris, l'honorable Louis-Philippe Roy, accompagnée d'une lettre rédigée... en anglais. *L'Action* du 22 février en résume les grandes lignes pour le bénéfice de ses lecteurs.

À la suite de cette enquête, des idées ont été lancées, des ponts ont été jetés, des amitiés nouées, un petit réseau informel de sympathisants mis sur pied. Mais la grande question de l'immigration au Canada est loin d'être réglée pour les minorités canadiennes-françaises, particulièrement pour celle de l'ouest du pays. De la sélection de cette immigration dépend encore, et toujours, soit le renforcement de leur poids démographique, soit son inéluctable érosion. La génération de Fournier et d'Asselin, cela se conçoit, placera toujours cette question, vitale pour la survivance et le développement des minorités, au centre de ses préoccupations politiques. Ni l'un ni l'autre ne vivront assez longtemps toutefois pour prendre acte des effets irréversibles et dévastateurs d'une politique contraire à celle qu'ils avaient préconisée avec tant d'insistance dans leurs écrits.

Chapitre XXVII

L'AFFAIRE DU MOUTON

Le silence du mot lui était encore plus impossible que celui de la pensée.

(Docteur Joseph Gauvreau, dans *Progrès du Golfe*, 7 mai 1937)

Les feux de l'actualité politique se trouvent en effet braqués sur de tout autres scènes en cet hiver 1913. Tel qu'appréhendé, le rapport d'Asselin sur l'immigration belge et française a tôt fait de rejoindre les tablettes et de se muer en pièce d'archives. Aux communes, le débat sur la loi de la Marine se poursuit dans un climat d'irréalité sans précédent. Si l'on excepte le combat isolé d'un Paul-Émile Lamarche et d'une poignée de résistants sans étiquette, l'opposition libérale apparaît de plus en plus formelle. L'ancien projet de loi de Laurier, tout en se rendant aux desiderata de la Grande-Bretagne en matière de contribution militaire de la part de sa colonie, visait tout de même à créer un embryon de marine canadienne, si minime soit-elle. Le projet de Borden n'est qu'une simple contribution ponctuelle d'urgence répondant à l'appel insistant de l'Amirauté britannique. S'il ne se sentait lié par ses imprudentes promesses « oppositionnistes » de Drummond-Arthabaska, le premier ministre aurait pu, tout aussi bien, se contenter d'amender le projet de son prédécesseur. Toute cette manœuvre de suspension sans abrogation, suivie d'une substitution, n'est, de sa part, que purs jeux d'illusion : une fois de plus, camouflée par la redondance des mots, la politique impériale est en train de se remettre en marche dans la colonie canadienne. Et il n'y a plus de Bourassa, à la Chambre, pour lui barrer la route. Ni même de Laurier pour la temporiser quelque peu par le recours à son éternel jeu de balancier.

Sur le front scolaire ontarien, au contraire, les choses sont en train de se corser. Provisoirement incapables d'obtenir réparation devant les parlements pour les effets pervers du Règlement 17, les Franco-Ontariens sont entrés en dissidence. Dans les écoles paroissiales où ils se retrouvent majoritaires, la résistance passive s'organise : des professeurs refusent carrément d'obtempérer et l'enseignement en français se poursuit comme auparavant dans les classes. Le prétexte évoqué ? Aucun élève canadien-français n'est encore jugé apte à recevoir un enseignement dispensé en anglais.

Dans certaines écoles, les inspecteurs gouvernementaux chargés de l'application du Règlement 17 se heurtent à de véritables lignes de piquetage érigées par des mères de famille en colère, bien déterminées à leur interdire l'accès des classes françaises. Pour avoir tenté de jouer du muscle à l'encontre de la fronde féminine ainsi dressée, certains inspecteurs ont dû faire face à une riposte inattendue : ces dames ont retiré, d'un même geste, les redoutables épingles qui assujettissaient leurs chapeaux à leurs chignons et sont passées à leur tour à l'attaque. Plusieurs représentants gouvernementaux ainsi « épinglés » ont dû aller faire panser leurs plaies au poste de police.

Dans les paroisses de langue française, bien des curés approuvent la résistance de leurs ouailles et fouillent dans leurs manuels de théologie pour y trouver la justification du chrétien de refuser la soumission à une loi injuste. N'ont-ils pas, eux-mêmes, toujours enseigné à leurs fidèles catholiques que « la langue est la gardienne de la foi » ? Le combat pour l'école française sera donc aussi leur combat. N'en déplaise aux évêques irlandais, Mgr Fallon en tête, partisans, sinon inspirateurs directs du Règlement 17.

Au Québec, les manifestations de solidarité envers la province insoumise se multiplient. Des liens familiaux très étroits relient, depuis toujours, les deux communautés de langue française. À la recherche de terres nouvelles, nombreux sont les rejetons des plus vieilles familles québécoises à s'être établis dans la province voisine. Des dizaines de villages, au Québec, ont vu essaimer, sous la poussée des familles nombreuses, une partie de leur relève agricole vers les climats plus doux de l'Ontario. L'abolition du régime scolaire consenti aux écoles bilingues, depuis la Confédération, provoque donc une véritable onde de choc dans la Belle Province. Une onde ressentie de plein fouet, jusqu'aux assises vénérables de l'Association Saint-Jean-Baptiste de Montréal*, fondée en 1834 par le patriote Ludger Duvernay.

Or, depuis quelques années, sur l'insistance de son président, l'ex-maire Hormidas Laporte, identifié à l'aile nationaliste du Parti conservateur, Asselin y avait accepté un poste de membre du bureau général. Ce n'est pas tout de critiquer, avait plaidé son vieil ami, il faut bien un jour accepter de mettre aussi la main à la pâte ! Asselin avait obtempéré. En 1908, au moment de la démission d'Hormidas

---

* C'est à l'époque de la présidence d'Asselin que l'Association Saint-Jean-Baptiste prit le nom de Société Saint-Jean-Baptiste (SSJB).

Laporte à la présidence, Asselin avait été promu parmi les six directeurs de l'Association. Tout à ses combats électoraux et à ses procès, il avait, jusque-là, peu entrepris pour secouer véritablement les colonnes du temple. Mais sa seule présence avait, peu à peu, attiré à la Saint-Jean-Baptiste une nouvelle génération de militants épris, comme lui, de renouveau et désireux d'y participer.

Plusieurs membres de l'ACJC formés dans les collèges par son ami jésuite Samuel Bellavance étaient entrés, les uns après les autres, dans les carrières libérales, l'enseignement et les affaires, sans rien perdre de leur désir d'engagement chrétien et national. Les Joseph Versailles, les frères Guy et Anatole Vanier étaient de ceux-là. Ils y côtoyaient à nouveau, comme aux temps de la guerre du Transvaal, les Édouard Biron, les Jules Fournier, les Joseph Nolin, les Antonio Perrault, issus de la Ligue nationaliste d'Asselin et davantage imprégnés, comme lui, d'esprit laïque. Mais, pour les uns comme pour les autres, il s'agissait, à long terme, d'infléchir l'action de la Saint-Jean-Baptiste vers un plus grand engagement dans les combats de l'heure pour la défense du français. La dérive désastreuse de la coalition nationaliste-conservatrice, dans l'affaire des écoles du Keewatin, illustrait bien à quel point se faisait désormais sentir l'urgence d'une relève. C'est cette frange militante, encore minoritaire à la Société, qui allait bientôt s'imposer à la faveur de la crise ontarienne.

Le 10 avril 1913, Asselin se trouve ainsi propulsé à la présidence de la Saint-Jean-Baptiste et entouré d'un conseil largement acquis à ses projets d'action et de réformes : 609 membres recrutés par son groupe lui ont accordé leur vote. Le « parti des sénateurs » ne recueille, pour sa part, qu'un maigre 25% des suffrages. Les honorables François-Liguori Béique, Raoul Dandurand et Laurent-Olivier David doivent, bon gré mal gré, s'incliner devant la poussée contestataire incarnée par l'équipe Asselin.

Cette dernière a du pain sur la planche. Elle se propose notamment de transformer la Caisse d'économie en véritable levier d'action et de revoir de fond en comble la gestion de la dette contractée à l'occasion de l'érection du Monument national. Mais, surtout, de remettre en question la composition et le déroulement du fameux défilé symbolique du 24 juin. Ce défilé, l'ancien directeur du *Nationaliste* l'avait plus d'une fois critiqué et tourné en ridicule, au nom d'une conception plus élevée, plus austère et plus exigeante du nationalisme canadien-français. Or les nobles causes sont loin de lui faire défaut en ce printemps 1913. Le premier de ces champs d'action offerts à la nouvelle militance de la Société est, sans conteste, celui du combat franco-ontarien pour le rétablissement des droits du français dans les écoles séparées. Au lendemain de son accession à la présidence de la SSJB, Asselin en fait clairement sa priorité, plan d'action détaillé à l'appui.

Cette décision jette aussitôt la consternation dans le « parti des sénateurs ». Libéraux d'allégeance et familiers du premier ministre, les Béique, les Dandurand et les David savent tous que, pour le moment du moins, Laurier n'entend pas compromettre ses chances de reprendre un jour le pouvoir, en s'opposant ouvertement à sa majorité de langue anglaise. Ami intime du chef libéral, Laurent-Olivier David, pour sa part, ne voit pas sans alarmes la grande institution patriotique s'avancer avec résolution sur le terrain politiquement miné de la contestation du Règlement 17. Candidat opposé au parti de Laurier il y a quelques mois à peine, le président Asselin — David le sait — ne manifestera aucune indulgence pour une réédition de la politique « du juste milieu » si chère à Laurier. Aussi le sénateur-écrivain songe-t-il sérieusement à démissionner, plutôt que de s'associer au mouvement de soutien qui s'annonce déjà en faveur des rebelles ontariens. Le sénateur David ne mettra pas son projet à exécution. Les adversaires d'Asselin le persuaderont plutôt de persévérer dans l'opposition jusqu'à ce que le président s'attire des opposants en nombre suffisant pour être désavoué par les siens. Ce qui, pense-t-on, ne saurait tarder, vu le caractère primesautier du personnage.

On peut toutefois penser que l'avis de Mgr Bruchési, Grand aumônier de la Saint-Jean-Baptiste, n'est pas étranger à la décision du sénateur de surseoir momentanément à son désir le quitter le conseil. Très proche lui aussi de Laurier, l'archevêque de Montréal n'a jamais fait mystère de son inclination pour les politiques de compromis privilégiées par Rome. À lui aussi, le programme d'action d'Asselin apparaît comme un projet belliqueux, incitant des citoyens, jusque-là loyaux et pacifiques, à la désobéissance civile et au défi à l'autorité établie. À l'instar de Mgr Lartigue à l'époque de la rébellion des Patriotes, Mgr Bruchési a d'ailleurs toujours accordé sa pleine adhésion à la doctrine catholique de l'heure sur l'origine divine de l'autorité civile. On ne saurait cependant combattre efficacement des idées pernicieuses en cédant toute la place à ceux qui en font la promotion : en dépit de ses répugnances personnelles, Laurent-Olivier David demeurera donc en poste au conseil, en qualité d'ancien président.

Élu avec une majorité imposante, Asselin va donc aller de l'avant dans ses projets, entraînant, une fois de plus, la jeune relève à sa suite. Son premier souci : prendre contact avec les forces vives de la résistance ontarienne dont l'âme dirigeante et la caution spirituelle se trouvent désormais incarnées par un simple religieux, le père Charles Charlebois de la congrégation des oblats. Un sénateur libéral, Napoléon-Antoine Belcourt, et un sénateur conservateur, Philippe Landry — celui-là même qui avait pris la défense des colons français au Keewatin —, ont tous deux accepté de mettre le prestige de leur fonction au service d'une cause qui transcende les divisions partisanes en ce qu'elle remet en cause, selon eux, l'esprit même du pacte fédératif de 1867.

Le 1er mai 1913, une délégation franco-ontarienne se rend donc à Montréal, à l'invitation du président de la SSJB. Asselin la reçoit, avec la solennité qui s'impose, dans son bureau du Monument national, boulevard Saint-Laurent. La délégation comprend l'imprimeur C.-S.O. Boudreau, président de l'Association canadienne-française d'éducation de l'Ontario; l'ancien député Onésime Guibord, président du Syndicat d'œuvres sociales, qui édite *Le Droit*, nouvel organe de presse de la résistance ontarienne dont le premier numéro était paru le 27 mars précédent; le fonctionnaire Alphonse Charron, secrétaire du même Syndicat; et le père Charlebois, homme effacé affirmant ne représenter que lui-même.

La première requête des Franco-Ontariens concerne *Le Droit*, considéré par les militants comme le fer de lance de leur lutte contre le Règlement 17. Sans un journal bien à eux, comment, plaident-ils, diffuser l'information, rectifier et décoder les discours politiques et religieux, faire circuler les mots d'ordre dans chaque village et dans chaque école entrés en dissidence? Or, le journal une fois imprimé, c'est le personnel lui-même qui se cotise pour payer les frais d'expédition. Des prêtres de la région outaouaise font, en ce moment, parvenir au journal leurs économies personnelles pour que sa publication puisse se poursuivre. Certains ont même entrepris, de leur propre chef, des quêtes dans les paroisses du Québec. Mais de l'avis de tous, une telle situation ne saurait durer bien longtemps. Pour assurer la survie du journal, les Franco-Ontariens sont venus demander au président Asselin de les aider à réunir la somme de 35 000 $ jugée indispensable pour faire face aux défis qui s'annoncent.

Trente-cinq mille piastres... une très grosse somme pour l'époque! Sans doute Asselin en est-il plus que tout autre conscient. Mais persuader des actionnaires et des mécènes, puis fonder et maintenir à flot un journal de combat, créer un lien vivant entre des militants pareillement épris d'idéal et de justice, n'a-t-il pas consacré à pareille cause ses plus belles années de jeunesse? Après *Le Nationaliste* et *L'Action*, *Le Droit* n'a-t-il pas, à son tour, mérité de vivre, à l'heure où la politique des élus s'enlise chaque jour davantage dans les marécages de la compromission? La liberté des mots obéit à une nécessité démocratique non monnayable: Asselin donnera son plein appui à la délégation franco-ontarienne. Il relèvera le défi, dussent les « vieilles barbes » et les « vieilles ganaches » de « l'ancienne garde » renâcler ou s'en voir couper le souffle!

Asselin rameute aussitôt ses troupes, évalue ses effectifs, crée de nouvelles instances dans chaque paroisse de la ville. Il veut quadriller le territoire de petits groupes d'action motivés et efficaces. Il invite aussi d'autres organismes patriotiques à joindre leurs efforts à ceux de la Société nationale pour atteindre l'objectif ambitieux fixé pour assurer la survie du *Droit*. Les temps ne sont guère propices, malheureusement, pour entreprendre des quêtes publiques de si grande envergure. À Montréal, le développement des affaires stagne, les faillites sont nombreuses, la vie chère et le chômage affectent sérieusement une population montréalaise largement prolétarisée par l'industrie. Pourtant, nombreux sont les individus et les groupes à répondre à la convocation d'urgence de la Saint-Jean-Baptiste et de son président.

Asselin peut aussi compter sur la toute jeune Ligue des droits du français, récemment mise sur pied par le père Joseph-Papin Archambault, s.j.*, avec le concours de plusieurs amis d'Asselin : le docteur Joseph Gauvreau, son ancien condisciple du Séminaire de Rimouski, Omer Héroux et Léon Lorrain, du *Devoir*, Anatole Vanier, autrefois de l'ACJC, Henri Auger et bien d'autres veulent assurer la promotion du français dans le commerce et l'industrie. Ils se montrent aussitôt disposés à appuyer la lutte franco-ontarienne avec le concours d'Asselin. Mais ils ne sont encore qu'un petit groupe disposant de moyens limités.

Plus nombreuses et mieux organisées apparaissent au contraire les militantes de la Fédération nationale Saint-Jean-Baptiste fondée, sept ans auparavant, par Caroline Dessaulles-Béique et Marie Lacoste-Gérin-Lajoie** afin de doter les Canadiennes françaises d'un mouvement féminin autonome. Issues, pour un grand nombre d'entre elles, du comité des Dames patronnesses de l'Association Saint-Jean-Baptiste, les premières militantes de la Fédération voient grand. Elles souhaitent conjuguer ensemble la cause nationale, comme cela va de soi, mais aussi la promotion des droits de la femme mariée, l'accès aux études supérieures et l'obtention du droit de vote pour les femmes. Elles réunissent déjà plusieurs associations professionnelles de femmes sous le chapeau de leur fédération : Association des employées de bureaux, Association des femmes d'affaires, Association des employées de manufactures, etc. Un simple bulletin de liaison, très tôt mis sur pied, *La Bonne parole*, vient de se muer en journal, sous l'impulsion d'une toute nouvelle directrice de vingt-trois ans, Marie Gérin-Lajoie, fille aînée de la fondatrice. Parmi tous les groupes invités par Asselin à épouser la cause franco-ontarienne, la FNSJB va exercer une influence déterminante sur les moyens d'action privilégiés pour tenter de réunir les 35 000 $ nécessaires à la survie du *Droit*.

Plusieurs amies d'Asselin, issues comme lui du journalisme ou du monde des lettres, font partie de la Fédération. Les unes, autrefois membres de la branche montréalaise du National Council of Women, fondé en 1893, y privilégient la cause des femmes. Les autres, provenant de l'ancien comité des Dames patronnesses de

---

* Ce jésuite, nationaliste comme tant d'autres dans son ordre, était le petit-fils d'un député patriote radical, Joseph Papin (1825-1862), auquel il devait son double prénom. Son illustre grand-père avait participé à la fondation de l'Institut canadien en 1844, dont il avait été successivement président et secrétaire archiviste, puis à l'élection de Louis-Joseph Papineau en 1851 et 1852. Ascendance prometteuse pour un fils militant de saint Ignace...

** Caroline Béique, née Dessaulles, était la femme du sénateur libéral François-Liguori Béique.

Marie Gérin-Lajoie, née Lacoste, était la fille de sir Alexandre Lacoste, organisateur de l'aile québécoise du Parti conservateur. À ce titre, ce dernier avait collaboré à la fondation du *Devoir* et contribué au rapprochement Monk-Bourassa dont la coalition avait préparé la défaite de Laurier en 1911.

l'Association Saint-Jean-Baptiste, y font valoir leurs préoccupations pour la cause nationale et les droits du français. Plusieurs d'entre elles sont mariées à des membres encore influents de la Saint-Jean-Baptiste. Mais toutes défendent avec une égale fermeté l'autonomie de leur Fédération par rapport à la SSJB dont la présidence et la direction sont exclusivement masculines.

Asselin, qui souhaite ouvrir plusieurs fronts au nouveau militantisme de la Société, s'inspire peut-être de la formule décentralisée privilégiée par ses « chères collègues » lorsqu'il convie pareillement plusieurs organismes nationaux, voués à la promotion ou à la défense du français, à concerter leurs efforts et leurs dons pour appuyer la cause franco-ontarienne. Sur le plan de la pensée, qu'il a toujours souhaité remettre à l'honneur à la SSJB, Asselin adopte, en tout état de fait, une approche de cette nature. Dès les premiers mois de son mandat, six commissions, de sept membres chacune, sont mises sur pied pour alimenter la réflexion et promouvoir des interventions ponctuelles de la part de la Société. Ce sont les commissions des « droits constitutionnels », celle des « intérêts économiques », des « intérêts scolaires », des « intérêts religieux », des « intérêts scientifiques » et des « intérêts sociaux ». On ne peut s'empêcher d'observer une certaine similitude d'approche, et même de structures, avec la formule des « cercles d'études » en usage aussi bien chez les femmes de la FNSJB que chez les étudiants de l'ACJC pour favoriser le développement de la réflexion sur les questions d'intérêt national, culturel, social ou religieux.

Sur le plan personnel, un courant tout naturel de sympathie a tôt fait de s'établir également entre Marie Lacoste-Gérin-Lajoie, présidente de la FNSJB, et le président de la SSJB. Du temps où Asselin était très actif sur la scène municipale, bien des dossiers concernant l'hygiène publique, la mortalité infantile[*], la construction de logements ouvriers salubres, la distribution et l'inspection du lait les avaient rapprochés. Tous deux, lui au Comité des citoyens suscité par Hormidas Laporte et les réformistes de l'Hôtel de Ville, elle à la FNSJB, y avaient fait la promotion d'une même vision des enjeux municipaux. Celle-ci portait la marque du vaste mouvement de réforme urbaine qui traversait alors l'Amérique du Nord. C'est dans ce même esprit qu'une sœur de Marie Lacoste-Gérin-Lajoie, Justine Lacoste-Beaubien, avait fondé, en 1907, le premier hôpital canadien-français pour enfants à Montréal, l'hôpital Sainte-Justine. Mais outre ces communautés de vue passées, bien des valeurs fondamentales les rapprochent encore.

Marie Lacoste-Gérin-Lajoie, en effet, appartient à cette bourgeoisie « éclairée » dont les références culturelles et politiques ne s'embarrassent guère des

---

[*] *Le Nationaliste* du 15 juin 1913 rapporte que, durant la seule année 1912, 4835 bébés montréalais sont morts, soit le quart des 19 107 naissances enregistrées au cours de la même période.

frontières du terroir ou de certains préjugés de clercs ignorants. Ces bibliothèques bourgeoises comportent un grand choix de livres européens. Des revues françaises, belges, anglaises ou américaines s'y côtoient et influencent les idées et l'action de leurs propriétaires. Profondément croyante elle-même, la présidente de la FNSJB estime toutefois que foi et intelligence doivent faire bon ménage. C'est dans cet esprit, sans doute, que la militante féministe, qui avait publié, en 1902, un *Traité de droit usuel* à l'usage des femmes de la province de Québec, s'est choisi un directeur spirituel venu de France et installé depuis quelques années au collège Sainte-Marie, véritable chef-lieu de la mouvance nationaliste de l'ordre canadien. Très tôt en harmonie de pensée avec son confrère Samuel Bellavance, fondateur de l'ACJC*, le père Stanislas Loiseau est sans doute entré très facilement dans les vues de sa dirigée concernant l'urgence, pour les femmes du Québec, de manifester une solidarité active envers leurs sœurs résistantes de l'Ontario. Le président de la SSJB va donc trouver, chez la présidente de la FNSJB, une alliée de choix, tout entière dévouée à la cause.

Pour la défense de la résistance ontarienne et le renflouage financier du *Droit*, Asselin met rapidement sur pied un comité d'action dont Marie Lacoste-Gérin-Lajoie fait aussitôt partie, à titre de présidente de la FNSJB. Dès qu'il s'agit de levée de fonds — surtout lorsque l'on estime l'objectif difficile à atteindre — tous les regards masculins se tournent spontanément vers les quêteuses professionnelles que sont devenues, dans chaque organisme, ces « dames patronnesses » indispensables en dépit de l'anonymat qui, le plus souvent, demeure leur lot. Qu'ont-elles à suggérer, ces dames, pour compléter le manque à gagner de l'objectif, une fois la contribution des organismes-amis encaissée?

La méthode, suggérée vraisemblablement par les femmes de la FNSJB, s'écarterait, cette fois, des formules traditionnelles des tombolas, des bazars de charité ou des dîners-bénéfices, formules qui, toutes, se heurtent aux limites de la sphère domestique. Cette fois, croient-elles, il faut que la propagande en faveur de la cause franco-ontarienne déborde les salles de couvents et les réfectoires, pour aller rejoindre chaque Canadien français dans les rues et les lieux de travail.

Depuis longtemps, en effet, les œuvres sociales canadiennes-anglaises utilisent avec succès la formule plus moderne du « tag day » : à un jour donné, des bénévoles envahissent les rues, les esplanades, les sorties des grands magasins, des usines et des bureaux, les porches d'églises ou de temples, pour recueillir les oboles des passants. En échange, elles remettent à ceux-ci un insigne publicitaire, fleur ou macaron qui, distribué à des milliers d'exemplaires, fait connaître le bien-

---

* C'est le père Bellavance que le père Loiseau désignera plus tard pour lui succéder comme directeur spirituel de Marie Gérin-Lajoie-fille.

fondé de l'œuvre. Certains membres de la FNSJB ont déjà expérimenté l'efficacité de la formule du tag day, lorsqu'elles participaient aux activités bénévoles du National Council of Women avec leurs consœurs de langue anglaise. Elles estiment maintenant les temps mûrs pour en expérimenter la formule auprès de la population de langue française. Aucune cause, en effet, ne saurait mieux s'y prêter que celle du soutien aux écoles canadiennes-françaises de l'Ontario.

Au conseil de la SSJB, certains membres, particulièrement les clercs, émettent quelques réserves à l'idée de voir des femmes catholiques s'inspirer de méthodes de charité « protestantes ». Objection, surtout, à voir des dames et des jeunes filles « prendre la rue » au risque de s'exposer à des remarques grossières ou à des propositions déplacées de la part d'hommes prétendument sollicités pour une bonne cause. Ces objections sont vite balayées du revers de la main par un président résolu. Aux États-Unis, Asselin lui-même a déjà été témoin du succès de la formule.

Il y aura donc tag day au Québec en faveur de la cause franco-ontarienne en ce printemps 1913. C'est la SSJB qui en assurera l'organisation, avec le concours des dames de la FNSJB. L'emblème choisi sera celui d'une fleur dont le nom se prête à une double signification : la pensée. Et, naturellement, cette « pensée » sera « française ». Chaque donateur en recevra, ce jour-là, l'effigie sous forme de bouton métallique, après avoir versé son obole dans la tirelire des quêteuses. Cette journée sera dite celle du *Sou de la pensée française...* Enfin, le libellé de l'objectif de la campagne parlera de « la cause des écoles françaises de l'Ontario » plutôt que de celle d'un journal encore mal connu et dont la nécessité est plus difficile à établir auprès du grand public sollicité. Le produit de la quête sera versé à l'ACFEO qui se chargera d'en remettre la quote-part au *Droit*. Asselin se montre enchanté de la tournure des décisions. Jusqu'à présent, l'entreprise semble se présenter sous les meilleurs auspices. La campagne publicitaire est donc lancée, à grand renfort d'annonces dans tous les journaux de la province. Un grand nombre d'entre eux publient sans frais les encarts que leur fait parvenir le président de la SSJB[1].

Ce dernier, toutefois, ne peut s'empêcher d'égratigner au passage les initiatives passées de ses prédécesseurs à la présidence. Il le fait en annonçant sa décision, longuement mûrie, de supprimer le défilé traditionnel du 24 juin, afin de verser intégralement au fonds de secours franco-ontarien les sommes habituellement consenties pour les pièces pyrotechniques, les chars allégoriques, les uniformes et les fanfares. Et il est loin d'y mettre les formes stylistiques que commanderait le souci de ménager les susceptibilités de ses devanciers.

La circulaire qu'il publie à l'intention de tous les membres de la Société reflète bien l'esprit, sinon la lettre, de ses éditoriaux ravageurs du *Nationaliste* :

La fête ne consistera pas en processions et feux d'artifice. Nous croyons que, pour les races menacées dans leur existence, ces manifestations ont quelque chose de puéril, qui ne sert qu'à exciter la pitié dédaigneuse des autres races[2].

À l'époque du *Nationaliste*, on s'en souvient, le jeune pamphétaire s'était abondamment moqué du symbole de soumission bêlante représenté par le mouton traditionnel qui, sur le dernier char allégorique du défilé, accompagnait un Jean-Baptiste enfant, obligatoirement bouclé, et généralement choisi parmi les plus jolis garçons impubères des écoles élémentaires. Dans sa circulaire aux membres, le nouveau président de la SSJB s'était bien gardé de faire référence à ses propos de jeunesse. Mais c'était sous-estimer la mémoire tenace et l'esprit provocateur de certains de ses amis non assujettis, comme lui, au devoir de réserve dicté par les hautes responsabilités de fonction qui sont désormais les siennes.

Jules Fournier, le tout premier, commence par s'en donner à cœur joie dans *L'Action* où, dès l'élection d'Asselin à la présidence, il n'avait cessé de brocarder l'accession de l'ancien pamphlétaire au statut de grand notable de la SSJB! Fournier ne faisait là que reprendre les étincelants paradoxes lancés par Asselin lui-même, dans sa fameuse préface aux *Souvenirs de prison* de son ami. Ce dernier lui rendait joyeusement la monnaie de sa pièce:

> Quand il [Asselin] défendait de son corps l'intérêt public, quand il payait de son repos, de son bien-être matériel — et parfois de sa liberté — l'audace de dire la vérité, il faisait lever les épaules, il n'inspirait que des paroles de dédain... Aujourd'hui qu'il trouve moyen de vendre à M. Bazinet, d'Outremont, pour 3000 $ des « lots » qui en valent bien 1500 $, M. Bazinet, comme tout Canadien qui se respecte, n'éprouve plus pour Asselin qu'une profonde admiration[*].
>
> Et pour comble des combles, voici que jeudi soir on l'élit à l'unanimité président de la Saint-Jean-Baptiste — après l'avoir, trois jours auparavant, appelé à siéger au Conseil d'Administration de la Bourse de l'Immeuble aux côtés de M. U.-H. Dandurand[**].
>
> Président de la Saint-Jean-Baptiste. Quelle revanche!
>
> Président de la Saint-Jean-Baptiste! Soupesez-moi ces mots, s'il vous plaît, avec tout ce qu'ils enferment, pour un Canadien, de gravité, de sérieux, de solennité légendaire, et dites si l'Asselin du *Nationaliste*, anarchiste et détraqué, n'est pas mieux vengé par ce titre qu'il ne l'eût été par celui-même de premier ministre!
>
> Asselin homme d'affaires. Asselin gagnant de l'argent [...]

---

* Allusion directe au travail d'Asselin au Crédit métropolitain.

** Entrepreneur canadien-français prospère qui devait sa célébrité au fait d'avoir été le premier citoyen de la métropole à posséder et à conduire un véhicule automobile dans les rues de Montréal. Les initiales du personnage répondaient, dit-on, au remarquable patronyme d'Ucal-Hysopompe.

En vérité, en vérité, mes amis, l'Ecclésiaste s'est trompé et vous en êtes tous témoins : nous voyons aujourd'hui, pour une fois, quelque chose de nouveau sous le ciel[3]...

On peut donc imaginer avec quelle jubilation verbale Fournier accueille la décision d'Asselin de supprimer le défilé (et, par la même occasion, le mouton du défilé). Mais c'est Godfroy Langlois, évincé par Laurier de la direction du *Canada* trois ans auparavant, qui va donner au président Asselin le « baiser de Judas » et créer, de toutes pièces, la fameuse « affaire du Mouton ».

Représentant de la tradition radicale du Parti libéral, Langlois n'avait jamais fait mystère de son appartenance à la franc-maçonnerie ni de ses idées touchant la laïcisation de l'enseignement public, attitude qui, naturellement, lui avait valu l'opposition farouche de Mgr Bruchési. Laurier était grandement redevable à l'archevêque de Montréal : ce dernier avait autrefois contribué à dédouaner son parti des accusations de radicalisme qui avaient longtemps pesé sur lui et compromis sa réputation auprès de Rome et de l'électorat. Le prélat n'avait guère rencontré de difficultés à persuader Lomer Gouin et son ami Laurier de se débarrasser du fâcheux journaliste. En 1910, Langlois, dûment dédommagé par son parti, avait fini par céder la direction du *Canada* à Fernand Rinfret. Ne s'estimant pas réduit au silence pour autant, le limogé, encore fringant, avait aussitôt fondé *Le Pays*. Il ressuscitait ainsi le nom d'un journal radical à la fondation duquel avaient notamment participé, en 1852, Joseph Papin et le propre neveu de Papineau, Louis-Antoine Dessaulles.

L'annonce de l'annulation du défilé de la Saint-Jean va aussitôt mettre le proscrit en verve : célébrer « la mort du Mouton » devient son thème éditorial de prédilection. *Le Pays* voit, avec grande satisfaction, dit-il, disparaître de la fête nationale des Canadiens français une symbolique et des célébrations à caractère religieux : le « Mouton », pour Langlois, c'est « l'agneau de Dieu », c'est la brebis perdue et retrouvée de l'Évangile. Ces images n'ont pas leur place dans une Fête nationale.

Partisan libéral, en dépit du camouflet qu'il vient de subir de la part de son parti, Langlois, on le devine, n'a guère d'atomes crochus avec les nationalistes. Asselin et lui se sont affrontés, trois ans auparavant, sur la question municipale. Durant son bref passage au *Devoir*, le président de la SSJB a même dénoncé certaines tentatives d'infiltration des membres de la loge L'Émancipation au Conseil municipal. Ce n'est certes pas le souci de ménager l'entreprise d'Asselin à la SSJB qui motive ici Langlois, dans son persiflage amusé du « mouton » catholique. Ce pourrait même être le contraire...

L'effet ne se fait pas attendre. Profondément blessé et prenant prétexte de réfuter les propos du *Pays*, Mgr Bruchési profite d'une allocution aux membres de la SSJB pour marquer indirectement son désaccord avec la décision du président de supprimer les manifestations traditionnelles du défilé :

> Quoi de plus édifiant, s'exclame-t-il, que de voir, au milieu de nos fêtes, un enfant gracieux et pur symbolisant le Précurseur, et à ses côtés le doux agneau, image du Rédempteur ? Certains hommes parmi nous se moquent de tout cela. Ils parlent de notre attachement au « mouton ». Il faut qu'ils cessent un langage aussi insultant pour des croyances vénérables et pour de chères traditions. Notre symbole vaut infiniment mieux que d'autres que je ne veux pas nommer. Nous le garderons donc. Ceux qui le dédaignent et le méprisent font voir qu'ils n'ont pas de sens chrétien[4].

Il n'en faut pas davantage pour réactiver l'amalgame « Asselin-franc-maçonnerie » entretenu par *La Vérité* de Québec et *La Croix* de Montréal aux temps du *Nationaliste*. Le journal de Tardivel lance de nouvelles accusations contre le président de la SSJB qui cherche à « bannir Dieu » de la fête nationale des Canadiens français. Des membres du Conseil général envoient aussitôt une mise au point au journal pour défendre la nouvelle politique mise de l'avant par la Société : lancer l'indispensable collecte du *Sou de la pensée française*, plutôt que de gaspiller des fonds en manifestations bruyantes et inutiles.

Mais le ver s'est quand même insinué dans la pomme : de « bons catholiques », quoique nationalistes, regardent désormais avec une certaine suspicion la campagne du *Sou de la pensée française*... L'archevêque de Montréal, qui craint avant tout de voir les fonds recueillis se retourner contre les évêques irlandais de l'Ontario favorables au Règlement 17, se tient désormais silencieux. Venant du Grand aumônier de la SSJB, un tel silence équivaut à un blâme. Il suscite aussitôt des interrogations chez des curés montréalais, jusque-là bien engagés dans la campagne. Le réseau paroissial institué par Asselin marque le pas dans ses activités. Devant les militants, certains pasteurs laissent même entendre que les sommes recueillies auraient peut-être avantage à demeurer dans les paroisses.

La campagne commence aussi à susciter des réticences chez certains laïcs : sans l'appui de leur évêque, plusieurs avouent leur hésitation à financer des citoyens ontariens accusés de défier la loi. À la FNSJB, certaines militantes, moins proches du mouvement nationaliste et davantage marquées par leur expérience au NCW, craignent d'indisposer leurs consœurs de langue anglaise en s'engageant ouvertement en faveur du soutien aux dissidents franco-ontariens. Il faudrait, au bas mot, douze cents quêteuses pour atteindre les objectifs de la campagne. L'organisatrice générale, madame Lemaire, en recrute péniblement sept cents.

Asselin et son équipe tiennent bon : la journée du *Sou de la pensée française* se tiendra en juin, peu avant la Saint-Jean et comme prévu dans le plan initial. Mais sous l'effet de la contagion, une autre défection, plus importante encore, va survenir pour miner la crédibilité de la Société et de son conseil : la Société Saint-

Jean-Baptiste de Québec refuse de se joindre au regroupement d'organismes nationaux, suscité par celle de Montréal, pour mieux concerter les efforts communs, au cours de la campagne de souscription. En désaccord total avec la décision de Montréal de supprimer le défilé traditionnel de la Saint-Jean, la SSJB de Québec déclare vouloir faire cavalier seul. Elle fera directement parvenir à l'ACFEO une obole à sa discrétion et tiendra, comme à l'accoutumée, son défilé dans la Vieille Capitale. Dans *L'Action,* Jules Fournier stigmatise aussitôt la pusillanimité ombrageuse des notables de Québec:

> Lorsqu'en 1911 les Québecquois* parlèrent pour la première fois de réunir dans leur ville un Congrès pour la défense du français, l'Association Saint-Jean-Baptiste de Montréal applaudit des deux mains et, sans perdre un instant, chargea quelques-uns de ses membres les plus actifs de se mettre à la disposition des organisateurs de l'entreprise. C'était tout naturel.
>
> Aujourd'hui que de Montréal part le mouvement analogue de la Pensée Française, — simple corollaire, pour le dire en passant, de l'œuvre du Congrès, les Québecquois nous font savoir qu'ils n'en sont pas, qu'ils n'en veulent pas être, et que nous ayons dans cette affaire à nous arranger seuls... C'est non moins naturel.
>
> Il faudrait pour s'en étonner ne pas connaître Québec. Il faudrait ignorer le trait de caractère qui, avec l'amour de l'encroûtement et la vanité bouffonne, fait le fond même de l'âme québécquoise; c'est à savoir une défiance irréductible de tout ce qui n'est pas de Québec, compliquée, à l'égard de Montréal, d'une jalousie féroce et sournoise de parent pauvre.
>
> «Tout ce qui vient de Nazareth est souillé». Pour le Québecquois, tout ce qui vient de Montréal est maudit. Le Québecquois en veut à Montréal, d'abord, de n'être pas Québec[5].

D'autres villes du Québec, fort heureusement, demeurent solidaires de la démarche entreprise par Montréal en faveur des Franco-Ontariens. À l'image des « journées canadiennes-françaises » tenues à Ottawa, peu de jours avant la grande collecte du tag day, elles organisent, elles aussi, des sessions publiques où des orateurs de prestige se succèdent à la tribune pour encourager la résistance des écoles françaises. On y entend, tour à tour, les sénateurs Belcourt et Landry, le docteur Gauvreau et le père Papin-Archambault de la Ligue des droits du français, Adjutor Rivard, président de la Société du Parler français**. Mais surtout, infatigable et omniprésent, Olivar Asselin, président de la SSJB de Montréal, leader charismatique en qui les Franco-Ontariens fondent de très grands espoirs.

---

* Graphie utilisée par Fournier pour distinguer les habitants de la ville de Québec des citoyens de la province.

** Dans toute cette affaire, Adjutor Rivard se solidarisera cependant de la réticence de la SSJB de Québec à joindre ses efforts à celle de Montréal.

Leurs attentes ne seront toutefois qu'en partie comblées. Affectée par les dissensions, la quête de la *Pensée française* ne récolte que 15 000$. Prévenu à l'avance de la suppression de son défilé annuel, le public montréalais n'aurait-il pas, de son côté, boudé la campagne d'Asselin et ménagé un accueil timoré aux 700 quêteuses mobilisées par la FNSJB? La question reste posée.

De son côté, la soirée littéraire et artistique de haute tenue organisée par Asselin lui-même, comme substitut au défilé traditionnel, n'avait pas contribué à améliorer ses relations avec l'archevêché. Inconscient ou provocateur, le président de la SSJB n'avait rien imaginé de mieux que d'inviter l'avocat-poète Gonzalve Desaulniers, ancien secrétaire de la section Saint-Jacques de la Saint-Jean-Baptiste, à y réciter des poèmes de sa composition. Or Gonzalve Desaulniers, tout comme Godfroy Langlois, appartient à l'école radicale dont se réclame le directeur-fondateur du *Pays*. Son nom avait même été mentionné, en 1910, par les jeunes activistes de l'ACJC qui avaient réussi à s'emparer des listes de membres et des procès-verbaux de réunions de la loge L'Émancipation. Dans l'état de tension qui s'était établi, inviter Desaulniers équivalait à mettre le feu aux poudres. Le jour même de la manifestation, Mgr Bruchési menace donc de fermer personnellement la grande salle de l'Université prêtée pour la circonstance, si Desaulniers s'y produit*. Peu soucieux d'envenimer le débat et de compromettre son ami Asselin, Desaulniers s'éclipse rapidement. Dès le lendemain, *La Vérité* prend prétexte de l'incident pour reprendre de plus belle ses accusations de complicité maçonnique à l'endroit du président de la SSJB de Montréal.

Asselin rapporte les péripéties de la journée à sa femme qui séjourne à Woodlands, avec les enfants, depuis le début des vacances scolaires:

> À mon arrivée, je trouve la ville sens dessus-dessous par suite de la nouvelle gaffe de ce matois d'imbécile de Bruchési qui est intervenu à la dernière minute pour empêcher que Desaulniers ne dit [*sic*] des vers à la séance littéraire et artistique de mardi soir. Voilà une ingérence qui est ennuyeuse pour la Saint-Jean-Baptiste, mais qui coûtera encore bien plus cher à l'archevêque. Après le discours qu'il était allé faire sur le mouton, il ne pouvait mieux servir les anticléricaux. Ceux-ci jubilent[6].

Jusqu'à la toute fin de la campagne, Asselin aura donc encaissé les coups avec un stoïcisme remarquable. Chef d'une coalition qu'il a mise sur pied pour réunir les sommes nécessaires à la survie du *Droit*, coalition qu'il savait fragile, Asselin a évité tout éclat susceptible d'élargir les fissures qui apparaissaient, çà et là, au sein de son organisation, depuis que s'était manifestée la désapprobation de Monseigneur de Montréal. Les résultats, décevants à ses yeux, de la quête de la

---

* L'Université de Montréal possède alors une charte romaine qui relève du droit canon et en vertu de laquelle l'évêque titulaire y détient les pouvoirs de chancelier.

Pensée française une fois rendus publics, plus rien ne retient le pamphétaire de dire tout haut ce qu'il pense et de régler ses comptes avec ses adversaires!

Le 26 juillet 1913, sous le couvert d'une « entrevue » soi-disant « accordée » à Fournier, il livre à *L'Action* un véritable réquisitoire dressé contre l'inertie conjuguée du cléricalisme, du loyalisme et de l'anglomanie pour saper les forces de la résistance nationale à l'assimilation*. Il n'y va pas de main morte. Le brulôt a beau atterrir dans une ville en partie désertée par les vacanciers, il atteint rapidement toutes ses cibles. À Montréal, à Québec, à Ottawa, comme dans toutes les villégiatures de la province, il n'est désormais plus question que de... « l'affaire du Mouton », telle que vue et résumée de façon lapidaire par Asselin. Une pièce d'anthologie qui plonge tel lecteur dans le ravissement intellectuel le plus complet, tel autre dans la colère et la consternation la plus profonde.

D'entrée de jeu, en effet, Asselin réclame clairement, pour la fête nationale des Canadiens français, une autonomie d'action par rapport aux manifestations religieuses qui l'accompagnent. Ce faisant, il fait surgir l'un des spectres les plus redoutés de son époque: celui de la séparation de l'Église et de l'État, vision tributaire de la France laïque et républicaine et, pour cela même, stigmatisée dans son milieu par les pouvoirs ecclésiastiques. Asselin bouscule donc ici bien du monde:

> À propos *de Pensée française*
>
> Si nous n'étions que catholiques, nous n'aurions pas lieu de fêter la Saint-Jean plutôt qu'un autre jour; pour affirmer cette croyance religieuse, il suffit de célébrer, par exemple, la Fête-Dieu. Les cérémonies religieuses que nous mêlons à la Saint-Jean ont pour but de marquer le caractère catholique que les événements ont donné chez nous à la langue, à la pensée, à l'action française; mais la fête est et doit rester avant tout une fête française, par opposition à d'autres fêtes nationales qui ont également le cachet catholique.
>
> La Saint-Jean, fête nationale canadienne-française, n'avait jamais, depuis long-temps, donné lieu à la moindre manifestation pratique de l'esprit, de la pensée française; les processions qu'on faisait par les chemins, les feux qu'on allumait sur les collines, les messes mêmes qu'on allait entendre dans les temples ou sur les places publiques, étaient devenus autant de rites machinaux, dont le croissant éclat coïncidait avec l'affaiblissement de la conscience, de la dignité, de la volonté nationale.
>
> Pour rendre à la fête sa signification, nous avons cru devoir inviter la population canadienne-française à souscrire ces jours-là d'une manière tangible à une forme

---

* Peu après la publication de son entrevue à *L'Action*, Asselin en reprendra l'essentiel, et le peaufinera, dans une brochure intitulée *Le Sou de la pensée française* et qui constitue sans doute l'une de ses plus caustiques et plus brillantes « Feuilles de combat ». C'est à ce dernier texte que nous emprunterons les citations qui vont suivre.

quelconque d'action française : de là l'institution du Sou de la Pensée française ; à une forme indiscutable d'action française : de là notre résolution de verser cette année le Sou au fonds de défense de l'enseignement français en Ontario[7].

Asselin donne ensuite le sens précis de cette « pensée française » qu'il entend désormais promouvoir dans les actions ponctuelles menées sous sa gouverne, par la SSJB. Pour lui, la « pensée française » [...] « c'est une manière de sentir, de penser, de juger » qui distingue tous les locuteurs de la langue française (qu'il soient Français, Belges ou Canadiens français) des locuteurs de la langue anglaise (Britanniques, Américains ou Canadiens anglais), ou des locuteurs de la langue allemande (Allemands ou Autrichiens). Pour Asselin, la « pensée française » renvoie donc à une notion beaucoup plus large, celle que nous désignons plus volontiers aujourd'hui sous le nom de « culture » et qui englobe les façons particulières selon lesquelles un peuple aborde aussi bien les relations interpersonnelles et communautaires et la gestion des affaires publiques, que l'éducation ou la création artistique.

Aussi ardent défenseur qu'il soit des « droits du français », Asselin n'en pense pas moins qu'une langue devenue, par évolution, simple traduction de la « pensée » de « l'autre » serait vouée, tôt ou tard, au dépérissement et à l'assimilation. Sans cette vitalité de la « pensée française », écrit-il, nous ne serions plus, dans l'ordre intellectuel, que « des bâtards ou des dégénérés ». Nous parlerions encore français, croit-il, mais nous ne serions déjà plus de « mentalité française ».

Pour pallier cette menace d'affaiblissement de la pensée et, par corollaire, de la langue, Asselin, on l'aura deviné, préconise l'intensification des liens et des échanges culturels avec la France, foyer mondial de la « pensée française ». Conscient de la suspicion religieuse qui entoure pareille référence, au Canada français catholique, Asselin cite adroitement l'auteur du fameux « discours de Notre-Dame », ce grand Bourassa dont la loyauté religieuse, contrairement à la sienne, ne saurait être questionnée :

> M. Henri Bourassa en a tiré la conséquence nécessaire, qui est que notre race, anémiée dans sa pensée par un siècle et demi d'isolement, ne survivra intellectuellement qu'en se rapprochant du foyer de la culture, de l'esprit français. Au dernier congrès du Parler français, pendant que d'autres s'attardaient puérilement sur la nécessité de combattre l'anglicisme par la grammaire et le dictionnaire, M. Bourassa, allant, selon son habitude, au fond des choses, disait : « Le deuxième élément nécessaire à la conservation, c'est de l'alimenter sans cesse à la source d'où elle provient, à la seule source où elle puisse entretenir sa vitalité et sa pureté, c'est à dire en France[8] ».

Cette précaution stratégique une fois prise, pour dédouaner religieusement sa propre pensée, Asselin poursuit son plaidoyer :

Qu'on me permette de toucher en passant à la question souvent agitée — peut être plus dans le milieu discret des maisons d'enseignement que dans le grand public — du danger que nous courons pour notre foi et notre moralité à cause du dévergondage de la littérature contemporaine. À cette crainte, je ferai une première objection qui n'est pas philosophique je l'avoue, mais qui ne manque peut être pas d'un certain bon sens; c'est que si, par crainte du poison, on cesse de se nourrir, on meurt de faim, ce qui est une façon tout aussi sûre que l'autre d'aller au cimetière. Si nous laissons dépérir la langue faute de l'alimenter à sa véritable source, elle disparaîtra, et si la langue périt, l'âme nationale périra, et si l'âme nationale périt, la foi périra également[9].

Habileté supplémentaire du plaideur que de faire sienne, ici, la doctrine de « la langue gardienne de la foi » dans laquelle tant de prêtres franco-ontariens puisent, en ce moment, leur motivation à contester, jusqu'à la désobéissance civile, les dispositions humiliantes du Règlement 17.

Lors de son récent voyage en France, Asselin a pu côtoyer de nombreux écrivains dits du « renouveau catholique ». Il a rencontré des parlementaires issus, comme Albert de Mun*, de la mouvance du « catholicisme social ». Il a fréquenté les intellectuels du Comité France-Amérique. Il peut donc témoigner que le génie créateur de la France est multiple et que, même républicaine et laïque, cette dernière n'a pas perdu son titre historique de « fille aînée de l'Église » :

D'ailleurs, le danger de l'empoisonnement est-il si grand? Si dans la littérature française contemporaine le poison n'est pas ménagé, est-il nécessaire d'ajouter que le contre-poison y surabonde? Au lieu de chercher à fermer la porte aux œuvres littéraires françaises, afin d'empêcher les œuvres mauvaises de passer, ouvrons-la plutôt toute grande à ce qu'il y a d'admirable, de généreux, d'idéaliste, de fort, de grand, dans cette production éternelle du génie français dont il semble que Dieu ait voulu faire, dans l'ordre intellectuel, la continuation du génie grec, et dans l'ordre moral, le foyer principal de la pensée chrétienne et de tous les apostolats généreux[10].

Le souvenir des « beaux débats d'idées » dont il a été témoin en France, entre écrivains d'allégeances politiques et religieuses diverses, lui revient avec nostalgie. De tels débats sont impensables, en ce moment, dans la province de Québec paralysée par les diktats d'une pensée officielle exclusive. Tant d'étroitesse d'esprit soulève en lui des accents de profonde irritation :

[...] d'autres [...] ne veulent pas de la pensée française tout bonnement parce que c'est la pensée française. La pensée française ne les effraierait pas si elle venait

---

* Le comte Albert de Mun (1841-1914), représentant, avec Léon Harmel et Patrice de la Tour du Pin, du catholicisme social. Parlementaire français, il fut à l'origine de diverses législations ouvrières dont la loi de 1892 sur le travail des femmes. Élu à l'Académie française en 1897 et auteur de plusieurs essais.

d'Angleterre, d'Allemagne, de Russie, de Patagonie ; mais comme la pensée française doit, dans l'ordre naturel des choses, venir de France, la pensée française est chose dangereuse et il ne faut pas de la pensée française. Que les Hanotaux*, les Bazin** et les Lamy*** ne s'y trompent pas ; qu'ils ne se laissent pas leurrer par des salamalecs de protocole ; il existe à l'endroit de la France, dans certains milieux canadiens-français, une méfiance haineuse qui n'est pas près de disparaître. M. de Mun prend part à un banquet de la *Revue Hebdomaire* avec M. Barthou****, Paul Adam***** et vingt autres hommes politiques et écrivains libres penseurs, et il est fier d'eux, et ils sont fiers de lui, et il les applaudit, et ils l'applaudissent, parce que, malgré leurs divisions religieuses, ils ont une manière commune de sentir, de penser, d'aimer, de haïr, de parler, de juger — manière qui est par elle-même la fleur suprême du cœur et le grand œuvre du génie humain. Hanotaux, Barthou, Lamy, Bazin, acceptent avec joie la mission de venir ensemble nous apporter quelques échos du génie français : ceux-là libres penseurs et ceux-ci catholiques, ils ont, avec des opinions et des attaches religieuses ou philosophiques diverses, un amour commun, celui du verbe français, de la pensée française. Pour un certain nombre de nos compatriotes, le génie français n'a pas de beauté par lui-même et n'est admirable qu'autant qu'il se conforme avec l'idée catholique ; comme fait purement intellectuel, il leur est indifférent, ou même odieux[11].

Pour mieux ordonner ses arguments et atteindre plus sûrement ses cibles, Asselin a divisé son pamphlet en cinq parties distinctes : 1° *À propos de la pensée française*, où il définit l'objectif de son action ; 2° *À propos des processions*, où il fait le procès du défilé traditionnel ; 3° *L'abstention de Québec*, où, à l'instar de Fournier, il règle ses comptes avec les notables de la Vieille Capitale ; 4° *L'allocution de Sa Grandeur Mgr Bruchési sur l'agneau*, où il assène le coup de grâce au « Mouton » et 5° *De quelques autres obstacles*, où il fustige la pusillanimité des Montréalais et des Montréalaises inhibés dans leur action par les turbulences du débat.

Certes, pour ce qui est du genre littéraire utilisé, *Le Sou de la pensée française* constitue d'abord un pamphlet exemplaire en son genre. Mais si l'on poursuit,

---

* Gabriel Hanotaux (1853-1944). Homme politique et historien. Élu à l'Académie française en 1897. Auteur d'une *Histoire de la France contemporaine* et d'une *Histoire de la nation française*, très présentes dans les bibliothèques du Canada français.

** René Bazin (1853-1932). Écrivain très prisé des milieux catholiques par son attachement à la tradition et aux valeurs du terroir. Académicien en 1903, il acquiert, du fait de ses thèmes de prédilection, une grande notoriété au Canada français.

*** Étienne Lamy (1845-1919). Journaliste et parlementaire, auteur de nombreux essais politiques et historiques. Œuvra au « ralliement » de l'Église au régime républicain de la France.

**** Louis Barthou (1862-1934). Député de centre droit, plusieurs fois ministre sous la IIIᵉ République. Président du Conseil en 1913.

***** Paul Adam (1862-1920). Écrivain rattaché successivement au naturalisme, au symbolisme puis au roman social.

d'une partie à l'autre, cette idée, chère à son auteur, de l'autonomie de la question nationale, de la langue et de la pensée française par rapport à la foi catholique, *Le Sou* peut apparaître également comme une sorte d'anti-manifeste du célèbre discours de Notre-Dame de Bourassa. Tandis que son ancien maître y réaffirmait le caractère providentiel et indissociable de la mission catholique et française du premier peuple fondateur du Canada, le disciple croit plutôt au pouvoir rassembleur actuel d'une « pensée française » susceptible de transcender la diversité politique et religieuse. Il évoque ainsi ses tentatives, maintes fois contrecarrées à la SSJB, pour y faire admettre des membres franco-protestants désireux d'œuvrer, aux côtés des catholiques, à la promotion de la langue et du fait français :

> En faisant de la Société Saint-Jean-Baptiste de Montréal, à la dernière session du parlement de Québec, « l'union des catholiques de langue française sur le terrain national* », on a, pour atteindre deux cents francs-maçons qui, chose bizarre, sont légalement des catholiques [...] on a, dis-je, exclu de la race plusieurs milliers de protestants français, nés pour la plupart dans la foi protestante et qui, soyons donc une bonne fois assez loyaux pour le reconnaître, ont d'autant plus de mérite de rester français quand ils le font qu'une opinion publique hostile les pousse malgré eux du côté anglais. J'avais moi-même, deux ans auparavant, fait fermer la Société aux adhérents des « sectes poursuivant un but contraire à celui de la Société » — et parmi ces sectes il était expressément entendu que nous comprenions la maçonnerie. Mais je ne voyais pas la nécessité de la nouvelle expulsion. Je ne la trouvais justifiée ni par le nombre des protestants canadiens-français ni par leur attitude, absolument indifférente, envers la Société. Je craignais qu'elle ne parût inspirée par la peur et qu'on n'y vît de la part de la Société un signe de faiblesse plutôt qu'un signe de force. Je croyais aussi avec le cardinal Richelieu que celui-là est un mauvais Français qui préfère à un huguenot français un catholique espagnol[12].

Maintes fois accusé d'appartenir lui-même à la loge L'Émancipation, Asselin en profite pour expliquer à quel point les catholiques font fausse route lorsqu'ils refusent de reconnaître le bien-fondé de certaines idées justes dont le seul tort a été de naître hors des rangs de la religion établie. La laïcité dont Asselin se réclame ici est celle de l'ouverture à la diversité. Tous les dogmatismes doctrinaires sont également détestables à ses yeux :

> Du reste, la popularité qu'on a faite à M. Langlois en classant comme maçonniques toutes ses propositions scolaires indifféremment, les bonnes comme les mauvaises, devrait être une leçon pour les partisans de la Bête Nationale**. Je me rappelle, et

---

* Ce « bill privé » avait été inspiré par Mᵍʳ Bruchési pour empêcher l'infiltration maçonnique à la SSJB.

** C'est évidemment du « Mouton » qu'il s'agit ici.

beaucoup se rappelleront, que lorsque M. Langlois, le Dr Louis Laberge et quelques autres réclamèrent l'inspection médicale des écoles, les mêmes journalistes qui flairent des pièges sous le mouvement de la Pensée française crièrent à la franc-maçonnerie; comme si ce n'était pas précisément une tactique des francs-maçons d'accaparer une idée juste, quand ils s'aperçoivent que l'adversaire est assez mala-droit pour se ranger par simple esprit de faction à l'idée contraire! Après des années d'opposition, ce fut le représentant de l'archevêché à la commission scolaire qui proposa l'inspection médicale. M. Langlois préconise la centralisation scolaire; idée maçonnique! Si la centralisation n'est pas avantageusement possible, il devrait être facile de le prouver par une ou deux expériences locales qui coûteraient peu de chose, et qui éclaireraient tout le monde [...] Mais que la centralisation doive ou ne doive pas être avantageuse au double point de vue économique et pédagogique, à qui fera-t-on croire que la fusion de trois ou quatre petites écoles de « bout de rang » en une seule soit une invention de Satan[13] !

Ses couleurs ainsi affichées sur les questions, essentielles à ses yeux, d'une action privilégiée en faveur de la résistance fanco-ontarienne et sur celle de la prééminence de la « pensée française » sur les divisions religieuses, Asselin se porte à la rencontre de son véritable adversaire en la matière, le Grand Aumônier de la SSJB en personne : Sa Grandeur Mgr Bruchési, ardent défenseur de l'agneau sacrifié au *Sou de la pensée française*. Le polémiste, reconnaissons-le, n'a rien oublié de ses exercices de rhétorique du Séminaire de Rimouski. Tout archevêque qu'il soit, monseigneur de Montréal doit admettre que l'argumentation, ici, ne manque pas d'efficacité immédiate :

Il y a dans les Écritures et dans la liturgie catholique des passages où le Messie-Rédempteur est comparé à l'agneau sacré des sacrifices; partir de là pour prétendre que la suppression de l'agneau dans nos processions serait un acte d'anti-catholicisme, c'est un peu forcer la note. Les premiers chrétiens se reconnaissaient au signe du poisson : s'ensuit-il qu'on ne pourra plus, sans manquer de respect à l'Église, dire du mal du maquereau? faudra-t-il désormais éviter de qualifier de requin un usurier et de petit poisson un malhonnête homme? On peut vouloir le maintien de la tradition chrétienne dans nos société nationales et souhaiter que le glorieux labarum de Constantin : *In Hoc signo vinces*, remplace un jour l'agneau devenu chez nous, bien moins qu'un symbole religieux, l'emblème de la soumission passive et stupide à toutes les tyrannies[14].

L'argument porte donc. Mais le ton! Le ton apparaît ici comme le comble de l'irrévérence. Asselin, pourtant, demeure logique avec les propos qu'il vient de tenir : ce n'est pas parce qu'à l'instar d'un Godfroy Langlois, certains patriotes ne prisent guère la symbolique ambiguë du mouton, qu'on doit leur refuser d'en discuter le choix :

Est-ce à dire que nous allons maintenant classer les Canadiens français en bons et en mauvais patriotes selon qu'ils voudront ou qu'ils ne voudront pas voir dans nos processions patriotiques un agneau en chair et en laine, sautillant et bêlant ? Malgré une pression désespérée qui vient précisément des partisans actuels de l'intangibilité de l'agneau, l'épiscopat de la Province de Québec a eu le bon sens élémentaire de ne pas imposer le drapeau du Sacré-Cœur* aux catholiques. Nous inspirant de cet auguste exemple, nous ne fermerons pas la Société aux bons patriotes qui croient à ce qu'on est convenu d'appeler irrévérencieusement le Mouton, mais nous ne la fermerons pas non plus aux Canadiens français qui n'auront sur la conscience qu'une foi trop tiède au Mouton. Quelque dégoût qu'il me prenne d'avoir à discuter sérieusement de telles balivernes, qu'on se le tienne pour dit, tant que moi et mes amis aurons notre mot à dire au gouvernement de la Société, le Mouton restera ce qu'il a été jusqu'ici : une question libre[15].

Mais pour « baliverne » qu'elle soit, la polémique dite « du Mouton » aura mis un plomb considérable dans l'aile de la campagne de souscription. Celle-ci n'a pas réussi à atteindre son objectif : 15 000 $ au lieu des 35 000 $ escomptés signifient, pour Asselin et la cause ontarienne, une immense déception.

Mais outre la défection chauvine de la SSJB de Québec, qui doit porter une large part de responsabilité dans ce demi-échec, le président montréalais signale, entre autres causes, la crainte des journaux de langue française d'indisposer leurs commanditaires de langue anglaise :

Un journal qui avait publié avec un empressement apparent tous les communiqués du Comité, crut devoir se racheter le dernier jour auprès de ses annonceurs anglais, en nous jetant dans les jambes un article à double entente sur l'opportunité du mouvement. Au moins nous avons pu, dans la plupart des cas, mettre les intrigues à jour et voir sous les masques[16].

À cette menace perpétuelle de boycott de la publicité planant sur les journaux de langue française s'ajoute, selon le pamphlétaire, un manque total de solidarité sociale et nationale chez la nouvelle « noblesse d'argent » canadienne-française :

Il ne faudrait pas oublier dans ce petit inventaire du crétinisme, de la perfidie et de la sottise nationale, l'état d'esprit de notre noblesse d'argent.

On compte maintenant une cinquantaine de millionnaires canadiens-français, paraît-il. Au point de vue national, mettons, pour être généreux, qu'il y en a bien trois qui ne sont pas des abrutis — et encore, ne nous demandez pas de les nommer ! Si les Juifs étaient persécutés au Canada, tous les millions des Workman, des Davis, des Vineberg, des Cohen et des Jarvis y passeraient, avant qu'on acceptât l'injustice ; ce n'est pas chez cette race admirable qu'on perd le cœur en acquérant un million !

---

* Aux temps du *Nationaliste*, Asselin s'était opposé avec vigueur au projet d'imposition du drapeau Carillon-Sacré-Cœur que favorisaient, entre autres voix, celles de *La Vérité* de Québec et de *La Croix* de Montréal, journaux dirigés respectivement par Tardivel et son gendre.

Les trois ou quatre millionnaire irlandais d'Ottawa ont offert à doter à eux seuls, pour les siècles, l'université de cette ville, si l'on voulait en faire une institution anglaise. Chez nous, quand on a de grippe et de grappe amassé son petit million, l'on n'a plus que deux ambitions : aller habiter dans le voisinage d'Ontario Avenue, et pouvoir donner ses filles à des Anglais[17].

Chez ses précieuses collaboratrices de la FNSJB également, le loyalisme et l'anglomanie fustigés par Asselin semblent avoir exercé certains ravages et compromis le recrutement de bénévoles en nombre suffisant pour les besoins de l'objectif convoité. Soutenir la fronde franco-ontarienne, pour la nouvelle bourgeoisie canadienne-française, c'est s'aliéner les bons rapports instaurés depuis peu avec la bourgeoisie canadienne-anglaise. Entre la solidarité nationale et la solidarité de classe, certaines de ces dames, pense Asselin, n'ont pas eu le courage de choisir :

> N'oublions pas non plus le snobisme anglomane qui semble être le principal produit de certaines de nos écoles de femmes. On veut bien quêter dans la rue pour la charité, surtout si c'est en compagnie d'Anglaises ; car la charité mène à tout, dans le monde, et quant aux Anglaises, c'est déjà quelque chose que de pouvoir les fréquenter au moins une fois par année, fût-ce dans la rue ! Mais tendre la main pour des enfants de bûcherons, qui pourraient si bien apprendre l'anglais, ça ne pose pas dans la société, ça n'est pas chic, ma chère[18] !

Voilà bien du monde convoqué à la barre des accusés par un pamphlétaire visiblement en pleine possession de ses moyens ! Alice Asselin avait toujours cru à l'effet thérapeutique de l'écriture de combat sur l'humeur dépressive de son mari. De sa retraite estivale elle dut, cet été-là, se sentir pleinement rassurée à propos de la santé physique et mentale du maître de la controverse.

À la SSJB toutefois, la publication du *Sou de la pensée française* n'avait pas été sans causer beaucoup d'émoi. Quoique minoritaires au Conseil, les adversaires d'Asselin sont encore assez nombreux pour contester ouvertement son leadership. Plusieurs d'entre eux se sont reconnus dans ces « vieillards malfaisants » qu'Asselin, dans son texte, disait avoir réussi, avec ses partisans, à « mettre au vert » pour le plus grand bien de la Société. Ils ne lui ont pas pardonné et attisent adroitement contre lui les éléments de la jeune relève catholique issue de l'ACJC. Ils visent juste : la critique d'Asselin, à l'endroit de Mgr Bruchési, a plongé certains d'entre eux dans la perplexité. Si ces jeunes gens, pourtant acquis au départ à la cause franco-ontarienne, en viennent à faire défection, Asselin, à n'en plus douter, risque d'être mis en minorité au Conseil, puis acculé à la démission. Les indéfectibles « asselinistes », les Biron, les Fournier, les Nolin, les Perrault, doivent donc faire vite. Ils n'ont plus d'autre choix que de jouer d'astuce pour contrer le mauvais sort.

Ce qu'ils feront. À la réunion spéciale du Conseil convoquée pour censurer le président coupable d'irrespect et d'insubordination envers le Grand aumônier de la Société, les amis d'Asselin se contentent d'écouter en silence l'acte d'accusation. Leur tour venu de prendre la parole, ils se bornent à déclamer à tour de rôle, à haute et intelligible voix, quelques-uns des passages les mieux troussés du célèbre pamphlet. À chaque évocation particulièrement désopilante du fameux défilé, ils font précéder leur citation d'une question qu'aurait posée, en pareille circonstance, un avocat d'assises assumant la défense de l'accusé : « Est-il coupable, messieurs, celui qui décrit en toute honnêteté, ce que ses yeux ont vu ? » Les citations sélectionnées visent ainsi, de façon imagée, la dissidence de la SSJB de Québec :

> Au lendemain de la publication de ma lettre*, je rencontrai un buvetier qui me dit très sérieusement : « Nous, les hôteliers (c'est ainsi qu'ils aiment à s'intituler quand ils ont mis un vieux sofa dans un coin de la buvette et un sandwich sur le bout du comptoir), nous avons toujours donné libéralement pour la Saint-Jean-Baptiste quand il y avait des processions : le public entrait prendre un coup, et ça faisait notre affaire. Croyez-vous que nous allons souscrire si les processions sont supprimées ? » Voilà une des classes de gens que la résolution de la Société Saint-Jean-Baptiste de Québec a jetées dans le ravissement. Inutile de dire qu'à très peu d'exceptions près ils se demandent, eux aussi, où nous mène la Pensée française.

D'autres citations portent, sur le défilé contesté, un regard cruel et malicieux :

> [...] en faisant une fois par année admirer à la plèbe, au prix de plusieurs fois cette somme, le trappeur qui, trahi par ses étriers, s'entaille le bas du dos sur son couteau de chasse, l'Indien qui éperonne son cheval avec son tomahawk [...] le Montcalm qui porte l'épée à droite, et ainsi de suite, non seulement on contribue à développer ce goût barbare qui se manifeste dans la plupart de nos monuments et de nos affiches publiques et privées, mais l'on fait à peu près autant pour l'éducation patriotique du peuple que les barnums du Sohmer Park ou du Dominion Park.
>
> [...] Le fait brutal c'est que chez nous l'abaissement de la conscience nationale, l'affaiblissement de la pensée française et même du véritable esprit catholique, a coïncidé avec la période des cortèges et des pétarades[20].

Mais c'est à « la Bête nationale » que le disciple de Rochefort a réservé la plus jouissive de ses estocades finales :

> [...] quand, pour satisfaire la volonté philistine d'un président ou d'un secrétaire de section, on promène toute une matinée sous un soleil brûlant, au risque de le rendre idiot pour la vie, un joli petit enfant qui n'a fait de mal à personne et à qui, neuf fois sur dix, la tête tournera de toute manière ; quand à cet enfant, on adjoint un agneau

---

* Il s'agit de la lettre circulaire envoyée par Asselin aux membres de la SSJB de Montréal pour leur annoncer le lancement de la campagne du *Sou de la pensée française* et, du même coup, la suppression du défilé.

qui, se fichant de son rôle comme le poisson en pareille occurrence, se ficherait du sien, lève la queue, se soulage et fait bê ; et que, derrière cet enfant et cet agneau, on permet à un papa bouffi d'orgueil d'étaler sa gloire d'engendreur en ayant l'air de dire à chaque coup de chapeau : « L'agneau, le voilà ; mais le bélier c'est moi ! » — si je veux bien ne pas mettre en doute la sincérité de ceux qui m'invitent à saluer, au nom du patriotisme, ce triste et bouffon spectacle, je veux aussi, sans manquer de respect ni à la Religion ni à la Patrie, pouvoir m'écrier : ce gosse qui fourre nerveusement ses doigts dans son nez et qui, pour des raisons faciles à deviner, ne demande qu'à retourner au plus tôt à la maison, ce n'est pas saint Jean, c'est l'enfant d'un épicier de Sainte-Cunégonde[21] !

Autour de la table du Conseil, les épaules tressautent sous l'effet du rire communicatif qui se propage de fauteuil en fauteuil. Les jeunes gens de l'ACJC en ont oublié leurs réticences théologiques et s'esclaffent sans retenue. Même parmi les rangs de la « vieille garde », on étouffe de ci de là, dans son mouchoir, un fou rire incompatible avec la motion de censure préparée. Pour être attaché au décorum, aux traditions et au respect dû à l'évêque, on n'en est pas moins homme d'esprit.

« L'esprit français », à défaut de la « pensée française », a donc remporté la première manche. Asselin, à nouveau plébiscité, est reconduit dans ses fonctions par un Conseil hilare. Mais la partie est loin d'être terminée pour lui. Après s'être bien dilaté la rate et essuyé les yeux, le « parti des sénateurs » a repris, contre Asselin, les sentiers détournés de la guérilla. Au-delà du Mouton et de l'Évêque, c'est aux privilèges de leur classe politique que le fils du tanneur s'en est pris en soutenant, comme il l'a fait, la fronde des « enfants de bûcherons » de l'Ontario. Il devra, tôt ou tard, en payer la note.

Chapitre XXVIII

Bourbier en Ontario, nuages sur l'Europe

> *On ne peut pas toujours penser aux révolutions de Baby-*
> *lone ; il faut vivre honnêtement la vie de toujours ; elle est grise et*
> *tissée de fils communs.*
>
> (Charles Péguy)

Si son fabuleux talent d'humoriste lui a provisoirement permis d'échapper à la démotion, sa façon cavalière de s'adresser à Monseigneur de Montréal, dans *Le Sou de la pensée française*, lui a tout de même valu une motion de censure de la part du conseil de la SSJB. Motion de censure qui équivaut, en l'occurrence, à une sérieuse mise en garde : les mécontents en appellent à la masse des sociétaires par une convocation au ralliement, publiée dans *Le Canada* par l'entremise discrète du sénateur Laurent-Olivier David. Les sénateurs, en effet, préfèrent laisser agir, dans toute cette affaire, les éléments les plus religieux de l'ACJC aux yeux desquels le respect et l'obéissance dus à l'évêque, Grand aumônier de la Société de surcroît, ne sauraient souffrir le moindre accroc de la part d'un président en exercice. Le parti des censeurs se regroupe principalement autour des docteurs Jean-Baptiste Prince et Georges-Hermyle Baril, président de l'ACJC, d'Arthur Saint-Pierre et des frères Guy et Anatole Vanier, tous heurtés par le ton sarcastique du dernier pamphlet d'Asselin.

Les « asselinistes » demeurent toutefois assez nombreux, au Conseil, pour y équilibrer provisoirement les forces. Ce sont surtout Jules Fournier, le docteur Joseph Nolin, l'avocat Antonio Perrault et le notaire Édouard Biron. Le « parti des jeunes » recrute également des supporteurs d'Asselin parmi les membres du clergé. Le plus actif et le plus dévoué de tous est un jeune professeur du Mont-Saint-Louis, l'abbé J.A.M. Brosseau, qu'Asselin s'est choisi comme secrétaire du Comité du *Sou de la pensée française*.

La lutte des deux factions s'étend jusqu'à la Compagnie de Jésus. Le père Samuel Bellavance et le père Joseph-Papin Archambault, tous deux très engagés dans le soutien à la lutte franco-ontarienne, approuvent les nouvelles politiques préconisées par Asselin à la SSJB. Les pères Joseph et Hermas Lalande, en revanche, poursuivent contre lui la campagne de dénigrement inaugurée aux temps du *Nationaliste*. À leurs yeux, Asselin entretient des liens, sinon des amitiés, avec des éléments radicaux, voire maçonniques, qui cherchent sournoisement à saper l'autorité de l'Église dans la société québécoise.

Au-dessus de la mêlée, un personnage respecté de tous, le notaire Victor Morin, tente d'instaurer le dialogue, sinon la réconciliation, entre les deux groupes qui menacent, à chaque séance du Conseil, de s'affronter sur des questions mineures érigées en prétexte pour remettre en cause ou, au contraire, pour confirmer le leadership compromis d'Asselin. Le notaire Morin dirige l'ancienne étude de Denis-Émery Papineau, petit-fils du chef patriote. Il compte la plupart des grandes familles montréalaises, et la Corporation même de la Ville de Montréal, parmi sa clientèle. Ancien échevin, cheville ouvrière et coéquipier d'Asselin dans le vaste mouvement d'épuration civique de 1910, à l'époque où Asselin était chroniqueur aux affaires municipales au *Devoir*, membre de la Société historique de Montréal, le notaire Morin « [...] connaît l'histoire, le cadastre et les pierres de tous les quartiers de Montréal[1] ». Sa culture et ses goûts le porteraient tout naturellement à la sympathie à l'égard d'Asselin. Mais sa formation légaliste s'accommode difficilement des élans d'impétuosité du franc-tireur qui dirige les destinées de la vénérable Société. Advenant une détérioration de la situation, Victor Morin, deuxième vice-président, pourrait nourrir quelque prétention à la succession d'Asselin. Devant une telle éventualité, s'assurer des appuis des deux côtés lui apparaît essentiel.

Victor Morin réussira à temporiser quelque temps. Assez longtemps, en tout cas, pour permettre au président en sursis de faire progresser quelques-uns des projets qui lui tiennent particulièrement à cœur. Asselin souhaite mettre bientôt en chantier un grand ensemble de nouveaux logements ouvriers dont la Société serait le maître d'œuvre et qui serait financé, en partie, par la Caisse nationale d'économie. Pour compléter l'investissement nécessaire à cette vaste entreprise, Asselin compte demander à la Ville de Montréal la garantie d'un emprunt de 850 000 $ en faveur de la SSJB[2]. Le mémorialiste de la Société évoque le plaidoyer d'Asselin en faveur de son ambitieux projet :

> Les Canadiens français ont besoin d'accroître leur force numérique. La mortalité infantile est élevée chez les Canadiens français de Montréal. L'insalubrité des logements en est la cause partielle. L'insalubrité résulte elle-même de l'exiguïté des logements, due au prix élevé des loyers [...], la Société Saint-Jean-Baptiste, responsable du placement des fonds de la Caisse nationale d'Économie, financerait une

entreprise de constructions ouvrières, en obtenant de la Ville une garantie d'obligations. La Société pourrait vendre ou louer les maisons construites. Elle ferait une bonne œuvre nationale, doublée d'une fructueuse opération financière[3].

De telles démarches ne manquent pas d'effaroucher certains sociétaires moins sensibilisés qu'Asselin à la question sociale. À leur avis, de telles initiatives ne relèvent pas, strictement parlant, du mandat de la Société, tel qu'entrevu par son fondateur, Ludger Duvernay[*]. Pour Asselin, au contraire, le relèvement économique et social des Canadiens français, de plus en plus nombreux à venir s'établir en ville, est indissociable de la vocation patriotique de la Société. L'emprunt contracté apparaît énorme à certains? Qu'à cela ne tienne: le président semble aussi confiant de pouvoir éponger les dettes de la SSJB qu'il l'est de réussir à tout aussi brève échéance à rembourser les siennes!

Il poursuit également l'organisation de la Société en fédération de sections paroissiales. Il voudrait, pour chacune, instituer des « centres paroissiaux » à vocation éducative et sociale. L'ancien ouvrier franco-américain ne saurait oublier tout ce qu'il doit à ces sous-sols d'église de la Nouvelle-Angleterre où il s'est initié à la lecture des journaux français et au théâtre amateur, tout en bénéficiant, à l'occasion, d'un comptoir de vêtements usagés ou d'un cours de comptabilité[**]. Avec l'appui de Victor Morin, il voudrait également, pour la jeunesse désœuvrée de Montréal, et sur le modèle des foyers du Young Men's Christian Association (YMCA), ériger un immeuble comprenant gymnase et salles de sports. Les locaux du Monument national, partiellement occupés par un théâtre, sont trop exigus pour remplir cette fonction. Le président croit aux vertus d'un « esprit sain dans un corps sain[***]» et poursuit fermement l'éducation de ses fils en ce sens.

Il donne également une impulsion intellectuelle sans précédent aux cours publics dispensés par la Société: sept professeurs réguliers y sont à pied d'œuvre et dispensent leur enseignement à plus d'un millier d'élèves qui, chaque soir, des quatre coins de la ville, se rendent au Monument national. Sans oublier les trois conférenciers spéciaux, Jean-Baptiste Lagacé, Émile Miller et le docteur Valin qui traitent respectivement d'histoire de l'art, de géographie et d'hygiène publique.

Tant de projets d'envergure, dans tant de domaines nouveaux, ne laissent pas de perturber quelques habitudes et traditions jusque-là en usage à la SSJB. Mais

---

[*] De fait, le projet d'habitations ouvrières ne survivra pas à la présidence d'Asselin.

[**] Le projet inachevé d'Asselin sera repris et réalisé, en grande partie, par Marie Gérin-Lajoie, fille de la présidente de la FNSJB. Pionnière du service social à Montréal, la fondatrice de l'Institut Notre-Dame du Bon-Conseil inaugurera en 1926, à la paroisse Saint-Stanislas de Kostka, le premier du réseau des « centres sociaux » animés par les membres de son Institut, jusqu'à la prise en charge, par l'État québécois, du réseau des Affaires sociales au cours des années 1960.

[***] La fondation de la Palestre nationale (aujourd'hui pavillon de l'UQAM), en 1920, répondra à cette attente. Mais la SSJB n'en sera pas l'instigatrice.

on peut penser que la Société s'y adapterait mieux et se montrerait même disposée à évoluer, si le président acceptait, de son côté, de mettre un peu d'eau dans son vin. Or ce dernier, ignorant superbement l'avertissement contenu dans le blâme qu'avait suscité dans ses rangs la publication du *Sou de la pensée française*, continue de plus belle à se livrer à ce qui apparaît comme de la provocation à l'endroit des bien-pensants en général et de Mgr l'Archevêque en particulier. Ainsi, lorsque l'Union nationale française décide de faire ériger, place Viger, une statue de la République pour faire pendant à celle de Jeanne d'Arc, Asselin accepte de bon cœur d'y souscrire au nom de la SSJB. Pour justifier son geste d'appui à l'institution républicaine, il rappelle que le Grand aumônier de la Société avait lui-même accepté de célébrer la messe à bord des vaisseaux français en rade dans le port de Montréal le 14 juillet précédent. Mais *La Vérité* de Québec et *La Croix* de Montréal se déchaînent à nouveau contre cet appui à la « faction maçonnique » que les deux journaux ultramontains soupçonnent d'être à l'origine de l'érection du monument. Le geste du président est aussitôt perçu comme une bravade inadmissible : la « pensée française » est désormais assimilée, dans l'esprit de plusieurs, à la « pensée républicaine et laïque ».

Dans *Le Devoir*, Bourassa enjoint aussitôt son ex-disciple d'avoir à « se séparer ouvertement des appuis détestables qu'il s'est attirés » afin, dit-il, de « faire profiter la Société nationale et tous ses compatriotes de son énergie et de ses incontestables talents ».

Dans la livraison suivante de *L'Action*, Asselin adresse, en éditorial, « Deux mots à M. Bourassa » :

> M. Bourassa ne le dit pas, mais j'imagine que les appuis dont il veut parler sont ceux du *Pays*, de M. Langlois, de M. Desaulniers. On a remarqué en effet l'espèce de gêne que le *Devoir* éprouva à nommer par son nom le Sou de la pensée française dès que *Le Pays* — qui n'ignorait pas que le Sou dût être versé au fonds de défense d'écoles catholiques — eut applaudi à notre mouvement.
>
> Je tiens pour une excellente règle de vie publique de faire son devoir, sans se soucier d'où nous viendront la louange ou le blâme. Je n'ai pas recherché l'appui du *Pays* ; j'ai seulement constaté et je constate encore, que par simple fanatisme religieux un certain nombre de nos compatriotes sacrifieraient de cœur gai l'intérêt national, plutôt que de le sauver avec *Le Pays*[4].

Autre preuve, s'il en était encore besoin d'une, de la volonté persistante d'Asselin de pratiquer un sain œcuménisme dans la poursuite de la défense des droits du français. Affirmation réitérée également de sa totale liberté à l'égard des appuis non sollicités que son action suscite.

Au passage, toutefois, le pamphlétaire ne peut résister à la tentation de rappeler à l'ex-député de Saint-Jacques que sa victoire éclatante de 1908 était partiellement redevable, qu'il l'ai oublié au non, à de pareils appuis non sollicités :

Quant à M. Bourassa, je ne l'ai pas toujours connu aussi scrupuleux sur le caractère et les qualités de ses partisans. Qu'il fût élu contre M. Gouin en 1908 avec le concours actif de M. Langlois, de M. Paul Turgeon, de M. Gaston Maillet, de toute la loge maçonnique — dont la compagnie, en cette circonstance, ne répugna pas davantage à la plupart des chefs actuels de l'ACJC — c'est un fait que lui seul ignore, s'il l'ignore. Que ce concours lui était acquis, lui seul à cette époque l'ignorait, s'il l'ignorait[5.]

L'ancien organisateur de Bourassa sacrifie rapidement ici à la bonne fortune du mot. En pareilles circonstances, en effet, une loi non écrite de l'organisation électorale veut que le candidat soit généralement tenu à l'écart des tractations complexes qui entourent la recherche d'appuis, surtout lorsque ces derniers sont tenus pour suspects. Une fois élu, le candidat doit pouvoir exhiber des mains propres et une conscience sans rides! Mais Asselin, qui voit régulièrement Bourassa émettre des commentaires critiques à l'endroit d'évêques, ou même de délégués pontificaux, sur des questions politico-religieuses, supporte mal d'être blâmé pour s'être permis de ridiculiser le « Mouton » cher à Mgr Bruchési:

> J'ajouterai que M. Bourassa travestit les faits — à son insu sans doute — en affirmant que c'est moi qui ai causé le dissentiment actuel. Le dissentiment a été causé par ceux qui tout à coup, je pourrais dire à propos de bottes, sont venus jeter le trouble dans la conscience d'une partie des membres de la Société en décrétant Agneau de Dieu un animal dont tout le monde avait eu jusque-là le droit de se moquer et dont effectivement tous les gens intelligents se moquaient, à commencer par lui, M. Bourassa, qui au banquet du 24 juin 1911, à l'Hôtel Viger, disait textuellement, aux applaudissements unanimes des convives:
>
> « Je félicite la Société Saint-Jean-Baptiste de vouloir enfin entrer dans la voie des œuvres nationales... je la félicite surtout d'avoir tué le Mouton[6]. »

De tels échanges d'aménités avec le directeur du *Devoir* ne sont pas de nature à alléger le dossier d'Asselin aux yeux de ses détracteurs. Ils tendent plutôt à confirmer la tendance «laïque» de son nationalisme et de faire ressortir, par comparaison, l'orthodoxie catholique de celui de Bourassa. Sommés de choisir entre l'opinion de l'un et de l'autre, les membres de l'ACJC, qui se sont portés à la défense de leur archevêque, n'en deviennent que plus perplexes, avec les mois qui passent et le président qui ne s'amende toujours pas.

Le président récidive encore dans *L'Action* où il s'amuse à citer pêle-mêle saint Augustin, les Pères de l'Église, Joseph de Maistre ou Louis Veuillot se portant à la défense du «rire en christianisme». Le pamplétaire ici vise juste: c'est le ton sarcastique et moqueur du *Sou de la pensée française*, dans sa mise en cause du sermon de l'évêque sur l'agneau, qui fait problème. C'est son « esprit » qu'on ne lui pardonne pas! Bourassa peut impunément critiquer les propos de l'épiscopat, mettre en cause le légat du pape, Mgr Sbaretti, dans l'affaire des écoles françaises, parce qu'il le fait toujours avec sérieux et componction, en évoquant des motifs théologiques ou politiques. Bourassa ne se permet surtout pas de faire de l'humour quand il conteste le clergé! Asselin, au contraire, continue, semaine après semaine, de se voir accusé partout d'avoir « au moins vingt amis » parmi les francs-maçons de Montréal! Pour un président de la SSJB, c'est se voir infliger un bien profond stigmate...

En novembre, toujours insoucieux de son image, le franc-tireur s'affiche publiquement comme un allié des suffragettes, espèce particulièrement soup-çonnée de radicalisme dans les milieux catholiques de la province de Québec. C'est sans doute pourquoi Asselin, tout président de la SSJB qu'il soit, choisit de communiquer le fruit de ses nouvelles réflexions, concernant le droit de vote des femmes, à un journal montréalais de langue anglaise, le *Daily Herald*. Autre manifestation, s'il en était encore besoin d'une, de sa parfaite désinvolture. Ou, mieux encore, de son irrépressible goût du paradoxe. Pourquoi, se demande Asselin, convient-il d'envisager dorénavant l'octroi du droit de vote aux femmes?

Lorsque, explique-t-il, l'unique visée du gouvernement canadien consistait à assurer la cohésion des peuples et des provinces par la mise sur pied d'un système commun de défense, par l'usage d'un même réseau routier et d'une monnaie com-mune, l'implication exclusive des hommes dans les affaires de l'État apparaissait suffisante. On ne voyait pas très bien, à l'époque, ce que l'apport des femmes aurait pu y ajouter. Aussi leurs revendications, à cet égard, s'étaient-elles montrées jusque-là plutôt timides. C'est l'irruption de la question sociale et de ses priorités qui, selon Asselin, est venue changer radicalement les données concernant la pertinence du suffrage féminin[7].

On a jusqu'ici reconnu à la famille le rôle de cellule de base de la société et désigné le chef de famille (en l'occurrence l'homme) comme le défenseur naturel de ses intérêts dans les débats publics. Pour sa part, Asselin estime, en principe, cette façon de voir plutôt sage. En pratique toutefois, la conséquence logique d'une telle conception des choses ne devait-elle pas être de retirer le droit de vote aux hommes célibataires? Ne voit-on pas, à travers le monde, des hommes nombreux se soustraire à leurs obligations de chefs et de défenseurs de la famille, tandis que les femmes manifestent un intérêt croissant pour la chose publique, intérêt souvent supérieur à celui de bien des célibataires masculins? En vertu de quels principes, se demande Asselin, permet-on à des hommes irresponsables de voter et refuse-t-on encore ce droit à des femmes dont les intérêts, à l'égard des questions sociales inhérentes au bien-être de la famille, sont pourtant si manifestes?

À l'époque où les affaires de l'État se décidaient uniquement dans les parlements, poursuit-il, les femmes ne pouvaient y participer sans quitter leurs foyers ou sans encourir le risque d'un grand surmenage physique. L'avènement moderne du pouvoir de la presse a également transformé ces données anciennes, en donnant désormais aux femmes l'accès à l'information et à l'influence de l'écrit, sans les obliger à délaisser leurs responsabilités domestiques[8].

La question ouvrière, poursuit Asselin, se trouve au cœur de la plupart des grands débats politiques d'aujourd'hui, à l'heure où l'industrie subit les pressions constantes de la course aux armements. L'intervention du suffrage féminin pourrait exercer ici une influence non négligeable, en empêchant les gouvernements de s'engager, de façon inconsidérée, dans des guerres aussi coûteuses qu'inutiles. D'autres questions sociales, tout aussi brûlantes d'actualité que celle de la guerre, trouveraient également des solutions plus heureuses, si les femmes étaient en mesure d'exercer leur influence sur les décideurs en faisant peser sur eux le poids de leur vote[9].

Polémiste, Asselin ne manque pas de répondre aussi, dans ce même texte, aux arguments généralement utilisés dans son milieu pour s'opposer au suffrage féminin. Les femmes, dit-on, seraient davantage enclines à voter selon leur instinct et leurs sentiments qu'avec leur raison? Qu'à cela ne tienne, répond Asselin: devant les ruses tordues des politiciens, la meilleure défense des masses exploitées ne réside-t-elle pas, le plus souvent, dans l'instinct salutaire qui leur inspire une saine méfiance[10]?

Le second argument fréquemment invoqué par les anti-suffragistes consiste à se porter à la défense des femmes elles-mêmes dont la dignité se trouverait, croit-on, offensée et la réputation éclaboussée à jamais par la fréquentation des bureaux de scrutin et des locaux, souvent mal famés, des organisations électorales. À cela Asselin rétorque que la présence des femmes est, au contraire, plus que jamais nécessaire à l'assainissement des mœurs électorales[11].

De tels propos, éminemment rafraîchissants et provocateurs pour l'époque, ne font pas pour autant d'Asselin un nouveau Condorcet. Ce n'est pas d'abord sur la question philosophique de l'égalité des sexes et des droits que le polémiste entend ici faire porter son propos. Tout comme ses amies militantes, dont il épouse ici le discours et les arguments en leur conférant sa touche personnelle, c'est plutôt sur le terrain pratique de l'intérêt social et de la moralité politique qu'il entend se situer:

> Je favorise le suffrage féminin, non pas tellement parce que je crois à l'égalité des droits [entre l'homme et la femme] mais parce que je demeure persuadé que le vote des femmes contribuerait à sortir la politique de la fange où les appétits personnels et la cupidité des grandes compagnies l'ont fait tomber*[12].

---

* I favor woman suffrage not so much out of a belief in equal rights as because I am convinced that woman suffrage would help to lift politics out of the slush into which personal appetites and capital's corporate greed have caused them to sink.

Voilà certes un texte révélateur, à maints égards, de la manière particulière dont Asselin, à trente-neuf ans, se forme une opinion sur une question controversée. Visiblement, une idée lui plaît, le séduit et le mobilise, moins pour sa rectitude et sa fidélité à l'égard d'une doctrine ou d'un système de pensée donnés, que parce qu'il a vu lui-même cette idée à l'œuvre sur le terrain de l'action et que cette dernière s'est révélée féconde et efficace.

Asselin ne se prononce donc pas en faveur du vote des femmes parce qu'il serait devenu subitement féministe, à l'issue d'un de ces « beaux débats d'idées » qu'il affectionne tant. Il adopte cette position et la défend avec brio, d'abord parce qu'il vient de voir des féministes à l'œuvre et qu'il a pu juger, par lui-même, de leurs motivations et de leur détermination lorsqu'elles décident de passer à l'action.

Ces motivations et cette détermination ont fait, hélas, défaut à bien des hommes au cours de cette dure campagne en faveur du *Sou de la pensée française* ! Sans la mobilisation de toutes ces militantes de la FNSJB, Asselin aurait-il été en mesure de remettre la modeste somme de 15 000 $ aux dirigeants du *Droit* menacés de suspendre la publication de leur journal ?

Chez ces quêteuses anonymes devenues ses alliées, il a souvent senti passer un souffle de solidarité profonde envers ces mères franco-ontariennes en colère, interdisant l'accès de leurs écoles aux exécuteurs des hautes œuvres du Règlement 17. Voilà pourquoi il a pu écrire qu'il ne doutait pas un instant du patriotisme des femmes. Voilà aussi pourquoi il fait confiance à leur « instinct » lorsque le bien-être de ceux qui leur sont chers se trouve en jeu. Cet « instinct » en matière sociale, cette sorte de sixième sens politique, qui permet d'entrevoir l'homme avide et corrompu derrière le courtisan des foules, le pamphlétaire lui-même s'est toujours laissé guider par eux au cours de sa carrière mouvementée. Ses innombrables coups de tête, sa célèbre « gifle à Taschereau » en témoignent assez. Aussi n'est-ce pas lui, Asselin, qui ira reprocher à ses « chères collègues » de délaisser trop volontiers les syllogismes rigoureux de la raison lorsqu'il s'agit de se former une opinion politique et de la faire valoir en exerçant son droit de vote.

Cet « instinct » (appelons-le « maternel », puisque l'époque le désignait ainsi) a naturellement porté les femmes vers la question sociale : c'est sur ce terrain qu'Asselin a appris à connaître et à estimer plusieurs d'entre elles. La FNSJB, sous la présidence de Marie Lacoste-Gérin-Lajoie, s'est engagée depuis plusieurs années dans les questions municipales d'hygiène publique, de mortalité infantile, d'alimentation des nouveau-nés, de salubrité des logements ouvriers, de législations concernant le travail des femmes et des enfants en usine. À la fin de sa vie, Robertine Barry*, sa précieuse « marraine intellectuelle », avait été nommée

---

* *Françoise*, décédée en 1910.

inspectrice du travail féminin par le premier ministre Lomer Gouin. Ancien ouvrier d'usine lui-même, Asselin avait pu juger de la conviction de *Françoise*, lorsque cette dernière partageait avec lui ses expériences de visites de manufactures. Pour une femme de cœur, une telle sensibilisation aux pénibles conditions de vie des ouvrières ne pouvait qu'entraîner la résolution de faire amender les lois régissant le travail féminin.

La politisation des femmes, leur désir d'exercer leur droit de vote constituent, aux yeux du polémiste, une extension sociale toute naturelle de cet « instinct maternel » qui les porte spontanément vers la défense des êtres les plus faibles et les plus démunis de la société. Asselin avait bien assimilé le discours de ses amies de la FNSJB : réclamer le droit de vote, non en tant que « personnes » et citoyennes (ce que la société de leur temps n'était pas prête à admettre), mais bien en tant que « mères ». Quand la bouchée semble trop grosse à avaler pour son époque, mieux vaut la servir à la petite cuiller ! Les utopistes masculins n'étant pas encore légion, en ce Canada français du début du siècle, on peut imaginer avec quelle joyeuse surprise « les chères collègues » durent recevoir cet appui inespéré du président de la SSJB de Montréal.

S'ajoutant à une série de petites bravades similaires, l'appui au suffrage féminin va sans doute compliquer encore l'insoluble casse-tête auquel se livre, cet automne-là, le jeune abbé Brosseau pour tirer son président de la fâcheuse situation où il s'est lui-même placé à l'égard d'un Conseil de la SSJB divisé. Un Conseil auquel, majoritairement, la fameuse entrevue accordée par Asselin à *L'Action* à propos du *Sou de la pensée française* est demeurée en travers de la gorge. L'abbé Brosseau s'est mis en tête de concocter un texte tout en subtilités et en sous-entendus, dans lequel le signataire (Asselin) ferait officiellement amende honorable auprès du Conseil et de son Grand aumônier, tout en maintenant, pour la SSJB, l'essentiel et le meilleur des orientations nouvelles qu'il a cherché jusqu'ici à lui imprimer. Quadrature du cercle s'il en est ! Au cours de l'automne, Asselin et l'abbé Brosseau se livreront donc à une sorte de longue négociation stylistique.

L'abbé cherche d'abord à mettre au point un texte susceptible de sauver l'honneur du scribe censuré, tout en donnant satisfaction aux censeurs. Asselin, conciliant au départ, ne lui rend pas la tâche facile, reprenant, affinant et développant au contraire sa pensée initiale touchant cette distinction fondamentale à laquelle il tient comme à la prunelle de ses yeux : l'autonomie de la question nationale par rapport à la question religieuse. Il n'en démordra pas. Il accepte pourtant d'en discuter avec un interlocuteur dont il connaît la loyauté et qui a eu maintes fois l'occasion de manifester son attachement à la cause de la langue française. Il précise donc à nouveau sa pensée sur trois points particuliers :

1° Au Canada, quand les Canadiens-Français sont attaqués, ce n'est pas comme Canadiens, mais comme Français. Pour rapprocher sur le terrain national les différents groupes français d'origine ou d'affinité canadienne, comme elle y est maintenant autorisée par sa charte, la Société Saint-Jean-Baptiste doit proposer une formule acceptable à tous les groupes : or, la seule chose qui puisse unir aux Canadiens-Français, pour une action commune, les Acadiens-Français, qui ont toujours tenu à leur dénomination propre, et les Franco-Américains, qui pour un bon nombre ont pris leurs lettres de naturalité américaine, c'est ce qu'ils ont de commun, c'est-à-dire la langue, la pensée française [...]

2° [...] Faut-il faire observer que c'est le français et non le catholicisme, qui est attaqué à l'heure actuelle en Ontario ; que les écoles catholiques où le français ne s'enseigne pas sont bien traitées, et par l'État, et par l'Orangisme ; que par conséquent, avec quelque joie que nous ayons servi la cause de l'enseignement catholique, nous défendions d'abord et principalement l'enseignement français ? [...]

3° [...] Pas plus en France qu'ici la pensée française n'est le monopole de tel ou tel groupe religieux ou philosophique : si le Canada français doit alimenter en France sa vie intellectuelle — et, pour ma part, je ne crois pas que cette nécessité puisse se contester devant la disparition graduelle ou l'inexistence du français dans les administrations, la législation, le commerce, l'industrie, la plupart des professions et des métiers, et combien d'autres domaines ! — il ne tient qu'à lui de le faire aux sources encore si nombreuses et si vives où la pensée française se confond avec la pensée catholique[13].

L'abbé Brosseau, qui admet le bien-fondé objectif de tels arguments, laisse imprudemment entendre à Asselin que leur publication pourrait éventuellement servir sa cause. À condition, toutefois, que le président de la SSJB veuille bien consentir à s'excuser publiquement d'avoir dérogé à son devoir de réserve en faisant publier en brochure l'entrevue accordée à Jules Fournier dans *L'Action* du 26 juillet précédent.

Asselin, il le sait, n'entendait pas renoncer à sa liberté d'expression, comme simple citoyen, en accédant à la présidence de la SSJB. Il l'a dit et répété maintes fois et sur tous les tons. Prenant acte des regrets manifestés par Asselin, dans ses lettres, d'avoir pu involontairement chagriner certains membres dévoués de la Société, l'abbé s'enhardit toutefois jusqu'à lui suggérer de renoncer, dorénavant, à exercer simultanément deux fonctions sociales à ses yeux incompatibles : celle de pamphlétaire et celle de président de la SSJB :

Je suis heureux de vous dire qu'après avoir admis vos explications préliminaires le comité dont je fais partie déclare accepter l'expression de vos regrets à l'adresse de vos confrères et notamment de l'autorité religieuse que votre interview du 26 juillet a blessés.

La démarche que vous faites honore votre patriotisme : vous mettez plus haut que votre amour-propre les grandes œuvres que peut accomplir notre société.

Les grandes œuvres rencontrent toujours des obstacles ; vous admettrez avec nous que le succès de ces œuvres sera toujours la meilleure réponse à toute critique, et que le président d'une société comme la nôtre doit se garder de reprendre sa plume de pamphlétaire[14].

Le petit abbé, cette fois, a fait un pas de trop dans la mauvaise direction ! Asselin renoncer à la plume ? Il ne fallait pas y songer. Blessé à son tour et sans doute lassé de cet interminable échange de propositions et de contrepropositions de formules, le pamphlétaire finit par conclure que tout a été dit (et si bien dit !) dans le texte concis et ramassé de sa dernière « Feuille de combat ». Foi d'écrivain, et nonobstant le recul du temps, il ne saurait y retrancher un mot sans porter atteinte à son honneur ! Et pour bien manifester que ses combats se dérouleront toujours au vu et au su de tous ses concitoyens, il fait, de son propre chef, publier dans *L'Action* du 13 novembre 1913 la teneur de la première lettre d'explications* qu'il avait expédiée à l'abbé Brosseau le 23 octobre précédent. Le même jour, il lui écrit, sans détours, qu'à ses yeux la discussion est bel et bien close. Le « Petit Caporal » à la nuque raide ne cédera pas, fût-ce à l'imploration d'un ami de bonne volonté :

> Mon cher abbé,
>
> Puisqu'il était convenu que je pourrais *un peu plus tard* publier ma lettre d'explications, je n'ai pas cru manquer à la délicatesse en la publiant : vous la trouverez dans *L'Action* de ce jour. Ceux qui ont trouvé les explications raisonnables ne trouveront pas à redire à ce qu'elles voient le jour. M'interdire de les publier, ou me demander de le faire quand elles n'auraient plus aucune actualité, ce serait virtuellement prétendre qu'on n'a pas le droit de s'expliquer avec Monseigneur ; qu'on a seulement le droit de s'excuser. Nombre de gens qui n'ont lu que ma première lettre (je veux dire celle qui a paru la première) l'ont trouvée sans dignité : non seulement je n'ai pas la force de me mettre à quatre pattes, mais je n'ai pas celle de laisser dire ou laisser croire que je m'y suis mis. Mettez-vous à ma place, et vous reconnaîtrez que j'ai eu raison[15].

La récidive du 13 décembre dans l'*Action* donne à penser à ses meilleurs amis que les jours d'Asselin à la présidence de la SSJB sont désormais comptés. Apparemment, le principal intéressé n'en a cure. Il caresse, au contraire, mille projets d'expansion pour la Société ! Il envisage une vaste coalition de toutes les « forces françaises » d'Amérique du Nord qui rassemblerait en une même fédération combative, aussi bien Acadiens, Québécois, Franco-Ontariens que Franco-Américains. Depuis le Règlement 17, il est plus que jamais sensible aux menaces d'assimilation, via les structures paroissiales et la nomination des curés, qui

---

* Citée précédemment.

planent sur les communautés canadiennes-françaises de la Nouvelle-Angleterre. Il intensifie ses contacts avec son ami et protecteur, Aram J. Pothier, gouverneur du Rhode Island et toujours influent parmi les siens. Asselin est l'homme des longues fidélités. Il a longtemps faites siennes les visions utopiques et généreuses de son ami décédé, Edmond de Nevers. Un grand avenir attend sans doute encore le peuple canadien-français sur ce vaste continent d'Amérique : « Les émigrés n'ont pas quitté la patrie, écrivait le disparu, ils l'ont agrandie... » En dépit des déboires politiques subis, Asselin, comme à vingt ans, semble encore animé par cette vision généreuse.

La situation de plus en plus précaire d'Olivar à la tête de la SSJB préoccupe cependant Alice au plus haut point. Elle n'ignore pas le prestige qui entoure la fonction de président de la Saint-Jean-Baptiste dans la société montréalaise, et tout le profit qu'un homme intelligent pourrait tirer de ces réseaux de relations et de solidarités professionnelles auxquels elle donne accès. Olivar, Alice le sait, croupit d'ennui au Crédit métropolitain où les espoirs d'amélioration de son traitement s'estompent avec les mois qui passent et la stagnation du marché immobilier qui perdure. À la Société, au contraire, Olivar côtoie une foule de personnages influents : politiciens, magistrats, banquiers, avocats, hommes d'affaires, commerçants, tour à tour susceptibles de lui procurer, un jour ou l'autre, une situation adaptée à ses talents et aux besoins croissants de sa famille. Tout comme l'abbé Brosseau, Alice souhaite, selon la mesure de ses moyens, tout mettre en œuvre pour favoriser la réconciliation entre l'impénitent pamphlétaire et les notables offensés.

Elle trouve une alliée précieuse en la personne de sa sœur Éva dont le mari, architecte à la bonne fortune croissante, exprime, lui aussi, son vif désir de voir son instable beau-frère accéder enfin à une situation honorable et compatible avec le remboursement de ses dettes. De concert avec sa sœur, Alice décide donc, cet hiver-là, de s'impliquer davantage dans la carrière de son mari en cultivant leurs relations.

Leur intérieur modeste est exigu et dépourvu d'attraits ? Qu'à cela ne tienne : Alice recevra plus souvent, par plus petits groupes, et sa sœur prendra à sa charge à la fois le décor et le buffet. Les sœurs Le Bouthillier s'entendent à créer des ambiances. Du temps où leurs parents ruinés tenaient une pension de famille rue Cherrier, que de fois ne se sont-elles pas amusées follement, avec leurs sœurs Hélène et Éliza, à donner l'illusion du luxe et de l'élégance à leurs locataires étudiants ? Cette fois, le jour de la réception venu, c'est Éva qui débarque, dès l'après-midi, pour aménager les lieux avec le concours de son chauffeur. De son petit « château » de Westmount, elle apporte, comme il se doit, des caisses du meilleur vin, verrerie, vaisselle et victuailles. Avec Alice, elle décroche des murs les reproductions sans valeur et les remplace subrepticement par des huiles, des estampes, des gravures d'art dont son mari est fin collectionneur. Une jetée indienne négligemment drapée sur le canapé en masque, pour un soir, le rembourrage effondré et les passementeries fanées. Les tons chatoyants d'un petit tapis d'Orient font oublier la vétusté du parquet. Et puis des bougies ! Partout des bougies dont la lueur dorée est clémente à la beauté des femmes comme à l'usure des lieux. Alice a enfilé sa robe de soie marine, rapportée de Paris par Olivar, et qu'Éva a sans doute agrémentée d'un bijou. Elle circule avec grâce d'un invité à l'autre, distribuant à tous ce sourire désarmant qui a survécu à l'amertume des années difficiles.

Prodigieusement amusé par le stratagème des deux femmes, Olivar se prête volontiers à la comédie sociale qu'on attend de lui. Ses bons mots fusent de partout, charades et saynètes médiévales s'organisent dont il assure avec entrain la thématique et la mise en scène. Nulle part en ville, on ne s'amuse, le soir venu, comme chez les Asselin ! Éva est aux anges. Adossé au mur où l'une de « ses » pièces de collection provoque l'admiration d'un connaisseur, Omer Marchand sirote avec philosophie un verre de son meilleur bordeaux. « Comment le trouvez-vous ? » demande-t-il avec naturel à son voisin immédiat. Dans quelques heures, les invités repartis et les bougies soufflées, l'architecte remballera patiemment ses trésors.

Les innocentes mondanités des deux sœurs n'occupent pas tous les loisirs du président de la SSJB durant cet hiver 1913-1914. Pour problématiques qu'elles demeurent pour son avenir, « l'affaire du Mouton » et le succès fulgurant de la publication de sa dernière « Feuille de combat » l'ont bel et bien requinqué. Le voilà donc sorti de la dépression qui l'accablait depuis son retour d'Europe ! Il s'est passionnément remis à la lecture, stimulé par les nouveaux noms et les nouvelles pistes que son séjour parisien lui a révélés. À sa sortie du bureau, le midi, au lieu de s'attarder dans les restaurants, il hante seul, ou en compagnie de Fournier, les librairies du quartier des affaires où chacun le connaît et accepte de lui faire crédit. Fidèle à ses vieux amis, les vagabonds du port qui l'attendent depuis le matin, Asselin, l'heure du déjeuner venue, a rarement un sou en poche. Accoudé au comptoir de chez Déom à tenter d'entrouvrir les pages non découpées d'un livre, il en oublie facilement de boire et de manger. Fournier est souvent le commensal officieux de ces festins littéraires.

Leurs deux silhouettes contrastées sont devenues familières aux gens de robe et d'affaires qui les croisent, rue Saint-Jacques. Fournier, le plus jeune et le plus élancé des deux, arbore toujours ce style mi-bohème mi-dandy et ces vêtements démesurément amples, aux poches déformées par les livres et les manuscrits qu'il transporte partout avec lui. Asselin, à trente-neuf ans, petit homme strict dans ses habits sombres aux coudes luisants d'usure, a conservé cet air de paysan endimanché qu'il avait, en 1900, lorsque *Françoise* le poussait devant elle dans les salons de Montréal.

De quels écrivains s'entretiennent ainsi les deux inséparables aux yeux toujours rivés sur la France ? Après le culte de Rochefort décédé récemment à Aix-les-Bains après une carrière fulgurante, les deux pamphlétaires, Asselin surtout, se sont retrouvés dans les accents imprécateurs et le style somptueux d'un Léon Bloy. D'abord, comme eux, journaliste de combat au *Gil Blas* et au *Chat noir*, l'écrivain périgourdin aux métaphores de visionnaire connaît, en France, une existence de misère et d'isolement indescriptible. Cette situation semble délibérément entretenue par une sorte de volonté farouche de la part du pamphlétaire de s'en prendre à toutes les écoles de pensée et à la plupart des institutions en place. Catholique intransigeant, il pourfend tout autant le Vatican, pour son conservatisme et son goût immodéré du pouvoir et de la richesse, que le matérialisme, le positivisme et l'usage de la démocratie dans la société de son temps. Les adversaires du solitaire de Bourg-la-Reine ne se comptent plus.

Durant les mois d'épreuve morale de sa dernière dépression, Asselin, sans doute, s'est reconnu dans les tourments personnels du *Désespéré* (1886) et dans la déréliction où s'enfonce irrémédiablement *La Femme pauvre* (1897). Il a été remué, peut-être aussi, par *Sueur de sang*, recueil de contes inspirés par la guerre de 1870, dans laquelle l'écrivain lui-même s'engage comme franc-tireur. Cette guerre devait voir l'Alsace et la Lorraine passer sous domination allemande. Fort probablement aussi le pamphlétaire canadien est-il séduit par le style iconoclaste de celui qui qualifie ses propres écrits de *Propos d'un entrepreneur en démolition* (1884) et tel épisode de sa vie concentrationnaire de *Quatre ans de captivité à Cochons-sur-Marne* (1905). Cette même année 1905, Bloy publie, sur le même thème, *Belluaires et porchers*. Dans sa préface ironique à *Mignonne allons voir...* publié l'année précédente, Asselin y fait d'ailleurs explicitement allusion en parlant du jeune auteur Guy Delahaye : « Et je me demande si, n'était l'amitié personnelle qui nous lie, il ne serait pas tenté de me compter parmi les cochons que, sans comme Léon Bloy les nommer par leur nom, il invite aujourd'hui à aller voir avec Mignonne "si la rose est sans épines "[16].

On ne trouve certes pas, chez l'écrivain maudit, cette remarquable faculté de rebondissement et ce sourire de l'esprit qui viennent ponctuellement sauver Asselin de l'exclusion sociale, au moment précis où l'on croyait qu'il allait s'y enfoncer à jamais. Mais à travers l'invective et l'anathème constants où son œuvre se construit, Bloy, qui a béatifié la Pauvreté contre le Vatican, retrouve des accents évangéliques pleins de tendresse où toute sa dureté semble tout à coup se fondre en effusions mystiques. Son style visionnaire devient alors celui d'un des grands prosateurs de son temps. C'est là, surtout, qu'Asselin a rendez-vous avec lui : Bloy lui ouvre enfin cette porte qu'il avait entrebâillée, lors de son voyage en Europe, et par laquelle il avait entrevu, par le truchement de ses amis français, la possibilité de dissocier, dans une adhésion personnelle, foi et institution cléricale. Le voilà prêt, sans doute, à savourer ce *Brelan d'excommuniés* où Bloy exalte, à la face de l'Église, Barbey d'Aurevilly, Ernest Hello et Paul Verlaine, ses maîtres à penser. Bloy n'est certes pas le critique littéraire le plus avisé de son temps. Mais parce que Bloy, « pèlerin de l'absolu », les désigne pour ses maîtres, Asselin remontera, lui aussi, la filière jusqu'à eux. Sa correspondance en fait foi.

Si Verlaine et les symbolistes lui sont déjà familiers, depuis sa fréquentation de l'École littéraire de Montréal et l'admiration qu'il voue à Nelligan, Asselin, à travers Bloy, découvre Barbey d'Aurevilly. Il aborde son œuvre avec l'intérêt que suscite cette sorte de cheminement spirituel hors l'Église qui est présentement le sien. Sa prédilection naturelle pour les personnages de grande classe y trouve aussi son compte. Avec celui que son époque (1808-1889) a surnommé « le Connétable des lettres » et qui utilisait son quartier de noblesse pour fustiger la rapacité et la médiocrité de la bourgeoisie d'argent, Asselin promet, en effet, d'être bien servi. Cet aristocrate, ce dandy ruiné (il était l'auteur d'un essai admiratif intitulé *Du dandysme et de G. Brummel*) déclarait : « J'ai parfois, dans ma vie, été bien malheureux, mais je n'ai jamais retiré mes gants blancs. » Il a donc tout pour attirer le bretteur de plume qui n'a jamais cessé, lui-même, de pourfendre la sottise et la vulgarité de son propre milieu.

Léon Bloy disait de son maître : « M. Barbey d'Aurevilly est un superbe sans ambition et sans timidité qui, d'un geste bienveillant de sa cravache armoriée, écarte de lui bourgeois et princes, parce que les uns et les autres manquent désormais de cette distinction dont il ne saurait se passer et que les plus naïfs mendiants du bon Dieu montrent encore quelquefois dans leurs guenilles. » Le Chevalier solitaire donnant la main au Pauvre par-dessus la tête de la bourgeoisie repue, voilà une autre image qui rejoindra, à son tour, les grandes figures emblématiques vers lesquelles incline la faveur d'Asselin. Une image qu'utilisera d'ailleurs à fond, dans les années qui viennent, le discours monarchiste de *L'Action française* de Charles Maurras.

Fréquemment dénoncées comme immorales, les œuvres de Barbey d'Aurevilly, telles *La vieille maîtresse*, *Un prêtre marié* ou *Les diaboliques*, veulent peindre le cœur humain sans détours et tel qu'il est. Cette revendication altière de la liberté littéraire, chez un écrivain catholique, lui vaut l'admiration et la sympathie, non seulement d'un Léon Bloy ou d'un Paul Bourget, mais également celle de jeunes talents encore inconnus et qui ont pour noms François Mauriac et Georges Bernanos.

Enfin, le *Brelan d'excommuniés* de Léon Bloy conduit également Asselin à la découverte d'Ernest Hello, journaliste et écrivain breton, mort en 1885, qui opposait au scientisme dominant de son époque l'exemple de la connaissance mystique. Disciple du père Gratry* et du Lacordaire des Conférences de Notre-Dame, intime

---

* Philosophe et théologien français, réformateur de l'Oratoire et curé de la paroisse Saint-Roch à Paris, le père Gratry dut se retirer, en 1870, pour s'être opposé au dogme de l'infaillibilité

de Léon Bloy jusqu'à sa mort, Hello avait, comme son ami, vécu en marge de la célébrité en dépit de quelques ouvrages remarquables consacrés à l'œuvre des mystiques Angèle de Foligno et Guillaume van Ruysbroek-dit-l'Admirable. *L'homme* (1872) et *Les contes extraordinaires* (1879) avaient à peine réussi à tirer de l'anonymat celui que Bloy désignait pourtant comme l'un de ses maîtres.

Mais par la filière Bloy-d'Aurevilly-Hello, par le truchement de leur famille de croyants marginaux et contestataires, Asselin est entré en contact avec ce renouveau spirituel qui, aussi bien avec Bergson et Péguy, travaille une certaine partie de l'intelligentsia française, simultanément déçue par les limites de la pensée positiviste et les dérives de la politique, après la fracture de l'affaire Dreyfus. De cette époque tumultueuse, Péguy avait écrit que tout avait « commencé en mystique et fini en politique... ». Ardent « dreyfusard » lui-même, Péguy avait été amèrement déçu de l'exploitation politique que le ministère Combes avait faite de l'Affaire. Asselin n'est pas loin de penser la même chose de l'aventure qu'il a lui-même vécue, durant une décennie fervente, et qui s'achevait si lamenta-blement, à Ottawa, dans les reniements et les compromissions. Son esprit, désor-mais, se sent porté vers des horizons plus élevés. Ses lectures l'orientent en ce sens. Elles le maintiennent cependant en étroit contact avec l'actualité européenne.

En France, en effet, les tensions s'accumulent, l'atmosphère s'alourdit et les rumeurs de guerre se font persistantes. Les débats intellectuels s'en ressentent. D'un jour à l'autre, des ruptures se produisent, d'étranges alliances s'opèrent. Si certains, comme Jaurès, redoutent la guerre et multiplient les interventions paci-fistes, d'autres comme Maurras l'appelleraient presque de leurs vœux, tant leurs dénonciations d'un soi-disant « parti allemand », infiltré aussi bien à la Sorbonne et à l'École normale supérieure que dans les affaires de l'État, se font véhémentes dans *L'Action française*.

Le journal monarchiste publie, sous le pseudonyme d'Agathon, une enquête ravageuse pour les milieux universitaires qu'elle dit atteints d'une sorte de panger-manisme des esprits. Léon Daudet se fait journaliste d'enquête et s'efforce de démontrer, pièces à l'appui, la présence d'agents à la solde de l'Allemagne dans les rouages du gouvernement et les industries directement impliquées dans la défense militaire. L'autorité de Maurras est incontestable au sein des cercles monarchistes. Mais, par d'autres chemins, l'idée de la « patrie menacée » se répand désormais jusque dans les cercles républicains.

Depuis la publication de *Notre patrie*, en 1905, Péguy lui-même, aussi éloigné soit-il de la pensée rationaliste de *L'Action française*, croit lui aussi à l'imminence de la guerre. Par ses écrits, il a fait peu à peu de son patriotisme une

---

pontificale. Son influence intellectuelle contribua à opérer une brèche dans la pensée rationaliste de son temps et à produire un certain « renouveau catholique » en littérature.

mystique. Fils d'un vétéran de 1870, il appelle de tous ses vœux « la génération de la revanche » à se manifester. Chez ses anciens amis socialistes, pourtant, les efforts de ralliement se multiplient pour tenter de conjurer le péril : « Prolétaires de tous les pays, unissez-vous. » Mais l'on diffère, entre socialistes, sur le choix des moyens à prendre pour éviter la guerre. Et déjà, les socio-démocrates allemands se démarquent insensiblement de leurs frères français. Là aussi, une « mystique » est à l'œuvre qui transcende peu à peu la lutte des classes : celle de l'exaltation pangermaniste sur laquelle Guillaume II fonde son inquiétant ascendant. Avec, face à lui, un Poincaré* vigilant, revanchard et cocardier à souhait que ses adversaires surnommeront bientôt « Poincaré-la-Guerre ».

Deux blocs antagonistes se font maintenant face en Europe : le plus ancien, la Triplice ou la Triple-Alliance, a été conçue par Bismarck en 1879 et maintient ensemble, depuis, l'Allemagne et l'Autriche auxquelles est venue s'ajouter l'Italie, en 1882. Isolée à dessin par le vainqueur de 1870, la France a riposté, dès 1892, en signant l'alliance franco-russe**. Puis, passant outre à son interminable contentieux historique avec l'Angleterre, elle a conclu, en 1904, « l'entente cordiale » avec la grande puissance impériale britannique. Le renforcement de ses alliances s'est encore trouvé conforté, en 1907, par la Triple Entente qui réunit désormais la France, la Russie et l'Angleterre. Ce nouveau bloc, les Alliés l'espèrent, devrait être capable d'équilibrer, pour un temps, la Triple Alliance mise au point par Bismarck pour empêcher toute velléité de « revanche » de la part de la France, vaincue en 1870 et spoliée de deux provinces frontalières importantes.

La course aux armements sur mer est, depuis plusieurs années, fort bien enclenchée de part et d'autre. Elle a déjà provoqué deux crises politiques majeures au Canada***, lorsque l'Angleterre s'est avisée de réclamer à sa colonie une contribution militaire sous forme de dollars et de navires de guerre : ces fameux dreadnoughts qui, croit-on, assureront à la puissance qui les possédera la première, cette suprématie des mers jusque-là reconnue à l'Angleterre, mais que convoite Guillaume II. De 1906 à 1914, les Britanniques ne cessent d'investir dans la force de frappe de leur flotte. Prompts à la riposte, les Allemands en font autant : chaque

---

* Raymond Poincaré (1860-1934). Président de la IIIᵉ République de 1913 à 1920. Partisan de la droite modérée, il avait évité de prendre parti, aussi bien dans l'Affaire Dreyfus qu'au moment de l'adoption des politiques anticléricales de 1901-1906, évitant ainsi de s'aliéner, pour l'avenir, l'appui des partis opposés.

** Asselin, alors journaliste à *La Tribune* de Woonsocket, avait commenté l'événement en décrivant l'adulation populaire dont le tsar avait été l'objet lors de sa visite officielle à Paris. Pour des républicains, qui avaient si allégrement guillotiné leur propre roi, le comportement ne manquait pas de piquant et le jeune pamphlétaire s'en était amusé.

*** Les deux projets de loi navale présentés successivement par le gouvernement libéral de Laurier et par le gouvernement conservateur de Borden.

année, plusieurs de ces coûteux « géants des mers » s'ajoutent à leurs armadas respectives. Loin derrière les deux grandes puissances arc-boutées, les États-Unis, le Japon, l'Autriche et la France essaient, tant bien que mal, de ne pas trop se laisser distancer.

Sur terre, les conflits récents, particulièrement dans les Balkans, ont démontré la terrible efficacité des nouveaux explosifs et des nouvelles mitrailleuses. Artillerie légère à tir rapide, artillerie lourde pour anéantir les poches de résistance, c'est de ce type d'armes, susceptibles d'être fabriquées en grande série par l'industrie moderne, que dépend la victoire ou la défaite en cas de conflit militaire. Dans les deux pays dressés l'un contre l'autre dans l'appréhension de la guerre, les usines se sont mises à fonctionner à pleine capacité et de nouvelles ont été mises en chantier. Mais le rythme diffère d'un pays à l'autre.

L'Allemagne, qui s'est déjà dotée d'une armée active de 820 000 hommes peut se permettre d'investir davantage dans l'artillerie lourde. La France, visiblement dépassée dans la course à la mobilisation, se voit forcée de porter à trois ans[*] la durée de son service militaire pour être en mesure de lui opposer, en ce début de 1914, une armée de 750 000 hommes. Obligée de construire en hâte des casernes additionnelles pour accueillir toutes ces nouvelles recrues, la France manque de crédits pour se doter d'une artillerie lourde comparable à celle de l'Allemagne. Elle se contente de renforcer son artillerie légère. En Russie, on ne manque pas d'effectifs : une armée de paix de 1 200 000 hommes sera portée à 1 800 000 dès 1915. Mais il faudra construire des voies ferrées pour acheminer et ravitailler toutes ces troupes et leur matériel lourd jusqu'aux frontières potentiellement menacées par un conflit avec l'Allemagne. En outre, l'agitation sociale qui se répand dans tout le pays rend l'effort de guerre très impopulaire.

Chacun sent toutefois que l'Europe est devenue une poudrière et que la moindre étincelle peut provoquer un conflit dont on commence à peine à anticiper l'étendue. Après l'écrasante victoire de 1870, Bismarck avait tenté d'orienter les visées expansionnistes de la France vers l'Afrique du Nord, dans l'espoir de lui faire oublier l'amertume de la défaite et l'amputation de son territoire. Et, de fait, bien des Alsaciens, Français de cœur, avaient préféré l'exil colonial à la domination allemande. Sur les riches terres du Maghreb, ils se sont, depuis, enracinés et ont prospéré. Le souvenir de la patrie perdue s'est peu à peu estompé, comme l'anticipait secrètement « le chancelier de fer ». Mais plus de quarante ans après le traumatisme de 1870, les terres disponibles se sont raréfiées sur ce continent béni par le soleil, et les appétits européens s'y sont peu à peu transportés.

---

[*] C'est l'adoption de cette « Loi des trois ans », le 7 août 1913, qui vaudra au président Poincaré son sobriquet de « Poincaré-la-Guerre ».

Dès 1911, à Agadir, au Maroc, Allemands et Français ont failli en venir aux prises. Au Togo, en Afrique noire, la marmite a bouillonné dangereusement entre ancienne et virtuelle puissance coloniale. Le moindre faux pas pourrait, en ce moment, faire dégénérer un conflit localisé qui s'étendrait irrémédiablement à l'Europe tout entière par la suite. Dans la presse européenne qui lui parvient, Asselin lit des commentaires où se manifestent, de plus en plus, la nervosité et l'angoisse de l'interminable attente. Chez certains, l'expectative de la guerre est devenue intolérable. La guerre elle-même semble préférable à cette tension! *L'Action française* souffle sur ces braises. Le pacifisme de Jaurès et des socialistes y est assimilé à la trahison. En termes à peine voilés, des menaces de mort sont proférées.

Au Canada français, de telles nouvelles ne parviennent que de manière diffuse et sélective. La course aux armements, qui fait alors planer la menace de guerre sur l'Europe tout entière, s'y est résumée, jusqu'ici, à deux projets de loi générateurs de graves tensions politiques. Celui de Laurier, en 1910, immédiatement suivi, l'année suivante, par l'élection de 1911 qui lui a fait perdre le pouvoir aux mains des conservateurs. Celui de Borden, ensuite, qui, présenté en décembre 1912 s'est heurté dès la fin mai 1913 à l'obstruction d'un Sénat majoritairement libéral que domine toutefois la haute figure du sénateur conservateur Philippe Landry. Un homme chez qui la fidélité aux principes et à la parole donnée l'emportait sur la fidélité à la ligne de parti. Les politiciens de cette trempe étaient rares et leur courage méritait d'être souligné, dans le climat de déliquescence qui sévissait alors à Ottawa. C'est ce même Philippe Landry, ami de longue date d'Asselin, qui, avec son collègue libéral du Sénat, Napoléon Belcourt, s'engage dans la lutte au Règlement 17. Car, bien plus que l'appréhension d'un conflit en Europe, c'est la crise des écoles franco-ontariennes qui mobilise en ce moment l'opinion du Canada français.

En dépit des moyens controversés utilisés par Asselin, la campagne du *Sou de la pensée française* a, en effet, porté fruits. Moins en espèces sonnantes et trébuchantes, il est vrai; mais en sensibilisation populaire à l'injustice du procédé utilisé contre les Canadiens français de l'Ontario, elle a recueilli des dividendes certains. Cette pression grandissante de l'opinion publique, grâce notamment à l'action de la SSJB, de *La Patrie* et du *Devoir*, a eu, peu à peu, raison des réticences de nombreux notables et prélats, jusque-là effarouchés à l'idée d'utiliser la « désobéissance civile » comme moyen d'action. Les plaidoyers véhéments et l'engagement non déguisé des Oblats et du clergé de langue française de l'Ontario ont achevé de persuader les prêtres de la province de Québec (et du même coup leurs ouailles) que le combat pour la langue, en Ontario, était aussi un combat pour la préservation de la foi catholique. Trop de Canadiens français assimilés adoptaient la foi protestante, à l'occasion d'un mariage mixte, pour qu'il fût plus

longtemps permis de contester l'existence de pareille interaction. Les derniers
obstacles à l'engagement de la province catholique et française, aux côtés de ses
frères et sœurs de l'Ontario, se levaient peu à peu. Mais, du même coup, relé-
guaient au second plan, dans beaucoup d'esprits, les préoccupations internationales à l'égard de l'imminence d'une guerre en Europe.

Nationaliste, mais francophile dans l'âme, Asselin se trouve donc rejoint,
cette année-là, par deux courants d'opinion qui, chacun de son côté, semblent
vouloir l'entraîner dans deux directions opposées. La crise ontarienne, en effet,
occupe de plus en plus de place dans l'actualité de son pays et dans les activités
de la Société nationale dont il est toujours le président. En mars et avril, elle se
transporte sur la scène montréalaise, à l'occasion des élections municipales qui s'y
déroulent. Le maire sortant, Louis-Arsène Lavallée, est canadien-français. Selon
une entente tacite jusque-là respectée, les Montréalais élisent alternativement un
Canadien anglais et un Canadien français à la tête de leur ville. Le candidat
désigné par la tradition, George-E. Stephens, homme cultivé et compétent, reçoit
l'entier appui du *Devoir* et de son directeur. Mais voilà que le député libéral de
Sainte-Marie, Médéric Martin, vilipendé autrefois par *Le Nationaliste*, se lance à
son tour dans la lutte, prétextant que ce pacte d'alternance est devenu nul et non
avenu, depuis que le gouvernement de l'Ontario s'est permis de fouler aux pieds
le pacte confédératif de 1867 qui garantissait des droits scolaires égaux aux deux
peuples fondateurs. Martin, personnalité douteuse et politicien de piètre envergure,
en appelle donc au « vote de race » pour chercher à se faire élire. Il reçoit alors
l'appui inopiné de Paul-Émile Lamarche, lequel va jusqu'à déclarer lors d'une
assemblée particulièrement houleuse : « Je vais voter pour M. Médéric Martin,
parce que c'est un Canadien français [...] On m'accusera de soulever le cri de race,
et on vous dira que les Canadiens français n'ont pas le droit de soulever le cri de
race, que seuls les Anglais ont ce privilège[17]. »

Il s'attire aussitôt les foudres de Bourassa ! Outre le mépris non dissimulé
qu'il professe à l'égard du candidat Martin, le directeur du *Devoir* redoute que
l'exploitation des sentiments revanchards des Canadiens français, à l'égard des
Canadiens anglais, ne dégénèrent en conflits sociaux, non seulement dans la province de Québec, mais dans le Canada tout entier. Une brouille sérieuse s'insinue
entre Bourassa et son jeune disciple.

Sensible à la médiocrité et à la trivialité de l'adversaire qu'il avait combattu
en 1906, à l'époque où *Le Nationaliste* appuyait les candidats du Parti ouvrier,
Asselin éprouve également une répugnance viscérale pour certaines connivences
que la candidature de Martin suscite. Ainsi, son vieil ennemi Rodolphe Forget, tout
conservateur qu'il soit, a pourtant décidé de se rallier au « cri de race » du libéral
Martin, puisque ce « cri » s'annonce rentable pour ses entreprises de transport
public. Sentant tourner le vent, l'habile financier voit, dans l'élection du Canadien

français à la mairie, une occasion inespérée de rétablir son influence perdue à l'Hôtel de Ville pour le bénéfice du monopole de sa Compagnie de tramways. Forget échouera dans sa manœuvre, mais Médéric Martin sera bel et bien élu à la mairie de Montréal.

Cette atmosphère de tension qui s'appesantit sur le Québec, avec la question des écoles ontariennes, se répercute jusqu'au conseil de la SSJB où l'opposition au président n'a pas désarmé. Bien que minoritaire, le « parti des sénateurs » n'a pas renoncé à faire la vie dure au président qui refuse toujours de s'excuser publiquement. Plusieurs ex-présidents, qui siègent d'office au conseil en qualité de directeurs, s'absentent de plus en plus fréquemment des réunions pour manifester leur désapprobation. Asselin a parfois du mal à obtenir le quorum nécessaire à la prise de décisions importantes. Certaines activités de la Société s'en trouvent compromises, particulièrement dans les initiatives d'appui à la lutte au Règlement 17.

Le 13 juin 1914, sans crier gare, Asselin fait parvenir aux Directeurs de la SSJB une lettre de démission à la teneur inattendue :

> Mes chers collègues,
>
> Comme vous le savez, un article de notre constitution nous oblige à prendre parmi les anciens présidents quatre membres du Conseil. Vous avez pu constater par vous-même l'impossibilité où nous sommes d'obtenir des quatre anciens présidents élus en 1913 une bonne moyenne de présence. Vous avez pu constater aussi la peine que nous éprouvons à réunir aux séances du Conseil un nombre de directeurs suffisant pour délibérer. Vu les œuvres importantes que nous avons entreprises et tout le travail urgent que nous avons à faire, je crois que nous avons le devoir de compléter, et dans la mesure du possible, renforcer la composition actuelle du Conseil.
>
> Pour ma part, je vous offre ma démission comme président. Si vous croyez que je puisse être utile à la Société, je continuerai à la servir comme directeur. Dans le cas contraire, je me retirerai avec le plus grand plaisir, assuré que je suis que les principales idées que nous avons préconisées ensemble — encouragement aux minorités françaises des autres provinces, guerre à la mortalité infantile [par l'assainissement du logement], constitution de la Société en fédération, érection d'une maison véritablement nationale — sont maintenant en bonne voie d'exécution et, d'autre part, impatient de reprendre une liberté de parole à laquelle je sens que mes fonctions actuelles ne sont pas toujours compatibles.
>
> Je suggérerais que mon successeur fût élu avec l'entente qu'il démissionnera à l'automne pour passer à son tour parmi les Anciens. Le Conseil compterait alors deux directeurs de plus. En exigeant des directeurs actuels une plus grande assiduité on fortifierait encore le Conseil.
>
> Vous seriez bien aimable d'accepter ma démission dès la prochaine séance[18].

Plus soucieux d'assurer le bon cheminement de ses idées et des orientations qu'il a voulu imprimer à la Société qu'à se cramponner à son poste de président, Asselin laisse ainsi la place à un successeur qu'il croit capable de s'y montrer fidèle en dépit de sa personnalité effacée. Il s'agit de Charles Duquette, deuxième vice-président de l'Alliance nationale, jeune société canadienne-française de secours mutuel. L'historien de la Société, Robert Rumilly, incline, pour sa part, à voir plutôt, dans l'abrupte démission d'Asselin, une astuce de plus pour barrer la route au notaire Victor Morin qui ne l'aurait pas assez soutenu dans ses démêlés avec Mgr Bruchési*. Et, en tout état de fait, l'accession du Dr Joseph Nolin à la deuxième vice-présidence de la Société indique assez que les « asselinistes » n'ont pas renoncé à y exercer leur influence : deux semaines plus tard, la fête nationale sera à nouveau célébrée, comme Asselin l'avait souhaité, « dans la sobriété et le recueillement ». Comme l'année précédente, seules une messe et une soirée artistique marqueront des manifestations patriotiques assombries, une fois de plus, par le sort encore incertain des Franco-Ontariens. L'abbé Brosseau n'avait peut-être pas eu tort d'écrire qu'Asselin demeurait fort capable de placer l'intérêt de la Société au-dessus de ses petites blessures d'amour-propre.

Sa démission acceptée et les célébrations terminées, Asselin peut aussitôt installer Alice et les enfants au chalet du lac Saint-Louis dont ils ont renouvelé le bail à l'insistance de leurs amis Huguenin. Comme l'année précédente, Olivar fera la navette quotidienne entre Beaurepaire et Montréal pour se rendre à son bureau du Crédit métropolitain. Les enfants ont grandi : à neuf et huit ans respectivement, Jean et Paul nagent déjà fort bien et s'initient au plongeon avec leur père. « Petit Pierre » barbote déjà avec un entrain prometteur. Seul Claude, délicat et fréquemment enrhumé, demeure sur la berge auprès d'Alice, enroulé dans un châle.

C'est dans le calme estival de cette harmonie domestique provisoirement retrouvée que va s'abattre la nouvelle : le 28 juin, l'archiduc François-Ferdinand d'Autriche, héritier présomptif de l'empereur François-Joseph, est abattu à bout portant à Sarajevo, en compagnie de son épouse, au cours d'une visite semi-protocolaire comportant une garde personnelle rudimentaire. Rapidement maîtrisés, les deux auteurs de l'attentat s'avèrent être des Bosniaques et, conséquemment, des sujets de l'empire autrichien. Mais l'enquête révèle rapidement que les terroristes appréhendés font partie d'un vaste réseau clandestin armé par la Serbie. Les deux prévenus déclarent même, avec fierté, avoir voulu libérer, par ce geste, tous les « Yougoslaves » (les Slaves du sud) afin de leur permettre d'accéder à leur unité « autour d'une grande Serbie indépendante ». Or la Russie, depuis le XVIIIe siècle, s'est voulue la protectrice attitrée des Slaves du sud. Par peuples balkaniques interposés, c'est donc la collision frontale entre l'Autriche-Hongrie,

---

* Le notaire Morin accédera à la présidence l'année suivante.

membre de la Triple Alliance, et la Russie, membre de la Triple Entente, qui risque maintenant de se produire.

Dans le monde entier, chacun retient son souffle, dans l'espoir de voir l'échauffourée appréhendée demeurer, une fois de plus, circonscrite aux Balkans. Le 5 juillet, toutefois, l'Allemagne de Guillaume II garantit secrètement son appui à ses alliés d'Autriche-Hongrie. Forts de cette promesse, les Autrichiens lancent aussitôt un ultimatum sévère à la Serbie. Tandis que l'opinion mondiale se cramponne à l'espoir de voir le conflit se dénouer, comme les précédents, par voies diplomatiques, l'engrenage fatal s'est déjà mis en marche dans le secret des chancelleries. En deux semaines, du 21 juillet au 4 août, le foyer d'incendie de Sarajevo va s'étendre à toute l'Europe.

De balkanique, la guerre va rapidement se muer en conflit mondial comme chacun le redoutait secrètement. Forte du soutien de l'Allemagne, l'Autriche déclare la guerre à la Serbie le 28 juillet. Dès le 30, la mobilisation est décrétée en Russie tandis que l'Allemagne lance à la Russie un ultimatum, aussitôt suivi d'une déclaration de guerre en bonne et due forme. Alliée de la Russie depuis 1892, la France se trouve aussitôt impliquée, elle aussi, dans le soutien à la Serbie. Le 2 août, l'Allemagne et la France décrètent simultanément la mobilisation générale. L'Allemagne réclame aussitôt le droit de passage de ses troupes à travers la Belgique dont la neutralité, depuis 1831, a toujours été garantie par les grandes puissances. Les Britanniques, à leur tour, et par effet de dominos, sentent la menace se rapprocher dangereusement de leur île. Le 4 août 1914, l'Angleterre déclare aussi la guerre à l'Allemagne, entraînant à sa suite sa lointaine colonie du Canada dans la Première Guerre mondiale, la plus meurtrière et la plus dévastatrice jamais recensée de mémoire d'homme.

Troisième partie

LA GUERRE

Chapitre XXIX

LE PAMPHLÉTAIRE ET LA GUERRE

> *Dans toute critique stratégique, l'essentiel est de se mettre du point*
> *de vue des acteurs; l'essentiel est de retrouver les circonstances,*
> *toutes les circonstances où ils se trouvaiemt alors.*

(Karl von Clausewitz)

À Paris, le 4 août 1914, au moment où les divisions allemandes du généralissime von Moltke franchissent les frontières de la Belgique, sénateurs et députés français se rassemblent en hâte à la Chambre pour y entendre l'exposé de la situation par la voix du président du Conseil. Un silence impressionnant de gravité s'impose à tous ces parlementaires qui, hier encore, s'invectivaient au nom d'allégeances partisanes apparemment irréductibles.

Le discours du président René Viviani* à peine terminé, une immense clameur s'élève et couvre sa voix. Des applaudissements et des vivats éclatent de partout, des bras se lèvent pour prêter serment à la patrie. « Nous sommes sans reproche, s'est écrié Viviani, nous serons sans peur ! » L'assassinat du grand leader socialiste Jean Jaurès par un extrémiste de droite, quatre jours auparavant, a provoqué une véritable commotion chez les parlementaires désunis par les luttes de partis. Comme en 1793, c'est la présence de l'envahisseur germanique aux frontières qui vient de souder ensemble les factions politiques pour la défense commune du sol français. Dans quelques semaines, c'est d'un Conseil entièrement

---

* René Viviani (1863-1925). Journaliste à *La Petite République*, *La Lanterne* et *L'Humanité* ; député socialiste, fondateur du Parti républicain socialiste, ministre, puis président du Conseil à partir de juin 1914. Il décrète la mobilisation générale le 1er août 1914, trois jours avant le déclenchement des hostilités.

remanié que disposera le président de la République Raymond Poincaré : devant l'envahisseur, la France va se doter d'un gouvernement « d'union sacrée ».

À Ottawa, quelques heures plus tard, ce même 4 août, Robert L. Borden et ses ministres, convoqués en Conseil extraordinaire, prennent à leur tour connaissance du texte de la déclaration de guerre que l'Angleterre vient de communiquer à l'Allemagne. Sam Hughes, l'impétueux ministre de la Milice, jubile. Bouillant d'impatience, il répétait depuis plusieurs jours, à qui voulait l'entendre, sa crainte obsessionnelle de voir les Anglais se défiler. Il la voulait, « sa guerre », il allait l'avoir et saisir enfin sa chance de s'illustrer au service de l'Empire !

Pour le cabinet conservateur, d'ailleurs, point d'hésitation possible : colonie britannique, le Canada se trouve, ipso facto, entraîné dans le conflit européen à la suite de l'Angleterre. Sir Wilfrid Laurier lui-même, en tant que chef libéral, n'avait jamais tenu d'autres propos : « Quand l'Angleterre est en guerre, avait-il coutume de dire, le Canada est en guerre. » Telle était la conviction sur laquelle il s'était toujours appuyé, quelques années plus tôt, pour présenter ce projet de loi si controversé sur la Marine qui, avec le projet d'accord sur la réciprocité commerciale avec les États-Unis, avait contribué à sa défaite de 1911. Là-dessus, aujourd'hui, les deux grands partis se rejoignent et s'entendent. Tout comme chez les élus français, on fera taire momentanément les oppositions partisanes pour répondre d'une seule voix à l'appel vibrant que les grandes nations coalisées de la Triple Entente lancent, en ce moment, en direction de toutes leurs colonies des Indes, d'Afrique et d'Amérique.

L'appel sera bien reçu au Canada. Une session d'urgence est aussitôt convoquée pour le 18 août afin de régler, avec le Parlement, les modalités de la participation du Canada à la guerre. Déjà, le premier ministre a pris des mesures d'urgence pour faire expédier un million de sacs de farine en Angleterre et autoriser la mobilisation volontaire de 25 000 hommes. Pour réunir tous ces nouveaux soldats, Sam Hughes, de son côté, a déjà jeté son dévolu sur le site de Valcartier, près de Québec, qu'il s'apprête à doter de baraquements et de salles d'entraînement, sans parler de l'installation du plus long champ de tir du Canada. Les crédits ne sont pas encore votés, mais l'excentrique colonel a déjà engagé un peintre paysagiste qui croquera sur le vif les nouvelles recrues à l'entraînement, afin d'illustrer la propagande destinée à l'enrôlement volontaire.

Toute cette effervescence participationniste à Ottawa, durant les premiers jours d'août, ne suscite apparemment aucune réticence significative au Québec où, une quinzaine de mois plus tôt, on s'opposait encore au projet de loi du gouvernement Borden sur la Marine. On avait pourtant tenu des assemblées houleuses pour protester contre le vote de 35 millions de dollars destinés à la construction de trois dreadnoughts pour l'Angleterre. Voilà qu'on parle maintenant d'y expédier un premier contingent de 25 000 hommes, sans que le Québec s'en alarme outre mesure. C'est plutôt le contraire qui s'y passerait, si l'on en juge par le sens des premières manifestations populaires qui suivent immédiatement la déclaration de la guerre.

En ce début d'été, en effet, un grand nombre de parlementaires et de personnalités ont déserté Québec et Montréal pour les villégiatures du Bas-Saint-Laurent, des Laurentides ou même de l'Europe. La guerre surprend ainsi le premier ministre Lomer Gouin en Bretagne, Henri Bourassa en Allemagne, le père Papin-Archambault en Angleterre. Le juge en chef de la Province, Horace Archambault, se trouve à Paris et le leader du gouvernement au Conseil législatif, Narcisse Pérodeau, à Berlin où il est temporairement mis sous arrêts. Le même sort attend le député libéral Henri S. Béland, fait prisonnier par les Allemands à l'issue de son voyage de noces avec une citoyenne belge. Sans parler de la foule coutumière des monseigneurs en visite à Rome durant l'été.

En l'absence de Bourassa, les interventions isolées d'un Armand Lavergne, d'un Jules Fournier dans *L'Action*, ou d'un Omer Héroux dans *Le Devoir*, tentent bien de rappeler les principes défendus par les nationalistes depuis la guerre du Transvaal, quinze ans plus tôt : le Canada ne peut être tenu à s'engager militairement que lorsque ses propres frontières se trouvent menacées. Mais l'opinion publique semble plutôt encline à s'engager derrière les défilés et les fanfares qui s'improvisent spontanément dans les villes, à l'annonce de la mobilisation. À Montréal, le nouveau maire, Médéric Martin, a aussitôt fait hisser les trois drapeaux de la France, de l'Angleterre et de la Russie sur le faîte de l'hôtel de ville.

Mais ce sont les consulats de France et de Belgique qui, les premiers, attirent la curiosité et la sympathie des foules venues acclamer les premiers mobilisés européens à venir s'inscrire au registre de leurs pays respectifs. Plusieurs d'entre eux, arrivés par train de tous les coins du Canada, sont temporairement logés au refuge Meurling. Certains ont déjà revêtu l'uniforme : pour les Français, la tunique bleue et le pantalon garance... au grand ravissement de la foule qui entonne avec eux *La Marseillaise*. Les consuls prennent la parole, annonçant aux mobilisés une « guerre fraîche et joyeuse », une guerre éclair qui les fera bientôt entrer à Berlin en triomphateurs. Conquis, plusieurs Montréalais demandent à leur tour à s'enrôler pour la défense de la France. À grand cris, hommes, femmes et enfants conspuent les visées conquérantes du kaiser Guillaume et improvisent, sur place, des refrains empreints de défi moqueur :

« Le Kaiser avec nos cretons se graissera pas le gorgoton ! »

Jour après jour, des manifestations de solidarité spontanées s'organisent, de la sorte, chez les Canadiens français révoltés par l'agression brutale de la Belgique. Fêtés, adulés, les réservistes* français et belges vivent des heures exaltantes : entre les rues Peel et Saint-Denis, on circule à grand peine rue Sainte-Catherine. Parfois, un second défilé croise le premier sans s'y mêler. Celui-là vient de l'ouest de la ville, au son des cornemuses et du « Rule Britannia ». Il regroupe les « Filles de l'Empire » venues accueillir, avec des fleurs, les premiers volontaires canadiens-anglais à l'entrée des casernes de la rue Craig et de la rue Bleury. Ces derniers servent respectivement de manèges au 1er régiment des Canadian Grenadier Guards et au 5e régiment des Royal Highlanders of Canada. Laurier, qui redoutait secrètement une nouvelle dissidence de sa province, sur la question de la participation à la guerre, pousse un immense soupir de soulagement ! Au Canada aussi, « l'union sacrée » des partis est peut-être en voie de se réaliser, grâce à l'indéracinable affection que le petit peuple canadien-français porte toujours à la France. C'est sur cet attachement séculaire à la mère-patrie que la propagande s'appuiera, dans les semaines à venir, pour stimuler l'enrôlement volontaire chez les Canadiens français.

Les circonstances vont la servir. Après avoir traversé la Belgique en quelques jours, sans rencontrer de résistance significative, les divisions du général von Moltke foncent maintenant vers le sud en direction de Paris. Les combats font rage également dans les Vosges où les armées du Kaiser, prenant pour base les provinces conquises, en 1870, de l'Alsace et de la Lorraine, s'apprêtent à briser la résistance des chasseurs alpins et à franchir les frontières françaises. Sur l'Atlantique, la guerre est aussi commencée : un poseur de mines allemand et une estafette française sont coulés en mer. L'Angleterre réagit promptement devant la menace qui se rapproche dangereusement de ses côtes : le 7 août, le général French, commandant suprême des armées britanniques, débarque à Boulogne avec trois divisions totalisant 70 000 hommes. Ses troupes sont aussitôt acheminées vers Rouen par la Seine. C'est dans cette ville normande, où les Anglais brûlèrent autrefois Jeanne d'Arc, que le général French, au nom de « l'entente cordiale », choisit d'établir son quartier général.

Le « martyre » de la Belgique où la soldatesque allemande se livre au massacre de civils, à l'incendie de monuments historiques et au pillage généralisé des campagnes bouleverse l'opinion. Ce sont les actes de sabotage de la résistance belge, particulièrement sur les lignes de chemins de fer indispensables au

---

* Le premier contingent de réservistes français à partir outre-mer comportait près de 4000 hommes dont 3443 pour le seul district militaire de Montréal. Parmi eux se trouvaient Antoine Véry, directeur de l'École technique de Québec et plusieurs professeurs des Écoles technique et Polytechnique de Montréal récemment créées. Ils seront nombreux à tomber au front.

transport et au ravitaillement des troupes allemandes, qui provoquent de telles représailles de la part de l'envahisseur. Au Canada français, où l'on s'identifie volontiers au destin malheureux de l'Alsace et de la Lorraine, les combats des Vosges suscitent également un intérêt douloureux. De son côté, l'engagement rapide des divisions britanniques sur le sol français tend à confondre l'engagement militaire des deux « mères-patries » en une seule et noble cause. C'était là l'argument suggéré à Borden par le Premier Lord de l'Amirauté, Winston Churchill, quelques années plus tôt, pour le convaincre de faire voter, par les Canadiens, navires et subsides pour la défense navale de l'Angleterre.

Ces excellentes dispositions de cœur de l'opinion canadienne-française, dans les premières semaines du conflit, servent fort bien l'activisme militaire du gouvernement et des grandes sociétés. Banques et grandes industries mettent leurs ressources au service de l'effort de guerre. Ému par la présence de ce « pistolet braqué au cœur de l'Angleterre », le Pacifique canadien met à la disposition de l'Empire ses immenses usines Angus, dans l'est de Montréal, pour les transformer en fabriques d'armement. Sans parler de ses effectifs maritimes et ferroviaires, pour le transport de troupes, dont le gouvernement pourra disposer en tout temps. Le vent loyaliste souffle à ce point favorablement sur le pays que l'Amirauté anglaise peut, d'ores et déjà, prendre le contrôle de tous les navires du réseau canadien, sans que s'élève le moindre cri de protestation. Momentanément frappés de stupeur et visiblement dépassés par les événements, les nationalistes ont du mal à se donner une voix. Bourassa, retenu en Europe, ne s'exprime pas et les objections mises au point à l'occasion de la guerre du Transvaal paraissent obsolètes, devant l'imminence du danger qui menace conjointement la France et l'Angleterre.

Au *Devoir*, seul maître à bord, Omer Héroux tente en vain de rappeler les principes mis de l'avant depuis quinze ans par la Ligue nationaliste. Dès le début d'août, conscient du danger, pour la lutte franco-ontarienne, de se voir marginalisée et noyée par la vague loyaliste qui déferle avec une ampleur sans précédent sur le pays, le rédacteur écrit :

> Sir James Whitney[*] obligera-t-il les Canadiens français à poursuivre, au milieu de la crise actuelle, la lutte contre le régime tyrannique que lui ont imposé d'étroits fanatiques... un régime analogue à celui que la Prusse a infligé aux petits Polonais[3][**] ?

---

[*] James Pliney Whitney, premier ministre de l'Ontario au moment de l'adoption du Règlement 17 et toujours en poste en août 1914.

[**] Les opposants au Règlement 17 évoqueront fréquemment aussi le sort des écoliers alsaciens et lorrains privés du droit à l'enseignement français, après la guerre de 1870. Le conte d'Alphonse Daudet, *La dernière classe*, devient une référence classique de la lutte franco-ontarienne.

[...] Le rappel du règlement inique, la reconnaissance du droit des pères de famille au libre enseignement du français, l'octroi d'un régime semblable àcelui dont jouit la minorité anglo-protestante du Québec, rien ne saurait promouvoir de façon plus efficace le rapprochement nécessaire entre Anglo et Franco-Canadiens[1].

Mais, cette fois, les journaux de partis qui, hier encore, s'opposaient au Règlement 17 jugent désormais ces réclamations inopportunes, voire mesquines, à l'heure où une même et grande cause réunit les deux peuples fondateurs du Canada : Borden et Laurier, même combat ! Car si un vent de loyalisme souffle sur le Canada anglais, un vent de francophilie souffle aussi sur le Québec.

Dans la Vieille Capitale, l'orateur de la Chambre, Cyrille Delage, a déjà formé un comité d'aide aux familles des réservistes français qui s'apprêtent à partir outre-mer. À Montréal, le maire Médéric Martin préside également un comité qui recueille des dons destinés à constituer un fond de secours pour les soldats français. Un comité franco-belge, formé pour soutenir les familles des réservistes, recueille des fonds auprès des citoyens de Montréal en collaboration avec le Fonds patriotique. Ce dernier, créé par les citoyens des grandes villes canadiennes, a été entériné par un vote au Parlement. Le Fonds patriotique relève de l'initiative du dynamique député de Saint-Antoine, Herbert Brown Ames, figure bien connue dans les milieux de réforme urbaine de Montréal et auteur d'une étude sur la pauvreté des quartiers Saint-Henri et Pointe Saint-Charles, *The City below the Hill*. Membre de la section canadienne du Comité France-Amérique, *Madeleine* Huguenin, dont le mari est Français, a également mis sur pied un sous-comité féminin d'œuvres de guerre : l'*Aide à la France* veut réunir des dons, en nature et en espèces, pour venir au secours des populations civiles de Belgique et de France éprouvées par l'invasion allemande. Nombreuses sont alors les militantes de la FNSJB à répondre à son appel. En 1914, en effet, *Madeleine* Huguenin siège à l'exécutif de la FNSJB dont elle est la secrétaire.

Spontanément aussi, des miliciens du 65e régiment — les Carabiniers du Mont-Royal — se déclarent volontaires pour servir en France. À Québec, le major Thomas-Louis Tremblay, ancien élève de Kingston* et ancien ingénieur du réseau ferroviaire Transcontinental, offre, de concert avec ses officiers, les services de la 1re batterie d'artillerie de campagne dont il est alors le commandant. *La Presse* du 5 août va même jusqu'à évoquer l'idée que les volontaires canadiens-français puissent être rassemblés en bataillons distincts et mis directement à la disposition de la France.

Au Québec, toute cette effervescence affective à l'égard de la France ne peut que servir admirablement les plans du ministre de la Milice. Tous ces Canadiens

---

* Le Collège militaire de Kingston est, à cette époque, le seul lieu de formation pour les officiers de carrière de l'armée canadienne.

français, bouleversés à la vue des malheurs qui s'abattent sur leur mère-patrie, ne pourront que juger chauvines et non avenues les réserves exprimées par les nationalistes. Sam Hughes voit juste : au moment même où Héroux exprime ses réserves dans le journal, un tout jeune journaliste du *Devoir*, Paul Caron, vient de s'engager dans la Légion étrangère pour servir en France. Et c'est la propre sœur de Bourassa, Henriette Chauvin, qui lui servira de « marraine de guerre ».

La suite des jours, en ce mois d'août 1914, contribue à nourrir ce courant de sympathies à l'endroit de la France impuissante à contrer la poussée des armées allemandes sur son territoire. Partis la fleur au fusil au son des fifres et des tambours, les soldats français croient s'être engagés dans une guerre éclair de pure formalité. En septembre, en octobre au plus tard, leur a-t-on assuré, ils seront de retour chez eux pour les moissons et les vendanges... Une terrible désillusion les attend, que la propagande va désespérément tenter de masquer à la population française, durant les premières semaines de l'avancée allemande. Montant en épingle la moindre reprise transitoire de terrain par les troupes françaises, elle ne fait que retarder la confirmation d'une débâcle qui allait se précipiter[*].

Dans le secret des états-majors, l'inégalité des forces en présence est pourtant reconnue. Mais les chiffres font illusion et alimentent une propagande triomphaliste. Les empires centraux de la Triple Alliance disposent de 160 divisions, les pays de l'Entente de 200. Mais ces dernières, au départ mal préparées, sont en nette infériorité militaire : l'armée anglaise, en partie retenue en Irlande où gronde la révolte, ne peut disposer rapidement que de 5 divisions. La moitié des troupes russes tiennent garnison au loin, en Sibérie et en Asie centrale, et l'inadéquation du réseau ferroviaire retarde encore leur concentration. Durant les premières semaines des hostilités, ce sont les armées belge et française qui devront absorber seules le premier choc.

Les troupes des empires centraux se sont, en outre, dotées d'un commandement unique, ce qui n'est pas encore le cas chez celles de l'Entente. Les soldats allemands, dragons, uhlans et hussards compris[**], ont troqué leurs rutilants uniformes pour une tenue de combat gris-vert qui les camoufle aux yeux de l'ennemi. Encore coiffés, au début des hostilités, du traditionnel Pickelhaube en cuir et en laiton, ils vont rapidement en changer pour le Stahlhelm, casque de fer, hérissé d'une pointe, qui protège la tête des projectiles et des éclats d'obus. Les soldats français, qui vont encore au combat en pantalons rouges et coiffés d'un képi de

---

[*] Dans son ouvrage *Parcours*, l'historien Henri Guillemin reproduit quelques pages de son journal d'adolescent qui témoignent parfaitement de cette euphorie fabriquée par la presse française.

[**] Dragons, uhlans et hussards font partie de la cavalerie, formation militaire encore importante en 1914. Les cavaliers combattent au sabre ou à la lance. En 1917, ils seront progressivement remplacés par les chars.

feutre, sont infiniment plus vulnérables au repérage et à l'attaque de l'adversaire. Les Belges en sont au même point, à peu de chose près, avec leur traditionnelle casquette de cuir à haute calotte.

Formés pour l'assaut à la baïonnette et le corps à corps, tous ces fantassins de l'Entente entrent, mal protégés, dans une guerre qui sera dominée par la terrible force de destruction de l'artillerie lourde. Encore largement tributaires de principes stratégiques qui privilégient l'initiative et le contrôle de l'attaque, Joffre et les généraux de l'armée française songent peut-être moins à défendre la vie de leurs hommes qu'à les lancer dans des assauts héroïques.

Durant les premiers jours d'août, le général von Moltke applique à la lettre le plan von Schlieffen*, établi dès 1905, et traverse rapidement la Belgique, en dépit de l'héroïque résistance de la petite armée commandée par le roi Albert Ier. Au Canada français, l'image du « roi-chevalier », combattant à pied au milieu de ses hommes, et celle de sa femme, la reine Élizabeth de Belgique, simple infirmière sur les champs de bataille, deviennent des figures de légende. La jeunesse et la beauté du couple royal, le parti pris spontané de cette princesse bavaroise en faveur de sa patrie d'adoption agressée, touchent particulièrement le cœur des Canadiens français. Les dons affluent aux fonds de secours en faveur des populations belges éprouvées et l'opinion publique salue avec enthousiasme l'arrivée des premières troupes britanniques à venir combattre à leurs côtés.

Mais tandis que l'armée ennemie se rapproche d'heure en heure des frontières nord de la France, le général Joffre continue de privilégier l'attaque. Persuadé que les Allemands ne disposent pas de troupes d'occupation suffisantes pour dépasser la Meuse, il tente en vain de briser la charnière du dispositif allemand, à l'est, par deux offensives : l'une en Lorraine, l'autre au Luxembourg. Du 19 au 23 août, il frôle le désastre et perd, à Morhange et à Charleroi, « la bataille des frontières ». Ses troupes, gênées par l'exode des populations civiles, sont forcées de se replier en hâte, pourchassées, sans répit, par l'armée allemande victorieuse qui menace sans cesse de la prendre au piège. Joffre a pris là une dure leçon de stratégie.

Spécialiste de la manœuvre par chemin de fer, il tente toutefois de rassembler ses troupes, dont le moral est heureusement intact, pour s'opposer à l'avancée de l'aile marchante des divisions allemandes. Pour ce faire, il compte s'appuyer sur deux places fortifiées : Verdun, près de la frontière allemande, et Paris, la capitale

---

* Comte Alfred von Schlieffen (1833-1913), maréchal et chef de l'état-major allemand jusqu'à sa mort en 1913. Auteur d'un plan de guerre qui devait contenir l'armée russe à l'est et poursuivre l'armée française, à partir de la Belgique, jusqu'à son anéantissement dans le Jura. C'est ce plan que tentera de suivre von Moltke, jusqu'à la bataille de la Marne, en septembre 1914.

occupée en 1870 par les Allemands et qui ne doit, à aucun prix, tomber à nouveau entre leurs mains! Joffre décrète, cette fois, la « retraite stratégique ». La menace allemande renforce encore « l'union sacrée ». Le 2 septembre, le général Gallieni est nommé gouverneur de Paris et prête serment de défendre la ville jusqu'à la mort.

La Belgique ratissée et mise à sac, Joffre en déroute dans les Vosges, Paris menacé, c'est là ou en sont les nouvelles en provenance d'Europe, tandis que Sam Hughes, au comble de l'euphorie guerrière, mobilise à Valcartier. Fort des mesures d'urgence adoptées à l'unanimité par les communes, depuis le 18 août, le ministre de la Milice a désormais carte blanche. W.F. O'Connor, l'un des conseillers juridiques de Borden, a rédigé un projet de loi sur les mesures de guerre* qui n'a rencontré aucune opposition et suscité peu de commentaires. Un député de l'opposition libérale s'est même levé en Chambre pour renchérir encore : « Soyez absolument sûr, insiste-t-il, de n'omettre aucun des pouvoirs [d'urgence] dont le gouvernement pourrait avoir besoin[2] ! » Les quelques rares élus de la représentation nationaliste de 1911 ne font pas entendre de protestation. Les uns par loyalisme, tel Albert Sévigny qui a réintégré le giron « tory » dès 1912, en fondant la ligue des French Canadian Loyalists et en parrainant l'Ordre des filles de l'Empire. Les autres, sans doute par francophilie : ce sera le cas de Paul-Émile Lamarche. Mais ce dernier doit fréquemment s'absenter des débats pour cause de maladie et se manifeste peu. Dans un tel climat d'unanimité, un David-Ovide Lespérance va même jusqu'à s'écrier, au nom du Québec, que les Canadiens français ne craignent pas les balles quand il s'agit de défendre l'intégrité du vaste Empire qui leur assure « la plus grande somme de liberté et de bonheur qu'il fut jamais donné à un peuple de goûter ». On ne lui en demandait pas tant ! Mais ses propos font grincer des dents, une fois de plus, les victimes laissées pour compte du Règlement 17.

Cette sorte « d'union sacrée » à la canadienne sert admirablement les plans de Sam Hughes. Sur le plateau sablonneux de la rivière Jacques-Cartier, une ville de toile est en train de s'édifier, conformément aux plans concoctés, dès 1912, par l'ambitieux colonel. C'est la batterie d'artillerie de campagne du major Tremblay qui, presque à l'improviste, arrive la première sur les lieux. Des tentes sont montées à la hâte pour abriter les nouveaux venus. Jour après jour arrivent des wagons remplis de chevaux, dont les écuries ne sont pas encore aménagées, des détachements, des compagnies, des bataillons entiers de futurs fantassins en provenance de Montréal, Toronto, Calgary, Winnipeg et pour lesquels on n'a pas encore prévu

---

* C'est cette même Loi des mesures de guerre qui sera exhumée et remise en force, par le gouvernement libéral de Pierre Elliot Trudeau, pour faire intervenir l'armée contre le Front de libération du Québec, à l'occasion de la Crise d'octobre de 1970.

de baraquements convenables. Voiturettes, fourgons, cuisines roulantes campent là où ils peuvent, dans une pagaille généralisée.

Fin août, 20 000 hommes, la plupart dépourvus de toute formation militaire, se trouvent concentrés à Valcartier. Une aubaine sans précédent pour les commerçants de la région de Québec et les débits de boisson de la Vieille Capitale ! À Valcartier, sur ordre de Sam Hughes, on ne tolère, en effet, que les cantines « sèches ». Des députés conservateurs s'enrichissent à même les pourcentages qu'ils prélèvent sur le prix des chevaux que les habitants vendent à l'armée. Après l'alcoolisme, la gabegie ! Les évêques encouragent les prêtres volontaires à s'engager au plus tôt, comme aumôniers militaires, pour tâcher d'y mettre bon ordre. Le propre secrétaire de Mgr Bruchési, le chanoine Sylvestre, sera l'un des premiers à s'engager au service de l'unité francophone du contingent, une compagnie du 14e bataillon (le Royal Montreal Regiment), elle-même issue du 65e régiment de milice. Or le colonel Hugues n'était pas de nature particulièrement accueillante à l'endroit des représentants religieux. Dès la mi-septembre, il se permettra d'expulser du camp l'évêque anglican de Montréal, Mgr Farthing, qui s'était cru autorisé à critiquer certains aspects de la vie à Valcartier, particulièrement l'état d'ivresse chronique de certains officiers.

Caracolant sur son cheval en uniforme chamarré, distribuant les grades de façon souvent fantaisiste, le ministre-colonel passe plutôt en revue, avec un plaisir non dissimulé, toute cette piétaille indisciplinée qui sait à peine se tenir au garde-à-vous et qu'il s'apprête pourtant à expédier bientôt en Angleterre, à partir du bassin de Gaspé, sous le titre pompeux de « troupes impériales ».

C'est dans cette atmosphère fébrile que Bourassa débarque à New York, à la fin d'août, encore tout remué, comme tant de ses compagnons de voyage, par les malheurs de la France, dont il vient d'être le témoin oculaire. Durant les premiers jours suivant son retour, les entrevues qu'il accorde et les textes qu'il signe portent la marque de cette émotion intense vécue au contact du peuple français éprouvé par la guerre. La déclaration des hostilités l'a surpris à Cologne, en Allemagne. Elle l'a forcé à rentrer plus ou moins clandestinement en France, par la Belgique, en franchissant à pied la frontière allemande, puis la frontière belge. Le courage stoïque des Français l'a édifié. L'article-entrevue qu'il accorde à Omer Héroux, le 22 août, constitue un vibrant hommage à la résistance française et un appel sans équivoque à la solidarité des Canadiens de toutes origines. Le directeur du *Devoir* se retrouve là au diapason de ses compatriotes. Cette symbiose émotionnelle allait toutefois être de courte durée.

Bourassa, en effet, pense comme Clausewitz que « la guerre n'est que la continuation de la politique par d'autres moyens ». Or les nationalistes attendent de lui un mot d'ordre. Il se met donc à l'étude du Livre blanc anglais sur la guerre, afin de bien étayer sa réponse. Les 8, 9, 10, 11, 12 et 14 septembre, il livre aux lecteurs du *Devoir* le produit de ses réflexions. D'entrée de jeu, il prend ses distance vis-à-vis de la propagande qui démonise littéralement l'Allemagne de Guillaume II et transforme en héros et en martyrs les pays de l'Entente.

Il rappelle que les guerre prennent trop souvent origine dans des problèmes d'inégalités ou de rapacités économiques et que le conflit actuel ne fait pas exception. L'Angleterre, en l'occurrence, s'est engagée dans la guerre au moment où elle s'est sentie personnellement menacée et où ses intérêts s'y sont trouvés compromis. Elle cherche à y attirer le Canada à son avantage, alors que la guerre ne menace aucunement les frontières canadiennes.

Certes, les Canadiens de souche française peuvent éprouver une solidarité profonde à l'endroit du peuple français dont ils sont issus. Mais quand il s'agit de participation en hommes, en argent et en armements, de la part d'une colonie britannique, le Canada ne doit penser ni « anglais » ni « français ». Il doit penser d'abord « canadien ». Un certain coup de barre est donné : *Le Devoir* entend bien se situer, en 1914, dans la continuité des principes nationalistes énoncés, onze ans plus tôt, à l'occasion de la guerre des Boers et de la fondation de la *Ligue*. Mais, dans son éditorial du 8 septembre, Bourassa nuance tout de même sa position : il appuiera, certes, une certaine contribution militaire du Canada, mais « dans la mesure de ses forces et par les moyens d'action qui lui sont propres ».

Dans la presse tant libérale que conservatrice, un véritable tollé accueille la prise de position pourtant nuancée du *Devoir*. On accuse Bourassa d'égoïsme, de froideur et d'obstination dans des principes que les circonstances tragiques de l'heure auraient rendus caducs, sinon odieux. On lui oppose les déclarations loyalistes de Mgr Bruchési en faveur de la participation à la guerre. *La Patrie*, survoltée, suggère de faire mettre Bourassa aux arrêts pour haute trahison. La presse anglaise, du *Chronicle* à la *Gazette*, accuse, il va sans dire, le directeur du *Devoir* d'être un agent pro-allemand déguisé et un ennemi de l'Empire britannique. À Toronto, le *Saturday Night* rappelle à ses lecteurs qu'en Europe, il est courant de pendre haut et court des individus qui n'ont rien écrit de plus séditieux. L'agressivité contre Bourassa, qu'on surnomme maintenant « herr Bourassa » ou « von Bourassa » prend des proportions inquiétantes. On tronque, on contrefait les citations de ses textes, pour mieux l'accuser ensuite. Au Canada anglais, quelques voix isolées, telle celle de son ami C.H. Cahan, tentent, en vain, de s'élever contre la malhonnêteté du procédé, en faisant parvenir des lettres ouvertes aux journaux. Leurs propos se perdent dans la cacophonie du débat.

La famille nationaliste elle-même se trouve divisée. La série d'éditoriaux de Bourassa survient durant la bataille de la Marne qui, à peine vécue, allait se muer en véritable légende de la vaillance française. Le 2 septembre précédent, les avant-gardes allemandes ont atteint Meaux et Senlis. Elles se trouvent à 35 kilomètres de Paris. Le monde entier retient son souffle... Pour éviter de se trouver enfermé dans la capitale, comme en 1870, le gouvernement français s'est replié en hâte à Bordeaux. Toujours soucieuse d'appliquer à la lettre le plan Schlieffen, l'aile droite de l'armée allemande néglige toutefois d'investir Paris et presse plutôt la marche en direction du sud-est, dans l'intention calculée d'y anéantir définitivement les armées françaises.

Mais le 6 septembre au matin, adoptant le plan Gallieni et de concert avec les troupes anglaises du général French, le général Joffre se retourne brusquement et lance une contre-offensive sur le flanc ainsi découvert de l'armée du général von Kluck. Une brèche de 80 kilomètres s'ouvre alors entre l'armée de ce dernier et celle de son homologue, le général von Bülow. Pour éviter de voir ses deux armées irrémédiablement séparées, von Moltke ordonne aussitôt leur retraite. Le plan Schlieffen a échoué, la bataille de la Marne a sauvé Paris. Ses hauts faits d'armes font aussitôt le tour du monde.

L'épisode des 700 taxis parisiens réquisitionnés en hâte par Gallieni, pour transporter les renforts sur le front de l'Ourcq et de la Marne, lors de la contre-offensive, devient aussitôt le symbole de la débrouillardise et de la solidarité françaises. Le mot du général Foch qui supporte seul, au sud, tout le poids de l'attaque allemande, fait rêver les braves et les va-t-en-guerre : « Ma droite est enfoncée, ma gauche cède, tout va bien, j'attaque !... » On parle avec émotion de la mort de Péguy, à Villeroy, aux toutes premières heures de la bataille. Cible facile, fauchée par la mitraille dans le terrain dénudé d'un champ de betteraves. Péguy, qui avait appelé de tous ses vœux la guerre de la « revanche » et s'en était fait une mystique. On parle du petit-fils de Renan, Ernest Psichari, écrivain converti lui aussi, frappé en pleine jeunesse d'une balle à la tête dans la forêt de Neufchâteau. On parle d'Alain Fournier, l'auteur du *Grand Meaulnes*, mort en héros.

Dans un tel climat, Bourassa a un mal fou à conforter ses disciples dans les analyses lucides de situation et la froide observance des principes de l'autonomie canadienne en cas de guerre impériale. Ses éditoriaux, trop rationnels au goût de certains, font figure de douche froide, quand la pensée du lecteur est occupée de récits héroïques, exaltés par la rumeur publique et nourris par la propagande. Laurier charge le directeur du *Canada*, Fernand Rinfret, de réfuter les arguments de Bourassa dans une série d'éditoriaux qui s'échelonneront du 15 au 23 septembre. Invité à prononcer une allocution, à l'occasion de l'engagement volontaire des Carabiniers du Mont-Royal, l'archevêque de Montréal, à son tour, peut s'écrier, sans crainte d'être contredit :

Nous ici, au Canada, nous savons que l'Angleterre nous protège et nous protégera [...] Aussi, après avoir donné à l'Angleterre nos produits de la terre*, nous lui donnons

---

* Mgr Bruchési fait manifestement allusion, ici, au million de sacs de farine expédiés en Angleterre, par décision du premier ministre, dès la déclaration des hostilités.

nos enfants, et cela parce que nous savons la haute protection que nous devons attendre d'elle[3].

C'était compter sans la prompte réaction de l'ex-président de la SSJB envers son Grand aumônier. Du tac au tac, Asselin, jusque-là assez peu loquace sur la question de la participation à la guerre, dénonce ce qu'il considère comme une nouvelle manifestation « d'influence indue » de la part de l'autorité religieuse :

> [Mgr Bruchési] dit sans doute quelque chose qui fera plaisir au notoirement anglophile cardinal Merry del Val comme aux évêques irlandais impérialistes du Canada, mais sa parole a juste l'autorité qu'aurait en pareille matière celle de M. Coderre, de M. Nantel, de M. Médéric Martin[4].

Sous la plume d'Asselin, nul ne s'y trompe, les noms des deux ministres conservateurs, et celui du maire nouvellement élu de Montréal, représentent le comble de l'insignifiance et de la médiocrité. Asselin a la dent et la mémoire longues : au-delà des déboires subis aux mains de l'évêque, dans sa campagne du *Sou de la pensée française*, il vient de reconnaître, fidèle à lui-même, le prélat ami de sir Wilfrid Laurier. Il le retrouve, en 1914, tel qu'il l'a connu, jeune journaliste aux *Débats* à l'époque de la guerre du Transvaal. Il n'a pas oublié Mgr Bruchési sommant les étudiants de l'Université Laval à Montréal de présenter des excuses, pour avoir riposté à leurs collègues de l'Université McGill venus les molester jusque dans leurs salles de cours.

Mais, au-delà de la profession de foi loyaliste de l'évêque, c'est l'autorité morale, dont cette déclaration personnelle risque de se voir investie par la propagande, qui préoccupe d'abord le pamphlétaire. Si *La Patrie*, qui applaudit aux propos de Monseigneur de Montréal, n'était pas un journal mercenaire, écrit-il, « elle protesterait, comme nous le faisons en ce moment, contre une ingérence d'autant plus déplacée qu'aux yeux de la masse, en notre pays, et même dans les questions libres, quand les évêques ont parlé les laïcs n'ont plus qu'à se taire[5] ».

Cette distance prise par Asselin à l'égard des thèses loyalistes ne constitue pas, pour autant, un appui inconditionnel à la voie exégétique du Livre blanc anglais empruntée par Bourassa pour tenter de démontrer le bien-fondé des principes nationalistes. Cette approche, longue et savante, n'est guère convaincante ó ses yeux. Elle n'est surtout pas conforme à son tempérament :

> Malgré notre admiration profonde pour le directeur du *Devoir* [...] nous craignons fort qu'il ne soit tombé une fois de plus dans son erreur coutumière en faisant de l'érudition quand il lui aurait suffi de se retrancher dans le gros bon sens.
>
> Pour la grande masse, M. Bourassa ne prouva rien avec sa savante distinction entre *may* et *shall** dont il n'avait pas besoin et où il faillit rester[6].

---

* Appliqués à l'éventuelle participation des colonies britanniques à la guerre.

Pour Asselin, c'est l'intérêt personnel qui, seul, a déterminé l'engagement de l'Angleterre dans le conflit européen et le choix du moment de son intervention. C'est donc dans les coulisses des ambassades qu'il convient de chercher les bonnes réponses et non dans les trompe-l'œil du langage alambiqué des textes officiels. Cette affirmation lancée, Asselin ne s'exprime pas davantage sur la participation volontaire des Canadiens à la guerre. Ce seront les circonstances (et les provocations) qui vont ultérieurement lui permettre de développer plus avant sa pensée. Mais, en cet automne mouvementé de 1914, on peut l'imaginer déjà écartelé en son for intérieur. Un débat se livre en lui entre la fidélité à ses principes nationalistes et son esprit chevaleresque de franc-tireur qui le porterait spontanément à la défense de la Belgique et de la France.

Les événements toutefois vont en s'accélérant. Le 3 octobre, Sam Hughes décrète l'embarquement pour l'Angleterre d'un premier contingent réuni, vaille que vaille, à Valcartier. La scène mérite d'être évoquée à partir de témoignages de l'époque :

> Trente-deux transports, emmenant trente-deux mille hommes en chiffres ronds — trente-deux mille hommes qui ne reviendront pas tous — 7,500 chevaux et le matériel du contingent, se rassemblent à Gaspé où sept croiseurs anglais viennent les convoyer Le Pacifique-Canadien a fourni douze de ces navires. Pendant quatre jours, les transports, les croiseurs, les chaloupes et les vedettes mettent dans le bassin de Gaspé une animation sans précédent, à ce bout du monde. Gaspé prouve sa valeur comme port national ; cette démonstration restera inutile. Sam Hughes vient passer, cette fois, une revue navale, dans un décor splendide, mais qu'il n'a pas le temps d'admirer. Le ministre proteste par câble contre l'insuffisance de l'escorte. L'Amirauté fait une réponse rassurante. Le 3 octobre, la flotte lève l'ancre ; c'est la plus forte armada qui ait jamais traversé l'océan. Les sept croiseurs anglais encadrent — quatre en avant, un sur chaque flanc, un en arrière — les trente-deux transports formés en trois colonnes parallèles. Les sous-marins allemands manquent une occasion incomparable[7].

Ce premier contingent à peine lancé en mer, le cabinet Borden en offre un second et, sans même attendre la réponse de Londres, Sam Hughes s'affaire déjà à l'organiser. Mais dans la province de Québec, deux mois après le déclenchement de la guerre, l'enrôlement volontaire plafonne. Le nombre de recrues demeure insuffisant. Leur qualité, en outre, laisse beaucoup à désirer, comme si le métier des armes attirait surtout, chez les simples soldats, des chômeurs et des laissés-pour-compte que leur mauvaise condition physique rend souvent inaptes aux dures exigences de l'entraînement militaire.

L'euphorie cocardière des premiers jours d'août passée et les défilés de rue terminés, les Canadiens français qui ont un emploi stable y sont, pour la plupart, retournés. Ils semblent moins enclins, désormais, à risquer leur vie pour aller combattre une nation lointaine qui ne leur a rien fait, au nom d'une autre qui leur cause parfois une foule d'ennuis. C'est contre cette inertie et cette tiédeur que le gouvernement fédéral décide d'intervenir dès l'automne 1914. Pour mobiliser les Québécois au service de l'Empire, croit-on en haut lieu, il conviendrait d'obtenir de leurs chefs spirituels une intervention officielle qui fasse de la participation à la guerre une obligation de conscience pour les catholiques.

Trois Irlandais catholiques fort influents sont pressentis pour cette délicate mission auprès de l'épiscopat: le ministre de la Justice Charles J. Doherty, très enraciné lui-même dans la province de Québec, le président de la Cour suprême, Charles Fitzpatrick, conseiller du gouvernement sur les questions québécoises et nul autre que le président du Pacifique canadien, Thomas Shaughnessy. Tous trois sont d'avis qu'il faut convaincre les évêques de faire prêcher « la guerre sainte » et de présenter le conflit comme mettant aux prises « les forces de la barbarie » contre celles de « la civilisation chrétienne ». L'Allemagne est pourtant chrétienne et l'Autriche catholique, mais les politiciens ne s'embarrassent guère de telles nuances.

L'entreprise ne manque certes pas de hardiesse, mais le triumvirat compte sur la tradition de loyalisme manifestée par l'épiscopat canadien-français lors de la rébellion des Patriotes de 1837 et de l'invasion américaine de 1775. Il n'ignore pas, non plus, que quelques évêques, et un grand nombre de prêtres, fouettés par la crise des écoles ontariennes, adhèrent en ce moment aux thèses nationalistes de Bourassa et n'en font pas mystère auprès de leurs ouailles. Aussi s'attaqueront-ils, en priorité, au maillon le plus faible de l'assemblée des évêques: l'archevêque de Montréal, Mgr Paul Bruchési, celui-là même que Bourassa a surnommé « le Laurier de l'épiscopat québécois ». C'est Charles J. Doherty, qui a depuis toujours ses entrées à l'Archevêché, qui sera chargé de la démarche. Il y fera merveille.

Le 23 septembre, les évêques réunis des provinces ecclésiastiques de Montréal, Québec et Ottawa rendent public un mandement collectif qui sera lu en chaire dans toutes les églises le dimanche 11 octobre suivant. Usant de son prestige personnel et de la force de son exemple, Mgr Bruchési a eu raison des réticences de certains de ses collègues. L'obsession de l'unanimité, toujours présente dans les milieux ecclésiastiques, a fait le reste. Par crainte de ripostes prévisibles de la part du *Devoir* et de *L'Action*, l'intitulé du mandement porte d'abord sur l'engagement des fidèles à souscrire au Fond patriotique. Mais il comporte aussi des passages secondaires non équivoques d'approbation de la politique de participation à la guerre et d'envoi de contingents en Angleterre. C'est plus que n'en demandaient les émissaires du gouvernement.

Dans les jours qui suivent, le duc de Connaught, oncle du roi d'Angleterre et gouverneur général du Canada, s'empresse de remercier publiquement l'épiscopat canadien-français d'avoir bien voulu « reconnaître l'obligation [du Canada] de participer » aux guerres de la Grande-Bretagne. Devenues inutiles, les précautions stylistiques du texte ecclésiastique volent en éclats et le texte des évêques devient la principale référence du gouvernement pour soutenir sa campagne d'enrôlement auprès des Canadiens français. Une telle utilisation de l'autorité religieuse, dans un domaine qu'il juge essentiellement politique, fait aussitôt sortir Bourassa de ses gonds ! Il écrit sur-le-champ à Mgr Bruchési pour lui demander si un catholique doit se considérer lié, en conscience, par les directives contenues dans le mandement. « Vous êtes parfaitement libre de différer d'opinion, de le dire et de l'écrire[8] », de répondre énigmatiquement l'archevêque au journaliste interloqué. Comme son ami Laurier, Monseigneur de Montréal est passé maître dans l'art du double langage.

La déclaration de Mgr Bruchési aux Carabiniers du Mont-Royal avait déjà fait bondir Asselin. La publication du mandement et son utilisation subséquente, grâce aux artifices de ce « double langage » ecclésiastique vont le galvaniser. Sous la responsabilité dite « collective » des évêques, il a tôt fait de reconnaître à nouveau celle de son vieil adversaire de la guerre du Transvaal et du *Sou de la pensée française*, Mgr Bruchési. Ce dernier va remettre littéralement sur le sentier de la guerre le fils s] tanneur « rouge » de Saint-Hilarion. C'est à ce père jamais oublié qu'il songe alors en commençant la rédaction de son nouveau pamphlet :

> Pieusement dédié à mon père, homme simple et juste, qui avec beaucoup d'autres bons citoyens, de 1870 à 1880, eut à souffrir l'hostilité et parfois les persécutions du clergé de Charlevoix, parce qu'il ne voulait pas reconnaître pour envoyé de Dieu Sir Hector Langevin, ministre concussionnaire, protégé de l'épiscopat, mort depuis déshonoré[9].

C'est sur ce ton qu'il rédigera, pour *L'Action*, une série d'articles qui paraîtront entre le 11 septembre et le 9 octobre 1914.

Sa première réaction au mandement reconnaît le droit des évêques d'entretenir, sur la guerre, des opinions qui s'éloignent des principes nationalistes de l'autonomie du Canada dans la participation aux conflits qui affectent la Grande-Bretagne. Mais il tient à rappeler qu'en matière purement politique, l'histoire fourmille d'exemples d'évêques qui se sont lamentablement fourvoyés dans ce genre d'intervention :

> D'innombrables évêques, au cours de l'histoire, se sont trompés en matière politique, depuis le pourceau mitré qui vendit sainte Jeanne d'Arc aux Anglais, jusqu'aux serviles prélats concordataires du Troisième Empire, en passant par ceux qui trafiquèrent des libertés irlandaises avec lord Castlereagh en 1800. L'erreur des évêques canadiens-français n'est pas intéressée. Peut-être la main leur a-t-elle été forcée[10].

Subodorant ici les « amicales » pressions irlandaises dont les évêques viennent de faire l'objet, il leur tend la perche : « Par respect pour une liberté d'opinion sans laquelle il n'y a pas de gouvernement possible en pays britannique, mais aussi dans l'intérêt de l'Église, nos évêques ne devraient-ils pas corriger leur mandement en ce qu'il a d'excessif[11] ? »

Conscient toutefois qu'il arrive rarement aux autorités religieuses de s'amender publiquement, il termine sur ce sévère avertissement : « Mais dans cinq ans, dans dix ans, quand le Canadien, écrasé d'impôts, commencera à maudire l'impérialisme militaire comme un fléau, que gagneront-ils à ce qu'on dise que, sans égard à l'intérêt national ni à la liberté des consciences, ce furent eux qui érigèrent cette infâme doctrine en dogme intangible[12] ? »

Si le pamphlétaire se bride manifestement et marque une certaine retenue quand il s'adresse à des évêques qu'il devine à la fois divisés sur la question et objets d'énormes pressions extérieures, en revanche, il va se montrer impitoyable avec d'autres ecclésiastiques. Et notamment à l'égard d'un certain abbé D'Amours dont le zèle, à l'égard de la participation à la guerre, n'a d'égal que son habileté à envelopper de l'autorité morale du cardinal-archevêque de Québec les arguments ex-cathedra que le clerc-journaliste développe, semaine après semaine, dans les pages de *L'Action catholique* de Québec.

Mgr Bégin a beau protester, pour la forme, que *L'Action catholique* « n'est pas l'organe de l'Archevêché », ce nouveau vocable donné à *L'Action sociale* en cours de polémique indique assez, aux yeux d'Asselin, que, sans accorder de reconnaissance officielle aux propos souvent outranciers de l'abbé D'Amours, le prélat n'est sans doute pas entièrement mécontent de voir l'un de ses subalternes tenir des propos qu'on jugerait sûrement déplacés sous la plume ou dans la bouche d'un évêque.

Cette manière détournée qu'ont certains dignitaires ecclésiastiques de laisser à d'autres le soin de présenter, comme paroles d'Église, des opinions qu'ils seraient embarrassés de soutenir eux-mêmes publiquement, Asselin la connaît trop bien ! Il l'a maintes fois éprouvée, aux temps du *Nationaliste*, quand il se voyait traiter de franc-maçon et de suppôt de Satan par *La Vérité* et *La Croix*, sans que les archevêques de Québec et de Montréal interviennent, auprès des deux feuilles ultramontaines, pour leur rappeler les plus élémentaires principes de la charité chrétienne. Il ne s'attend donc pas à voir Mgr Bégin désavouer les intempestives professions de foi impérialistes que *L'Action catholique* tend à présenter comme autant de vérités révélées. Mais il s'aventurera jusqu'à suggérer, au passage, à quelles sources de financement pourrait bien émarger le budget de ce journal qu'on persiste à dire « indépendant » :

[...] *L'Action catholique*, journal lourd, ennuyeux, rédigé et administré par des abbés aussi inhabiles aux affaires qu'insensibles aux goûts les plus légitimes du public, ne pouvait pas espérer jamais « attacher », comme on dit, « les deux bouts » : à chaque exercice, c'était dans la caisse un trou à donner le vertige à l'archange Saint-Michel. Alors, quoi de plus simple que de se tourner vers la Bonne Sainte Anne, et de l'inviter, le couteau sur la gorge, sur la gorge aux Rédemptoristes — à partager sa recette avec Mgr Roy* et l'abbé D'Amours[13] ?

De tels morceaux d'ironie iconoclaste, il va sans dire, vont situer Asselin aux antipodes d'un Bourassa, dans la lutte qu'ils sont appelés à mener tous deux contre la propagande impérialiste en général et contre les complaisances ecclésiastiques en particulier. Bourassa demeure rationnel dans son argumentation et respectueux dans l'expression de ses divergences à l'endroit des autorités religieuses. Asselin, au contraire, polémique avec ardeur, indiscipline et brio, emporté par la magie de sa prose et inconscient des ennemis que lui suscitent ses prouesses verbales. Son style lui inspire des formulations condensées, fortement imagées, dont chacun se souvient et qu'on cite à l'envi, tantôt pour le louer, tantôt pour le condamner. Parfois aussi, cette prose se laisse prendre à sa propre réussite, l'entraîne sur des voies secondaires, comme dans l'exemple ci-dessus, refusant de sacrifier ses meilleurs effets à la rigueur dépouillée de l'analyse. Quelle différence de style, littérairement parlant, entre les « Feuilles de combat » d'Asselin sur la guerre et l'opuscule austère que rédigera Bourassa, quelques mois plus tard, sur le même thème : *Que devons-nous à l'Angleterre* !

Si l'on prend toutefois la peine d'écarter, pour fins d'analyse, les plus réjouissants morceaux de bravoure de l'ouvrage (et ils sont nombreux), Asselin raisonne tout aussi bien que le maître devenu son rival. Il raisonne, mais différemment. Ses angles d'attaque, surtout, ne sont pas les mêmes. Durant plus d'une année, par le truchement de *L'Action* dont il est, avec Fournier, l'un des rédacteurs les plus prolifiques, il croisera donc le fer avec l'abbé D'Amours. Il rassemblera ensuite ses articles, selon son habitude, en « Feuilles de combat » qui leur assureront, du moins l'espère-t-il, une modeste pérennité. C'est dans leur juxtaposition, après coup, que transparaissent les convictions qui l'animent, en cette première année marquée par la guerre, et que se confirment des traits de caractère accusés par l'approche des années de pleine maturité. Asselin, en effet, aura 40 ans en novembre 1914.

Première constatation, le fondateur de la *Ligue nationaliste*, celui que Bourassa appelait affectueusement, autrefois, le « sectaire » ou le « zélote » de son mouvement, ne fait pas d'abord porter sa polémique sur la défense des thèses nationalistes qui ont pourtant constitué sa raison de vivre depuis près de quinze ans. Certes, chacun de ses articles comporte un net a priori d'adhésion au principe

---

* Mgr Paul-Eugène Roy, évêque auxiliaire de Québec et collaborateur à *L'Action catholique*.

de l'autonomie canadienne en cas de guerre. Il consacre toujours à cette affirmation de base quelques paragraphes essentiels de ses articles. Mais il n'éprouve plus le besoin d'en faire longuement la démonstration. Bien plus, il concède même à ses adversaires le droit de différer d'opinion avec lui.

Asselin, on le sait, n'est pas, par tempérament, un homme de doctrine et de système. C'est plutôt un être de convictions, mû avant tout par des valeurs essentielles qui donnent sens à sa vie. Ces dernières se trouvent-elles offensées qu'il bondit aussitôt pour se porter à leur défense. Dans le cas présent, la valeur essentielle, à ses yeux menacée, n'est pas la moindre, puisqu'il s'agit de la liberté de conscience et d'expression des citoyens, liberté que le mandement cherche à brider :

> Si quelque chose égale en liberté mes jugements sur Mgr Paul-Eugène Roy, Mgr Bruchési et l'abbé D'Amours, c'est ce que Louis Veuillot a dit à maintes reprises des évêques de France. Lui, il traita toute sa vie d'égal à égal avec l'épiscopat dans les questions politico-religieuses. Moi qui n'ai pas sa foi de charbonnier, je n'ai pas cette prétention ; je veux seulement traiter comme un citoyen ordinaire — seulement un peu plus rudement, parce qu'il est plus dangereux, — l'homme d'Église qui se prête de propos délibéré, en matière purement temporelle, à une malsaine et basse politiquerie[14].

C'est donc comme simple « citoyen » encore qu'il se portera à la défense des laïcs, et surtout des membres du bas clergé sympathiques aux thèses nationalistes, que le mandement, renforcé par la propagande de l'abbé D'Amours, cherche à réduire au silence dans l'expression de leur dissidence. Quand Bourassa défendra les mêmes idées, il se situera plutôt à l'intérieur de l'institution ecclésiale. Il parlera en tant que « fils de l'Église » et revendiquera, comme Veuillot, le droit de parole du « simple laïc » dans les questions libres. Asselin se place déjà dans une tout autre perspective, plus moderne, celle du « citoyen » d'une cité séculière autonome, face à l'institution ecclésiale.

L'intervention abusive de l'autorité religieuse, en matière temporelle, l'usage pervers du double langage chez les ecclésiastiques transformés en politiciens, le recours émotionnel à la France pour mieux faire avaliser les politiques impérialistes de l'Angleterre, voilà les procédés stigmatisés par le journaliste montréalais au cours de sa longue polémique avec le milieu clérical de la ville de Québec.

Ce sont, d'abord et avant tout, des méthodes et les stratagèmes dont l'immoralité foncière lui semble manifeste qu'il dénonce, mois après mois, dans ses articles de *L'Action*. À l'égard des allégeances politiques de chacun, par rapport aux thèses impérialiste ou nationaliste, le pamphlétaire semble, au contraire, disposé à manifester infiniment plus d'ouverture et de tolérance. Ainsi, attitude déroutante s'il en est pour certains, pardonne-t-il plus volontiers à un Borden de demeurer fidèle aux thèses impérialistes du vieux parti « tory » auquel il

appartient, qu'à un Laurier d'abuser sans cesse ses compatriotes par la dissimulation, les subterfuges et l'ambivalence du double discours :

> Quant à moi, je ne conteste pas la noblesse du sentiment qui anime la plupart des
> impérialistes canadiens. J'écrivais l'automne dernier que le gouvernement seul
> devait être tenu responsable de l'orientation politique du pays ; qu'il fallait admirer
> et applaudir ceux qui s'enrôlaient sans y être poussés par la crainte de la police, par
> la faim ou quelque autre cause semblable. Bien plus, si j'avais demain à choisir entre
> M. Borden et M. Laurier, je voterais sans hésiter pour celui des deux qui, voyant dans
> l'impérialisme un devoir, met consciencieusement toutes les ressources du Canada à
> la disposition de la Grande-Bretagne ; non pour le politicien qui a balancé toute sa
> vie entre impérialisme et nationalisme, et à qui l'effroyable crise actuelle, où le
> Canada court le risque de laisser sa vie, n'est qu'une nouvelle occasion de
> cabotinage[15].

Entre un adversaire fidèle à ses convictions et un ami louvoyant et douteux,
le candidat défait de Saint-Jacques persiste dans son option première. Plus attaché
à la qualité morale des hommes qu'à l'orthodoxie des lignes de partis, Asselin
procède à un choix pragmatique : privé de parti lui-même, le nationaliste opte ici
pour ce qui lui apparaît « le moindre mal ».

La guerre serait-elle en train de lui révéler, au-delà des allégeances partisanes d'hier et des appétits de pouvoir des politiciens qu'il a jusqu'ici combattus,
une dimension affective et désintéressée qu'il ne soupçonnait pas encore : l'attachement filial d'une grande partie de ses concitoyens de langue anglaise envers
leur mère-patrie qu'ils estiment menacée ? Sentiment qu'il ne peut certes récuser
chez les autres, sans nier, du même coup, la dévotion passionnée qui le porte
secrètement lui-même vers la France envahie par les armées allemandes.

La France, c'est sa référence secrète, sans doute, lorsqu'il revendique ainsi
le droit de s'adresser à ses adversaires revêtu du seul statut de « citoyen ». C'est
explicitement d'elle qu'il parle lorsqu'il évoque l'exemple du bas clergé français de
1789, faisant cause commune avec le peuple affamé :

> [...] la Révolution française, tant qu'elle n'entra pas sur le terrain religieux, n'eut pas
> contre les évêques, moins attachés au peuple qu'à la cour, de plus ardents partisans
> que les petits curés qui avaient vu si souvent — quoi qu'en dise M. Gautherot —
> le bon peuple de France réduit à manger de l'herbe[16].

Quand il évoque « les petits curés » de France, Asselin pense sans doute
aussi à tous ces « petits curés » qu'il a connus chez lui, pareillement solidaires des
malheurs et des espoirs des leurs. Il pense à son frère Raoul, à tous ces prêtres
colonisateurs, aussi pauvres que leurs ouailles et qui lui écrivaient autrefois pour
plaider leur cause auprès du ministre de la Colonisation. Il pense à tous ces
simples prêtres qui ont soutenu Bourassa dans son action, à l'abbé Groulx, au curé

Perrier, à l'abbé Brosseau, au père Charlebois, à tous ces autres qui, aujourd'hui encore, paient de leur personne pour soutenir la cause du français dans les écoles séparées de l'Ontario.

Asselin n'est pas mû, ici, par la haine du clergé. Comme aux temps des *Débats*, il n'a que faire des représailles du combisme français. Son combat d'aujourd'hui est d'abord un combat contre des hommes de pouvoir qui abusent de leur pouvoir ; contre des responsables d'Église qui condescendent à l'alliance tacite du trône et de l'autel et qui, assurés de n'avoir jamais à porter eux-mêmes les armes, poussent en ce moment le petit peuple à s'enrégimenter pour une guerre qui ne le concerne pas. Il ne craint pas de les traiter alors de « politiciens en camail violet qui, de tout temps, en tout pays, ont jugé qu'un chapeau rouge* vaut toujours la peine d'être ramassé fût-ce dans le sang inutilement répandu de cent mille hommes[17] ». Une image vaut mille mots. Elle peut aussi valoir mille représailles à son auteur.

Si sa référence à la France affleure constamment dans ses écrits et sa vie intellectuelle, le polémiste, qui vient de la visiter, demeure toujours sans illusion sur l'image qu'entretiennent, à propos du Canada, les milieux français qu'il a côtoyés deux ans auparavant. Tout comme Rome, croit-il, Paris voit dans le Canada la simple colonie britannique qu'il n'a jamais cessé d'être. Séjournant lui-même au cœur de l'empire colonial français, Asselin a parfois senti peser sur lui le regard condescendant et distrait qu'on pose généralement sur le colonisé. Il sait que, sauf exception, le combat autonomiste, que mènent ici une poignée de Canadiens français attachés à leur langue, demeure inintelligible à la plupart des Français. Il demeure persuadé que ces derniers réclameront leur mobilisation par l'Angleterre, tout comme la France mobilise en ce moment elle-même ses tirailleurs soudanais et sénégalais :

> Nous du Canada français, nous avons cent autres raisons d'aimer la France et de souhaiter son triomphe ; mais, de grâce, ne nous faisons pas illusion sur le degré d'intérêt qu'en dehors de milieux très restreints, comme la Canadienne, les intellectuels français nous portent.
>
> [...] À part MM. Bardoux** et André Siegfried, je ne crois pas avoir rencontré, parmi tant d'hommes distingués, personne qui dans la discussion de nos relations avec l'Angleterre ne partît de ce principe que la métropole peut tout exiger de ses colonies, tout imposer à ses colonies, et dans la discussion de nos questions scolaires, du principe qu'en pays anglais l'anglais seul peut avoir des droits. Essayer de les convaincre eût été superflu ; nous ne parlions pas la même langue. Le directeur de *L'Action catholique* a passé plusieurs années en Europe. Il connaît comme

---

* Insigne de « l'élévation » au cardinalat.
** Pour Louis Barthou.

nous cette impuissance de l'esprit français à comprendre un empire organisé autrement que celui de Napoléon — qui s'appelle aujourd'hui la République française[18].

C'est cette cohabitation, en lui, de la lucidité froide et de l'attachement qui lui rendra particulièrement odieux, de la part de l'abbé D'Amours, le recours à la France et à ses écrivains, pour mieux étayer ses arguments en faveur de la participation à la guerre. Au Canada, dit Asselin, l'Église n'a cessé de détourner insidieusement le peuple de la France, qui représente pourtant le poumon et l'oxygène essentiels à toute vie française. Elle l'a fait parce que ses chefs redoutaient, pour leur prestige et leur pouvoir, l'influence de la pensée républicaine et laïque. Cette même Église n'a cessé, au contraire, de nous présenter la Conquête anglaise comme une sorte de bienfait de la Providence qui nous aurait ainsi soustraits à son influence délétère.

Voilà maintenant que cette même Église a l'outrecuidance de faire appel à cet attachement secret que nous avons conservé, bien malgré elle! Voilà qu'elle l'utilise pour mobiliser des recrues soumises pour le service de l'Empire britannique. À travers l'abbé D'Amours, c'est tout le haut clergé signataire du mandement qu'Asselin accuse ici d'avoir, au cours de l'histoire, « cadenassé et verrouillé le Canada contre les idées françaises[19] », alors qu'il s'en réclame aujourd'hui pour mousser l'enrôlement!

Asselin résistera, quant à lui, à ce type de pression morale. Il croit pouvoir se dire « quoique nationaliste, aussi bon ami de la France que les fausse barbes de patriotes dont le venin anti-français [...] s'est distillé au début de la guerre du haut de vingt chaires de vérité[20] ».

Mais voilà que cette indéfectible amitié pour la France, dont il tient à refaire ici profession, lui inspire une distinction nouvelle, simple nuance à première vue, mais dont il n'a sans doute pas fini d'entrevoir la portée pour sa vie personnelle. Pour l'heure, cette distinction échappe sans doute à l'attention de la plupart de ses lecteurs :

> Il y a, touchant le devoir du Canada français envers la France dans la guerre actuelle, un article à faire et que je ferai un jour ou l'autre si Dieu m'en laisse le loisir. Dans cet article je montrerai que si chacun de nous doit à la France une reconnaissance proportionnée à ce que la culture chrétienne et française a fait pour lui, cette dette ne s'étend pas nécessairement à l'État dont il fait partie ; que *l'État ne peut pas assumer tous les devoirs qui incombent à chacun de ses sujets en particulier**, car autrement la France, qui a un devoir de solidarité à remplir envers les groupes français du monde entier, serait tenue d'intervenir officiellement auprès de l'Angleterre en faveur des Canadiens français de l'Ontario — chose qu'elle ne fera point, que nous savons qu'elle ne peut point faire[21].

---

* L'italique est de nous.

Asselin reste donc fidèle à lui-même dans cette longue polémique à saveur cléricale. Il ne renie aucun de ses combats et ne minimise aucun de ses engagements passés. Il demeure, en matière de politique extérieure, le nationaliste résolu qu'il était en 1899 à l'époque de la guerre du Transvaal. Sur la scène canadienne, il donne conséquemment préséance à la lutte franco-ontarienne sur toute autre cause. Car il sait ce même gouvernement peu soucieux, électoralement, de s'aliéner sa majorité anglaise pour faire justice à une minorité française dépouillée de ses droits constitutionnels par un gouvernement provincial abusif.

Il se porte donc à la défense du bas clergé ontarien de langue française engagé dans la résistance scolaire auprès des parents d'élèves et dont l'abbé D'Amours se dissocie en évoquant, à tout propos, « les excès de nationalisme » et la déloyauté envers l'autorité « légitimement établie par Dieu ». Ce bas clergé qui résiste et manifeste en Ontario avec les laïcs, c'est le même, précise Asselin, qui, devant les pressions des politiciens pour l'enrôler à la suite des évêques dans sa propagande guerrière, a tenu à manifester sa réserve à l'égard d'un mandement qu'il désapprouvait secrètement :

> Le clergé canadien-français, — et ici comme dans toute la suite de cet article nous parlons du clergé par opposition à l'épiscopat, — notre clergé a cru que sa dignité lui imposait une plus grande réserve. Cette réserve n'est certes pas pour plaire aux politiciens laïques qui trouvent aujourd'hui excellent que l'épiscopat intervienne en leur faveur, quitte à l'injurier demain s'il a le mouvais goût de les critiquer [...]
>
> [...] Mais elle n'autorise personne à conclure que nos prêtres, quelque légitimes motifs de désaffection qu'ils pourraient avoir, ne sont pas à l'heure actuelle aussi fidèles à l'Angleterre qu'en 1776, en 1812 et en 1837, alors que la métropole nous refusait le gouvernement constitutionnel, ou en 1867, alors qu'on leur prédisait et qu'ils avaient raison de craindre ce qui est arrivé depuis aux Canadiens français dans les provinces anglaises[22].

Le nationalisme demeure donc son grand combat. Il se reconnaît aussi des fraternités profondes dans tous les mouvements de libération nationale qui ont marqué les siècles récents en Pologne, en Grèce, en Hongrie, en Irlande, en Italie. À l'abbé D'Amours qui ne cesse de s'en prendre au dangereux « principe des nationalités », il répond avec une magnifique lucidité historique :

> De même qu'aux XVIIᵉ et XVIIIᵉ siècles les casuistes avaient autant de codes de morale privée qu'il y avait d'ordres de puissance dans la société, de même au XIXᵉ siècle les hommes d'Église n'en ont pas manqué qui par instinct d'obéissance passive, et plus souvent par intérêt, se sont rangés avec les oppresseurs contre les opprimés. Il y a ceci toutefois à remarquer, qu'autant les adeptes du droit divin ont fait de zèle contre le nationalisme envisagé à l'abstrait, autant ils se sont, en général, montrés prudents dans leurs appréciations des hommes et des partis nationalistes. On eût dit qu'ils prévoyaient le jour où, le nationalisme ayant triomphé presque partout, ils seraient

heureux de combler de bénédictions ces peuples vaillants dont ils condamnaient alors les aspirations au nom du droit divin des rois[23].

L'aisance déconcertante avec laquelle Laurier avait su, au début de sa carrière, domestiquer Monseigneur Bruchési et se l'attacher, avait depuis longtemps enseigné à Asselin combien la séduction exercée par le pouvoir peut avoir d'effets surprenants sur les plus intransigeants moralistes. S'attarder plus longtemps à défendre les thèses nationalistes lui semblait donc inutile. Parvenu au mitan de sa vie, il chercherait plutôt à les faire triompher par l'action, persuadé que les bénédictions finiraient par suivre. En attendant, il ne lui déplaisait pas d'exercer, encore une fois, sa verve mordante sur quelques personnalités d'Église qu'il jugeait particulièrement néfastes. Mais de telles querelles ne pouvaient retenir son attention de façon durable. En Europe, en France tout particulièrement, les événements le sollicitent chaque jour davantage. C'est avec une passion croissante qu'il se met à observer le développement de la situation.

Après la victoire de la Marne, Joffre et Gallieni se trouvent empêchés d'exploiter à fond la retraite qu'ils viennent d'imposer à l'adversaire. Fantassins et cavaliers sont épuisés par trois semaines de marches forcées et quatre jours de bataille. Les munitions commencent à manquer pour prendre efficacement l'adversaire en chasse. Les forces allemandes peuvent donc stopper assez tôt leur retraite. Elles s'arrêtent ainsi un peu au nord, sur les rives de l'Aisne.

Lorsque les deux armées, restaurées et ravitaillées, se retrouveront en état de reprendre les combats, elles tenteront en vain, durant une semaine de course folle, de se déborder l'une l'autre en direction de la côte atlantique. C'est la « course à la mer », bataille des flancs ennemis qui va s'intensifier jusqu'au 17 octobre, sans qu'aucune des tentatives de l'un ou l'autre des protagonistes ne réussisse, cette fois, à tourner les lignes adverses.

À Ypres, la « course à la mer » prend fin lors d'une grande bataille entre les survivants de l'armée régulière de la Grande-Bretagne et des divisions allemandes formées essentiellement de jeunes universitaires. Pour les Allemands, c'est le Kindermord*. Pour les Britanniques, c'est le dernier souffle de leur petite armée professionnelle. Parmi les morts figurent plusieurs fils de généraux. Pour les uns comme pour les autres, le territoire d'Ypres va devenir sacré comme symbole de sacrifices inoubliables. Jusqu'en 1916, cette « terre sacrée » va constituer une zone impossible à défendre et l'enjeu d'offensives répétées de la part des deux forces en présence. La « guerre de mouvement » s'achève avec la première bataille d'Ypres. Les deux armées se terrent définitivement dans les tranchées, immobilisées l'une en face de l'autre le long d'un front continu qui va de la Suisse à la mer du Nord.

---

* Littéralement : « meurtre des enfants ».

Les Alliés ont réussi à préserver leur accès aux ports anglais, mais la France demeure partiellement occupée.

La « guerre de position » qui succède, en France, à la « guerre de mouvement » a mis fin au fol espoir des stratèges qui pouvaient encore se nourrir de l'illusion d'une guerre courte. Respectueuses du pacte de 1912 survenu entre la France et la Russie, les armées du tsar Nicolas II ont fortement contribué à l'échec du plan Schlieffen. Elles ont forcé von Moltke à dégarnir son front ouest pour transporter, en hâte, quatre divisions en Prusse orientale où l'armée russe était passée à l'attaque, dès les premiers jours de septembre : les divisions allemandes étaient en chemin le jour des batailles décisives de la Marne. Tenu responsable de l'échec du plan primitif, von Moltke est vite remplacé par Falkenhayn. Mais la guerre d'usure qui s'annonce, dans les tranchées françaises et allemandes, va s'avérer extrêmement coûteuse en hommes.

Durant les quatre interminables années qui suivront, les grandes puissances de l'Entente se verront forcées de renouveler constamment leurs troupes que la terrible puissance de l'artillerie va faucher inexorablement, mois après mois, avec une redoutable efficacité. Les colonies françaises et britanniques vont alors devenir l'objet de pressions diplomatiques accrues et insoutenables, tandis que la propagande continuera de propager, parmi les populations civiles, les récits héroïques de la conquête, ou de la reconquête, de la moindre parcelle de territoire, du plus dérisoire tronçon de barricades.

Aussi bien au plan extérieur qu'au plan intérieur, les réticences des nationalistes canadiens-français à l'enrôlement continuent encore de se justifier. Mais elles commencent aussi à se heurter, de ci de là, à la vague de sympathie humanitaire que suscite le sort des populations belge et française éprouvées par le conflit. À Montréal, on l'a vu, *Madeleine* Huguenin dirige une équipe de bénévoles, recrutées principalement parmi les membres de la FNSJB. Sous le vocable de L'Aide à la France, les militantes s'activent à récupérer et à repriser des vêtements usagés qu'elles destinent aux familles des réfugiés français. C'est le Comité France-Amérique qui chapeaute l'activité. Il a pour secrétaire Édouard Montpetit, jeune professeur aux Hautes Études commerciales. Fortes de la féconde expérience vécue en compagnie d'Asselin, au moment de la quête du *Sou de la pensée française*, ces dames ont demandé à l'ex-président de la SSJB d'être leur publiciste. Tout l'automne, ce dernier va donc s'activer au comité de L'Aide à la France, sollicitant lui-même des dons auprès des sections paroissiales de la Saint-Jean-Baptiste qu'il avait contribué à mettre sur pied au cours de sa présidence.

Aucune des petites tâches obscures du travail de bénévole ne semble rebuter le publiciste. Asselin s'assure ainsi la collaboration de plusieurs cercles paroissiaux de la Saint-Vincent-de-Paul, œuvre de charité depuis longtemps chère à son cœur et à laquelle il appartient toujours. Les cercles feront occasionnellement bénéficier L'Aide à la France de leurs surplus de vêtements usagés. Ses escarmouches récentes avec les évêques et l'abbé D'Amours ne semblent pas avoir compromis outre mesure sa réputation auprès des curés. En grand nombre, ces derniers réagissent favorablement à l'idée d'une initiative charitable en faveur des familles françaises dépouillées de leurs biens et jetées sur les routes par l'exode. La principale tâche d'Asselin consiste à assurer la publicité de l'œuvre, de ses quêtes et de ses activités ponctuelles, par le truchement des journaux. Ces derniers réservent généralement un accueil favorable aux textes qu'il leur fait parvenir au nom de la présidente, Mme Huguenin. De prime abord, la charité ne se discute pas.

De prime abord seulement. À la réflexion, Bourassa, qui se méfie de ce qui lui apparaît comme de l'activisme francophile de la part de femmes du monde, estime toutefois, et il l'écrit un peu abruptement à *Madeleine*, que L'Aide à la France risque de nuire aux œuvres de charité locales en détournant, en faveur de l'Europe, des vêtements dont les pauvres du diocèse de Montréal auraient probablement grand besoin. Et qu'en conséquence, il juge inopportun, pour *Le Devoir*, de fournir une publicité gratuite et de recruter en faveur de l'œuvre. Bourassa ne manque pas d'argumenter : depuis 1912, en effet, le Canada traverse une période de récession économique aggravée par la convulsion des marchés financiers. Quant à la perte des débouchés européens, elle a contribué, depuis 1914 et 1915, à la fermeture de plusieurs usines, à l'accroissement du chômage et de la misère dans les grandes villes canadiennes, et enfin à la chute des prix et des revenus partout au pays.

Profondément ulcérée par la hauteur et la sécheresse du ton, *Madeleine* réagit vivement. Elle accuse Bourassa de jouer à l'arbitre et à l'analyste dans le conflit européen, et de faire passer ses thèses abstentionnistes avant la compassion envers des enfants, des femmes et des hommes en détresse :

> Ainsi, il faut à tout prix, et parce que c'est votre religion à vous, que nous nous désintéressions de tout ce pauvre monde qui est victime du péril allemand dont vous vous êtes tant moqué* et auquel vous ne croyez peut-être pas encore... Vous ne croyez donc pas que la charité s'élargit à mesure que monte la tristesse et que ce que nous faisons là ne nuit en rien à ce que nos pauvres à nous attendent de notre zèle ?
>
> [...] Laissez-nous à notre action, Monsieur, puisque ça vous indiffère à vous que les Français et les Belges crèvent comme des chiens sur les ruines de leur patrie[24].

Tandis qu'il coltine des boîtes de vieux vêtements d'un presbytère à l'autre pour ses amies de L'Aide à la France, Asselin continue, semaine après semaine,

---

* En 1910, Bourassa, combattant le projet de loi de Laurier sur la Marine, estimait futiles les craintes de l'Amirauté britannique à l'égard des prétentions de Guillaume II. Le plan Schlieffen datait pourtant de 1905.

dans *L'Action*, d'égratigner les évêques et de traiter l'abbé D'Amours de « fripouille, d'escobar* et de simoniaque ». Ce genre de trouvailles langagières, à l'endroit du clergé, n'est certes pas du goût de Bourassa et ne contribue en rien à le rapprocher de son ancien disciple. Asselin en est sans doute plus que tout autre conscient. L'Aide à la France doit cependant occuper une place de plus en plus grande dans son cœur et dans ses pensées, puisqu'il s'emploie, avec une modération de ton qu'on ne lui connaissait pas, à plaider longuement la cause de l'œuvre auprès de Bourassa et à négocier un changement d'attitude de sa part.

Il la plaide adroitement, cette cause. Les pauvres de Montréal, dit-il, et de l'avis des curés qu'il a interrogés, auraient surtout besoin, en ce moment, de combustible et de nourriture. Du moins sont-ce là les deux denrées qu'ils réclament — Asselin peut personnellement en témoigner — lorsqu'ils font appel aux dons de leurs Saint-Vincent-de-Paul paroissiales. Dans un grand nombre de paroisses, les vestiaires et les ouvroirs, où sont centralisés et réparés les vêtements usagés, affichent des surplus en cette fin d'automne. Ce sont précisément ces surplus qui sont, en ce moment, mis à la disposition de L'Aide à la France. En Europe, où on appréhende en ce moment un hiver des plus rigoureux, le dénuement des réfugiés est extrême. N'y aurait-il pas lieu, pour *Le Devoir*, de reconsidérer son refus, puisque les secours apportés à la Belgique et à la France ne se font pas au détriment des pauvres de Montréal ? Et qu'en outre, la misère qui sévit dans les villes n'existe pas au même degré dans les campagnes. Or celles-ci fournissent généreusement, à l'heure qu'il est, aux cueillettes de L'Aide à la France. « Cinq minutes de conversation suffiraient », croit Asselin, pour convaincre Bourassa que son réflexe premier n'était pas le bon.

Mais il y a bien d'autres valeurs en jeu pour lui, dans cette histoire d'œuvre de guerre. Asselin s'explique aussi, dans sa lettre, sur les motifs profonds qui le poussent, en ce moment, à s'associer si intensément au travail d'entraide de ses amies de la FNSJB :

> Dès le début, mon cher Bourassa, je n'ai voulu être, dans ce mouvement d'Aide à la France, qu'un collaborateur anonyme, me considérant simplement récompensé si nous pouvons d'abord fournir à la mère-patrie — la première et à mon sens la seule — un réconfort moral et matériel qui lui permetrait de ne pas trop déchanter quand elle s'apercevrait que les corps expéditionnaires soi-disant canadiens ne se composent aux neuf dixièmes d'Anglais ; ensuite réveiller au Canada le sentiment français que tant de causes ont contribué à endormir. C'est au moment où nous sommes en train de réaliser magnifiquement — et sans sacrifices individuels ou collectifs appréciables — ce double objet, que votre lettre nous arrive. À la réflexion,

---

* Antonio Escobar y Mendoza, jésuite espagnol du XVIIᵉ siècle expert en casuistique et que Pascal prit pour cible favorite dans ses célèbres *Provinciales*.

et renseignements pris, vous verrez que vous avez tort. Je crois même que vous n'hésiterez pas à reconnaître que vous avez tort[25].

Bourassa maintiendra son refus. Chez le directeur du *Devoir*, l'émotion et la solidarité ressenties en France, durant les premiers jours d'août, ont fait place à une lucidité stratégique qui ne s'autorise plus d'aucune exception, fût-ce celle dictée par la compassion. Bourassa demeure trop conscient, en effet, de l'utilisation sentimentale du recours à la « mère-patrie » française, par les tenants de la participation du Canada à la guerre, pour se laisser fléchir par le zèle philanthropique de quelques dames de la bourgeoisie montréalaise « qui aiment la France ». Voilà ce qu'il a, sans ménagements, laissé entendre à *Madeleine* et à ses amies de la FNSJB pour justifier son refus.

Asselin, comme Bourassa, sait fort bien que les impérialistes utilisent « l'amour de la France » pour promouvoir l'enrôlement auprès des Canadiens français. Comme nationaliste, il s'emploie à démasquer cette stratévQe. Mais ce combat, livré en sol canadien, ne constitue pas le dernier mot de ses allégeances. Au-delà du nationalisme dont il continue d'épouser pleinement les objectifs, le président de la *Ligue* se reconnaît d'autres devoirs, à l'égard notamment de cette « mère-patrie » qu'il considère « la seule » pour un Canadien français. Il lui est donc insupportable de penser qu'en des moments aussi douloureux, la France puisse supposer que ses lointains enfants du Canada soient demeurés insensibles à ses malheurs et sourds à ses appels.

Mais ce « devoir » qu'il se reconnaît ici explicitement envers la France ne procède pas d'une pure démarche d'altérité. En défendant la France, c'est aussi et encore « la pensée française », indispensable à la survie et à l'épanouissement du Canada français, que l'ancien président de la Saint-Jean-Baptiste défend avec ténacité. Si la « pensée française » devait être asservie et réduite au silence par une défaite militaire sur les champs de bataille européens, à quoi, en effet, rimeraient ici les combats d'arrière-garde de la résistance franco-ontarienne contre l'assimilation ? On ne saurait revivifier ici, croit-il, « ce sentiment français que tant de causes ont contribué à endormir », sans se porter courageusement au secours de la nation où il se trouve, en ce moment, le plus gravement menacé.

Asselin aura eu plus de succès à « émouvoir la pitié » des élèves et des institutrices de l'École normale de Saint-Pascal-de-Kamouraska, qu'à tenter de faire changer Bourassa d'attitude[26]. S'il lui arrive, comme à *Madeleine*, d'en être froissé, son désaccord n'est rien en proportion de celui qui se déchaîne, dans la presse anglaise de tout le pays, contre l'abstentionnisme têtu du directeur du *Devoir* !

L'éditorialiste conspué n'en oublie toutefois pas pour autant la lutte contre le Règlement 17. Or cette lutte contre l'iniquité, en matière de droits scolaires reconnus jusque-là à la langue française dans les écoles séparées de l'Ontario, c'est tout autant le combat d'Asselin que celui de Bourassa. En toute logique, le second lui accorde préséance sur le secours aux deux « mères-patries » (inégalement en détresse, s'empresse-t-il de préciser) par voie de participation militaire. Que l'Angleterre fasse d'abord justice à ses ressortissants de langue française dans sa colonie du Canada, ensuite seulement, soutient le directeur du *Devoir*, nous prendrons les armes pour assurer sa défense sur un territoire qui n'est pas le nôtre. Tel est le raisonnement de « von Bourassa » auquel répondent ses disciples en traitant copieusement, à leur tour, les auteurs du Règlement 17 de « Boches de l'Ontario ».

Mais Asselin va bientôt se sentir déchiré entre ce combat nationaliste, qui a absorbé jusqu'ici toutes ses énergies, et son amour de la France. Cette inclination puissante conduit insensiblement toutes ses pensées vers la ligne de feu européenne où il est persuadé que la France défend, pied à pied, les libertés fondamentales de la civilisation qu'elle représente. À ses yeux, la seule et la plus grande de toutes les civilisations. Telles sont les convictions qui s'imposent de plus en plus à ce militant qui a toujours refusé de se résigner à la mort culturelle de son groupe.

Mais si, au Canada, depuis la fin du siècle dernier, la « race française » et la « race anglaise » se livrent à des affrontements scolaires et constitutionnels incessants, en Europe au contraire, la France et l'Angleterre ont lié leur sort au sein de la Triple Entente. Elles combattent en ce moment, côte à côte, dans les tranchées du front et dans les Flandres où l'armée allemande tente toujours de leur couper l'accès à la mer et le ravitaillement par l'intermédiaire des ports anglais. Comment aider la France sans cautionner du même coup l'Angleterre ? Sans approuver la mainmise que cette dernière tente d'exercer sur ses colonies en matière de contribution militaire ? Asselin est sans doute intérieurement taraudé par de telles questions. Sans doute tente-t-il aussi de trancher, pour lui-même, ce nœud gordien dans lequel se nouent et s'embrouillent de plus en plus les impératifs de sa conscience tourmentée. À la maison, ses « jongleries » solitaires l'ont repris de plus belle. À table, ou même en visite chez des amis, ses proches le sentent mentalement absent, impérieusement requis « ailleurs ».

Ces impératifs prennent une nouvelle forme cet automne-là. Asselin, certes, continue de ferrailler avec l'abbé D'Amours et de rédiger ses communiqués de presse pour L'Aide à la France. Mais de telles causes ne lui suffisent plus. Il voit déjà au-delà. Secrètement, il a commencé à écrire à son ami Louis-Philippe Roy, toujours en poste à Paris à titre de commissaire du Canada. Il lui demande mainte-nant avec insistance s'il est actuellement possible, pour un citoyen britannique du Canada, de s'enrôler au service de la France, « sans passer par l'Angleterre ». La réponse de Roy le décevra : un protocole a été récemment signé entre les Alliés, en vertu duquel les trois puissances s'interdisent mutuellement le maraudage dans les rangs de leurs ressortissants coloniaux respectifs. Chaque empire recrute à l'intérieur de son aire d'influence et il n'y a pas d'exception à la règle. Voilà Asselin retourné à sa case de départ.

Resterait, bien sûr, la Légion étrangère à laquelle il a déjà songé, plus jeune, à deux reprises. Mais l'entraînement et la discipline de fer de la Légion ne conviennent vraisemblablement plus à un homme de quarante ans, éprouvé par une opération majeure et handicapé par une santé fragile. Il y serait aussitôt refusé. « Quant à obtenir des services dans l'administration, il ne faut pas y penser. Il y a dix demandes pour une place à nommer », lui a répondu Louis-Philippe Roy[27].

Les choses en sont là. Pour témoigner personnellement à la France en guerre de l'attachement indéfectible des Canadiens français, sans du même coup trahir la position militaire des siens, Asselin devra trouver autre chose.

Chapitre XXX

« POURQUOI JE M'ENRÔLE »

Moi, si je veux partir, c'est que j'aimerais mieux mourir que de voir le France vaincue et impuissante... Avec vous, il me semble que je pourrais faire de belles choses.

(Olivar Asselin, lettre à Armand Lavergne, 6 novembre 1915)

En cet automne 1914, Asselin s'affaire aussi à l'organisation de la soirée Pothier au Monument national, initiative longuement planifiée et dont il est demeuré l'âme dirigeante depuis sa démission à la présidence de la SSJB. Cet événement, prévu pour le 12 novembre, rassemblera, en un front commun en faveur des « blessés de l'Ontario », les forces vives de toutes les minorités françaises du Canada. Il veut également marquer l'inclusion de la minorité franco-américaine dans ce vaste mouvement de résistance à l'assimilation. D'où l'hommage à Aram J. Pothier, simple fils de cordonnier du Québec, parti sans le sou de son village pour devenir banquier, puis gouverneur de l'État du Rhode Island. C'est ce « self-made-man » de légende qui a servi de premier mentor à Asselin, lorsque le jeune émigré tentait de faire bifurquer vers le journalisme sa destinée, toute tracée par sa famille, de travailleur du textile.

Personnage considéré en Nouvelle-Angleterre et au Québec, Aram J. Pothier donnera du lustre à la soirée-hommage organisée par la SSJB. La Société y tendra à nouveau la main en faveur de la résistance franco-ontarienne. Cette dernière vient d'entrer dans la phase coûteuse et décisive des procès et des injonctions contre la commission scolaire fantoche, créée par le gouvernement Whitney, pour court-circuiter les décisions de l'ACFEO favorables à l'enseignement du français. Tous les chefs de file du mouvement y prendront la parole : le sénateur Belcourt, procureur de l'ACFEO devant les tribunaux, son collègue conservateur Philippe

Landry, l'infatigable Samuel Genest et « le petit père » Charlebois, tout aussi tenace qu'effacé dans son militantisme. Mais le clou de la soirée consistera en un discours particulièrement attendu de Bourassa.

Le sculpteur Alfred Laliberté a accepté, pour sa part, d'exécuter, pour le président d'honneur Aram J. Pothier, un buste à son effigie qui lui sera présenté par le notaire Victor Morin, au nom de la SSJB de Montréal. Les applaudissements terminés, Bourassa adressera à la salle bondée du Monument national ces paroles prophétiques qui délieront les bourses :

> La province de Québec doit bien comprendre que ses efforts ne lui serviront que dans la mesure où elle étendra ses rapports religieux, politiques et économiques à tous les Canadiens français de l'Alberta, de la Saskatchewan, de l'Ontario, et aux Acadiens. Nous devons aussi tendre la main, par-dessus la frontière, aux Canadiens des États-Unis.
>
> Si nous laissons sacrifier une par une les minorités françaises qui sont nos avant-postes, le jour viendra où la province de Québec elle-même subira l'assaut[1]...

Désireux d'établir, une fois de plus, le lien entre la crise franco-ontarienne et le déroulement des hostilités en Europe, le tribun soulève à nouveau l'assemblée du 12 novembre en rappelant les luttes des patriotes alsaciens et en comparant le régime scolaire imposé à l'Ontario par le Règlement 17 à celui de l'Alsace et de la Lorraine occupées par les Prussiens. Les orangistes ontariens affichent en ce moment, dit-il, un comportement dominateur « plus prussien encore que celui des Prussiens » ! Les loges du Monument national croulent sous les applaudissements.

La soirée Pothier remportera un vif succès financier. Deux ans après la promulgation de « l'infâme législation », l'unanimité est en train de se faire, contre elle, dans la province de Québec. Les dissidences craintives rencontrées par Asselin, au moment de la quête du *Sou de la pensée française*, semblent choses du passé. La ville de Québec a fini par se rallier. L'archevêque de Montréal, lui-même, qui semblait si soucieux de ménager les susceptibilités de ses collègues irlandais de l'épiscopat ontarien, multiplie maintenant les déclarations d'appui à la cause des écoles séparées de langue française. Le vent aurait-il tourné ? Le cardinal-archevêque de Québec, Mgr Bégin, et le premier ministre de la province, sir Lomer Gouin, prennent ouvertement position à leur tour en faveur du retrait du Règlement 17.

Soucieux de ménager ces nouveaux appuis qu'il devine encore fragiles, Asselin est demeuré en coulisses durant tout le déroulement de la nouvelle opération de financement. Il n'a pas paru en vedette à la soirée Pothier. Histoire, sans doute, de ne braquer inutilement ni Mgr Bruchési, ni Bourassa dont la caution prestigieuse était indispensable au succès de la quête publique. Redoutant peut-être un face-à-face inopiné avec le contempteur de son dernier mandement, l'archevêque de Montréal a toutefois pris la précaution de se faire représenter, à l'assemblée, par son auxiliaire, Mgr Georges Gauthier.

Conscient aussi que sa seule présence, depuis le début de sa série d'articles dans *L'Action* sur les évêques et la guerre, complique chaque jour davantage la collaboration entre l'Archevêché et la Société, Asselin démissionne sans préavis de son poste de directeur. Il en donne les motifs dans une lettre laconique qu'il adresse au nouveau président, Charles Duquette : « Vous apprendrez ce soir, si vous ne le savez déjà, que j'ai démissionné de la direction : ma raison principale, c'est que, dans l'organisation de la manifestation Pothier, j'ai cru m'apercevoir une fois de plus que j'embêtais mes collègues² .

Le départ d'Asselin devrait donc faciliter la poursuite des campagnes de financement qu'il avait pourtant contribué à faire démarrer. Paradoxalement, ce bagarreur aura réussi à créer une remarquable unanimité, dans sa province, en faveur de la cause franco-ontarienne. Cette unanimité, on le verra, aura des répercussions prolongées sur l'attitude dissidente des Québécois face aux politiques d'enrôlement du gouvernement fédéral. Pour l'heure, le militant semble avoir tourné la page. Tel que prévu, c'est Victor Morin qui lui succédera bientôt à la présidence de la Société, le poste étant à nouveau devenu vacant, à la suite de la démission prévue de Charles Duquette.

Asselin, quant à lui, est vite requis ailleurs par d'autres soucis. Depuis le début de la guerre, le Crédit métropolitain donne des signes de plus en plus inquiétants de ralentissement dans le domaine des transactions immobilières. Dans le monde des affaires, le climat est partout à la morosité. Le voilà, comme tant d'autres, désœuvré et inquiet. Et comme si une épreuve ne se présentait jamais seule, aux environs de Noël, Claude, son fils aîné, tombe malade. Cet enfant, retardé dans sa croissance et de santé fragile, a atteint ses douze ans à l'été. C'est la préadolescence, étape redoutée entre toutes par les médecins pour les enfants affectés de semblables handicaps. Claude alité, Alice aux abois ne quitte plus guère son chevet. Les complications pulmonaires s'ajoutent aux problèmes d'absorption. Il respire difficilement et s'alimente à grand-peine. Le docteur Huguenin passe presque chaque jour à la maison. Il hoche pensivement la tête, mais demeure avare de pronostics encourageants. Comme à l'accoutumée, Olivar, tout à ses ruminations solitaires sur la guerre, refuse de reconnaître le malheur tout proche. Entre sa femme et lui, c'est à nouveau l'opacité qui s'installe. Les vapeurs camphrées des inhalations qu'Alice prodigue au petit malade, pour l'aider à respirer, masquent les vitres d'un rideau de givre. La maison s'isole progressivement du monde. Pourtant, l'esprit d'Asselin trouve encore le moyen de s'en évader.

La vindicte provoquée contre lui dans les milieux cléricaux de la ville de Québec le poursuit. En janvier, l'archevêché de Québec supprime le journal des étudiants de l'Université Laval, coupables d'avoir commandé, pour *L'Étudiant*, un nouveau texte d'Asselin. L'article incriminé s'intitulait « Notre devoir le plus urgent ». Il portait, plus immédiatement, sur la défense des écoles séparées de l'Ontario, mais comportait aussi un rappel des grandes convictions d'Asselin concernant l'importance de promouvoir, pour elle-même, la cause de la « pensée française » en la distinguant bien des autres devoirs commandés par le prosélytisme catholique. *L'Action* s'empressera de reproduire le texte censuré sous le titre de « *L'Étudiant supprimé* ». En fin d'article, Asselin résumait ainsi les actions à entreprendre sans délai, pour assurer la promotion de cette « pensée française » :

> Envoyer de l'argent aux Canadiens d'Ontario, et tout de suite, et le plus possible. Si nous ne pouvons vaincre, lutter pour lutter.
> Faire respecter le français aux Anglais d'Ontario :
> 1. en détruisant chez eux l'impression que cette langue n'est parlée au Canada que par des « porteurs d'eau » et des « scieurs de bois » ;
> 2. en relevant le niveau de notre enseignement secondaire et supérieur ;
> 3. en créant quelques écoles françaises accessibles aux Anglais protestants ;
> 4. en cessant de faire du français un simple état du catholicisme.
>
> Et pour résumer ce résumé, je dirai qu'il n'y a pas de langue française possible sans pensée française ; que la pensée française sera nulle en Ontario si la pensée française est anémique dans le Québec ; que la pensée agissant, comme la lumière et comme la chaleur, par rayonnement, le moyen le plus sûr d'assurer la survivance du français en Ontario est de faire du Québec un foyer intense de culture, de vie, de pensée française[3].

D'entrée de jeu, Asselin révèle, dans ce texte significatif, un trait fondamental de son tempérament qui aura bientôt des répercussions sur ses choix personnels face à la guerre. À ses yeux, la lutte comporte, en elle-même, une valeur morale et spirituelle certaine et qui impose des devoirs précis. Elle n'a besoin d'être ni victorieuse ni rentable pour être entreprise :

> Il faut lutter pour vaincre, poursuit-il. Il faut aussi lutter pour lutter : la race canadienne-française ne se sauvera que si elle comprend enfin que la lutte pour la justice, quelle qu'en doive être l'issue, a sa vertu propre, qui est d'ennoblir ceux qui s'y consacrent, en les faisant participer d'une spiritualité supérieure[4].

Cette « spiritualité supérieure », Asselin la retrouve chez les peuples qui ont dû lutter ainsi pour leur survie, face à des empires voraces et niveleurs des petites cultures. Il se réclamait déjà des nationalismes irlandais, tchèque, polonais et hongrois dans sa querelle avec l'abbé D'Amours. Cette fois, il en appelle au peuple résistant d'Israël dont la vigueur et la persistance reposent, depuis des siècles, sur de pareilles valeurs de force et de continuité spirituelles :

> Le rayonnement extraordinaire de la pensée juive en Asie mineure, à Alexandrie et jusqu'en Grèce vers la même époque ne surprend de même qu'au premier coup

d'œil ; sous tous ses maîtres le Juif avait conservé l'unité et la continuité de pensée qui sont le principe le plus actif de vie politique ; les missionnaires qui étaient en train de conquérir le monde au monothéisme judaïque quand parut le Christ, et après lui saint Paul, étaient soutenus dans leur prosélytisme par une foi inébranlable à la résurrection prochaine de la nation juive. À l'époque moderne, on a vu des nationalités méprisées naguère forcer en quelques années l'attention puis l'admiration du monde par leurs œuvres intellectuelles ; pour n'en nommer qu'une, citons les Tchèques, dont la situation, longtemps analogue à la nôtre, comporterait pour nous de si salutaires leçons si notre suffisance nous permettait de chercher des enseignements quelque part[5].

Bien que « distant » dans ses croyances et sa pratique religieuse, Asselin n'en est pas moins habité, comme le sont bon nombre de ses contemporains, de métaphores bibliques et de références scripturaires. D'où la résurgence fréquente, dans les écrits nationalistes canadiens-français, des thèmes de « l'exil » et de la « renaissance » d'Israël du « joug des Égyptiens », de « la traversée du désert » et de l'entrée dans « la Terre promise ».

Asselin, toutefois, a combattu Laurier et éprouvé maintes déceptions secrètes au contact de Bourassa. Cette expérience l'empêche de verser ici dans cet esprit messianique qui a fait reposer l'espoir de trop de générations sur l'action déterminante d'un « grand homme » capable, à lui seul, de faire enfin bifurquer l'avenir de la nation. Voilà pourquoi, à quarante ans, le militant désillusionné par les retournements ou les pusillanimités des chefs, en appelle à la mobilisation et à la concertation de tout le peuple. Le thème du Juif, « résistant spirituel » et inspirateur de nationalismes, reviendra fréquemment chez lui, mais d'une façon très personnelle qui le distingue de la plupart de ses contemporains, dont Bourassa et Groulx. Ces derniers apparaissent davantage marqués par l'orthodoxie catholique et la conviction de sa prééminence sur les autres traditions spirituelles.

Cette « force spirituelle » sera plus que jamais nécessaire, écrit encore Asselin, pour mériter, à « la langue de chez nous » et à notre littérature encore vagissante, de s'imposer au respect de nos compatriotes de langue anglaise et de nos voisins d'outre-frontières. L'aura dont jouit la France, à cet égard, demeure inefficace à nous tirer de l'obscurité où la médiocrité de notre système d'enseignement et de nos critères de valeurs en matière de langue nous condamnent à végéter. Ici encore affleurent, chez Asselin, les souvenirs de sa vie de travailleur manuel à Fall River :

> Les Américains qui ont étudié à Paris admirent passionnément la littérature et l'art français ; ils se font une gloire d'aller entendre et applaudir les conférenciers de l'Alliance française en tournée dans leur pays ; mais leur sympathie intellectuelle pour les populations d'ouvriers et de manœuvres franco-américains qui peinent dans les chantiers et les usines des États-Unis n'en est pas accrue d'un iota ; à tort ou à

raison, ils continuent de croire que ces populations [...] ne vivent pas assez intensément de la vie française pour arrêter, même passagèrement, leur attention[6].

Mais la qualité de notre système d'enseignement fût-elle améliorée et la valeur de notre production littéraire décuplée, poursuit Asselin, nous ne réussirions pas davantage à nous imposer, si nous ne devions pas d'abord nous persuader d'agir enfin en hommes libres et maîtres de leur destinée :

Eussions-nous dans le Québec les écoles les plus parfaites du monde, nos compatriotes anglais des autres provinces seraient excusables de ne s'en pas douter tant que, avec une politique économique dirigée au profit de la haute finance anglaise et une presse d'« action sociale catholique » tout occupée à faire de la casuistique religieuse au profit de partis politiques, nous serons dans notre propre maison des « porteurs d'eau » et des « scieurs de bois ». Eussions-nous la plus belle littérature et la plus haute culture scientifique du monde, que nous ne pourrions pas faire un crime à l'Ontario de l'ignorer tant que nos journalistes et nos hommes politiques, effrayés de leur ombre, incapables d'une idée personnelle, apporteront dans la délibération des problèmes nationaux des âmes de castrats et des intelligences de concierges. Le patricien romain prenait des leçons de ses affranchis, quand ils étaient grecs et qu'il les savait venus directement des écoles d'Athènes : il n'en prenait point de ses esclaves[7].

Enfin, conséquence de la communauté de destin qu'il nous reconnaît avec les autres mouvements de libération nationale, mais thème nouveau dans l'œuvre d'Asselin, même le cosmopolitisme et la diversité culturelle, que l'on observe de plus en plus dans la métropole montréalaise, pourraient devenir, si nous nous en donnions la peine, des atouts entre nos mains pour y rehausser le niveau de notre vie intellectuelle :

Montréal, à ce qu'on m'assure, est plein de docteurs ès lettres italiens, russes, polonais et juifs qui ont beaucoup plus de distinction intellectuelle que la plupart des membres de notre Société Royale et qui, en attendant d'avoir pu se familiariser avec les langues et les coutumes du pays, gagnent leur vie à malaxer du béton ou à porter l'oiseau : qui de nous les connaît, qui de nous se donne la peine de les découvrir[8] ?

Et Asselin de décocher une dernière flèche à l'endroit des dirigeants d'un système d'enseignement dit « supérieur » : les « éminents » professeurs français engagés par les autorités de l'Université Laval à Montréal, présentés à la population comme des « universitaires » de grand renom et comme tels invités à prononcer des conférences publiques à travers la province, n'auraient droit, en France, qu'au modeste statut de professeurs de lycée !

Mais ce qui a d'abord valu à L'Étudiant d'être supprimé par les autorités religieuses de l'Université Laval, c'est sans doute cet appel réitéré d'Asselin pour que soit enfin « sécularisée » la question de la défense du français. Il invoque, comme argument, «l'union sacrée» intervenue en France entre parlementaires de droite et de gauche, entre catholiques et radicaux, pour la défense commune de la patrie menacée:

> La troisième condition, c'est que dans nos mouvements de protestation nous fassions un état plus considérable de la valeur du français considéré en soi, comme instrument de culture intellectuelle. Depuis le commencement de la présente guerre, la preuve est faite, semble-t-il, et pour toujours, que pour être bon Français il n'est pas indispensable d'appartenir à telle ou telle religion — non plus, bien entendu, qu'à telle ou telle secte anti-religieuse. Au fond, il n'y a probablement pas plus de raison d'établir une corrélation entre le patriotisme canadien-français et la foi catholique[9].

Et, en finale, cette interpellation directe au clergé qui dut, avant toute autre considération, achever de mettre le feu aux poudres:

> Le jour où le clergé canadien-français ne mettra plus de conditions à sa défense du français, il conquerra le cœur de ceux pour qui le français aussi est une religion, et c'est à dire que ce jour-là il y aura peut-être encore des indifférents en matière religieuse, voire des incroyants, dans le Canada français, mais qu'il n'y aura plus d'anticléricaux. Au contraire, la plus grande maladresse dont il soit capable, et pour la religion et pour le français, c'est de continuer à se mettre en travers de tout mouvement d'action française qu'il n'a pas conçu et qu'il ne dirige pas, et qui ne s'affiche pas d'abord comme un mouvement catholique[10].

Ce texte du 30 janvier 1915 constitue sans doute à la fois le résumé de sa pensée et le point d'orgue de son action militante en faveur de la cause franco-ontarienne à laquelle il s'est voué, corps et âme, depuis trois ans. Comme président de la SSJB et animateur du mouvement en faveur du *Sou de la pensée française*, Asselin a suscité, dans la province de Québec, une prise de conscience salutaire qui débouche aujourd'hui sur une remarquable unité de pensée et d'action en faveur de la résistance au Règlement 17. Asselin croit donc avoir fait le point sur la question. Il a dit ce qu'il croyait avoir à dire. Il est temps, pour lui, de passer à autre chose.

Désormais, c'est la guerre qui le sollicite. Celle qu'on appellera bientôt «la Grande Guerre» et dont la France constitue le théâtre majeur et de plus en plus éprouvé des opérations. La réponse décevante de Louis-Philippe Roy à sa demande d'enrôlement «sans passer par l'Angleterre» ne l'a pas fait renoncer, pour autant, au projet qui s'impose de plus en plus à lui, et qu'il nourrit secrètement: rejoindre le front! Depuis le 30 octobre, il n'a cessé de tourner et de retourner la question dans sa tête, conscient des limites qu'imposent à la réalisation de ses vœux secrets son âge et sa condition physique déficiente. Comme en 1898 aux États-Unis, il redoute aussi d'être refusé à l'engagement volontaire à cause de sa trop petite taille. Lui vient alors l'idée de proposer ses services aux forces armées en qualité d'interprète.

Parfaitement versé dans les deux langues, Asselin estime pouvoir se rendre utile au niveau des communications qui, au front, régissent l'action militaire concertée des troupes du général French et du général Joffre. Il n'ignore pas — et la lettre de son ami Louis-Philippe Roy l'a confirmé — qu'il y a « dix demandes pour une place à nommer ». Il n'ignore surtout pas que les places dans l'administration et l'interprétariat constituent souvent une échappatoire pour ces « planqués » qui redoutent avant tout les dangers et les conditions de vie éprouvantes des tranchées. Asselin, lui, tient au contraire à aller au front ! Il tient à y aller et il tient à ce qu'on le sache : s'il était accepté comme interprète, qu'il soit bien entendu, avec les autorités militaires, que ce serait à la condition expresse d'y courir les mêmes risques que les autres et d'y recevoir à l'occasion son quota de balles.

Le 3 février, il écrit en ce sens au ministère de la Milice et de la Défense pour offrir ses services comme interprète auprès du 2ᵉ contingent qui s'apprête à rejoindre l'Angleterre. Nouvelle déception : le poste vient d'être octroyé à un journaliste d'expérience et parfaitement bilingue, Alonzo Cinq-Mars, auquel le ministère reconnaîtra une « grande vivacité d'esprit » et « des notions encyclopédiques » qui s'avéreront fort utiles au Corps expéditionnaire canadien. Asselin connaît fort bien Cinq-Mars : dès 1903, au moment de la fondation de la Ligue, ce dernier faisait partie du réseau de sympathisants nationalistes qui en diffusaient la pensée et en publicisaient les activités dans leurs journaux respectifs. Il ne peut que s'incliner devant le choix du ministre.

Le 15 février, tandis que toute l'attention familiale se trouve mobilisée au chevet de Claude, presque mourant, Asselin écrit à son ancien condisciple du Séminaire de Rimouski, le général Eugène Fiset, devenu sous-ministre de Sam Hughes :

> Ci-inclus copie d'une lettre que je viens d'écrire à M. Borden. Auras-tu la bonté de me la renvoyer après en avoir pris connaissance ? Comme tu le verras, il m'est égal de servir dans les contingents canadiens, l'armée anglaise ou même française : tout ce que je demande, c'est de ne pas être obligé d'attendre plusieurs mois dans les casernes ; toi qui as connu le service actif, tu comprendras cela. Chose que je comprends mal, c'est qu'on n'ait besoin que d'un interprète par division*, et encore ! J'avais lu dans la presse française que sur toute la ligne de feu on manquait de bons interprètes. Ton ministre pourrait peut-être me trouver un trou dans l'armée anglaise ou (par l'entremise du War Office) auprès de l'armée française. Quant à toi, fais comme pour toi-même. J'aurais plus honte d'insister, si je ne me sentais capable de rendre de grands services en territoire français ou belge, si je n'avais lu à maintes reprises que l'interprétariat comporte sa large part de danger, et si je n'avais l'ambition de passer tout de suite à la ligne de feu[11].

* 11 620 hommes.

Son interlocuteur, ne l'oublions pas, est l'un des héros de la guerre du Transvaal! À titre de chirurgien militaire, le capitaine Fiset accompagnait alors le 1ᵉʳ contingent canadien en Afrique du Sud et s'était attiré l'admiration de son chef, le colonel Otter, pour le courage dont il avait fait preuve dans l'exercice de son art sur les champs de bataille: sur le terrain même de cette guerre qui l'a jeté, lui Asselin, à vingt-six ans, avec Bourassa, sur le sentier de la lutte contre l'impérialisme! C'est à ce titre qu'Eugène Fiset, quoique libéral, est devenu un intouchable aux yeux du conservateur Sam Hughes qui l'a aussitôt reconduit dans ses fonctions de sous-ministre, après la victoire conservatrice de 1911 contre Laurier. Asselin ne peut ignorer à qui il adresse sa requête. Fiset, il n'en peut douter, « enrôle » dans le même esprit, en 1915, qu'il « enrôlait » en 1899. Mais l'impatience d'Asselin d'aller au feu est plus forte que la raison, plus forte que son amour-propre. Désormais, le soldat qui se révèle en lui en impose de plus en plus au nationaliste. Ce soldat parle plus haut et plus fort, en ce moment, que l'ancien « zélote » de Bourassa revenu de trop d'illusions.

Ce soldat-là ne se met pas, pour autant, au service de l'Empire. Il répond plutôt à un appel intérieur personnel qu'il déchiffre encore mal et qu'il aura plus de mal encore à expliquer et à justifier publiquement. Mais cet appel le pousse toujours plus avant dans son étrange entreprise. Il a eu raison de sa fierté et de son orgueil. Il va passer avant l'attachement maladroit, distrait et pourtant sincère qu'il porte à sa famille.

Le 22 février, Claude s'éteint à leur domicile après deux mois de durs combats contre la maladie. « Après deux mois d'atroces souffrances », écrira laconiquement Asselin à son frère Raoul. Le 24, aucune inhumation n'étant possible durant l'hiver, le cercueil de l'enfant est déposé, en convoi familial, au charnier du cimetière de la Côte-des-Neiges. Le soir même, dans la maison assourdie par le deuil, les enfants endormis et Alice laissée à sa peine, Olivar obsédé écrit encore. Il écrit, cette fois, tout chagrin et toute répugnance surmontés, à ce militaire impérialiste, affairiste et prétentieux qu'il a plus d'une fois vilipendé, dans Le Nationaliste, à l'époque du bill de la Milice. Il écrit au ministre Sam Hughes en personne, pour faire valoir, une fois de plus, sa candidature comme interprète:

> J'ai lu à maintes reprises dans les journaux, depuis le commencement de la guerre, que l'on manquait d'interprètes, et que dans plusieurs cas il en était résulté des conséquences graves pour les Alliés. Le fait m'est confirmé par un membre éminent du corps consulaire de Montréal, qui dit savoir personnellement que bon nombre des interprètes actuellement en service au front n'ont qu'un léger frottement d'anglais [have a bare smattering of English]. Comment expliquer qu'un Canadien français instruit, en état de rendre, pour la correspondance autant que pour l'interprétation verbale, des services précieux, se trouve exclu par une entente intervenue entre les gouvernements anglais et français? Quant à moi, je servirais aussi bien l'infanterie,

la cavalerie ou toute autre branche du service, si, à mon impatience d'aller au feu immédiatement, ne s'ajoutait la conviction que c'est comme interprète que je serais le plus utile. Des centaines de Canadiens français instruits sont sans doute dans le même cas, qui pourraient devenir un des éléments les plus précieux des forces alliées, et qui en sont empêchés par l'absurdité de la loi impériale. Ne croyez-vous pas que le gouvernement canadien devrait attirer sur cette absurdité l'attention des autorités britanniques ? Personnellement, je me ferais fort de trouver parmi mes amis et connaissances des douzaines de bons interprètes[12].

Mais si Asselin peut se permettre de faire remarquer que certains interprètes en poste n'ont reçu qu'un « léger frottement d'anglais », d'autres pourraient à leur tour lui rappeler que, de son côté, il n'a reçu à la guerre hispano-cubaine qu'un « léger frottement » de science militaire...

Sam Hughes, toutefois, ne se rendra pas au plaidoyer d'Asselin. L'habile politicien a bien d'autres projets en tête touchant cet idéaliste et ce passionné. Le poisson mordille déjà l'hameçon et tout porte à croire qu'il ne s'en éloignera plus guère, en dépit des rebuffades essuyées. Mais le moment de ferrer une si belle prise n'est pas encore venu pour un ministre-colonel qui rêve de se couvrir de gloire au service de l'Empire en levant des bataillons de Canadiens.

Mars et avril s'écoulent sans qu'Asselin soit fixé sur son sort. Un sort qui, pour l'heure, s'acharne de plus belle contre lui avec l'interruption des activités du Crédit métropolitain. Acculé à la nécessité de fermer bientôt les livres de la petite agence immobilière, son ami Édouard Biron, retourné à la pratique du notariat, se désole de n'avoir rien d'autre à lui offrir. Reçoit-il, à cette occasion, ses confidences ? Comme tant d'autres chefs de famille réduits au chômage, Asselin songerait donc sérieusement à s'enrôler ? S'il est mis dans la confidence, Biron ne peut manquer de réagir avec une certaine stupéfaction.

Il est difficile, reconnaissons-le aussi, d'imaginer qu'à cette étape décisive de sa réflexion et de ses démarches, Asselin puisse avoir agi à l'insu total de sa famille immédiate. Conformément aux mesures votées par le Parlement au début du conflit, relativement à l'enrôlement volontaire, le consentement écrit de l'épouse demeure requis, dans le cas de l'engagement de pères de famille. Avec trois enfants à charge, Asselin sait qu'il devra consulter sa femme et obtenir son assentiment, si ce n'est déjà chose faite. On peut, hélas, imaginer l'état d'esprit d'Alice Asselin qui voit, au cours du même hiver, son fils premier-né porté en terre et son mari chômeur s'acharner à vouloir partir sans délai pour le front. Épreuves accumulées ? C'est l'évidence même. Révolte ? Indignation ? Rien n'est moins sûr. Alice demeure vraisemblablement consciente d'avoir épuisé tous les recours auprès de son beau-frère Omer Marchand, éternel bailleur de fonds des entreprises hasardeuses d'Olivar. L'heure est plutôt venue, pour eux, de songer sérieusement à le rembourser. La guerre, les dangers qui guettent les soldats, la perspective du

veuvage avec des dettes et trois garçons en bas âge à faire éduquer? Alice a sans
doute envisagé tout cela aussi, avec ce courage pudique et ce réalisme sans illusion
dont elle a pris l'habitude, depuis qu'elle partage la vie tumultueuse d'Olivar
Asselin.

La carrière militaire n'est toutefois pas dépourvue d'une certaine aura aux
yeux du monde d'où elle vient. John Le Bouthillier, son propre frère, était militaire.
Et Olivar a toujours été attiré par le métier des armes. A-t-il d'ailleurs un autre
choix? Qui donc pourrait encore lui proposer un emploi, à ce moment-ci de sa
carrière? La fabuleuse collection d'ennemis publics qu'il a su se constituer, en
moins de quinze ans, pèsera lourd dans ce genre de décision. Les brocardés et les
ridiculisés ne lui feront plus de quartier. Dans tous les journaux de partis, son nom
appartient désormais à la liste noire et c'est de son plein gré qu'il a quitté *Le Devoir*
avec Fournier, trois mois seulement après sa fondation. Tous les efforts d'Alice et
d'Éva pour le réconcilier avec les notables de la SSJB se sont soldés par un échec
et ce n'est certes pas le clergé, maltraité comme il vient de l'être, qui intercéderait
maintenant en sa faveur auprès des hommes de pouvoir!

Tourmenté, désœuvré, Asselin va souvent rôder, durant ces mois d'attente,
autour des casernes du centre-ville. Rue Peel, quelques attroupements, parfois
accompagnés de fanfares, accueillent encore l'arrivée ou le départ des volontaires.
Le nouvel uniforme de guerre continue de fasciner les jeunes femmes. Les
Montréalais n'avaient guère connu, jusqu'à présent, que celui des rares cadets-
officiers du Collège de Kingston. Hommes et femmes applaudissent spontanément
les réservistes qui se présentent à l'enrôlement pour outre-mer.

Arrive enfin le mois de mars. De bouche à oreille se propage la nouvelle
selon laquelle les zeppelins allemands auraient survolé Paris, mitraillé la foule et
jeté des bombes incendiaires du haut des airs. Fin avril, les premières nouvelles
f¥ybles de la deuxième bataille d'Ypres, dans les Flandres, commencent à parvenir
à Montréal. Cette fois, les principaux combats, où la 1ʳᵉ division canadienne a subi
son baptême du feu au sein de la 1ʳᵉ armée britannique, ont eu lieu à Neuve-
Chapelle, à mi-chemin entre Ypres et Arras. *La Presse* du 26 avril parle de
80 officiers tués. Les simples soldats morts au combat ne seraient pas encore
recensés. Le 29, il y est question de mille morts. Mais aucun nom n'est encore
mentionné. Chez les tricoteuses bénévoles de la Croix-Rouge et les ravaudeuses de
l'Aide à la France, l'angoisse de l'attente s'installe. Les plus jeunes sont révoltées
à l'idée de devoir en être réduites à faire de la couture dans l'arrière-boutique d'un
arrière-pays! Certaines, qui ont un fiancé ou un amoureux sous les drapeaux,
veulent tout de suite partir au front comme infirmières de guerre. Asselin entend
tout cela, comme un chant de sirènes.

Avec les nouvelles des journaux, les premières lettres du front, en provenance du Corps expéditionnaire canadien, arrivent à destination. Et là, il faut

commencer à déchanter: la guerre «fraîche et joyeuse», la «guerre éclair» n'étaient qu'illusions. C'est, au contraire, la dure réalité de la vie des tranchées qui commence peu à peu à se faire jour dans les esprits. L'ère des oriflammes et des beaux défilés est bel et bien révolue. C'est désormais à l'interminable hiver des Flandres qu'il faut se préparer: paysage baigné de lumière glauque, univers de boue glaciale, de barbelés et de brouillard d'où surgit, sans crier gare, une mort brutale et sans visage qui explose, et anéantit hommes, bêtes et arbres dans son sillage de feu. Dans l'attente muette de ce feu dévastateur qui les hante tous, les soldats canadiens font peu à peu connaissance avec des conditions d'existence qu'ils ne soupçonnaient pas:

> Dans les tranchées, les soldats vivaient sous la pluie ou la neige, toujours dans la boue gluante des Flandres. D'énormes rats se gorgeaient de restes de nourriture ainsi que des cadavres qui n'avaient pas été ensevelis. La vie était toujours dangereuse. Lors de son premier séjour dans un secteur tranquille, la division canadienne perdit une centaine d'hommes, morts ou blessés. Dans la boue infestée de microbes, presque toutes les blessures s'infectaient. La médecine militaire avait fait des progrès incroyables depuis les guerres antérieures, particulièrement dans la guérison et la prévention des maladies, mais les antibiotiques étaient inconnus et la transfusion sanguine demeurait une expérience risquée. La pneumonie et la grippe étaient les principales maladies mortelles et elles fauchèrent plus de 3000 jeunes soldats canadiens[13].

Mais de cette dure réalité, les nouvelles censurées et la propagande triomphaliste parlent moins. On met plutôt l'accent sur les actions héroïques et le courage martial des combattants. Pas question de nuire à l'enrôlement par des descriptions trop crues ou des détails morbides. Mais on n'a encore rien vu!

> Le 22 avril, par un beau soir de printemps, les Allemands dévoilent leur toute dernière surprise: 5730 bouteilles de gaz au chlore. Un nuage vert houleux met en déroute deux divisions françaises. Suffoquant, agonisant, les soldats terrifiés dépassent les positions canadiennes dans leur fuite. Cette nuit-là, les Canadiens s'évertuent à combler la brèche. Les Allemands les chassent à l'aube, mais ne les suivent pas: le 24 avril, ils attaquent la brigade de soldats originaires de l'Ouest du brigadier général Arthur Currie. Des obus, des gaz au chlore et des vagues d'infanterie s'abattent sur les Canadiens. Les soldats urinent sur leur mouchoir et tiennent celui-ci sur leur nez pour pouvoir respirer. Un tir trop rapide fait s'enrayer les fusils Ross*, lorsque ce n'est pas la boue qui les obstrue. Deux bataillons de tête sont anéantis,

---

* Les fusils Ross, qui dataient de la guerre du Transvaal, étaient une autre lubie de Sam Hughes qui persistait à en vouloir équiper tous les soldats du Corps expéditionnaire canadien, au grand dam des autorités britanniques. Défectueux, les fusils Ross coûteront la vie à de nombreux combattants. Rejeté par les autorités britanniques, le fusil Ross avait été adopté en 1902, sous l'influence du colonel Hughes, alors critique militaire de l'opposition conservatrice et membre du

et les autres continuent tant bien que mal à se battre. Finalement, des troupes britanniques, indiennes et françaises prennent le relais.

La deuxième bataille d'Ypres a coûté 6035 hommes à la division canadienne[14].

Fuyant l'intoxication foudroyante, Belges, Anglais, Français et Canadiens survivants ont dû se replier en désordre. Munis de masques respiratoires, les Allemands les ont pris en chasse et talonnés jusqu'au-delà du canal de l'Yser. Hérissé d'arbres calcinés, le champ de bataille n'est plus que cratères remplis de boue où se noient les blessés abandonnés dans la déroute.

Mais, là encore, les premières nouvelles officielles qui parviennent à Montréal sont souvent sélectives, montant en épingle la moindre avancée, sous-estimant certaines défaites importantes. L'usage des gaz, toutefois, ne se généralisera pas : imprévisibles, les mouvements des vents rendent leur utilisation délicate et aléatoire. Mais leurs effroyables effets secondaires sur la santé des survivants seront longtemps soustraits à la connaissance du public d'outre-mer. D'une façon générale, toutefois, à compter de 1915, les dures réalités du champ de bataille ne laissent plus guère de place à l'illusion romantique. Le nombre effarant de morts et de blessés, le retour au Canada des survivants, dont un grand nombre d'handicapés lourds, font grande impression sur le public. Après la deuxième bataille d'Ypres, en avril 1915, le recrutement monte en flèche dans les provinces anglaises du Canada.

Le 7 mai, le paquebot britannique *Lusitania* est torpillé par les sous-marins allemands au nord de l'Irlande, provoquant une hécatombe qui fera 1200 victimes civiles. Parmi celles-ci figurent 124 citoyens américains. Mais le président Wilson se contente, pour le moment, d'adresser d'amers reproches à l'Allemagne. La guerre sous-marine ne fait pourtant que commencer. En s'intensifiant, avec les mois, elle aura bientôt d'énormes répercussions économiques sur les transactions commerciales qu'entretiennent avec l'Europe les États-Unis d'Amérique.

Au Canada français, le recrutement piétine encore. Les Québécois, tout particulièrement, semblent attirés par les uniformes, les défilés et les fanfares, mais ils boudent carrément l'enrôlement volontaire. La tension monte chez leurs

---

comité nommé par le gouvernement Laurier pour choisir une nouvelle arme à feu pour la milice. Sous prétexte qu'il était objet de fierté nationale, parce que « fabriqué au Canada » et qu'il créait des emplois en entraînant l'ouverture d'une usine de carabines à Québec, Hughes avait réussi à imposer le choix d'une arme fort performante sur les champs de tir de compétition, mais très peu fiable sur les champs de bataille. L'arme adoptée par les Britanniques, le fusil Lee-Endfield, sera normalisée par le Corps expéditionnaire canadien durant l'été 1916 et le sera jusqu'en 1950. Durant la guerre de Corée, de 1950 à 1952, et en dépit de ses défauts avérés depuis 1902, le fusil Ross reprendra encore du service. Entre la vie des hommes et la raison économique, la balance ne penche pas toujours du côté auquel on pourrait s'attendre.

compatriotes de langue anglaise. Le 16 juillet, la *Gazette* publie les déclarations de deux industriels de renom, Charles C. Ballantyne, directeur de la Sherwin Williams Paint Company, et A.D. Dawson, de la Canadian Cotton Company, annonçant qu'ils n'embaucheront plus, désormais, de jeunes gens en âge de porter les armes : à leur avis, la place de ces jeunes est au front ! De telles prises de position, s'ajoutant aux professions de foi impérialistes, qui vont se multipliant chez les politiciens, font resurgir, chez les Canadiens français, le spectre de la conscription. Le maire Médéric Martin se déclare lui-même en faveur de la mobilisation obligatoire et tient des assemblées publiques en ce sens.

Des assemblées anti-conscriptionnistes leur répliquent aussitôt. Soutenue par *Le Devoir*, l'opinion anti-conscriptionniste reproche à son tour, à l'Angleterre elle-même, de ne pas faire toute sa part pour l'effort de guerre. « Business as usual » a toujours été le slogan des commerçants britanniques, écrit Bourassa. Ces derniers continuent donc de ravitailler l'Allemagne en denrées essentielles, en faisant transiter leurs produits par les pays neutres. En dépit de la gravité des circonstances, les unions ouvrières anglaises multiplient les grèves et ralentissent délibérément la production. À partir de si mauvais exemples, est-ce bien le moment, se demande l'éditorialiste, d'exiger davantage de la colonie canadienne ?

À M[J]Ütréal, étudiants et ouvriers fraternisent à nouveau, comme en 1899, dans l'effervescence nationaliste qui anime les assemblées anti-conscriptionnistes. Des jeunes gens, réunis par Roger Maillet, ont fondé le Groupe de l'Arche pour propager leurs idées. Ils sont, bien sûr, tous nationalistes, hostiles à l'Angleterre, opposés au service outre-mer et, plus encore, à la conscription ! Victor Barbeau et Jean Chauvin, jeunes rédacteurs au *Devoir*, font partie du groupe. Par les chaudes journées d'été, ils se réunissent souvent à midi, dans le quartier latin, pour haranguer les foules qui vont et viennent à l'heure du déjeuner. Juchés sur le péristyle de l'Université Laval, que les disciples d'Asselin ont surnommé, par dérision, « le promontoire de la pensée française en Amérique », ils prennent tour à tour la parole devant des attroupements hétéroclites de disciples, de badauds et de militaires offusqués.

La série des discours, parfois, tourne à l'assemblée contradictoire. Et comme il fallait s'y attendre, Asselin se trouve naturellement au premier rang. Il y défend, avec fougue et conviction, comme par le passé, les principes nationalistes en matière d'enrôlement pour la défense exclusive des frontières canadiennes. Ce même Asselin qui, dans le secret de ses nuits d'hiver, écrivait à Eugène Fiset et à Sam Hughes, pour obtenir d'être envoyé au front en qualité d'interprète ! L'été venu, le tribun à la voix aigrelette, porté par le seul prestige de son nom, rappelle qu'avant toute autre considération militaire, justice doit d'abord être rendue aux Franco-Ontariens par les tribunaux de droit britannique de leur province. Après —

et après seulement — les Canadiens français, solidaires de la cause franco-ontarienne, pourront songer à s'enrôler sous le drapeau anglais !

Après deux tentatives infructueuses auprès du sous-ministre et du ministre de la Milice et de la Défense, Asselin aurait-il donc provisoirement renoncé à son projet secret ? Les lettres qu'il adresse, cet été-là, à son ami Jules Fournier, pourraient le laisser croire, car il n'y est fait nulle part allusion. Ou alors, Fournier lui-même n'aurait pas été mis dans la confidence des tractations discrètes entamées par son ami auprès du ministère ? L'hypothèse mérite d'être soulevée. Asselin, plus que tout autre, demeure sans doute conscient du désarroi dans lequel la réalisation d'un tel projet ne manquerait pas de plonger sa « famille nationaliste » immédiate. En tout état de fait, s'il tutoie, dans ses lettres, le sous-ministre Eugène Fiset, son ancien condisciple du collège de Rimouski, il continue de vouvoyer Fournier qu'il admire secrètement. Et, coquetterie d'écrivain à l'endroit de l'un de ses pairs avec lequel il rivalise volontiers, il rédige des brouillons pour chacune des lettres qu'il lui envoie*...

* * *

Guerre ou non, la période des vacances est déjà entamée. La canicule revenue pour de bon à Montréal, les Asselin, durement éprouvés durant l'hiver, ont souhaité changer d'air. Alice endeuillée s'est rapprochée de la famille de sa mère, originaire de Trois-Pistoles, dans le Bas-Saint-Laurent. Sa sœur Éva et son beau-frère, Omer Marchand, l'ont devancée là-bas. Ils se sont fait construire, à même la falaise, un chalet d'été tout près du quai d'où la vue sur le Fleuve est splendide. Pour 15 $ par mois, les Asselin, de leur côté, ont loué, sur la plage, une maison plus que centenaire, isolée du village, sommairement meublée et dépourvue de tout confort. En revanche, le spectacle de la nature y est enchanteur et les trois garçons y bénéficient quotidiennement du puissant tonique de l'air salin et des bains de mer qui leur ont fait défaut, au lac Saint-Louis, les étés précédents.

Retrouver, après tant d'années, la fraîcheur, les odeurs et les paysages de son enfance plonge Olivar dans le ravissement le plus complet et lui fait apparemment oublier la guerre. Il a installé, sur la véranda, une table à écrire bancale d'où il peut contempler, flottant sur les mirages du Fleuve, l'Île-aux-Pommes, l'île Verte, et tout en face, l'Île-aux-Basques. Lyrique, il écrit à Jules Fournier que « les trois canetons sont à l'eau », qu'Alice « en revenant des fraises a fait la rencontre d'un

---

* Ce sont ces brouillons, conservés par Asselin, que nous citons ici. À notre connaissance, il n'existe actuellement pas de fonds spécifique à Jules Fournier dans les dépôts d'archives que nous avons pu consulter. Le dernier biographe de Fournier, Adrien Thério, ignorait, lui aussi, qu'il pût en exister un. L'avis de recherche est donc lancé.

superbe chevreuil, panaché comme un lieutenant-gouverneur », que les piverts sont ici « deux fois plus gros que ceux de Strathmore* », qu'hier encore «un vol de canards est venu nous défier à cent cinquante pieds » et que «tous les après-midi, des bancs d'alouettes nous passent et repassent sous le nez jusqu'à longueur de bras[15] ». Tous les jours, chaussé de hautes bottes, il part, à marée basse, ramasser des coques dont Alice fait des chaudrées savoureuses. À la marée montante, il va taquiner l'éperlan, depuis le quai de Trois-Pistoles où il se joint à la confrérie sentencieuse des vieux habitués de la petite pêche... Oui, la guerre est bien loin de ce village perdu où trois ou quatre notables, à peine, reçoivent, par la poste, un journal de l'extérieur !

Fournier et lui semblent d'ailleurs tous deux en quête d'emploi cet été-là. De Montréal, le directeur de *L'Action* met simultanément toutes leurs relations à contribution. Lui-même convoite un poste de bibliothécaire pour lequel il sollicite une recommandation de leur ami commun, l'abbé Brosseau. Visiblement, son journal connaît des difficultés financières importantes. Asselin, de son côté, lorgne du côté de l'Hôtel de Ville, nonobstant la répugnance foncière que lui inspirent les opinions, le populisme et la faconde d'un Médéric Martin. Il cherche aussi du côté du Board of Trade et de la Chambre de Commerce, mais il ne se fait guère d'illusions. Il se refuse aussi à mendier ou à solliciter des appuis. Nationaliste, il ne veut ni de «certaines alliances », ni de «certains compromis ». » Mais comment, dans ce cas, se faire valoir auprès de tels employeurs ? Cultiver davantage ses relations ? Comme celle de l'ex-ministre conservateur Louis-Philippe Pelletier, en villégiature à Trois-Pistoles, avec son neveu Charles Baillargeon, et récemment nommé juge ? Asselin n'a pu éviter de le croiser, écrit-il à Fournier. La rencontre a eu lieu sur le perron de l'église de Trois-Pistoles, « une église de 250 000 $, fausse couche de Saint-Pierre de Rome bâtie avec le pain de quatre cents familles d'habitants[16] ».

Il refusera donc, là aussi, de se «mettre à quatre pattes » pour solliciter un emploi, fût-ce auprès d'un ancien allié conservateur: il n'a rien oublié de la crise scolaire du Keewatin ! Tant qu'à fréquenter des mollusques, précise-t-il à Fournier dans la même lettre, « je préfère encore les vrais clams »...

À la pêche à l'éperlan, il a également fait la connaissance de leurs discrètes voisines de chalet, qui appartiennent (il n'en revient pas !) à la congrégation des religieuses enseignantes de Jésus-Marie de Sillery, près de Québec. Non seulement, sur le quai, les sœurs prennent-elles, sans façons, place parmi les amateurs d'éperlans et de loches, mais encore s'adonnent-elles discrètement aux bains de mer sur la plage:

---

* Petite villégiature du lac Saint-Louis, non loin de Beaurepaire, où les deux amis ont déjà passé leurs vacances avec leurs familles respectives.

Aujourd'hui, durant toute la marée montante, j'ai aidé des religieuses à pêcher (ohé !
mettez l'accent où il faut !). Ce sont des dames de Jésus-Marie qui passent l'été dans
notre voisinage. Elles ne sont pas prudes pour deux sous. Très réservées au début,
elles deviennent plus familières. Les enfants et nous, nous les aimons beaucoup.
Elles m'ont demandé hier si je pourrais leur enseigner les échecs [...] J'ai observé
chez elles ce trait que Jules Lemaître note dans son article [...] à savoir que même
les rustres acquièrent vite dans la vie religieuse la distinction des manières. Toutes
sont filles du peuple, et cependant leur langage comme leurs manières sont de
femmes du monde[17].

Décidément, notre anticlérical recelait, à l'égard des femmes, des réserves de
patience et de douceur dont il s'était montré plutôt avare jusqu'ici à l'égard de
leurs confrères religieux ! Mais trêve de badinage sur les chevreuils, les piverts, les
fruits de mer et les sœurs.

Sont-ce là, vraiment, les propos d'un homme tourmenté par l'urgence de se
trouver sans délai au front, à la merci des balles, et de participer, au risque de sa
vie, à une guerre cruelle ? Et Alice, dans tout cela ? Alice qui va, jupes troussées,
chercher de l'eau au puits pour laver les enfants et faire la cuisine. De quelles
pensées est habitée cette mère éprouvée qui besogne auprès du mari qui écrit face
au Fleuve ?

Le 13 août, à Ottawa, le ministère de la Milice et de la Défense annule
l'obligation faite, en août 1914, aux volontaires mariés et pères de famille d'obtenir
préalablement le consentement écrit de leurs épouses. Mais la nouvelle arrivera
beaucoup plus tard à Trois-Pistoles. Pour s'enrôler, il est toujours requis d'être âgé
de plus de 18 ans et de moins de 45 ; de mesurer, au minimum, cinq pieds et trois
pouces* de taille et 33 pouces et demi** de tour de poitrine. Sur la véranda, dans
l'air vif du petit matin, Olivar s'adonne à sa gymnastique quotidienne avec ceux de
ses fils qui sont déjà levés. Entre « hommes », on fait des pompes, on développe
ses pectoraux, on fait quelques minutes de course rapide dans la savane bordée
d'épinettes, avant de déjeuner.

* * *

Lorsque la famille Asselin rentre enfin à Montréal après les vacances, Olivar est
aussitôt happé par les développements récents de la crise des écoles de l'Ontario.
Son ami, le sénateur Philippe Landry, ne s'est pas contenté de porter leur cause
jusqu'au Conseil privé de Londres. Il a également envoyé à Rome deux mémoires
énergiques concernant la dimension religieuse de la question franco-ontarienne :

---

* En mesures métriques : 1,575 m.
** En mesures métriques : 87,75 cm.

l'un au nom de l'Association Saint-Jean-Baptiste d'Ottawa, l'autre en son nom personnel. Sur onze évêques des provinces ecclésiastiques de Toronto, Kingston et Ottawa, explique le sénateur Landry, les catholiques de langue anglaise en comptent neuf. Deux fois plus nombreux, les catholiques de langue française n'ont que deux évêques pour les représenter. Une telle situation est inacceptable:

> [...] l'épiscopat de langue anglaise dans la province d'Ontario persécute en réalité la population canadienne-française, en lui donnant, dans des paroisses essentiellement canadiennes-françaises, des prêtres et des religieuses qui reçoivent l'ordre de ne parler que l'anglais dans les églises et dans les écoles. Sciemment ou inconsciemment, une pareille politique conduit à l'extinction de la paroisse française et dirige la population canadienne-française vers l'école neutre[18].

Conservateur lui-même, Landry avait réussi à obtenir du nouveau ministre des Postes, Thomas-Chase Casgrain, une approbation écrite de cette plainte parfaitement fondée. Casgrain, en effet, venait de succéder à Louis-Philippe Pelletier récemment nommé juge. Mais la teneur de son mémoire personnel allait encore plus loin. Si loin qu'il effraya aussitôt Mgr Bruchési récemment rallié à la cause. Ce dernier se trouvait sans cesse courtisé par le lobby Doherty-Fitzpatrick, depuis que le gouvernement avait enfin obtenu des évêques canadiens-français ce fameux mandement favorable à la participation à la guerre et qui avait fait sortir Asselin de ses gonds. Depuis la soirée Pothier, Mgr de Montréal semblait mieux disposé à donner son appui à la cause des écoles de l'Ontario. Mais les nouveaux conseils qu'on lui prodigue de toutes parts le font maintenant pencher à nouveau en faveur de la thèse du « juste milieu » et des « responsabilités partagées ».

Le premier ministre de l'Ontario serait, lui dit-on, assez bien disposé envers les Canadiens français de sa province, mais les « provocations » des nationalistes nuiraient, en ce moment, à ses efforts auprès des autorités scolaires. Que les nationalistes commencent par mettre eux-mêmes fin à leurs tactiques d'obstruction et de harcèlement, nous verrons ensuite ce qu'il est possible d'entreprendre pour les satisfaire... Tels sont les arguments persuasifs que développe Charles J. Doherty dans ses entretiens avec Monseigneur.

En attendant que les élites politico-religieuses décident de leur sort, ce sont deux petites institutrices de vingt ans qui font en ce moment de « l'obstruction » en Ontario où elles sont en passe de devenir des héroïnes et le symbole vivant de la résistance française. Diane et Béatrice Desloges enseignent à l'école Guigues. Elles sont issues d'une modeste famille rurale de dix enfants.

> Leur père, qui vient de Saint-Eustache, leur a souvent raconté, aux veillées, les exploits de son propre grand-père, patriote de 37. Il leur a répété le mot de Chénier: « Il y aura des tués, vous prendrez leurs fusils. » Les enfants évoquent, comme s'ils avaient assisté à la scène, l'église incendiée par les « habits rouges », les paysans

tirant d'un jubé, Chénier sautant de la chapelle de la Vierge, le fusil au poing, puis s'affalant dans le cimetière, sur une tombe. Cette éducation va porter ses fruits.

Le 4 octobre, l'accès de l'école Guigues est interdit aux deux institutrices. Diane et Béatrice Desloges ouvrent leur classe dans une chapelle voisine. [...] Les institutrices « gouvernementales » occupent des salles vides. Omer Héroux renouvelle aux Franco ontariens une promesse d'appui sans réserve. La Société Saint-Jean-Baptiste d'Ottawa envoie des fleurs aux demoiselles Desloges. Des jeunes filles de Montréal se cotisent pour leur envoyer un médaillon de Jeanne d'Arc.

[...] À l'âge où les jeunes filles essaient des parures pour le bal, Diane et Béatrice Desloges reçoivent des assignations, des visites d'huissiers, de gendarmes. Puis le gouvernement ontarien suspend leur brevet. *Le Devoir* intitule son commentaire : « Sous la botte des Boches ontariens. » Les membres de la commission gouvernementale invitent quatre institutrices de l'école Garneau à toucher leur traitement. Les commissaires tendent à chacune d'elles un chèque — et une plume pour signer la soumission au Règlement 17. Les institutrices refusent la signature et le chèque. La lutte entre dans sa phase héroïque. Dans la paroisse Saint-Jean-Baptiste d'Ottawa, un commité taxe les paroissiens en raison de 25 sous par semaine, et passe de porte en porte recueillir cet impôt volontaire. Philippe Landry entreprend une tournée des centres franco-ontariens. Sa femme [...] l'accompagne, pour encourager les mères de famille. L'ACJC lance un nouvel appel à tous les Canadiens français, intensifie la souscription. La Société Saint-Jean-Baptiste de Montréal envoie des livres aux Franco ontariens[19].

Le Devoir et *L'Action* ne sont plus seuls à établir des liens entre la répugnance des Canadiens français à s'enrôler et l'indignation provoquée par l'application du Règlement 17 en Ontario. Au Québec, tout particulièrement, plusieurs leaders d'opinion d'allégeance libérale affirment, à leur tour, qu'il est utopique de prétendre demander aux Canadiens français d'aller combattre la tyrannie allemande, si la même médecine doit leur être servie plus longtemps en Ontario.

À Montréal, depuis quelque temps, les industries de guerre fournissent des emplois lucratifs à de nombreux chômeurs. La cadence de l'enrôlement volontaire s'en ressent. En outre, les Canadiens français, peu scolarisés, entretiennent peu d'espoirs d'avancement dans l'armée où la culture militaire leur est généralement étrangère. De 1876 à 1900, rappelle Desmond Morton, seulement 11 des 255 diplômés du Royal military College de Kinston étaient Canadiens français[20]. Enfin, dans les campagnes, la population masculine en âge de porter les armes est unilingue française et réfractaire à la propagande militariste. La technologie agricole en est à ses balbutiements et la terre requiert encore tous les bras valides.

Même dans les provinces anglaises, la propagande loyaliste et les campagnes de recrutement de Sam Hughes sont loin de donner tous les résultats escomptés. Ignorant superbement les conseils et le plan de mobilisation progressive mis au point par son chef d'état-major, le général Gwatkin, le ministre-colonel au caractère brouillon continue d'improviser. L'envoi du premier contingent canadien outre-mer avait connu des lendemains calamiteux et la chose commençait à être connue. Mais Sam Hughes ne semblait pas vouloir s'amender ni, surtout, vouloir consulter davantage les militaires de carrière dont il méprisait souverainement les avis :

> Le 15 octobre 1914, les navires transportant le contingent canadien atteignirent Plymouth. Le débarquement fut aussi chaotique que l'opération inverse à Québec. Les soldats découvrirent la teneur élevée en alcool de la bière britannique et les officiers insistèrent pour obtenir des congés. Le matériel, inextricablement enchevêtré dans les cales des navires, fut finalement empilé le long des routes afin que chaque unité puisse réclamer le sien. Sous un chaud soleil, les Canadiens plantèrent leurs tentes sur la plaine de Salisbury. C'était un bref prélude à l'hiver anglais le plus humide jamais vu.
>
> À contrecœur, Hughes accepta qu'un officier britannique, le lieutenant général Edwin Alderson, commande la nouvelle 1re Division canadienne. Alderson avait commandé à des Canadiens en Afrique du Sud, mais rien ne l'avait préparé à affronter le ministre de la Milice. Hughes avait équipé « ses gars » de fusils Ross, d'équipement Oliver (déjà condamné en Afrique du Sud), de brodequins qui se désintégraient dans la boue et de pelles-boucliers dont il avait emprunté l'idée aux Suisses et qu'il avait fait breveter par sa secrétaire, Ena McAdam, et que les soldats détestaient cordialement. Alderson abandonna les pelles ainsi que la plupart des voitures, des camions et des chariots de ferme que Hugues avait réunis à la hâte pour le contingent afin de les remplacer par les modèles réglementaires britanniques. Quant aux fusils Ross, malgré tous leurs défauts, ils se rendirent en France. Les Britanniques manquaient trop de fusils pour remplacer ceux-ci[21].

C'est dans le même esprit de désinvolture et d'improvisation que le bouillant colonel s'apprête, cette fois, à répondre aux attentes d'une opinion loyaliste qui lui reproche, depuis plusieurs mois, de n'en pas faire assez pour stimuler l'enrôlement des Canadiens.

À l'automne, à la consternation générale des militaires de carrière, il met sur pied l'opération des « colonels-honoraires ».

> Les patriotes réclamaient davantage à grands cris, et Hughes donna son accord. Après août 1915, n'importe quel groupe ou personne put se porter candidat à la formation d'un bataillon. Le ministre se délectait de cette frénésie. Les ligues de recrutement fleurissaient. À Edmonton, en février 1916, trois bataillons se disputaient les hommes ; il y en avait six à Winnipeg et dix à Toronto. Toutes sortes d'organisations ou d'amicales, Orangistes, Sportsmen ou Pals, réclamaient des bataillons. Plusieurs promettaient la tenue des Highlands ; d'autres étaient réservés aux Irlandais. Il y eut une unité pour promettre aux mères que leurs fils ne toucheraient jamais à l'alcool. Deux bataillons étaient réservés aux Américains. Un autre prenait les poids coq, les hommes qui n'atteignaient pas la taille minimum de cinq pieds et

deux pouces exigée par le Corps expéditionnaire. Pour combler les rangs, les colonels enthousiastes et des médecins complaisants fermaient les yeux sur la trop grande jeunesse de certains volontaires, leur âge avancé ou des handicaps mani-festes. Ce n'était que plus tard que ces hommes réclameraient des pensions et des indemnités. Les colonels n'étaient tout de même pas prêts à oublier la couleur. Les Canadiens d'origine japonaise étaient rarement les bienvenus; quant aux Noirs, ils étaient isolés dans une unité de construction. Les Indiens canadiens, par contre, étaient très en demande; les colonels vantaient leur férocité[22].

L'opération «colonels-honoraires» devait également s'étendre au Québec où la recherche de personnalités prestigieuses allait bientôt s'intensifier. Du coup, sir Wilfrid Laurier lui-même, en dépit de ses soixante-quatorze ans bien sonnés, se retrouve colonel honoraire du 9e régiment des Voltigeurs de Québec! Seule, pensait Hughes, l'autorité morale de tels chefs, issus du cru, réussirait à lever les obstacles qui s'opposaient encore à l'enrôlement volontaire dans la province française. Au lieu d'opérer lui-même, le ministère, tenu en suspicion, demeurerait dans l'ombre et se bornerait à stimuler l'initiative privée des «pure laine». C'était s'inspirer un peu du système utilisé sous l'Ancien Régime où les seigneurs, titulaires de brevets militaires, «racolaient» eux-mêmes leurs soldats en battant les campagnes. À cette différence près que les seigneurs d'autrefois allaient eux-mêmes à la guerre:

> Les colonels honoraires de Sam Hughes — avocats, industriels, administrateurs de banque en uniforme kaki, baudrier fauve et houseaux vernis — rivalisaient d'ardeur pour envoyer les autres au front. Dans ses nominations et promotions, Sam Hughes tient compte des attaches de parti, mais plus encore de ses sympathies et antipathies personnelles. L'impulsif ministre est fort capable d'accélérer ou de retarder l'avancement d'un officier pour faire enrager quelque ennemi personnel. Mais il est fort capable de récompenser un libéral notoire témoignant d'un réel esprit militaire. Bref, c'est à qui lèvera un bataillon. Trois lieutenants-colonels: Adolphe Dansereau, F.S. Meighen et Hercule Barré*, ont l'expérience du front et bénéficient simplement d'un avancement ultra-rapide. Les autres gardent le commandement théorique de leur unité, et confient le commandement en second à un officier expérimenté, qui se contentera du grade de major[23].

Le ministre est en droit de nommer les officiers du Corps expéditionnaire canadien sans tenir compte de leur compétence et dans le seul but, si tel est son bon plaisir, de flatter les politiciens et les hommes d'affaires. Une fois nommés, à titre provisoire, ces derniers demeuraient libres de s'inscrire dans une école militaire de leur service pour y obtenir quelques qualifications. Pour l'infanterie, chacune des onze régions militaires du Canada possédait son école. Mais dans les

---

* Hercule Barré était parti d'Halifax le 20 mai 1915, dans les rangs du 22e régiment avec le grade de major. De retour au pays, après la bataille des Flandres, il sera aussitôt promu lieutenant-colonel à la tête du 150e bataillon.

faits, les « colonels honoraires » n'assumaient aucune responsabilité militaire. Ils étaient nommés là pour fins de propagande et à titre purement décoratif. Cependant, une certaine expérience du maniement des armes n'était pas à dédaigner.

Des officiers de milice seront donc pressentis eux aussi, mais en y mettant les formes voulues. Bien antérieure à la formation du Corps expéditionnaire canadien, créé de toutes pièces après août 1914, la Canadian Militia possède des traditions et des statuts bien à elle. En vertu de son mandat d'origine, en effet, la milice doit pourvoir à la défense exclusive du territoire canadien. Elle se divise en deux sections : une force permanente, composée d'à peine 3000 hommes*, dont un très petit nombre de Canadiens français. Regroupés dans une seule unité, le Royal Canadian Regiment**, ses soldats portent l'uniforme et reçoivent une solde régulière. Avant 1914, cette force permanente ne regroupait que des fantassins issus de l'ancienne Infantry School Corps. D'autres régiments, tels le Royal Canadian Dragoons ou le Royal Canadian Horse Artillery, regroupaient les écoles de cavalerie et d'artillerie. Seule la compagnie « B » du Royal Canadian Regiment recrutait des francophones issus du Québec. Ailleurs, la majorité des recrues provenaient des communautés anglophones ou, dans certains cas, d'anciens réservistes de l'armée britannique.

La seconde section de la Canadian Militia se trouve composée de plusieurs régiments de milice active non permanente, répartis dans les diverses villes et régions du pays. Au Québec, en région urbaine, le 85e régiment de Maisonneuve, le 9e régiment des Voltigeurs de Québec et le 65e régiment des Carabiniers du Mont-Royal*** font partie de cette milice active non permanente. Avant 1920, tous ces régiments portent un numéro. Dans les villes, les miliciens de cette seconde catégorie reçoivent leur entraînement dans les manèges militaires, à raison d'une soirée par semaine. Dans les milieux ruraux, cet entraînement leur est dispensé durant l'été, au cours d'un stage de formation de deux semaines. Tous ces miliciens à temps partiel détiennent un emploi ailleurs et portent l'uniforme à l'occasion de circonstances spéciales, de fêtes patriotiques ou même religieuses. C'est à cette seconde section de la milice qu'appartient Armand Lavergne devenu, depuis peu, lieutenant-colonel du régiment de Montmagny, dans sa circonscription du Bas-Saint-Laurent. Il y a remplacé le colonel Landry, fils du sénateur Philippe Landry, promu chef de la région militaire de Québec.

C'est à ce jeune orateur un peu flamboyant, adulé par la jeunesse, disciple inconditionnel de Bourassa, mais adorant l'uniforme, que l'habile Sam Hughes ne craint pas de s'adresser, dès le début novembre 1915, pour lui proposer de lever

---

* Aujourd'hui environ 83 000 hommes regroupés sous le nom de Forces armées canadiennes.

** Le Royal 22e régiment et le Princess Pat Canadian Infantry en font partie aujourd'hui.

*** Auxquels on peut ajouter, aujourd'hui, le régiment de la Chaudière qui s'est illustré au cours de la Seconde Guerre mondiale.

à son tour un bataillon pour le service outre-mer. Sam Hughes estime particulièrement les officiers de milice, même si ces derniers ont des attaches politiques
différentes des siennes. Il les préfère nettement aux officiers de la force permanente, tels le colonel Oscar Pelletier ou les généraux François Lessard et
William Otter, qu'il déteste cordialement à titre de professionnels susceptibles de
lui porter ombrage. Il considère Lavergne comme un «camarade»: ce dernier
revendique, en effet, le droit du «citoyen en uniforme» de s'exprimer librement,
droit dont Hughes lui-même ne cesse d'user et d'abuser, en tant que ministre
conservateur et colonel!

En outre, marié depuis 1904, Lavergne n'a pas d'enfants. En quelques
heures, la nouvelle de «l'invitation» de Hughes se propage dans les salles de
rédaction des journaux comme une traînée de poudre. Chez son ami Asselin, peut-
être un feu latent couvait-il sous la cendre, en dépit de son apparente indifférence
de l'été précédent. Sans même attendre la réponse de Lavergne à la surprenante
proposition du ministre (Lavergne qui, à n'en pas douter, est en train de consulter
précipitamment Bourassa), Asselin lui griffonne en toute hâte ces quelques lignes:
«Gardez-moi une place, n'importe laquelle: je pars avec vous[24]...»

Par deux fois, il s'est vu refuser un emploi comme interprète auprès du Corps
expéditionnaire canadien. Mais son désir de partir a vraisemblablement survécu à
l'échec. Certes, il a distraitement recherché (ou fait mine de rechercher) un emploi
civil durant tout l'été. Mais invariablement, sans doute, ses pensées le ramenaient-
elles à la case de départ. D'imaginer seulement Lavergne à la tête d'un bataillon
semble avoir ranimé en lui le vieux désir assoupi: Lavergne, le jeune compagnon
des temps héroïques du *Nationaliste*, le Cyrano de leurs bagarres politiques et de
leurs inénarrables procès... Et maintenant d'imaginer seulement Lavergne luttant,
coude à coude avec lui, au sein du même bataillon, pour libérer la France, soulève
sans doute à nouveau son espoir!

Mais le 3 novembre, tout bien pesé, et sa réponse à Sam Hughes connue de
tous, Lavergne explique à son ami les motifs qui l'ont poussé à refuser la
proposition du ministre de la Milice et de la Défense:

> Quelques raisons personnelles me rendent le départ difficile, presque impossible
> POUR LE MOMENT... Nous aurons sûrement le service obligatoire, au moins pour
> les officiers, d'ici à six mois*. *Nous pourrons alors combiner le goût de l'aventure, nos
> principes et la «doulce France**».*

---

* Lavergne anticipe. La conscription ne sera imposée qu'en juillet 1917.

** L'italique est de nous. Tout comme Asselin, Lavergne est tenté par l'aventure: la
conscription réglerait le cas de conscience qui est le sien à l'égard des principes nationalistes qu'il
s'impose de respecter.

Croyez-vous, en attendant, que nous puissions aller prêcher l'enrôlement et demander au peuple d'abandonner le Canada, son avenir et ses intérêts, pour aller se battre de l'autre côté des mers pour l'Angleterre ? — Je ne le crois pas ! Ce serait désavouer toute notre conduite passée, nos écrits et nos discours. Ce serait de plus et surtout contribuer à la diffusion d'une doctrine pernicieuse et mauvaise pour le pays.

J'ai foi que l'avenir et les circonstances me permettront de me laver de cette accusation qui pourra paraître fondée jusque-là. Si cette chance m'est refusée, je croirai encore qu'on doit tout à son pays, même l'honneur [...]

Dites-moi ce que vous en pensez[25] ?

La décision de Lavergne, en effet, coûte déjà bien cher à son « honneur ». Les militaires et la presse loyalistes s'empressent d'imputer son refus à la peur de combattre, plutôt qu'à la fidélité à ses principes. Les miliciens de la force active non permanente étaient, d'ailleurs, souvent considérés comme des « soldats de parade » par les militaires de carrière. Et, de fait, Lavergne et ses semblables ne connaissaient pas le feu.

Le 6 novembre, Asselin répond à Lavergne qu'il entre volontiers dans les raisons que ce dernier avance pour justifier son refus de partir, mais ces raisons il les aurait, lui Asselin, formulées tout autrement :

Je crois que l'homme qui veut servir, comme soldat, la France — ou l'Angleterre, — et qui, à raison de sa pauvreté ou autrement, ne peut le faire que dans l'armée expéditionnaire canadienne, peut très bien s'enrôler sans approuver par cela même la participation officielle du Canada au conflit européen en Europe. Je comprends votre manière de voir, qui est peut-être au fond la plus raisonnable. Je crois même que vous auriez pu vous contenter de répondre : « Monsieur, je me suis enrôlé dans la milice canadienne pour défendre le Canada. J'ai pour ne pas m'enrôler des raisons d'ordre public que mes amis connaissent. J'en ai d'ordre privé que je n'ai pas à vous donner... J'ai dans la guerre actuelle le même devoir que tous les autres citoyens. Je ne dis pas que je refuse de m'enrôler. Je veux seulement le faire à mon heure, et s'il me plaît[26]. »

Cela dit, Asselin livre maintenant le fond de son cœur, sinon de sa pensée. Il partage avec son ami le débat intérieur qui a été longtemps le sien : concilier « l'appel de la France » et ses responsabilités de chef de famille. Maintenant, semble-t-il, la cause est entendue. Il doit partir, il partira dès que possible :

Moi, si je veux partir, c'est que j'aimerais mieux mourir que de voir la France vaincue et impuissante... Avec vous, il me semble que je pourrais faire de belles choses. J'espère encore, égoïstement, que ce n'est que partie remise. Évidemment, un père de famille de 41 ans (eh oui !), dont les affaires sans être mauvaises, ne sont pas particulièrement brillantes et ne s'amélioreraient pas par son absence, doit tout peser avant de s'enrôler ; je le répète, avec vous je partirais tout de suite : demain, aujourd'hui, à l'instant[27].

Sauver la France du désastre, préserver à nouveau, à sa source même, cette « pensée française », qu'il a tant défendue depuis sa lointaine patrie d'Amérique, suffirait à le mobiliser « tout de suite, demain, aujourd'hui, à l'instant ». Mais il y a plus. Il y a ce goût mystérieux du risque suprême qui le pousse vers la guerre. Une sorte de tête-à-tête intime avec lui-même que lui procurerait l'expérience de mettre chaque jour sa vie dans la balance, de tester sa propre valeur face à d'autres hommes, d'éprouver jusqu'à sa limite le dépouillement matériel et la rupture de toute attache :

> Je pense quelquefois que le plus grand besoin de notre race, c'est encore d'apprendre à mépriser, quand il le faut, la vie, à ne pas trop s'attacher au bien-être, à l'aisance purement matérielle, à être dure pour elle-même, et prodigue, à l'occasion, de son sang. Sur ce point *je suis encore plus nietzschéen que chrétien. Pour la race, je comprends le renoncement comme un moyen de domination. Je voudrais que nous fussions à notre manière des Spartiates, non des Nazaréens qui présentent l'autre joue comme des esclaves*[28].

Telle est la soif de radicalité qu'auront laissée en lui toutes ces années de luttes nationales et d'affrontements avec les bons apôtres du « juste milieu », avec les virtuoses politiques et religieux du « double langage ». Après dix mois de « distinguo » fallacieux et d'arguments sans fin avec l'abbé D'Amours, le « Spartiate » n'en peut plus. Il a envie, cette fois, de se battre pour de vrai ! Qu'on lui donne une arme et qu'on ouvre, au plus tôt, de plus vastes horizons à sa combativité ! Ces « Nazaréens » qu'il exècre et « qui présentent l'autre joue comme des esclaves », leur a-t-on jamais dit qu'ils avaient pour maître un prophète « qui vomissait les tièdes » et qui voulait apporter sur terre, « non pas la paix mais bien le glaive » ?

Le choix d'Asselin répond aussi à un sursaut intérieur d'exaspération devant la médiocrité de son milieu et de son temps. Le sursaut du prisonnier, trop longtemps restreint dans ses mouvements par la contention et qui vient tout à coup, sans crier gare, de rompre ses liens. Mais très ambiguë apparaît déjà la sorte de liberté que lui confère la voie paradoxale qu'il s'apprête à suivre.

Le refus de Lavergne n'a fait qu'exacerber son désir de partir pour le front. Désir dont, à ce moment-ci, il a sans doute déjà fait confidence à quelques-uns de ses meilleurs amis. Garder plus longtemps le secret lui est devenu impossible. L'un d'entre eux (peut-être s'agit-il de Lavergne lui-même) s'est empressé d'apporter l'étonnante nouvelle au ministre de la Milice et de la Défense. Sam Hughes a, dès lors, jugé le moment venu, pour lui, de mettre la main sur cette prise de choix. Le 26 novembre, Olivar Asselin, le disciple de Bourassa, est donc pressenti pour le

---

* L'italique est de nous.

grade de « colonel honoraire » avec pour mission de lever un bataillon pour servir sous l'autorité britannique. Le fruit était mûr. Il accepte de le cueillir, le jour même, avec empressement. Non sans toutefois y mettre ses conditions.

Il commence par refuser le titre, à ses yeux usurpé, de « colonel » dont aiment tant se parer les dizaines de « colonels honoraires » créés par le ministre. Il a bien trop de respect pour le professionnalisme des armes pour se prêter à semblable comédie ! Il servira, en second seulement, sous les ordres d'un militaire de carrière qui a connu le feu et dont la valeur est reconnue par ses pairs. Il jette aussitôt son dévolu sur le capitaine Henri Desrosiers qui, récemment encore, commandait la compagnie* canadienne-française du 14e bataillon** du corps expéditionnaire dans les Flandres. Il demande et obtient son rapatriement. C'est à cet officier éprouvé, ancien condisciple de classe de l'abbé Groulx à Vaudreuil, à qui Sam Hughes conférera immédiatement le grade de lieutenant-colonel. C'est lui qui prendra la tête du 163e bataillon d'Asselin. Ce dernier se contentera du rang de major***, titre qu'il entend mériter le plus tôt possible à l'entraînement et auquel il croit que ses états de service aux États-Unis, à l'occasion de la guerre hispano-cubaine, l'autorisent à prétendre.

Asselin a également posé, comme condition à son enrôlement, que le 163e bataillon soit composé entièrement de volontaires canadiens-français dont il se fait fort d'assurer lui-même le recrutement et la qualité exceptionnelle. Sam Hughes acquiesce à tout cela. Les formalités d'enrôlement complétées, un vaste local sera mis à sa disposition, à l'angle des rues Guy et Saint-Jacques, dans les locaux désaffectés de la Northern Electric Company, pour commencer le travail de recrutement intensif de son bataillon. Il lui a trouvé un nom imagé et provocateur : le 163e s'appellera le bataillon des « Poils-aux-pattes », sobriquet fréquemment utilisé, par les Canadiens français eux-mêmes, pour se distinguer de leurs compatriotes d'origine anglo-saxonne, par un attribut jugé éminemment viril.

Asselin n'a pas encore subi son examen médical ni signé son formulaire d'adhésion au Corps expéditionnaire canadien, qu'il est déjà sur la brèche pour recruter ses officiers. À un ami très cher, Alfred Larocque, déjà pourvu du grade de capitaine****, il écrit, dès le 29 novembre, pour lui proposer de prendre la tête d'une compagnie au sein du 163e bataillon. Alfred Larocque, on s'en souvient, avait été l'un des premiers coéquipiers d'Asselin, à l'époque de la fondation de la Ligue nationaliste. Il avait assumé avec lui l'ingrate responsabilité des levées de fonds

---

* 240 hommes.
** 960 hommes.
*** Un major, ou un capitaine, commande une compagnie de 240 hommes répartis en 4 pelotons de 60 hommes chacun.
**** Ou de major.

indispensables à l'organisation des grandes assemblées de Bourassa, le grand tribun se refusant toujours, à l'époque, à ce que son nom soit associé, de près ou de loin, aux questions de financement. Alfred Larocque, en outre, appartenait à ce petit nombre exceptionnel de Canadiens français à détenir un brevet d'officier du Collège militaire de Kingston. Il y avait subi un nombre incalculable de brimades, dont la menace de se voir refusé aux examens, pour avoir persisté à s'exprimer en français dans cet établissement militaire de haut niveau. Jules Fournier avait consacré un article à cette histoire peu banale de discrimination, dans la livraison du 28 novembre 1914 de *L'Action*. C'est à cet officier canadien-français de valeur, résolu à se tailler une place dans l'armée, qu'Asselin lance une invitation à joindre les rangs du 163ᵉ :

> Bien cher Larocque,
>
> Moi qui ai vu quel homme d'acier tu deviens sous le harnais militaire, et qui ai tant de fois éprouvé ta généreuse amitié, tu ne saurais croire combien je serai heureux de t'avoir à nos côtés, dans notre régiment*. Nous aurons surtout besoin d'une vigoureuse discipline. Je crois que je pourrais te faire nommer au commandement d'une de nos quatre compagnies, ce qui, durant le service, te donnerait, en solde et en allocations, plus de 200 $ par mois, et qui, en cas de mort, assurerait la subsistance de ta famille**. Écris-moi si cette proposition t'intéresse, et je prendrai ton nom pour le soumettre à Desrosiers, à son arrivée[29].

Pour son bataillon d'élite, composé entièrement de Canadiens français, notre « Spartiate » veut des « hommes d'acier » auxquels sera imposée cette « vigoureuse discipline » qui, seule, prépare aux faits d'armes héroïques. Larocque dut toutefois marquer quelque étonnement à lire pareille requête sous la plume d'une vedette de la cause nationaliste. Le 2 décembre, Asselin éprouve le besoin de justifier sa démarche à l'aide du fragile et douteux argument déjà utilisé par Laurier :

> J'espère bien que tu ne vois pas de contradiction entre mes idées nationalistes et mon enrôlement, mais qu'au contraire tu te rends compte que si je reviens de la guerre, je pourrai d'autant mieux me faire entendre que j'aurai plus payé de ma personne[30].

Il reste que c'est à ses premiers compagnons de route nationalistes qu'il songe d'abord pour courir avec lui le risque exaltant de la « sublime aventure ». Tous ces jeunes disciples du Bourassa des premières heures se trouvent, en ce moment, dispersés par l'échec et les reniements de l'alliance de 1911 avec les conservateurs. Leur combativité politique se retrouve aujourd'hui sans objet.

---

* Ou bataillon.

** Considérations dont Asselin a sûrement tenu compte en sollicitant, pour lui-même, le grade de major.

À tous ceux-là, la guerre offre peut-être, pense Asselin, un nouveau défi à relever, un nouvel antidote à la grisaille des jours présents :

> Tu es le premier homme à qui j'ai songé comme major, et ton nationalisme était à mes yeux une qualité de plus. Tu as femme et enfant ; moi j'ai une femme et trois enfants. Il m'a paru qu'à certains moments, depuis vingt-cinq ans, tu devais avoir trouvé la vie bien plate, et que tu serais peut-être, comme moi, heureux de prendre une faible part à une sublime aventure. Réponds-moi. Dis-moi au moins que je ne t'ai pas offensé. Si tu viens, je partirai le cœur plus léger. Si tu ne viens pas, je ne t'en estimerai ni aimerai pas moins.
>
> Amicalement à toi,
>
> Olivar Asselin[31]

Tandis, cependant, que l'ex-instigateur du *Sou de la pensée française* aspire à l'héroïsme et au dépassement avec ses meilleurs amis, les tribunaux ontariens rejettent l'injonction demandée par le sénateur Belcourt, au nom de la commission scolaire élue, contre la commission fantoche nommée par le gouvernement ontarien. Forte de ce jugement, la nouvelle commission gouvernementale s'empresse aussitôt de supprimer les traitements et d'invalider les brevets d'enseignement de toutes les institutrices et de tous les instituteurs qui refusent d'appliquer le Règlement 17. Lorsque l'un ou l'autre refuse de s'y conformer, des poursuites en justice sont aussitôt intentées contre les commissaires responsables de son embauche. Les choses vont de mal en pis en Ontario et la démocratie y est ostensiblement foulée aux pieds.

Sans se laisser désarçonner pour autant, le sénateur Landry entreprend en catastrophe une nouvelle série d'assemblées publiques de protestation. Les enfants des écoles insoumises font circuler des pétitions dans toute la province. Plus de mille écoliers, accompagnés de leurs professeurs, vont les présenter à l'Assemblée législative de l'Ontario. D'autres délégations enfantines du même genre convergent vers Ottawa. Philippe Landry résume ainsi la pensée qui anime, en ces heures cruciales, le plus vaste front commun jamais recensé, dans une province canadienne, en faveur des droits du français :

> Nous n'abandonnons pas la lutte ; au contraire, nous la pousserons jusqu'au bout et jusqu'à ses dernières conséquences, car nous voulons savoir, en fin de compte, si l'Acte de la Confédération a été pour tous un pacte d'honneur ou pour nous un piège d'infamie[32].

Toujours soucieux de permettre à son parti de prendre bientôt sa revanche sur les conservateurs de Borden, Laurier, confronté à la question ontarienne, louvoie, temporise, cherche une échappatoire. Il anticipe, après la guerre, dit-il, des temps meilleurs pour les Canadiens français. Il se dit comblé, dans son vieil âge, d'avoir vu ses deux mères-patries réunies dans un même combat contre la barbarie teutonne. Aussi, quand les soldats des deux races canadiennes auront fraternisé et mêlé leur sang sur les champs de bataille, la majorité, il s'en dit persuadé, rendra sûrement justice à ses compagnons d'armes de langue française.

Révolté par cette nouvelle esquive du chef libéral, Omer Héroux riposte aussitôt dans *Le Devoir*:

> Les soldats canadiens-français et anglais ont mêlé leur sang à Langemark*, mais cela n'a pas empêché le gouvernement ontarien d'appliquer ses méthodes «plus prussiennes que britanniques»... cela ne l'empêche pas de vouloir étouffer le français sur les lèvres des petits enfants, et d'essayer d'appliquer les procédés odieux contre lesquels prétendent lutter les Alliés... cela ne l'empêche pas de fouler aux pieds le principe essentiel des institutions britanniques: No taxation without representation, et de confisquer les droits des contribuables catholiques d'Ottawa.
>
> On n'aperçoit pas, en fait, de plus cynique hypocrisie que celle de ces Pharisiens qui maudissent les méthodes allemandes à l'étranger pour mieux les appliquer chez eux, et qui tentent, à la faveur du bouleversement universel, d'étrangler une petite minorité[33].

Voilà ce qu'écrit le fidèle Héroux, l'indéfectible ami d'Asselin, l'éditorialiste qui couvre, semaine après semaine, toutes les manifestations de la résistance franco-ontarienne, qui ne craint pas de se mêler à leurs délégations et se fait même, à l'occasion, le chevalier servant des petites sœurs Desloges à la porte de leur école dissidente. Bourassa, lui, se réserve pour les grandes fresques constitutionnelles et le rappel des principes fondamentaux mis en jeu par l'affaire du Règlement 17. Il annonce aussi, pour le 16 décembre, au Monument national, une conférence qui aura pour titre: *Cartier, Macdonald et nos obligations militaires*. À l'issue de cette soirée très attendue, on procédera au lancement de son premier ouvrage de fond sur la Confédération: *Que devons-nous à l'Angleterre?* Le précédent témoigne de l'importance que le directeur du *Devoir* accorde à la question constitutionnelle: jusque-là, Bourassa s'était contenté de publier, sous forme de brochures, quelques conférences ou une série d'éditoriaux regroupés sous un même thème.

Quant aux amies collaboratrices de la FNSJB, Marie Lacoste-Gérin-Lajoie et *Madeleine* en tête, elles mobilisent plus que jamais en faveur des mères de familles franco-ontariennes qui se relaient, jour et nuit, emmitouflées jusqu'aux yeux, armées de bâtons, de boyaux de caoutchouc ou de leurs proverbiales épingles à chapeau pour interdire l'accès de leurs écoles insoumises aux inspecteurs du gouvernement. La FNSJB a délégué auprès d'elles Marie-Claire Daveluy, future historienne de la fondation de Montréal**. À son retour, cette dernière publie, dans

---

* Petite localité des Flandres où se déroula, du 16 au 18 août 1915, l'une des phases cruciales de la troisième campagne d'Ypres.

** Le pavillon principal de la Bibliothèque nationale du Québec à Montréal porte aujourd'hui son nom.

La Bonne Parole, un reportage vibrant qui en appelle à la mobilisation de tous les membres de la Fédération. Tout au long de la crise ontarienne, de nombreux articles de *La Bonne Parole* témoigneront de la solidarité des femmes du Québec envers leurs sœurs résistantes de l'Ontario. Si l'expression « langue maternelle » a jamais été prise au sens fort du terme, c'est bien le long de ces cordons humains de femmes résolues à tout pour sauver leurs écoles. Là aussi, semble-t-il, il y aurait place à revendre pour les amateurs d'héroïsme et de dépassement.

* * *

Mais, le 14 décembre, Asselin a déjà fait son choix. Les conditions d'enrôlement ayant été modifiées à la baisse, depuis le début des hostilités, il a été officiellement admis, avec le grade de major, au titre de commandant en second du 163e bataillon. Le lieutenant-colonel Desrosiers, tout juste rentré des Flandres, vient d'en prendre le premier commandement. Le médecin examinateur a, semble-t-il, trouvé Asselin en excellente forme physique. Ablation d'une partie de l'estomac en 1908, avec d'importantes séquelles gastriques et des poussées fréquentes d'irritations coliques, dépressions nerveuses cycliques alternant avec de brusques périodes d'hyperactivité, petite taille, petit poids, 41 ans, marié, trois enfants : rien de tout cela n'impressionne, semble-t-il, le docteur des armées, ni ne disqualifie l'opiniâtre « Petit Caporal ». Le ministre de la Milice et de la Défense a bien trop besoin de lui, en ce moment, pour s'attarder à la lettre du règlement. Bien trop besoin du nom d'Asselin pour rallier à la cause de l'Angleterre une province française récalcitrante et que le traitement infligé à la minorité franco-ontarienne soulève d'indignation.

L'enrôlement officiel n'était que pure formalité. Depuis quelques semaines déjà, le « secret », « l'affaire » et bientôt le « scandale Asselin » avait été peu à peu ébruité. Durant les semaines qui suivent, à Montréal, à Québec, dans les villes et les villages, les notables ne s'entretiennent plus que de la fameuse volte-face d'Asselin. Les uns pour le honnir, les autres pour célébrer sa bravoure et sa détermination. Quand il circule en uniforme, rue Saint-Jacques, les uns changent aussitôt de trottoir pour éviter d'avoir à lui adresser la parole ; les autres s'empressent au contraire de traverser la rue pour lui serrer la main avec effusion. D'anciens amis l'évitent manifestement. De nouveaux admirateurs se présentent dont il a parfois envie lui-même de se détourner. Il crâne, Asselin. Il se fait photographier auprès d'une motocyclette de l'armée, en grand uniforme, avec Jean et Paul auprès de lui. Ou, plus martial encore, au sommet du mont Royal, monté sur un superbe pur-sang. Mais jamais en compagnie d'Alice.

Il le porte fièrement, d'ailleurs, cet uniforme qu'il a tant convoité ! Il le porte fièrement, comme il assume, en silence, la contradiction suscitée par son geste. Il a réservé la salle du Monument national pour le 21 janvier. C'est là, et là seulement, qu'il s'expliquera publiquement sur les motivations et les justifications de son étonnante décision. *Le Devoir* se contente d'annoncer l'événement par un entrefilet laconique en dernière page.

Car si *L'Action* de Jules Fournier tente de justifier la décision d'Asselin par la nécessité morale personnelle, pour un Canadien français tel que lui, de se porter au secours de la France, *Le Devoir* de Bourassa observe au contraire, à l'égard de l'événement, un silence éditorial que chaque lecteur interprétera comme un blâme. Tout au plus y trouvera-t-on, en dernière page, confondues avec quelques nouvelles mineures d'intérêt local, des informations factuelles de base touchant le double commandement et la formation du 163ᵉ bataillon. Selon une tradition orale, recueillie auprès d'anciens journalistes du *Devoir*, le nom d'Olivar Asselin ne devait plus, après décembre 1915, être prononcé dans la salle de rédaction du journal en présence du directeur. Olivar Asselin : celui par qui le scandale arrive et sur lequel il convient de tirer au plus tôt le rideau de l'oubli.

À un lecteur de Bellechasse qui a fait parvenir au *Devoir* ses commentaires personnels sur l'enrôlement d'Asselin, Bourassa, qui a jugé ces derniers trop indulgents, répond qu'il ne les publiera pas. La réponse est pleine de sous-entendus :

> Je ne crois pas non plus devoir publier votre lettre du 1ᵉʳ décembre au sujet de l'enrôlement de M. Asselin dans les armées de l'Empire, à titre d'officier recruteur. Du moins je ne la publierais pas sans lui faire subir quelques coupures. J'ai malheureusement trop de raisons de croire que le « geste » de M. Asselin, si bruyamment acclamé par les politiciens rouges et bleus et par *La Presse*, est inspiré par un tout autre motif que celui d'aider la France. M. Asselin a rendu autrefois des services à la cause nationaliste : je préfère fermer les yeux sur ses palinodies. Si le journal était appelé à porter un jugement sur sa manière d'agir, il serait obligé de dire des choses qui le réduiraient à sa juste valeur et le mettraient en fort mauvaise posture. Malgré toutes ses perfidies à mon endroit, j'aime mieux fermer les yeux et faire silence, à moins qu'il ne pousse la démence jusqu'au point de nous forcer à dire toute la vérité.
>
> Je ne saurais du reste laisser écrire dans le journal que la majorité des membres de la Société Saint-Jean-Baptiste, en se débarrassant de M. Asselin, ont commis un acte « d'ingratitude ». Si vous étiez au courant, comme je le suis, de ce qui s'est passé, vous jugeriez comme moi que la Société Saint-Jean-Baptiste n'avait pas autre chose à faire qu'à mettre de côté un personnage aussi compromettant que versatile et qu'elle a manifesté à son endroit plus de charité et de patience qu'il n'en méritait.
>
> Quant à la campagne américaine de M. Asselin, il est plus que grotesque de l'entendre s'en vanter aujourd'hui pour se faire octroyer les épaulettes et le traitement d'un major de l'armée impériale. Cette campagne s'est réduite à un campement dans un coin quelconque des États du Sud. Il n'a jamais vu le feu ni acquis une expérience militaire quelconque. Si vous voulez m'en croire, moins nous parlerons de la volte-face de cet ex-nationaliste, mieux ce sera[34].

Si tel est le ton qui prévaut, tout au moins à la haute direction du *Devoir*, en revanche les lecteurs de *L'Action* sont davantage conviés à entrer dans les motivations profondes d'Asselin pour tenter de les comprendre. Depuis le début de la guerre, le journal de Fournier est lui-même soumis à deux tendances qui se réclament également de longues fidélités. D'une part, *L'Action* affiche, à l'égard des visées de l'Angleterre touchant la participation canadienne à la guerre, une radicalité qui ne surprend guère de la part du tandem Asselin-Fournier. Aux yeux de ce dernier, Bourassa se serait même montré « trop mou » dans son approbation morale, sous certaines réserves, de l'envoi de contingents canadiens en Europe, au cours des mois précédents. D'autre part, *L'Action* ne cesse d'attirer la sympathie de ses lecteurs sur les infamies subies par la Belgique et la France depuis l'invasion de leur territoire, de célébrer les moindres victoires militaires de la France et d'accuser la presse anglaise de passer sous silence les exploits du général Joffre pour mieux faire ressortir ceux du général French.

L'Action parle abondamment de l'assassinat de Jaurès et reproduit des articles qui résument son œuvre et dressent le bilan de son testament moral. Le journal ne cesse, numéro après numéro, de célébrer la mort héroïque de Charles Péguy en pleine bataille de la Marne, ou celle d'Alain-Fournier, fauché en pleine jeunesse après la publication d'un premier roman rempli de promesses[*]. *L'Action* se fait enfin un devoir d'entretenir, autour des exemples français, une véritable mystique de l'héroïsme militaire. Quand ce n'est pas le poème prémonitoire de Péguy qui sert franchement d'éditorial à *L'Action* :

> Heureux ceux qui sont morts pour la terre charnelle
> Mais pourvu que ce fût dans une juste guerre
> Heureux ceux qui sont morts pour quatre coins de terre
> Heureux ceux qui sont morts d'une mort solennelle.
>
> Heureux ceux qui sont morts dans les grandes batailles
> couchés dessus le sol à la face de Dieu...
> Heureux ceux qui sont morts pour leur âtre et leur feu
> Et les pauvres honneurs des maisons paternelles...
>
> Heureux ceux qui sont morts car ils sont retournés
> Dans la première argile et la première terre
> Heureux ceux qui sont morts dans une juste guerre
> Heureux les épis mûrs et les blés moissonnés[35].

Ces vers avaient entretenu, depuis vingt-cinq ans, et dans tout ce que la France comptait de gazettes patriotiques, le souvenir des morts de 1870 et l'espoir

---

[*] *Le Grand Meaulnes.*

tenace de « la revanche ». Ils allaient maintenant essayer de traduire l'intraduisible attirance personnelle qu'Asselin ressentait pour le service de la France et qui allait lui valoir tant d'incompréhension et d'inimitiés chez les nationalistes. « Qui manque de logique, s'interroge longuement Fournier, Asselin ou *Le Devoir*[36] ? » Mais il n'ajoute rien d'autre, pour tenter d'absoudre le nouveau major, que le poète mort au champ d'honneur n'avait déjà permis d'entrevoir.

Ils ont d'ailleurs bien des fers au feu, cet hiver-là, les deux inséparables, et de moins en moins de temps pour tenter de se justifier. Fournier, qui songe toujours à se présenter à l'échevinage de la Ville, se trouve traduit devant les tribunaux par le maire Médéric Martin que l'éditorialiste a accusé publiquement de diverses spéculations frauduleuses dans le domaine immobilier, de la cimenterie et des transports en commun. On s'amuse ferme aux assises, où les procureurs de Fournier se plaisent à citer de longs extraits de *L'Action* où le maire Martin est particulièrement tourné en ridicule.

La presse anglaise se déchaîne également contre les attitudes anti-britanniques du directeur de *L'Action* face à la guerre. Un journal de Toronto, le *Jack Canuck*, suggère même que « Fournier soit abattu à coups de revolver dans la rue sans autre forme de procès pour cause d'anti-patriotisme ». Mais s'empresse d'ajouter qu'il ne faudrait surtout pas jeter au Fleuve « la carcasse d'un tel monstre, capable de polluer, à elle seule, toutes les eaux du Golfe[37] ». Une fois de plus, au cours des polémiques entourant l'enrôlement, les deux amis sont à même de vérifier les insoupçonnables ressources d'équanimité du tempérament anglo-saxon.

Quant à Asselin, il a, lui aussi, un procès sur les bras devant un certain juge Greenshields dont on devine qu'il ne sera guère porté à lui faire de quartier. Le juge Greenshields condamnera, en effet, le major Asselin à verser à l'offensé, un riche homme d'affaires du nom de Wanklyn, la somme de 150 $ pour avoir publié des propos préjudiciables à sa réputation. L'étonnant répertoire d'épithètes utilisées par Asselin à l'endroit du plaignant obligera le magistrat de langue anglaise à recourir au dictionnaire durant toute la durée des plaidoieries, à la grande joie de l'accusé et de ses procureurs. Mais les ennemis d'Asselin s'empresseront de répandre la rumeur que son enrôlement n'est qu'une parade militaire inventée de toutes pièces pour lui permettre d'échapper au bras de la justice.

Dans l'expectative du discours d'Asselin au Monument national, prévu pour le 21 janvier, la perplexité s'installe de plus en plus chez les jeunes nationalistes des collèges et des universités qui avaient fait de lui, jusque-là, l'un des porte-parole les plus écoutés de leur génération. Le silence réprobateur du *Devoir*, les blâmes explicites du *Nationaliste* les ont affectés. Selon la nouvelle orientation que lui a donnée Bourassa, l'ancien journal d'Asselin est devenu, pour *Le Devoir*, une sorte d'édition du samedi qui s'adresse particulièrement aux jeunes et accorde beaucoup de place aux sports. Ainsi influencés, les jeunes font difficilement le lien entre les propos anti-participationnistes de l'orateur qui haranguait les passants, l'été dernier, depuis le péristyle de leur Université, et le geste de celui qui a déjà commencé à recruter un bataillon qui sera ultérieurement mis à la disposition de l'Angleterre.

L'un de ces jeunes fait spontanément confidence des réflexions contradictoires qui l'habitent, dans une lettre adressée à la tribune libre de *L'Action*. Elle illustre, mieux que toute autre démonstration, les regrets, les interrogations et le désarroi dans lesquels l'enrôlement d'Asselin plonge en ce moment toute sa lignée politique :

> À M. Jules Fournier,
>
> Dans votre article du samedi, 4 décembre, vous vous scandalisez du peu d'enthousiasme manifesté par certains nationalistes à l'occasion de l'enrôlement de M. Asselin.
>
> [...] Mieux que nous tous, vous savez jusqu'à quel point la politique et le journalisme canadiens sont contaminés par les arrivistes et les tripoteurs. Combien y en a-t-il qui les dénoncent, les flagellent et renseignent l'opinion publique ? Une poignée dont M. Asselin est un des principaux. Et le voilà qui part : un de nos chefs nous abandonne et vous voudriez nous voir contents[38] !...

Ils se sentent déjà orphelins ; ils devinent confusément qu'en revêtant l'uniforme, le redresseur de torts, le pourfendeur des pouvoirs, a dû renoncer à sa liberté de parole. Et que ce bâillon invisible l'empêcherait déjà d'expliquer, comme il le faudrait, en quoi son geste, si difficile à comprendre, ne constitue pas une trahison :

> L'enrôlement de M. Asselin ne va pas contre ses idées politiques, vous l'avez prouvé. Mais cette preuve échappera à beaucoup de gens, soit que leur esprit ne la saisisse pas, soit qu'ils n'en entendent pas parler ou encore que notre presse « loyaliste » la dénature. Alors, ils concluront comme celui que j'ai entendu : « Ah ! ces nationalistes, ils sont presque tous pareils... Les Pelletier, les Sévigny* ont changé en arrivant au pouvoir, et il a suffi à Olivar Asselin, désapprouvant la participation du Canada à la guerre, de recevoir de Sir Sam l'invitation de former un régiment pour envoyer promener ses opinions. » Et ainsi, indirectement, involontairement, M. Asselin aura nui à la cause nationaliste[39].

Car si « trahison » il y a, c'est bien à l'endroit de ces « blessés de l'Ontario » pour lesquels Asselin a tant combattu depuis trois ans. En s'enrôlant comme il le fait, Asselin priverait la cause du français de son principal outil de négociation auprès du gouvernement :

---

* Qui avaient renié leurs engagements nationalistes et refusé de démissionner à l'occasion, successivement, de la crise des écoles du Keewatin, du bill de la Marine et de l'imposition du Règlement 17 en Ontario.

Tous nos droits actuels, nous les avons achetés : l'histoire le prouve. Mais jamais plus belle occasion nous fût-elle offerte avant cette guerre ? « On a besoin de nous pour combattre ? Très bien, qu'on nous rende nos droits dans l'Ontario et nous combattrons : This for *that* ».

Voilà, à notre avis, ce qu'auraient dû répondre tous les Canadiens Français priés de faire du recrutement[40].

Mais cette frustration et ces regrets exprimés, le disciple décontenancé d'Asselin reconnaît dans « l'appel de la France » l'une de ces voix auxquelles nul Canadien français ne saurait répondre, dans cette guerre, sans se sentir écartelé entre deux loyautés :

> Nous sommes persuadés que M. Asselin voit la France d'abord. [...] Sans illogisme, nous pouvons être peinés de son enrôlement comme journaliste et politicien ; mais pour ce qui est de l'Homme nous admirons la grandeur de son sentiment, nous l'envions presque de ce que la nature n'ait pas mis dans son cœur un égal amour pour la France et le Canada, amour qui nous fait sans cesse balancer de l'un à l'autre[41].

Durant la période des Fêtes qui approche au Québec, toute la panoplie des motivations discutables et discutées de l'enrôlement d'Asselin vont se trouver évoquées au cours des nombreuses réunions de parents et d'amis. Elles ne connaîtront pour rivales, dans les conversations, que l'émoi suscité par les déconvenues judiciaires récemment éprouvées par la résistance ontarienne devant les tribunaux : déjà le système foncièrement injuste de la double taxation est en train de se mettre en place pour de bon dans les villes et les villages de la province voisine. Les parents se voient contraints de payer, en vertu du Règlement 17, une taxe régulière pour financer le système unique d'éducation en langue anglaise. Ils s'imposent en outre à eux-mêmes un impôt volontaire supplémentaire s'ils persistent, en dépit de la loi, à vouloir faire éduquer leurs enfants en français.

Le sénateur Belcourt, leur procureur débouté devant les tribunaux, est loin d'avoir jeté la serviette ! Il déclare, sans ambages, que si les Franco-Ontariens acceptent de se soumettre aux conséquences de pareille législation, « ils sont politiquement mûrs pour l'esclavage[42] ». Il ira donc en appel, avec l'appui inconditionnel du *Devoir* qui organise aussitôt une assemblée monstre au Monument national pour le dimanche 23 janvier. Le 23 janvier : deux jours après le discours tant attendu d'Asselin ! Janvier, décidément, s'annonce déchirant pour les allégeances diverses qui, en ce moment, sollicitent tout à la fois le cœur et la raison des Canadiens français.

* * *

C'est l'assemblée d'Asselin qui aura lieu la première, un vendredi soir frisquet à souhait. Mais elle fera salle comble. Une salle comme Asselin n'en a jamais affrontée. Dans l'attente des orateurs et du lever de rideau, on y converse à haute voix, ou bien on chuchote, tout autant en anglais qu'en français : les Anglo-Montréalais se sont aventurés rue Saint-Laurent, sous les voûtes d'un monument habité par la mémoire de Ludger Duvernay et des Patriotes, pour entendre un champion de ce nationalisme abhorré dire pourquoi il s'engage, aujourd'hui, au service de l'Empire. On aperçoit, naturellement, beaucoup d'uniformes kaki dans l'assistance. Beaucoup de toques de fourrure et de jolies robes également dans le voisinage de ces uniformes. Dans le hall, une jeune fille a emprunté la badine d'un officier et, par jeu, la soulève à la hauteur des yeux dans le geste du tireur embusqué.

Il y a aussi des zones de silence contraint dans cette assistance. De vieux militants nationalistes inquiets attendent de recevoir d'Asselin de nouvelles révélations qu'ils appréhendent et dont ils redoutent d'avoir à rougir, plus tard, devant leurs adversaires politiques. Au « pigeonnier », d'habitude si bruyant et si animé, des étudiants, en groupes clairsemés, se cramponnent à l'espoir de voir leur héros sortir une fois de plus victorieux, lavé et grandi de cette nouvelle passe d'armes.

Mais, cette fois, ses ennemis d'hier ont rentré leurs griffes et se mêlent, toutes mains tendues, à la foule embarrassée de ses fidèles supporteurs. Il n'est question, dans leurs rangs, que de la Croix militaire remportée, sur le saillant d'Ypres, le 2 décembre dernier, par le jeune lieutenant Georges Vanier et quatre de ses compagnons du 22ᵉ régiment. Le 22ᵉ : la seule unité canadienne-française de la 2ᵉ division canadienne à combattre en France*! Commentée par tous et montée en épingle, l'action héroïque du petit commando, rampant dans la boue glacée pour aller piéger à l'explosif un poste d'écoute ennemi, met un baume sur les plaies des nationalistes canadiens-français sans cesse accusés, par la presse anglaise, de se défiler devant le danger et de manquer de courage militaire. Les péripéties de l'exploit clandestin sont encore sur toutes les lèvres, lorsque les invités d'honneur prennent place dans les loges et que le silence s'installe dans l'attente du lever de rideau.

Devinant aisément les courants d'opinion contradictoires, sinon hostiles, susceptibles de traverser pareille assemblée, Sam Hughes s'est abstenu d'y paraître. C'est Rodolphe Lemieux, ancien ministre de Laurier devenu député d'opposition, sur lequel s'est curieusement porté le choix d'Asselin pour assurer la délicate fonction de président d'honneur de la soirée. Ancienne cible d'Asselin lui-même, le lieutenant québécois de Laurier marche évidemment sur des œufs. Légèrement tendu, il se présente à la tribune pour donner lecture des lettres d'appui au « geste

---

* Au sein de la 1ʳᵉ division, seule la compagnie du capitaine Hercule Barré était composée exclusivement de Canadiens français.

patriotique » du major Asselin et que lui ont fait parvenir le premier ministre Robert Laird Borden, le chef de l'opposition sir Wilfrid Laurier et le ministre de la Milice et de la Défense, le colonel Sam Hughes : trois hommes de pouvoir qu'Asselin a eu maintes fois l'occasion de prendre également pour cibles au cours de sa fructueuse carrière de pamphlétaire.

Des applaudissements frénétiques jaillissent de certaines rangées à la lecture de ces lettres. D'autres groupes montent, au contraire, des murmures réprobateurs, où perce parfois une voix stridente, interpellant l'orateur. « Enrôlez-vous vous-même ! »

Imperturbable, Rodolphe Lemieux poursuit sa lecture. Habile propagandiste, Sam Hughes a profité de son message pour célébrer abondamment la valeur et le courage militaires désormais reconnus, dit-il, des Canadiens français sur les champs de bataille :

> J'ai reçu des louanges sur leur noble conduite, non seulement de leurs officiers supérieurs, le major Hanson et le colonel Meighen, mais surtout de mon fils, le général Garnet Hughes, qui était avec eux lors de leurs épreuves et de leurs victoires. Le général Turner, V.C.*, qui a aussi partagé avec eux les tribulations et les joies de ces engagements, m'apprend que ces jeunes Canadiens-français sont maintenant comptés parmi les meilleurs soldats.
>
> J'ai toujours eu personnellement grande confiance en nos recrues canadiennes-françaises, et quand nous aurons, pour les commander, des officiers d'un cachet aussi noble et distingué que les colonels Asselin, Barré, Dansereau et DesRosiers, le major Verret, le capitaine de Salaberry, le capitaine Papineau et tant d'autres, je n'ai aucun doute que la bravoure montrée par nos soldats canadiens-français en face de l'ennemi aura lieu d'étonner le monde[43].

Le nom de tous ces officiers mentionnés par Hughes est déjà connu du public. Le colonel Dansereau est le fils du rédacteur en chef de *La Presse*, Arthur Dansereau, et le capitaine Talbot Papineau, le cousin germain d'Henri Bourassa lui-même. Habile citation de la part du ministre. Un petit pavé de plus dans la mare des nationalistes qui refusent toujours de se laisser mobiliser.

Plusieurs de ces « héros du jour » ont d'ailleurs pris place, dans les loges ou à l'avant de la scène, auprès des premiers officiers déjà recrutés par Asselin et Desrosiers pour commander le 163e. Nationalistes ou pas, il est difficile de ménager les applaudissements à ceux-là mêmes qui reviennent du feu et dont certains en portent encore les traces. Presque tous sont des survivants de la compagnie canadienne-française du 14e bataillon. Leur présence confirme les efforts déployés en vain par Ottawa pour tenter de recruter, en grand nombre, des Québécois d'expression française.

---

* Sigle de la décoration militaire « Victoria Cross ».

* * *

Le moment tant attendu est enfin arrivé. Asselin monte à la tribune, avantagé par l'uniforme lorsque la casquette d'officier, démesurée pour sa petite taille, n'écrase pas sa silhouette. Il est calme, assuré, « droit comme un pic », ainsi que l'entrevoyaient autrefois ses condisciples du Séminaire de Rimouski. Le « Petit Caporal » a enfin trouvé sa voie. Il est devenu soldat. Major même. Il va enfin nous dire pourquoi.

Le début de son étrange discours ressemble toutefois à un dossier qu'aurait patiemment rassemblé un bon journaliste d'enquête. Chronologie des événements, origine et formulation du désir de s'engager, étapes des démarches, des échanges de correspondance et des prises de décision. Asselin raconte tout, il cite tout. Il évoque son insuccès, auprès de Louis-Philippe Roy, lorsqu'il cherchait à s'enrôler dans l'armée française « sans passer par l'Angleterre » ; ses tentatives auprès du sous-ministre Eugène Fiset, puis de Sam Hughes en personne, pour les persuader de l'embaucher en qualité d'interprète auprès de la 2ᵉ division. Il raconte aussi l'émotion ressentie au contact du capitaine Hercule Barré, tout juste rentré des Flandres, déjà couvert de gloire et aussitôt promu lieutenant-colonel. Il raconte son irrépressible désir de partir avec lui au sein de sa nouvelle unité, le 150ᵉ bataillon. Il évoque, presque au même moment, son espoir déçu de s'enrôler, avec Armand Lavergne pour chef. Il donne les raisons avancées par Lavergne pour refuser de lever un bataillon. Il donne les siennes pour accepter ensuite d'un lever un. Il ne cache rien, il ne gomme rien. Il raconte un cheminement complexe, opiniâtre, difficile à admettre pour certains, mais qui est le sien. De cette vérité personnelle seule, il peut témoigner ce soir. Il n'en connaît pas d'autres.

Cette vérité, cette conviction, elle repose sur cette distinction qu'il évoquait déjà, un an auparavant, dans son article sur la défense des écoles ontariennes de langue française* et qui avait valu la censure que l'on sait au journal des étudiants de l'Université Laval : à savoir la distinction entre l'obligation collective de l'État et l'obligation morale que tout homme libre choisit de s'imposer à lui-même. Il y revient ce soir avec insistance :

> Cette distinction entre le devoir national et le devoir individuel, citoyens de n'importe quel pays neutre, nous l'aurions faite en 1857 au profit de l'Italie, en 1870 au profit de la France. Pourquoi, en vertu de quel principe, l'attitude officielle du Canada dans la présente guerre m'interdirait-elle un acte que je voudrais quand même pouvoir faire si le pays s'abstenait ? Comment un acte louable en soi s'avilit-il d'un concours officiel dont il ne peut d'ailleurs presque pas se passer[44] ?

---

* Cet article d'Asselin, on s'en souvient, avait été reproduit dans *L'Action* du 30 janvier 1915 sous le titre « *L'Étudiant supprimé* ».

Ce devoir individuel, Asselin se l'impose précisément parce que son nationalisme l'a rendu solidaire de tous les petits peuples menacés ailleurs dans leur identité, leur liberté ou leur territoire. Loin de restreindre sa loyauté au service et à la défense de sa seule patrie, le nationalisme l'a rendu ouvert et fraternel à l'égard de tous ceux qui ont lutté et qui luttent encore pour leur liberté, sous toutes les latitudes et contre toutes les formes d'impérialisme, de tyrannie ou de discrimination. Or cette fraternité, cette solidarité, elles sont en droit de s'exercer, dit-il, nonobstant les options ou le comportement de l'État auquel on appartient :

> Que de fois, pâlissant sur les livres, n'avons-nous pas, vous et moi, reproché à la Providence de ne pas nous avoir fait naître aux jours tragiques où les paysans polonais défendaient à coups de faux les libertés des peuples ! Et pourtant je ne sache pas que nul de nous ait jamais songé à déplorer que le Canada ne se soit pas porté officiellement au secours de la Pologne. Ou pour poser la question autrement, et répondre à ceux des nationalistes qui disent ne pouvoir marcher parce que leur gouvernement marche, et qu'ils se feraient complices d'une politique qu'ils désapprouvent : les milliers de Canadiens français qui combattirent dans les armées des États-Unis du Nord pour la libération des Noirs alors que l'Angleterre officielle — oui, Mesdames et Messieurs, l'Angleterre, — soutenait en sous-main les États esclavagistes, se seraient-ils sentis de moindres obligations envers l'humanité si le Canada, pour sa plus grande gloire, mais contrairement à ses intérêts, avait trouvé bon de faire cause commune avec les États du Nord[45] ?

Cette fraternité humaine qui le porte aujourd'hui vers les malheurs de la Belgique et de la France, vers les ruines incendiées de la cathédrale de Reims qui ont fait la une de tous les journaux de sa province, l'anticlérical et le contempteur des évêques a l'audace de la revendiquer au nom de la foi catholique ! Ou plutôt, d'une certaine « nuance de catholicisme » à laquelle, à l'instar d'un Léon Bloy, il prétend toujours appartenir. L'Évangile auquel il dit continuer d'adhérer n'est pas l'Évangile de ceux qui, selon son expression, « tendent l'autre joue » devant l'agression, mais celui dont se réclament ceux qui se saisissent au besoin du fouet pour chasser aussi bien les vendeurs du Temple que les profiteurs de guerre :

> Ici, je plaide pour tous ces jeunes nationalistes qu'un patriotisme canadien trop jaloux, trop exclusif, a retenus jusqu'ici au pays, et que cette entrave, quoique volontaire, blesse jusqu'aux moelles, parce qu'ils craignent sincèrement pour le salut de la Grande-Bretagne, qu'ils souffrent des misères de la France, et que leur foi religieuse — ils sont presque tous catholiques, et de la même nuance de catholicisme, — ne peut leur faire accepter comme un décret de la justice divine le martyre de la Belgique, le tenaillement et l'écartèlement de la Serbie. Et cette fois si ce n'est pas un point de vue personnel, c'est du moins, pour ainsi dire, un point de vue de famille — le point de vue d'une famille à laquelle j'ai toujours appartenu et à laquelle, malgré les décrets des pontifes et des grands prêtres, j'ai la tranquille audace de croire que j'appartiens encore[46].

Asselin veut ensuite réhabiliter les siens, ces soldats canadiens-français que la presse de Toronto, de Kingston et même de Montréal ne cesse de dénigrer : le major Roy, mort en protégeant la vie de ses hommes ; les Barré, les Quintal, les Leprohon, les Dansereau, les Chevalier, tous ces officiers touchés par le plomb allemand en accomplissant leur devoir de soldat. Le service de l'Empire britannique ne constituait pas la véritable motivation de leur engagement, prétend-on. « Et après ? » demande-t-il avec réalisme :

> Tout chemin mène aux armes comme tout chemin mène à Rome. Les uns s'enrôlent par patriotisme, les uns par goût de l'aventure, les uns pour déposer, au milieu du fracas des batailles, le fardeau pesant de la vie. D'autres, à la honte d'un monde contre qui leur sang s'élèvera au jour des rétributions sociales, sont forcés de demander au carnage la solde qui leur permettra de garder vivante, pour ses petits, dans quelque réduit ingrat, une maigre femelle[47].

Un murmure étouffé s'élève, çà et là, à cette affirmation allusive où d'aucuns croient deviner le drame intime du père pourvoyeur criblé de dettes, privé d'emploi, et déconsidéré par sa propre compagne... On chuchote, dans certains rangs, que le torchon brûle depuis des mois entre Alice et Olivar, que la mort de Claude a creusé entre eux un fossé impossible à combler, que les époux font chambre à part et que le major Asselin n'a plus d'autre choix que de prendre le chemin de l'exil pour tenter de se réhabiliter.

Mais la confidence effleurée (si confidence il y a), l'orateur reprend fermement son plaidoyer. S'il veut aujourd'hui, dit-il, lever un bataillon constitué de Canadiens français et dont le commandement s'exercera exclusivement en français, c'est parce que ses compatriotes ont subi, jusqu'ici, une discrimination sans précédent dans l'armée canadienne. Il ne faut pas chercher ailleurs, affirme-t-il, les motifs de leur peu d'enthousiasme à embrasser une carrière où tout espoir d'avancement leur est par avance interdit :

> Chez presque tous, le mobile sera plus fort, l'impulsion plus irrésistible, si, à défaut du bâton de maréchal que Napoléon faisait entrevoir au plus humble de ses soldats, la recrue peut du moins espérer l'avancement compatible avec les conditions sans précédent de cette affreuse guerre. Or, Mesdames et Messieurs, parmi les Canadiens français d'âge militaire, il y en a bien 90 pour cent qui, du fait que l'anglais est l'unique langue du commandement, ne pourront jamais espérer, quoi qu'ils fassent, obtenir dans l'armée le moindre avancement. M. le ministre de la Défense a compris qu'à des citoyens britanniques de langue française, et dont la langue est officielle en ce pays ou censée l'être, et qui cependant se voient presque partout exclus des hautes fonctions administratives au profit de gens qui ne connaissent que l'anglais, l'on ne pouvait demander d'apprendre l'anglais pour le seul plaisir d'aller se faire tuer sur les champs de bataille européens ; avec un bon sens dont il faut le féliciter, il a autorisé la formation de régiments canadiens-français. Faut-il cependant faire

observer que même dans les régiments canadiens-français, pour le soldat qui ne sait pas l'anglais, les plus hauts faits d'armes n'achèteront jamais que des grades inférieurs? Mesdames et Messieurs, ne perdons pas notre temps à chercher ailleurs pourquoi les Canadiens français ne s'enrôlent pas en plus grand nombre[48].

L'engagement d'Asselin tient donc aussi à la promesse verbale qu'il a reçue du ministre et à laquelle il croit pouvoir accorder sa confiance, de voir bientôt se constituer des unités distinctes pour les Canadiens français.

Mais le commandant en second du 163ᵉ bataillon doit maintenant disposer de la plus lourde objection des nationalistes à l'enrôlement militaire: la situation faite aux écoles françaises de l'Ontario par le gouvernement de cette province. La défense des Franco-Ontariens a mobilisé plus de trois années de militantisme dans la vie d'Asselin. Le front commun réalisé au Québec en faveur de leur cause est, en grande partie, son œuvre. Aujourd'hui, plusieurs voient, dans son enrôlement, une sorte de reniement de ses convictions et d'abandon de ses compagnons de route. Aussi consacre-t-il de longues minutes de son discours à réaffirmer et à démontrer la légitimité de la défense du français dans les écoles publiques de l'Ontario. Mais c'est à l'argument du rapport de force utilisant l'enrôlement comme levier pour faire débloquer la crise franco-ontarienne qu'il choisit de s'attaquer en priorité:

> Je veux aussi parler, Mesdames et Messieurs, de l'argument — naïveté chez les uns, procédé d'intimidation chez les autres, — qui consiste à faire dépendre de notre attitude dans la présente guerre le maintien de nos droits constitutionnels. Le traitement infligé à la minorité canadienne-française en Ontario est un attentat au droit naturel indigne d'un peuple civilisé [...]
>
> Il paraît que l'enrôlement de quelques mille Canadiens de plus va les* persuader non seulement de rétablir l'enseignement du français, mais d'en assurer l'efficacité en établissant des écoles normales véritablement bilingues. Mesdames et Messieurs, le croyez-vous? Moi, je ne le crois pas. Et il y a les autres, qui savent que le français, tout imparfaitement qu'il s'enseigne et qu'il se parle en Ontario, est encore, pour nos compatriotes de cette province, le meilleur véhicule de la connaissance, ou, si on le préfère, le meilleur bouillon de culture intellectuelle. Ceux-là, ils furent tolérants tant que les Canadiens français — venus en Ontario bûcherons ou terrassiers — furent leurs garçons de ferme. Du jour où la connaissance des deux langues, jointe à nos remarquables facultés d'assimilation et d'adaptation, a fait de nous des concurrents dans le commerce, dans l'agriculture, dans les professions libérales, ils se sont fait persécuteurs. Il paraît qu'ils redeviendront tolérants si le Canada français fournit quelques bataillons de plus. Moi, je ne le crois pas, je ne le crois pas[49]!

---

* C'est-à-dire les pouvoirs politiques ontariens.

Il insiste, il va beaucoup plus loin encore:

C'est à notre existence même qu'on en veut, et nous serons d'autant plus attaqués que nous serons plus dignes de vivre. [...] Notre enrôlement pour la présente guerre ou pour toute autre guerre n'y changera rien[50].

Il ne renie donc rien du radicalisme de sa pensée politique. Il ne quémande rien non plus en s'enrôlant. Il n'entretient aucune illusion touchant le statut des siens en Ontario, comme dans le reste du Canada. C'est à une lutte de pouvoir qu'on assiste là-bas, dit-il, une lutte qui ne fait que commencer et qui ira en s'intensifiant à mesure que les anciens «scieurs de bois» et les traditionnels «porteurs d'eau» prétendront à un statut plus élevé dans leur province et dans leur pays.

Cette lutte pour le rétablissement de nos droits constitutionnels s'appuie paradoxalement, et s'appuiera toujours, rappelle maintenant Asselin, sur le respect et la défense des institutions britanniques qui garantissent, en ce moment-même, les droits scolaires de nos minorités. S'il a suivi Bourassa en 1900, à l'occasion du drame sud-africain, et s'il a fait campagne, comme lui, pour la cause des écoles franco-ontariennes, c'est qu'il sait toujours distinguer, quinze ans plus tard, entre la qualité des institutions démocratiques et la mesquinerie des hommes de pouvoir:

Le directeur du *Devoir* n'a pas changé d'opinion sur ce point. Il croit encore qu'il ne faut pas confondre les institutions britanniques avec les demi-civilisés qui en ont le dépôt sur un point quelconque du territoire britannique. Je le crois avec lui. Il sait que si nous conservons l'espoir de recouvrer nos droits scolaires en Ontario c'est par le mécanisme des institutions britanniques. Et moi aussi, je le sais. Et parce que je crois cela, et que je sais cela, je trouve qu'à moins de leur préférer les institutions allemandes, et ce n'est pas plus mon cas que celui de Mgr l'archevêque de Montréal, il est glorieux dans la guerre actuelle de se battre pour les institutions britanniques[51].

Mgr l'archevêque de Montréal n'a pas à lui imposer, par ses mandements, de devoirs de conscience à l'égard de l'Angleterre! C'est librement qu'il se porte à la défense des institutions britanniques qu'il croit menacées par le conflit mondial actuel. Mais surtout, surtout, et même quand tout cela aura été dit: «Il restera la Belgique, il restera la France[52]»... Et là, Asselin change progressivement de registre et de ton... Ce discours inauguré par une présentation de dossier s'est poursuivi jusque-là par une démonstration en prose. Il va se terminer par une sorte de poème dont le lyrisme quasi mystique va laisser l'auditoire pantois, tiraillé entre le malaise et l'émotion, avant de le conquérir ou de le déconcerter à jamais.

Le visage même de l'orateur s'est soudainement revêtu d'une gravité nouvelle. L'œil d'Asselin a perdu de ce pétillement malicieux qui le caractérise d'habitude à la tribune. Le regard semble porter plus loin que la salle bondée qui attend

la fin de cette étrange transition : « Il restera la Belgique, il restera la France... »
Sa voix est maintenant moins incisive, moins pointue, plus basse comme si elle
recherchait, cette fois, le ton de la confidence. Puis cette voix s'enfle peu à peu,
se fait insistante. Elle réaffirme la solidarité de tous les petits peuples asservis et
opprimés, elle récapitule les devoirs d'entraide qu'elle commande :

> Le sang restera. Jusqu'à la fin des temps, la Belgique sanglante, belle de toute la
> beauté du droit outragé, se lèvera contre son agresseur, et tout homme ayant du sang
> de chrétien dans les veines s'écriera comme Clovis au récit d'une autre Passion : « Si
> j'avais été là ! » Mesdames et Messieurs, nous ne voulons pas être de ceux qui diront
> dans vingt ans : « Si j'avais été là ! » Nous avons vu le crime, nous sommes là ! Tant
> que le sang de la Belgique n'aura pas été lavé et l'assassin puni, notre sang à nous,
> notre vie, jeunes hommes de toute race et de tout pays qui avons sucé dans le lait
> de nos mères ou tiré de la lettre imprimée la juste notion du droit, — nous surtout
> du Canada français que les conditions nouvelles de notre existence rendent frères de
> tous les persécutés, — notre sang, notre vie, ne nous appartiendront plus[53].

Dans la salle, on entendrait voler une mouche. Asselin, on le sait, on le
connaît, va maintenant parler de la France. On attend ici, de sa part, habileté et
diplomatie. On se trompe : on est dorénavant entré dans le monde sans prudences
et sans nuances de la prédilection qu'aucune pudeur ne retient plus, qu'aucune loi
ne commande ni ne régit et qui est bien antérieure à la légitimité politique du traité
de Paris :

> Et maintenant, avec vous tourné vers d'autres sommets, — les plus hauts que l'âme
> humaine ait encore atteints dans l'empire sur soi, dans le renoncement, dans le
> sacrifice, — des mots plus forts, mais des mots forts et tendres à la fois, se pressent
> tumultueusement à mes lèvres [...] terrible et douce, la France immortelle nous
> regarde. Je pourrais, m'arrêtant sur ces paroles, attendre de votre cœur un jugement
> que votre voisin a peut-être jusqu'ici repoussé. Les colères de la France ont parfois
> épouvanté votre vieux sang conservateur et catholique (moi, je suis un homme de 93,
> et avec Péguy je m'en fais gloire) ; son sourire a souvent scandalisé et irrité votre foi.
> Aujourd'hui qu'aux yeux émerveillés du monde elle conserve dans sa lutte pour
> l'existence, sous une sueur de sang, son éternel sourire, votre sang, votre cœur, tout
> votre être enfin rendu à lui-même, vous crie que vous l'aimez[54].

Il l'a dit : il est l'homme de 1793, l'homme de « l'union sacrée » pour la
défense de la France et de ses frontières, de ses « quatre coins de terre » et « des
pauvres honneurs des maisons paternelles » dont parlait Péguy naguère. En 1793,
rappelle-t-il, républicains et monarchistes ont pris les armes ensemble pour
défendre les frontières de la patrie menacée. De même en 1916, lui, Asselin, leur
obscur et lointain familier, a-t-il choisi de prendre place aux côtés de ses ennemis
politiques d'hier, fussent-ils libéraux ou conservateurs, pourvu qu'enrôlés côte à
côte dans les tranchées de France, ils fassent en sorte de repousser l'envahisseur

qui menace le sol et les libertés de la seule mère-patrie qu'il se soit jamais reconnue.

Mais l'orateur ici se ressaisit : il ne veut pas, lorsqu'il s'agit de la France, faire appel uniquement au cœur, au détriment de la raison. Quel que soit l'éloignement officiel de la France par rapport aux combats des Canadiens français pour le respect de leurs droits, la France mérite d'être défendue pour elle-même et doit l'être. Le monde, affirme Asselin, ne peut tout simplement pas se passer de la France, du caractère unique de la « pensée française » :

> [...] ce qui fait de la France une nation unique dans l'histoire, — supérieure à la Grèce par le sérieux et à Rome par le sens de la justice, — c'est son culte inlassable et profond des idées. Tant que par spiritualisme il faudra entendre la subordination de la matière à l'esprit, non la poursuite d'un but spirituel par les voies les plus misérables de la matière, la France sera la plus grande puissance spirituelle des temps présents[55].

Sans la France, le Canada français ne serait plus, dit-il, qu'un astre mort, obscurci et gelé, sur lequel le soleil aurait cessé de luire :

> Les insensés, ils veulent savoir ce que la France ferait pour le Canada. Et à chaque aurore nouvelle, ils vont voir à la fenêtre si le soleil luira sur leur tâche quotidienne. Et toute leur vie ils demandent au soleil la chaleur, la joie de leur existence. Et si on voulait les priver de sa lumière et de sa chaleur, ils se battraient pour le soleil, ils verseraient leur sang pour leur part de soleil. Sans doute, Mesdames et Messieurs, la France a pu quelquefois nous blesser par son indifférence. Mais parce que sans elle la vie française s'arrêterait en nous comme une eau qui gèle, bénissons-la quand même, défendons-la quand même ! C'est la lumière, c'est la chaleur, c'est la vie[56] !

À quelles métaphores plus lumineuses et plus brûlantes recourrait donc le poète célébrant la femme aimée ? Asselin est bel et bien lancé sur cette voie... Il sera plus explicite encore. Il ne craindra pas d'évoquer l'union, les sangs confondus, la descendance de l'aimée à nouveau fécondée :

> Moi qui ai autrefois désiré si ardemment l'émigration des Français au Canada, je prêcherai après la guerre l'émigration des Canadiens en France. Dans ce pays où la guerre aura décimé la population mâle, des centaines de mille foyers attendront l'inconnu qui avec l'orpheline ou la veuve en rallumera la flamme expirante. Si l'inconnu est un jeune Canadien, l'échange de sève qui s'établira entre les deux branches de la grande famille française rendra à la France la vie, à nous ce qui en est venu à nous manquer presque tout à fait : le caractère[57].

La perte graduelle de ce « caractère », de ce courage, de cette détermination lucide à contrer à jamais notre destin de peuple conquis s'est échelonnée, poursuit Asselin, tout au long de notre histoire, depuis 1760. « L'époque des capitulations » a fait de nous un peuple velléitaire, dépourvu de volonté politique, mais que l'épreuve de la guerre pourrait contribuer à régénérer. Et le « spartiate » de brosser de l'avenir des peuples dominés ce tableau dépourvu de toute complaisance :

> Ouvrirons-nous les yeux sur ce fait de toute évidence, qu'étant ce que nous sommes, et placés où nous sommes, nous aurons la paix en reniant et langue et religion, et pas autrement ; que l'épreuve qui vient de commencer est de celles qui durent non pas dix années, non pas vingt années, mais des centaines et des centaines d'années ? La Providence ne fera pas pour nous plus qu'elle n'a fait pour son propre peuple, le peuple juif. Nous ne gagnerons pas, avec quelques discours ou quelques misérables tactiques électorales, la sécurité qui n'est venue aux Magyars, aux Flamands, aux Tchèques, qu'après des siècles de résistance aux flots mouvants et sans cesse renouvelés de la barbarie. Le creuset nous dévorera comme il a en partie dévoré l'Écosse et l'Irlande, ou il nous tiendra jusqu'au jour où nouvelle Serbie, désormais insensibles au feu, nous en sortirons forts comme l'acier, purs comme le diamant[58].

Ces « flots de barbarie » dévorant tour à tour « l'Écosse et l'Irlande » et dont parle ici l'orateur, c'est bien à l'Angleterre conquérante qu'ils font allusion ! À l'Angleterre sous les ordres de laquelle le nouveau major accepte dorénavant de servir, mais à l'égard de laquelle l'histoire lui a enlevé toute illusion :

> Les temps de paix pastorale sont passés, finie cette enfance idyllique que nous avons, avec l'optimisme naïf des peuples jeunes, pris pour la phase héroïque de notre existence parce que le gouvernement britannique — qui ne demandait pas mieux — s'est un peu fait prier avant d'acheter notre fidélité avec les immunités de notre Église et autres concessions qu'il ne pouvait nous refuser sans nous jeter dans les bras des Américains. L'évolution du sentiment anglo-canadien à notre égard est pour nous un enseignement[59].

Il avait, dit-il, d'abord cherché à servir la France « sans passer par l'Angleterre ». Il annonce maintenant qu'il la servira « en dépit de l'Angleterre… » Sa façon outrecuidante de le dire vaudrait certes la cour martiale à ce rebelle trop bavard, si Sam Hughes n'avait pas tant besoin de lui, en ce moment, pour enrôler ses compatriotes récalcitrants ! C'est donc en toute lucidité qu'il s'aventure délibérément sur la corde raide. Mais il sait très bien où il va et qui il doit d'abord toucher pour vaincre. Car déjà, dit-il, « la vertu mystérieuse du sang versé s'affirme[60] ».

Cette « vertu mystérieuse », il la voit à l'œuvre dans les rangs mêmes de la résistance nationaliste la plus hostile aux expéditions militaires lointaines. Chaque jour, fait-il remarquer, *Le Devoir* publie avec fierté le carnet de guerre de Paul Caron, ce jeune journaliste enrôlé dès le 4 août 1914 dans la Légion étrangère. On ne résiste pas à l'admiration secrète qu'inspire le geste de celui qui risque librement sa vie pour une noble cause. On s'incline malgré soi devant « ce petit troupier à un sou par jour », devant « ce petit piou-piou de la Légion étrangère qui vaut

tellement mieux que nous » parce qu'il est allé tout droit à la véritable grandeur
« par la voie la plus courte et la plus rude ».

Il rend hommage à tous ces modestes héros des Flandres, disséminés dans
l'assistance, à ces officiers de métier qui l'entourent sur l'estrade, comme s'il avait
déjà payé de son sang l'honneur de se dire enfin l'un des leurs. Asselin a choisi.
Il ne contient plus, désormais, l'exaltation qui le soulève vers des cimes qu'il
évoque avec des accents épiques qui laissent plus d'un auditeur déconcerté par
l'attitude que prennent, en finale, des propos inaugurés de façon si factuelle.
Désormais l'orateur hausse le ton :

> Le monde est encore plein du bruit de la lutte qu'on rapporte que les Titans livrèrent
> aux dieux de l'Olympe aux premiers âges de la terre. Sa stupeur admirative s'est
> cristallisée en des métaphores qui sont aujourd'hui la monnaie courante du langage
> humain. Cette guerre, Mesdames et Messieurs, c'est une légende. Elle ne s'est
> produite que dans l'imagination des premiers aèdes. Elle a été inventée parce que
> rien, dans l'histoire véridique des hommes, n'était assez grand ni assez beau pour
> inspirer à jamais aux hommes la rédemptrice passion du surhumain. La véritable
> guerre des Titans, elle se livre aujourd'hui en Europe, en Asie, en Afrique, partout
> où le poids savamment accumulé de la force brutale menace de crouler sur le monde.
> Rien que d'avoir approché de ce poids nos faibles épaules, frotté à sa pesante
> armature d'acier la pointe de nos baïonnettes, nous nous sentirons plus grands et
> meilleurs, et notre race, allègre d'avoir versé dans cette aventure surhumaine un peu
> de son sang trop lourd, reprendra sa route plus digne de vivre, plus fière d'elle-
> même, le front tourné vers les étoiles, la poitrine gonflée d'espoirs invincibles[61].

Pareille envolée finale ne pouvait manquer de provoquer des tonnerres
d'applaudissements sous les voûtes du Monument national.

Outre qu'elles répondaient parfaitement au goût du jour, les amples périodes
de la rhétorique d'Asselin venaient de réhabiliter le service des armes aux yeux de
trop de nationalistes, contraints jusque-là par leurs principes de s'y opposer. Le
soulagement de certains paraissait déjà évident. Au « pigeonnier », plusieurs
étudiants, debout, ovationnaient l'orateur. D'autres, plus réticents, demeuraient
ostensiblement assis. Les militaires, dans l'ensemble, applaudissaient avec plus de
retenue, certains avec conviction. Les Anglo-Montréalais en faisaient autant à
l'égard du mouton noir de la veille. On se levait déjà, on montait sur scène, on
entourait l'orateur. La plupart de ses amies de la FNSJB et de l'Aide à la France
semblaient conquises, remuées par son ardente profession de foi. Par petits
groupes compacts, les dissidents, ceux et celles que ses propos exaltés avaient
franchement scandalisés — et ils étaient nombreux — s'empressaient de quitter
subrepticement la salle par les portes de côté.

* * *

La semaine suivante, *L'Action* reproduisait « in extenso » le discours d'Asselin. *Le Devoir* gardait le silence le plus complet. Sa livraison du lundi était, en grande partie, consacrée à la couverture de l'assemblée publique du dimanche 23 janvier en faveur des écoles de l'Ontario. La «guignolée des livres», entreprise en leur faveur, avait rapporté, ce soir-là, plus de 12 000 volumes français et 20 000 exemplaires de revues.

À Ottawa, Sam Hughes faisait imprimer, par milliers, des exemplaires du discours d'Asselin, pour les faire distribuer en hâte dans tous les bureaux de recrutement du Québec et dans toutes les agglomérations du Canada où les minorités françaises seraient susceptibles de fournir, elles aussi, leur quota de bonnes recrues au Corps expéditionnaire.

Sam Hughes était un homme comblé. Comme peuvent l'être tous les hommes de pouvoir qui, par un heureux caprice de leur destin, disposent momentanément de la parole d'un homme incorruptible et désintéressé — écrivain prestigieux de surcroît — et dont la caution morale leur est d'autant plus précieuse que de tels incorruptibles ont longtemps paru combattre leurs projets.

Liste des abréviations

AAQ	Archives de l'archevêché de Québec. R.L. registre des lettres.
AER	Archives de l'Évêché de Rimouski.
AMDN(O)	Archives du ministère de la Défense nationale, Ottawa.
ANC	Archives nationales du Canada (Ottawa).
AOHSJD(M)	Archives de l'Ordre hospitalier de Saint-Jean-de-Dieu, Montréal.
ASR	Archives du Séminaire de Rimouski
AVM	Archives de la ville de Montréal.
CPAPA	Collection privée André P. Asselin, petit-fils d'Olivar Asselin.
CPC	Collection privée Pierre Chalout, Québec.
CRCCF	Centre de recherches en civilisation canadienne-française (Université d'Ottawa).
CRLG	Centre de recherches Lionel-Groulx.
FGN	Fonds Gabriel Nadeau, Bibliothèque nationale du Québec, édifice Marie-Claire-Daveluy, Montréal.
FHB(O)	Fonds Henri Bourassa. Archives nationales du Canada, Ottawa (ANC).
FMAG	Fonds Marcel-Aimé Gagnon, Bibliothèque nationale du Québec, édifice Marie-Claire-Daveluy, Montréal.
FOA	Fonds Olivar Asselin, Bibliothèque centrale de la ville de Montréal, salle Gagnon.
MEM	Mandements des évêques de Montréal.
UQTR	Université du Québec à Trois-Rivières.

NOTES

Chapitre I
LE FILS DU TANNEUR

1. CPAPA. Testament d'Olivar Asselin rédigé le 17 octobre 1924 à Montréal devant le notaire Édouard Biron.

2. Augustin Thierry, *Histoire de la conquête de l'Angleterre par les Normands*, tome II, page 248. Éditions Firmin-Didot, 1883, cité par Olivar Asselin dans *L'Action* de Jules Fournier, le 22 juillet 1911.

3. *Les Asselin*, publication de l'*Association des Asselin inc.* 1981.

4. FGN. Lettre d'Olivar Asselin à Louis Dantin, le 6 juillet 1930.

5. Tous ces détails et anecdotes locales sont inspirés d'une *Monographie de Saint-Hilarion* publiée à Québec par Nérée Tremblay, en 1948, sur les presses de Cherrier et Dugal Ltée.

6. Pour plus de détails sur « l'affaire », voir : Pierre Chalout, *Un procès d'influence indue à la Malbaie* (première partie) QUAND LE CIEL ÉTAIT BLEU, *Le Monde juridique*, vol. 4, n° 1, novembre 1987, p. 6 et ss, et vol. 4, n° 2, novembre 1987, p. 18 et ss, *Un procès d'influence indue à la Malbaie* (deuxième partie) UN MONTRÉALAIS BIEN SYMPATHIQUE ainsi que : Robert Rumilly, *Histoire de la province de Québec*, tome II, chap. II et *Monographie de Saint-Hilarion*, *op. cit.*, p. 62 et ss.

7. MEM, VII, p. 306.

8. AAQ, R.L. 31, p. 409.

9. Pierre Chalout, *op. cit.*, (décembre 1987) p. 19.

Chapitre II
LA PATRIE CHARNELLE

1. Pour de plus amples détails, voir : André Audet, *Pouvoir contrôle social et vie quotidienne à Saint-Hilarion 1870-1925*, mémoire de maîtrise présenté à l'UQTR en mai 1980.

2. Raymond Boily, *Le guide du voyageur à la Baie Saint-Paul au XVIIe siècle*, Montréal, Leméac, 1979, chapitre IV, p. 59 et ss.

3. *L'Action catholique, les évêques et la guerre*, dédicace, *op. cit.*, 1914.

4. Cité par Raymond Boily, *Le guide du voyageur à la Baie Saint-Paul au XVIIIe siècle*. Montréal, Leméac, 1979, 133 p.

5. Docteur Joseph Gauvreau, *Olivar Asselin, précurseur d'action française, le plus grand de nos journalistes*, p. 17. Série de trois articles publiés les 23 et 30 avril et le 7 mai 1937 dans *Le Progrès du Golfe* à la suite du décès d'Asselin le 18 avril de la même année. Regroupés ensuite en plaquette à compte d'auteur.

6. AER. Rapports du curé Charles Godefroy Fournier à Mgr Jean Langevin pour les années 1880 à 1892.

7. *La Revue moderne*, 15 novembre 1919.

8. J.N. Fauteux, *Essai sur l'industrie au Canada sous le régime français*, vol. II, p. 435.

9. Tous ces détails concernant le métier du tanneur dans le Bas Saint-Laurent entre 1875 et 1900 ont été tirés de l'ouvrage de Jean-Claude Dupont et Jacques Mathieu, « Les métiers du cuir » *Ethnologie de l'Amérique française*, Sainte-Foy, PUL, 1981

10. AER. *Rapports du curé Fournier à Mgr Langevin* (1880-1892) *op. cit.* La plupart des détails de la vie paroissiale de Sainte-Flavie à cette époque ont été inspirés de ces documents et complétés par une entrevue et des commentaires de M. l'abbé Grégoire Rioux, ex-archiviste du Séminaire de Rimouski.

11. La correspondance entre Olivar et ses frères et sœurs, particulièrement avec Raoul, Mary et Amanda dont il sera presque toujours éloigné au cours de sa vie franco-américaine, puis montréalaise, en témoigne, *cf.* FOA.

12. Marcel-Aimé Gagnon. *La vie orageuse d'Olivar Asselin*. tome I, p. 15. Montréal, Éd. de l'Homme, 1962. Écrivant il y a 30 ans, M.A. Gagnon, aujourd'hui décédé, a pu bénéficier de plusieurs témoignages oraux de frères et sœurs d'Olivar concernant leur enfance.

Chapitre III
LES CONTRAINTES DU SAVOIR

1. Tous ces détails concernant les conditions de vie et d'enseignement sont tirés du *Livre de raison* (1863-1963) conservé aux archives du Séminaire de Rimouski. (ASR)

2. Docteur Joseph Gauvreau. *Olivar Asselin, précurseur d'action française, le plus grand de nos journalistes*, p. 17. Série de trois articles publiés les 23 et 30 avril et le 7 mai 1937 dans le *Progrès du Golfe* et regroupés ensuite en plaquette à compte d'auteur.

3. Marcel-Aimé Gagnon. *La vie orageuse d'Olivar Asselin*, tome 1, p. 16. Montréal, Éd. de l'Homme, 1962, 158 p., préface du chanoine Lionel Groulx de l'Académie canadienne-française.

4. *Les Volontaires canadiens-français*, discours prononcé à Paris en 1917 par Olivar Asselin devant le Comité France-Amérique et reproduit dans la revue de septembre du même nom.

5. ASR. *Annuaire du Séminaire de Rimouski* pour les années 1886-1914.

6. *Ibid.*

7. *Ibid.*

8. *Ibid.* Il s'agit de casques de fourrure, la plupart du temps en raton laveur pour les habitants, en loutre ou en castor pour les notables.

9. Marcel-Aimé Gagnon, *op. cit.*, p. 17-18.

10. *Ibid.*

11. ASR, *op. cit.*, pour les années 1886-1891.

12. Selon le témoignage de Gérard Filion, lui-même originaire de l'Île verte et ancien étudiant au Séminaire de Rimouski dans les années 1920 et 1930. Voir de cet auteur *Fais ce que peux*, en guise de mémoires, Montréal, Boréal, 1989.

13. Cité par Réal Bélanger, *Wilfrid Laurier, quand la politique devient passion*, Sainte-Foy et Montréal, PUL-Éd. Radio-Canada, 1986, p. 164.

14. FOA. Lettre de Mgr Sylvain à Olivar Asselin, 9 octobre 1891.

15. FOA. Lettre de Samuel Bellavance à Olivar Asselin, 7 novembre 1891.

16. FMAG. Lettre de Rieule Asselin à son fils Olivar, 10 décembre 1891.

Chapitre IV
L'EXIL AMÉRICAIN

1. FOA. Lettre de Raoul Asselin à son frère Olivar, 19 mai 1892.

2. Cité par Marcel A. Gagnon, *op. cit.*, p. 23.

3. FOA. Manuscrit inédit, dactylographié et non daté annoté à la main par l'auteur. L'allusion à la « gifle à Taschereau », dans le même manuscrit, événement qui se situe en 1909, de même que l'apparition de documents dactylographiés dans les archives d'Olivar Asselin nous inclinent à croire que ces ébauches de souvenirs seraient postérieures à 1910.

4. FOA, *Ibid.*, *op. cit.*, suite.

5. FOA, *Ibid.*, *op. cit.*, suite.

6. Cité par Alain Decaux, *Histoire de la presse française*, Lausanne, Éd. Spes, tome I, p. 290 et ss.

7. *Op. cit.*, p. 290 et ss.

8. *Ibid.*

9. Cité par Hermas Bastien dans la revue *QUI*, septembre 1983, Montréal, vol. 5, n° 1.

10. *Les Volontaires canadiens-français*, discours prononcé le 28 juin 1917 à Paris devant la section France-Canada du Comité France-Amérique et publié dans le numéro de septembre 1917 de la revue du même nom, 21, rue Cassette à Paris.

11. *Le Glaneur*, Montréal, année 1892, date non précisée.

12. FOA. Lettre du père Pettigrew à Olivar Asselin, 4 janvier 1893.

13. FOA. Lettre de Raoul Asselin à son frère Olivar, 12 mars 1893.

14. FOA. Lettre de Raoul Asselin à son père Rieule, 9 avril 1893.

Chapitre V
APPRENTI-JOURNALISTE

1. FOA. Lettre du Père Pettigrew à Olivar Asselin, 18 janvier 1894.

2. FOA. Lettre de Raoul Asselin à son frère Olivar, février 1894.

3. Souvenirs d'Adélard Lafond, *Le Canada*, 21 avril 1937.

4. FOA. Manuscrit non daté dactylographié et annoté à la main par l'auteur, *op. cit.*, circa 1910 (*cf.* chap. IV note 3 à 5).

5. Souvenirs d'Adélard Lafond, *Le Canada*, 21 avril 1937, *op. cit.*

6. FOA. Lettre du père Sylvain à Olivar Asselin, 7 mai 1894.

7. Tous ces détails sur les techniques d'impression de l'époque s'inspirent de l'ouvrage classique d'Alexandre Belisle, *Histoire de la Presse franco-américaine* imprimée en 1911 à Worcester, Mass. aux ateliers typographiques de l'*Opinion publique*.

8. FOA. Lettre de A.P. Simar à Olivar Asselin, 4 mai 1894, de Rock Island (Québec) donnant à son correspondant des nouvelles des sœurs Le Bouthillier et faisant allusion à leur première rencontre à Fall River.

9. FOA. Lettre de Florian Ruest à Olivar Asselin, 7 février 1895.

10. FOA. Manuscrit inédit, dactylographié et non daté annoté à la main par l'auteur. (*cf.* chap. IV note 3 à 5).

11. FOA, *op. cit.* (suite).

12. Armand Lavergne, *Trente ans de vie nationale*, Montréal, Éd. du Zodiaque, 1934, p. 76-77.

13. FOA. Lettre de Raoul Asselin à son frère Olivar, 29 décembre 1896.

Chapitre VI
DE *LA TRIBUNE* À LA GUERRE

1. *La Tribune* de Woonsocket, vendredi 4 décembre et samedi 12 décembre 1896, coll. « Médiathèque de la Bibliothèque de Sciences humaines de l'Université de Montréal ».

2. *Ibid. La Tribune*, lundi 31 janvier 1898 : Jules-Paul Tardivel, *Notre langue est-elle un patois ?*

3. *Ibid. La Tribune*, samedi 2 janvier 1897.

4. *Ibid. La Tribune*, mardi 13 avril 1897 et mercredi 23 mars 1898.

5. *Ibid. La Tribune*, automne 1896 et mercredi 22 septembre 1897.

6. *Ibid. La Tribune*, samedi 10 octobre 1896.

7. *Ibid. La Tribune*, samedi 6 mars 1897.

8. *Ibid. La Tribune*, mardi 27 octobre 1896, poème signé J. F. O. Asselin.

9. *Ibid. La Tribune*, jeudi 23 décembre 1897.

10. *Ibid. La Tribune*, mercredi 14 octobre 1896.

11. *Ibid. La Tribune*, vendredi 9 octobre 1896.

12. *Ibid. La Tribune*, samedi 26 décembre 1896.

13. *Ibid. La Tribune*, jeudi 23 septembre 1897 dans *Comment l'argent venait à M. Tarte ?*

14. Citation d'un discours de Laurier devant la Chambre de commerce anglaise de Paris et reproduite dans *La Tribune* du mercredi 21 juillet 1898.

15. Citation d'un discours de Laurier aux écrivains français extrait des *Nouvelles* de Paris et reproduit dans *La Tribune* du mercredi 21 juillet 1897.

16. *Ibid. La Tribune*, lundi 23 novembre 1896.

17. *Ibid. La Tribune*, vendredi 9 octobre 1896.

18. *Ibid. La Tribune*, mercredi 20 janvier 1897.

19. *Ibid. La Tribune*, mercredi 25 janvier 1897.

20. *Ibid. La Tribune*, 9 mars 1897.

21. *Ibid. La Tribune*, 22 janvier 1897.

22. *Ibid. La Tribune*, samedi 4 décembre 1897.

23. *Ibid. La Tribune*, mercredi 10 février 1897.

24. *Ibid. La Tribune*, mardi 24 novembre 1896.

25. *Ibid. La Tribune*, vendredi 8 janvier 1897.

26. *Ibid. La Tribune*, mercredi 14 avril 1897.

27. *Ibid. La Tribune*, mardi 14 décembre 1897.

28. *Ibid. La Tribune*, mardi 13 octobre 1896.

29. *Ibid. La Tribune*, mercredi 18 novembre 1896.

30. *Ibid. La Tribune*, jeudi 2 décembre 1897.

31. *Ibid. La Tribune*, lundi 28 février 1898.

32. *Ibid. La Tribune*, mardi 1ᵉʳ mars 1898.

33. *Ibid. La Tribune*, jeudi 31 mars 1898.

34. FOA. Lettre de l'abbé Raoul Asselin à son frère Olivar, 24 avril 1898.

35. *Ibid.* Lettre de l'abbé Raoul Asselin à son frère Olivar, 14 mai 1898.

36. *Ibid.* Lettre de l'abbé Raoul Asselin à son frère Olivar, 14 mai 1898.

37. FOA. Lettre d'Aram J. Pothier à Olivar Asselin à Montréal, mars 1898.

38. *Ibid.* Lettre d'Aram J. Pothier à Olivar Asselin à Woonsocket, 10 mai 1898.

39. *La Tribune*, jeudi 28 avril 1898.

40. *Ibid. La Tribune*, samedi 7 mai 1898.

41. « Les Volontaires Canadiens » *La Tribune*, lundi 6 juin 1898.

42. *Ibid.* « Les Volontaires Canadiens » *La Tribune*, lundi 6 juin 1898.

43. FOA. Lettre de l'abbé Raoul Asselin à son frère Olivar, 14 juin 1898.

44. « Les Volontaires Canadiens » *La Tribune*, lundi 6 juin 1898.

45. FOA. Lettre de Joseph Roy à Olivar Asselin, 28 juillet 1898.

46. FOA. Lettre d'Aram J. Pothier à Olivar Asselin, octobre 1898.

47. FOA. Lettre de John Martin à Olivar Asselin, 20 avril 1899.

48. FOA. Lettre de Mgr Louis-Philippe Sylvain à Olivar Asselin, 20 avril 1899.

49. FOA. Lettre d'A.P. Simar à Olivar Asselin, 22 décembre 1899.

50. FOA. Lettre non datée d'Aram J. Pothier à Olivar Asselin, début de l'année 1900 et classée comme telle par le destinataire.

51. *Ibid.*

Chapitre VII
MONTRÉAL, À NOUS DEUX !

1. *Les Débats*, 3 décembre 1899.

2. Cité par Bryan Demchinsky, *Montréal, hier et aujourd'hui*, l'évolution d'une ville sous l'œil de la caméra, publication *The Gazette*, Montréal, 1985, p. 113.

3. FOA. Lettre de Fabiola Martineau à Olivar Asselin, 4 mai 1895.

4. Charles Gill, *Correspondance* publiée par Réginald Hamel, Montréal, Éd. Parti Pris, 1969, p. 28.

5. La plupart de ces détails et de ceux qui précèdent concernant l'histoire des quartiers et des principaux édifices de Montréal ont été tirés en grande partie des ouvrages suivants :

— Michèle Benoît et Roger Gratton *Pignon sur rue, les quartiers de Montréal*, Guérin littérature 1991.

— Paul-André Linteau, *Histoire de Montréal depuis la Confédération*, Montréal, Boréal, 1992.

— Jean-Claude Marsan, *Montréal en évolution*, Montréal, Fides, 1974.

— François Rémillard et Brian Merett, *L'architecture de Montréal, guide des styles et des bâtiments*, Montréal, Éd. du Méridien 1990.

— Josette Michaud, *Le Vieux Montréal, les œuvres du temps*, Montréal, Guérin littérature, 1991.

— Les archives de la Ville de Montréal et celles du Centre historique de Montréal, carré d'Youville, m'ont également été d'une grande utilité pour reconstituer les promenades d'Olivar dans le Montréal du début du siècle.

6. La plupart de ces détails concernant l'histoire de la famille Le Bouthillier en Gaspésie ont été tirés de :

— L'article « Les Le Boutillier à Gaspé » de Mabel Dunn-Le Boutillier publié dans la *Revue Gaspésie*, n° 37, vol. X, n° 1, janvier-mars, 1972, p. 36 et ss. La différence de graphie utilisée par l'auteure et celle que la future épouse d'Olivar Asselin utilisait ne change rien au fait de leur origine commune.

— L'ouvrage de Pierre-Georges Roy, *La famille Taché*, Lévis, J. N. K. Laflamme, imprimeur, 1904 p., 140 et ss, m'a également été très utile pour établir mariages et filiations successives.

7. Informations tirées de :

— la correspondance privée échangée entre Alice Le Bouthillier et ses sœurs Éva et Hélène, lors de leur séjour à Paris au printemps et à l'été de 1900. Cette correspondance privée a été aimablement mise à ma disposition par madame Raymonde Marchand-Paré, fille d'Éva Le Bouthillier et de l'architecte J.-Omer Marchand.

— d'une entrevue avec madame Marcelle Lacroix-Asselin, épouse de Pierre Asselin, belle-fille d'Olivar Asselin et d'Alice Le Bouthillier.

Chapitre VIII
LE PIED À L'ÉTRIER

1. André Beaulieu et Jean Hamelin, *La Presse québécoise des origines à nos jours*, 10 vol., Sainte-Foy, PUL, tomes IV (1896-1910), 1979, 417 p., p. 98-99.

2. « Le nationalisme et les partis », (1), *Le Devoir* 14 mai 1913.

3. *Ibid.*

4. Ces citations de journaux concernant la participation du Canada à la guerre des Boers ont été tirées de l'ouvrage de Réal Bélanger, *Wilfrid Laurier, quand la politique devient passion*, Montréal-Sainte-Foy, Éd. Radio-Canada-PUL, 1986, 484 p., p. 238 et ss.

5. Ce dialogue est tiré de Robert Rumilly, *Henri Bourassa, la vie publique d'un grand Canadien*, Montréal, Éd. Chanteclerc, 1953, 791 p., p. 53 et ss.

6. Antonio Perrault, *La Revue Moderne*, juillet 1937.

7. Tous les éléments de cette longue énumération ont été relevés dans *Les Débats* entre les parutions du 3 décembre 1899 et celle du 4 mars 1900.

8. *Le Débats*, 4 mars 1900, p. 2.

9. *Ibid.*, 11 mars 1900, *Pour monsieur Borden*, p. 6.

10. *Ibid.*, 8 avril 1900.

11. *Pseudonymes canadiens* par Francis J. Audet et Gérard Malchelosse, membres des DIX. Éd. G. Ducharme, Montréal, 1936, p. 147-148.

12. *Pensée française*, anthologie des textes d'Olivar Asselin préfacée par Gérard Dagenais, Montréal, Éd. ACF, 1937. Une réédition de cet ouvrage, aujourd'hui épuisé, a vu le jour en 1993 chez Fides dans la collection du Nénuphar. C'est à cette réédition que nous ferons référence ici, p. 5.

13. *Op. cit.*, 1er avril 1900, 29 avril 1900.

14. *Ibid.*, 25 mars 1900.

15. FOA. Lettre d'Olivar Asselin à Gérard Malchelosse, 14 janvier 1935.

16. Toutes ces anecdotes sont tirées de la correspondance privée des sœurs Le Bouthillier conservée par la fille d'Éva et d'Omer Marchand, Madame Raymonde Marchand-Paré.

17. *Les Débats*, 13 mai 1900.

18. *Op. cit.*, 10 juin 1900.

19. A. Beaulieu et J. Hamelin, *op. cit.*, p. 40.

20. *Les Débats*, 17 juin 1900, p. 1.

21. *Op. cit.*, 1er juillet 1900.

22. *Op. cit.*, 8 juillet 1900.

23. *Op. cit.*, 22 juillet 1900.

24. FMAG. Lettre d'Olivar Asselin aux Forces armées américaines et mentionnée par *La Patrie*, le 22 août 1900.

25. *Les Débats*, 1er août 1900.

Chapitre IX
LA MOUCHE DU COCHE

1. « La Comédie parlementaire », *L'Avenir*, 10 février 1901.

2. Robert Rumilly, *Henri Bourassa, la vie publique d'un grand canadien*, Montréal, Chanteclerc, 1953, p. 109.

3. *Ibid.*, p. 110.

4. CPATA. Lettre d'Olivar Asselin à l'honorable Aram J. Pothier, non datée.

5. *Ibid.*

6. *Ibid.*

7. *Ibid.*

8. FOA. Lettre d'Olivar Asselin à Gérard Malchelosse, 14 janvier 1935.

9. FOA. Lettre d'Olivar Asselin à M. Fortin, 8 février 1902.

10. Robert Rumilly, *op. cit.*, p. 112.

11. Réal Bélanger, *Wilfrid Laurier, quand la politique devient passion*, Sainte-Foy et Montréal, PUL et Éd. Radio-Canada, 1986, p. 181.

12. Citée par Réal Bélanger, *ibid.*, p. 101-102.

13. *Ibid.*, p. 100.

14. FOA. Lettre d'Olivar Asselin à Thomas Pelletier de Sainte-Flavie, 9 février 1902.

15. FOA. Lettre d'Olivar Asselin à Aram J. Pothier, 13 février 1902.

16. FOA. Lettre d'Olivar Asselin à J.E. Fortin, fils, au Collège de Lévis, 28 février 1902, p. 7.

17. *Ibid.*, p. 3.

18. *Ibid.*, p. 3.

19. *Ibid.*, p. 4.

20. FOA. Lettre d'Olivar Asselin à Henri Bourassa, 26 février 1902.

Chapitre X
UN MARIAGE CLANDESTIN

1. FOA. Lettre d'Olivar Asselin à Aram J. Pothier, 1er avril 1902.

2. FOA. Lettre de l'abbé Raoul Asselin à son frère Olivar, 26 mai 1902.

3. FOA. Extraits de lettres de fiançailles d'Olivar Asselin et d'Alice Le Bouthillier, février-août 1902.

4. FOA. Lettre d'Olivar Asselin à Wilfrid Gascon, 12 avril 1902.

5. FOA. Lettre d'Olivar Asselin à Yves Tessier-Lavigne, 5 février 1925.

6. Arthur Buies, *Chroniques canadiennes, humeurs et caprices*, Montréal, 1884, p. 248.

7. « Le transport maritime sur la côte de Gaspé au XIXe siècle » par Jean-Louis Roy, *Revue Gaspésie*, septembre 1988, volume XXVII, n° 103, p. 20.

8. CPAPA. Lettre d'Olivar Asselin à sa mère, 5 août 1902.

9. Tous ces détails concernant les activités des compagnies jerseyaises, les techniques de pêche et de transformation du poisson au début du siècle sont tirés des principales sources suivantes : - Jules Bélanger, Marc Desjardins et Yves Frenette, avec la collaboration de Pierre Dansereau *Histoire de la Gaspésie*, publication de l'Institut québécois de recherche sur la culture, Montréal, Boréal-Express, 1981, 787 p., chapitre VII. La morue sèche, moteur de l'économie, p. 191 à 259. — Pierre Fortier, *Rapports annuels*, recueil de rapports annuels du Service de la protection des pêcheries du Golfe Saint-Laurent entre 1858 et 1870. Bibliothèque de l'Assemblée nationale du Québec. — Madeleine Bisson, « L'Île Bonaventure dans la Gaspésie du XIXe siècle », *Revue Gaspésie*, vol. XVIII, n° 2 (70) avril-juin 1980, p. 22-27 et *L'Île Bonaventure à l'époque de la Compagnie Le Bouthiller*, *Revue Gaspésie*, vol. XIX, n° 3 (75) juillet-septembre 1981, p 16-23.

10. Voir Roch Samson : « La pêche à Grande-Grave au début du XXe siècle », *Revue Gaspésie*, Québec MAIN, Parcs Canada, recherche historique, 1977, p. 123.

11. « Rapport du Comité spécial sur la pétition de certains habitants du district de Gaspé se plaignant de divers griefs et autres références », *Journal de la Chambre d'Assemblée*, vol. 39 (1830) app. T.

12. Nérée Gingras, *Vieux papiers*, impressions de Gaspésie en 1857, *Le Canada français*, vol. 26, n° 5 (janvier 1939), p. 494.

Chapitre XI
LA LIGUE NATIONALISTE

1. Robert Rumilly, *Henri Bourassa, la vie publique d'un grand Canadien*, Montréal, Éd. Chanteclerc, 1953, p. 130-131.

2. Cités par Réal Bélanger *in Wilfrid Laurier, quand la politique devient passion*, Sainte-Foy-Montréal, PUL, Éd. Radio-Canada, 1986, p. 257.

3. *Ibid.*, p. 257-258.

4. Cité par Robert Rumilly, *op. cit.*, p. 133.

5. Henri Bourassa, « Le nationalisme et les partis : II La Ligue nationaliste », *Le Devoir*, vendredi 16 mai 1913.

6. FOA. Lettre d'Olivar Asselin à Henri Bourassa, 16 septembre 1902.

7. FMAG. Lettre d'Henri Bourassa à Olivar Asselin, 30 octobre 1902.

8. CPAPA. Lettre d'Henri Bourassa à Olivar Asselin, 28 février 1903.

9. FOA. Lettre d'Olivar Asselin à Charles Gill, 3 janvier 1903.

10. FOA. Lettre d'Olivar Asselin à Louvigny de Montigny, 20 avril 1903.

11. FOA. Lettre du journaliste Joseph Brochu à Olivar Asselin, 20 juillet 1903.

12. FOA. Lettre de l'abbé Raoul Asselin à son frère Olivar, 17 juillet 1903.

13. *La Croix*, dimanche 19 juillet 1903, vol. I, n° 16.

14. Cité par Robert Rumilly, *op. cit.*, p. 131.

15. Omer Héroux, « Au temps de la Ligue nationaliste », *Le Devoir*, 20 avril 1937.

16. FOA. Lettre d'Olivar Asselin à Omer Héroux, 26 mars 1903.

17. FOA. Lettre d'Henri Bourassa à Olivar Asselin, 22 avril 1903.

18. Robert Rumilly, *op. cit.*, p. 137. L'édition originale du programme de la Ligue avait été imprimée chez Léger Mercier, 40 rue Saint-Dominique, à Montréal, en 1903.

19. FHB(O). Lettre d'Henri Bourassa à Olivar Asselin, 4 mai 1903.

20. FHB(O). Lettre d'Henri Bourassa à Olivar Asselin, 4 juin 1903.

21. *Ibid.*

22. FHB(O). Lettre d'Henri Bourassa à Olivar Asselin le 28 juillet 1903.

23. FHB(O). Lettre d'Henri Bourassa à Olivar Asselin le 4 mai 1903.

24. Robert Rumilly, *op. cit.*, p. 112, note 1.

25. FHB(O). Lettre d'Henri Bourassa à Olivar Asselin le 4 mai 1903.

26. FHB(O). Lettre d'Henri Bourassa à Olivar Asselin le 4 juin 1903.

27. FHB(O). Lettre d'Henri Bourassa à Olivar Asselin le 28 juillet 1903.

28. CPAPA. Extraits de correspondance entre Olivar Asselin et sa femme Alice, juillet-août 1903.

29. *Ibid.*

30. CPAPA. Lettre d'Olivar Asselin à sa femme Alice, 29 août 1903.

31. FOA. Lettre d'Olivar Asselin à M. Arthur Gagnon, comptable au ministère de la Colonisation et des Travaux publics, 11 septembre 1903.

32. FOA. Lettre d'Olivar Asselin à sa femme Alice, datée avec imprécision, au cours de l'année 1903.

32. *Ibid.*

33. ANC. Fonds Wilfrid Laurier, lettre d'Olivar Asselin à sir Wilfrid Laurier, 3 septembre 1903.

34. ANC. Fonds Wilfrid Laurier, lettre d'Olivar Asselin à sir Wilfrid Laurier, 16 septembre 1903.

35. ANC. Fonds Wilfrid Laurier, mémoire adressé par Olivar Asselin à sir Wilfrid Laurier, 25 septembre 1903, p. 16.

36. *Ibid.*, p. 8.
37. *Ibid.*, p. 13.
38. *Ibid.*, p. 12.
39. *Ibid.*, p. 14-15.
40. *Ibid.*, p. 16-17.
41. CPAPA. Lettre d'Olivar Asselin à son frère Raoul, 18 octobre 1903.

Chapitre XII
UN JOURNAL POUR LA *LIGUE*

1. Olivar Asselin, préface à *Mon encrier*, recueil posthume d'articles de Jules Fournier, Montréal, Mme Jules Fournier éditeur, 1922, p. XII.
2. *Op. cit.*, p. XI et XII.
3. *Ibid.*, p. XII.
4. *Ibid.*, p. XVI.
5. *Ibid.*, p. XIV.
6. Détails fournis par Jean de Bonville, *La presse québécoise de 1884 à 1914*, Sainte-Foy, PUL, 1988, p. 164-165.
7. FHB(O). Lettre d'Henri Bourassa à Olivar Asselin, 13 octobre 1903.
8. FHB(O). Lettre d'Henri Bourassa à Olivar Asselin, 16 octobre 1903.
9. CPAPA. Lettre d'Olivar Asselin à sa femme Alice, 9 novembre 1903.
10. CPAPA. Lettre d'Olivar Asselin à sa femme Alice, novembre 1903.
11. CPAPA. Lettre d'Olivar Asselin à sa femme Alice de North Bay, Ont., novembre 1903 (date incomplète).
12. CPAPA. Lettre d'Olivar Asselin à sa femme Alice, de Nairn, Ont., 11 novembre 1903.
13. CPAPA. Lettre d'Alice Asselin à son mari, novembre 1903, (date incomplète).
14. CPAPA. Lettre d'Alice Asselin à son mari, novembre 1903, (date incomplète).
15. FOA. Lettre du curé Denis Gérin à Olivar Asselin, 31 décembre 1903.
16. FOA. Lettre d'Olivar Asselin à Charles Fitzpatrick, 24 décembre 1903.
17. Voir à ce sujet Fernande Roy, *Progrès, harmonie, liberté, le libéralisme des milieux d'affaires francophones à Montréal au tournant du siècle*, Boréal, Montréal, 1989.
18. La plupart des détails concernant l'élection du maire Hormidas Laporte et les objectifs du Parti réformiste sont tirés de Paul-André Linteau, *L'Histoire de Montréal depuis la Confédération*, Boréal, Montréal 1992, de *L'Histoire de Montréal*, de Robert Rumilly publiée chez Fides de 1970 à 1974 et d'un grand nombre de coupures de journaux de l'époque.

Chapitre XIII
LE NATIONALISTE

1. FOA. Lettre de Wilfrid Gascon à Olivar Asselin, 24 décembre 1903.
2. FOA. Lettre d'Errol Bouchette à Olivar Asselin, 23 décembre 1903.
3. FOA. Lettre d'Errol Bouchette à Olivar Asselin, 16 janvier 1904.
4. FOA. Tous ces noms et ces détails sont tirés des procès-verbaux manuscrits des premières assemblées des directeurs et des actionnaires du *Nationaliste* tenues au cours de l'année 1904.
5. FOA. Lettres d'Omer Héroux à Olivar Asselin, décembre 1903.
6. Armand Lavergne, *Trente ans de vie nationale*, Montréal, Éd. du Zodiaque, 1934, p. 102-103.
7. Henri Bourassa, « Le nationalisme et les partis, II: La Ligue nationaliste », *Le Devoir*, vendredi 16 mai 1913.

8. *La Patrie*, 17 février 1904.

9. Henri Bourassa, *op. cit.*

10. CPAPA. Lettre d'Olivar Asselin à sa femme Alice, 29 août 1903.

11. Omer Héroux, « Au temps de la Ligue nationaliste », *Le Devoir*, 20 avril 1937.

12. Robert Rumilly, *Henri Bourassa, la vie publique d'un grand Canadien*, Montréal, Chantecler, 1953, p. 176.

13. FOA. Lettre d'Éva Circé-Côté à Olivar Asselin, le 21 février 1904.

14. FOA. Procès-verbaux manuscrits des premières assemblées des actionnaires du *Nationaliste*, *op. cit.*, 1904.

15. *La Renaissance*, 26 octobre 1935.

16. *Le Nationaliste*, 23 février 1913.

17. *Ibid.*

18. Albert Lozeau, *L'Âme solitaire*, Paris, F. R. de Rudeval, coll. « Bibliothèque canadienne », 1907. Note de l'éditeur, p. I.

19. Armand Lavergne, *op. cit.*, p. 123-124.

20. *Le Canada*, 14 mars 1904.

21. *Ibid.*

22. *L'Action nationale*, septembre 1937.

23. Jules Fournier, « Les joyeusetés du journalisme haevyweigth », *L'Action* du 9 décembre 1911.

24. Cité par Jean de Bonville, *La Presse québécoise de 1884 à 1914*, p. 190.

25. Omer Héroux, cité par Jean de Bonville, « À propos du journalisme. Les risques de la profession », *La Vérité*, 19 août 1905, *op. cit.*, p. 164.

26. Télesphore-Damien Bouchard cité par Jean de Bonville, *ibid.*

Chapitre XIV
LES FORCES VIVES DU NOUVEAU SIÈCLE

1. *Le Nationaliste*, 20 mars 1904.

2. *Le Nationaliste*, 8 décembre 1907.

3. *L'Action*, 25 janvier 1913.

4. Voir à ce sujet : Fernande Roy, *Progrès, harmonie, liberté, le libéralisme des milieux d'affaires francophones à Montréal au tournant du siècle*, Montréal, Boréal, 1988. 301 p.

5. *Le Nationaliste*, 6 mars 1904.

6. *Le Nationaliste*, 13 mars 1904.

7. *Le Nationaliste*, 20 mars 1904.

8. *Le Nationaliste*, 3 avril 1904.

9. *Le Nationaliste*, 26 mars 1904.

10. *Ibid.*

11. *Ibid.*

12. *Ibid.*

13. *Ibid.*

14. *Le Nationaliste*, 28 mai 1905.

15. *Le Nationaliste*, 4 et 19 novembre 1905.

Chapitre XV
LE NATIONALISTE FACE À LAURIER

1. *Le Nationaliste*, 30 septembre 1906.

2. *Le Nationaliste*, 17 juillet 1904.

3. Henri Bourassa, « *Le Nationalisme* et les partis II », *Le Devoir*, vendredi 16 mai 1913.

4. Henri Bourassa, « *Le Nationalisme* et les partis III », *Le Devoir*, lundi 19 mai 1913.

5. *Le Nationaliste*, 12 mars 1905.

6. *Ibid.*

7. *Le Nationaliste*, 9 avril 1905.

8. *Le Soleil*, 24 avril 1905

9. Henri Bourassa, « *Le Nationalisme et les partis III* », *Le Devoir*, lundi 19 mai 1913

10. *Le Nationaliste*, 24 juin 1906.

11. Pour l'historique du mouvement ouvrier voir Jacques Rouillard, « L'action politique ouvrière (1899-1915) », *Idéologies au Canada français 1900-1929* sous la direction de Fernand Dumont, Jean Hamelin, Fernand Harvey et Jean-Paul Montminy, Sainte-Foy, PUL, 1974.

12. Henri Bourassa, « *Le Nationalisme* et les partis IV », *Le Devoir*, mardi 20 mai 1913.

Chapitre XVI
LE CŒUR À GAUCHE

1. *Le Nationaliste*, 30 septembre 1906.

2. *Le Nationaliste*, 20 mars 1906.

3. *Ibid.*

4. *Ibid.*

5. *Ibid.*

6. *Ibid.*

7. *Le Nationaliste*, 19 novembre 1905.

8. *Le Nationaliste*, 19 juin 1904.

9. *Le Nationaliste*, 18 mars 1906.

10. *Le Nationaliste*, 19 novembre 1906.

11. *Ibid.*

12. *Ibid.*

13. *Ibid.*

14. *Le Nationaliste*, 6 octobre 1907.

15. *Le Nationaliste*, 17 juillet 1904.

16. *Ibid.*

17. *Ibid.*

18. CPAPA. Lettre d'Olivar Asselin à sa femme Alice, 30 octobre 1904.

19. *Ibid.*

20. *Le Nationaliste*, 17 juillet 1904.

21. Joseph Schull, *Laurier*, biographie traduite par Hélène J. Gagnon, Montréal, HMH, 1965, 532 p., p. 360-361.

22. *Le Devoir*, 12 et 15 septembre 1911.

23. *Le Nationaliste*, 23 octobre 1904.

24. *Ibid.*

25. Joseph Schull, *Laurier*, *op. cit.*, p. 360-361.

26. *Ibid.*

27. *Le Nationaliste*, 21 janvier 1906.

28. *Ibid.*

29. *Ibid.*

30. *Le Nationaliste*, 28 janvier 1906.

31. Marcel A. Gagnon, *La vie orageuse d'Olivar Asselin*, tome I, Montréal, Éd. de l'Homme, 1962, p. 93-94.

32. *Le Nationaliste*, 22 mars 1906.

33. *Ibid.*

34. *Le Nationaliste*, 6 mai 1906.

Chapitre XVII
BRUCHÉSI, TARDIVEL, LES JÉSUITES ET LES AUTRES...

1. FOA. Lettre d'Omer Héroux à Olivar Asselin, 6 avril 1904.

2. FHB(O). Lettre d'Henri Bourassa à Jules-Paul Tardivel, 20 avril 1904.

3. *Ibid.*

4. *Ibid.*

5. *Le Nationaliste*, 24 avril 1904.

6. FHB(O). Lettre de Jules-Paul Tardivel à Henri Bourassa, 26 avril 1904.

7. FHB(O). Lettre d'Henri Bourassa à Jules-Paul Tardivel, 28 avril 1904.

8. *Op. cit.* Lettre d'Henri Bourassa à Jules-Paul Tardivel, 28 avril 1904.

9. *Op. cit.* Lettre d'Henri Bourassa à Jules-Paul Tardivel, 20 avril 1904.

10. FHB(O). Lettre de Jules-Paul Tardivel à Henri Bourassa, 30 avril 1904.

11. *Le Nationaliste*, 30 avril 1905.

12. Pour plus de détails concernant ces religieux et religieuses émigrés au Québec après les lois Combes, voir l'article de Guy Laperrière — « Persécution et exil: la venue au Québec des congrégations françaises 1900-1914 », *Revue d'histoire de l'Amérique française*, Montréal, décembre 1982, p. 389 à 411. Le professeur Laperrière prépare en ce moment un ouvrage sur le même sujet.

13. L'histoire de la loge *L'Émancipation* ainsi que les noms de ses membres identifiés à ce jour doivent beaucoup à l'article de Roger LeMoyne, « La loge L'Émancipation de Montréal », *Chroniques d'histoire maçonnique*, n° 38, Paris, 1er semestre 1987, p. 5 et ss. M. LeMoyne a également publié un ouvrage sur le même sujet *Deux loges montréalaises du Grand Orient de France*, Montréal-Ottawa, PUO, Éd. Guérin distributeur, 1991 auquel on se réfère largement ici.

14. Voir l'article de Ruby Heap, « La Ligue d'enseignement (1902-1904). Héritage du passé et nouveaux défis », *Revue d'Histoire de l'Amérique française*, vol. 36, n° 3, décembre 1982, p. 339-373.

15. *Le Nationaliste*, 8 mai 1904.

16. *Ibid.*

17. *Ibid.*

18. *Le Nationaliste*, 19 juin 1904.

19. *Le Nationaliste*, 22 mai 1904.

20. *Le Nationaliste*, 30 avril 1905.

21. CPAPA. Lettre d'Olivar Asselin à sa femme Alice, 4 août 1909.

22. *Le Nationaliste*, 8 avril 1906.

23. *Ibid.*

24. *Le Devoir*, 19 avril 1937.

25. *Op. cit.* Lettre d'Henri Bourassa à Jules-Paul Tardivel, 20 avril 1904.

26. Lionel Groulx, *Mémoires*, tome 2, Montréal, Fides, 1971, p. 180.

27. CPAPA. Lettre d'Olivar Asselin à sa femme Alice, 8 mai 1907.

28. CPAPA. Lettre d'Olivar Asselin à sa femme Alice, 22 juin 1907.

29. FOA. Lettre d'Olivar Asselin à Samuel Bellavance, s.j., non datée, en réponse à une lettre du précédent du 1er mars 1936.

30. *La Renaissance*, 26 octobre 1935.

Chapitre XVIII
UNE CERTAINE IDÉE DU QUÉBEC

1. *Le Nationaliste*, 18 juin 1905.
2. *Le Nationaliste*, 12 août 1906.
3. *Le Nationaliste*, 24 février 1907.
4. *Le Nationaliste*, 2 juin 1907.
5. Arthur Buies, *La Province de Québec*, Département de l'agriculture, Québec, 1900, p. 82.
6. Chiffres cités par Fernand Dumont dans *Genèse de la société québécoise*, Montréal, Boréal, 1993, p. 209.
7. *Le Nationaliste*, 3 juillet 1904.
8. *Le Nationaliste*, 17 juin 1906.
9. *Ibid.*
10. *Ibid.*
11. Robert Rumilly, *Histoire de la Société Saint Jean-Baptiste de Montréal, des Patriotes au fleurdelysé*, Montréal, Éd. de l'Aurore, 1975, p. 198.
12. *Les Pamphlets de Valdombre*, 1er octobre 1937.
13. *Le Nationaliste*, 29 mai 1904.
14. *Les Pamphlets de Valdombre, op. cit.*
15. *Le Nationaliste*, 19 juin 1904.
16. *Le Nationaliste*, 13 novembre 1904.
17. *Le Nationaliste*, 20 novembre 1904.
18. *Le Nationaliste*, 27 novembre 1904.
19. *Les Pamphlets de Valdombre, op. cit.*
20. *Ibid.*

Chapitre XIX
LES NATIONALISTES DANS L'ARÈNE PROVINCIALE

1. Les Pamphlets de Valdombre, *op. cit.*, 1er octobre 1937.
2. *Le Nationaliste*, 9 avril 1905.
3. *Le Nationaliste*, 30 septembre 1906.
4. *Le Nationaliste*, 30 juin 1907.
5. Marcel A. Gagnon. *La vie orageuse d'Olivar Asselin*, Montréal, Éd. du Jour, 1962, p. 100-101.
6. Armand Lavergne, *Trente ans de vie nationale*, Montréal, Éd. du Zodiaque, 1934, p. 139.
7. *Le Nationaliste*, 18 août 1907.
8. *Le Nationaliste*, 27 octobre 1907.
9. Armand Lavergne, *op. cit.*, p. 141.
10. *Le Nationaliste*, 24 novembre 1907.
11. Armand Lavergne, *op. cit.*, p. 144-145.
12. *Le Soleil*, 26 mai 1908.
13. Robert Rumilly, *Henri Bourassa, la vie publique d'un grand Canadien, op. cit.*, p. 293-294.

Chapitre XX
L'AILE BRISÉE

1. CPAPA. Lettre d'Olivar Asselin à sa femme, 25 avril 1907.
2. CPAPA. Lettre d'Olivar Asselin à sa femme, 7 mai 1907.
3. CPAPA. Lettre d'Olivar Asselin à sa femme, 30 mai 1907.

4. CPAPA. Lettre d'Olivar Asselin à sa femme, 21 août 1907.

5. CPAPA. Lettre d'Olivar Asselin à sa femme, 26 août 1907.

6. CPAPA. Lettre d'Olivar Asselin à sa femme, 27 août 1907.

7. CPAPA. Lettre d'Olivar Asselin à sa femme, 16 octobre 1907.

8. *La Renaissance*, 26 octobre 1935. ,

9. CRLG. Coll. « *Le Devoir* », lettre d'Henri Bourassa à L.A. Seers, avocat, 31 mars 1914.

10. *Le Nationaliste*, 28 juin 1908.

11. *Ibid.*

12. FOA. Lettre de Joséphine Papineau-Bourassa à Olivar Asselin, 13 juillet 1908.

13. CPAPA. Lettre d'Olivar Asselin à sa femme, 23 avril 1908.

14. David Haworth, « L'ère du Dreadnought », *La grande aventure de la mer*, Éd. Time-Life, 1980, p. 11.

Chapitre XXI
« FAIS CE QUE DOIS »

1. FOA. Lettre d'Omer Héroux à Olivar Asselin, 15 décembre 1908.

2. CPAPA. Lettre d'Olivar Asselin à sa femme, 13 janvier 1909.

3. CPAPA. Lettre d'Olivar Asselin à sa femme, 15 janvier 1909.

4. CPAPA. Lettre d'Olivar Asselin à sa femme, 17 janvier 1909.

5. CPAPA. Lettre d'Olivar Asselin à sa femme, 19 janvier 1909.

6. *Ibid.*

7. *Ibid.*

8. CPAPA. Lettre d'Olivar Asselin à sa femme, 17 janvier 1909.

9. CPAPA. Lettre d'Olivar Asselin à sa femme, 24 janvier 1909.

10. *Ibid.*

11. Cité par Marcel A. Gagnon, *in La vie orageuse d'Olivar Asselin*, préface du chanoine Lionel Groulx, Montréal, Éd. de l'Homme, 1962, tome I, p. 111.

12. *Le Nationaliste*, 30 mai 1909.

13. Olivar Asselin, préface aux *Souvenirs de prison* de Jules Fournier, Montréal, Déom, 1910.

14. *Ibid.*

15. *Ibid.*

16. FOA. Lettre d'Alleyn Taschereau à Olivar Asselin, 17 juin 1909.

17. FOA. Lettre de Mᵉ Mathias Tellier à Olivar Asselin, 13 juin 1909, lettre résumant l'essentiel de son intervention à l'Assemblée législative.

18. FOA. Lettre d'Henri Bourassa à Olivar Asselin, 14 juin 1909.

19. *Ibid.*

20. Olivar Asselin, *La défense navale de l'Empire britannique*, 2ᵉ feuille de combat publiée à compte d'auteur, Montréal, 1909.

21. FOA. Lettre d'Henri Bourassa à Olivar Asselin, 27 août 1909.

22. Olivar Asselin, *A Quebec view of Canadian Nationalism*, Montréal, Guertin Printing Company Ltd., 1909.

23. *Le Devoir*, 19 septembre 1911.

24. CPAPA. Lettre d'Olivar Asselin à sa femme, 9 août 1909.

25. CPAPA. Lettre d'Olivar Asselin à sa femme, 22 août 1909.

26. FOA. Lettre d'Henriette Bourassa-Chauvin à Olivar Asselin, 1ᵉʳ juillet 1909.

27. FOA. Lettre du sénateur Philippe Landry à Olivar Asselin, 10 août 1909.

28. FOA. Lettre d'Armand Lavergne à Olivar Asselin, 7 octobre.

29. FOA. Brouillon de lettre d'Olivar Asselin à Armand Lavergne, 9 octobre 1909.

30. *Ibid.*

31. FHB(O). Lettre d'Olivar Asselin à Henri Bourassa, 4 octobre 1909.

32. FHB(O). Lettre d'Henri Bourassa à Olivar Asselin, 10 octobre 1909.

33. *Le Canada*, 13 octobre 1909.

34. FOA. Lettre d'Henriette Dessaulles-Saint-Jacques à Olivar Asselin, 29 novembre 1909.

35. FOA. Lettre d'Olivar Asselin à Henriette Dessaulles-Saint-Jacques, 2 décembre 1909.

36. FOA. Lettre d'Olivar Asselin à M.L.N. Miller, 6 décembre 1909.

37. FOA. Manuscrit de lettre circulaire corrigée de la main d'Asselin et signée «l'administrateur», 8 décembre 1909.

38. FOA. Lettre d'Olivar Asselin à Ovila Dufault, 8 décembre 1909.

39. *Le Nationaliste*, 19 décembre 1909.

Chapitre XXII
LA RUPTURE

1. *Le Devoir*, 10 janvier 1910.

2. *Ibid.*

3. *Ibid.*

4. *Le Devoir*, 26 janvier 1910.

5. *Le Devoir*, 10 janvier 1910.

6. *Le Devoir*, 22-24-25 janvier 1910. Articles reproduits dans *Mon encrier*, vol. I, Montréal, Mme Jules Fournier éditeur. 1922.

Une réédition de *Mon encrier*, choix établi par Jean François Nadeau avec une présentation d'Hélène Pelletier-Baillargeon, a paru à Montréal, chez Fides, en 1996, dans la Collection Bibliothèque québécoise. Les textes cités y figurent aux pages 33 et ss.

7. Propos reproduits dans *Le Nationaliste* du 6 mars 1910.

8. *Le Devoir*, 10 janvier 1910, *op. cit.*

9. FOA. Lettre d'Omer Héroux à Olivar Asselin, le 15 décembre 1908, *op. cit.*, chap. XXI.

10. CRLG. Coll. «*Le Devoir*». Lettre d'Henri Bourassa à Omer Héroux, Georges Pelletier, Louis Dupire, Edmond Hurtubise, Guillaume Narcisse Ducharme, le 3 mai 1922.

11. *Le Devoir*, 10 janvier 1910, *op. cit.*

12. *Ibid.*

13. Pierre-Philippe Gingras, *Le Devoir*, Montréal, Édition Libre Expression, 1985.

14. *Le Devoir*, 14 janvier 1910.

15. *Le Devoir*, 20 janvier 1910.

16. *Le Devoir*, 14 février 1910.

17. *Le Devoir*, 17 février 1910.

18. *Le Devoir*, 19 février 1910.

19. *Le Devoir*, 22 février 1910.

20. *Le Devoir*, 1er mars 1910.

21. *Le Devoir*, 3 mars 1910.

22. *Ibid.*

23. *Le Devoir*, 5 mars 1910.

24. *Ibid.*

25. CRLG. Coll. «*Le Devoir*». Lettre de Georges Pelletier à Omer Héroux, 10 mars 1910.

26. *Le Devoir*, 10 mars 1910.

Chapitre XXIII
COURTIER EN IMMEUBLES

1. CRLG. Coll. « *Le Devoir* ». Lettre de Georges Pelletier à Olivar Asselin, le 21 avril 1910.

2. FOA. Lettre du Dr Joseph Gauvreau à Olivar Asselin, 19 mai 1910.

3. Victor Barbeau, *La tentation du passé*, Montréal, Éd. La Presse, 1977, coll. « Ressouvenirs », p. 15-16.

4. FOA. Lettre d'Olivar Asselin à M. Gadsby, le 28 mars 1910.

5. FOA. Projet inachevé et non daté, classé par Asselin à l'année 1910.

6. AVM. *Re* : Plateau Bon Air.

7. Olivar Asselin, préface aux *Souvenirs de prison* de Jules Fournier, Montréal, Déom, 1910.

8. CPAPA. Lettre d'Olivar Asselin à sa femme, 16 juillet 1910.

9. CPAPA. Lettre d'Olivar Asselin à sa femme, 18 juillet 1910.

10. CPAPA. Lettre d'Olivar Asselin à sa femme, juillet 1910 (quantième non précisé) samedi soir 9 h 30.

11. CPAPA. Lettre d'Olivar Asselin à sa femme, 31 août 1910.

12. *Ibid.*

13. Roger LeMoyne, *Deux loges montréalaises du Grand Orient de France*, Cahiers du CRCCF, n° 28, Ottawa, Presses de l'Université d'Ottawa, 1991, p. 50-51.

14. Robert Rumilly, *Henri Bourassa, la vie publique d'un grand canadien*, Montréal, Chanteclerc, 1953, p. 372-373.

15. *Ibid.*, p. 375.

16. Pour plus de détails, voir dans *Hommage à Henri Bourassa*, reproduction du numéro souvenir du *Devoir*, 25 octobre 1952, le texte d'Omer Héroux : *Cinq documents sur le discours de Notre-Dame, de la légende à l'histoire*.

17. Lionel Groulx, *Mes mémoires*, Montréal, Fides, 1971, tome II, p. 198-199.

18. Paul Racine s.j., *Henri Bourassa à Notre-Dame*, Montréal, Éd. de l'Entraide, 1941, coll. « Frangipani », n° 11, p. 10 et ss.

19. Lionel Groulx, *op. cit.*, p. 200.

20. Robert Rumilly, *op. cit.*, p. 378.

Chapitre XXIV
NOUVEAU COUP DE TÊTE

1. Olivar Asselin, préface aux *Souvenirs de prison* de Jules Fournier reproduite dans *Pensée française*, Montréal, Fides, coll. « Nénuphar », 1993, p. 61 et ss.

2. *Le Devoir*, 3 novembre 1910.

3. *L'Action*, 15 avril 1911.

4. *L'Action*, 10 juin 1911.

5. *L'Action*, 5 août 1911.

6. CPAPA. Lettre d'Olivar Asselin à sa femme, 27 août 1911.

7. *The Canadian Century*, 16 septembre 1911.

8. FOA. Version anglaise d'un texte de présentation à l'élection fédérale de Saint-Jacques, 28 août 1911.

9. Henri Bourassa, « Le nationalisme et les partis XI », *Le Devoir*, mardi 3 juin 1913.

10. *Le Devoir*, 9 septembre 1911.

11. *Ibid.*

12. FOA. Lettre d'Olivar Asselin à Henri Bourassa, 1er septembre.1911.

13. CRLG. Coll. « *Le Devoir* ». Lettre de Georges Pelletier à Omer Héroux, 26 avril 1911.

14. *Le Devoir*, 12 septembre 1911.

15. *Le Devoir*, 13 septembre 1911.

16. FOA. Texte de demande d'appui à l'élection du 21 septembre 1911 rédigé par Olivar Asselin et adressé à des citoyens du comté de Saint-Jacques.

17. *Le Devoir*, 21 septembre 1911.

18. FOA. Lettre d'Olivar Asselin à Jules Fournier.

19. FOA. Version française d'un texte de présentation à l'élection fédérale de Saint-Jacques, 28 août 1911.

20. CPAA. lettre d'Olivar Asselin à sa femme, 10 septembre 1911.

21. *Ibid.*

22. Henri Bourassa, « Le nationalisme et les partis XII », *Le Devoir*, mercredi 4 juin 1913.

23. Anecdotes rapportées par Robert Rumilly dans *Histoire de la province de Québec*, tome XVI, p. 126.

24. Voir, de Réal Bélanger, *Paul-Émile Lamarche, le pays avant le parti (1904-1918)*, Sainte-Foy, PUL, 1984.

25. *L'Action*, 23 décembre 1911.

Chapitre XXV
ENFIN, LA FRANCE !

1. CPAPA. Lettre d'Olivar Asselin à sa femme, 28 janvier 1912.

2. *Ibid.* Lettre d'Olivar Asselin à sa femme, 30 janvier 1912.

3. *Ibid.* Lettre d'Olivar Asselin à sa femme, 16 janvier 1912.

4. *Ibid.* Lettre d'Olivar Asselin à sa femme, 26 février 1912.

5. *Ibid.* Lettre d'Olivar Asselin à sa femme, 26 février 1912.

6. *Ibid.* Lettre d'Olivar Asselin à sa femme, 19 mars 1912.

7. *Ibid.* Lettre d'Olivar Asselin à sa femme, 12 mars 1912.

8. *Ibid.* Lettre d'Olivar Asselin à sa femme, 29 février 1912.

9. *Ibid.* Lettre d'Olivar Asselin à sa femme, 4 mars 1912.

10. *Ibid.* Extraits de lettres d'O.A. à sa femme, mars 1912.

11. *Ibid.* Lettre d'Olivar Asselin à sa femme, 26 mars 1912.

12. *Ibid.* Lettre d'Olivar Asselin à sa femme, 5 avril 1912.

13. ANC. Fonds Robert Laird Borden, *Rapport sur une enquête faite durant l'hiver 1911-1912 par M. Olivar Asselin, à la demande du ministère de l'Intérieur.*

14. *L'Action*, 9 mars 1912.

Chapitre XXVI
LA FIN D'UN RÊVE

1. ANC. Fonds Robert L. Borden, lettre de Bruno Nantel à R.L. Borden, 23 novembre 1911 (cité par Réal Bélanger, *Paul-Émile Lamarche, Le pays avant le parti (1904-1918)*, Sainte-Foy, PUL, 1984.

2. CPAPA. Lettre d'Olivar Asselin à sa femme, 22 juillet 1912.

3. *Ibid.*, 1er août 1912.

4. *Ibid.*, 3 août 1912.

5. CRLG. Coll. « *Le Devoir* ». Lettre d'Omer Héroux à Henri Bourassa, 21 mai 1912.

6. Joseph Schull, *Laurier*, traduit par Hélène J. Gagnon. Montréal, HMH, 1968. p. 441.

7. Cité par Marie-Andrée Beaudet dans *Études françaises*, numéro du 29 janvier 1993 sous le titre de « Mignonne, allons voir si la rose... » de Guy Delahaye, *Intertextualité et champ littéraire*.

La critique de l'abbé Camille Roy citée dans cet article avait paru, pour la première fois, dans *Le Nationaliste* du 11 décembre 1910 à l'époque où Asselin et Fournier n'en étaient plus directeurs.

8. «Mignonne allons voir si la rose...», préface d'Olivar Asselin *in Pensée française*, Montréal, Fides, coll. «Nénuphar», 1993, p. 63.

9. *Ibid.*, p. 73.

10. *Ibid.*, p. 72.

11. *Ibid.*, p. 72-73.

12. *Ibid.*, p. 71-72

13. *Ibid.*, p. 72.

14. ANC. Fonds Robert L. Borden. *L'émigration belge et française au Canada*, rapport sur une enquête faite durant l'hiver 1911-1912 par M. Olivar Asselin à la demande du ministère de l'Intérieur, p. 44.

15. *Ibid.*, p. 46-47.

16. *Ibid.*, p. 47.

17. *Ibid.*, p. 46.

Chapitre XXVII
L'AFFAIRE DU MOUTON

1. Le récit de cette collaboration importante de la FNSJB à la campagne du *Sou de la pensée française* est, en grande partie, redevable à l'*Histoire de la Société Saint-Jean-Baptiste de Montréal, des Patriotes au fleurdelysé, 1834-1948* de Robert Rumilly, Montréal, Éd. de l'Aurore, 1975.

2. Olivar Asselin, circulaire citée dans «Le Sou de la pensée française», *Pensée française*. Montréal, Fides, 1993, p. 81.

3. *L'Action*, 12 avril 1913.

4. Cité par Robert Rumilly dans son *Histoire de la Société Saint-Jean-Baptiste, op. cit.*, p. 237.

5. *L'Action*, 7 mai 1913.

6. CPAPA. Lettre d'Olivar Asselin à sa femme, 26 juin 1913.

7. Olivar Asselin, *Pensée française, op. cit.*, p. 75-76.

8. *Ibid.*, p. 77.

9. *Ibid.*, p. 78.

10. *Ibid.*, p. 78.

11. *Ibid.*, p. 79-80.

12. *Ibid.*, p. 91.

13. *Ibid.*, p. 89.

14. *Ibid.*, p. 86-87.

15. *Ibid.*, p. 92.

16. *Ibid.*, p. 94.

17. *Ibid.*, p. 94.

18. *Ibid.*, p. 94-95.

19. *Ibid.*, p. 86.

20. *Ibid.*, p. 82-83.

21. *Ibid.*, p. 87-88.

Chapitre XXVIII
BOURBIER EN ONTARIO, NUAGES SUR L'EUROPE

1. Robert Rumilly, *Histoire de la Société Saint Jean-Baptiste de Montréal. Des Patriotes au fleurdelysé 1834-1948*, Montréal, Éd. de l'Aurore, 1975, p. 240.

2. Olivar Asselin, « Mémoire sur un projet de construction ouvrière de la SSJB », 6 mai 1914, *Archives de la SSJB de Montréal*. Et aussi Marc Choko, « Une cité-jardin à Montréal », INRS-Urbanisation, Montréal, 1987.

3. Robert Rumilly, *op. cit.*, p. 244.

4. *L'Action*, 13 septembre 1913.

5. *Ibid.*

6. *Ibid.*

7. Cité dans *The proper sphere. Woman's place in Canadian society*, Toronto, Edition Ramsay Cook and Wendy Mitchinson, University of Toronto Press, 1976, p. 312. Cet article m'a aimablement été communiqué par Mme Micheline Dumont.

8. *Ibid.*, p. 312.

9. *Ibid.*, p. 313.

10. *Ibid.*, p. 313.

11. *Ibid.*, p. 313.

12. *Ibid.*, p. 313.

13. FOA. Lettre d'Olivar Asselin à l'abbé Brosseau, 23 octobre 1913.

14. *Ibid.* Lettre de l'abbé Brosseau à Olivar Asselin, 19 novembre 1913.

15. *Ibid.* Lettre d'Olivar Asselin à l'abbé Brosseau, 13 décembre 1913.

16. Olivar Asselin, préface à « Mignonne allons voir si la rose »..., *Pensée française*, Montréal, Fides, 1993.

17. Cité par Réal Bélanger *in Paul-Émile Lamarche, le pays avant le parti (1904-1918)*, Sainte-Foy, PUL, 1984, p. 289-290.

18. FOA. Lettre d'Olivar Asselin à MM. les directeurs de la SSJB, 13 juin 1914.

Chapitre XXIX
LE PAMPHLÉTAIRE ET LA GUERRE

1. *Le Devoir*, 7 août 1914.

2. Cité par Desmond Morton, *Une histoire militaire du Canada (1608-1991)*, version française dirigée par Serge Bernier, Sillery, Éd. du Septentrion, 1992, p. 192.

3. Cité par *L'Action*, le 16 septembre 1914.

4. Olivar Asselin, « Sur une allocution de Mgr Bruchési », *L'Action*, 16 septembre 1914.

5. *Ibid.*

6. *Ibid.*

7. Robert Rumilly, *Histoire de la province de Québec*, tome XIX, p 56-57.

8. *Ibid.*, p. 62.

9. Dédicace de l'opuscule *L'Action catholique, les évêques et la guerre* qui réunit les articles publiés sur ce sujet par Asselin dans *L'Action* en 1914 et 1915. L'édition la plus récente de ces textes a été faite à Montréal par les éditions HMH en 1970, avec une préface de Lucien Parizeau et une présentation de Jean-Louis Gagnon, sous le titre de *Trois textes sur la liberté*.

10. *Op. cit.*, p. 35.

11. *Ibid.*, p. 35.

12. *Ibid.*, p. 36.

13. *Ibid.*, p. 86.

14. *Ibid.*, p. 27-28.

15. *Ibid.*, p. 71.

16. *Ibid.*, p. 63.

17. *Ibid.*, p. 55.

18. *Ibid.*, p 42-43.

19. *Ibid.*, p. 47.

20. *Ibid.*, p. 48.

21. *Ibid.*, p. 47.

22. *Ibid.*, p. 55.

23. *Ibid.*, p. 129.

24. FHB(O). Lettre de « Madeleine » Huguenin à Henri Bourassa, 7 décembre 1914.

25. FHB(O). Lettre d'Olivar Asselin à Henri Bourassa, 7 décembre 1914.

26. *Ibid.*

27. Lettre citée par Olivar Asselin dans « Pourquoi je m'enrôle », « Feuille de combat » reproduite dans *Trois textes sur la liberté, op. cit.*, p. 157.

Chapitre XXX
« POURQUOI JE M'ENRÔLE »

1. Cité par Robert Rumilly dans *Histoire de la Société Saint-Jean-Baptiste de Montréal, op. cit.*, p. 251.

2. *Ibid.*

3. *L'Action*, 30 janvier 1915.

4. *Ibid.*

5. *Ibid.*

6. *Ibid.*

7. *Ibid.*

8. *Ibid.*

9. *Ibid.*

10. *Ibid.*

11. Cité par Olivar Asselin dans « Pourquoi je m'enrôle », « Feuille de combat » reproduite dans *Trois textes sur la liberté, op. cit.*, p. 160.

12. *Ibid.*, p 161-162.

13. Desmond Morton, *Une histoire militaire du Canada (1608-1991)*, version française dirigée par Serge Bernier, Sillery, Éd. du Septentrion, 1992, p. 204.

14. *Ibid.*, p 205-206.

15. FOA. Extraits de divers brouillons de lettres d'Olivar Asselin à Jules Fournier en juillet et août 1915.

16. *Ibid.*, 6 août 1915.

17. *Ibid.*, 12 août 1915.

18. Extrait du mémoire adressé par le sénateur Philippe Landry au Cardinal Gasparri, secré-taire de l'État du Vatican au nom de l'ASJB d'Ottawa. Cité par Robert Rumilly dans *Histoire de la province de Québec, op. cit.*, tome XX, p. 90.

19. Robert Rumilly, *Histoire de la province de Québec*, tome XX, p. 111-112.

20. Desmond Morton, *Le Canada français et la milice canadienne (1868-1914)*, article paru dans Jean-Yves Gravel, *Le Québec et la Guerre (1867-1960)*, Montréal, Boréal Express, 1974, p. 33.

21. Desmond Morton, *Une histoire militaire du Canada (1608-1991), op. cit.*, p. 201.

22. *Ibid.*, p. 199.

23. Robert Rumilly, *op. cit.*, p. 131.

24. Cité par Olivar Asselin dans « Pourquoi je m'enrôle », *op. cit.*, p. 169.

25. *Ibid.*, p. 164-165.

26. *Ibid.*, p. 165.

27. *Ibid.*, p. 166.

28. *Ibid.*, p. 166.

29. FOA. Lettre d'Olivar Asselin au capitaine Alfred Larocque, 29 novembre 1915.

30. *Ibid.*, 2 décembre 1915.

31. *Ibid.*

32. *Le Droit*, 2 décembre 1915.

33. *Le Devoir*, 11 décembre 1915.

34. FHB(O). Lettre d'Henri Bourassa à Wilfrid Marceau, 14 décembre 1915.

35. Cité dans *L'Action* du 27 février 1915. Ce poème de Charles Péguy était extrait du recueil *Ève*.

36. *L'Action*, 4 décembre 1915.

37. Cité et traduit par *L'Action* du 21 novembre 1915.

38. *L'Action*, 18 décembre 1915.

39. *Ibid.*

40. *Ibid.*

41. *Ibid.*

42. *Le Devoir*, 3 décembre 1915.

43. Lettre de Sam Hughes à Rodolphe Lemieux reproduite à la suite du discours d'Olivar Asselin « Pourquoi je m'enrôle » dans une brochure distribuée par l'Association civile de recrutement du district de Québec, en 1916.

44. « Pourquoi je m'enrôle », *Trois textes sur la liberté, op. cit.*, p. 173.

45. *Ibid.*, p. 172.

46. *Ibid.*, p. 174.

47. *Ibid.*, p. 176-177.

48. *Ibid.*, p. 177.

49. *Ibid.*, p. 179-180.

50. *Ibid.*, p. 192.

51. *Ibid.*, p. 183.

52. *Ibid.*, p. 181.

53. *Ibid.*, p. 183-184.

54. *Ibid.*, p. 184-185.

55. *Ibid.*, p. 186.

56. *Ibid.*, p. 188.

57. *Ibid.*, p. 189-190.

58. *Ibid.*, p. 191.

59. *Ibid.*, p. 191-192.

60. *Ibid.*, p. 193.

61. *Ibid.*, p. 194-195.

Sources et repères bibliographiques

Les écrits du journaliste survivent difficilement à l'époque et aux événements qui ont sollicité quotidiennement sa verve et ses commentaires. Dispersée dans une presse éphémère — quand ce n'est dans une foule de publications disparates —, au mieux microfilmée, son œuvre se prête difficilement à un regroupement cohérent. Une anthologie, ou quelques « morceaux choisis », viennent parfois combler cette lacune. Mais, trop souvent, la connaissance des personnages et des circonstances évoqués fait défaut au lecteur, l'empêchant d'apprécier la pertinence du texte et d'en goûter pleinement tous les bonheurs d'expression. « Rien n'est plus vieux que le journal de la veille », reconnaissait avec inquiétude le romancier François Mauriac passé tardivement au journalisme. Ses blocs-notes de *l'Express* sur la guerre d'Algérie valaient pourtant son *Nœud de vipères* !

Les premiers biographes d'Asselin (1937-1962)

La biographie constitue, le plus souvent, le meilleur moyen de découvrir et d'apprécier, au jour le jour, la contribution du journaliste à la société de son temps. Olivar Asselin a donc très tôt inspiré les biographes. Son condisciple de collège le docteur Joseph Gauvreau[1] d'abord — le seul d'entre eux à avoir pu témoigner des années d'adolescence d'Asselin au Séminaire de Rimouski — et le philosophe Hermas Bastien ont tous deux écrit au cours de l'année qui suivit la mort d'Asselin, en 1937. Leurs ouvrages, épuisés aujourd'hui, ne sont plus guère accessibles qu'en bibliothèque ou chez les collectionneurs.

À peu près introuvables en librairie sont probablement devenus aussi les deux tomes de *La vie orageuse d'Olivar Asselin,* ouvrage du journaliste Marcel-Aimé Gagnon, préfacé par le chanoine Lionel Groulx et publié aux Éditions du

---

1. Cette première biographie d'Olivar Asselin était parue d'abord sous la forme d'une série d'articles publiés dans *Le Progrès du Golfe* en 1937.

Jour en 1962 ; de même qu'*Olivar Asselin toujours vivant*, du même auteur, anthologie des meilleurs textes d'Asselin, préfacée par Willie Chevalier et publiée aux Presses de l'Université du Québec en 1974. Les ouvrages bien documentés de Gagnon ont, jusqu'ici, constitué la source la mieux autorisée concernant la vie et l'œuvre d'Asselin.

LES ÉCRITS D'OLIVAR ASSELIN

À l'instar de Joseph Gauvreau, d'Hermas Bastien et de Marcel-Aimé Gagnon, la présente biographie repose donc principalement sur les publications d'Asselin. Les citations de ses articles, de ses « Feuilles de combat » ou des préfaces qu'il a rédigées constituent la source la plus importante des notes de la fin du livre. Asselin ayant collaboré à un nombre étonnant de journaux et de périodiques — connus et moins connus — tant au Québec qu'au Canada anglais, nous n'avons certes pas fini de faire des découvertes. La recension qui suit se veut donc la plus complète à ce jour à notre connaissance. Mais nul doute que la précision et les progrès des fichiers informatiques qu'élaborent les historiens de la presse québécoise permettront sous peu de mettre à jour de nouveaux textes.

Opuscules et « Feuilles de combat »

Le problème municipal, Montréal, 1909.

The Montreal Graft Enquiry, Montréal, 1909, série d'articles publiés d'abord dans le *Toronto World*.

Les « Souvenirs politiques » de M. Ch. Langelier, première « Feuille de combat », Montréal, 1909.

A Quebec View of Canadian Nationalism, Montréal, 1909, série d'articles publiés d'abord dans *The Canadian Century*.

La défense navale de l'empire britannique, deuxième « Feuille de combat », Montréal, 1909.

L'émigration belge et française au Canada. Rapport d'enquête effectuée en Angleterre, en Belgique et en France, en 1912, à la demande du ministère de l'Intérieur du gouvernement Borden. H.C. Parmelee, imprimeur de sa très excellente Majesté le Roi, Ottawa, 1913.

Le sou de la pensée française, troisième « Feuille de combat », Montréal, 1913. Texte remanié d'une entrevue accordé par Olivar Asselin à Jules Fournier et paru initialement dans *L'Action* du 26 juillet 1913.

« L'Action catholique », les évêques et la guerre, Montréal 1915.

Les évêques et la propagande de « L'Action catholique », Montréal, 1915.

Pourquoi je m'enrôle, Ottawa, 1916. Discours prononcé au Monument national le 21 janvier 1916, publié en brochure et distribué par l'Association civile du recrutement du district de Québec.

Les volontaires canadiens-français, Paris, 1917. Discours prononcé le 28 juin 1917 devant les membres de la section France-Canada du comité France-Amérique. Ce texte avait d'abord été publié dans le numéro de septembre de *La Revue France-Amérique* avant d'être édité par la Bibliothèque du même nom.

Pourquoi on aime la France, Paris, 1917. Extraits des deux discours : *Pourquoi je m'enrôle* (Ottawa, 1916) et *Les volontaires canadiens-français* (Paris, 1917).

Sir Wilfrid Laurier, Paris, 1919. La première publication de ce texte avait eu lieu dans la revue *L'Âme française*.

De nos besoins intellectuels, Montréal, 1919.

L'œuvre de l'abbé Groulx, la Bibliothèque de *L'Action française*, Montréal, 1919. Une seconde édition sera faite au Pigeonnier, à Paris, en 1929.

Le trust des ciments et la Cie de ciment Nationale, Montréal, 1924.

Les Canadiens français et le développement du Canada, Montréal, 1927.

Les Canadiens français et la Confédération, Montréal, 1927.

Sur un programme de restauration sociale. Texte d'une conférence prononcée par Olivar Asselin devant les membres du Club libéral national à Montréal, en 1933.

Préfaces

Jules Fournier, *Souvenirs de prison*, préface d'Olivar Asselin, Montréal, 1910.

Guy Delahaye, «*Mignonne allons voir si la rose*»..., préface d'Olivar Asselin, Montréal, 1912.

Auteur anonyme, *Des conférences et des idées*, préface d'Olivar Asselin, Montréal, 1921.

Jules Fournier, *Mon encrier*, anthologie posthume, préface d'Olivar Asselin, Madame Jules Fournier, éditeur, Montréal, 1922. Une seconde édition en abrégé, avec quelques inédits, est parue dans la collection Bibliothèque québécoise à Montréal, en 1996. Mais cette dernière édition ne comprend pas la préface d'Olivar Asselin.

M. De Vaubert (pseudonyme d'Odette Oligny), *Le talisman du Pharaon*, préface d'Olivar Asselin, Montréal, 1923.

Jean Flahault, *Par mon hublot*, préface d'Olivar Asselin, Montréal, 1931.

Jules Fournier, *Anthologie des poètes canadiens*, préface d'Olivar Asselin, Montréal, 1933.

Principaux journaux et périodiques auxquels Asselin a collaboré

L'Action
L'Action nationale
Le Canada
Le Clairon
The Daily Herald
En avant
The Herald
Le Jour
Le Matin
The Montreal Daily Star
Le National (Lowell)
Les Nouveaux Débats
L'Opinion publique (Worcester)
La Patrie
La Presse
Le Protecteur canadien (Fall River)
La Revue France-Amérique (Paris)
Le Soleil
La Tribune (Woonsocket)

L'Action française (Montréal)
L'Avenir du Nord
The Canadian Century
La Croix
Le Devoir
The Gazette
Le Jean-Baptiste (Pawtucket)
The Journal
La mitraille
La Nation
Le Nationaliste
L'Oiseau-mouche
Le Passe-temps
Le Pionnier
Le Progrès du Golfe
La Renaissance
La Revue moderne
La Tribune (Sherbrooke)

Publications posthumes

L'industrie dans l'économie du Canada français. Texte d'un discours prononcé par Olivar Asselin à la Semaine sociale de Saint-Hyacinthe, en 1928, et publié sous forme de tract par les éditions de l'École sociale populaire en 1938.

À moins de mention spécifique de maison d'édition, la majorité des ouvrages répertoriés ici, à l'exception des préfaces, journaux et périodiques, ont été publiés à compte d'auteur par Olivar Asselin.

FONDS OLIVAR-ASSELIN ET COLLECTIONS PARTICULIÈRES

En 1974, année où l'on célébrait le centenaire de naissance d'Olivar Asselin, la Bibliothèque nationale du Canada, en collaboration avec la Bibliothèque nationale du Québec et la Bibliothèque centrale de la Ville de Montréal, organisait une vaste exposition documentaire qui devait attirer un public nombreux à l'annexe Saint-Sulpice de la Bibliothèque nationale du Québec, rue Saint-Denis, à Montréal. À cette occasion, M. Marcel A. Gagnon publiait l'anthologie précitée. De son côté et au même moment, M. Jean Asselin, fils aîné d'Olivar Asselin, déposait à la salle Gagnon de la Bibliothèque centrale de la Ville de Montréal un volumineux fonds

---

2. En mesures métriques = 2,40 m.

d'archives personnelles de huit pieds linéaires[2] composées, en grande partie, de la correspondance privée entretenue, au cours de sa vie, par Olivar Asselin et ses frères et sœurs, ses collègues et amis du Québec, du Canada, de Nouvelle-Angleterre et de France; mais aussi des lettres précieuses échangées avec des contemporains remarquables tels Errol Bouchette, Henri Bourassa, Wilfrid Laurier et Armand Lavergne, pour ne citer que ceux-là. M. Gagnon allait alors éprouver une frustration bien compréhensible d'apprendre, a posteriori, que sa biographie de 1962 avait été rédigée sans l'apport de pièces documentaires aussi significatives. Mais cette lacune ne disqualifiait pas vraiment un ouvrage rédigé en référence exclusive à l'œuvre écrite. La cohérence entre la vie et les écrits d'Asselin en fait foi. Gagnon pouvait donc affirmer qu'ayant parcouru tardivement l'essentiel des documents déposés à la salle Gagnon de la Bibliothèque centrale de la ville de Montréal, il ne se sentait nullement contraint de réviser les jugements qu'il avait précédemment portés sur l'homme et son œuvre. Mais nul doute qu'il eût apprécié pouvoir les nuancer.

Bénéficiant pour la première fois de cette inestimable source documentaire constituée par le fonds Olivar Asselin, la présente biographie apparaissait pertinente. La correspondance d'Asselin éclaire, en effet, sous un jour nouveau son enfance à Saint-Hilarion-de-Charlevoix et à Sainte-Flavie-de-Rimouski, ses années de jeunesse au Séminaire de Rimouski et particulièrement son séjour de huit années en Nouvelle-Angleterre où il devait cumuler une double expérience, déterminante pour ses engagements ultérieurs, d'ouvrier de manufacture et de journaliste de combat.

À Montréal, durant les années 1900 à 1910, la correspondance échangée entre le grand leader nationaliste Henri Bourassa et le jeune fondateur de la Ligue nationaliste et du *Nationaliste* met en relief les différences d'ascendance, d'influences et de convictions qui animent ces deux personnages clés de la vague nationaliste des années 1899-1911. Personnages unis par un savant mélange d'admiration mutuelle et d'oppositions fondamentales, principalement en matière religieuse, et qui confèrent un côté douloureux aux affrontements auxquels donne lieu leur étroite collaboration politique.

L'accès au fonds Asselin permet aussi de mettre à jour les débats intérieurs déchirants auxquels Asselin, francophile inconditionnel mais sujet britannique, se trouve en proie au moment du déclenchement de la Première Guerre mondiale. Ce conflit, en effet, coïncide, au Canada, avec l'interminable crise nationale provoquée par le Règlement 17 relatif à la suppression de l'enseignement du français dans les écoles séparées de l'Ontario. Enfin, le fonds Asselin nous révèle la nature des sentiments qui unissaient Olivar Asselin à son frère Raoul, à sa femme Alice Le Bouthillier et à leurs trois fils, et permet d'entrevoir, à propos de certaines de ses décisions publiques les plus controversées, toute la complexité de leurs motivations d'ordre privé.

Au fonds Olivar-Asselin déposé à la Bibliothèque centrale de la Ville de Montréal, est venue s'ajouter la très intéressante collection privée de la famille Asselin à laquelle Me André Asselin, son petit-fils, a bien voulu me donner accès. Cette correspondance contient des lettres intimes adressées, en grand nombre, par Olivar Asselin à sa femme, Alice Le Bouthillier, au cours de leurs années de vie commune et des lettres d'Asselin à ses fils au cours de la Grande Guerre. Mme Raymonde Marchand-Paré, sa nièce, a bien voulu mettre également à ma disposition une correspondance privée échangée, au cours de l'année 1900, entre Alice Le Bouthillier et ses sœurs Éva et Hélène séjournant à Paris à l'occasion de l'Exposition universelle.

Les historiographies québécoise et canadienne depuis 1962

Outre l'accès à ces sources inédites, un second motif important justifierait cependant, à lui seul, que l'on reprenne, à partir de références historiques nouvelles, une quatrième biographie d'Asselin. Des progrès considérables et des champs nouveaux ont été explorés depuis 1962 — date de la publication de *La vie orageuse d'Olivar Asselin* de Marcel A. Gagnon — par les historiographies québécoise et canadienne. La vie d'Asselin et l'évocation de ses combats se trouvent étroitement reliées, en effet, aux grandes étapes de l'histoire politique, religieuse, sociale et littéraire du Québec et du Canada. Elles font même quelques incursions significatives du côté de l'histoire des femmes et de l'histoire militaire, confirmant par là la diversité et la richesse du personnage. Une évocation rapide des principaux ouvrages historiques publiés depuis les dernières décennies, dans divers domaines associés de près à la vie d'Asselin, suffirait donc à justifier notre entreprise actuelle. Quelques exemples significatifs en feront foi ici.

Le Québec contemporain et des idéologies

Premier ouvrage fondamental dont nous avons pu bénéficier pour dresser la toile de fond de la présente biographie : les deux tomes de *L'histoire du Québec contemporain* de Paul-André Linteau, René Durocher, Jean-Claude Robert et François Ricard publiés successivement, en 1979 et 1986.

En histoire des idéologies au Canada français ensuite, les travaux considérables publiés, à partir de 1971, par l'équipe de l'Institut supérieur de sciences humaines et l'Université Laval, sous la direction de Fernand Dumont, Jean Hamelin, Fernand Harvey et Jean-Paul Montminy, ont ouvert la voie à de nombreuses publications ultérieures (notamment celles d'Yvan Lamonde, André Vachet et Denis Monière) qui s'échelonnent des années 1970 à nos jours.

« Rouges » contre « castors »

Depuis la biographie de Gagnon, les « rouges » ont eu leurs historiens parmi lesquels je demeure particulièrement redevable à Jean-Paul Bernard qui leur a consacré un important ouvrage en 1971. Par la suite, des collègues tels qu'Yvan Lamonde, biographe de Louis-Antoine Dessaulles, Francis Parmentier, spécialiste d'Arthur Buies, ont, à titre d'exemples parmi de nombreux autres, éclairé quelques figures marquantes de ce courant de pensée autour duquel se sont développées tant de célèbres controverses où Rieule Asselin d'abord, son fils Olivar par la suite, se sont trouvés associés. *Les combats libéraux au tournant du xxᵉ siècle*, publié sous la direction d'Yvan Lamonde en 1995, constitue la mise à jour la plus récente sur le libéralisme doctrinal à l'époque d'Asselin.

Sur la pensée ultramontaine plus particulièrement — dont le choc avec la pensée libérale marquera les années d'enfance d'Olivar Asselin — le professeur Philippe Sylvain fait figure de pionnier. En 1985, les historiens Jean Hamelin et Nive Voisine ont publié, en hommage à Sylvain, une série d'études portant sur quelques ultramontains canadiens-français. Dans cet ouvrage, les articles de Pierre Savard et de Réal Bélanger s'attachent particulièrement au cas de Jules-Paul Tardivel, personnage avec lequel Asselin, fils de « rouge », eut à en découdre durant ses premières années de journalisme à Montréal. Enfin, les deux tomes de l'*Histoire du catholicisme québécois*, de Nicole Gagnon et Jean Hamelin, publiés en 1984, permettent de mieux comprendre, de l'intérieur, les affrontements constants qui mettront plus tard Asselin aux prises avec l'archevêque de Montréal, Mᵍʳ Paul Bruchési, le directeur de *La Vérité*, Jules-Paul Tardivel, le directeur de *La Croix*, Paul Bégin (gendre de Tardivel), ou encore les rédacteurs ecclésiastiques de *L'Action catholique* de Québec.

L'Histoire des Canadiens français des États-Unis

La déterminante parenthèse franco-américaine (1892-1900), survenue au cours de la jeunesse d'Asselin, n'aurait pu être reconstituée, telle qu'elle se présente ici, sans l'apport des importants travaux que le professeur Yves Roby a consacrés à l'histoire des Canadiens français des États-Unis et particulièrement du Québec émigré. L'historien Albert Faucher s'est également penché sur les explications socio-économiques de l'émigration canadienne-française aux États-Unis et Jacques Rouillard, sur les conditions de vie ouvrière rencontrées par nos compatriotes émigrés dans les filatures de coton de la Nouvelle-Angleterre. Aux États-Unis même, des ouvrages et des articles consacrés à la presse franco-américaine, où Asselin fait ses premiers apprentissages de journaliste, ont également enrichi mes connaissances. Ceux entre autres de Paul Paré, de Claire Quintal et de Robert B. Perreault sont de ceux-là.

L'Histoire de la presse au Québec

Ayant acquis les premiers rudiments de son métier de journaliste aux États-Unis, Asselin choisit de rentrer dans son pays en 1900 et d'y faire sa marque. Pour mieux suivre son itinéraire dans le milieu montréalais de la presse, j'ai puisé constamment dans l'importante collection de *La presse québécoise des origines à nos jours* d'André Beaulieu et Jean Hamelin, publiée en 1982.

Je me suis référée sans cesse également aux nombreux travaux de Jean de Bonville et tout spécialement à *La presse québécoise de 1884 à 1914* parue en 1988 et *Le développement historique de la communication publique* paru en 1991. Plusieurs études spécifiques récentes m'ont également aidée à reconstituer l'atmosphère du milieu journalistique du début du siècle. J'en donnerai pour exemples l'*Histoire de La Presse* de Cyrille Felteau (1984), *Le Devoir* de Pierre Philippe Gingras (1985) et, plus récemment encore, le collectif *Le Devoir, un journal indépendant* (1996). La biographie consacrée par Madeleine Ducrocq-Poirier à Marie Le Franc (1981) et celle d'Alonzo Leblanc à Jules Fournier (1980) m'ont été très utiles. Cette dernière étude rendait toutefois justice à celle qu'Adrien Thério avait précédemment consacré, en 1952, à l'inséparable ami et coéquipier d'Olivar Asselin.

L'histoire de Montréal

Le milieu montréalais et son décor d'époque, au début du siècle, doivent beaucoup aux travaux de pionnier de l'architecte-urbaniste Jean-Claude Marsan, notamment *Montréal en évolution* publié en 1974 ; à *L'architecture de Montréal* de Merret Bran et François Rémillard (1990) et à l'indispensable *Pignons sur rue*, histoire des quartiers de Montréal de Michèle Benoît et Roger Gratton (1991). Mais c'est *L'histoire de Montréal*, du professeur Paul-André Linteau, publiée en 1992, qui m'a d'abord permis de reconstituer les multiples engagements politiques d'Asselin au niveau municipal et plus particulièrement son étroite collaboration avec le maire réformiste Hormidas Laporte (1904-1906) qui allait le précéder de peu à la présidence de la Société Saint-Jean-Baptiste de Montréal. Enfin, l'ouvrage de Fernande Roy *Progrès, harmonie, liberté* (1988), consacré au libéralisme des milieux d'affaires francophones de Montréal au tournant du siècle, m'a permis de reconstituer les rapports tantôt enthousiastes, tantôt dénonciateurs qu'entretenait le polémiste avec la « garde montante » de l'élite financière de la rue Saint-Jacques.

Les contemporains d'Asselin

De nombreux collaborateurs amis ou correspondants d'Asselin ont exercé une influence considérable sur ses idées et celles de leurs contemporains. Des études récentes ont été consacrées à ces personnages. Ainsi, Claude Galarneau et

François Ricard se sont intéressés à la pensée d'Edmond de Nevers ; Jean-Charles
Falardeau et Rodrigue Tremblay à celle d'Errol Bouchette ; Joseph Levitt et René
Durocher à celle d'Henri Bourassa, tout comme Marc La Terreur l'avait fait, en
1962, pour Armand Lavergne.

Le Canada français et la France sous la IIIᵉ République

Asselin avait aussi coutume d'identifier la France comme « la seule mère-patrie »
qu'il se puisse reconnaître. L'influence de la pensée sociale, politique, littéraire et
religieuse française était chez lui déterminante. Des historiens, tels Pierre Savard
et Sylvain Simard, ont examiné les rapports complexes entretenus, à l'époque
d'Asselin, entre le Canada français et la France de la IIIᵉ République. Le professeur Guy Laperrière a particulièrement étudié l'importante émigration des congrégations religieuses enseignantes françaises au Québec, suite aux législations des
ministères Ferry et Combes. L'histoire de ces relations éclaire beaucoup celles des
insistantes campagnes d'Asselin en faveur de l'enseignement public et gratuit dans
la province de Québec.

Produit de la France également : l'institution de la loge maçonnique
L'Émancipation de Montréal, rattachée au Grand Orient de France. Le professeur
Roger Le Moyne en a établi l'histoire, en 1991, et reconstitué la liste des membres.
Asselin comptait, parmi ces maçons, des collègues et certains amis qui profes-
saient les mêmes idées en matière d'instruction publique. Enfin, Ruby Heap s'est
particulièrement attachée à l'histoire de la Ligue d'enseignement, établie à
Montréal sur le modèle du mouvement français du même nom, et qui faisait ici la
promotion du modèle scolaire républicain.

L'histoire du nationalisme canadien, de 1899 à la Grande Guerre

L'engagement politique d'Asselin aux côtés d'Henri Bourassa au cours de la première décennie du siècle constitue certes l'élément central du premier tome de la
présente biographie. La reconstitution des débats passionnés qui ont jalonné ces
années d'intense militantisme doit beaucoup aux ouvrages et articles du professeur
Réal Bélanger, particulièrement *L'impossible, défi, Albert Sévigny et les conservateurs fédéraux* (1983), *Paul-Émile Lamarche, le pays avant le parti* (1984) et
Wilfrid Laurier, quand la politique devient passion (1986).

Histoire sociale et mouvements ouvriers

Chez l'ancien ouvrier d'usine qu'était Asselin, le combat social pour la justice
occupait une place tout aussi importante, dans ses engagements politiques, que le
combat nationaliste. Ainsi, les ouvrages et articles de l'historien Jacques Rouillard
sur l'histoire des luttes ouvrières au début du siècle, particulièrement son *Histoire*

du syndicalisme québécois (1989) et *Le mouvement ouvrier au Québec* de Fernand Harvey (1980) m'ont servi de références fréquentes. Enfin, le livre consacré par Jean De Bonville, en 1975, aux chroniques ouvrières tenues dans *La Presse* par Jules Helbronner, sous le pseudonyme de Jean-Baptiste Gagnepetit, m'a fourni des renseignements fort utiles sur les conditions d'existence du prolétariat urbain de langue française à Montréal, au tournant du siècle.

Histoire littéraire

Dès son arrivée à Montréal en 1900, Olivar Asselin se joint à l'équipe des *Débats* fondés par Louvigny de Montigny, lui-même membre-fondateur de l'École littéraire de Montréal. Dès ce moment, la critique et la polémique littéraires l'occupent tout autant que les débats politiques. Les nombreuses publications des Archives des lettres canadiennes de l'Université d'Ottawa, notamment celles que le professeur Paul Wyczynski a consacrées à l'École littéraire de Montréal en 1972, de même que son importante biographie du poète Émile Nelligan (1987), m'ont servi de base pour bien identifier plusieurs membres de cette constellation de jeunes poètes et romanciers qui faisaient souvent cause commune avec la volonté de renouveau exprimée par le mouvement nationaliste. *Le Nationaliste*, journal fondé par Asselin en 1904, se voulait l'expression à la fois politique, sociale et culturelle de ce renouveau. Plus récemment encore, Marie-Andrée Beaudet consacrait une importante étude à l'impact de la situation linguistique sur la formation du champ littéraire au Québec de 1895 à 1914. L'ouvrage a été publié, en 1991, sous le titre de *Langue et littérature au Québec* (1895-1914).

Cet ouvrage m'a beaucoup éclairée sur les débats qui opposaient alors les écrivains « du terroir » au mouvement des « exotiques » auxquels se rattachaient plus volontiers les compagnons de route d'Olivar Asselin et de Jules Fournier. Sur cette dernière querelle, je demeure également redevable aux recherches de Annette Hayward sur *L'Action* de Jules Fournier, comme plate-forme des débats littéraires de cette époque. De cette auteure, *La presse québécoise et sa(ses) littérature(s)* 1900-1930, thèse déposée en 1988, m'a fourni plusieurs éléments utiles.

Histoire des femmes

Les idées et les combats d'Asselin ont souvent rencontré des échos favorables parmi certaines femmes journalistes et militantes féministes de son temps. Les publications consacrées, ces récentes années, à l'histoire des femmes permettent aujourd'hui de mieux identifier les origines sociales et les états de service de ces nombreuses collègues et collaboratrices d'Asselin. *L'histoire des femmes au Québec* par le collectif Clio (1982), *Travailleuses et féministes* de Marie Lavigne et Yolande Pinard (1983) sont représentatives de ces nombreuses études consacrées, depuis dix ans, à la condition féminine. Toutes ces publications apportent un éclairage nouveau concernant les moments où féministes et nationalistes poursuivaient momentanément un même combat. L'histoire de la résistance canadienne-française au Règlement 17 en Ontario en fournit un bon exemple.

Histoire militaire

Les chapitres consacrés à la Première Guerre mondiale sont principalement redevables aux travaux de l'historien français Jean-Baptiste Duroselle, en ce qui concerne les événements européens. Côté canadien, *Le 22ᵉ bataillon canadien-français* de Jean-Pierre Gagnon (1986) et *Une histoire militaire du Canada* de Desmond Morton (1992) constituent un nouvel exemple des productions historiques récentes auxquelles ne pouvaient malheureusement se référer les précédents biographes d'Asselin.

Les ouvrages du passé : décor, couleur et ambiance

Ce serait toutefois faire preuve d'injustice à l'endroit d'ouvrages plus anciens que de les estimer inutiles à la constitution d'une bonne documentation. Les recherches historiques récentes rendent parfois caduques certaines analyses et certains jugements historiques plus anciens et moins bien documentés. En revanche, les ouvrages du passé, souvent proches de l'événement, rédigés « à chaud » à partir de témoignages oculaires ou de reportages nettement militants, nous fournissent des éléments essentiels pour reconstituer le décor et l'atmosphère de cet événement. L'élection triomphale d'Henri Bourassa dans le comté de Saint-Jacques en 1908, son fameux « discours de Notre-Dame », en 1910, la défaite de sir Wilfrid Laurier en 1911, ou encore les mouvements de foule qui ont suivi la déclaration de la Grande Guerre en août 1914, à Montréal, fournissent d'excellents exemples de tout le parti qu'on peut tirer d'ouvrages tels que les *Mémoires* de Lionel Groulx, les *Trente ans de vie nationale* d'Armand Lavergne ou *La tentation du passé* de Victor Barbeau.

L'inépuisable ressource de récits circonstanciels et d'anecdotes que constitue l'œuvre colossale de Robert Rumilly nous a été d'un excellent recours. Chez cet historien controversé, dont les lacunes méthodologiques et les parti pris ont été maintes fois soulignés, nous avons souvent puisé dans l'*Histoire de la province de Québec* (publiée entre les années 1941 et 1973), dans la biographie d'*Henri Bourassa* (1953) et dans l'*Histoire de la société Saint-Jean-Baptiste* (1975), des ambiances et des éléments chronologiques difficiles à retracer dans des ouvrages plus récents, qui privilégient désormais la rédaction de l'histoire selon une division thématique.

En histoire franco-américaine, des « classiques » tels que *L'histoire de la race française aux États-Unis* de l'abbé Magnan (1912) ou *L'histoire de la presse franco-*

américaine d'Alexandre Bélisle (1911) nous ont rendu le même genre de service. La biographie de sir Wilfrid Laurier par Joseph Schull (1965) nous a également fourni plusieurs anecdotes et éléments caractéristiques de la réaction du Canada anglais aux décisions ou aux atermoiements du Premier ministre canadien-français auquel les nationalistes de l'époque d'Asselin eurent maintes fois l'occasion de s'opposer.

Monographies, ethnologie, histoires régionales

Enfin, que dire de l'apport inestimable des monographies de paroisse (ex : Saint-Hilarion-de-Charlevoix), des archives institutionnelles (ex : Séminaire de Rimouski, Œuvre de la Merci), des histoires régionales, telle l'*Histoire de la Gaspésie* de Jules Bélanger, Marc Desjardins et Yves Frenette (1981), ou des ouvrages d'ethnologie consacrés aux anciens métiers du navigateur, du bâtisseur, du tanneur, du cultivateur et même du journaliste ! De tels ouvrages m'ont permis de mettre en scène avec le maximum d'exactitude historique plusieurs éléments du récit de vie que constitue le genre littéraire de la biographie.

Entrevues et témoignages oraux

Des membres de la famille Asselin, des archivistes, certains journalistes familiers de cette époque et quelques observateurs contemporains particulièrement bien informés des débats de société du début du siècle m'ont aimablement accordé des entrevues au cours de la période de recherches qui a précédé la rédaction de ce livre. Il s'agit de :

Mᵐᵉ Marcelle Lacroix-Asselin (Mᵐᵉ Pierre Asselin), belle-fille d'Olivar Asselin.

† M. Paul Asselin, troisième fils d'Olivar Asselin.

M. Paul Beaulieu, diplomate et homme de lettres.

† M. Victor Barbeau, écrivain et journaliste.

† M. Jean Éthier-Blais, écrivain et journaliste.

Mᵐᵉ Anne Bourassa, fille aînée d'Henri Bourassa et archiviste de son œuvre.

M. Pierre Chalout, journaliste.

† M. Willie Chevalier, journaliste.

M. Jean Cypiot, fils du Docteur Hector Cypiot, collaborateur d'Olivar Asselin à l'Œuvre de la Merci.

M. Gérard Filion, journaliste et ex-directeur du *Devoir*.

M. Jean-Louis Gagnon, journaliste et mémorialiste.

† M. Marcel A. Gagnon, journaliste et biographe d'Olivar Asselin.

Mᵐᵉ Raymonde Marchand-Paré, nièce d'Olivar Asselin.

† M. Gérard Parizeau, essayiste et chroniqueur.

† Mme Germaine Biron-Parizeau, fille de Me Edouard Biron, ami intime d'Olivar Asselin.

† M. Lucien Parizeau, journaliste et essayiste.

† M. J. Z. Léon Patenaude, animateur culturel.

M. l'abbé Grégoire Rioux, ex-archiviste du Séminaire de Rimouski.

Toutes ces sources, qu'elles soient ou non nommément citées dans les appels de notes de cet ouvrage, en constituent toutefois la toile de fond constante. Celles d'entre elles qui font l'objet de citations textuelles sont identifiées à la fin du livre. Leur somme constitue donc, avec les repères bibliographiques évoqués précédemment, l'essentiel des éléments bibliographiques de ce livre. À l'époque de l'informatique, du modem du CD ROM et de l'Internet, il eût semblé aussi fastidieux qu'inutile de couvrir des pages entières de titres. À peine publiées, de telles listes apparaissent aussitôt désuètes. Tout étudiant en histoire, attablé devant l'ordinateur d'une bibliothèque universitaire bien informatisée, en peut réaliser de meilleures.

CHRONOLOGIE

Olivar Asselin	Québec-Canada	Ailleurs
1874		
Le 8 novembre, naissance à Saint-Hilarion-de-Charlevoix.	Wilfrid Laurier obtient un premier mandat comme député fédéral. Louis Riel est expulsé de la Chambre des communes.	Nouvelle-Calédonie : spectaculaire évasion du communard et polémiste Henri de Rochefort. Barbey d'Aurevilly publie *Les diaboliques*. Première exposition des Impressionnistes à Paris.
1875		
	Lettre pastorale des évêques condamnant le libéralisme.	En Nouvelle-Angleterre, Honoré Beaugrand fonde *La République* et y publie *Jeanne la fileuse*, premier roman canadien de mœurs ouvrières. Constitution de la IIIe République, en France. Création de *Carmen*, par Georges Bizet.
1876		
Naissance de Marie-Caroline, dite « Mary ». Rieule Asselin témoigne en faveur du candidat libéral lors du procès pour « influence indue » du clergé.	Procès pour « influence indue du clergé » à la suite d'une élection partielle dans le comté de Charlevoix. Ouverture, à Montréal, d'une succursale de l'Université Laval. Adoption, par les Communes, de la première loi instituant les réserves indiennes.	Alexander Graham Bell invente le téléphone. La Serbie et le Monténégro déclarent la guerre à la Turquie.

Olivar Asselin	Québec-Canada	Ailleurs

1877

Le délégué du pape au Canada, Mgr George Conroy, enquête sur les querelles qui opposent ultramontains et libéraux. Wilfrid Laurier prononce un discours à la défense du « libéralisme de l'école anglaise ».

Thomas Edison invente le phonographe. Émile Zola publie *L'Assommoir*.

1878

Naissance de Charles-Aurélien Asselin.

Le libéral Henri-Gustave Joly de Lotbinière devient premier ministre du Québec. Première utilisation commerciale du téléphone à Québec. À Montréal, première utilisation de l'éclairage électrique au Canada. Sir John A. Macdonald et les conservateurs reprennent le pouvoir à Ottawa.

Exposition universelle à Paris. Fondation de l'Armée du salut à Londres. Première utilisation industrielle de la houille blanche en Allemagne.

1879

Rieule Asselin réélu maire de Saint-Hilarion.

J. Adolphe Chapleau, conservateur, devient premier ministre du Québec. Honoré Beaugrand fonde *La Patrie*. Le journaliste radical Arthur Buies devient le collaborateur du curé Labelle. Mort du poète Octave Crémazie. Naissance d'Émile Nelligan.

Ernest Hello publie ses *Contes extraordinaires*. Naissance de l'historien français Jacques Bainville.

1880

Naissance de Sophie Asselin. La famille Asselin s'établit à Sainte-Flavie-de-Rimouski.

Fondation du journal libéral *L'Électeur* par Wilfrid Laurier ; Ernest Pacaud, rédacteur en chef. Fondation de la Canadian Pacific Railway Co. Adolphe-Basile Routhier compose le *Ô Canada*, qui sera mis en musique par Calixa Lavallée. Naissance d'Armand Lavergne.

En France, premier ministère de Jules Ferry. Les congrégations religieuses « non autorisées » sont dissoutes, dont la Compagnie de Jésus ; 261 couvents fermés, 5643 religieux(ses) expulsés. Guy de Maupassant publie ses *Contes*. Le polémiste Henri de Rochefort, amnistié, fonde *L'Intransigeant*.

Olivar Asselin	*Québec-Canada*	*Ailleurs*

1881

Début des études primaires à l'école de rang de Sainte-Flavie.

Population du Québec : 1 359 027 h. ; population du Canada : 4 324 810 h.

Assassinat du tsar Alexandre II. Publication de l'œuvre de Jacques Offenbach, *Les contes d'Hoffman*. Fondation du premier cabaret parisien, le *Chat noir*. Converti, Paul Verlaine publie *Sagesse*.

1882

Naissance de Malvina Asselin.

J. Alfred Mousseau, conservateur, devient premier ministre du Québec. Les Canadiens français, majoritaires pour la première fois au Conseil municipal de Montréal. Fondation, à Montréal, de la première assemblée locale des Chevaliers du Travail.

Constitution de la Triplice, ou Triple-Alliance, entre l'Autriche, l'Allemagne et l'Italie. Loi Ferry, en France, sur l'enseignement primaire laïc, obligatoire et gratuit.

1883

Naissance de Joseph-Wilfrid Asselin.

Début de la colonisation du Témiscamingue. Fondation du Congrès des métiers et du travail du Canada. Fondation de la Société royale du Canada.

Fondation du Parti communiste russe. Patrice de la Tour du Pin jette les bases, en France, de la doctrine corporatiste. Nietzsche publie *Ainsi parlait Zarathoustra*. Mort du polémiste catholique français Louis Veuillot.

1884

Naissance d'Auguste Asselin.

Fondation du journal *La Presse* à Montréal ; le journaliste Jules Helbronner inaugure une chronique ouvrière sous le pseudonyme de « Jean-Baptiste Gagnepetit ». Fondation des Ligues du Sacré-Cœur par les jésuites. Publication d'*Angéline de Montbrun*, de Laure Conan. Arthur Buies relance *La Lanterne*, condamnée en 1869 par Mᵍʳ Bourget. Naissance de Jules Fournier.

Fondation de la colonie allemande du Sud-Ouest africain. En France : reconnaissance du droit de grève et du droit d'association des syndicats professionnels. Émile Zola publie *Germinal*. Louis Pasteur met au point le sérum contre la rage.

Olivar Asselin	*Québec-Canada*	*Ailleurs*

1885

Rieule Asselin et ses coparoissiens font sonner le glas et chanter une messe, à Sainte-Flavie, pour le repos de l'âme de Louis Riel.

L'archevêque de Québec, Mgr Elzéar-Alexandre Taschereau interdit les Chevaliers du travail. Arrivée, au Québec, des Frères maristes et des Frères de l'Instruction chrétienne de France. L'armée canadienne écrase la rébellion métisse à Batoche. Procès et exécution de Louis Riel à Regina. Honoré Mercier réunit 50 000 protestataires au Champ-de-Mars à Montréal où, dans un discours fameux, il jette les bases du Parti national. Honoré Beaugrand, maire de Montréal.

Henri de Rochefort élu député en France. À Fall River, en Nouvelle-Angleterre, le journaliste Rémi Tremblay fonde la *Ligue des patriotes*. Fondation de *L'Indépendant* de Fall River.

1886

Naissance de Tancrède Asselin. Début des études secondaires de Raoul et d'Olivar Asselin au Séminaire de Rimouski.

Épidémies de variole au Québec. Loi de l'Assemblée législative créant un Conseil provincial d'hygiène. Fondation de la Chambre de commerce de Montréal. Mgr Elzéar-Alexandre Taschereau devient le premier cardinal au Canada. Inauguration du premier chemin de fer transcontinental canadien.

Arthur Rimbaud publie *Les Illuminations*. Léon Bloy publie *Le Désespéré*. Élu député, l'écrivain Maurice Barrès siège à gauche de la Chambre d'Assemblée. Mort de Victor Hugo. Heinrich Hertz découvre les ondes électromagnétiques. Invention de la mitrailleuse.

1887

Olivar Asselin et son frère Raoul complètent leur cours commercial en un temps record.

Une vague de fond provoquée par l'affaire Riel porte Honoré Mercier et le Parti national au pouvoir. Honoré Mercier convoque la première conférence fédérale-provinciale mais n'obtient aucun gain pour le Québec. Inauguration du premier chemin de fer

Tenue de la première conférence coloniale à Londres.

Olivar Asselin	*Québec-Canada*	*Ailleurs*
	Québec-Lac Saint-Jean. L'Académie française couronne *La légende d'un peuple* du poète Louis Fréchette. Wilfrid Laurier devient chef du Parti libéral du Canada à l'âge de 45 ans.	

1888

Naissance d'Auréa Asselin. Olivar et Raoul Asselin bifurquent vers le cours classique au Séminaire de Rimouski.	Création du ministère de l'Agriculture et de la Colonisation; le curé Labelle est nommé sous-ministre.	En Allemagne, avènement du kaiser Guillaume II. Maurice Barrès publie *Sous l'œil des barbares*.

1889

Olivar et Raoul Asselin accumulent les succès scolaires au Séminaire de Rimouski.	Fondation des premiers syndicats québécois dans les beurreries et les fromageries. Fondation, en Ontario, de l'*Equal Rights Association* visant à établir la suprématie de la langue anglaise et de la religion protestante au Canada.	Élection, fuite et suicide du général Boulanger en France. Construction de la tour Eiffel à l'occasion de l'Exposition universelle de Paris. Tenue du congrès de la IIe Internationale à Paris. Première célébration du 1er mai. Mort de Jules-Amédée Barbey d'Aurevilly.

1890

Incendie de la tannerie de Rieule Asselin.	Arrivée au Québec des pères franciscains et des pères eudistes. D'Alton McCarthy dépose aux Communes un projet de loi pour faire abroger l'usage du français dans les Territoires du Nord-Ouest. Le gouvernement Greenway du Manitoba adopte des lois anti-françaises visant à supprimer les droits des écoles séparées dans la province.	Le chancelier Bismarck démissionne. Massacre de 350 Sioux et de leurs familles par l'armée américaine, sur les bords de la rivière Wounded Knee.

Olivar Asselin	*Québec-Canada*	*Ailleurs*

1891

Mort d'Auréa Asselin. Bref essai de cléricature d'Olivar Asselin dans l'étude des avocats Amyot et Pineault de Québec. Retour au Séminaire de Rimouski.

Population du Québec : 1 488 535 h. On estime à 200 000 le nombre des familles canadiennes-françaises émigrées aux États-Unis. Scandale du chemin de fer de la Baie-des-Chaleurs et destitution du premier ministre du Québec, Honoré Mercier. Fondation de la *Canada-Revue*, libérale-radicale, qui promeut la cause de l'enseignement laïc et obligatoire.

L'encyclique de Léon XIII, *Rerum novarum* sur la question sociale, le libéralisme et le socialisme, ouvre la voie au catholicisme social et légitimise les associations ouvrières. Jean Jaurès publie *La question religieuse et le socialisme*. Début de la construction du chemin de fer transsibérien.

1892

Départ de la famille Asselin pour Fall River dans l'État du Massachusetts. Premières collaborations anonymes au *Protecteur canadien* d'Adélard Lafond.

Les premiers tramways électriques font leur apparition à Montréal. Fondation, à Montmagny, du premier syndicat de cultivateurs. Construction du château Frontenac, à Québec, par le Canadien Pacifique. Fondation du *Toronto Star*.

Pacte militaire franco-russe d'assistance mutuelle en cas de guerre.

1893

Demande d'admission au noviciat de la compagnie de Jésus au Sault-au-Récollet. Mort de Rieule Asselin. Retour au travail d'usine.

Fondation de la Trappe d'Oka par des moines cisterciens français qui ouvrent une première école d'agriculture au Québec. Sir Hector Langevin éclaboussé par le procès et l'emprisonnement de son organisateur politique, Thomas McGreevy. Érection du Monument national par l'Association Saint-Jean-Baptiste présidée par Laurent-Olivier David. Fondation du National Council of Women.

Première voiture automobile construite par Henry Ford aux États-Unis. Exposition universelle de Chicago.

Olivar Asselin	*Québec-Canada*	*Ailleurs*

1894

À vingt ans, devient rédacteur au *Protecteur canadien* de Fall River. Première rencontre de Robertine Barry dite *Françoise* et d'Alice Le Bouthillier à Fall River.

Mort d'Honoré Mercier. Mackenzie Bowell, conservateur de tendance orangiste, devient premier ministre du Canada.

Assassinat du président Sadi Carnot en France. Début de l'affaire Dreyfus. Invention du cinématographe par les frères Lumière. Charles Péguy adhère au socialisme. Couronnement du tsar Nicolas II en Russie. Rudyard Kipling publie *Le livre de la jungle*.

1895

Première demande d'admission dans la Légion étrangère. Bref séjour de trois mois à Montréal. Retour aux États-Unis. Rédacteur au *National* de Lowell. Successivement photographe, puis principal d'école à Woonsocket. Rédacteur au *Jean-Baptiste* de Pawtucket.

Fondation de l'École littéraire de Montréal par Louvigny de Montigny, Jean Charbonneau et Germain Beaulieu. Création, par le gouvernement québécois, des parcs nationaux des Laurentides et du Mont-Tremblant, inspirée par le courant conservatiste américain.

Dégradation et exil du capitaine Dreyfus en France. Fondation de la Confédération générale du travail (CGT). Henri de Rochefort publie *L'Aventure de ma vie*. Auguste Rodin termine *Les bourgeois de Calais*. Découverte des rayons X par W.C Röntgen. Mise au point du télégraphe sans fil en Italie. H.G. Wells inaugure le roman d'anticipation avec *La machine à remonter le temps*.

1896

Cédulie Tremblay épouse Joseph Roy. Secrétaire de rédaction à *La Tribune* de Woonsocket. Rencontre d'Aram J. Pothier, lieutenant-gouverneur du Rhode Island. Rencontre d'Edmond de Nevers. Début de ses attaques contre la politique louvoyante de Wilfrid Laurier. Démêlés avec les évêques irlandais « assimilateurs » en Nouvelle-Angleterre.

Wilfrid Laurier, premier Canadien français à devenir premier ministre du Canada. Le ministre Israël Tarte et le jeune député de Labelle, Henri Bourassa, en mission au Manitoba pour négocier un compromis dans l'affaire des écoles séparées. Edmond de Nevers publie : *L'Avenir du peuple canadien-français*. Émile Nelligan devient membre de l'École littéraire de Montréal. Fondation, au Québec, de la loge maçonnique *L'Émancipation*, rattachée au Grand Orient de France.

Visite triomphale des souverains russes à Paris. Congrès international socialiste de Londres. Découverte de la télégraphie sans fil par Guglielmo Marconi. Découverte des rivières aurifères du Klondike. Mort de Paul Verlaine.

Olivar Asselin	*Québec-Canada*	*Ailleurs*

1897

Secrétaire de rédaction à *La Tribune* de Woonsocket. Participation aux cercles d'études fondés par Edmond de Nevers.

Félix Gabriel Marchand, libéral, devient premier ministre du Québec. Mgr Paul Bruchési devient archevêque de Montréal. Honoré Beaugrand cède *La Patrie* à Israël Tarte. Règlement Laurier-Greenway de la crise des écoles du Manitoba. Honoré à Londres, le premier ministre du Canada devient « Sir » Wilfrid Laurier. Mort de l'écrivain Édouard Faucher de Saint-Maurice.

Le pape Léon XIII publie l'encyclique temporisatrice *Affari vos*, sur la crise des écoles du Manitoba, qui déçoit l'épiscopat canadien-français. Georges Clemenceau fonde *L'Aurore*. Maurice Barrès commence la publication de son *Roman de l'énergie* : I *Les Déracinés*, II *L'appel au soldat*, III *Leurs figures*. André Gide publie *Les nourritures terrestres*.

1898

Devient citoyen américain et s'enrôle à l'occasion de la guerre hispano-cubaine. Démobilisé avec le grade de caporal, il entre à *L'Evening Star* de Woonsocket. Deuxième rencontre, chez les Pothier, avec Robertine Barry (*Françoise*) et Alice Le Bouthillier.

Le Soleil reproduit pour la première fois une photo dans un journal du Québec. Raymond Préfontaine, maire de Montréal.

Guerre hispano-américaine - Cuba devient protectorat américain - Les Philippines et Porto-Rico passent sous l'autorité des États-Unis. En marge de l'affaire Dreyfus, Zola publie *J'accuse*. Edmond Rostand publie *Cyrano de Bergerac*. Découverte du radium par Pierre et Marie Curie. H.-G. Wells publie *La Guerre des mondes*.

1899

À la demande de l'Angleterre, entrée en guerre contre les Boers. Le gouvernement Laurier envoie un premier contingent en Afrique du Sud. Henri Bourassa devient député indépendant et prend la tête du mouvement d'opposition à la participation à la guerre des Boers. Grève des cordonniers de la ville de Québec à l'incitation des Chevaliers du travail.

Guerre du Transvaal. Les Philippines tentent de se soulever contre l'annexion américaine. Charles Maurras fonde l'Action française. Cassation de la condamnation de Dreyfus. Le Congrès socialiste expulse Charles Péguy.

Olivar Asselin	*Québec-Canada*	*Ailleurs*
	Fondation des *Débats* à Montréal par Louvigny de Montigny et Paul de Martigny. Fondation du Parti ouvrier à Montréal. Internement de Nelligan.	

1900

Départ d'Asselin pour Montréal. Bref séjour à Sainte-Flavie chez son frère Oscar. Collaborations à divers journaux montréalais, dont *Les Débats*. Première rencontre avec Henri Bourassa. Lettre d'asselin aux autorités de l'armée américaine pour demander d'y être réintégré. Mainmise des libéraux sur la politique éditoriale des *Débats*.

Simon-Napoléon Parent, libéral, devient premier ministre du Québec. Fondation, à Lévis, de la première Caisse populaire par Alphonse Desjardins. La prohibition de l'alcool s'étend à tout le Québec. Julien Daoust fonde, à Montréal, le Théâtre national français. Edmond de Nevers publie *L'Âme américaine*. Laure Conan publie *L'Oublié*. Louis Dantin publie *Franges d'autel* où figurent des poèmes d'Émile Nelligan. Naissance d'Alain Grandbois.

Exposition universelle de Paris. Charles Péguy fonde les *Cahiers de la Quinzaine*. Charles Maurras publie *L'Enquête sur la monarchie*. Publication des premières *Claudine* de Colette. Edmond Rostand fait jouer *L'Aiglon*.

1901

Collaboration à divers journaux du Canada et de la Nouvelle-Angleterre. La famille Asselin rejoint Olivar à Montréal. Deuxième demande d'admission dans la Légion étrangère. Secrétaire du ministre de la Colonisation, Lomer Gouin, à Québec. Rencontre avec Omer Héroux. Organise une assemblée populaire à Montréal pour célébrer le retour d'Europe d'Henri Bourassa. Collaboration avec le père Eugène Seers (Louis Dantin) qui prépare une édition des poèmes de Nelligan.

Frederick Debartzch Monk, chef de l'aile québécoise du Parti conservateur. Henri Bourassa en voyage d'étude en Angleterre. Armand Lavergne, président des étudiants en droit de l'Université Laval, embrasse la cause nationaliste. Mgr Bruchési se déclare opposé à la scolarisation obligatoire des enfants, au nom de la « puissance paternelle ».

Mort de la reine Victoria. Encyclique *Graves de communi* sur l'Action démocratique chrétienne. Loi restreignant la personnalité juridique des congrégations religieuses en France. Jules Renard publie *Poil de carotte*. André Gide publie *L'Immoraliste*. Le premier prix Nobel de littérature est attribué à Sully Prudhomme.

Olivar Asselin	*Québec-Canada*	*Ailleurs*

1902

Étroite collaboration avec Henri Bourassa pour la diffusion des principes nationalistes. Voyage au Saguenay–Lac Saint-Jean en compagnie du ministre de la Colonisation, Lomer Gouin. Mariage avec Alice Le Bouthillier, le 3 août, à l'Anse-au-Griffon, en Gaspésie.

Envoi d'un 4e contingent au Transvaal. Wilfrid Laurier assiste à la Conférence coloniale à Londres et au couronnement d'Édouard VII; accueilli en triomphe à son retour au Canada. Israël Tarte est expulsé du cabinet. Henri Bourassa réintègre le caucus libéral. Les libéraux fondent *Le Canada*; Godfroy Langlois, directeur. Fondation de la *Société du parler français*. Mgr Louis-Adolphe Pâquet prononce un discours célèbre sur « la vocation spirituelle de la race française en Amérique ».

Défaite des Boers en Afrique du sud. L'Angleterre annexe le Transvaal. Élection d'un ministère radical en France; fermeture de 2500 écoles catholiques. Alfred Loisy publie *L'évangile et l'Église*. Claude Debussy compose *Pelléas et Mélisande*.

1903

Naissance de Claude Asselin. Démissionne de son poste de secrétaire du ministre de la Colonisation et devient, pour quelques semaines, directeur du reportage à *La Presse*. Rencontre de Jules Fournier. Fondation de la Ligue nationaliste; Olivar Asselin, président-fondateur, Omer Héroux, secrétaire. Organise une tournée de conférences de Bourassa en Ontario.

Omer Héroux quitte *La Patrie* de Montréal pour *La Vérité* de Québec. Le père Eugène Seers (Louis Dantin) quitte l'état religieux et s'exile aux États-Unis. Création de la Commission hydroélectrique de l'Ontario. Albert Laberge publie *La Scouine*, condamnée par Mgr Bruchési. Création, à Montréal, d'une filiale de la Ligue d'enseignement de France pour la promotion de l'enseignement laïc et obligatoire.

Mort de Léon XIII, pontificat de Pie X. Nouvelles législations contre les congrégations religieuses en France. Premier vol en aéroplane des frères Wright aux États-Unis. Création des usines Ford.

Olivar Asselin	*Québec-Canada*	*Ailleurs*

1904

Contribue à l'élection du maire réformiste Hormidas Laporte à Montréal. Asselin figure dominante de l'enquête Legris sur la colonisation. Fondation du *Nationaliste*. Candidat nationaliste contre le libéral Jean Prévost dans Terrebonne. *Le Nationaliste* fait échouer la tentative du Parti conservateur de s'emparer de *La Presse*. Jean Prévost intente un procès pour libelle.

Hormidas Laporte, maire de Montréal. Armand Lavergne, élu député de Montmagny comme libéral indépendant, rejoint Henri Bourassa aux Communes et devient chroniqueur politique au *Nationaliste*. Jules Fournier collabore au *Nationaliste*. Fondation de l'Association catholique de la jeunesse canadienne (ACJC) par le père Samuel Bellavance, s.j.

S'estimant menacées par l'Allemagne, la France et l'Angleterre concluent l'Entente cordiale. Nouvelles lois Combes prévoyant la fermeture, sur dix ans, de 12 000 établissements religieux. Plusieurs religieux émigrent au Canada. Rupture des relations diplomatiques entre la France et le Vatican. Jean Jaurès fonde le journal socialiste, *L'Humanité*. Puccini compose *Madame Butterfly*.

1905

Naissance de Jean Asselin. Campagne pour la défense des écoles séparées du Nord-Ouest. *Le Nationaliste* lance ses grandes enquêtes sur l'avenir des Canadiens français. Campagne en faveur de l'instruction publique et obligatoire.

Création des provinces de la Saskatchewan et de l'Alberta. 189 064 immigrants entrent au Canada ; 2300 sont de langue française. Démission forcée du premier ministre libéral du Québec, S.N. Parent. Lomer Gouin le remplace. Crise des écoles du Nord-Ouest ; Laurier délègue Henri Bourassa auprès du légat du Vatican. Fondation de l'École polytechnique. Mort de Jules-Paul Tardivel. Henri Bourassa épouse sa cousine Joséphine Papineau. Naissances de Paul-Émile Borduas, de Robert Choquette et de François Hertel.

La séparation de l'Église et de l'État est décrétée en France. Abolition du Concordat avec le Vatican. Encyclique de Pie X *Il fermo proposito* affirmant la suprématie du pouvoir religieux sur le pouvoir civil. Charles Péguy publie *Notre patrie*. Albert Einstein expose la théorie de la relativité. Adoption, par l'Allemagne, du plan von Schlieffen d'occupation de la France. L'Angleterre met au point un nouveau bateau de guerre : le *Dreadnought*.

| *Olivar Asselin* | *Québec-Canada* | *Ailleurs* |

1906

Naissance de Paul Asselin. Campagne contre le « bill du dimanche » avec l'appui de Bourassa. Soutien les candidatures ouvrières d'Alphonse Verville et de Joseph Ainey aux élections fédérales. Poursuivi en justice par Jules Helbronner. Publie le pamphlet *Jean-sans-tête* contre le ministre de la Colonisation, Jean Prévost.

Grève des textiles et première grève de l'amiante. Élection d'Alphonse Verville, premier député du Parti ouvrier aux Communes. Le « bill du Dimanche » soulève l'opposition des nationalistes et du Parti ouvrier. Fondation de l'École d'architecture à Montréal. Fondation de la Fédération nationale Saint-Jean-Baptiste (FNSJB) par Marie Lacoste-Gérin-Lajoie et Caroline Dessaulles-Béique. Ouverture du Ouimetoscope. Errol Bouchette publie *L'Indépendance économique du Canada français*. Jules Fournier et Charles Ab der Halden poursuivent une brillante polémique littéraire dans *La Revue Canadienne*. Mort d'Honoré Beaugrand. Mort d'Edmond de Nevers. Naissance d'Alfred Pellan.

Réhabilitation du capitaine Dreyfus par un vote de l'Assemblée nationale française. L'encyclique de Pie X, *Vehementer nos*, dénonce la loi de la séparation de l'Église et de l'État en France. Zola entre au Panthéon. Le philosophe Henri Bergson publie *L'Évolution créatrice*. Une première émission de radio est diffusée aux États-Unis.

1907

Rend publique « l'affaire de l'Abitibi » où se trouvent compromis le ministre des Terres de la couronne, Adélard Turgeon et le baron de l'Épine de Belgique. Turgeon intente un procès pour libelle diffamatoire. Le tirage du *Nationaliste* passe à 20 000 exemplaires. S'engage aux côtés de Bourassa, candidat provincial dans le comté de Bellechasse. Premiers épisodes dépressifs.

Motion d'Armand Lavergne pour faire reconnaître l'égalité du français et de l'anglais au Canada. Henri Bourassa ex-député fédéral de Labelle se présente contre A. Turgeon, dans le comté de Bellechasse, où il subit la défaite. Loi créant l'Assistance publique. Loi interdisant le travail en usine aux enfants de moins de 14 ans. Fondation de l'hôpital Sainte-Justine par Justine Lacoste-Beaubien. Fondation de *l'Action sociale*

Pour faire contrepoids à la Triplice, la France, la Russie et l'Angleterre concluent la Triple entente. Au Congrès international de Stuttgart, Jean Jaurès en appelle à une action concertée contre la guerre, « voulue par le capitalisme », et préconise la grève générale de tous les pays concernés. Paul Claudel fait jouer *Partage de midi*. Maxime Gorki publie *La mère*.

Olivar Asselin	*Québec-Canada*	*Ailleurs*

par Mgr Louis-Nazaire Bégin et l'abbé Paul-Eugène Roy. Fondation de l'École des Hautes Études commerciales à Montréal. L'abbé Camille Roy publie ses *Essais sur la littérature canadienne*. Wilfrid Laurier reçoit un accueil triomphal à son retour de la Conférence impériale de Londres, où il a défendu les principes d'autonomie canadienne.

1908

Olivar Asselin

Quitte la direction du *Nationaliste* ; Jules Fournier le remplace. Courriériste parlementaire de *La Patrie* à Ottawa. Organisateur en chef d'Henri Bourassa candidat provincial dans Saint-Jacques. Opéré pour une gastrectomie ; convalescent, il collabore au *Collier's* de Toronto et à *La Patrie*.

Québec-Canada

Armand Lavergne quitte son siège de député de Montmagny aux Communes. Le 8 juin, Henri Bourassa élu député de Saint-Jacques et Armand Lavergne, député de Montmagny à l'Assemblée législative de Québec. Lomer Gouin réélu premier ministre du Québec. sir Wilfrid Laurier réélu premier ministre du Canada. Omer Héroux et l'abbé Lionel Groulx voyagent en Europe. Fondation de l'École d'enseignement supérieur pour jeunes filles, par la Congrégation de Notre-Dame : le baccalauréat ès arts est accessible aux femmes. Mort de Louis Fréchette.

Ailleurs

L'Autriche annexe la Bosnie et l'Herzégovine. Le Congo devient colonie belge. *L'Action française*, mouvement créé par Charles Maurras, publie un journal devenu quotidien auquel collaborent le pamphlétaire Léon Daudet et l'historien Jacques Bainville. Conversion de Charles Péguy. Léon Bloy publie *Celle qui pleure*.

1909

Olivar Asselin

Publie *The Montreal Graft Inquiry* et *Le problème municipal*. Séjour dans une abbaye cistercienne de Nouvelle-Angleterre. Tournée de conférences à Woonsocket, à Lowell et à

Québec-Canada

Laurier préconise l'envoi de *dreadnoughts* en Angleterre. Bourassa et Monk font cause commune contre le projet de Laurier. Première législation provinciale sur les accidents de travail. Fondation du

Ailleurs

L'Afrique du Sud accède au statut de « dominion ». L'aviateur français Louis Blériot effectue le premier vol au dessus de la Manche. Fondation de la *Nouvelle revue française* (NRF).

Olivar Asselin	*Québec-Canada*	*Ailleurs*
Nashua. Devient courriériste parlementaire de *La Patrie* à Québec. Gifle publiquement le ministre Alexandre Taschereau sur le parquet de l'Assemblée législative. Il est jeté en prison, puis libéré pour cause de maladie. (Jules Fournier emprisonné à son tour pour avoir pris la défense d'Asselin dans *Le Nationaliste*.) Publie *Les Souvenirs politiques de M. Ch. Langelier* et *La défense navale de l'Empire britannique*. Étroitement associé à Bourassa dans son projet de fondation d'un journal quotidien.	*Terroir*. Marcel Dugas et Guy Delahaye fondent *Le Soc*. Laurent-Olivier David publie son *Histoire du Canada*. Naissance de Gabrielle Roy et de Gratien Gélinas.	

1910

Naissance de Pierre Asselin. Après avoir participé activement à sa fondation, quitte *Le Devoir* en compagnie de Jules Fournier. Courtier en immeubles pour le compte du Crédit métropolitain. Jules Fournier en Europe comme correspondant de *La Patrie*. Mort d'Alfred Limosi et de John Le Bouthillier, beaux-frères d'Asselin. Rédige une préface controversée pour les *Souvenirs de prison* de Jules Fournier.	Fondation du *Devoir*, Henri Bourassa, directeur. Le « bill de la Marine » du gouvernement Laurier est déposé aux Communes. Le député provincial Armand Lavergne fait adopter une loi rendant le bilinguisme obligatoire dans les entreprises de services publics. À la suite d'un procès retentissant, la loge *L'Émancipation* doit cesser ses activités. Congédié du *Canada*, Godfroy Langlois fonde *Le Pays*. Congrès eucharistique de Montréal. Bourassa prononce son célèbre « discours de Notre-Dame » en réponse à celui du délégué du pape, Mgr Bourne, préconisant l'usage de l'anglais pour tous les catholiques du	Mort d'Édouard VII. George V lui succède sur le trône d'Angleterre. Charles Péguy publie *Notre jeunesse*. Edmond Rostand publie *Chanteclerc*. Igor Stravinsky compose *l'Oiseau de feu*.

Olivar Asselin	*Québec-Canada*	*Ailleurs*
	Canada. Ouverture de l'Abitibi à la colonisation. Édouard Montpetit, premier économiste du Québec à obtenir une chaire universitaire à l'École des Hautes Études commerciales. Fondation de l'Association canadienne française d'éducation de l'Ontario (ACFEO). Guy Delahaye publie *Les phases*. Fondation de *La Tribune* de Sherbrooke.	

1911

Olivar Asselin	*Québec-Canada*	*Ailleurs*
Collaborateur régulier à *L'Action* de Jules Fournier. Entreprend une marche de Québec à Chien-Blanc (Saint-Georges-de-Malbaie) en Gaspésie, en compagnie d'A.P. Simar. Publie une vaste enquête consacrée à la communauté juive de Montréal dans *The Canadian Century*. Reprend la citoyenneté britannique à laquelle il avait renoncé, en 1898, en faveur de la citoyenneté américaine. Défaite comme candidat nationaliste dans le comté de Saint-Jacques.	Jules Fournier fonde *L'Action*. Laurier et les libéraux défaits par une coalition des conservateurs de Robert L. Borden et des nationalistes d'Henri Bourassa. Fondation de l'École sociale populaire par le père Papin-Archambault, s.j. Marie-Gérin Lajoie, première bachelière canadienne-française. Albert Lozeau publie ses premiers *Billets du soir*. Paul Morin publie *Le paon d'émail*.	Tenue d'une Conférence impériale à Londres.

1912

Olivar Asselin	*Québec-Canada*	*Ailleurs*
Enquête en Angleterre, en Belgique et en France sur le problème de l'immigration de langue française. Nouvelle intervention chirurgicale à Paris ; plusieurs mois de dépression nerveuse à son retour. Collaboration épisodique à *L'Action*. Travail intermittent au Crédit métropolitain.	Henri Bourassa quitte la politique active. Réélection des libéraux de Lomer Gouin à Québec. Frederick D. Monk quitte le cabinet conservateur sur la question navale. Crise des écoles du Keewatin. Le Règlement 17, en Ontario, promulgue l'élimination progressive de l'enseignement du français	Première guerre des Balkans Chute de l'Empire ottoman, allié de l'Allemagne. La Serbie victorieuse, grâce à la France. Pour apaiser la révolte irlandaise, les Communes britanniques font voter le Home Rule. Anatole France publie *Les dieux ont soif*. Paul Claudel publie *l'Annonce faite à Marie*. Premier numéro clandestin de *La Pravda*.

Olivar Asselin	*Québec-Canada*	*Ailleurs*
	dans les écoles séparées de la province. Convocation du premier Congrès de la langue française par la Société du parler français. L'abbé Groulx publie *Une croisade d'adolescents*. Fondation de la Montreal Suffrage Association réclamant le droit de vote pour les femmes. Fondation du Musée des Beaux-Arts de Montréal. Albert Lozeau publie *Le miroir des jours*. Guy Delahaye publie *Mignonne allons voir si la rose...* Mort d'Errol Bouchette. Mariage de Jules Fournier et de Thérèse Surveyer. Naissance d'Hector de Saint-Denys Garneau.	

1913

Président de la Société Saint-Jean-Baptiste de Montréal (SSJB), en réorganise les structures. Collecte du Sou de la pensée française pour soutenir la résistance franco-ontarienne au Règlement 17. « L'affaire du Mouton » l'oppose à Mᵍʳ Bruchési. Publie *Le sou de la pensée française*.	Adopté à la Chambre des communes, le « bill de la Marine » est bloqué par le Sénat. Fondation de la Ligue des droits du français par le père Papin-Archambault et le docteur Joseph Gauvreau. Fondation, à Ottawa, du journal *Le Droit* par le père Charles Charlebois, o.m.i. Fondation, par les Jésuites, du collège Sacré-Cœur de Sudbury. Fondation de l'École normale Jacques-Cartier. Fondation de *La Bonne parole* par la FNSJB Gaétane de Montreuil fonde *Pour vous mesdames*. René Chopin publie le *Cœur en exil*. Mort de Louis Hémon. Mort du poète Arthur de Bussières.	Deuxième guerre des Balkans. L'Allemagne mobilise et accroît ses effectifs militaires. Mort d'Henri de Rochefort. Maurice Barrès publie *La colline inspirée*. Charles Péguy publie *Ève*, *La Tapisserie de Sainte-Geneviève et de Jeanne d'Arc* et *La Tapisserie de Notre-Dame*. Alain Fournier publie *Le Grand Meaulnes*. Marcel Proust commence *À la recherche du temps perdu*. Guillaume Apollinaire publie *Alcools*. Albert Schweitzer ouvre un hôpital au Gabon. Invention du réfrigérateur.

Olivar Asselin	*Québec-Canada*	*Ailleurs*

1914

Démissionne de la présidence de la SSJB. Publie *Les évêques et la propagande de l'Action catholique*. Secrétaire-publiciste de l'Aide à la France, avec *Madeleine* Huguenin et Édouard Montpetit. Premières démarches infructueuses pour s'enrôler « sans passer par l'Angleterre ».

La guerre surprend Henri Bourassa en Europe. Le Parlement canadien adopte la Loi des mesures de guerre. Envoi d'un premier contingent canadien en Europe. Mandement épiscopal du 23 septembre en faveur de l'enrôlement des Canadiens français. Le naufrage de l'*Empress of Ireland*, dans le Saint-Laurent, fait 1024 victimes. Fondation de l'Association catholique des voyageurs de commerces par le père Samuel Bellavance, s.j. Médéric Martin, élu maire de Montréal : fin de l'alternance anglophone-francophone à l'hôtel de ville. Henri Bourassa publie *Que devons-nous à l'Angleterre ?* Arsène Bessette publie *Le débutant*, condamné par Mᵍʳ Bruchési. Mort de Gaston de Montigny. Naissance de Félix Leclerc.

Déclenchement, le 4 août, de la Première Guerre mondiale. Les armées allemandes pénètrent en Belgique et en France. Assassinat de Jaurès par un militant d'extrême droite. La France se dote d'un gouvernement dit d'Union sacrée. René Viviani, président du Conseil. Mort de Charles Péguy à Villeroy. Mort d'Alain Fournier et d'Ernest Psichari. Mort de Pie X et pontificat de Benoît XV. Rome met les œuvres de Charles Maurras à l'Index. Léon Daudet publie ses chroniques politiques : *Fantômes*. Ouverture du canal de Panama.

1915

Mort de Claude Asselin, le 2 février. Lettre au ministre Sam Hughes pour se faire embaucher comme interprète auprès des armées alliées. Fin du Crédit métropolitain. Enrôlement définitif le 14 décembre. Désarroi profond chez les nationalistes. Officier recruteur, le major Asselin fonde le 163ᵉ bataillon, dit des « Poils-aux-pattes », avec le colonel Henri Des Rosiers.

Première campagne de vente d'obligations de la victoire par le gouvernement fédéral. La campagne de résistance au Règlement 17 en Ontario entre dans sa phase héroïque. Le ministre Sam Hughes met sur pied l'opération des « colonels honoraires ». Henri Bourassa publie *Cartier, Macdonald et nos obligations militaires*. Jules Fournier élu échevin à Montréal. L'abbé Lionel Groulx donne ses premiers cours d'Histoire du Canada

La guerre d'usure se poursuit en Europe. Utilisation des gaz par les Allemands. Torpillage du *Lusitania*. Offensive alliée en Artois. Conférence socialiste de Zimmerwald. Léon Daudet publie *L'Entre-deux-guerres*.

Olivar Asselin	*Québec-Canada*	*Ailleurs*
	à l'Université Laval à Montréal. Ouverture de la Bibliothèque Saint-Sulpice. Naissance d'Yves Thériault et de Rina Lasnier.	

1916

Olivar Asselin	*Québec-Canada*	*Ailleurs*
Discours « *Pourquoi je m'enrôle* » au Monument national le 21 janvier. Le ministère de la Milice et de la Défense le fait éditer en brochure pour promouvoir l'enrôlement des Canadiens français.	Lomer Gouin réélu premier ministre du Québec. *L'Action* de Jules Fournier suspend sa publication. Création du Conseil national de la recherche par le gouvernement fédéral. Le Manitoba, première province canadienne à accorder le droit de vote aux femmes. L'abbé Lionel Groulx publie *Les rapaillages*. Marcel Dugas publie *Psyché et le cinéma*.	Joffre confie la défense de Verdun au général Pétain. Bataille de la Somme. Première utilisation des chars d'assaut. Le général Nivelle remplace le général Joffre à la tête des armées françaises. Lloyd George, ministre de la Guerre, devient premier ministre d'Angleterre. Le président Wilson des États-Unis propose sa médiation aux belligérants d'Europe. Lénine publie *L'impérialisme, stade suprême du capitalisme*. Henri Barbusse publie un premier roman sur la guerre en cours : *Le feu*. Sigmund Freud publie *Introduction à la psychanalyse*.

INDEX

TABLE DES MATIÈRES

TROISIÈME PARTIE
LA GUERRE